微生物学
MICROBIOLOGY

微生物学
MICROBIOLOGY

主　编　邓子新　陈　峰　陈向东
编　委（以姓氏拼音为序）

陈　峰	陈雯莉	陈向东	邓子新
东秀珠	董　磊	方卫国	何晓青
胡　玮	蒋建东	李　凡	李文均
李雨庆	林雁冰	沈锡辉	孙　群
陶　亮	田长富	魏　磊	吴卫辉
肖　敏	谢尚县	徐　俊	徐　磊
喻其林	苑　琳	张美玲	张晓华
张作明	赵广荣	赵明文	钟　江

"101计划"核心教材
生物科学领域

中国教育出版传媒集团
高等教育出版社·北京

内容简介

本书是生物科学"101计划"系列教材之一，在循序渐进地讲述微生物学的基本知识和基本理论的同时，注重融入本领域的前沿发展。本书内容分为19章，包括绪论、微生物的显微观察与纯培养、原核生物的结构与功能、真核微生物的结构与功能、病毒、微生物的营养与培养基、微生物的代谢、微生物的生长繁殖及其控制、微生物的遗传与育种、微生物基因表达调控、微生物与基因工程、微生物的系统发育与分类鉴定、微生物的生态、微生物物种多样性、感染与免疫、合成生物学、农业微生物学、食品微生物学、工业微生物学。本书主要作为生物科学、生物技术专业本科生教材，也可用于生物工程、生物制药、合成生物学、生物信息学等专业的本科教学。

网上数字资源围绕纸质教材知识体系设计，充分体现学科知识的广度和深度，是纸质教材的有力拓展和补充。数字资源主要包括知识拓展、教学课件、参考文献等，内容丰富、形式多样，可供教师教学和学生参考。

使用方法

1. 电脑或移动设备访问新形态教材网。

abooks.hep.com.cn/64261

2. 注册并登录后，进入"个人中心"。
3. 刮开图书封底防伪码涂层，通过扫描二维码或手动输入20位密码，完成防伪码绑定。
4. 绑定成功后，即可开始学习。

如有使用问题，请点击页面下方的"疑问"按钮。

图书在版编目（CIP）数据

微生物学/邓子新，陈峰，陈向东主编. --北京：高等教育出版社，2025.5. -- ISBN 978-7-04-064261-2

Ⅰ. Q93

中国国家版本馆CIP数据核字第2025JR6785号

WEISHENGWUXUE

策划编辑	单冉东 赵君怡	开 本	889mm×1194mm 1/16	本书如有缺页、倒页、脱页等质量问题，请到所购图书销售部门联系调换
责任编辑	赵君怡 单冉东	印 张	44.25	版权所有 侵权必究
封面设计	姜 磊 贺雅馨	字 数	1210千字	物 料 号 64261-00
版式设计	王凌波 赵 阳	购书热线	010-58581118	
责任绘图	邓 超	咨询电话	400-810-0598	
责任校对	王 巍	网 址	http://www.hep.edu.cn	
责任印制	存 怡		http://www.hep.com.cn	
		网上订购	http://www.hepmall.com.cn	
			http://www.hepmall.com	
出版发行	高等教育出版社		http://www.hepmall.cn	
社 址	北京市西城区德外大街4号	版 次	2025年5月第1版	
邮政编码	100120	印 次	2025年5月第1次印刷	
印 刷	北京华联印刷有限公司	定 价	168.00元	

序

博大精深的生命科学

地球 46 亿年演化至今,生物可以说是最为复杂多样的存在,并在过去半个世纪成为科学世界最被广泛关注的研究对象。2005 年,《科学》周刊根据全球科学家的反馈,提出的 125 个悬而未决的基本科学问题中有一多半与生命科学直接相关,其中遴选出的 25 个特别关注里有 15 个是生物学问题。近 20 年过去了,新的知识、理论和技术不断涌现,给生物科学领域带来了深刻变革和巨大进步,然而之前提出的那些基本问题没有一个获得最终答案,很多甚至依旧在原地踏步。

与物理、化学等学科相比,生物学有其鲜明的特点。目前阶段,生物学仍主要通过观察现象去理解机理,以实验科学和数据分析为主,还没有发展到从基本理论出发、推导结论的程度。可能也正因为如此,生物学是进入 21 世纪以来最活跃的研究领域,新问题、新突破层出不穷,也是学科交叉的汇聚焦点。面对新的机遇和挑战,如何培养能够引领未来、创造未来的拔尖人才?教育部 2023 年启动的基础学科系列"101 计划"就是为解决这一问题而实施的高校教育教学综合改革方案。

生物科学"101 计划"的专家委员会通过分析近年来生物科学各领域的深刻变革,以及社会发展对生命科学人才培养的新要求,提出了 11 门课程作为生物科学专业核心课程:普通生物学、生物化学、细胞与分子生物学、遗传学和发育生物学、生理学、微生物学、神经生物学、生物物理学、生物信息学、生态学、免疫生物学,并编写了一套具有鲜明特点的理论和实验教材。教材主编和参编者均为活跃在教学和科研第一线的学者,他们不仅在各自领域取得了出色的研究成果,而且积累了丰富的教学经验,从而保证了教材内容的准确性和教学适用性。本套教材有以下几个特点:

一是注重系统性和前沿性。全面梳理了生物学科知识模块,重构了核心知识框架;注重经典和前沿的融合,关注国际学术前沿和国家战略发展需求,突出学科交叉,更新迭代新知识、新内容。

二是注重深入浅出，启蒙创新思维。不仅清晰介绍知识点，更注重讲述科学发现背后的逻辑，力求能够激发学生的创新火花，培养科学思维、批判性思维和定量思维。

三是体现中国特色。紧密关注国家战略发展需求，充分反映国内生物学领域高水平学术成果，生动展现我国科技事业发展取得的长足进步。

四是呈现形态多元。采用纸质教材加数字资源的新形态教材出版形式，二者一体化设计、有机融合。纸质教材确保可读性和趣味性，数字资源充分展示学科知识的广度与深度，实现信息技术与教材的深度融合。

生物学是一门极富生命力的学科，问题层出不穷，发展日新月异，"授之以鱼不如授之以渔"。我们在期待这套教材能够让读者朋友们系统掌握生物科学知识体系的同时，更希望激发大家对生命科学领域的好奇心、想象力、探知欲，掌握基本的方法论，成为未来创新的主力军。

在这里，要特别感谢生物科学"101计划"专家委员会成员、主编团队以及一起奋斗的400余位编委、撰稿人，没有大家的辛勤付出，不可能短时间内高质量完成这套教材的编写工作；更要感谢几十所高校的资深专家、一线老师和同学在教材编写、审读、试讲试用中提供的宝贵建议。当然，第一版教材肯定会有很多不足之处，恳请读者朋友们带着批判的态度，反馈宝贵的改进意见，我们将继续努力，力争把这套教材打造成为经典，真正走向世界。

尺寸教材，悠悠国事。衷心希望这套教材为有志于在生命科学领域有所作为的青年人带来一点启发，也助力中国科研教育工作者在全社会的持续支持下为探索未知、培养人才做出更大的贡献。

施一公
2025年3月于西湖大学

前 言

  微生物是所有个体微小、肉眼难以看清的单细胞，或个体结构较为简单的多细胞，甚至没有细胞结构的生命形式的总称，通常需要借助显微镜才能观察。微生物是地球上最古老的生命形式，是地球生物圈得以持续维持存在的底层支撑，它们在生物圈中无处不在，占地球生物质总量的 60% 以上。所有地球生态系统都受到微生物活动的极大影响，微生物的代谢活动可以在化学层面和物理层面改变其生境，这些变化也会影响其他生物。微生物与生物圈中的生物与非生物因子广泛互作，形成了丰富多样的时空分布和代谢生态特征，进而维持着生物圈能量流动和物质循环。

  微生物在人类的生活和生产中扮演着重要角色，对健康、医药、农业与工业等多个领域产生着深远的影响。自人类从 20 世纪中期进入抗生素时代、分子生物学时代以来，微生物为生物科学、生物技术和生物工程的发展发挥了重要作用。21 世纪以来，高通量测序、宏基因组学等新兴生物技术的不断创新，以及生物信息处理技术的蓬勃发展，为我们深入了解微生物的生态、演化和生物化学特性提供了前所未有的机会。基因编辑及合成生物学技术赋予了科学家设计和创造生命的能力，推动了药物、化学品等微生物产品生产效率的提升。微生物感知技术的出现将实现对环境变化和污染的实时监测，推动环境监测和生态系统管理的进一步改进。总体而言，微生物学将在农业、食品、工业发酵、医药健康等多个领域发挥关键作用，为相关领域带来新的可能性和解决方案，为人类带来可持续、更加健康和创新的未来，是解决 21 世纪人类社会从能源、传染病到农业等领域面临的许多难题的关键钥匙之一。

  本教材汇集了生物科学"101 计划"近 30 所参与高校的微生物学科研与教学一线的老师，经统一规划、集中编写而成。教材以"世界水平、中国特色"为目标，将微生物学的前沿发展融入基础理论的讲述之中，遵循由浅入深、循序渐进的教学原则，注重以问题为导向的教学法则，力求在文字简洁精练与内容翔实之间达到平衡，实现基础性与创新性结合、简洁性与系统性结合、内容深度与广度的有机统一。

微生物学是生物科学类、生物工程类本科专业学生的必修专业基础课程，本教材主要面向生物科学、生物技术专业本科生，同时也可用于生物工程、生物制药、合成生物学、生物信息学等专业的本科教学。

书中难免存在不尽妥善和疏漏之处，恳请专家、老师、学生与广大读者给予批评指正，以使本教材获得进一步的改进和完善。

邓子新　陈峰　陈向东

2025 年 1 月

目 录

1 **绪论** 001
1.1 **微生物与微生物学** 002
 1.1.1 微生物是地球上最具影响力的"小巨人" 002
 1.1.2 地球生命简史 003
 1.1.3 微生物的特点 003
 1.1.4 微生物亦敌亦友 005
1.2 **微生物学的发展历程** 008
 1.2.1 微生物学及其研究内容 008
 1.2.2 微生物的发现 008
 1.2.3 巴斯德与微生物学奠基 009
 1.2.4 科赫与微生物学奠基 012
 1.2.5 20世纪微生物学的快速发展 014
1.3 **微生物学的未来** 016
 1.3.1 微生物多样性与微生物组学研究 016
 1.3.2 基因工程菌的构建与应用 018
 1.3.3 合成生物学的发展与未来 018
 1.3.4 利用微生物治理环境污染 019
 1.3.5 新型传染病的防治 020

2 **微生物的显微观察与纯培养** 024
2.1 **显微镜和显微技术** 025
 2.1.1 光学显微镜的工作原理及样本制备 025
 2.1.2 电子显微镜的工作原理及样本制备 033
2.2 **微生物的分离培养与保藏** 038
 2.2.1 无菌技术 038
 2.2.2 微生物的分离培养 039
 2.2.3 微生物的保藏 043

3 **原核生物的结构与功能** 047
3.1 **原核生物的细胞结构概述** 048
 3.1.1 原核生物的显微形态 048
 3.1.2 原核细胞的功能 051
 3.1.3 原核细胞的基本结构 052
3.2 **细胞壁** 053
 3.2.1 细菌细胞壁的结构 053
 3.2.2 古菌细胞壁的结构 058
 3.2.3 缺壁的细菌与古菌 058
3.3 **细胞膜** 059
 3.3.1 细菌细胞膜的结构 059
 3.3.2 古菌细胞膜的结构 060
 3.3.3 细胞膜的功能 061
3.4 **拟核与质粒** 062
 3.4.1 拟核 062
 3.4.2 质粒 063
3.5 **细胞表面结构** 064
 3.5.1 鞭毛 064
 3.5.2 菌毛与性菌毛 068

3.5.3 糖被结构　069
3.5.4 菌鞘　069
3.5.5 菌柄　070

3.6 细胞质与内含物　070
3.6.1 核糖体　070
3.6.2 内生芽孢　071
3.6.3 颗粒状内含物　073
3.6.4 气泡　075
3.6.5 羧酶体　075

4 真核微生物的结构与功能　079

4.1 真核微生物细胞的结构与功能　080
4.1.1 细胞壁　080
4.1.2 细胞膜　082
4.1.3 细胞核　082
4.1.4 细胞质和细胞器　083
4.1.5 细胞表面附属物　089

4.2 真核微生物的分化　089
4.2.1 真菌的营养体和繁殖体　089
4.2.2 其他真核微生物　093

4.3 真核微生物的起源与分类　094
4.3.1 真核微生物的起源　094
4.3.2 真核微生物的主要类群　096

5 病毒　102

5.1 病毒与病毒粒　103
5.1.1 病毒的特性　103
5.1.2 病毒粒的结构　103
5.1.3 病毒粒的化学组成　107
5.1.4 病毒的分类与命名　108

5.2 病毒的复制　109
5.2.1 病毒的复制周期　109
5.2.2 病毒入侵细胞　110
5.2.3 病毒大分子合成　112

5.2.4 病毒组装、成熟和释放　114

5.3 病毒感染　115
5.3.1 病毒感染类型　116
5.3.2 病毒与宿主的相互作用　117
5.3.3 病毒与肿瘤　119

5.4 亚病毒因子　119
5.4.1 卫星病毒　120
5.4.2 卫星核酸　120
5.4.3 类病毒　121
5.4.4 朊病毒　122

5.5 病毒举例　124
5.5.1 噬菌体和古菌病毒　124
5.5.2 植物病毒　126
5.5.3 昆虫病毒　127
5.5.4 动物与医学病毒　128

5.6 病毒学研究方法　130
5.6.1 病毒的培养与纯化　130
5.6.2 病毒的定量　133
5.6.3 病毒的检测　135
5.6.4 病毒的分离　135

6 微生物的营养与培养基　139

6.1 微生物细胞的化学组成　140
6.2 微生物的营养物质　142
6.2.1 碳源　142
6.2.2 氮源　144
6.2.3 能源　145
6.2.4 无机盐　146
6.2.5 生长因子　147
6.2.6 水　148

6.3 微生物的营养类型　149
6.3.1 自养型　150
6.3.2 异养型　150

6.4 营养物质进入细胞的方式　152

  6.4.1 单纯扩散 152
  6.4.2 促进扩散 153
  6.4.3 主动运输 154
  6.4.4 基团转位 159
  6.4.5 膜泡运输 160
 6.5 培养基 161
  6.5.1 培养基的配制原则与方法 161
  6.5.2 培养基的类型 163
  6.5.3 未培养微生物的研究 166

7 微生物的代谢 171
 7.1 微生物代谢概论 172
  7.1.1 基本代谢类型 172
  7.1.2 生物能学基本原理 172
  7.1.3 氧化还原反应的电子供体与受体 173
  7.1.4 电子载体与电子传递链 175
  7.1.5 催化与酶 175
  7.1.6 酶活力调节机制 176
 7.2 微生物的能量代谢 178
  7.2.1 能量转化方式 178
  7.2.2 化能有机营养 181
  7.2.3 化能无机营养 185
  7.2.4 光能营养 189
 7.3 微生物的合成代谢 191
  7.3.1 同化 CO_2/CO_2 固定途径 192
  7.3.2 糖异生和多糖合成 193
  7.3.3 生物固氮 194
  7.3.4 氨基酸合成 194
  7.3.5 核苷酸合成 195
  7.3.6 脂肪酸和脂肪合成 196
 7.4 初级代谢 197
  7.4.1 乙醇发酵 197
  7.4.2 乳酸发酵 198
  7.4.3 醋酸发酵 199
  7.4.4 柠檬酸发酵 199
 7.5 次级代谢 199
  7.5.1 次级代谢的特点 200
  7.5.2 次级代谢产物的种类 200
  7.5.3 次级代谢的意义 200
  7.5.4 次级代谢的调节 201

8 微生物的生长繁殖及其控制 204
 8.1 微生物的个体生长与繁殖 205
  8.1.1 原核微生物的生长与繁殖 205
  8.1.2 酵母菌的个体生长与繁殖 212
  8.1.3 丝状真菌的个体生长与繁殖 214
 8.2 微生物生长的测定 218
  8.2.1 微生物计数 218
  8.2.2 微生物细胞质量测定 222
  8.2.3 微生物生理指标测定 222
 8.3 微生物的群体生长 222
  8.3.1 同步生长与同步培养技术 223
  8.3.2 微生物分批培养的生长曲线 224
  8.3.3 连续培养与连续发酵 226
 8.4 理化因素对微生物生长的影响 227
  8.4.1 营养物质 227
  8.4.2 水活度 228
  8.4.3 温度 228
  8.4.4 酸碱度（pH） 229
  8.4.5 氧气 230
 8.5 微生物生长繁殖的控制 231
  8.5.1 控制微生物生长繁殖的物理方法 232
  8.5.2 控制微生物生长繁殖的化学方法 234

9 微生物的遗传与育种 239
 9.1 微生物的遗传物质与基因组 240
  9.1.1 遗传物质的鉴定 240
  9.1.2 细菌基因组 242

9.1.3 古菌基因组　243

9.1.4 真核微生物基因组　244

9.1.5 泛基因组　245

9.1.6 宏基因组　245

9.2 突变及修复　246

9.2.1 突变的类型　247

9.2.2 表型变化及分离　247

9.2.3 突变的机制　249

9.2.4 突变的回复　251

9.2.5 DNA 损伤修复　252

9.3 质粒　255

9.3.1 质粒的结构　255

9.3.2 质粒的复制　256

9.3.3 质粒的性质　256

9.3.4 质粒的主要类型　257

9.4 转座因子　259

9.4.1 转座因子的结构与类型　259

9.4.2 转座的方式　259

9.4.3 转座的效应　260

9.5 原核微生物的基因水平转移与重组　260

9.5.1 转化　261

9.5.2 接合作用　262

9.5.3 转导　263

9.6 微生物遗传育种　264

9.6.1 诱变育种　264

9.6.2 基因重组育种　265

9.6.3 代谢工程育种　267

10　微生物基因表达调控　271

10.1 原核基因表达调控总论　272

10.1.1 原核基因表达调控分类　272

10.1.2 原核基因表达调控的主要特点　274

10.1.3 操纵子学说　275

10.2 乳糖操纵子的基因表达调控　276

10.2.1 *lac* 操纵子的结构及其调节因子　276

10.2.2 *lac* 操纵子上的调控区　276

10.2.3 乳糖操纵子的负控诱导调节　277

10.2.4 乳糖操纵子的正控激活调节　277

10.2.5 *lac* 操纵子与基因克隆　278

10.3 负控阻遏系统　279

10.3.1 *trp* 操纵子的阻遏系统　279

10.3.2 前导肽与 *trp* 操纵子的弱化作用　279

10.4 细菌的其他操纵子　280

10.4.1 双启动子结构与半乳糖操纵子　280

10.4.2 AraC 与阿拉伯糖操纵子的正负调控作用　281

10.4.3 阻遏蛋白 LexA 与细菌的 SOS 反应　283

10.4.4 核糖体 RNA 及核糖体蛋白的多启动子调控　283

10.5 转录水平上的其他调控方式　284

10.5.1 通过替换 σ 因子进行的调控　284

10.5.2 H-NS 蛋白的调节作用　286

10.5.3 特异性转录调控因子的作用　287

10.5.4 转录终止层面的调控　288

10.5.5 信号转导、双组分系统和第二信使　290

10.6 转录后水平的基因表达调控　292

10.6.1 核糖开关控制的基因表达　292

10.6.2 CsrAB 调节系统与 mRNA 稳定性　293

10.6.3 反义 RNA 的调节作用　295

10.6.4 ppGpp 等警报素对翻译的影响　296

10.7 噬菌体基因表达调控　297

10.7.1 λ 噬菌体溶原化和裂解途径的基因表达调控　297

10.7.2 λ 阻遏蛋白　298

10.7.3 Cro 蛋白　300

10.7.4 激活因子 CⅡ 的调控作用　300

10.7.5 λ 噬菌体转录的抗终止作用　301

10.8 群体感应：细胞密度依赖的基因表达调控 301
 10.8.1 群体感应信号分子 302
 10.8.2 酰基高丝氨酸内酯 AHL 介导的群体感应调节 304
 10.8.3 AIP 介导的群体感应调节 304
 10.8.4 AI-2 介导的群体感应调节 306

11 微生物与基因工程 310

11.1 基因工程概述 311
 11.1.1 基因工程的定义 311
 11.1.2 微生物与基因工程 314

11.2 微生物的基因工程技术 316
 11.2.1 基因敲除技术 316
 11.2.2 基因敲减技术 318
 11.2.3 基因编辑技术 319
 11.2.4 基因过表达技术 323

11.3 从天然微生物到工程菌株 324
 11.3.1 微生物表达系统的主要类别与特点 324
 11.3.2 目的基因的获取 326
 11.3.3 外源基因导入宿主细胞 328
 11.3.4 目标菌株的筛选与鉴定 330

11.4 组学在基因工程中的应用 332
 11.4.1 基因组学 333
 11.4.2 转录组学 334
 11.4.3 蛋白质组学 335
 11.4.4 代谢组学 335

11.5 基因工程技术在微生物改造中的作用 336
 11.5.1 新兴微生物基因工程技术的发展 336
 11.5.2 基因工程改造细菌的应用 338
 11.5.3 基因工程改造真菌的应用 339
 11.5.4 微生物病原体的基因工程应用 340

11.6 微生物基因工程涉及的伦理问题 341

12 微生物的系统发育与分类鉴定 344

12.1 通用的生物分类单元 345
 12.1.1 分类单元及等级 345
 12.1.2 生物种的概念 346
 12.1.3 分类单元的命名 346

12.2 微生物的系统发育学 348
 12.2.1 演化计时器的选择 349
 12.2.2 核糖体 RNA 基因作为生物演化的计时器 349
 12.2.3 系统发育分析 350
 12.2.4 生物的界级分类学说 351
 12.2.5 三域理论及其发展 351

12.3 原核生物的分类 353
 12.3.1 原核生物分类的主要依据 354
 12.3.2 原核生物分类系统和伯杰氏手册 355

12.4 真菌的分类 359
 12.4.1 真菌分类的主要依据 359
 12.4.2 真菌主要分类系统 361

12.5 微生物系统学的研究内容与方法 363
 12.5.1 形态学特征 363
 12.5.2 生理生化特征 364
 12.5.3 细胞化学特征 365
 12.5.4 分子生物学特征 368
 12.5.5 基因组相似性分析 370

12.6 微生物的快速鉴定与分析技术 372
 12.6.1 生理生化鉴定系统 373
 12.6.2 快速、自动化的微生物检测仪器与设备 373
 12.6.3 生物信息学在微生物系统学中的应用 376

13 微生物的生态 380

13.1 微生物生态学基础 381
 13.1.1 微生物生态学范畴 381

13.1.2 微生物生态的演化学基础　382
13.1.3 生态位理论　382
13.1.4 互作　383
13.1.5 生境的斑块化与扩散　384
13.1.6 空间分布与多样性　384

13.2 不同生境中的微生物　385
13.2.1 陆地环境中的微生物　385
13.2.2 海洋环境中的微生物　388
13.2.3 淡水中的微生物　390
13.2.4 大气中的微生物　391
13.2.5 极端环境下的微生物　392
13.2.6 与其他生物互作的微生物　394

13.3 微生物与生物地球化学循环　398
13.3.1 碳循环　399
13.3.2 氮循环　400
13.3.3 硫循环　402
13.3.4 磷循环　404
13.3.5 铁循环　404
13.3.6 其他元素的循环　405

13.4 环境污染物的微生物降解与修复　405
13.4.1 难降解有机污染物的生物降解　406
13.4.2 污水生物处理　407
13.4.3 污染环境的生物修复　408

13.5 微生物生态学研究方法　409
13.5.1 微生物群系学　409
13.5.2 培养组学　411
13.5.3 自然界微生物活动的检测　412

14 微生物物种多样性　415

14.1 细菌多样性　416
14.1.1 假单胞菌门　417
14.1.2 芽孢杆菌门、支原体门和放线菌门　428
14.1.3 拟杆菌门　435
14.1.4 衣原体门、浮霉菌门和疣微菌门　437
14.1.5 热袍菌门、热脱硫杆菌门和产液菌门　440
14.1.6 奇异球菌门、酸杆菌门和硝化螺菌门　442
14.1.7 梭杆菌门、丝状杆菌门和互养菌门　444
14.1.8 脱铁杆菌门和产金菌门　445

14.2 古菌多样性　446
14.2.1 广古菌门　446
14.2.2 TACK 超门　449
14.2.3 DPANN 超门　452
14.2.4 阿斯加德古菌类群　455

14.3 真核微生物的多样性　460
14.3.1 真核微生物的细胞器与系统发育　461
14.3.2 原生生物　463
14.3.3 真菌多样性　467
14.3.4 原始色素体生物　475

15 感染与免疫　478

15.1 感染的一般概念　479
15.1.1 人体的正常微生物组与病原微生物　479
15.1.2 感染性疾病的病因学　480
15.1.3 感染性疾病的分类　481
15.1.4 感染性疾病的疾病模式　482
15.1.5 感染性疾病的传播与传染　483

15.2 微生物的致病性和感染特征　486
15.2.1 病原微生物感染的入侵门户　486
15.2.2 细菌的毒力因子和致病特性　487
15.2.3 病毒的致病特性　489
15.2.4 真菌和原生生物的感染特性　491

15.3 天然免疫：宿主的非特异性防御机制　492
15.3.1 生理屏障　492
15.3.2 炎症　493
15.3.3 体液中的抗微生物物质　494

15.3.4 参与天然免疫的细胞　496
15.3.5 模式识别受体　498
15.3.6 吞噬作用对胞外入侵者的清除　498
15.3.7 胞内病原体的清除　498
15.4 适应性免疫：宿主的特异性防御机制　500
15.4.1 适应性免疫依赖于对抗原的识别与记忆　500
15.4.2 T 细胞介导的免疫　502
15.4.3 B 细胞介导的体液免疫　504
15.5 免疫学的应用　508
15.5.1 疫苗　508
15.5.2 免疫治疗　510
15.5.3 免疫学技术的其他应用　511
15.6 人类疾病相关的病原微生物　511
15.6.1 感染神经系统的病原微生物　511
15.6.2 感染呼吸系统的病原微生物　515
15.6.3 感染循环系统的病原微生物　517
15.6.4 感染消化系统的病原微生物　519
15.6.5 感染泌尿和生殖系统的病原微生物　520
15.6.6 病原微生物感染的临床检测　521
15.7 抗微生物药物　522
15.7.1 抗微生物药物的发展历史　522
15.7.2 抗微生物药物的主要作用机制　523
15.7.3 微生物耐药性的产生机制　527

16 合成生物学　531
16.1 合成生物学概述　532
16.1.1 生物系统的层级结构　532
16.1.2 生物元件　532
16.1.3 遗传回路　534
16.2 组装 DNA 片段　537
16.2.1 标准化组装　537
16.2.2 聚合酶循环组装　539
16.2.3 Gibson 组装　541
16.2.4 Red/ET 重组组装　541
16.2.5 细胞内组装　542
16.3 合成噬菌体与病毒　544
16.3.1 合成噬菌体　544
16.3.2 合成脊髓灰质炎病毒　545
16.3.3 合成新型冠状病毒　548
16.4 合成细菌基因组　550
16.4.1 合成支原体基因组　550
16.4.2 合成支原体　551
16.4.3 合成大肠杆菌　553
16.5 合成酿酒酵母基因组　555
16.5.1 合成酵母基因组计划　555
16.5.2 合成型酿酒酵母基因组的设计　556
16.5.3 合成型酵母染色体的合成与组装　556
16.5.4 合成型酵母染色体的转移　558
16.5.5 酵母染色体的融合　558
16.6 合成生物学的应用　559
16.6.1 微生物细胞工厂　559
16.6.2 活体微生物药物　561
16.6.3 物理信息存储　563

17 农业微生物学　566
17.1 农业微生物群落结构与功能　567
17.1.1 农田植物微生物群落　567
17.1.2 养殖动物肠道微生物群落　571
17.1.3 农田污染生境微生物群落结构与功能　572
17.2 微生物肥料　573
17.2.1 固氮菌肥料　573
17.2.2 解磷菌肥料　576
17.2.3 解钾菌肥料　577
17.2.4 菌根菌肥料　578
17.2.5 铁载体产生菌肥料　581
17.3 微生物农药　582

17.3.1 农业常见病害与病原体　582
17.3.2 微生物杀虫剂　584
17.3.3 微生物杀菌剂　587
17.3.4 微生物除草剂　589

17.4 微生物饲料　590
17.4.1 单细胞蛋白饲料　590
17.4.2 青贮饲料　592
17.4.3 其他发酵饲料　593
17.4.4 动物肠道微生态制剂　594

17.5 农田污染治理微生物制剂　594
17.5.1 农田重金属污染治理　595
17.5.2 农田有机污染物治理　596

18 食品微生物学　600

18.1 微生物与食品制造　601
18.1.1 食品微生物的分类与作用　601
18.1.2 传统发酵食品及其生产工艺　603
18.1.3 食用菌及其生产　607
18.1.4 益生菌食品　609
18.1.5 微生物酶制剂在食品中的应用　610
18.1.6 新型食品的微生物制造　611

18.2 微生物与食品腐败　614
18.2.1 食品中常见的微生物污染　614
18.2.2 食品微生物腐败特征　615
18.2.3 细菌性食物中毒　617
18.2.4 真菌毒素中毒　618
18.2.5 病毒性食物中毒　621

18.3 食品腐败控制与保藏　622
18.3.1 影响微生物生长的食品内外因素　622
18.3.2 微生物与食品保藏原理　623
18.3.3 基于微生物防控的食品保藏方法　625
18.3.4 食品保藏新技术　629
18.3.5 新型食品的微生物控制　630
18.3.6 栅栏理论在食品防腐保鲜上的应用　631
18.3.7 预测食品微生物学　632

18.4 食源性致病微生物的检测与追溯　633
18.4.1 食品安全的微生物指标与指示菌　633
18.4.2 食源性致病微生物的常规检测项目　633
18.4.3 食源性致病微生物的快速检测方法　635
18.4.4 食品安全HACCP体系与微生物防控　638
18.4.5 基于多组学的食源性微生物溯源与风险评估　639

19 工业微生物学　644

19.1 工业微生物学概述　645
19.1.1 工业微生物学的发展　645
19.1.2 工业微生物的常见种类　645

19.2 工业发酵　647
19.2.1 生物反应过程与发酵工程　647
19.2.2 发酵方法分类　648
19.2.3 发酵过程的主要单元操作　649
19.2.4 生物反应器　654

19.3 微生物与现代发酵工业　658
19.3.1 微生物生产有机酸　659
19.3.2 微生物生产氨基酸　659
19.3.3 微生物生产酶制剂　659

19.4 微生物与医药　660
19.4.1 微生物生产抗生素　660
19.4.2 微生物生产甾体类药物　660

19.5 微生物与生物能源　661
19.5.1 燃料乙醇　661
19.5.2 生物制氢　661
19.5.3 沼气发酵　661
19.5.4 微生物燃料电池　662

名词索引　665

微生物中文名索引　681

微生物学名索引　686

1 绪 论

导语

微生物的世界是一个充满神奇与奥秘的领域。虽然微生物看似微小，却在生物圈中无处不在，并对人类的生活和生产产生着巨大的影响。随着对微生物学的深入了解，人们意识到它们不仅在生活中扮演着重要角色，而且对健康、医药、农业与工业等多个领域产生着深远的影响。人们对微生物世界的认识高度依赖于技术的发展。在 17 世纪，列文虎克首次使用自制显微镜观察到微生物，开启了微生物学的先河。19 世纪，巴斯德和科赫等科学家建立了微生物的分离、培养、接种和灭菌等技术，这些技术的发展将微生物的研究从形态描述推进到生理学研究阶段，为现代微生物学的发展奠定了坚实的基础。20 世纪微生物学的应用取得了巨大进展，抗生素和微生物酶制剂等广泛应用，而基因工程技术成为现代生物技术的重要组成部分。21 世纪以来，随着高通量测序、宏基因组和合成生物学等新兴生物技术的蓬勃发展，微生物学研究进入了一个飞速发展的全新阶段。这些新技术的出现为深入了解微生物的生态、演化和生物化学特性提供了前所未有的机会。

关键词

微生物，生物技术，巴斯德，科赫法则，微生物组，合成生物学

1.1 微生物与微生物学

1.1.1 微生物是地球上最具影响力的"小巨人"

微生物（microorganism）是所有体形微小、肉眼难以看清的单细胞、个体结构较为简单的多细胞，甚至没有细胞结构的生命形式的通称，通常需要借助显微镜才能观察。它们包括病毒、细菌、古菌、真菌、单细胞藻类和原生动物等。这些微生物的形态和行为特征各不相同，它们栖息在地球上所有能够支持生命存在的环境中，占地球生物质总量的60%以上。许多微生物是没有分化的单细胞生物，但有些形成了较为复杂的结构，有些甚至是多细胞的。微生物可以简单划分为非细胞生物（病毒、亚病毒或类病毒等）、原核生物（古菌以及包括支原体、立克次氏体、衣原体、放线菌、蓝细菌在内的细菌）和真核生物（真菌、单细胞藻类和原生动物）。微生物是地球上许多有机和无机反应发生的"场所"。微生物是地球生命演化的起点，所有现存生命体都可以追溯到一个共同的远古单细胞生命祖先。在地球生命演化过程中，微生物的内共生、病毒介导的基因水平转移等，是地球生命形式发生关键变化（无氧到有氧，原核到真核，单细胞到多细胞等）的主要原因。微生物通常生活在复杂的微生物群落中，它们的行为受到彼此之间、与环境之间以及与其他生物体之间相互作用的调节，因此在地球物质循环中发挥着关键作用，是地球环境的重要塑造者，也是地质历史上许多次气候变化的主要影响因素之一。微生物与人类关系密切，许多疾病是由病毒、细菌、真菌或原生动物感染引起的，同时人体内正常菌群对健康的维持也至关重要。

在植物和动物出现之前，微生物在海洋和陆地中存在了数十亿年，它们的多样性令人震惊。微生物占地球生物量的很大一部分，并且无处不在，它们的活动对维持地球生态至关重要。地球大气中的氧气大部分是微生物活动的结果。植物和动物都生活在遍布微生物的世界里，它们的演化和生存受到微生物活动、微生物共生和病原体的直接影响。微生物是人类生活的关键组成部分，从传染病到人类的食物、饮用水、农田的肥力、家畜的健康，甚至是日常使用的燃料都离不开微生物的活动。虽然不同的地球生物都受到来自微生物的强烈影响，但由于微生物体积小、肉眼难以觉察，它们的贡献往往被忽视。例如，在人体内，共生有数倍于自体细胞数量的微生物细胞，同时还有超百倍于自体基因的微生物基因的存在。这些共生微生物对人类健康至关重要。人体内与体表的全部微生物组成了人体的微生物组，人体微生物组与人类健康息息相关。以人体肠道微生物组为例，其组成及变化与饮食、基因、健康状况、服用的药物密切相关，然而人们对这些肠道微生物的了解，从某种程度上来讲才刚刚开始。

所有地球生态系统都受到微生物活动的极大影响。微生物的代谢活动可以在化学层面和物理层面改变其生境，这些变化也将会影响其他生物。例如，许多人类活动将过量的营养物质释放到海洋沿岸区域中，从而刺激了微生物的过度生长，这可能导致这些水域出现巨大的缺氧区。这些"死亡区"导致沿海地区的海洋鱼类和贝类由于缺氧而大量死亡。通过了解微生物和深入学习微生物学，才有可能更加精准地预测并尽量减少人类活动对整个生物圈的不利影响。

1.1.2 地球生命简史

微生物是地球上最古老的生命形式，是地球生物圈得以持续维持的"底层"支撑。地球大约有 46 亿年的历史，微生物细胞最早出现在 43 亿到 38 亿年前。在地球形成的最初 20 亿年里，它的大气是缺氧的（O_2 含量较低），只有氮气（N_2）、二氧化碳（CO_2）和其他一些气体存在。在这样的条件下，只有能够进行厌氧代谢（即不需要氧气的代谢）的微生物才能够存活。

光能营养微生物（从阳光中获取能量的生物体）出现在地球形成后的 10 亿年左右。第一批光养微生物是不产氧的，与现在存在的紫色硫细菌和绿色硫细菌类似。蓝细菌（产氧光合细菌）在地球生命出现约 10 亿年之后得以演化形成，并开始缓慢地向地球大气"充氧"。这些早期的光能营养型微生物，生活在被称为微生物垫（microbial mat）的结构中，这种结构在现今仍然存在。在地球大气氧含量显著增加之后，多细胞生命形式最终演化出来，逐渐形成了今天的植物和动物。但是植物和动物在大约 5 亿年前才出现，地球生命的演化时间轴显示 80% 的生命历史完全属于微生物。即使是现在，无论是从种类、数量还是总质量来看，地球上的微生物仍然占据着绝对优势。因此，地球依然可以被认为是一个属于微生物的行星。

随着演化事件的展开，微生物细胞的三个主要谱系——细菌、古菌和真核生物（图 1-1），被区分开来。这三个主要的细胞谱系被称为域（domain），所有已知的细胞生物都属于这三个域中的一个。所有细胞生物也共享某些特征和基因。例如，在所有域的细胞中普遍存在大约 60 个基因，对这些基因的研究表明，这三个域都起源于一个共同的祖先，即最后普遍共同祖先（last universal common ancestor，LUCA）。在漫长的时间尺度上，来自这三个域的微生物逐渐演化，占据了地球上的各种适应性环境。

1.1.3 微生物的特点

微生物是个体微小、构造简单的细胞生物，大多数为单细胞，少数为多细胞，还包括一些没有细胞结构的生命类型。微生物的特点包括体积小、比表面大、吸收多、转化快、生长旺、繁殖快、适应强、变异频、种类多、分布广等。

1.1.3.1 体积小，比表面大

微生物个体大小差异大，大多数细菌细胞的直径在 $0.2 \sim 2\ \mu m$，而真菌直径多在 $2 \sim 10\ \mu m$，病毒多在 $0.01 \sim 0.25\ \mu m$，原生动物为 $2 \sim 1\ 000\ \mu m$。

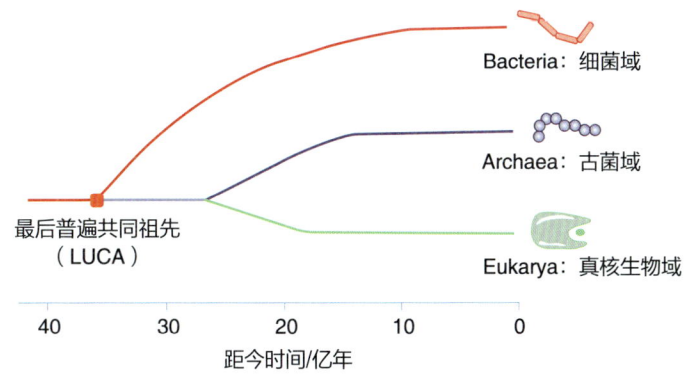

图 1-1 细胞生物（细菌、古菌和真核生物）的三个域

例如，一个大肠杆菌（Escherichia coli，又称大肠埃希菌）大约为 1 μm × 2 μm，这是原核生物较为常见的尺寸。1 500 个大肠杆菌首尾相连才约等于一粒芝麻的长度。一个大肠杆菌的质量大约是 10^{-12} g，约 10 亿个大肠杆菌才有 1 mg。

比表面（specific surface）也称比表面积，是指细胞的表面积与体积的比值。随着细胞体积的减小，细胞的比表面相应增大。细胞内外的物质交换必须通过细胞的表面进行，所以细胞的生长速率与细胞内外的物质交换速率呈正相关，体积小的细胞更易完成快速的物质交换，进而实现旺盛生长和快速繁殖。

1.1.3.2 吸收多，转化快

微生物吸收和转化物质的能力极为惊人。在适宜的环境条件下，E. coli 可以在 1 h 内分解其自重 1 000 ~ 10 000 倍的乳糖，这种代谢速率是任何高等动植物都无法比拟的。微生物具有快速吸收和转化物质的能力，为其快速生长繁殖和合成大量代谢产物提供了充分的物质基础。人类可以利用微生物的生物化学转化能力，因此微生物被誉为人类的"活的化工厂"，为人类生产和生活提供了多种生物化学产品。同时，微生物在环境污染治理和修复方面的作用也日益显著。

1.1.3.3 生长旺，繁殖快

微生物因体积小而具有更大的比表面，有利于细胞的营养物质吸收、代谢废物排泄、能量和环境信息交换。快速的物质与能量交换意味着快速地生长与繁殖。与大型真核生物相比，微生物繁殖迅速。以 1 个大肠杆菌（仅 10^{-12} g）为例，在适宜的培养条件下，它可以每 20 min 分裂一代，20 min 后有 2 个细胞（2^1 个），再 20 min 后有 4 个细胞（2^2 个）……1 天之后（24 h，共 72 个 20 min）将有 4.7×10^{21} 个细胞（2^{72} 个），总质量达到 4.7×10^6 kg；2 天之后（48 h，共 144 个 20 min）将有 2.2×10^{43} 个细胞（2^{144} 个），总质量达到 2.2×10^{28} kg，相当于 4 000 个地球的质量。然而实际上，即使在最适宜的培养基中，由于营养物质和空间的限制以及代谢废物的累积，这种繁殖速度只能维持数小时，随后出现生长拐点到达平台期。

1.1.3.4 适应强，变异频

微生物极强的适应性是动植物无法比拟的，即使在对于其他形式的生命来说极其严酷的栖息地中也有着大量微生物存在，比如火山温泉、冰川和冰覆盖地区、高盐环境、极酸性或极碱性的栖息地，以及在极高压力下的海洋深处或地球深处。大多数细菌能耐 −196 ~ 0℃ 的低温，甚至在 −253℃（液态氢）下仍能存活；超级嗜热微生物的生存温度上限约为 122℃（由古菌 Methanopyrus kandteri Strain 116 在高压环境下实现）；某些细菌可在 1 400 个大气压下生长。适合生活在极端环境中的微生物被称为极端微生物。细菌芽孢和真菌孢子可在干燥条件下保存数十年，甚至数百数千年，目前已知的世界上最古老的活细菌（芽孢）存活了 2.5 亿年。极端微生物和芽孢的抗逆特性代表了生命的极限适应能力。

微生物繁殖快，遗传物质在复制过程中存在自发突变，自发突变所带来的多数表型效应是不利的，但当微生物生存环境发生改变时，突变中的极少部分可能带来生存优势。例如，处于有青霉素的环境中，无抗性的亲本无法生存，而具有耐药性的突变

株就成为可以存活并适应新环境的优势菌株。

尽管自发突变发生的频率只有 $10^{-10} \sim 10^{-5}$，但由于微生物繁殖速度快，可在短时间内产生大量变异的后代。因此科学家常利用微生物的易变异特征来改造菌种，如青霉素生产菌的发酵水平由 20 U/mL 提升到超过了 200 000 U/mL。由于微生物易于变异，原核生物的 DNA 序列差异很大，即使是同一个种（Species）的不同菌株，其基因组 DNA 序列的差异也可能达到 30%。

1.1.3.5　种类多，分布广

微生物种类繁多，迄今为止，人类已知的微生物约 20 万种。据估算，地球上微生物的总数可能在 50 万~600 万种，甚至更多。

微生物是地球上分布最广泛的一类生物，科学家估算地球上存活着约 1.2×10^{30} 个细菌和古菌细胞。细菌和古菌的"五大"栖息地为深海地下（4×10^{29}）、海洋沉积物（5×10^{28}）、大陆深层（3×10^{29}）、土壤（3×10^{29}）和海洋（1×10^{29}）；其余的栖息地含量不到 10^{27} 个，包括地下水、大气层、海洋微表层、人类、动物和植物等。人们无时不生活在"微生物的海洋"中，数十千米的高空、数千米的地下、常年封冻的冰川等，人类可到之处乃至人迹罕至之处，都有大量微生物的存在。

微生物构成了全球生物量的主要部分，是生命所必需的营养物质的主要储存库。存在于所有微生物细胞中的碳总量占地球生物量的很大一部分。此外，微生物细胞内氮和磷（生命必需的营养物质）的总量几乎是所有动植物细胞总和的 4 倍。微生物也占生物圈总 DNA 的很大比例（约 31%），其遗传多样性远远超过植物和动物。

1.1.4　微生物亦敌亦友

除了作为疾病的媒介（病原体）引起各种疾病，微生物在食品和农业中都发挥了重要作用。人体内的正常菌群对于人的健康至关重要，是人体健康的基本保障，它们帮助人体进行消化，提供必要的营养物质，并组成了人体的生理屏障。此外，人类社会在许多方面受益于微生物，它们是生产面包、奶酪、啤酒、抗生素、疫苗、维生素、酶和许多其他重要产品所必需的。事实上，现代生物技术是建立在微生物学基础之上的，基因工程等现代生物技术也需要以微生物为基本的实验工具。微生物是地球生态系统中不可缺少的组成部分，它们使陆地和水生系统中的碳、氧、氮和硫的循环成为可能，它们也是所有食物链和生态网络的基础营养来源。

虽然病原体和传染病仍然是人类健康的主要威胁，防治这些有害生物是微生物学的重点，但大多数微生物对人类无害。事实上，大多数微生物都是有益的，在许多情况下，它们甚至对人类福祉和生态系统的运转至关重要。

1.1.4.1　作为病原的微生物

在过去的几千年里，细菌和病毒等病原体引起的传染病多次导致人类大规模死亡，并对人类社会进程产生深远影响。例如，罗马帝国的衰落和征服新大陆等历史事件。1347 年开始，鼠疫（黑死病）残酷地袭击了欧洲，数年之后（1351 年），导致

30%~60%的欧洲人口死亡（约2 500万人）。在接下来的80年里，这种疾病一次又一次地袭击欧洲，最终使欧洲75%的人口灭绝。一些历史学家认为，这场灾难对欧洲社会影响巨大，为文艺复兴创造了条件。即使是现在，人类仍受着微生物病原体带来的疾病的威胁，如新型冠状病毒肺炎感染（COVID-19）再次给人类敲响警钟。即使在今天，微生物学家和其他人员与艾滋病、疟疾等"杀手"的斗争仍在继续。

> 知识拓展 1-1
> 埃博拉病毒

与此同时，微生物学家在发现微生物活动规律方面取得了巨大的进步，这些知识的应用极大地促进了人类健康和福祉的发展。传染病的控制是一系列进步的结果，包括人们对疾病过程的深入了解、卫生实践的改善、疫苗的普及以及抗生素等抗菌剂的广泛使用。微生物学作为一门学科的发展可以追溯到对传染病的开创性研究。

1.1.4.2 微生物与医药

虽然微生物作为病原体给人类健康带来了极大的危害，但微生物也给人类带来治疗疾病的希望。随着微生物学的发展，微生物在医药领域越来越重要，是现代生命科学的研究热点。微生物来源的药物在抗感染、抗肿瘤、免疫抑制和代谢调节等疾病领域发挥着重要作用。基于微生物的研究，免疫疗法的发明与应用、化学治疗剂如磺胺等的普及、抗生素的大规模生产与推广，以及近年来利用生物工程菌生产多胺类药物等，这些科学发现和应对措施，使得原本肆虐的传染病得到了有效控制。由真菌、细菌等微生物产生的抗生素，帮助人类获得对抗致病菌的能力。自弗莱明发现青霉素以来，人类已经发现了上万种抗生素，并有百余种应用于临床。此外，医学上使用的许多生化药品也是由微生物发酵后提取而来，如辅酶A、核黄素、维生素C、生物素等。用微生物制成的疫苗，也广泛用于疾病的预防，如预防结核杆菌感染的卡介苗和预防脊髓灰质炎病毒感染（小儿麻痹症）的"糖丸"等。烈性传染病天花已被彻底消灭，小儿麻痹症基本消除，乙型脑炎等流行病正在逐步控制和消灭。

1.1.4.3 微生物与农业和人类营养

微生物对关键植物养分的循环具有重要作用。例如，豆类是一个多样化的植物家族，包括大豆、豌豆和扁豆等主要作物物种。豆科植物与细菌密切相关，这些细菌在其根上形成称为根瘤（root nodule）的结构。在根瘤中，这些细菌通过固氮过程将大气中的氮气（N_2）转化为氨。氨是肥料中的主要营养物质，是植物生长的氮源。豆科植物在细菌的辅助下制造肥料，从而减少了对化学肥料的需要。细菌调节养分循环，如氮循环和硫循环，转化和循环养分，构成土壤肥力的基础。

反刍动物（包括农业饲养的牛、羊，以及野生的野牛、山羊、鹿、长颈鹿、骆驼等）瘤胃中的微生物具有重要作用。瘤胃是一个微生物生态系统，微生物群落在其中消化和发酵植物细胞壁的主要成分纤维素。如果没有这些共生微生物，反刍动物就无法利用富含纤维素（但其他方面营养贫乏）的食物（如草和干草）生长。

人类的胃肠道没有瘤胃，但复杂的碳水化合物（占食物能量的10%~30%）被肠道微生物消化，每克结肠内容物含有约10^{11}个微生物细胞。微生物细胞数量在极酸性胃中（pH 2）较低（约 10^4 个/g），但在小肠末端（pH 5）增加至约 10^8 个/g，然后在结肠中（pH 7）达到最大数量。结肠中含有多种微生物，它们有助于消化复杂的碳水化合物，并合成维生素和其他对宿主营养至关重要的营养素。肠道菌群（gut microbiota）从婴儿出生开始发育，其结构随时间而改变。肠道微生物组（intestinal microbiome）的组成对消化道功能和人体健康有极为重要的影响。

1.1.4.4 微生物与食品工业

微生物与人类的食物密切相关。食物中的微生物生长可导致食物变质和食源性疾病。人类收获和储存食物的方式（例如罐装、冷藏、干燥、腌制等），烹饪食物的方式，甚至使用的香料，都受到了微生物的影响——重要目的是尽量抑制微生物的生长，消除有害微生物。食品安全和预防食品腐败是食品工业关注的焦点，微生物也是造成经济损失的主要原因之一。

虽然有些微生物会引起食源性疾病和食物变质，但并非食物中所有的微生物都有害。数千年来，有益微生物一直被用于提高食品安全和保存食品。例如，酸奶和乳酪都是由微生物发酵生产的乳制品，发酵过程中产生的酸可以抑制食源性病原体的生长，延长保质期。这种微生物发酵被用来生产各种各样的食物，包括酸菜、泡菜和某些香肠，甚至巧克力和咖啡的生产也依赖于微生物发酵。此外，烘焙食品和含乙醇饮料依赖于酵母的发酵活动，酵母产生 CO_2 来发酵面团。发酵产物影响食品的风味和口感，可以防止变质以及有害生物的生长。

1.1.4.5 微生物的其他应用

在工业微生物学范畴内，微生物展现出了巨大的商业应用价值。其中，自然存在的微生物能够实现大规模培养，进而以较低成本生产诸如抗生素、有机酸、酶类及特定化学品等大宗产品。与之相对，生物技术领域则侧重于运用基因工程改造后的微生物来合成高附加值产品，例如胰岛素或其他人类蛋白。此类生产往往规模较小，不过其产品在医疗等领域具有不可替代的重要作用。这些不同的微生物应用模式共同体现了微生物在商业产品生产中的关键作用。

🔍 知识拓展 1-2
基因工程微生物

微生物也可以用来生产生物燃料。例如，一组古菌——产甲烷菌（methanogen），可以通过厌氧代谢产生天然气（主要成分为甲烷，CH_4）。工业上，还可以利用微生物的发酵，将多种生物质（如甘蔗、玉米或速生草等富碳原料）转化为乙醇（一种重要的燃料补充物，可以单独或与汽油混合配制成乙醇汽油）。微生物甚至可以将废物，如生活垃圾、动物粪便和纤维素，转化为乙醇和甲烷。

微生物也可以用来清理工业污染，它们通过降解有机物和转化无机物的代谢活动，有效地促进废水的生物降解，加速有毒污染物的去除过程。这些例子表明，微生物对人类的影响是巨大的，它们的活动对地球的运转至关重要。

1.2 微生物学的发展历程

1.2.1 微生物学及其研究内容

微生物学（microbiology）是研究微生物的形态、生命活动规律及其防治和应用的科学，主要关注微生物是什么，它们是如何生存和活动的，它们的主要行为及其影响，以及如何利用微生物发展新技术等。

微生物学是研究各类微小生物体，如细菌、古菌、真菌、原生生物、病毒等的生物学分支学科，是生命科学的关键领域。微生物学主要研究微生物的形态、结构、生理生化、生命活动规律及其与人类和自然界的相互关系。以微生物为模型，人们可以深入了解生命现象的本质与规律。微生物学对生物学的其他领域和人类科技发展都有巨大的影响。

微生物学与医学、农业、环境保护以及发酵工业等领域有着紧密的联系，并在这些领域发挥着广泛的作用。微生物学的研究不仅揭示了微生物本身的奥秘，也为人类提供了许多重要的应用。

1.2.2 微生物的发现

显微镜的发展是微生物学发展的关键。从历史上看，随着新工具的开发和旧工具的改进，微生物学的发展取得了巨大的飞跃。显微镜是微生物学家研究微生物的最古老和最基本的工具。在显微镜发明之前，作为一门学科的微生物学并不存在。

几个世纪以前，虽然曾有人怀疑存在一些小到肉眼无法看到的生物，但是直到显微镜发明后才发现了它们。英国科学家和自然历史学家罗伯特·胡克（Robert Hooke，1635—1703）是一位优秀的显微镜学家。他的著作 *Micrographia*（《显微图片》）（1665年出版）是第一本致力于显微观察的书，书中胡克绘制了许多显微图像，包括霉菌孢子头的结构（图 1-2），这是人类第一幅关于微生物的显微观察图片记录。

第一次在显微镜下观察到细菌并加以记录的学者是荷兰人安东尼·范·列文虎克（Antony van Leeuwenhoek，1632—1723）。列文虎克早期以卖布为生，但他大部分的业余时间都用于制作简单的显微镜。这种显微镜由夹在两块银板之间的双凸透镜组成。列文虎克一生磨制了 400 多个透镜，其中一架简单的透镜放大率达到 270 倍。虽然这些显微镜比较粗糙，但是通过仔细的操作和聚焦，列文虎克能够看到细菌。1676 年，他在观察辣椒水时发现了细菌，并将他的观察结果以一系列信件的方式报告给了伦敦的英国皇家学会。1684 年，该学会在其《皇家学会哲学学报》上首次发表了列文虎克的相关发现。图 1-3 显示了被列文虎克称为"小

图 1-2 胡克绘制的霉菌显微图片

动物"的微生物。

然而，由于观察和研究方法的局限，在接下来的200年里，微生物学的发展相对缓慢。这种情况一直持续到研究者拥有了成熟的实验室分离和培养微生物技术。在此期间，科学家们努力解决关于自然发生说有关的冲突，这种冲突以及随后对微生物在致病过程中所起作用的研究使得微生物学快速发展。在这一过程中，巴斯德和科赫成为了现代微生物学的奠基人。

1.2.3 巴斯德与微生物学奠基

路易·巴斯德（Louis Pasteur，1822—1895）是法国化学家，现代微生物学的开创者。他把人类对微生物的研究从对微生物形态描述的阶段提升到了对微生物生理研究的阶段，从而奠定了工业微生物学和医学微生物学的基础，并开创了微生物生理学。1854年法国教育部委任巴斯德为里尔工学院院长兼化学系主任，1862年巴斯德当选为法兰西科学院院士。

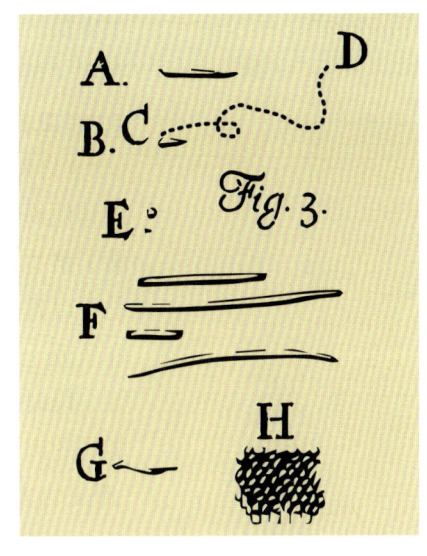

图1-3 列文虎克观察细菌的记录

1.2.3.1 发酵的微生物基础

在巴斯德职业生涯的早期，他研究了乙醇生产过程中形成的晶体。通过显微镜观察葡萄酒中酒石酸晶体的形成，他看到了两种具有镜像结构的晶体，将它们分开后，观察到每种类型的晶体都能使一束偏振光向不同的方向弯曲。通过这种方式，他发现化学上相同的物质可以有旋光异构体，它们具有不同的分子结构，从而影响它们的性质。巴斯德紧接着发现了微生物可以区分旋光异构体，例如，霉菌只利用D-酒石酸盐，而不利用其旋光异构体L-酒石酸盐。微生物能够区分光学异构体的事实使巴斯德怀疑，许多被认为是纯化学性质的反应实际上是由特定的微生物催化的。

巴斯德花了多年时间研究产生乙醇的发酵过程，这种发酵过程用于葡萄酒和其他乙醇饮料的生产。19世纪中期，一些化学家认为乙醇的生产完全是一个化学过程，糖的化学不稳定性导致它们分解为乙醇。而巴斯德不同意他们的观点，他认为发酵是由活的有机体完成的。1856年，巴斯德遇到了当地一位用甜菜汁生产乙醇的商人，这位商人因为他的许多大桶生产出的不是乙醇，而是一种闻起来像酸奶的物质而亏了钱，巴斯德确定这种物质是乳酸。他用显微镜观察到，产乙醇的大桶里充满了酵母，但产乳酸的大桶里却充满了杆状的细菌。他猜测是活的有机体的生长产生了乙醇或乳酸。

为了证明他的假说，巴斯德培养了这些有机体。他准备了一种酵母细胞的提取物，推断其中含有酵母生长所需的所有营养物质。然后，他使用陶瓷过滤器从酵母提取物营养培养基中去除所有细胞使其无菌。他将活酵母重新引入无菌酵母提取液中，可以看到酵母的生长并且有乙醇产生，但如果引入杆状的细菌，就会有乳酸的产生。加热这些培养物会消除它们的生长并且不会有乙醇或乳酸的产生。通过这种方式，巴斯德证明了发酵是由微生物进行的，不同的微生物进行不同的发酵反应。

在他的发酵研究中，巴斯德观察到经常会有其他有机体在他的酵母提取物培养基中生长，他推断这些有机体是从空气中引入的。巴斯德在发酵方面的工作为他一系列否定"自然发生说"的经典实验做了准备。

1.2.3.2 自然发生说的否定

"自然发生"的概念已经存在了数千年，它的基本原理很容易理解。如果将食物或其他易腐烂的物质放置一段时间，它们就会腐烂。在显微镜下观察，腐烂的物质充满了微生物。这些有机体是从哪里产生的？起初，人们相信生命是可以自然产生的，是可以直接从无机物质转变成有机生命体的。例如，埃及的尼罗河泛滥之后，许多青蛙从泥土中爬出来，所以人们相信"青蛙来自营养丰富的泥土"；一块肉在空气中放置一段时间，从里面就会爬出一些蝇蛆，蝇蛆再变成苍蝇飞走了，所以说"苍蝇来自腐烂的肉"。这种假说就是自然发生说（spontaneous generation），听起来比较符合人们"眼见为实"的生活经验，也比较符合"神创世界""上帝造人"的宗教观点。

关于"自然发生说"的争论不断，意大利医生弗朗西斯科·雷迪（Francesco Redi，1626—1697）对腐烂的肉进行了一系列实验，通过用有盖和无盖的容器盛放肉，证明了腐肉上的蛆是由于蝇卵的存在而产生的，而不是由肉自发产生的。其他的一些实验也削弱了自然发生理论在大型生物体上的可信度。然而，列文虎克关于微生物的论述再次引发了争议。一些人提出微生物是自然发生的，而较大的有机体不是。英国牧师约翰·尼达姆（John Needham，1713—1781）在短暂煮沸肉汤混合物后密封烧瓶，几天后，发现肉汤变浑浊了并且观察到了微生物，因此他认为这些微生物是自然发生的。意大利科学家拉扎罗·斯帕兰扎尼（Lazzaro Spallanzani，1729—1799）对尼达姆的实验提出了质疑，他认为短时间的煮沸很可能没有杀灭全部微生物。他将肉汤密封在玻璃烧瓶中，然后将烧瓶放在沸水中煮更长的时间（约 45 min），发现密封的烧瓶中没有微生物生长。他提出空气携带细菌到培养基中才导致了肉汤的腐败。"自然发生说"的支持者认为在密封的烧瓶中加热空气会破坏空气维持生命的能力，因此并没有怀疑"自然发生说"。正在人们就"生物是否可以自然发生"争辩的时候，达尔文的《物种起源》发表了，从理论角度否定了"上帝造人说"，进而否定了"自然发生说"，但当时尚无强有力的实验来直接否定"自然发生说"。

巴斯德是"自然发生说"的强烈反对者。他预测，腐烂材料中的微生物是从空气中进入的细胞或最初存在于腐烂材料中的细胞后代。他认为，如果食品的处理方式能杀死所有存在的生物体，也就是说，如果食品被灭菌，并保持无菌状态，它就不会腐败。巴斯德用加热的方法来杀死微生物，他发现对营养液进行大范围的加热，然后再密封可以防止它腐烂。"自然发生说"的支持者批判这些实验，宣称新鲜空气是这种现象发生的必要条件。1864 年，巴斯德通过一个实验巧妙地反驳了"自然发生说"。他将肉汤放入曲颈瓶中，用火加热杀菌，结果放在曲颈瓶里煮过的肉汤由于无法和空气中的细菌接触（带有细菌的空气尘埃均落在曲颈弯口了），经过 4 年也没有腐败；而将这些肉汤和曲颈弯口处的尘埃接触，其中的肉汤则很快就腐败变质了（图 1-4）。这个"曲颈瓶实验"说明生物不会自然发生，彻底解决了有关"自然发生说"的争论。

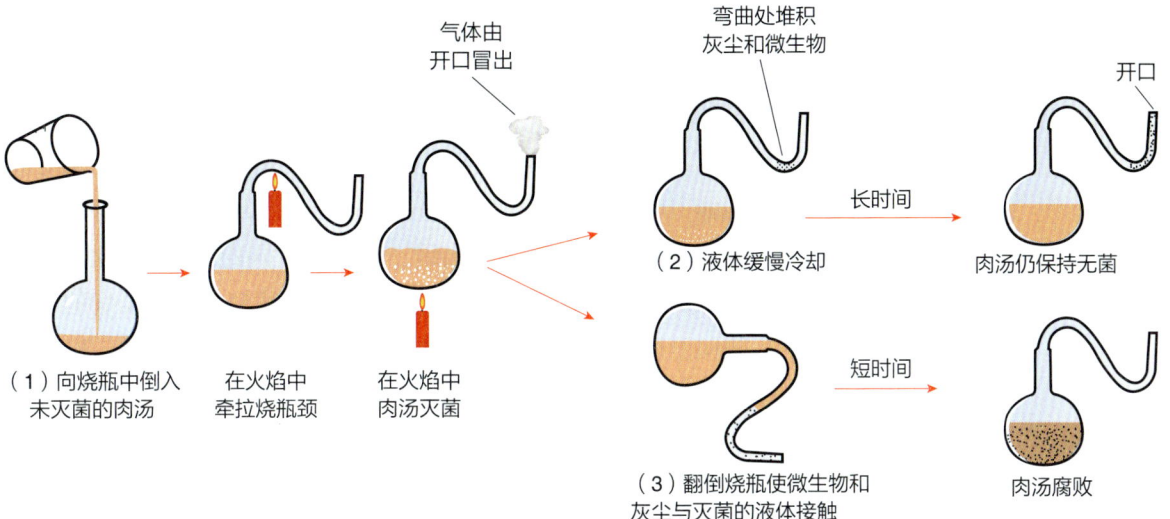

图1-4 巴斯德的曲颈瓶实验

巴斯德在否定自然发生方面的工作证明了灭菌的重要性，促进了有效灭菌程序的发展，这些程序最终被标准化并广泛应用于微生物学、医学和工业生产。例如，英国医生约瑟夫·李斯特（Joseph Lister，1827—1912）根据巴斯德的发现推断手术感染是由微生物引起的，他实施了一系列旨在杀死微生物和防止手术患者微生物感染的技术。例如，通过使用化学物质石炭酸（苯酚）进行消毒，患者的术后感染率大幅度下降。李斯特创立的无菌外科手术技术被全世界采用，使术后死亡率在10年内从45%降到15%，挽救了无数人的生命。食品工业也得益于巴斯德的工作，因为它的原理很快被用于热处理保存牛奶和许多其他食品，人们把这种采用不太高的温度加热杀死致病菌和腐败微生物的方法称为"巴氏灭菌法"（又称"巴氏消毒法"）。直到现在，鲜牛奶和啤酒等还常用巴氏灭菌法来保存。

1.2.3.3 巴斯德与疫苗

巴斯德在微生物学和医学方面也取得了许多成就，他研制出鸡霍乱疫苗、炭疽疫苗和狂犬疫苗等多种疫苗，为动物与人类疾病的防治提供了理论指引与实际方法，是免疫学学科的开创者。巴斯德在狂犬病方面的研究是最著名的。众所周知，人感染狂犬病后，一旦发病死亡率近于100%。在巴斯德找到对付狂犬病的方法之前，人类对狂犬病没有任何真正有效的治疗或预防方法。巴斯德通过研究推断，发病动物的狂犬病病原体应该集中于神经系统。他发现，从病死动物身上取出的新鲜脊髓组织，研磨后和蒸馏水混合并注入健康犬便会染上狂犬病；但若将脊髓干燥后和蒸馏水混合并注入健康犬却并没有染病。经过反复接种实验，这些接种过"疫苗"的狗，即使再被注入新鲜的病犬脊髓组织，也不会发病。

令巴斯德的狂犬病疫苗变得家喻户晓的事件发生在1885年。当时一位母亲带着被疯狗咬伤的9岁小男孩约瑟夫·迈斯特（Joseph Meister）找到巴斯德，哀求巴斯德救救她的孩子。巴斯德决定为约瑟夫做人类第一例狂犬病免疫试验，结果试验相当成功，约瑟夫健康地回到了家乡。不久之后，巴斯德又用同样的方法救下了另一个孩子。消息很快传遍法国，一年内有数千名被疯狗咬伤的人蜂拥而至，通过巴斯德的狂犬病疫苗得到救治。

1.2.3.4 巴斯德的其他贡献

巴斯德一生当中获得了无数科学成就，不仅对科学发展产生了深远影响，也对社会经济（如法国的葡萄酒业、啤酒业、桑蚕业）等各方面产生了重大影响。他找到了导致当时法国每年损失1亿法郎的"蚕病"的病因，挽救了法国的蚕丝业。1888年，法国政府在巴黎建立巴斯德研究所，该研究所最初是治疗狂犬病和其他传染病的临床中心，现在是主要的生物医学研究中心，专注于抗血清和疫苗的研究与生产。巴斯德70岁生日时，他所任教的巴黎索邦大学举行了盛大的庆祝会。巴斯德在法国总统搀扶下，接受了一枚纪念章，上面刻着："纪念巴斯德70岁生日，法兰西感谢你，人类感谢你。"

1.2.4 科赫与微生物学奠基

罗伯特·科赫（Robert Koch，1843—1910）是一名德国医生，他和同时代的巴斯德通过各自的工作与成就，奠定了现代微生物学的基础。

证明某些微生物能引起疾病为微生物学作为一门独立的生物学科的发展提供了动力。早在16世纪，人们就怀疑某种病原体能从患者身上传染给健康人。在微生物被发现后，许多人提出它们会引起传染病，但缺乏确切的证据。早在1847年，匈牙利医生伊格纳兹·塞麦尔维斯（Ignaz Semmelweis，1818—1865）就提倡通过术前洗手来预防感染的方法，他的方法挽救了许多产妇的生命，但他不能证明为什么这些方法有效，他的建议遭到了很多医学界人士的嘲笑。巴斯德和李斯特的工作提供了强有力的证据，证明微生物是导致传染病的原因，但直到德国医生罗伯特·科赫的工作，传染病的细菌理论才有了直接的实验支持。

1.2.4.1 疾病的病原说和科赫法则

炭疽是由炭疽杆菌（*Bacillus anthracis*）引起的人兽共患性传染病。在科赫早期对炭疽的研究工作中，通过显微镜观察和染色，科赫确定这种细菌总是在死于这种疾病的动物血液中存在，于是他用炭疽和实验动物来研究细菌与疾病的关系，这项研究的结果形成了此后传染病研究的标准。

科赫用老鼠作为实验动物，他发现将感染炭疽的老鼠的一小滴血注射到健康的老鼠身上时，后者很快就患上了炭疽。他从第二只动物身上取血，注射到另一只健康的小鼠身上，再次观察到了特有的疾病症状。科赫还发现炭疽杆菌可以在宿主体外的营养培养基中生长，即使在实验室培养中经过多次转移，当接种到健康动物体内时，这种细菌仍然会引起疾病。科赫通过对炭疽病的研究工作，首次以毫无争议的结果证实微生物（细菌）是导致传染性疾病的病因，即今天所说的病原体，从而建立了疾病的病原说（Germ theory of disease）。在这些实验和其他关于结核病病原体实验的基础上，科赫制定了一套严格的标准用来确定侵染性疾病病原体的操作程序，即著名的科赫法则（Koch's postulates）。科赫法则的详情参见本书 15.1.2.1 内容。

科赫法则强调了实验室培养假定的传染性病原体的重要性，随后将可疑的病原体引入原始健康的动物，并从患病或死亡的动物中分离回收病原体。在该法则的指导下，科赫和他的学生还发现了人类和家畜中多种重要传染病的病原体，这些发现促进了许多疾病的预防和治疗方法的发展。

虽然科赫法则被广泛使用，但有时并不可行。例如，麻风病的病原体麻风分枝杆菌（*Mycobacterium leprae*）必须在宿主细胞内生存，不能利用纯培养技术分离出来。健康者体内并不总是不存在病原体，如新型冠状病毒感染流行期间发现的大量无症状感染者。还有一些人类疾病缺乏适当的动物模型，所以这些假设不能被完全满足。为了克服这些困难，微生物学家有时会使用分子生物学和遗传学的方法来确定传染性疾病的病原体。例如，使用分子方法来检测身体组织中微生物的核酸，而不是将其分离出来。与致病微生物（病原体）的毒力相关的基因可能会发生突变，突变生物体引起疾病的能力降低，可以通过将正常基因导入突变体来恢复病原体的毒力。

知识拓展 1-3
COVID-19

1.2.4.2 微生物的纯培养

科赫法则的第二条指出，必须在实验室培养中把可疑的病原体分离，使其生长远离其他微生物，即得到纯培养物。为了实现这一重要目标，科赫和他的同事们开发了数种在纯培养（pure cultivation）中获得和培养细菌的简单而巧妙的方法，其中许多方法至今仍在使用。

科赫最开始使用天然表面（如土豆片）来培养细菌，但他很快开发出更可靠的生长培养基，使用明胶固化的液体营养液，大大提高了培养的效率。然而，许多细菌有降解明胶的能力，营养明胶平板常常被细菌降解得一塌糊涂，此外，明胶的熔点较低，自身容易液化，在一定程度上限制了其使用。后来在科赫一位助手的妻子 Fran Heese 的建议下，尝试使用琼脂代替明胶来制备营养平板，从而发明了使用至今的琼脂固体培养基。科赫和他的同事观察到，当固体表面在空气中培养时，大量微生物细胞会生长出来，它们被称为"菌落"，每个菌落都有独特的形状和颜色。他推断，每个菌落都是由单个细菌细胞生长产生大量的细胞形成的集群。科赫推断，每个菌落都含有纯培养物（pure culture）（由单一个体生长繁殖所获得的微生物群体），他很快意识到固体培养基提供了一种获得纯培养物的简单方法。1887 年，科赫的另一位同事理查德·佩特里（Richard Petri，1852—1921）发明了透明的双面"佩特里皿（Petri dish）"（即培养皿），这很快成为获得纯培养物的标准工具。

科赫创立的微生物学基本操作技术与方法沿用至今，奠定了微生物学作为生命科学中一门重要的独立分支学科的基础。这方面的成果主要有：设计了多种培养基，实现了在实验室内对不同微生物的培养；建立流动蒸汽灭菌技术，确保了无菌培养基的制备，直到后来高压蒸汽灭菌技术的出现；建立染色观察和显微摄影技术，使科学家能够清晰地看到显微状态的细菌并拍摄下来。

1.2.4.3 科赫和结核病

科赫另一个伟大的科学成就是发现了肺结核的病原体。在他开始这项工作的时候

图1-5 中国发行的纪念科赫发现结核杆菌100周年邮票

（1881年），所有报告的人类死亡中有1/7是由结核病引起的。人们怀疑结核病是一种传染性疾病，但无论是在患病组织中还是在培养物中，都从未见过这种可疑的病原体。在成功地研究炭疽之后，科赫着手证明结核病的原因，他汇集了以前在炭疽研究中开发的所有方法：显微镜、染色、纯培养分离和动物模型系统。

引起结核病的结核分枝杆菌（*Mycobacterium tuberculosis*）很难染色，因为结核分枝杆菌的细胞壁中含有大量蜡样脂质。尽管如此，科赫还是为肺组织中的结核分枝杆菌设计了一种染色方法。利用这种方法，他在结核组织中观察到蓝色杆状的结核分枝杆菌，而在健康组织中没有观察到。获得结核分枝杆菌培养物并不容易，但最终科赫成功地在含有血清的固体培养基上培养出了这种微生物菌落。1882年，科赫宣布他发现了肺结核的病因，并因此获得1905年诺贝尔生理学或医学奖。1982年，我国发行了一枚纪念邮票，纪念科赫发现结核杆菌100周年（图1-5）。在不断发展的传染病领域，科赫还有许多其他的成就，包括发现霍乱的病原体霍乱弧菌（*Vibrio cholerae*）和开发诊断结核分枝杆菌感染的方法（结核菌素皮肤试验）。

巴斯德和科赫所生活的19世纪，堪称微生物学的奠基世纪。除了这两位巨匠之外，其他学者也在同一时期做了大量开创性的工作。1884年丹麦人汉斯·克里斯蒂安·革兰（Hans Christian Gram，1853—1938）创立了革兰氏染色法，将所有细菌区分为革兰氏阳性菌和革兰氏阴性菌两大类，这是细菌分类学的重要方法之一。1897年德国人爱德华·布赫纳（Eduard Buchner，1860—1917）使用酵母的无细胞体系发酵乙醇成功，开创了现代酶学。

1.2.5　20世纪微生物学的快速发展

20世纪以来，微生物学发展迅速，除了得益于显微技术、化学分析技术等技术手段的革命与改进，还有一个典型的特点：微生物学与其他科学的深入结合与交叉，特别是与生物化学、遗传学的紧密结合，形成了微生物生理学与微生物遗传学。20世纪50年代之后，微生物学研究进入分子水平。由于微生物的遗传信息量相对较小，分子改造相对容易，分子生物学一度使微生物学成为生命科学中发展迅速、影响显著的前沿科学之一。20世纪70年代首例基因工程菌构建成功，使人工控制生物性状成为可能，用微生物来生产蛋白质类药物和各种特殊发酵产品成为可能，从而开创了基因工程新时代。微生物学与生态学的结合形成了微生物生态学，然而由于微生物生态环境的复杂性、复杂环境中微生物的多样性与易变性，使得微生物生态学一直难以成为微生物学研究的主流。随着高通量测序技术和计算机信息处理技术的高速发展，分子微生态学也由此进入快速发展的黄金时期。

包括微生物学在内，生命科学百年来的部分重要代表性成就如下：

1928年，英国人格里菲斯（Griffith）发现肺炎链球菌的转化现象；1944年，洛克菲勒大学三位科学家奥斯瓦尔德·艾弗里（Oswald Avery）、科林·麦克劳德（Colin Macleod）和马克林·麦卡蒂（Maclyn McCarty）进一步证实转化现象中的遗传物质是DNA而非蛋白质；进而1953年詹姆斯·沃森（James Watson）与弗朗西斯·克里克（Francis Crick）提出DNA的双螺旋模型及半保留复制理论；1958年克里克提出遗传信息传递的"中心法则"。1961—1966年，罗伯特·霍利（Robert Holley）、马歇尔·尼伦伯格（Marshall Nirenberg）和哈尔·葛宾·科拉纳（Har Gobind Khorana）破译了遗传密码。科学家们的"接力"工作，将传统生物学带入了全新的分子生物学阶段。沃森和克里克与另一位学者莫里斯·威尔金斯（Maurice Wilkins）共同分享了1962年诺贝尔生理学或医学奖。霍利、尼伦伯格和科拉纳共同分享了1968年诺贝尔生理学或医学奖。

1909年，德国科学家保罗·埃尔利希（Paul Ehrlich）发现了化合物砷凡纳明可用于治疗梅毒，拉开了人类寻找抗菌药物的序幕。1929年，英国人亚历山大·弗莱明（Alexander Fleming）首次发现了青霉素。1941年前后英国病理学家霍华德·沃尔特·弗洛里（Howard Walter Florey）与生物化学家恩斯特·伯利斯·钱恩（Ernst Boris Chain）完成了青霉素的分离与纯化。1943年，青霉素开始工业化生产并用于治疗二战盟军伤病员；同年，生于乌克兰的美国科学家赛尔曼·亚伯拉罕·瓦克斯曼（Selman Abraham Waksman）分离得到链霉素产生菌。青霉素发现"三人组"弗莱明、弗洛里和钱恩，共获1945年诺贝尔生理学或医学奖；瓦克斯曼则获得了1952年诺贝尔生理学或医学奖。从此，人类进入到"抗生素时代"。

知识拓展 1-4
抗生素的研究发展

1935年美国人温德尔·梅瑞狄斯·斯坦利（Wendell Meredith Stanley）获得了烟草花叶病毒的结晶；1939年德国人古斯塔夫·考舍（Gustav Kausch）等人首次在电子显微镜下看到了烟草花叶病毒粒子的结构。他们的工作使人类对病毒的认识进入新的阶段，为病毒性疾病的治疗提供了理论依据，也为探索生命的本质提供了线索。斯坦利因为在病毒蛋白酶研究上的贡献，与另两位学者共享了1946年诺贝尔化学奖。

1946—1947年，美国人约书亚·莱德伯格（Joshua Lederberg）和爱德华·塔特姆（Edward Tatum）发现了细菌的接合现象；1961年，法国人弗朗索瓦·雅各布（Francois Jacob）和雅克·莫诺（Jacques Monod）提出了基因调节的操纵子模型；1973年美国人赫伯特·书恩·伯耶（Herbert Wayne Boyer）与斯坦利·诺曼·科恩（Stanley Norman Cohen）将外源基因拼接到质粒中，制成重组质粒，并在大肠杆菌中成功表达，揭开基因工程的序幕。

1975年阿根廷与英国双重国籍的生物化学家色萨·米尔斯坦（Cesar Milstein）等人建立了单克隆抗体技术，这是免疫学的一次革命性进步。米尔斯坦与尼尔斯·杰尼（Niels K. Jerne）及乔治斯·克勒（Georges J. F. Koler）共同获得1984年诺贝尔生理学或医学奖，以表彰他们在抗体研究方面取得的杰出成绩。

1977年，美国人卡尔·乌斯（Carl Woese）根据细胞生物的 16S rRNA（真核生物为 18S rRNA）序列相似性提出了"三域学说"，将所有细胞生物划分为细菌域、古菌域和真核生物域。这是生物分类学和生命演化研究的划时代事件。

1982年，美国人斯坦利·普鲁西纳（Stanley Benjamin Prusiner）发现了全新的蛋白致病因子朊病毒（Prion），对生命的定义再次提出了挑战。他因此获 1997 年诺贝尔生理学或医学奖。

1976年，科学家从水生栖热菌中分离出具有热稳定性的 Taq DNA 聚合酶。1984年，凯利·穆利斯（Kary Mullis）发现了高效复制 DNA 片段的聚合酶链反应（PCR）方法，开启了现代分子生物学的大门。

1995年，人类完成流感嗜血杆菌的全基因组测序工作；1997 年人类完成酿酒酵母的全基因组测序工作。这些测序工作和人类基因组、黑猩猩基因组、水稻基因组……共同见证了测序技术特别是高通量测序技术对生命科学研究的革命性影响。

1.3 微生物学的未来

随着科学技术的不断进步和研究的深入，微生物学领域迎来了巨大创新。高通量、超高通量测序技术的横空出世，生物信息学的蓬勃发展，使微生物的潜力得到广泛挖掘。基因编辑及合成生物学技术赋予了科学家设计和创造生命的能力，推动药物、化学品等微生物产品生产效率的提升；对微生物组学的深入研究不仅改变人类对环境生态系统的理解，也为微生物作为医学领域中新型治疗方法的发展提供了理论基础；微生物感知技术的出现帮助实现对环境变化和污染的实时监测，推动环境监测和生态系统管理的进步。总体而言，微生物学将在医疗、环保和工业等多个领域发挥关键作用，为各个领域的进一步发展带来新的可能性和解决方案，为人类带来更加可持续、健康和创新的未来。

1.3.1 微生物多样性与微生物组学研究

微生物多样性是指生态系统中存在的微生物种类数量和种类组成的多样性。微生物广泛分布于地球上的各种环境中，包括土壤、水体、大气、动植物体表与体内。微生物多样性对维持生态平衡、生态系统功能和人类健康都具有重要意义。

1.3.1.1 微生物多样性的发现

20世纪初微生物学从最初关注基本原理、方法和医学方面的研究逐渐扩展到对土壤和水中的微生物多样性以及微生物在这些栖息地中进行的代谢过程的研究。这一时期的主要贡献者包括荷兰人马丁努斯·贝伊林克（Martinus Beijerinck）和俄国人谢尔盖·维诺格拉茨基（Sergei Winogradsky）。在此之前，巴斯德和科赫使用的养分丰富的培养基能够支持多种微生物的生长，但并不选择特定类型的微生物。而在富集培养中,贝伊林克通过使用选择性培养基和有利于特定代谢群体的培养条件,将特定微生物分离出来。通过富集培养,贝伊林克首次纯化了多种土壤和水生微生物,包括具有硫酸盐还原和硫氧化功能的细菌、乳酸菌、绿藻,以及多种厌氧细菌。与贝伊林克一样,维诺格拉茨基对土壤和水体的细菌多样性产生兴趣,并从自然样本中成功分离出几种具有显著特征的细菌。他通过模拟贝氏硫细菌所生存的环境,设计了特定的富集培养基。他证明这些细菌在自然界中能够催化特定的化学转化,并提出了化能无机营养(chemolithotrophy)的重要概念,即对无机化合物进行氧化以产生能量的营养类型。除此之外,维诺格拉茨基分离了多种代谢类型的细菌。他使用一种缺乏氮的富集培养基,分离出厌氧固氮细菌巴氏梭菌(*Clostridium pasteurianum*),成为第一个证明细菌固氮过程的研究者。不久之后,贝伊林克也使用类似的技术,分离出第一个好氧固氮细菌——自生固氮菌属(*Azotobacter*)。维诺格拉茨基还通过使用含有铵盐和CO_2的富集培养基,首次分离了硝化细菌。无菌技术的发展以及对细菌进行富集、分离和培养方法的创立,促进了微生物发现种类的爆炸性增长。

1.3.1.2 微生物组学研究

虽然人工培养技术使被发现和命名的微生物数量呈现井喷式增长,但目前已被定名的原核生物数量仅占其实际数量的不到1%,绝大多数的微生物仍然未被人类认识、研究和利用。人工培养技术的局限性限制了复杂生境中大部分微生物的实验室分离培养,然而,大规模、高通量测序等新兴技术的出现,使得研究复杂生境中微生物多样性成为可能,微生物组学(microbiomics)就是因此而诞生的一门新的分支学科。

> 知识拓展 1-5
> 人类微生物组计划

微生物组(microbiome)也称为宏基因组(metagenome)或微生物环境基因组(microbial environmental genome),是指特定时间特定空间(生境)中微生物群所包含的基因序列信息的总和。微生物组学旨在通过功能基因筛选、测序分析等方法手段,研究特定环境中全部微生物多样性、种群结构、演化关系、功能、相互协作关系及与环境的动态变化相关性。利用先进的DNA测序技术,科学家们能够更全面地了解和分析微生物的遗传信息,揭示微生物群落中各个成员的身份、相互作用以及对不同环境条件的响应。微生物组学的发展使人们能够深入了解微生物在生态系统中的角色,以及它们对环境、健康和生物过程的影响。

自微生物学诞生以来,科学家对微生物的研究和利用主要针对单个菌种。但在自然界中,大部分微生物都是以不同种类聚居在一起形成的微生物群落存在,群落能够帮助微生物更好地适应环境变化,参与物质和能量循环。因此,研究特定环境中的微生物组已经成为微生物学研究中的热点。通过扩增子测序、宏基因组测序、转录组测序等技术,微生物组学揭示了微生物在地球各个生态系统中的惊人多样性。这些研究为人们提供了了解微生物及其影响所处环境的方法,为生态学、环境科学、医学和农业等领域提供了重要的参考。微生物组学的不断发展为人们认识微观世界提供了强大的工具,推动着微生物学的发展。

1.3.2 基因工程菌的构建与应用

基因工程菌的构建和应用是现代生物技术领域的一个重要方面。基因工程菌是通过改变其遗传信息，使其具有特定的功能或性质的微生物。这一领域的先驱性工作始于20世纪70年代和80年代，美国人赫伯特·韦恩·伯耶（Herbert Wayne Boyer）与斯坦利·诺曼·科恩（Stanley Norman Cohen）于1973年成功构建首例基因工程菌，这是科学家们首次通过DNA重组技术成功修改微生物的基因。

构建基因工程菌的第一步是选择易于培养和操作的细菌，如大肠杆菌（*Escherichia coli*）或酿酒酵母（*Saccharomyces cerevisiae*）。接下来，通过基因克隆技术将外源基因插入微生物的染色体中，使其获得新的性状或功能，包括生产特定的蛋白质、代谢产物或执行其他特定任务。构建成功的基因工程菌可以在小规模的科学研究或大规模的工业应用中发挥作用。在工业微生物学中，这些基因工程菌被用于生产各种有用的化合物，如酶、药物、生物燃料和其他生物技术产品，目前已经能够利用基因工程菌产业化生产维生素C、人胰岛素、乙肝疫苗、人干扰素、头孢霉素C和苏氨酸等生物技术产品。大规模应用涉及将基因工程菌培养在发酵罐或生物反应器中，以产生大量目标产物。这些应用通常需要优化培养条件，确保微生物以最有效的方式执行工作。此外，基因工程菌在医学、农业和环境保护等领域也有广泛应用。这一领域的不断发展为各种产业提供了创新的解决方案，推动了现代生物技术的进步。

如何利用基因工程菌生产生物能源也是一个新兴研究方向，如生物乙醇、生物柴油、生物制氢、丙烷等均是潜在的可广泛使用的生物能源。目前全球生物能源的消费量只占全部能源消耗的约0.5%，生物能源的开发与利用任重道远。因此，在生物能源开发领域，大力发展以科技创新为主导，具有高科技、高效能、高质量特征的新质生产力任重道远。

1.3.3 合成生物学的发展与未来

合成生物学（synthetic biology）是指利用基因工程从现有的生物部件中构建或创建新型生物系统的科学及其技术方法，这些生物部件通常来自多个不同的生物体。这些生物部件（启动子、增强子、操作子、核糖开关、调节蛋白、酶结构域、信号接收器等）被称为生物砖（biobricks），也称为生物积木或生物组件。合成生物学将这些生物砖以各种组合方式连接在一起，形成能够产生复杂行为的生物系统。迄今为止，合成生物学的一个主要焦点是构建或修改代谢途径。合成生物学家通过构建人工途径，使用各种酶和调节器的生物砖，将廉价丰富的底物转化为高价值的产品。这些产品通常从原始来源纯化成本昂贵，且产量稀少。微生物学家发现，一种名为CRISPR/Cas9的系统可以识别和切割其他细胞中的特定DNA序列，外源DNA可以插入切割位点。CRISPR/Cas9基因编辑技术的优化使之成为迄今为止在活体细胞中精准改变真核基因序列的最强大和精确的工具，彻底改变了生物技术。法国生物化学家埃玛纽埃尔·沙尔庞捷（Emmanuelle Charpentier）和美国生物化学家珍妮弗·道德纳（Jennifer A. Doudna）由于对 CRISPR/Cas9 基因编辑技术的开创性贡献，共同获得了 2020 年诺贝尔化学奖。

> 知识拓展 1-6
> 人造基因控制的细菌细胞

合成生物学涵盖了生物学、工程学、计算机科学和化学等多个领域，旨在通过设计、构建和改造生物系统，使其具有新的功能，以利于工程化实现。合成生物学将工程学和计算机科学的原理应用于生物学，以实现具有特定功能生物系统的构建，包括对新基因的创建或对现有基因的修改，以及对生物部件如蛋白质、酶和代谢途径的设计和组装等。

合成生物学作为生物学中的新兴领域，在近几十年里，经历了快速的发展和演变。随着 CRISPR/Cas9 等基因编辑技术兴起，合成生物学发生了革命性的改变。高效的基因编辑工具使科学家能够更容易地编辑和修改生物体的基因，从而扩大了合成生物学的应用范围。如今，合成生物学在多个领域有着广泛的应用。

① 定制医疗。通过使用合成生物学的原理设计定制治疗方法，包括基因疗法、定制药物和组织工程，推动个性化医疗发展。

② 活体微生物药物。利用合成生物学促进噬菌体药物、肠道菌群药物等开发及量产。

③ 生物制造和可持续发展。合成生物学推动生物燃料、生物塑料和生物材料等领域快速发展，有助于减少对有限资源的依赖，降低对环境的影响。

④ 精准农业。利用合成生物学改进植物抗病性、耐旱性和产量，提高农业生产效率，减少对农药和化肥的依赖。

⑤ 生态修复。合成生物学有望用于生态系统的恢复和环境修复，包括清除污染、恢复植被和生物多样性的保护。

⑥ 生物计算和存储。合成生物学还可以用于生物计算和数据存储，将生物体用作信息处理和存储的平台。

总之，合成生物学将继续在医疗、环境、农业、能源和其他领域发挥关键作用。随着技术的不断进步和社会对可持续发展和生物创新的需求，合成生物学有望成为解决一系列全球性挑战的重要工具之一。但同时，合成生物学所涉及的伦理、法规和安全问题也需要得到广泛重视。

1.3.4　利用微生物治理环境污染

利用微生物代谢快、繁殖迅速、降解效率高等特点来吸附、降解或转化污染物质，从而改善受到污染的环境，是治理环境污染的重要手段。自然环境中污水的自净化能力即来自天然水体中的微生物群落，废水处理厂的生化曝气池的功能也源自活性污泥中复杂的微生物群落。废水处理主要依赖于微生物处理被人类废物污染的水，以便可以安全地再利用或回归环境。例如，某些细菌和真菌可以分解烃类等有机化合物和其他化工废物,将它们转化为对环境较为友好的产物。此外,微生物也被应用于生物吸附和沉淀,帮助去除水中的重金属离子等有害物质。另外,若在没有适当的废水处理的情况下,霍乱和伤寒等水传播疾病可能会蔓延。这一方法被广泛应用于水、土壤和空气等环境中,为减轻环境污染和保护生态系统作出了积极贡献。

微生物还可以用于清理环境中的工业污染,这个过程被称为生物修复(bioremediation)。在生物修复中,微生物被用于转化泄漏的石油、溶剂、杀虫剂、重金属和其他对环境有毒的污染物。生物修复通过在被污染的环境中添加特殊微生物或添加刺激本土微生物降解污染物的营养物质来加速清理过程。引入或促进具有降解能力的微生物,可以加速土壤中污染物的分解和去除,还可以改善土壤结构和提高土壤的生态功能。空气中的有害气体也可以通过微生物的参与而得到治理。例如,某些微生物能够吸收和分解空气中的有机气体、氨气等,从而提高空气质量。

人口问题及经济发展阶段等因素导致当今全球的环境污染日益严重,白色垃圾、石油泄漏等污染早已超出天然微生物的降解能力,因而寻找或构建具有更高效降解能力的微生物,对于环境修复至关重要。总而言之,利用微生物治理环境污染是一种可持续、生态友好的方法,为人类应对不同环境挑战提供了创新的解决途径。这一领域的不断研究和应用有望为全球环境保护事业带来积极的影响。

1.3.5 新型传染病的防治

随着经济、科技的发展,传染性疾病的威胁逐渐下降。然而,伴随着旧的传染病被攻克,新型传染性疾病也在不断地出现,给人类带来健康威胁。近年来,全球出现了一系列新型传染病,其中最为突出的是严重急性呼吸系统综合征冠状病毒2(SARS-CoV-2)引发的新型冠状病毒肺炎感染(COVID-19)对全球公共卫生、经济和社会产生了严重影响。此外,还有一些其他新型传染病,如埃博拉出血热、寨卡病毒病等,虽然规模相对较小,但同样引起了全球关注。影响传染性疾病暴发的因素主要有人口分布与社会行为方式的变化、技术与工业发展、经济发展与土地使用方式的变化、国际旅行与商业发展规模的扩大、微生物的适应性与变异等。新型传染病的防治是当今全球卫生领域的一项重要任务,在面对突发疫情时显得尤为迫切。有效的防治策略需要综合运用多个方面的手段,包括疫苗研发、临床治疗、公共卫生措施以及国际协同合作。

除了新型传染病之外,耐药性菌株及超级致病菌带来的问题也日益严重,这是人类必须面对但尚未作好应对准备的全球公共健康问题。耐药性菌株(drug-resistant strain)是指对常规抗生素产生抗性的细菌,这使得原本可以有效治疗的感染变得更难治疗。这一问题的主要原因之一是抗生素的滥用。另外,超级致病菌泛指那些对多种抗生素具有耐药性的细菌,即多重耐药菌(multi-drug resistant organisms,MDRO),因其对多种抗生素的耐药性,增加了医院治疗的难度,可能导致更为严重的感染。针对耐药性菌株及超级致病菌带来的威胁,一方面要推动抗生素的合理使用,减缓耐药性的发展，确保仅在医学上必要的情况下使用，避免滥用和自行中断治疗。另一方面，用于对抗耐药性菌株和超级致病菌的新型抗生素开发迫在眉睫，这包括寻找新的药物目标、利用抗生素组合疗法等，还包括寻找新的治疗方法，如噬菌体疗法、免疫疗法等。综合采取这些策略，全球社会可以更好地应对耐药性菌株和超级致病菌的威胁，确保有效的感染控制和治疗手段。

对于一些主要通过性接触传播的传染性疾病（如人乳头瘤病毒 HPV 感染、艾滋病、梅毒、淋病、生殖器疱疹等）的防治也应当得到足够的重视。首先，了解这些疾病的性质、症状、危害性对于其预防和治疗非常重要。其次，应加强公民自我保护意识，以防护为主，避免感染此类疾病。若产生了高危行为，也应当通过及时的检测，规避传染风险，切莫讳疾忌医，导致更严重的后果。

"X 疾病（disease X）"是世界卫生组织（WHO）于 2018 年起采用的一个术语，它并不代表某一种具体的疾病，而是指由未知病原体引发并可能导致全球大流行的某种新型传染病。由于人类对其不了解，"X 疾病"有机会在任何时间、任何地点、由多种因素触发，并可能夺去数百万人的生命。由于受全球气候加速变化、人类活动范围扩大、病原体跨物种传播频繁发生等因素影响，由"X 疾病"引发全球大流行的风险在持续增加。WHO 总干事谭德塞在 2024 年 1 月曾就"X 疾病"发出警告，称新的病原体和流行病"并非是否会发生的问题，而是什么时候发生的问题"。作为生物类专业学生应该认识到，虽然"X 疾病"的病原体无法预知，发生也很难避免，但人类可以通过提前开展科学严谨的研究和准备工作，应对未知疾病的不确定性。

总体而言，新型传染病的防治需要多方合作，科学创新，以及对卫生系统的整体提升。通过有力而协调的努力，更好地保护全球公众的健康和安全。

※ 本章小结

在本章中，通过深入探讨微生物的定义和分类，关注微生物学的发展史，了解为微生物学做出杰出贡献的科学先驱们，探讨微生物与人类的关系，并重新认识它们对人类生活的重要性和影响。

本章介绍了微生物学的发展历程。从最初列文虎克利用显微镜观察到微生物细胞，再经过巴斯德、科赫等科学家们的努力，微生物的分离培养技术不断进步，灭菌技术的发展以及疫苗的研发等，这些科学发现和技术发展使得人类能够更好地理解微生物，从而应对疾病和其他健康问题。

本章还介绍了微生物学未来发展的新兴领域。随着高通量测序、宏基因组和合成生物学等新技术的不断涌现，微生物学研究将迎来更广阔的发展空间。这些新技术的应用将进一步加深人们对微生物世界的理解，为解决医学、农业、工业等领域的重大挑战提供创新的解决方案。微生物学的未来将继续为人类社会的进步和发展做出重要贡献。

※ 推荐阅读

1. MADIGAN M T, BENDER K S, BUCKLEY D H, et al. Brock biology of microorganisms [M]. London: Pearson, 2020.

本书是国际上再版次数最多的微生物学教材之一，具有极高的知名度与权威性。

2. TORTORA G J, FUNKE B R, CASE C L. Microbiology: an introduction [M]. 13th ed. London: Pearson Education Limited, 2021.

这本书提供了微生物学的全面概述，内容深入浅出，适合初学者。

3. WILLEY J, SHERWOOD L, WOLVERTON C. Prescotts microbiology [M]. 9th ed. New York: McGraw-Hill, 2013.

这本书是国际上极具影响力与权威性并被广泛使用的微生物学教材之一。

4. BERCHE P. Louis Pasteur, from crystals of life to vaccination [J]. Clinical microbiology and infection, 2012, 18 (Suppl 5): 1-6.

该文对巴斯德的历史功绩进行了详细的介绍，有助于学生更深入地了解这位微生物学先驱曾经的足迹。

5. IWASAKI A, OMER S B. Why and how vaccines work [J]. Cell, 2020, 183 (2): 290-295.

疫苗可以预防诸多由病毒和细菌引起的疾病，该文讨论了疫苗科学的诞生和发展、佐剂、疫苗的类型、疫苗的进展和挑战以及疫苗的发展前景，有助于学生系统地了解疫苗的发展。

※ 开放性讨论题

1. 巴斯德关于"自然发生说"的实验为微生物学方法论、生命起源的理解和食品保存技术作出了贡献，巴斯德的实验是如何影响这些方面的？

2. 高通量测序、合成生物学和宏基因组学等新技术正在改变微生物学的面貌。探讨这些新技术对微生物学研究和应用的潜在影响，以及它们对人类社会和健康的未来意义。

※ 复习思考题

1. 简述微生物在环境保护和工农业生产中的应用。
2. 讨论微生物致病性的原因及其对人类的影响。
3. 巴斯德和科赫为微生物学的发展作出了哪些重要贡献？

4. 什么是纯培养？固体培养基对微生物的分离有什么好处？

5. 高通量测序技术已经带来了微生物学研究的革命性变革。你认为这项技术如何改变了人们对微生物世界的认识？它在哪些领域有着较大的潜力和应用前景？

（董磊　陈峰）

2 微生物的显微观察与纯培养

导语

大多数微生物因为个体微小,难以通过肉眼直接观察,掌握微生物的显微观察与纯培养技术,对于了解微生物、控制微生物以及利用微生物都具有重要意义。显微技术的发展使人类观察不同种微生物的形态特征成为可能,而不同的显微镜也具有不同的工作原理,学习显微镜的原理有助于同学们更好地理解并深入探索微观世界的奥秘。纯培养技术是微生物学研究的基础,学习微生物分离、纯化和培养的关键技术,包括无菌操作、培养基制备及灭菌、接种技术等,有助于深入研究微生物的生物学特性,也将为同学们未来的科研工作或职业生涯打下坚实的基础。

关键词

光学显微镜,电子显微镜,显微技术,无菌技术,分离纯化,菌种保藏

2.1 显微镜和显微技术

由于个体微小,大部分微生物难以用肉眼直接观察,人类经常借助显微镜观察微生物的形态结构,显微镜是微生物研究的重要辅助工具。显微镜有三个重要的参数:分辨率、放大倍数和反差。分辨率(resolution)是指显微镜区分两个相邻物体间最小距离的能力。显微镜的放大倍数(magnification)指物镜和目镜放大倍数的乘积。反差(contrast)则是指物像与背景的光强度之差。其中,显微镜的分辨率是衡量显微镜性能最重要的技术参数。

显微技术(microscopy)是利用光学系统或电子光学系统设备,观察肉眼不能分辨的微小物体形态结构及其特性的技术。除了显微镜本身性能,样品在进行显微观察时还需要进行显微标本的制备,而标本制备的质量也会影响显微观察的效果。近年来,科学家们不断尝试将显微技术与人工智能、机器学习相结合,通过提供更可靠的数据和统计分析,深入探索微生物世界。作为研究微生物结构的"前奏",了解显微镜的工作原理及其样本的制备技术是十分必要的。

> 知识拓展 2-1
> 显微镜与人工智能

2.1.1 光学显微镜的工作原理及样本制备

光学显微镜主要利用光学原理来观察微生物的细胞形态及结构。微生物学研究中常用的光学显微镜包括明视野显微镜、暗视野显微镜、相差显微镜和荧光显微镜,随着技术的发展,共聚焦激光扫描显微镜及超高分辨率显微镜也被用于微生物学的研究中。

2.1.1.1 明视野显微镜

普通光学显微镜也被称为明视野显微镜,它是在相对明亮的背景中形成暗的物像。它主要由机械装置和光学系统两大部分组成。机械装置是显微镜的基本组成单位,其作用是固定与调节光学镜头、固定与移动标本等。机械装置主要由镜座、镜臂、载物台、镜筒、物镜转换器与调焦装置组成(图 2-1)。镜座能够支撑整个显微镜,并装有照明装置。镜臂的作用是支撑镜筒,镜臂两侧装有粗准焦螺旋和细准焦螺旋,用于调节载物台的高度,从而使物像聚焦。载物台上安装有载片夹或镜台夹以固定载玻片。镜筒位于镜臂弯曲的上部,镜筒上端安装有目镜,下端安装有物镜转换器,通过转换不同放大倍数的物镜可以选择适合观察标本的倍数。

分辨率是决定显微镜观察效果的重要指标,它与显微镜的最小可分辨距离有关。最小可分辨距离越小,显微镜的分辨率就越高,放大后的图像也就越清晰。如果显微镜的分辨率不够,即使放大倍数很大,图像也不会

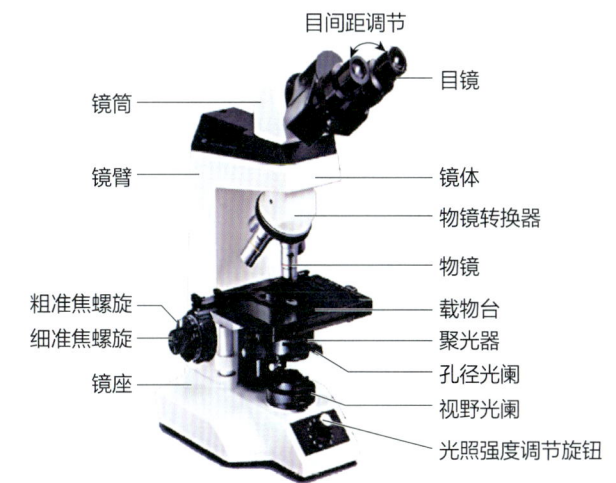

图 2-1 明视野显微镜

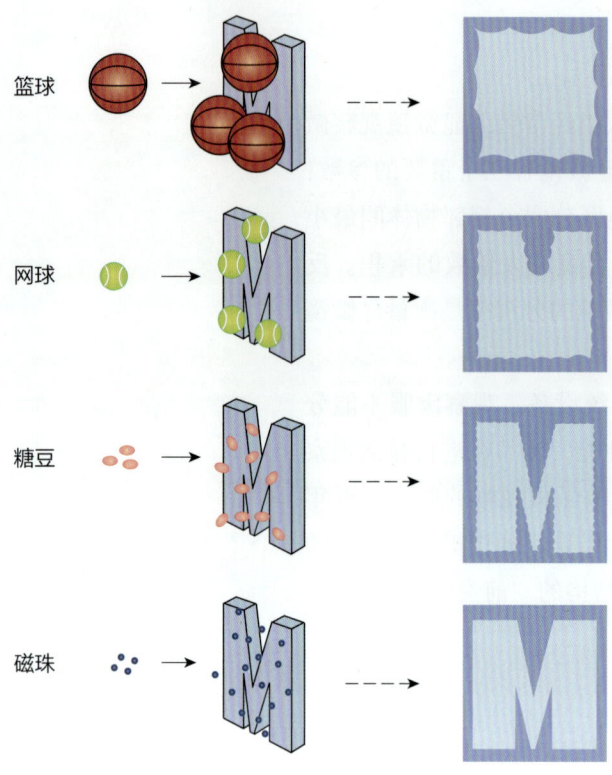

图 2-2 波长对分辨率影响的类比
不同大小的球体代表不同波长的光

图 2-3 显微镜的数值孔径与光锥角度工作距离间的关系
左图、中图：不同工作距离下的 θ 值；右图：不同工作距离下的 θ_1 和 θ_2 的比较

清晰。最小可分辨距离 d 的计算公式由德国物理学家 Ernst Abbe（1840—1905）于 1873 年提出，可表示为：

$$d = \frac{0.5\lambda}{n \sin\theta}$$

式中，d 越小，显微镜的分辨率越高。λ 为所用光源的波长，波长必须小于观察两点之间的距离，以确保光波能够穿过被检样本，呈现清晰的物像，即波长越短，所提供的分辨率越高（图 2-2）。若样本间的间距小于波长，则无法成功区分两点。较小的物体（对应较短的波长）可以更容易地在字母 M 的臂之间通过，从而产生更清晰的图像。

n 为载玻片与物镜间工作介质的折射率，不同介质的折射率不同，如空气 $n = 1.0$、水 $n = 1.33$、香柏油 $n = 1.52$。显微观察时要根据物镜的不同而选择不同的工作介质，比如油镜镜头所选用的介质为香柏油。θ 为光进入镜头时最大孔径角的一半，其大小与物镜的直径和工作距离有关。孔径角与物镜焦距成反比（图 2-3）。随着焦距的减小，物镜前透镜所能收集的光量也会增加。在载物台下方安装镜台聚光器能够使锥形光束投射到载玻片并进入物镜，从而增加数值孔径，提高显微镜的分辨率。

在可见光范围内，蓝光（450~495 nm）的波长最短，可提供的分辨率最高。$n \sin\theta$ 也被称为数值孔径（numerical aperture，NA），是决定物镜性能的重要指标。

显微镜通常配备多个物镜，其放大倍数为 4~100 之间（表 2-1）。光学显微镜的分辨率极限大约是 0.2 μm，而普通人肉眼的正常分辨能力一般为 0.25 mm，所以光学

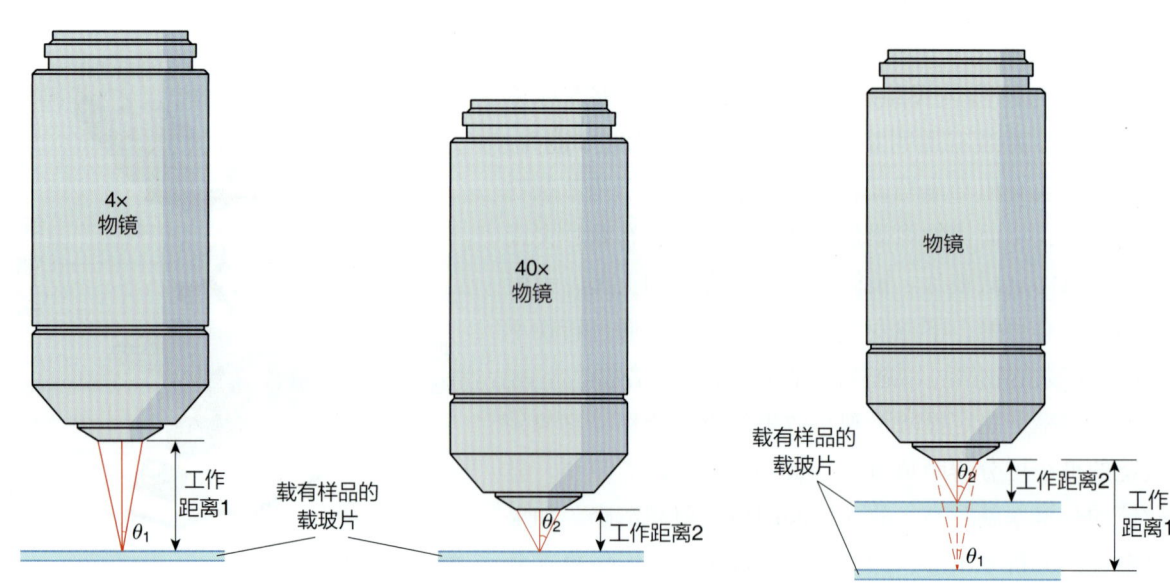

显微镜最高的放大倍数为 1 000~1 500 倍。

表 2-1 显微镜物镜的特性

特性	物镜			
	搜索物镜	低倍镜	高倍镜	油镜
放大倍数	4×	10×	(40~45)×	(90~100)×
数值孔径	0.10	0.25	0.55~0.65	1.25~1.4
焦距 /mm	40	16	4	1.8~2.0
工作距离 /mm	17~20	4~8	0.5~0.7	0.1
450 nm 光源的分辨率 /μm	2.3	0.9	0.35	0.18

2.1.1.2 暗视野显微镜

明视野显微镜的光线直接进入视野，属于透射照明。如果标本未染色且本身没有颜色，明视野显微镜的观察效果并不理想。暗视野显微镜利用聚光器实现斜射照明，即光束不是直接进入物镜，而是经过样本反射或者折射后进入物镜（图 2-4），这也使得明亮的物像周围形成黑色背景，所以被称为暗视野显微镜。由于样本和背景之间的颜色差增大，可以清晰地观察到明视野显微镜中不易看清的活菌体等透明的微小颗粒。暗视野显微镜可以观察到鞭毛，以了解微生物的运动性。此外，暗视野显微镜还能用于观察部分细菌（如梅毒螺旋体，*Treponema pallidum*），以及观察较大的真核微生物的内部构造。

2.1.1.3 相差显微镜

用明视野显微镜观察无色的活细胞时，由于细胞和介质之间没有反差，在未经染色的情况下，观察者很难分辨标本的形态和内部结构。实际上，当光线通过未染色且本身没有颜色的标本时，由于标本内部各部分结构的折射率和厚度存在差异，这些差异会导致光线在通过时发生不同程度的折射和衍射。这种折射和衍射现象使得直射光和衍射光的光程发生变化，进而引起光波的相位差，这些相位差虽然不会直接产生颜色变化，但会影响光线的分布和亮度，从而使标本的轮廓、纹理和细微结构得以显现。相差显微镜能将样本不同部位的折射率和样本密度之间的微小差异转变为肉眼可观察的光强度变化，以直接观察活细胞（图 2-5）。相差显微镜技术诞生于 20 世纪 30 年代，由荷兰物理学家弗里茨·泽尼克（Frits Zernike，1888—1966）尼克发明，他也因此于 1953 年获得诺贝尔物理学奖。

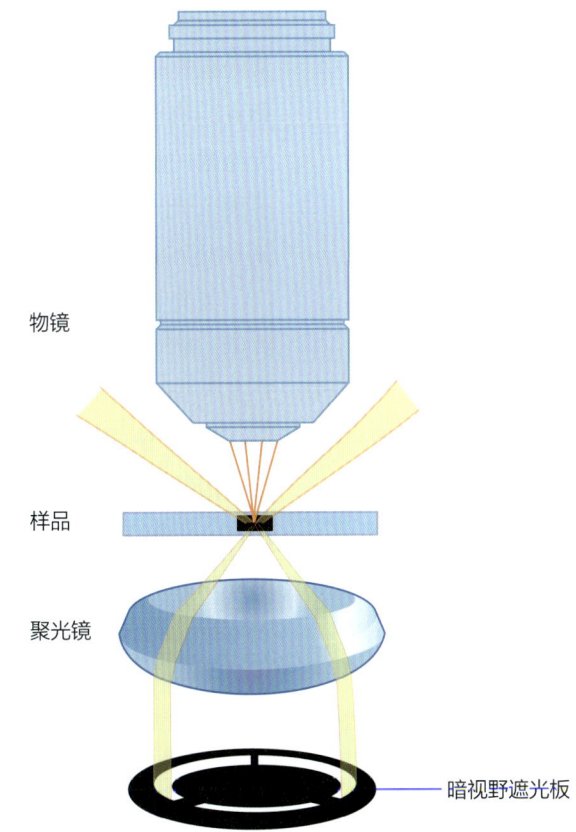

图 2-4 暗视野显微镜光路示意图

视频 2-1
相差显微镜观察到的恶臭假单胞菌

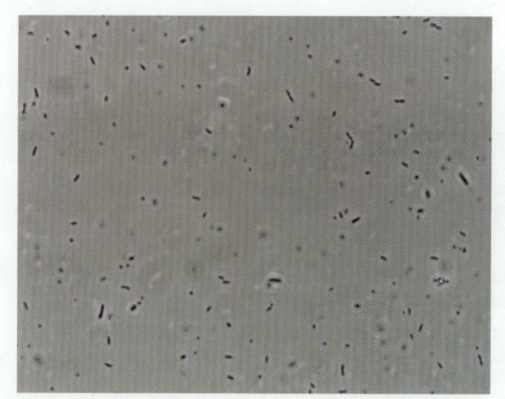

图 2-5 相差显微镜观察到的恶臭假单胞菌（*Pseudomonas putida*）（放大倍数 400×）

相差显微镜主要是利用环状光阑和相差板将光的相位差转变为明暗差。环状光阑是一种特殊设计的遮光板，其核心是一个精细的透明圆环，它能够允许光线以环状形式通过，形成一个中空的圆筒状光柱。当细胞通过光柱时，由于样本自身的密度和折射率的差异，一部分光线会发生偏斜，偏斜光从相板上除相环以外的地方经过，导致 1/4 波长滞后。非偏斜光从相环上经过，使得 1/4 波长提前，因此产生相位差，使得对比度增强（图 2-6）。因此，相差显微镜能够清楚地观察到未染色样本的形态及其细微结构。

2.1.1.4 荧光显微镜

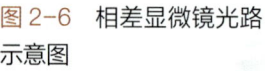

知识拓展 2-2 荧光显微镜应用案例

除了借助外部光线投射到样品产生的生物像，自然界中有一些物质自身也会发光，这些物质经某种波长的入射光（通常是紫外线或 X 射线）照射，吸收光能后进入激发态，并且立即退激发并发出比入射光的波长更长的出射光（通常波长在可见光波段），即荧光。荧光显微镜的工作原理是利用紫外线照射样品，通过滤色片选择特定波长的光波，在暗视野下，观察激发后的荧光形成的物像。在利用荧光显微镜观察样本时，样本往往需要用荧光素进行染色，不同荧光素的激发波长不一样，激发后产生的荧光颜色也可不同，所以同一样本也可以用多种荧光素进行标记（图 2-7）。还有部分样本自身含有天然荧光物质，如叶绿素，该类样本无须染色就可以自发荧光。

荧光显微镜被广泛应用于医学微生物学和微生态学领域，用于鉴定微生物种类和数量。例如，在生态学研究中，荧光素探针或荧光染料如吖啶橙和 4′,6- 二脒基 -2- 苯基吲哚（4′,6-diamidino-2-phenylindole，DAPI）可以用来标记样品进行观察。

2.1.1.5 共聚焦激光扫描显微镜

传统光学显微镜常采用混合波长的光源，因为非聚焦光线的散射和干涉会模糊物像，限制其成像的清晰度和分辨率。为解决这一问题，科学界发展了更为精密的成像技术，其中共聚焦激光扫描显微镜是重要里程碑之一。共聚焦激光扫描显微镜（confocal laser scanning microscope，CLSM）是一种高度集成的、由计算机精确控制的

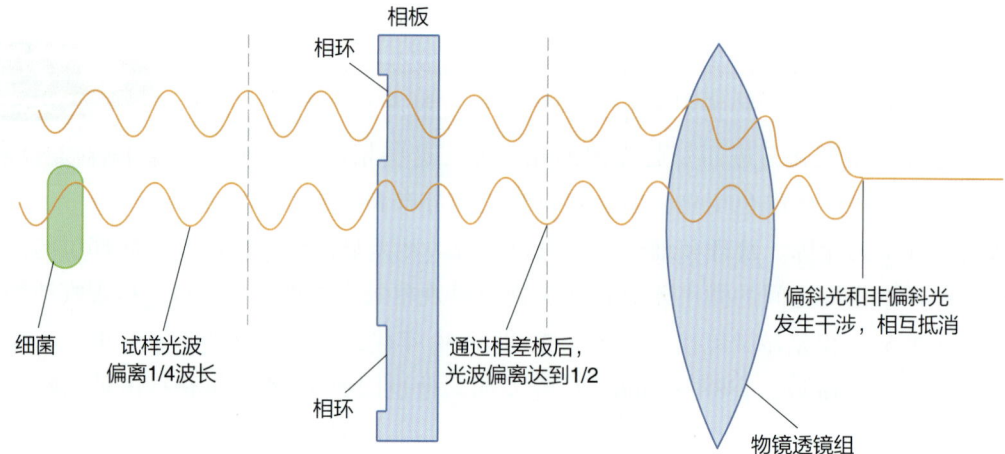

图 2-6 相差显微镜光路示意图

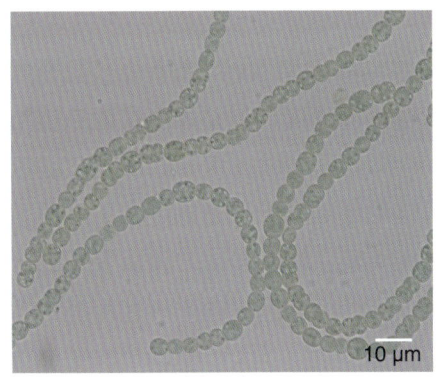 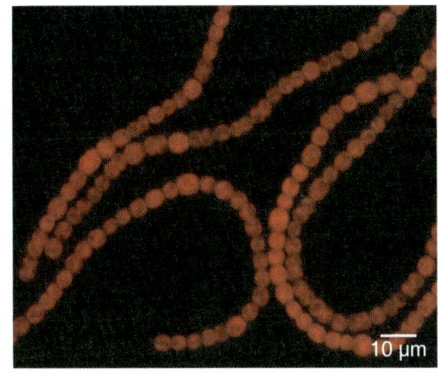 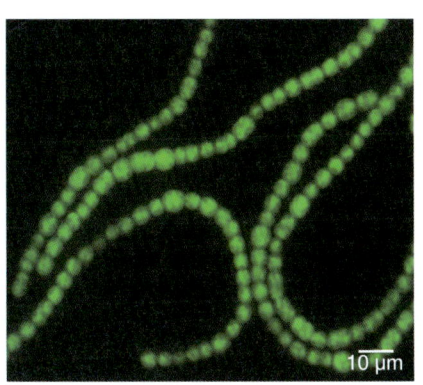

图 2-7　鱼腥蓝细菌（*Anabaena* sp.）PCC 7120 在普通光学显微镜（左图）、荧光显微镜（中图，激发波长为 532 nm）下观察到的菌丝形态及荧光显微镜下胞质绿色荧光蛋白的表达情况（右图，激发波长为 488 nm），物镜均为 100× 油镜

显微镜系统。其核心在于利用单一波长或特定波段的激光作为光源，并通过物镜逐点扫描样品表面。当激光聚焦于样品某一平面时，该平面上的荧光物质被激发并发出荧光，这些荧光信号沿原光路返回，被检测器捕捉并转换为数字信号。重要的是，共聚焦机制通过物镜上的针孔或空间滤波器，有效排除了来自非焦平面的散射光，从而显著提高了成像的分辨率和对比度。通过层层扫描和计算机三维重建，共聚焦激光扫描显微镜能够生成高分辨率的三维图像，适用于细胞内部结构、亚细胞器定位及动态过程的定量分析和研究。在样本制备上，共聚焦激光扫描显微镜允许使用多种荧光染料，以不同颜色标记不同成分，进一步增强了成像的复杂性和信息量（图 2-8）。而双光子荧光显微镜（two-photon fluorescence microscope，TPM）是共聚焦激光扫描显微镜的进一步发展，双光子激发是指荧光分子同时吸收两个长波长的光子（通常为近红外光），能量叠加后跃迁至激发态，随后发出一个短波长的光子。双光子共聚焦显微镜对标本的光毒性较小，更适合用来观察活细菌和厚标本。

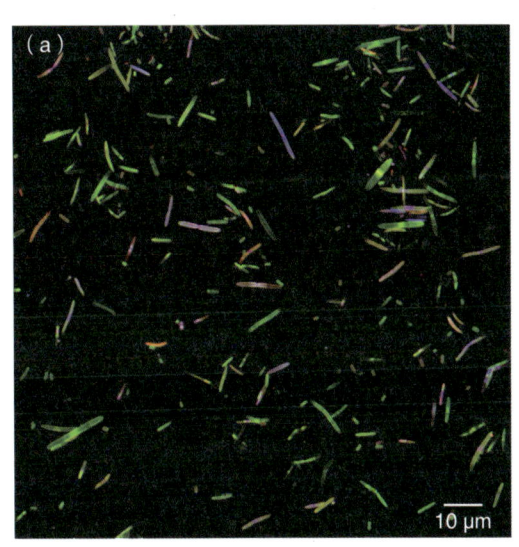 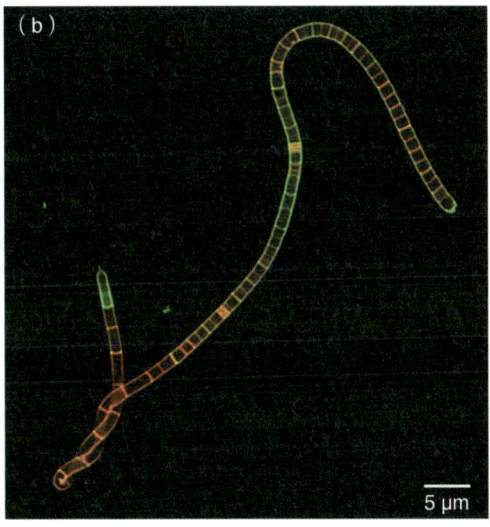

图 2-8　在共聚焦荧光显微镜下观察到的微生物（图片来源：复旦大学王炜）（a）使用绿色、红色和蓝色探针依次间隔 2 h 灌胃标记的小鼠肠道菌群；（b）先后使用带有绿色和红色荧光的两种 D- 型氨基酸探针间隔 3 h 灌胃标记后的小鼠回肠中的分节丝状菌

2.1.1.6 超高分辨率显微镜

由于光学衍射极限的存在,传统光学显微镜的观察极限为 200~300 nm。激光共聚焦显微镜和多光子成像,虽然提高了荧光显微成像的清晰度,但是显微镜的分辨率并没有实质性提升。20 世纪 90 年代以后,超高分辨率光学显微技术开始出现并逐步完善。超高分辨率显微镜克服了光衍射的限制,能够观察到分子尺度的细节,从而了解有关细胞组成的 3D 结构,大大提高了活细胞的分辨率。目前常见的功能型超高分辨率显微镜主要包括结构光照明荧光显微术(structure illumination microscopy,SIM)、受激辐射损耗显微术(stimulated emission depletion microscopy,STED)、随机光学重建显微术(stochastic optical reconstruction microscopy,STORM)和近场扫描光学显微术(scanning near-field optical microscopy,SNOM)。

结构光照明显微术(SIM)是一种先进的成像技术,它通过巧妙地在照明光路中引入特定的结构光模式(如正弦波形的光栅图案),以周期性调制照明光的方式,实现对样品信息的编码与增强。这种调制不仅增加了图像中的高频信息,还允许通过数学算法在后续处理中恢复出超越传统光学衍射极限的分辨率。该技术不仅适用于固定样本的成像,更因其对活细胞的无损性和低光毒性,成为观察活细胞超分辨率图像的有力工具(图 2-9)。

受激辐射损耗显微术(STED)是一种基于受激辐射原理的超分辨率成像技术。该技术巧妙地利用了两束激光:一束作为激发光,用于激发样品中荧光团的荧光;另一束作为损耗光,通过特定波长和强度的激光束,在焦点周围形成一个环形区域,该

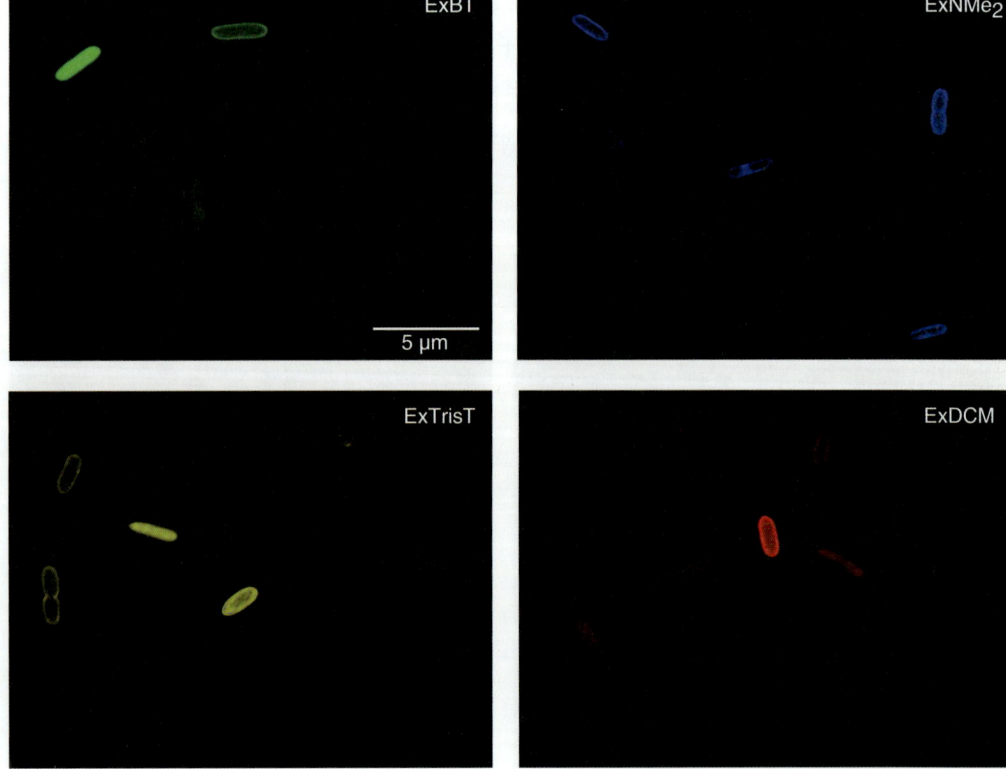

图 2-9 利用 SIM 观察到的微生物(图片来源:华东理工大学贺晓鹏)
使用 4 种不同发光颜色的地拉罗司衍生物(ExBT、ExNMe$_2$、ExTrisT 和 ExDCM)分别与铜绿假单胞菌(Pseudomonas aeruginosa,10^6 CFU·mL^{-1})孵育 60 min 后的细菌多通道 SIM 成像图

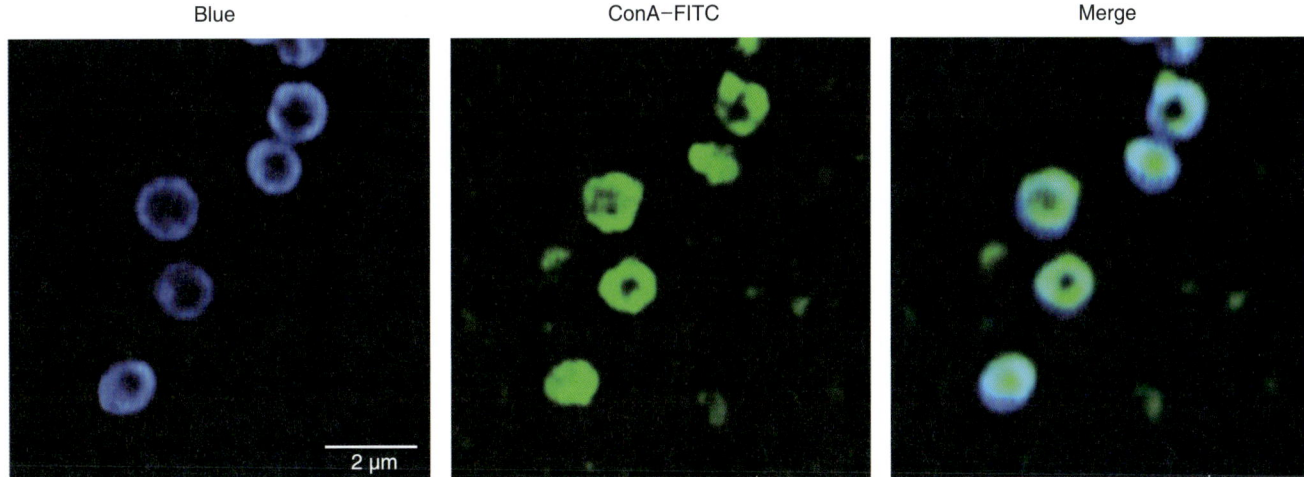

区域内的荧光团在受激辐射的作用下迅速失活,从而仅允许焦点中心极小区域内的荧光分子发出强烈荧光。通过这种方法,STED 能够显著减小有效照明面积,突破传统光学显微镜的衍射极限,实现纳米级别的分辨率提升。这一特性使得 STED 非常适合于观察微生物的精细结构特征和复杂的生理过程(图 2-10)。

图 2-10 利用 STED 观察到的微生物(图片来源:华东理工大学贺晓鹏)
使用荧光探针(蓝色)和商业共染磷壁酸染料 ConA-FITC 与耐甲氧西林金黄色葡萄球菌(MRSA,10^6 CFU·mL^{-1})孵育 60 min 后的细菌受激辐射损耗(STED)超分辨成像图

随机光学重建显微术(STORM)是一种基于单分子定位的超分辨率成像技术。该技术利用具有光开关特性的荧光分子,通过精确控制光照条件,使得在任意时刻只有一小部分荧光基团处于激活状态并发出荧光。通过多次重复这一过程,并精确记录每次激活状态下荧光分子的位置,最终利用计算机算法将这些位置信息整合,重建出超高分辨率的图像(图 2-11)。STORM 不仅能在二维空间内实现高分辨率成像,还能扩展到三维成像,并支持多种颜色标记,为生物样本的复杂结构和动态过程提供了前所未有的观察能力。此外,STORM 还具备观察活细胞的能力,为细胞生物学研究开辟了新的视野。

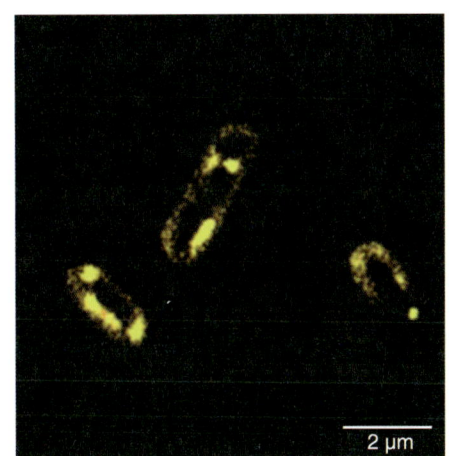 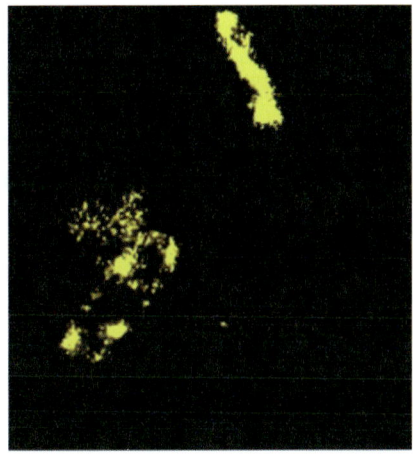 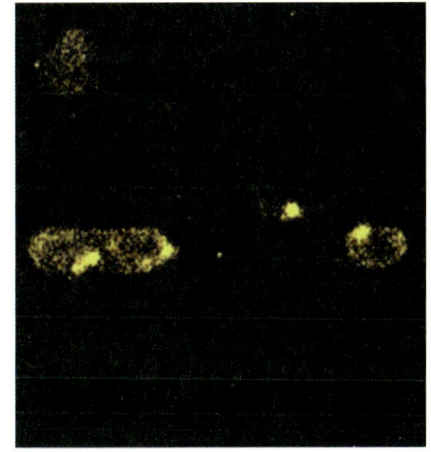

图 2-11 利用 STORM 观察到的微生物(图片来源:华东理工大学贺晓鹏)
荧光探针与无抗生素处理(左),头孢他啶处理(中),左氧氟沙星处理(右)的铜绿假单胞菌(P. aeruginosa,10^6 CFU·mL^{-1})孵育 30 min 后的细菌 STORM 超高分辨成像图

近场扫描光学显微镜（SNOM）是一种利用近场光学效应实现超高分辨率成像的技术。在 SNOM 中，激光束首先通过一个直径远小于激光波长的微小孔径进行聚焦，从而在孔径的远端产生一个强烈的消逝场。这种消逝场仅存在于孔径附近的极小区域内，并且其强度随距离增加迅速衰减。SNOM 利用这一特性，通过逐点、逐行地扫描样品表面，收集透射光或反射光中的近场信息，从而生成高分辨率的近场光学图像。由于近场光学的空间分辨率主要受限于孔径的直径而非传统光学中的衍射极限，因此 SNOM 能够实现远超传统光学显微镜的分辨率。这一特性使得 SNOM 成为观察样品表面极细微结构的有力工具，尤其适合于细菌细胞膜等生物样本的超高分辨光学检测。

2.1.1.7 样品制备

正如前面所述，除了显微镜的性能，样品制备也是影响显微观察效果的重要环节。尽管微生物可以直接通过光学显微镜进行观察，但很多情况下需要对样品进行固定和染色以增加物像的清晰度。根据不同显微镜的特性以及样品的特点，选择合适的染色方法，以保护样本的形态结构，同时提高对比度，使样品能够在显微镜下更容易被观察到。

光学显微镜是微生物研究中常用的工具，显微观察主要包括活体观察和染色观察两种方法。

（1）活体观察样品制备

活体观察主要采用压滴法、悬滴法及菌丝包埋法等在明视野、暗视野或相差显微镜下对活体微生物进行直接观察。活体观察的优点是保护样品的细胞结构免受破坏。此外，还能直接观察到微生物的运动、摄食特性及生长过程等。

① 压滴法：将菌液滴于载玻片上，加盖盖玻片后立即进行显微观察。

② 悬滴法：在盖玻片中央加一小滴菌液后将其置于特制的凹载玻片上进行显微观察。为防止液体蒸发变干，可以在盖玻片周围加封凡士林。

③ 菌丝包埋法：将无菌小块玻璃置于平板表面，涂布放线菌或霉菌孢子悬液，经培养后，取下玻璃置于载玻片上，用显微镜对菌丝的形态进行观察。

（2）染色观察样品制备

染料可以将微生物细胞染色，增加它与环境的对比度，从而使微生物细胞更易于观察。染色时应尽量保持活细胞的原状，通过固定样品可以使微生物的内部和外部结构得以保存。固定的作用一方面是使一些可能对细胞形态产生破坏的酶类失活，另一方面是硬化细胞结构，固定细胞形态，并使其黏附于载玻片上。

常用的固定方式有两种，分别是加热固定和化学固定。加热固定是通过加热的方式杀死细菌并使其牢固黏附在载玻片上，这种方法能够维持细菌的整体结构，但不能保护细胞内部构造。当需要观察细胞的内部构造时，可以使用化学固定剂进行固定。化学固定剂能够穿透细胞，通过与细胞组分发生化学反应，以维持细胞内部的完整状态。常见的化学固定剂有乙醇、乙酸、氯化汞、甲醛和戊二醛等。

根据方法和染料的不同，可将染色分为很多种类，简单概括如图 2-12。

图2-12 细菌常见的染色方法

2.1.2 电子显微镜的工作原理及样本制备

电子显微镜（electron microscope，EM）是用电子束和电磁透镜代替光束和光学透镜，进而提高分辨率的显微镜。数十年来，电子显微技术飞速发展，被广泛应用于微生物学研究中，对微生物学的发展起到了巨大的推动作用。

2.1.2.1 透射电子显微镜

电子束也具有波的特性，其波长仅有 0.005 nm。因此，20 世纪初人们尝试用电磁波来取代可见光进行放大成像，1931 年，德国物理学家恩斯特·鲁斯卡（Ernst Ruska，1906—1988）发明了第一台以电子束作为"光源"的显微镜——电子显微镜。

第一台电子显微镜为透射电子显微镜（transmission electron microscope，TEM）。其工作原理是将经加速和聚集的电子束投射到样品上，穿过样品的弹性散射电子被磁透镜聚焦，从而在成像器件（荧光屏、胶片）上形成放大的、肉眼可见的样品像（图2-13，图2-14）。电子在运行的过程中，会与空气中的分子碰撞而发生偏转，导致物像散乱不清，因此电镜镜筒中必须保持真空状态。

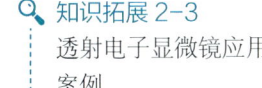

知识拓展 2-3
透射电子显微镜应用案例

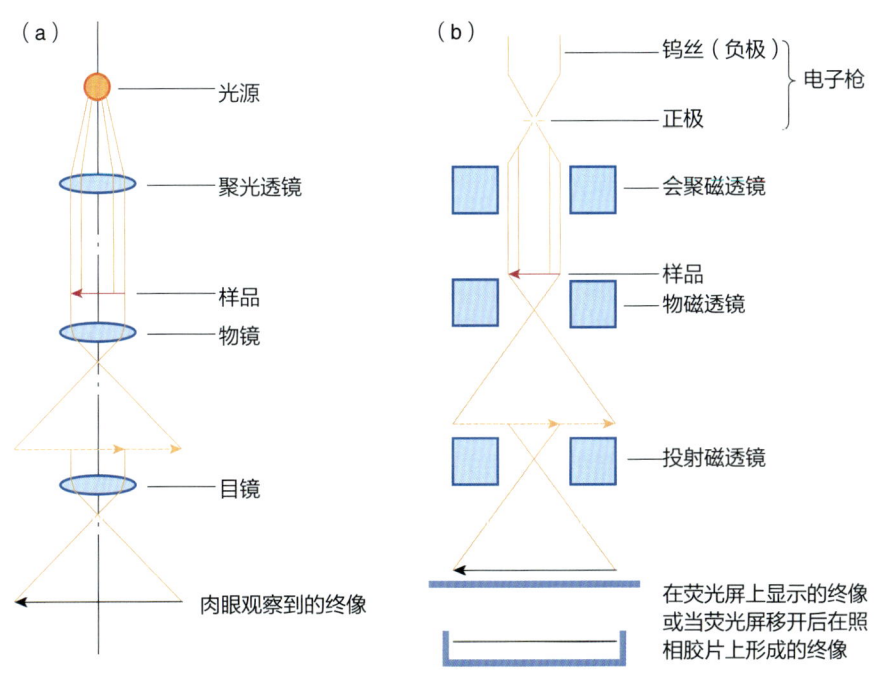

图2-13 光学显微镜（a）与透射电子显微镜（b）光路对比图

图2-14 透射电子显微镜（a）及结构图（b）

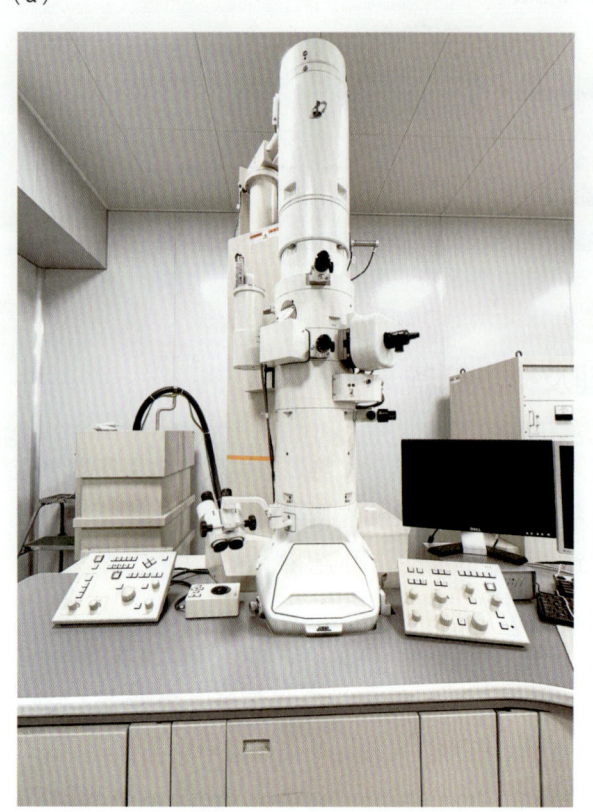
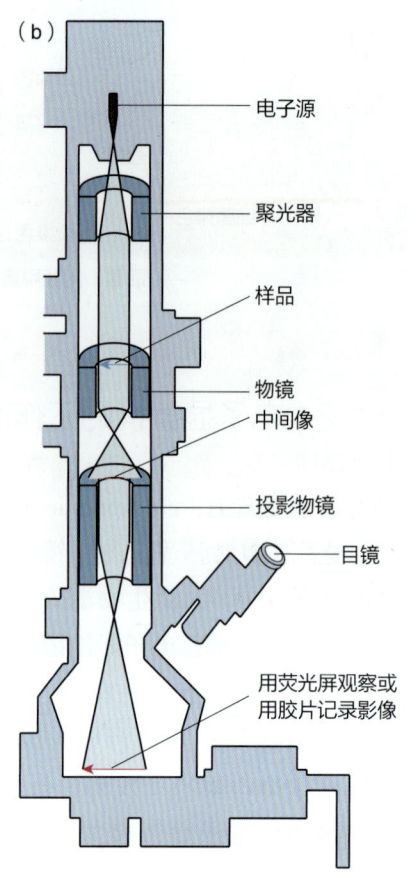

透射电子显微镜对样品及制样技术要求极高。由于电子容易被固体物质吸收或者散射，因此，使用TEM观察样品时，需要制备厚度为20~100 nm的超薄切片，以便观察细胞内部的超微结构。样品需要先用戊二醛或四氧化锇等化学药品进行固定，并用有机溶剂（如丙酮、乙醇）进行脱水。脱水后的样品包埋在环氧树脂中，聚合后借助超薄切片机将样品切割成超薄切片。

与明视野光学显微镜相比，TEM观察时虽不直接采用传统意义上的"染色"过程，但实则通过特定方法增强样品对比度，这一过程常被称为"对比增强"或"样品制备"。在TEM中，利用重金属盐（如乙酸双氧铀、柠檬酸铅等）与组织内特定成分的结合或物理吸附，实现对比度的提升。这些重金属原子因其高原子序数，对电子束产生强烈的散射效应。入射电子与散射电子间的相干作用，特别是相位差的变化，显著增强了样品内部结构的细节展示，使得超微结构得以清晰显现（图2-15）。

（1）负染色技术

负染色技术作为一种样品处理方法，通过引入不与样品直接反应的重金属盐（如磷钨酸、乙酸铀）溶液，在样品周围形成一层均匀的染色层。当这层染色物质在样品表面的凹陷区域或空隙中沉积更多时，便产生了所谓的"负对比"效果——即样品本身显得明亮，而周围背景则相对暗淡。这种技术不仅增强了样品的可视性，还巧妙地突出了样品的表面形态和精细结构，特别适用于观察如病毒、细菌（尤其是带有鞭毛

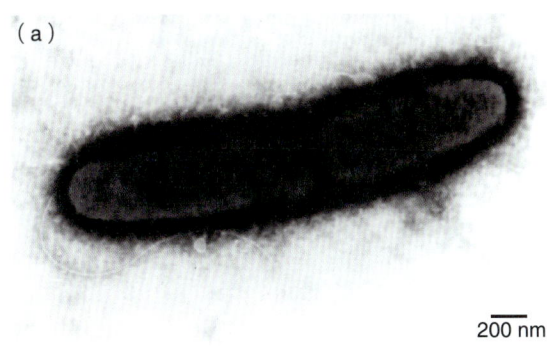
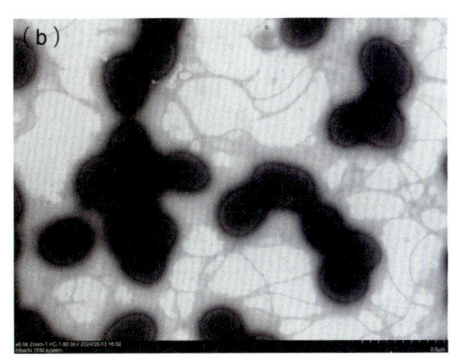

图2-15 透射电子显微镜下的微生物（图片来源：东北师范大学邸瑶；华中农业大学陈雯莉）
（a）使用JEM-1200EX透射电子显微镜在加速电压80 kV，放大倍数20 000倍下观察到的假单胞菌（*Pseudomonas* sp.）的形态及结构；（b）使用TEM透射电子显微镜H7650在加速电压80 kV，放大倍数6 000倍下观察到的黏质沙雷菌（*Serratia marcescens*）的形态

的细菌）、离体细胞器、蛋白质分子及核酸等微小且结构复杂的生物样本。在操作过程中，将处理好的样品与重金属染料混合后，以滴加、贴印或喷雾的方式置于支持膜（如碳膜、塑料膜或特殊金属膜）上，再转移至由高导电性金属（铜、不锈钢、金、银、镍等）制成的载网上。这样的设置不仅确保了电子束的顺利穿透，还通过优化样品与电子束的相互作用，进一步提升了成像的分辨率和清晰度。

（2）金属投影技术

金属投影技术也可以用于观察微生物细胞形态。在真空蒸发设备中将铂或铬等对电子散射能力强的金属原子的蒸气以45°投射到样品上。喷镀金属的一面能散射电子而形成亮区，未喷射上金属的一面则形成暗区，其效果如同太阳光斜射形成的影子，使人们能够了解样品的高度和立体形状。投影技术多用于观察病毒颗粒的形态、细菌鞭毛和质粒等。

2.1.2.2 扫描电子显微镜

透射电子显微镜是通过聚焦穿过样品的电子束而形成物像，而扫描电子显微镜（scanning electron microscope，SEM）是由样品表面所激发的二次电子形成图像，其分辨率能达到7 nm以上。扫描电镜的工作原理类似于电视，电子枪发出的电子束在样品表面进行扫描，电子束扫描到的相应区域可激发样品表面的原子产生二次电子。二次电子由探测器收集，作用于闪烁器转换成光信号，再经光电倍增管和放大器又变成电压信号来控制荧光屏上电子束的强度。电流信号再同步输入阴极射线管，进而形成物像。电子枪的发射方式有两种：冷场发射式（cold field emission，FE）和热场发射式（thermal field emission，TF）。冷场发射式电子枪突出的优点为电子束直径最小，亮度最高，因此影像分辨率最优。热场发射式电子枪是在1800 K温度下操作，避免了大部分的气体分子吸附在针尖表面，虽然亮度与冷式类似，但其电子能量散布却比冷式大3~5倍，因此影像分辨率较差，较少使用。

由于电子束只能穿透样品表面很浅的一层，扫描电镜主要被用于观察样品的表面结构（图2-16）。二次电子的数量与样品的表面特征直接相关。样品上凸出的地方产生的二次电子数量多，在荧光屏上呈现为亮区；相反，对于凹陷的区域则较暗，从而使得扫描电镜的景深大，成像具有立体感，以展示微生物表面的三维图像。在扫描电镜中，样品表面除释放二级电子外，还会产生其他的物理信号，如特征性X线谱线、

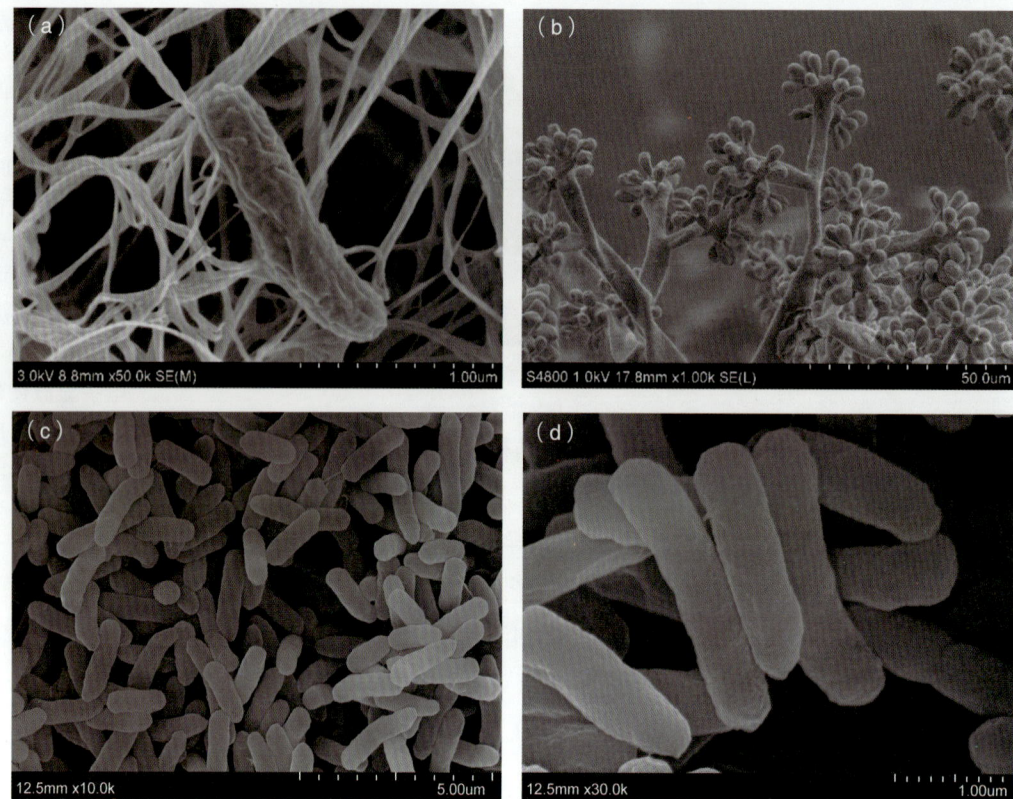

图 2-16 扫描电子显微镜下的微生物（图片来源：东北师范大学蒋德明、朱品宽）
（a）使用冷场发射扫描电子显微镜，在加速电压 3 kV，工作距离 8.8 mm，放大倍数 50 000 倍参数下观察到的包裹在细菌纤维素中的木驹型杆菌（Komagataeibacter xylinus）；（b）使用冷场发射扫描电子显微镜，在加速电压 1 kV，工作距离 17.8 mm，放大倍数 1 000 倍参数下观察到的灰葡萄孢菌（Botrytis cinerea）的分生孢子梗与分生孢子；（c）扫描电子显微镜 SU8010，工作距离 12.5 mm，放大倍数 10 000 倍下观察到的戈登氏菌（Gordonia sp.）；（d）放大倍数 30 000 倍扫描电子显微镜参数下观察到的戈登氏菌的形貌

阴极荧光、背散射电子、俄歇电子及样品电流等，对这些信号进行分析能得到样品相关的信息。例如，收集 X 线信号，可以了解样品各个微区的元素组成信息。

扫描电镜的样品制备比透射电镜的操作简单，无须包埋和切片，只需保持样品干燥，且表面能够导电。将样品用醛类（主要是戊二醛和多聚甲醛）与四氧化锇固定，以维持细胞结构。固定后的样品需保持干燥，常用的干燥方法有自然干燥法、真空干燥法、冷冻干燥法和临界点干燥法等，其中最常用的是临界点干燥法。其原理是在适当的温度和压力下，液体（如液态二氧化碳）达到临界状态（气液相面消失），使样品在没有表面张力的条件下干燥，以维持样品形态。干燥后的样品在真空蒸发器中喷镀上金属膜，以提高成像效果。

2.1.2.3 扫描探针显微镜

在光学显微镜和电子显微镜技术不断进步的同时，科学家们持续探索并发明了多种具有更高分辨率和特殊功能的显微镜，其中扫描探针显微镜（scanning probe microscope，SPM）便是这一领域的杰出代表。SPM 采用了一种独特的成像机制，即利用机械式物理探针在样品表面进行精细扫描，通过测量探针与样品之间的相互作用来获取样品的物像信息。SPM 的成像清晰度与探针的尖端尺寸直接相关，探针的精细度决定了其能够探测到的最小结构尺寸。这种显微镜技术的分辨率远超传统光学显微镜，甚至在某些方面超越了电子显微镜，因为它能够在原子或分子级别上直接观察并描绘出样品的表面形貌、电子特性以及其他物理性质。SPM 家族中包括了多种类型的显微镜，如扫描隧道显微镜（STM）、原子力显微镜（AFM）、磁力显微镜（MFM）等，各自具有独特的工作原理和应用领域。例如，STM 通过测量探针与导电样品之间的隧道电流来绘制表面形貌和电子特性的高分辨图像；AFM 则利用探针在样品表面扫描时产生的机械偏转来测量表面形貌，无需样品导电，适用于更广泛的材料研究。SPM 的发展不仅极大地推动了纳米科技和材料科学的研究进展，还为人类提供了前所未有的手段来探索和理解微观世界的奥秘。随着技术的不断进步和新型探针材料的开发，SPM 的性能将继续提升，为科学研究和技术创新开辟更加广阔的空间。

（1）扫描隧道显微镜

20 世纪 80 年代出现的扫描隧道显微镜（scanning tunneling microscope，STM）是第一个被发明的扫描探针显微镜，它能够使人们观察到样品表面的原子。1986 年扫描隧道显微镜的发明者格尔德·宾宁（Gerd Binning）及海因里希·罗雷尔（Heinrich Rohrer，1933—2013）和第一台电子显微镜的发明者 Ruska 共同获得了诺贝尔物理学奖。

扫描隧道显微镜的核心工作原理基于量子力学中的隧穿效应（图 2-17）。显微镜的一个精细的金属探针能够接近样品表面至电子云区域。当在探针与样品之间施加微小的电压时，会产生隧道效应电流，这一电流的强度与探针尖端至样品表面的距离呈高度敏感关系，具体表现为距离每增加一个原子直径，电流即显著减小至约 1/1 000。

扫描隧道显微镜提供两种主要工作模式：恒流模式和恒高模式。在恒流模式下，系统维持隧道电流恒定，而探针则根据样品表面的起伏自动调整其高度，以此精确绘制出样品表面的形貌特征。而在恒高模式下，探针保持固定高度，隧道电流则随探针与样品表面距离的变化而变化，通过计算机记录并分析这些电流变化，能够构建出样品表面原子的三维图像。

扫描隧道显微镜的卓越之处在于其广泛的应用环境，它不仅能在真空或大气条件下工作，还能深入液体环境，直接观测到诸如 DNA、RNA、蛋白质等生物大分子，以及生物膜、细胞壁、病毒等复杂结构的精细形貌，为科学研究提供了前所未有的视野和精度。

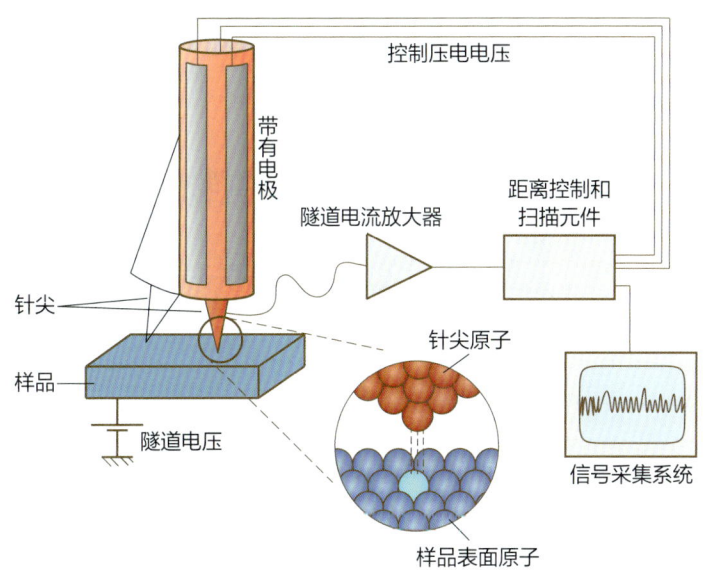

图 2-17　扫描隧道显微镜工作原理图

（2）原子力显微镜

原子力显微镜（atomic force microscope，AFM）作为另一种先进的扫描探针显微镜技术，有效地弥补了扫描隧道显微镜在观测非导电样品时的局限性。扫描隧道显微镜通常仅限于直接观察导体和半导体的表面结构，对于非导电样品，则往往需要在其表面覆盖导电膜，这一过程可能会遮蔽样品表面原有的精细结构信息。相比之下，原子力显微镜以其独特的工作原理克服了这一难题：它装备了一个微小的悬臂，悬臂末端携带着一个精细的探针（图2-18）。当探针接近样品表面时，探针尖端的原子与样品表面的原子之间产生的原子力会随着两者距离的微小变化而发生显著变化。在扫描过程中，这种原子力的变化导致探针随样品表面的起伏进行上下垂直运动。为了精确记录这一运动，一束激光被定向照射在探针的控制杆上，其因探针运动而产生的偏转被高灵敏度探测器捕捉并转化为电信号，进而绘制出样品表面的原子级结构图（图2-19）。原子力显微镜的一大优势在于无须对样品进行任何特殊导电处理，即可在真空、大气乃至液体等多种环境条件下工作，极大地拓宽了其应用范围。此外，由于其扫描过程可以非接触式进行，从而避免了因直接接触可能导致的样品损伤，使其成为研究细胞信号分子与配体结合、蛋白质分子折叠与展开等生物过程的重要工具。

图2-18 原子力显微镜
（照片来源：华东师范大学电镜平台）

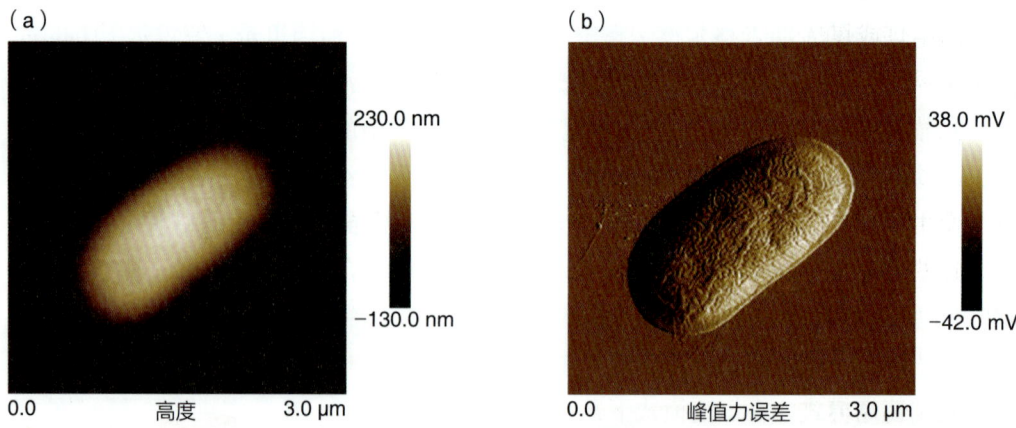

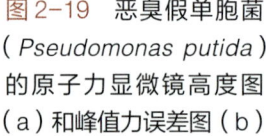

图2-19 恶臭假单胞菌（*Pseudomonas putida*）的原子力显微镜高度图（a）和峰值力误差图（b）

2.2 微生物的分离培养与保藏

2.2.1 无菌技术

在自然条件下，微生物一般是杂居混生的状态，要对某一种微生物进行研究，首先要获得其纯培养物。在微生物分离纯化及培养的过程中，需要采用无菌技术（aseptic technique），以保证纯培养物不被其他微生物污染，同时也避免培养物对环境造成危害。

2.2.1.1 操作环境

为避免空气中微生物的污染，微生物分离纯化等实验操作一般在超净工作台中进

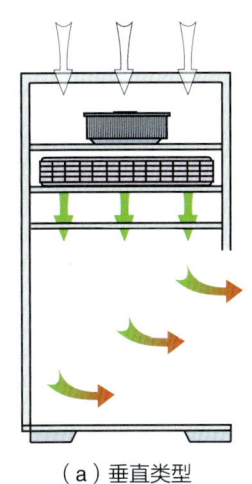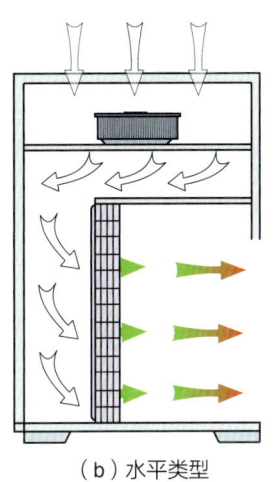

(a) 垂直类型　　　　　(b) 水平类型

图 2-20　超净工作台气体过滤系统及工作原理
⇨ 室内空气
➡ 过滤的空气

行。超净工作台利用空气过滤和紫外照射装置排除工作区原有的尘埃和生物颗粒，形成无菌的高洁净工作环境（图 2-20）。对于病原微生物等有安全风险的微生物，需要使用能够形成负压的生物安全柜（biological safety cabinet），并在相应等级的生物安全实验室（biosafety laboratory）中进行操作，以保证操作者及环境安全。

酒精灯或煤气灯的火焰周围也能够形成一个无菌区域，因此可在此区域进行简易的无菌操作。目前人们多习惯在超净工作台中也使用酒精灯，以进一步降低发生污染的可能性。

2.2.1.2　操作器具及培养基

微生物分离培养过程中常用的器具包括试管、三角瓶、培养皿、涂布器、接种环等，这些器具在使用前均需要进行灭菌处理，以保证其不含任何微生物。其中玻璃器皿常采用高压蒸汽灭菌或干热灭菌；接种环、涂布器等重复使用的器具，多在使用前后利用酒精灯火焰进行灼烧灭菌。

微生物培养还需使用到为微生物提供营养的培养基质——培养基，培养基在使用前须根据其成分及使用要求进行高压蒸汽灭菌或过滤除菌。

2.2.1.3　操作过程

对微生物进行分离纯化，或将微生物接种培养是微生物学研究中最常用的基本操作。在操作过程中要强化"无菌"概念，注意在无菌环境下进行操作，同时注意避免用手触摸器皿内部或器皿口，并随时进行无菌处理。例如试管口、三角瓶口应在酒精灯火焰形成的无菌区内打开，并用火焰对瓶口进行灭菌；倾倒平板时，将皿盖在无菌区开启一个小口，快速倒入一定量的培养基后，立即盖上皿盖。

2.2.2　微生物的分离培养

从混杂的微生物群体中获得某一种微生物的过程称为微生物的分离培养。根据所使用培养基状态及具体操作的差异可进行不同的划分。

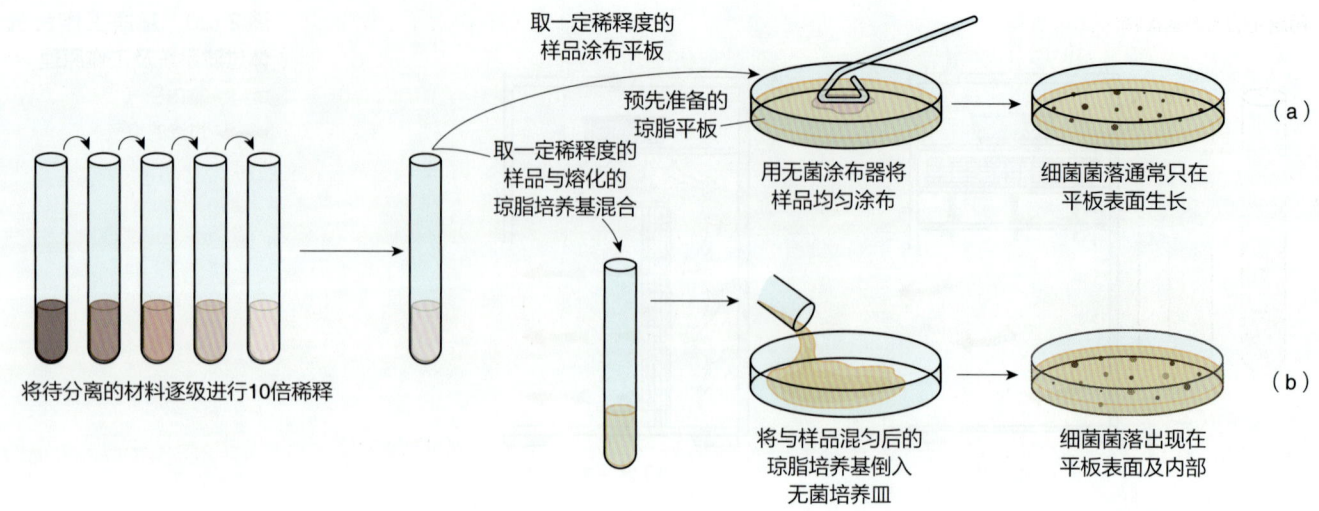

图 2-21 平板涂布法（a）与稀释倒平板法（b）示意图

2.2.2.1 用固体培养基获得纯培养物

固体培养基一般指因加入凝固剂而呈固体状态的培养基，而当固体培养基凝固在无菌培养皿中就形成了通常所说的培养平板。利用平板法可以使混杂的微生物细胞在培养基内或培养基表面形成分散的、由单个细胞或单个孢子形成的单菌落，对单菌落进行培养即可进一步获得微生物的纯培养物。这一方法由科赫发明，一直是微生物分离最常用的手段，为人类获得丰富的微生物资源作出了巨大的贡献。该方法根据具体操作及分离对象的差异，可进一步细分为平板涂布法、稀释倒平板法、平板划线法和稀释摇管法。

平板涂布法是将少量样品稀释液滴加在无菌平板表面，然后用无菌涂布器将菌液均匀涂布。经培养后，分散的单个细胞会在培养基表面形成单菌落（图 2-21a）。

稀释倒平板法是将待分离的样品作梯度稀释后，取其中合适梯度的稀释液与已熔化并冷却至 50℃左右的无菌培养基混合，充分混匀后倾倒至无菌培养皿中，待培养基凝固即制成混合平板，适宜温度培养后可在培养基表面或内部形成单菌落（图 2-21b）。

平板划线法是将样品在平板表面划线稀释而获得单菌落的方法，通常是利用接种环蘸取待分离样品，在平板表面上作多次连续或间断的划线以达到分散细胞的目的，示意图如图 2-22 所示，其中的间断划线指先在平板一边进行平行划线，之后灼烧接种环灭菌，待接种环冷却后，以上一次划线部分的菌体为菌源再进行下一次的平行划线，这样多次划线后即可在某一位置生成分散的单菌落。

稀释摇管法是针对厌氧微生物的一种相对简单的分离方法，其原理与稀释倒平板法类似。先将装有无菌琼脂

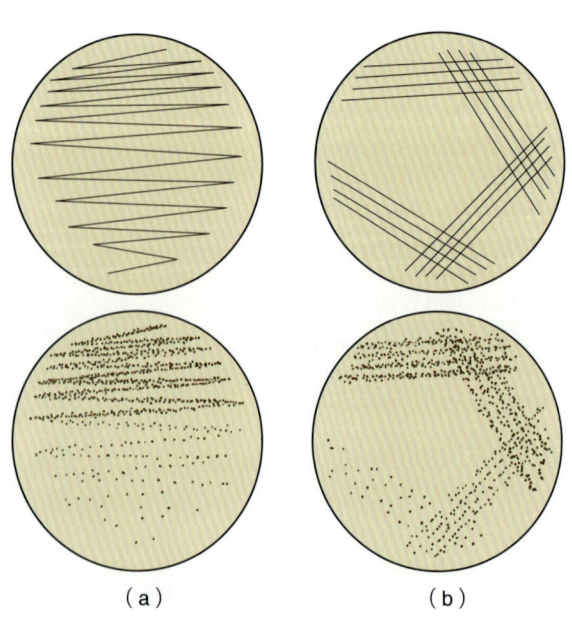

图 2-22 平板划线法及菌落生成示意图
（a）连续划线；（b）间断划线

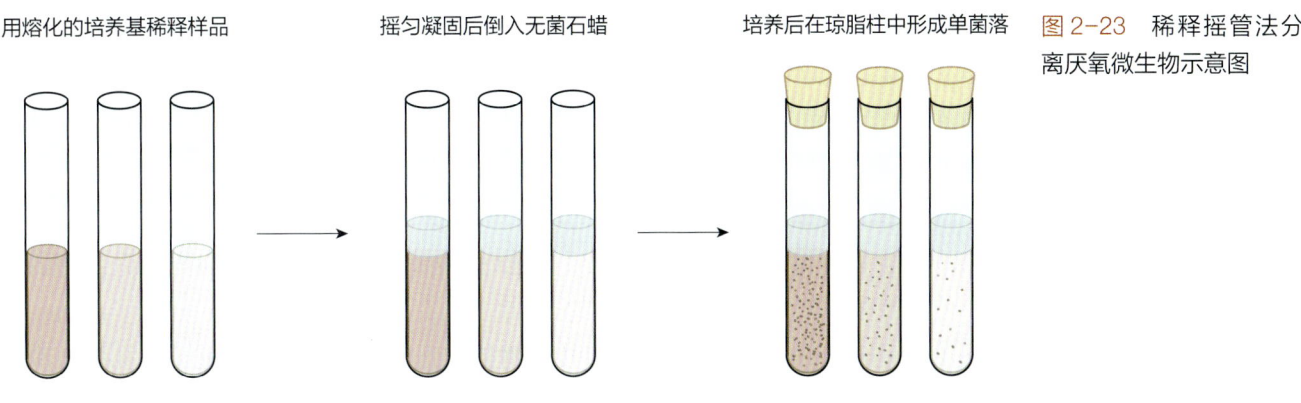

图 2-23 稀释摇管法分离厌氧微生物示意图

培养基的试管加热熔化后保温在 50℃ 左右，然后将待分离样品用这些试管培养基进行梯度稀释。样品加入后迅速摇匀试管，待培养基冷却凝固后，在琼脂柱表面倾倒一层无菌的液体石蜡和固体石蜡混合物以隔绝空气。培养后，在琼脂柱中形成单菌落，此时可先将石蜡封盖取出，然后用毛细管插入琼脂和试管壁之间，吹入无菌氮气后将琼脂柱吸出，根据菌落生长的情况将琼脂柱切成薄片，进行菌落的观察和转接（图 2-23）。

2.2.2.2 用液体培养基获得纯培养物

用固体培养基进行纯种分离是微生物学中应用最广泛的方法，但对于一些不能在固体平板上生长的微生物，例如原生动物、藻类和某些细菌等，需要使用液体培养基来获得纯培养物。通常采用的方法是稀释法，其原理是使用培养基将待分离样品进行高度稀释，使每一份稀释样品中含有一个微生物或不含微生物，经过培养后，大多数稀释管中没有微生物生长，有微生物生长的试管中可能就是纯培养物。这种方法的基础是样品的绝对稀释，因此在同一稀释度的许多平行试管中，大多数试管（一般应超过 95%）应表现为不生长，否则得到纯培养物的概率就会下降（图 2-24）。

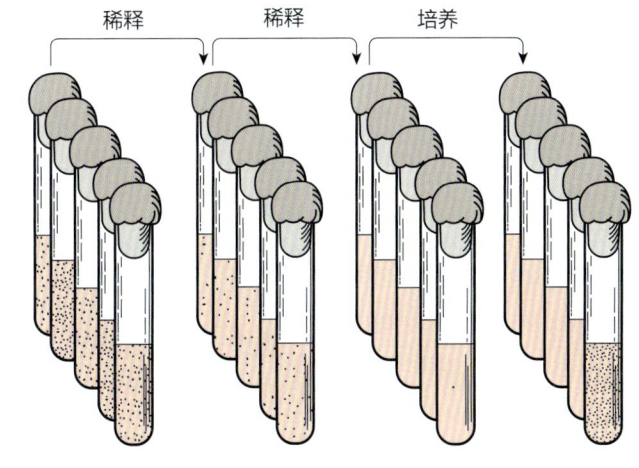

图 2-24 液体培养法获得纯培养物示意图

2.2.2.3 单细胞（孢子）分离

单细胞（或单孢子）分离法是利用显微操作从混杂群体中直接分离单个细胞或孢子进行培养以获得纯培养物的方法。该方法需要在显微镜下进行，对于体积较大的微生物，可使用毛细管提取单细胞个体；对于个体较小的微生物，则一般使用显微操作仪，在显微镜下用显微针、钩、环等挑取以获得单细胞；也可将适当稀释后的待分离样品制备成小液滴，通过显微观察选取只含有一个细胞的液滴进行培养以获得纯培养物。

2.2.2.4 微生物分离培养的新方法

自然环境中存在大量微生物，其确切数量是尚未解决的争论问题，目前普遍认为依靠传统纯培养技术能够分离培养的微生物不足微生物总数的 1%，因此人们尝试开

知识拓展 2-4
培养组学

发新的微生物分离培养方法,以降低平板分离法等传统方法对获得新微生物的限制。近年来,高通量培养法、原位培养法、微流控培养法等都取得了较好的成果,新的方法考虑了微生物的生长条件、丰度、竞争力等因素,并提高了检测限、筛选的通量及培养的自动化程度。

> **知识拓展 2-5**
> 微生物的非培养技术

1993 年,研究者首次提出了灭绝培养(extinction culturing)的概念,通过将环境样品中微生物群体总数稀释至痕量后再进行培养,该方法降低了高丰度微生物的占比,使一些寡营养低丰度的微生物被分离培养。在此基础上研究人员建立了高通量培养法(high-throughput culturing),将接种物稀释到痕量后,分别填充至多孔的微滴定板中,经过培养之后制成细胞阵列利用荧光显微镜检测生长。近年来高通量自动化培养平台得到发展,系统性高通量实验反应器和分析处理系统进行了有效结合,大大提高了筛选及培养的自动化程度。目前的高通量培养手段主要是以微孔板为容器建立起来的培养筛选体系,但在溶氧、热效应等方面也存在不足,可能导致不同菌种生长差异性较大。

原位培养法(*in situ* cultivation)的原理是尽可能模拟微生物原来的自然生态环境进行分离培养,保持微生物的群落特性、细胞之间的相互联系及其与自然环境间的交流,以及与自然状态下相仿的生态位,将尽可能多的微生物转变成可培养的微生物,提高了环境微生物的培养效率,主要包括扩散室法(diffusion growth chamber)、胶囊包埋技术、分离芯片法等。其中扩散室法是允许营养物质和微生物产生的活性物质透过微孔滤膜进出小室,但细菌不能逃逸出去,该小室放入被分离微生物的生境中,在一定程度上弥补了传统纯培养方法难以提供外源活性物质给微生物细胞的缺陷,增强了部分微生物的可培养性(图 2-25)。胶囊包埋技术是将微生物分散吸附或包埋在特殊载体上,使微生物细胞不能自由扩散,但其代谢产物及信号分子可自由扩散而相互利用。

> **知识拓展 2-6**
> 微流控培养技术流程

微流控培养技术(microfluidic cultivation)是指在微观尺度下对复杂流体进行控制、操作和检测的技术,利用微量级的通道实现微生物高分辨率、高效率的分离。微流控细胞分离主要包括芯片式微流控和液滴式微流控两大类:芯片式微流控通过灵活的结构设计和精确的流路控制实现微生物细胞的定向操纵及微环境的控制;液滴式微流控则是将微生物细胞封装入分散的微液滴中,通过对微液滴进行操作实现单细胞的有效分离。激光镊、荧光激活细胞分选等基于细胞分选的培养技术近年来也常与微流控技术相结合用于微生物细胞的分离,例如近年开发的光镊辅助池筛选和单细胞分离(optical tweezer-assisted pool-screening)系统,可实现实时的 99.7% 纯度的目标细胞分选。

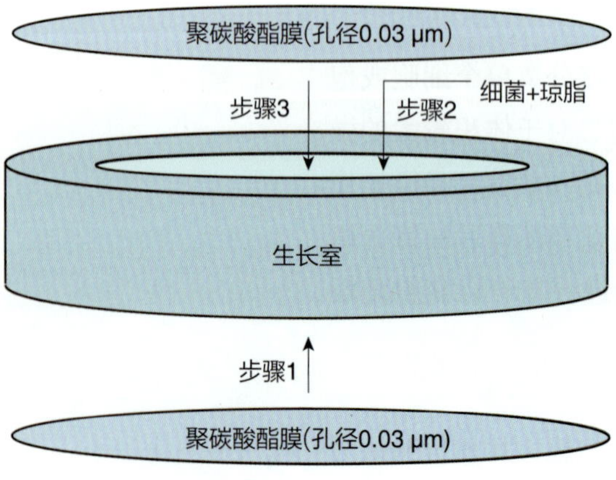

(1)微生物液滴制备和培养

通过独特的微通道结构,互不相溶的油相和水相,通过 T 型或交叉型微通道交汇时,流体的剪切力会将一相液体分割成液滴,从而在数十秒到数百秒时间内自动形成数百万个直径在数十微米到数百微米的"油包水"的微小液滴。液滴

图 2-25 土壤微生物原位培养的扩散室操作示意图

的大小可以通过调节流体的流速、黏度和界面张力来控制。每个微小液滴可作为一个微生物培养空间，实现数万到数十万个微生物的平行培养，从而提高了微生物分离和鉴定的效率。除了基于微流控芯片进行微液滴大规模制备以外，近年来还发展了如界面乳化微液滴技术、膜乳化微液滴技术、离心微液滴技术等新型微液滴制备方法。

知识拓展 2-7
微球原位分离培养微生物方法

（2）微液滴筛选

主要是基于荧光激活微液滴筛选。首先将微生物细胞与具有荧光的底物或者其他检测系统一起封装在微液滴中。经过一段时间培养以后，底物被利用或者检测系统被激活，从而使微液滴产生特定荧光。然后通过介电电泳（dielectrophoresis，DEP）技术，对具有荧光的微液滴进行分选，从而捕获和回收阳性液滴，实现对特定功能微生物的高通量筛选。微流控分选速度可达每秒数十个到数百个阳性液滴。2019 年，研究人员利用液滴微流控技术从自然环境样本中筛选出多个具有抗菌活性的菌株。研究人员首先将环境样本中的微生物群体封装在微液滴中，随后将这些液滴与目标病原菌液滴合并进行共培养。通过荧光检测系统，成功筛选出在共培养液滴中抑制目标病原菌生长的微生物。进一步的分离和基因分析显示，这些筛选出的菌株具有显著的抗菌活性，可能成为新型抗生素的候选者。

知识拓展 2-8
微流控培养技术应用案例

2.2.3 微生物的保藏

为了保证微生物的进一步研究及应用，获得微生物的纯培养物后，要采取科学有效的方法对菌种进行保藏，以保证这些微生物不死亡、不被污染，同时尽可能减少其衰退和变异，防止重要生物学性状的丢失。菌种保藏是微生物学中重要的基础性工作，许多国家都设有专门的菌种保藏机构，为微生物学研究者提供服务，并实现微生物资源的共享。我国于 1951 年建立了全国第一个菌种保藏机构——菌种保藏委员会，之后中国普通微生物菌种保藏管理中心（CGMCC）、中国典型微生物保藏中心（CCTCC）等一批菌种保藏机构都迅速发展起来。国家微生物科学数据中心（世界微生物数据中心）已经形成了国际领先的微生物大数据平台体系。截至 2025 年 4 月，全球微生物菌种目录（global catalogue of microorganism，GCM）集成了来自全球 51 个国家和地区的 155 个微生物资源中心 57 万微生物菌种资源数据，是目前世界上最大的微生物实物资源数据平台。

微生物保藏的原理是人为创造有利于它们长期休眠的特定环境，使微生物的代谢处于相对不活跃或相对静止的状态，从而能够在一定时间内使微生物不发生变异而又保持生命活力。这些环境条件包括干燥、低温、缺氧、避光、缺乏营养及添加保护剂等，其中影响较大的条件是干燥、低温和缺氧，据此人们也开发了一系列菌种保藏的方法。

2.2.3.1 传代培养保藏法

传代培养保藏法是最传统也最方便的菌种保存方法，它是指将菌种接种至琼脂斜面培养基、半固体琼脂柱或液体培养基中，待菌株生长后保藏，每隔一段时间进行移种传代。传代的间隔时间因菌种而异，在培养物表面覆盖液体石蜡隔绝空气或将培养物置于4℃冰箱等低温环境，可以提高菌种的保藏效果，延长传代的间隔时间。传代培养保藏法的优点是操作简便，便于实验室和工厂中菌种的直接使用，但缺点是随着传代次数的增加，菌种易发生污染和衰退。

2.2.3.2 冷冻保藏法

冷冻保藏法是将微生物保存在低温或超低温的条件下，使微生物代谢作用停止，以达到长期保藏菌种的目的。低温会使细胞内的水分形成冰晶而引起微生物细胞的损伤，因此在使用冷冻保藏法时一般需要在培养物中添加保护剂。例如，在实验室中常使用甘油做保护剂，添加了一定浓度无菌甘油的培养物置于-80℃冰箱中可保存10年左右，也可在-20℃冰箱中保存，但保藏时间更短。菌种保藏机构多使用液氮超低温保藏法，这种方法也是将培养物先与甘油、二甲基亚砜等保护剂混合，然后分装入耐低温的安瓿管中，再置于液氮罐中保藏，这种方法对设备要求较高，但适宜做长期保藏（通常在15年以上），且对各类微生物都具有很好的适用性。

2.2.3.3 干燥保藏法

干燥保藏法是通过去除水分，而使微生物处于休眠状态的方法，其中最常用的是沙土管保藏法和冷冻真空干燥保藏法。沙土管保藏法是将菌种制成孢子悬液，加入到无菌的沙土管中，减压干燥后封管保存。该方法适用于产孢子的放线菌、霉菌及形成芽孢的细菌，但应用于营养细胞效果不佳，特别是对于一些对干燥敏感的细菌和酵母等不适用。冷冻真空干燥法是将培养物与脱脂牛奶、蔗糖、血清或淀粉等保护剂混合冻结，之后减压抽真空，使样品中水分去除，最后干燥的样品封存在安瓿管中置于低温条件下保存。该方法同时考虑了干燥、缺氧和低温的影响因素，可以使菌种长期保存，同时经真空封闭的安瓿管便于保藏、运输和使用，因此成为菌种保藏机构常用的菌种保藏方法。

除上述方法外，菌种保藏还有载体保藏法、寄主保藏法等。对于不同的微生物应结合菌种特性及保藏方法的适应性选择使用，使菌种得到有效保藏，更好地为科学研究和生产应用服务。

※ 本章小结

经过本章的学习，同学们已经对微生物的显微观察与纯培养技术有了深入的理解和掌握。在显微观察方面，大家学习了如何使用显微镜来观察微生物的形态特征。通过对不同微生物样本的观察，同学们加深了对微生物多样性和复杂性的认识，也掌握了显微镜操作的基本技能。在纯培养技术方面，同学们掌握了无菌操作的关键步骤，了解了培养基的制备和接种技术，学习了微生物的分离、纯化和培养方法，了解了本领域最新的研究技术。这些技能对于深入研究微生物的生物学特性以及后续的科研工作具有重要意义。

※ 推荐阅读

1. OVERMANN J, ABT B, SIKORSKI J. Present and future of culturing bacteria [J]. Annual review of microbiology, 2017, 71:711-730.

这篇综述更新了人们对微生物不可培养性的生物学基础的认识，并指出了通过整合宏基因组和单细胞基因组数据更有效地研究未培养微生物的功能。

2. CONNON S A, GIOVANNONI S J. High-throughput methods for culturing microorganisms in very-low-nutrient media yield diverse new marine isolates [J]. Applied and environmental microbiology, 2002, 68:3878-3885.

作者开发了高通量培养方法，利用灭绝培养的概念在小体积的低营养培养基中分离培养物，使寡营养系统中的未培养的微生物在原位基质浓度下被培养出来，比传统微生物培养技术获得的数量高14~1 400倍。

3. XU T, LI Y, HAN X, et al. Versatile, facile and low-cost single-cell isolation, culture and sequencing by optical tweezer-assisted pool-screening [J]. Lab Chip, 2023, 23:125-135.

作者建立了一种光学镊子辅助池筛选和单细胞分离（OPSI）系统。用以精确和有指向性地分离单个细菌、酵母或人类细胞。使用微流体芯片筛选结合光镊捕获目标细胞，并形成单细胞纳升微液滴。

4. LEWIS W H, TAHON G, GEESINK P, et al. Innovations to culturing the uncultured microbial majority [J]. Nature reviews microbiology, 2021, 19: 225-240.

这篇综述讨论了常见的分离、培养新的微生物的技术障碍，回顾了新出现的、创新性靶向或高通量培养方法，举出最近成功获得纯培养物的新型古菌和细菌的例子，为今后尝试培养关键微生物提供了参考。

※ 开放性讨论题

1. 在当前数字化和智能化技术快速发展的背景下，你认为未来的显微镜技术将如何进一步推动微生物学的研究？请提出你的假设或预测，并说明理由。

2. 当前，微流控培养技术慢慢成为研究微生物群落的高效利器。那么与传统培养方法相比，微流控培养技术有什么优势和劣势呢？

3. 随着科学技术的发展，对微生物的研究是否必须以获得纯培养物为基础？如果不获得微生物的纯培养物，如何对环境中的微生物进行研究和资源的保藏，以延续现有的微生物多样性？

※ 复习思考题

1. 电子显微镜的诞生如何突破了光学显微镜的分辨率限制，进而开启了微生物学研究的新纪元？请列举一两个具体的研究案例说明。

2. 你了解哪些微生物学研究中涉及的无菌技术？请具体列举其操作过程，并分析其原理及注意事项。

3. 是否所有微生物的分离及培养过程都需要严格的无菌操作技术？是否存在一些特例？请举例并说明其原因。

4. 获得微生物纯培养物的方法有哪些？请简要说明其原理及适用范围。

5. 常用的菌种保藏技术有哪些？其各自特点及适用范围是什么？

（张美玲　李凡　陈雯莉）

原核生物的结构与功能

导语

原核生物的细胞虽小,但结构并不简单,包括细胞壁、细胞膜、拟核、核糖体、颗粒状内含物等基本构造,有些微生物的细胞还拥有某些特殊结构如荚膜、芽孢、鞭毛与菌毛等,并且由此表现出特定的功能。本章将学习原核生物细胞的形态结构,比较细菌与古菌细胞壁、细胞膜结构的差异;介绍革兰氏染色法,比较革兰氏阳性与阴性细菌细胞壁结构的差异;讲述细菌的运动器官——鞭毛的结构与功能;以及内生芽孢的结构、形成机制和耐热机制。值得注意的是,在细菌和古菌中都存在细胞壁天然缺失的类型,如支原体属(*Mycoplasma*)和热原体属(*Thermoplasma*)。另外由基因突变产生的缺壁细菌称为 L 型细菌。

关键词

原核微生物,革兰氏染色,肽聚糖,脂多糖,支原体,L 型细菌,拟核,质粒,鞭毛,菌毛,性毛,糖被,荚膜,芽孢,气泡

无论是细菌、古菌还是真核生物，所有细胞生物的细胞结构都有一些共性，如细胞膜、细胞质，以及 RNA 聚合酶、核糖体等，但不同细胞又有其各自的特征。原核生物虽小，但仍具有各种典型结构，并由特定的结构赋予了其特定的功能……

3.1 原核生物的细胞结构概述

地球上的生物可以分为细胞生物和非细胞生物两大类。非细胞生物包括病毒和亚病毒等，将在第 5 章讨论。细胞生物可分为两大类——原核生物（prokaryote）与真核生物（eukaryote）。原核生物由原核细胞组成，包括细菌和古菌。真核生物如原生生物、植物、动物、真菌等均由真核细胞组成。

原核生物的主要特点是没有成形的细胞核，且细胞的核质没有核膜包围，只有称作核区的裸露 DNA 分子，也称为拟核（nucleoid）或类核。细菌（包括蓝细菌、放线菌、支原体等）和古菌都属于原核生物。

真核细胞通常比原核细胞大，而且结构更复杂。突出特征是具有明显的由膜结构包裹的细胞核，还有一些由膜包裹的细胞器。

> 知识拓展 3-1
> 最后普遍共同祖先的新陈代谢、基因组和年龄

原核生物细胞和真核生物细胞的差别并不反映两类生物之间存在生物演化的先后关系，从系统发育学来看，原核生物中古菌的某些遗传特征甚至更接近于真核生物。细菌、古菌、真核生物都来自某原始生物（最后普遍共同祖先，简称 LUCA）。LUCA 被认为是所有细胞生命体的共同祖先，从微小的细菌到复杂的真核生物，都是从 LUCA 演化而来，然后沿着不同路线形成地球上多种多样的微生物和高等生物。

3.1.1 原核生物的显微形态

3.1.1.1 细胞形态学

微生物学中，形态学特征主要指细胞的形状与大小，以及细胞的显微结构特征。原核生物的细胞形态主要有球状、杆状、螺旋状、丝状（图 3-1），以及一些特殊形态。

球菌（coccus）呈球形或近似球形，细胞直径一般为 0.5~1.0 μm。球菌繁殖以后的细胞排列形态由其分裂面决定，而分裂面与物种有关，是形态分类学的典型特征之一。

① 单球菌。细胞分裂后，子细胞分散而单独存在。

② 双球菌。细胞沿一个平面分裂，子细胞常常

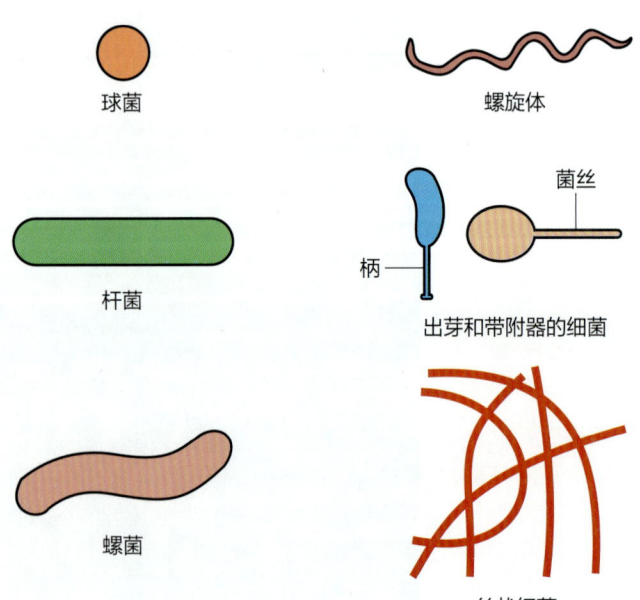

图 3-1 原核生物的常见细胞形态

两两排列在一起。

③ 链球菌。细胞沿平行的平面分裂，子细胞呈链状排列。

④ 四联球菌。细胞按两个互相垂直的平面分裂，子细胞呈田字形排列。

⑤ 八叠球菌。细胞按三个互相垂直的平面进行分裂，子细胞叠在一起呈立方体排列。

⑥ 葡萄球菌。细胞分裂无定向平面，子细胞呈葡萄状排列。

杆菌（rod）的形态多数为直杆状，少数菌体微弯；菌体两端多呈钝圆形，少数两端平齐（炭疽杆菌）、尖细（梭形杆菌）或末端膨大（棒状杆菌）。杆菌的大小、长短、弯度、粗细差异较大，其排列方式一般不作为形态分类学的依据，因为它们通常无特定排列形式，分散存在居多，仅偶有成对或链状，个别可呈特殊的排列如栅栏状等。

螺旋状菌（spirillum）是指细胞呈弯曲状的细菌。根据细胞弯曲的程度，可细分为弧菌、螺旋菌和螺旋体。弧菌的细胞短，呈弧状，螺旋不满一环，如霍乱弧菌；螺旋菌的细胞呈螺旋形，有2~6次弯曲，如小螺菌；螺旋体的细胞有6次以上弯曲，一般细胞柔软，如梅毒螺旋体。

丝状细菌是指呈长丝状的细菌，一般菌体宽度近于杆菌，约0.5~1 μm。最常见的丝状细菌是放线菌（*Actinomycete*），这是一类呈菌丝状生长和以孢子繁殖的原核生物。大多数放线菌有发达的分枝菌丝，在生长发育过程中出现不同的细胞形态，特别是其中的链霉菌属（*Streptomyces*），形成功能不同的基质菌丝、气生菌丝和孢子丝（图3-2）。基质菌丝（也称营养菌丝）是紧贴固体培养基表面并向培养基内部生长的菌丝，主要功能是吸收营养物质。气生菌丝则着生于基质菌丝之上，部分气生菌丝可特化为产生分生孢子的孢子丝。不同链霉菌种类具有形态各异的孢子和孢子丝，这些都是菌种鉴定的重要指标（图3-3）。

此外，还有一些细菌形态特殊或在细胞外带有附属结构，如柄杆菌属（*Caulobacter*）和浮游球衣菌（*Sphaerotilus natans*）等。浮游球衣菌是单细胞连接成丝状的群体，外面由鞘套包围。柄杆菌属细胞一端长有直

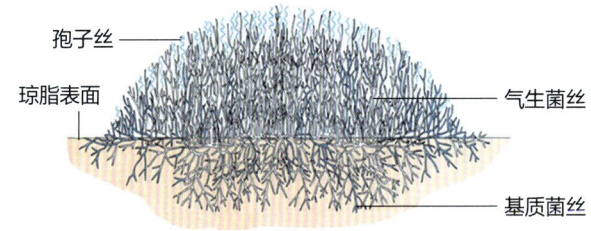

图3-2 链霉菌属的基质菌丝、气生菌丝和孢子丝示意图

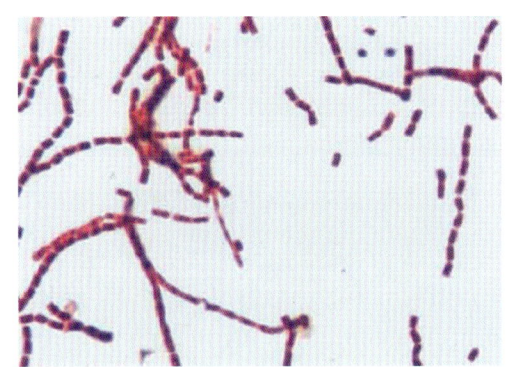 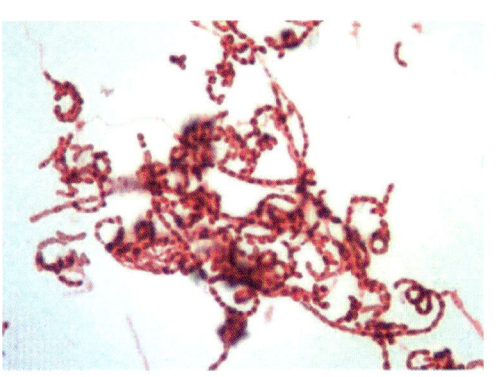

图3-3 紫色直丝链霉菌（*Streptomyces violaceorectus*）（左）和天蓝色链霉菌（*Streptomyces coelicolor*）的孢子丝和孢子形态（图片来源：华中农业大学陈雯莉）

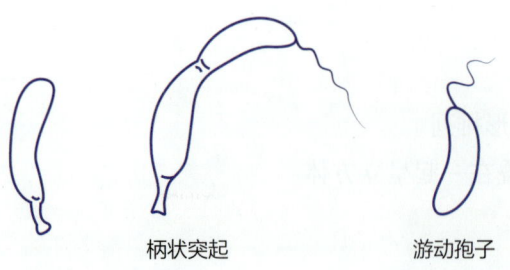

图 3-4 柄杆菌属（*Caulobacter*）及其产生的游动孢子示意图

径约 0.15 μm、长数微米到十几微米的柄状突起，可黏附在固体或其他细胞表面（图 3-4）。有的菌体有附属物，如臂微菌属（*Ancalomicrobium*）。还有些细菌具有较复杂的生活史，在它们的生活周期中出现营养生长和子实体阶段，如能够滑行的黄色黏球菌（*Myxococcus xanthus*）就能够形成子实体（图 3-5）。当营养充足时，黄色黏球菌进行营养生长。当营养物质耗尽时，细胞外信号分子的复杂交换触发细胞聚集并形成子实体。子实体内的大多数细胞将成为静息的黏孢子，直到养分可用时才发芽。图 3-5 右图是该菌的聚集（0～12 h）和子实体（24 h）形成过程的扫描电镜照片。

图 3-5 黄色黏球菌的生命周期

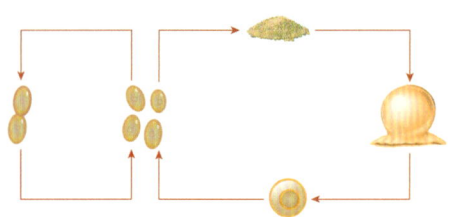

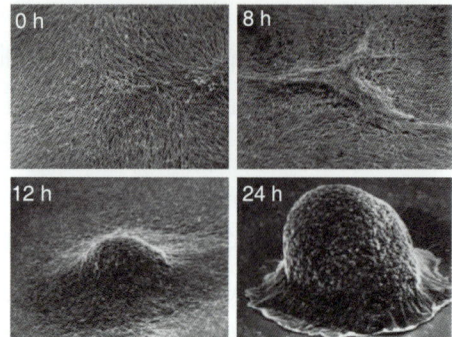

古菌细胞形态与细菌类似，一般为杆状和球状，但在极端高温环境下生长的古菌形态多样，如硫化叶菌、火球菌属等（图 3-6）。而极端嗜盐古菌在培养基中生长时可见球状、弯曲膨大的杆状、棒槌状等。这可能与它们要适应极端环境条件有关。

3.1.1.2 细胞大小与细胞分裂的必要性

原核生物的细胞大小差异显著，2015 年美国加利福尼亚大学伯克利分校和劳伦斯伯克利国家实验室首次发现于地下水样本中的"极小细菌"，体积仅有 0.009 μm³，相当于在一个大肠杆菌中就可以容纳 150 个这种微小细菌。2022 年人类发现了世界上已知体积最大的细菌，长度约 2 cm 的华丽硫珍珠菌（*Thiomargarita magnifica*），已经是肉眼可见。人工培养的大多数杆菌一般直径为 0.5～4 μm，长度一般小于 15 μm，当

图 3-6 极端高温环境下的古菌
（a）硫化叶菌；（b）火球菌

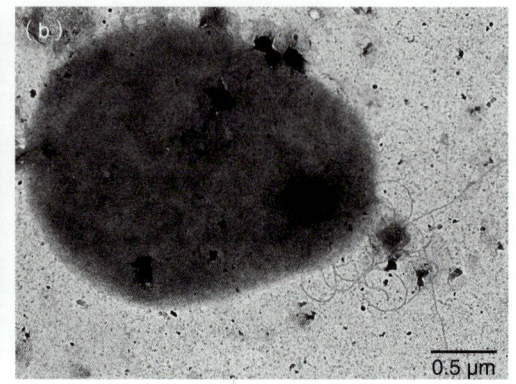

然也有例外。大肠杆菌大约为 1 μm × 2 μm，这是原核生物最常见的尺寸。大型的细胞在原核生物中并不常见。相比之下，真核细胞的直径可以在 2 ~ 600 μm。

原核细胞保持较小体积对其自身而言是有利的，因为小细胞比大细胞有更大的比表面（即表面积与体积的比值）。从图3-7可以看出，随着体积的增加，细胞的比表面相应降低。由于细胞内外的物质交换必须通过细胞的表面进行，所以细胞的生长速率与细胞内外的物质交换速率呈正相关。小细胞的比表面更大，单位质量的物质可以有更高的交换速率，这也意味着更快的生长速率。

相同质量的营养资源可以用于形成更多的小细胞。每一次细胞的分裂，都伴随着染色体的复制，DNA 的复制过程又伴随着复制错误的发生。正常环境中，DNA 的自发复制错误以相对固定的频率发生。细胞分裂次数越多，DNA 复制次数就越多，自发复制错误也就越多，这些复制错误则是遗传变异的基础。DNA 的遗传变异是地球生命演化的基础，为演化提供了丰富的 "原材料"。原核生物细胞通常很小，又是单倍体，DNA 的变异比双倍体和多倍体更容易表现出来，所以它们的演化速度也比双倍体的大细胞快得多。

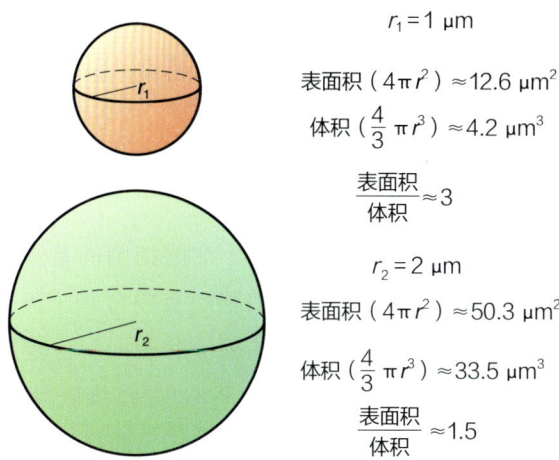

图 3-7 细胞的直径与比表面的关系

那么，这种趋势是否会导致原核细胞变得越来越小呢？或者说，是否细胞越小就越有生长优势和演化优势呢？当然不是。作为一个可独立生活的细胞，它至少要能容纳足够的必要物质，如蛋白质、核酸、核糖体等。从地球生命数十亿年的演化历史来看，直径 0.10 ~ 0.15 μm 也许是可独立生活细胞的下限了。目前在地球深处发现一些直径约 0.20 μm 的细菌和古菌，比典型的细菌细胞要小得多，而许多致病菌的细胞也非常小，这些微生物的基因组测序结果显示它们缺少许多基因，这些基因的产物或功能必须由其他微生物细胞或宿主生物（例如植物和动物）提供给它们，否则就无法生存。

3.1.2 原核细胞的功能

如上所述，原核生物一般是能独立生活的单细胞个体。即使体积微小的细胞也有复杂的结构，能够完成生命活动所需的各种功能和代谢，表现在：①营养，细胞从外界摄取营养物质，在细胞内进行转化和合成，产生能量，排出代谢废弃物；②生长，细胞利用营养物质进行生长和分裂，一般每个细胞形成两个相等或相似的子细胞；③分化，多数微生物细胞在生活过程中发生形态和功能的变化，甚至出现明显的特殊结构，如芽孢；④信号传递，不同细胞之间，甚至与高等动植物之间，常常通过信号分子而发生关系和相互作用；⑤演化，细胞生物不断地演化，细胞的遗传变异倾向有利于适应环境的个体生存和发展。虽然许多高等生物也具备上述细胞属性，但它们个体中每个细胞只能作为整体的一部分而存在，不是独立生活的。而原核生物的每个细胞都是一个完整、独立存在的个体，在其中进行生物化学反应和能量转换，并有一套由遗传物质编码的程序，控制着性状的遗传，如果程序出现差错，则产生变异。

3.1.3 原核细胞的基本结构

细菌细胞的基本结构包括：①细胞壁；②细胞壁内的结构：细胞质膜，拟核，细胞质及内含物（包括核糖体及各种贮藏物颗粒）。特殊结构包括芽孢及细胞壁外的糖被和表面层，鞭毛，性菌毛和菌毛等。典型的细菌细胞结构与功能见表 3-1 和图 3-8。原核细胞与真核细胞在结构上的区别关键在于原核细胞内没有膜包被的细胞器结构，而真核细胞有多种膜包被的细胞器，特别是有被核膜包裹的细胞核结构。表 3-2 比较了原核细胞和真核细胞在结构上的显著差异。

表 3-1　原核细胞的结构与功能

细胞结构	功能
细胞壁	赋予细胞形态，提供刚性支持
细胞膜	选择透过性屏障，蛋白质锚点，能量代谢场所
拟核	遗传物质（DNA）所在
核糖体	蛋白质合成场所
内含物	碳、氮、磷、硫及其他物质的贮存场所
气泡	赋予细胞在水环境中的浮力
荚膜和黏液层	保护作用，或使菌体易于吸附于固体表面
鞭毛	运动结构
菌毛	表面吸附作用
性菌毛	细菌间交配
内生芽孢	应对不良环境的休眠结构

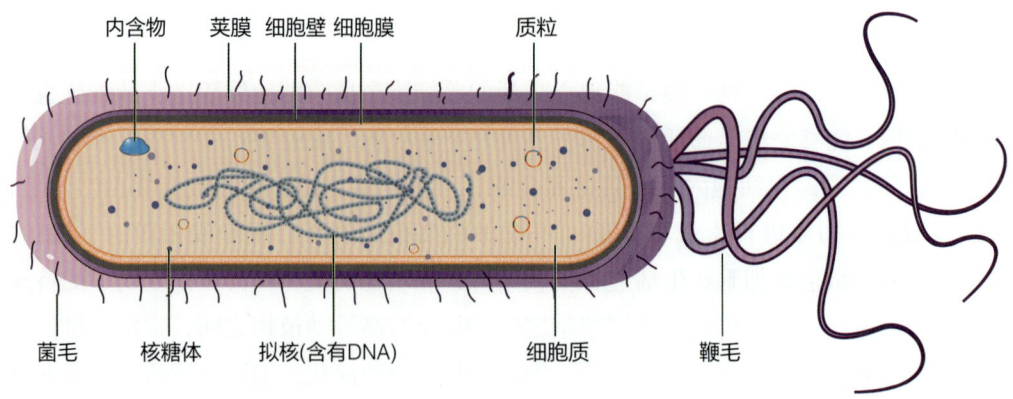

图 3-8　原核细胞的基本结构及鞭毛、菌毛、荚膜等附属结构

表 3-2 原核细胞和真核细胞的结构对比

细胞结构	原核细胞	真核细胞
细胞壁	由肽聚糖，其他多糖、蛋白质和糖蛋白组成	通常由多糖组成，包括纤维素
质膜	一般不含固醇	含固醇
细胞质		
内膜系统	简单，仅存在于某些细菌中	复杂，内质网和高尔基体
核糖体	70S	80S（线粒体和叶绿体中的核糖体为70S）
细胞器	一般无	单位膜包裹的细胞器
呼吸系统	在部分质膜和内膜中	在线粒体中
光合色素	在内膜或内囊体中，无叶绿体	在叶绿体中
细胞核和核质		
核膜	无	有
核仁	无	有
基因组	通常为双链环状 DNA 大分子，以及质粒	线型 DNA 大分子同组蛋白结合，缠绕折叠形成染色体
细胞分裂	无有丝分裂	进行有丝分裂
有性生殖	少数细菌具备，不进行减数分裂	具备，进行减数分裂
基因中的内含子	一般没有	普遍存在

3.2　细胞壁

3.2.1　细菌细胞壁的结构

细菌细胞壁是细菌细胞用于对抗特定范围内的渗透压波动，维持细菌固有形态的韧性构造。细菌细胞壁作为渗透屏障，允许水分及一些可溶性小分子物质自由通过，阻拦酶、蛋白等生物大分子物质进入细胞；细菌细胞壁为细菌的鞭毛运动提供必需的支撑；细菌细胞壁的成分是细菌某些特有抗原性的物质基础。

1884 年，丹麦学者汉斯·克里斯蒂安·革兰（Hans Christian Gram，1853—1938）发明了著名的革兰氏染色法（Gram stain），可将细菌分为两个类群：革兰氏阳性（G^+）菌和革兰氏阴性（G^-）菌。G^+ 菌可被该法染成紫色，G^- 菌则被染成红色或无色（图 3-9）。

G^+ 菌和 G^- 菌的细胞壁结构存在显著的差异（图 3-13），导致了它们在革兰氏染色过程中的不同表现。

3.2.1.1　肽聚糖

G^+ 菌和 G^- 菌的细胞壁均含有肽聚糖。肽聚糖（peptidoglycan）的成分包括由两种糖的衍生物 N-乙酰胞壁酸（N-acetylmuramic acid）和 N-乙酰葡糖胺

图 3-9 革兰氏染色技术

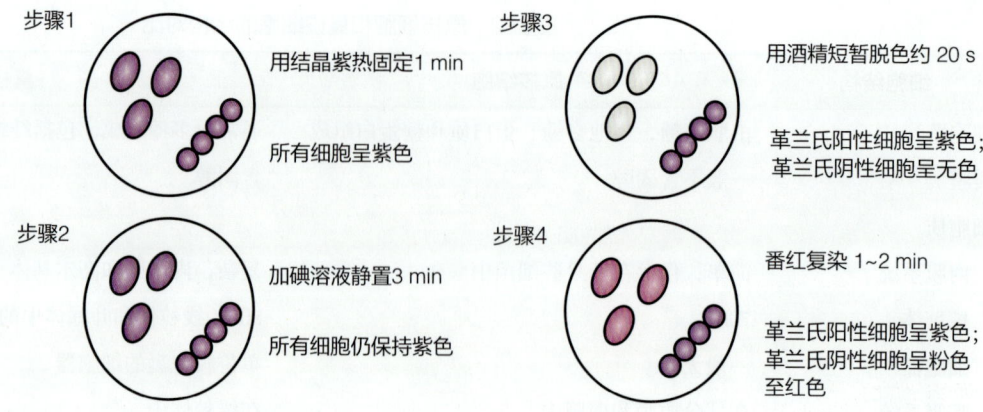

（*N*-acetylglucosamine）通过 β-1,4- 糖苷键形成的聚糖主链，连接在 N- 乙酰胞壁酸结构单元上的四肽尾部，以及链接不同聚糖主链四肽尾部的肽桥（图 3-10）。

不同细菌的肽聚糖多样性主要体现在四肽尾的组成与肽聚糖的交联方式上。革兰氏阳性菌，以金黄色葡萄球菌为例，四肽尾是 L-Ala ~ D-Glu ~ L-Lys ~ D-Ala，两条四肽尾通过一个五肽（由 5 个甘氨酸残基组成）的肽桥（glycine interbridge）交联在一起（图 3-10）。大多数革兰氏阴性菌的肽聚糖层不具有这样的肽桥结构。以 G^- 菌大肠杆菌为例，四肽尾是 L-Ala ~ D-Glu ~ 内消旋二氨基庚二酸（meso-DAP）~ D-Ala，两条四肽尾中某一条肽链的 D-Ala 与另一条肽链的 meso-DAP 交联，这是许多 G^- 菌的代表模式（图 3-11）。

值得注意的是，细菌肽聚糖的四肽尾中 D-Ala、D-Glu 和内消旋二氨基庚二酸（meso-DAP）不是蛋白质的组成残基，这有助于保护肽聚糖，使之不易被大多数肽酶所降解。

图 3-10 革兰氏阳性菌（a）与革兰氏阴性菌（b）肽聚糖的交联方式

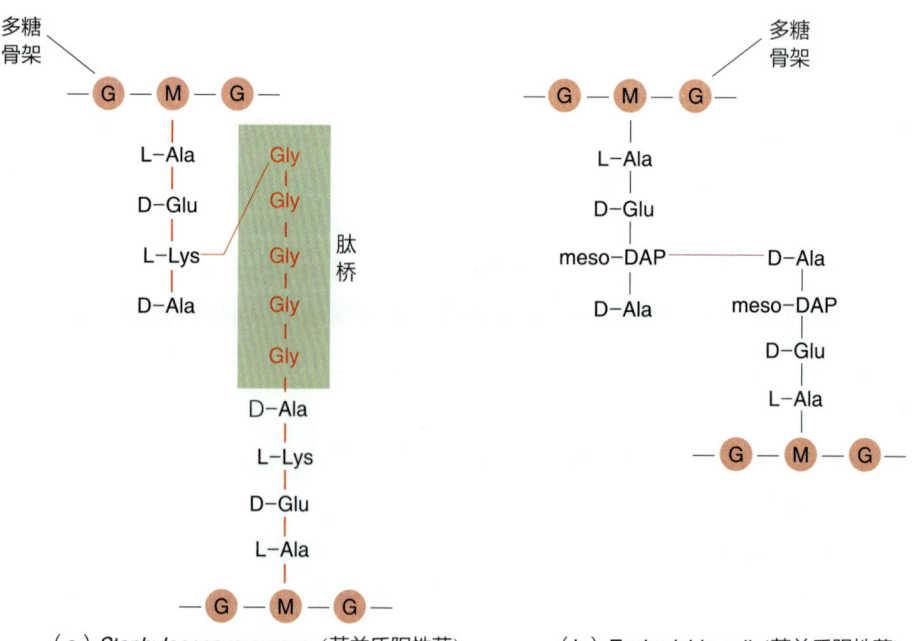

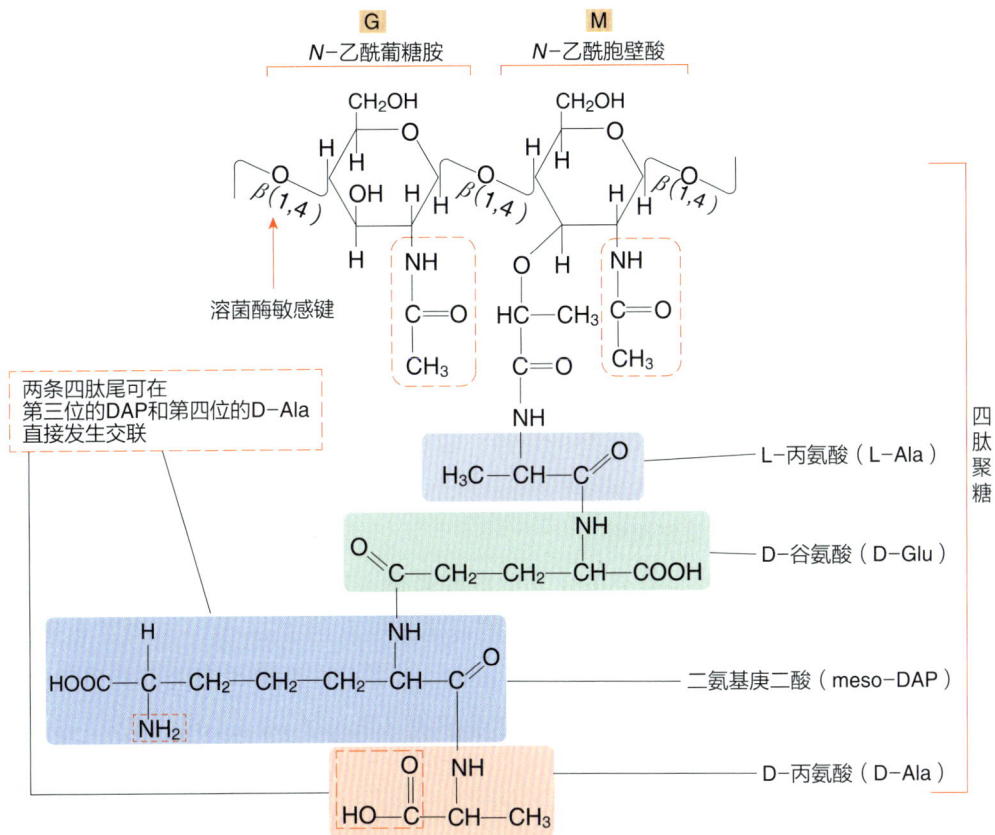

图 3-11 G⁻菌肽聚糖的结构单位

3.2.1.2 革兰氏阳性菌细胞壁

G⁺菌的细胞壁结构相对简单，它由细胞膜外的厚为20～80 nm的肽聚糖（peptidoglycan）组成，形成厚而均一的细胞壁（图3-12）。G⁺菌的细胞壁化学组成简单，一般有90%肽聚糖和10%磷壁酸。肽聚糖交联后形成的每个薄层厚度是1～2 nm，G⁺菌的细胞壁由10～40层肽聚糖薄层结构堆叠而成，从而形成了20～80 nm厚的

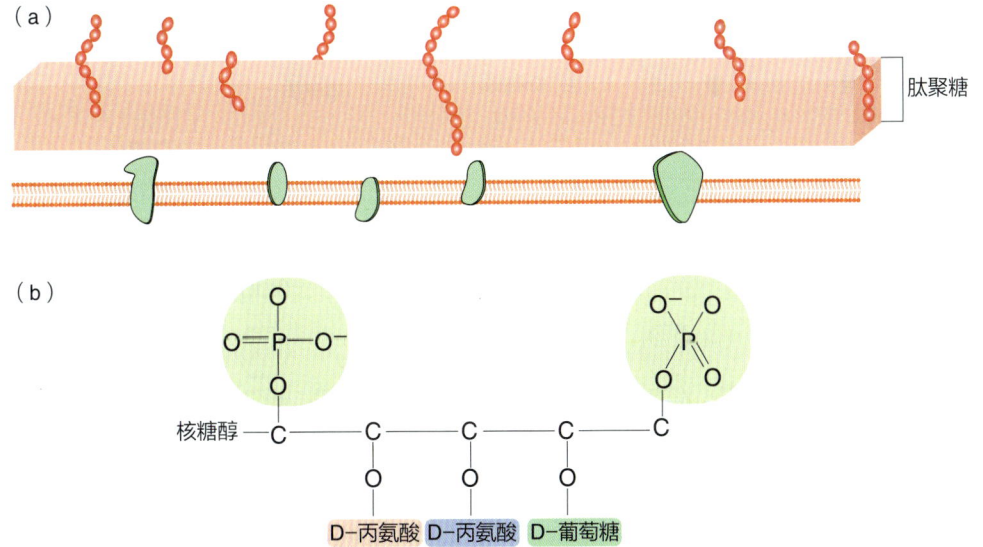

图 3-12 革兰氏阳性细菌细胞壁结构
（a）肽聚糖结构；（b）一种核糖醇磷壁酸结构示意图，磷壁酸是这里所示的重复核糖醇单元的聚合物

细胞壁。

G⁺菌的肽聚糖层中还存在大量的磷壁酸（teichoic acid）。磷壁酸可分为核糖醇磷壁酸和甘油磷壁酸两类，即分别由核糖醇或甘油残基通过磷酸基团连接而成的弱酸性多聚物。根据其在细胞表面的固定方式，可分为壁磷壁酸（wall teichoic acid）和膜磷壁酸（membrane teichoic acid）两种。前者通过N-乙酰胞壁酸的6个羟基以共价键与肽聚糖相连，后者又称为脂磷壁酸（lipoteichoic acid），可跨过肽聚糖层，通过磷酸键与细胞膜中糖脂的寡糖基连接。

磷壁酸可延伸至肽聚糖的表面，带有负电荷，从而使G⁺菌表面呈负电荷。磷壁酸是G⁺菌的重要表面抗原，其功能尚不十分明确，可能在调节离子通过细胞壁外的黏液层时起作用，也可能调节某些酶的活性，或者与某些菌吸附于寄主细胞的表面有关，并避免被白细胞吞噬。

3.2.1.3 革兰氏阴性菌细胞壁

与G⁺菌相比，G⁻菌的细胞壁的化学组成较复杂，其结构可分为外膜层和薄的肽聚糖层（图3-13）。G⁻菌细胞壁的肽聚糖层很薄，仅有约2 nm的一至两层肽聚糖，位于外膜与细胞质膜中间。外膜（outer membrane）是位于肽聚糖层之外的膜结构层次，它由磷脂双分子层组成基本结构，富含脂多糖（lipopolysaccharide，LPS）和多种外膜蛋白。

脂多糖（LPS）由核心多糖（core polysaccharide）、O-特异多糖（O-specific polysaccharide）和类脂A（lipid A）三部分组成（图3-14）。以沙门菌为例，其核心

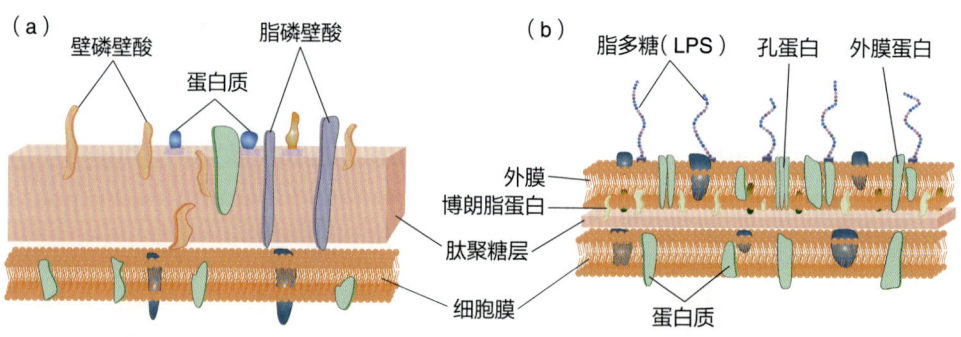

图3-13 革兰氏阳性菌（a）与革兰氏阴性菌（b）的细胞壁结构

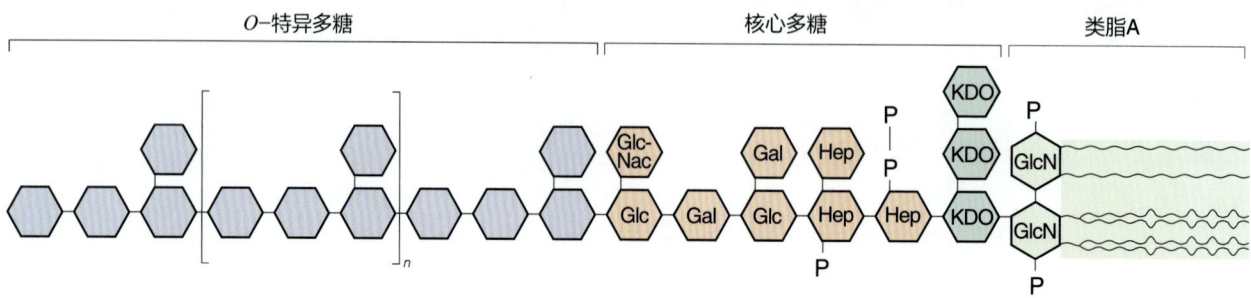

图3-14 脂多糖的结构

多糖主要成分是酮脱氧辛糖酸（ketodeoxyoctonate）、多种七碳糖（heptoses）、葡萄糖、半乳糖和 N- 乙酰葡糖胺；O- 特异多糖是由包含半乳糖、葡萄糖、鼠李糖、甘露糖，以及一个或多个脱氧己糖为单元的四聚体或五聚体的形式连接而成带有分枝的多糖链。不同菌株的 O- 特异多糖有明显差异，从而表现出抗原特异性。类脂 A 是连接于磷酸 -N- 乙酰葡糖胺基双糖单位上两个氨基上的饱和脂肪酸链。其中常见的脂肪酸有己酸、月桂酸、肉豆蔻酸、棕榈酸和硬脂酸等。类脂 A 是革兰氏阴性细菌致病物质（即内毒素）的物质基础。LPS 多糖链带有较强负电荷，可吸附 Mg^{2+}、Ca^{2+} 等阳离子，这些二价阳离子分别与不同的 LPS 多糖链结合，从而增强了 G^- 菌细胞壁外膜的强度。

LPS 是 G^- 菌细胞壁中特有的化学成分，分子量大于 10 000，结构复杂，在不同类群，甚至不同菌株之间都有差异，这些差异决定了 G^- 菌细胞表面抗原决定簇的多样性。例如，根据 LPS 抗原性的不同，沙门菌属（*Salmonella*）的抗原类型超过 2 000 种。最近研究发现，肠道菌群中某些细菌的 LPS 进入血液后，可引起人体或动物的慢性低度炎症反应，从而影响人类肥胖与糖尿病的病程发展。LPS 还具有部分选择性屏障功能，可控制某些物质进出细胞。

外膜蛋白（outer membrane protein）是嵌合在外膜上的蛋白质，多数功能尚不清楚。其中孔蛋白（porin）是一种三聚体跨膜蛋白，由三个相同亚基组成，中间有一直径约 1 nm 的孔道，可通过孔的开闭使物质选择性通过外膜层。非特异性孔蛋白可通过分子量小于 900 的亲水性分子；特异性孔蛋白则具选择透性，只允许维生素 B_{12} 和核苷酸等少数相关物质通过。有一种分子量约为 7 200 的特殊的博朗脂蛋白（Braun lipoprotein）跨越 LPS 和肽聚糖层，使外膜层牢固地连接在肽聚糖上（图 3-13）。

周质空间（periplasm）是革兰氏阴性菌的外膜与细胞膜之间的狭窄空间，宽为 12～15 nm，其中包含了细胞壁中的肽聚糖薄层。周质空间呈胶质状，在菌体的物质交换过程中起重要作用。周质空间富含四类蛋白质：催化物质分解的水解酶类；与物质转运有关的结合蛋白；与趋化性有关的受体蛋白；利用穿过细胞膜分泌的前体分子合成细胞外结构（如肽聚糖和外膜）。

3.2.1.4 革兰氏染色的原理

在革兰氏染色过程中，细菌先被结晶紫初染。结晶紫并不对肽聚糖染色，但可以进入细胞内，从而使细胞被染成紫色。第二步进行碘液媒染，碘离子进入细胞后与结晶紫结合形成大分子复合物，提高了结晶紫在细胞内的滞留性。第三步用乙醇进行脱色处理，G^+ 菌与 G^- 菌由于细胞壁结构的不同，表现出差异性。G^+ 菌的厚肽聚糖层因被乙醇脱水，造成壁上小孔收缩，从而使不溶性的结晶紫 - 碘复合物不能洗出。对 G^- 菌而言，乙醇很容易穿透富含脂质的外膜，乙醇抽提了外膜的脂质，使孔隙增大；而其薄薄的肽聚糖层交联度不高，有较大孔隙，无法阻止结晶紫 - 碘复合物的通过。结果，G^+ 菌保持了紫色而 G^- 菌变成无色。最后的番红复染不改变 G^+ 菌的紫色，但可以使无色的 G^- 菌染成红色而易于观察。

值得注意的是，直到 20 世纪 70 年代后期，科学家才将古菌与细菌区分开来。古菌虽然也可被革兰氏染色法区分为 G^+ 和 G^-，但它们的细胞壁与细菌细胞壁完全不同。本节所述的 G^+ 菌和 G^- 菌专指细菌。

3.2.2 古菌细胞壁的结构

古菌是在系统发育上独立于细菌的原核生物类型，已发现的古菌包括在形态、生理和代谢方面存在巨大差异的类群。古菌的细胞壁可由多糖（假肽聚糖）、糖蛋白或蛋白质构成。

有些古菌，如甲烷杆菌属（*Methanobacterium*）的细胞壁的多糖骨架由 N-乙酰葡糖胺和 N-乙酰塔罗糖胺糖醛酸以 β-1,3 糖苷键连接而成。此类与细菌功能相似的细胞壁结构，也可以经革兰氏染色而呈 G^+ 或 G^-，但它们的细胞壁结构与化学成分均与细菌显著不同，被称为假肽聚糖（pseudopeptidoglycan）。甲烷八叠球菌属（*Methanosarcina*）具有独特多糖（半乳糖胺、葡糖醛酸、葡萄糖和乙酸等单体的聚合物）组成的细胞壁；盐球菌具有硫酸化多糖组成的细胞壁，两者可染成革兰氏阳性。盐杆菌的细胞壁由糖蛋白组成；甲烷球菌和甲烷微菌、甲烷螺菌的细胞壁则由蛋白质组成。

古菌中最普遍的细胞壁类型是由单层交联的蛋白或糖蛋白形成的具有六角对称结构的类结晶态的表面层（S-layer）。在某些细菌，如新月栖杆菌（*Caulobacter crescentus*）中也发现在细胞壁外覆盖有 S-layer。

3.2.3 缺壁的细菌与古菌

在细菌和古菌中都存在细胞壁天然缺失的类型，如支原体属（*Mycoplasma*）是天然存在的缺壁细菌，热原体属（*Thermoplasma*）是没有细胞壁结构的古菌。

> 知识拓展 3-2
> 肺炎支原体与非典型性肺炎

支原体由于没有细胞壁，对渗透压变化敏感。此外，支原体的细胞膜中含有一般原核生物所没有的甾醇，该物质使细胞膜具有较高的机械强度，在缺少细胞壁的情况下维持了细胞膜的稳定性。

另外，由基因突变产生的缺壁细菌称为 L 型细菌，人工方法去除细胞壁得到的缺壁细菌称为原生质体（G^+ 细菌）或原生质球（G^- 细菌）。

3.2.3.1 L 型细菌

L 型细菌（L-form bacterium）是在某些环境条件下，自发突变而形成的遗传性稳定的细胞壁缺陷细菌，因英国李斯特研究所（Lister Institute）1935 年首先发现而得名。大肠杆菌、变形杆菌、葡萄球菌、链球菌、分枝杆菌和霍乱弧菌等 20 多种细菌中均发现有 L 型细菌菌株，从这些细菌种属发现细胞壁缺陷突变体可能是应对靶向细胞壁的抗生素的选择结果。L 型细菌由于没有完整而坚韧的细胞壁，故细胞呈多形态；一些 L 型细菌可以通过细菌滤器，故又称"滤过型细菌"；由于对渗透压敏感，它们通常只能在固体培养基上形成直径 0.1 mm 左右、呈"油煎蛋"状的小菌落。

3.2.3.2 原生质体与原生质球

原生质体与原生质球是在人为条件下，用溶菌酶处理或在含青霉素的等渗培养基中培养而形成的圆球形、对渗透压变化敏感的细胞。溶菌酶可以直接降解细胞壁中的肽聚糖；青霉素则可以抑制新生细胞的肽聚糖合成，使得在等渗培养基中长出的新细胞不含有完整的肽聚糖网格结构。

由 G^+ 菌经上述处理得到的细胞只有一层细胞质膜包裹，称为原生质体（protoplast）。原生质体对环境条件变化敏感，低渗透压、振荡、离心甚至通气等都易引起其破裂。有些原生质体虽具有鞭毛，但因缺乏细胞壁的支撑而不能运动。

对 G^- 菌经上述处理后而获得的残留部分细胞壁（外膜）的球形体，称为原生质球（spheroplast）。与原生质体相比，原生质球对外界环境具有一定的耐受性，可在普通培养基上生长。

3.3 细胞膜

3.3.1 细菌细胞膜的结构

细胞膜（cell membrane）是包裹细胞质和细胞内容物的一层连续的膜状结构，因此又称为质膜（plasma membrane）。细菌细胞膜的基本结构与真核细胞相似，但与古菌的膜结构不同。

细菌细胞膜非常薄，厚度仅有 6~8 nm。以常用的打印纸为例（厚度约 0.1 mm），需要 14 000 层细胞膜才能达到这一张纸的厚度。细胞膜主要由磷脂和蛋白质组成。通过电子显微镜观察，发现细胞膜显现"暗-明-暗"的三层结构，其中明亮的是磷脂双分子层，而比较暗的为蛋白质。此类细胞膜的显微结构可描述为单位膜模型（unit membrane model）。

细胞膜中的磷脂（phospholipid）包含有亲水的头部和疏水的尾部，亲水头部由甘油和磷酸残基组成，疏水尾部由脂肪酸组成（图 3–15）。

由于磷脂分子之间没有共价键连接，因此推测这些小分子组成的双层膜结构具有流动性。1972 年，辛格（J. S. Singer）和尼克森（G. L. Nicolson）提出了细胞膜的流动镶嵌模型（fluid mosaic model）理论。流动镶嵌模型有两个结构特点：一是膜的流动性，即膜蛋白和膜磷脂均可侧向移动；二是膜蛋白分布的不对称性，即有些蛋白质镶嵌在膜的内表面或外表面，有些蛋白质则嵌入或横跨磷脂双分子层。

膜蛋白（membrane protein）是组成细胞膜结构的蛋白质，它们都具有部分疏水的表面结构，使之可以与膜表面"相容"；同时也具有部分亲水的表面结构，从而使之可与细胞内或膜外亲水环境"相容"。一些膜蛋白称为整合蛋白（integral membrane protein），因其表面呈疏水性，故可"溶"于脂质双分子层的疏水性内层中。有些蛋白质则部分锚定于细胞膜，其余部分位于细胞膜外，朝向胞外环境或胞内细胞质，这

图 3-15 细菌细胞膜磷脂的分子结构（a）与细胞膜的结构（b）

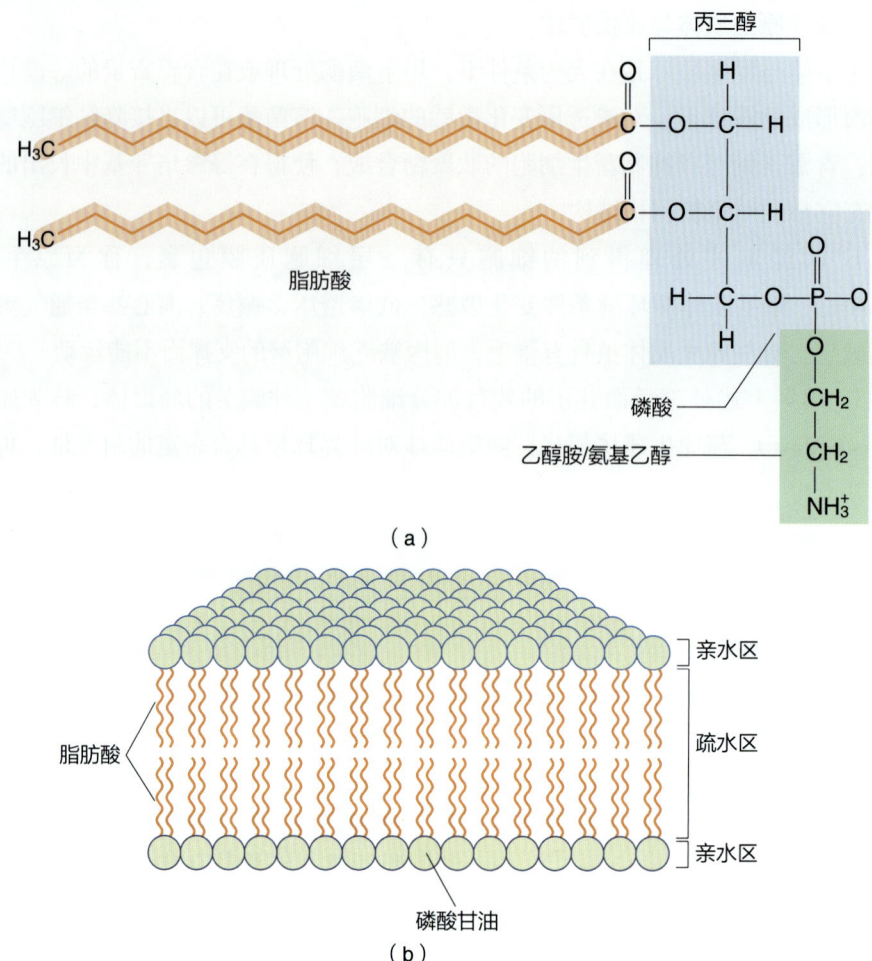

些蛋白质称为脂锚定蛋白（lipid-anchored protein）。膜周边蛋白（peripheral membrane protein）不被包埋或锚定于细胞膜，它们靠离子键或其他较弱的键与膜表面的蛋白质分子或脂分子的亲水部分结合，只要改变溶液的离子强度甚至提高温度就可以从膜上分离下来。有时很难区分整合蛋白和膜周边蛋白，因为这类蛋白质可以由多个亚基构成，有的亚基为跨膜蛋白，有的则结合在膜的外部。

3.3.2 古菌细胞膜的结构

细菌细胞与真核生物的细胞膜结构相似，其亲水部分是与甘油连接的磷酸基团，疏水部分都是由疏水侧链（脂肪酸）与甘油通过酯键连接而成的磷脂分子。古菌细胞膜亲水部分可以是与甘油连接的磷酸基团，也可以是与甘油连接的磷酸酯基、硫酸酯基或糖基酯。古菌细胞膜的脂质则由醚键将甘油和特定的疏水侧链连接而成（图 3-16）。

古菌的疏水侧链不同于细菌与真核生物的疏水脂肪酸侧链。古菌细胞膜中的非极性脂一般是由 4 个重复的异戊二烯（isoprene）单元组成的植烷（phytane），二个植烷与分别与甘油通过醚键连接形成古菌膜脂的两条疏水尾部。此类甘油二醚（glycerol

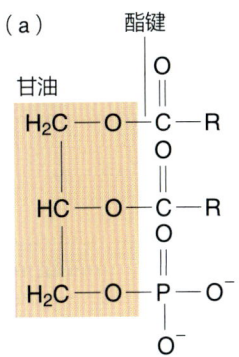 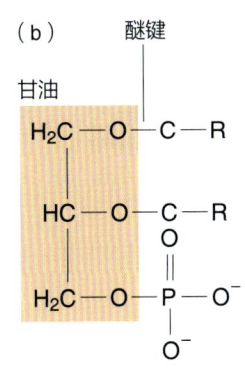 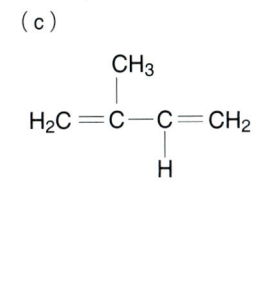

图 3-16 细菌与古菌的磷脂结构
（a）细菌与真核生物的脂质；（b）古菌的脂质；（c）异戊二烯

diether）在古菌细胞膜上的作用与细菌细胞膜磷脂类似，可自发形成脂双层结构。此外，某些古菌的膜脂中两个植烷的尾部可以通过共价键连接成双植烷（biphytanyl），进而形成甘油四醚（glycerol tetraether）（图 3-17）。这种情况下，古菌的细胞膜可能以脂单层结构或脂单层、双层混合结构的方式出现。脂单层结构常见于最适生长温度高于 80℃ 的广古菌 *Thermococcus* 和 *Pyrococcus* 等极端嗜热古菌中。此外，在泉古菌（*Crenarchaeota*）和奇古菌（*Thaumarchaeota*）的细胞膜脂的植烷侧链中还存在因后期修饰而形成的环戊烷（cyclopentane）内部结构，此类膜脂被称为泉古菌醇（crenarchaeol）（图 3-18）。

🔍 知识拓展 3-3
阿斯加德古菌新门及其与真核生物的关系

3.3.3 细胞膜的功能

细胞膜的功能并不仅限于作为分隔细胞内外的屏障作用，它在细胞的物质代谢与能量代谢过程中扮演了重要角色（图 3-19）。

首先，细胞有选择透性（selective permeability），即可以允许某些物质选择性地通过细胞膜。这一功能使得细胞可以吸收氧和葡萄糖等养分，也可以排出像二氧化碳之类的代谢废物（图 3-19a）。

其次，细胞膜是许多蛋白质的"锚点"，这些蛋白质在物质的运输、能量代谢以及趋化性等方面发挥着重要作用（图 3-19b）。

还有，细胞膜是重要的能量转换场所。细胞膜内外可以形成质子的浓度梯度，即质子动力势（proton motive force），可被 ATP 酶利用产生细胞所需的高能化合物 ATP，也可推动着生于细胞膜上的鞭毛基体转动，为鞭毛运动直接提供能量（图 3-19c）。

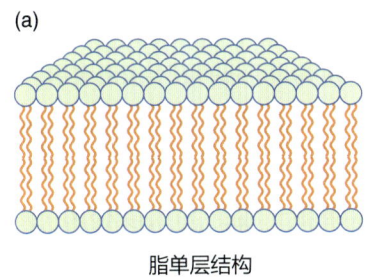 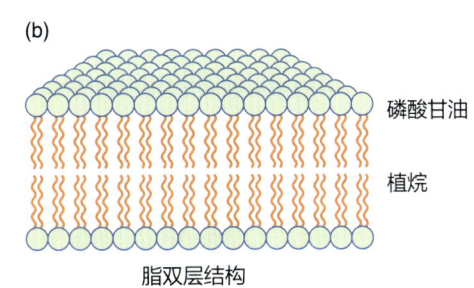

图 3-17 古菌的脂单层（a）与脂双层结构（b）

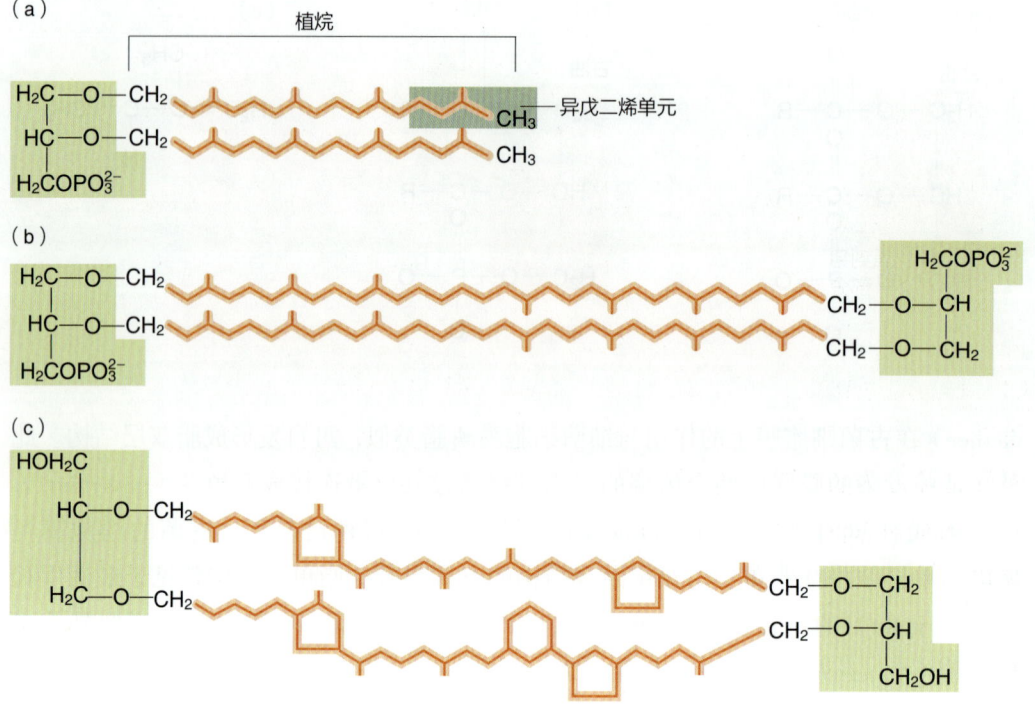

图 3-18 古菌细胞膜中主要的脂质类型的分子结构图

（a）甘油二烷基二醚（dialkyl glycerol diether, DGD），又称为古菌醇（archaeol）；（b）甘油二烷基甘油四醚（GDGT）；（c）带有五元环和六元环的 GDGT 的膜脂——泉古菌醇

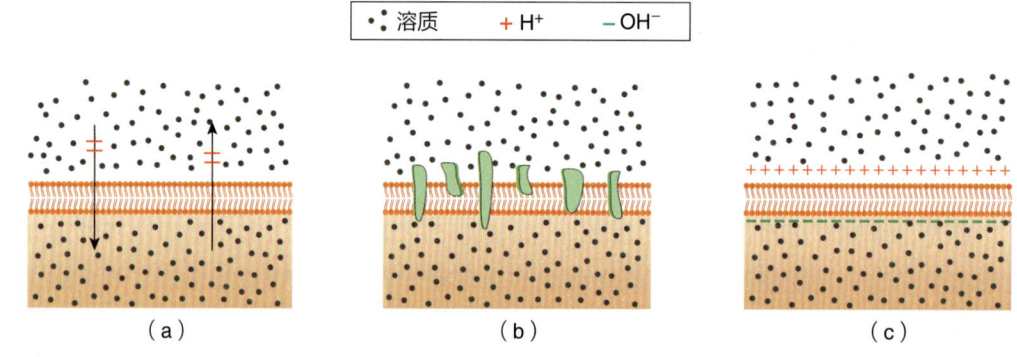

图 3-19 细胞膜的主要功能

（a）渗透屏障：防止渗漏，并作为营养物质进入细胞和废物排出细胞的通道；（b）蛋白质锚点：参与转运、生物能量学和趋化作用的蛋白质位点；（c）能量转换：质子动力势产生和消散的场所

3.4 拟核与质粒

3.4.1 拟核

拟核（nucleoid）是原核生物中的无核膜结构、无固定形态的原始细胞核，用富尔根（Feulgen）染色法观察原核生物中遗传物质呈现为紫色的核区。大多数情况下，原核生物的染色体是一个大型的环状双链 DNA 分子，而链霉菌属（*Streptomyces*）、伯氏疏螺旋体（*Borrelia burgdorferi*）等微生物的染色体是一条线性的双链 DNA 分子。与真核生物一样，原核生物的 DNA 长度也远长于其细胞长度，如大肠杆菌（*E. coli*）基因组大小约 4 600 kb，DNA 总长约 1.56 mm，而其菌体大小只有（0.4～0.7）μm×

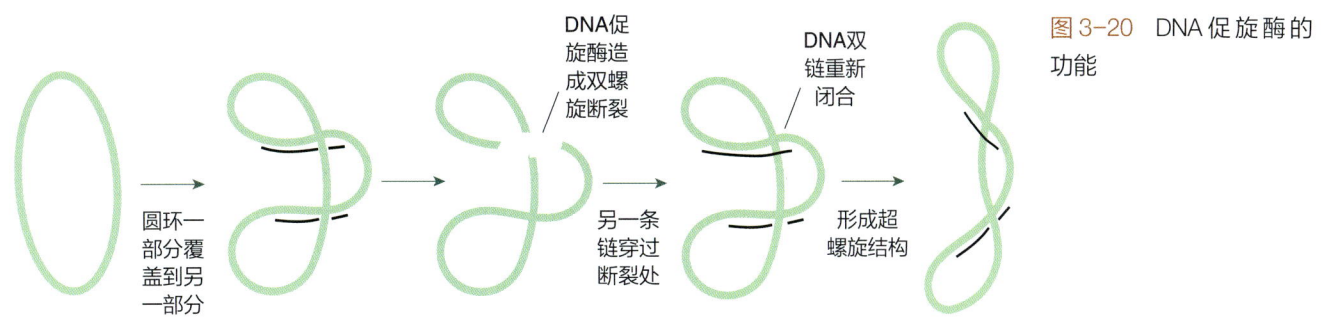

图 3-20 DNA 促旋酶的功能

（1~3）μm。如此之长的 DNA 如何被包裹在一个小小的细胞中呢？答案是超螺旋（supercoiling）。超螺旋是 DNA 双链结构的进一步螺旋，可分为负超螺旋与正超螺旋。在细胞中最常见的是负超螺旋（negative supercoil），即 DNA 沿着轴以右手螺旋的相反方向形成螺旋。

细菌与大多数古菌的 DNA 超螺旋结构均由 DNA 促旋酶（DNA gyrase）催化产生。DNA 促旋酶又称为拓扑异构酶 II（topoisomerase II），可以打开并重新封闭 DNA 双链（图 3-20）。拓扑异构酶 I（topoisomerase I）（DNA 解旋酶）则可以打开 DNA 的一条单链，从而解开 DNA 超螺旋。细菌 DNA 并非形成一个大的单一超螺旋，而是形成多个超螺旋域（supercoiled domain），如大肠杆菌的染色体包含了 50 个以上超螺旋域，每个超螺旋域由特定蛋白质来维持（图 3-21）。

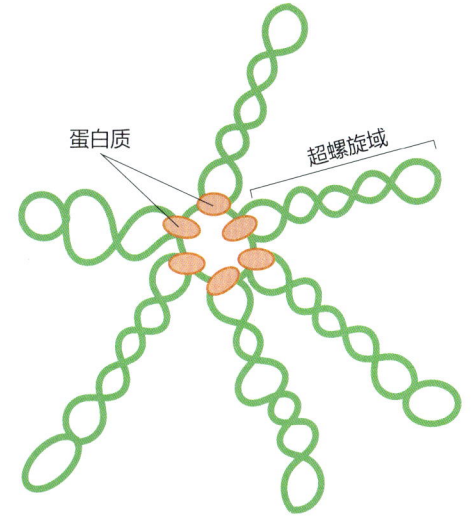

图 3-21 细菌染色体的 DNA 超螺旋域

3.4.2 质粒

质粒（plasmid）是细菌细胞中存在的染色体（拟核）以外的遗传因子，一般为环状 DNA 分子，也有线性质粒。每个菌体可以有 1 个、多个甚至数十个质粒，每个质粒可以有多个甚至数十个基因。质粒可以在细胞内自主复制，并随细胞的分裂繁殖而遗传到下一代子细胞中，但也可能在细胞生长过程中丢失或转移到其他细胞中。

质粒通常编码细菌生命所非必需的生物学性状，如性菌毛、毒素、抗药性和降解有毒物质等。质粒可按其具有的各种特定的表型而划分为不同的类型，如具有抗药性的质粒称为抗性质粒（resistance plasmid）；如有降解有毒物质或生物大分子能力的质粒称为降解质粒（degradative plasmid）等；也存在不能通过表型观察发现，而只能通过如核酸电泳等方法才能检测到质粒 DNA 存在的情况，这类质粒被称为隐秘质粒（cryptic plasmid）。

3.5 细胞表面结构

细胞表面是一个复合的结构体系，包括糖被和细胞表面特殊的毛状结构，如鞭毛（flagellum）、菌毛（fimbrium）和性菌毛（sex pilus）等。这些结构在细胞执行特定功能方面具有至关重要的作用。细胞表面的毛状结构由于其结构细微，大多数只能在电子显微镜下观察到。

3.5.1 鞭毛

3.5.1.1 细菌鞭毛

鞭毛是细菌从细胞质膜和细胞壁伸出细胞表面着生的许多鞭毛蛋白（flagellin）组成的长丝状附属物，其中一端固定于菌体表面，是细菌的运动器官。自然界大多数细菌（70%）的运动都依赖于其体表的"运动器官"——鞭毛。根据鞭毛的着生部位的不同，可将鞭毛分为周生鞭毛、端生鞭毛、侧生鞭毛等类型（图 3-22）。鞭毛的长度常超过菌体若干倍，可达到 15～20 μm，但直径仅 15～20 nm，因此只有在电子显微镜下能直接观察（图 3-23），而在光学显微镜下，需要通过特殊的鞭毛染色法使鞭毛加粗后才能观察。

> 知识拓展 3-4
> 细菌鞭毛与细菌的运动性

鞭毛是一种附着于细菌体表、延伸至体外的长丝状超分子复合物（supermolecular structure），可以驱动细菌在液体中实现个体游动（swimming）或者在固体表面实现群体涌动（swarming）。

> 知识拓展 3-5
> 细菌"飞奔"的秘密

鞭毛可以说是细菌体内最复杂、最精密且能量转换效率最高的纳米机器之一。沙门菌和大肠杆菌的鞭毛旋转速度约为 18 000 r/min，游动速度为 25～35 μm/s。而海洋弧菌（*Vibrio* spp.）和幽门螺杆菌（*Helicobacter pylori*）的鞭毛旋转速度约为 100 000 r/min，游动速度约为 60 μm/s。以细菌为食的噬菌蛭弧菌（*Bdellovibrio bacteriovorus*）其游动速度更是高达 160 μm/s，即每秒钟移动距离是其体长的 100 多倍，远超陆地上奔跑速度最快的"运动健将"——猎豹（每秒钟约 25 倍体长）。因此，细菌鞭毛无疑是自然界最出色的分子机器之一。

细菌鞭毛由细胞外的鞭毛丝（filament）、鞭毛钩（hook）和横跨细胞内外膜的基体（basal body），基体也称鞭毛马达（flagellar motor）共 3 部分组成（图 3-24），其组成蛋白约 30 多种，加上相关调节基因共计 60 多个。鞭毛的"长丝状"形态主要就是由柔性的鞭毛丝和鞭毛钩所决定的。

鞭毛丝位于最远端，由约 20 000 个鞭毛丝蛋白（flagellin protein）组成，是鞭毛的主要成分，其长度可达 5～20 μm，是细菌体长的 2～10 倍。鞭毛丝相当于一个"螺旋桨"，通过旋转推动细菌快速前进。鞭毛丝通过染料着色后，可以通过光学显微镜进行观

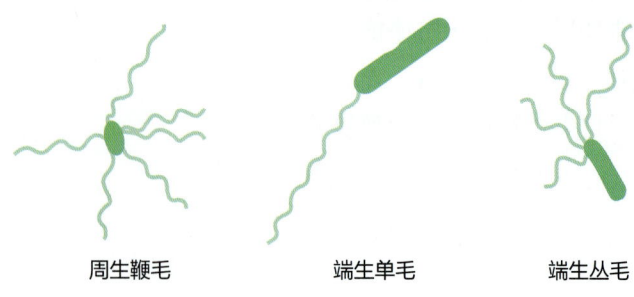

周生鞭毛　　　端生单毛　　　端生丛毛

图 3-22　细菌的鞭毛

3.5 细胞表面结构　065

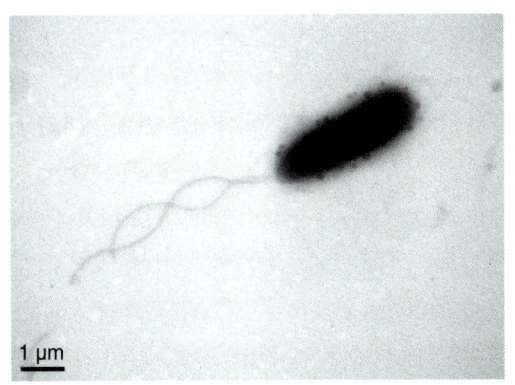
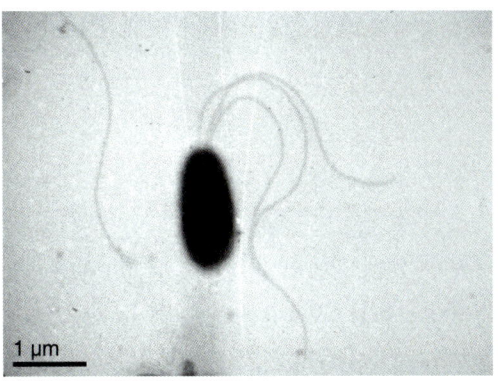

图 3-23　电镜下观察的恶臭假单胞菌的鞭毛
（照片来源：华中农业大学陈雯莉）

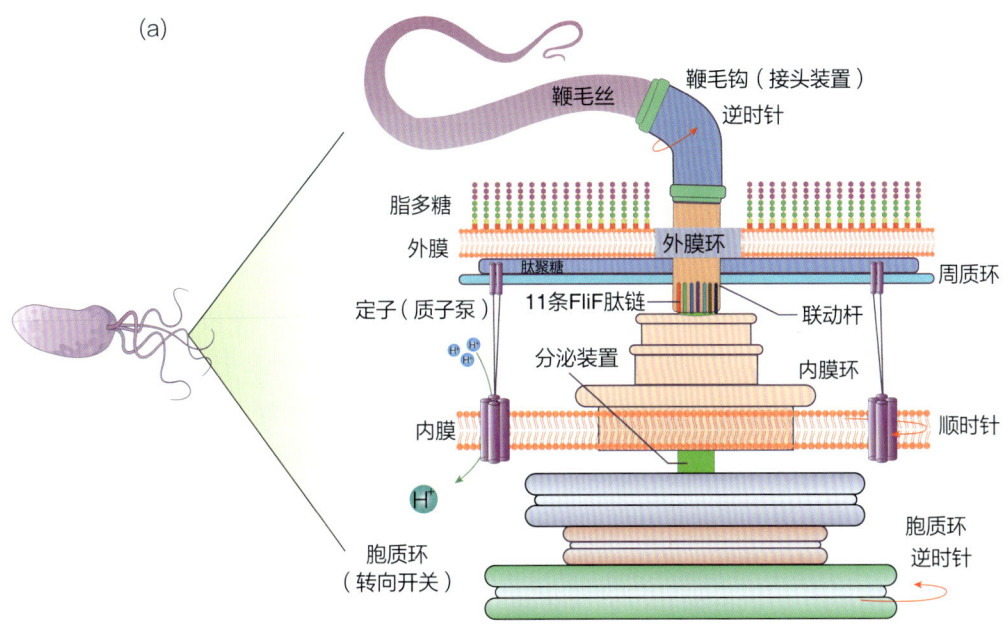

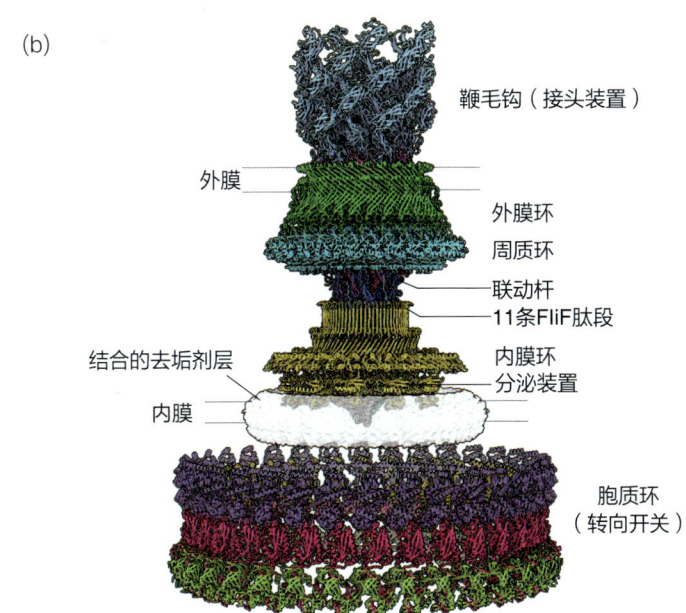

图 3-24　细菌鞭毛结构
（图片来源：浙江大学朱永群）
（a）细菌鞭毛结构示意图。其中内膜环的横跨细菌内膜部分用侧视图进行简单标示；（b）鞭毛马达-接头装置（鞭毛钩）复合物的冷冻电镜结构。底部为胞质环，而内膜环的横跨内膜部分被提纯时使用的去垢剂包裹，由于其结构动态，所以在整个结构中不可见

察，也可以通过透射电镜进行直接观察。

鞭毛钩则由约 120 个鞭毛钩蛋白（hook protein）构成，是一个类似"万向节"的装置，负责连接鞭毛丝和基体。鞭毛钩结构灵活，可通过 360° 旋转加大鞭毛丝的运动幅度。

鞭毛基体（即鞭毛马达）是鞭毛的扭矩产生（torque generation）和扭矩传输（torque transmission）中心。以研究最为广泛的沙门菌鞭毛马达为例，其整体结构横跨细菌内膜（inner membrane）、肽聚糖层（peptidoglycan layer）和细菌外膜（outer membrane），由转子（rotor）和定子（stator）两部分组成。每个定子单元由 5 个内膜蛋白 MotA 和 2 个周质蛋白 MotB 构成。5 个 MotA 蛋白通过寡聚化形成一个跨膜质子通道（proton channel），可利用细胞内膜的内外质子梯度（proton motive potential）或者质子动力势（proton motive force）转运质子，触发 MotA 蛋白的旋转，进而将化学能转化成机械能，产生扭矩。鞭毛马达旋转一周需要消耗约 1 200 个质子。沙门菌鞭毛马达周围最多可锚定 11 个定子单元，它们彼此之间可以协同工作，保证鞭毛马达的高速旋转。

鞭毛马达的转子部分则由 4 个环状结构和 1 个中轴结构组成。4 个环状结构从内向外分别为胞质环（C ring）、内膜环（MS ring）、周质环（P ring）和外膜环（L ring）。胞质环位于胞质一侧，直径约为 50 nm，高度约为 16 nm，由 34 个 FliG、34 个 FliM 和 102 个 FliN 蛋白组成，可介导扭矩从定子单元向内膜环的传输。不仅如此，胞质环还是鞭毛马达的转向开关（switch complex），它可以通过构象变化来快速切换鞭毛马达的旋转方向，以调节细菌的游动方向。内膜环锚定在内膜上，由 34 个 FliF 蛋白组成，负责将扭矩从胞质环传输到中心联动杆，并实现了扭矩传输从水平方向转变为轴向方向。周质环和外膜环也统称为外膜-周质环（LP ring），分别由 26 个 FlgH 和 26 个 FlgI 蛋白组成，它们内部互作十分紧密，组成了鞭毛马达的"套管结构"，其本身并不旋转，而是固定在细菌外膜和肽聚糖层，并通过静电相互作用以及氢键支撑高速旋转的联动杆，保证了联动杆的稳定性，同时降低了联动杆旋转时的能量损耗。

鞭毛马达的中轴结构则由负责鞭毛蛋白转运的分泌装置（export apparatus）和联动杆（rod）组成。分泌装置包括分泌门通道复合物（export gate complex）和胞质区的 ATPase 复合物（ATPase complex）。联动杆蛋白由 6 个 FliE、5 个 FlgB、6 个 FlgC、5 个 FlgF 和 24 个 FlgG 蛋白组成，它们以右手螺旋的方式上升排列，每一圈螺旋排列约 5.5 个蛋白质亚基，每个亚基跟周围的亚基相互锁定，形成了非常刚性的杆状结构。联动杆通过 FliE 和 FlgB 亚基结合到分泌门通道上，并以分泌门通道作为其组装平台。联动杆通过近端的 11 个亚基（6 个 FliE 和 5 个 FlgB 亚基），分别延伸出 6 个螺旋结构和 5 个 loop 结构，牢牢地贴在内膜环的内表面上。内膜环伸出 11 条 FliF 肽段（分别为 5 个 L1、5 个 L2 和 1 个 L3 肽段），紧紧地结合到联动杆的表面。这些结构区充当了"履带"作用，从而将扭矩从内膜环传到联动杆上。另外，鞭毛马达的中轴结构内部还存在一个分泌通道（secretion channel）结构，联动杆、鞭毛钩（接头装置）和鞭毛丝的组成亚基通过此通道进行分泌，在相应帽子蛋白或者伴侣蛋白（cap protein）

的帮助下，实现联动杆、鞭毛钩（接头装置）和鞭毛丝的自我装配。

细菌鞭毛着生于细胞膜上，但运动支点由细胞壁提供。关于鞭毛的运动机制一直有两种不同的假说：旋转论（rotation theory）和挥鞭论（bending theory），即鞭毛到底是通过旋转还是挥动来提供细菌的前进动力的。由于鞭毛太过细小，无法通过光学显微镜直接看到鞭毛的运动；而电子显微镜只能观察到固定下来的死菌体；所以直到1974年，来自加州大学圣地亚哥分校的科学家西弗曼

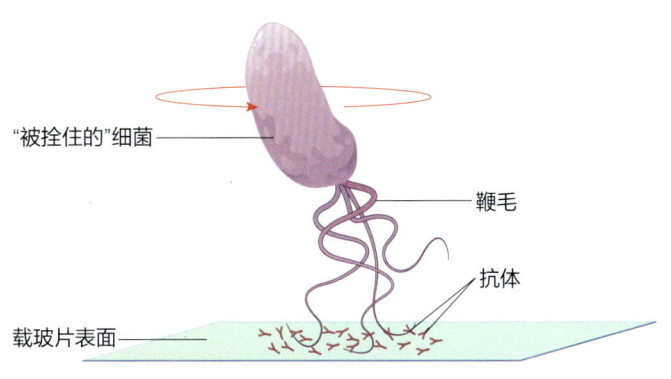

图 3-25　西弗曼和西蒙的"拴菌"试验

（M. Silverman）和西蒙（M. Simon）设计了一个巧妙的"拴菌"试验（Tethered cell experiment），才使这个争论画上句号。西弗曼等人在《自然》杂志上发表了鞭毛旋转理论的直接证据，采用的方法是，利用特异性抗体将大肠杆菌（E. coli）的鞭毛游离端"拴"在载玻片上，通过在光学显微镜下观察菌体的运动而不是鞭毛的运动，成功发现了细菌菌体的"旋转"现象，进而证明了细菌的确是通过鞭毛旋转（flagellar rotation）来驱动细菌运动的，细菌会在载玻片上不断打转而非伸缩挥动，从而肯定了"旋转论"（图 3-25），终结了微生物学界关于细菌鞭毛"旋转论"和"挥鞭论"之间的争论。值得注意的是，目前认为真核生物的鞭毛（eukaryotic flagella），如哺乳动物精子的鞭毛（sperm flagellum）是通过"挥鞭运动"（bending）来驱动细胞运动的，它们的结构组成和功能机制与原核生物的鞭毛完全不同。

对于周生鞭毛的细菌而言，鞭毛逆时针方向旋转可使鞭毛拧成股状，并以推进方式做直线运动；而鞭毛顺时针方向旋转可使鞭毛散开，从而以翻腾形式做短促的转向翻滚运动（图 3-26）。同样地，端生鞭毛的细菌逆时针方向旋转导致向前直线运动，顺时针方向旋转导致菌体翻滚转向。另一些只能进行逆时针方向旋转的细菌，则通过暂停鞭毛的运动而获得菌体的重新定向。

3.5.1.2　古菌鞭毛

鞭毛结构也同样广泛存在于古菌域的物种，如产甲烷菌、极端嗜盐菌、嗜热嗜酸

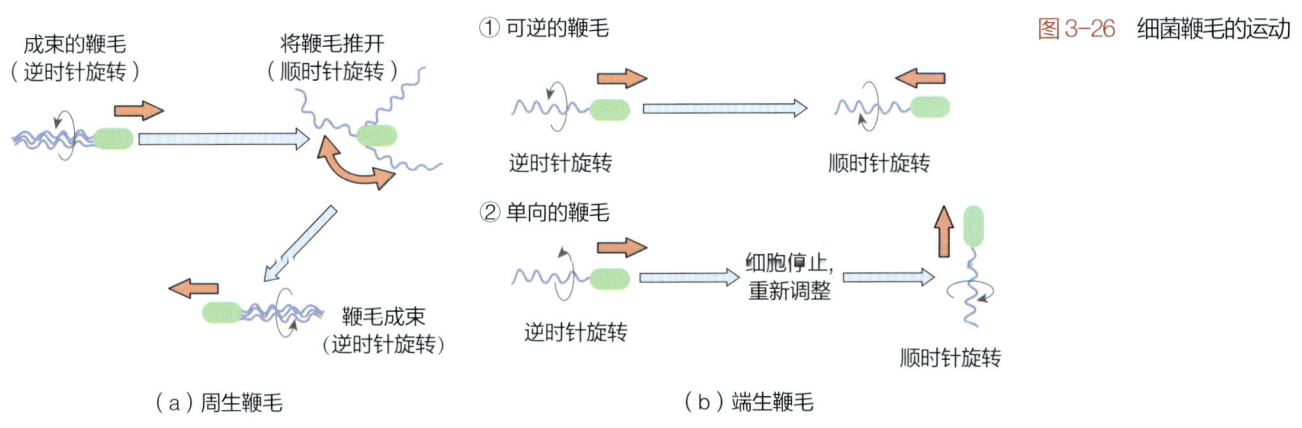

图 3-26　细菌鞭毛的运动

> **知识拓展 3-6**
> 细菌鞭毛与古菌鞭毛

菌、极端嗜热菌等的主要类群均有鞭毛提供运动能力。古菌的鞭毛蛋白与细菌蛋白的氨基酸序列相似性低，说明两者是独立的演化关系。同时，如前所述，不同的细菌鞭毛蛋白的氨基酸序列具有同源性；而不同种类古菌的鞭毛蛋白的氨基酸序列的同源性不明显，这表明古菌鞭毛更具有演化多样性。

古菌鞭毛大约只有细菌鞭毛的一半粗细（直径 10~13 nm），其运动方式与细菌相同，通过鞭毛的旋转来移动。盐杆菌属（*Halobacterium*）是一类极端嗜盐菌，该属古菌的泳动速度只有大肠杆菌（*E. coli*）的 1/10。但两者的动力机制存在明显不同：盐杆菌的鞭毛旋转的推动力来自 ATP，而细菌鞭毛旋转的推动力则来自细胞膜外的质子。在地球生命演化过程中，古菌域与细菌域的分化大约出现在 30 亿年前，所以根据古菌与细菌鞭毛的动力机制、基因同源性的不同，可推测古菌与细菌的鞭毛出现在两者分支之后。

3.5.1.3 趋化性

细菌的运动使它们能趋利避害（趋向有利环境而避开不利条件），具有趋向性（taxis 或 tactic movement），如趋化性（chemotaxis）和趋渗性（osmotaxis）等。可以运动的细菌具有接收环境信号的受体分子，如果信号是化学物质，则表现为趋化性。细菌的鞭毛是趋化反应的效应器官也是信号传递的终端。具有运动能力的细菌通过细胞膜表面专一性的化学受体来感知周围环境中化学物质的浓度变化，并通过胞内的信号传递系统将感应到的化学信息转变成胞内信号，进而由这种信号控制细菌鞭毛的转动方向改变，产生相对应的趋化性运动。其中，在 G^- 细菌中，受体分子存在于周质空间，有些受体分子也是具运输功能的结合蛋白。在 G^+ 细菌中，受体分子是胞壁蛋白，有些蛋白也起运输作用。在水体沉积物中的某些细菌，如磁性水螺菌（*Aquaspirillum magnetotacticum*）具有趋磁性（magnetotaxis），沿地球磁场方向运动。

鞭毛并非是使细菌具备运动功能的唯一结构。属于螺旋体（*Spirochaetes*）的螺旋形细菌没有鞭毛，但能运动。它们从细胞内两端各生一束螺旋丝，沿细胞壁的外鞘伸向细胞中部，称为轴丝，轴丝伸缩推动菌体运动。另一群称为螺原体（*Spiroplasma*）的细菌，也是靠细胞弯曲而运动，但未发现有轴丝，其运动机制尚不清楚。还有一些无鞭毛的细菌通过滑行运动，包括黏细菌、噬纤维菌。某些蓝细菌只能在潮湿的固体表面移动。

3.5.2 菌毛与性菌毛

细菌表面存在的数量较多、比鞭毛更细、更短、更硬、更直、中空的丝状物，称为菌毛（fimbrium），也称为伞毛。每个细菌可以有多达 250~300 条菌毛，菌毛直径为 3~10 nm，长度为 0.5~6 μm，有些菌毛可能更长一些。与鞭毛类似的是，菌毛也是由蛋白质组成的一条中空管状结构，这种蛋白称为菌毛蛋白（pilin）。

菌毛的功能不同于鞭毛，不具备运动功能，是僵硬的蛋白质丝或细管，但具有使菌体附着于物体表面的功能，从而牢固地黏附于固体表面或宿主细胞，便于定殖和致病。肠道菌的菌毛能牢固地吸附在消化道的上皮细胞上，对其定殖于肠道有重要的生态学意义。

性毛（pilus）也称为性菌毛（sex pilus），构造和成分与菌毛相同，但比菌毛长，数量仅一至数根。性毛常见于革兰氏阴性细菌的雄性菌株（即供体菌）中，其功能是在细菌接合交配时连接雌性菌株（即受体菌）并使两者细胞壁接触在一起，有的性毛是噬菌体的特异性吸附受体。

3.5.3 糖被结构

糖被（glycocalyx）是指在细胞膜的外表，有一层由细胞膜上的蛋白质与糖类结合形成的糖蛋白。糖被根据形状和厚度分为 4 类：①形态固定，相对稳定地附着在细胞壁外，层次厚（> 0.2 μm）的称为荚膜（capsule）（图 3-27）；②形态固定、层次薄（< 0.2 μm）的称为微荚膜（microcapsule）；③形态不固定、结构松散，可向周围环境中扩散的称为黏液层（slime layer），其不能排斥碳粒，不能负染色；④包裹在细胞群体上有一定形态的称菌胶团，是多个细菌的荚膜融合为一个团状物。

糖被的主要功能包括：①保护作用：保护菌体免受干旱损伤；防止噬菌体的吸附和感染；防止被宿主免疫活性细胞吞噬；②贮藏营养；③作为透性屏障和离子交换系介质；④附着作用：附着于寄主或固体表面；⑤细菌间的信息识别作用；⑥堆积代谢废物。

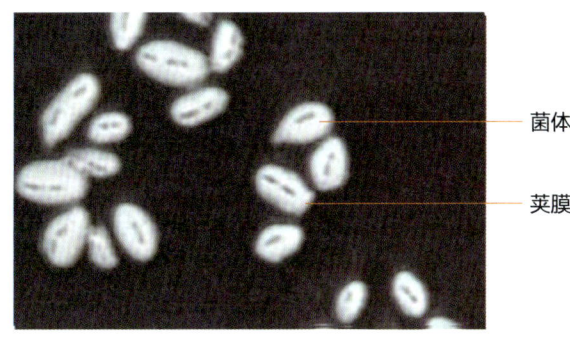

图 3-27　胶质芽孢杆菌（*Bacillus mucilaginosus*）的荚膜（照片来源：华中农业大学陈雯莉）

3.5.4 菌鞘

3.5.4.1 球衣菌属和纤发菌属

球衣菌属（*Sphaerotilus*）和纤发菌属（*Leptothrix*）的某些种的细胞外有一个共同的鞘状结构，称为菌鞘（sheath），这些细菌称为鞘细菌（sheathed bacteria）。鞘细菌在菌鞘中进行二均分裂，最终形成丝状体外形（图 3-28）。菌鞘的主要成分是蛋白质、多糖和脂质，其中的细胞可以游离出来而只剩下空的菌鞘。鞘细菌常见于有机质丰富的淡水环境，菌鞘可以给鞘细菌提供保护，以免被捕食或寄生；也可以帮助菌体附着于固体物质表面，方便菌体吸收营养。

3.5.4.2 栖热菌属

栖热菌属（*Thermus*）是一类生活在温泉、深海热液喷口等高温环境中的细菌，最早由美国黄石公园的碱性热泉中分离得到。栖热菌属的细胞呈多形态的杆状或丝状体，革兰氏阴性，无鞭毛和芽孢。细胞的超显微构造与 G⁻ 菌相

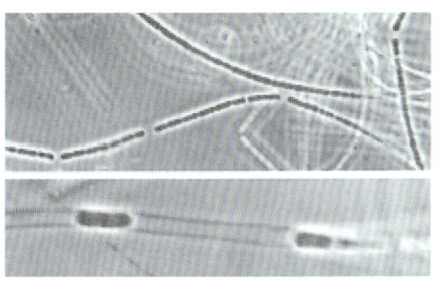

图 3-28　浮游球衣菌（*Sphaerotilus natans*）的菌鞘及其中的菌体

似,但在其肽聚糖层外含有一特殊的"外壁"。细胞壁肽聚糖中不含 DAP,但含鸟氨酸和高比例的甘氨酸和葡糖胺。多数菌株的细胞团由一层菌鞘包裹起来,形成"圆球体",直径为 10~20 μm,平均含 14 个细胞。这层菌鞘是由圆球体表层各邻近细胞的细胞外壁融合而成。

栖热菌属的最适生长温度为 70~75℃,最适 pH 为 7.5~8.0。由水生栖热菌(*Thermus aquaticus*)产生的 *Taq* DNA 聚合酶是最早应用于 PCR 技术中的工具酶。

3.5.5 菌柄

柄杆菌属(*Caulobacter*)等水生细菌的菌体带有柄状结构物,称为菌柄(prosthecae)。菌柄的末端有固着结构,可以使这些柄细菌(stalked bacteria)在水环境中的物体表面附着并聚集。以柄杆菌为例,柄杆菌可产生游动孢子,游动孢子在适合的水环境中失去鞭毛,通过新形成的菌柄固着于物体表面,经过一段时间的代谢与个体生长,菌体在远离菌柄的一端,产生新的游动孢子并释放出去(图 3-29)。

3.6 细胞质与内含物

3.6.1 核糖体

核糖体(ribosome)是核糖核蛋白体的简称,每个细菌体内通常拥有超过 1 万个核糖体。原核生物,包括细菌和古菌,其核糖体的沉降系数为 70S,因此被又命名为 70S 核糖体。70S 核糖体的直径约为 20 nm(200 Å),分子量约为 2.5×10^6。70S 核糖体由两个主要部分构成:30S 小亚基和 50S 大亚基。30S 亚基包含一个 16S rRNA 和 21 种核糖体蛋白质(ribosomal protein)。50S 亚基则含有一个 5S rRNA、一个 23S rRNA 以及 35 种不同核糖体蛋白质(图 3-30)。核糖体是细胞中负责合成蛋白质的重要场所,在迅速生长的大肠杆菌中,核糖体含量可达到细胞质的 1/4。在原核生物中,古菌和细菌的 16S rRNA 和其他 rRNA 的核苷酸序列以及亚单位结构明显不同,古菌的小亚基 rRNA 更类似于真核生物 40S 小亚基 rRNA。

细胞中由多肽链折叠形成蛋白质的不同结构并非自发完成的,新合成的多肽依靠一类特殊的伴侣蛋白(chaperonin)进行折叠,它也能纠正错误的折叠以形成天然蛋白。所有原核和真核细胞都具有伴侣蛋白,它们除促进新合成的多肽进行正确折叠外,还有保护细胞免受热损害的作用。当细胞遇到高温和其

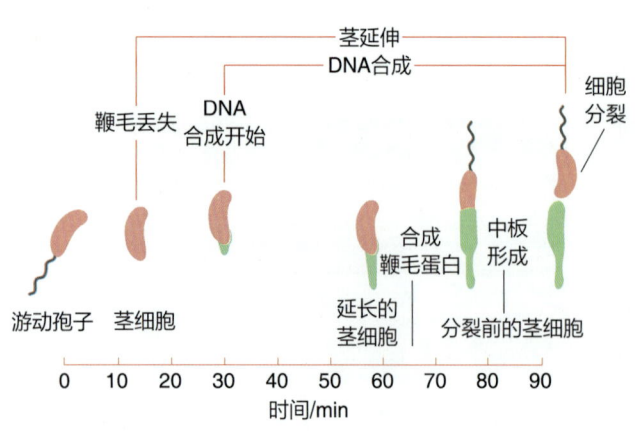

图 3-29 柄杆菌的生活史

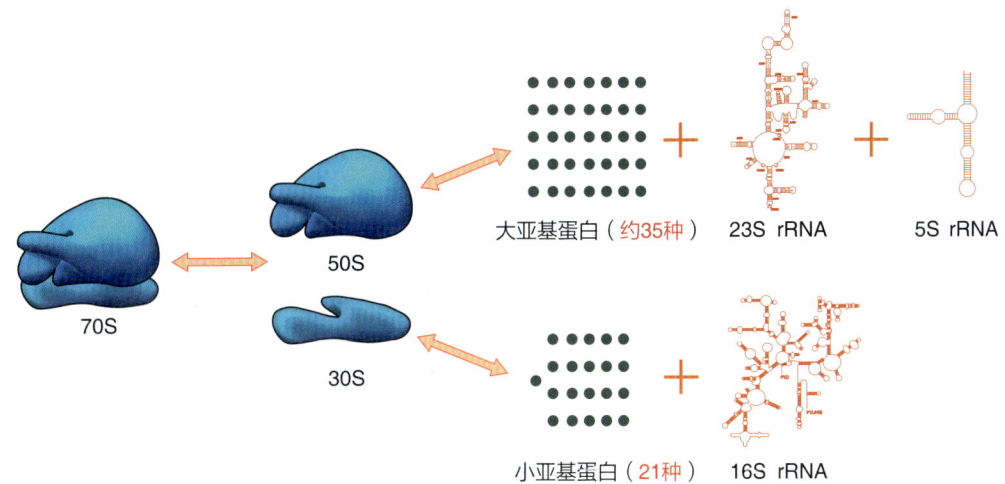

图 3-30 细菌核糖体结构示意图

他不利因素时，伴侣蛋白的浓度显著提高，所以许多伴侣蛋白也称为热激蛋白（heat shock protein）或热休克蛋白。例如，将大肠杆菌的培养温度从 30℃ 提高到 42℃，20余种热激蛋白的浓度在 5 min 内大大增加，如果提高到致死温度，热激蛋白仍可合成，而大多数其他蛋白的合成终止。在一种能够生长于 110℃ 的嗜热古菌隐蔽热网菌（*Pyrodictium occultum*）中含有大量热激蛋白。伴侣蛋白在其他蛋白质的质膜转运中也有重要作用。

知识拓展 3-7
RNA 聚合酶

3.6.2 内生芽孢

某些细菌（如梭状芽孢杆菌、芽孢八叠球菌等）在特定的时期，可在细胞内形成一种圆形或椭圆形的特化结构，称为内生芽孢（endospore），简称芽孢。芽孢是厚壁、含水量极低的休眠体，对高温、紫外线、干燥、电离辐射和很多有毒的化学物质都有很强的抗性。

芽孢的大小、形态以及在细菌中的位置，可以作为细菌分类的重要依据。不同种类的细菌，芽孢所处的位置各有不同，有的在中部，有的在偏端或者顶端（图 3-31）。通常情况下，芽孢的形状可能呈圆形、椭圆形或者圆柱形。值得注意的是，芽孢杆菌的芽孢直径通常小于菌体直径，而梭状芽孢杆菌的芽孢直径则大于菌体直径，这也是对其进行分类识别的因素之一。

3.6.2.1 芽孢的结构

在光学显微镜下，芽孢具有高折光性。除非通过特殊的芽孢染色法，否则芽孢难以被染上颜色。

在电子显微镜下，芽孢的结构明显不同于营养细胞（vegetative cell）。与营养细胞相比，芽孢的结构要复杂得多（图 3-32）。芽孢的最外层是胞外壁（exoporium），由一薄层强疏水性蛋白质组成。再向内是芽孢衣（spore coat），是芽孢特有的蛋白质组成的多层结构。芽孢衣向内是皮质层（cortex），由疏松的交联结构的肽聚糖组成，且

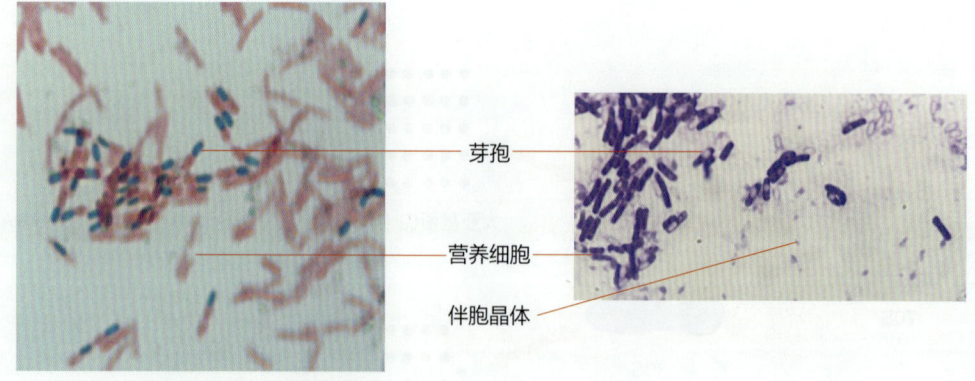

图 3-31 苏云金芽孢杆菌的芽孢（照片来源：华中农业大学陈雯莉）

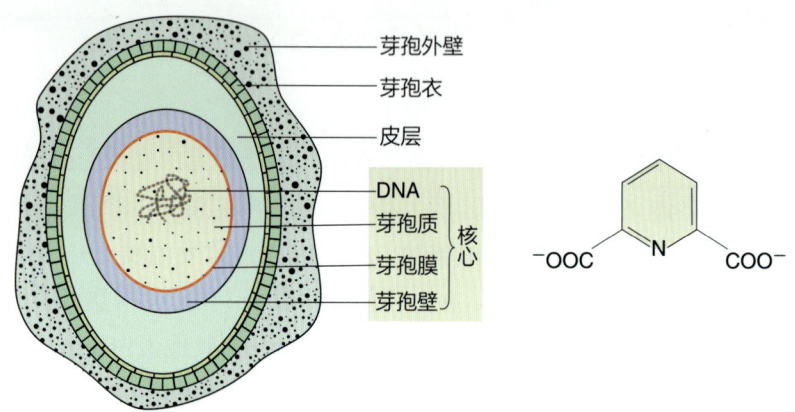

图 3-32 芽孢的结构与吡啶二羧酸

含大量 2,6-吡啶二羧酸（2,6-dipicolinic acid，DPA）。再向内称为核心（core）或芽孢原生质体（spore protoplast）。核心含有高水平的小分子酸溶性蛋白（small acid-soluble protein，SASP）。SASP 可与核心的 DNA 紧密结合，提高了核心对紫外线、干燥及高温的抗性。研究表明，SASP 可把 DNA 从正常的 B 型 DNA 转变成 A 型 DNA，而 A 型 DNA 不易因紫外线而产生嘧啶二聚体，因此提高了对紫外线的抗性。芽孢萌发形成新的营养细胞时，SASP 还可以提供必要的碳源与能源。

3.6.2.2 芽孢的形成

芽孢形成（sporulation）是一个复杂的细胞分化过程。细菌并不会在细胞进行旺盛生长的对数生长期产生大量芽孢，通常在某种必需营养物质（如碳源或氮源）耗尽而营养细胞停止生长时开始产生芽孢。在实验室培养或生产过程中，可以通过调整碳氮比来促使芽孢杆菌大量产生芽孢。

枯草芽孢杆菌（*Bacillus subtilis*）的芽孢形成过程大约需要 8 h，涉及基因超过 200 个。芽孢的形成在结构上主要经历以下阶段（图 3-33）：① DNA 浓缩而更为致密；②在细胞中央或一端，细胞膜内陷形成隔膜，将核区包围成一个小细胞；③小细胞被原来的细胞膜包围，生成前芽孢（forespore）。前芽孢实质上是一个被两层同心膜包围着的原生质体；④前芽孢的外膜出现孢外壁，外膜与内膜之间出现皮层、芽孢衣等结构；⑤芽孢中出现大量 SASP 和吡啶二羧酸钙，核心部分进一步脱水，芽孢的各层次结构形成，外膜消失；⑥成熟的芽孢形成；⑦原营养细胞破裂而释放出

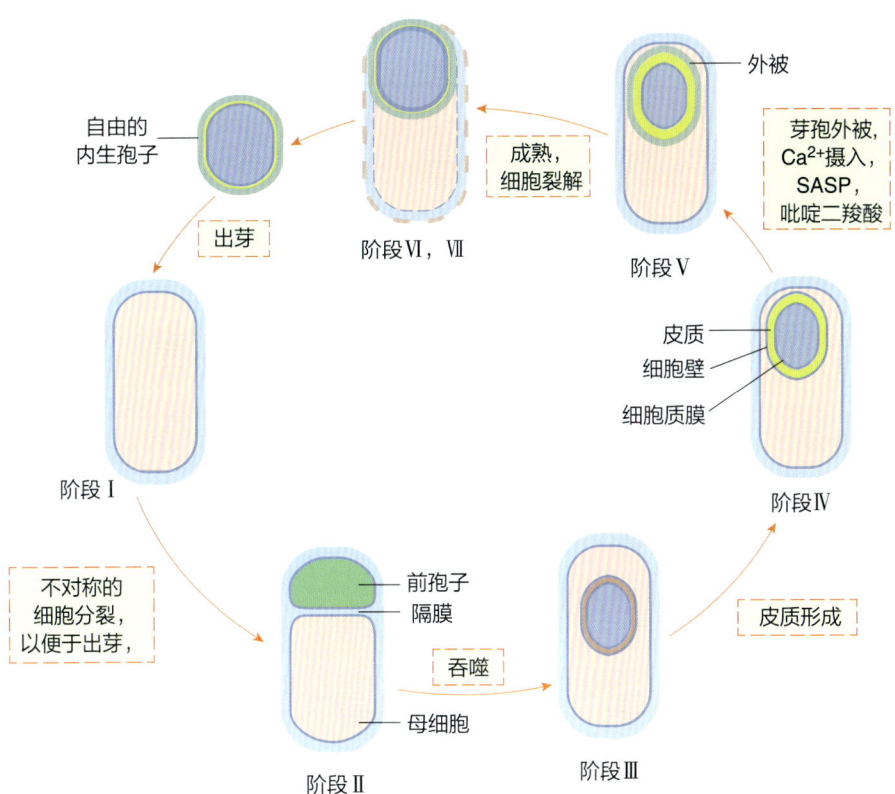

图 3-33 芽孢的形成过程

来芽孢。

3.6.2.3 芽孢的萌发

芽孢具有极强的抗逆性，可以长期保持休眠状态。在 2000 年，美国科学家 Russell Vreeland 等人从二叠纪时期形成的盐晶中发现了芽孢，并成功使这些休眠长达 2.5 亿年的芽孢萌发并生长成营养细胞。

知识拓展 3-8
2.5 亿年前的芽孢

芽孢萌发（germination）需要先被活化，新产生的芽孢只需经过数分钟的亚致死升温处理，即可被活化。被活化的芽孢处于适合的营养环境即可开始萌发。萌发过程相对较快，只需数分钟时间，芽孢萌发过程中依次发生以下理化变化：①芽孢失去高折光率；②可被染料染上颜色；③失去对热和化学物质的抗性；④失去 2,6- 吡啶二羧酸钙和皮层成分；⑤ SASPs 被降解。接下来芽孢因吸水而膨胀，并开始 RNA、蛋白质和 DNA 的合成。新细胞从破裂的芽孢衣中突出来，最后形成可分裂繁殖的营养细胞。

3.6.3 颗粒状内含物

在原核细胞中，常有一些颗粒状或其他构造的内含物（inclusion），且根据细菌的种类、菌龄及培养条件不同而改变。这些内含物的功能相似，主要作为能源储备或结构元件的储备物。大多数细胞内含物都被一层由脂质组成的膜结构所包裹，这层膜结构不是单位膜，不同于细胞膜。

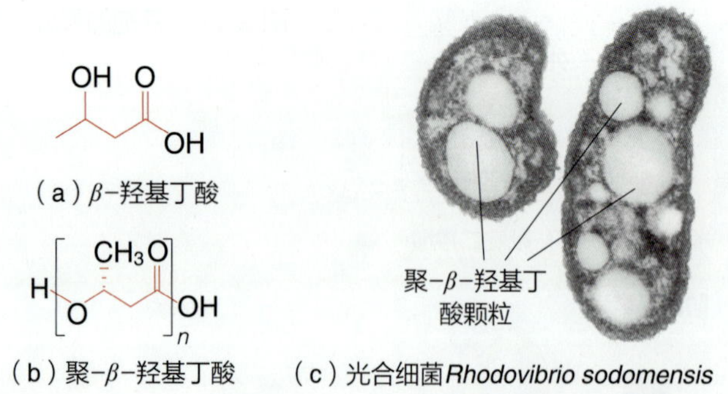

3.6.3.1 碳源贮藏颗粒

聚-β-羟基丁酸（poly-β-hydroxbutyric acid, PHB）颗粒是原核生物中一种细胞质内常含有的碳源贮藏颗粒，由β-羟基丁酸单体通过酯键连接而成的聚合物，聚合物的长度可以从C4到C18不等，但同一种生物所产生的PHB长度相对固定（图3-34）。

这一系列的聚合物通常被统称为聚-β-羟基脂肪酸酯（poly-β-hydroxyalkanoate，PHA）。细胞通常在环境中有多余的碳源时积累PHA颗粒。当环境中的碳源不足时，它们会降解这些PHA颗粒来补充生物合成所需的碳元素，或者将其用于产生ATP。由于PHA具有与塑料类似的延展性，它也可以被生物降解，而且生产量非常高，具有成为天然可降解塑料的潜力。

糖原（glycogen）颗粒是原核生物中另一种常见的碳源贮能颗粒。作为葡萄糖的聚合物，糖原颗粒是一种良好的碳源与能源贮藏形式。类似于PHB，糖原颗粒也会在环境中存在多余碳源时积累，并在碳源不足时被利用。

图3-34 聚-β-羟基丁酸（PHB）与PHB颗粒的电镜照片

(a) β-羟基丁酸
(b) 聚-β-羟基丁酸
(c) 光合细菌 *Rhodovibrio sodomensis*

3.6.3.2 聚磷酸颗粒与硫粒

许多微生物可以将多余的无机磷酸以聚磷酸（polyphosphate）颗粒的形式进行积累。这些聚磷酸颗粒可以在需要的时候降解，用于核酸和磷脂的合成。

一些可以利用还原态的硫（例如H_2S）来进行能量代谢或生物合成的微生物，往往也可以在细胞内积累元素硫，并形成可在光学显微镜下观察到的硫粒。硫粒中的元素硫是一种贮存硫的方式，在环境中缺少还原态硫时，这些元素硫可以被进一步氧化为硫酸根（SO_4^{2-}）。随着元素硫被利用，硫粒则逐渐消失。

3.6.3.3 磁小体

磁小体（magnetosome）是原核细胞中由趋磁细菌产生的磁性微小颗粒（图3-35）。趋磁细菌（magnetotactic bacteria）是在1975年由布雷克莫尔（Richard P. Blakemore）发现的，他在折叠螺旋体（*Spirochaeta plicatilis*）中发现磁小体的存在并命名。目前所知的趋磁细菌主要为水生螺菌属（*Aquaspirillum*）和嗜胆球菌属（*Bilophococcus*）。这些细菌中含有大小均匀、数目不等的磁小体。

磁小体的主要结构分为外部生物被膜与内部矿物晶体两部分，其中外部生物被膜是一层主要由磁脂、蛋白质或糖蛋白组成的生物膜包被。矿物晶体为单磁畴晶体，主要由磁铁矿（氧化铁，Fe_3O_4）或胶黄铁矿（硫化铁，Fe_3S_4）矿物组成，晶体大小约为30~120 nm，颗粒间不聚集，每个细胞内有2~10颗。磁小体形状为平截八面体、平行六面体或六棱柱体等。磁小体的功能可能是

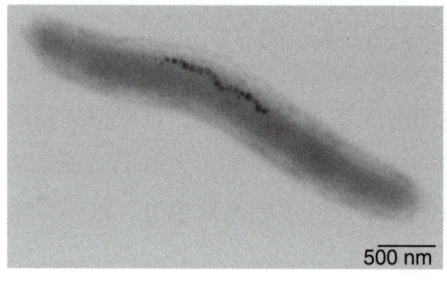

图3-35 趋磁细菌格瑞菲斯瓦尔德磁螺菌（*Magnetospirillum gryphiswaldense*）的磁小体（照片来源：中国农业大学田杰生）

赋予细胞导向作用,因为趋磁细菌一般是微好氧的水生细菌,通过磁小体提供的磁场定位,趋磁细菌可借助鞭毛游向对该菌有利的泥、水界面的微氧环境处生活。

提纯后的磁小体毒性低,生物相容性良好,可作为多种药物和大分子化合物的载体。它作为靶向性药物载体已经引起了科学家的注意,未来可能用于癌症的靶向性治疗。

3.6.4 气泡

细菌的气泡（gas vesicle）是由蛋白质包裹的圆锥形的中空结构,其长度和直径可变化,一般成簇存在,每个细胞内可以有数个到数百个这样的圆锥状结构。气泡的蛋白膜外表面亲水,内表面疏水,所以它可以透气但不透水和其他溶剂。气泡是光合细菌和一些水生细菌的特征结构,它使细菌具有浮力,能趋向于适宜光强度和氧浓度区域,如湖泊和池塘表面。一些淡水湖泊中,如中国的太湖,有时有大量的蓝细菌生长,由于这些蓝细菌的胞内有气泡,使之漂浮于水面,形成大量水华（bloom）。

3.6.5 羧酶体

羧酶体（carboxysome）是一种细菌微区室,是蓝细菌胞内存在的膜结构体。羧酶体为多面体的蛋白结构,由外围结构蛋白（BMC-H、BMC-P与BMC-T）和内部核酮糖-1,5-二磷酸羧化酶/加氧酶（rubisco）与碳酸酐酶组成（图3-36）。此结构最早于1956年在蓝细菌（*Phormidium uncinatum*）中发现,在其他化学自养细菌中也发现了这种结构,包括盐硫杆状菌、酸硫杆状菌与硝化菌等。1973年研究人员首次自*Halothiobacillus neapolitanus*纯化羧酶体。羧酶体可分为α与β两型,前者存在于α型蓝细菌、硝化菌、硫氧化菌与紫细菌中,后者则存在于部分蓝细菌中,两者外观相似,但组成的蛋白种类有异。羧酶体提供了二氧化碳浓度较高的微环境,碳酸酐酶生成二氧化碳后可马上将其供应给rubisco进行固碳,避免发生光呼吸的损耗。Rubisco不仅可以催化CO_2生成3-磷酸甘油酸,还能够与O_2结合进行光呼吸,降低光合作用

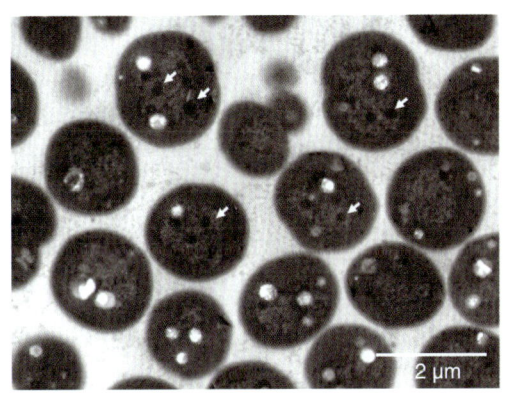
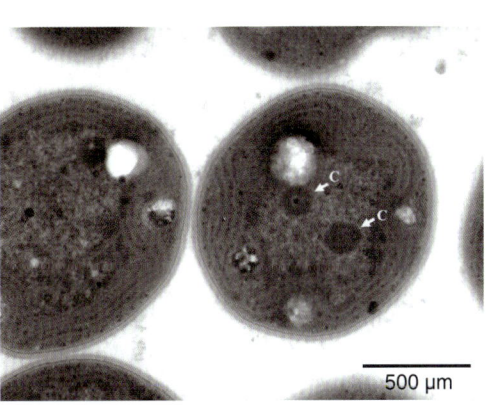

图3-36 集胞蓝细菌（*Synechocystis* sp.）PCC6803羧酶体的透射电镜图（照片来源：华中农业大学陈雯莉）

细胞中具有较高电子密度的多面体结构即为羧酶体。放大倍率分别为10 000倍（左）和30 000倍（右）。C,代表羧酶体,图中用白色箭头指示

效率。科学家认为，羧酶体的存在是细菌应对高溶氧环境的演化选择，其可以通过碳酸酐酶的作用及蛋白外壳的选择透性（限制 O_2 进入、CO_2 渗出）有效地浓缩 CO_2，提高固碳效率。

※ 本章小结

典型的原核细胞，其基本构造包括细胞壁、细胞膜、细胞核、核糖体、颗粒状内含物等，特殊构造包括质粒、荚膜、芽孢、鞭毛与菌毛等。

根据细胞壁结构上的差异，可将细菌分为革兰氏阳性菌（G^+）与阴性菌（G^-）两类。G^+ 菌细胞壁化学组成为肽聚糖、磷壁酸及多糖；G^- 菌的细胞壁内壁层为肽聚糖，外壁层为脂多糖、脂蛋白、蛋白质和类脂。脂多糖（LPS）是 G^- 菌细胞壁的特殊成分，它是革兰氏阴性细菌内毒素的物质基础，也是噬菌体在细胞表面的吸附受体。细菌细胞膜由两层磷脂分子组成，是酶和电子传递链的所在部位。古菌的细胞壁可由多糖（假肽聚糖）、糖蛋白或蛋白质构成。古菌细胞膜中类脂不同于细菌的磷脂，已发现的主要类型包括甘油二烷基二醚（DGD）、甘油二烷基甘油四醚（GDGT）以及带有五元环和六元环的 GDGT。细菌拟核位于细胞质内，没有核膜、核仁，其主要化学成分为双链 DNA，没有组蛋白。细胞质中有质粒、核糖体、储藏颗粒（碳素储藏颗粒、氮素储藏颗粒、磷素储藏颗粒）等内含物。质粒是独立存在于细菌染色体外或附加在染色体上的遗传物质。原核生物核糖体的沉降系数为 70S，由 50S 和 30S 两个亚基组成。核糖体是细胞中合成蛋白质的场所。

荚膜是细菌向细胞外分泌的一种胶状物质，用特殊的染色方法染色后在显微镜下可见其结构。鞭毛是细菌的运动器官，鞭毛的亚显微构造由鞭毛丝、鞭毛钩和基体三部分组成。菌毛由一条丝状的蛋白质亚基绕成中空的螺旋，细菌表面的菌毛有起附着作用的普通菌毛和性菌毛两种。芽孢是某些细菌生长发育到一定时期在细胞内形成的一种内生孢子，它对不良环境条件特别是高温有抗性。

※ 推荐阅读

1. SUKHITHASRI V, NISHA N, BISWAS L, et al. Innate immune recognition of microbial cell wall components and microbial strategies to evade such recognitions [J]. Microbiological research, 2013, 168 (7): 396-406.

细菌如何逃避寄主的免疫防线：溶菌酶能水解细菌肽聚糖中 N- 乙酰葡萄糖胺和 N- 乙酰胞壁酸的 β-1,4- 糖苷键，破坏细菌的细胞壁结构，从而导致细菌裂解死亡。因此，溶菌酶可以帮助阻止细菌在人体上皮细胞定殖并侵入寄主细胞，被认为是人类抵御疾病的第一道防线。为了成功突破溶菌酶这道防火线进入寄主细胞，许多细菌在演化过程中产生了溶菌酶抗性。例如，肺炎球菌、金黄色葡萄球菌和分枝杆菌等。这些细菌产生溶菌酶抗性的主要机制是改变肽聚糖的双糖单位。其中三种主要的肽聚糖修饰方式分别是：NAM 第 6 位碳的 O- 乙酰化；NAG 第 2 位碳的 N- 脱乙酰化和 NAM 第 2 位碳的 N- 糖基化。

这些被修饰后的肽聚糖在入侵人体的时候可以逃避溶菌酶的防御。

2. SPANG A, SAW J H, JØRGENSEN S L, et al. Complex archaea that bridge the gap between prokaryotes and eukaryotes [J]. Nature, 2015, 521 (7551): 173–179.

真核生物可能起源于古菌：现代生物分类系统将生物分为细菌、古菌和真核生物三个域。古菌是一类特殊的原核微生物，其形态、细胞结构与细菌相似，但遗传上古菌却与真核生物具有更近的关系。真核细胞的起源是现代生物学富有争议的问题之一，人们很难解释生命如何实现从原核到真核这个巨大的转变。瑞典的微生物学家在距洛基城堡（Loki's Castle）约 15 km 处的海底沉淀物中发现了一种新型单细胞微生物并将其命名为 *Lokiarchaeota*。基因序列分析发现，它是与真核生物关系最近的近亲。在该菌基因中发现了大量仅与真核生物有关的特殊基因，如小 GTPases 蛋白。*Lokiarchaeota* 的发现支持了真核生物起源于古菌的假说。

3. WASMUND K, PELIKAN C, SCHINTLMEISTER A, et al. Genomic insights into diverse bacterial taxa that degrade extracellular DNA in marine sediments [J]. Nature microbiology, 2021, 6 (7): 885–898.

有趣的发现——科学家发现专吃 DNA 的细菌：看到 DNA，都会想到它是遗传物质，很少人会想到它也是富含 N、C 和 P 的特殊营养物质。奥地利维也纳大学的研究小组在大西洋沉积物样本中发现了专门以 DNA 作为食物的细菌，命名为 *Izemoplasma acidinucleici*，研究结果发表在 *Nature Microbiology* 上。细胞外 DNA 在环境中很常见，因为当任何生物体死亡时，它的内容物包括 DNA 会被释放到环境中。能降解 DNA 的微生物对全球生物地球化学循环至关重要，因为它们能回收从海水中沉降下来的有机物质，从而影响了最终存留在海底的碳的含量。

4. WU K J Y, TRESCO B I C, RAMKISSOON A, et al. An antibiotic preorganized for ribosomal binding overcomes antimicrobial resistance [J]. Science, 2024, 383 (6684): 721-726.

全人工合成超级杀菌剂，突破抗生素耐药性：核糖体是控制蛋白质合成的生物分子机器。破坏核糖体功能是许多现有抗生素的标志，但一些细菌通过表达产生核糖体 RNA 甲基转移酶的基因，对靶向核糖体的抗生素药物产生耐药性。针对这一挑战，哈佛大学研究团队采用全人工合成的方式设计出一种新型抗生素（克雷霉素 Cresomycin），通过提高与细菌核糖体的结合能力克服了细菌对传统抗生素的耐药性，体内 / 外试验显示可有效杀灭多种耐药细菌，为对抗全球抗生素耐药性带来了希望。

5. PAHIL K S, GILMAN M S A, BAIDIN V, et al. A new antibiotic traps lipopolysaccharide in its intermembrane transporter [J]. Nature, 2024, 625 (7995): 572-577.

杀死细菌的新希望—— 一种在脂多糖转运体（Lpt）中捕获脂多糖的新型抗生素：革兰氏阴性细菌的细胞壁有两层，外壁层主要含有脂多糖（LPS），阻碍了大多数抗生素的进入，难以被杀死。如果破坏了 LPS，就会增加细菌对抗生素的敏感性。细菌外壁层的组装需要将新合成的 LPS 跨膜运输到细胞表面。哈佛大学研究团队发现了一类新的针对不动杆菌 LPS 转运机制的抗生素，通过识别由脂多糖转运体 Lpt 及其 LPS 底物组成的复合结合位点，捕获 LPS 转运体的底物结合构象，使之被破坏。论文确定了一种脂质转运抑制机制，并为将这类抗生素扩展应用到控制其他革兰氏阴性病原菌奠定了基础。

6. MOODY E R R, ÁLVAREZ-CARRETERO S, MAHENDRARAJAH T A, et al. The nature of the last universal common ancestor and its impact on the early Earth system [J]. Nature ecology & evolution, 2024, 8 (9): 1654-1666.

最后一个普遍共同祖先的新陈代谢、基因组和年龄：通用遗传密码、蛋白质合成机制、几乎通用的 20 种氨基酸的共享手性，以及 ATP 作为通用能量货币等，证明所有现存细胞生命都起源于一个最后的普遍共同祖先（The LastUniversal Common Ancestor，简称 LUCA）。LUCA 并不代表生命的起源，而是人们能在生命之树上追溯现代谱系的极限。近期，来自布里斯托大学的研究者应用了新的方法和数据来推测 LUCA 的大致年龄区间，并探讨 LUCA 的代谢活动是如何影响地球，使地球从一个无生命活动的状态转变为一个充满生物活动和化学反应的环境。发现 LUCA 出现于 42 亿年前，重建的 LUCA 基因组共有 2.5×10^6 个碱基对，包含大约 2 600 个蛋白质编码基因。

※ 开放性讨论题

1. 细菌的荚膜（capsule）具有什么功能？荚膜能不能代替细胞壁存在？为什么？
2. 芽孢为什么能耐热？研究芽孢有什么理论与实际意义？
3. 不能产芽孢的细菌如何抵抗逆境胁迫？

※ 复习思考题

1. 试述原核细胞细胞膜的结构与功能，并比较古菌细胞膜与真细菌细胞膜的异同。
2. 阐述金黄色葡萄球菌的肽聚糖合成过程。
3. 细菌的哪些组分可以作为开发抗生素的重要靶标？
4. 什么是缺壁细菌？试简述 4 种缺壁细菌的特点及实践意义。
5. 革兰氏染色法为什么可以用来鉴别细菌的细胞壁结构？
6. PHB、DAP、LPS、DPA、teichoic acid 分别是什么化合物？这些化合物在细胞中的主要功能是什么？

（陈雯莉　徐俊）

4 真核微生物的结构与功能

导语

本章重点介绍了真核微生物细胞的结构与功能、真核微生物的分化、真核微生物的起源与分类。真菌的营养体分为单细胞和由多细胞组成的菌丝两大类形态。根据这两类形态，真菌分为酵母菌和丝状真菌，有些真菌具有二态性，可根据环境的变化在单细胞和丝状形态之间转换。真菌的分类以形态特征和有性生殖结构作为分类依据，将其分为壶菌门（以卵孢子为特征）、接合菌门（以接合孢子为特征）、子囊菌门（以子囊和子囊孢子为特征）、担子菌门（以担子和担孢子为特征）。基于 rDNA 序列及细胞壁组成等方面的差异，以前归属于真菌的卵菌、丝壶菌、根肿菌和黏菌被排除在真菌之外。本章还以单细胞真菌（酵母菌）、丝状真菌（霉菌）及产大型子实体的真菌（蕈菌）为例，介绍了它们的形态结构和繁殖方式，以及与人类的密切关系。

关键词

营养体，繁殖体，菌丝分化，真核生物起源，酵母菌，丝状真菌，蕈菌

4.1 真核微生物细胞的结构与功能

真核微生物是指细胞内具有细胞核、能够进行有丝分裂、细胞质中存在由膜包裹细胞器的一类微生物，包括真菌、单细胞藻类、原生动物（protozoan）等生物类群。真核微生物比原核微生物的细胞结构复杂，存在多种含膜细胞器，包括细胞核、线粒体、液泡、内质网、高尔基体、溶酶体和过氧化物酶体等，使得真核微生物细胞具备更加高效和独立的代谢调控系统。大量证据显示，真核微生物的线粒体与叶绿体等细胞器是经原始的原核细胞内共生演化而来。

4.1.1 细胞壁

真菌（fungus）是最为主要的具有典型细胞壁结构的真核微生物，包括酵母菌（yeast）和丝状真菌（filamentous fungus）。有些丝状真菌会通过组织特化形成大型子实体，称为蕈菌（mushroom）。此外，藻类、卵菌、丝壶菌及黏菌也具有细胞壁结构。真核微生物的细胞壁具有多种功能，主要包括：固定细胞外形、保护细胞免受各种外界逆境因子损伤、调节营养物质的吸收及代谢产物的分泌、维持细胞表面重要酶的活性、体现真核微生物抗原特性、协调真核微生物细胞与其他生物的相互作用、感应胞外信号等。不同真核微生物细胞壁的结构与组成具有不同程度的差异性。

4.1.1.1 真菌的细胞壁结构

典型真菌的细胞壁厚度为 100～200 nm，约占细胞干物质的 30%。真菌细胞壁的成分主要包括：几丁质、脱乙酰几丁质（壳聚糖）、葡聚糖、甘露聚糖、半乳聚糖、蛋白质、类脂和无机盐等。

几丁质（chitin）是大多数真菌细胞壁的主要成分之一，这种高分子物质是 N-乙酰葡糖胺单元以 β-1,4-糖苷键连接而成的无支链多聚体。子囊菌、担子菌和低等的壶菌的细胞壁中都含有几丁质。由于几丁质中存在大量氢键，因此具有很强的伸展性和坚固性，从而使细胞具有一定的刚性（图 4-1）。

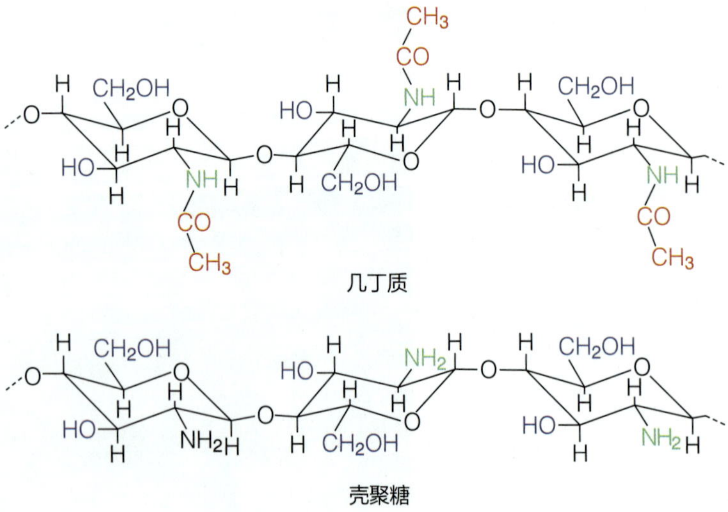

真菌细胞壁中通常还含有葡聚糖（glucan），这类高分子是由葡萄糖单元构成的直链或带有支链的多聚体，包括 β-1,3-葡聚糖、β-1,6-葡聚糖、α-1,3-葡聚糖等。β-1,3-葡聚糖在酿酒酵母细胞壁中含量较高并形成纤维；β-1,6-葡聚糖在酵母细胞壁中起到很重要的作用，介导细胞壁 GPI 锚定蛋白与 β-1,3-葡聚糖骨架的共价连接。α-1,3-葡聚糖存在于裂殖酵母和担子菌细胞壁中，而在

图 4-1 几丁质和壳聚糖的化学结构

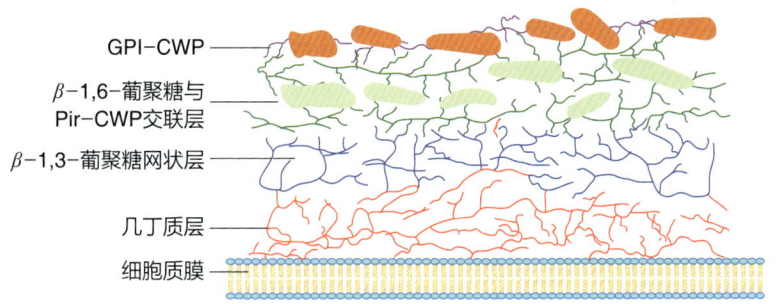

图 4-2 酿酒酵母的细胞壁结构模式图

芽殖酵母和两型性真菌中不含有 α-1,3- 葡聚糖。

甘露聚糖（mannan）是酵母菌细胞壁中另一种主要的多糖成分。这些大分子的甘露聚糖在内质网和高尔基体中合成，并通过常规分泌途径运输到细胞壁，然后与 GPI- 细胞壁蛋白（糖基磷脂酰肌醇锚定的细胞壁蛋白，glycosylphosphatidylinositolanchored cell wall protein）相连接，被锚定在细胞壁的网络骨架结构上。因此，甘露聚糖构成了甘露聚糖蛋白的重要组分。

细胞壁蛋白是真菌细胞壁中主要的非多糖成分，构成了一个覆盖细胞壁结构的网络层，在很大程度上决定了细胞表面的性质。其功能主要包括：①决定菌丝间能否聚集或连接、生殖细胞识别以及宿主细胞识别；②限制细胞壁对外来物质的渗透，对细胞具有保护作用；③细胞壁蛋白大都高度糖基化，在菌丝侵入土壤和树木的过程中起润滑作用；④是决定细胞抗原性的重要组分；⑤作为细胞感应胞外环境刺激的主要信号受体。

酿酒酵母（*Saccharomyces cerevisiae*）的细胞壁结构研究得较为清楚，其厚度通常为 70～100 nm。从细胞质膜向外，依次分布有几丁质层、β-1,3- 葡聚糖网状层、β-1,6- 葡聚糖交联层，以及锚定在 β-1,6- 葡聚糖上的 GPI- 细胞壁蛋白（图 4-2）。

丝状真菌的细胞壁与酿酒酵母的细胞壁虽然成分类似，但结构具有明显差异。以粗糙脉孢菌为例，其细胞壁分为 4 层（图 4-3）：最内层紧邻细胞膜的成分为几丁质微纤维丝层，厚度约为 18 nm；向外为蛋白质层，厚度为 9 nm；再向外为嵌埋在蛋白质基质中的糖蛋白网；最外层是由 β-1,3- 葡聚糖和 β-1,6- 葡聚糖组成的无定型葡聚糖层。

4.1.1.2 单细胞藻类的细胞壁

除隐藻门、裸藻门、金藻门中能够运动的物种及甲藻门少数物种外，大多数单细胞藻类都具有细胞壁。与真菌细胞壁相比，单细胞藻类的细胞壁较薄，一般只有 10～20 nm，蛋白核小球藻的细胞壁更薄，仅有 3～5 nm。不同藻类细胞壁的结构和成分各有不同，可作为藻类分类的依据之一。例如，硅藻门（*Bacillariophyta*）的细胞壁通常称为壳壁，由两个半瓣、似培养皿样套合而成，主要成分是果胶质

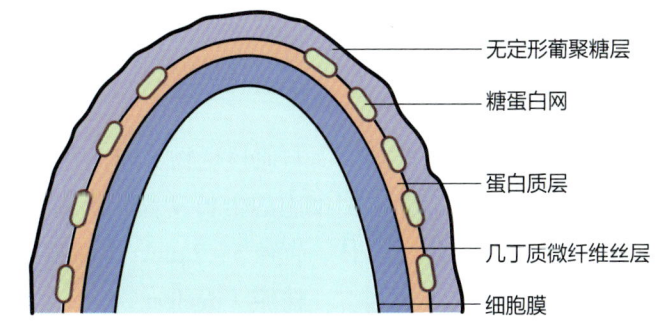

图 4-3 粗糙脉孢菌的细胞壁结构

和硅酸。部分金藻门（*Chrysophyta*）的细胞壁主要由果胶质组成，其中有些物种还含有由钙质或者硅质构成的球石粒。黄藻门（*Xanthophyta*）的许多物种的细胞壁由两个似 H 形的半瓣紧密组成，主要成分为果胶质，有的含有少量硅质和纤维素。甲藻门（*Pyrrophyta*）的细胞壁主要成分为纤维素，构成具有一定形态的甲片。

4.1.1.3 其他真核微生物的细胞壁

现代真菌分类基于 rDNA 序列及细胞壁组成等方面的差异，将以前归属于真菌的卵菌、丝壶菌、根肿菌和黏菌排除在真菌之外。卵菌细胞壁的主要成分是 β-1,3-葡聚糖、β-1,6-葡聚糖或者纤维素，一般不含几丁质。然而，有些卵菌，如绵霉属、水霉属真菌的细胞壁中含有少量的几丁质，水节霉目中数个种的细胞壁中几丁质含量较高。另外，卵菌细胞壁中含有羟脯氨酸，这是卵菌的典型特征。丝壶菌细胞壁中同时含有几丁质和纤维素。黏菌在生长期或营养期为裸露、无细胞壁、多核的原生质团，但在繁殖期产生具有纤维质（纤维素）细胞壁的孢子。

4.1.2 细胞膜

细胞膜又称细胞质膜、质膜、原生质膜，其化学成分主要为脂质与蛋白质，另有少量糖蛋白和糖脂等物质，其中脂质主要为磷脂。磷脂分子在水溶液中形成具有高度定向的双分子层，相互平行排列，亲水的极性基指向双分子层外表面，疏水的非极性基朝向内部，形成膜的基本骨架。磷脂中的脂肪酸有饱和与不饱和两种，膜的流动性取决于它们的相对含量。此外，质膜中的脂质成分还包括鞘脂质，如神经酰胺和脑苷脂，以及真菌细胞特异性的麦角甾醇。因此，真菌麦角甾醇及其合成途径成为唑类药物、特比萘芬和两性霉素等主要抗真菌药物的作用靶点（表 4-1）。

表 4-1　常见抗真菌药物类型及其作用机制

药物种类	举例	作用机制
唑类	氟康唑、伊曲康唑	抑制麦角甾醇合成途径的 14-脱甲基酶
烯丙胺类	特比萘芬	抑制麦角甾醇合成途径中的鲨烯环化酶
吗啉类	丁苯吗啉	抑制麦角甾醇合成途径中的 Δ^8-Δ^7 异构酶
两性霉素类	两性霉素 B	抑制麦角甾醇的生物活性

4.1.3 细胞核

与原核生物不同，真核生物具有形态完整、有核膜包裹的细胞核（nucleus），其对细胞的生长发育、繁殖、遗传和变异等起着决定性的作用。细胞核呈球体或椭球体，直径 5~7 μm，由核膜、染色质、核仁和核基质等构成。

核膜（nuclear envelope）由双层单位膜构成，厚 8~20 nm，两层膜间夹着宽 10~50 nm 的核周间隙（perinuclear space）。核膜上有大量的核孔（nuclear pore），是

核质与细胞质物质交换的选择性通道。核内有一中心稠密区为核仁（nucleolus），被一层均匀的无明显结构的核质包围。核膜的外层常有核糖体附着，且核膜与内质网连接。有些真菌在细胞核分裂过程中，核仁和核膜一直存在，所以纺锤体完全在核内形成，这与其他高等生物不同。

染色质（chromatin）是由核小体（nucleosome）成串排列形成的纤维状结构。核小体由 DNA、组蛋白、非组蛋白和少量 RNA 组成。组蛋白是染色质的结构蛋白，分为 H1、H2A、H2B、H3 和 H4 五种，占染色质质量的 50% 以上，富含碱性氨基酸，易与带负电荷的 DNA 结合组成核小体。核小体的核心结构为组蛋白八聚体，由 H2A、H2B、H3 和 H4 各两分子组成。DNA 在八聚体外以左手方向盘绕两周（约 200 bp），H1 与连接 DNA（linker DNA）结合，以稳定核小体的结构。组蛋白在细胞周期的特定时间可发生甲基化/去甲基化、乙酰化/去乙酰化、泛素化/去泛素化、磷酸化和 ADP 核糖基化，改变染色质构型，以调控基因的表达。染色质中的非组蛋白包括一些与 DNA 复制和转录有关的酶，如 DNA 和 RNA 聚合酶等。

细胞核空间由蛋白纤维组成的网状结构所填满，该结构通常为核基质（nuclear matrix）或核骨架（nucleoskeleton），具有支撑细胞核和提供染色质附着点的功能。

真菌的细胞核比其他真核生物的细胞核小，直径一般为 2~3 μm，个别的可达 25 μm。不同真菌细胞内细胞核的数目变化很大，通常每个细胞含一个至多个核，如青霉属（*Penicillium*）细胞内可有 20~30 个核，占细胞总体积的 20%~25%；而担子菌有单核菌丝和双核菌丝，核只占菌丝细胞总体积的 0.05%，在菌丝的顶端细胞内常常找不到细胞核。

真菌细胞核内的染色体不易染色和鉴别，但可用遗传学分析法和基因组测序来了解其染色体的数目，如粗糙脉孢菌有 7 条、构巢曲霉 8 条、啤酒酵母 17 条。真菌单倍体细胞中染色体的数目一般在 2~18 条。真菌染色体中的蛋白质为组蛋白和酸性蛋白。

真菌的基因组比较小，介于原核生物和高等动植物之间。例如，双孢蘑菇单倍体基因组大小约为 34 Mb，相当于大肠杆菌的 8 倍，仅为人类单倍体基因组的 1%。2012 年完成测序的两株小球藻 *Bigelowiella natans* 和 *Guillardia theta* 的基因组相对较大，分别为 95 Mb 和 87 Mb，两个基因组中大约有一半基因是其独有的，之前在其他物种中未发现过，这表明了其物种的独特性。

4.1.4 细胞质和细胞器

细胞质（cytoplasm）是细胞膜所包围的除核区外的透明、黏稠、具流动性的胶状物，是细胞生命活动的主要场所，包括细胞质基质（cytoplasmic matrix）、细胞骨架和各种细胞器（organelle）等。

4.1.4.1 细胞质基质和细胞骨架

细胞质基质也称为细胞溶胶（cytosol），是细胞质内除去能分辨的细胞器和颗粒物以外的、呈液态胶状的基底物质。基质含有丰富的酶等蛋白质（占细胞总蛋白的25%~50%）、各种内含物以及中间代谢产物等，是细胞代谢活动的重要场所和细胞器的存在环境。细胞中的物质变化，如黏度改变、细胞质流动等，都是细胞质基质的活动导致的。

大多数真菌细胞中，细胞骨架（cytoskeleton）是由微管、肌动蛋白和胞裂蛋白三种蛋白纤维构成的细胞支架，是一个相互关联的、巨大而复杂的丝状体网络。细胞骨架为细胞质提供支撑，维持细胞器在细胞质中的位置，同时还担负细胞质和细胞器的运动。细胞骨架还与细胞分裂、基因表达、信息传递和细胞分化等密切相关。

微管（microtubule）是直径为25 nm的中空管状纤维，由2种十分相似的微管蛋白（tubulin）亚基α和β组成，每个微管蛋白的直径为4~5 nm。这些亚基以螺旋方式排列形成柱状结构，平均每圈或每周有13根原纤维单位。微管可分散或成束存在于细胞质基质中，具有维持细胞形状、参与细胞运动和胞内运输、参与构成细胞有丝分裂时的纺锤体以及鞭毛和纤毛等功能。例如，菜豆单胞锈菌（*Uromyces phaseoli*）孢子萌发时加入抗微管因子，核酸、线粒体、液泡和囊泡的运动均被抑制。

肌动蛋白细胞骨架（actin cytoskeleton）通常具有3种存在形式，包括：肌动蛋白束、肌动蛋白皮层斑点以及位于隔膜形成位点的肌动蛋白环。在酿酒酵母中，皮层斑点聚集于极性生长位点，而肌动蛋白束朝向该斑点分布，两者共同参与细胞的极性生长过程。

胞裂蛋白（septin）首次在酿酒酵母出芽时的芽颈部被发现。该类蛋白是GTP结合蛋白，从酵母到人类具有保守性。目前发现的酿酒酵母胞裂蛋白含有7个亚基，分别为Cdc3、Cdc10、Cdc11、Cdc12、Shs1、Spr3及Spr28。各亚基共同组装形成高度有序的纤维状或环状结构，在胞质分裂、极性生长及胞吐过程中发挥重要作用。

4.1.4.2 内质网和核糖体

内质网（endoplasmic reticulum，ER）是与细胞质基质相隔离、但彼此相互沟通的扁平囊腔和膜管系统，由脂质双分子层围成。其内侧与核被膜的外膜相连，所以核周间隙也是内质网腔的一部分。内质网的性质随细胞的功能和生理学状态不同而异。正在大量合成某种目的蛋白的细胞中，内质网的外表附着大量的核糖体，称为糙面内质网（rough ER），也称粗面内质网，糙面内质网还具有运送胞外分泌蛋白的功能。无核糖体附着，与脂质代谢和钙代谢等密切相关的内质网，称为光面内质网（smooth ER），也称滑面内质网。

内质网除了运输蛋白质和脂质，也是细胞膜合成的主要场所，还可以协助其他一些物质穿过细胞。内质网是细胞内最丰富的膜，形成一种网络结构，提供机械支撑，并成为细胞质中酶附着的支架。

核糖体（ribosome）又称核蛋白体，是存在于一切细胞中且无膜包裹的、由核糖体RNA（rRNA）和蛋白质组成的椭球形致密颗粒（大小为15 nm×25 nm），具有合成蛋白质的功能。真核细胞核糖体可附着于内质网膜，或游离在细胞质基质中。真核细胞核糖体直径约25 nm，主要成分是蛋白质（约40%）和rRNA（约60%），两者共价结合在一起。蛋白质分布在核糖体表面，rRNA 位于内层。真核细胞的核糖体较原核细胞的大，其沉降系数为 80S，由 60S 大亚基和 40S 小亚基组成。不同真核微生物的核糖体大小有一定的变化。核糖体还分布于线粒体和叶绿体中，是与原核生物相同的 70S 核糖体，这从侧面支持了线粒体和叶绿体的内共生起源学说。细胞质中游离的核糖体主要合成细胞内所需的蛋白质，包括非分泌蛋白和非膜蛋白，如细胞骨架蛋白、细胞质基质中的酶类等，供细胞代谢、生长和增殖需要；另外，由游离的核糖体合成的一些蛋白质可定位于细胞核、线粒体和叶绿体等细胞器；附着于糙面内质网和细胞核膜上的核糖体主要负责合成定位于细胞膜中的蛋白质，以及胞外蛋白；存在于线粒体的核糖体则合成线粒体自身所需的蛋白质。

4.1.4.3 高尔基体

高尔基体（Golgi body）是由数个扁平囊泡堆在一起形成的具有高度极性的膜状细胞器，又称高尔基器（Golgi apparatus）或高尔基复合体（Golgi complex）。常分布于内质网与细胞膜之间，呈弓形或半球形，无核糖体颗粒附着，极像光面内质网，因此有科学家认为它是由光面内质网演化而来的。

丝壶菌、卵菌、藻类和原生动物中都被发现有完整的高尔基体，而真菌和纤毛虫原生动物中没有完整的高尔基体结构，有时仅由单个扁囊堆组成，许多细胞都含有 20 个甚至更多分离的扁囊堆。这种扁囊堆称为分散高尔基体（dictyosome），它们可聚集在某一区域或分散在整个细胞中。

高尔基体是合成、分泌糖蛋白和脂蛋白的重要细胞器，但其确切的作用方式随生物体不同而有所变化。蛋白质在糙面内质网上的核糖体中合成后，可输送到高尔基体并与其中糖类或脂质结合，形成糖蛋白或脂蛋白的分泌泡，最后通过外排作用分泌到胞外。

高尔基体还为合成新细胞壁和细胞膜提供原材料。一些鞭毛藻和放射状原生动物的表面鳞状结构在高尔基体中组建完成，然后通过囊泡运输到胞外。高尔基体还参与细胞膜的形成和细胞产物的包装。一些真菌菌丝的生长是高尔基体囊泡将其包含物运至菌丝尖端壁上的结果。因此，高尔基体作为协调细胞生化功能和沟通细胞外环境的重要细胞器，可将核膜、内质网、高尔基体和分泌囊泡的功能连成一体，相互协作。

4.1.4.4 溶酶体

溶酶体（lysosome）是由单层膜包裹的囊泡状细胞器，能水解各种内源性或外源性大分子物质。

溶酶体内含有 60 多种酸性水解酶（如酸性磷酸酶、核糖核酸酶和脂酶等），可水解其中的蛋白质、多糖、脂质以及 DNA 和 RNA 等。不同细胞中的溶酶体数目、大小和所含酶种类不尽相同，但均含酸性磷酸酶。

溶酶体可以维持细胞的营养及防止外来微生物或异体物质的侵袭。当溶酶体与吞噬泡（phagocytic vacuole）或胞饮泡（pinocytotic vesicle）结合后，能消化其中的颗粒状或水溶性有机物；溶酶体也可消化自身细胞产生的碎渣。

溶酶体的种类很多，根据是否含有被消化物质（底物），将其分为初级溶酶体（primary lysosome）和次级溶酶体（secondary lysosome）。初级溶酶体内无底物存在，初级溶酶体与不同的底物结合后形成次级溶酶体，可消化底物。根据底物来源的不同，次级溶酶体又分为自噬溶酶体（autophagolysosome）和异噬溶酶体（heterophagic lysosome）。积累了大量不可消化物质（如尘埃、金属颗粒等异物、衰老细胞器的某些类脂成分）的溶酶体称为残余小体（residual body）。当细胞死亡时，溶酶体膜破裂，酶释放出来导致细胞自溶（autolysis）。

4.1.4.5 微体

微体（microbody）是由单层膜包裹的球状、椭球状或哑铃状的细胞器，内含无定形颗粒基质，分为过氧化物酶体和乙醛酸循环体。微体中有过氧化氢酶，可使细胞免受 H_2O_2 的毒害。

真核微生物细胞中普遍存在着过氧化物酶体（peroxisome）。这类细胞中约有 20% 脂肪酸是在过氧化物酶体中被氧化分解的。与溶酶体相似，不同细胞和不同条件下，过氧化物酶体的数目、形态、大小和功能有所不同。例如，在糖液中生长的酵母，其过氧化物酶体很小，在甲醇溶液中较大，而在脂肪酸培养基中非常发达，可迅速将脂肪酸分解成可供细胞利用的乙酰辅酶 A。

乙醛酸循环体（glyoxysome）是含有乙醛酸循环所需酶的微体，是细胞进行乙醛酸循环的场所。乙醛酸循环是使脂质向糖类转化的重要途径。

4.1.4.6 线粒体

大多数真核微生物都具有线粒体（mitochondrion）。线粒体是细胞的"动力站"，具有将有机物的化学能转化成生物所需能量的功能。

在光学显微镜下，线粒体呈柱状或颗粒状。典型线粒体的外形和大小酷似一个杆菌，在透射电镜下呈圆柱状，大小一般为（0.3~1.0）μm×（1.5~3.0）μm。不同细胞种类或不同生理状态下，其形态和长度变化很大。

一般细胞所含的线粒体数量可达 1 000 个或者更多，少数细胞（如某些酵母、单细胞藻类和锥虫）只有一个巨大的管状线粒体，而巨大变形虫则有 50 万个线粒体。

线粒体是由双层膜包裹的囊状结构，囊内充满液态的基质。外膜平整，内膜则向基质内褶皱，从而形成了大量由双层内膜构成的嵴（cristae），大大地增加了膜的表面积。不同物种的线粒体中嵴的形状不同。内膜的表面着生许多基粒，这些基粒是 ATP 合成酶复合体，每个线粒体中有 10^4~10^5 个。由内膜和嵴包围的空间即为线粒体基质，内含 TCA 循环酶系和特有的闭环状 DNA。线粒体带有自身的核糖体，但这些核糖体是 70S 核糖体，而非真核细胞质中的 80S 核糖体。

线粒体的主要功能是将底物通过电子传递链和氧化磷酸化反应的偶联从而实现呼吸产能。过去曾认为酵母在无氧条件下发酵是没有线粒体的，后来采用冷冻刻蚀技术（freeze-etching）发现，在无氧条件下，酵母形成的是极其简单的线粒体（只有外膜而无内膜和嵴）；当将其转移到有氧条件下，线粒体从无功能的简单结构转变成有功能的正常结构。线粒体的另一个功能是可以半自主性地合成一些蛋白质。科学家推测，在线粒体中合成的蛋白质约占线粒体全部蛋白的 10%，这些强疏水性蛋白质和内膜结合在一起。

大多数真核微生物都具有线粒体，但某些原生动物（如贾第鞭毛虫、阿米巴等）缺失线粒体。这些"无线粒体"的原生动物通常会表现出"厌氧"的特点，其体内的代谢过程较为简单且特殊，在合成 DNA 以及蛋白质的重要构成片段等方面与它们的哺乳动物宿主有所不同。特别是在含硫氨基酸代谢方面，这些原生动物拥有独特的代谢途径。

4.1.4.7 叶绿体

叶绿体（chloroplast）是由内外两层膜包裹、含有叶绿素、可将光能转化为化学能的绿色细胞器，是光能自养型真核细胞内的"食品车间"和"能量转换站"。藻类中叶绿体的形态变化很大，有的呈螺旋带状，如水绵属；有的呈杯状，如衣藻属；也有呈板状或星状的。叶绿体的构造由叶绿体膜、类囊体和基质三部分组成。

叶绿体被膜（chloroplast envelope）由双层膜组成，膜间有 10~20 nm 的膜间隙。叶绿体膜是控制代谢物质进出叶绿体的屏障。外膜通透性大，核苷、无机磷、蔗糖等营养分子可自由进入膜间隙；内膜选择性强，CO_2、O_2、Pi、H_2O、磷酸甘油酸、磷酸丙糖、双羧酸和双羧酸氨基酸可以透过内膜，ADP、ATP、己糖磷酸、葡萄糖和果糖等透过较慢，蔗糖、五碳糖双膦酸酯、六碳糖磷酸酯、$NADP^+$ 和焦磷酸不能直接透过内膜，它们需要特殊的转运体（transporter）才能通过内膜。

类囊体（thylakoid）是单层膜围成的扁平小囊，数量多，彼此连通，连接方式多样。类囊体可以增加内膜面积。膜上含有光合色素和电子传递链组分，又称光合膜（photosynthetic membrane）。藻类的光合色素主要有 4 类：叶绿素、藻胆蛋白、胡萝卜素和叶黄素。藻类叶绿素包括叶绿素 a、叶绿素 b、叶绿素 c 和叶绿素 d。所有的藻类都含有叶绿素 a，原绿藻门、裸藻门、绿藻门和轮藻门含有叶绿素 b，隐藻门、甲藻门、黄藻门、金藻门、硅藻门和褐藻门含有叶绿素 c，红藻门中有的种类则含有叶绿素 d。

基质（stroma）是充满叶绿体膜与类囊体之间的胶状物质，内含 70S 核糖体、双链环状 DNA 和 RNA、碳同化相关的酶以及一些颗粒物如淀粉粒。核酮糖二磷酸羧化酶约占基质可溶性总蛋白的 60%。

叶绿体除了进行光合作用，还与线粒体一样可以半自主性地合成自身的 DNA 和一些蛋白质，含有与原核生物类似的环状 DNA 和 70S 核糖体。这些为真核生物的内共生学说（endosymbiotic theory）提供了有力的证据。

4.1.4.8 液泡

液泡（vacuole）是存在于真菌和藻类等细胞中，由单位膜分隔且充满液体的细胞器。原生动物的食物泡、收缩泡等均属于液泡。液泡的形态和大小受细胞年龄和生理状态影响较大，一般老龄细胞的液泡大而明显。

液泡含有一些营养物质和酶类，因此有维持细胞渗透压、贮存营养物质等功能；另外，它还有溶酶体的功能，可以把蛋白酶等水解酶与细胞质隔离，防止细胞损伤。

研究表明，真菌液泡不仅在蛋白质转换、细胞的动态平衡、膜运输、信号转导等方面有重要的作用，还与真菌的生长、分化、共生、致病等紧密相关。

4.1.4.9　膜边体

膜边体（lomasome）是真菌细胞特有的由单层膜包裹的细胞器，存在于细胞膜和细胞壁之间。膜边体的形态变化很大，可为管状、囊状、球状、卵圆状或多层折叠的囊状等，其内有泡状物或颗粒物。在某些情况下膜边体与细胞膜连接在一起，可能是细胞膜内陷形成的。这种内陷经常出现在细胞膜内侧，有时也出现在细胞膜外侧。膜边体的形状和位置与细菌的中间体相似。膜边体也可以由高尔基体或内质网的特殊部位形成，膜边体彼此互相融合，也可以与其他细胞器或膜结合。

膜边体至今尚未在真菌以外的其他细胞中发现。膜边体的功能尚不十分清楚，可能与细胞的分泌、细胞壁的合成、细胞膜的增生以及胞饮现象有关。

4.1.4.10　壳质体

壳质体（chitosome）又称为几丁质酶体，是一种活跃于真菌菌丝顶端细胞中，具有膜状外壳的微小囊泡，直径 40~70 nm。壳质体含有几丁质合成酶，可将合成的几丁质运送到菌丝顶端细胞的表面，参与细胞壁的合成。

4.1.4.11　沃鲁宁体

沃鲁宁体（Woronin body）是存在于真菌细胞中、由单层膜包围的电子密集的基质构成的较小的球状细胞器，直径约 0.2 μm。它与子囊菌的隔膜孔相关联，具有"塞子"的功能，可调节两个相邻细胞间细胞质的流动。当菌丝受伤后，它可以堵塞隔膜孔，防止细胞质流失。目前还不清楚其化学组成。

4.1.4.12　氢化酶体

氢化酶体（hydrogenosome）是单层膜包裹的球状细胞器，内含氢化酶、氧化还原酶、铁氧还蛋白和丙酮酸，也称氢酶体。通常存在于鞭毛基体附近，产生 ATP 和氢气，为鞭毛运动提供能量。氢化酶体只存在于厌氧性的原生动物和真菌中，有类似线粒体的作用。

4.1.4.13　内含物

真菌菌丝中除了有特定功能的细胞器外，通常还有多种内含物（inclusion body）。内含物的种类因真菌的不同而不同，但多为真菌储存的养料，营养丰富时内含物较多，营养缺乏时因被菌体利用而减少或消失。真菌常见的内含物有异染粒、糖原粒、油脂粒等。

异染粒（volutin）：是真菌细胞内普遍存在的内含物，是以无机磷酸盐聚合物为主要成分的一种无机磷的贮备物，还含有少量脂肪、蛋白质和核酸。

糖原粒（glycogen particle）：又称肝糖粒或动物淀粉粒，是多糖的一种，由葡萄糖失水缩合而成，是真菌和动物储存糖类的主要形式。真菌细胞内糖原粒的主要生物学功能是为真菌储存能量。

油脂粒（grease particle）：真菌油脂主要以两种形式存在，一种是作为细胞结构组成部分的体质脂，含量稳定；另一种是作为内含物存在于细胞质中的储存脂——油脂粒。真菌油脂粒的主要生物学功能也是能量储存，而其中一些组成成分如多不饱和脂肪酸还与真菌抗逆性及其他特性有关。

4.1.4.14 膜连接系统

在真菌细胞中，内质网与其他膜结构，如细胞膜、线粒体膜、囊泡膜、液泡膜等均存在物理性的连接结构，从而构成了细胞内复杂的膜连接系统，其中包括内质网-质膜连接、内质网-线粒体连接、内质网-液泡连接等。这些结构通过建立起各种膜结构的物理连接，为膜结构间物质与信息交流提供了便捷。

4.1.5 细胞表面附属物

某些真核微生物具有鞭毛或纤毛等表面附属物，其通常由蛋白质组成，具有运动和感受功能。鞭毛长度为 150～200 μm，数量一般为 1～2 根，多处于细胞的一端。纤毛较短，仅为 5～10 μm，数量较多，周生于细胞表面。具有鞭毛的真核微生物有鞭毛虫纲的原生动物、藻类和低等水生真菌的游动孢子或配子。具有纤毛的真核微生物主要是纤毛虫纲的原生动物，如草履虫。真核微生物的鞭毛以挥鞭式推动细胞运动，与细菌的螺旋式有所不同。鞭毛运动的能量来自 ATP。

鞭毛与纤毛的构造基本相同，由伸出胞外并包有细胞膜的鞭杆、埋在细胞质内的基体以及把两者连在一起的过渡区三部分组成。鞭杆的横切面呈"9+2"型，即中心有一对包在中央鞘中的相互平行的中央微管，其外围绕一圈（9 个）微管二联体。每条微管二联体由 A、B 两条中空的亚纤维组成，其中 A 亚纤维是完全微管，每圈由 13 个球形微管蛋白亚基环绕而成；B 亚纤维则由 10 个亚基围成，其他 3 个亚基与 A 亚纤维共用（图 4-4）。

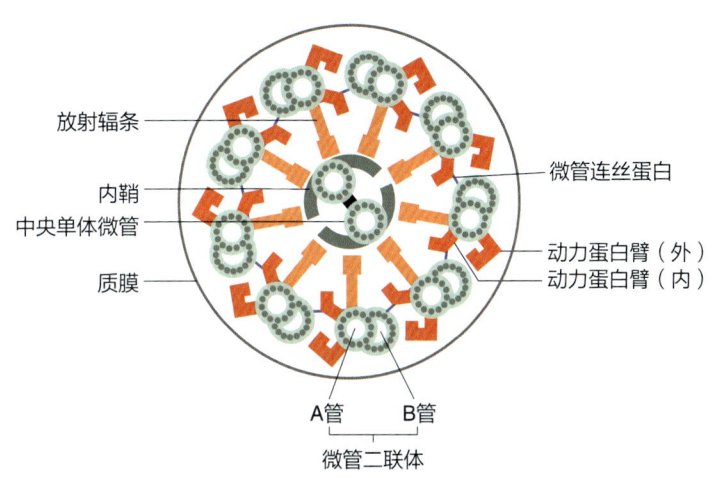

图 4-4 真核微生物的"9+2"型鞭毛结构

4.2 真核微生物的分化

4.2.1 真菌的营养体和繁殖体

4.2.1.1 营养体

真菌营养体有两大类型，一是单细胞（unicellular），二是由多细胞组成的菌丝（hypha）。

以单细胞为营养体的真菌称为酵母菌（yeast），目前已经发现了 1 500 余种酵母，大概占现有已描述真菌的 1%。酵母细胞形状多样，从球状、蛋状、卵状到杆状不等。

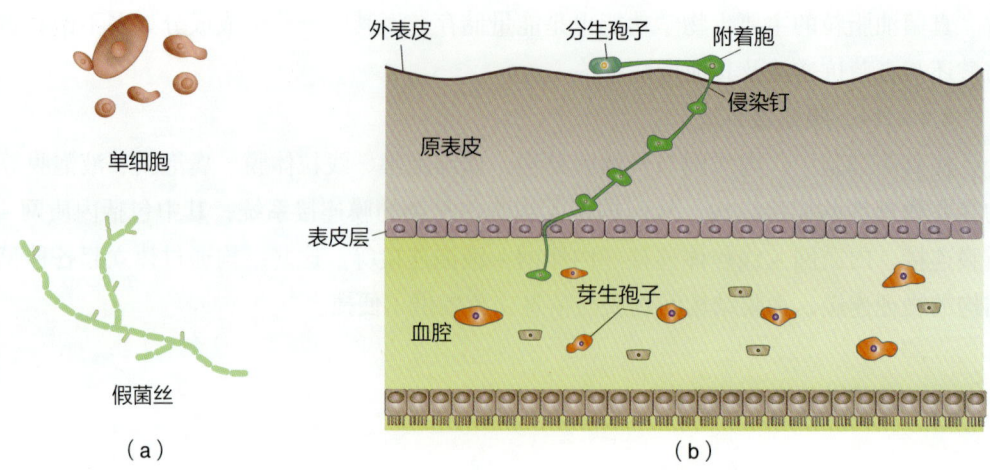

图 4-5 真菌的二态性现象
（a）酵母菌的两种生长形态。上图：单细胞酵母及其出芽繁殖。下图：假丝酵母；（b）昆虫病原真菌绿僵菌侵染昆虫过程中的二态性转变现象

细胞尺寸随种类和环境变化较大，典型酵母细胞直径在 3～4 μm，某些种的细胞较大，如皮炎芽生菌（Blastomyces dermatitidis）的细胞直径高达 40 μm。在特定的环境下，单细胞酵母出现二态性（dimorphism）转变的现象，形成假菌丝（pseudohyphae），这类真菌称为双相真菌（dimorphic fungi）。例如引起人类念珠菌病（candidiasis）的病原菌白色念珠菌（Candida albicans）感染寄主时往往会由单细胞转变为假菌丝，以侵染寄主组织（图 4-5a）。

菌丝是由多个细长细胞组成的细胞链，是丝状真菌（filamentous fungus）的基本单位。常见的霉菌（mold）和蕈菌（mushroom）都是丝状真菌，其中蕈菌又称为蘑菇（mushroom）。酵母、霉菌和蘑菇是根据真菌形态对真菌进行分类的俗名，而与物种亲缘没有关系，例如一些酵母和蘑菇均属于担子菌门，而有些霉菌和酵母则属于子囊菌门。一些丝状真菌也是双相真菌，如昆虫病原真菌绿僵菌（Metarhizium）和白僵菌（Beauveria）在侵染昆虫时，在它们进入昆虫血腔之后由菌丝生长转为类酵母菌丝段的形式生长（图 4-5b）。菌丝以极性生长（polar growth）的方式生长，其间会分枝（branching），最终形成复杂的网状结构即菌丝体（mycelium）。在美国俄勒冈州马卢尔国家森林（Malheur National Forest）发现的奥氏蜜环菌（Armillaria solidipes）的菌丝体占地超过 8.8 km²，估计年龄达 2 400 岁，总质量高达 604 t，是目前世界上已知的最大活生物体。

根据是否有隔膜，菌丝可分为有隔菌丝（septate hypha）和无隔菌丝（non-septate hypha 或 aseptate hypha）（图 4-6a）。有隔菌丝以隔膜（septum）将细胞分开，隔膜还可增加菌丝的结构稳定性。隔膜中间有孔径较小的孔，细胞核一般不能穿过，这使得多数有隔菌丝的细胞只有单个细胞核。细胞质可穿过隔膜孔在细胞间流动，当部分菌丝受到损伤时，隔膜孔会关闭，以免整条菌丝的细胞质从伤口流出。无隔菌丝一般含有多个细胞核，因此被称为多核菌丝（coenocytic hyphae）。与有隔菌丝不同，无隔菌丝受损伤时，整条菌丝的细胞质可能全部流出而死亡。但是，菌丝的分枝部位往往有隔膜，以免整个菌丝体死亡。由于隔膜障碍降低细胞质在菌丝间的流动速度，这使得有隔菌丝在培养基表面生长，形成较为紧密的菌落。与之相反，无隔菌丝内细胞质流

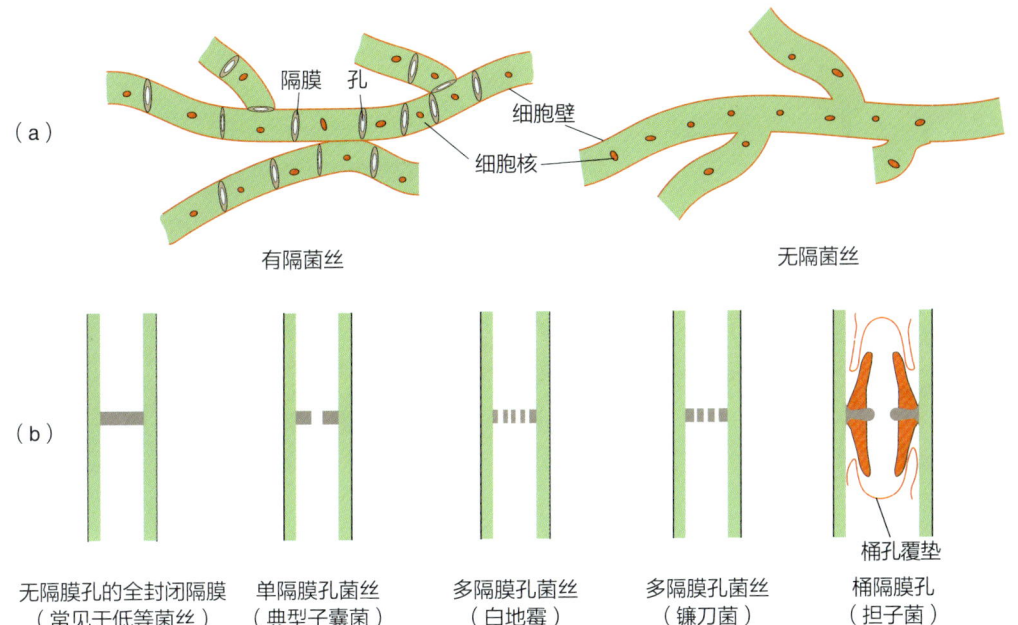

图 4-6 丝状真菌菌丝
（a）菌丝类型；（b）菌丝隔膜孔类型

动更快，导致菌丝向空中四处极性生长，菌落往往不成形。

隔膜是由菌丝细胞壁向内环状生长而形成的，其结构与组成与细胞壁类似。隔膜主要分为3种类型（图4-6b）：①单隔膜孔型，唯一的孔在隔膜中心；②多隔膜孔型，隔膜上有多个小孔；③复孔型（桶孔型，dolipore septum），隔膜上唯一孔的边缘膨大而呈"琵琶桶"状，外盖一层由内质网组成的弧形桶孔覆垫（parenthesome），桶孔覆垫中的穿孔可让细胞质通过。

4.2.1.2 菌丝分化与营养吸收

在一定的条件下，菌丝会分化（differentiation）形成较复杂的结构，主要达到三类目的：其一是更有效地获取营养物质；其二是抵抗环境逆境；其三是分化成繁殖结构进行无性繁殖或有性繁殖。

为了高效地获取营养，一些真菌菌丝会分化成如下类型的特殊结构。

假根（rhizoid）：假根具有根状结构，其主要有两个作用，一是将菌丝体锚定在基质上；二是分泌各种水解酶降解基质，并吸收由此产生的营养物质（图4-7a）。

匍匐菌丝（stolon）：匍匐菌丝是根霉属（*Rhizopus* spp.）真菌形成的延伸的匍匐状菌丝（图4-7a）。当匍匐菌丝蔓延一定距离后，在基质里会形成假根，之后可继续延伸形成新的匍匐菌丝和假根。

菌索（rhizomorph）：在自然界中，一些子囊菌门和担子菌门的真菌如蜜环菌（*Armillaria mellea*）常会形成菌索。菌索是由大量成束的菌丝组成，成束的菌丝比单根菌丝延伸得更远，以寻找更多的食物来源（图4-7b）。菌索中有类似于植物木质部的结构，可长距离地运输水分和易溶于水的营养物质。环境中不同方位的真菌可通过菌索相连，从而共享营养和水分，极大地提高真菌的生存能力。

吸器（haustorium）：一些植物病原真菌的菌丝，如小麦白粉菌（*Erysiphe*

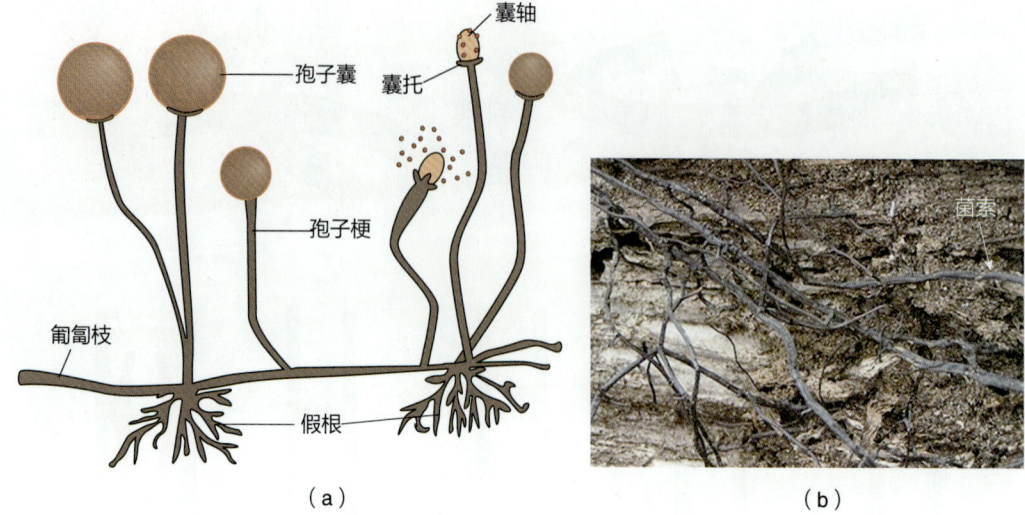

图 4-7 腐生真菌的菌丝分化
（a）假根和匍匐菌丝（孢囊孢子）；（b）菌索

graminis），进入寄主细胞后分化形成吸器。吸器具有掌状、球状和网状等形状，其主要作用是增大真菌细胞与植物细胞质的接触面积，以充分地从寄主细胞吸收营养物质（图 4-8a）。

附着胞（appressorium）：在寄主表面，一些植物病原真菌（如稻瘟病菌）和昆虫病原真菌（如绿僵菌）的菌丝顶端会膨大分化形成侵染结构附着胞，其内有强大的渗透压，可将侵染钉推入寄主体内（图 4-8b）。

附着枝（hyphopodium）：一些体外寄生菌（ectoparasitic fungi），如煤烟黑霉菌（如 *Cladosporium* 和 *Alternaria*），附在寄主表面的菌丝上，其顶端一到两个细胞分化形成附着枝。它们并不进入植物组织中，而只是附在植物寄主的体表，依靠植物分泌的含糖的液质而生活（图 4-8c）。

捕食器（nematode-trapping device）：捕食线虫真菌（nematode-trapping fungi）的菌丝分化形成线虫捕食器，主要有黏性菌网（adhesive networks）、黏球（adhesive knobs）、非收缩环（non-constricting rings）和收缩环（contractile ring）（图 4-8d）。成熟的黏性菌网通常包含 5~7 个菌环，收缩环则由 3 个细胞组成。与营养菌丝相比，捕食器菌丝除了形态不同之外，其细胞中还存在电子致密体（electron-dense bodies）。

4.2.1.3 菌丝分化与休眠抗逆

一些真菌的菌丝可分化形成休眠结构菌核（sclerotium），以度过不良环境条件（逆境）。菌核是由大量的菌丝组成的致密结构。菌核形态和大小差异很大。引起油菜菌核病的核盘菌（*Sclerotinia sclerotiorum*）产生较小的黑色菌核（图 4-9a），而茯苓（*Poria cocos*）则产生大型菌核，质量可达 50 kg（图 4-9b）。茯苓是具有利尿和杀菌等药用效果的有益菌核，而麦角菌（*Claviceps purpurea*）形成的麦角菌核（图 4-9c）则有害，它含有导致麦角毒症的多种生物碱，可污染面粉。一些真菌的菌丝还可与宿主组织形成类菌核结构，称为假菌核（pseudosclerotium）。

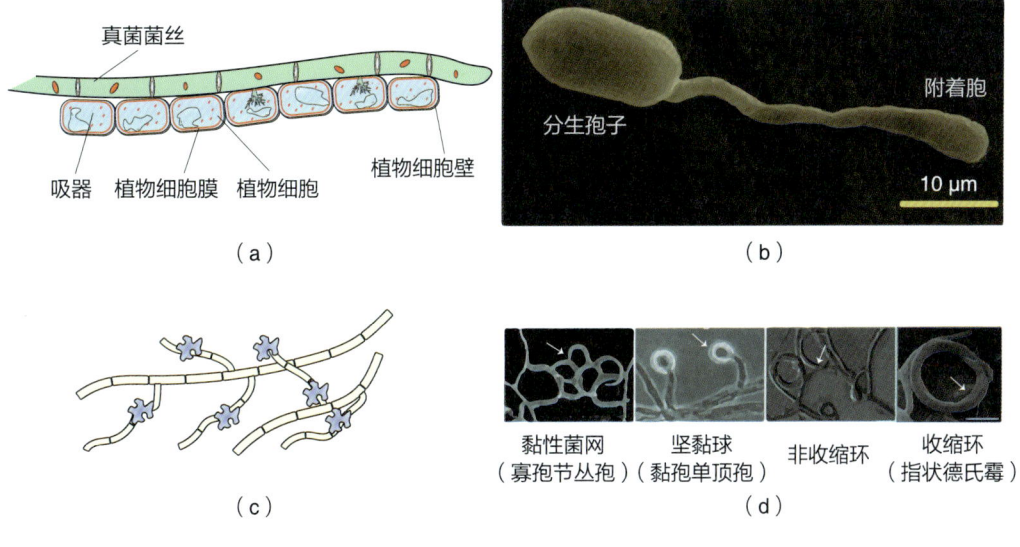

图 4-8 病原真菌的菌丝分化

（a）吸器（小麦白粉病菌等植物病原真菌）；（b）附着胞（绿僵菌等昆虫病原真菌）。AP：附着胞；CO：分生孢子；（c）附着枝（煤烟黑霉菌）；（d）线虫病原真菌的菌丝分化

图 4-9 菌丝形成的休眠结构
（a）油菜菌核（核盘菌）；（b）茯苓；（c）麦角菌核（麦角菌）

4.2.2 其他真核微生物

4.2.2.1 藻类

藻类（alga）是自养型真核微生物，可以进行光合作用。藻类的营养体称为厚植体（thallus）。厚植体形态多样，有简单的单细胞，也有高度分化的多细胞。单细胞厚植体有球形、长杆形、星形、弯曲状和被状等。厚植体可以由单细胞产生，而有些细胞分裂后形成的子细胞不分离而形成群落，其形态多样性很高，常见的有球状、片状、丝状、不规则的团块和分枝状。

藻类可以进行无性繁殖和有性繁殖。无性繁殖可在营养细胞内形成孢子，也可在营养细胞分化形成的孢子囊中形成。带有鞭毛的可游动孢子称为动孢子（zoospore），由孢子囊产生的无运动能力的孢子称为静孢子（aplanospore）。有性生殖细胞称为配子，雌配子称为卵细胞（卵子），在藏卵器（oogonium）内形成，藏卵器是相对而言没有分化的营养细胞。雄配子为精子，在雄器（antheridium，复数 antheridia）内产生。雌雄配子结合成合子，合子脱离母体自行发育。

藻类的形态、生态、固化、生殖及世代交替多样性很高。绝大多数藻类形成无性和有性生殖结构的单细胞，少数种类形成多细胞的配子囊或孢子囊，其内每个细胞最终形成生殖细胞。

4.2.2.2 黏菌

黏菌（slime mould）又称裸菌，其营养体为原生质团或黏变形体（myxamoeba）。单倍体黏菌（类似原生动物的变形虫）聚集可形成假原生质团（pseudoplasmodium），但彼此不融合。营养缺乏时，细胞通过分泌黏菌素（acrasin）（也称集胞素）而聚集，并形成不同形态的黏菌子实体，如孢囊体型、复囊体型、假复囊体型和原质囊体型。当适宜的条件下，黏菌孢子萌发形成变形体（amoebae，又称为黏变形体或黏变形虫），或释放带鞭毛的游动孢子，其后再变成变形体。游动孢子和变形体两种形态的互变与环境中的水分含量密切相关。在水中，变形虫可长出鞭毛在水中游动；除去水后，游动孢子可变回爬行的变形体。如在黑暗、干燥或营养缺乏等不良环境下，原生质团可变成有硬壳覆盖的菌核（sclerotium）或子实体（fruiting body）。菌核是休眠结构，可抵抗不良环境；当条件适宜时，菌核可转变为原生质团。

> 知识拓展 4-1
> 烟曲霉

4.3 真核微生物的起源与分类

4.3.1 真核微生物的起源

真核微生物的数量庞大，种类繁多，它们展现了多种多样的形态、生活方式和习性。尽管许多原核生物已具备带膜的内部组织结构，但真核生物的复杂程度远超过这一点。真核生物拥有核膜包裹的细胞核，将转录和翻译过程分隔开来，为基因调控提供更多选择；由多个细胞器组成的内膜系统使细胞具备高效的运输和代谢功能。这些结构增强了真核生物在适应环境方面的能力，使其成为现存物种中数量众多的生命形式之一。真核微生物在海洋和陆地食物链中扮演着重要角色，它们可以与宿主共生或寄生而引发病害。

真核细胞与原核细胞之间存在巨大差异，那么它们是如何演化而来的呢？至今最主流的真核细胞起源理论是内共生学说（endosymbiotic theory）。该理论认为最原始的真核生物的直接祖先很可能是一种异常巨大的原核生物，其细胞内存在着类似于内质网的内膜系统，由细胞膜内部的褶皱形成，并具备原始的微纤维系统，使其能够进行变形运动和吞噬其他细胞。随后，该内膜系统的一部分包裹了染色质，从而形成了最原始的细胞核。这个内膜系统的其他部分则分化为高尔基体、溶酶体等细胞器。线粒体的起源可以追溯到内共生的细菌，这些细菌能够进行氧化磷酸化作用。而叶绿体的起源则可以追溯到内共生的能够进行光合作用的蓝细菌。

内共生现象在现代生物界中十分常见，如许多真核细胞能够与其他真核细胞共生，例如一些单细胞绿藻、甲藻和硅藻可以共生于高等植物、真菌、其他藻类以及脊椎动物和无脊椎动物的细胞中。此外，原核细胞也可以与真核细胞共生。例如，蓝细菌可以共生于真菌、变形虫、鞭毛虫以及已失去叶绿体的绿藻细胞中，并通过光合作用为宿主提供养分。池沼多核变形虫的细胞中没有线粒体，而是存在一些需氧的细胞内共生细菌，这些细菌实际上起到了线粒体的作用。越来越多的事实和新的发现支持着内共生学说。一些学者通过对蛋白质的比较分析提出了假设，认为一个被称为慢性细胞（chronocyte）的类真核细胞，在形成后吞噬了古菌或细菌细胞，进而形成了细胞核和真核细胞，从分子水平上支持了真核细胞起源的内共生理论。

4.3.1.1 细胞核的起源

细胞核的形成是真核细胞演化的关键，原核细胞与真核细胞的最根本差别在于细胞核的有无。关于核是如何起源的猜测目前主要有 4 种假说，但是均未得到广泛的认可。其一是共营模型（syntrophic model），该模型认为与产甲烷古菌类似的某些古老的古菌，侵入并生活在类似于现代黏细菌的细胞体内，形成了早期的细胞核。古菌与真核生物中某些特定蛋白质（如组蛋白）编码基因的相似性被认为是支持以古菌为基础的细胞核起源论的证据。其二是自演化模型（autogenous model），该模型认为原真核细胞（proto-eukaryotic cell）直接由细菌演化而来，并不需要通过内共生。证据来自一类专性好氧菌——浮霉菌（*Planctomycete*），它们具有清晰的胞内膜结构，其中有一种被称为 *Gemmata obscuriglobus* 的出芽菌的染色质被双层的核膜所包裹，类似于真核生物的核结构，而斯氏小梨形菌（*Pirellula staleyi*）的核被单层的细胞质内膜所包裹。但是，这一模型并未进一步解释核是如何形成的。其三为病毒性真核生物起源模型（viral eukaryogenesis model），该模型认为病毒感染原核生物导致了膜结合的细胞核与其他真核生物特征的产生。证据是真核生物和病毒在大分子结构上存在一定的相似性，譬如线性 DNA 链、mRNA 的加帽以及与蛋白质的紧密结合（病毒的外套膜类似于组蛋白）。该假说认为，吞噬作用形成了早期的细胞"捕食者"，并随之演化出细胞核。其四为外膜假说（exomembrane hypothesis），该假说认为细胞核是起源自演化出第二层外细胞膜的单个早期细胞，而包裹原来细胞的内膜则转变成了核膜，并逐渐演化出精巧的核孔结构，以便于将内部（如核糖体亚基）合成的物质送出核外。

4.3.1.2 线粒体和叶绿体的起源

真核细胞与原核细胞的另一个差异在于细胞质中有多种有膜细胞器，这些细胞器的起源和演化同样是真核细胞演化的重要步骤。其中叶绿体和线粒体是细胞内两个重要的细胞器，叶绿体是光合作用的主要场所，线粒体是细胞活动所需的"能量中心"。因此，它们的起源与演化一直是学术界关注的问题。内共生学说认为，线粒体和叶绿体分别起源于同原始真核细胞共生的参与有氧呼吸的细菌和光合自养的蓝细菌。一种革兰氏阴性菌可以利用体内三羧酸循环的酶系和电子传递链在有氧条件下将糖酵解产生的丙酮酸进一步分解，释放更高的能量，该需氧细菌被原始真核细胞吞噬以后，在长期互利共生中演化形成了现在的线粒体。与此相似，蓝细菌在共生中逐渐演化成了叶绿体。由于长期的共生互利，需氧细菌和蓝细菌将不少基因转移到宿主细胞核中，形成了线粒体和叶绿体的半自主性。

原核细胞在功能上与线粒体相当的结构是细胞膜和由细胞膜内褶形成的结构，但这些结构没有独立的基因组和合成系统。原核生物中的蓝细菌具有与绿色植物和藻类高度相似的产氧光合系统，也说明它们之间具有相同的起源。

4.3.1.3 真菌的起源

真菌是一类有真正细胞核，营养体简单，无根茎叶的分化，无维管束组织，不含有叶绿素且无法进行光合作用的生物。

真菌在地球上存在了多长时间至今尚不清楚，对真菌的起源也没有定论。目前主要有两种观点：起源多元论和鞭毛生物起源论。起源多元论根据性器官的形态及交配方式，认为真菌来自藻类，如壶菌自原藻演化而来，毛霉演化自接合藻，子囊菌和担子菌由红藻演化而来。这些藻类因丧失色素故而从自养变成异养，生理的变化引起了形态的改变。鞭毛生物起源论认为绝大多数真菌是起源于一种原始水生生物——鞭毛生物。鞭毛生物为单细胞，具一至数根鞭毛，有的有叶绿素和其他色素，有的无色素；具色素的演化为藻类，无色素的演化为真菌。该假说认为真菌和藻类都起源于鞭毛生物。

真菌的演化由水生到陆生，由腐生到兼性寄生再到专性寄生。其结构由简单到复杂，再由复杂退化而失去特殊的结构，使结构简单化。

4.3.2 真核微生物的主要类群

真核微生物包括真菌、单细胞藻类和原生动物等。据估计，全世界有220万～380万种真菌。其中，已知的真菌约15.5万种，至今全球每年还以发现约2 000个新种而不断地递增着。真核微生物在个体和群体形态、代谢类型与产物、遗传特性和生态分布等方面，呈现丰富的多样性。

真核细胞具有核仁和核膜分化的真核，还含有许多由膜包围的细胞器，而原核细胞只有一个核区，没有核膜包围，也无核仁的分化，称为拟核。真菌不含有叶绿素，不能进行光合作用；一般具有发达的菌丝体；细胞壁多数含几丁质；营养方式为异养吸收型；以产生大量无性和（或）有性孢子的方式进行繁殖；以及陆生性较强。

真菌的分类以形态特征和有性生殖结构作为分类依据，将其分为壶菌门（产生卵孢子）、接合菌门（以接合孢子为特征）、子囊菌门（以子囊和子囊孢子为特征）、担子菌门（以担子和担孢子为特征）。

4.3.2.1 单细胞真菌——酵母菌

酵母菌（yeast）是一群单细胞的真核微生物。酵母菌是个通俗名称，是以芽殖或裂殖来进行无性繁殖的单细胞真菌的统称，以与丝状真菌区分开。酵母菌主要分布在含糖质较高的偏酸性环境中，如各种水果的表皮、发酵的果汁、蔬菜、花蜜、植物叶面、菜园、果园及糖厂附近的土壤和酒曲中。它们多为腐生菌，少数为寄生菌，能引起人和植物的病害。

酵母菌与人类的关系密切，是工业上最重要以及应用较为广泛的一类微生物，在酿造、食品、医药工业等方面占有重要地位。它可用来制面包；发酵生产乙醇与含乙醇的饮料，如啤酒、葡萄酒和白酒；生产食品工业的酶，如蔗糖酶、半乳糖苷酶；也可用来提取核苷酸、麦角甾醇、辅酶 A、细胞色素 c、凝血质和维生素等生化药物；酵母菌细胞蛋白质含量高达细胞干重的 50%，并含有人体必需的氨基酸，因此酵母菌可用于生产饲用、食用和药物的单细胞蛋白（single cell protein，SCP）。有的酵母菌还具有氧化石蜡与降低石油凝固点的作用，或者以烃类为原料发酵制取柠檬酸、反丁烯二酸、脂肪酸、甘油、甘露醇、乙醇等。酵母菌属单细胞真核生物，与高等动物、高等植物的单个细胞相比，具有基本相同的细胞结构。但由于酵母菌具有世代时间短，可在简单的培养基上生长，单个细胞能完成全部生命活动的特点，所以该菌的细胞学研究比多细胞真核生物相对容易，使其在分子生物学、分子遗传学等重要理论研究中具有特殊的研究价值。至今已研究清楚了许多酵母菌株的细胞核及细胞质基因，并已建立了用于生物学基础研究的相关模型，在生理学、生物化学和遗传学的研究方面取得了较大进展。

但是有些酵母菌也常给人类带来危害。腐生型酵母菌能使食物、纺织品及其他原料腐败变质；少数嗜高渗透压的酵母菌，如鲁氏酵母（*Saccharomyces rouxii*）、蜂蜜酵母（*Saccharomyces mellis*）可使蜂蜜、果酱败坏；工业发酵中的污染菌消耗乙醇，降低产品产量或产生不良气味，影响产品质量；还有些酵母菌能引起植物的病害，甚至能寄生在人、畜和昆虫体上，例如，白假丝酵母（*Candida albicans*）又称白色念珠菌，可引起人类皮肤、黏膜、呼吸道以及泌尿系统的多种疾病；新型隐球酵母（*Cryptococcus neoformans*）可导致慢性脑膜炎、肺炎等。

4.3.2.2 丝状真菌——霉菌

霉菌（mold）意即"会引起物品霉变的真菌"，通常指那些菌丝体较发达又不产生大型子实体结构的真菌。在潮湿的气候下，它们往往在有机物上大量生长繁殖，从而引起食物、工农业产品的霉变或植物的真菌病害。

（1）丝状真菌的菌落特征

丝状真菌的菌落由分支状菌丝体组成，形状各异，由于菌丝较粗长，形成的菌落比较疏松，常呈现绒毛状、棉絮状、毯状、绳索状、皮革状或蜘蛛网状等。由于丝状真菌的分生孢子五颜六色，因此菌落表面及背面也呈现各种颜色，有的产生水溶性色素可分泌到培养基中，使培养基的颜色发生改变。有些丝状真菌，如根霉、毛霉、链孢霉的菌丝生长很快，在固体培养基表面蔓延，直至充满整个容器；有的则有一定的局限性，直径 1~2 cm 或更小，如青霉和曲霉。因此，菌落特征是丝状真菌鉴定的主要依据之一。

（2）丝状真菌与人类的关系

丝状真菌与人类的生活息息相关，在工农业生产、医疗实践、环境保护和生物学基本理论研究等方面起着重要的作用。它们是人类的帮手，可用于生产奶酪、甜酒、腐乳和其他发酵食品。在发酵工业上，**丝状真菌被广泛地用于生产有机酸（如柠檬酸、葡萄糖酸）、酶制剂（如蛋白酶、淀粉酶、纤维素酶）等。在农业上用于饲料发酵、生产植物生长素（如赤霉素）、杀虫农药（白僵菌剂、绿僵菌剂）、除草剂等，部分丝状真菌还能生产抗生素（青霉素、灰黄霉素）作为药物**。腐生型的丝状真菌具有分解各种复杂有机物的能力，成为自然界有机物矿化和农业生产中堆肥腐熟的强大动力。丝状真菌在理论与应用研究中也具有很高的价值，如丝状真菌作为基因工程受体菌有着与细菌、酵母菌不同的独特优点，因为丝状真菌具有很高的蛋白质分泌能力，能进行各种翻译后加工，且结构相对简单，便于进行研究。关于安全问题，某些曲霉等已被确认为安全菌株，并有成熟的发酵和后处理工艺，现有不少种类已成为基因工程技术中的受体菌。

丝状真菌有时也对人类生活造成很大的危害，例如，会造成农作物和植物病害；引起农产品、纺织品、食品和其他工业产品的发霉变质，造成严重的经济损失；有些种类的真菌能产生毒素，使人、畜中毒，如黄曲霉（*Aspergillus flavus*）产生的黄曲霉毒素（aflatoxin）具有极强的致癌作用，以及镰孢菌毒素可能与克山病有关。也有一些真菌是病原菌，可引起人类和动物的许多病害，给人类带来危害甚至灾难，如烟曲霉（*Aspergillus fumigatus*）。

4.3.2.3 产大型子实体的真菌——蕈菌

蕈菌是一个通俗名称，通常是指那些能形成大型肉质子实体的真菌，即蘑菇（mushroom），包括大多数担子菌类和极少数的子囊菌类。从外表来看，蕈菌不像微生物，因此过去一直是植物学的研究对象，但从其演化历史、细胞构造、早期发育特点、各种生物学特性和研究方法等多方面来考察，都可证明它们与其他典型的微生物是完全一致的。

（1）蕈菌的繁殖

在蕈菌的发育过程中，其菌丝的分化可明显地分成5个阶段。①形成初生菌丝：担孢子（basidiospore）萌发，形成由许多单核细胞构成的菌丝，称初生菌丝。②形成次生菌丝：不同性别的初生菌丝发生接合后，通过质配形成了由双核细胞构成的次生菌丝，它通过独特的"锁状联合"（clamp connection）使得每个细胞都含有遗传型不同的细胞核。当双核细胞分裂时，菌丝细胞在两个核之间侧生一个钩状短枝，一个核进入短枝内，另一个仍留在菌丝内。两个核同时进行一次有丝分裂，成为4个核，分裂后短枝中的其中一个核留在钩中，另一个则进入菌丝细胞尖端。之后钩状短枝向下弯曲生长直至接触原来的菌丝壁，成为拱桥形。菌丝中分裂开的两个核，一个核趋向前端，同时在拱桥下方两个核之间产生一个横隔，与短枝尖端接触地方细胞壁溶解，而另一个核回到菌丝中生长尖后面的一个细胞内，并生出另一横隔将这个菌丝细胞与短枝隔开。当菌丝尖端继续向前伸长，又开始了新的锁状联合过程（图4-10）。③形成三生菌丝：待条件合适时，大量的次生菌丝分化为多种菌丝束，即为三生菌丝。④形成子实体：菌丝束在适宜条件下会形成菌蕾，然后再分化、膨大成大型子实体。⑤产生担孢子：子实体成熟后，双核菌丝的顶端膨大，担子内2个不同性别的核配合后形成1个二倍体的细胞核，经减数分裂后形成4个单倍体的核，同时在担子的顶端长出4个小梗，小梗顶端稍微膨大，最后4个核分别进入了小梗的膨大部分，形成4个外生的单倍体的担孢子。

（2）蕈菌和人类的关系

蕈菌广泛分布于地球各处，在森林落叶地带更为丰富，为人类提供了大量味道鲜美、营养丰富的健康食品。全球可供食用的种类大约有2 000种，我国可食用种类超1 000种，如常见的木耳、银耳、香菇、平菇、草菇、杏鲍菇、茶树菇、金针菇和竹荪等；新品种有红菇、柳松菇、阿魏菇、榆黄蘑、真姬菇、白灵菇、大球盖菇（赤松茸）、松露（块菌）、黑皮鸡枞和牛肝菌等；药用类约700种，例如灵芝、云芝、马勃、茯苓和猴

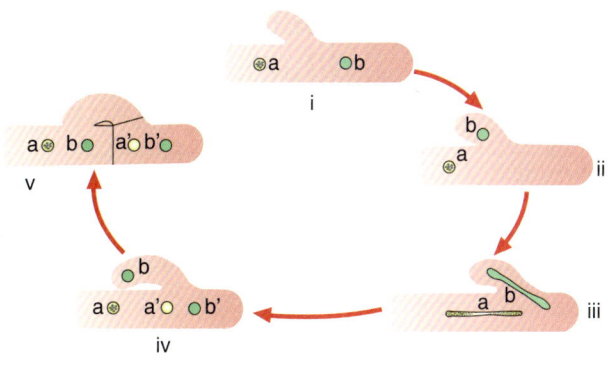

图4-10 担子菌锁状联合过程示意图

ⅰ.双核a、b之间产生突起——锁状联合；ⅱ.一核b进入锁状联合；ⅲ.二核同时分裂；ⅳ.锁状联合弯曲成桥形；ⅴ.在与细胞接触处溶解，将另一核b输入，确保每细胞中分别含有两个性质不同的核

头等；目前全球商业化栽培的食用菌约100种。食用菌产业已被认为是"五不争"的产业（不与人争粮，不与粮争地，不与地争肥，不与农争时，不与其他行业争资源），是我国继粮、棉、油、果、菜后的第六大农产品，我国也是食用菌生产和出口的全球第一大国。根据我国食用菌协会及相关行业报告的统计数字显示，2010—2023年间，食用菌总产值从1 413.22亿元增长到4 102.70亿元，成为我国增长率最高的经济作物之一，2023年中央一号文件明确提出"培育壮大食用菌产业"，农业农村部也推动标准化生产和深加工发展，在稳定经济增长、促进社会发展方面发挥着重要作用。

有些蕈菌具有毒性，全世界毒蕈约400种，据中国科学院微生物研究所发布的《中国毒蘑菇名录》（2020版）记载，中国有毒蕈类186种，其中极毒种类30~40种。如有"四大剧毒蘑菇"之称的致命白毒伞、龙花纹鹅膏、黄盖鹅膏（白色变种）和毒鹅膏，以及红网牛肝、凤梨小牛肝、柠檬黄伞、黄褐丝盖伞、死帽菇和毒蝇蕈等。概括地说，世界上毒性较强的蕈菌主要分布在3个属中，即鹅膏属（*Amanita*）、盔孢伞属（*Galerina*）和环柄菇属（*Lepiota*）。

此外，一些侵染木质植物残体的担子菌在分解纤维素和木质素中发挥着重要的作用，它们是森林生态系统中不可或缺的组成成分。这类真菌还被用来生产造纸业的生物制浆及漂白制剂，也可被应用于环境中毒物的净化。有的担子菌与树木的根系共生形成菌根菌，在天然和人工林生态系统中起着重要作用。有的担子菌是植物寄生菌，如黑粉菌和锈菌，可引起严重的植物病害，每年都会给农林业生产带来相当大的损失。一些担子菌如蜜环菌属（*Armillaria*）的某些种，可引起森林和行道树木的病害。许多担子菌可直接损害多种木质产品。

知识拓展4-2
蕈菌

※ 本章小结

真菌营养体分为单细胞酵母和多细胞菌丝两类，同时包含这两类营养体的称为双相

真菌。菌丝分为有隔菌丝和无隔菌丝两大类，菌丝以极性生长的方式伸长并分枝形成复杂的网状结构（菌丝体）；菌丝可以有各种分化形式及特化组织，如可分化形成一些特殊结构以获取营养物质、抗逆或繁殖。真菌能进行无性繁殖和有性繁殖，其中子囊菌门和担子菌门真菌因存在双核阶段而被称为双核真菌。单细胞真菌（酵母）通过出芽和裂殖两种方式进行无性繁殖，也可通过子囊和子囊孢子的方式进行有性繁殖。丝状真菌（霉菌）的无性繁殖包括菌丝断裂和无性孢子繁殖，有性繁殖靠产生有性孢子进行。真菌的分类以形态特征和有性生殖结构作为分类依据，可分为壶菌门（产生卵孢子）、接合菌门（以接合孢子为特征）、子囊菌门（以子囊和子囊孢子为特征）和担子菌门（以担子和担孢子为特征）和半知菌类。

※ 推荐阅读

1. 潘丽娜，曹承俊，魏羽佳，等. 白念珠菌形态转换及其调控机制的研究进展 [J]. 中国细胞生物学学报，2016，38（9）：1049-1059.

很多哺乳动物、昆虫和植物病原真菌是双相真菌，它们的形态转换与致病力和有性繁殖等关键生命活动密切相关。这篇由我国学者发表的综述详细介绍了人类病原真菌白念珠菌形态转换的特点和控制形态转换的分子机制。

2. YADAV V, SUN S, HEITMAN J. On the evolution of variation in sexual reproduction through the prism of eukaryotic microbes [J]. PNAS, 2023, 120 (10): e2219120120.

动植物性别一般由性染色体决定，而真菌则由交配型位点（MAT locus）决定。一些真菌只有两个交配型（与动物的雌雄类似），而有些真菌含有高达 2 万个交配型。这篇论文系统介绍了真菌性别决定系统及其对动物性别演化研究的贡献。

3. RIQUELME M, AGUIRRE J, BARTNICKI-GARCÍA S, et al. Fungal morphogenesis, from the polarized growth of hyphae to complex reproduction and infection structures [J]. Microbiology and molecular biology reviews, 2018, 82 (2): e00068-17.

极性生长使得丝状真菌能入侵土壤和寄主组织从而探索更广阔的生存环境。这篇综述论文详细介绍了菌丝极性生长的特点，以及细胞生物学和分子生物学机制。

4. HUMPENODER F, BODIRSKY B L, WEINDL I, et al. Projected environmental benefits of replacing beef with microbial protein [J]. Nature, 2022, 605: 90-96.

反刍动物为人类提供了宝贵的蛋白质，但畜牧业生产对环境有许多负面影响，特别是在森林砍伐、温室气体排放和水体富营养化方面。为了寻找动物肉的替代品，人类开发了植物性肉、养殖肉和发酵衍生的微生物蛋白。该研究针对微生物蛋白在 2050 年的全球土地利用情景进行了前瞻性分析。通过环境效益模型的搭建，预计到 2050 年，微生物蛋白能取代全球人均反刍动物肉类消费量的 20%，能代替未来全球牧场面积的增加，并将每年的森林砍伐和相关 CO_2 排放量减少至大约一半，同时会降低甲烷排放量。

※ 开放性讨论题

1. 单细胞酵母和多细胞菌丝两种营养体是真菌长期趋同演化的结果，试论这两种营养体与真菌在环境中广泛存在这一现象的相关性。

2. 很多真菌还未发现有性繁殖方式，它们分布在不同的真菌分类单元中，试论这个现象的生物学和生态学意义。

※ 复习思考题

1. 试述双核真菌有性繁殖过程及与其他真菌的差异。
2. 试述真菌菌丝的类型和生长方式。
3. 试述酵母菌无性繁殖的方式及特点。
4. 简述真菌菌丝分化的生物学意义。
5. 丝状真菌孢子与细菌芽孢的区别有哪些？
6. 简述大型真菌子实体的分化。
7. 阐述真菌在农业、工业、医药、环境保护和生物学研究方面的重要性。

（赵明文　喻其林　方卫国）

5 病　毒

导语

病毒是一种特殊的生命形态，属专性寄生物，完全依赖宿主细胞进行生命活动。病毒粒为非细胞构造，由蛋白质和核酸等少数物质按一定对称规则组成，组成成分较为简单，缺少独立进行能量代谢、大分子合成所需的构造和酶系。病毒的繁殖方式与细胞生物完全不同，它通过合成大量病毒蛋白和基因组核酸，将它们"装配"成完整病毒粒的方式产生大量子代病毒粒。病毒种类众多，多样性丰富。几乎所有细胞生物都会被多种病毒感染，如感染人类的病毒种类数以百计。此外，病毒的多样性还表现在病毒核酸类型、复制方式和病毒-宿主关系的多样性等方面。由于病毒粒微小，大多数病毒尚不为人类所知。近年来，借助高通量基因测序技术，人们从自然界不同环境和生物的样品中发现了大量病毒特征性基因序列，其中有许多是以前从未报道的。病毒对维持生物圈和食物链的平衡稳定、介导基因在生物个体和物种之间的流动、推动生物演化等方面发挥了独特的重要作用。病毒也与人类健康及生产生活的各个方面有密切的关系。

关键词

病毒，病毒粒，病毒复制周期，巴尔的摩分类法，噬菌体，植物病毒，昆虫病毒，动物病毒，亚病毒因子

5.1 病毒与病毒粒

5.1.1 病毒的特性

> 知识拓展 5-1
> 病毒的发现

病毒是一类非细胞构造的特殊遗传因子，它具有生命的部分特征，同时又与典型的细胞生物明显不同。归纳起来，病毒有如下特性：

① 成分简单，非细胞构造。病毒不同于细胞生物，它没有细胞构造。在细胞外，病毒以病毒粒（virion）的形式存在。病毒粒又称病毒体或病毒颗粒，是结构完整、具有感染和复制能力的病毒基本感染单位。病毒粒的结构和化学组分比细胞简单得多，许多病毒的病毒粒仅由核酸和一种或少数几种蛋白质构成，有些病毒还有脂质包膜等成分。

② 专性细胞内寄生。病毒依赖宿主细胞进行增殖。病毒没有自己的物质代谢和能量代谢的酶，也没有自己的核糖体，因此无法独立进行物质和能量代谢，也无法独立进行蛋白质和核酸的合成，完全依赖宿主细胞完成这些过程。近期发现的巨型病毒（giant virus）编码了一些代谢和蛋白质合成相关的基因，引起了高度的关注。尽管如此，这些病毒同样不能独立进行代谢和蛋白质合成。

③ 病毒粒仅含有一种核酸。病毒同样以核酸作为携带和传递遗传信息的物质，但病毒的遗传物质不仅可以是 DNA，也可以是 RNA。病毒粒仅含有 DNA 或 RNA 中的一种，一般不同时含有 DNA 和 RNA，即以 DNA 为遗传物质的病毒一般不带有 RNA，反之亦然。但这一特性也非绝对，随着检测技术提升，人们在一些以 DNA 为遗传物质的病毒粒中检测到有病毒和细胞的 mRNA。

④ 以"合成－组装"的方式复制。细胞生物都以细胞分裂的方式进行繁殖，但病毒并不如此。病毒侵入细胞后，利用宿主细胞合成大量病毒核酸和蛋白质等组分，再通过组装形成子代病毒粒。这种独特的复制方式是病毒区分于细胞生物的重要特征之一。

⑤ 有感染态和非感染态两种存在状态。病毒粒是病毒的非感染态，是病毒进入宿主细胞前的状态。病毒粒侵入宿主细胞后，病毒就进入感染态，此时病毒粒通常会解体，启动大分子合成。有些病毒的感染态很短暂，而有些病毒可以长期处于感染态。如人类免疫缺陷病毒 1 型（human immunodeficiency virus type 1，HIV-1）感染宿主细胞 CD4$^+$ T 细胞后，病毒的基因组会整合到细胞染色体上，并长期存在于细胞中。

5.1.2 病毒粒的结构

5.1.2.1 病毒粒及其大小

作为病毒在宿主细胞外的存在形式和结构单位，病毒粒具有稳定的结构，有利于其在环境中保护所携带的遗传物质。有的病毒在病毒粒中带有一些病毒复制起始所必需的酶和其他因子。

> 知识拓展 5-2
> 巨型病毒

不同病毒的病毒粒大小和形态差异很大。常见病毒的病毒粒的大小在 30~300 nm 范围内，如细小病毒（parvovirus）直径在 20~30 nm，痘病毒（poxvirus）长约 300 nm。与它们的宿主细胞相比，病毒的体积往往只有细胞的数千分之一到数百万分之一。但近年也发现了一些病毒粒较大的病毒，被称为巨型病毒，如感染阿米巴原虫的拟菌病毒（mimivirus）、阔口罐病毒（pithovirus）等。目前已知体积最大的病毒——阔口罐病毒大小约 1.5 μm × 0.5 μm，相当于较小的细菌的大小。

由于大多数病毒粒远小于 1 μm，无法用普通光学显微镜进行观察，需要借助电子显微镜。有些病毒感染细胞后，会形成一些光学显微镜下可见的颗粒结构，它们并不是病毒粒本身，而是病毒粒或病毒复制产物的聚集体，如昆虫核型多角体病毒感染后会在细胞核中形成高折光性的"多角体"颗粒；狂犬病毒感染后也会在细胞质中形成内基氏小体（Negri bodies）。

5.1.2.2 病毒粒的模式结构

从形态上，病毒粒可以分为球形、丝杆形、椭球（砖块）形、复合形等类型。图 5-1 显示了病毒粒的结构模式。在病毒粒的中央部位是病毒的核酸，它与核酸结合蛋白紧密结合、高度聚集，有利于在病毒粒内部有限空间中装入尽可能多的遗传物质。核酸和核酸结合蛋白一起构成病毒的核心。

在病毒的核心外，是病毒的衣壳（capsid），它由一层或数层蛋白质构成，是病毒粒的特征结构。衣壳是由衣壳蛋白构成的衣壳粒（capsomere）按照一定的对称形式（symmetry）排列形成的，这种对称性是病毒粒结构稳定性的基础。衣壳和核心一起构成核衣壳（nucleocapsid）。对于许多病毒而言，核衣壳就是病毒粒，而且一些构造简单的病毒，如烟草花叶病毒（tobacco mosaic virus，TMV）中，衣壳蛋白同时也是核酸结合蛋白。

还有许多病毒，特别是许多感染动物的病毒，在核衣壳外还有一层包膜（envelope）。包膜又称囊膜、被膜，具有与细胞膜相同的双层脂膜结构。大多数情况

图 5-1 病毒粒的模式结构

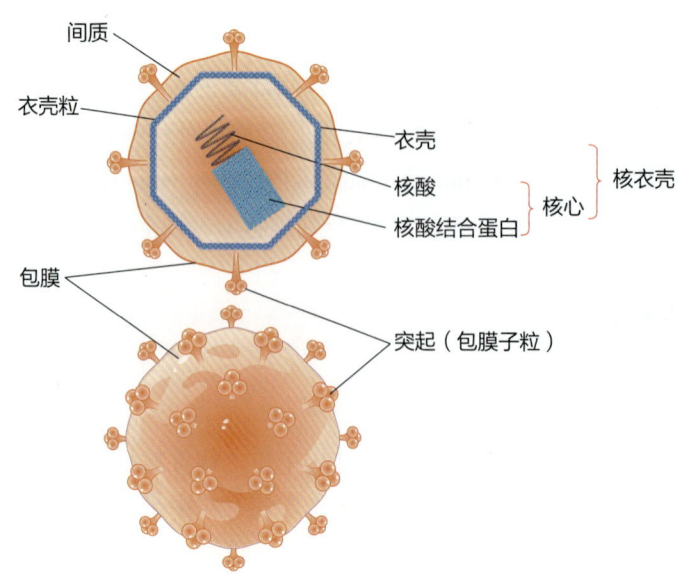

下，包膜来自细胞膜或细胞内膜系统。根据病毒粒是否具有包膜，可以把病毒分为包膜病毒（enveloped virus）和裸露病毒（naked virus）两大类，后者也称为无包膜病毒（nonenveloped virus）。在包膜和核衣壳之间，还分布有以蛋白质为主要成分的间质（tegument）。

在病毒粒的表面常会有一些凸出结构，称为突起（spike），在包膜病毒中，它们也被称为包膜子粒（peplomer）。突起主要由蛋白质构成，可以是衣壳上的一些凸起或延伸结构，如腺病毒（adenovirus）核衣壳顶端的丝状蛋白凸起；也可以是分布在包膜上的一些蛋白质，如冠状病毒（coronavirus）的突起蛋白（spike 蛋白，S 蛋白）。

5.1.2.3 病毒衣壳的对称形式

病毒粒中衣壳的对称形式是病毒的一个重要特征，也是区分不同病毒的一个重要指标。衣壳的基本对称形式有两种：螺旋对称和二十面体对称，也有些病毒是复合对称结构，即由上述两种对称形式组合而成。

（1）螺旋对称

螺旋对称（helical symmetry）是衣壳蛋白沿对称轴螺旋排列，形成杆状或丝状结构。在这种结构中，衣壳蛋白直接和核酸结合，构成核衣壳。许多单链 RNA 病毒和一些单链 DNA 病毒具有这种对称体制，它的经典代表是烟草花叶病毒（TMV）（图 5-2）。

螺旋对称的主要参数有：①每个蛋白亚基沿中轴上升的距离 p；②每 360° 包含蛋白亚基的个数 μ；③形成的杆状结构的直径 Φ。对于 TMV 的病毒粒，$p = 0.14$ nm，$\mu = 16.3$，$\Phi = 18$ nm（图 5-2b）。TMV 的基因组是单链 RNA，总长约 6 400 个碱基，每个衣壳蛋白亚基结合 3 个核苷酸，衣壳总长度约 300 nm。可见在这种对称形式中，病毒粒的长度与病毒基因组长度直接相关。

螺旋对称也可以发生一些变形，TMV 等病毒的病毒粒是刚性杆状的，也有一些

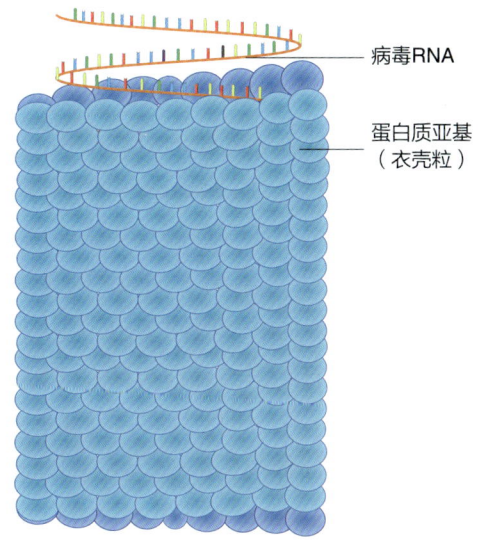
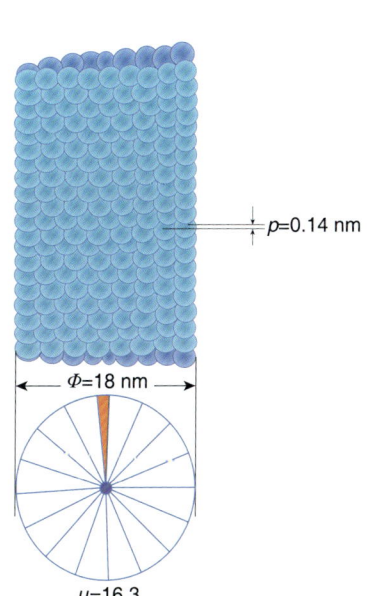

图 5-2 螺旋对称病毒粒的结构
（a）烟草花叶病毒的病毒粒结构；（b）烟草花叶病毒螺旋对称结构的主要参数

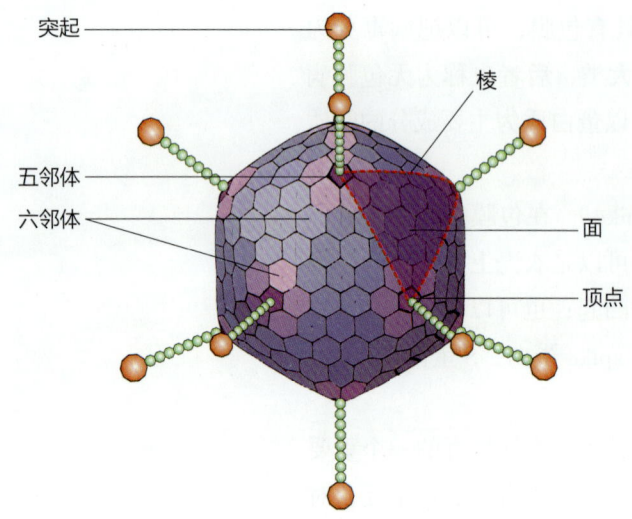

图 5-3　腺病毒的二十面体衣壳

植物病毒、噬菌体的病毒粒是可弯曲丝状，或柔性的。一些动物 RNA 病毒的柔性螺旋对称结构甚至可以折叠并覆盖包膜，形成较为复杂的结构。

（2）二十面体对称

二十面体对称（icosahedral symmetry）衣壳有 20 个正三角形面，12 个顶点和 30 条棱（图 5-3）。这种衣壳对称性好，同时又接近球体，可以容纳较多的病毒遗传物质。二十面体衣壳同样存在于动物病毒、植物病毒、噬菌体等各类病毒中。

不同病毒二十面体衣壳的大小有很大差别，反映在构成衣壳的蛋白亚基数量上。如最简单的二十面体衣壳之一——噬菌体 φX174，它的衣壳仅由 60 个衣壳粒构成（每个衣壳粒含噬菌体蛋白 F、G、J 各一个），衣壳直径约 30 nm；而感染海洋鞭毛虫（*Cafeteria roenbergensis*）的巨型病毒 CroV 的二十面体衣壳由 14 940 个蛋白分子构成，直径达 300 nm。

以腺病毒为例（图 5-3），它的衣壳直径约 80 nm，内部可容纳约 30 kb 的双链 DNA 基因组。它的衣壳由两种衣壳粒构成：由 5 个蛋白亚基构成的五邻体（pentamer），和由 6 个蛋白亚基构成的六邻体（hexamer）。每个衣壳有 12 个五邻体，位于 12 个顶点；还有 240 个六邻体，其中每个三角形面上有 6 个（不计棱上），每条棱上有 4 个。整个衣壳共有蛋白亚基 1 500 个。除了壳体以外，腺病毒的病毒粒在顶点处还有细长的蛋白突起。

大部分二十面体对称衣壳为单层蛋白衣壳，但某些病毒有双层甚至三层二十面体衣壳。感染动植物的呼肠孤病毒（reovirus）、感染植物的花椰菜花叶病毒（caulimovirus）和感染阿米巴的浮士德病毒（faustovirus）的病毒粒都有多层衣壳。不少感染动物的二十面体对称衣壳外还有包膜。

（3）复合对称

有些病毒的病毒粒具有更复杂的对称结构。如不少噬菌体头部为二十面体（或加长的二十面体）衣壳，尾部为螺旋对称，此外还有颈部、基板、尾丝等附属结构（图 5-4）。其头部容纳了病毒的基因组核酸，尾部和尾丝等起到帮助病毒吸附到宿主细胞并将遗传物质注入宿主细胞的作用。这种对称形式称为复合对称（complex symmetry）。属巨型病毒的雷神病毒（Tupanvirus），除了二十面体的头部外，还有很长尾部结构，使病毒粒总长超过 2 μm。

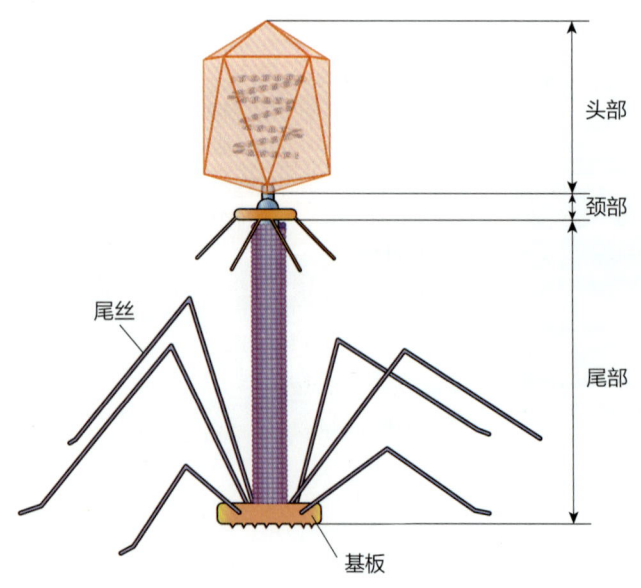

图 5-4　大肠杆菌 T4 噬菌体粒的复合对称结构

痘病毒（poxvirus）是一类感染多种动物和人的重

要病毒，包括了天花病毒等重要病原体。它们的病毒粒较大，结构复杂。科学家用冷冻电镜逐层成像技术对它们进行了研究，揭示了其中一些细节。其病毒粒呈椭球形或砖块形，有包膜，内部是哑铃状的核心，表面另有一层脂质膜，结合了众多蛋白质，上面还有孔状结构，可能可以让核心内外发生一定的物质交流。在核心和包膜之间有称为侧体的构造，其具体结构和功能还不清楚。

5.1.3 病毒粒的化学组成

病毒粒的化学成分相对简单，对于裸露病毒，蛋白质和核酸几乎就是病毒粒的所有成分。对于包膜病毒，病毒粒中还有部分脂质。以结构较为复杂，有内外两层脂膜的痘病毒为例，病毒粒中蛋白质占干重的90%，DNA占5%，脂质占3.2%。

5.1.3.1 核酸

病毒粒中的核酸是病毒的遗传物质。与仅以双链DNA（dsDNA）作为遗传物质的细胞生物不同，病毒的遗传物质可以有多种化学形式，包括双链或单链DNA，双链或单链RNA。核酸分子既有线形的也有环形的，还有些是分段基因组。不少感染植物的分段基因组病毒把不同基因组片段包装成独立的颗粒，需要多个病毒颗粒同时侵入细胞才能完成感染，这种病毒称为多分体病毒。感染动物的分段基因组病毒一般把各片段包装在同一病毒粒中，但也有个别多分体的报道。表5-1列出了不同核酸类型病毒的代表。

与细胞中有许多功能性RNA分子（mRNA、rRNA）不同，病毒粒中的RNA都是作为遗传物质存在的。虽然用高灵敏度检测技术从某些病毒粒样品中检测到微量的mRNA或rRNA等，但一般认为它们对于病毒的作用是可以忽略的。对于基因组为单链RNA（ssRNA）的病毒，其RNA又可分作正链和负链，分别指序列与mRNA相同和与

表5-1 病毒核酸的性质

基因组性质	单/双链	线/环状	正/负链	病毒举例	
				分段	不分段
DNA	单链	线状	-	-	细小病毒，核盘菌病毒SsHADV-1
		环状	-	双生病毒（部分）	M13噬菌体，φX174噬菌体，圆环病毒
	双链	线状	-	-	腺病毒，痘病毒，疱疹病毒，λ噬菌体
		环状	-	-	闭合：杆状病毒，乳头瘤病毒，假单胞菌噬菌体PM2
					带缺口：乙肝病毒，花椰菜花叶病毒
RNA	单链	线状	正链	雀麦花叶病毒	脊髓灰质炎病毒，冠状病毒，人类免疫缺陷病毒1型，烟草花叶病毒
			负链	流感病毒	麻疹病毒，埃博拉病毒
		环状	正链	-	丁肝病毒，类病毒（亚病毒因子）
	双链	线状	-	呼肠孤病毒，质型多角体病毒	-

mRNA 互补的链。植物病毒的基因组以 ssRNA 为主，而噬菌体以 dsDNA 最为常见。

病毒的核酸往往有一些特殊的结构。某些病毒核酸的末端通过共价键结合了末端蛋白，如腺病毒 dsDNA 两条链的 5′ 端，脊髓灰质炎病毒 ssRNA 的 5′ 端等。TMV 基因组 RNA 的 3′ 端有 tRNA 样结构，并能被细胞的氨基酰 tRNA 合成酶加上一个组氨酸。痘病毒的线形 dsDNA 也与一般的 dsDNA 分子不同，缺少单链末端游离的 5′ 磷酸和 3′ 羟基，因为一侧末端的 5′ 磷酸基团和 3′ 羟基之间发生共价连接，形成封闭的结构。另外，许多线形 DNA 末端带有重复序列和回文结构。以上这些特征往往和病毒的复制有关。

5.1.3.2 蛋白质

蛋白质是病毒粒最主要的成分。病毒粒中的蛋白质包括核酸结合蛋白、衣壳蛋白、功能蛋白、膜蛋白等。核酸结合蛋白一般分子量较小，呈碱性，与核酸结合后可以促进核酸聚集压缩，被包装到病毒粒中。衣壳蛋白构成病毒粒的衣壳，往往数量最多，且具有保守的三维结构，有助于形成衣壳。多数病毒粒由多种衣壳蛋白共同构成衣壳。功能蛋白指病毒携带的一些酶和调控细胞的因子，它们对某些病毒复制的起始非常重要。如 HIV-1 携带的逆转录酶、整合酶等对于病毒的感染必不可少。病毒膜蛋白是包膜病毒的表面蛋白，它们往往被糖基化修饰，具有识别并结合细胞受体，从而介导病毒入侵细胞的作用。对于裸露病毒，其衣壳蛋白也具有与细胞受体结合，介导病毒入侵细胞的作用。

5.1.3.3 脂质

病毒粒中的脂质主要以膜的形式存在，主要是病毒粒的包膜。病毒包膜在成分和结构上与细胞质膜一致，主要成分是磷脂和固醇。有些大型病毒除了表面的包膜外，内部还有一层膜结构，如痘病毒，其哑铃形的核心结构也有脂膜包围。

5.1.3.4 糖类

病毒粒中的糖类主要以糖蛋白的糖基侧链形式存在，占比不高，往往不被作为单独的化学成分。但在一些巨型病毒中，病毒粒的外层包裹着一层多糖物质，类似细菌的糖被，形成纤维状结构。这类病毒还编码自己的糖代谢相关基因。这些多糖类物质对于病毒的意义尚不清楚。

5.1.4 病毒的分类与命名

由于病毒粒大多结构微小、构造简单、需采用专门技术手段才能开展研究，因此对于病毒的分类命名长期缺少统一明确的规则，往往不同类型的病毒采用不同的分类命名体系。随着研究深入，特别是基因测序技术进步，获得病毒全基因组序列已经变得容易，病毒分类和命名的系统也逐渐成熟和统一。

病毒的分类命名由国际病毒分类委员会（International Committee on Taxonomy of Viruses，ICTV）统一确定，定期在其官方网页发布。病毒分类的主要依据包括：核酸性质、病毒粒结构特征、生物学特点（如宿主范围、感染组织类型、病症等）、基因组序列等。

近年，国际病毒分类委员会决定采用和细胞生物相似的方法对病毒进行分类和命名。根据最新的分类系统，病毒最基本的分类单位是"种"，向上主分类阶元有"属""科""目""纲""门""界""域"等。"域"（Realm）是病毒分类的最高阶元，现有6个病毒域，正式记录的病毒已经超过10 000种。

在病毒命名方面，病毒的正式名称采用双名法，即"属名+种名"。病毒的名称应该是有一定意义的单词或缩写。例如，甲型流感病毒的传统名称为 Influenza A virus，根据新的规则，其正式名称为：*Alphainfluenzavirus influenzae*。命名法还规定，描述抽象的病毒物种时名称应该用斜体，而当指具体病毒（分离株）时不用斜体。目前，由传统命名向新双名法命名的转换过程还在进行中。

5.2 病毒的复制

5.2.1 病毒的复制周期

病毒与细胞生物最主要的不同之一，就是它的繁殖方式。细菌等单细胞生物通过吸收、代谢和大分子合成，积累生物质，然后通过细胞分裂增加细胞数量，实现繁殖。多细胞生物同样通过细胞生长和细胞分裂从单个细胞（合子）发育成为个体。但病毒没有独立进行吸收和代谢的能力，病毒粒也不通过分裂增加数量。病毒复制周期（viral replication cycle）可以分成"入侵－合成－组装"三个阶段（图5-5）。对病毒的这种特殊复制模式的认识最早来自于对噬菌体的定量研究（见5.5.1）。正是因为病毒的这种特殊繁殖方式，加之病毒被认为是"分子生物"，病毒的繁殖一般被称为"复制"（replication）。

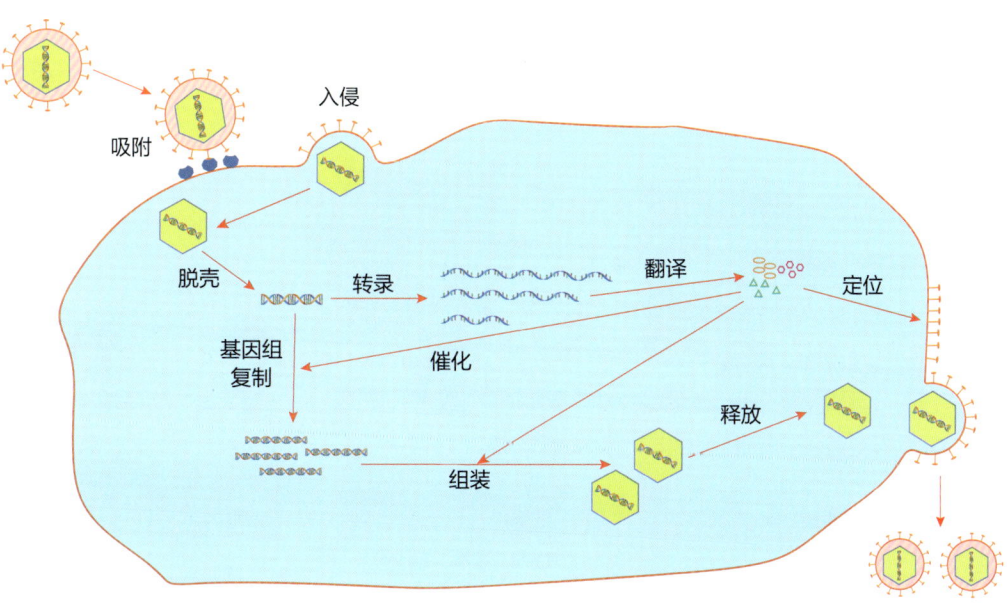

图5-5 病毒的复制周期概览

5.2.2 病毒入侵细胞

病毒粒首先需要进入合适的细胞才能开始复制。无法进入细胞，或进入错误的细胞对于病毒粒来说都是"灾难性"的。入侵过程可以分为吸附、进入和脱壳 3 个步骤。

5.2.2.1 吸附

处于细胞外的病毒粒本身并没有运动能力，也无法产生能量，它只能被动和随机地进行"布朗运动"。这种运动是液体中分子相互撞击的结果，没有方向性。当病毒由于随机运动靠近细胞时，病毒粒与细胞间的局部静电作用可能会促进病毒粒进一步向细胞靠拢。病毒粒能否吸附到细胞表面，并进入细胞内，很大程度上取决于病毒粒及细胞表面特定分子之间的相互作用，即病毒吸附蛋白（viral attachment protein）和细胞受体（receptor）之间的相互作用。一些噬菌体的尾丝、包膜病毒的表面糖蛋白、裸露病毒的衣壳蛋白等，都有可能作为病毒吸附蛋白。吸附蛋白有助于病毒选择合适的宿主细胞并高效地侵入。

受体是病毒吸附蛋白最初结合的细胞表面分子，以蛋白质最为常见，但也可能是糖蛋白上的糖基侧链，或者脂质分子。这些细胞分子具有自身的生理功能，同时被某种病毒利用作为进入细胞的"门户"。例如，HIV-1 的吸附蛋白是 GP120 蛋白，它的特异性结合对象，即细胞受体是 CD4 分子（图 5-6）。CD4 是一类重要的免疫细胞——辅助 T 细胞表面的功能蛋白分子，参与辅助 T 细胞识别抗原和被激活。HIV-1 通过与 CD4 结合感染这类细胞，造成被感染者免疫功能缺陷。

吸附蛋白和细胞受体的互作往往可以影响病毒的宿主范围和致病性。例如，有多种动物病毒以细胞表面糖蛋白上的糖基分子——唾液酸作为受体，如流感病毒、轮状病毒、腮腺炎病毒、冠状病毒 OC43 等等。由于唾液酸在动物各种细胞表面几乎都有

图 5-6 HIV-1 入侵细胞示意图
病毒吸附蛋白 GP120 与细胞受体 CD4 及辅助受体 CCR5 先后结合，发生构象变化，暴露出病毒融合蛋白 GP41。后者插入细胞膜，介导病毒包膜和细胞膜融合

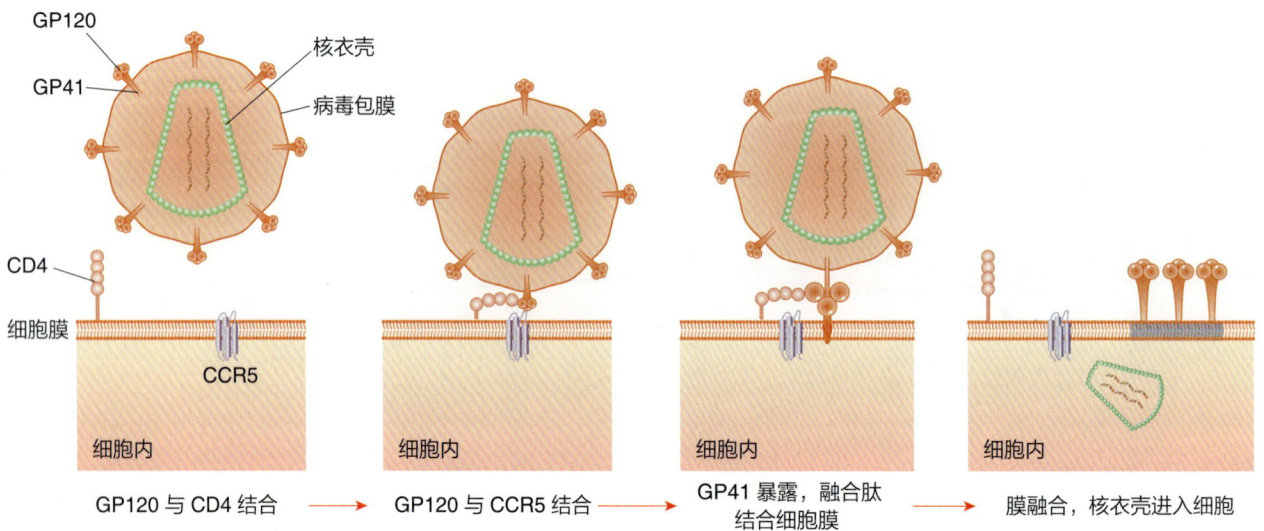

分布，且不同动物之间在分子构造上差异微小，因此以唾液酸为受体的病毒一般有较广的宿主范围，容易发生跨种感染，造成人兽共患病。人感染禽流感病毒就是这种情况。选择什么样的分子作为它的受体，是病毒长期演化和适应的结果。经常可以看到这样的情况，一些分类上距离很远的病毒利用同一个受体，而分类上相近的病毒，受体却差异很大。有些病毒可以利用多种蛋白作为受体。

除了细胞受体以外，病毒感染有时还需要其他细胞表面蛋白参与。例如，HIV-1感染时，除了需要受体分子CD4外，还需要细胞表面的CXCR4或CCR5等蛋白参与，这些分子被称为辅助受体（co-receptor）（图5-6）。GP120与辅助受体结合后构象发生变化，暴露出融合蛋白GP41。引起新型冠状病毒感染的SARS-CoV-2在感染人体细胞时，除了需要细胞表面有受体蛋白ACE-2（血管紧张素转换酶-2）外，还需要由宿主的蛋白酶将病毒吸附蛋白S进行定点切割，才能顺利侵入细胞。

需要指出的是，一般植物病毒并不通过吸附蛋白-受体互作模式进行感染。植物细胞有坚实的细胞壁，给病毒进入和离开细胞带来困难。植物病毒一般借助昆虫等的媒介生物的作用，或扦插、机械损伤等造成的细胞破损进行感染（见5.5.2）。在植株内，病毒可以通过相邻细胞间的通道——胞间连丝在细胞之间传递，避免进出细胞的困难。

5.2.2.2 进入

完成吸附后，病毒粒还留在细胞表面，但有效的吸附会诱导吸附蛋白和受体构象的变化，或激活细胞信号转导，最终导致病毒进入细胞。病毒进入细胞的过程一般需要细胞提供能量，借助细胞的某些生理过程才能完成。病毒进入细胞的机制也有多种。

（1）膜融合

不少包膜病毒会在病毒融合蛋白的帮助下发生病毒包膜和细胞膜的融合。膜融合完成后，病毒包膜成为细胞质膜的一部分，而病毒核衣壳进入细胞内。HIV-1表面的GP41蛋白就是一种融合蛋白。GP41和GP120是病毒蛋白GP160经蛋白酶定点切割的产物，病毒粒表面的突起由3个GP41和3个GP120共同构成，GP120位于顶端，GP41位于基部。GP120与细胞受体及辅助受体结合后，GP41就会发挥介导病毒包膜和细胞膜之间融合的作用，导致病毒核衣壳进入细胞（图5-6）。

（2）内吞

有不少病毒吸附到细胞表面后，会激活细胞的内吞或胞饮活性，导致细胞将病毒粒吞入，病毒粒进入内吞体。细胞有不同的内吞机制，具体哪种机制起作用，主要和受体有关。这时，位于内吞体的病毒粒或病毒核衣壳仍未真正进入细胞质，需要通过膜融合，或破坏内吞体膜等方式离开内吞体，进入细胞质。

（3）其他

许多噬菌体吸附到细菌表面后，可以将基因组DNA注射到细菌内。有些小型裸露病毒可能通过细胞表面的通道蛋白等直接进入细胞质。一些肠道RNA病毒与细胞表面受体结合后，二十面体衣壳会发生结构变化，直接将病毒RNA释放到细胞内，这与噬菌体感染有相似之处。

5.2.2.3 脱壳

病毒粒进入细胞往往并不意味着侵入过程的完成。在细胞中，紧密包裹的病毒粒还需要进行不同程度的解体，释放遗传物质，这个过程称为脱壳（uncoating）。例如，腺病毒是一种无包膜的 DNA 病毒，它通过细胞内吞方式进入细胞，在内吞体中，病毒蛋白破坏内吞体膜，使核衣壳从内吞体逃逸并解体。在细胞质中，病毒核心被运送到核孔，基因组 DNA 穿过核孔进入细胞核，开始复制。呼肠孤病毒的病毒粒由双层二十面体衣壳构成，侵入细胞后会脱去一层衣壳，但仍然保留内层衣壳，其 RNA 合成在内壳中完成，这称为部分脱壳。

5.2.3 病毒大分子合成

病毒复制需要合成大量的病毒蛋白和基因组核酸，高度依赖细胞提供能量、材料（氨基酸、核苷酸）和酶等。同时，不少病毒编码自己的核酸合成相关的酶，可以用于催化核酸合成、进行基因转录和基因组核酸的复制。但病毒蛋白质合成几乎都依靠细胞的蛋白质翻译机器进行。

如上所述，病毒的遗传物质具有多样性。在病毒大分子合成阶段，不同核酸类型的病毒有不同的基因组复制和基因表达路径。1971 年，诺贝尔奖获得者 David Baltimore 提出根据病毒核酸类型及基因表达、复制方式将病毒分为 6 组；后人又根据新的发现，将分组增加到 7 组，这就是著名的巴尔的摩分类法（Baltimore classification）。这 7 个组的基因组复制和基因表达路径见图 5-7 和图 5-8。

5.2.3.1 双链和单链 DNA 病毒

这两类病毒分属巴尔的摩分组系统的第 I 和 II 组。第 I 组 dsDNA 病毒的复制和基因表达路径和宿主细胞基因组 DNA 的复制和基因表达路径完全一致，也就是经典的分子生物学中心法则的路径，即 DNA 自我复制，并通过转录形成 mRNA，mRNA 再指导蛋白质翻译（图 5-8a）。对于第 II 组单链 DNA（ssDNA）病毒，ssDNA 作为模板先合成互补链，成为 dsDNA，然后再以与 dsDNA 类似的方式进行复制和基因表达（图 5-8a），dsDNA 复制产生子代 ssDNA。

虽然细胞中已有进行 DNA 复制和转录的酶，病毒仍然会编码一些自己的 DNA 复制和转录相关的酶，以确保病毒大分子合成的高效进行。一些大型 dsDNA 病毒的基因表达有分期现象，病毒的基因分成极早期、早期和晚期基因。极早期基因在感染后立即表达，主要是一些转录激活因子，用于激活早期基因的表达。早期基因则主要编码复制相关的酶和调节因子，包

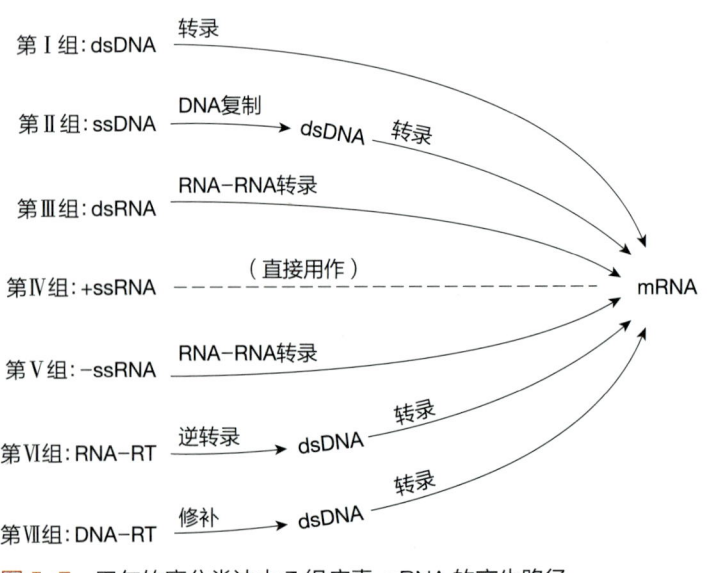

图 5-7　巴尔的摩分类法中 7 组病毒 mRNA 的产生路径

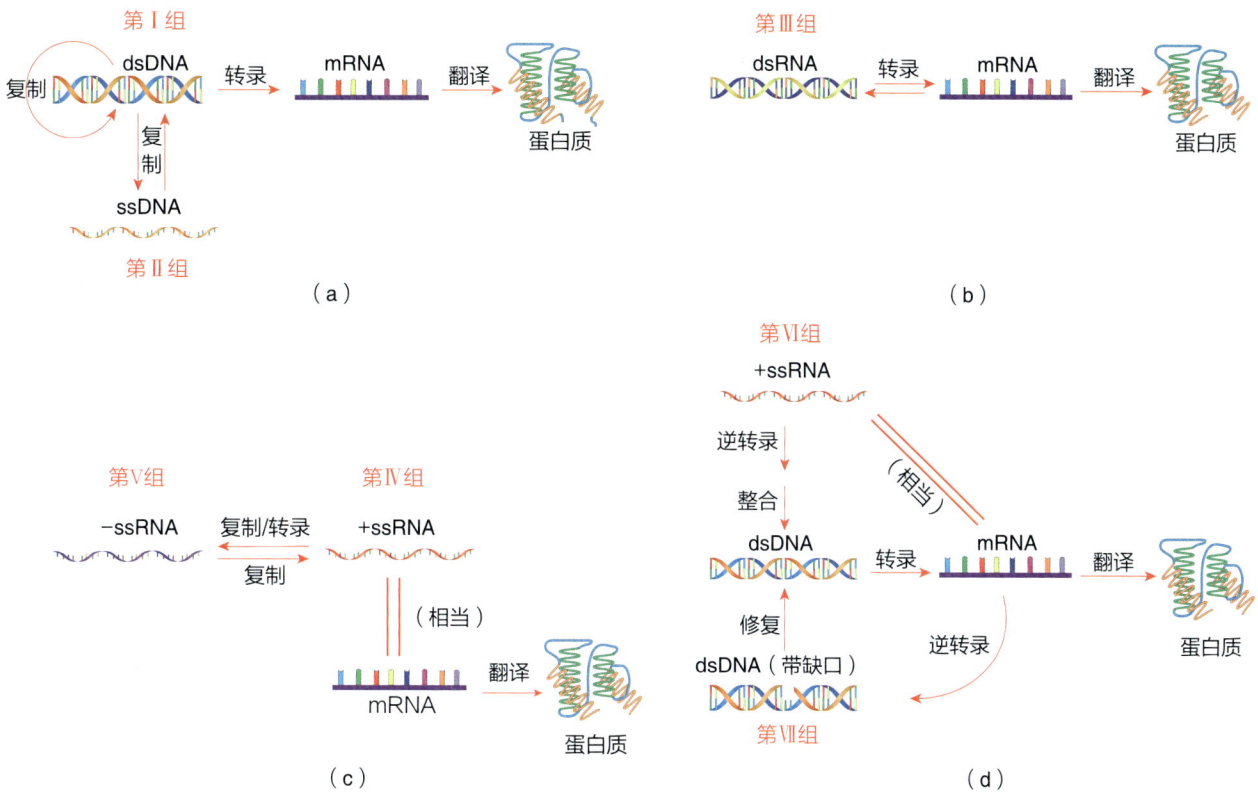

图 5-8 巴尔的摩病毒分类法各组病毒的基因表达和基因组复制过程
(a) 第Ⅰ组和第Ⅱ组；(b) 第Ⅲ组；(c) 第Ⅳ组和第Ⅴ组；(d) 第Ⅵ组和第Ⅶ组

括 DNA 复制相关的酶。这些基因表达后，病毒 DNA 的复制启动，导致细胞内病毒基因组拷贝数大大增加。在此基础上，晚期基因的表达水平也就大大提升，产生大量的病毒结构蛋白，为组装作好准备。

ssDNA 病毒的基因组一般很小，编码的基因数有限，往往高度依赖于细胞的核酸复制酶和转录相关因子，复制周期也相对简单。

5.3.3.2 双链 RNA 病毒

第Ⅲ组双链 RNA（dsRNA）病毒种类不多，常见类群是呼肠孤病毒。这类病毒大分子合成流程见图 5-8b。dsRNA 一般会被细胞视作外来有害物入侵的信号，无论动物或植物细胞都能感知它并作出强烈反应，因此病毒 dsRNA 一般不直接进入细胞质。同时，细胞中也缺少 dsRNA 合成有关的酶。病毒粒自带 dsRNA 复制酶，进入细胞并完成部分脱壳后，复制酶在核心衣壳内以 dsRNA 为模板合成 mRNA。mRNA 通过二十面体衣壳的顶点进入细胞质中，进行蛋白质的合成。新合成的病毒蛋白随即组装成新的病毒颗粒，将病毒 mRNA 包裹在其中，并以 mRNA 为模板合成第二条 RNA 链，形成子代 dsRNA。dsRNA 的这种合成方式和 dsDNA 的半保留复制方式完全不同，属于"全保留复制"。

5.2.3.3 单链 RNA 病毒

巴尔的摩分类法将 ssRNA 病毒分成第Ⅳ组正链 ssRNA（+ssRNA）病毒和第Ⅴ组负链 ssRNA（-ssRNA）病毒。+ssRNA 病毒的基因组 RNA 与 mRNA 一致，可以直接用来翻译成蛋白质，而 -ssRNA 需要首先拷贝成正链，才能指导蛋白质合成（图 5-7，

图 5-8c）

之所以 +/−RNA 的差异被如此看重，是因为细胞中缺乏以 RNA 为模板合成 RNA 的酶（依赖于 RNA 的 RNA 聚合酶，RNA-dependent RNA polymerase，RdRp），所有 RNA 病毒都需要自身编码这种 RNA 复制酶。+ssRNA 病毒可以在侵入细胞后，由基因组 RNA 直接翻译产生这个酶，继而开始复制；但 −ssRNA 病毒则无法直接翻译，而是需要先拷贝成 mRNA 才能翻译产生这个酶。因此 −ssRNA 病毒的病毒粒中必须携带 RNA 复制酶来保证产生病毒 mRNA。第Ⅳ组和第Ⅴ组病毒之间明显的差别就是病毒基因组 RNA 是否能单独启动病毒复制过程。肠道病毒、冠状病毒等 +ssRNA 病毒只需要完整的基因组 RNA 就可以开始复制，但流感病毒、副黏病毒等 −ssRNA 病毒必须有完整的病毒粒感染，或额外提供病毒 RNA 复制酶，才能开始复制。

ssRNA 病毒的基因表达也有几种不同的方式。−ssRNA 病毒会产生多个 mRNA，每个 mRNA 翻译形成一个病毒蛋白。而不少 +ssRNA 病毒则会编码产生一个大的多聚蛋白，由蛋白酶将其切割成成熟蛋白。例如，冠状病毒编码的复制酶蛋白最初就是一个多聚蛋白，长达 7 000 个氨基酸，须由病毒编码的 3CL 蛋白酶等将其切割成 16 个成熟蛋白，才能进行病毒的复制，因此 3CL 蛋白酶是抗病毒药物设计的理想靶标。

5.2.3.4 有逆转录的病毒

这类病毒包括巴尔的摩分类法的第Ⅵ组逆转录 RNA 病毒（RNA-RT）和第Ⅶ组逆转录 DNA 病毒（DNA-RT）（图 5-7，5-8d）。

第Ⅵ组逆转录 RNA 病毒以 HIV-1 为代表，基因组是 +ssRNA，感染后首先由病毒粒携带的逆转录酶将 RNA 拷贝成 dsDNA 并运送到细胞核。在核内，dsDNA 在病毒粒携带的整合酶等细胞和病毒因子的作用下整合到细胞染色体 DNA。整合的病毒基因组（称为原病毒，provirus）作为细胞基因组的一部分随细胞繁殖得到扩增，并可以从染色体上转录产生病毒 mRNA。该 mRNA 既可以作为子代病毒的基因组，也可以指导病毒蛋白质的合成。

第Ⅶ组逆转录 DNA 病毒的代表是乙型肝炎病毒（hepatitis B virus，HBV）。这类病毒的基因组是不完整的环状 dsDNA。病毒进入细胞后，DNA 先修复成完整环状 dsDNA。由宿主细胞转录酶（RNA 聚合酶Ⅱ）催化转录形成若干病毒 mRNA，指导病毒蛋白合成。在这些病毒 mRNA 中最长的一种 mRNA 被翻译成具有逆转录酶活性的聚合酶，该酶直接和编码它的 mRNA 结合，以其为模板进行逆转录反应，合成 DNA，最后形成不完整的环状 dsDNA 分子，完成病毒核酸复制。

5.2.4 病毒组装、成熟和释放

病毒大分子合成完成后，就开始了病毒的组装、成熟和释放过程。

5.2.4.1 组装

组装（assembly）包括核衣壳形成、病毒核酸包装、包膜获得等步骤。不同病毒的组装部位有所不同，有的在细胞核，也有的在细胞质。病毒蛋白质和核酸会被聚集

到组装位置，开始装配子代病毒。

对病毒组装研究最早的是植物病毒烟草花叶病毒，这种病毒的病毒粒由一种衣壳蛋白和一条 RNA 链构成。在试管中加入这两种成分，在合适的 pH 和离子强度下它们就会自发组装成有感染力的病毒粒，不需要额外的细胞或病毒蛋白质参与。人乳头瘤病毒的结构蛋白 L1 即使在没有病毒核酸的情况下，也会组装成病毒样颗粒（virus-like particle，VLP）。这种颗粒具有病毒粒形态和抗原成分，却没有病毒基因组核酸，是疫苗的理想材料。但许多病毒衣壳的组装需要多种病毒和细胞蛋白的参与和协助。对于构造复杂的复合对称噬菌体，病毒粒的组装会分部进行，头部、颈部、尾部等分别聚集成型后，再组装到一起。

对于二十面体对称衣壳，如何把病毒核酸装入衣壳内极为关键。一般在初步成型的二十面体衣壳的一个顶点处有开口，有病毒蛋白识别病毒基因组核酸上的包装信号序列后，将其装载到衣壳内部。在装载口会有 ATP 水解酶提供这个过程需要的能量。

对于包膜病毒，获得包膜的过程是病毒组装的重要环节。这类病毒一般在细胞内膜系统或细胞膜内侧进行组装，随后直接通过出芽方式离开细胞并获得病毒包膜。也有的病毒先进入内质网或高尔基体等内膜囊泡，然后通过胞吐方式将带包膜的病毒粒释放到细胞外。有少数病毒在细胞核内就获得了病毒包膜，如昆虫杆状病毒中的包涵病毒（见 5.5.3）。

5.2.4.2 成熟

有些包装成型的病毒粒还需要经过成熟的过程，其中包括病毒核心的进一步浓缩、蛋白质的结构和位置变化、蛋白质切割等。如肠道病毒包装完成后，会发生 P4 蛋白的内部化和核蛋白浓缩；HIV-1 初步包装完成的核衣壳会发生衣壳蛋白的蛋白酶解和衣壳的"塌陷"，形成最终的楔形结构。

5.2.4.3 释放

病毒复制的最后环节是子代病毒粒被释放（release）到细胞外，以感染其他细胞。大多数包膜病毒通过出芽或胞吐被释放到细胞外，裸露病毒则一般通过将细胞裂解离开细胞。一些裸露病毒编码毒性蛋白，会导致细胞膜破损，帮助子代病毒粒离开。许多烈性噬菌体都编码能降解细胞壁的溶菌酶或裂解肽等，在烈性噬菌体复制的后期将细菌裂解，释放子代噬菌体。

5.3 病毒感染

病毒必须通过感染宿主进行复制。在自然界，每种病毒都有它可以感染并完成复制的宿主范围（host range）。有的病毒宿主范围较广，例如甲型流感病毒既可以感染鸟类，也可以感染多种哺乳动物和人。一些由节肢动物传播的病毒，如登革病毒、寨卡病毒，既可以在节肢动物（如蚊子）的细胞内复制，也能在人细胞内复制，宿主范围横跨了无脊椎动物和脊椎动物。另一些病毒的宿主范围却很窄，如天花病毒只能感染人，这也是人类能够通过普及有效疫苗彻底消灭这个病毒的重要前提。

除了物种层面的宿主范围，病毒往往还有明显组织趋性（tissue tropism），即只感染宿主体内的部分组织的细胞。这种组织趋性主要由受体分子在体内不同组织的分布所决定。以 HIV-1 为例，病毒依赖受体 CD4 和辅助受体 CCR5 或 CXCR4 等侵入细胞，因此只能感染同时带有这些表面蛋白的 CD4$^+$ T 细胞和单核/巨噬细胞等细胞种类。

病毒感染在宿主的细胞和机体层面都会产生一定的效应，包括造成损伤和引发系列变化。而宿主也会对病毒的感染作出防御反应，以抑制病毒、保护自身。病毒又会设法逃避宿主的防御反应，使复制能顺利地进行。因此，病毒感染过程是病毒与宿主相互作用的过程。

5.3.1 病毒感染类型

根据病毒感染造成的结果，可以把感染分为以下类型。

5.3.1.1 生产性感染

生产性感染（productive infection）指有子代病毒产生并释放到细胞外的感染。如果病毒感染导致细胞裂解死亡，又称为裂解性感染（lytic infection），以一些烈性噬菌体感染较为典型。噬菌体复制消耗大量细胞资源，同时还产生一些溶菌酶、裂解肽等细胞毒性物质，最终导致细菌细胞裂解，子代噬菌体被释放到细胞外，继续感染其他细菌。这类噬菌体感染可导致菌液变清、形成肉眼可见的"噬菌斑"。感染人类细胞的腺病毒、细小 RNA 病毒等也都可以导致细胞裂解。腺病毒编码细胞毒蛋白 ADP（adenovirus death protein）等，可以导致细胞膜破裂。

有些生产性感染并不立即造成细胞死亡，而是持续释放子代病毒，同时细胞能维持基本正常的状态，这类感染称为持续性感染（persistent infection）或慢性生产性感染。这种情况往往是病毒与宿主防御、免疫系统之间达成了一定的平衡。例如，HIV-1 感染细胞后，原病毒 DNA 成为细胞染色体的一部分，和其他细胞基因一样进行基因转录合成病毒 mRNA、产生子代病毒。这时的细胞会源源不断产生子代病毒，但对细胞影响较小，细胞往往仍能保持正常状态。

5.3.1.2 潜伏性感染

潜伏性感染（latent infection）又称隐性感染（occult infection），指病毒的基因组在细胞内潜伏存在，但并不产生子代病毒。λ 噬菌体感染宿主大肠杆菌后建立溶原状态就是一种潜伏感染（见 5.5.1）。这种状态下，λ 噬菌体的基因组插入细菌染色体，几乎所有噬菌体基因的表达都被关闭。在人体中，多种类型的疱疹病毒可以在宿主细胞内长期潜伏。例如，Epstein Barr 病毒（EBV）是人群中携带率最高的病毒之一，据估计 90% 的成年人都带有这一病毒。EBV 主要潜伏于人 B 细胞中，其 dsDNA 基因环化后以染色体外小体的方式存在于细胞核中，随细胞生长繁殖得到有限扩增。在潜伏期间，病毒的大部分基因都处于关闭状态，仅有若干与基因组 DNA 复制和维持密切相关的基因或非编码 RNA 得到表达，因此可以有效躲避人体的免疫识别。

潜伏感染在一定条件下可以转化为生产性感染。溶原性 λ 噬菌体在营养缺乏、紫外线照射等刺激下可以活化，进入裂解性复制周期。潜伏感染的 EBV 也可以在 B 细胞活化时进行生产性感染，产生子代病毒，与许多疾病甚至肿瘤有关。

5.3.1.3 流产性感染

流产性感染（abortive infection）是指病毒侵入细胞后，由于某些原因未能完成复制，不产生子代病毒，基因组也从细胞中被清除的情形。一些病毒感染后因为细胞中缺少复制必需的因子，或由于细胞防御机制的作用，未真正完成复制。这种"流产"可以发生在复制的不同阶段，如病毒未能成功地从细胞内吞体逃逸，细胞缺乏病毒复制必需的酶等等。例如，流感病毒感染 T 细胞后，由于细胞产生的干扰素等抗病毒因子的作用，病毒无法完成复制。也有些被病毒感染的细胞会通过细胞凋亡或自裂解与病毒"同归于尽"，造成流产性感染。由于流产性感染往往对细胞没有明显影响，且最后的结果是病毒消失，因此一般不易被发现或检测到。

5.3.1.4 细胞转化

细胞转化（cell transformation）是指病毒感染细胞后导致细胞生长特性发生改变，出现生长旺盛、对生长因子依赖性降低、失去接触抑制等特性。细胞转化并不是一种独立的感染类型，它可以伴随生产性、潜伏性，或者是流产性感染发生，也可以是病毒感染已经结束，病毒被细胞清除，但细胞带有了部分病毒基因，或者病毒感染导致细胞基因组突变或基因表达变化，引起的细胞生长特性的改变。例如，逆转录病毒在复制过程中会产生一些带有细胞癌基因同时缺失部分病毒基因的突变病毒，这些突变病毒感染细胞后，能和野生型病毒一样完成逆转录并将病毒基因组整合到细胞染色体，但由于它缺失了部分病毒基因而无法继续完成复制，不产生子代病毒，但突变病毒携带癌基因，可以改变细胞生长特性，导致细胞转化。

5.3.2 病毒与宿主的相互作用

5.3.2.1 病毒对细胞的影响

病毒感染会在多方面对细胞造成不同程度的影响，被统称为病毒的细胞病理效应（cytopathic effect，CPE）。最常见的细胞病理效应是细胞形态变化，如由成纤维细胞变成圆形，失去贴壁性，其中往往涉及细胞骨架的改变和内膜系统的变化。有些包膜病毒感染后会导致细胞发生融合，是由于被感染的细胞中表达了病毒的吸附蛋白，这些吸附蛋白会被转运定位到细胞表面，和周围细胞上的受体结合，介导细胞融合（图 5-9）。细胞融合形成有多个细胞核的合胞体（syncytium）。仙台病毒、呼吸道合胞病毒、HIV-1 等都有介导细胞融合的能力。这种由病毒感染所形成的合胞体一般不稳定，常会发生凋亡。

一些病毒感染可以导致细胞中宿主蛋白质合成的降低，将更多的资源用于合成病毒蛋白质。例如，肠道病毒编码的 2A 蛋白酶可以降解宿主细胞的翻译起始因子 eIF4G，导致宿主细胞中从 mRNA 5' 帽式结构开始的蛋白质合成受阻。但病毒的蛋白

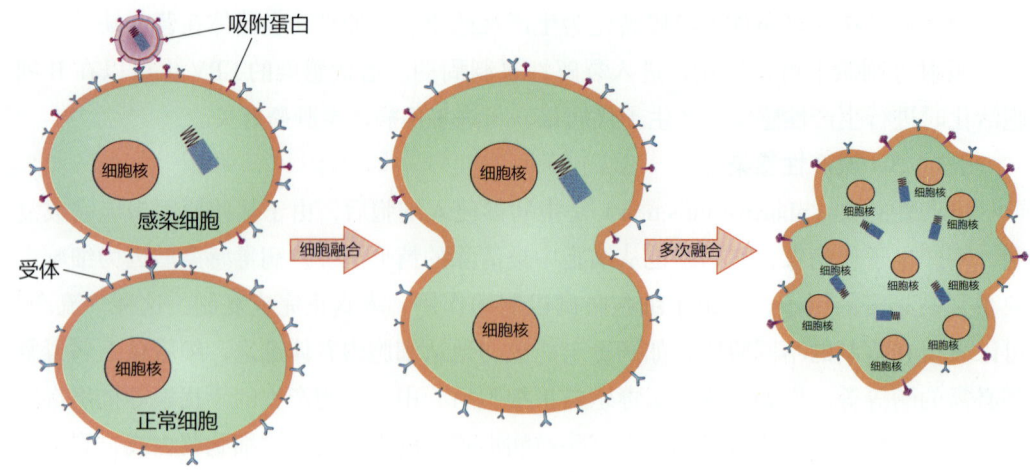

图 5-9 病毒感染介导细胞融合形成合胞体

质合成并不受影响，因为病毒 mRNA 缺少 5′ 帽式结构，但编码一段"核糖体内部进入序列"（internal ribosome entry sequence，IRES），可以直接与核糖体结合，开始翻译。在另一些病毒感染的细胞中，病毒 RNA 大量转录，从数量上与细胞 mRNA 竞争，从而抑制细胞的蛋白质合成。

病毒感染的最强烈的效应自然是细胞裂解死亡。除前述病毒会产生裂解细胞的毒性蛋白，有时病毒感染会导致程序性细胞死亡（见 5.3.2.2）。

5.3.2.2 细胞的抗病毒感染作用

细胞有一系列机制可以感知病毒的入侵和复制，并做出相应的反应以对抗病毒的感染。细胞主要通过模式识别受体，包括各种 Toll 样受体分子（TLRs），胞内 MDA5、RIG-I 等识别病毒复制过程中形成的 dsRNA、特殊的 RNA 分子结构、细胞质中的未甲基化 DNA 分子等病毒成分，启动细胞信号转导，最终激活各种抗病毒基因的表达，产生干扰素（interferon）等抗病毒因子，使细胞进入"抗感染状态"，抑制病毒的复制。这些抗病毒因子也会分泌到细胞外，激活机体的免疫应答，更有效地抗病毒。

RNA 病毒在复制过程中会产生一些 dsRNA 区域。较长的 dsRNA 能诱导动物细胞产生干扰素，对病毒复制产生强烈的抑制作用。短的 dsRNA 虽然不诱导产生干扰素，但在一些宿主中会激活细胞的 RNA 干扰（RNA interference，RNAi）机制。这些 dsRNA 被切割成 20 nt 左右的长度，并被装载到 RISC（RNA-induced silencing complex，RNA 诱导的沉默复合物）上。RISC 对胞内 RNA 进行识别，降解能与它携带的 RNA 配对的 RNA。在低等动物和植物中，RNA 干扰具有一定的抗病毒作用。在基因组编辑中具有广泛应用的 CRISPR/Cas9 系统，本质上也是一种基于 RNA 的抗噬菌体机制。

一些病毒感染会诱发程序性细胞死亡（programmed cell death），包括凋亡、坏死等。这一现象既可以看作是病毒的细胞病理效应，也可以看作是细胞的抗病毒反应，因为如果细胞死亡发生在子代病毒产生以前，就可以起到清除病毒、阻止病毒在体内扩散的作用。这种程序性细胞死亡一般是病毒复制影响了正常的细胞周期调控，激活细胞相关信号通路导致，或病毒感染激活模式识别受体后诱导的。

5.3.2.3 病毒与机体的互作

机体的抗病毒感染作用主要通过表面屏障、固有免疫应答和获得性免疫应答进行。其中干扰素、抗体、细胞毒性 T 细胞等都可以在抗病毒感染中发挥重要作用。干扰素可以抑制病毒的复制；抗体可以起到中和病毒、阻断其感染的作用；细胞毒性 T 细胞及抗体介导的细胞免疫作用则在清除被感染的细胞方面具有重要的作用。相关内容见第 15 章。

同时，病毒作为一种演化实体，也产生了许多机制来应对细胞和机体对它的抑制作用。例如，许多病毒会通过突变迅速改变表面蛋白的抗原性，逃避抗体的作用。SARS-CoV-2 流行期间出现了很多变异株，主要都是病毒表面蛋白 S 的变异，它们可以逃避已有抗体的作用。又如，流感病毒的非结构蛋白 NS1 具有多重抑制细胞防御功能的作用，可以抑制细胞对病毒的识别、抑制相关信号通路的激活、抑制干扰素的抗病毒作用等。有部分病毒具有抑制细胞凋亡的活性，如腺病毒 E1B 蛋白可以直接和细胞 P53 蛋白互作，抑制它的控制细胞周期、激活细胞凋亡等功能；非洲猪瘟病毒编码了一种与细胞中负调控细胞凋亡的 Bcl-2 蛋白类似的蛋白，抑制细胞凋亡的发生。

5.3.3 病毒与肿瘤

肿瘤是人类健康的大敌。根据世界卫生组织（WHO）和国际癌症研究机构（IARC）的数据，全球大约 15.4% 的肿瘤与感染（包括病毒、细菌和寄生虫）相关，其中约 9.9% 的肿瘤与各种病毒感染有关。目前明确感染后有可能引发人类恶性肿瘤的病毒主要有：人乳头瘤病毒（HPV，子宫颈癌）、EB 病毒（EBV，鼻咽癌、淋巴瘤等）、乙型肝炎病毒（HBV，肝癌）、人 8 型疱疹病毒（HHV-8，卡波西氏肉瘤）、梅克尔细胞病毒（MCV，皮肤癌）等。这些病毒的特点是编码了一些可导致细胞转化的蛋白，如 HPV 编码 E6、E7 蛋白，可以分别和细胞中控制细胞生长的蛋白 RB 和 P53 互作，促进细胞的生长。HPV 复制过程中，这些基因会偶发性地整合到细胞染色体上，进行持续表达，可能导致细胞生长失控和发生恶变。

值得指出的是，肿瘤的发生涉及众多因素，包括个体的遗传背景、生理状态、环境因素等。肿瘤相关病毒的感染者中仅有个别会最终罹患肿瘤。尽管如此，防控病毒感染可以切实降低这些病毒相关肿瘤的发生率。

5.4 亚病毒因子

亚病毒因子（subviral agent）是一类比病毒更为简单的病原体。它们可能仅由核酸组成而不包含蛋白质衣壳，也可能仅由感染性的蛋白质组成而不包含核酸，还有可能既包含了核酸也包含了蛋白质然而其自身无法实现单独感染，需要在其他辅助病毒的帮助下才能实现感染传播。亚病毒因子包括卫星病毒、卫星核酸、类病毒以及朊病毒。亚病毒因子的发现拓展了病毒学的边界以及视野，为传统的病毒学思维注入了新的理念。

5.4.1 卫星病毒

卫星病毒（satellite virus）的基因组缺乏其感染复制的必需基因（比如病毒基因组复制酶基因），然而这些必需基因可以被一些辅助病毒编码，所以卫星病毒必须依赖辅助病毒实现感染传播。卫星病毒首先在植物中被发现。已知的植物卫星病毒包括卫星烟草坏死病毒（satellite tobacco necrosis virus，STNV）以及卫星烟草花叶病毒（satellite tobacco mosaic virus，STMV）等。这些卫星病毒自身不编码复制酶，所以必须依赖辅助病毒编码的复制酶进行复制。这些卫星病毒对于辅助病毒的专一性极高，比如 STNV 仅能依靠烟草坏死病毒（tobacco necrosis virus，TNN）进行复制。

动物中也存在卫星病毒。例如，腺相关病毒（adeno-associated virus，AAV）是一种 ssDNA 卫星病毒，基因组长度大约 4.8 kb。它自身无法复制其基因组，需要与腺病毒或者疱疹病毒同时感染，在它们的辅助下完成复制过程。AAV 编码了自己的衣壳蛋白，其病毒粒直径大约 20 nm，其中包裹的遗传物质为一条 ssDNA，正链以及负链都可以被包裹（病毒粒包裹的正链和负链大约各占一半）。AAV 可以感染人类，然而基本不导致疾病。不同类型的 AAV 有不同类型的衣壳蛋白，它们偏好侵染不同类型的宿主细胞，所以 AAV 也被广泛用于将外源基因递送进入不同类型的组织细胞中。

5.4.2 卫星核酸

卫星核酸包含了卫星 RNA 以及卫星 DNA，是一类自身不编码衣壳及包膜蛋白，需要借助辅助病毒编码的衣壳或包膜蛋白来组装的小分子 RNA 或 DNA 因子。它们跟卫星病毒的不同点在于卫星病毒需要辅助病毒提供复制酶而卫星核酸需要辅助病毒提供衣壳或者包膜蛋白。以卫星 RNA 为例，按照大小可以分为两类，较大的一类包括番茄黑环病毒（tomato black ring virus，TBRV）的卫星 RNA，长约 1 370 个核苷酸；较小的一类含有大约 300 个核苷酸，包括烟草环斑病毒（tobacco ring spot virus，TRSV）的卫星 RNA 等。较长的卫星 RNA 具有编码功能，而较短的似乎不编码蛋白质。

感染人类的丁型肝炎病毒（hepatitis delta virus，HDV）也是卫星 RNA 的一类。它的基因组是长约 1 700 个核苷酸的环形 ssRNA，编码了 δ 抗原，但是没有编码包膜蛋白，无法包装生成感染性的病毒颗粒。HDV 的辅助病毒是 HBV，当 HDV 同 HBV 共感染的时候，HBV 编码的包膜蛋白可以将 HDV 的基因组包装成病毒颗粒从而实现 HDV 的传播。HDV 的复制机制跟类病毒极为相似（见 5.4.3），其 RNA 基因组折叠形成的结构可以被宿主 DNA 依赖型 RNA 聚合酶识别并且通过滚环（rolling-circle）机制复制，产生多聚体基因组 RNA，然后被切割和连接生成新的环形 ssRNA。与类病毒（见 5.4.3）不同的是，HDV 的基因组的复制不仅仅依赖宿主因子同时还依赖病毒因子，HDV 基因组编码的 δ 抗原也是上述 HDV 复制过程中的必需因子。HBV 是唯一公认的 HDV 的辅助病毒，然而最新的研究表明除了 HBV，其他的病毒编码的包膜蛋白比如丙型肝炎病毒以及寨卡病毒的包膜蛋白也可以在体外培养的细胞中辅助 HDV 的包装，这个研究表明 HBV 可能不是 HDV 唯一的辅助病毒。然而这个可能性还没有在感染了 HDV 的患者群体中得到验证。

5.4.3 类病毒

类病毒（viroid）是一种主要在植物中存在的非编码、单链、环状 RNA 分子病原体。类病毒的长度为 220~400 个核苷酸，可折叠成不同形状的二级结构，比如棒状（图 5-10）。它们不编码任何蛋白质，也没有衣壳蛋白，所以没有包装在病毒颗粒中。类病毒极小，可以通过胞间连丝以及植物维管组织在细胞组织间传播（图 5-11）。

类病毒最早是由美国科学家于 1971 年在研究马铃薯纺锤形块茎疾病时发现。他们发现这种病原与传统的病毒不同，不包含蛋白质组分，仅由 RNA 分子组成，类病毒的概念由此形成。根据是否含有中央保守区以及核酶（ribozyme）结构，类病毒可以分为两个家族，分别是马铃薯纺锤形块茎类病毒科 [*Pospiviroidae*，以马铃薯纺锤形块茎类病毒（PSTVd）为代表] 和鳄梨日斑类病毒科 [*Avsunviroidae*，以鳄梨日斑类病毒（ASBVd）以及桃潜隐花叶类病毒（PLMVd）为代表]（图 5-10）。前者含有中央保守区，但不含核酶保守序列；后者没有中央保守区域，但含有核酶保守序列，

知识拓展 5-3
类病毒的发现

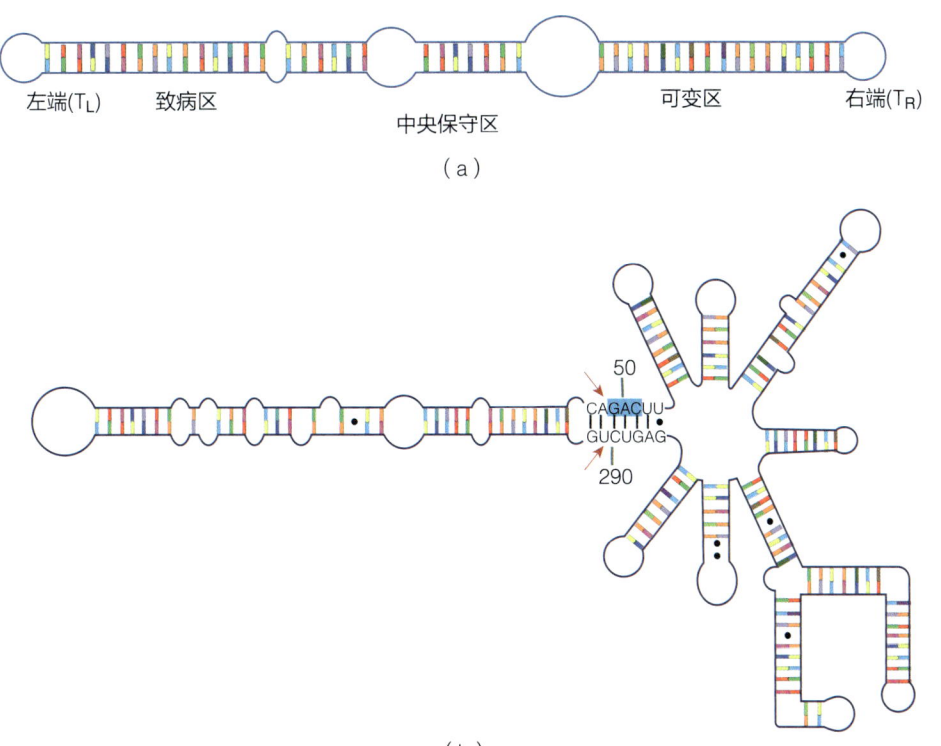

图 5-10 类病毒的二级结构
（a）PSTVd（马铃薯纺锤形块茎类病毒）最稳定的热力学二级结构。5 个结构/功能区域依次为左端（terminal left, T_L）、致病区（pathogenesis）、中央保守区域（central conserved region）、可变区（variable）和右端（terminal right, T_R）；（b）PLMVd（桃潜隐花叶类病毒）最稳定的热力学二级结构。G-U 配对由黑点表示，核酶酶切位点由红色箭头表示

图 5-11 植物类病毒可导致植株矮小疾病
（a）左植株为健康植株，右为感染植株；（b）类病毒可以通过胞间连丝以及植物维管组织在细胞组织间传播

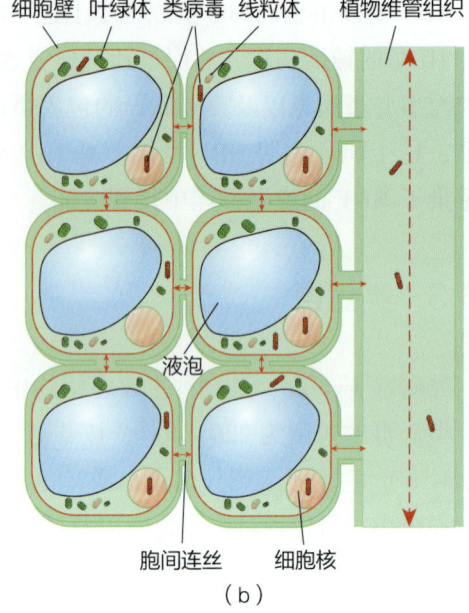

(a)　　　　　　　(b)

能够自我切割。

所有类病毒都利用宿主细胞的 RNA 合成酶通过滚环（rolling-circle）机制复制，产生多聚体基因组 RNA，然后通过切割和连接生成新的环状 ssRNA。以 PSTVd 为例，宿主内的 DNA 依赖型 RNA 聚合酶 II 被 PSTVd 的棒状折叠结构欺骗，识别 PSTVd RNA 基因组作为底物，从而转录复制成新的类病毒分子。值得注意的是 RNA 的二级结构会影响其功能，类病毒的 RNA 二级结构不是单一的折叠状态，相同的序列会在复制周期的不同阶段折叠成不同的亚稳态结构（metastable structures），并且在复制过程中行使不同的功能。

5.4.4 朊病毒

知识拓展 5-4　真菌中的朊病毒

朊病毒（prion）是只由蛋白质组成的传染性因子，于 1982 年被发现。这些病原体与一些病程进展缓慢但致命的哺乳动物疾病相关，包括人的克-雅病（Creutzfeldt-Jakob disease，CJD）、库鲁病（Kuru disease）、致死性家族型失眠症（fatal familial insomnia，FFI），以及发生于动物中的羊瘙痒病（scrapie）、牛海绵状脑病（bovine spongiform encephalopathy，BSE）等。在这些疾病中，朊病毒蛋白质在神经组织中沉积，通过尚不清楚的机制导致神经元死亡，脑功能逐渐恶化，组织中出现特征性的海绵状空洞。

羊瘙痒病是朊病毒的主要研究模型。高温、紫外线、辐射、蛋白酶等能使病毒灭活的因子无法使羊瘙痒病致病因子失活。核酸酶也无法破坏其感染性，然而 SDS、尿素、苯酚等蛋白质变性剂可以破坏其感染性。由于迄今为止尚未发现其含有核酸，所以主流观点认为羊瘙痒病致病因子为蛋白质。

从实验感染的仓鼠脑组织中分离得到的羊瘙痒病致病因子蛋白的分子量

是 27 000~30 000，其感染性可以被中和抗体中和，这种蛋白质被称为朊病毒蛋白（prion protein，PrP）。由于该致病蛋白来源于羊瘙痒病（scrapie），所以用 PrP^{Sc}（prion protein，scrapie）表示。根据 PrP^{Sc} 的氨基末端序列合成寡核苷酸探针进行检测发现，宿主细胞有编码 PrP 的基因，其编码的基因产物为一种细胞膜糖蛋白 PrP^{C}（Prion protein，cellular）。PrP^{C} 与 PrP^{Sc} 是同分异构体，蛋白质初级序列一致，然而二级结构不同，PrP^{C} 含有 43% 的 α 螺旋以及 3% 的 β 折叠，PrP^{Sc} 含有 34% 的 α 螺旋以及 43% 的 β 折叠，从而使得 PrP^{Sc} 的溶解性降低，很难被蛋白酶降解，易于沉积（图 5-12a）。

针对 PrP^{Sc} 在体内的复制传播过程，科学家提出了杂二聚机制假说：PrP^{Sc} 单体感染物接触细胞之后同 PrP^{C} 结合，形成 PrP^{C}-PrP^{Sc} 杂二聚物，可诱导 PrP^{C} 转变成为 PrP^{Sc}，成为 PrP^{Sc}-PrP^{Sc} 二聚物。该二聚物解离后同其他的 PrP^{C} 结合，并诱导其构象改变，从而不断地将自己的蛋白构象复制下去（图 5-12b）。最终过量的 PrP^{Sc} 二聚物朊病毒分子在脑部细胞中堆积形成淀粉样沉淀，造成细胞坏死，使得脑组织呈现海绵状变化。

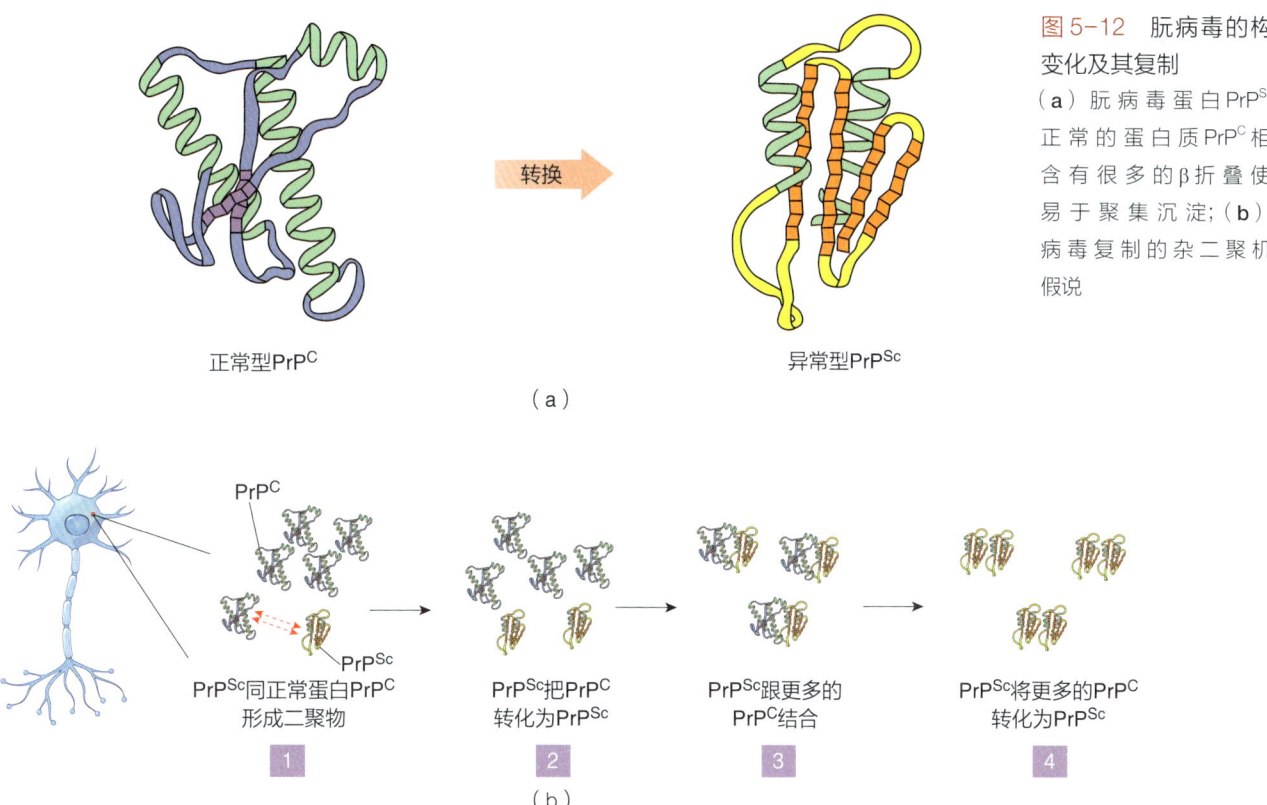

图 5-12 朊病毒的构象变化及其复制
（a）朊病毒蛋白 PrP^{Sc} 跟正常的蛋白质 PrP^{C} 相比含有很多的 β 折叠使其易于聚集沉淀；（b）朊病毒复制的杂二聚机制假说

5.5 病毒举例

病毒可以感染所有已知的生物类型。细菌、古菌、动物以及植物，无一能够摆脱病毒的纠缠（图 5-13）。病毒对整个自然界以及人类社会影响重大。一方面，病毒感染的致病性会危害人类健康，对畜牧业、种植业以及微生物发酵工业产生负面的影响。另一方面，海洋中的病毒感染每天会导致大量的海洋微生物死亡，将这些生物转化为颗粒物质，成为海洋底层食物链中的浮游植物所需的基本营养物质。同时病毒可以被用于研究生命科学基本规律，以及作为基因工程中的载体，对现代生命科学以及生物工程技术的发展有着极其重要的作用。所以，随着人类对病毒的理解越来越深入，病毒仅是疾病的使者这一观点也逐渐地被模糊化了。

5.5.1 噬菌体和古菌病毒

感染细菌和古菌的病毒分别称为噬菌体（bacteriophage）和古菌病毒（archaeal virus）。全球海洋中存在超过 10^{30} 个噬菌体颗粒。噬菌体的形态有球状、丝状、蝌蚪状以及复合结构等类型，绝大多数的噬菌体中的遗传物质是 dsDNA。噬菌体是病毒学研究最早的和最简洁的模式系统之一，病毒学中的多数基本概念以及研究方法都是率先使用噬菌体阐释或建立，最终拓展应用到其他病毒中去的。同时研究噬菌体也有重要的应用意义，它既是发酵工业的大敌，又可以被开发用来控制耐药性病原菌的危害。

5.5.1.1 噬菌体的增殖

以研究较为广泛的 T4 噬菌体为例介绍噬菌体的复制增殖过程。T4 噬菌体的宿

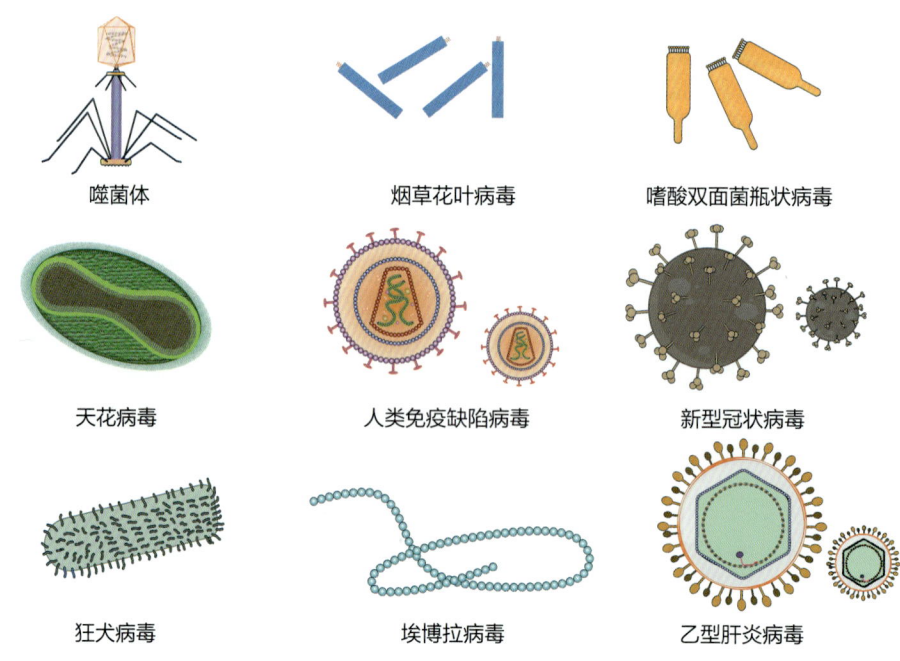

图 5-13 感染不同物种的病毒举例

噬菌体　　　　　烟草花叶病毒　　　　嗜酸双面菌瓶状病毒

天花病毒　　　　人类免疫缺陷病毒　　　新型冠状病毒

狂犬病毒　　　　埃博拉病毒　　　　　乙型肝炎病毒

主是常见的肠道细菌大肠杆菌，T4 噬菌体为复合结构，具有头部、颈部和尾部构成的外壳，dsDNA 包装在二十面体的头部。图 5-14 展示了 T4 噬菌体的感染和复制过程。

（1）吸附

T4 噬菌体不是毫无选择性地吸附到宿主细胞的表面，其尾丝尖端的特定蛋白因子（gp37）特异性地与宿主细胞上的特定受体（LPS，OmpC）结合，这种相互作用触发尾丝展开，从而暴露刺突以及基板，使其附着于宿主细胞的细胞壁表面。虽然包括 T4 在内的许多噬菌体附着于细胞壁，但也有其他噬菌体可以吸附在鞭毛或菌毛上。

（2）侵入

噬菌体尾部存在的溶菌酶会削弱细菌细胞壁。当噬菌体吸附在细胞壁以后尾鞘收缩成原长的一半，将中空的尾管推入被溶菌酶削弱的细菌细胞壁，并与细菌细胞膜接触。然后，病毒 DNA 从头部经过管道被注射进入细菌细胞，噬菌体外壳仍然位于细菌细胞外部。T4 噬菌体从吸附到侵入的全过程仅需数分钟。

（3）合成

噬菌体基因组容量有限，无法包含噬菌体复制及组装所需的所有遗传信息，必须利用宿主细胞的生物合成机制来合成噬菌体蛋白质以及基因组。一旦噬菌体 DNA 进入宿主细胞，其基因就会控制宿主细胞的代谢过程，启动噬菌体蛋白质以及基因组的合成。这一过程具备很强的时序性，主要表现是噬菌体基因组的转录是分期进行的。发生于噬菌体核酸复制以前的转录为早期转录，其转录的基因称为早期基因，主要编码参与病毒核酸复制，调节病毒基因组表达，以及控制宿主细胞中大分子合成的病毒蛋白质。早期基因表达之后，细菌 DNA 会被降解形成核苷酸，用作复制新噬菌体遗传物质的原料。在噬菌体核酸复制开始之后进行的转录称为中晚

图 5-14 T4 噬菌体感染复制的全过程示意图

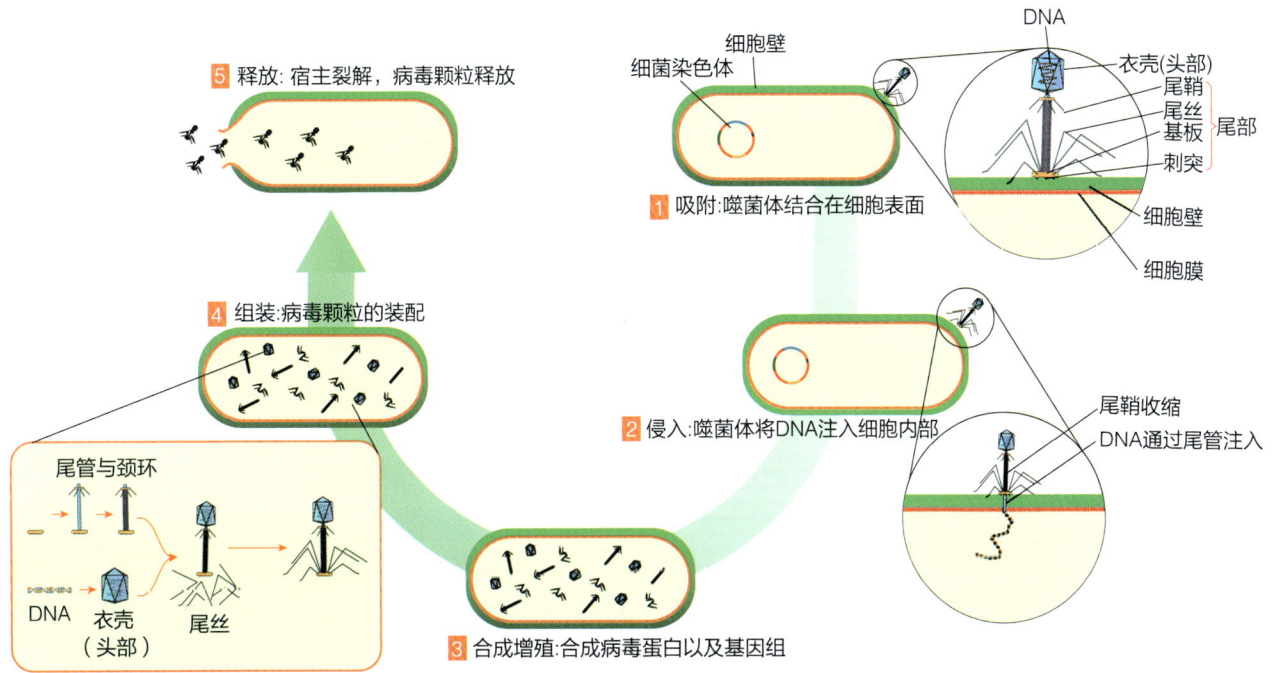

期转录，所转录的基因称为中晚期基因，主要编码噬菌体组装以及释放所需要的蛋白质。

(4) 组装

T4噬菌体的组装是极其复杂的自发装配的过程，整个过程包含了4个亚装配途径：①不含尾丝的颈部、尾部组装，②头部的组装，③颈部、尾部同头部的自发结合，④尾丝同已装配好的部分连接。噬菌体尾部由新形成的基板、尾管、尾鞘和颈环组装而成，头部由新合成的衣壳蛋白组装而成。然后，单个病毒dsDNA分子被分子装配马达填装进头部，这个过程需要消耗ATP。当头部与DNA正确装填后，每个头部就与一个不含尾丝的尾部连接在一起。只有在头部和尾部连接后，尾丝才会被添加进来，形成成熟的、有传染性的噬菌体。

(5) 释放

当宿主细胞内大量子代噬菌体成功组装以后，噬菌体基因组编码合成的水解细胞壁的溶菌酶以及水解细胞膜的脂肪酶将宿主细胞裂解，噬菌体得以释放。对于T4等噬菌体，一个被感染的细菌可能释放出50～200个新的噬菌体，从而感染更多的易感细菌。从吸附到释放的时间被称为暴发时间，对于不同的噬菌体一般在20～40 min。

5.5.1.2 温和噬菌体

噬菌体T4感染一旦开始，它总是会裂解并杀死宿主细胞，这样的噬菌体又被称为烈性噬菌体。然而，有一些噬菌体在宿主细菌中会呈现两种不同的状态，可以裂解并杀死宿主，也可以将其基因组整合到宿主的基因组中或者以游离质粒的形式存在，同宿主的基因组一同复制而不直接裂解杀死宿主。这第二种状态被称为溶原状态(lysogeny)，可以进入溶原状态的噬菌体被称为温和噬菌体。溶原状态同裂解状态可以在不同的条件下相互转换。

处于溶原状态的噬菌体基因组以整合或者游离质粒形式存在于细菌中，被称为前噬菌体(prophage)。这种溶原状态即潜伏性感染状态，噬菌体基因组中的大多数基因不会转录，而是与宿主染色体同步复制，并在细胞分裂时传递给子细胞，不产生子代噬菌体。溶原状态的细菌经外界因子诱导刺激后，噬菌体基因会活化，进入积极复制、合成和组装的裂解性感染状态，造成细胞裂解，进而释放出子代噬菌体。有很多其他的病毒也具备温和噬菌体的两种状态转换的特征，如导致艾滋病的人类免疫缺陷病毒。

5.5.2 植物病毒

> 知识拓展 5-5
> 香蕉病毒造成的危机

已知的植物病毒的种类远远超过所有感染脊椎动物病毒的总和。植物病毒中的烟草花叶病毒(TMV)是第一个被发现的病毒，也是整个病毒学领域的起点。大多数的植物病毒属于ssRNA病毒，多为杆状、丝状或球状，多数无包膜（图5-15）。植物病毒对宿主的专一性通常不强，比如烟草花叶病毒可以侵染数百种的草本以及木本植物，其主要原因可能是植物病毒的入侵一般不依赖于细胞表面受体。

图 5-15 一些植物病毒举例

基因组与包膜	病毒家族	病毒名称	病毒形态	传播方式
双链DNA 无包膜	Caulimoviridae	cauliflower mosaic virus		蚜虫
单链RNA 正链，无包膜	Bunyaviridae	watermelon wilt virus		粉虱
	Virgaviridae	tobacco mosaic virus	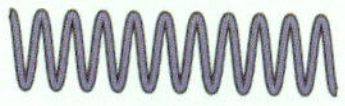	伤口
单链RNA 负链，有包膜	Rhabdoviridae	potato yellow dwarf virus	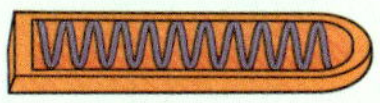	叶蝉以及蚜虫
双链RNA 无包膜	Reoviridae	wound tumor virus		叶蝉

植物病毒的感染过程同一般的病毒感染复制过程类似，主要包含了入侵宿主细胞、合成增殖、病毒颗粒组装，以及传播扩散。植物病毒也有以下特点：①由于植物有坚韧的表皮和坚硬的细胞壁，病毒难以直接进入细胞，而是需要通过机械力损伤表皮形成微创后进入细胞，比如昆虫等动物进食所导致的创口。所以大多数的植物病毒是虫媒病毒；②植物病毒感染宿主细胞后的过程也具备时序性，一般在感染的初期表达基因组复制蛋白因子，而在感染的后期表达病毒装配的因子。由于大多数植物病毒是RNA病毒，这种转录表达时序性的建立有很多种不同于DNA病毒的机制，其中比较常见的一种是将涉及装配的病毒蛋白编码在亚基因组RNA（subgenomic RNA）上，而这些亚基因组RNA的转录依赖病毒RNA复制酶的表达，因此只能在感染的晚期复制酶表达完成以后才能启动，从而建立时序性；③植物病毒可以通过胞间连丝在植物细胞间传播；④植物依赖韧皮组织来传输养分，植物病毒要实现远端扩散需要能够在韧皮组织细胞间流动。这可能是植物病毒比大多数动物病毒更小且更简单的原因。大多数植物病毒基因组小于10 kb；⑤植物拥有比较发达的基于RNA干扰（RNAi）的免疫系统，因此，几乎所有植物病毒都编码了抑制RNAi的病毒因子。

5.5.3 昆虫病毒

世界上有600万~1 000万种不同的昆虫，它们代表了地球上最多样化的生物类群之一。感染昆虫的病毒也具有极高的多样性。这些病毒可能与昆虫本身一样存在已久，同宿主一起演化了超过1亿年的时间。某些昆虫病毒同时也是感染脊椎动物，包括人类的病原体。因此，昆虫病毒的研究长期以来一直是人类医学、农业等领域关注的对象。

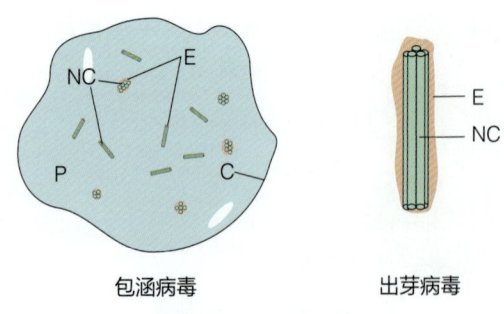

图 5-16 包涵病毒与出芽病毒的形态
E：envelop，包膜；NC：nucleocapsid，核衣壳；P：polyhedrin protein，多面体蛋白质基质；C：Calyx，蛋白质-碳水化合物外壳

目前已知的昆虫病毒包含至少 7 个病毒科：杆状病毒科、虹彩病毒科、痘病毒科、呼肠孤病毒科、细小病毒科、小 RNA 病毒科、弹状病毒科。杆状病毒是研究最多的昆虫病毒，杆状病毒家族成员拥有一个大的、环状 dsDNA 基因组，该基因组被包装在一个具有包膜的杆状病毒颗粒中。这些病毒的特点是它们具有两种不同形态的传染性颗粒（图 5-16）：①包涵病毒（occluded virus，OV），许多含有包膜的病毒粒被包裹在由蛋白质构成的晶体状结构（多角体或颗粒体）里，这些晶体状结构可以保护病毒使它们在外界环境中更加稳定。②出芽病毒（budded virus，BV），单一的含有包膜的病毒颗粒。杆状病毒家族包括 4 个属，其中 α 杆状病毒和 β 杆状病毒感染鳞翅目昆虫（蛾和蝴蝶），而 γ 杆状病毒和 δ 杆状病毒分别感染膜翅目昆虫（黄蜂和锯蜂）和双翅目昆虫（蚊子）。α 和 β 杆状病毒分别包括核多角体病毒（nuclear polyhedrosis virus，NPV）和颗粒病毒（granulosis virus，GV），这两个病毒群是杆状病毒家族中被研究得最为深入的。

杆状病毒感染昆虫有两个感染阶段，初级感染由包涵病毒介导，而出芽病毒介导次级感染。昆虫幼虫是最容易受到杆状病毒感染的发育阶段。在幼虫摄食过程中，包涵病毒蛋白质基质在幼虫中肠碱性 pH 条件下解体，释放出病毒粒，感染中肠上皮细胞。病毒在中肠上皮细胞中经过合成、增殖、组装，首先在不裂解宿主细胞的情况下通过出芽的方式释放出芽病毒，病毒进入体腔以及循环系统，感染血细胞、脂肪体细胞、气管上皮细胞、真皮细胞以及神经节细胞等，进而在这些细胞中大量增殖，造成大面积继发感染。在病毒感染细胞的极晚期，产生大量的包涵病毒，通过裂解细胞的形式释放出来，造成宿主组织破坏，最终导致死亡。同噬菌体感染细菌相似，杆状病毒感染昆虫细胞后的过程具有高度的时序性，且主要体现在病毒基因组的转录层次上。在复制的早期主要表达促进病毒基因组复制的病毒因子，在晚期表达组装以及出芽释放出芽病毒的因子，在极晚期，表达释放包涵病毒的因子，从而使得整个感染过程高效有序地进行。

5.5.4 动物与医学病毒

动物病毒指寄生于各类脊椎动物细胞中的病毒，主要包括哺乳类、禽类、爬行类、两栖类以及鱼类病毒。动物病毒严重危害人类和动物的健康。已知的感染人类并导致疾病的医学病毒有 300 余种，导致其他脊椎动物疾病的病毒达 900 余种。

动物病毒一般具有种属特异性以及组织特异性，主要因为动物病毒首先同特定的细胞受体相结合。不同的病毒一般使用不同的表面受体，比如 HIV 以 T 细胞表面的 CD4 作为特异受体，而乙型肝炎病毒则利用肝细胞表面特异的胆汁酸转运蛋白 NTCP 作为入侵细胞的受体。一旦动物病毒与受体结合，它们通常通过与细胞质膜融合或通过内吞作用进入宿主细胞。进入细胞后，包裹动物病毒基因组的核衣壳解体，将其遗传物质释放到细胞核或者细胞质中。多数情况下，DNA 基因组进入细胞核，而 RNA 基因组则在细胞质中。在基因组复制以及合成增殖过程中，多数病毒也表现出转录水平上的时序性，并在病毒基因组复制后进行病毒的组装和释放。

70% 以上的人类传染病是病毒引起的。病毒感染有裂解性感染、持续性感染、潜伏性感染和细胞转化（transformation）等多种情形，引发多种急性和慢性疾病。其中对于慢性病毒感染，迄今为止仅有丙型肝炎病毒（hepatitis C virus，HCV）能够被药物治愈，对于所有其他的慢性病毒感染仍然缺乏有效治愈的手段。同时在全球一体化以及人类社会同自然界的边界不断模糊化的进程中，越来越多的新型病毒开始威胁人类健康。有很多新发现的威胁人类健康的病毒属于人兽共患病病毒以及虫媒病毒。由于这些病毒可以在多种不同的宿主群体中循环存在，增加了防治的难度。长期困扰人类的流感病毒、多次出现大流行的冠状病毒都属于人兽共患病病毒；登革病毒和寨卡病毒则是虫媒病毒的代表。

最近的一次全球病毒传染病大流行是由冠状病毒 SARS-CoV-2 引起的。SARS-CoV-2 是一种 +ssRNA 病毒，基因组接近 30 kb，也是感染人类的基因组最大的 RNA 病毒之一。SARS-CoV-2 是一种包膜病毒，包膜上含有刺突蛋白，在电子显微镜下呈现皇冠状。刺突蛋白可以同呼吸道的上皮细胞表面的血管紧张素转化酶 2（ACE2）结合，然后通过直接膜融合或者内吞作用来入侵细胞，并且释放 SARS-CoV-2 基因组。其 +ssRNA 基因组可以直接用来翻译合成复制病毒基因组必需的 RNA 复制酶，从而形成新的子代病毒基因组。该 RNA 复制酶同时可以将 mRNA 基因组转录产生一系列亚基因组 RNA，编码参与病毒装配以及释放的蛋白因子。最终子代病毒通过出芽的方式释放。RNA 病毒的一个典型的特征是变异率很高，主要是因为 RNA 基因组复制酶催化 RNA 复制时的出错率一般较高，从而使得子代病毒更加容易逃逸免疫系统，造成反复感染。

乙型肝炎病毒（hepatitis B virus，HBV）则是一种长期存在并危害人类健康、导致慢性疾病的病毒。全世界有 20 亿的人曾经被 HBV 感染，将近 3 亿人为无法完全治愈的慢性感染者，其中近三分之一的感染者在中国。不加控制的 HBV 感染会导致严重肝病，包括肝炎、肝纤维化、肝硬化以及肝癌。有近 80% 的原发性肝癌同 HBV 的感染相关。HBV 疫苗可以有效预防新发感染，但对已经感染了病毒的人群没有治疗作用。如何治愈 HBV 感染一直是病毒学领域的难题。HBV 属于嗜肝 DNA 病毒科。病毒粒有包膜，包膜表面带有 HBV 表面抗原糖蛋白。该糖蛋白可以同肝细胞表面受体 NTCP 结合，从而介导入侵。侵入细胞后，病毒脱去衣壳，将基因组释放进入细胞核中。病毒颗粒中的病毒基因组为松弛环状双链 DNA（relax circular DNA，rcDNA），该基因组的特点是 DNA 两条链长度不一致，并且存在 4 种基因缺陷，使得该 DNA 无法直接作为模板转录形成全套的病毒 mRNA，需要首先被宿主肝细胞中的修复因子修复形成能够稳定存在的共价闭合环状 DNA（covalently closed circular DNA，cccDNA）。cccDNA 可以作为模板来转录生成全套的病毒 mRNA，进而产生各种病毒蛋白因子来驱动病毒复制、组装以及释放。HBV通过出芽的方式释放，一般不直接杀死肝细胞，会导致慢性感染。要彻底治愈病毒的感染就必须清除宿主细胞中的病毒基因组，而HBV感染治愈的难点在于缺乏能有效抑制以及清除cccDNA的方法，这也是HBV治疗以及未来研究的核心。

5.6 病毒学研究方法

同所有学科的发展一样，病毒学的进展离不开研究方法以及技术手段的突破以及完善。与细菌和真核微生物不同，所有的病毒都必须在宿主细胞中增殖，并且几乎所有的病毒都无法直接用普通光学显微镜观测，所以病毒有一套独特的分离、培养、检测和定量的技术方法。

5.6.1 病毒的培养与纯化

病毒培养的主要目的是分离鉴定样本中的病毒，用于制备病毒疫苗，研究病毒的结构、复制周期以及感染宿主细胞后所产生的影响等。由于病毒在活细胞以外无法增殖，所以病毒培养都需要在易感细胞、组织或者活体动物中进行。细菌、动物以及植物病毒培养的具体方法各不相同。

5.6.1.1 噬菌体的培养

裂解性噬菌体可以在含有易感细菌的液体培养基或者琼脂固体培养基上生长增殖。液体培养一般用于病毒的扩增从而制备大量的病毒，而固体培养一般用于病毒的分离纯化。当少量的噬菌体接种到含有大量易感细菌的液体培养基中时，噬菌体侵染一部分细胞，复制增殖，将细胞裂解并且释放子代噬菌体。随着培养时间的延长，越来越多的细菌被子代噬菌体感染并发生裂解，噬菌体得到大量的扩增最终使得浑浊的细菌培养物变得澄清。

如图5-17所示，在固态培养基上培养病毒的时候，将含有少量的噬菌体样本以及易感细菌的培养基加入45~50℃的熔融低浓度琼脂培养基中，混合均匀后，迅速倾倒入含有固体琼脂的平板中。低浓度琼脂凝固以后会形成含有细菌的固态薄层。在培

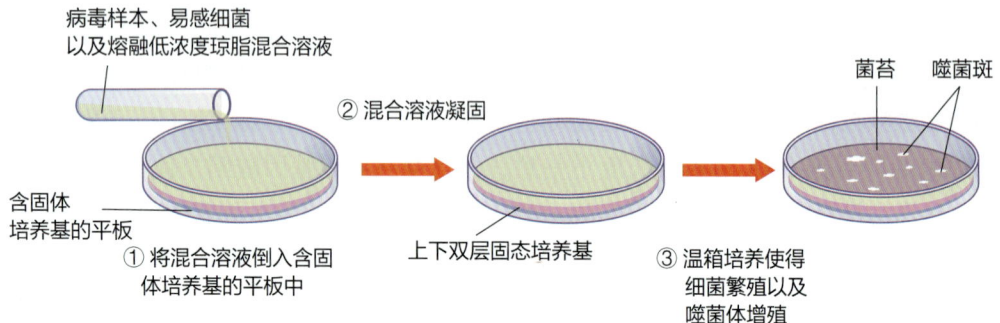

图5-17 噬菌体在固体培养基中感染细菌的实验步骤

养箱培养的过程中，薄层中的细菌将增长繁殖成一层不透明的菌苔。与此同时噬菌体先感染裂解少量细菌，释放子代噬菌体，由于低浓度琼脂限制了子代噬菌体的扩散范围，使之仅能感染并裂解周围邻近的细菌。这个感染-裂解周期重复几次之后，在不透明的菌苔的衬托下，这些被噬菌体裂解的区域就会形成一个个圆形透明的空洞，又称为噬菌斑（plaque）（图5-17）。单个的噬菌斑一般仅含有基因组均一的噬菌体，可以被挑出来放入含有易感细菌的液体培养基进行进一步地培养扩增。

5.6.1.2 动物病毒的培养

动物病毒的培养主要包括细胞、鸡胚及实验动物培养等形式。细胞培养是培养动物病毒最简便的方式，包括原代细胞以及永生化细胞系的培养。原代细胞是将动物的组织进行酶解处理成均一的单个细胞之后，加入到含有营养物质、生长因子等组分的液体培养基中以贴壁或者是悬浮的形式培养。这些细胞仅能分裂很有限的代数，绝大部分细胞在培养一段时间后会停止分裂并且死亡，但极少数的细胞会积累突变转化为可以无限分裂传代的细胞，从而形成永生化细胞系。在含有单层易感原代细胞或者永生化细胞的液体培养基中加入少量病毒，它们将吸附在细胞表面并且侵入细胞，复制产生的子代病毒将感染新的细胞，经过多个感染周期之后，病毒得到扩增。

> 知识拓展 5-6
> HeLa 细胞

同噬菌体培养类似，动物病毒的培养也可以在含有琼脂糖或者甲基纤维素等成分的固态培养基中进行，这样子代病毒仅能扩散感染周围的细胞，最终在单层细胞中造成局部细胞受损以及死亡并形成类似噬菌斑的圆形区域，称为噬斑（plaque）。与噬菌斑的观测不同的是，单层菌苔不透明，噬菌斑显而易见，而单层动物细胞半透明，噬斑很难直接观测到，一般需要用结晶紫（crystal violet）或者中性红（neutral red）对细胞进行染色，噬斑区域由于细胞死亡形成不着色区域，从而被观测到。病毒感染可能会造成细胞死亡以及细胞生长缓慢等细胞病变现象。有的病毒感染并不对细胞造成任何表观上的伤害，这种类型的病毒称为非细胞毒性病毒（non-cytopathic virus）。非细胞毒性病毒的感染不会产生噬斑现象。

鸡胚中含有迅速生长分化的不同类型的细胞，可以满足不同病毒培养繁殖的需求。外壳的保护给鸡胚的生长提供了无菌的条件，使得鸡胚成为了病毒培养极佳的体系。每年都有数以亿计的鸡胚被用于培育流感病毒以生产疫苗。根据培养病毒的不同，病毒的接种需要注射进入不同的胚胎组织中（图5-18）。

活体实验动物培养也是病毒培养的重要方式。常用的动物有小鼠、大鼠、仓鼠和兔子等。由于很多病毒具有种属以及器官特异性，不同的病毒需要接种到不同的动物，甚至是不同的器官中进行增殖。

5.6.1.3 植物病毒的培养

植物病毒的培养有三种不同的方式：植物组织培养、分离细胞培养，以及原生质体（去除了细胞壁的细胞）培养。进行植物组织培养时，可使用病毒同磨砂剂（如金刚砂）的混合物对植物的叶片组织进行摩擦接种，当植物的叶片组织中的细胞壁受到破坏后，病毒可与细胞质膜接触并且感染暴露的宿主细胞。有些植物病毒的传播需要将病变的组织嫁接到健康的植物上。植物被感染后，被感染部位经常会出现局部坏死

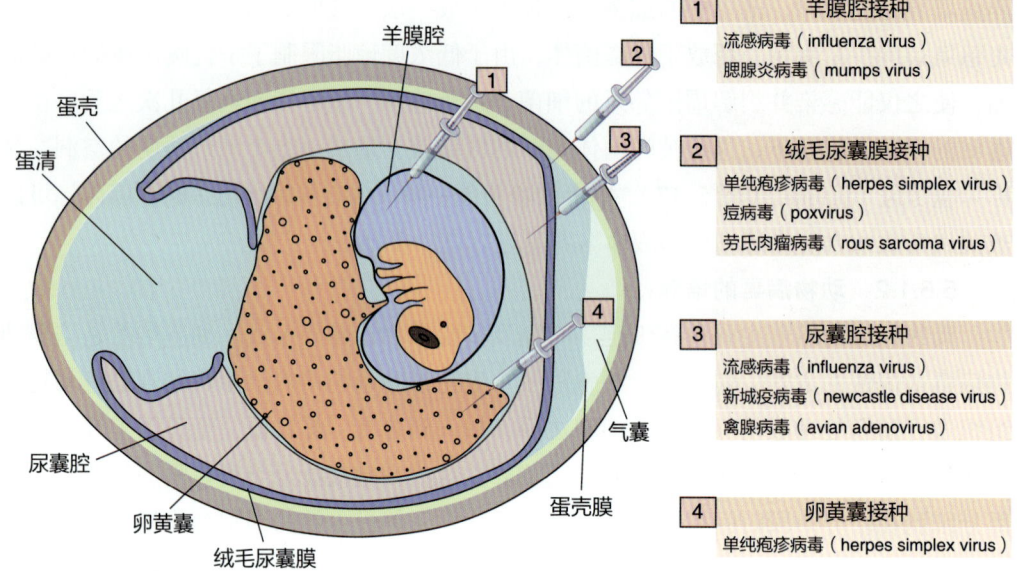

图 5-18 病毒在鸡胚中的接种与培养
鸡胚切面图展示不同类型病毒接种到不同的位置进行病毒培养

或者是其他的病症，比如叶片颜色或者叶片形状的变化。

5.6.1.4 病毒的纯化

在培养得到大量病毒之后，很多时候需要进一步除去杂质，纯化得到均一的病毒。目前主要的纯化方法包括：病毒沉淀和密度梯度离心。在病毒培养液中加入适当浓度的聚乙二醇可以使病毒发生物理聚沉，但不会使病毒发生不可逆变性。弃去含有杂质的上清之后收集病毒沉淀，用缓冲液悬浮病毒即可获得初步纯化浓缩的病毒悬液，此时的病毒浓缩液中还含有少量杂质，比如蛋白质等，进一步的分离纯化可以通过蔗糖或氯化铯密度梯度离心进行。以蔗糖密度梯度离心为例，将不同浓度的蔗糖溶液缓慢分层注入离心管，其浓度自管顶到管底呈线性上升。将聚乙二醇初步纯化浓缩的病毒悬液平铺于蔗糖梯度的最上层进行离心，在离心力的作用下，物质颗粒会沉降到与它们各自等密度的蔗糖梯度中，由于病毒的密度同蛋白质以及核酸等杂质的密度不同，它们可以被分离开来（图 5-19）。

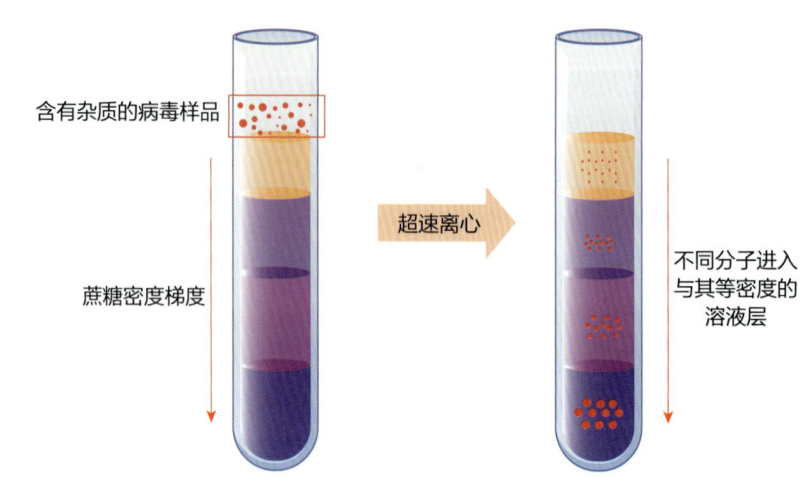

图 5-19 通过蔗糖密度梯度离心分离提纯病毒颗粒
将含有杂质的病毒样品平铺于蔗糖密度梯度溶液最上层，在超速离心的过程中，所有成分到达与其等密度的蔗糖溶液层，最终达到平衡

5.6.2 病毒的定量

5.6.2.1 直接计数法

病毒的定量和计数是病毒研究中的重要环节，分为直接计数法以及间接计数法。直接计数法包括电镜以及荧光显微镜观测计数。在电镜计数中，可以将病毒样品跟已知浓度的乳胶颗粒混合均匀，然后在电镜下观测并且对病毒颗粒以及乳胶颗粒进行计数，病毒的浓度可以通过病毒颗粒与乳胶颗粒的比值以及乳胶颗粒的浓度计算得到。虽然病毒颗粒太小，在普通光学显微镜下无法直接看到，然而使用荧光染料对病毒的核酸进行染色以后，病毒的核酸可以在落射荧光显微镜（epifluorescence microscope）下直接观测到，这种方法常用在水生环境中病毒的直接观测与计数（图 5-20）。

5.6.2.2 间接计数法

病毒的间接定量方法是对病毒的某些属性（血细胞凝集效价、感染单位，或者病毒基因组核酸的拷贝数）进行定量，而不是计算病毒颗粒的绝对数量。间接定量包括血红细胞凝集试验（hemagglutination assay），噬菌斑/噬斑测定实验，以及荧光定量聚合酶链反应等。一些病毒（如流感病毒）可以结合到红细胞的表面，当病毒跟红细胞的比例达到一定的数值以后，病毒跟相互结合的红细胞会凝集形成一个网状结构，并阻止红细胞的聚沉（图 5-21）。具体的操作是将固定数量的红细胞和一系列逐级稀释的病毒样本混合均匀并观测红细胞的凝集情况，引起血细胞凝集（不聚沉）的最高稀释倍数即为病毒的凝集效价（图 5-21）。

第二个常用的间接计数法是噬菌斑/噬斑测定实

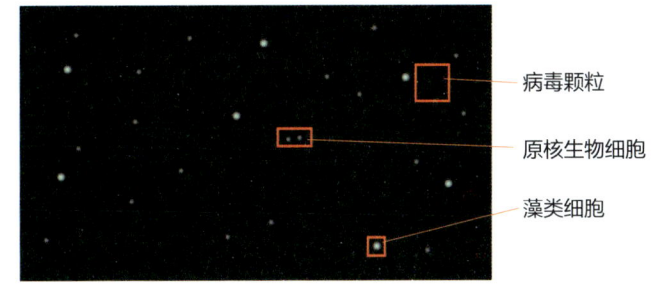

图 5-20 海水样本经 SYBR Green I 染料染色后在落射荧光显微镜下的图像
根据荧光光点的大小及荧光强弱可以大致区分病毒颗粒及细胞

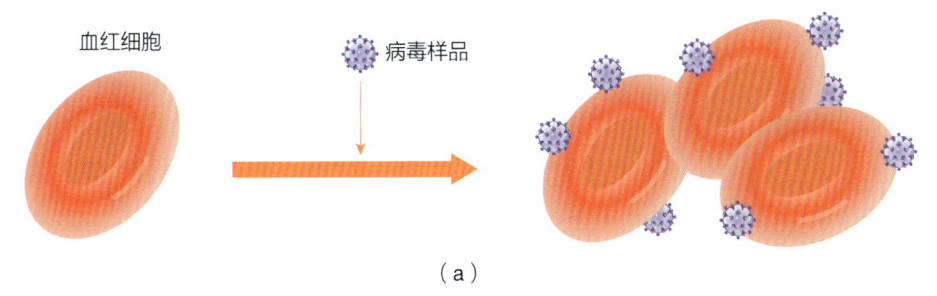

（a）
逐级稀释的病毒样品同固定数量的血红细胞混合

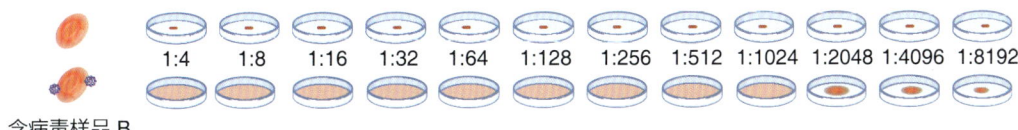

（b）

图 5-21 病毒红细胞凝集效价测定
（a）病毒血红细胞凝集效应示意图；（b）同不含有病毒的对照样品相比，含病毒样品可以使得血红细胞凝集而不聚沉，图中能使血红细胞不聚沉的最高稀释倍数是 1 024，即为其凝集效价

验（plaque assay），用于定量病毒的感染单位数，又称病毒效价（virus titer）。以细菌病毒噬菌体为例，噬菌斑测定实验所用的方法同噬菌体在固体培养基上的培养方法相似（见 5.6.1），不同的是待测定的病毒悬液需要逐级稀释，然后分别同含有易感细菌的培养基以及熔融的低浓度琼脂培养基混合均匀，最终倾倒于普通固体培养基上（图 5-22）。经过一段时间的培养，计算每一种病毒稀释浓度下的噬菌斑的数量。当每个培养皿上噬菌斑的数量为 10～100 的时候，基本上每一个噬菌斑是由一个初始病毒感染之后经历反复的子代病毒生成以及再感染的过程形成的，即一个噬菌斑代表着一个感染单位。如果在稀释了 10^6 倍之后，0.1 mL 病毒悬液产生了 17 个噬菌斑，那么原始未稀释样本中的感染单位数为：

病毒感染单位数 $= 17 \times 10^6 / 0.1 = 1.7 \times 10^8$ PFU/mL。

PFU：plaque forming unit，噬菌斑/空斑形成单位。

当噬菌斑的数量过多的时候，可能出现同一个细胞被多个病毒感染，或者噬菌斑交叠无法准确计数的问题，从而无法准确估算感染单位。值得注意的是，感染单位反映的是溶液中含有的病毒可以造成感染的次数，不是病毒颗粒数量的绝对值。

动物病毒的噬斑测试实验同噬菌体的测试十分相似，但是只有当病毒感染可以造成细胞毒性效应以及细胞死亡的情况下噬斑才能形成。当病毒感染不产生任何细胞毒性效应时，可以使用抗体染色的方法来确定感染单位。实验操作同噬斑实验，不同是需要使用识别病毒蛋白的抗体来标记感染的细胞，最终使用荧光显微镜来观察荧光斑点，计数得到荧光斑点形成单位，与感染单位等价。

植物病毒的定量测定也可以通过类似噬斑的方法。植物的组织就相当于固体培养基，用一定量的植物病毒悬液感染植物的茎叶等组织时，会形成坏死斑（lesion），可以通过类似噬斑的方法来计算出感染单位。

随着科学技术的发展，有更多的方法可以用于定量病毒，比较常用的方法之一是

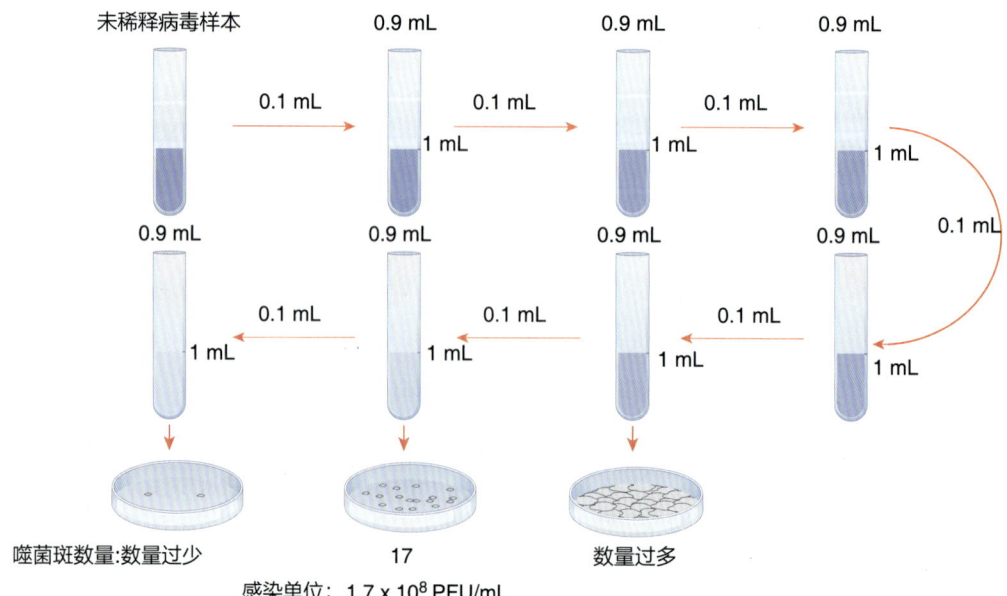

图 5-22 通过噬菌斑实验进行噬菌体感染单位的定量

病毒样品经过 10 倍逐级稀释的方法获得稀释液，取 0.1 mL 的稀释液检测生成噬菌斑的量。选取噬菌斑数量为 10～100 的平板进行噬菌斑计数，根据稀释倍数及稀释液的体积即可计算出原病毒样品中感染单位的量

荧光定量聚合酶链反应（quantitative PCR，qPCR），该反应可以将病毒样本中的，以及一系列已知浓度的标准品中的核酸分子进行扩增。经过扩增的 DNA 可以结合荧光染料并且发出荧光，样品的荧光强度可以准确地测量并且同样品中的 DNA 的数量成正比。这样通过比较病毒样本以及一系列已知浓度的标准品经过扩增后的荧光强度即可计算出病毒样本中的病毒核酸数量。由于链式聚合反应适用于 DNA 分子，所以 RNA 病毒样本提取出的核酸需要先逆转录形成 DNA，然后通过荧光定量聚合酶链反应来定量。该检测方法定量样本中病毒基因组的数量，不能区分该基因组是来自于具有感染性的病毒还是已经失活的病毒。

5.6.3 病毒的检测

不同的病毒一般会在物理形态、基因组，以及蛋白组成上存在区别。所以病毒的检测主要分为直接观测、核酸检测，以及病毒抗原检测这 3 种模式。不同种属的病毒在形态上会存在很大的差异，在电镜下可以根据病毒颗粒的大小、形状等信息大致估计病毒的类型，比如狂犬病毒特异性的弹状结构、埃博拉病毒的丝状结构等（图 5-13）。基因组的检测可以设计特异引物通过聚合酶链反应进行，也可以通过 DNA 阵列（DNA microarray），或者高通量测序技术进行。病毒颗粒中包含多种病毒蛋白，病毒感染宿主细胞以后也会利用宿主合成其复制包装所必需的病毒蛋白，检测这些病毒特异蛋白质也是检测以及鉴定病毒的重要方法，常用的方法有酶联免疫吸附分析（ELISA）。其具体过程是：将一种可以特异识别病毒蛋白的抗体固定在玻璃或者塑料载体表面，加入含有该病毒蛋白的样本后，病毒蛋白就会被载体表面的特异抗体结合，然后使用第二种可以特异性结合病毒抗原的抗体 – 酶偶联物来进一步标记抗原，最后加入酶的底物，底物被第二种抗体上偶联的酶转化为发光或显色产物，从而放大病毒蛋白的信号并且被检测到（图 5-23）。第二种抗体上的酶也可以用有色或者发光基团取代，比如胶体金，许多常用的病毒检测试剂盒就是使用这种原理的（图 5-23b）。

> 知识拓展 5-7
> CRISPR 在病毒核酸检测中的应用

5.6.4 病毒的分离

病毒的分离是将可能含有病毒的样本（污水、微生物培养液、患者体液等）经过特殊的处理后接种于易感宿主细胞并进行培养扩增，然后进行检测与纯化。

在采集病毒样本时，须根据病毒的生物学性质、病毒感染的特征、传播途径、流行病学规律以及机体的免疫保护机制，合理地选择采集标本的种类、采集的时间、标本处理的方法以及合理的防护措施。标本一般需通过加入抗菌剂、离心或者过滤的物理方法除菌。为了使细胞内的病毒充分释放，需要使用超声等方法破碎细胞。大部分的病毒对热敏感，所以样本需要低温保存，可以 4℃ 冷藏保存数小时，或者在 −20 ~ −80℃ 长期冷冻保存。

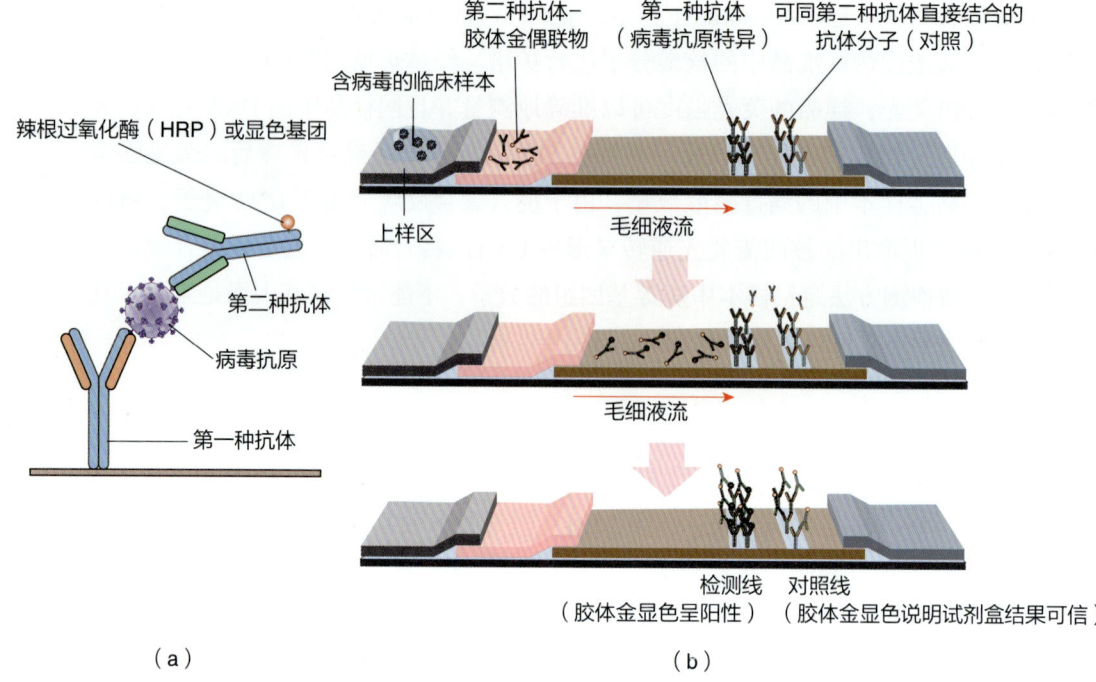

图 5-23 酶联免疫吸附分析检测病毒抗原

（a）同病毒蛋白结合的第一种抗体固定于载体表面，可以从待检测样品中富集病毒蛋白，然后使用可以结合病毒蛋白的第二种抗体来标记病毒抗原。第二种抗体上可以使用特异性酶来放大信号检测微量病毒抗原，或者用有色基团来显示阳性信号；（b）抗原快速检测试剂盒的工作原理，第二种抗体用有色基团（胶体金）偶联标记

从收集的样本中分离病毒需要在易感细胞或宿主中进行，同时应考虑操作简便、易于培养、结果容易判断等因素。分离培养的过程如同 5.6.1 中的病毒培养一节所述，噬菌体的分离可以通过含有易感细菌的液体或者固体培养基进行。液体培养基可以扩增样本中的噬菌体，而进一步通过固体培养基产生的单个噬菌斑可以分离得到单个的具有相同基因型的噬菌体单克隆。而动物病毒则可以通过接种易感原代或者永生细胞系、鸡胚，或者易感实验动物（小鼠、兔子等）进行进一步的扩增，也可以进一步通过噬斑实验来获得基因型均一的病毒克隆。植物病毒则一般接种于植物的茎叶组织、细胞或者原生质体等进行扩增。

※ 本章小结

病毒具有特殊的形态结构、多样化的基因组核酸类型以及特别的增殖方式。作为一种专性寄生物，病毒和宿主之间存在复杂的相互作用关系。它可以引起宿主各种疾病，也会推动宿主的适应和演化，在自然界生物圈中发挥独特的重要作用。亚病毒因子是比病毒更简单的感染物。培养、分离、定量，以及研究病毒有赖于一系列专门的技术方法。

※ 推荐阅读

1. BALTIMORE D. Expression of animal virus genomes [J]. Bacteriological reviews, 1971, 35: 235-241.

David Baltimore 是逆转录病毒的发现者之一，他因此获得 1975 年诺贝尔生理学或医学奖。在这篇文章中，他提出根据病毒基因表达的路径对病毒进行分类，可以更好地反映病毒之间的系统关系。这篇文章对病毒学的发展产生深远影响。

2. TUMPEY T M, BASLER C F, AGUILAR P V, et al. Characterization of the reconstructed 1918 Spanish influenza pandemic virus [J]. Science, 2005, 310: 77-80.

1918 年暴发了一场全球性大流感（西班牙流感）。当时人们对病毒所知甚少，更谈不上分离毒株。80 多年后，研究者用分子生物学技术获得了 1918 年流感病毒的基因组序列信息。这篇文章利用这些信息重构了 1918 病毒株并开展研究，为认识流感病毒高致病性的机制提供了可能。

3. LI W, MOORE M J, VASILIEVA N, et al. Angiotensin-converting enzyme 2 is a functional receptor for the SARS coronavirus [J]. Nature, 2003, 426: 450-454.

2003 年，SARS 席卷全球多国。当年 4 月研究者确定病原体是一种新的冠状病毒（SARS-CoV）。这篇于当年 11 月发表的文章成功地鉴定了该病毒的受体 ACE2，为认识病毒的感染致病机制提供了重要的信息。

4. SHI M, LIN X-D, TIAN J H, et al. Redefining the invertebrate RNA virosphere [J]. Nature, 2016, 540 (7634): 539-543.

对于病毒的传统认知高度依赖病毒的分离培养，基因测序技术为打破这种限制提供了可能。中国科学家的这篇文章通过对野生无脊椎动物样本进行大规模高通量 RNA 测序，获得了大量病毒基因组信息，从中发现许多前所未知的病毒，很大程度上改变了人们对地球"RNA 病毒圈"的认知。

※ 开放性讨论题

1. 有人认为病毒可以感染细胞和进行增殖，所以是有生命力的；也有人认为病毒粒就是核酸和蛋白质等构成的化学颗粒，离开细胞没有活力，因此没有生命力。你怎么看？为什么？
2. 病毒在自然界广泛分布，可以感染各种生物。请讨论病毒对自然界生态平衡和生物多样性可能会有什么样的影响。

※ 复习思考题

1. 病毒粒有哪几种基本结构？形成病毒粒对病毒有什么意义？
2. 可以用哪些方法对病毒粒进行定量？它们各有什么优缺点？
3. 什么是巴尔的摩（Baltimore）病毒分类？它和病毒系统分类法有什么关系？

4. 比较病毒、类病毒、卫星病毒以及朊病毒，说明各自的特点及相互之间的差异。
5. 病毒感染有哪些主要类型？举例说明不同感染类型的病毒与人类疾病的关系。
6. 病毒入侵动物细胞和植物细胞的方式有何区别？为什么？

（钟江　魏磊）

6 微生物的营养与培养基

导语

营养是生物体从外部环境中摄取对其生命活动必需的能量和物质，以满足正常生长和繁殖需要的一种生理过程。微生物种类繁多，代谢能力多样，对营养物质的需求也不同。微生物细胞的化学组成与微生物营养物质的类别和生理作用密切相关；根据能源、碳源和电子供体的差异，可将微生物划分为五大营养类型；受营养物质的理化性质、细胞膜（包括细胞壁）结构以及细胞内外环境差异等因素影响，微生物细胞摄取营养物质存在着被动运输和主动运输的多种方式；依据培养基的配制原则与方法，可人工设计和配制多类型培养基，以实现微生物培养和应用；未培养微生物具有丰富的多样性和功能，是自然界中重要的微生物资源，亟须开发新的技术和方法来获得其纯培养物。

关键词

生命元素，营养物质，营养类型，营养物质摄取，培养基，未培养微生物

6.1 微生物细胞的化学组成

构成微生物细胞的化学元素称为生命元素（bioelement），包括碳、氧、氢、氮和其他十余种矿质元素。根据微生物生长时对各类化学元素需求量的大小，将其分为主要元素（macroelement）和微量元素（microelement），前者被称为常量元素，后者也称为痕量元素（trace element）。主要元素中，碳、氮、氧、氢、磷和硫这6种元素可占微生物细胞干重的97%，构成了细胞中的糖类、脂质、核酸和蛋白质；镁和钾通常作为酶的辅助因子（co-factor），而钙通常作为调节信号分子，在细菌芽孢耐热性方面也起到重要作用。微量元素是指那些在微生物生长过程中起重要作用，而机体对这些元素的需求量微小的元素，主要包括锌、锰、氯、钼、硒、钴、铜、钨、镍和硼等，有些微量元素还可作为酶或辅助因子的组分辅助催化反应，维持蛋白质结构的稳定，例如 Zn^{2+} 是一些酶活性中心的组成部分，Mo^{2+} 是生物固氮作用所必需的离子。

各种微生物细胞的化学组成基本相似，但组成微生物细胞的各类化学元素的比例会因微生物的种类、菌龄和生长条件的不同而在一定范围内发生变化。如碳、氮、氧、氢、磷、硫这6种常量营养元素约占微生物细胞干重的97%，但在细菌、酵母菌和霉菌中的比例具有差异（表6-1）。某些细菌，如硫细菌、铁细菌和海洋细菌，其细胞中分别含有较多的硫、铁、钠和氯。处于不同菌龄的微生物细胞，其化学元素的含量和相互比例也会发生变化，细菌在对数生长期往往具有较高的氧含量，而在稳定期氧和碳元素之间的比值较低；大肠杆菌在对数生长期时具有较高的氮碳比，而需钠弧菌（*Vibrio natriegens*）在对数生长期和稳定期的氮碳比没有明显区别。培养基的组成也能影响微生物细胞化学元素的含量，如生长在富含氮源培养基中的细胞相对于生长在贫氮培养基中的细胞具有更高的氮含量。

表6-1 微生物细胞中几种常量营养元素的含量（干重百分比/%）

元素	细菌	酵母菌	霉菌
碳	50~53	45~50	40~63
氮	12~15	7~12	7~10
氧	~20	~30	~40
氢	~8	~7	~7
磷	~3	–	–
硫	~1	–	–

微生物细胞中的各种元素主要以水、有机物、无机物形式存在。水通常占细胞湿重的70%~90%，有机物主要包括蛋白质、糖类、脂质、核酸、维生素以及它们的降解产物和一些代谢产物等物质，无机物是指与有机物相结合或游离存在于细胞中的无机盐等物质。

生命化学以水为基础，水是微生物细胞中含量最高的成分。细胞的含水量为细胞湿重（wet weight）与干重（dry weight）之差，常以百分率表示：（湿重 – 干重）/ 湿重 ×100%。将细胞表面残留水分尽量除去后所得的质量即为湿重，以每升培养液中所含有的细胞质量（g/L）表示。由于细胞在收集过程中会聚集成团，细胞表面以及细胞与细胞之间的水分除去程度不同，从而对测定结果带来误差，一般未完全去除水分占湿重的 10%。将一定质量的鲜细胞，在 105℃高温下，或在低温（60℃）真空下干燥，或红外线快速干燥至恒重，测出细胞干重，通常以 g/L 或 mg/mL 表示。高温干燥法易导致细胞物质分解，故一般采用后两种方法。微生物细胞含水量因微生物种类和生长期以及所处环境有所不同，通常细菌的含水量为细胞湿重的 75%～85%，酵母菌为 70%～85%，丝状真菌为 85%～90%，而休眠细胞的含水量通常低于正在生长的营养细胞，细菌芽孢含水量约为 40%，霉菌孢子含水量约为 38%，某些曲霉的分生孢子的含水量可低至 20%。有文献报道，酵母菌在 20℃生长时，细胞含水量可达 91%，在 43℃生长时细胞含水量则为 74%。此外，大肠杆菌在适合的培养条件下，每升培养液可产生 25～30 g 干细胞，酵母菌可产生 40 g 以上干细胞。近年来，采用高密度培养技术，可达到 120 g/L 干酵母的产量。细胞内的水可分为两种类型：一种是游离水（自由水），具有正常水的性质；另一种是结合水，其性质发生了某些变化，如不易挥发，不具流动性、不能作为溶剂等。

细胞有机物的组成随着微生物的种类（表 6-2）、生长阶段的不同而发生变化。根据有机物在微生物细胞中的作用可将其分为三类：一是结构物质，包括高分子的蛋白质、多糖、核酸和脂质等，它们是细胞壁、细胞核、细胞质和细胞器等的主要组成成分；二是贮藏物质，包括存在于细胞内的多糖和脂质，如淀粉、糖原、脂肪等；三是代谢底物和产物，包括存在于细胞内的糖、氨基酸、核苷酸、有机酸和维生素等低分子量化合物，它们既是细胞内同化成高分子化合物的前体，也是进一步分解代谢的中间产物，有些还能以次级代谢产物的形式积累于细胞内或分泌到环境中。有机物成分分析一般采用化学法直接抽提细胞内的各种有机成分，然后进行定性和定量分析；也可对细胞破碎后获得的亚显微结构进行化学成分的分析。无机物成分分析一般是将恒重的干燥细胞进一步在高温炉（550℃）中焚烧，所得到的灰分物质是各种无机元素的氧化物，称为灰分（ash constituent）。采用无机化学分析的方法可定性和定量分析各种元素在灰分中的含量。通常，在灰分物质中，磷的含量最高（表 6-3），大部分微生物的磷氧化物含量可达总灰分的 50%，其次为 K、Mg、Ca、S、Na、Fe 等。此外，还有极微量的 Cu、Mn、Zn、B、Mo、Si 等元素。

表 6-2　微生物细胞主要有机成分含量（干重百分比 /%）

成分	细菌	酵母菌	霉菌
蛋白质	50～80	32～75	14～52
核酸	10～20	6～8	1～2
糖类	12～28	27～63	7～40
脂质	5～20	2～15	4～40

表 6-3　微生物细胞物质中灰分元素含量的百分比 /%

灰分物质	固氮菌	乙酸细菌	酵母菌	霉菌
P_2O_5	4.95	2.71	3.54	4.85
SO_3	0.29	–	0.04	0.11
K_2O	2.41	1.28	2.34	2.81
Na_2O	0.07	0.16	–	1.12
MgO	0.82	0.48	0.43	0.38
CaO	0.89	0.64	0.38	0.19
Fe_2O_3	0.08	0.62	0.04	0.16
SiO_2	–	0.04	0.09	0.04
CuO	–	0.10	–	–

6.2　微生物的营养物质

营养（nutrition）是指生物体从外部环境中摄取对其生命活动必需的能量和物质，以满足正常生长和繁殖需要的一种最基本的生理功能。生物必须从外界摄取营养物质，以获取能量及合成自身细胞组分。营养物质（nutrient substance）是指环境中存在的能满足微生物生长、繁殖和进行各种生理活动所需的物质，是微生物生命活动的物质基础。构成微生物细胞的各种化学元素都来源于微生物所生存的环境，它们存在的形式分为无机物和有机物，存在的状态可以是固体、溶解于水的离子和有机物、气态分子。根据营养物质在机体中的主要生理作用，将其分为六大类：碳源（carbon source）、氮源（nitrogen source）、能源（energy source）、无机盐（mineral salt）、生长因子（growth factor）和水。

6.2.1　碳源

地球上已知的生物都是碳基生物，碳元素可占微生物细胞干重的 50%，是最重要的营养元素。凡是能为微生物生长提供所需碳元素的营养物质都称为碳源（carbon source）。碳源物质通过微生物的分解利用，不仅为菌体本身的生物合成提供碳架来源，还可为生命活动提供能量，因此，碳源往往也可作能源。微生物细胞物质及其代谢产物几乎都含有碳，所以碳是微生物细胞需要量最大的元素，又称大量营养物质（macronutrient）。

微生物可利用的碳源范围称作碳源谱（spectrum of carbon sources）。微生物的碳源谱极其广泛，从简单的无机碳化合物（CO、CO_2、$NaHCO_3$、$CaCO_3$）到复杂的天然有机含碳化合物，可利用的有机含碳化合物约有 700 万种（表 6-4）。碳源可分为无机碳和有机碳两大类。由于碳源在微生物生长中所处的重要地位，根据微生物所需碳源的类型，将微生物的营养类型分为自养型（autotroph）和异养型（heterotroph）。自养型微生物能以无机碳作为唯一或主要碳源，并利用从光能或无机物的氧化获得的能量，将无机碳还原为糖类，进而转化为复杂的多糖、类脂、蛋白质和核酸等细胞物质；异养型微生物必须利用有机碳源，通过代谢作用为机体提供碳素来源。此外，大多数有机碳源物质还能为机体生长提供能量来源，因此这些有机碳源也被称为双功能营养物（difunctional nutrient）。

表6-4 微生物的碳源谱

类型	构成元素	化合物	培养基原料
无机碳	C、O	CO、CO_2	CO、CO_2
	C、O、X*	$NaHCO_3$、$CaCO_3$等	$NaHCO_3$、$CaCO_3$、白垩等
有机碳	C、H	碳氢化合物	烃类、苯、天然气、石油、石蜡等
	C、H、O	糖、有机酸、醇类、脂质等	葡萄糖、蔗糖、淀粉、糖蜜、纤维素、甘油、有机酸、脂肪酸等
	C、H、O、N	多数氨基酸、简单蛋白质等	一般氨基酸、明胶等
	C、H、O、N、X	复杂蛋白质、核酸等	牛肉膏、蛋白胨、花生饼粉、豆粕等

*X：指除C、H、O、N的任何其他一种或多种元素。

根据元素组成，最简单的碳源是单质碳，然而自然界还没有发现能够直接利用单质碳的微生物。无机碳中的CO_2、$NaHCO_3$、$CaCO_3$等，碳原子已经被完全氧化，在自养型微生物中被用作电子受体。CO可继续被氧化为CO_2，为硫酸盐还原菌（sulphate-reducing bacteria）等提供能量。最简单的有机碳类化合物是碳氢化合物，包括烷烃、烯烃、炔烃、苯、天然气、石油和石蜡等。能利用此类化合物的微生物被称为烃类降解菌（hydrocarbon-degrading bacteria），主要分布于假单胞菌属（*Pseudomonas*）、芽孢杆菌属（*Bacillus*）、棒状杆菌属（*Corynebacterium*）、葡萄球菌属（*Staphylococcus*）、链球菌属（*Streptococcus*）、志贺菌属（*Shigella*）、产碱杆菌属（*Alcaligenes*）等10个菌属，芽孢杆菌是最有效的碳氢化合物降解菌。

对于异养型微生物而言，最适作为碳源的是含C、H、O原子的有机碳，其中糖类是最被广泛利用的碳源，其次为醇类、有机酸和脂质。在糖类中，单糖优于双糖和多糖，己糖优于戊糖，葡萄糖、果糖优于甘露糖和半乳糖，淀粉明显优于纤维素和几丁质等同多糖，同多糖明显优于琼脂和木质素等杂多糖。实验室中常用的碳源有：葡萄糖、果糖、蔗糖、淀粉、甘露糖、甘油、有机酸等。微生物工业发酵所利用的主要碳源有：糖蜜（制糖工业副产品）、淀粉（山芋粉、玉米粉、面粉、麸皮、米糠、野生植物淀粉）等。氨基酸、牛肉膏、蛋白胨等虽然也能为微生物提供碳元素，但用作碳源不够经济，一般将其作为氮源使用。

不同微生物的碳源谱有很大的区别。某些微生物碳源谱很广，例如，假单胞菌属的某些种可以利用90余种不同类型的有机化合物作为碳源。而某些微生物则非常挑剔，只能利用少数含碳化合物。甲基营养型细菌只能利用甲醇和甲烷等一碳化合物作为碳源，产甲烷菌仅能利用 CO_2 和少数一碳或二碳化合物。虽然糖类物质通常是许多微生物最容易利用的碳源与能源物质，但是微生物对不同糖类物质的利用也有差别，例如，在葡萄糖和乳糖并存的培养基中，大肠杆菌优先利用葡萄糖（称为速效碳源），然后利用乳糖（称为迟效碳源），呈现二次生长现象。

6.2.2 氮源

凡是为微生物生长繁殖提供氮元素的营养物质称为氮源（nitrogen source）。氮元素在微生物细胞中的含量仅次于碳和氧元素，是构成蛋白质和核酸等物质的主要成分，氮占细菌干重的 12%～15%，故与碳源相似，氮源也是微生物的主要营养元素。

微生物可利用的氮源范围称作氮源谱（spectrum of nitrogen source）。微生物的氮源谱也非常广泛，分为无机氮和有机氮两类（表 6-5）。在自然界中，氮元素呈现多种价态，从 +5 价氧化态的硝酸盐到 -3 价还原态的铵。处于各价态的氮都可作为微生物的氮源，所以，微生物在地球的氮素循环中处于重要地位。一部分微生物是不需要利用氨基酸作氮源的，它们能把尿素、铵盐、硝酸盐甚至氮气等简单氮源自行合成所需要的一切氨基酸，因而可称为氨基酸自养型生物（amino acid autotroph）；反之，凡需要从外界吸收氨基酸作氮源的微生物，称为氨基酸异养型生物（amino acid heterotroph）。

表 6-5 微生物的氮源谱

类型	构成元素	化合物	培养基原料
无机氮	N	N_2	空气
	N、O	硝酸盐等	KNO_3 等
	N、H	NH_3、铵盐等	$(NH_4)_2SO_4$、氨水等
有机氮	N、C、H、O	尿素、一般氨基酸等	尿素、蛋白质、明胶等
	N、C、H、O、X*	复杂蛋白质、核酸等	牛肉膏、酵母膏、花生饼粉、豆粕等

X*：指除 C、H、O、N 的任何其他一种或多种元素。

最简单的氮素化合物为 N_2，固氮微生物（nitrogen-fixing organism，diazotroph）通过其固氮酶系统将空气中的氮分子还原为 NH_3，再进一步合成各种有机氮化合物。固氮微生物广泛分布于细菌和古菌，包括能够独立生活的脱硫弧菌属（*Desulfovibrio*）、产甲烷球菌属（*Methanococcus*）、梭菌属（*Clostridium*）、克雷伯菌属（*Klebsiella*）、固氮菌属（*Azotobacter*）、红杆菌属（*Rhodobacter*）、蓝细菌（cyanobacteria）等，以及与豆科植物共生的根瘤菌属（*Rhizobium*）。由于固氮酶系能被氧分子不可逆失活，同时受铵的可逆抑制［铵开关（ammonium switch）］，所以微生物的固氮反应需要在无氧或低氧分压环境中进行，同时环境中应缺乏铵（盐）分子。自然界中处于氧化态的无机氮源主要是硝酸盐，如 KNO_3 等，可被细菌、霉菌等吸收，还原为 NH_4^+ 后用于生物合成。生物体在能量代谢中将其他形式的无机氮转化为 NH_4^+ 的过程称为反硝化作用（denitrification），反之则是硝化作用（nitrification）。以硝酸盐为氮源培养微生物时，NO_3^- 被吸收导致培养基 pH 升高，因而称为生理碱性盐（physiologically alkaline salt）。还原态的无机氮源主要是铵盐，如 $(NH_4)_2SO_4$，其 NH_4^+ 被细胞吸收后直接利用，因而 $(NH_4)_2SO_4$ 等铵盐一般被称为速效氮源。以 $(NH_4)_2SO_4$ 为氮源培养微生物时，NH_4^+ 被吸收导致培养基 pH 降低，因而称为生理酸性盐（physiologically acid salt）。为避免培养基 pH 变化对微生物生长造成的不利影响，需要在培养基中加入缓冲物质，或者添加酸或碱，使 pH 维持在恒定的范围内。

尿素是最简单的有机氮源，可被固氮微生物以及一些细菌、真菌用作氮源，但是对某些植物和人类病原菌，如新型隐球菌（*Cryptococcus neoformans*）、粗球孢子菌（*Coccidioides immitis*）、幽门螺杆菌（*Helicobacter pylori*）、奇异变形杆菌（*Proteus mirabilis*），则是一种毒力因子。其他有机氮源主要是动植物及微生物来源的蛋白质和核酸及其不同程度的加工物和降解产物（牛肉膏、酵母膏、玉米浆、蛋白胨、氨基酸等有机氮化合物）。这些有机氮源需要被降解为基本结构单元（氨基酸、核苷酸）才能被微生物利用。玉米浆中的有机氮主要以降解产物——氨基酸的形式存在，可被微生物快速吸收利用，作用速度快，因此是速效氮源。而花生饼粉、豆粕等中的有机氮以大分子形式存在，需要降解为肽和氨基酸才能被微生物吸收利用，作用速度慢，因此是迟效氮源。速效氮源和迟效氮源分别在菌体生长和代谢产物的形成中发挥了不同的作用，两种氮源的配制比例对工业微生物具有重要影响。

6.2.3 能源

为微生物生命活动提供最初能量来源的物质称为能源（energy source），可分为两类：光能和化学能。以光能为能量来源的微生物称为光能营养型生物（phototroph），如藻类、蓝细菌、绿硫细菌、红螺菌等。这些微生物细胞中含有叶绿素或菌绿素（bacteriochlorophyll），能够捕捉光能，将其转化为化学能供细胞代谢。需要指出的是，叶绿素和菌绿素的最大吸收波长不同，不同光合细菌的菌绿素分子结构也有差异，从而导致最大吸收波长不同，这种结构多样性使不同光合细菌可共存于同一生态环境。紫色的嗜盐古菌属（*Halobacterium*）在厌氧光照条件下能够产生一种对光线敏感的膜蛋白——菌视紫红质（bacteriorhodopsin），与视网膜中的视紫红色素相似。菌视紫红质能够捕捉光能，将细胞内的质子泵出胞外，胞外高浓度的质子扩散进入胞内的过程中驱动 ATP 合酶（ATP synthase）合成 ATP。菌视紫红质的吸收波长为 500~650 nm，最大吸收波长为 568 nm。

绝大多数微生物的能量来源是化学能，能提供化学能的化合物包括无机物和有机物。处于还原态的无机物，如 NH_3、NH_4^+、NO_2^-、S、H_2S、H_2、Fe^{2+} 等，在氧化过程中释放能量。能够利用这些无机物氧化所释放的能量的微生物都是细菌和古菌，称为化能无机营养型生物（chemolithotroph），如亚硝酸细菌、硫化细菌、硫细菌、氢细菌、铁细菌等。利用有机物氧化作为能量来源的生物称为化能有机营养型生物（chemoorganotroph），为微生物提供能量的有机物主要是糖类，在生物氧化过程中为微生物提供能量。虽然含氮类有机物，如蛋白质、核酸也能为微生物提供能量，但是在微生物培养中一般不作为能量物质使用。

6.2.4 无机盐

无机盐（inorganic salt）是除碳源、氮源、能源外，微生物生长繁殖提供必不可少的矿物营养元素。无机盐在细胞中的主要生理功能有：构成酶的组成成分、维持生物大分子和细胞结构的稳定性、调节并维持细胞的渗透平衡、控制细胞的氧化还原电位和作为某些微生物的能源物质等。依据微生物生长繁殖对无机盐需求量的大小，可分为常量营养元素和微量营养元素两类。常量营养元素所需浓度为 $10^{-4} \sim 10^{-3}$ mol/L，如 P、S、K、Ca、Mg 等；微量营养元素所需浓度在 $10^{-8} \sim 10^{-6}$ mol/L 范围，如 Cu、Zn、Mn、Co 等。当然，这是为了工作方便而人为划分的，不同种微生物所需要无机元素浓度有时差别很大，例如，G^- 细菌所需 Mg 就比 G^+ 细菌约高 10 倍。

① 磷（P）。磷是细胞合成核酸、磷脂、重要辅酶、ATP 的基本原料，任何微生物的生长都不能离开磷元素。微生物可利用的磷营养物为各种无机磷酸盐以及含磷有机物。磷酸盐在培养基中还起到了缓冲剂的作用。培养基配制中常用 K_2HPO_4 和 KH_2PO_4 作为微生物的磷源，并起到了调节培养基 pH 的作用。

② 硫（S）。硫是某些氨基酸（甲硫氨酸、半胱氨酸）、维生素（维生素 B_1、生物素、硫辛酸）、辅酶 A 的组成成分，在某些微生物基因组中修饰 DNA。还原态硫化合物是某些化能营养型微生物的能源物质（电子供体），氧化态硫化合物则是硫酸盐还原菌的电子受体。硫元素在自然界中以多种价态存在，如单质硫、还原态的金属硫化物和硫化氢、氧化态的亚硫酸盐和硫酸盐及含硫有机物。各价态的含硫化合物都能被不同微生物所吸收利用，多数微生物细胞以无机硫化合物为硫源，如硫酸盐和硫化物。

③ 钾（K）。所有生物都需要钾离子。钾在蛋白质合成中发挥重要作用，是一些酶的激活剂；可影响细胞膜的透性，进而影响物质的跨膜运输；钾离子还在维持细胞内外的电位差和渗透压中发挥了重要作用。自然界中的钾一般以离子形式存在于矿物和海水中，培养基中以各种钾盐形式添加。

④ 钙（Ca）。钙在维持微生物细胞壁的稳定性和芽孢的热稳定性方面起到了重要作用，是某些原生动物（如孔虫目、放射虫）外壳的组分（$CaCO_3$ 形式），是某些胞外酶和蛋白酶的激活剂。但是，对于很多微生物的生长来说，钙不是必需营养物，培养基配制中以钙盐方式添加。

⑤ 镁（Mg）。镁对核糖体、细胞膜和核酸起到了稳定作用，是一些酶的辅助因子、激活剂或调节剂，比如己糖磷酸化酶、异柠檬酸脱氢酶、核酸聚合酶等的活性中心组分。通常以镁盐，如 $MgCl_2$、$MgSO_4$ 的形式加入培养基。

⑥ 钠（Na）。钠离子主要与膜的活性有关，参与了某些类型的运输作用，另外与

维持细胞内渗透压有关。并不是所有微生物的生长都需要钠离子，通常海洋微生物的生长需要较高浓度的钠离子。钠离子的存在方式和培养基添加方式与钾离子相似。

⑦ 铁（Fe）。铁是细胞色素（cytochrome）以及电子传递中的铁硫蛋白（iron-sulfur protein）的组分，因而在细胞呼吸中具有重要作用。另外，铁还是某些铁细菌的能源物质。自然界中，在无氧条件下，铁通常以 +2 价可溶状态存在；而在有氧条件下，铁通常以 +3 价不溶性的矿物形式存在。在培养基中通常根据培养菌种的需要添加 $FeCl_3$、$FeSO_4$，或者铁离子螯合物。

微量元素主要是一些金属元素，它们在微生物的生长过程中需求量极其微小，但是所起到的作用非常重要，通常是酶的组成成分或者作为辅因子使酶活化（表 6-6）。如果缺乏微量元素，常常导致微生物的生长停止或生理活性降低。微生物的种类不同，对微量元素需求的种类和需求量也不相同。许多微量元素是重金属，过量会对机体产生毒害作用。在天然有机物、水、培养器皿和化学试剂中往往含有足够满足微生物生长所需的微量元素，一般没有特殊原因，配制培养基时没有必要加入。

除了常量元素和微量元素外，一些具有特殊形态结构和在特殊环境下生长的微生物具有特殊的矿质元素要求。例如，硅藻需要硅酸（H_2SiO_3）来合成其富含二氧化硅（SiO_2）的细胞壁；一些生活在盐湖和海洋中的嗜盐菌则需要在高浓度钠离子（Na^+）存在的情况下正常生存。

表 6-6　微生物所需微量元素及其主要生理功能

元素	生理功能
铜（Cu）	是一些酶的辅因子，还存在于电子传递系统中的铜蛋白、一些超氧化物歧化酶
锌（Zn）	存在于碳酸酐酶、乙醇脱氢酶、RNA 和 DNA 聚合酶和一些 DNA 结合蛋白
锰（Mn）	是一些酶的激活剂，存在于特定超氧化物歧化酶、水裂解酶（蓝细菌）
钴（Co）	存在于维生素 B_{12}、转羧基酶（丙酸杆菌）
钼（Mo）	存在于固氮酶、硝酸盐还原酶、亚硝酸盐氧化酶、含核黄素的酶以及一些甲酸脱氢酶
镍（Ni）	存在于氢化酶（氢细菌）、辅酶 F_{340}（产甲烷菌）、一氧化碳脱氢酶（产甲烷菌，红螺菌等）、脲酶
硒（Se）	存在于甲酸脱氢酶、硒代半胱氨酸和一些氢化酶
钨（W）	存在于一些甲酸脱氢酶、氧转移酶（超嗜热微生物）
钒（V）	存在于钒固氮酶、溴代过氧化物酶

6.2.5　生长因子

生长因子（growth factor）是某些微生物生长所必需，但其自身又不能合成或合成量不足，需外界提供的微量有机化合物。根据其化学结构和在机体中的生理功能分为维生素、氨基酸、嘌呤和嘧啶 3 大类。维生素是微生物生长最常需要的生长因子，其主要功能是作为酶的辅基或辅酶成分。主要维生素的功能见表 6-7，其中许多微生物

生长都需要维生素 B_1、B_6、B_{12} 和生物素（biotin）。不同微生物合成氨基酸的能力差别很大。有些细菌，如大肠杆菌自身能合成全部氨基酸，不需补充；有些细菌，如伤寒沙门菌能合成所需的大部分氨基酸，只需补充色氨酸；但也有些细菌合成氨基酸能力极弱，如肠膜明串珠菌（*Leuconostoc mesenteroides*）需外界提供 17 种氨基酸和多种维生素才能生长。嘌呤和嘧啶主要用于合成核酸和构成辅酶成分，所以处于旺盛生长阶段的微生物需要较高浓度的嘌呤和嘧啶。此外，某些小分子有机物，如脂肪酸、卟啉、甾醇、胆碱等，是某些微生物生长需要而自身不能合成的物质，这些小分子有机物可被认为是广义的生长因子。

表 6-7 主要维生素的生理功能

维生素	生理功能
维生素 B_1（thiamine）	脱羧酶、转酮酶、转醛酶的辅基，参与氧化脱羧和酮基转移
维生素 B_6（pyridoxine）	氨基酸消旋酶、脱羧酶、转氨酶的辅基
维生素 B_{12}（cobalamin）	钴酰胺辅酶，与甲硫氨酸和胸腺嘧啶核苷酸的合成和异构化有关
生物素（biotin）	羧化酶辅基，与脂肪酸合成、脱羧、某些 CO_2 固定有关
叶酸（folic acid）	辅酶 F（四氢叶酸），与核酸合成有关
硫辛酸（lipoic acid）	辅酶，在丙酮酸和 α- 酮戊二酸脱羧中参与酰基转移
烟酸（nicotinic acid）	NAD^+ 前体，氧化还原反应中转移电子
泛酸（pantothenic acid）	辅酶 A 前体，活化酰基及酰基衍生物
核黄素（riboflavin）	FMN 前体，与黄素蛋白的电子转移有关

按微生物对生长因子的需要，可将微生物分为三种类型：①生长因子自养型微生物（auxoautotroph），指能自行合成生长因子，不需从外界补充生长因子的微生物。②生长因子异养型微生物（auxoheterotroph），指自身缺乏合成一种或多种生长因子的能力，需外源提供所需生长因子才能生长的微生物。③生长因子过量合成型微生物，指在代谢活动中向细胞外分泌大量的维生素等生长因子，可用于生产维生素的一类微生物。能提供丰富生长因子的天然物质有：酵母膏、牛肉膏、麦芽汁、玉米浆、新鲜动植物组织或细胞浸液和微生物生长环境的浸提液等。

6.2.6 水

除蓝细菌等少数光能自养型微生物能利用水中的氢来还原 CO_2 合成糖类外，其他微生物并非真正把水当作营养物质。即使如此，由于水在微生物代谢活动中的不可缺少性，故仍应作为营养要素来考虑。

水是生命活动不可缺少的物质，在微生物细胞中通常占湿重的 70%～90%。水的主要生理功能为：

① 水是良好的溶剂，原生质溶胶状态的保持、营养物质的吸收、代谢产物的分

泌、大多数生化反应的进行都必须以水为介质。

② 水的比热高，是良好的热导体，能有效地吸收代谢过程释放的热量，控制细胞内的温度变化。

③ 保持 DNA、蛋白质以及细胞器结构的稳定性。

④ 维持细胞的正常形态。

水以结合水和游离水两种状态存在，微生物细胞内游离水与结合水的比例大约为 4∶1，两者的生理功能有所不同。结合水是水与溶质或其他分子形成的水合物，不能被微生物利用。游离水是可被微生物利用的水，一般用水活度（water activity，a_w）来表示（见 6.5.1）。

6.3　微生物的营养类型

微生物种类繁多，其营养需求复杂。根据微生物的营养需求不同，特别是其能源、碳源和电子供体的差异，可将微生物分成不同的营养类型。微生物将能源通过产能代谢形成一系列含有高能磷酸键（酸酐键）或硫酯键的化合物，如 ATP、ADP、乙酰–CoA、磷酸烯醇式丙酮酸、乙酰磷酸等，这些高能化合物作为自由能捕获器在产能代谢中保存了能量，其水解即可释放能量。ATP 是细胞中的通用能源，是一种动态高能分子，它不断被利用以满足各种生命活动，并通过产能代谢继续合成。根据微生物利用的能源种类不同，可将微生物的营养类型分为光能营养型（phototroph）和化能营养型（chemotroph）（图 6-1）。光能营养型以光能为能源，通过光合磷酸化作用将

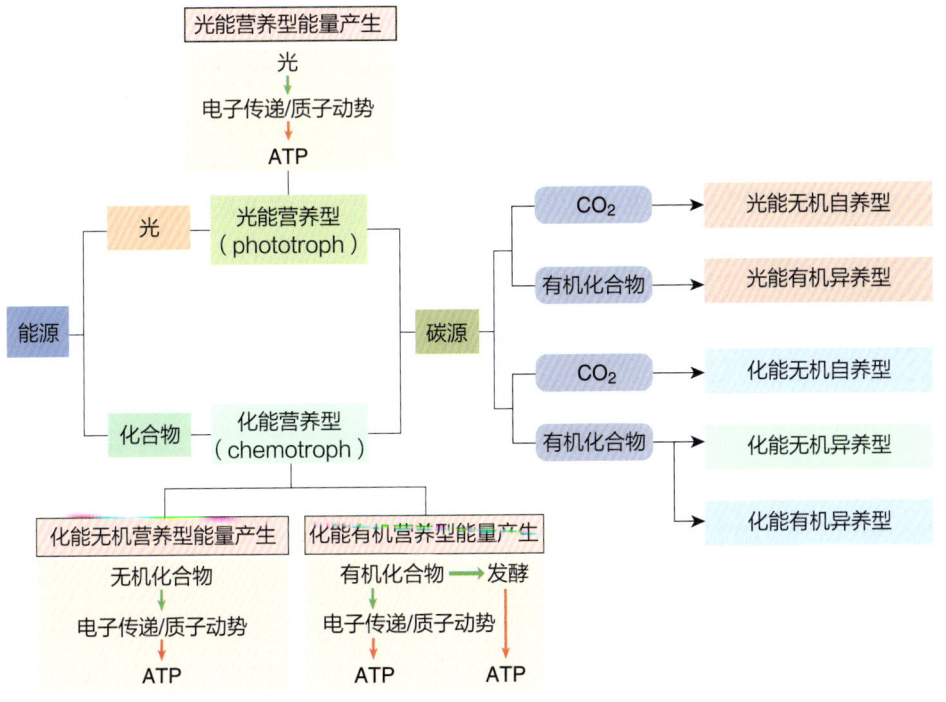

图 6-1　微生物营养类型的多样性

光能转变为化学能 ATP 等。化能营养型以化学能为能源，利用化合物的氧化还原反应形成 ATP 等。

无论是光能营养型还是化能营养型，所有微生物的生长都需要大量的碳源。根据微生物所需要的碳源种类不同，可将微生物的营养类型分为自养型（autotroph）和异养型（heterotroph）。

6.3.1 自养型

自养型使用无机碳（如 CO_2）为唯一碳源，结合其所需的能源种类又可分为光能无机自养型和化能无机自养型（图 6-1）。

① 光能无机自养型，利用光能产生 ATP，并将 CO_2 还原为细胞物质。CO_2 固定需要的还原力 NADH（或 NADPH）等需要使用环境中的无机物为电子供体，如藻类和蓝细菌的产氧光合作用（oxygenic photosynthesis）使用 H_2O 为电子供体，细菌和古菌的不产氧光合作用（anoxygenic photosynthesis）使用 H_2、H_2S、S、Fe^{2+} 或 FeS 等为电子供体。

② 化能无机自养型，利用无机化合物如 H_2、H_2S、NH_3/NH_4^+、NO_2^- 或 Fe^{2+} 等的氧化产能，通过电子传递形成的质子动势驱动 ATP 合酶合成 ATP，并将 CO_2 还原为细胞物质。

6.3.2 异养型

异养型使用有机化合物为碳源（不能以 CO_2 作为主要或唯一碳源），结合其所需的能源种类又可分为光能有机异养型（photoorganoheterotroph）、化能有机异养型（chemoorganoheterotroph）和化能无机异养型（chemolithoheterotroph）（图 6-1）。

① 光能有机异养型，以光能为能源和以有机化合物为碳源。例如，紫色非硫细菌（purple nonsulfur bacteria）通常以光为能量来源，通过不产氧光合磷酸化作用产生 ATP，并能利用广泛的有机化合物为碳源，包括有机酸、氨基酸、醇、糖，甚至苯甲酸或甲苯等芳香化合物；阳光杆菌（*Heliobacteria*）是具有 FeS 型光合系统并产生独特色素菌绿素 g（bacteriochlorophyll g）的不产氧光能营养的严格厌氧菌，能够使用多种有机化合物为碳源，包括丙酮酸、乳酸、乙酸或丁酸；某些蓝细菌在光照条件下，也可利用一些简单的有机化合物如葡萄糖、乙酸等为碳源。

② 化能有机异养型，以有机化合物为能源和碳源，通过发酵或呼吸产能方式形成 ATP 等，并利用有机化合物的分解代谢产生的能量、还原力和小分子化合物进行细胞物质的合成。绝大多数自然界中存在的和实验室培养的真菌、细菌和古菌等均为化能有机异养型。

③ 化能无机异养型也称为混合营养型（mixotroph），利用无机化合物的氧化产生能量，但缺乏自养生长的能力，需要利用有机化合物为碳源。例如，硫氧化细菌

贝日阿托氏菌属（*Beggiatoa*）的大多数种可以从无机硫化合物的氧化中获得能量，但由于缺乏卡尔文循环的酶，因此需要有机化合物作为碳源；某些非寄生的弓形菌（*Arcobacter*）可氧化无机硫化合物并偶联硝酸盐还原反应或反硝化作用，但并不固定 CO_2，而是同化乙酸生长，从而将异养生长与硫化物氧化和反硝化作用结合起来。无机物氧化产生的能量增强了化能无机异养型微生物的异养生长，增加了其比摩尔生长产量，从而使细胞更有效地吸收有机化合物中的碳以积累生物质或形成产物，对于生态系统中的物质循环和环境中的污染物降解等具有重要的意义。

综上所述，根据微生物对能源、碳源和电子供体的需求，可将微生物的营养类型分为光能无机自养型（photolithoautotroph）、光能有机异养型（photoorganoheterotroph）、化能无机自养型（chemolithoautotroph）、化能有机异养型（chemoorganoheterotroph）和化能无机异养型/混合营养型（chemolithoheterotroph/ mixotroph）（表6-8）。

需要明确的是，微生物的营养类型的界限并非绝对。例如，绿色非硫细菌（green nonsulfur bacteria）在光能异养时生长得最好，此时它们利用简单有机化合物同时作为碳源和光合作用的电子供体，它们也可利用 H_2 或 H_2S 为电子供体进行光合作用，并固定 CO_2 进行光能自养生长，它们中的大多数也可通过多种有机碳源的有氧呼吸在黑暗中良好生长；阳光杆菌能够以光为能源，并使用多种有机化合物（包括丙酮酸、乳酸、乙酸或丁酸）为碳源进行光能异养生长，但它们也可以通过丙酮酸发酵在黑暗中化能异养生长；有些蓝细菌在黑暗中也可以利用葡萄糖和蔗糖为能源和碳源进行化能有机异养生长；大多数氢氧化细菌是化能无机营养型，通过氢的氧化和卡尔文循环固定 CO_2 进行生长，但当环境中存在易于使用的有机化合物如葡萄糖等时，它们细胞内的卡尔文循环合成途径和氧化 H_2 产生能量的氢酶（hydrogenases）会被抑制，它们即转为化能有机营养型；化能无机营养型的好氧硝化细菌，可通过氧化亚硝酸产生能量，并利用卡尔文循环固定 CO_2 自养生长，该类菌在固定 CO_2 时需要消耗 ATP 和还原力 NADH，而 NADH 是通过消耗能量的反向电子流产生的，这给已经是相对较低效

表6-8 微生物的营养类型及其特点

营养类型	能源	碳源	电子供体	代表菌
光能无机自养型（photolithoautotroph）	光能	CO_2	H_2、H_2S、S、Fe^{2+}、FeS、H_2O	蓝细菌，紫硫细菌，藻类
光能有机异养型（photoorganoheterotroph）	光能	有机物	有机物	紫色非硫细菌，阳光杆菌，蓝细菌
化能无机自养型（chemolithoautotroph）	化学能（无机物的氧化）	CO_2	H_2、H_2S、NH_3、NH_4^+、NO_2^-、Fe^{2+}	氢细菌，硫杆菌，硫化细菌，硝化细菌，铁细菌
化能有机异养型（chemoorganoheterotroph）	化学能（有机物的氧化）	有机物	有机物	原生动物，真菌，大多数非光合细菌和古菌
化能无机异养型（chemolithoheterotroph）	化学能（无机物的氧化）	有机物	$S_2O_3^{2-}$、H_2S、S	贝日阿托氏菌（*Beggiatoa*），弓形菌（*Arcobacter*）

率的亚硝酸氧化产能系统带来了额外的负担，因此，这种尤其严重的能量限制可能导致了大多数硝化细菌都具有替代的能量产生机制，即它们能够利用葡萄糖和其他一些有机化合物进行化能有机营养生长。微生物在不同环境条件下的营养类型的变化，充分体现了微生物代谢途径的多样性、营养类型的灵活多变性和重要的生态价值。

6.4 营养物质进入细胞的方式

微生物细胞是一个由细胞膜（外层一般有细胞壁）包裹的相对封闭的、内含细胞质和各种细胞器（真核微生物）的整体。在微生物生长过程中，需要不断从外界吸收营养物质供给细胞内新陈代谢系统，才能保障微生物的正常生长与繁殖。营养物质进入微生物细胞的过程中需要跨过细胞与外界"隔离"的屏障——细胞膜（包括细胞壁）。影响物质跨越屏障可归结为以下3个因素。

① 营养物质自身的物理化学性质。那些分子量小的、极性小的、脂溶性大的营养物质容易透过细胞膜，一般电中性的营养物质容易被机体吸收。

② 屏障的性质。包括细胞壁的结构和化学组成，细胞壁外的荚膜、黏液层，细胞膜及膜上与物质运输相关的功能元件等。微生物种类不同，其细胞壁的组成和结构有较大差异，对物质的跨越也有不同的影响。对许多革兰氏阳性细菌来说，分子量超过 10 000 的葡聚糖不能透过其细胞壁，而酿酒酵母（*Saccharomyces cerevisiae*）的细胞壁只允许分子量低于 4 500 的物质透过。细胞膜是脂质双分子层的半透膜（某些古菌具有独特的单分子层膜），允许水分子自由通过；细胞膜上由非特异性孔蛋白（porin）形成的通道可以允许一些低分子量可溶性营养物质通过，而细胞膜上由特异性孔蛋白构成的通道以及镶嵌在膜上的载体蛋白又赋予膜对物质运输的选择性功能。

③ 细胞内外环境差异。包括细胞内外的水活度、溶质类型及浓度、pH 等物理化学因素的差异。pH 和离子强度影响了营养物质的电离程度和荷电性质，从而影响了营养物质进入细胞。

不同营养物质进入细胞的过程中，在能量消耗、载体帮助、化学变化等方面存在差异。根据营养物质进入细胞过程的特点，可将营养物质进入细胞的方式分为单纯扩散、促进扩散、主动运输、基团转位和膜泡运输。单纯扩散和促进扩散是被动运输（passive transport）方式，不需要消耗细胞的能量，其他的进入方式则需要消耗细胞的能量。

6.4.1 单纯扩散

单纯扩散（simple diffusion）又称为扩散，是一种简单的物理过程，即分子通过随机的热运动，沿着浓度梯度，从高浓度向低浓度转移的过程。在溶液中，扩散是随机非特异性的物理过程，而由于有细胞膜的存在，营养物质进入细胞却不是随机的。细胞膜主要由磷脂双分子层和蛋白质组成，膜内外表面为极性表面，内部为疏水层，某些蛋白质可组装成为跨膜的含水膜孔。因此，能否跨膜扩散主要取决于分子本身的性质，分子量小、脂溶性、极性小的分子易通过扩散进入细胞。水是扩散进出细胞的主要分子，某些气体分子（O_2、CO_2）、尿素、甘油、乙醇和某些氨基酸在一定程度上也可以通过扩散进出细胞。扩散的过程中，分子不与细胞膜上的分子发生反应，跨膜前后其自身结构也不发生变化。影响跨膜扩散速度的主要因素有分子在膜内外的浓度差、pH和温度等。浓度差越大，分子由膜的高浓度一侧向低浓度一侧扩散的速度也越快，直至细胞内外的浓度达到一致。

水分子的扩散取决于渗透压（osmotic pressure）。当微生物细胞处于等渗（isotonic）溶液中时，水分子扩散进入细胞和透出细胞的速度相等，细胞保持正常形态；处于低渗（hypotonic）溶液中时，水分子扩散进入细胞，造成细胞质膨胀，推动细胞膜紧贴在细胞壁上，依靠细胞壁的机械强度维持细胞的形态；处于高渗（hypertonic）溶液中时，水分子扩散出细胞，细胞质体积缩小，使细胞膜离开细胞壁，即产生质壁分离（plasmolysis）现象（图6-2）。质壁分离会对微生物细胞造成损害，甚至杀死微生物。在食品加工中，采用盐或糖制造高渗环境，可以防止食品腐败，延长保质期。为应对低渗或高渗的不利生长环境，微生物演化出多种机制。如生长在淡水中的无细胞壁的变形虫，其细胞内具有空泡（vacuole）。空泡能吸收多余的水分变得膨大，被运输到细胞边缘后，与细胞膜融合破裂，空泡内的水分被排出细胞外。生长在盐水湖中的嗜盐菌（halobacteria），依靠主动地吸收盐分，使细胞内外处于等渗状态。

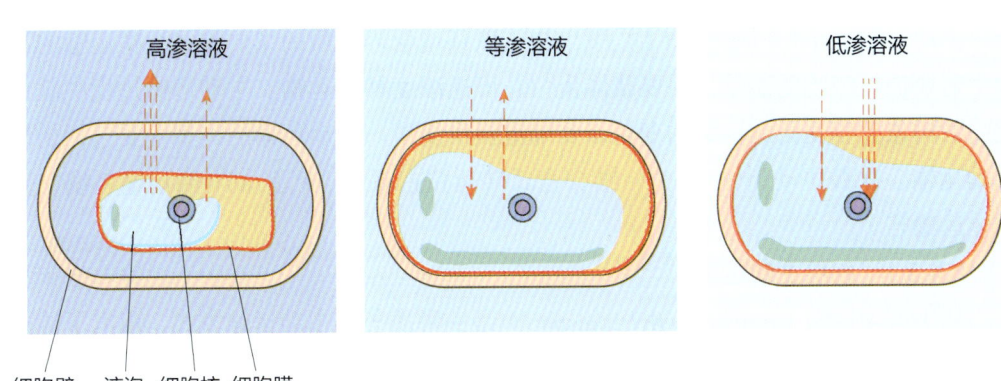

图6-2 微生物细胞在不同渗透压溶液中水分子扩散方向和细胞形态的变化

6.4.2 促进扩散

促进扩散（facilitated diffusion）是营养物质借助载体（carrier）的帮助跨膜进入细胞的运输方式。在运输过程中，营养物质本身的分子结构不发生变化，不需要消耗细胞的能量，只能沿着浓度梯度运输。载体是位于细胞膜上的蛋白，当与营养物质结合后，其构象发生变化，促进了营养物质的跨膜运输，也称为透过酶（permease）。一旦

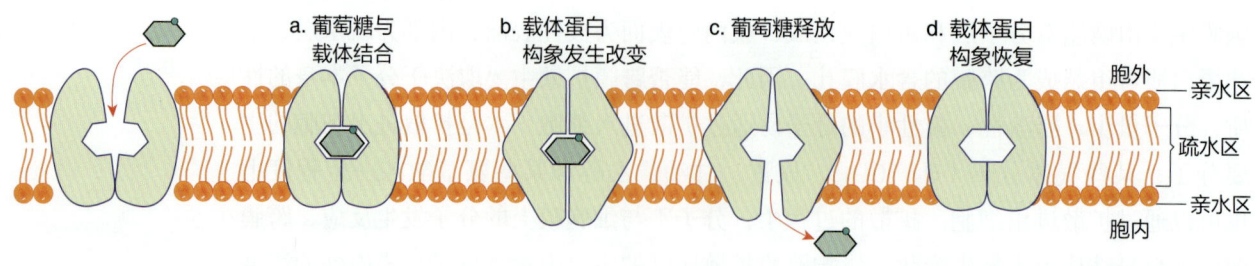

图 6-3 葡萄糖经促进扩散进入细胞过程的示意图

营养物质进入细胞，载体蛋白就恢复原始构象。载体蛋白的构象变化，造成载体与营养物质之间的亲和力发生变化，在膜外的亲和力要高于膜内的亲和力（图 6-3）。绝大多数载体与被运输物质之间的相互作用是特异性的，即一种载体仅能结合和运输一类分子，如运输钠离子的载体不能与葡萄糖结合。一种营养物质可被多种载体结合运输，如鼠伤寒沙门菌（*Salmonella typhimurium*）有 4 种载体蛋白运输组氨酸，酿酒酵母（*Saccharomyces cerevisiae*）有 3 种载体负责运输葡萄糖。另外，某些载体可结合运输几种营养物质，如大肠杆菌可通过一种载体蛋白运输亮氨酸、异亮氨酸和缬氨酸。载体大多是诱导表达的，即微生物生长环境中存在该种营养物质时，与之对应的载体才会被表达合成。促进扩散的速率主要与细胞内外被运输物质的浓度差和载体的数量有关，浓度差越大，载体数量越多，运输速率就越快，当被运输物质的浓度过高而使载体饱和时，运输速率就不再增加。通过促进扩散进入细胞的营养物质主要有氨基酸、单糖、维生素和无机盐等。促进扩散的运输方式对真核微生物更重要。

6.4.3 主动运输

主动运输（active transport）是微生物摄取环境营养物质的主要方式，在运输的过程中需要消耗细胞的能量，需要载体蛋白，可逆浓度梯度运输。主动运输过程中载体蛋白的构象发生变化，构象的变化需要细胞提供能量。主动运输的类型主要包括初级主动运输、次级主动运输、ATP-结合盒式转运蛋白系统、P 型 ATP 酶运输系统、铁载体运输等。

6.4.3.1 初级主动运输

初级主动运输（primary active transport）是一种质子的主动运输方式，由电子传递系统、ATP 酶或菌视紫红质将细胞内质子（或其他离子）逆浓度梯度排出到胞外，导致细胞膜内外的质子浓度产生差异，即电势差。细胞膜内外的电势差使膜处于充能状态，能够为次级主动运输、ATP 的合成、鞭毛运动等提供能量。初级主动运输的方式与不同微生物的能量代谢相关。好氧及兼性厌氧微生物以氧气为电子受体时，电子在原生质膜的电子传递链上传递的过程中伴随了质子的外排；厌氧微生物中的 ATP 被位于原生质膜上的 ATP 酶水解过程中伴随着质子的外排；最早发现于嗜盐古菌紫膜中的菌视紫红质（bacteriorhodopsin）以及细菌中的类古菌视紫红质具有光驱动的质子泵的作用，接受光能后能导致质子的外排。

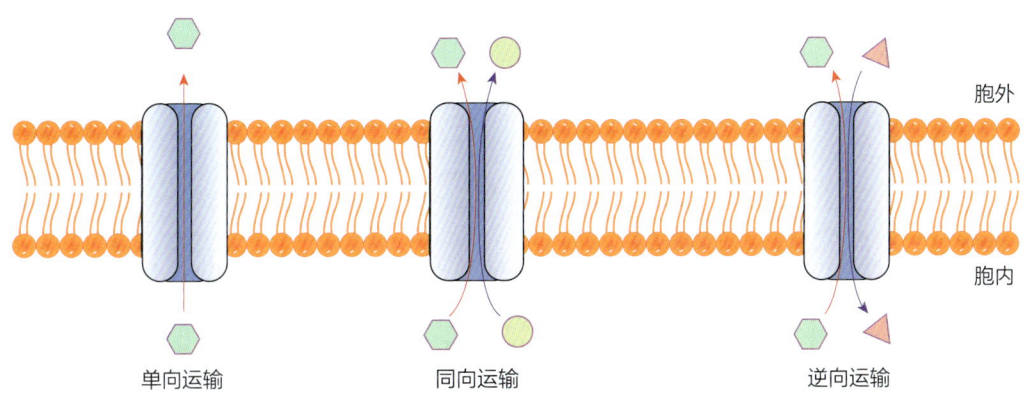

图 6-4 次级主动运输的三种方式

6.4.3.2 次级主动运输

次级主动运输（secondary active transport）是以初级主动运输建立的细胞膜内外的质子浓度差（电势差）为驱动力，运输其他物质的运输方式，是一种电势差驱动的主动运输方式。次级主动运输的方式有三种：同向运输、逆向运输和单向运输（图 6-4）。同向运输（symport）是一种协同转运（co-transport）的模式，载体包含质子（或钠离子）和另一种物质的结合位点，在质子被转至胞内的同时，结合的另一种物质也同时被转运到胞内，其中质子是由高浓度向低浓度运输，而另一种物质则是逆浓度梯度运输。大肠杆菌中，同向运输的物质有糖类（半乳糖、岩藻糖、蜜二糖、阿拉伯糖、乳糖、葡萄糖醛酸）、氨基酸（丙氨酸、丝氨酸、甘氨酸、谷氨酸）和某些阴离子（HPO_4^{2-}、HSO_4^-）等。逆向运输（antiport）是一种载体将两种物质同时向相反方向运输的方式，如大肠杆菌的 Na^+–Ca^{2+} 逆向运输和 Na^+–H^+ 逆向运输。单向运输（uniport）是一种通过载体使带电荷或者不带电荷的物质跨膜运输的方式，导致该物质在细胞膜单侧方向的积累（如钾离子）或者阴离子浓度的降低。

6.4.3.3 ATP-结合盒式转运蛋白系统

ATP-结合盒式转运蛋白系统（ATP-binding cassette transport system）简称为 ABC 转运系统，广泛存在于细菌、古菌和真核生物中，负责营养物质、代谢产物、脂质、药物等跨膜运输，消耗的能量直接来源于 ATP 的水解。ABC 转运系统主要由 ATP-结合盒式转运蛋白（ABC 转运蛋白）组成，对于运输营养物质进入细胞的系统来说，还包括能特异性结合营养物质的结合蛋白。革兰氏阴性菌的结合蛋白位于周质空间，革兰氏阳性菌的结合蛋白位于质膜外表面膜上。ABC 转运蛋白包含跨膜结构域（transmembrane domain，TMD）和核苷酸结合结构域（nucleotide-binding domain，NBD）两个部分（图 6-5）。两个 TMD 在膜上形成一个小孔，NBD 能够结合 ATP。

ATP-结合盒式转运蛋白系统的工作机制可以用交替通路模型（alternating-access model）进行解释。在这个模型中，转运蛋白具有两种构象：内向（inward-facing）构象和外向（outward-facing）构象。构象的交替转换需要消耗细胞的能量，这些能量来源于 ATP 与 NBD 的结合以及 ATP 的水解，即 ATP 开关（ATP-switch model）。转运蛋白的构象不同，其与物质的亲和力也不同，通过这种构象的转换完成了物质的跨膜运

图 6-5 ABC 转运系统的工作模式

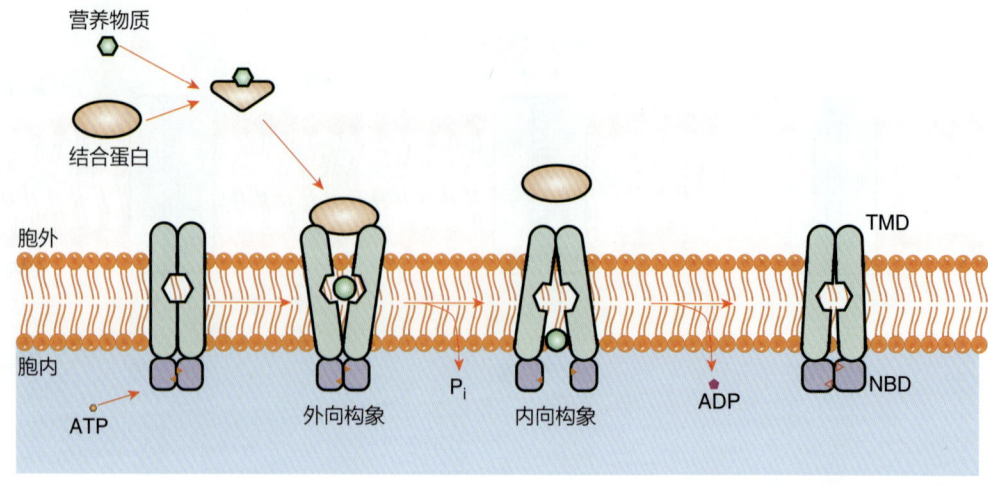

知识拓展 6-3
蛋白质（酶）的胞外运输

输。大肠杆菌利用这种方式转运糖类（阿拉伯糖、麦芽糖、半乳糖及核糖）、氨基酸（谷氨酸、组氨酸及亮氨酸）和维生素 B_{12} 等营养物质。

6.4.3.4 P 型 ATP 酶运输系统

P 型 ATP 酶（P-type ATPases）运输系统可以跨膜主动运输质子、金属离子和磷脂等营养物质，使用 ATP 的水解作为能量来源，由于在运输过程中形成磷酸化的中间体，因而称为 P 型 ATP 酶。P 型 ATP 酶广泛分布于整个生命三域，在产生膜电位、移除有毒离子、抗逆、转移脂质及脂质双层膜不对称性的维持等方面发挥了重要作用。P 型 ATP 酶是多结构域的膜蛋白，分子量为 70 000~150 000。根据序列的相似性，P 型 ATP 酶分为 5 种类型，含有 10 种亚型，各亚型对底物具有专一性：Ⅰ 型 ATP 酶是最简单和原始的离子泵，主要来自原核生物，包括两个亚型：Ⅰ A 亚型主要运输 H^+、Na^+、K^+、Ca^{2+} 和 Mg^{2+} 等阳离子，如来自大肠杆菌的 Kdp K^+ 泵；Ⅰ B 亚型主要向细胞外排放 Cu^{2+}、Ag^+、Zn^{2+}、Cd^{2+} 和 Pb^{2+} 等有毒离子。酵母菌、植物和动物中也有 IB 亚型离子泵，若这些泵发生突变，会发生铜代谢障碍相关遗传性疾病。Ⅱ 型和 Ⅲ 型 ATP 酶主要来自动植物，包含多种亚型，被研究得最为深入，如 SR Ca^{2+}-ATP 酶（Ⅱ A）、质膜钙泵（Ⅱ B）、Na^+/K^+-ATP 酶（Ⅱ C）、H^+/K^+-ATP 酶（Ⅱ C）、H^+ 泵（Ⅲ A，来自植物与真菌）、Mg^{2+} 泵（Ⅲ B，来自细菌）。Ⅳ 型 ATP 酶来自真核生物，如酿酒酵母的脂质翻转酶。Ⅴ 型 ATP 酶也来自真核生物，但是还不清楚其底物选择性和生物学功能。其中 Ⅱ C 亚型的 Na^+/K^+-ATP 酶是位于细胞膜上一种特殊蛋白，能够利用水解 ATP 产生的能量逆浓度梯度向细胞外排出 Na^+，并将 K^+ 运输到细胞内，又被称为 Na^+/K^+-泵。Na^+/K^+-ATP 酶于 1957 年由丹麦学者斯克（J. C. Skou）在原生质膜上发现，并因此在 1997 年获得诺贝尔化学奖。Na^+/K^+-ATP 酶维持了细胞内外 Na^+ 和 K^+ 的浓度梯度，对动植物和微生物都具有重要作用。

P 型 ATP 酶包含 4 个主要结构域：P 结构域是 ATP 酶的催化核心，含有 DKTGTLT 的特征序列，其中的天冬氨酸被可逆磷酸化；N 是核苷酸结合结构域，含有 ATP 结合位点；A 是 ATP 酶中最小的结构域，含高度保守的 TGE 基序，起到调

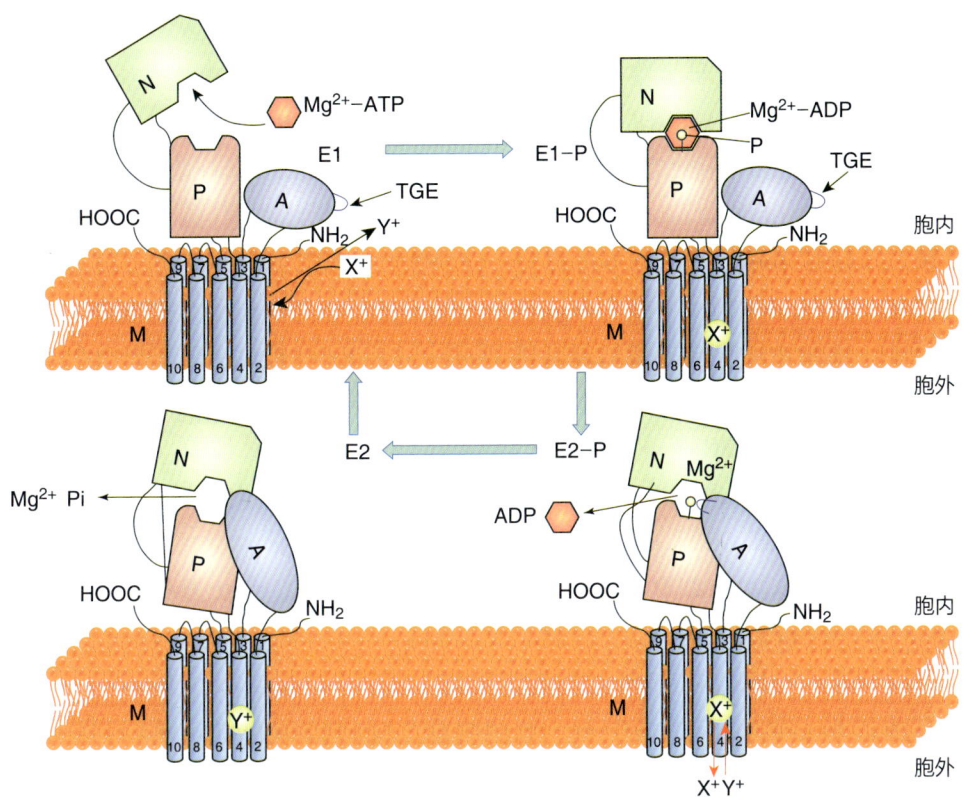

图 6-6 P 型 ATP 酶的主要结构域及催化循环示意图

节作用；M 是膜结构域，由约 10 个跨膜螺旋组成，包含离子结合位点。P 型 ATP 酶的离子运输过程如图 6-6 所示，构象发生多次转变。由 E2 向 E1 转变的过程中，通向胞内的离子通道打开，细胞内的离子 X^+ 与位于 M 结构域中高亲和力位点结合并且置换出 Y^+ 离子，使 ATP 酶进入 E1 构象。Mg^{2+}-ATP 与 N 结构域结合使其构象转变，Mg^{2+}-ATP 被传递到磷酸化位点，Asp 被可逆磷酸化，ATP 酶由 E1 构象转到 E1-P 状态。E1-P 到 E2-P 的构象转换是限速步骤，膜结构域中的 M1 和 M2 发生剪式运动，使 A 结构域产生旋转，TGE 基序靠近磷酸化位点保护磷酸基团免受水解，使 ADP 解离。M1 和 M2 的运动关闭了通向细胞内的离子通道，P 结构域运动带动了与之连接的螺旋 M4–M6 的变化，打开了离子结合位点与细胞外的通道，破坏了 X^+ 与结合位点的作用，X^+ 被释放到胞外，而胞外的离子 Y^+ 结合到离子结合位点。磷酸化的 Asp 水解释放 Mg^{2+} 和无机磷酸盐，P 型 ATP 酶转入 E2 状态，开启另一个循环。

6.4.3.5 铁载体运输

铁是微生物的必需营养因子。铁作为许多酶的辅助因子、细胞色素和铁硫蛋白的氧化还原中心，在微生物的光合作用、固氮、呼吸、三羧酸循环、氧的传递、基因调控与 DNA 合成中扮演了重要角色。自然界中的铁具有两个价态，氧化态（正铁，Fe^{3+}）和还原态（亚铁，Fe^{2+}）。微生物具有多种铁运输途径，主要取决于微生物的种类和所运输铁的价态。

有氧和中性条件下，自然界中的铁以不溶性的氧化态（Fe^{3+}）形式存在。细菌和真菌能够向胞外分泌一种低分子量的铁载体（siderophore），通过铁载体与氧化态铁的结合，增加铁的溶解性，并将铁运送至胞内。根据与铁结合的配基不同，铁载体分为500余种类型，最早被鉴定的铁载体是来自细菌的分枝菌素（mycobactin）、粪生素（coprogen）和来自真菌的铁色素（ferrichrome）。典型的细菌铁载体是肠杆菌素（enterobactin），它是与氧化态铁亲和力最强的铁载体，每三个肠杆菌素围绕一个 Fe^{3+} 形成铁-铁载体复合物。

革兰氏阴性菌转运铁的基本过程为：铁-铁载体复合物与细胞壁外膜上的特异受体（如Fep、IroN、PfeA）结合并被转至周质空间。该跨膜过程是由电势差驱动的主动运输，能量由能量转换蛋白复合体 TonB-ExbB-ExbD 提供。位于周质空间的周质结合蛋白（FepB）将铁-铁载体复合物运送到内膜上的 ABC 通透酶复合体（ABC permease complex）。ABC 通透酶复合体由 FepD、FepG 和 FepC 组成。FepC 分解 ATP 产生能量，驱动 FepD 和 FepG 将铁-铁载体复合物运送到胞内。最后，酯酶 Fes 和 IroD 将铁从载体上解离下来并被细胞所利用（图 6-7a）。

革兰氏阳性菌铁载体转运与革兰氏阴性菌类似。以金黄色葡萄球菌（*Staphylococcus aureus*）为例，它分泌两种铁载体：staphyloferrin A 和 staphyloferrin B，结合铁后分别通过 HtsABC 和 SirABC 转运至胞内（图 6-7b）。

真菌的铁色素有20种衍生物，如烟曲霉（*Aspergillus fumigatus*）产生多种铁载体，包括镰孢氨酸 C（fusarinine，FsC）、三乙酰镰孢氨酸 C（triacetylfusarinine C，TAFC）和铁菌素（ferricrocin）。FsC 和 TAFC 等铁载体在转运蛋白 MirB 等的作用下被运输到细胞内，然后在酯酶 EstB 的作用下，铁被释放出来（图 6-7c）。有趣的是，有些真菌不生产铁载体。致病酵母菌中的白色念珠菌（*Candida albicans*）和新型隐球菌（*Cryptococcus neoformans*）细胞膜上的铁载体转运蛋白 Sit1 能够吸收其他微生物产生的铁载体。

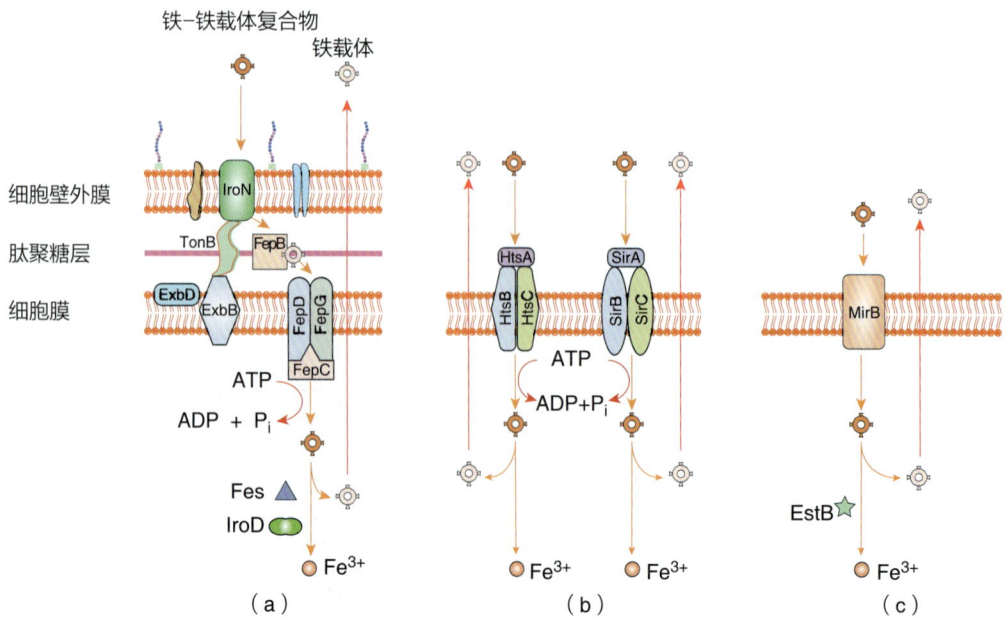

图6-7 革兰氏阴性菌（a）、革兰氏阳性菌（b）和真菌（c）的铁转运过程

动物体内的铁主要储存于铁蛋白复合物中，如血红素蛋白（haemprotein）复合体、转铁蛋白/乳铁蛋白（transferrin/lactoferrin）复合体等。致病性微生物有多种运输机制从这些复合物中获得铁，这些过程往往与微生物的致病性有关，如新型隐球菌通过铁通透酶 Ftr1 和还原酶 Fre10 从铁蛋白复合物中获得铁，而 Ftr1 是一种毒力因子。

在酸性、还原性环境以及细胞内还原酶的作用下，还原态的铁（Fe^{2+}）能够以可溶的状态存在。Fe^{2+} 能够穿过革兰氏阴性菌的外膜，然后通过 Fe^{2+} 转运系统被运至胞内。

大肠杆菌、枯草芽孢杆菌和一些真菌还存在其他铁转运系统，这些系统除了包含铁通透酶外，还包含氧化还原酶，可将 Fe^{3+} 还原或将 Fe^{2+} 氧化后再运送至胞内。此类系统的存在有助于微生物吸收多种价态的铁元素。

> 知识拓展 6-4
> 铁载体偶联药物

6.4.4 基团转位

基团转位（group translocation）由复杂的运输系统构成，所运输的物质在跨膜前后发生化学结构的变化。

基团转位主要用于糖类的运输，脂肪酸、核酸和碱基等也通过这种方式运输，其中研究比较透彻的是磷酸烯醇式丙酮酸：糖磷酸转移酶系统（phosphoenolpyruvate：sugar phosphotransferase system，PTS）（图 6-8）。PTS 系统是一个复杂的蛋白（酶）系统，糖类在 PTS 的运输过程中被同步磷酸化。PTS 系统至少由三部分蛋白组成，分别是酶Ⅰ（EⅠ）、含组氨酸的磷酸载体蛋白〔histidine-containing phosphocarrier（HPr）protein〕和酶Ⅱ（EⅡ）。其中 EⅠ和 HPr 是 PTS 通用蛋白，是可溶性的细胞质蛋

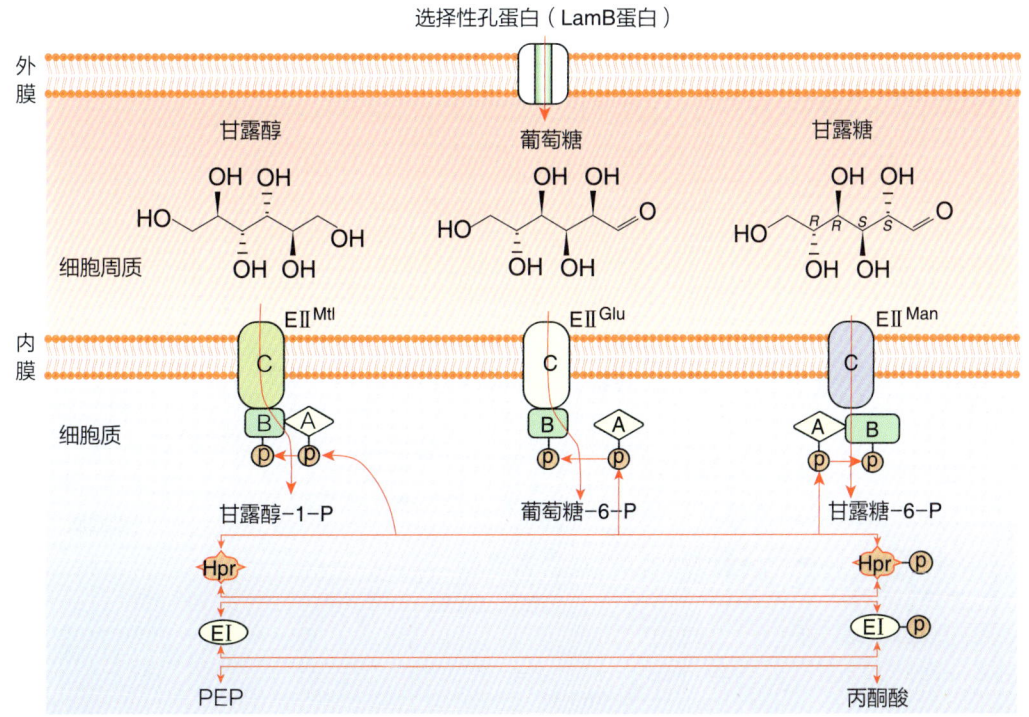

图 6-8 磷酸烯醇式丙酮酸：糖磷酸转移酶系统的工作模式

白。EⅡ由三个结构域构成（EⅡA、EⅡB和EⅡC），各结构域之间由不同的肽链相连接。EⅡC是EⅡ的膜整合结构域，可能在膜上形成了转运通道并具有糖结合位点；而EⅡA和EⅡB可能是可溶性存在，也可能结合到细胞膜上与EⅡC构成一个膜蛋白。EⅡ是糖类专一性的，根据序列的同源性，EⅡ分为甘露醇型、葡萄糖型、甘露糖型和乳糖型。PTS系统在转运糖的过程中所消耗的能量来源于EMP途径的中间产物磷酸烯醇式丙酮酸（phosphoenolpyruvate，PEP）所提供的高能磷酸键。PEP在EⅠ的作用下产生丙酮酸和磷酸，PTS系统各蛋白依次被磷酸化和脱磷酸化，磷酸最终被转移至EⅡC，EⅡC将结合的糖磷酸化，磷酸化的糖进入胞内。许多糖类通过PTS进行运输，如大肠杆菌通过PTS系统吸收葡萄糖、果糖、甘露糖、蔗糖、N-乙酰葡萄糖胺、纤维二糖等。PTS除了在糖类的运输中发挥作用，系统中的蛋白在趋化作用（chemotaxis）中还作为化学感受器（chemoreceptor）。

6.4.5　膜泡运输

膜泡运输（membrane vesicle transport）是原生动物（如变形虫）将大分子、颗粒物、液体甚至其他细胞运送至胞内的运输方式，也称为内吞作用（endocytosis）。膜泡运输不需要载体，专一性不强，但需要消耗能量来驱动细胞对营养物质的摄取，所以是一种主要运输方式。运输过程中，首先通过运动使细胞膜靠近营养物质，随后细胞膜内陷将营养物质包围起来，之后形成的膜泡被吞噬进入细胞（图6-9）。如果膜泡包裹的是颗粒物或其他小细胞，则称为胞吞作用（phagocytosis）；如果膜泡包裹的

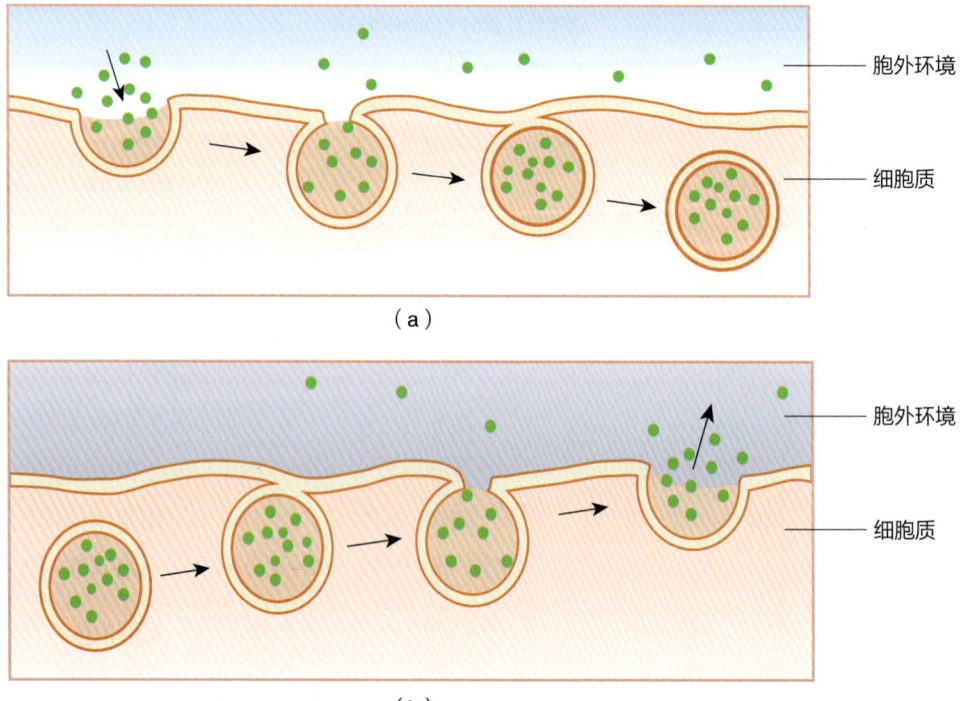

图6-9　胞吞作用（a）与胞吐作用（b）示意图

是液态物，则称为胞饮作用（pinocytosis）。如果在细胞内形成膜泡，膜泡与细胞膜融合并将内含物排出细胞，该过程称为胞吐作用（exocytosis）。胞吐作用是细胞释放分泌物的一种方式。大部分的分泌物，如蛋白和多肽等在核糖体和粗面内质网合成，经内质网运输包裹成膜泡，进而运输到高尔基体，内含物被继续分类加工后形成分泌膜泡。分泌膜泡移向细胞质膜并与之融合，膜泡中的内含物从细胞中释放出来。

6.5 培养基

6.5.1 培养基的配制原则与方法

培养基（culture medium）是人工配制的、适合微生物生长繁殖或积累代谢产物的营养基质。有效地利用适宜的培养基是在实验室进行微生物学研究、在工业生产中获得微生物制品的基础。在科学研究中，微生物的生长、保存和传代等基本操作需要在适宜的培养基中进行，一些特定培养基的应用有助于开展微生物学方面的科学研究，如微生物的分离筛选和鉴定、生理生化方面的分析及食品微生物和病原微生物等方面的检测。在工业生产方面，培养基在一定程度上决定了产品的转化率、生产效率和成本。

适宜的培养基在营养成分组成上应包含满足微生物生长所需要的全部营养成分，并根据微生物的培养目的，选择适宜的营养原料，添加不同的功能成分，配制后还需要采用适宜的方式进行灭菌处理。培养基的配制一般需要遵循如下4个原则。

（1）目的明确

在选择和设计培养基前，先要明确培养的对象与目的。例如，要培养什么微生物？是为了得到菌体还是代谢产物？是用于实验室还是发酵大规模生产？是用作种子培养基还是发酵培养基等。根据不同的目的配制不同的培养基。

培养细菌、放线菌、霉菌和酵母菌的培养基是不同的。培养细菌的常用培养基为牛肉膏蛋白胨培养基，高氏1号培养基常用来培养放线菌，培养酵母菌常用麦芽汁培养基，恰佩克培养基常用来培养霉菌。

（2）营养协调

营养物质浓度要适当，浓度低不能满足微生物快速生长的需求，也造成培养设备的浪费，浓度过高又抑制其生长。高浓度糖类物质、无机盐、金属离子不仅不能维持和促进微生物的正常生长繁殖和代谢产物积累，反而可能会抑菌和杀菌。微生物种类不同，其营养物质最适浓度有很大差别，如酵母菌和霉菌可在含较高浓度糖的培养基中生长，而这种情况下大肠杆菌的生长则被抑制；嗜盐微生物仅能在含高浓度盐的培养基中生长，而其他绝大多数微生物会被高浓度盐抑制或杀死。

培养基中各类营养物质的比例对微生物的生长和代谢物的产生和积累有很大影响，尤其是碳源与氮源的比例（即C/N比）。严格说C/N比是指培养基中碳原子与氮原子的摩尔数之比，但通常以还原糖与粗蛋白质量之比表示。微生物不同，其培养基中的 C/N 比也不相同，细菌和酵母培养基 C/N 比约为 5，霉菌培养基中 C/N 比约为 10。在发酵生产中，C/N 比会直接影响菌体生长和代谢产物产量，如细胞或种子培养基的 C/N 比较低；生产含碳量较高的代谢产物，培养基的 C/N 比较高。若生产含氮量较高的代谢产物，培养基的 C/N 比要低些，如谷氨酸发酵生产中，当培养基 C/N 为 4 时，菌体大量增殖，谷氨酸积累减少；当培养基 C/N 比为 3 时，菌体增殖受抑制，谷氨酸产量大增。另外，在抗生素发酵中，可控制培养基中速效碳源（速效氮源）与迟效碳源（迟效氮源）比例来协调菌体生长及抗生素合成。此外，还要注意培养基中无机盐和生长因子的含量及比例。

（3）条件适宜

培养基的 pH 和氧化还原电势（redox potential）是影响微生物生长繁殖或代谢产物积累的重要因素。

微生物种类不同，其最适生长 pH 也不相同，一般而言，酵母菌的最适生长 pH 是 3.8～6.0，霉菌为 4.0～5.8，藻类为 6.0～7.0，原生动物为 6.0～8.0，细菌为 6.5～7.5，放线菌为 7.5～8.5。配制培养基时必须按各类微生物的要求调节 pH。另外，由于营养物质的消耗和代谢产物的积累，培养基 pH 会不断发生变化，若不及时调整，将会降低微生物生长速度和代谢产物产量。通常加入缓冲剂来维持培养基 pH 的相对恒定。培养基中的氨基酸、肽、蛋白质等是两性电解质，可起到缓冲剂的作用。培养基中还可以加入磷酸盐、碳酸盐起到缓冲作用。在发酵生产中也可以不断动态添加酸或碱，以维持 pH 的相对恒定。

培养基的氧化还原电势也是影响微生物生长的重要因素。氧化还原电势反映了培养基所有物质宏观的氧化还原性。电势为正表示溶液显示出一定的氧化性，为负则显示出还原性，氧化还原电势越高，氧化性越强，反之还原性越强。培养基的氧化还原电势主要影响微生物的电子传递、质子和营养物质的跨膜运输、结合在膜上酶的催化反应。不同微生物生长的氧化还原电势范围也不同，好氧菌（aerobe）为 +300～+500 mV，兼性好氧菌为 −100～+300 mV，而厌氧菌为 −250～+100 mV。培养基的氧化还原电势主要与 pH、氧分压以及物质的氧化还原性有关。在 pH 相对稳定的条件下，增加通气量可以提高培养基的氧分压，或加入氧化剂以增加氧化还原电势值（E_h 值）；若降低通气量，或在培养基中加入抗坏血酸、半胱氨酸、谷胱甘肽、二硫苏糖醇、硫化氢等还原性物质，可降低 E_h 值。对于好氧和兼性厌氧微生物来说，培养基的氧化还原电势一般对生长影响不大；但对专性厌氧微生物而言，自由氧对其有毒害作用，培养基的氧化还原电势调节就十分重要。培养厌氧微生物时，一般要在培养基中加入还原剂，降低其氧化还原电势。

渗透压（osmotic pressure）是某水溶液中一个可用压力来量度的物化指标，当两种不同浓度的溶液间若被一个半透性薄膜隔开时，稀溶液中的水分子会因水势（water potential）的推动而透过隔膜流向浓溶液，直至浓溶液所产生的机械压力足以使两边水分子的进出达到平衡为止，这时由浓溶液中的溶质所产生的机械压力，即为它的渗透压值。渗透压的大小是由溶液中所含有的分子或离子的质点数所决定的，等重的物质，其分子或离子越小，则质点数越多，因而产生的渗透压就越大。渗透压对微生物生长有重要影响。等渗环境适宜微生物生长；高渗环境会使细胞脱水，发生质壁分离；低渗环境会使细胞吸水膨胀，甚至导致细胞壁脆弱的细胞和缺壁细胞（如支原体和原生质体等）破裂。微生物在长期演化中形成了能适应较大幅度渗透压变化的特性，如可通过体内糖原、PHB等大分子储藏物的合成和分解调节细胞内的渗透压。培养嗜盐微生物须向培养基中加入适量NaCl，提高渗透压，海洋微生物的最适生长盐度为3.5%。

水活度（water activity，a_w）是一个比渗透压更有生理意义的物理化学指标，它表示在天然或人为环境中，微生物可实际利用的自由水或游离水的含量。其确切含义为：在同温同压下，某溶液的蒸气压（P）与纯水蒸气压（P_0）之比。各种微生物生长繁殖的a_w为0.60~0.98。例如，一般细菌为0.90~0.98，嗜盐菌为0.75；一般霉菌为0.80~0.87，耐旱霉菌为0.65~0.75；一般酵母菌为0.87~0.91，高渗酵母菌为0.61~0.65（低于饱和蔗糖溶液）。

（4）经济节约

经济节约的原则不可忽视，尤其在设计大规模生产用的培养基时更应如此，以降低产品成本，因此培养基原料的选择尤为重要。

培养基原料的选择首先需要明确培养基的用途，对于分析检测、微生物鉴定等用途的培养基，需要选用高品质的原料，以避免原料的杂质造成的误差。对于大规模发酵所用的培养基，如果产品需要高度提纯，或产品容易被污染降解，则应尽量选用品质高杂质较少、对后处理影响较低的原料，否则会大大增加后处理成本。如果发酵产品比较稳定、容易提取，则尽可能用价格低廉、资源丰富的原料。目前用于发酵工业的原料主要来源于农业、食品加工的副产品、下脚料以及废弃物，如制糖工业的废糖蜜、乳制品工业的乳清废液、豆制品工业的废液、酒糟、酱渣、米糠、麸皮、玉米浆、豆饼、花生饼等。近年来，以木质纤维素为代表的生物质作为发酵原料，生产生物能源（如乙醇、氢气）和大宗化学品以替代石化资源，成为国内外研究的热点。

在设计培养基时，还应按照4种方法进行，即：生态模拟、参阅文献、精心设计、试验比较。通过严格按照4种方法设计培养基，可能会使一些用常规方法分离不到的微生物能够分离开来，从而能够开发出大量的未培养微生物。

6.5.2 培养基的类型

培养基种类繁多，据不完全统计，常用的有1 700种以上，可采用不同分类系统和依据进行分类。

6.5.2.1 按培养基成分分类

根据对培养基化学成分的了解程度分为合成培养基、天然培养基和半合成培养基。由化学成分完全清楚的物质配制而成的培养基称为合成培养基（synthetic medium），又称化学限定培养基（chemically defined medium），是一类根据微生物的营养需求和代谢特性，采用多种高纯度的化学试剂按一定比例和顺序制备的培养基。例如一些光能自养型微生物，能够在含有 CO_2、硝酸盐或铵盐（作为氮源）、硫酸盐、磷酸盐和一些无机盐的简单培养基中生长，这类培养基以无机碳为碳源，对营养元素的需求较低。合成培养基的优点是化学成分精确，实验重复性高，适用于实验室中进行微生物营养、代谢、遗传分析、菌种选育、分类鉴定和生物测定等方面的研究工作。缺点是成本较高，配制过程烦琐，微生物生长缓慢。常用于培养放线菌的高氏1号培养基以及培养酵母菌和霉菌的恰佩克培养基均属此类型。

天然培养基（complex medium）是指由化学成分还不清楚或化学成分不恒定的天然有机物质配制的培养基，又称非化学限定培养基（chemically undefined medium）。常用的天然物质有：牛肉膏、蛋白胨、酵母膏、糖蜜、玉米粉、玉米浆、豆芽汁、麦芽汁、麸皮、乳清、血清、土壤浸液等。天然培养基的优点是取材方便、营养丰富、种类多样、成本低廉、适用于实验室常用的微生物培养和工业上大规模的微生物发酵生产。缺点是其营养成分难于控制，精细科学实验结果重复性差。实验室常用的牛肉膏蛋白胨培养基和麦芽汁培养基、发酵工业中的绝大多数培养基都属于天然培养基。

半合成培养基（semi-synthetic medium）是介于上述两种培养基之间的培养基，在天然培养基或合成培养基的基础上适当加入已知化学成分或天然成分的培养基，其化学成分部分确定。当某一微生物的特定营养要求未知，无法制备适合其生长的人工合成培养基时，可采用该类培养基，其含有多种未知成分的蛋白质或其他有机物。例如，某些微生物缺乏合成某些氨基酸的能力，因此需要在培养基中添加这些氨基酸及其他生长因子（如维生素、嘌呤或嘧啶核苷酸等），以保证其正常地生长和繁殖。半合成培养基配制简便、成本低廉，常用于实验室或生产中，如培养酵母菌和霉菌的马铃薯蔗糖培养基。

6.5.2.2 按培养基物理状态分类

按物理状态划分，培养基可分为液体、固体、半固体和脱水培养基4种。

（1）液体培养基（liquid medium）

其组分分布均匀，可被微生物充分利用。在用液体培养基培养微生物时，通过振荡或搅拌可提高培养基的氧气含量和营养物质的均匀性。在实验室的微生物生理、代谢研究中被广泛应用。由于发酵效率高、操作方便，被广泛用于发酵工业。

（2）固体培养基（solid medium）

在液体培养基中添加一定量的凝固剂，使之凝固成固体状态的培养基。理想的凝固剂应具备不被微生物分解利用、固体状态保持稳定、凝固点温度适宜、无毒害作用、灭菌不破坏自身性质、透明度好、黏着力强、配制简便、价格低廉等条件。常用的凝固剂有琼脂、明胶、硅胶。琼脂（agar）是从某些红藻（如石花菜）中提取的多糖，主要成分为硫酸半乳聚糖。琼脂溶解温度为96℃，凝固温度为40℃，在一般微生物的培养温度条件下都呈固态，是培养基中最常用的凝固剂，使用浓度通常为15~20 g/L。明胶（gelatin）不稳定，能被很多微生物分解利用，主要用于检验微生物分解蛋白质的性能。硅胶（silica gel）是多孔无机材料，通常用硅酸钠和硫酸反应，并经过老化和透析处理获得。硅胶化学性质非常稳定，凝固后不再融化，是非可逆性凝固培养基。此外，主要由天然不可溶性材料构成的培养基也可看作是固体培养基，比如制曲和饲料发酵采用的固体培养基（主要由大米、玉米粉、麦粒、大豆、麸皮和米糠等组成）。培养食用菌的菌棒（主要由木屑、植物秸秆纤维粉、棉籽壳等组成）。在实验室中，固体培养基可以在灭菌后加入培养皿或试管中，形成固定的平面或斜面。微生物在固体培养基表面生长，形成肉眼可见的相互分离的菌落，微生物种类不同，所形成的菌落在形态、大小、色泽等方面也不相同，所以在实验室中，固体培养基经常用于微生物的分离、鉴定、计数和菌种保藏等。

（3）半固体培养基（semi-solid medium）

在液体培养基中加入少量凝固剂（如0.3%~0.7%琼脂），制成硬度较低、柔软的半固体状态的培养基。其在倒置的小型容器中可保持凝固状态，但在强烈振荡后变成液态。半固体培养基可以灌入试管中形成"直立柱"，用于观察细菌的运动性和趋化性。也常用于微好氧菌、厌氧菌的培养，抗生素效价和噬菌体效价测定等。

（4）脱水培养基（dehydrated culture medium）

一种经过干燥处理的商品化培养基，它包含了除水以外的所有必需的营养成分，如碳源、氮源、无机盐、生长因子等，其成分比例和配方均经过精确计算和设计。使用时只要加入适量水分并加以灭菌分装即可得到适合各种微生物生长的液体或固体培养基。脱水培养基是一种现代化的培养基，广泛应用于微生物学实验和检测中。实验室常用的R2A培养基、TSB/TSA培养基均属于此类型。

6.5.2.3 按培养基用途分类

（1）基础培养基（minimum medium）

虽然不同微生物对营养物质的需求各不相同，但相同营养类型的微生物对所需要的基本营养物质是相似的。能够支撑某类微生物生长、营养物质含量最低的培养基称为基础培养基。基础培养基是指含有一般微生物生长繁殖所需的基本营养物质的培养基，通常含有一种碳源（如葡萄糖或琥珀酸）、不同离子的盐溶液（主要包含Mg、N、P、S等元素），不含氨基酸等有机物。M9培养基就是一种比较常见的基础培养基。基础培养基主要用于野生型菌株的培养和突变体的筛选。在基础培养基的基础上添加某种特定的试剂，通常是某种氨基酸或某种糖，称为补充基础培养基（supplementary minimal medium），通常用于营养缺陷型的培养。

（2）加富培养基（enriched medium）

能够满足多种微生物营养需要的培养基称为通用培养基。如用于分离、培养细菌的牛肉膏蛋白胨培养基就是最常用的通用培养基。在此基础上添加某些微生物特殊要求的营养成分（如血液、血清、酵母浸膏、动植物组织液等），以满足营养要求苛刻的异养型微生物生长的培养基称为加富培养基。如百日咳博德氏菌（*Bordetella pertussis*）的培养基需要含有血液成分。

（3）选择培养基（selective medium）

指从混杂的微生物群体中选择性地分离出某种或某类微生物而配制的培养基。这类培养基的设计原则是根据不同种类微生物的特殊营养需求或对化学物质的敏感性不同，通过特定物质的添加，能促使目标菌生长成为优势菌，或者抑制非目标菌的生长，广泛应用于菌种筛选等领域。如分离苯酚降解菌时，在无碳源培养基中加入苯酚作为唯一碳源；若分离硝化细菌时，则在无氮源的培养液中加入硝酸盐作为唯一氮源；将纤维素或石蜡油作为选择培养基的唯一碳源，能从混杂的微生物群体中分离出纤维素或石蜡油分解菌；加入青霉素、四环素或链霉素，可抑制细菌和放线菌的生长，能够将酵母菌和霉菌分离出来。由于选择目标的多样性，选择培养基也是多种多样的。在宋代的 12 世纪，我国人民已经根据红曲霉（*Monascus* sp.）的耐酸和耐高温特性，采用调节酸度和使用酸米抑制杂菌的高温培养方法，获得了纯度极高的红曲。这实际上是应用选择培养基的先例。选择培养基通常分为两种类型。一种是抑制性选择培养基（inhibited selected medium），它通过加入不妨碍目的微生物生长而抑制非目的微生物生长的物质，如染料（如结晶紫等）和抗生素（如青霉素、四环素等），来达到选择目的。另一种是加富性选择培养基（enriched selected medium），它通过在培养基中加入目的微生物特别需要的营养物质，如特殊的碳源或氮源，来使目的微生物富集以达到选择目的。例如，纤维素可富集分解纤维素的微生物，石蜡油可富集石油分解菌；以蛋白质为唯一氮源或缺乏氮源的培养基可分离出能分解蛋白质或具有固氮能力的微生物等。

（4）鉴别培养基（differential medium）

根据微生物各自特点设计的用于区分和鉴别不同微生物的培养基。鉴别培养基通常使用固体培养基，在培养基中加入某种特殊化学物质，某种微生物在培养基中生长后能产生某种代谢产物，而这种代谢产物可以与培养基中的特殊化学物质发生特定的化学反应，产生明显的特征性变化，可通过这种特征性变化对微生物进行区分鉴别。例如，溶血性细菌可以分解红细胞，在血琼脂平板上，该菌的菌落能够在其周围形成透明圈。伊红美蓝琼脂培养基（eosin-methylene blue agar，EMB）是最常见的鉴别肠道细菌的培养基，可区分大肠杆菌、产气杆菌和致病性细菌，在饮用水检验、牛乳的细菌学检验及遗传学研究上有重要用途。一些鉴别培养基也可以用于微生物的分离筛选，在功能上与选择培养基相似，如油脂培养基和酪素培养基就可用于产脂肪酶和蛋白酶微生物的分离筛选。

需要注意的是，选择培养基和鉴别培养基只是人为划分的标准，是为了方便理解和讲述而设定的。在实际应用中，这两种培养基的功能通常会有机地结合在一起。例如，血琼脂培养基不仅用于区分溶血性和非溶血性细菌，还具有选择性培养病原微生物的作用。

6.5.3 未培养微生物的研究

微生物是地球上最早出现和最广泛分布的生命形式，也是最具多样性和功能性的生命群体。微生物在自然界中发挥着重要的作用，参与了各种物质循环和能量代谢，影响了气候变化和环境变化，也与人类的健康和疾病密切相关。此外，微生物也是人类利用和开发的重要资源，提供了许多有用的化合物和酶，用于制药、农业、工业、能源等领域。然而，尽管微生物如此重要和有趣，人类对它们的了解却非常有限。根据估计，地球上存在的微生物总数可能在 50 万～600 万种，但目前已经被发现和命名的微生物种类仅约 20 万种。这意味着人们只认识了微生物世界中的一小部分，而大部分微生物仍然是未知的。未培养微生物（uncultured microorganism）是指在自然环境中存在，但尚未在实验室条件下获得纯培养物的微生物。而纯培养物（pure culture）是指在一种培养基中只含有一种微生物的培养物，是进行微生物鉴定、分类、功能分析等研究的基础。

未培养微生物占据了地球上微生物的绝大多数，据估计，在某些环境中它们可能达到 99% 以上。例如，在土壤中，每克土壤中可能含有 10 亿个细菌细胞，但只有 0.1%～1% 的细菌可以被培养；在海洋中，每毫升海水中可能含有 10 万个细菌细胞，但只有 0.01%～0.1% 的细菌可以被培养。这些未培养微生物具有丰富的多样性和功能，对地球的生命现象和自然规律有重要影响，也是潜在的生物资源和新药开发的宝库。

那么，为什么这些微生物在自然环境中可以存活和繁殖，却很难在实验室中被培养呢？这主要是因为它们对环境条件有很高或很特殊的要求，而传统的培养方法无法满足或模拟这些要求。

6.5.3.1　未培养微生物的限制因素

（1）营养因素

有些微生物需要特定或复杂的营养物质才能生长，而传统的培养基无法提供或缺乏这些营养物质。例如，有些微生物需要从其他微生物或宿主细胞中获取必需的生长因子，如维生素、氨基酸、核苷酸等，而这些生长因子在培养基中很难添加或不稳定。

（2）生理因素

有些微生物对温度、pH、氧气、盐度、压力等物理化学参数有很窄或很极端的适应范围，而传统的培养条件无法达到或控制这些参数。例如，有些微生物只能在高温（>80℃）、低 pH（<3）、高盐度（>10%）等极端环境中生存，而这些环境对培养基和培养器具有很大的破坏作用。

（3）生态因素

有些微生物与其他微生物或宿主细胞形成了复杂的相互作用或共生关系，而传统的培养方法无法复制或模拟这些关系。例如，有些微生物依赖于其他微生物提供的代谢产物或信号分子才能激活自己的生长或分化，而这些产物或分子在单独培养时无法产生。

由于上述等原因，用传统的培养方法很难将未培养微生物分离出来，限制了对它们的深入研究。为了解决这个问题，科学家们采用了一些新的技术和方法来提高未培养微生物的分离效率和精准度。

6.5.3.2　高通量培养组学

高通量培养组学（high-throughput cultureomics）是一种利用多种培养条件和培养

基来进行大规模的微生物培养和筛选的方法，它可以快速、广泛、系统地分离和鉴定自然样品中的微生物，以及对其功能和代谢特性的分析。它是指利用高通量技术，如高通量测序、高通量培养、高通量筛选等，对微生物的基因组、转录组、蛋白质组、代谢组等进行全面的分析，以揭示微生物的多样性、功能和相互作用。高通量培养组学是一个新兴的研究领域，目前还没有统一的定义和标准。不同的研究团队可能采用不同的实验平台和数据分析方法。

（1）液滴微流控技术（droplet microfluidic technology）

这是一种利用微米尺度的流体通道和阀门来操纵和控制微量液体的技术。它可以实现对单个细胞或单个菌落的捕获、分离、培养和分析，以及对多种环境参数的精确调节。利用这种技术，可以模拟自然环境中的微小空间和梯度变化，为未/难培养微生物提供更适合的培养条件。液滴微流控技术具有以下优点：①可以快速地生成大量均匀的液滴，适合高通量的分析和反应；②可以精确地控制液滴的尺寸和成分，实现微反应器的定制化和功能化；③可以有效地混合液滴中的物质，加快反应速度和提高反应效率；④可以将液滴作为独立的微反应器，避免交叉污染和干扰。

液滴微流控技术在生物、化学、医学等领域均有广泛的应用。以单细胞分析为例，利用此技术，可以将单个细胞与特定的试剂或标志物包裹在同一液滴中，实现细胞的分离、培养、检测和排序等操作。例如，Drop-seq 是一种基于液滴微流控技术的单细胞转录组测序方法，可以同时测定数千个细胞的基因表达水平，适用于研究细胞异质性、疾病机制及发育过程等领域。

（2）多孔板技术（multiwell plate technology）

这是一种利用具有多个小孔（如 96 孔、384 孔等）的塑料板来进行大规模并行培养和检测的技术。它可以实现对不同菌株或不同条件下的菌株进行快速、简便和低成本培养。多孔板技术具有以下优点：①可以在一块板上同时进行多个实验，提高实验效率和重复性；②可以方便地进行细胞的观察、检测和分析，适合与其他仪器结合使用；③可以节省细胞培养液和试剂的用量，降低实验成本。

6.5.3.3 未培养微生物的应用前景

未培养微生物的应用前景非常广阔，因为它们具有丰富的遗传资源和代谢潜能，可以为人类提供许多有益的产品和服务。未培养微生物作为新基因资源，近年来广泛用于合成生物学、基因工程、生物医药等领域；它可以作为新活性物质的来源，因其能产生许多具有抗菌、抗病毒、抗肿瘤、抗氧化等活性的次级代谢产物，而多用于药物开发、农业生产、食品工业等领域。同时，它也可以作为新代谢途径和机制的来源，用于生物降解、生物转化、生物合成等领域。

※ 本章小结

微生物细胞由不同化学元素组成，这些元素组成有机物、无机物和水。微生物的营养要素包括六大类，即碳源、氮源、能源、生长因子、无机盐和水。根据碳源、能源和电子供体的不同，可将微生物划分为光能无机自养型、光能有机异养型、化能无机自养型、化能有机异养型、化能无机异养型（混合营养型）五大营养类型。营养物质通过质膜的方式有5种：单纯扩散、促进扩散、主动运输、基团转位、膜泡运输。由人工配制的、适合微生物生长繁殖或积累代谢产物的营养基质称为培养基，配制培养基要遵循4个原则和4个方法，根据不同的标准分为不同类型。迄今为止，自然界中的绝大多数微生物受到各种因素限制仍不可培养，开发未培养微生物资源，是当前一个迫切任务。

※ 推荐阅读

1. OBERHARDT M A, ZARECKI R, GRONOW S, et al. Harnessing the landscape of microbial culture media to predict new organism-media pairings[J]. Nature communications, 2015, 6: 8493-8507.

虽然现代测序技术让人们对微生物有了进一步了解，但实验室培养部分微生物仍然是一个挑战。Oberhardt等开发了一个名为KOMODO的数据库，可利用现有的微生物-培养基资源来预测新的微生物培养配方。该数据库汇集了众多菌株与培养基的组合信息及培养基的变体数据，通过这个平台，研究人员可以根据微生物的16S rDNA序列来预测最适合其生长的培养基，从而推动微生物培养领域的发展。

2. YOSHIDA S, HIRAGA K, TAKEHANA T, et al. A bacterium that degrades and assimilates poly (ethylene terephthalate)[J]. Science, 2016, 351: 1196-1199.

由于缺乏可分解塑料成分的分解代谢酶或分解代谢酶的活性较低，许多塑料在环境中具有显著的持久性。Yoshida的团队从一个PET（聚对苯二甲酸乙二醇酯）瓶回收站附近的土壤样本中分离出一种名为 *Ideonella sakaiensis* 的新细菌，这种细菌能以PET为主要能源和碳源，通过两种特有的酶来水解PET，并利用分解产物生长。此生物过程可被用于环境友好型的塑料回收。

3. WOLFE-SIMON F, BLUM J S, KULP T R, et al. A bacterium that can grow by using arsenic instead of phosphorus[J]. Science, 2010, 332: 1163-1166.

众所周知，磷是生命的六大元素之一，在此之前没有任何研究发现六大元素可被其他元素替代。该文章报道了Wolfe-Simon等从加利福尼亚州Mono Lake湖中分离出一株名为GFAJ-1的细菌，据称该细菌能够使用砷（As）代替磷（P）来维持生长，即GFAJ-1能够在其生物分子（核酸和蛋白质）中，使用砷酸盐替代磷酸盐的位置。由于其他科学家在尝试复制实验结果时并未成功，这项研究受到了一些争议。

4. ERB T J, KIEFER P, HATTENDORF B, et al. GFAJ-1 is an arsenate-resistant, phosphate-dependent organism[J]. Science, 2012, 337: 467-470.

该文章深入研究了GFAJ-1，这是一种在先前的研究中被认为能够利用砷代替磷来维持生长的细菌。研究表明，GFAJ-1能在高砷酸盐浓度的环境中存活，但无法在缺乏磷的条件下生长。其核心代谢物质和核酸主要以磷酸化形式存在，而非砷酸化形式。尽管GFAJ-1与砷酸盐共孵化时检测到少量砷酸化化合物，但其并非生物合成。这项研究证实了 GFAJ-1 是一种耐砷但依赖磷的生物，纠正了前人的研究结论。

※ 开放性讨论题

1. 设计一种培养基，以培养一种能够以 PLA 微塑料为碳源和能源物质的细菌。该培养基需要满足该菌所有的营养物质且配比合理。

2. 近期有报道某品牌包装矿泉水导致部分人腹泻，用什么方法和培养基检测该饮用水是被哪种微生物污染？并说明检测原理。

※ 复习思考题

1. 微生物生长所需要的营养要素有哪些？各要素的生理功能是什么？
2. 微生物的营养类型有哪些？各有何特点？
3. 什么是氨基酸自养型微生物？试举例说明其在实践上的重要性。
4. 简述微生物的几种物质运输方式的主要特点。
5. 什么是基团转位？试述其分子机制。
6. 试述何为未培养微生物，如何实现未培养微生物的培养？
7. 有研究表明，一些微生物能够利用多种碳氮源，而另一些则仅能利用较为单一的碳氮源。这两种策略各自有哪些优缺点？

（林雁冰　肖敏　张作明）

7 微生物的代谢

导语

代谢是维持细胞生物生存、生长和繁殖等生命活动的系列生化反应。代谢的基本需求包括液态水、能量、生化反应需要的电子、合成大分子需要的底物等。微生物包括生活在各种环境中的病毒、细菌、古菌和部分真核生物，它们在地球共演化过程中演化出丰富的代谢多样性，既有利用光能、又有利用化学能的代谢方式，既有能利用CO_2为碳源的自养方式、又有能利用有机物为碳源的异养方式。本章介绍微生物的代谢方式，包括能量代谢、物质分解代谢、物质合成代谢，以及微生物的代谢调控模式，旨在通过本章的内容，向读者介绍：①微生物代谢的基本原理；②微生物的能量代谢方式；③微生物合成代谢的主要类型；④微生物代谢调控的方式。

关键词

能量代谢，底物水平磷酸化，氧化磷酸化，合成代谢，分解代谢，光能营养，异养，自养，三羧酸循环，糖异生，代谢调节

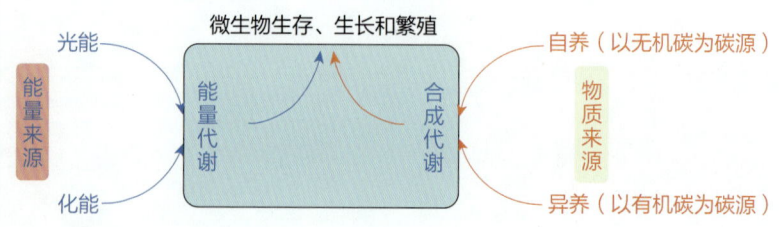

图 7-1 微生物通过代谢活动从生境中获取能量与物质维持生存、生长和繁殖

7.1 微生物代谢概论

生活在不同生境的微生物需要在适宜的条件下通过一系列代谢过程获取足够的能量与物质来维持生存、生长和繁殖等生命活动（图 7-1）。类似于智能手机——正常地运行依赖硬件、操作系统、各类 App 和电能。细胞生物的生命活动本质上是依赖细胞结构组分、中心法则、初级代谢网络、次级代谢途径和能量的一系列生化反应。

7.1.1 基本代谢类型

微生物的所有代谢类型可根据能量的来源划分。光能营养型（phototroph）从光获取代谢的能量；陆生植物、藻类和蓝细菌在进行光合作用的同时释放氧气，即产氧光合作用（oxygenic photosynthesis）；很多细菌在进行光合作用的时候不释放氧气，即不产氧光合作用（anoxygenic photosynthesis）。化能营养型（chemotroph）从化学反应中获取代谢的能量；如果最初的能量和还原力来源于有机物（如碳水化合物和蛋白质），被称为化能有机营养型（chemoorganotroph）；如果从无机分子获取能量和还原力（如 H_2、H_2S、NH_3、Fe^{2+} 等），被称为化能无机营养型（chemolithotroph）。

除了能量，微生物还需要各种营养物质来合成其细胞组分，其中最重要的是碳元素。异养型（heterotroph）从有机物中获取碳元素并用于生物合成，所以化能有机营养型是异养型生物。自养型（autotroph）则以无机碳（如 CO_2）为唯一或主要碳源，通过消耗能量将其还原为细胞组分，绝大多数化能无机营养型生物和光能营养型生物属于自养型生物。自养型生物也被称为初级生产者（primary producer）。部分化能无机营养型生物和光能营养型生物须从有机物中获取碳元素用于生物合成，它们是异养型生物，分别被称为混合营养型（mixotroph）和光能异养型（photoheterotroph）。

7.1.2 生物能学基本原理

如上所述，微生物需要从生境中获取能量和营养物质。根据热力学第二定律，物理化学过程总是向着宇宙的自由度或混乱度增加到最大的方向自发进行。在这个背景下，微生物如何维持细胞的活性和稳定性呢？根据热力学第一定律，能量既不能产生也不能消失，宇宙总能量不变。研究微生物环境能量与细胞内能量相互转化的科学，即生物能学（bioenergetics）。

细胞内可以用于做功的能量被称为自由能（free energy）。细胞内释放自由能的反应是放能反应（exergonic reaction），而需要输入自由能才可进行的反应是吸能反应（endergonic reaction）。自由能的变化 ΔG 为负值的反应是放能反应；ΔG 为正值的反应是吸能反应。一个化学反应的自由能变化是在反应物浓度、温度和压力的标准状态下（25℃，1个标准大气压，所有溶质的浓度为 1 mol/L）测得，即标准自由能的变化 ΔG^0。对于反应 $aA + bB \rightleftharpoons cC + dD$，pH 为 7 的标准自由能变化为 $\Delta G^{0\prime} = -2.303RT\lg K_{eq}$（$R$ 为气体常数；T 为绝对温度；$K_{eq} = [C]^c[D]^d/[A]^a[B]^b$ 为平衡常数，表示产物 C 与 D 和底物 A 与 B 平衡浓度之间的关系，$K_{eq} > 1$ 为放能反应，$K_{eq} < 1$ 为吸能反应）。

如果将储能物质 ATP 等看作人类社会的货币，放能反应类比为一个家庭通过工作赚取收入的过程，那么吸能反应就类似于家庭成员消费的过程，收支平衡才能最大化地实现微生物生存、生长和繁殖的良性循环。分解代谢途径（catabolic pathway）将反应物转化为产物的过程中释放自由能，是放能过程，又称为异化作用（dissimilation）。合成代谢途径（anabolism pathway）从结构简单的前体合成细胞组分的过程需要消耗能量，是吸能过程，又称为同化作用（assimilation）。分解代谢与合成代谢的速率会影响细胞的"健康状况"，如果两者的速率处于一个平衡范围，细胞就可以维持一个稳态。通常用 ATP、ADP 和 AMP 的测定值计算出能荷（energy charge, EC），来衡量细胞的合成与分解代谢速率是否处在正常的动态平衡范围内（图 7-2）。活细胞的能荷通常为 0.80～0.85。

7.1.3 氧化还原反应的电子供体与受体

自由能产生的一个重要源头是电子传递反应，即氧化还原反应（redox reaction）。如果一个底物获得电子，它的氧化状态因获得电子而降低，即被还原；相反，如果一个底物失去电子，氧化状态因失去电子而升高，即被氧化。还原力（reducing power）是在氧化还原反应中供给电子的能力。电子供体（electron donor）供给的电子（e^-）作为还原力，一方面可以用于能量代谢中电子受体（electron acceptor）的还原并释放自由能（异化途径），另一方面可以用于合成代谢中前体物质的还原并合成细胞组分（图 7-3）。

电子在溶液中不能稳定存在，需要在不同的原子或分子间传递，介导能量代谢与合成代谢的一系列氧化还原反应。氧化还原反应中的电子传递事件是以半反应（half reaction）的方式进行，即一个物质通过获得或失去电子转变为另一个物质的反应。例如，$2H^+ + 2e^- \rightleftharpoons H_2$，其中 H^+ 和 H_2 分别为氧化态和还原态，$2H^+/H_2$ 也被称为一个氧化还原电对（redox couple）。在一个氧化还

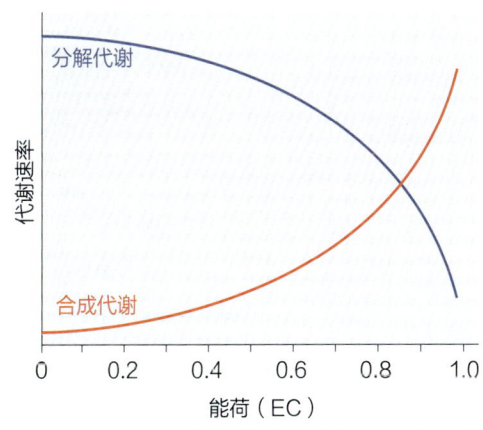

图 7-2 能荷——分解代谢与合成代谢

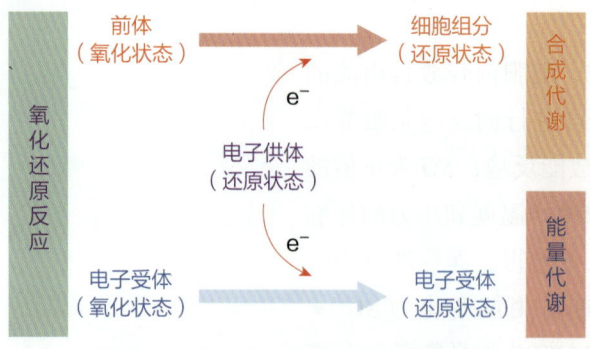

图7-3 微生物代谢中的氧化还原反应示意图

反应中，第一个半反应释放的电子会被第二个半反应消耗，第一个半反应中给出电子的反应物为电子供体而第二个半反应中获得电子的反应物为电子受体。自然界存在许多氧化还原电对，它们都具有给出或接受电子的能力（图7-4）。那么，不同氧化还原电对之间得失电子的能力是由什么决定的呢？在特定的一个氧化还原反应里，一个反应物是作为电子供体还是电子受体由还原电势（reduction potential）决定，在标准热力学条件下（pH 7）测得的还原电势用 E_0' 表示，通常以氧气为标准电子受体、氢气为标准电子供体来计算氧化还原电对的标准还原电势（图7-4）。反应物给出或得到电子取决于参与反应的两个氧化还原电对的还原电势差。具有更负的还原电势的氧化还原电对将电子提供给有较正电势的氧化还原电对（图7-4，从左往右），释放自由能 $-\Delta G^{0\prime} = -nF\Delta E_0'$（$n$ 为转移的电子数目；$F = 96.5 \text{ kJ} \cdot \text{mol}^{-1}\text{V}^{-1}$，是法拉第常量；$\Delta E_0'$ 为受体与供体的标准还原电势差）。两个半反应的还原电势差越大，释放的自由能越多。自然界微生物已经演化出多种多样的半反应组合，塑造了微生物的代谢多样性。

图7-4 氧化还原电对的还原电势

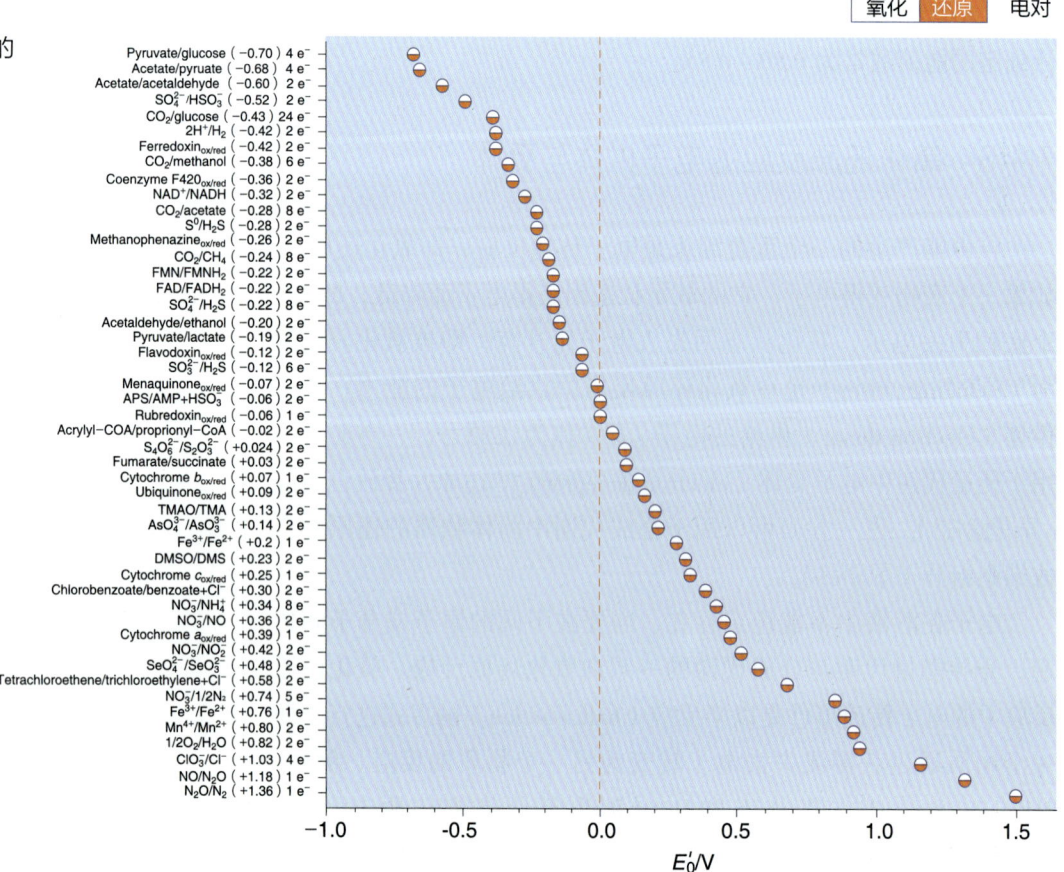

7.1.4　电子载体与电子传递链

电子从供体到受体的传递很少能够一步完成，往往涉及不同亚细胞定位的一系列中间电子载体（electron carrier）。例如，水溶性的烟酰胺腺嘌呤二核苷酸（NAD^+），其烟酰胺环从供体获得 2 个电子和一个质子，被还原为 NADH；烟酰胺腺嘌呤二核苷酸磷酸（$NADP^+$）具有类似的特征。NAD^+/NADH 的标准还原电势为 -0.32 V，NADH 是细胞内很多能量代谢反应的电子供体；而 $NADP^+$/NADPH 更多地参与合成代谢。泛醌（ubiquinone）是脂溶性的膜上电子载体，可以从供体获得两个电子和质子。黄素腺嘌呤二核苷酸（FAD）和黄素单核苷酸（FMN）的异咯嗪环从供体获得两个电子和两个质子，含有 FAD 和 FMN 的蛋白质被称为黄素蛋白。细胞色素中，铁原子参与血红素或其他类似卟啉环的组成，通过铁原子的可逆氧化还原反应，每次传递一个电子。细胞内也存在含铁原子但无血红素的电子传递蛋白，如铁氧还蛋白。电子从供体向最终电子受体的传递，要经过一系列的载体，这些电子载体组成的系统即为电子传递链（electron transport chain）。第一个载体有最负的 E_0'，每一个接下来的载体的 E_0' 都依次升高。存储在发动电子流的氧化还原电对里的势能释放，用来生成 ATP。

7.1.5　催化与酶

一个反应即使是放能反应，也不一定会自发进行。例如 $H_2 + \frac{1}{2}O_2 \longrightarrow H_2O$（$\Delta G^{0'} = -237$ kJ/mol）的进行首先需要消耗一定能量使气体分子内部的键发生断裂，这部分能量被称为激活能量（activation energy）。催化剂（catalyst）可以降低激活反应的能量需求，促进反应的发生，但是不会被反应所消耗。细胞内的催化剂主要是酶（蛋白质或少数 RNA），它们的三维结构决定其所催化反应的特异性。在一个酶催化的反应中，底物结合在酶的激活位点，形成酶-底物复合物。随着反应的进行，产物被释放，酶也恢复初始状态，为催化下一轮反应作准备。这个过程通常只需要几毫秒的时间。有些酶需要辅基（prosthetic group）或辅酶（coenzyme）才能发挥功能。辅基通常以共价结合的方式与酶稳定结合在一起，如细胞色素 c 中的血红素辅基；辅酶往往与酶松散而短暂地结合，如 NADH 和 ATP 等是多种酶的辅酶。和放能反应不同，吸能反应不仅需要激活能量，还需要消耗更多自由能来生成产物，需要与水解 ATP 或消耗质子动力势等产能反应偶联。

代谢是维持生命过程的基础，而生物需根据生命过程的需要调控代谢，以保证细胞中代谢产物的平衡和能量的有效利用。微生物的代谢调控主要通过催化代谢的酶蛋白量和酶活力而实现。细胞中酶蛋白量受遗传调控，根据代谢的需要合成相关的酶蛋白；而酶蛋白合成后，酶的活力也受到调节。酶活力调节发生在酶蛋白分子上，调节速度快且灵活，主要通过酶蛋白分子构象改变和酶蛋白修饰，产生的效果包括酶活力的激活和抑制。而酶蛋白的合成调节速度较慢，调节发生在转录过程，如原核生物主

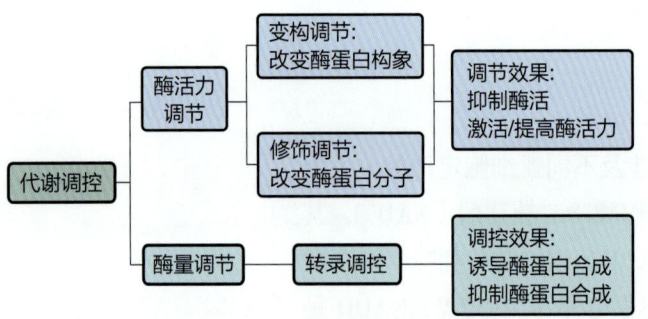

图 7-5 微生物代谢调控的模式及其调节效果

要是转录调控（见第 10 章）。微生物的代谢调控方式总结见图 7-5。

7.1.6 酶活力调节机制

酶活力调节指通过酶蛋白分子构象或分子结构的改变而调节酶的催化活力。该调节方式是在已经存在的酶蛋白上发生，是微生物细胞响应环境变化后迅速调整代谢活力的重要机制。酶活力调节的机制主要有两种：酶蛋白变构调节和酶蛋白修饰调节。

7.1.6.1 酶蛋白变构调节

一个酶的活力高低不仅由其蛋白质的氨基酸序列决定，而且也取决于蛋白质正确的高级结构，尤其是活性中心的结构。细胞中一些生化反应的产物积累时会结合到酶的活性中心，抑制催化该反应的酶与底物结合，或结合到酶的变构位点而改变活性中心的构象，从而抑制酶的活力，导致反应停止。变构调节效果是可逆的，去除结合的变构物质后又恢复酶活力。在多步反应的代谢途径中，末端产物通常反馈抑制该途径的第一个酶，这种酶被称为变构酶（allosteric enzyme）。变构酶通常是代谢途径的第一个酶或是催化某一关键反应的酶。如异亮氨酸合成途径的第一个酶苏氨酸脱氨酶可被末端产物异亮氨酸反馈抑制。细菌的糖酵解和三羧酸循环即通过变构调节保证代谢的平衡。

7.1.6.2 酶蛋白修饰调节

修饰调节通过共价调节酶对酶蛋白多肽链的某些氨基酸进行可逆的共价修饰，使酶处于活化/非活化的动态变化中，导致酶被活化或被抑制，从而控制代谢的速度和方向。蛋白质的共价修饰包括：磷酸化、乙酰化、甲基化和巯基（-SH）氧化形成二硫键（S—S）等。表 7-1 列出一些受修饰调节的酶。

表 7-1 共价修饰改变酶催化活性的例子

酶类	低活性状态	高活性状态	来源
糖原合成酶	去磷酸化酶	磷酸化酶	真核细胞
丙酮酸脱氢酶	去磷酸化酶	磷酸化酶	真核细胞
糖原磷酸化酶	磷酸化酶	去磷酸化酶	真核细胞
谷氨酰胺合成酶	腺苷酰化酶	去腺苷酰化酶	原核细胞

7.1.6.3 酶活调节的类型

酶活调节分激活和抑制两种方式。激活（activation）指在特定物质作用下，使一个无活性的酶变为有活性或活性提高的过程，激活酶的物质主要是底物。抑制（inhibition）则指在特定物质作用下，酶的活力降低或丧失的过程。反馈抑制

（feedback inhibition）是抑制酶活的主要机制，即合成代谢途径的终产物积累抑制酶活力。

反馈抑制又分为直线代谢途径和分支代谢途径两种抑制机制。直线代谢途径的反馈抑制是最简单的模式。如大肠杆菌在合成异亮氨酸时，产物异亮氨酸的积累会抑制合成途径的第一个酶——苏氨酸脱氨酶的活性，使 α- 酮丁酸及其后的中间代谢物均无法合成，最终导致异亮氨酸合成的停止。分支代谢途径的反馈抑制模式较为复杂，在具有两个以上分支合成途径中，通常各分支的末端产物抑制该分支的第一个酶，并部分控制整个途径的每个酶。分支代谢途径的反馈抑制有4种模式：同工酶、协同、积累及顺序反馈抑制（图7-6）。

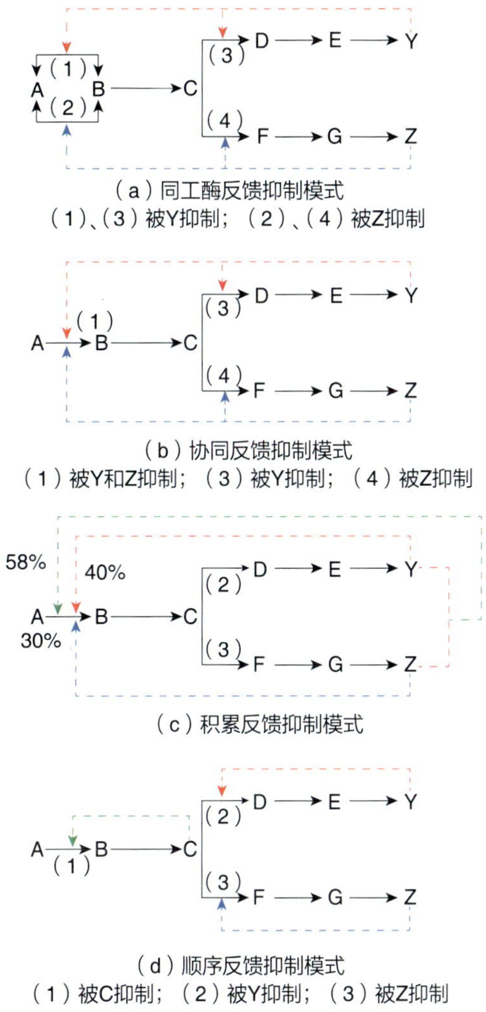

（1）同工酶反馈抑制

同工酶（isozyme）指催化同一种化学反应、但酶蛋白的氨基酸组成和结构不尽相同的一组酶。同工酶反馈抑制特点是：分支途径的第一个反应由结构不同的同工酶催化，终产物只抑制相应的分支途径，而不影响另外的分支途径（图7-6a）。如大肠杆菌的天门冬氨酸家族氨基酸的合成，由3个天门冬氨酸激酶催化合成途径的第一个反应，并分别受赖氨酸、苏氨酸、甲硫氨酸的调节。

（2）协同反馈抑制

协同反馈抑制是只有几个分支代谢途径的终产物均过量积累时才对总途径的第一个酶有抑制作用，某一分支途径的终产物过量时只抑制该分支，而对总途径的第一个酶无抑制作用（图7-6b）。如多黏芽孢杆菌的天门冬氨酸家族氨基酸的合成时，赖氨酸、甲硫氨酸和苏氨酸合成分支途径的终产物苏氨酸和赖氨酸协同抑制总途径的第一个酶——天门冬氨酸激酶。

（3）积累反馈抑制

积累反馈抑制指任何分支代谢途径的终产物过量时、均部分抑制总途径的第一个酶，而且各途径的终产物抑制作用互不干扰，而所有分支途径的终产物同时过量时，抑制作用会累加（图7-6c）。如终产物Y过量时抑制AB酶活的40%，终产物Z过量时抑制AB酶活的30%，而YZ同时过量时抑制活性为：40% +（1 - 40%）× 30% = 58%。积累反馈抑制最早在大肠杆菌的谷氨酰胺合成中发现，当8个分支途径的终产物同时积累时，谷氨酰胺合成酶的活力完全被抑制。

（4）顺序反馈抑制

顺序反馈抑制指两个分支途径的终产物不直接抑制代谢途径的第一个酶，而只分别抑制分支点后的反应；而当分支点前的中间产物积累后反馈抑制第一个酶。因此只有两个分支途径的终产物都过量时，才抑制途径的第一个酶（图7-6d）。枯草芽孢杆

（a）同工酶反馈抑制模式
（1）、（3）被Y抑制；（2）、（4）被Z抑制

（b）协同反馈抑制模式
（1）被Y和Z抑制；（3）被Y抑制；（4）被Z抑制

（c）积累反馈抑制模式

（d）顺序反馈抑制模式
（1）被C抑制；（2）被Y抑制；（3）被Z抑制

图 7-6 酶的反馈调节模式

菌合成芳香族氨基酸的代谢途径采取顺序反馈抑制调节。

7.2 微生物的能量代谢

如前所述，微生物的能量代谢类型包括化能有机营养型、化能无机营养型、产氧光合营养型和不产氧光合营养型，能量分别来自有机物、无机物和光能。那么这些不同的能量代谢过程是如何发生的呢？是否存在内在的基本规律呢？

7.2.1 能量转化方式

微生物能量的产生方式可以分为两大类（图7-7）：①底物水平磷酸化（substrate-level phosphorylation），即从能源物质分解代谢产生的高能化合物转移磷酸基团到ADP，形成ATP的过程；②化学渗透（chemiosmotic coupling），即膜内外出现质子梯度（化学势能）和电荷梯度（电势能），形成质子动力势（proton motive force），质子动力势推动质子沿质子和电荷梯度穿过细胞膜进入胞内，这种质子流是放能的，在膜上ATP合酶的作用下，使ADP磷酸化成ATP。可见，依赖化学渗透的产能方式本质上是打破膜内外的电化学平衡。

根据电化学平衡被打破的方式，化学渗透可以分为依赖电子传递链和不依赖电子传递链的类型。1973年首次在盐沼盐杆菌（*Halobacterium halobium*）中报道了基于视紫红质蛋白的化学渗透现象。经多年研究，其作用机制可概括为：低氧下，光照诱导表达更多的视紫红质蛋白，其中的发色团视黄醛共价结合在色素蛋白上，而色素蛋白嵌入细胞质膜，使视黄醛处于膜的中间位置，视黄醛吸收光释放质子，视紫红质经一系列的构象改变转移质子到膜外，形成的质子动力势驱动ATP合酶生成ATP。这类视紫红质蛋白在海洋透光区的浮游古菌和细菌中分布较广，说明不依赖电子传递链来打破电化学平衡的方式并不是个例。

依赖电子传递链打破电化学平衡的化学渗透方式，根据能量的来源分为氧化磷酸化（oxidative phosphorylation）和光合磷酸化（photophosphorylation）。氧化磷酸化是化能营养微生物的重要产能方式和呼吸反应的关键特征（见7.2.2—7.2.3）。光合磷酸化是多数光合微生物产能的重要方式，利用光能驱动电子传递过程的起始，伴随着电子传递形成膜内外的质子动力势（见7.2.4）。

除了上述大类的划分，电子传递链的复杂程度也存在较大差异。例如，产乙酸细菌的跨膜铁氧还蛋白（Fd）-NAD$^+$氧化还原酶Rnf，从铁氧还蛋白获得电子并将NAD$^+$还原为NADH的过程不涉及膜上的脂

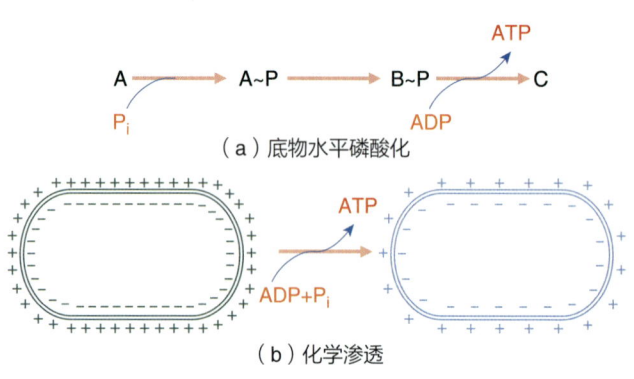

图7-7　能量产生方式

图 7-8 不涉及脂膜电子载体的超短电子传递链

溶性电子载体，Na^+ 被泵到膜外，形成 Na^+ 动力势驱动 ATP 合酶生成 ATP。深红红螺菌（*Rhodospirillum rubrum*）的膜结合氢酶 Ech 从铁氧还蛋白获得电子并将 H^+ 还原为 H_2，同时形成质子动力势，这个过程也不涉及脂溶性的膜上电子载体。图 7-8 为这类不涉及脂溶性电子载体的超短电子传递链示意图。

醌类（menaquinone、ubiquinone、plastoquinone 和 caldariellacquinone）和甲萘吩嗪（methanophenazine）这两类膜上的脂溶性电子载体（简称 Q）是复杂电子传递链的重要组成部分。Q 发生氧化还原反应共转移两个电子和两个质子，Q 可以在膜内扩散，在靠近细胞质的一侧被还原为 QH_2，在另一侧被氧化为 Q。这个氧化还原过程可简述为图 7-9：位于膜上的供体氧化复合物从电子供体获得电子，并经由其两个血红素辅基将电子传递给靠近细胞质一侧的 Q，后者从细胞质获得质子并生成 QH_2，QH_2 扩散到远离细胞质的一侧并被受体还原复合物氧化为 Q，受体还原复合物通过两个血

图 7-9 脂溶性膜上电子载体的电子传递模式

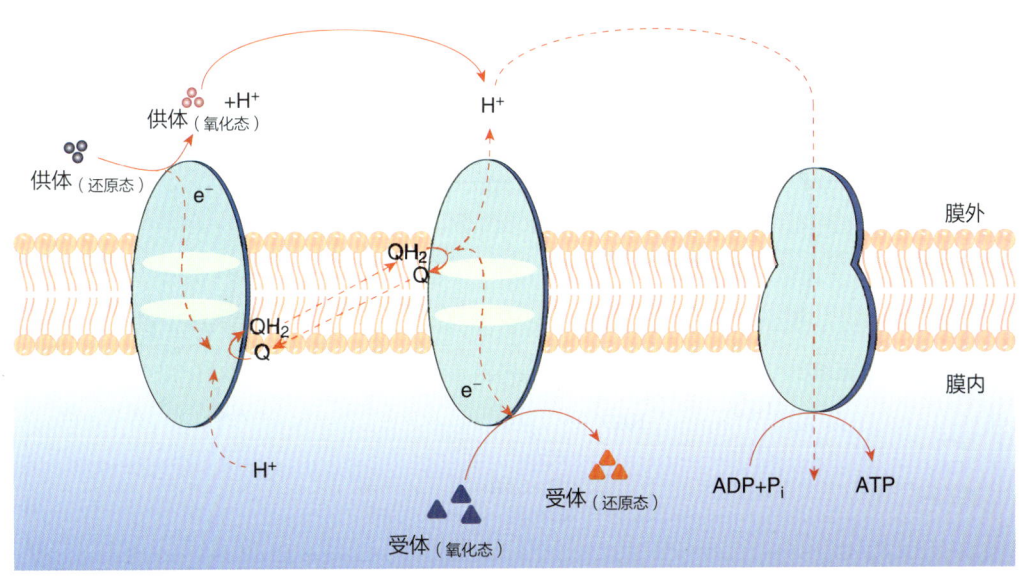

红素辅基将获得的电子传递给最终电子受体使其还原，同时 H^+ 被释放到膜外形成质子动力势并驱动 ATP 合酶生成 ATP。更复杂的电子传递链如线粒体的氧化磷酸化和叶绿体或蓝细菌的光合磷酸化等在供体氧化复合物与受体还原复合物之间还加入了其他酶，这增强了与电子传递偶联的质子泵出效率，从而促进了质子动力势的形成（见 7.2.2—7.2.4）。

如前所述（7.1.4）电子从 E_0' 更负的氧化还原电对电子供体向 E_0' 更正的氧化还原电对电子受体传递，偶联质子动力势的形成并生成 ATP。这个过程类似于水力发电站利用海拔差来发电（图 7-4），电子从高海拔下降到低海拔的过程是走"下坡路"的放能过程，是正向电子传递（forward electron transport）。微生物能量转化中还发现了反向电子传递（reverse electron transport）和电子歧化反应（electron bifurcation）。

反向电子传递链的电子向 E_0' 更负的电子传递链成分传递，是消耗能量的"爬坡"过程。例如，伍氏醋酸杆菌（*Acetobacterium woodii*）依赖 H_2 和 CO_2 自养生长时，还原态的 Fd（$E_0' = -420$ mV）在将电子传递给 NAD^+（$E_0' = -320$ mV）的正向电子传递过程中偶联 Na^+ 动力势的形成，后者驱动 ATP 合酶生成 ATP，这个过程是正向化学渗透（forward chemiosmosis）；当该菌依赖低能量的底物乳酸和乙醇生长时，通过底物水平磷酸化产生 ATP，ATP 合酶催化 ATP 水解并建立膜内外的 Na^+ 动力势，后者驱动 Fd-NAD^+ 氧化还原酶催化的 NADH 向氧化态 Fd 的反向电子传递，生成还原态 Fd，该过程是反向化学渗透（reverse chemiosmosis）（图 7-10）。

电子歧化反应中，双电子供体（two-electron donor）的两个电子流向两个不同的单电子受体。相对于双电子供体的 E_0'，其中一个电子受体具有较高的 E_0'，另一个电子受体具有较低的 E_0'（图 7-11）。催化电子歧化反应的歧化酶（Bifurcase）分为两类：① 1975 年发现的基于醌（Quinone）的定位于膜上的电子歧化酶，催化的电子歧化反应涉及醌氧化还原反应的循环（被称为 Q-cycle），如线粒体和好氧变形杆菌的泛醌脱氢酶（complex Ⅲ 和细胞色素 bc_1），厌氧变形杆菌、好氧芽孢菌和好氧古菌

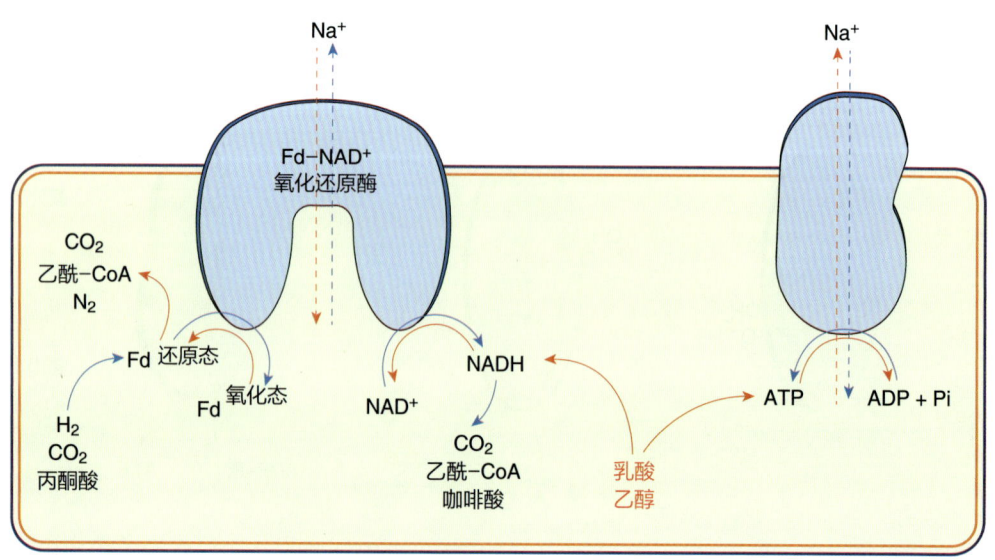

图 7-10　反向化学渗透与反向电子传递链
（红色：伍氏醋酸杆菌依赖低能量底物乳酸和乙醇生长）

的甲基萘醌脱氢酶（细胞色素 bc_1），叶绿体和蓝细菌的质体蓝素脱氢酶（细胞色素 b_6f）；② 2008 年发现的基于黄素（flavin）的电子歧化酶，它们属于 4 个不相关的蛋白家族——电子转移黄素蛋白（EtfAB/CarED/LctCB/FixBA）、NAD（P）H 脱氢酶（NuoF 同源蛋白）、NADH- 依赖的 Fd:NADP 还原酶（NfnAB）和异二硫化物还原酶（HdrABC 同源蛋白），除了固氮菌的 FixBA，这些黄素歧化酶都是细胞质蛋白并分布在厌氧细菌和厌氧古菌。例如，伍氏醋酸杆菌在利用咖啡酸盐生长时，基于黄素的歧化酶 CarED 与 CarC 组成复合物，CarD 的 β 位 FAD 是电子歧化中心，NADH（$E_0' = -320$ mV）释放出的 2 个电子经 β-FAD 发生传递方向的分流，一个经 CarE 的 β-FAD 和 CarC 的 β-FAD 流向咖啡酰 -CoA

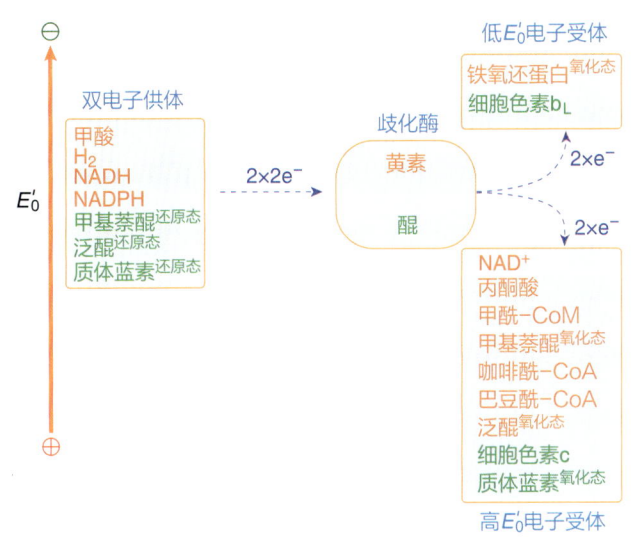

图 7-11 含有黄素或醌的歧化酶催化电子歧化反应

（$E_0' = -10$ mV），另一个电子经 CarE 的铁硫簇流向 Fd（$E_0' = -420$ mV），使咖啡酰 -CoA 和 Fd 还原，Fd^{还原态}进一步通过 Fd-NAD$^+$ 氧化还原酶给出电子并偶联膜内外 Na$^+$ 动力势的形成，后者驱动 ATP 合酶生成 ATP。

为什么电子歧化酶可以催化电子传递的能量爬坡呢？两类电子歧化酶依赖黄素或醌的三个连续的氧化状态：0、-1、-2，分别用 Q（quinone）、SQ（semiquinone）和 HQ（hydroquinone）来表示。氧化还原电对 Q/SQ 的 E_0' 低于 SQ/HQ 的 E_0'，在电子歧化反应过程中，以 HQ 传递第一个电子的能量消耗为代价（吸能反应），提高了其氧化产物 SQ 的电子还原力，使得电子歧化反应能够将电子传递给 E_0' 较负的电子受体（如：铁氧还蛋白氧化态；放能反应）。例如，进入泛醌脱氢酶复合体 Ⅲ 氧化位点的 HQ 将第一个电子传递给 E_0' 更负的 Rieske 铁硫簇，这是个能量爬坡过程，该氧化还原反应生成的 SQ 与 Q 组成的氧化还原电对的 E_0' 比 complex Ⅲ 中的细胞色素 b_L 的 E_0' 更负——使得 SQ 向细胞色素 b_L 传递电子的过程成为一个放能过程（图 7-12）。

需要注意的是，在已知的基于黄素的电子歧化反应中，有一部分是可逆的，被称为反向电子歧化反应（electron confurcation）。例如厌氧微生物海栖热袍菌（*Thermotoga maritima*）通过底物水平磷酸化获得 ATP，同时产生了 NADH 和 Fd^{还原态}，电子歧化氢化酶可催化 NADH 和 Fd^{还原态}的氧化产 H_2，从而维持细胞的氧化还原平衡状态。

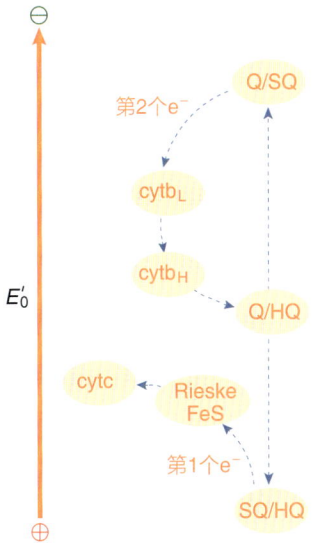

图 7-12 泛醌脱氢酶复合体 Ⅲ 催化的电子歧化反应

7.2.2 化能有机营养

化能有机营养型或化能异养型微生物氧化有机物

产生能量，其中糖酵解（glycolysis）和三羧酸循环（tricarboxylic acid cycle，TCA）是中心代谢途径，氧化有机物释放的电子可以被多种电子受体接受（表7-2）。最终电子受体是外源的代谢过程被称为呼吸（respiration）；最终电子受体是氧气，即有氧呼吸（aerobic respiration）；最终电子受体是氧气以外的物质，即无氧呼吸（anaerobic respiration）；采用分解代谢途径中间产物等内源的电子受体，即发酵（fermentation）。

表7-2 最终电子受体来源及ATP产生机制

最终电子受体来源	代谢过程	最终电子受体	代表性受体	ATP产生机制
外源	有氧呼吸	氧气		氧化磷酸化
	无氧呼吸	氧气以外的物质	NO_3^-、SO_4^{2-}、CO_2、Fe^{3+}、SeO_4^{2-}、延胡索酸、腐殖酸等	
内源	发酵	分解代谢途径的中间产物	丙酮酸及其衍生物	底物水平磷酸化

有氧呼吸可以分为以下几个阶段（图7-13）：

① 蛋白质、多糖和脂质等大分子营养物质被水解或降解成构成它们的单体，这个过程一般不释放能量。

② 氨基酸、单糖、脂肪酸、甘油及第一阶段的其他产物被降解为简单的小分子，

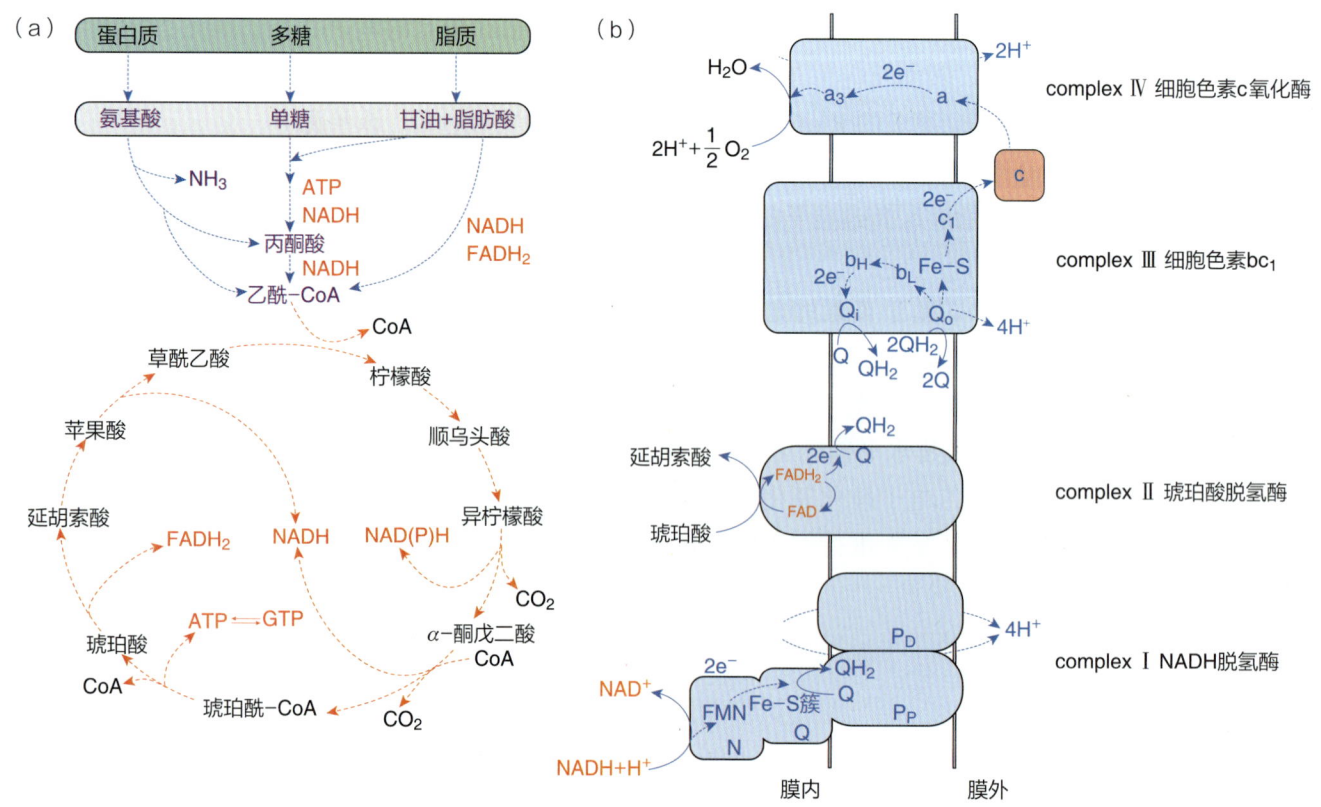

图7-13 有氧呼吸
糖酵解途径和乙醛酸循环相关内容见正文；右图为脱氮副球菌（*Paracoccus denitrificans*）的氧化磷酸化电子传递链组分，其产生的质子动力势驱动ATP合酶生成ATP

如丙酮酸、乙酰-CoA 等，这个过程产生 ATP、NADH 和 FADH$_2$ 等。以糖酵解为例，己糖激酶消耗 1 分子 ATP 催化葡萄糖形成 6-磷酸葡萄糖，后者在磷酸己糖异构酶催化下异构转化为 6-磷酸果糖；磷酸果糖激酶消耗 1 分子 ATP 催化 6-磷酸果糖磷酸化生成 1,6-二磷酸果糖，后者在醛缩酶的作用下生成 3-磷酸甘油醛和磷酸二羟丙酮，丙糖磷酸异构酶进一步催化磷酸二羟丙酮转化为 3-磷酸甘油醛；2 分子 3-磷酸甘油醛在 3-磷酸甘油醛脱氢酶催化下生成 2 分子 1,3-二磷酸甘油酸，同时产生 2 分子 NADH；磷酸甘油酸激酶将 2 分子 1,3-二磷酸甘油酸的高能磷酰基转给 ADP 生成 2 分子 ATP 和 2 分子 3-磷酸甘油酸，后者在磷酸甘油酸变位酶催化下形成 2-磷酸甘油酸，烯醇化酶催化 2-磷酸甘油酸脱水生成磷酸烯醇式丙酮酸，后者的高能磷酸基团在丙酮酸激酶催化下转移给 ADP 生成 ATP 和丙酮酸。1 分子葡萄糖的糖酵解途径先消耗 2 分子 ATP，后经一次氧化还原反应（生成 2 分子 NADH）和两次底物水平磷酸化（生成 4 分子 ATP），净生成 2 分子 NADH 和 2 分子 ATP。糖酵解途径不涉及外来电子受体。

③ 部分被氧化的碳原子进入三羧酸循环，被完全氧化成 CO_2，产生 ATP、NADH 和 FADH$_2$（图 7-13）。一些化能有机营养生物也能利用二碳化合物生长，这时需要启动与 TCA 循环偶联的乙醛酸循环（glyoxylate cycle）。因为很多四碳和六碳化合物可以用于生成草酰乙酸，而仅依赖 TCA 循环不足以从二碳化合物生成草酰乙酸。以二碳化合物如乙酸生长时，乙酸被转化为乙酰-CoA、柠檬酸和异柠檬酸；后者在异柠檬酸裂解酶的作用下生成琥珀酸和乙醛酸；苹果酸合酶催化乙酰-CoA 和乙醛酸生成苹果酸；从苹果酸进而生成草酰乙酸保障 TCA 循环中乙酰-CoA 的氧化。

④ 上述分解代谢途径产生的 NADH 被 complex Ⅰ 氧化，电子经 complex Ⅰ 的 FMN（位于 N 模块）和一系列 Fe-S 簇传递给 Q（在 Q 模块发生），该电子传递过程伴随着 4 个质子的泵出（在 P 模块发生）；FADH$_2$ 在 complex Ⅱ 把电子传递给 Q；QH$_2$ 在 complex Ⅲ 的氧化位点 Q_o 发生电子歧化反应，1 个电子经由 Rieske 铁硫簇、细胞色素 c_1 传递给细胞色素 c，另一个电子经由细胞色素 b_L、细胞色素 b_H 在 Q 的还原位点 Q_i 传递给 Q，这个过程也被称为 Q-cycle，该过程伴随着 4 个质子的泵出；细胞色素 c 再将获得的电子经由 complex Ⅳ 的细胞色素 a 和 a_3 传递给最终电子受体氧气，伴随着 2 个质子的泵出；质子动力势驱动 ATP 合酶生成 ATP。微生物有氧呼吸的电子传递链中的末端氧化酶复合体Ⅳ具有一定的多样性。例如大肠杆菌在氧分压较高的对数期末端氧化酶为 bo_3-型（图 7-14），而氧分压较低的稳定期为 bd-型，后者是细菌特有的对氧气亲和力较高的末端氧化酶；很多根瘤菌在共生固氮时的低氧分压条件下会调用对氧气亲和力高的 cbb_3-型末端氧化酶。此外，图 7-13 中的电子传递链组分数量在微生物中具有多样性，例如 complex Ⅲ 在大肠杆菌中是缺失的（图 7-14）。

直到约 6 亿年前生物圈大气的氧气浓度才达到了现在的水平，而且现存的许多微生物能够在氧分压较低甚至无氧的生境生存，例如湿地、沉积物和宿主体内等。一些微生物通过无氧呼吸、或发酵将环境中的能量转化为细胞内的能量。例如，无氧时大肠杆菌利用硝酸盐还原酶进行末端电子受体为硝酸盐的无氧呼吸（图 7-14）；在环境

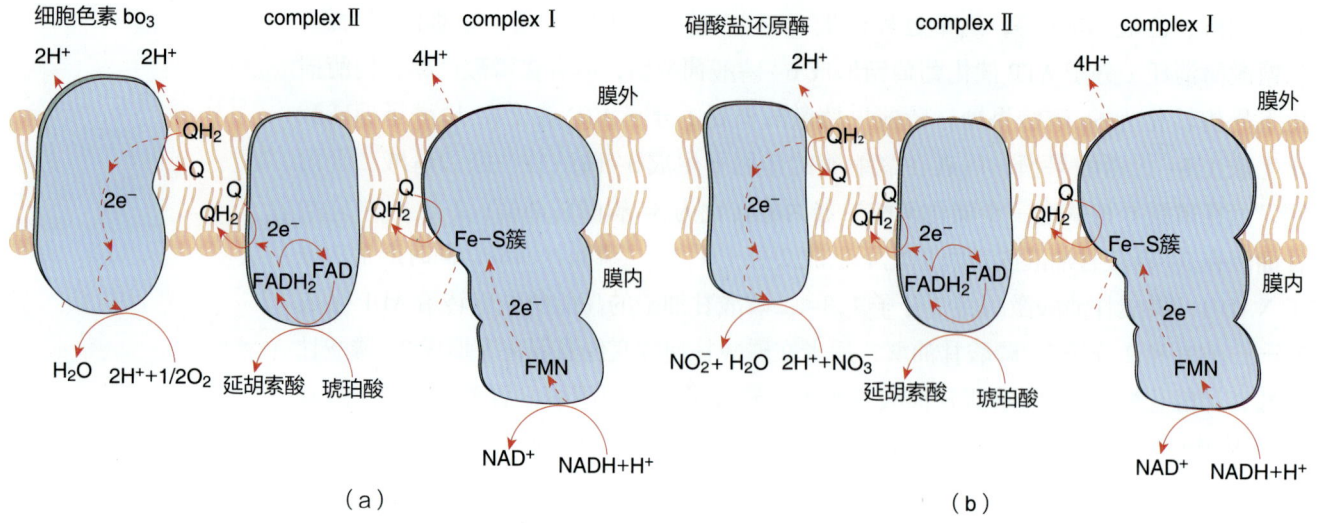

图7-14 大肠杆菌的有氧呼吸与硝酸盐呼吸
（a）以细胞色素 bo_3 为末端氧化酶的有氧呼吸；（b）以硝酸盐还原酶为末端氧化酶的无氧呼吸

中存在甲酸盐时，大肠杆菌可利用定位于膜上的甲酸盐脱氢酶 FdnGHI 将甲酸盐氧化为 CO_2 并释放质子和电子，电子经由该膜蛋白复合物的 Fe-S 簇和两个血红素传递给靠近细胞质的脂溶性电子载体甲基萘醌（menaquinone）；通过甲酸盐脱氢酶或 TCA 循环等其他途径产生的还原态醌类电子载体（甲基萘醌等）在远离细胞质的一侧、将电子传递给硝酸盐还原酶 NarGHI 的两个血红素和 Fe-S 簇，后者最终将电子传递给细胞质中的硝酸盐，并将其还原为亚硝酸盐，这个过程伴随着甲基萘醌氧化位点的质子泵出；质子动力势驱动 ATP 合酶生成 ATP。由于 NO_3^-/NO_2^- 的 $E_0' = 420$ mV，而 $\frac{1}{2}O_2/H_2O$ 的 $E_0' = 820$ mV，参照图7-4可知 O_2 是更好的电子受体，硝酸盐呼吸释放的自由能少于有氧呼吸。

专性厌氧的硫酸盐还原细菌在无氧条件下以乳酸为能源时（图7-15），乳酸脱氢酶催化乳酸生成丙酮酸，后者转化为乙酸并产生氢气，膜上的氢化酶氧化氢气并释放

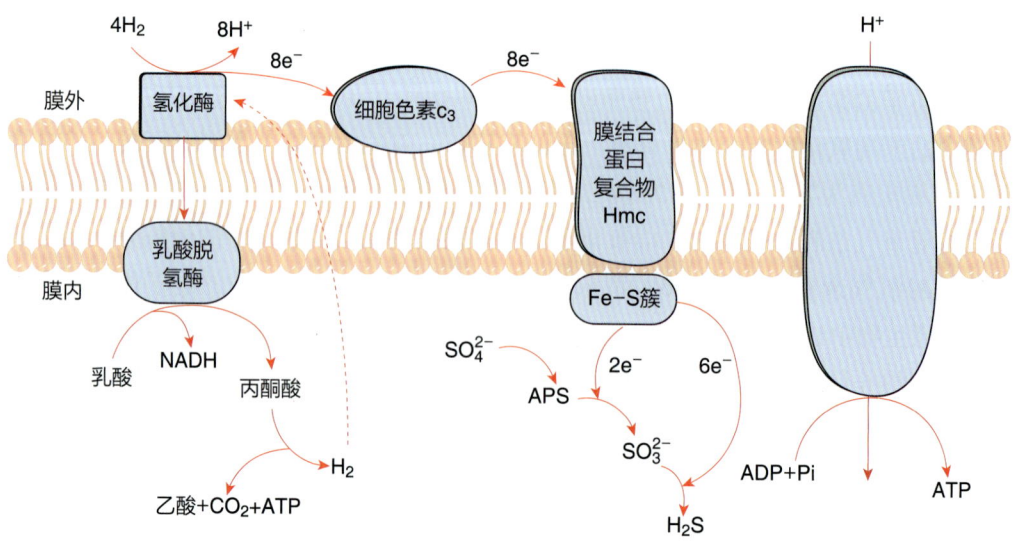

图7-15 专性厌氧硫酸盐还原细菌以乳酸为能源生长时的硫酸盐呼吸

电子和质子；ATP 硫酸化酶将硫酸盐转化为腺苷 -5'-磷酸硫酸（APS），E_0' 从 SO_4^{2-}/SO_3^{2-} 的 –516 mV 提高到 APS/SO_3^{2-} 的 –60 mV，APS 更容易作为电子受体获得电子；细胞质中的 APS 还原酶和亚硫酸还原酶先后获得电子催化 APS 向亚硫酸盐和硫化氢的还原；这个过程中氢化酶氧化氢气释放质子，形成质子动力势并驱动 ATP 合酶生成 ATP。硝酸盐呼吸、硫酸盐呼吸等无氧呼吸过程产生的 ATP 少于有氧呼吸，所以大肠杆菌等能够进行多种呼吸过程的微生物在条件与资源允许的情况下会优先调用有氧呼吸途径。

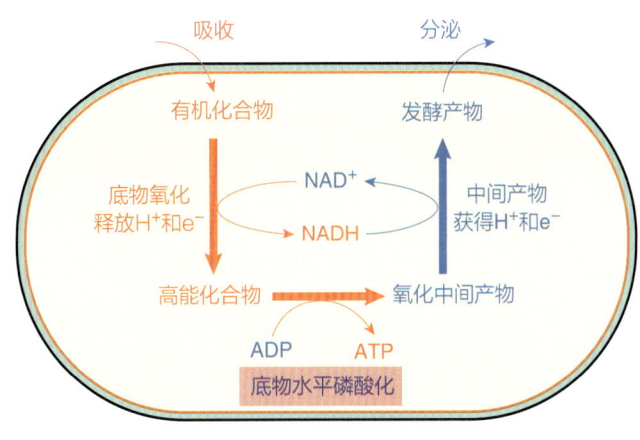

图 7-16　生理学发酵

在生产实践活动中，人们习惯将利用微生物进行生产的过程统称为发酵，可以称之为工业发酵。在没有外源电子受体时，分解代谢途径产生的质子和电子不经过电子传递链而直接交给代谢途径未完全氧化的中间产物从而生成发酵产物，然后发酵产物被分泌到细胞外。这个过程中生成的高能化合物以底物水平磷酸化的方式产生 ATP，该生物氧化过程为生理学发酵（图 7-16，无特殊说明时，本章的发酵均指生理学发酵）。可发酵的底物包括核酸、蛋白质和多糖等，发酵类型多以发酵的产物命名如：乙醇发酵、同型乳酸发酵、异型乳酸发酵、丙酸发酵、混合酸发酵、丁酸发酵、丁醇发酵、同型乙酸发酵。也有用发酵底物来命名的，如醋酸杆菌属以甘油和 HCO_3^- 为底物产乙酸的甘油发酵，拟杆菌属以柠檬酸为底物产甲酸、乙酸和 HCO_3^- 的柠檬酸发酵等。在不同底物的发酵中，葡萄糖的发酵最为重要，微生物的葡萄糖发酵主要通过以下 4 个途径：糖酵解途径（EMP 途径，embden-meyerhof pathway）、单磷酸己糖途径（HMP 途径，hexose monophosphate pathway）、2-酮 -3- 脱氧 -6- 磷酸葡萄糖酸途径（ED 途径，entner-doudoroff pathway）、磷酸转酮酶途径（phosphoketolase pathway）。以酵母菌的乙醇发酵为例，通氧会促进有氧呼吸作用，产能多，糖的消耗速度减慢，乙醇的产量降低；无氧时的发酵作用产能少，糖的消耗速度快，乙醇产量高，这一现象是由法国微生物学家巴斯德（Pasteur）发现的，所以也被称为巴斯德效应。可见，尽管发酵产生的能量少，但它可以平衡细胞内的氧化还原状态。

7.2.3　化能无机营养

除了有机物作为电子供体的化能有机营养代谢类型，在好氧和厌氧微生物中还发现了以还原态的无机物为电子供体的化能无机营养代谢，例如 H_2S、H_2、Fe^{2+}、NH_4^+ 等无机物电子供体。还原性硫化物（H_2S、单质硫等）可以先被氧化为亚硫酸盐，亚硫酸盐经磷酸腺苷硫酸（APS）还原酶、ADP 硫酸化酶（脱氮硫杆菌等）或 ATP 硫酸化酶（从深海热泉的巨型管蠕虫的共生菌中分离获得）组成的 APS 氧化途径被氧化为硫酸盐，该途径一方面通过底物水平磷酸化生成 ADP 或 ATP，另一方面释放 2 个电子经由细胞色素 c 进入电子传递链（图 7-17；途径 ❶）；亚硫酸盐也可以在亚硫酸盐脱氢酶的催化下被氧化为硫酸盐，并将 2 个电子传递给细胞色素 c，通过电子传递链产生质子动力势，进而驱动 ATP 合酶生成 ATP，这个途径被称为亚硫酸氧化途径（图 7-17；途径 ❷）。还原性硫化物也可以直接通过硫化物氧化途径（sulfide-oxidizing pathway，Sox）被氧化为硫酸盐（图 7-17；途径 ❸）：以硫代硫酸盐为电子供体时，在细胞色素复合蛋白 SoxXA 和载体蛋白 SoxYZ 的协同催化下，在周质空间释放 2 个电子；以单质硫或 HS^- 为电子供体时，在 SoxXA 和 SoxYZ 的协同催化下，在周质空

图 7-17 还原性硫化物的氧化

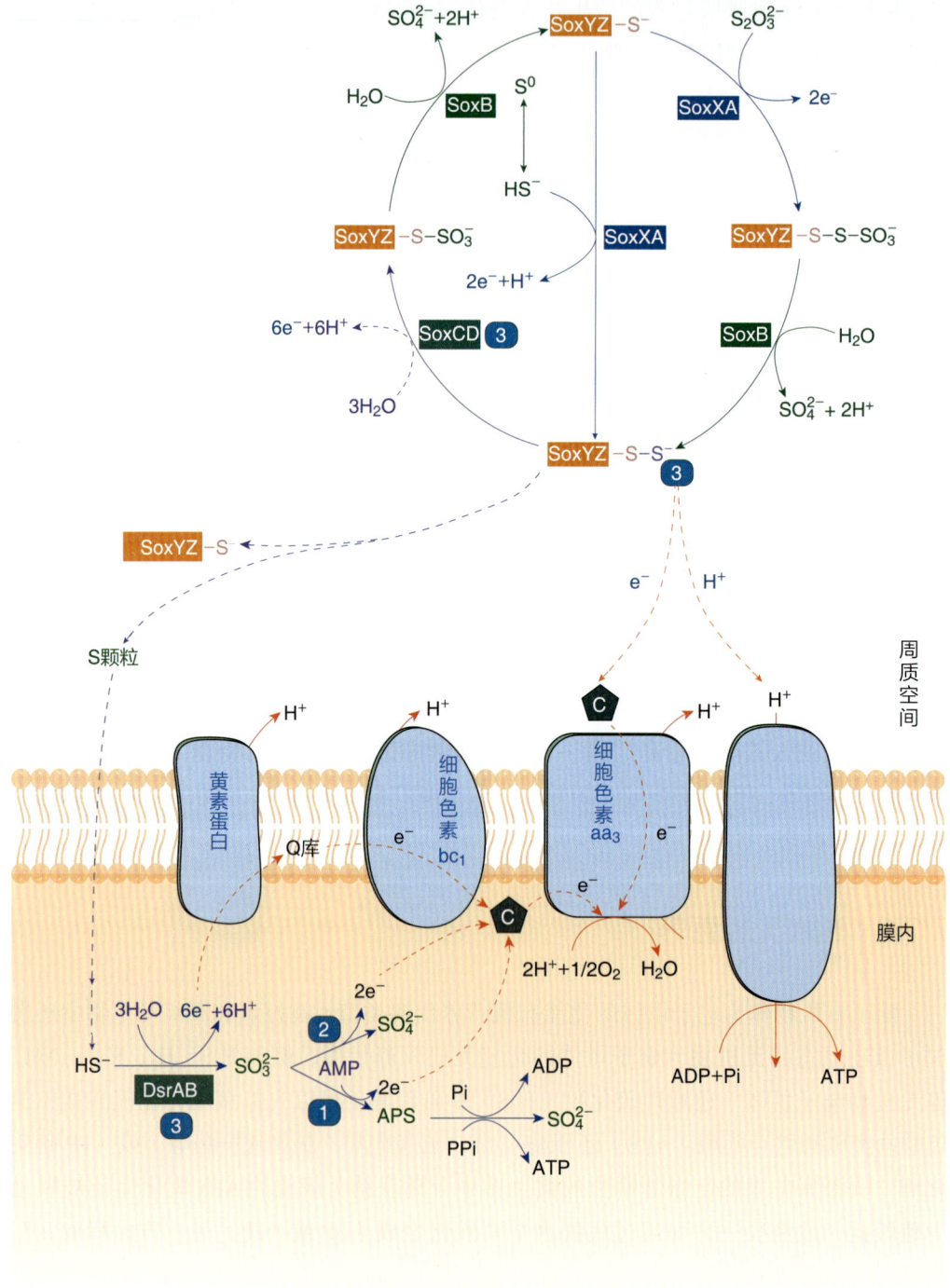

间首先释放 2 个电子，如果硫氧化细菌具备硫烷脱氢酶 SoxCD，可在周质空间完成向硫酸盐的完整氧化过程并再释放 6 个电子，该过程涉及水解酶 SoxB——SoxB 将载体蛋白 SoxYZ 携带的末端磺酸基因水解去除，使 SoxYZ 上的硫原子暴露并释放硫酸根。一些硫氧化细菌缺少 SoxCD，会在周质空间和胞内积累 S 颗粒，在细胞质中 S 颗粒可以转化为 HS^-，后者进一步被异化型亚硫酸盐还原酶 DsrAB 氧化并释放 6 个电子。Sox 途径释放的电子通过细胞色素 c 和黄素蛋白进入电子传递链。

假单胞菌属、产碱杆菌属和罗尔斯通氏菌属等好氧菌，产甲烷古菌和产乙酸细菌等厌氧菌，脱氮副球菌等兼性厌氧菌都可以利用 H_2 作为电子供体进行产能代谢，胞质和膜结合的两大类氢化酶（hydrogenase）发挥了关键作用。例如富氧罗尔斯通氏菌膜上的氢化酶氧化 H_2 产生电子和质子，电子经醌和一系列细胞色素传递给最终电子受体 O_2，胞外的质子形成质子动力势驱动 ATP 合酶生成 ATP；细胞质的氢化酶氧化 H_2 生成 NADH，后者为 CO_2 固定途径提供还原力（图 7-18）。

还原态无机氮 NH_4^+ 和 NO_2^- 可以作为电子供体被微生物氧化。一些好氧氨氧化细菌或氨氧化古菌利用氨单加氧酶和羟胺氧化还原酶将氨氧化为亚硝酸盐，好氧硝化杆菌等利用亚硝酸氧化还原酶将亚硝酸盐氧化为硝酸盐。这些氧化反应释放的电子通过这些原核生物膜上的细胞色素 c、aa_3 传给最终电子受体 O_2，形成质子动力势驱动 ATP 合酶合成 ATP。目前已经发现亚硝化螺菌属的部分种拥有完整的硝化过程，即全程氨氧化。除了依赖氧气的氨氧化过程，浮霉菌门细菌还存在厌氧氨氧化过程（anammox）（图 7-19）：以氨为电子供体，亚硝酸盐为电子受体，产生氮气。该过程主要发生在厌氧氨氧化体（anammoxosome），亚硝酸还原酶催化亚硝酸盐从细胞色素 c 获得 1 个电子生产 NO，联氨合酶催化 NO 与 NH_4^+ 反应生产 N_2H_4（从细胞色素 c 获得 3 个电子），后者在联氨脱氢酶的催化下生成 N_2 并释放 4 个电子，通过细胞色素 c 进入厌氧氨氧化体膜上的醌库、细胞色素 bc_1，然后再经由细胞色素 c 传递给亚硝酸盐（亚硝酸盐还原酶）和 NO（联氨合酶）。在电子经由醌库和细胞色素 bc_1 传递的过程

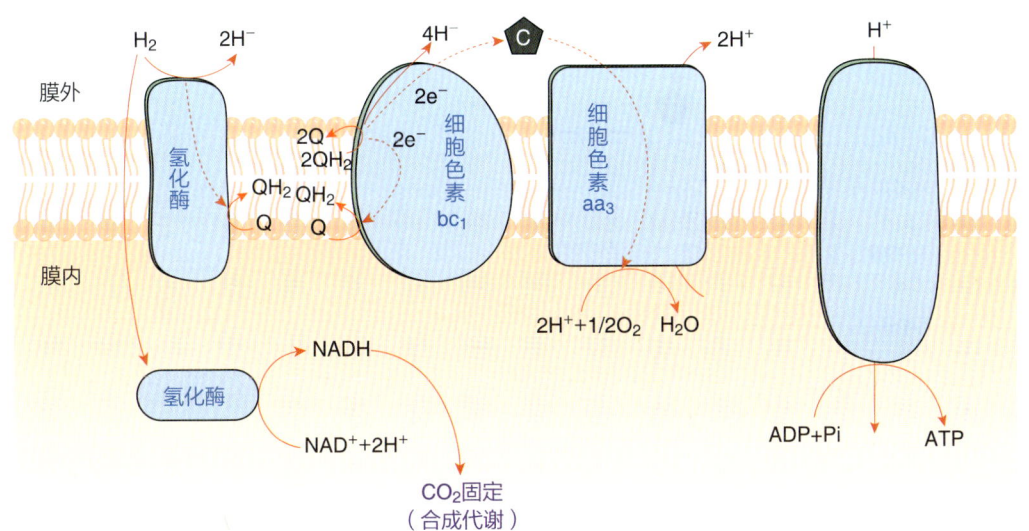

图 7-18 氢氧化

图 7-19 厌氧氨氧化

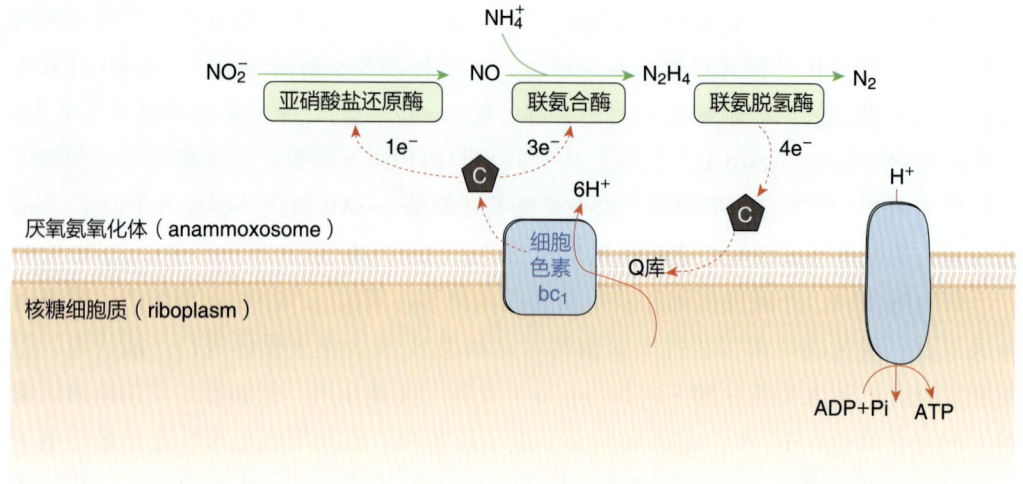

中，质子进入厌氧氨氧化体，形成厌氧氨氧化体膜内外的质子动力势，驱动 ATP 合酶生成 ATP。

嗜酸氧化亚铁硫杆菌等铁氧化细菌可以利用 Fe^{2+} 作为电子供体自养生活，位于外膜的细胞色素 c 氧化 Fe^{2+}，将电子传递给周质空间的铁硫菌蓝蛋白（rusticyanin），后者进一步把电子传递给细胞色素 c、aa_3，电子最终受体为 O_2，形成质子动力势，驱动 ATP 合酶合成 ATP；为了获得固定 CO_2 所需要的 NADH，需要消耗质子动力势，电子经铁硫菌蓝蛋白、细胞色素 bc_1 和醌库反向传递给 NAD^+，生成 NADH（图 7-20）。由于 Fe^{3+}/Fe^{2+} 的还原电势较高，嗜酸铁氧化菌需要消耗很多 Fe^{2+} 才能维持其生长，所以

图 7-20 铁氧化

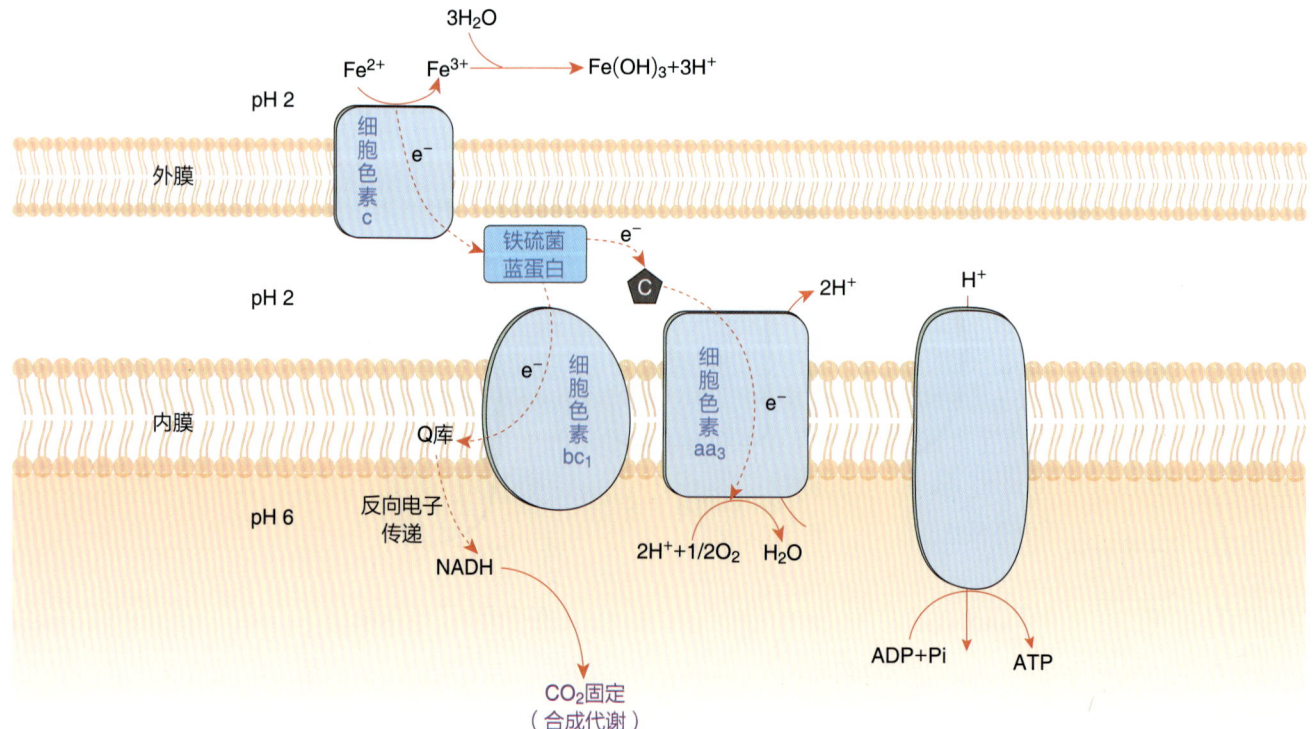

该菌种旺盛生长的地方会有大量肉眼可见的三价铁沉淀。

7.2.4 光能营养

生物圈能够利用光能生长的细胞生物包括：①广义植物，即陆生植物及其他含有原始色素体的生物（绿藻、红藻和灰藻），它们起源于15亿年前的蓝细菌内共生事件，色素体由2层膜包被；②色素体被3~4层膜包被的硅藻、沟鞭藻、裸藻等原生生物，它们可能起源于原始色素体藻类与特定原生生物的内共生事件；③光能营养型的各类原核微生物型（表7-3）。真核生物利用色素体而原核生物通过细胞膜（绿色细菌也涉及与细胞膜连接的绿色体）捕获光能，用来合成 ATP，但能量代谢方式多样。如 7.2.1 所述，在盐沼盐杆菌等古菌和细菌中发现了光能激发的基于视紫红质蛋白的化学渗透方式，形成的质子动力势驱动 ATP 合酶生成 ATP，该产能过程不依赖电子传递链。

表7-3 光能营养生物的多样性

真核生物	原核生物
陆生植物	盐杆菌
绿藻、褐藻、红藻	蓝细菌
原生生物	原绿藻
（如类眼虫鞭毛藻、沟鞭藻、硅藻）	绿色硫细菌
	绿色非硫细菌
	紫色硫细菌
	紫色非硫细菌

在光能营养型的真核生物、原绿藻和大多数蓝细菌中，光能转化为化学能的过程伴随着电子传递和氧气产生，是产氧光合磷酸化（oxygenic photophosphorylation）。光系统Ⅱ可以捕获短波长的光（小于 680 nm）并把能量聚集到 P680 叶绿素特殊对，P680 的 E_0' 比 O_2/H_2O 更大，H_2O 将电子传递给 P680 从而被氧化为 O_2；被还原的 P680 进一步将电子依次传递给脱镁叶绿素 a、质体醌、细胞色素 b_6f、质体蓝素和光系统Ⅰ，这个过程形成的质子动力势驱动 ATP 合酶生成 ATP，线性光合磷酸化（linear photophosphorylation）。蓝细菌和红藻还具有藻胆蛋白，其中的藻胆素使得细胞可以捕获更多的光能。光系统Ⅰ能够吸收长波长的光（大于 680 nm），并把能量聚集到 P700 的叶绿素 a 对，P700 被光能激发，E_0' 降低，释放电子到下游电子载体，铁氧还蛋白 Fd 被还原，Fd^{还原态} 的电子在不同产氧光合生物中的电子传递方向有所不同，但是都能经过一系列电子载体沿循环路线传递并回到被氧化的 P700，环式光合磷酸化（cyclic photophosphorylation）。例如，在蓝细菌的循环光合磷酸化中，Fd^{还原态} 将电子传递给 complex Ⅰ 的质体醌还原模块，质体醌被还原后将电子传递给细胞色素 b_6f、质体蓝素和光系统Ⅰ；植物叶绿体 Fd^{还原态} 的电子除了具有与蓝细菌类似的电子传递途径，还能够通过 PGR5-PGRL1 复合物将电子传递给质体醌，后者再把电子传递给细胞色素 b_6f、质体蓝素和光系统Ⅰ；微藻叶绿体的 Fd^{还原态} 也可以通过 PGR5-PGRL1 复合物将电子先后传递给质体醌、细胞色素 b_6f、质体蓝素和光系统Ⅰ，但是 Fd^{还原态} 不能直接通过 complex Ⅰ 将质体醌还原，需要经由 NADPH、NADH 等中间电子载体，并由 NADH 为 complex Ⅰ 催化的质体醌还原反应提供电子，还原后的质体醌将电子先后传递给细胞色素 b_6f、质体蓝素和光系统Ⅰ，完成循环电子传递（图7-21）。

需要注意的是部分蓝细菌缺少光系统Ⅱ，不能进行产氧光合磷酸化，例如与真核单细胞藻共生的蓝细菌 UCYN-A。此外，绿色细菌、紫色细菌和日光杆菌等厌氧微生物通过不产氧光合磷酸化获取能量，这些微生物的光合磷酸化具有以下特征：

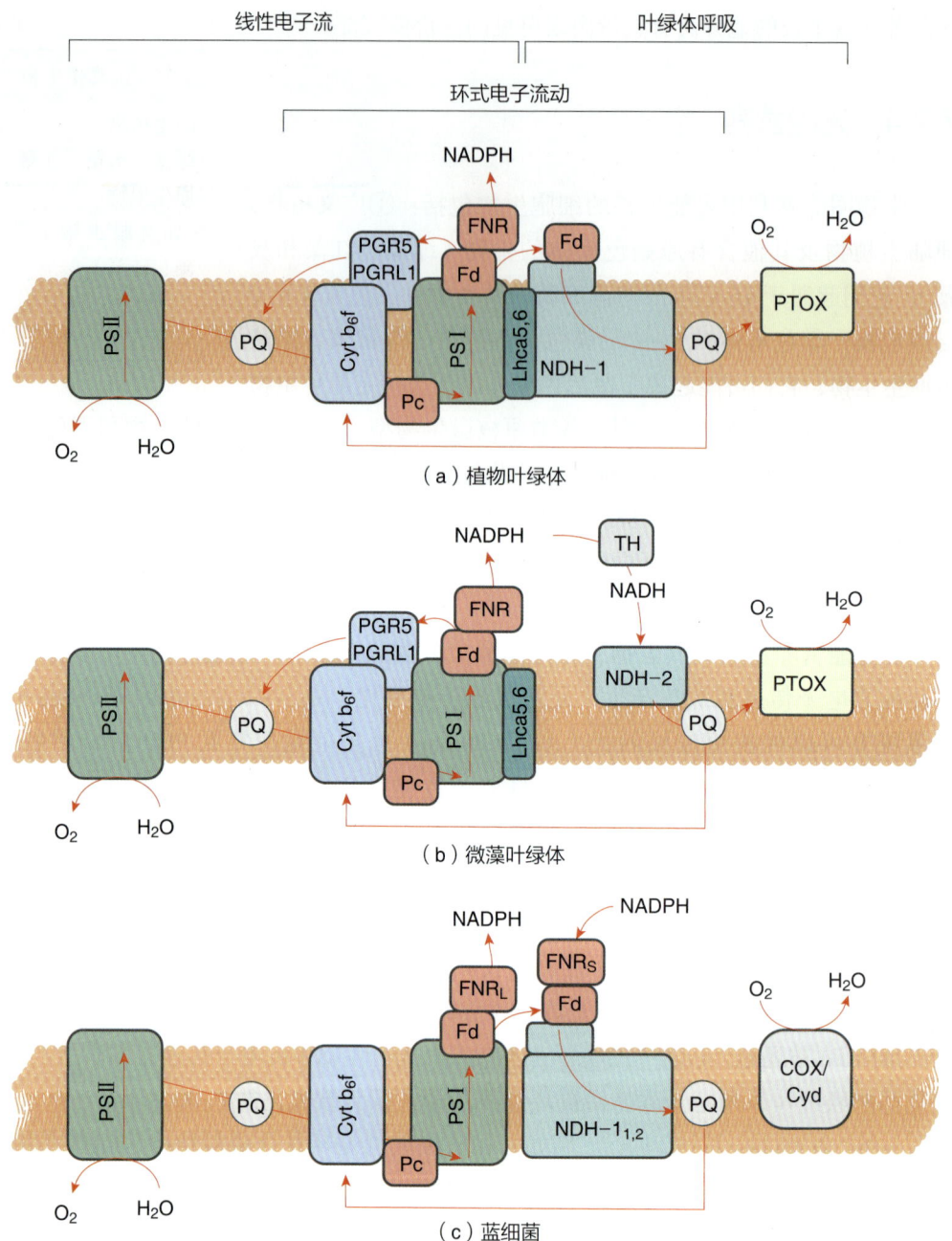

图 7-21 产氧光合磷酸化电子传递系统的多样性 (a) 模式植物拟南芥叶绿体；(b) 模式微藻莱茵衣藻叶绿体；(c) 蓝细菌 Synechocystis sp. PCC6803
COX：细胞色素aa3氧化酶；Cyd：细胞色素bd泛醇氧化酶；Cyt b6f：细胞色素b6f复合物；Fd：铁氧还蛋白；FNR：铁氧还蛋白-NADP还原酶；FNRL：大FNR异构体；FNRS：小FNR异构体；Pc：质体蓝素；PGR5：PROTONGRADIENT REGULATION 5；PGRL1：PGR5-Like 1；PQ：质体醌库；PSI：光系统I；PSII：光系统II；PTOX:质体末端氧化酶；TH：转氢酶

① 水不是电子来源，而以 H_2S（如绿硫细菌、紫色细菌）和 H_2（如嗜热光合绿丝菌）等作为电子供体。

② 菌绿素具有不同的最大吸收波长，例如，紫色细菌的菌绿素 a（830~890 nm）和菌绿素 b（1 020~1 040 nm），绿硫细菌的菌绿素 c（745~755 nm）、菌绿素 d（705~740 nm）和菌绿素 e（719~726 nm），绿色非硫细菌的菌绿素 c_s（740 nm），及日光杆菌的菌绿素 g（788 nm），这些多样的色素使得生物圈更充分地利用了电磁光谱的能量；菌绿素定位于细胞膜（以及绿硫细菌和绿色非硫细菌的绿色体），50~300 个菌绿素分子形成一个复合体——其中大多数色素分子作为捕获光的天线色素，小部

分色素分子构成光合电子传递反应中心（图 7-22）。

③ 类胡萝卜素中不同的胡萝卜素或叶黄素发挥光保护作用，如日光杆菌的脱氢神经孢子烯（diaponeurosporene）、绿硫细菌的绿硫菌烯（chlorobactene）、绿色非硫细菌的 β- 胡萝卜素（beta-carotene）、紫色细菌的神经孢子烯（neurosporene）、番茄红素（lycopene）、球形烯酮（spheroidenone）、螺旋菌黄素（spirilloxanthin）和奥克酮（okenone）等。

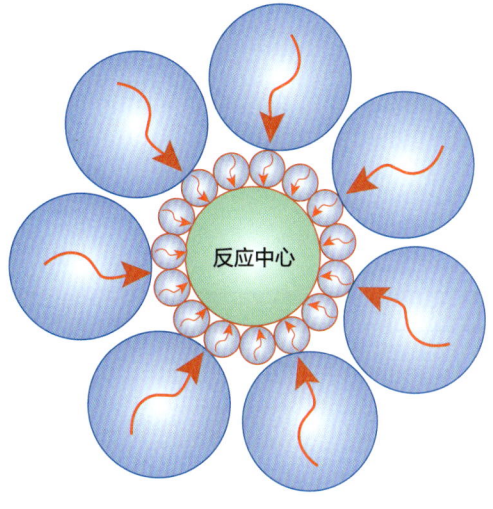

图 7-22 细胞膜上菌绿素分子组成的捕光天线（带红色箭头的色素分子）与光合电子传递反应中心

④ 只有一个光系统，且不同物种的光系统特征不同，不同物种的细胞色素复合物组成存在差异，并以循环电子流为主，如图 7-23 所示的紫硫细菌和绿硫细菌不产氧光合作用电子传递链。

图中显示了光激发后引起紫硫细菌 P870 或绿硫细菌 P840 还原电势降低，进而驱动电子在载体间的传递；两类细菌分别具有 Q-type 反应中心和 FeS-type 反应中心，而产氧光合磷酸化具有 Q-type（光系统Ⅰ）和 FeS-type（光系统Ⅱ）两类反应中心。

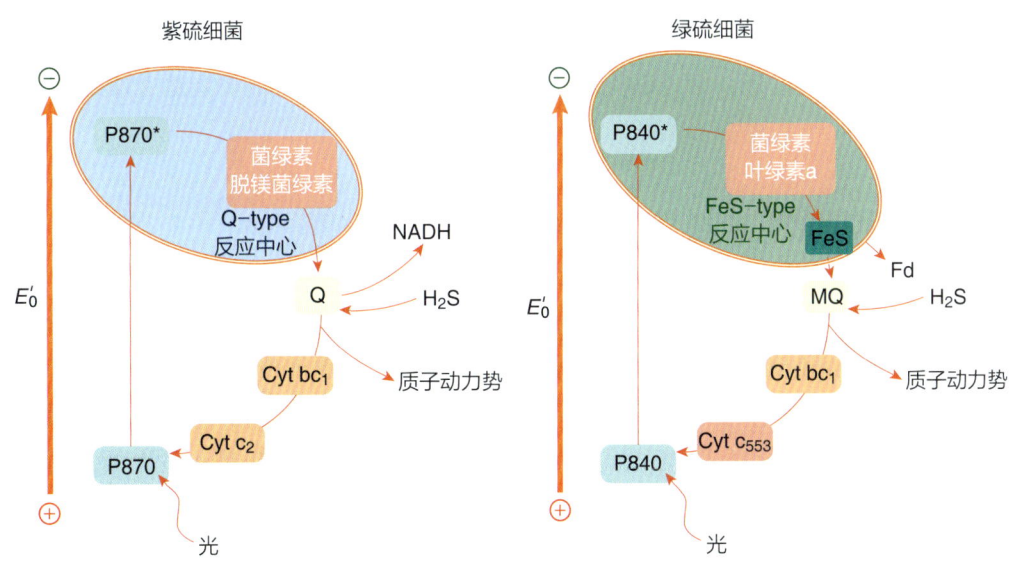

图 7-23 不产氧光合作用的电子传递链

7.3 微生物的合成代谢

微生物合成自身细胞物质的过程即是合成代谢。细胞物质主要由蛋白质、多糖、核酸、脂肪等组成，它们分别从相应的小分子单体物质合成，如蛋白质由氨基酸聚合合成，多糖由单糖合成、脂肪酸链与甘油连接合成、核酸则由核苷酸聚合合成。

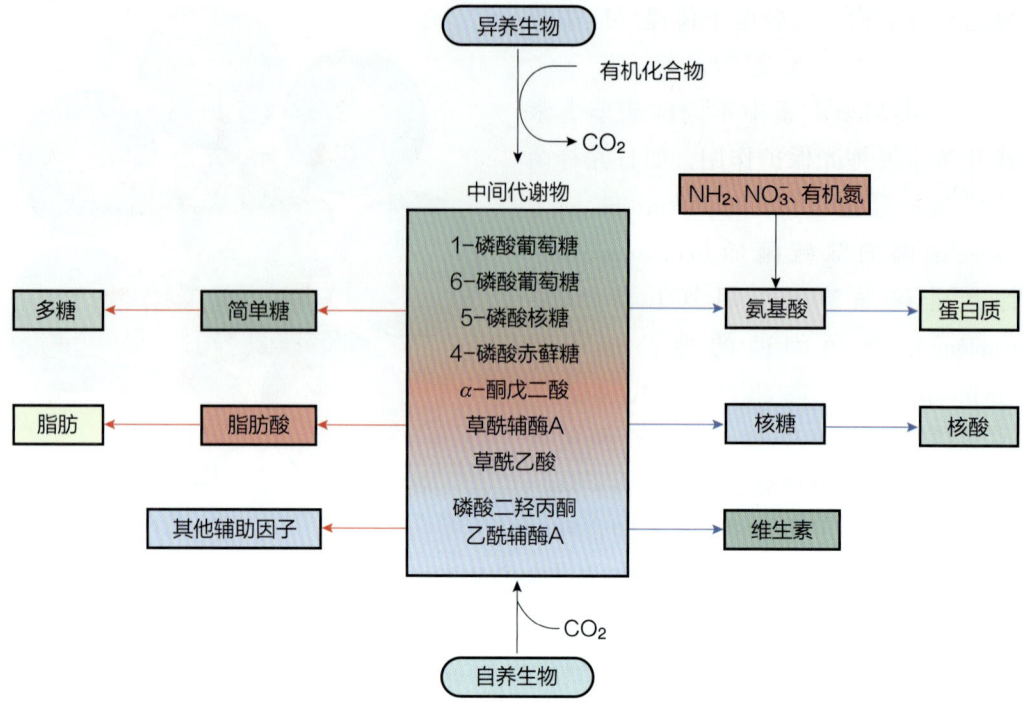

图 7-24 微生物的各种细胞物质合成代谢简图

小分子单体的合成代谢或以无机物（如 CO_2 和 N_2），或以分解代谢的中间产物（如丙酮酸、乙酰辅酶 A、草酰乙酸和 3-磷酸甘油醛等）为底物（图 7-24）。合成代谢是化合物还原的过程，由分解代谢产生的还原力驱动，同时需要能量 ATP 的投入，是耗能代谢。

7.3.1 同化 CO_2 / CO_2 固定途径

CO_2 是自养微生物的唯一或主要碳源，也是一些异养型微生物的辅助碳源。将大气中 CO_2 同化或还原为细胞物质的过程称为 CO_2 固定，该过程也是地球早期生命将无机碳转化为有机碳的过程，在许多细菌和古菌中存在。自养型微生物将摄入细胞的 CO_2 先固定在特异的 CO_2 受体上，再经多个化学反应步骤合成单糖，多数是葡萄糖。而异养型微生物往往将 CO_2 与有机酸结合，因此同化 CO_2 只是补救代谢。

目前在不同的微生物中发现了 7 条 CO_2 固定途径，分别是卡尔文循环、还原性乙酰 CoA 途径、还原性柠檬酸循环、3-羟基丙酸/4-羟基丁酸循环、双羧酸/羟基丁酸循环、3-羟基丙酸双循环和还原性甘氨酸途径。除植物也利用卡尔文循环固定 CO_2 外，其余 6 条 CO_2 固定途径只存在于微生物中。本章只介绍三条代表性的 CO_2 固定途径。

7.3.1.1 卡尔文循环

20 世纪美国生物化学家 Calvin 发现藻类和植物利用光能固定 CO_2 并放出氧气，之后进一步发现这些生物通过还原的戊糖磷酸途径固定 CO_2，因此该 CO_2 固定途径被称为卡尔文循环（Calvin cycle）。许多自养微生物，包括蓝细菌和光合细菌等也利用卡尔文循环固定 CO_2。

卡尔文循环需要 CO_2 受体 1,5-二磷酸核酮糖、NADPH、ATP 和两个关键酶：二磷酸核酮糖羧化酶（ribulose-1,5-bisphosphate carboxylase/oxygenase，RuBisCO）和磷酸核酮糖激酶（phosphoribulokinase）。该循环主要包括三个过程：① CO_2 结合到 1,5-二磷酸核酮糖（ribulose-1,5-P，RuBP）上合成六碳化合物；②六碳化合物裂解并还原成 3-磷酸丙糖、并经一系列反应合成葡萄糖；③ 1,5-二磷酸核酮糖再生。

每个循环可将 6 分子 CO_2 同化为 1 分子葡萄糖，并需要 12 个 NADPH 和 18 个 ATP。总反应式为：

$6CO_2 + 18ATP + 12NAD(P)H \rightarrow C_6H_{12}O_6 + 18ADP + 18Pi + 12NAD(P)^+ + 6H_2O$

7.3.1.2 还原性乙酰辅酶 A 途径

还原性乙酰辅酶 A 途径（reductive acetyl-CoA pathway）广泛存在于各种厌氧微生物中，是由 Wood，Ljungdahl 和 Thauer 及其他实验室首先在厌氧的产乙酸细菌中发现的、将 CO_2 合成乙酰辅酶 A 的途径，因此也被称为 Wood-Ljungdahl（WL）途径。

反应式：$4H_2 + 2HCO_3^- + H^+ \rightarrow CH_3CO-S\sim CoA + 4H_2O$

还原性乙酰辅酶 A 途径的关键酶是一氧化碳脱氢酶（CODH）/乙酰辅酶 A 合成酶（ACS），以还原的铁氧化蛋白（FdH_2）和 $F_{420}H_2$（甲烷古菌）为还原当量，并需要多种金属离子（Ni，Mo/W，Co，Fe）辅助氧化还原反应。该途径将 1 分子 CO_2 还原为甲基并结合到四氢生物蝶呤上，而将另 1 分子 CO_2 还原为一氧化碳，然后甲基与一氧化碳及辅酶 A 合成乙酰辅酶 A。合成的乙酰辅酶 A 通过糖异生途径合成细胞碳，并可转化成磷酸乙酰合成 ATP。

还原性乙酰辅酶 A 固碳途径只需 2 分子的 CO_2 即可起始细胞碳的合成，而且固定 1 分子 CO_2 只需要 1 个 ATP，因此推测是地球初期生命采用的有机物合成方式。

7.3.1.3 还原性三羧酸循环

还原性三羧酸循环（reductive citric acid cycle，rTCA）又称为逆向三羧酸循环（reverse citric acid cycle）（图 7-25），首先在光合绿硫细菌的绿菌属（*Chlorobium*）中发现。rTCA 每个循环固定 4 分子 CO_2，合成 1 分子草酰乙酸，同时消耗 3 分子 ATP、2 分子 NAD(P)H 和 1 分子 $FADH_2$。

7.3.2 糖异生和多糖合成

微生物细胞中的糖多以多糖形式存在，很少有游离的单糖。多糖构成细胞的结构，如肽

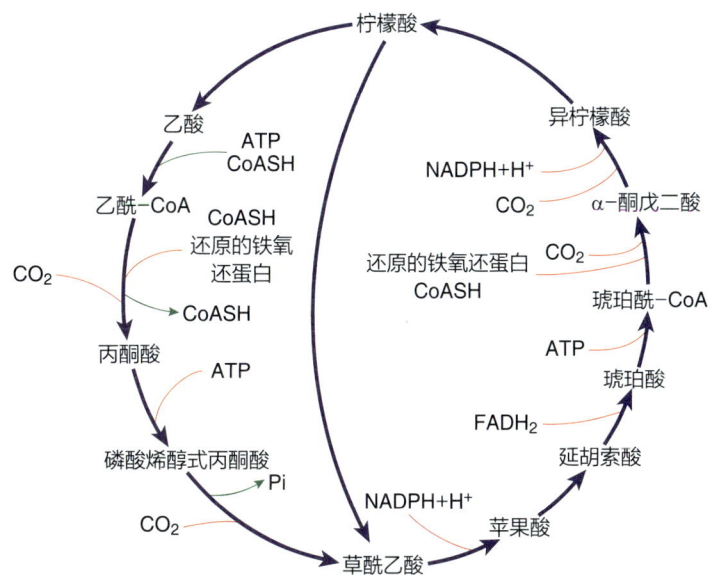

图 7-25 绿硫细菌还原的三羧酸循环途径

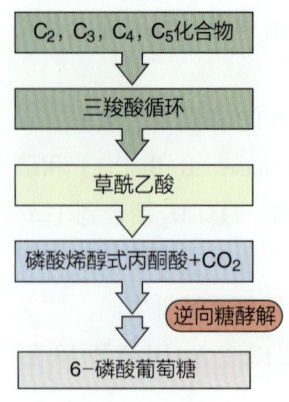

图7-26 糖异生途径示意图

聚糖、几丁质及纤维素是细菌和真菌细胞壁的组分。细胞也常将碳和能量以多糖形式储存，如胞外多糖和荚膜多糖。

当微生物生长于葡萄糖时，可直接将葡萄糖用于多糖合成；但生长于其他碳化合物时，则须通过部分EMP途径逆行合成6-磷酸葡萄糖，这个过程称作糖异生（gluconeogenesis）（图7-26），然后再转化为其他糖类。

糖异生以磷酸烯醇式丙酮酸为起始物质，经逆向的糖酵解途径合成葡萄糖。磷酸烯醇式丙酮酸可从三羧酸循环的中间产物——草酰乙酸合成（图7-26）。卡尔文循环的中间产物3-磷酸甘油醛经TCA循环逆向反应生成草酰乙酸或乙酰辅酶A、再转化成磷酸烯醇式丙酮酸；糖酵解途径、有机酸发酵产生的丙酮酸、乙醛酸循环产生的草酰乙酸均可转化成磷酸烯醇式丙酮酸，然后进行糖异生合成葡萄糖。

多糖（纤维素、肽聚糖等）以活化的核苷葡萄糖、尿嘧啶二磷酸葡萄糖（UDPG）或腺苷二磷酸葡萄糖（ADPG）为底物合成。核苷葡萄糖由6-磷酸葡萄糖转化产生。尿嘧啶二磷酸葡萄糖是合成细胞结构多糖的前体，包括肽聚糖、革兰氏阴性细菌外膜脂多糖中的N-乙酰葡萄糖胺和N-乙酰胞壁酸。腺苷二磷酸葡萄糖是合成糖原的前体物质。利用核苷糖的高能磷酸键水解产生的能量，催化在核苷单糖上连接另一个核苷糖、逐步合成多糖链。

7.3.3 生物固氮

氮是合成蛋白质、核酸和其他有机物的元素，因此是生命的必需元素。氮分子（N_2）是合成含氮物质的源头，一些原核微生物能将N_2还原成生物可利用的氨（NH_3）或铵盐（NH_4^+），该过程称为生物固氮。

固氮酶复合体催化生物固氮反应，该复合体由固氮酶和固氮酶还原酶组成。两种酶均含铁离子，固氮酶以铁-钼离子为辅酶。氧气不可逆地失活固氮酶还原酶，因此固氮反应只在无氧环境中发生，如豆科植物的根瘤和蓝细菌的异形胞中。

由于N_2分子的3个共价键十分稳定，需要能量输入才能激活，并需要6个电子将N_2还原为NH_3。还原1分子N_2产生2分子NH_3，需要16分子的ATP。

7.3.4 氨基酸合成

氨基酸是构成蛋白质的基本单位，蛋白质通常由20种氨基酸以不同排列方式组成。对于无法从环境中获取的氨基酸，生物需从头合成。一个氨基酸由碳骨架和氨基两种基本组分构成，碳骨架均来源于糖酵解或三羧酸循环的中间产物有机酸，而氨基来源于生物固氮产物NH_4^+和其他氨基酸，以及细胞内分解的含氮物质或硝酸盐还原产物。

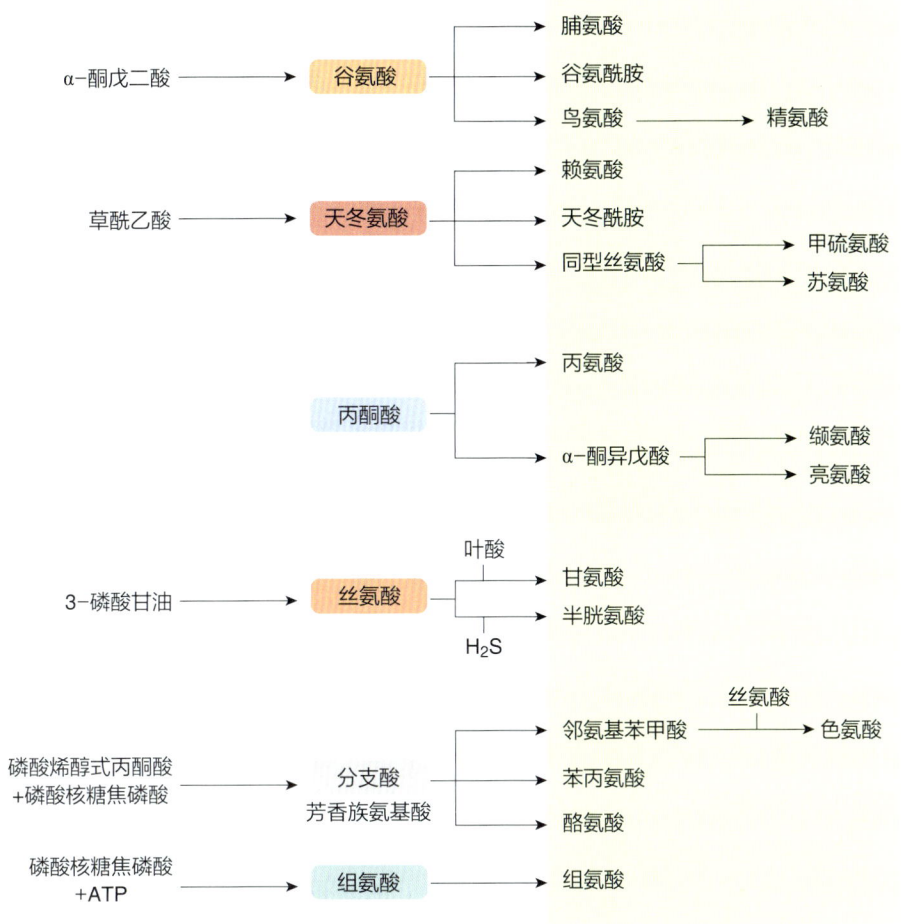

图 7-27 不同家族氨基酸的合成途径

可将 20 种氨基酸分为 5 个家族。碳骨架来自糖酵解途径中间产物的有 3 个家族，丙氨酸家族的来自丙酮酸、丝氨酸家族的来自 3- 磷酸甘油酸、芳香族的来自分支酸。碳骨架来自三羧酸循环中间产物的有 2 个家族，谷氨酸家族的来自 α- 酮戊二酸，天冬氨酸家族的来自草酰乙酸。只有组氨酸从磷酸核糖焦磷酸经组氨醇合成（图 7-27）。

氨基酸的生物合成主要通过 3 种方式：①氨基化：酮酸（α- 酮戊二酸和丙酮酸）与 NH_3 反应合成氨基酸，这是微生物同化 NH_3 的主要途径。NH_3 主要用于合成谷氨酸或谷氨酰胺，分别由谷氨酸脱氢酶和谷氨酰胺合成酶催化合成。②转氨基：转氨酶催化一种氨基酸上的氨基转给酮酸形成新的氨基酸；如谷氨酸的氨基可转给草酰乙酸合成天冬氨酸，而谷氨酸脱氨形成 α- 酮戊二酸。③糖代谢中间产物转化：赤藓糖 -4- 磷酸，3- 磷酸核糖焦磷酸转化合成组氨酸。图 7-25 展示不同家族氨基酸的合成途径。

7.3.5 核苷酸合成

核苷酸是核酸的基本结构单位，由核糖、碱基和磷酸组成。核糖和碱基构成核苷。核苷分为嘌呤核苷和嘧啶核苷。

细胞内核苷酸的合成有两条主要途径：①从头合成途径：利用磷酸核糖、氨基酸、一碳化合物及CO_2等简单物质为原料合成核苷酸，这是核苷酸合成的主要途径；②重新利用（或补救合成）途径：利用体内游离的碱基或核苷，经简单化学反应合成核苷酸。

尿嘧啶核苷酸是合成嘧啶核苷酸的首个化合物，由天冬氨酸和氨甲酰磷酸缩合生成氨甲酰天冬氨酸，再经乳清酸逐步合成尿嘧啶核苷酸与胞嘧啶核苷酸，然后转化为其他嘧啶核苷酸（图7-28）。

嘌呤核苷酸合成途径更复杂。首先由各种小分子化合物合成次黄嘌呤核苷酸（hypoxanthine nucleotide，IMP），再转化成其他嘌呤核苷酸。嘌呤核苷的碳原子来自CO_2和甲酸，而氮原子来自谷氨酰胺、天冬氨酸和甘氨酸。从次黄嘌呤核苷酸与核糖磷酸经多个反应步骤转化合成肌苷酸，然后再分别合成腺嘌呤核苷酸（AMP）与鸟嘌呤核苷酸（GMP）（图7-29）。

7.3.6 脂肪酸和脂肪合成

脂肪酸组成的磷脂是除古菌外所有细胞生物的细胞膜脂主要成分，以及革兰氏阴性细菌的外膜成分。古菌细胞膜脂由异戊二烯为基本单位构成，不含脂肪酸。脂肪还可作为碳和能量的储存物。

脂肪酸的合成以酰基载体蛋白（ACP）为载体。首先由乙酰-ACP与丙二

图7-28 尿嘧啶核苷酸合成途径

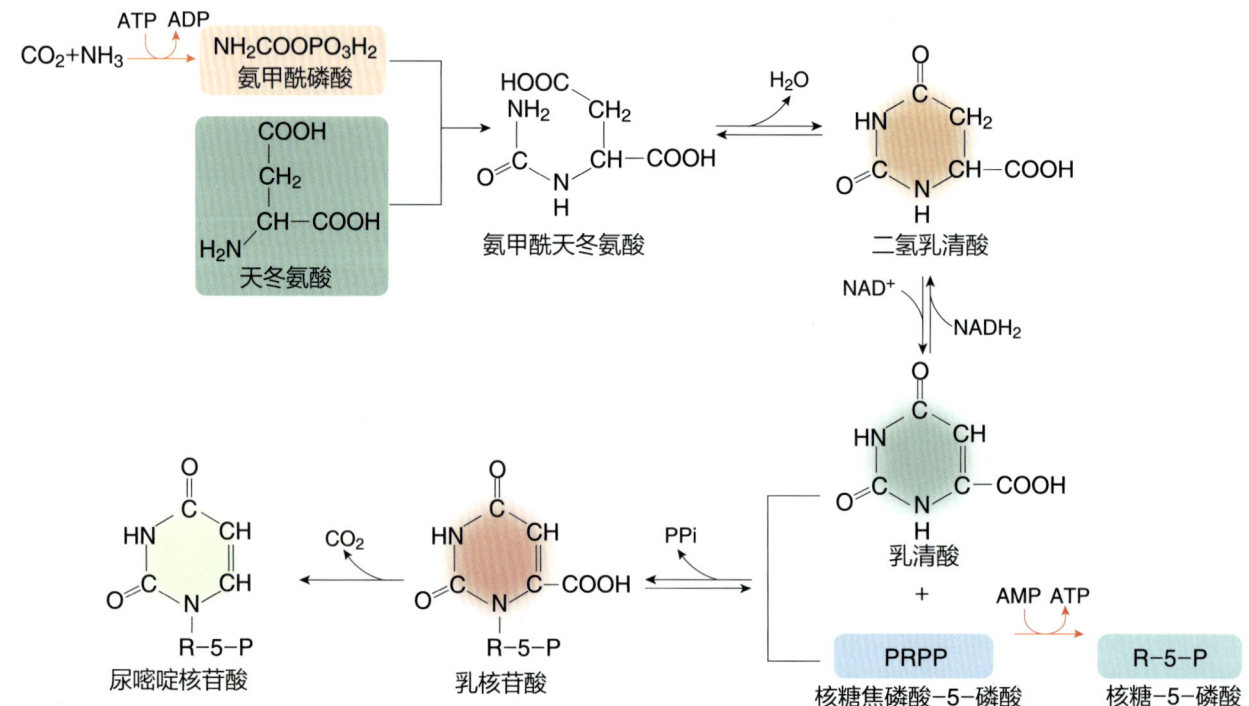

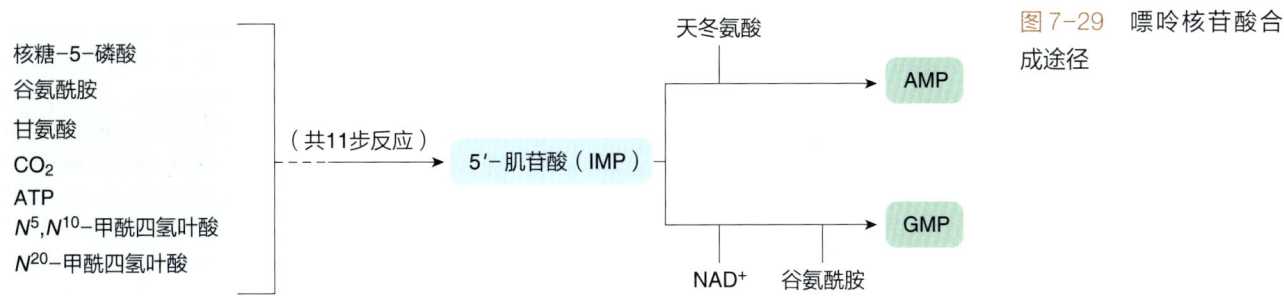

图 7-29 嘌呤核苷酸合成途径

酰 -ACP 缩合成四碳烷基物质乙酰乙酰 – 辅酶 A，然后每次加一个二碳单位，直到合成所需长度的脂肪酸链后释放出 ACP（图 7-30）。

不同生物膜脂的脂肪酸组成不同，同一种生物在不同条件下生长时，脂肪酸的组成也可能不同。常见脂肪（三酰甘油）的脂肪酸链长为 12 个碳至 20 个碳原子，低温下更易合成短链脂肪酸。除了饱和、偶数碳的脂肪酸，也有不饱和、或奇数碳脂肪酸及其分枝脂肪酸的脂肪。饱和脂肪酸经去饱和酶转化产生不饱和脂肪酸。脂肪合成时先将一个脂肪酸加到甘油分子上，当三个甘油碳均被脂肪酸酯化后即合成脂肪。

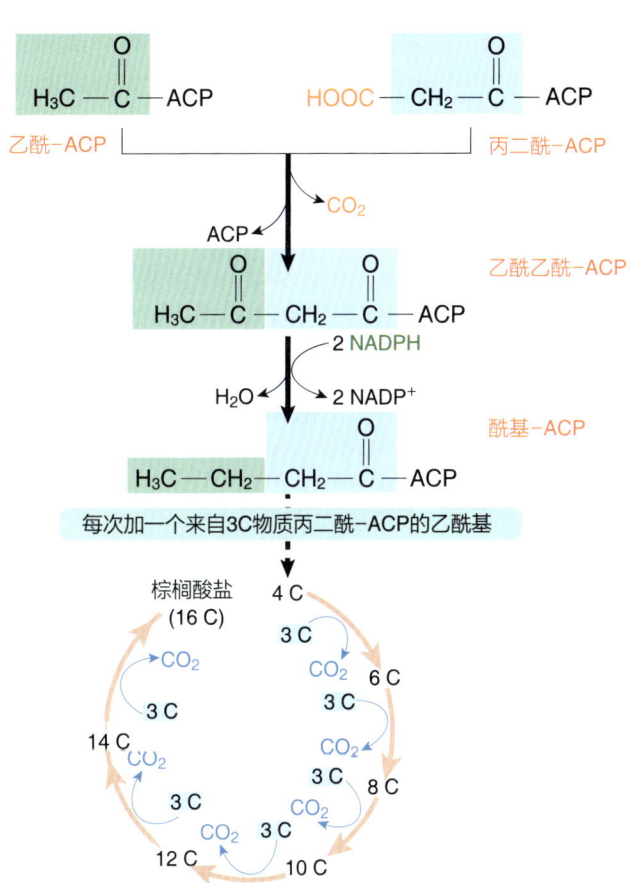

图 7-30 脂肪酸合成途径

7.4 初级代谢

初级代谢（primary metabolism）指维持生命活动所必需的代谢，包括分解代谢和合成代谢。初级代谢产物（primary metabolite）指微生物代谢产生的自身生长和繁殖所必需的物质，包括氨基酸、核苷酸、糖类、脂质、维生素等。

不同类型的微生物具有丰富多样的初级代谢类型，在适宜条件下，它们通过不同类型的发酵过程可产生多种初级代谢产物。下面介绍一些发酵工业生产利用的微生物发酵途径和发酵产物。

7.4.1 乙醇发酵

乙醇发酵是酿酒工业的基础，包括白酒、果酒、啤酒酿造，以及乙醇生产。酿酒酵母（*Saccharomyces cerevisiae*）是常用的乙醇发酵菌种；某些细菌如运动发酵单胞菌（*Zymononas mobilis*）、嗜糖假单胞菌（*Pseudomonas saccharophila*）、解淀粉欧文氏菌（*Erwinia amylovora*）和某些霉菌也用于乙醇发酵。

无氧条件下，酵母菌可将葡萄糖经 EMP 途径转化为 2 分子丙酮酸，然后在丙酮酸脱羧酶的作用下脱羧生成乙醛和 CO_2，最后乙醛被还原为乙醇。总反应式如下：

$$C_6H_{12}O_6 + 2ADP + 2Pi \rightarrow 2CH_3CH_2OH + 2CO_2 + 2ATP$$

7.4.2 乳酸发酵

乳酸是最常见的细菌发酵产物之一，也将发酵糖产生大量乳酸的细菌称为乳酸细菌（lactic acid bacteria，LAB）。发酵产物中乳酸含量 >85% 的称为同型乳酸发酵（homolactic fermentation）；而发酵产物中除乳酸外，还有乙醇、乙酸及 CO_2 等称为异型乳酸发酵（heterolactic fermentation）。

（1）同型乳酸发酵

进行同型乳酸发酵的细菌主要有链球菌属（*Streptococcus*）和乳酸杆菌属（*Lactobacillus*）的一些种，以及凝结芽孢杆菌（*Bacillus coagulans*）。用于乳酸发酵工业的常用菌种是凝结芽孢杆菌和德氏乳杆菌（*L. delhruckii*）、保加利亚乳杆菌（*L. bulgaricus*）和干酪乳杆菌（*L. casei*）等。

葡萄糖是同型乳酸发酵的主要底物。葡萄糖经 EMP 途径产生丙酮酸，然后在乳酸脱氢酶的作用下还原为乳酸。反应式如下：

$$C_6H_{12}O_6 + 2ADP + 2Pi \rightarrow 2CH_3CHOHCOOH + 2ATP$$

（2）异型乳酸发酵

异型乳酸发酵通常经磷酸解酮酶途径进行。异型乳酸发酵的细菌有肠膜明串球菌（*Leuconostos mesentewides*）葡萄糖明串球菌（*Leuconostoc dextranicum*）、短乳杆菌（*Lactabacillus brevis*）和番茄乳酸杆菌（*Lactobacillus lycopersici*）等。葡萄糖经戊糖解酮酶途径发酵生成 1 分子乳酸、1 分子乙醇和 1 分子 CO_2，并且只产生 1 分子 ATP。反应式如下：

$$C_6H_{12}O_6 + ADP + Pi \rightarrow CH_3CHOHCOOH + CH_3CH_2OH + CO_2 + ATP$$

但双歧乳杆菌（*Lactobacillus bifidus*）和两歧双歧杆菌（*Bifidobacterium bifidus*）等通过己糖磷酸解酮酶途径，将 2 分子葡萄糖发酵为 2 分子乳酸和 3 分子乙酸，并产生 5 分子 ATP，总反应式为：

$$2\,C_6H_{12}O_6 + 5\,ADP + 5\,Pi \rightarrow 2\,CH_3CHOHCOOH + 3\,CH_3COOH + 5\,ATP$$

乳酸发酵被广泛应用于泡菜、酸菜、酸牛奶、乳酪及青贮饲料生产。乳酸发酵积累的乳酸可抑制其他腐败微生物，使食品和饲料得以保存。乳酸还可用于生产生物可降解塑料——聚乳酸。目前的乳酸生产多以淀粉为原料，淀粉经糖化后再接种乳酸细菌进行乳酸发酵生产纯乳酸，也有利用秸秆等木质纤维素生产乳酸的发酵工艺。

7.4.3 醋酸发酵

发酵糖产生醋酸（乙酸）的微生物主要是细菌，称为醋酸细菌。醋酸细菌既有好氧菌，如醋化醋杆菌、氧化醋酸杆菌（*A. oxydans*）、巴氏醋酸杆菌（*A. pasteurianus*）、胶醋酸杆菌（*A. xylinum*）和氧化醋酸单胞菌（*Acetomonas oxydans*）等；也有厌氧菌，如嗜热嗜酸梭菌（*Clostridium thermoacidophilus*）。

好氧醋酸发酵利用氧气将糖发酵产生的乙醇氧化为醋酸，并释放能量。反应式为：

$$CH_3CH_2OH + O_2 \rightarrow CH_3COOH + H_2O + 15.5\ ATP$$

厌氧醋酸发酵通过 EMP 途径将葡萄糖发酵成醋酸。如嗜热醋酸梭菌的丙酮酸脱羧酶将 2 分子的丙酮酸脱羧产生 2 分子乙酸和 2 分子 CO_2，然后 2 个 CO_2 通过还原性乙酰辅酶 A 途径合成 1 个乙酸，因此 1 个葡萄糖最终产生 3 个乙酸，总反应式为：

$$C_6H_{12}O_6 + 4\ ADP + 4\ Pi \rightarrow 3\ CH_3COOH + 4\ ATP$$

好氧醋酸发酵被广泛用于制醋工业，在制醋原料中接种醋酸细菌，即可发酵生成食用醋酸，还可从醋酸发酵液提纯制成冰醋酸。而厌氧醋酸发酵主要用于糖醋酿造生产。

7.4.4 柠檬酸发酵

目前的柠檬酸发酵由葡萄糖经 EMP 途径产生丙酮酸，2 分子丙酮酸之间通过羧基转移形成草酰乙酸和乙酰 CoA，然后草酰乙酸和乙酰 CoA 再缩合成柠檬酸。

发酵柠檬酸的微生物以真菌为主，包括曲霉属（*Aspergillus*）、青霉属（*Penicillium*）和桔霉属（*Citromyces*）的物种，其中黑曲霉（*Aspergillus niger*）、米曲霉（*Aspergillus oryzae*）、灰绿青霉（*Penicillium glaucum*）、淡黄青霉（*Penicillium luteum*）和光桔霉（*Citromyces glaber*）发酵的柠檬酸产量较高。柠檬酸发酵被广泛用于制造柠檬酸盐、香精、饮料、糖果、发泡缓冲剂等，在食品工业中有重要作用。

7.5 次级代谢

微生物在一定的生长时期（通常为对数生长后期或稳定期），以初级代谢产物为前体，合成对生命活动没有明确功能物质的过程即次级代谢（secondary metabolism）。次级代谢途径即使被阻断也不会影响菌的生长繁殖。与初级代谢相比，微生物次级代谢要复杂得多。

7.5.1 次级代谢的特点

① 以初级代谢为产物前体，并受初级代谢的调节。
② 通常在生长后期发生，如对数生长后期或稳定期。
③ 次级代谢的酶专一性低。
④ 具有菌株特异性，即一个种内的不同菌株可能具有不同类型的次级代谢，或不具有。
⑤ 次级代谢途径多数由染色体外遗传因子编码。

7.5.2 次级代谢产物的种类

微生物的次级代谢产物种类繁多，主要是抗生素（数万种）和生理活性物质（数千种）。这些物质不是细胞的组成成分，也不是酶的活性基团，多数分泌到胞外。根据次级代谢产物的功能，分为维生素、抗生素、生长激素、生物碱、毒素、色素等。

① 维生素。微生物的一些物种，在一定条件下合成作为辅酶等的维生素，并在超出自身需要量时分泌到胞外。临床上使用的维生素主要由微生物发酵产生。

② 抗生素。微生物在一定条件下产生的抑制其他生物的次级代谢产物。临床上使用的抗生素主要由放线菌产生。

③ 生长激素。微生物和植物产生的激发生物生长的生理活性物质，如吲哚乙酸。真菌产生的赤霉素是广泛应用的植物生长激素。

④ 毒素。微生物产生的对动植物有毒的物质。细菌产生的毒素多数是蛋白质，如苏云金芽孢杆菌产生的伴孢晶体（δ-毒素）对许多鳞翅目和鞘翅目昆虫有毒杀作用。对人有毒的真菌毒素也有数百种，黄曲霉毒素 B_1 是目前已知致癌性最强的天然代谢产物。

⑤ 色素。许多微生物能合成不同颜色的代谢产物，只有水溶性色素分泌到胞外。真菌和放线菌产生的色素种类更多。微生物色素是天然色素的重要来源。

微生物的次级代谢产物大多是分子结构复杂的化合物，种类丰富，尽管产量不高，但具有广阔的应用前景和商业重要性。

7.5.3 次级代谢的意义

尽管次级代谢不是微生物生命过程所必需，但具有生理重要性。通常认为次级代谢具有如下功能。

① 维持初级代谢的平衡。初级代谢的某些中间产物是次级代谢的前体，次级代谢是在生长后期某些物质积累时发生。因此，次级代谢可消除过量积累的物质，保持初级代谢的平衡；

② 次级代谢产物作为储藏物质。如脯氨酸、组氨酸、精氨酸等促进链霉素产生。链霉素分子中氮含量较高，因此认为链霉素是过剩氮的储存形式；

③ 提高产生菌的生存竞争优势。抗生素抑制或杀死某些其他微生物，但对产生菌无害，因此提高了产生菌在自然环境中的竞争优势；

④ 与细胞分化有关。抗生素是细胞分化不可缺少的物质，如链霉菌的菌丝产孢子与抗生素产生同步发生。

7.5.4 次级代谢的调节

（1）次级代谢受初级代谢的调节

次级代谢以初级代谢的中间产物为底物，因此初级代谢可调控次级代谢产物的合成。如 α- 氨基己二酸是合成青霉素（次级代谢产物）和赖氨酸（初级代谢产物）的共同前体，当 α- 氨基己二酸更多流向赖氨酸合成时，青霉素合成则减少。初级代谢的中间产物又是次级代谢的底物，因此适当调控初级代谢才可能合成更多次级代谢产物。

（2）次级代谢受碳、氮代谢物调节

次级代谢多发生在初级代谢完成后，前期营养物质被更多用于初级代谢。如谷氨酰胺合成酶是抗生素合成所需的酶，铵盐降低该酶活，而硝酸盐却有利于抗生素合成。

（3）产物反馈抑制

与初级代谢相似，次级代谢产物也会通过反馈抑制合成途径的酶，表 7-4 列举了一些次级代谢合成中产物抑制代谢酶的例子。

表 7-4 次级代谢产物的反馈抑制

产物	调节作用
氯霉素	阻遏第一个酶：芳香胺合成酶
卡那霉素	阻遏乙酰基转移酶
氯酚酸	抑制合成途径最后一步转甲基酶
嘌呤霉素	抑制 O- 去甲基嘌呤霉素甲基转移酶
制菌霉素	抑制制菌霉素诱导因子的产生

※ 本章小结

本章介绍了微生物具有的多种代谢方式，着重介绍了能量代谢的能量学基本原理和微生物特有的厌氧呼吸代谢；介绍了与能量代谢偶联的物质分解代谢，主要的细胞物质合成代谢，包括氨基酸、核苷酸、多糖及脂肪酸的合成代谢途径和微生物特有的次级代谢；最后介绍了微生物的代谢调控模式。通过本章的学习，读者可掌握以下知识：①微生物代谢的理论基础；②微生物的能量储存方式及能量来源类型；③微生物合成代谢的主要类型；④微生物代谢的调控方式。

※ 推荐阅读

1. BERG I A, KOCKELKORN D, BUCKEL W, et al. A 3-hydroxypropionate/4-hydroxybutyrate autotrophic carbon dioxide assimilation pathway in Archaea [J]. Science, 2007, 318（5857）: 1782-1786.

将 CO_2 同化为有机物是最重要的生物合成过程。目前已发现微生物携带的 7 条自养 CO_2 同化途径，本文报道的是在属于泉古菌门的嗜热金属球菌（Metallosphaera sedula）中发现的 3- 羟基丙酸 /4- 羟基丁酸循环 CO_2 同化途径。乙酰 -CoA／丙酰 -CoA 羧化酶是该途径固定 CO_2 的关键羧化酶。

2. SAPRA R, BAGRAMYAN K, ADAMS M W. et al. A simple energy-conserving system: proton reduction coupled to proton translocation [J]. PNAS, 2003, 100: 7545-7550.

氧化磷酸化需要质子动力势偶联的 ATP 合成，而质子动力势通过一系列膜结合的电子传递复合体产生，电子最终用于还原外源的末端电子受体。但极端嗜热古菌激烈火球菌（Pyrococcus furiosus）的厌氧呼吸系统只是单一的酶，即膜结合的氢酶。该系统不需额外的电子受体去还原质子，而是用来自胞质的氧还蛋白——铁氧还蛋白的电子将质子还原成氢气，因此是最简单的呼吸链。

3. BEJA O, ARAVIND L, KOONIN E V, et al. Bacterial rhodopsin: evidence for a new type of phototrophy in the sea [J]. Science, 2000, 289: 1902-1906.

1973 年科学家首次在嗜盐古菌中发现了基于视紫红质蛋白的光能激发化学渗透现象：低氧条件下，光照诱导该菌的紫膜合成量增加，膜外 pH 降低。2000 年 Beja 等从海洋细菌中发现了与古菌视紫红质蛋白类似的蛋白质，将其在大肠杆菌中异源表达后，在视黄醛存在的情况下，光照能引起含有视紫红质蛋白的大肠杆菌悬浮液 pH 的降低，说明发生了质子的转移。这是不依赖电子传递链的打破电化学平衡的方式。

※ 开放性讨论题

1. 目前已经发现了 7 条微生物的自养固碳途径及其关键酶，人们是否可能及如何发现自然界中新的固碳途径？

2. 根据已知的化学反应的热力学常数（氧化还原电势），是否可能在微生物中发现新的能量代谢方式？

※ 复习思考题

1. 糖酵解途径用于分解葡萄糖产丙酮酸，三羧酸循环则氧化丙酮酸产 CO_2 并释放电子，电子流向电子传递链，并产生生物合成所需的中间产物；乙醛酸循环对于二碳电子供体如乙酸的代谢是必需的。但为何只有糖酵解和三羧酸循环不足以支撑生命过程？

2. 电子传递链由膜偶联的氧还蛋白以 E_0' 值渐增排列组成，其功能是以协同方式将电子从初始的电子供体传递到末端电子受体，如好氧呼吸的 O_2。那么电子传递链中只传递电子与既传递电子又传递质子的组分间的 E_0' 值是多少？

3. 如何理解铁氧还蛋白（Fd）和 ATP 在细胞生物能量代谢演化历史中的重要作用？

4. 卡尔文循环是大多数光能营养型和化能无机营养型细菌实现自养生长的基础，其中 RuBisCO 酶发挥关键功能；将 N_2 还原成 NH_3 称为固氮，由固氮酶催化完成。固碳和固氮能力如何赋予细菌的环境竞争力？为何这些细菌生长慢而且生物量低？

5. 多糖是重要的细胞成分，它们从相应的活化的单糖合成。而糖异生过程的葡萄糖是从非糖前体物质产生。那么核糖核苷酸还原酶在糖代谢中的重要性是什么？"自由"糖与"活化的"糖的差异是什么？

（东秀珠　田长富）

8 微生物的生长繁殖及其控制

导语

生长是生物的基本属性之一。在合适的环境条件下，微生物不断地吸收营养物质，按其自身方式代谢，导致细胞物质增加、体积扩大的生物学过程，是微生物的个体生长。在微生物生长到一定阶段时，由于细胞结构的复制与重建并通过特定方式产生新的生命个体，导致个体数量增加的生物学过程，称为微生物的繁殖。众多的微生物个体构成了微生物的群体，而群体中微生物个体生长和繁殖所导致的群体质量、体积和浓度的增加，称为微生物的群体生长。由于微生物形态和结构的特殊性，研究微生物生长时，通常是指微生物的群体生长。

微生物的生长繁殖是其在内外各种环境因素相互作用下的综合反映，除了营养条件外，水活度、温度、酸碱度和氧气等多种理化条件对微生物的生长产生重要的影响。因此，有关生长繁殖的数据就可作为研究微生物生理、生化和遗传问题的重要指标；微生物在工农业生产实践上的各种应用与它们的生长繁殖及控制密切相关；同时，部分有害微生物可以引起腐败变质、传染性疾病等严重危害，必须采取有效的措施来抑制或消除这些微生物。这就是研究微生物生长繁殖与控制的重要意义。

关键词

个体生长，群体生长，无性繁殖，有性繁殖，二均分裂，孢子，生长测定，生长曲线，连续培养

8.1 微生物的个体生长与繁殖

微生物尽管个体极为微小，但与其他生物一样，在适宜的条件下，其细胞有一个"从小到大"的生长过程，即微生物的个体生长（individual growth）。在个体生长过程中，微生物细胞内发生着复杂的生物化学反应，表现出明显的细胞学变化。当生长到一定阶段时，微生物可以通过繁殖过程实现个体数量的增加。

8.1.1 原核微生物的生长与繁殖

8.1.1.1 细菌的二均分裂

细菌细胞的生长有赖于营养物质的吸收、细胞物质的合成和能量的产生，其中最为关键的是生物大分子合成。细胞中新合成的生物大分子组成新的细胞壁、细胞膜、核糖体、酶蛋白等细胞结构和组分，使得菌体体积增加。在以大肠杆菌（*Escherichia coli*）为代表的杆状细菌中，菌体体积的增加主要表现在菌体长度的显著增加，如在个体生长的末期长度可达到初始长度的两倍。伴随着细胞的生长，细胞达到临界大小，最终细胞由一个分裂为两个相同的子代细胞（daughter cell）。这种繁殖形式可以被称为二均分裂（binary fission），被多数细菌和古菌所采用（图 8-1）。

8.1.1.2 染色体 DNA 的复制和分离

细胞分裂后形成的每个子细胞含有一个染色体拷贝。因此，细菌在细胞生长期间必须进行染色体的复制，并在分裂过程中将其平均分配到两个子细胞中。这要求细菌在染色体复制、分离和细胞分裂之间进行相互协调，并受到多种细胞调控因子和环境因子的控制。

在适宜的生长条件下，大肠杆菌完整的染色体复制过程需要 40 min，染色体的分离和细胞分裂需要 20 min。因此，如果染色体复制、分离和细胞分裂是严格按顺序进行的，则大肠杆菌细胞周期最短应为 60 min。事实上，适宜条件下的大肠杆菌细胞分裂繁殖一代所需的时间约为 20 min，这一现象称为细菌的快速生长（rapid growth）。在快速生长的细菌细胞中，DNA 复制完成之前，新的 DNA 复制即已启动，前一次细胞分裂尚未完成时，子细胞中的 DNA 已经开始

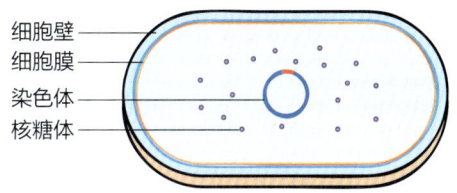

（a）处于分裂周期初始期的年轻细胞

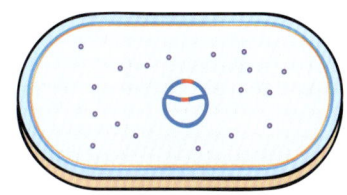

（b）母细胞为分裂做准备：合成新的细胞壁和细胞膜；细胞总体积增大；起始染色体DNA的复制

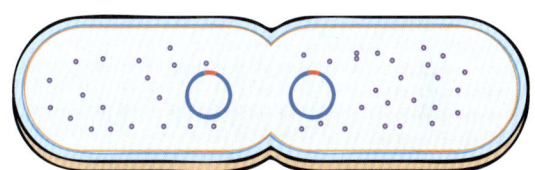

（c）伴随两条染色体完成分离并分别向细胞两端移动，隔结构（septum）开始向内形成

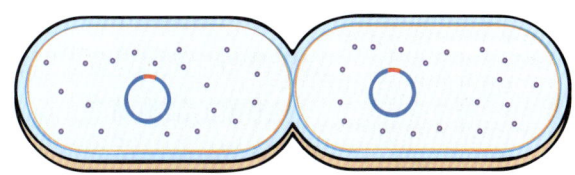

（d）在分裂细胞的中部，形成完整的隔结构，从而将母细胞分割成了两个独立的细胞室（子细胞）

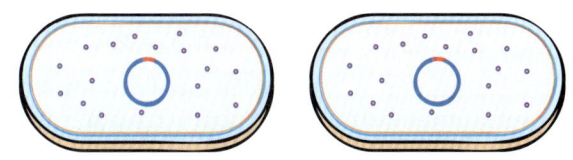

（e）在多数情况下，两个子细胞相互脱离，独立存在（如本图所示）；在一些特定类群中，分裂后的子细胞可以保持相互连接状态，从而形成链状或其他排列形式

图 8-1 杆状细菌的二均分裂

图 8-2 慢速生长和快速生长的细菌中 DNA 复制与细胞分裂的协调

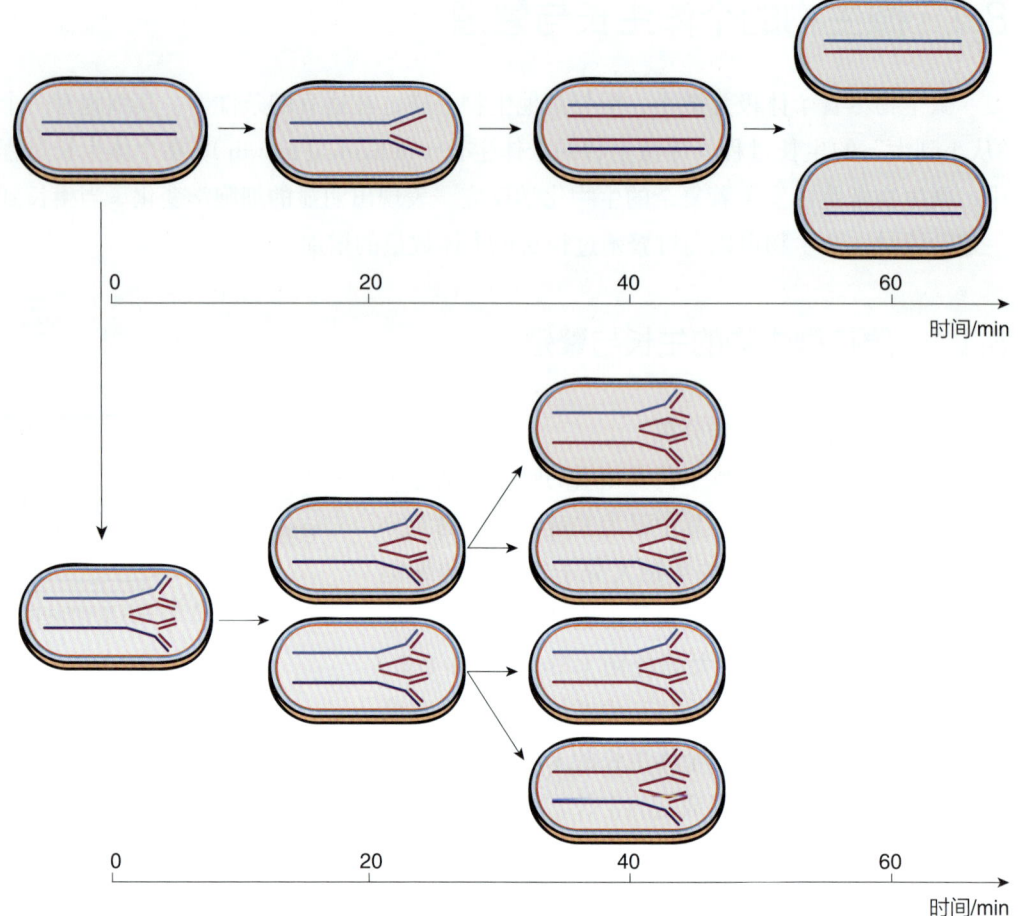

新一轮的复制了（图 8-2）。许多细菌的生长速率比大肠杆菌要慢得多，适宜条件下细胞分裂繁殖一代所需时间需要以小时或天为单位计量。一般情况下，微生物在自然界中的生长速率可能比它们在实验室中所观察到的最高速率慢得多。这是因为在实验室中细菌生长所需的最佳条件和资源往往并不存在于自然栖息地，并且不同于在实验室纯培养物中的生长，自然界中微生物多与群落中的其他微生物共存，这必然引起资源和空间的竞争而限制其生长。

细菌的细胞周期（cell cycle）是一个新生的细菌从细胞生长直至分裂为两个子细胞的全部过程。研究细胞周期具有重要的科学意义和实际价值，例如，细菌细胞周期中肽聚糖的合成过程是抗生素用于治疗细菌感染的重要靶标。基于对大肠杆菌、枯草芽孢杆菌（*Bacillus subtilis*）和水生细菌新月柄杆菌（*Caulobacter crescentus*）的研究，细菌的细胞周期可以分为三个时期：子细胞形成后的生长时期，这类似于真核细胞周期的 G1 期；染色体复制和分离时期，在功能上对应着真核细胞周期的 S 期以及 M 期的有丝分裂事件；胞质分裂期，在这个时期形成分裂隔结构（septum）和子细胞（图 8-3）。在真核细胞周期中，S 期与 M 期之间通过 G2 期分开，并且在 G2 期中染色体复制完成后经过一段时间再分离。在细菌中，染色体复制和分离是同时发生的，并且胞质分离在染色体复制和分配完成之前就已发生。一些快速分裂的细菌能够在上一

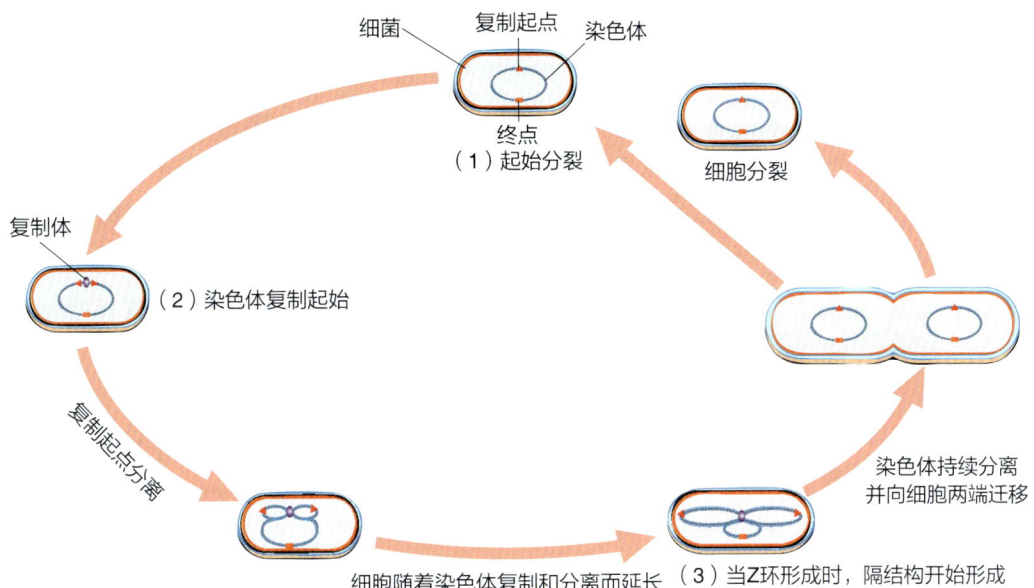

图 8-3 大肠杆菌的细胞周期

轮复制和细胞质分裂完成之前就开始下一轮的复制过程。

用于起始 DNA 复制的 DnaA 蛋白的积累开启了细菌的细胞周期。当细胞为 DNA 复制作好准备时，复制的起点迁移到细胞的中心，相关的蛋白质聚集在一起形成复制体（replisome）结构。在图 8-3 中，在细胞分裂之前完成了一轮的 DNA 复制过程；在快速生长的细菌中，细胞分裂完成之前就会开始第二轮和第三轮的 DNA 复制过程。

相比细菌来说，对于古菌细胞周期的理解仍然较为落后，目前主要研究成果来自模式菌硫化叶菌（*Sulfolobus* spp.）。硫化叶菌属于泉古菌门（*Crenarchaeota*），最佳生长条件为高温低 pH 的极端环境，其细胞周期与真核生物较为类似。在经历一段时期的生长之后（类似于真核细胞周期的 G1 期），硫化叶菌的 DNA 通过与真核生物类似的机制从三个起点进行复制，在开始复制后的一段时间内，子代染色体保持不分离的状态（类似于真核细胞周期的 G2 期），这一过程占据了整个细胞周期的 50% 以上，随后发生染色体分离和细胞质分裂过程。

知识拓展 8-1
细菌染色体复制与分离的分子机制

8.1.1.3 细胞壁扩增

细胞壁是细菌的一种"硬"性结构。在生长过程中，细胞体积的扩大必定伴随着细胞壁的扩增。在不同形态的细菌中，细胞壁的扩增位点呈现出显著差异：杆状细菌生长过程中新合成的肽聚糖在原有细胞壁的多个位点发生插入，使细胞壁中的新老肽聚糖呈间隔分布；而球状细菌在生长过程中，新合成的肽聚糖是固定在赤道板附近插入，导致新老细胞壁能明显地分开，原来的细胞壁则被推向两端（图 8-4）。

细胞壁的扩增需要打开原来的肽聚糖结构，同时插入新合成的肽聚糖前体，并进行重新交联。细菌能够产生多种肽聚糖水解酶，在特定条件下活化后打断肽聚糖分子内的糖苷键或酰胺键，进而水解肽聚糖并导致细胞自溶，因此这些酶被称为自溶素（autolysin）。如图 8-5 所示，在自溶素的作用下，原有肽聚糖骨架的特定位点被精准切割，形成新合成的肽聚糖的插入缺口（gap）。在细菌烯醇（bactoprenol）载体的

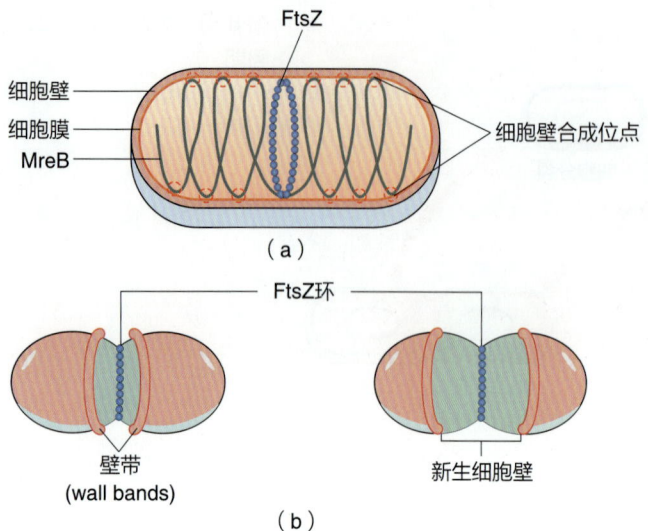

图 8-4 细菌细胞壁的扩增位点
(a) 在杆状细菌中,细胞骨架蛋白 MreB 沿杆状细胞的长轴缠绕,多个位置与细胞膜接触(红色虚线圆圈),这些位置是新细胞壁合成的部位;(b) 在革兰氏阳性球菌中,细胞分裂期间细胞壁合成的位置以绿色显示

协助下,细胞质中新合成的肽聚糖前体被转运穿过细胞质膜进入周质空间,通过转运载体的协助和转糖苷酶(transglycosylase)的催化,前体插入细胞壁的生长点并与原有肽聚糖形成新的糖苷键。最后,在转肽酶(transpeptidase)的催化下,相邻的肽侧链通过肽桥或者肽键相互交联。新合成的肽聚糖单体就和原有的肽聚糖形成一个完整的整体,细胞壁实现扩增,细胞得以生长和分裂。

8.1.1.4 细菌的分裂与调节

当细菌的各种结构复制完成之后就进入分裂时期。细胞伸长,DNA 复制后随膜的延长被分开,同时细胞膜在细菌的中间位置内陷,膜内陷伴随新合成的肽聚糖插入,导致横隔壁向中心生长,最后在中心会合,细胞质被横隔壁分为两部分,细胞完成一次分裂,一个细菌分裂成两个大小相等的子代(图 8-1)。

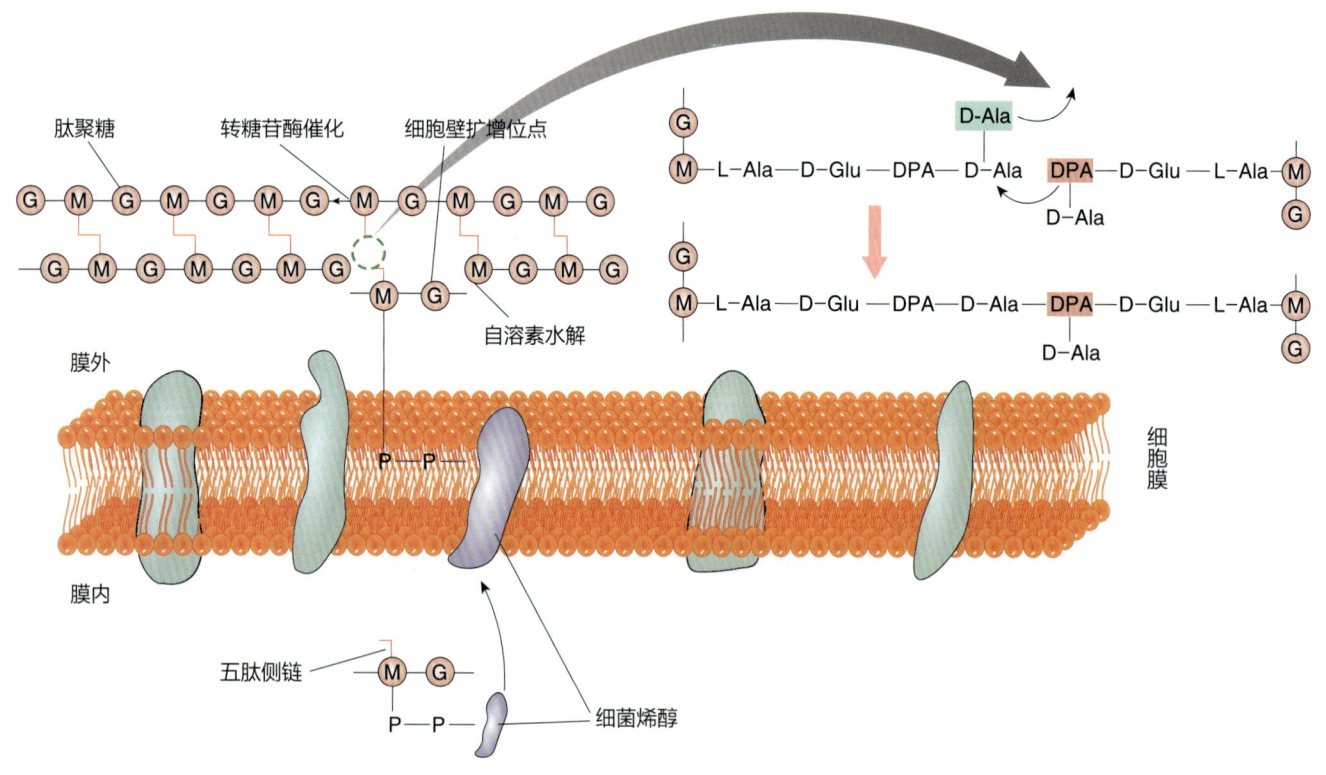

图 8-5 细菌肽聚糖的扩增过程

细菌的分裂过程受到以 Fts（filamentous temperature sensitive）类蛋白为代表的多种蛋白质的严格控制，其中的 FtsZ 是细胞分裂时主要的骨架蛋白。FtsZ 是一种具有 GTPase 活性的 GTP 结合蛋白，在原核生物中高度保守，不仅存在于细菌和古菌中，也存在于线粒体和叶绿体中，并与真核生物的微管蛋白具有同源性。杆状细菌分裂时，FtsZ 蛋白最早在细胞的中部聚合成环状骨架 Z 环（Z ring），其他相关蛋白再与之结合，Z 环收缩促进细胞的分裂。Z 环的形成晚于 DNA 的复制，它在两个拟核之间形成。细胞分裂产生的位置与 FtsZ 蛋白的定位有关，而 FtsZ 蛋白的定位则受控于 Min 系统。在大肠杆菌中，通过 MinC、MinD 和 MinE 蛋白的精确调控作用，Z 环准确定位于细胞中部，最终使细菌二均分裂时能形成两个大小相同的子细胞。

8.1.1.5 原核生物的其他繁殖方式

（1）出芽繁殖

除了大多数细菌和古菌繁殖采用二均分裂方式外，一些细菌还可以通过出芽繁殖（budding division）方式完成细胞分裂。相比二均分裂得到两个相同的子代细胞，出芽繁殖基于细胞的不均等生长而发生分裂，从而形成了一个全新的子代细胞，并且其母细胞保留原本的形态（图 8-6）。除了简单的出芽繁殖，柄杆菌属（*Caulobacter*）和生丝微菌属（*Hyphomicrobium*）的芽生细菌通过细胞质延伸形成柄状或菌丝状突起，并在突起部位形成子代芽体细胞。

在二均分裂过程中，新生细胞壁的合成位点遍布整个细胞，但在出芽繁殖时，新生细胞壁从母细胞上单一位点形成，也就是所谓的极性生长（polar growth），这成为了二者最为本质的区别。极性生长所带来的一个重要后果是，以内膜复合体（internal membrane complexes）为代表的大型细胞质结构在细胞分裂过程中不会被直接复制和

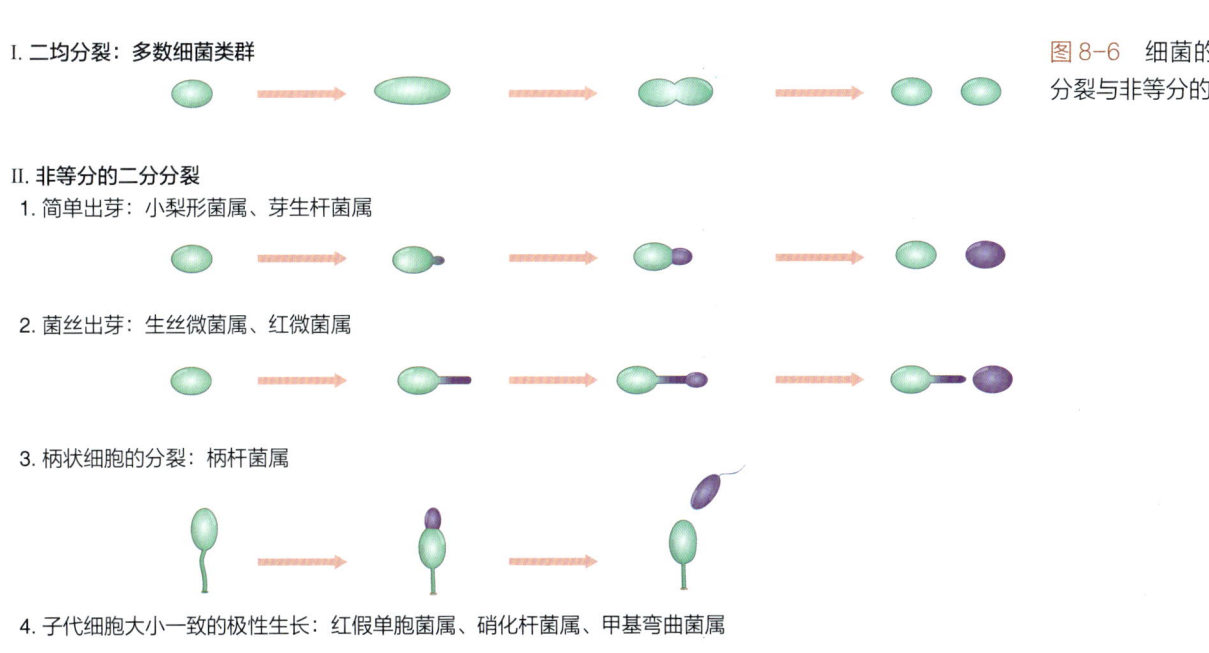

图 8-6 细菌的典型二均分裂与非等分的二分分裂

分割,而是必须在新生芽体细胞中重新形成。对于一些光合细菌和化能自养细菌来说,细胞的内膜系统可以有序容纳多种酶蛋白并行使其特殊代谢功能,在芽殖过程中,内膜结构无须进行分配,而是从头合成,这为维持内膜的复杂结构和执行功能提供了保证。

(2)链霉菌的繁殖

链霉菌(streptomyces)是土壤中最常见的放线菌,营养体为多核菌丝,在繁殖过程中,菌丝最终分裂形成单核的孢子(spore),从而具备了一定的抗逆特征并且易于扩散(图8-7)。在孢子成熟时,往往会产生土臭素和2-甲基异莰醇等挥发性化合物吸引昆虫前来食用链霉菌,从而间接帮助了孢子的扩散。在适宜的环境条件下,孢子能够萌发形成新的菌丝细胞。

8.1.1.6 生物被膜

在自然条件下,无论是二分分裂还是出芽繁殖,微生物细胞能够在液体中悬浮生长或者是附着在物体表面生长。单个、独立、自由漂浮的生活方式被称为浮游生长(planktonic growth),是自然界中许多水栖细菌的主要生长方式。与此同时,微生物能够附着在生物或非生物表面形成高度结构化的生物(被)膜(biofilm)结构,一般由微生物细胞及其产生的胞外多聚物(extracellular polymeric substance,EPS),也被称为胞外基质(extracellular matrix,ECM),构成。其中,微生物细胞可以是单一种群也可以是由多个物种组成的复杂群落;胞外基质作为维持生物被膜结构和功能的物质基础,则主要由胞外多糖(exopolysaccharide)、蛋白质、胞外DNA(extracellular DNA,eDNA)、脂质及其他由细胞中释放出来的分子组成。在自然界中,细菌、古菌、真菌甚至部分原生动物(变形虫和鞭毛虫)和藻类(硅藻和单细胞藻类)都可以形成单一

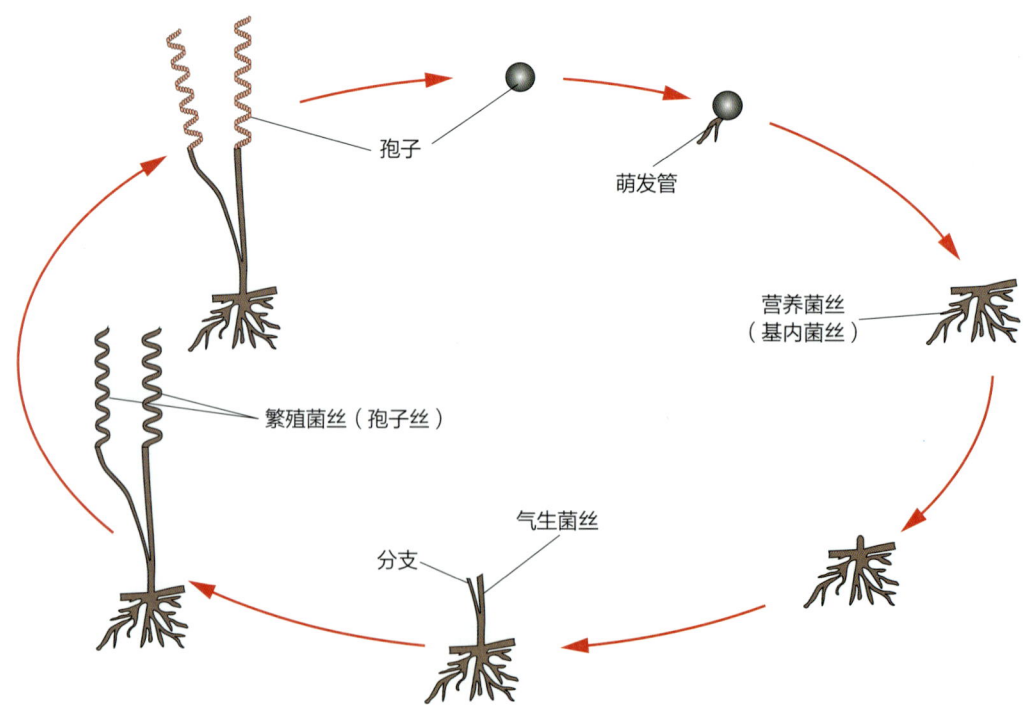

图8-7 天蓝色链霉菌(*Streptomyces coelicolor*)的孢子形成

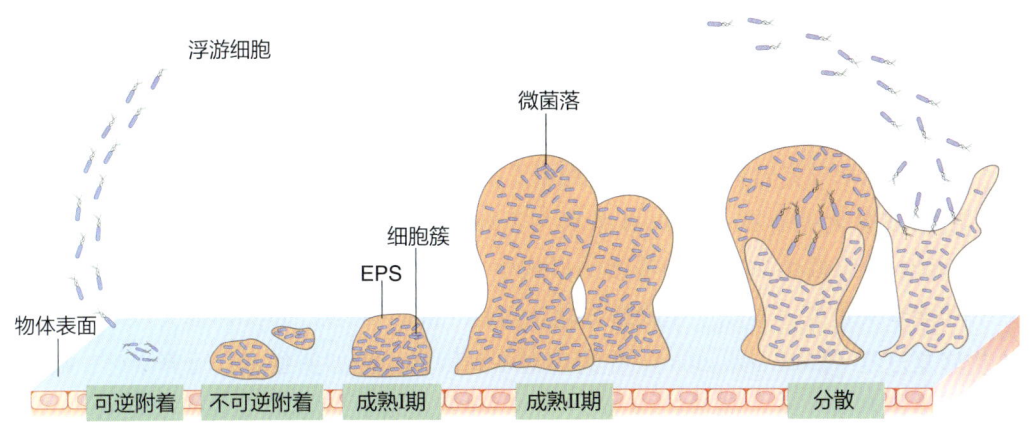

图 8-8 铜绿假单胞菌的生物被膜形成过程

或者混合的生物被膜，本节主要以细菌的生物被膜为例进行相关介绍。

细菌从浮游状态向生物被膜的生长转变是一个复杂且高度受调控的过程。以铜绿假单胞菌（Pseudomonas aeruginosa）形成典型的蘑菇状生物被膜结构为例，整个过程是以 5 个特定阶段逐步进行的循环（图 8-8），包括可逆附着、不可逆附着、聚集体形成（成熟Ⅰ期）、微菌落形成（成熟Ⅱ期）以及最后的分散。生物被膜的形成在单个浮游细胞接触物体表面后启动，在可逆附着（reversible attachment）阶段，细菌通过细胞一端或鞭毛吸附在表面上，随后进行纵向附着；通过降低鞭毛反转率、降低鞭毛基因表达水平以及产生胞外多聚物，细胞进入不可逆附着（irreversible attachment）阶段；在成熟Ⅰ期，由少量细胞聚集而成的细胞簇（cell cluster）包埋在基质中形成聚集体（aggregate）；在成熟Ⅱ期，蘑菇状的微菌落（microcolony）的形成标志着生物被膜的完全成熟；最后，少量的单个运动细胞或者微小聚集体可以从生物被膜中游离出来恢复浮游状态，这一阶段被称为生物被膜的分散（dispersion）。在特定情况下，生物被膜也可以由于胞外多聚物的大量降解而发生崩解。在细菌生物被膜的形成过程中，通过群体感应（quorum sensing，QS）、第二信使 3,5- 环二聚鸟苷单磷酸（cyclic dimeric guanosine monophosphate，c-di-GMP）、双组分系统（two-component system，TCS）、毒素 - 抗毒素（toxin-antitoxin）、小 RNAs 等多种信号系统以及相关蛋白，每一个步骤都受到了严格而有序的调控。

由多种细胞外聚合物构成的生物被膜基质可以被视作一个封闭的微生物细胞的共享空间，并且在空间和时间上都是动态变化的，其各种成分以复杂的方式相互作用，履行多种生物学功能。胞外多聚物在介导生物被膜中细胞与表面以及细胞之间的吸附和聚集过程中发挥了关键作用，确保浮游细胞能够在表面发生初步定殖以及后续生物被膜的长期附着、促进细胞之间的桥接、固定并形成高密度的微生物类群。胞外多聚物是构建生物被膜稳定的空间结构并维持其异质性（heterogeneity）的核心组分，使得生物被膜中不同位置细胞所面对的营养、氧气和代谢废物等生长影响因素的浓度和种类不尽相同。胞外多聚物可以形成对生物被膜内部细胞的保护屏障，使其免受外部毒害因子的损伤，例如，助力病原微生物在感染过程中对宿主防御产生抗性，并对各种抗微生物制剂产生耐受性，从而增强其致病力和耐药性。与此同时，通过对 eDNA 的保护作用，胞外多聚物能够促进生物被膜细胞间的水平基因转移；通过亲水性组分，胞外多聚物可以维持细胞周围高度水合的微环境，提高其在缺水环境中的耐受性；通过与胞外酶的结合，多聚物基质成为了生物被膜有效的外部消化系统；胞外多聚物还在生物被膜获取外界营养以及储存过程中发挥了重要作用。

生物被膜无处不在，并在自然和人工环境中发挥着关键作用。据估算，约有 40%~80% 的原核生物以生物被膜的形式生活在自然环境中。生物被膜对于生态系统的功能至关重要，驱动了生物地球化学过程（biogeochemical process）、营养循环和生物修复过程（bioremediation）。作为应对不利因素（例如捕食者、营养匮乏、缺氧、干旱、高温和抗生素作用等）而演化出的一种自我保护式生存策略，生物被膜不仅对于微生物在自然条件下的存活至关重要，同时还对人类生活产生了广泛的影响。例如，临床上约有 80% 的细菌感染与生物被膜有关，并常常引发抗生素耐药性而极大地增加了治疗难度；食品加工及储存过程中的微生物污染多由生物被膜引发；工业生产中的微生物诱导腐蚀、管道堵塞和生物淤积等问题很多都起源于难以根除的生物被膜；与此同时，在废水处理、生物修复、电力生产和生物过滤等过程中，生物被膜又发挥了不可替代的作用。

> 知识拓展 8-2
> 群体感应与细菌的生物被膜

8.1.2　酵母菌的个体生长与繁殖

以细菌为代表的原核微生物主要依赖于无性繁殖（asexual reproduction）实现个体数量的增加，在酵母和丝状真菌等真核微生物中，则出现了有性繁殖（sexual reproduction）过程。无性繁殖是指不经过两性细胞的接合而直接形成同种新个体的繁殖过程，理论上子代的基因型与母体相同，或者变异较小。有性繁殖则必须依赖两个性细胞结合而产生新的个体，并且需要经过减数分裂（meiosis）阶段。有性繁殖的子代理论上存在更大的遗传变异可能性，从而有助于个体更好地适应环境的变化。

大多数酵母菌以单细胞形式存在，少数也可形成假菌丝。酵母细胞呈圆形或卵圆形，其细胞直径常是细菌的 10 倍左右。酵母菌的繁殖方式多种多样，既能够通过出芽、分裂和产生无性孢子等方式进行无性繁殖，也能够产生子囊孢子进行有性繁殖。

8.1.2.1　酵母菌的无性繁殖

（1）出芽繁殖

大多数酵母菌通过出芽方式进行无性繁殖。在适宜条件下，酿酒酵母（Saccharomyces cerevisiae）细胞生长到一定大小时，细胞表面向外凸起，形成一个芽体，新合成的细胞壁组分被不断插入到芽体表面，使细胞壁得以扩增，芽体不断长大。同时，复制后的细胞核和其他细胞器被运输到芽体内。当芽体生长到体积接近母细胞的 2/3 时，芽体与母细胞之间会形成隔膜，完成细胞质分裂。隔膜完全形成后，隔壁物质在隔膜处逐渐沉积并加厚。最后，芽体一侧的隔壁物质发生部分降解，进而使得芽体与母细胞分离，产生一个新的酵母菌细胞。在扫描电镜下，可观察到芽体与母细胞脱离后，母细胞表面留下一个环形凸起，直径略大于 1 μm，该结构被称为芽痕（bud scar），相应地，在芽体表面也会留下一个环形凸起，称为蒂痕（birth scar），芽痕与蒂痕的位置就是母细胞与芽体曾经相连的地方。根据酵母菌出芽的部位，一般可将芽殖分为双极出芽和单极出芽。双极出芽（bipolar budding）是指在蒂痕的远端（细胞上蒂痕的对侧方向）和近端（蒂痕附近）均能形成芽体。单极出芽（unipolar budding）是指只能在蒂痕的远端或只能在其近端形成芽体。多数情况下，无论是双极出芽还是单极出芽，母细胞每出芽一次，都会换一个新的位置再出芽，因而芽痕不会出现重叠。利用电镜观察等方法，可以通过细胞表面芽痕的数量估算其菌龄。

（2）分裂繁殖

裂殖酵母属如粟酒裂殖酵母（*Schizosaccharomyces pombe*）和八孢裂殖酵母（*Schizosaccharomyces octosporus*）的主要繁殖方式是裂殖（fission）。裂殖是指母细胞经过分裂形成子代细胞的过程，即在分裂开始前母细胞的一端和两端先后进行伸长，细胞核分裂，随后在细胞中间部位形成一个隔膜，细胞被一分为二，产生两个大小相同的子细胞。这种无性繁殖简单快速，适应性强，在适宜的温度、营养条件下，裂殖酵母能够快速繁殖，形成大量子代。

（3）形成无性孢子

还有少数酵母菌产生无性孢子进行繁殖，如掷孢酵母（*Sporobolomyces pararoseus*）产生肾形或豆形的掷孢子。掷孢子是由营养细胞生出的小型突起形成，然后由一种突发机制（special droplet mechanism）弹射出去，在培养皿盖上形成模糊的菌落镜像（mirror image），与担子菌的担孢子弹射机制相似。

8.1.2.2　酵母菌的有性繁殖

不论是芽殖、裂殖还是无性孢子繁殖，细胞核都没有经过减数分裂，属于无性繁殖。在营养充足的条件下，酵母菌以无性繁殖的方式为主；而在营养缺乏的情况下，则采取依赖于子囊孢子的有性繁殖方式，以加快自身基因的重组并产生新变异适应逐渐变化的环境。具体来讲，当酵母菌发育到一定阶段，两个形态相同但接合型（性别）不同的单倍体细胞相互接近，各生成一个小凸起而互相接触，接触面的细胞壁溶解并形成细胞通道，使两个细胞的细胞质互相融合，完成质配（plasmogamy）过程。在这一过程中，两个核暂不融合，每个核的染色体数目都是单倍的，从而形成一个双核细胞，可用 $n+n$ 表示。随后，进入核配（karyogamy）阶段，两个细胞核相互融合为一个二倍体接合子核，形成二倍体细胞，用 $2n$ 表示。很多酵母菌的单倍体和二倍体细胞都可以独立存在，并且二倍体细胞都可以进行正常的营养生长和多代无性繁殖（如出芽繁殖）。在适宜条件下，二倍体细胞进行减数分裂形成子囊孢子，每个子囊（来源于最初的二倍体细胞）中含有 4 个或 8 个单倍体的子囊孢子，每个子囊孢子释放后都可以萌发形成新的单倍体细胞。可见，酵母菌的有性繁殖特指细胞经质配、核配，最后融合形成一个二倍体细胞，然后经过减数分裂形成子囊孢子的过程。以子囊孢子进行有性生殖的酵母菌和霉菌在分类上均归属于子囊菌门（Ascomycota）。

8.1.2.3　酵母菌的生活史

单细胞的酵母菌和丝状真菌一样也具有无性繁殖和有性繁殖两个阶段的生活史。

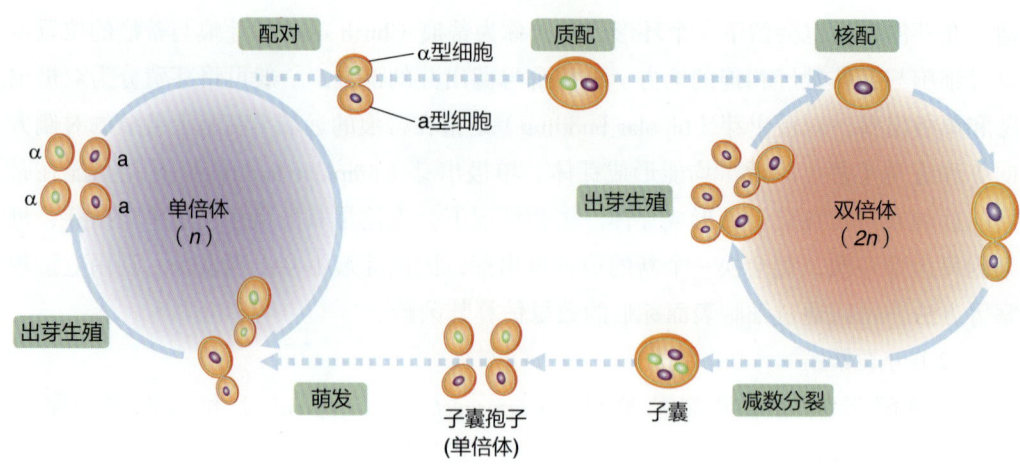

图 8-9 酿酒酵母的生活史

不同的酵母菌具有不同类型的生活史：酿酒酵母的营养细胞既能以单倍体又能以二倍体形式存在，八孢裂殖酵母（*Schizosaccharomyces octosporus*）的营养细胞只能以单倍体存在，而路德类酵母（*Saccharomycodes ludwigii*）的营养细胞只能以二倍体存在。其中，最具代表性的为酿酒酵母的生活史。如图 8-9 所示，二倍体细胞在营养缺乏时可以通过减数分裂产生 4 个单倍体的子囊孢子，其接合型分别为 a 型和 α 型，子囊孢子通过萌发各自转变为 a 细胞和 α 细胞。a 细胞和 α 细胞可以分别产生和分泌短肽类的 a 因子和 α 因子，被称为外激素（pheromone）。两种单倍体的营养细胞可独自进行生长繁殖。在营养等条件适宜时，a 细胞与 α 细胞在相互识别后发生趋化性生长，经细胞接触、质配和核配，最后融合成一个二倍体的营养细胞，二倍体营养细胞可以通过芽殖的方式继续生长繁殖。

8.1.3　丝状真菌的个体生长与繁殖

丝状真菌（filamentous fungus）也称为霉菌（mold），其生长与繁殖的能力很强，并且方式多种多样，既可以通过菌丝断片和无性孢子进行无性繁殖，也可以借助形成有性孢子进行有性繁殖过程。在自然条件下，丝状真菌主要靠形成各种无性和（或）有性孢子进行传播、繁殖以应对营养缺乏的逆境。

8.1.3.1　丝状真菌的个体生长

丝状真菌通常以顶端生长的方式进行菌丝的延伸。菌丝的整体有极性之分，位于前端的为幼龄菌丝，位于后面的为老龄菌丝。菌丝的幼龄端会形成生长点，通过顶端生长使菌丝延长，并且可以产生分枝菌丝。一般来说，在菌丝顶端 1~2 μm 的区域内，含有大量的泡囊，泡囊在位于菌丝细胞亚顶端的内质网中形成，然后由内质网转移至同样位于亚顶端的高尔基体，在高尔基体内进行浓缩加工，把泡囊的类内质网膜转化为类原生质膜。在缺少高尔基体的真菌中，泡囊则直接在内质网的特定区域加工成熟。成熟的泡囊内含有细胞壁和原生质膜的前体物、细胞壁裂解酶和合成酶。泡囊通过细胞质的流动由菌丝亚顶端转移至顶端，与原生质膜融合，使原生质膜面积增加。泡囊内含物进入细胞壁，其中的水解酶使菌丝细胞壁出现局部的裂解，在细胞膨压的作用下细胞壁延伸。内含物中不定形的细胞壁前体物在细胞壁合成酶的作用下并入菌丝细胞壁中，形成新的细胞壁，从而使菌丝不断地向前延伸。菌丝在固体培养基或液体培养基中静止培养时形成菌落，在液体培养基中振荡培养时则形成菌丝球。

高等的丝状真菌，如子囊菌、担子菌，其菌丝的生长伴随着隔膜的形成。隔膜上有孔，并被内质网膜覆盖，以限制大的细胞器如细胞核从一个细胞游动到另一个细胞。这种有孔的隔膜使多细胞的有隔菌丝在生理上成为一个整体。低等的丝状真菌不形成隔膜，只是在菌丝体形成繁殖结构时才出现无孔的隔膜。

8.1.3.2 丝状真菌的无性繁殖

丝状真菌的无性繁殖是指通过营养菌丝的片段化或者无性孢子形成同种新个体的过程。在菌丝断片被接种到新鲜培养基培养过程中，在菌丝断片的幼龄端会重新形成新的生长点，通过顶端生长使菌丝延长。在生长过程中，这条菌丝可以形成分支菌丝，并且不断重复这一过程从而产生更多的分支。菌丝生长到一定阶段则产生孢子，并进行新一轮的生长与繁殖。

一般来讲，丝状真菌的菌丝生长到一定阶段后，可以产生分生孢子、孢囊孢子、厚垣孢子、芽生孢子和节孢子等无性孢子（图8-10），进行无性繁殖。孢囊孢子（sporangiospore）是在菌丝分化形成的孢子囊（sporangium）内产生。壶菌门（Chytridiomycota）的孢囊孢子呈圆形，洋梨形或肾形，其成熟后从孢子囊特生的孔口释放，或孢子囊破裂释放，这类孢子一般有1~2根鞭毛，并在鞭毛的驱动下在水中游动，因此又称为游动孢子（zoospore）。接合菌门（Zygomycota）的孢囊孢子多呈球形、卵圆形和圆柱形，有的还有纵纹，无鞭毛，无运动能力，因此又称为静孢子（aplanospore）。分生孢子（conidium，复数 conidia）是由子囊菌产生的无性孢子，一

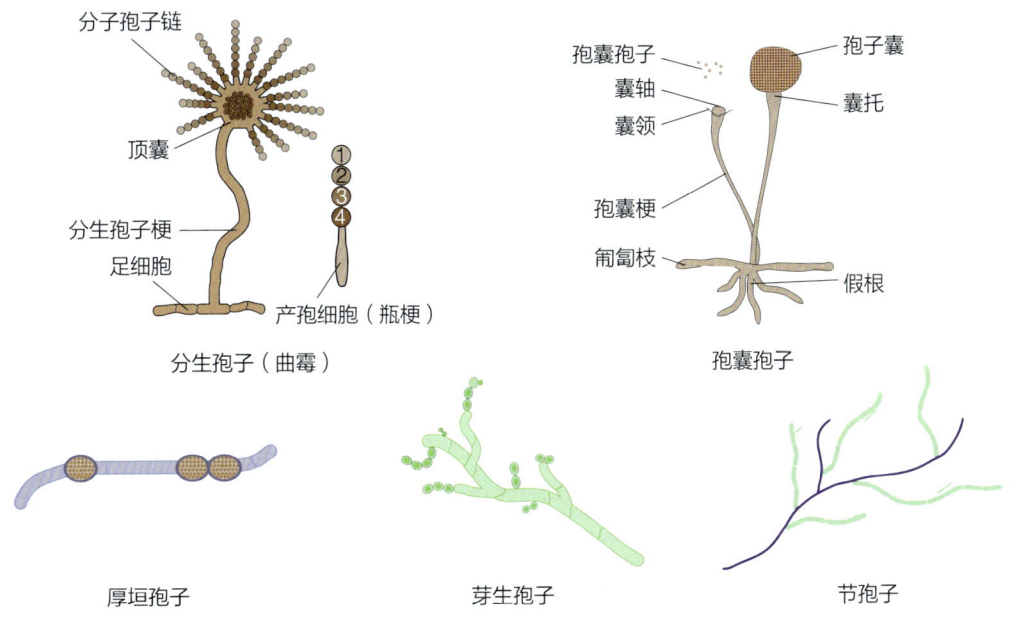

图8-10 丝状真菌主要无性孢子类型

一般不具运动能力，但质量很轻，表面含大量疏水蛋白（hydrophobin）而使其具疏水性，这使得分生孢子易于在环境中扩散。分生孢子壁一般有色素，使得产孢完成的菌丝体呈现不同的颜色，如青霉菌呈现绿色。不同种真菌产孢结构差异较大，是真菌分类的一个指标。厚垣孢子（chlamydospore）是在一些丝状真菌菌丝或酵母假菌丝的中间或顶端，多个细胞相连形成细胞壁加厚、颜色加深、表面光滑的大球形孢子。厚垣孢子是一类休眠孢子，可度过干燥和高温等逆境。芽生孢子（blastospore）是在酵母通过二态转变形成多细胞的假菌丝后，假菌丝通过出芽产生芽生孢子。此外，球囊菌门（Glomeromycota）的一些菌根真菌，也会产生多细胞的芽生孢子。节孢子（arthrospore）是在菌丝没有明显的分化时通过细胞壁加厚而形成，链状的节孢子可进一步相互分离而扩散。节孢子也是为度过逆境而产生的休眠孢子。地霉属（Geotrichum）真菌和导致毛内癣的病原真菌奥杜盎氏小孢子菌（Microsporum audouinii）常常会形成节孢子。由无性孢子开始的生长包括孢子肿胀、萌发管形成和菌丝生长三个阶段。孢子肿胀是孢子在适宜条件下，通过吸水和代谢等过程使孢子体积扩大，但仍呈球形。在这一时期，新合成的细胞壁物质不是固定在一个部位，而是均匀地在孢子壁的多个部位插入，是一个非极性的生长过程。接着，孢子继续吸收营养物质和合成新的细胞壁物质，细胞壁物质插入孢子壁的一个固定位置，通过极性生长过程形成萌发管，从而进入萌发期。最后，萌发管继续生长，最后发育成新的菌丝。

8.1.3.3 丝状真菌的有性繁殖

在特定条件下，丝状真菌的生长后期，其菌丝体上可以形成有性繁殖结构，产生有性孢子，进行有性繁殖。丝状真菌的有性繁殖复杂而多样，但与酵母菌类似，一般也可以分为三个阶段：第一阶段是质配，两个性细胞接触后发生细胞质融合，但两个核暂不融合，形成双核细胞；第二阶段为核配，质配后两个核融合，产生二倍体接合子核。在低等真菌中，质配后立即核配，而在高等真菌中，质配后并不立即核配，常有双核阶段，在此期间，双核在细胞中甚至又可同时分裂；第三阶段为减数分裂，大多数真菌核配后立即进行减数分裂，核中的染色体数目又恢复到单倍体数目。

有性繁殖方式因物种不同而不同。有些丝状真菌两条营养菌丝就可以直接接合，如毛霉目中的一些种，但多数丝状真菌则由菌丝分化形成特殊的性细胞（器官），如配子囊（图8-11，图8-12），它们经交配形成有性孢子。丝状真菌主要有性孢子的特征见表8-1，这些特征常被作为丝状真菌分类的依据。

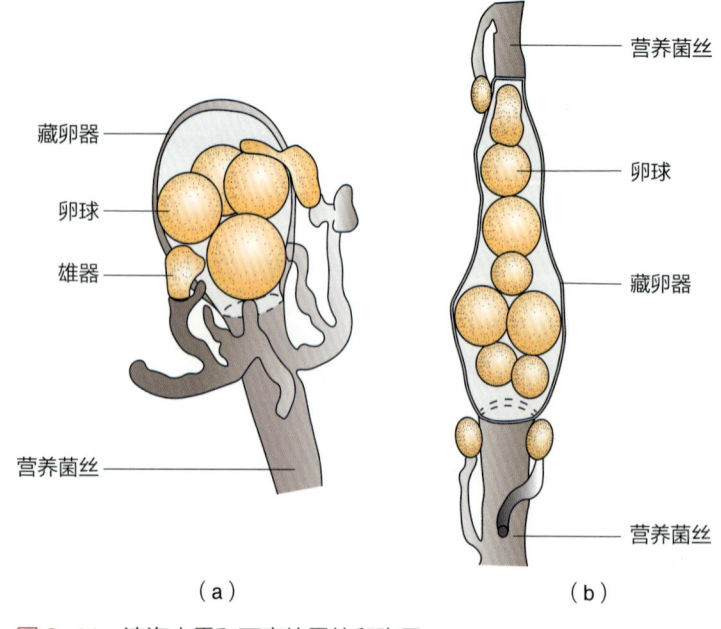

图8-11 滨海水霉和下弯绵霉的卵孢子
（a）顶生藏卵器；（b）间生藏卵器

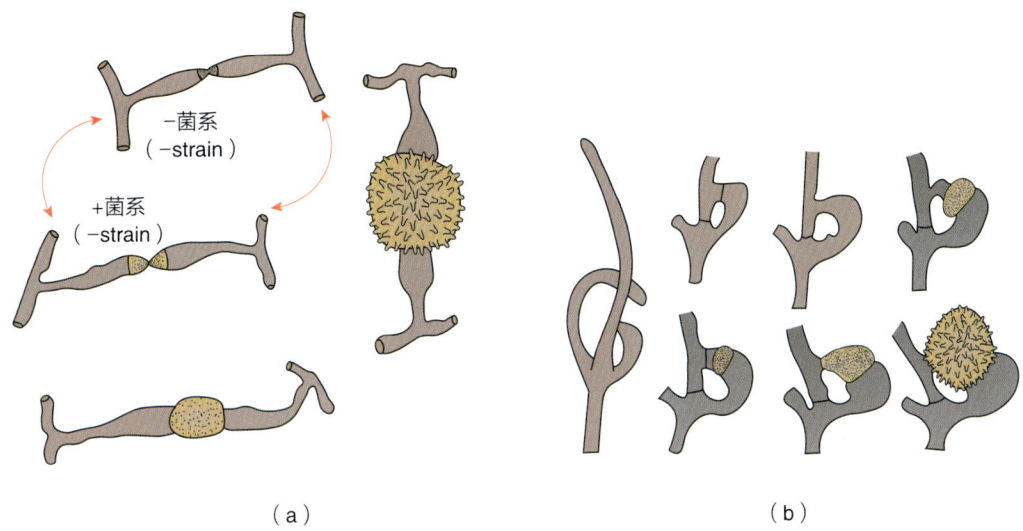

图 8-12 根霉的接合孢子
（a）异宗配合；（b）同宗配合

表 8-1 一些丝状真菌的有性孢子及其特征

有性孢子	染色体倍数	有性繁殖结构及特征	数量	外/内生	代表菌种
卵孢子	$2n$	由菌丝分化形成雄器和藏卵器，雄器中的细胞核通过授精管进入藏卵器内与卵球结合，卵球生出外壁，产生卵孢子	大于等于1个	内	同丝水霉 德氏腐霉
接合孢子	$2n$	由两个配子囊各自向对方伸出特殊菌丝进而接触并融合形成。两个配子囊来自同一个菌丝体称为同宗配合（homothallism），来自不同质菌系的菌丝体（常用"+"或"-"代表）称为异宗配合（heterothallism）	1个	内	葡枝根霉 高大毛霉 性殖根霉
子囊孢子	n	在子囊中形成。子囊可以通过两个营养细胞结合直接形成或在子囊果中形成	2~8个	内	马氏单囊霉 麦类白粉菌 粗糙脉胞菌 牛粪盘菌 酿酒酵母
担孢子	n	不同性别的单核菌丝结合产生双核菌丝，双核菌丝顶端细胞膨大为担子。担子内两性细胞核核配后经过两次分裂形成4个单倍体的子核，它们进入担子顶端长出4个小梗的膨大部位，发育形成4个担孢子	4个	外	蘑菇 多孔菌 木耳 银耳 香菇

8.1.3.4 丝状真菌的生活史

丝状真菌从孢子开始，经过一段时间的生长繁殖，其中包括无性繁殖和有性繁殖

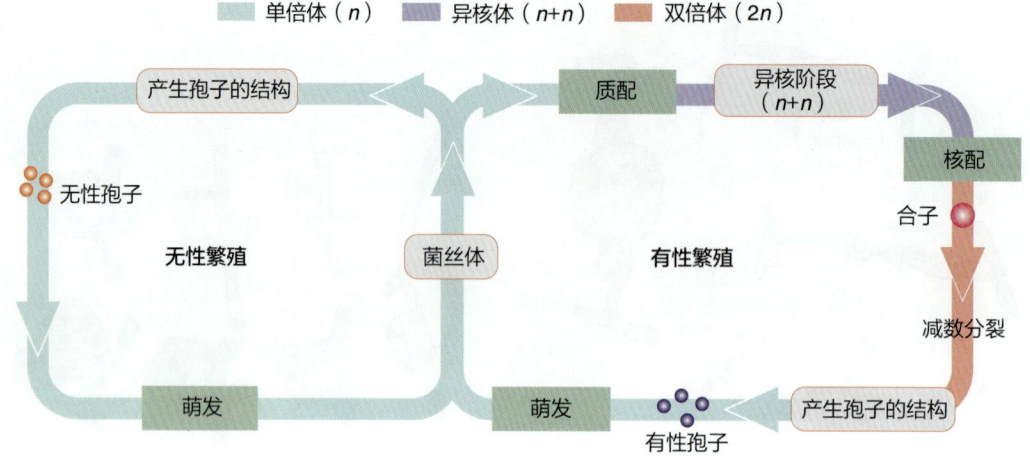

图 8-13 丝状真菌的生活史

两个阶段，最后又产生同一种孢子，这一循环称为丝状真菌的生活史（图 8-13）。真菌的生活史多种多样，差异较大。较典型的是丝状真菌的菌丝体（营养细胞）在适宜条件下产生无性孢子，无性孢子萌发形成新的菌丝体，如此重复多次，这是其生活史中的无性繁殖阶段。当菌丝生长繁殖一定时间后，在一定条件下，开始有性繁殖，即从菌丝体上分化出特殊的性细胞（器官），或两条异性营养菌丝进行接合，经过质配、核配，形成双倍体细胞核，最后经过减数分裂形成单倍体孢子，这类孢子萌发再形成新的菌丝体。这就是一般丝状真菌生活史的一个循环周期。

8.2 微生物生长的测定

评估微生物的生长可以提供其培养和群落状态的定量信息，也可以用于评价各种环境条件、激活或抑制物质对微生物生长的影响规律，在理论上和实践上有着重要的意义。许多方法可以测定微生物的生长速率和繁殖频率，包括微生物计数、质量测定和生理指标测定等，主要通过测定单位时间里微生物数量——生物量（biomass）的变化来评价其生长情况。

8.2.1 微生物计数

计数法用于测定样品中所含微生物细胞的数量，可分为直接计数和间接计数两类。计数法只适用于测定处于单细胞状态的细菌和酵母菌，对于放线菌和霉菌等丝状生长的微生物而言，则只能用于测定其孢子的数量。

8.2.1.1 直接计数法

直接计数法是指直接对样品中微生物细胞数量进行计数。

（1）显微镜直接计数法（microscopic counting）

利用血细胞计数板或细菌计数板，在显微镜下直接测定一定体积液体样品中微生物的个数。计数板是一块特制的载玻片，其上有一个面积 1 mm²、高 0.1 mm 的计数室（体积为 0.1 mm³），1 mm² 的面积又被划分为 25 个（或 16 个）中方格，每个中方格进一步划分为 16 个（或 25 个）小方格，因此计数室由 25（16）×16（25）共 400 个小方格组成。将待测样品滴在计数板上，盖上盖玻片，在显微镜下计数 4~5 个中方格中的微生物细胞数（图 8-14）。根据计数结果，计算每个小格所含细胞的平均数，再按下面公式计算出每毫升样品所含的细胞数：

每毫升原始样液中细胞数 = 每小格平均细胞数 × 400 × 10^4 × 稀释倍数

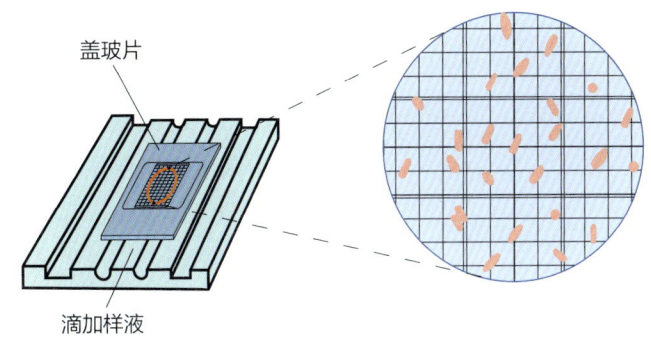

图 8-14 微生物显微镜直接计数

显微镜直接计数法方便、快捷，因此在微生物研究中应用广泛。但该方法也存在一些不足，在测定不同样品时需要进行特定的改进。个体很小的微生物细胞在显微镜视野中观察不到，样品中的碎片也很容易被误认为是细胞，使计数的准确性下降，这就需要使用特定的染色技术提高细胞在显微镜下的辨识度，例如，荧光染料 DAPI（4′,6- 二脒基 -2- 苯基吲哚）可以与细胞中的 DNA 结合发光，从而将样品中的所有细胞染成亮蓝色。对水、空气等微生物细胞数量低的样品进行测定时，在显微镜视野中几乎无法观察到细胞，除非能够使用特定方法对细胞预先进行浓缩。此时可以使用膜过滤法（membrane filter method），将一定体积的样品通过膜过滤器，然后将滤膜干燥、染色，并经处理使膜透明，再在显微镜下计数膜上的微生物数量。在对具备运动能力的微生物细胞进行计数时，必须使用甲醛等试剂提前处理样品，杀死运动细胞并进行固定。此外，标准的显微镜直接计数为总菌计数法，不能直接区分样品中的死菌与活菌细胞。这时候，可以使用特定的荧光染色法检测微生物细胞的细胞膜是否完整，进而区分样品中的活 / 死细胞并进行分类计数，例如活死细胞染色（live-dead cell staining）技术。与此同时，使用荧光原位杂交（fluorescence *in situ* hybridization，FISH）等技术，结合显微镜直接计数可以对含有多个微生物种群复杂样品之中的特定类群进行分析和测定。

（2）使用流式细胞仪进行直接计数

流式细胞术（flow cytometry）是指使用流式细胞仪对液流中排成单列的细胞或其他生物微粒（如微球、小型模式生物等）逐个进行快速定量分析和分选的技术。广泛应用于基础和临床医学研究，并被越来越多地用于直接计数微生物数量，获得微生物细胞的详细信息。流式细胞仪可产生非常窄的细胞流，使单个细胞通过激光束。当每个细胞穿过光束时，光被散射。对每个光散射事件进行独立检测，光散射事件的数量即代表了样品中的细胞数量。使用荧光染料或荧光标记抗体，还可以对不同大小、特征不同的细胞进行计数，从而提供有关细胞群体特征的有价值的信息。

8.2.1.2 间接计数法

间接计数法不直接计数微生物细胞，而是计数由单个细胞形成的菌落（单菌落），并推算出样品中的微生物细胞数量。

（1）平板计数法（plate colony counting）

将待测样品梯度稀释，取一定体积的稀释菌液与适合的固体培养基混合倾倒平板，或涂布于已凝固的培养基平板上，保温培养，平板上每个细胞会生长成为一个菌落，称为菌落形成单位（colony forming unit，CFU）。计数平板上的CFU，乘上菌液的稀释度，即可计算出原菌液的含菌数（表示为单位体积菌液中CFU数量）。在常用的90 mm培养平板上，以形成 30~300 CFU 为宜（图8-15）。由于死细胞不能在平板生长形成菌落，因此该方法也称为活菌计数法（viable counting method）。

平板计数法是教学、科研和生产上常用的微生物计数方法，广泛应用于食品、医疗、自然环境中活菌数量的测定。该方法的操作环节较多，过程较为复杂，有较高的技术要求。有许多原因可使平板计数法产生误差：例如，液体样品与培养基混合不均匀可以导致菌落重叠生长；部分微生物培养时形成微型菌落，难以进行准确计数；菌落培养时，固体培养基的选择和培养时间也会显著影响检测结果。

（2）比浊法（turbidimetry）

细胞可以散射光线，所以菌悬液中的细胞越多，被散射的光就越多，悬液就越混浊。在一定浓度范围内，菌悬液中细胞浓度与其浊度成正线性关系，因而可以据此测定菌悬液的细胞浓度。如图8-16所示，菌悬液的浊度可使用分光光度计进行测量：分光光度计通过衍射光栅或棱镜产生固定波长的入射光，穿过菌悬液后，测量未发生散射的透射光的强度，并计算光密度（optical density，OD，也称吸光度）值来衡量菌液的浊度。例如，使用540 nm入射光测得的光密度值被称为OD_{540}。采用比浊法测定时，一定要控制菌液浓度处于与光密度成正线性关系的范围内，否则结果不准确。在高细胞密度下，细胞数和浊度之间的对应关系偏离线性，因此需要对待检测的菌悬液

图8-15 微生物平板计数

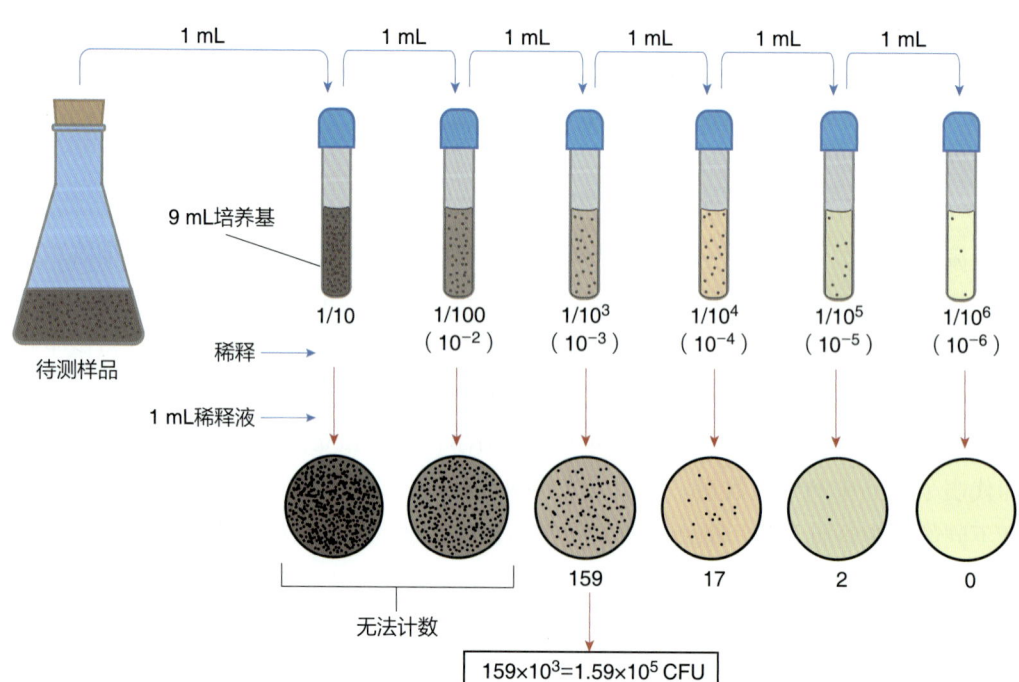

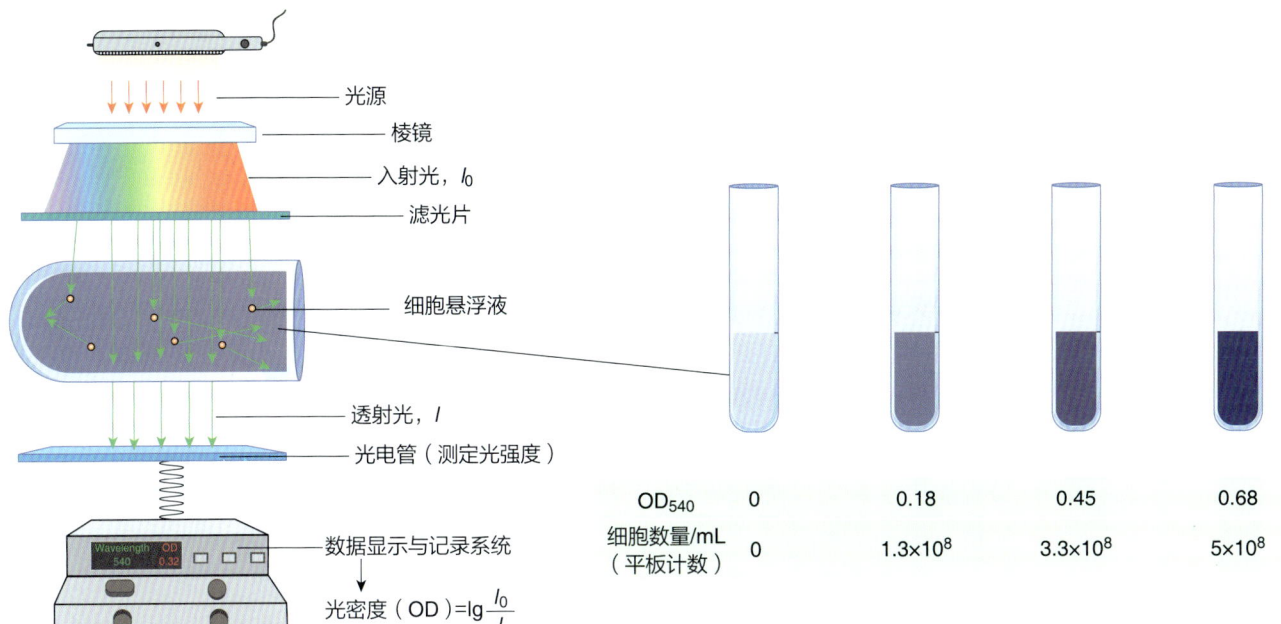

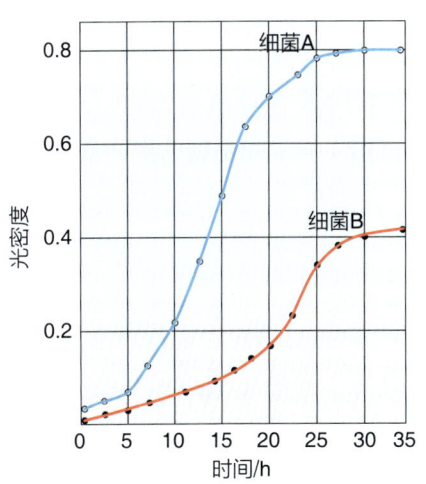

（a）分光光度计的基本原理

（b）不同细胞浓度大肠杆菌比浊法检测结果

（c）两种不同生长速率细菌的典型生长曲线

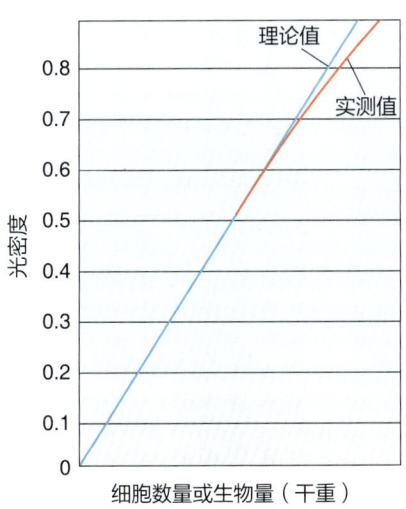

（d）比浊法测定时细胞浓度与光密度的关系

图 8-16 比浊法测定细菌细胞生长

进行适度稀释后进行测定。

（3）试纸法

这是在平板计数法基础上发展的一种快速计数用商品化产品，其形式有小型厚滤纸片、琼脂片等。在滤纸和琼脂片中吸附有培养基，其中加入活菌指示剂 2,3,5-三苯基氯化四氮唑（TTC，无色），蘸取测试菌液置于密封包装袋中培养。短期培养后在滤纸或琼脂片上出现一定密度的玫瑰色微小菌落，将其与标准纸色板上图谱比较即可估算出样品的含菌量。试纸法计数简便快捷，避免了平板计数法的人为操作误差。

8.2.2 微生物细胞质量测定

微生物的个体生长和繁殖均意味着原生质含量的增加,因此可以通过测定其全细胞或者特定组分质量的变化,评估生长繁殖过程。

(1) 称量法

反映物质质量最直接的方法。称量法(称重法)适用于各类微生物生长的测定。取一定体积的微生物培养液,通过离心或过滤方法将菌体分离出来,经洗涤,直接称量,可得到微生物培养物的湿重;或将菌体置于已知质量的平皿或烧杯内,105℃烘干至恒重,得到培养物的干重。如果要测定固体培养基上生长的放线菌或丝状真菌,可先加热至50℃,使琼脂熔化,过滤得到菌丝体,用50℃的生理盐水洗涤菌丝,然后按上述方法测定菌丝体的湿重或干重。

(2) 测定蛋白质和核酸含量

除了干重、湿重反映细胞物质质量外,还可以通过测定微生物样品中蛋白质或DNA的含量反映其细胞物质的量。蛋白质是细胞的主要成分,含量比较稳定。氮是蛋白质的重要组成元素,测定样品中的总氮量(凯氏定氮法),按下式可计算蛋白质含量:

$$\text{蛋白质含量} = \text{总氮量} \times 6.25$$

DNA 是微生物的重要遗传物质,每个细菌细胞中 DNA 含量相当恒定,平均为 8.4×10^{-5} ng。从样品中提取 DNA,测得 DNA 含量,可用于表示微生物的生物量。

8.2.3 微生物生理指标测定

除了计数和测定质量外,微生物生物量还可以用生理指标测定法进行测定。常用的生理指标包括微生物的呼吸强度、耗氧量、酶活性等。这些生理指标与微生物数量密切相关,因此,可以通过对上述生理指标进行测定,间接反映样品中微生物的生物量。

8.3 微生物的群体生长

当微生物的个体生长达到一定程度后,细胞开始分裂(繁殖),从而引起个体数目的增加,构成了微生物群体。在一个微生物群体中,个体的生长以及繁殖将导致群体的质量、体积、浓度的增加,这一现象称为微生物的群体生长(population growth)。因此,群体生长是群体中个体生长和繁殖的结果。在微生物学研究中,除了特定目的以外,只有群体的生长才有实际意义,因此,在微生物学中提到的"生长",通常指群体生长,这一点与研究大生物时有所不同。本节将以细菌和酵母菌为代表介绍微生物群体生长的特点与一般规律。

8.3.1 同步生长与同步培养技术

在微生物个体的生长过程中，细胞内部发生了复杂的细胞学和生物化学变化。为了研究相关变化，除了在单个细胞水平上进行直接表征之外，在群体水平上，需要使用同步培养（synchronous culture）技术使群体中的所有个体细胞尽可能都处于同样的细胞生长和分裂周期中，然后通过分析群体在各阶段的特性变化来间接了解单个细胞的相应变化规律。这种通过同步培养的手段而使细胞群体中各个体处于分裂步调一致的生长状态，称为同步生长（synchronous growth）。处于同步生长的细胞群体被称为同步细胞或同步培养物，常被用来研究在单细胞水平上难以表征的微生物生理与遗传特性或作为工业发酵的种子细胞，是一种理想的实验材料。

获得微生物同步生长的方法主要有两类：一是机械筛选法，包括离心法、过滤分离法和硝酸纤维素滤膜法；二是环境条件控制技术，即通过控制温度、培养基成分和其他培养条件（如光照和黑暗交替培养），制备同步培养物。其中，硝酸纤维素滤膜法是最经典的获得同步生长的方法（图 8-17a）。该方法利用滤膜与微生物细胞电荷相反的原理，在菌悬液流经滤膜时，细胞在膜表面发生吸附，然后将滤膜翻转并置于滤器中，再以新鲜培养液缓慢流过滤膜。未直接吸附在滤膜上的细胞被培养液冲洗掉，吸附在膜上的细胞经过一段时间后开始分裂，形成的两个子细胞中，一个仍吸附在滤膜上，另一个则被培养液洗脱。若滤膜面积足够大，只要收集刚刚洗脱的子细胞培养液即可获得同步细胞。由于细胞的个体差异，同步生长往往只能维持 2~3 个世代，随后又逐渐转变为随机生长（图 8-17b）。

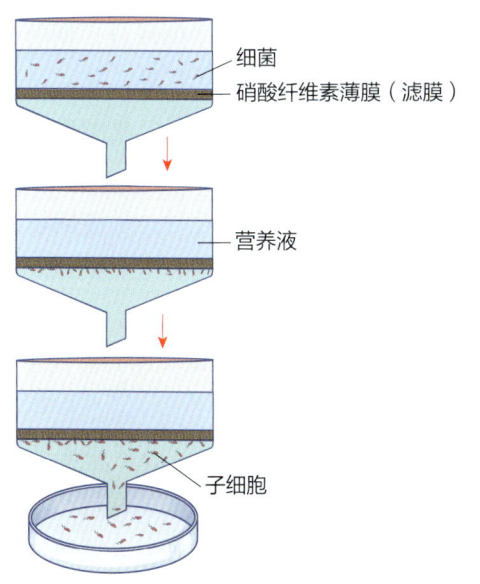
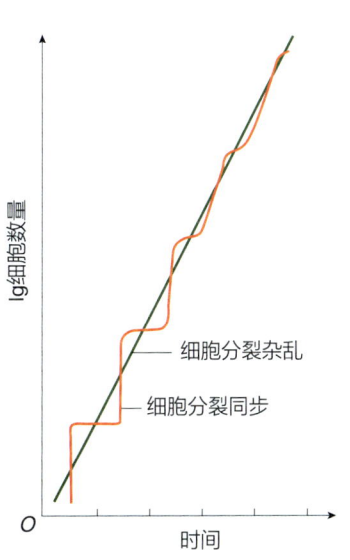

图 8-17 细菌的同步生长及其获取方法

（a）硝酸纤维素滤膜法　　（b）细菌的同步生长与非同步生长

8.3.2 微生物分批培养的生长曲线

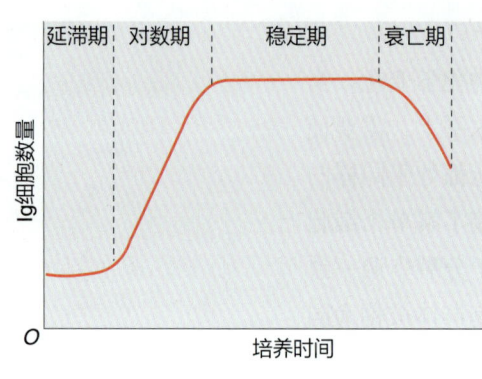

图 8-18　细菌的典型生长曲线

将少量微生物细胞（菌种）接种到固定体积的新鲜液体培养基中，在适宜条件下进行培养，定期取样测定活菌数量，以时间为横坐标，以活菌细胞数量的对数为纵坐标，绘出的一条反映微生物群体生长规律的曲线，称为生长曲线（growth curve）。在封闭系统中对微生物进行的培养，即培养过程中既不补充营养物质也不移去培养物质，保持整个培养液体积不变的培养方式称为分批培养（batch culture）。对于单细胞微生物（细菌、酵母菌）分批培养的完整过程来讲，一条典型的生长曲线可以分为延滞期、对数期、稳定期和衰亡期 4 个生长时期（图 8-18）。

8.3.2.1 延滞期

微生物接种到新鲜培养基后，在开始培养的一段时间内活菌数量并未增加，这一时间段称为延滞期（lag phase），又称停滞期、迟滞期或者适应期。延滞期是微生物适应新的培养环境、调节代谢、进行细胞个体生长的时期。在延滞期，微生物细胞内 RNA 和蛋白质（主要是相应的诱导酶）等含量增加，细胞对外界不良条件反应敏感，细胞体积增大，并为后续的细胞分裂进行物质准备。因此，延滞期并不意味着微生物处于生长静止状态，只是在这一时期微生物的个体生长尚未达到繁殖阶段，因而群体中的细胞数量没有发生变化。

延滞期会增加微生物的培养周期，在微生物学研究和生产应用中，通常希望尽量缩短微生物的延滞期。微生物延滞期的长短除了取决于菌体自身的生物学特性以外，还受到以下三个主要因素的影响：

① 种龄。用于接种的微生物称为接种物（inoculum），其群体生长年龄称为种龄。以对数期的微生物细胞接种，则培养物的延滞期较短；而以延滞期或衰亡期的微生物细胞接种，培养物延滞期较长；以稳定期的微生物细胞接种，延滞期居中。

② 接种量。加大接种量可缩短培养物的延滞期。因此在发酵工业中通常采用较大的接种量（10% 以上，V/V），以缩短发酵生产周期。

③ 培养基成分。发酵培养基与种子培养基成分相同或相近时，延滞期较短；接种到营养丰富的培养基中培养，比接种到营养贫乏的培养基中培养延滞期短。这主要是因为，当发酵培养基与种子培养基相比成分差别较大或者更为贫瘠时，接种物需要更长的时间产生充足的诱导酶等组分用来利用新的营养成分或合成缺失的必需代谢产物。

8.3.2.2 对数期

对数期（logarithmic phase）也称指数期（exponential phase），是延滞期后微生物细胞数量以几何级数增长的时期。在这一时期，有三个重要的参数：经过特定时间后增加的微生物世代数称为繁殖代数（n）；对于个体生长，每个细胞分裂繁殖一代所需的时间称为代时（generation time, g），对于群体生长，细胞数量增加一倍所需的时间称为倍增时间（doubling time）；微生物在单位时间内增加的世代数称为平均生长速率（mean growth rate，μ）。对数期微生物的生长可以通过下面的数学模型进行描述：

$$N_t = N_0 \times 2^n \qquad g = \frac{t}{n} \qquad \mu = \frac{n}{t} = \frac{1}{g}$$

式中，N_0—开始时培养液中细胞的数量；N_t—经过时间 t 后的细胞数量；n—经过时间 t 后细胞分裂的世代数；g—代时或倍增时间；μ—生长速率常数。

处于对数生长期的微生物具有以下几个特点：生长繁殖速度快，活菌数目呈对数增长，细胞的代时最短；酶系活跃，代谢旺盛；细胞生长平衡，菌体形态特征和生理特性均匀一致。由于对数生长期的微生物细胞代谢活性、酶活性高而稳定、大小一致、生活力强，因而是微生物学研究的理想实验材料，也是微生物培养和发酵生产中菌种的最佳选择。

8.3.2.3 稳定期

微生物的旺盛生长使得营养物质被迅速消耗，代谢产物大量积累，培养基 pH、氧化还原电位等条件发生变化，培养环境逐渐不适宜微生物的生长；死亡的细胞数量上升并最终与新增的细胞数量达到一种动态平衡状态（即微生物细胞总数不再增加，表观生长速率降至零），微生物活菌数达到最大值，生长进入稳定期（stationary phase）。在稳定期，微生物细胞开始积累糖原、脂肪、异染粒等贮藏性物质，产芽孢细菌开始形成芽孢，抗生素等次级代谢产物也在这一时期开始合成。

8.3.2.4 衰亡期

随着营养物质耗尽和有害代谢产物的大量积累，微生物细胞死亡速率逐步增加，活菌总数逐步降低，进入衰亡期（death phase，decline phase）。在衰亡期，微生物细胞代谢活性降低，细胞膨大变形并出现自溶，产芽孢细菌开始释放芽孢。需要注意的是，衰亡期的细胞数量是以对数形式减少的，但是细胞死亡速率要比对数期的细胞增长速率慢得多，并且少量的细胞可以在培养系统中存活很长时间。

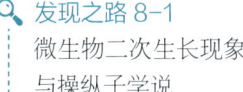
发现之路 8-1
微生物二次生长现象与操纵子学说

8.3.2.5 二次生长现象

由于不同的微生物或同一种微生物对不同营养物质的利用能力具有很大差别，有的物质可直接被利用（如葡萄糖或 NH_4^+ 等），有的需要经过一定的适应期后才能获得利用能力（如乳糖或 NO_3^- 等）。前者通常称为速效碳源（或氮源），后者称为迟效碳源（或氮源）。在同时含有速效和迟效营养源的培养基中生长时，如图 8-19 的生长曲线所示，微生物会首先利用速效营养生长直至该营养源耗尽，然后经过短暂的停滞，再利用迟效营养源重新开始生长，这种生长或应答称为二次生长（diauxic growth）。

8.3.2.6 丝状微生物的生长曲线

放线菌和丝状真菌等以菌丝体形式生长的微生物，其分批培养的生长曲线与上述单细胞微生物的生长曲线有所不同。丝状微生物的生长曲线没有明显的对数生长期，如丝状真菌，其生长曲

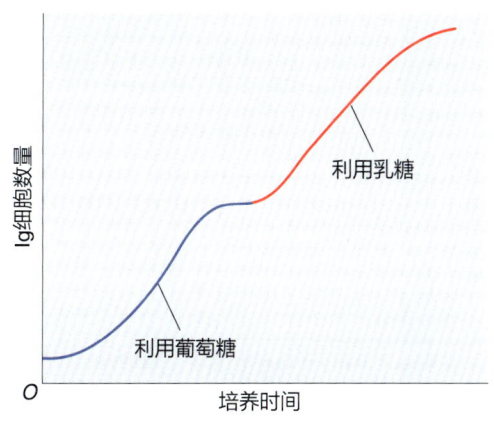
图 8-19 微生物的二次生长

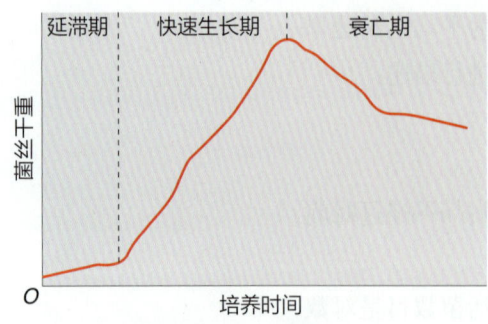

图 8-20　丝状真菌的生长曲线

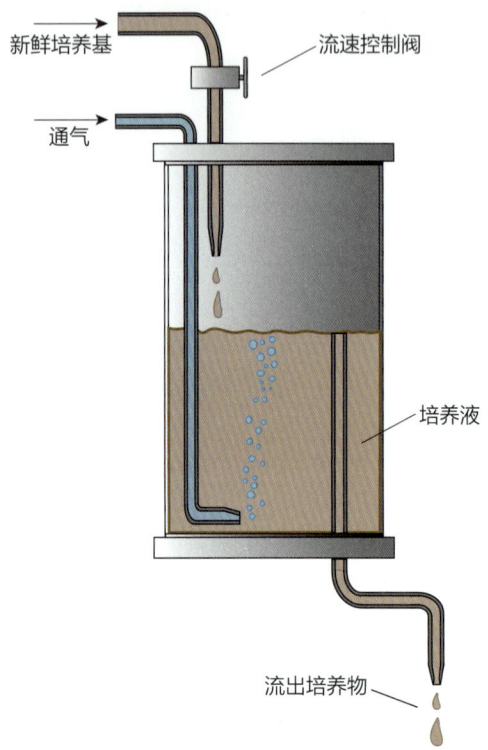

图 8-21　微生物的连续培养装置

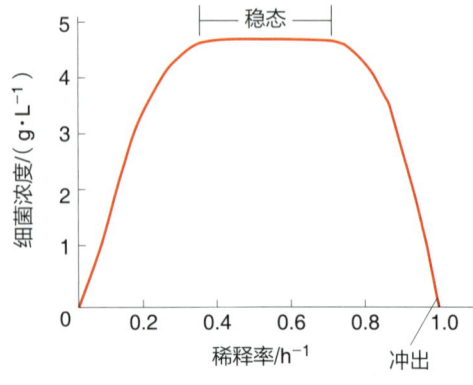

图 8-22　连续培养时不同稀释率下的培养状态

线可大致分为延滞期、快速生长期和衰亡期三个时期（图 8-20）。

8.3.3　连续培养与连续发酵

前面讨论了在封闭系统中对微生物进行分批培养，培养过程中不进行营养物质的补充和培养物的移除，由于营养物质的消耗和代谢产物的积累，微生物的生长就会达到稳定期并最终进入衰亡期。如果在微生物培养过程中采用开放系统，以一定的速率补充新鲜培养基，并以同样的速率排出培养物（图 8-21），使微生物保持稳定的生长状态和生长速率，这种培养方式称为连续培养（continuous culture）。

8.3.3.1　连续培养的原理

连续培养的关键控制参数是稀释率（dilution rate），其计算公式如下：

稀释率（D）= 流加速率（F）/ 培养液体积（V）

如果稀释率过低，培养液中营养物质（主要是限制性营养物）的消耗大于补充，则微生物生长状态会趋向于分批培养；如果稀释率过高，流出的微生物细胞数量大于新生的细胞数量，则培养装置中微生物细胞数量越来越少，发生冲出（wash out）现象。只有控制稀释率使培养装置中新生的细胞数与流出的细胞数相当，培养液中总菌数保持稳定，微生物生长处于稳态（steady state），才能实现连续培养（图 8-22）。在连续培养过程中，稳态可以在流加速率的某个范围内实现。在这个范围内，微生物会随着流加速率的增加而提高生长速率（缩短代时），从而保证连续培养液中的菌体浓度保持不变。

由稀释率计算公式可以看出，稀释率是由新鲜培养液的流加速率决定的。在连续培养中，培养基的流加可以通过两种方式进行控制。

（1）恒浊法

以培养装置中微生物菌体浓度（浊度）为控制依据，通过光电控制系统控制培养液流速。当培养液流速低于微生物生长速度时，菌体浓度升高，光电控制系统加快培养液流速；当培养液流速高于微生物生长速度时，光电控制系统降低培养液流速，从而控制培养装置中微生物数量保持恒定。

采用恒浊法进行控制的连续培养装置称为恒浊器（turbidostat）。利用恒浊器进行微生物的连续培养，菌体始终能以最高生长速率进行生长，并可根据需要控制不同的菌体浓度，因而可用于工业生产。

（2）恒化法

以营养物质的浓度为控制依据，设定培养液流速，使培养液中某种营养物质浓度处于较低水平，使其始终成为生长限制因子（浓度变化会导致微生物生长速率相应发生改变的营养物质，如碳源、氮源或无机盐等），从而控制微生物的生长速率与培养液流加速率保持一致。

采用恒化法进行控制的连续培养装置称为恒化器（chemostat）。在恒化器中，由于存在生长限制因子，微生物生长速率始终低于其最高生长速率，可获得低于最高产量，但保持稳定菌体浓度的微生物培养物。与恒浊器不同，恒化器主要用于科学研究中，尤其用于与生长速率相关的各种理论研究中。

8.3.3.2 连续发酵

将连续培养技术应用于生产实践，即为连续发酵（continuous fermentation）。与分批发酵相比，连续发酵具有以下明显的优点：延长了有效发酵周期，减少了非生产时间和单元操作（装料、灭菌、放罐、清洗等），有效提高了生产效率；有利于实现自动化控制，降低劳动强度；避免了不同批次产品间的质量差异，产品质量稳定。同时，连续发酵也有明显的缺点：长时间的连续培养（数月甚至数年）过程中，微生物细胞在快速生长繁殖中自发突变不断积累，导致菌种退化；由于发酵周期长，容易发生杂菌污染；相对于分批发酵，连续发酵底物利用率较低。

8.4 理化因素对微生物生长的影响

微生物的生长繁殖是其在内外各种环境因素相互作用下的综合反映，微生物所处环境中，除营养物质外，还有许多理化条件，如水活度、温度、酸碱度和氧气等，对微生物的生长起着重要的影响作用。

8.4.1 营养物质

营养物质是微生物生长繁殖的物质基础，根据其生理作用被分为碳源、氮源、能源、无机盐、生长因子和水六大类。培养基中营养物质的浓度以及各类营养物质比例都能影响微生物的生长速度以及代谢产物。当营养物质不足时，微生物会加速降解细胞内储存的物质以及失效的生物大分子（包括蛋白质与核酸等），此外微生物细胞会诱导合成利用其他类型营养物质的蛋白（包括酶）系统，并改变代谢途径。微生物的生长方式受营养物质影响能够产生多种变化。例如大肠杆菌在同时含有葡萄糖和乳糖的培养基中，优先利用速效碳源葡萄糖，然后利用迟效碳源乳糖，呈现二次生长现象。微生物的代谢途径会随着营养物质类型等环境因素的改变而发生很大的变化。例如紫色非硫细菌的代表深红红螺菌（*Rhodospirillum rubrum*），在有氧条件下以化能有机营养型（呼吸）生长；在无氧条件下，通过其他三种营养类型进行生长：在无光线条件下以化能有机营养型（发酵）生长；在有光线无有机碳条件下以光能自养型生长；在有光线及有机碳条件下以光能异养型生长。

8.4.2 水活度

水是生命存在的前提条件，也是影响微生物生长的重要因素。水在微生物细胞内直接参与了水解、氧化还原等多种化学反应，稳定了蛋白质、核酸等生物大分子的结构。水在细胞内外还是糖、蛋白质、无机盐等的溶剂，是这些营养物质进入细胞的介质。此外，水通过进出微生物的细胞膜调节渗透压，对细胞起到了保护作用。

通常用水活度（water activity，a_w）表示水分的有效性。细胞内溶质的浓度通常高于细胞外，在渗透压的作用下，水从高水活度的细胞外扩散进入细胞内。但是当细胞外的水活度低于细胞内时，水就趋向于扩散到细胞外，从而影响了微生物的生长。不同的微生物耐受的水活度并不相同，通常细菌生长需要较高的水活度，真菌能耐受较低水活度。能在低水活度环境中正常生长而在无盐的环境中不能生长的微生物被称为嗜盐微生物（halophile）及极端嗜盐微生物（extreme halophile）。嗜盐微生物通常在细胞内积累相容性溶质（compatible solute）以降低水活度，从而获得环境中的水分。这些相容性溶质包括无机盐（KCl）、氨基酸（甘氨酸甜菜碱、脯氨酸、谷氨酸、四氢嘧啶）、糖和醇（蔗糖、海藻糖、甘油、甘露醇）、二甲基磺基丙酸酯等。

8.4.3 温度

由于微生物不能调控自身的温度，所以环境温度极大地影响了微生物的生长。首先温度影响了微生物酶的活性。在低温条件下酶的催化活力极低，微生物在该温度条件下停止生长，该温度就是微生物的最低生长温度（minimum growth temperature）。随着温度的升高，酶的催化活力增加，微生物的生长速度加快，当微生物整体酶的活力最高时，微生物的生长速度也达到最大值，这个温度就是微生物的最适生长温度（optimum growth temperature）。继续升高温度使酶迅速变性失活，导致微生物的生长速度也快速降低至零甚至死亡，该温度称为微生物的最高生长温度（maximum growth temperature）。如图 8-23 所示，这三个温度就是微生物生长的三个基本温度（cardinal temperature），或生长温度三基点（three cardinal points）。此外，温度影响了微生物细胞质膜的流动性。在低温条件下，质膜的流动性差，不利于营养物质的吸收和代谢产物的分泌，温度过高会破坏质膜的结构。最后，温度还影响了营养物质和代谢产物在水中的溶解度，从而影响了相关物质的吸收和分泌，最终影响了微生物的生长。

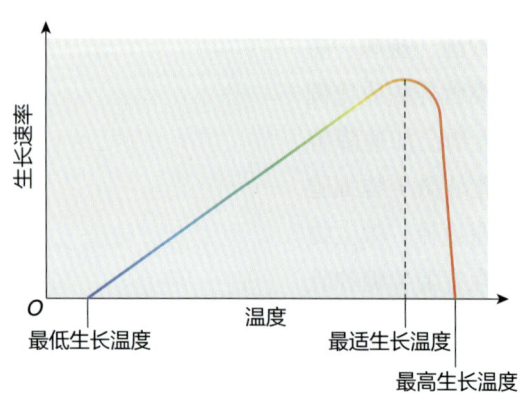

图 8-23 微生物生长的三个基本温度

任何微生物的生长都有特定的三个基本温度，温度跨度通常为30℃。三个基本温度对特定微生物来说也并非一成不变的，也受到培养基组成等外界因素的影响。根据微生物生长的三个基本温度，可以把微生物分为5大类（表8-2）。

表8-2 微生物生长的温度范围

微生物类型	基本温度/℃			典型微生物举例及最适生长温度/℃
	最低	最适	最高	
嗜冷微生物（psychrophile）	0以下	15	20	*Polaromonas vacuolate* 4
兼性嗜冷微生物（facultative psychrophile）	0	20~30	35	*Bacillus psychrophilum* 25
嗜温微生物（mesophile）	15~20	20~45	45左右	*Escherichia coli* 37
嗜热微生物（thermophile）	45	55~65	80	*Bacillus stearothermophilus* 60
超嗜热微生物（hyperthermophile）	65	80~90	100以上	*Thermococucus celer* 88

绝大多数嗜热及超嗜热微生物属于细菌和古菌，主要分布于陆地上的热泉、堆肥和深海热液口。例如，1972年分离自美国黄石公园的嗜酸热硫化叶菌（*Sulfolobus acidocaldarius*），最适生长温度达到75℃；发现于大西洋热液口的延胡索酸火叶菌（*Pyrolobus fumarii*），最适生长温度达到106℃，最高生长温度高达113℃。目前，最耐热的微生物是发现于太平洋的超嗜热古菌 *Geogemma barossii* 菌株121，它在121℃的灭菌锅中24 h内菌体数量可以翻倍。

自然界存在多种类型的寒冷环境，包括极地、冰川、永冻层土壤以及海洋等。这些环境中存在大量嗜冷及兼性嗜冷微生物，以细菌和古菌为主，还有蓝细菌、真菌和病毒。例如，每克南极土壤（-0.5~3.8℃）中可以存在 $3 \times 10^6 \sim 2 \times 10^9$ 个细菌，雪地衣藻含有的色素使雪地呈现绿色、橙色或红色。

知识拓展8-3
嗜热微生物与 *Taq* DNA 聚合酶

8.4.4 酸碱度（pH）

环境的pH对微生物的生长有重要影响，主要原因有：影响酶的活性；影响微生物细胞膜电荷性质，从而改变细胞膜的透性，影响微生物对营养物质的吸收及代谢产物的排出；影响培养基某些营养成分和中间代谢物的解离，从而影响微生物对这些物质的利用。与温度对微生物的影响相类似，不同的微生物也有其生长的最高、最适和最低pH。大多数细菌的最适生长pH为6.5~7.5，放线菌最适生长pH一般为7.5~8.0，而酵母菌和霉菌最适生长pH多为5.0~6.0。

最适生长pH在8.0以上的微生物称为嗜碱菌（alkaliphile）。嗜碱微生物中，有些在 pH 中性或以下不能生长，称为专性嗜碱菌（obligate alkaliphile），一般分布于碱性盐湖或盐碱化土壤中，多数为芽孢杆菌，少数属于古菌；有些在 pH 中性或以下可以生长，称为兼性嗜碱菌（facultative alkaliphile）；能在高 pH 条件下生长，但最适值并不在碱性 pH 范围的微生物，称为耐碱菌（alkalitolerant microorganism）。

最适生长 pH 在 5.0 以下的微生物称嗜酸菌（acidophile），如氧化硫硫杆菌（*Thiobacillus thiooxidans*）、嗜酸硫杆菌（*Thiobacillus acidophilus*）等；能在低 pH 条件下生长，但最适值并不在酸性 pH 范围的微生物，称为耐酸菌（acidotolerant microorganism），如乳酸杆菌、醋酸杆菌、许多肠杆菌和假单胞菌等。

上述微生物最适生长 pH 及生长 pH 范围是指微生物生活环境（如培养基）的 pH，微生物细胞内的 pH 一般都接近中性（极端嗜酸或嗜碱微生物胞内 pH 会偏离中性几个单位），从而保证各种生物活性分子的结构稳定。由于细胞内是中性环境，因此微生物胞内酶的最适 pH 一般为中性，而胞外酶的最适 pH 则接近其生长最适 pH。

同一微生物在不同的生理生化过程中有不同的 pH 要求。例如，黑曲霉（*Aspergillus niger*）在 pH 2.5~6.5 下以菌体生长为主，在 pH 2.0~2.5 下有利于产柠檬酸，而在 pH 7 左右时则以合成草酸为主；丙酮丁醇梭菌（*Clostridium acetobutylicum*）在 pH 5.5~7.0 下以菌体生长为主，而在 pH 4.3~5.3 时进行丙酮丁醇发酵。

在微生物培养过程中，底物的消耗和代谢产物的积累均会导致培养基 pH 发生变化，这种变化取决于微生物种类、培养基的组成和培养条件。因此，不仅要在配制培养基时调节好培养基的初始 pH，还要根据所培养微生物的特性和培养基成分组成，通过在培养基中加入缓冲剂（如磷酸钾盐）或不溶性碳酸盐（如碳酸钙）、在培养过程中流加酸碱等措施稳定和调节培养基 pH。

微生物的生长导致培养基 pH 下降的主要因素有：糖代谢产生的有机酸和酸性氨基酸溶解在培养基中，导致 pH 下降；培养基 C/N 偏高或降糖速度过快，尤其是 EMP 途径速度过快，打破了 EMP 和 TCA 之间的平衡，使丙酮酸代谢转向生成乳酸；培养液溶解氧不足，有氧呼吸受阻，微生物厌氧代谢积累有机酸；培养基中 $(NH_4)_2SO_4$、$(NH_4)_2HPO_4$、$NH_4H_2PO_4$ 等生理酸性物质被利用，也可以导致培养基 pH 下降。导致培养基 pH 上升的主要因素有：培养基中蛋白质脱羧；培养基中有机氮丰富，其水解产生大量氨基酸，使菌体内氨基酸合成受阻，NH_4^+ 浓度增加，导致培养基 pH 上升；培养基中 $NaNO_3$、尿素等生理碱性物质被利用；培养后期或培养异常，菌体大量死亡、自溶，细胞内容物溶出，引起培养基 pH 上升。

> **知识拓展 8-4**
> 极端微生物对于理化因素的耐受机制

8.4.5 氧气

根据微生物对氧的不同需求及影响，可将微生物分为 5 种类型（图 8-24）：

① 专性好氧菌（obligate aerobe）。又称好气性微生物，具有完整的呼吸链，以分子氧作为最终电子受体，只能在有氧条件下才能生长。大多数细菌、放线菌和真菌是专性好氧菌。

② 兼性厌氧菌（facultative anaerobe）。这类微生物在有氧或无氧环境中均能生长，有氧条件下以有氧呼吸作为产能方式，厌氧条件下则通过发酵（如酵母菌）或无氧呼吸（如反硝化细菌）作为产能方式。

③ 微好氧菌（microaerophile）。以有氧呼吸作为产能方式，生长需要氧气，但只能在很低的氧分压（1.33～3.99 kPa）下才能生长的一类微生物。这类微生物在高氧分压条件下会由于氧气的毒害作用而死亡，如发酵单胞菌属（Zymomonas）、霍乱弧菌（Vibrio cholerae）等。

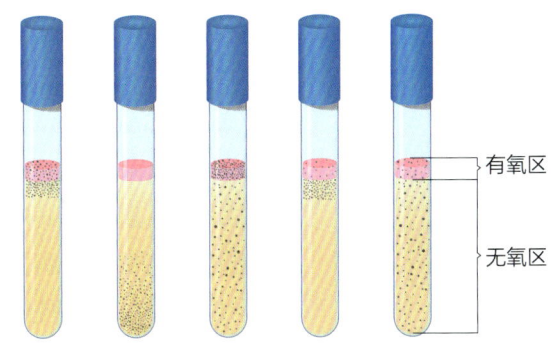

图 8-24　微生物对氧的不同需求及影响

④ 耐氧厌氧菌（aerotolerant anaerobe）。生长不需要氧，通过发酵产能，但在分子氧存在的条件下可以正常生长，分子氧对这类微生物无害。乳酸菌多数是耐氧菌，如嗜热链球菌（Streptococcus thermophilus）、粪链球菌（Streptococcus faecalis）、乳酸乳球菌（Lactobacillus lactis）、肠膜明串珠菌（Leuconostoc mesenteroides）等。

⑤ 专性厌氧菌（obligate anaerobe）。只有在无氧或氧化还原电位很低的环境中才能生长的微生物。分子氧对这类微生物有毒害作用，导致菌体死亡。通过发酵、无氧呼吸、光合磷酸化等方式产能。如梭菌、光合细菌、产甲烷菌等。

将 5 种不同微生物分别置于硫代乙醇酸盐肉汤培养基中进行培养，培养基中添加了一定量的琼脂防止液体扰动，同时添加了氧化还原指示剂刃天青（resazurin）。当培养基中存在氧气时，刃天青被氧化为红色，无氧时保持无色。通过菌落生长位置（以黑点表示），可以判断从左到右（图 8-24），分别为专性好氧菌、专性厌氧菌、兼性厌氧菌、微好氧菌和耐氧厌氧菌。

生物体在有氧条件下生长时，细胞内会产生有害的超氧阴离子自由基（superoxid anion radical）。好氧和耐氧微生物细胞内含有超氧化物歧化酶（superoxide dismutase，SOD），可将超氧阴离子歧化为 H_2O_2，H_2O_2 再在过氧化氢酶（catalase）的作用下生成水和氧气，从而保护菌体免受超氧化物的毒害。H_2O_2 的毒性比超氧阴离子自由基弱，可通过氧化细胞内其他代谢物质而降低毒性。上述各类微生物细胞内含有的 SOD 和过氧化氢酶的水平各不相同。专性好氧菌和兼性厌氧菌细胞内同时含有 SOD 和过氧化氢酶；微好氧菌含有 SOD，不含或含有低水平的过氧化氢酶，耐氧厌氧菌含有 SOD，而缺乏过氧化氢酶；厌氧微生物细胞内缺乏 SOD 和过氧化氢酶。

知识拓展 8-5
透明颤菌血红蛋白

8.5　微生物生长繁殖的控制

环境中存在着各种各样的微生物，其中有一部分是有害的微生物。此类微生物通过多种途径传播到合适的基质或生物对象上而造成种种危害，例如食品和工农业产品的霉腐变质，微生物或动植物组织、细胞纯培养物的污染，培养基或生化试剂的染菌，发酵工业中的杂菌污染，动物和植物受病原微生物感染而罹患各种传染性疾病等。因此，对这些有害微生物必须采取有效的措施来控制它们生长或予以完全清除。

根据处理方式和处理结果的不同，可将控制微生物生长的措施分为灭菌（sterilization）、消毒（disinfection）、防腐（antisepsis）和化疗（chemotherapy）四类。其中，灭菌是采用强烈理化因素杀死物体表面和内部一切微生物的措施；采用较温和的理化因素，仅杀死物体表面或内部的有害微生物，而对被处理对象基本无害的措施被称为消毒；防腐是利用某种理化因子（如低温、干燥、缺氧、高渗、高酸、高醇、防腐剂等）抑制腐败微生物生长繁殖的措施；而利用具高度选择毒力的化学药物抑制宿主体内病原微生物生长繁殖，达到治疗宿主传染病的措施被称为化疗。

8.5.1 控制微生物生长繁殖的物理方法

8.5.1.1 高温处理

高温可使微生物的蛋白质和核酸等重要生物大分子发生变性，破坏细胞膜上的脂质成分等，具有强烈的杀菌作用，是最为常用的灭菌和消毒手段。在高温处理时，根据过程中是否有水分存在可以分为干热灭菌（dry heat sterilization）和湿热灭菌（moist heat sterilization）两种方式。由于湿热易于传递热量，同时更易破坏保持蛋白质稳定性的氢键等结构，从而加速其变性，因此湿热灭菌比干热灭菌更有效。与此同时，不同微生物的热敏感性差异较大，并且来自同一种微生物的营养细胞与孢子对热的抗性不同，因此杀灭目标微生物的数量、类型及其存在状态是选择高温灭菌方式的一个重要依据。

常用的干热灭菌方法有热空气灭菌（hot air sterilization）和灼烧灭菌（burning sterilization）两种。前者是将耐热的金属、玻璃、陶瓷等制品置于电热烘箱内，在160~170℃下保持1~2 h，即可杀灭物品上所有微生物，达到彻底灭菌的目的；后者是将待处理物品置于火焰上直接灼烧，是一种最彻底的干热灭菌方法，但只适用于接种环和接种针等少数对象的灭菌。

常用的湿热灭菌方法有以下5种：

高压蒸汽灭菌（autoclaving）是最可靠、应用最普遍的高温灭菌法。利用高压蒸汽灭菌器，在一个密闭的容器内对水加热，通过水蒸气的产生使灭菌器内压力增加，进而在高压下（1.05 kg/cm^2，0.1 MPa）获得高温水蒸气（121℃），一般处理时间为15~30 min，可以对细菌的芽孢进行有效杀伤。当使用含糖培养基时，采用113℃处理15 min的条件灭菌，以避免糖被破坏。

间歇灭菌（factional sterilization），又称丁达尔灭菌（tyndallization）或分段灭菌，适用于不耐热培养基的灭菌。该方法是将待灭菌的培养基在80~100℃下蒸煮30~60 min，以杀死其中所有微生物的营养细胞，然后置室温或37℃下保温过夜，诱导残留的芽孢发芽，第二天再以同法蒸煮和保温过夜，如此连续重复3次，即可在较低温度下达到彻底灭菌的效果。例如，培养硫细菌的含硫培养基就应用间歇灭菌法灭菌，因为培养基中的硫元素如采用高压蒸气灭菌（121℃）后会发生熔化，而在

99～100℃的温度下则保持结晶形。

作为一种低温消毒法，巴氏消毒（Pasteurization）可以用于牛奶、啤酒、果酒和酱油等不能进行高温灭菌的液体的消毒，既能杀死无芽孢的病原菌（如牛奶中的结核杆菌或沙门菌），同时又不影响食品的风味。具体的方法可分两类，第一类是较老式的低温维持法（low temperature holding method，LTH），如在63℃下保持30 min可进行牛奶消毒；另一类是较新式的高温瞬时巴氏消毒法（high temperature short time pasteurization，HTST），用于牛奶消毒时只要在71℃下保持15 s即可。

除了巴氏消毒法，超高温灭菌（ultrahigh temperature sterilization，UHTS）也被广泛用于牛奶、果汁和酒等饮料的灭菌处理。一般是利用高温蒸汽或热交换器，在130～150℃高温下处理数秒（2～6 s），快速杀灭样品中几乎所有的细菌，并尽可能减小对于食品原有风味的影响。与巴氏消毒法相比，超高温灭菌样品的微生物含量更低，但也会破坏一些营养活性成分和风味物质。

煮沸消毒（boiling disinfection）一般用于饮用水的消毒。加热至100℃后，保持沸腾数分钟即可完成。利用此方法进行器械消毒时，须将待消毒物品如注射器、金属用具、解剖用具等在水中煮沸15 min或更长时间，以杀死细菌或其他微生物的营养细胞和少部分的芽孢或孢子。如果在水中添加1%碳酸钠或2%～5%的苯酚则杀菌效果更好。

8.5.1.2 电离辐射处理

电离辐射可用于杀灭微生物，常用的有紫外线（UV）、远红外线、微波和γ射线等。紫外线可使DNA分子中相邻的嘧啶形成嘧啶二聚体，造成DNA损伤，从而杀死微生物。作为最常用的辐射灭菌手段，紫外线照射常被用于物品的表面灭菌或消毒，但细菌芽孢和真菌孢子对紫外线有很强的抵抗能力。远红外线辐射常用于粉状食品原料的消毒杀菌，可使物质内部分子产生共振现象，分子运动加剧，产生热效应，从而杀灭微生物。微波的热效应可使微生物蛋白质变性，微波电场可改变细胞膜断面的电位分布，影响细胞膜周围电子和离子浓度，从而改变细胞膜的通透性。微波辐射可杀灭微生物营养体、细菌芽孢和真菌孢子，常用于食品、餐具、耐热非金属材料及器械的消毒灭菌，但不能用于金属物品的消毒。γ射线由放射性同位素钴60或铯137产生，穿透力强，可作用于细胞中蛋白质和核酸等重要生物大分子，造成生物大分子的化学键断裂和变性，同时引起胞内水分子的电离和激发，生成自由基，进而彻底杀灭各类微生物的营养体、细菌芽孢和真菌孢子。

8.5.1.3 其他物理方法

过滤除菌法（filter sterilization）是利用微生物细菌不能通过致密过滤介质的原理，采用微孔滤膜、细菌滤器等除去气体或液体中微生物的一种方法。与通常的灭菌和消毒方法相比，过滤是除菌而不是杀菌，常用于气体、热不稳定的药品溶液或原料的除菌。干燥抑菌是一种常用的防腐手段，主要是由于干燥环境下微生物不能生长繁殖，因此保持物品干燥或脱水状态能有效抑制微生物的生长，防止物品的腐败与霉变。如前文所介绍（8.4.2），微生物生长对环境的渗透压（水活度）有一定的要求，通过提高环境的渗透压就可以达到控制微生物生长的目的。例如，用食盐（浓度通常为 10%~15%）腌制的鱼、肉等食品就是通过加盐使新鲜鱼肉脱水，降低其水活度；通过加糖（浓度一般为 50%~70%）将新鲜水果制成果脯、蜜饯，降低水果的水活度，抑制微生物生长与繁殖，起到防止腐败变质的效果。

8.5.2 控制微生物生长繁殖的化学方法

8.5.2.1 化学消毒剂

化学消毒剂种类很多，常见的有重金属盐类（氯化汞、硝酸银、硫酸铜）、卤素及其化合物（氯、碘酒、次氯酸钠）、醇类（乙醇、异丙醇）、酚类（石炭酸、来苏尔）、酸类（乙酸）、醛类（甲醛、戊二醛）、氧化剂（高锰酸钾、过氧化氢、过氧乙酸）、表面活性剂（苯扎溴铵）等。化学消毒剂在极低浓度时常常会对微生物的生命活动起刺激作用，随着浓度逐渐增高，则相继出现抑菌和杀菌作用，形成一个连续的作用谱。化学消毒剂的杀菌作用没有选择性，对一切活细胞都有毒性，不能用于生物体内的杀菌治疗，故又常称为表面消毒剂。

为比较各种化学消毒剂的相对杀菌强度，常采用在临床上最早使用的消毒剂——石炭酸（苯酚）作为比较的标准，并提出了石炭酸系数（phenol coefficient, p.c.）这一指标。石炭酸系数是指在一定时间内被试消毒剂杀死全部供试菌的最高稀释度与达到同效的石炭酸最高稀释度的比率，处理时间一般规定为 10 min，供试菌通常为伤寒沙门菌（*Salmonella typhi*）和金黄色葡萄球菌（*Staphylococcus aureus*）。石炭酸系数越高，消毒剂的杀菌强度越大。例如，某消毒剂稀释 300 倍在 10 min 内杀死所有供试菌，而达到同样消毒效果的石炭酸的最高稀释度为 100 倍，则该消毒剂的石炭酸系数等于 3。

8.5.2.2 化学治疗剂

化学治疗剂通过生物化学途径作用于微生物细胞的代谢过程，有选择性地杀死微生物，用于病原微生物的杀菌和传染性疾病的治疗。其中，最常见的化学治疗剂是抗代谢类药物（antimetabolite）和抗生素（antibiotic）。

抗代谢药物又称代谢拮抗物或代谢类似物（metabolite analogue），是指一类在化学结构上与细胞内必要代谢物的结构相似，并可干扰正常代谢活动的化学物质。其种类很多，多为有机合成药物，如磺胺（sulfanilamide）、氨基叶酸、异烟肼、6-巯基腺嘌呤和 5-氟尿嘧啶等，由于具有良好的选择毒性（selective toxicity），可作为一类重要的化学治疗剂被用于临床。其中，磺胺是对氨基苯甲酸（PABA）的结构类似物，可以抑制四氢叶酸（THF）的合成代谢过程。细菌需要从外界环境摄取 PABA 作为生长因子，用以合成其代谢中所必不可少的重要辅酶——四氢叶酸。当磺胺存在时，与 PABA 发生竞争性拮抗作用（competitive antagonism），取代 PABA 作为底物与二氢蝶酸合成酶（dihydropteroic acid synthetase, DHPS）结合，生成无功能的"假二氢叶酸"，导致四氢叶酸最终无法合成，从而抑制了细菌的生长。在临床实践中，常将另外一种

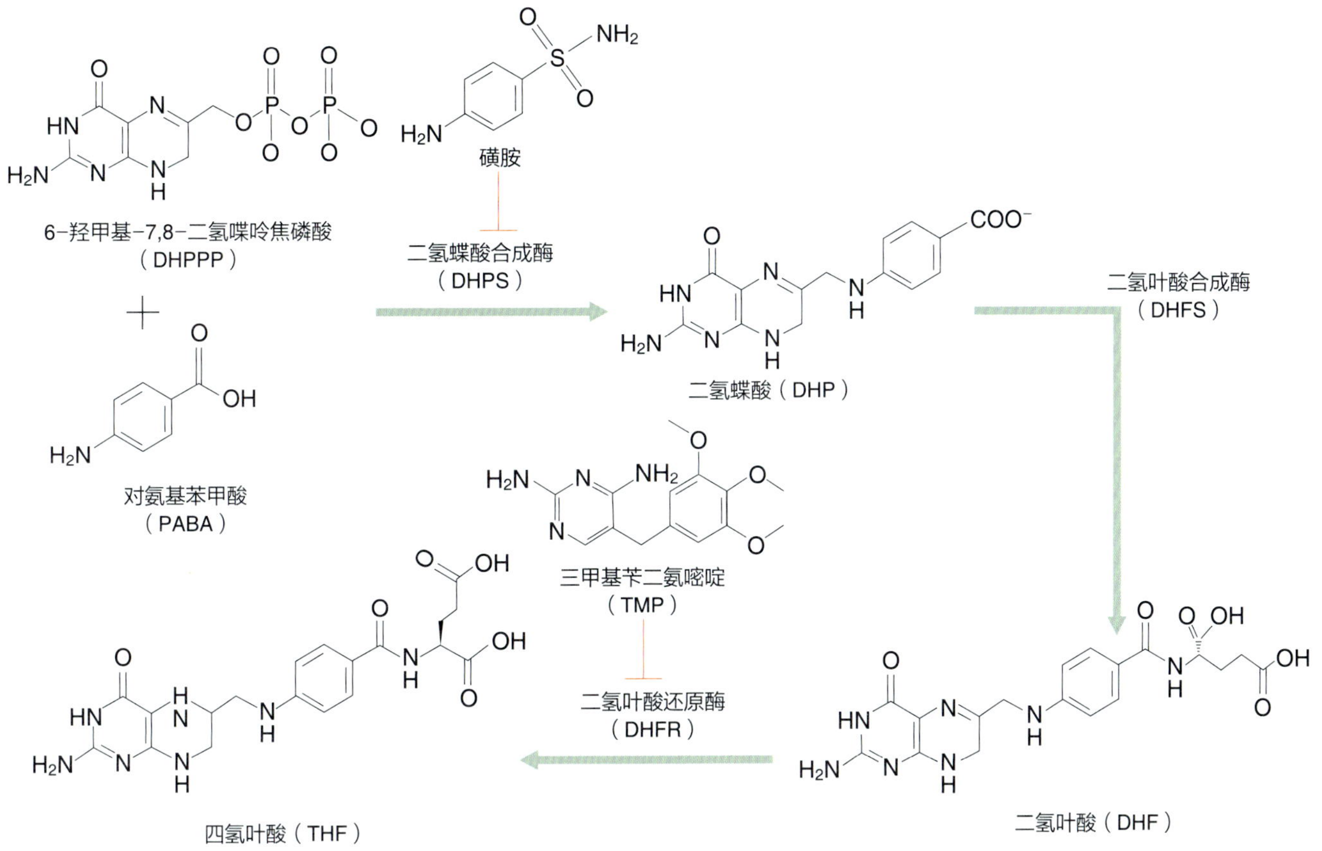

图 8-25 四氢叶酸生物合成途径以及磺胺和 TMP 的作用位点

抗代谢药物三甲基苄二氨嘧啶（trimethoprim，TMP）作为增效剂与磺胺一起使用，在防治有关细菌性的传染病中，发挥了"双保险"的作用。TMP 能够抑制二氢叶酸还原酶（dihydrofolate reductase），使其无法还原成四氢叶酸，从而增强了磺胺的抑制作用（图 8-25）。

对于人类来说，因为没有二氢蝶酸合成酶、二氢叶酸合成酶和二氢叶酸还原酶，故不能利用外界提供的 PABA 自行合成四氢叶酸，而必须从营养物质中直接摄取四氢叶酸，因而对磺胺不敏感，使其具备了很好的选择毒性。对微生物来说，凡是有二氢蝶酸合成酶、以 PABA 做原料自行合成四氢叶酸的，就会受到磺胺的抑制；反之，没有二氢蝶酸合成酶，直接以四氢叶酸作为生长因子的微生物，则不受磺胺的抑制。

抗生素是生物在其生命活动过程中产生的一种次级代谢物或其人工衍生物，它们在很低浓度时就能抑制或影响其他生物的生命活动，因而可用作优良的化学治疗剂。抗生素的作用机制多种多样，包括抑制细菌细胞壁合成（万古霉素、青霉素、头孢菌素、碳青霉烯类等），干扰细胞的膜结构完整性（多黏菌素、达托霉素等），作用于核糖体亚基或 tRNA 合成进而抑制蛋白质合成（红霉素、氯霉素、林可霉素、四环素、链霉素、卡那霉素等），抑制 DNA 合成（萘啶酸、环丙沙星、新生霉素），抑制 RNA 合成（利福平、曲张链丝菌素、放线菌素）等。有关内容参见本书 15.7.2 内容。

发现之路 8-2 青霉素的发现

※ 本章小结

生长繁殖是生物体的基本特征之一。许多真核微生物能够进行有性繁殖和无性繁殖，涉及减数分裂和有丝分裂过程；而在细菌和古菌中最常见的细胞繁殖方式是二分分裂，涉及胞内染色体复制与分配、细胞壁扩增和细胞分割等过程，形成两个子代细胞。由于微生物细胞小，生长和繁殖是两个紧密联系又难以明确区分的过程，一般在微生物中提及生长往往是指群体生长，即由群体中微生物个体生长和繁殖所导致的群体质量、体积和浓度增加的过程。实际生产和研究中，可以利用计数、质量测定和生理指标测定等多种直接或间接的方法对微生物的生长进行测定，从而获取其培养和群落状态的定量信息，也可以用于评价各种环境条件、激活或抑制物质对微生物生长的影响规律。在封闭系统中对单细胞微生物进行分批培养时，表征其群体生长过程的典型生长曲线可以分为延滞期、对数期、稳定期和衰亡期4个生长时期，处于各个时期的微生物细胞呈现了不同的生长速率、形态学和代谢能力等特征。在开放培养系统中，可以利用恒浊法或者恒化法对培养基的流加进行控制，使微生物保持稳定的生长状态和生长速率，实现连续培养过程，并应用于生产实践和科学研究。微生物的生长繁殖是其在内外各种环境因素相互作用下的综合反映，每种微生物的生长都有各自的最适条件，例如营养物质的种类和浓度、温度、酸碱度、氧、水活度等，高于或低于最适要求都会对微生物生长产生显著影响。利用各种化学物质和物理因素可以对微生物生长、繁殖进行有效控制，能够使人们对微生物进行兴利除害。

※ 推荐阅读

1. LI Y, SINN J, ZHAO L Y, et al. FtsZ protofilaments use a hinge-opening mechanism for constrictive force generation [J]. Science, 2013, 341（6144）：392-395.

该论文对细胞分裂的发生机制进行了解释。细胞分裂时，在母细胞中间会产生一个由FtsZ蛋白组成的环状结构，这个环状结构被称为"收缩环"或"Z环"。FtsZ蛋白纤维可利用GTP水解所释放的能量发生弯曲，引发"Z环"向内收缩，导致细胞向内凹陷，进而分裂成为两个子细胞。因此，FtsZ蛋白发生弯曲这一环节是细胞分裂、生命繁衍的前提之一。几乎所有的细菌都利用FtsZ蛋白进行分裂，但其发生机制与人体和动物细胞分裂原理不同，因此有望以FtsZ蛋白作为靶点来研制新的广谱抗菌药物。

2. SAUER K, STOODLEY P, GOERES D M, et al. The biofilm life cycle: expanding the conceptual model of biofilm formation [J]. Nature review microbiology, 2022, 20（10）：608-620.

对于细菌生物被膜的形成过程，常以铜绿假单胞菌（*Pseudomonas aeruginosa*）的五步生物被膜发展模型进行描述。但是，近年来的多个研究都揭示了在人体内和特定的工业环境中，细菌的生物被膜常常以非表面附着的聚集体形式出现。在本文中，作者综述了现有生物被膜形成模型的起源及其局限性，并提出了一个拓展化的模型，更加灵活地涵盖了多样化场景和微环境中的生物被膜形成过程。

3. WONG F，ZHENG E J，VALERI J A，et al. Discovery of a structural class of antibiotics with explainable deep learning [J]. Nature, 2024, 626（7997）：177-185.

该研究团队训练了一个扩大的深度学习模型，能够预测具有高抗菌活性和低细胞毒性的候选化合物。通过对现有约 1 200 万种商业化的化合物进行生物信息学分析，发现了 280 种抗菌药物候选物，并预测出两种具备金黄色葡萄球菌抗菌活性的新型化合物。在体外试验中，这两种化合物能够对抗金黄色葡萄球菌和耐万古霉素肠球菌；并且在小鼠体内表现出良好的抗黄色葡萄球菌活性。因此，人工智能为新型抗菌药物的研发提供了新的方法。

※ 开放性讨论题

1. 微生物在面对环境压力（如极端温度、压力、盐度等）时，其繁殖策略可能会发生哪些改变？这些适应机制是否会导致长期的遗传变化？

2. 试分析在实验室条件下和自然生境中，微生物的生长和繁殖有哪些异同点？并进一步讨论在宿主（如人类、动物或植物）体内，微生物可以通过哪些方式调节其生长策略来适应宿主的免疫系统和特殊的生理环境。

3. 自然来源的抗微生物物质（如植物提取物、微生物发酵产物等）在控制微生物生长繁殖方面与化学合成药物相比有何优势和劣势？

※ 复习思考题

1. 微生物的生长与繁殖之间的关系如何？研究其生长繁殖有何理论与实践意义？

2. 细菌的二均分裂有什么特点？为什么在分子水平上对这一过程的深刻理解对于临床抗感染药物的研发具有重要意义？

3. 细菌细胞周期与真核生物的细胞周期有何异同？分别列举两个相似和不同之处。

4. 形成生物被膜与浮游生长状态的细菌相比，哪种生长方式更有利于保护细胞免受损伤？请说明原因。

5. 简述一种测定微生物数量的技术，并给出其优缺点。

6. 为什么平板计数结果使用菌落形成单位表示？且其计数结果往往少于显微镜直接计数结果？

7. 对于下面的不同样品，可以使用哪种技术进行微生物含量的测定？请说明原因。
（a）金黄色葡萄球菌纯培养物；（b）较为干净的游泳池水样；（c）酸奶样品。

8. 在微生物学研究和生产应用中，为什么需要尽量缩短微生物的延滞期？如何实现延滞期的缩短？

9. 用比浊法测定细胞数量的方法能测出封闭体系中细菌分批培养时生长曲线的 4 个

阶段吗？请说明原因。

10. 与分批发酵相比，连续发酵的优点与缺点是什么？

11. 根据微生物与氧的关系（是否需要氧气），可将微生物分为几类？其各自特点和产能代谢方式是什么？

12. 比较灭菌、消毒、防腐和化疗之间的区别。

13. 试以磺胺及其增效剂 TMP 为例，说明这类化学治疗剂的作用机制。

（胡玮　张作明　郭婷婷　张冯瑜　赵明文）

9 微生物的遗传与育种

导语

微生物遗传学是微生物学和遗传学的一个重要分支，研究病毒、细菌、古菌、真菌和原生生物的遗传变异规律。随着分子生物学的快速发展，微生物遗传学融入了大量分子遗传学内容，极大地推动了微生物遗传学原理的发现和深入解析，并在此基础上开发出高效基因编辑方法。微生物育种是运用遗传学原理和技术对某种具有特定生产目的的菌株进行改造，从而获得高产、优质和低耗的菌株。如今传统的自然选育和诱变育种技术已经逐渐被代谢工程和合成生物学所取代，使得育种效率大大提高。

本章将介绍微生物遗传学的概念、基本原理和技术。首先讨论遗传物质的发现过程，不同微生物的基因组和基因突变及修复；接着介绍质粒和转座因子；然后将讨论遗传物质的水平转移；最后将详细介绍几种微生物育种方法。通过本章学习，可以掌握以下知识：遗传的物质基础；微生物基因组特征和基因组学；遗传物质的突变与修复；微生物中的基因转移与重组；现代微生物育种。

关键词

基因组，突变，质粒，转座因子，转化，接合转移，转导，遗传育种

9.1 微生物的遗传物质与基因组

病毒、细菌、古菌、真菌和原生生物在形态、大小、生长和繁殖方式等方面千差万别。这些生物的遗传物质是否相同？如何进行复制并保持遗传稳定性？发生突变和演化的分子基础是什么？

9.1.1 遗传物质的鉴定

在20世纪早期，生物学家普遍认为遗传物质需要具有以下特征：能够稳定地保存并复制遗传信息；具有可变性，从而为演化提供可能性。在生物大分子中，核酸和蛋白质似乎都具备以上特点。在经过多位科学家以细菌和病毒为基础的一系列实验后，终于确定了遗传物质是核酸。

9.1.1.1 DNA 是遗传物质

开启遗传物质鉴定之路的一个重要实验是1928年由一名英国医生弗雷德里克·格里菲斯（Frederick Griffith, 1879—1941）进行的。当时伦敦正在发生流行性肺炎，格里菲斯从患者体内分离出两种形态的细菌（现被命名为肺炎链球菌，*Streptococcus pneumoniae*）：一种菌落光滑，称为S（smooth）型；另一种菌落粗糙，称为R（rough）型。S型菌株感染小鼠会引起小鼠死亡，且从小鼠体内能分离出S型细菌（符合科赫法则）。R型菌株感染则不会导致小鼠死亡。热致死的S型菌株不能使小鼠死亡，然而将热致死的S型菌株和活的R型菌株混合进行感染，则导致小鼠死亡，并且从小鼠体内能够分离出活的S型和R型菌株。这些活的S型菌株如何产生？格里菲斯认为是S型菌株的某种物质使R型菌株转化（transformation）为S型（图9-1）。

使R型菌株发生转化的究竟是哪种物质？这种物质很有可能是遗传信息的载体。为了鉴定出这一物质，美国学者奥斯瓦德·西奥多·艾弗里（Oswald T. Avery,

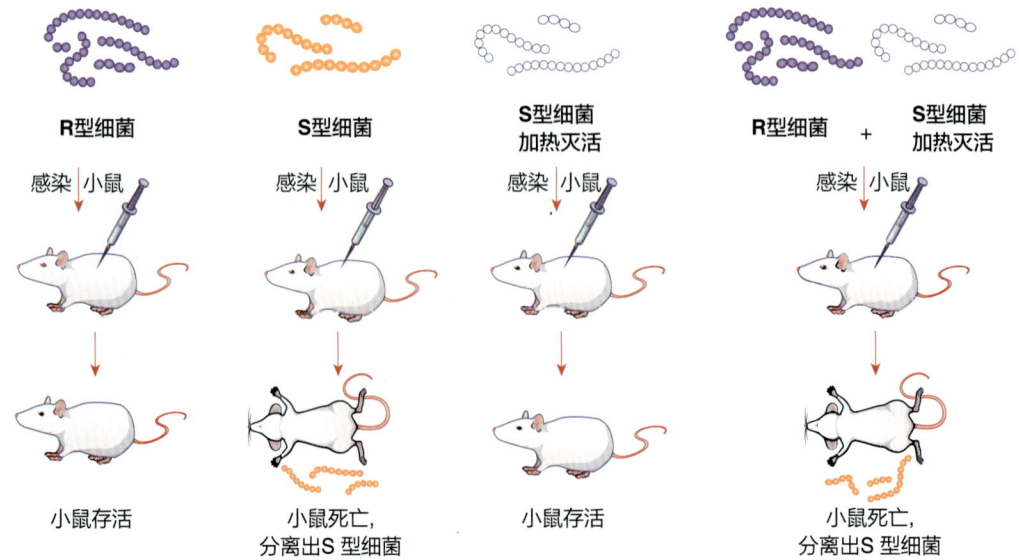

图9-1 肺炎链球菌转化实验

1877—1955）领导的研究小组于 1944 年在体外进行了转化实验。首先，S 型菌株的抽提物可以将 R 型菌株转化为 S 型菌株。当时技术的发展已经可以从细菌抽提物中去除多种有机化合物。去除糖类、脂质、蛋白质和 RNA 后，转化依旧可以发生，然而当用 DNA 酶处理抽提物后，转化没有发生。根据以上结果，艾弗里得出结论，DNA 是格里菲斯实验中的转化因子，即遗传信息的载体。

在艾弗里实验后，科学界对于 DNA 而非蛋白质是遗传物质的结论仍有质疑。为了确定遗传物质，1952 年美国学者艾尔弗雷德·赫尔希（Alfred Hershey，1908—1997）和玛莎·蔡斯（Martha Chase，1927—2003）用只含有 DNA 和蛋白质的 T2 噬菌体进行了实验（后称 Hershey-Chase 实验）。他们以 ^{32}P 标记噬菌体的 DNA 和 ^{35}S 标记噬菌体的蛋白质，并将带有这两种不同标记的噬菌体分别与大肠杆菌混合。在孵育一段时间后，他们将存在于细菌外部的噬菌体成分与细菌分离。结果发现，细菌内含有 ^{32}P 标记的 DNA，而 ^{35}S 标记的蛋白质处于细菌外。以上两种不同标记的噬菌体感染细菌后，均产生了与亲本完全一样的噬菌体。这一实验证明了 DNA 是 T2 噬菌体的遗传物质（图 9-2）。

9.1.1.2 RNA 是遗传物质

有些病毒不含有 DNA，而是由 RNA、蛋白质和其他物质组成。1956 年，海因茨·弗罗伦克－卡纳特（Heinz Fraenkel-Conrat，1907—1999）和碧翠丝·辛格（Beatrice A. Singer，1927—2003）通过病毒重建实验证明了 RNA 也可作为遗传物质。他们采用了由 RNA 和蛋白质衣壳组成的烟草花叶病毒（tobacco mosaic virus，TMV）的普通 TMV 株，以及 TMV 的变种 HR 株（Holmes ribgrass strain）进行了实验。TMV 与 HR 的衣壳蛋白在氨基酸序列上有区别，引起烟草花叶病的斑点也不同。他们分离得到两种病毒的 RNA 和蛋白质，然后将 TMV 的 RNA 和 HR 的衣壳蛋白混合组装成杂种病毒，感染烟草后，形成 TMV 病斑，且繁殖出的病毒携带与 TMV 完全相同的 RNA 与衣壳蛋白。反之，用 HR 的 RNA 和 TMV 的衣壳蛋白重建病毒所产生的病斑与子代病

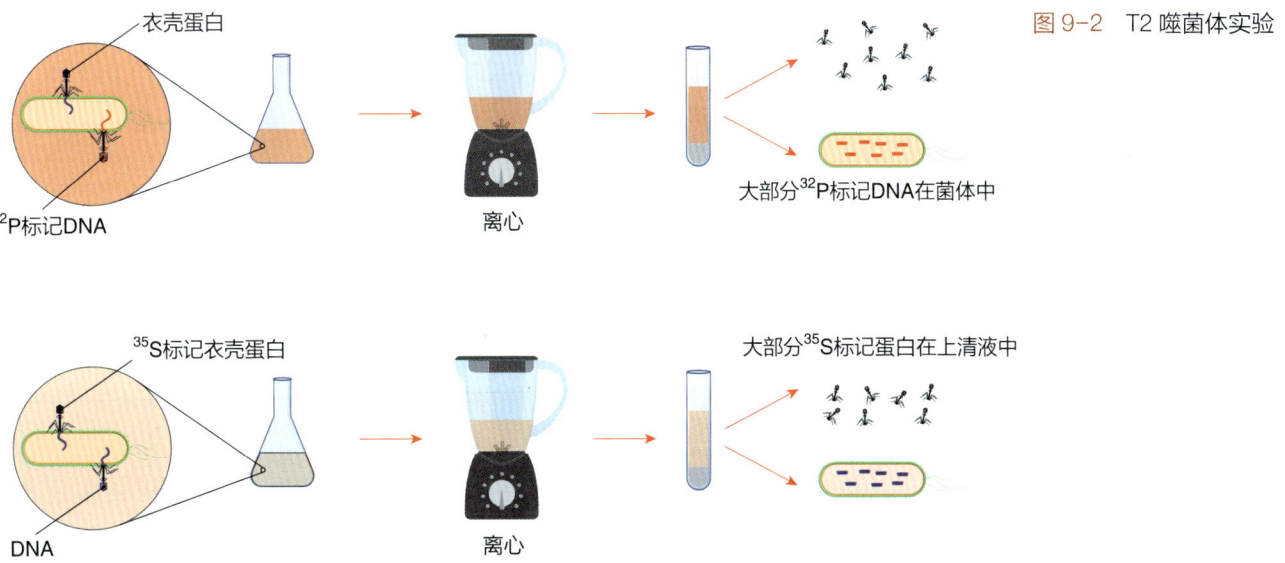

图 9-2 T2 噬菌体实验

图 9-3 烟草花叶病毒重建实验

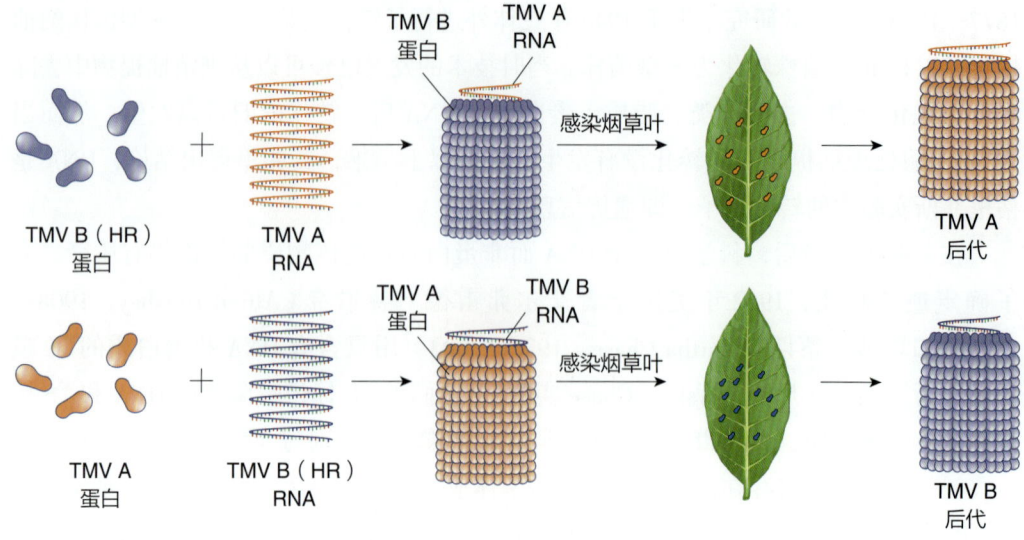

毒均与 HR 型完全相同。以上结果证明，RNA 是这两种病毒的遗传物质（图 9-3）。

9.1.2 细菌基因组

基因组是微生物全部遗传信息的总和，包括编码蛋白质和 RNAs 的基因、调控序列和所有的非编码序列。1976 年科学家首次获得了噬菌体 MS2 的 RNA 基因组序列；1995 年第一个细菌基因组被发表，该菌为流感嗜血杆菌（*Haemophilus influenzae*）。随着 DNA 测序方法的进步，测序读长也从第一代 Sanger 测序的 0.7~0.9 kb 和第二代测序方法的 0.05~0.7 kb（454 Pyrosequencing、Illumina/Solexa、SoLiD、Ion torrent）演变到第三代测序方法的 2.5~9.0 kb（Pacific Biosciences SMRT、Oxford nanopore）。目前公共数据库囊括了十余万个细菌、古菌和病毒的基因组。不同细菌的基因组大小与其生长繁殖方式密切相关，例如在紫菀叶蝉体内专性共生的细菌 *Nasuia deltocephalinicola*，其基因组仅有 112 kb；肠道病原菌大肠杆菌（*Escherichia coli*）O157：H7 的基因组为 5 594 kb；与大豆兼性共生的土壤细菌大豆慢生根瘤菌（*Bradyrhizobium japonicum*）的基因组为 9 106 kb；土壤捕食性黏细菌（*Minicystis rosea*）的基因组达 16 040 kb。这些基因组信息为人们研究细菌与环境因子的互作机制及其多样性形成机制打下了坚实的基础。

9.1.2.1 环状 DNA

1963 年科学家通过放射自显影首次报道了大肠杆菌的环状（circular）DNA 分子。目前发现绝大多数细菌的基因组由一个或多个闭合的环状 DNA 分子构成。细菌中的每个环状 DNA 分子具有一个复制起始位点，不同环状 DNA 分子是不同的复制子（replicon）。根据复制子的大小和基因组成又可以分为（图 9-4）：染色体（chromosome）、染色粒（chromid）或第二染色体（secondary chromosome）、大质粒（mega plasmid）和质粒（plasmid）。染色体是细菌基因组中最大的复制子，包含了绝大多数必需的核心基因。第二大的复制子如果来源于染色体且编码部分必需核心基

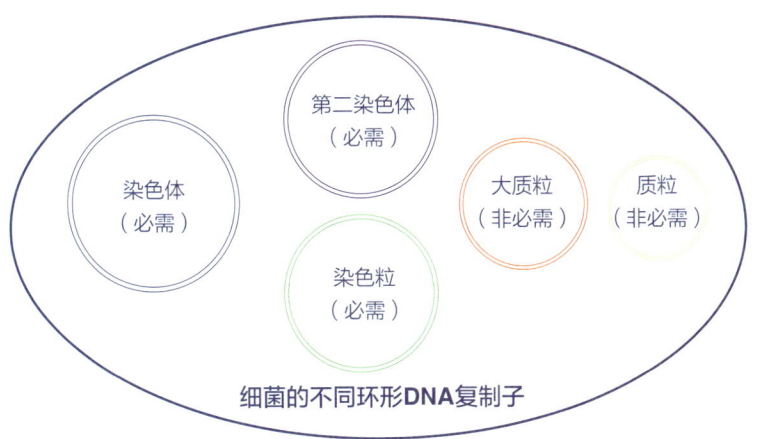

图 9-4 细菌基因组中环状复制子的命名

因,被称为第二染色体(注意:文献资料中还缺少第二染色体存在的直接证据,多数被命名为第二染色体的复制子其实是染色粒);如果来源于质粒且编码部分必需核心基因,被称为染色粒。如果没有编码必需核心基因,大于 350 kb 的质粒被称为大质粒;小于 350 kb 的被称为质粒。具有多个复制子的基因组通常被称为多粒子基因组(multipartite genome),这些不同的复制子在 GC 含量、基因密码子使用频率等方面也存在较大差异,反映了细菌与环境互作和适应性演化的复杂性。

9.1.2.2 线状 DNA

1979 年科学家首次报道了来自链霉菌的线状(linear)DNA。后来在伯氏疏螺旋体(*Borrelia burgdorferi*)、土壤杆菌等也发现了线状 DNA。链霉菌线状 DNA 末端有长达 600 kb 的反向重复序列,并在两个末端的端粒形成复杂的颈环结构。在链霉菌中已经发现了几种不同端粒及共价结合的端粒蛋白。链霉菌线状 DNA 末端区域不稳定,易发生扩增、大片段丢失甚至形成环状 DNA,其线状 DNA 分子中间区域更为保守,而靠近两端的基因往往是菌种特异的。在疏螺旋体属(*Borrelia*)细菌的染色体和质粒、大肠杆菌的 N15 噬菌体、动物的痘病毒等发现的线状 DNA,其端粒具有共价闭合的发卡结构。科学家基于 N15 噬菌体 DNA 线状化的机制,将大肠杆菌的环状染色体人工改造为一条线状 DNA,发现改造后的菌株生存能力没有明显变化,而且线状染色体也是稳定的。

9.1.3 古菌基因组

目前仅从少数古菌门中获得了纯培养物,因此相对于细菌,人类对古菌生物学的认知是比较有限的,但是随着宏基因组学和生物信息学的发展,科学家从环境样品中获得了越来越多的古菌基因组信息。不同细菌的基因组大小可存在 100 倍以上的差距,但是已知的古菌基因组的差距最大也不到 10 倍,暗示了古菌与生境因子互作的特殊性。例如,通过基因组分析发现 NiFe 氢化酶在阿斯加德古菌、TACK 和广古菌门超门中高度保守,在部分 DPANN 超门的古菌物种中也发现了该氢化酶,说明氧化 H_2

是很多古菌物种进行产能代谢的重要方式，但是仅在部分古菌基因组中发现了氧化磷酸化途径中催化氧气还原的末端氧化酶 complex Ⅳ 和能够进行 Q-cycle 的 complex Ⅲ。属于 DPANN 超门的骑行纳古菌（*Nanoarchaeum equitans*）的基因组为 490 kb，缺少合成脂质、核苷酸和氨基酸所需的部分必需基因，是一个严谨性共生菌，依赖与其宿主的共生关系。针对共培养的阿斯加德古菌 *Candidatus* Prometheoarchaeum syntrophicum MK-D1 和硫酸盐还原细菌 *Halodesulfovibrio* 的基因组分析与稳定同位素实验表明两者之间存在甲酸盐与 H_2 的互养现象，进一步基于 *Ca*. P. syntrophicum MK-D1 特殊的细胞表面凸起结构等证据，科学家提出了阿斯加德古菌经过纠缠、吞噬和内化三个阶段将 α- 变形菌内化并逐步形成线粒体的真核生物起源模型（见 14.2.4 阿斯加德古菌类群）。这一模型也得到了基因组学证据的支持：与细菌单一复制起始位点的 DNA 分子不同，很多古菌的一个 DNA 分子具有多个复制起点，这与真核生物类似；此外，古菌拥有内含子、组蛋白、复杂的 RNA 聚合酶和甲硫氨酸翻译起始等真核生物的特征。

9.1.4　真核微生物基因组

原核生物的基因组是高度压缩的，基因密度通常能达到 85%，但是真核生物有更多的非编码序列和转座元件，真核生物基因组的大小差异可达到 5 个数量级。例如，真菌的基因组为 2.3 Mb ~ 178 Mb，植物的基因组为 10 Mb ~ 149 Gb，动物的基因组为 19 Mb ~ 130 Gb。已知的最小真核生物基因组来自肠道微孢子虫（*Encephalitozoon intestinalis*），缺少线粒体，2.3 Mb 的核基因组由 11 条染色体组成，它可以侵染人类和其他动物并致病。为什么真核生物具有比原核生物更大的基因组大小差异呢？已有研究表明转座元件的扩张是真核生物基因组大小变异和适应性演化的重要驱动力。

真核生物的核基因组为数量不等的线状 DNA，其两端都具有端粒结构而中间具有着丝粒，来自中国的科学家团队通过对酵母线状 DNA 的端粒和着丝粒进行理性切除，将酵母的 16 条染色体拼接为 1 条染色体，改造后的酵母虽然在实验室条件下能够存活但是存在一定的生长缺陷，暗示真核生物演化出的多条染色体在其演化进程中可能经受了自然选择的筛选。酵母有大约 6 000 个基因，但是仅有 225 个内含子，而且多数具有内含子的基因只在靠近 5′ 末端有一个小内含子。而其他模式真核生物平均每个基因的内含子数量为：秀丽隐杆线虫 5 个，果蝇 4 个，拟南芥 5 个。人类基因组的一个基因通常有 10 个或以上的内含子。总体而言，真核微生物的内含子数量往往少于植物和动物。

起源于内共生细菌的线粒体和叶绿体分别通过 TCA 循环 – 氧化磷酸化和光合磷酸化为真核细胞生物提供了更多的能量供给，从而支撑了更大基因组的维持、复制和基因表达调控等耗能过程。藻类和植物的叶绿体基因组通常被认为是环状 DNA，但是利用新一代基因组测序方法，科学家从叶绿体中还发现了线状 DNA 和单链 DNA。叶绿体的基因组一般在 100 ~ 200 kb，并包含 6 ~ 76 kb 的反向重复序列，这些重复序列中包含了 3 个 rRNA 基因（5S、16S 和 23S）的 2 个拷贝。从叶绿体基因组大小可以

> 知识拓展 9-1
> 人造单染色体酵母

看出，在内共生事件发生后的漫长演化进程中，叶绿体可能经历了显著的基因组缩减。例如，涉及 CO_2 固定的核酮糖 -1,5- 二磷酸羧化酶（RuBisCo）大亚基编码基因 *rbcL* 位于叶绿体基因组，但是小亚基编码基因 *rbcS* 位于核基因组，后者表达的蛋白需要在合成后进入叶绿体发挥功能。叶绿体基因也存在内含子，这不同于一般的细菌基因。与叶绿体基因组类似，线粒体基因组也编码 rRNA 和 tRNA 及一些蛋白质，但是最大的线粒体基因组也仅编码 62 个蛋白。线粒体基因组包括环状和线状 DNA 两类，许多真菌和开花植物的线粒体还具有小的环状或线状质粒。线粒体在演化过程中也经历了基因组缩减，例如酵母线粒体的蛋白质组检测到了约 800 种蛋白，但是其线粒体基因组仅编码其中的 8 个，不过核基因组编码的用于线粒体 TCA 循环和氧化磷酸化的所有蛋白均起源于细菌，这和已有的真核生物起源假说是一致的。

9.1.5 泛基因组

微生物在生物圈中具有比动植物更广泛的生境多样性，即使属于同一个微生物物种的不同菌株也会在基因组成上存在差异。随着基因组测序技术的快速发展，科学家获得了越来越多的属于同一个物种、属、科、目、纲、门等分类水平的基因组序列。2001 年和 2002 年科学家先后比较了 2 株和 3 株大肠杆菌的基因组，发现三株菌仅有不到 40% 的共有蛋白编码基因。2005 年在一项无乳链球菌（*Streptococcus agalactiae*）的比较基因组学研究中，科学家首次提出用泛基因组（pan-genome or pangenome）来描述一个物种的所有基因的集合。泛基因组包括核心基因（core genes）和附属基因（accessory genes），前者是所有个体都具有的基因，后者是部分个体具有的基因。后来泛基因组的使用被拓展到了所有分类水平。随着泛基因组研究的深入，科学家发现一个普遍规律——泛基因组越大，核心基因所占的比例就越低；开放的泛基因组（open pangenome）具有较大的基因集合、较小的核心基因比例及更高的基因获得速率；而闭合的泛基因组（closed pangenome）的全部基因集合较小，核心基因比例较大，获得新基因的速率低（图 9-5）。具有闭合泛基因组的物种通常仅在特定生态位生活，与群落中其他物种和非生物因子的互作较为简单，有效种群较小。具有开放泛基因组的物种的生态位多样性高，与环境因子的互作较为复杂，有效种群较大。

9.1.6 宏基因组

不同生境中的微生物群落组成往往不同，其中绝大多数微生物物种还没有获得纯培养物——这在很大程度上限制了人们对生物圈微生物种质资源多样性及其生存与演化的研究。但是可以用宏基因组学（metagenomics）方法分析这些环境样品中的 DNA 或

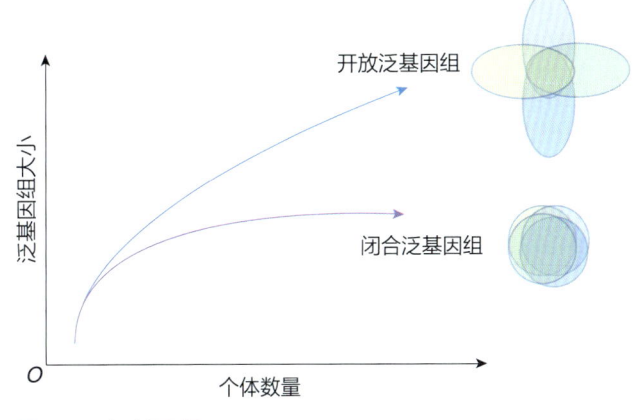

图 9-5 泛基因组

RNA，从而获得一个微生物群落的所有基因信息——即宏基因组（metagenome）。在宏基因组的基础上，对微生物群落转录、翻译、代谢水平的研究手段也在不断优化，并衍生出宏转录组学（metatranscriptomics）、宏蛋白组学（metaproteomics）、宏代谢组学（metametabolomics）。通过系统生物学方法整合这些组学信息可以提供一个微生物群落稳态维持和动态变化的工作模型，为进一步机制解析打下了基础。从未培养微生物中获得的基因组信息填补了生命树的诸多空白，例如很多古菌基因组信息的获取为科学家研究真核生物起源提供了重要依据。未培养微生物基因组和其他组学信息也为微生物育种工作提供了更为丰富的基因资源。

9.2 突变及修复

突变（mutation）是指遗传物质的碱基序列发生稳定的、可遗传的变化。突变产生的后果是随机的，既可能带来有利的变化，也可能带来有害的变化。突变与遗传重组一样，都是生物演化的原动力。突变是重要的遗传学现象，是研究基因功能和生物演化的良好工具，正是通过对突变体（mutant）的研究，人们才认识了某个或某组基因的功能与本质。微生物基因组相对简单，繁殖速度相对较快，基因突变所导致的表型变化容易表征，因此微生物是研究基因突变的好材料。突变产生的诱因包括：DNA或RNA在复制过程中发生碱基的错配；某些理化和生物因素造成DNA或RNA损伤，或者序列发生变化。微生物细胞中存在着一系列修复系统，这些系统可不同程度地校正碱基错配，修复各种DNA损伤。因此，突变的产生和频率受到环境因素及修复系统综合作用的共同影响。

与突变相关的重要概念包括野生型、突变型、基因型、表型和突变率。野生型（wild type）菌株是从自然界中分离到的菌株，而突变型菌株（mutant）则是来自野生株的带有突变的菌株。基因型（genotype）是指基因组的核酸序列，而把可观察到的性状或特征称为表型（phenotype）。突变率（mutation rate）是指细胞在每一次分裂过程中某一突变发生的频率。

> 知识拓展 9-2
> 突变率的计算方法

在微生物学领域，基因由3个小写字母和1个大写字母（均为斜体）表示，蛋白质由同样的字母表示，但首字母大写，非斜体。例如，大肠杆菌的 *trpA* 基因编码参与色氨酸（tryptophan）生物合成的 TrpA 蛋白。与同一表型相关的不同基因，通常在共同的3个字母后用不同的大写斜体字母命名，如 *trpA* 和 *trpB* 编码色氨酸合成途径中不同的酶。

trpA 基因的不同突变可表示为 *trpA1*、*trpA2* 等，每个 *trpA* 突变都不同，并且可能对 TrpA 蛋白的结构和功能产生不同的影响。如果基因突变使其编码蛋白的功能丧失，表示方法是在基因符号右上角加"–"，如 *trpA* 基因功能丧失突变表示为 *trpA*$^-$，对应的野生型基因表示为 *trpA*$^+$（也常用 *trpA* 表示）。*trpA*$^-$ 突变会导致菌株不能合成色氨酸，该表型一般用相应的正体3个字母表示，第一个字母大写，即 Trp$^-$。

9.2.1 突变的类型

突变可分为碱基置换、移码、DNA 插入和缺失等几种类型。

9.2.1.1 碱基置换及遗传信息的改变

碱基置换（base substitution）可分为转换和颠换。转换（transition）是指嘌呤碱基（A 和 G）之间，或者嘧啶碱基（C 和 T）之间的置换突变，如 A 突变为 G。颠换（transversion）是指嘌呤碱基与嘧啶碱基之间的相互置换。按突变引起的 DNA 编码序列的改变，碱基置换可带来三种突变：同义突变、错义突变和无义突变。

同义突变（same-senses mutation）是指碱基突变后没有改变所编码的氨基酸，即突变后并没有影响蛋白质的氨基酸序列，因此这类突变又称为沉默突变（silent mutation）。这是由于密码子具有简并性，这种突变通常发生在密码子的第三个核苷酸，也有可能在第二个核苷酸（可参照密码子表进行对比）。

错义突变（missense mutation）是指 DNA 序列所编码的氨基酸发生改变，这种改变有可能会对蛋白质的结构和功能造成影响。

无义突变（nonsense mutation）是指碱基突变后形成终止密码子，造成 mRNA 的翻译提前终止，产生截短的蛋白质。无义突变中，根据所形成终止密码子的不同，又可细分成琥珀突变（amber, UAG），赭石突变（ocher, UAA）和乳白突变（opal, UGA）三个亚类。

9.2.1.2 移码突变

移码突变（frameshift mutation）是由 DNA 编码区插入或缺失非 3 的整数倍个核苷酸而引起，导致下游密码子的阅读框发生改变，使蛋白质序列发生变化（图 9-6）。

9.2.1.3 缺失和插入突变

缺失突变（deletion mutation）是指一段 DNA 序列的丢失，它有可能是 DNA 不同区域间同源重组造成的。缺失突变用希腊字母 Δ 表示。例如，Δ*trpA* 表示 *trpA* 基因的缺失。涉及多个基因大片段的缺失将缺失部分放在括号中，如 Δ(*lac*, *pro*) 表示乳糖代谢基因到脯氨酸合成基因这段 DNA 发生了缺失。

插入突变（insertion mutation）是指一段 DNA 序列插入到另一段 DNA 中。插入突变用 :: 表示。例如，*trpA*::Tn5 表示转座子 Tn5 插入到 *trpA* 基因中间。在自然界中，能够导致插入突变的 DNA 通常包括病毒（包括噬菌体）以及转座因子（见 9.4）等。

缺失和插入突变可以发生在 DNA 的编码区和非编码区，都有可能对表型产生影响，而移码突变是发生在基因编码区的缺失或插入突变。

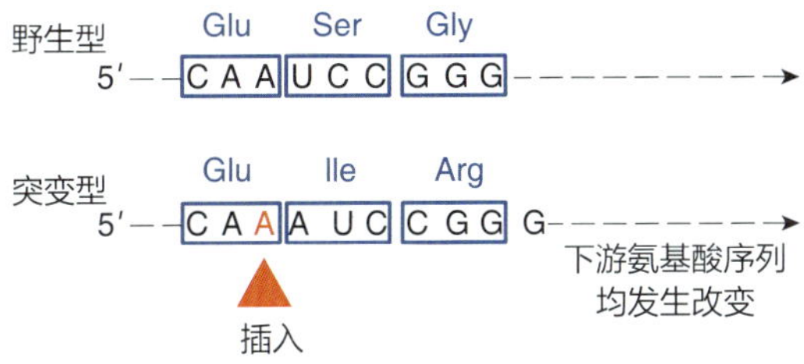

图 9-6 移码突变

9.2.2 表型变化及分离

根据突变体表型特征的不同，突变可分为以下 4 种类型：

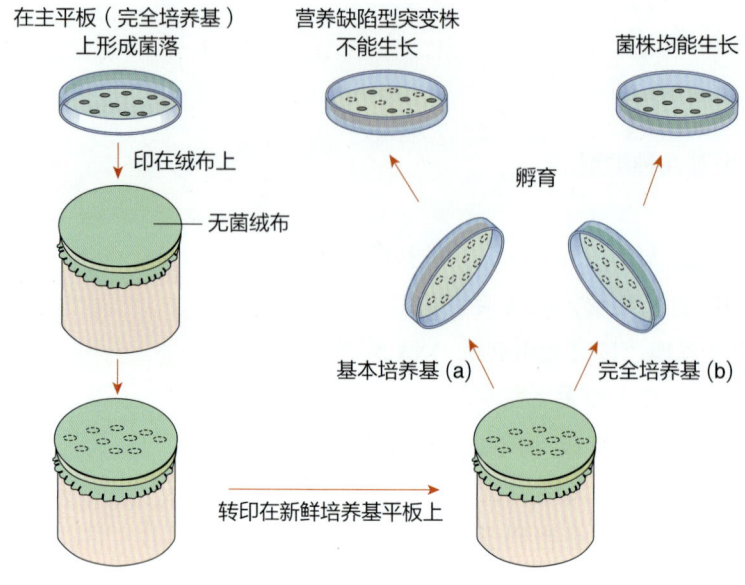

图 9-7 平板影印法筛选营养缺陷型菌株

① 生化突变型：如营养缺陷、耐药性突变等；
② 形态突变型：与野生型菌株相比，在细胞形态上发生的变化，如不产孢，失去鞭毛等；
③ 致死突变：发生突变的基因是生存必需的；
④ 条件致死突变型，在某些条件下能存活，而在其他条件下该基因的突变造成死亡，如温度敏感突变等。本部分将介绍 4 种常见的表型以及突变体的分离方法。

9.2.2.1 营养缺陷型

营养缺陷型（auxotroph）指野生型微生物由于突变失去合成其生存必需营养物质的突变型，只能在完全培养基或补充了相应的营养物质或其前体的基本培养基中才能正常生长。例如，色氨酸营养缺陷型（Trp^-）的突变菌株丧失了合成色氨酸的能力，需要在基本培养基中添加色氨酸才能使其生长。

根据营养缺陷型菌株能够在完全培养基生长而不能在基本培养基生长的特点，可以采用平板影印法对这类菌株进行分离。平板影印法的基本操作步骤如图 9-7 所示：① 将原始菌株以合适数量涂布于野生型和营养缺陷型菌株都能够生长的培养基平板上（如完全培养基），培养后形成单菌落，此平板称为主平板（master plate）；② 以无菌丝绒包裹在一块圆木上，在主平板上压一下，然后分别影印于基本培养基（a）和完全培养基（或添加了目标菌株必需营养物质的基本培养基）（b）上；③ 经培养后，在（b）上能生长而在（a）不能生长的菌落即为营养缺陷型突变菌株。

9.2.2.2 抗性突变型

抗性突变（resistant mutation）包括对各种不利于微生物生长生存物质和环境的抗性，例如细菌对噬菌体、抗生素和重金属等的抗性突变。对噬菌体的抗性突变常发生于编码细菌表面噬菌体受体的基因，该基因突变使噬菌体不能吸附到菌体表面。对抗生素的耐药突变常发生于药物靶蛋白基因，导致抗生素与靶蛋白亲和力下降。另外，有些基因突变还可能降低细菌的膜通透性或提高外排能力，从而降低细菌胞内药物浓度，提高耐药水平。抗性突变型在所抗对象的名称或缩写的右上角加 r 表示，相应的加 s 表示敏感。抗生素用药物的前 3 个字母（首字母大写）表示，如氨苄青霉素抗性表型表示为 Amp^r，敏感型表示为 Amp^s。噬菌体用名称或缩写表示，例如 $T1^s$ 和 $T1^r$ 分别表示对 T1 噬菌体敏感和有抗性的表型。抗性突变型采用选择（selection）分离的方法。将微生物涂布于含有抗生素、噬菌体或其他有害物质的平板上，长出的菌落即为相应的抗性突变型菌株。

9.2.2.3 形态突变型

形态突变型是指造成细胞个体或菌落形态以及菌株运动能力等发生改变的突变型，如菌落颜色的改变。由于形态突变不影响微生物的生存，且通常不造成明显的生长优势或劣势，须采用表型鉴别的方法进行筛选（screen）。例如绿脓菌素（pyocyanin）是铜绿假单胞菌（*Pseudomonas aeruginosa*）产生的一种蓝绿色次级代谢产物，绿脓菌素合成相关基因的突变会造成菌落或液体培养物在颜色上与野生型菌株的区别（图 9-8）。

图 9-8 野生型菌株（左）及绿脓菌素合成缺陷突变菌株（右）的培养物颜色

9.2.2.4 条件致死突变型

条件致死突变型（conditional lethal mutant）是指在野生型可生存的条件下对突变株具有致死效应的表型。例如，野生型大肠杆菌在 25℃ 和 37℃ 都能够生长，温度敏感型突变菌株只能在 25℃ 生长而不能在 37℃ 生长。这种表型产生的一个原因是，某生长必需的基因发生了突变，导致其编码的蛋白在某一条件下（如 25℃）有活性，而在另一条件（如 37℃）下失活，造成细胞不能生长或死亡。条件致死型突变菌株的筛选也可以通过平板影印法进行，即将影印好的平板放置于不同条件（如温度）下培养，挑选在某一条件下形成菌落而在另一条件下不能形成菌落的菌株。

9.2.3 突变的机制

突变可以分为自发突变和诱发突变。

9.2.3.1 自发突变

自发突变（spontaneous mutation）是指非外界因素干扰产生的突变，其发生的频率很低，绝大多数是 DNA 聚合酶在进行 DNA 复制过程中的偶发错误造成碱基错配。造成这种碱基错配的一个主要原因是碱基能以互变异构体的形式存在。例如当胸腺嘧啶以正常形式（酮式）存在时，配对的碱基为腺嘌呤；当胸腺嘧啶以烯醇式存在时，则与鸟嘌呤配对。同样，当腺嘌呤以正常形式（氨基式）存在时，与胸腺嘧啶配对，其亚氨基形式与胞嘧啶配对图（图 9-9）。连续多个重复的核苷酸也会造成 DNA 复制时模板链和新合成链之间的滑动（slippage），造成核苷酸的缺失或插入。如果这些错误没有被修复，在下一轮复制中会产生一条保留错误的 DNA 双链，造成突变。

由于大多数 DNA 聚合酶具有校正功能，且细胞具有多种修复校正机制，自发突变的频率很低。例如大肠杆菌的染色体约有 4.6×10^6 个碱基对，在复制过程中自发产生错配（即突变）的概率为 10^{-10}，折算下来每约 2 000 个子代细菌中会有一个碱基错配。由于目前发现的 RNA 聚合酶不具有校正功能，且未发现 RNA 修复机制，RNA 病毒会以较高的频率发生突变。

突变可能会导致微生物表型的变化，不同表型的突变率是不同的。例如，大肠杆菌 His⁻（组氨酸营养缺陷型）的自发突变率是 $10^{-7} \sim 10^{-6}$，而链霉素抗性（Str^r）的自发突变率是 $10^{-11} \sim 10^{-10}$。

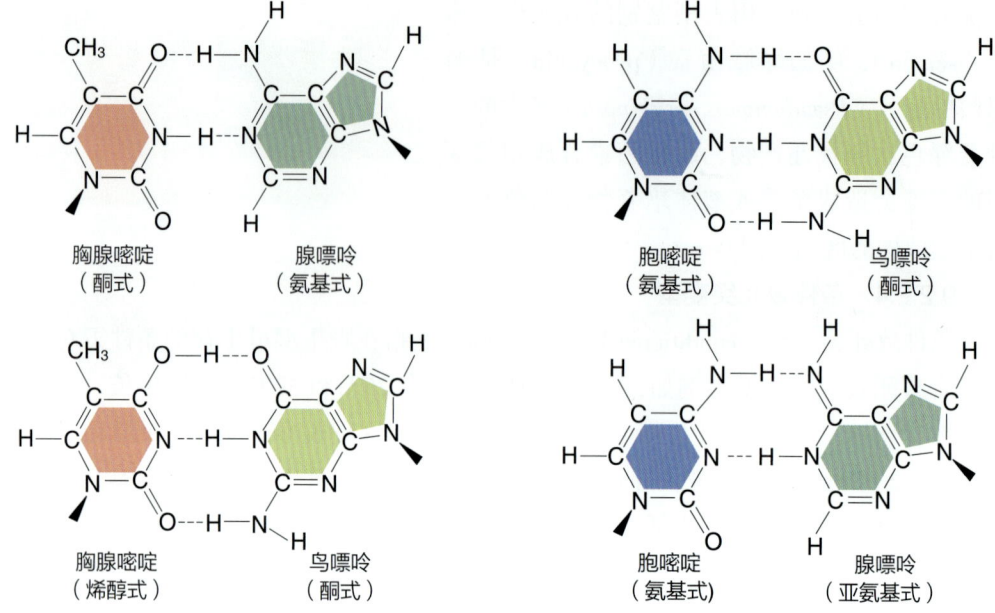

图 9-9 碱基互变异构体配对

9.2.3.2 诱发突变

能够提高突变率的化学、物理和生物因子称为诱变剂（mutagen）。用诱变剂处理细胞或生物个体使突变率提高到自发突变水平以上的方法称为诱发突变（induced mutation）。本小节将介绍主要的三种诱变剂及其作用方式。

① 物理诱变剂包括非电离辐射（non-ionizing radiation）和电离辐射（ionizing radiation）等。紫外线是常见的非电离辐射诱变剂，其主要的诱变机制是使 DNA 链上相邻的胸腺嘧啶形成二聚体，导致碱基不能正常配对，并严重阻碍 DNA 聚合酶的活性。电离辐射是一种比紫外线能量更强的辐射形式，包括 X 射线和 γ 射线等。这些辐射可造成 DNA 双链或单链的断裂，导致突变。

② 化学诱变剂包括碱基类似物、直接与 DNA 发生化学反应的化合物和插入染料等。碱基类似物与天然 DNA 碱基化学结构类似，在 DNA 合成时能够被掺入到 DNA 分子中，造成碱基错配。例如，5-溴尿嘧啶（5-BrU）是胸腺嘧啶结构类似物，它具有酮式与烯醇式异构体结构，分别与腺嘌呤和鸟嘌呤配对（图 9-10）。相较于正常碱基，5-BrU 发生结构异构的频率更高，导致突变频率升高。

直接与 DNA 发生化学反应的化合物包括烷化剂、亚硝酸和氧自由基等。烷化剂包括甲基磺酸乙酯、亚硝基胍等，主要使鸟嘌呤上的 N-7 位和腺嘌呤的 N-3 位烷基化，引起碱基错配。亚硝酸可以使胞嘧啶或腺嘌呤发生脱氨基反应，从而造成碱基错配（图 9-11）。氧自由基包括羟自由基、超氧阴离子自由基、脂氧自由基等。这类物质可造成 DNA 双链或单链的断裂，并且能够将鸟嘌呤氧化为 8-羟基鸟嘌呤（GO），GO 与腺嘌呤配对，引发突变。

插入染料包括溴化乙锭、吖啶橙和吖啶黄等环状的扁平分子。这类分子极易插入 DNA 双链碱基对中，造成碱基的插入或缺失。

③ 生物诱变因子。转座因子（transposable element）是可移动的 DNA 元件，是常

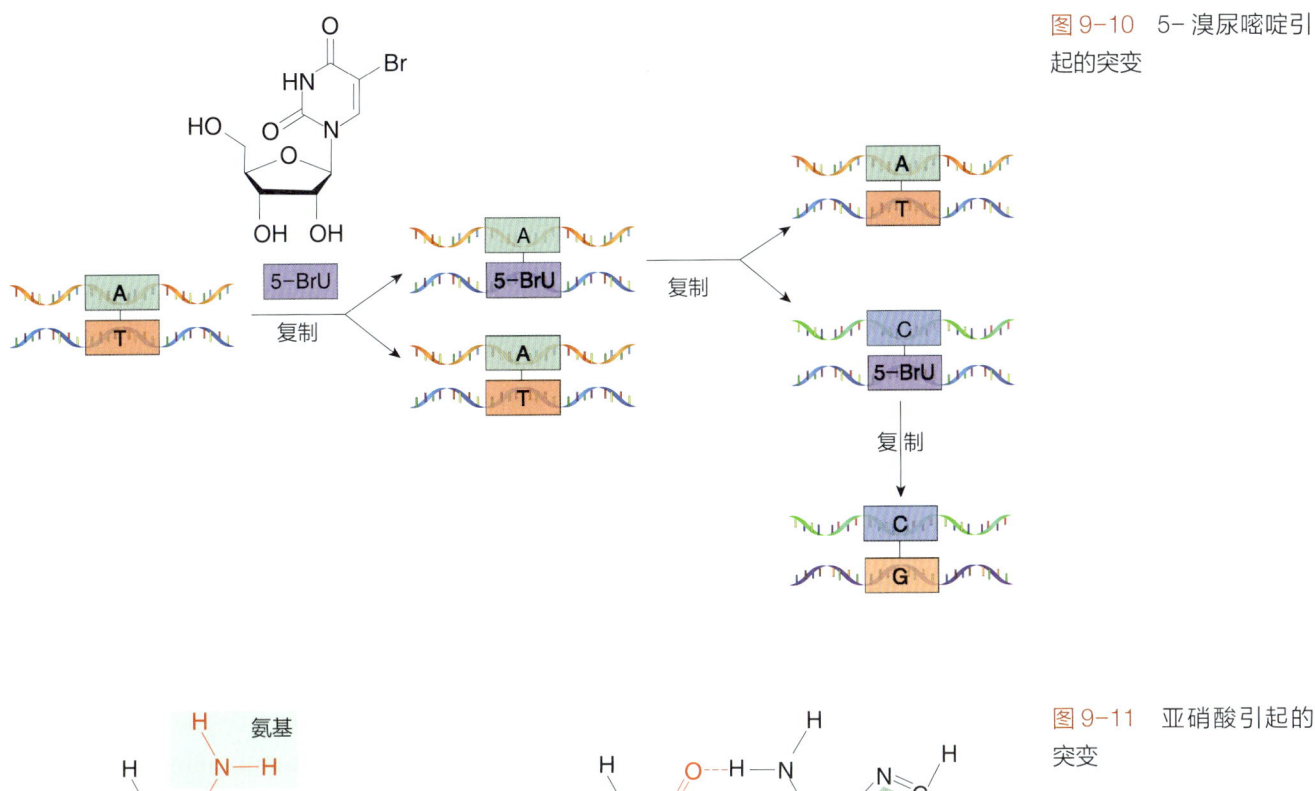

图 9-10 5-溴尿嘧啶引起的突变

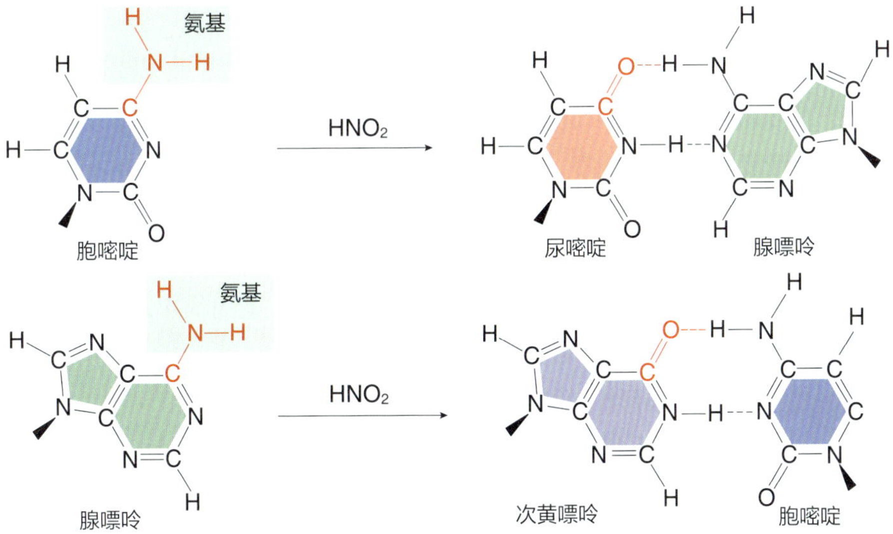

图 9-11 亚硝酸引起的突变

见的生物诱变剂（见9.3.4）。转座因子插入基因组 DNA 后，可以使基因失活或影响基因表达水平，使表型发生改变。

9.2.4 突变的回复

当突变菌株中发生二次突变时，该菌株的某一表型有可能回复成野生型。造成表型回复的机制有多种，本部分介绍其中的回复突变（reverse mutation）和基因内抑制突变（intragenic suppression mutation）。回复突变是指突变位点的碱基又回复成与野生型相同的碱基，导致表型回复。基因内抑制突变是指同一基因内部在不同位置的第二次突变使突变株回复野生型表型的现象。例如，第一次突变是一个碱基删除导致的移码突变。当第二个突变发生在第一个突变下游附近，且导致一个碱基的插入时，其下游的读码框得以回复。虽然有少数的氨基酸序列（两个突变位点之间）与野生型不同，但有可能不影响蛋白的功能，导致突变菌株的表型回复成野生型。

诱变剂能够提高细胞的突变率，很有可能在人类中导致癌症。20世纪70年代美国的Bruce N. Ames教授建立了基于细菌回复突变的诱变剂检测方法，称为埃姆斯试验（Ames test）。首先将待测物与哺乳动物（如大鼠）的肝匀浆混合，以模拟其在人体内的代谢过程，提高检测的准确性。然后用样品处理组氨酸营养缺陷型的鼠伤寒沙门菌（*Salmonella* Typhimurium）。如果样品中含有诱变剂，会使该菌株回复成野生型表型的突变频率增加，即在不含组氨酸的基本培养基上产生多于未处理突变株的回复菌株。这一试验对致癌物的检出正确率可达80%~90%。

9.2.5 DNA损伤修复

基于修复途径和修复酶的差异，DNA损伤修复可大体分为光修复、错配修复、切除修复、重组修复以及SOS修复等类别。

9.2.5.1 光修复

光修复（photoreactivation）是一种简单但高度专一的损伤修复方式。微生物细胞中存在着一类光复活酶，它能专一性地与紫外线诱导产生的胸腺嘧啶二聚体结合形成复合物，该复合物可吸收可见光（300~600 nm）能量，切断二聚体之间的连接键，使DNA恢复原状。之后，光复活酶从复合物中脱离下（图9-12）。除了微生物，在鸟类甚至人类某些细胞中也发现了光复活酶，说明这种古老而简单的DNA修复方式在生物演化上是有利的。

9.2.5.2 错配修复

DNA聚合酶的不完全保真性会造成DNA复制过程中引入错配的碱基（错误频率大约为10^{-8}）。大肠杆菌中存在着一类由甲基化引导的错配修复（mismatch repair）系统，参与修复DNA双链中的错配、移码、碱基类似物替代等轻微的损伤。在大肠杆菌等细菌中，错配修复系统包括*mutS*、*mutL*、*mutH*以及*dam*等基因编码的产物。*dam*基因编码的Dam甲基化酶对GATC/CTAG序列中的A进行甲基化修饰。由于DNA复制过程中新生链暂时未发生甲基化，所以错配修复系统可以识别出模板链与新生链。在修复过程中，MutS首先识别并结合DNA错配碱基。随后，MutL、MutH与MutS结合形成复合物，导致MutH的核酸酶活性被激活。MutH识别离错配位点最近的半甲基化G^{M}ATC/CTAG位点，并在未甲基化新生链的GATC序列处进行切割，形成单链切口。根据切口与错配碱基的相对位置，不同的DNA外切酶在3′至5′方向或5′至3′方向进

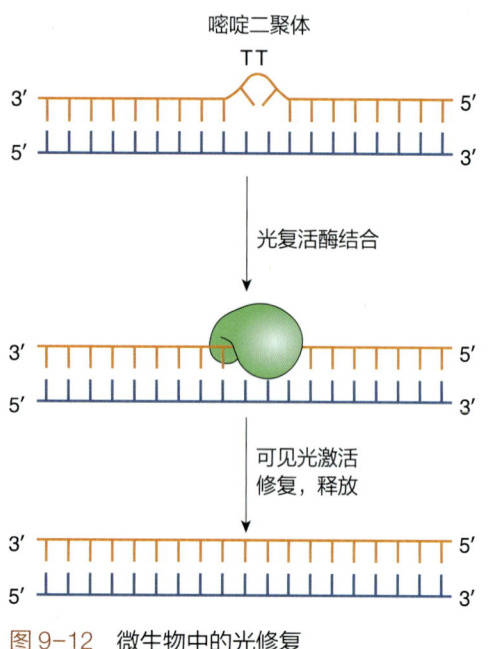

图9-12 微生物中的光修复

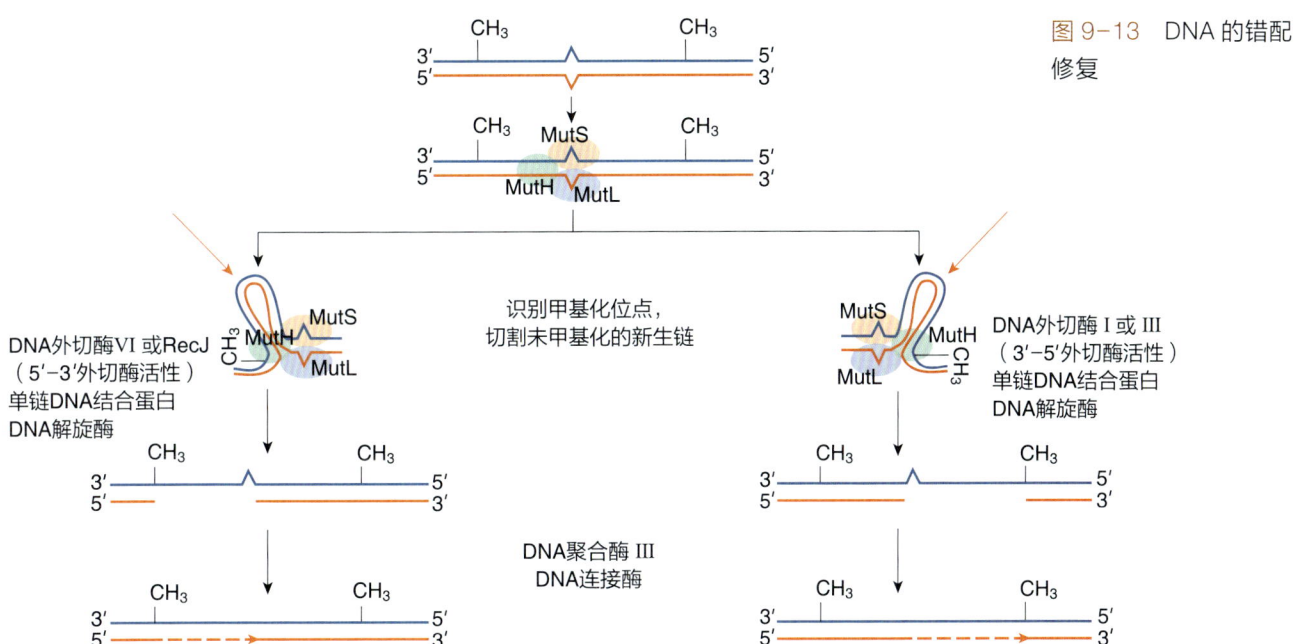

图 9-13 DNA 的错配修复

行切除，直至错配碱基处，再由 DNA 聚合酶 III 合成新的 DNA 以填补切除的链，DNA 连接酶进行连接，从而形成完整的 DNA 双链并纠正新生链上的错配碱基（图 9-13）。

9.2.5.3 切除修复

切除修复（excision repair）系统广泛存在于生物体中，有时也称为暗修复，因为其修复酶不需要可见光提供能量。切除修复大致包括以下步骤：首先由特异性酶识别 DNA 中的突变位点，然后由其他核酸酶切除突变碱基，最后由 DNA 聚合酶和连接酶对上一步切除产生的缺口进行修复。参与碱基切除修复最主要的内切核酸酶是 UvrABC。它们分别为核酸酶的 3 个亚基，其作用是首先对突变 DNA 进行识别，然后从突变位点两侧位置上各造成一个切口，切下包括突变 DNA 在内的 12~13 个核苷酸的单链片段，再由 DNA 聚合酶和 DNA 连接酶合成完整的双链 DNA（图 9-14a）。除

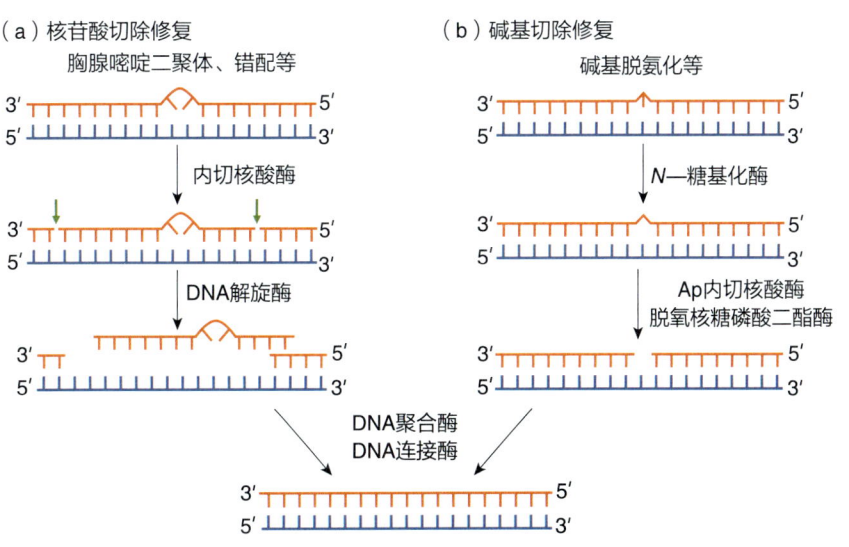

图 9-14 DNA 的切除修复

了 UvrABC 系统，微生物细胞中还存在一类 N-糖基化酶参与的碱基切除修复，其特异性针对碱基脱氨化、烷基化等化学修饰引起的 DNA 损伤。DNA-糖基化酶能够识别并切除受损的碱基，产生一个无碱基位点（AP 位点）。N-糖基化酶能够识别并切除受损的碱基，产生一个无碱基位点（AP 位点）。AP 位点 5′端的磷酸二酯键被 AP 内切核酸酶切开，随后被脱氧核糖磷酸二酯酶（dRPase）切除，形成的缺口由 DNA 聚合酶和连接酶进行修复（图 9-14b）。

9.2.5.4 重组修复

重组修复（recombination repair）是在 DNA 进行复制的情况下进行。DNA 复制时如果遇到嘧啶二聚体或其他结构损伤时不会停止，而是在对应位置留下缺口。重组修复系统中的 RecA 蛋白会结合在有缺口的单链 DNA 上，进而通过与完整母链间的重组完成子链的合成。从重组修复的过程可以看出，原母链中的损伤部位在 DNA 复制过程中没有被修复，仍然需要依靠其他修复系统进行最后的矫正（图 9-15）。

9.2.5.5 SOS 修复

SOS 修复（SOS repair）借用国际通用紧急呼救信号命名，泛指当 DNA 受到严重损伤、细胞处于危急状态时所诱导的一种 DNA 修复方式。SOS 修复是一个错误潜伏的系统，其结果是维持基因组的完整性，提高细胞的生存率，但会造成宿主细胞的突变，故又称为易错修复（error-prone repair）。在未受 DNA 损伤的细菌中，LexA 蛋白二聚体通过结合至 SOS 响应元件来抑制 SOS 反应相关基因的表达。当细菌中的 DNA 发生严重损伤时，会形成单链 DNA（ssDNA）片段。RecA 蛋白与 ssDNA 结合，形成蛋白核酸复合体，导致 RecA 蛋白被激活，进而诱导 LexA 蛋白的剪切。随着 LexA 蛋白的剪切，包括 recA 在内的 SOS 反应相关基因得以表达（图 9-16）。SOS 可诱导两类修复反应，一类是 RecA 分子的迅速增加，并由它们诱发大量切除修复和重组修复相关酶的表达，以增强细胞对 DNA 的修复。这种方式并不会引起基因突变。另一类 SOS 修复则是由 UmuC 和 UmuD 参与的过程。通常，DNA 聚合酶在模板 DNA 的损伤位置会停下来，等待其他精确修

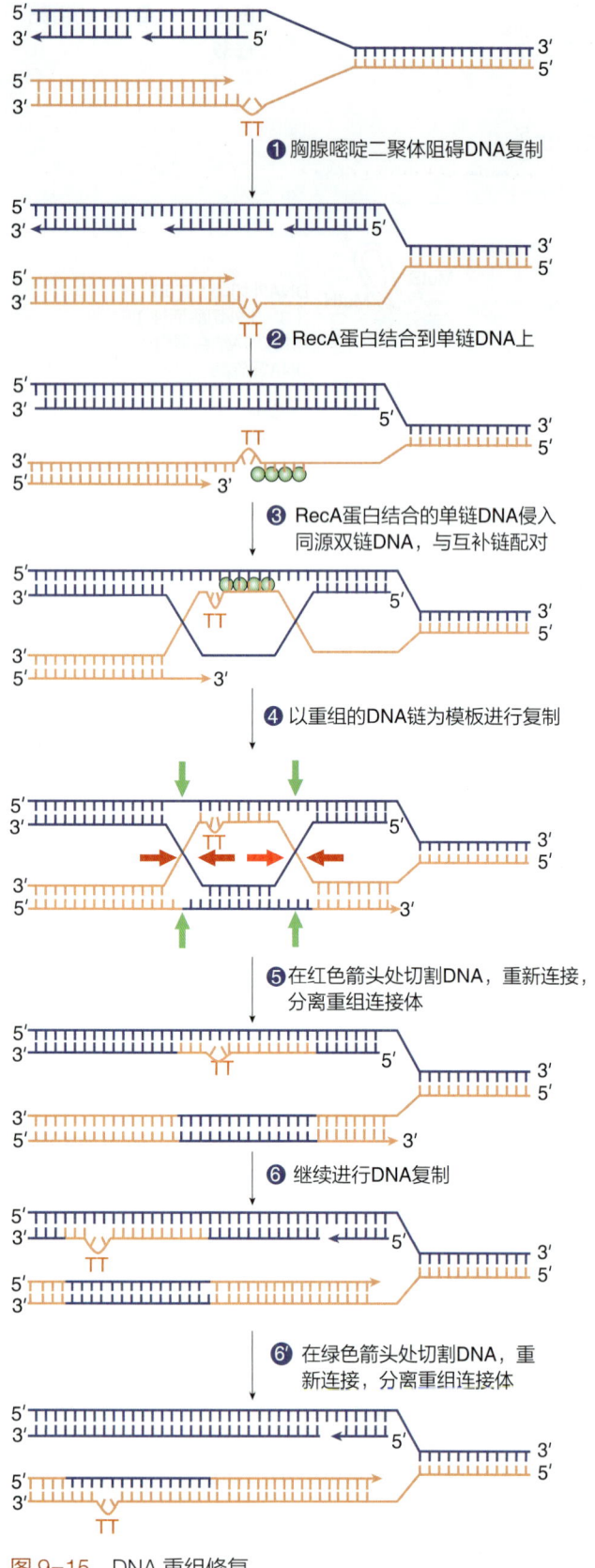

图 9-15　DNA 重组修复

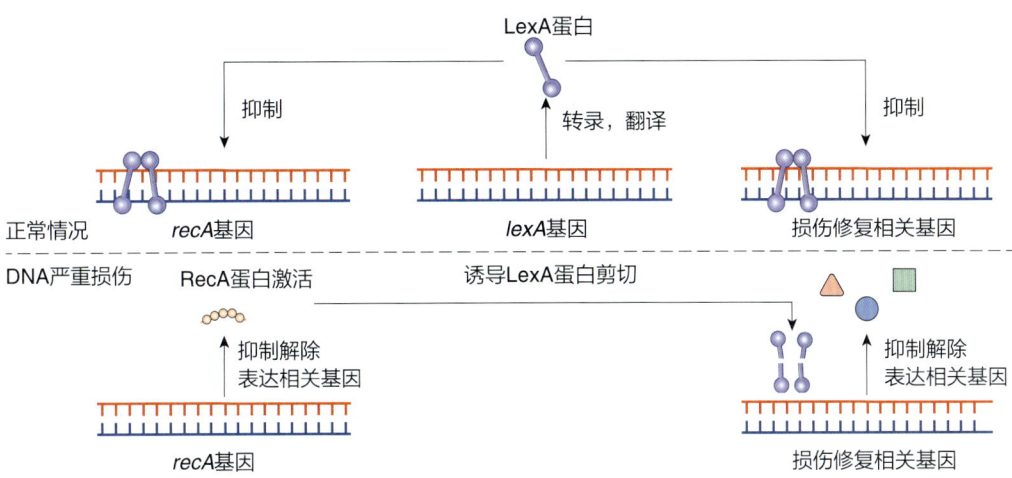

图 9-16 DNA 的 SOS 修复

复酶的矫正，但如果受损部位太多时，UmuC 和 UmuD 被大量诱导表达，它们形成复合物，能够跨过 DNA 的损伤部位进行复制，使染色体顺利完成复制和细胞分裂。然而，在这一过程中，DNA 聚合酶在模板损伤部位所引入的碱基是随机的，从而导致高频率的突变。由此可见，SOS 修复是受损细胞采取的一种以牺牲准确性为代价的修复手段，但有利于细胞的存活。

9.3 质粒

质粒（plasmid）是一类主要存在于微生物细胞中游离于染色体之外，能进行自主复制的环状或线状 DNA 或 RNA 分子。转座因子（transposable element）是一类在染色体 DNA 或质粒上能够改变自身位置的一段 DNA 序列，广泛分布于细菌、真菌、动植物以及人类中。本部分将主要介绍细菌中的质粒和转座因子。

9.3.1 质粒的结构

大部分来自细菌的质粒都是环状双链 DNA，且以超螺旋形式存在。然而，科学家于 20 世纪 80 年代在放线菌天蓝色链霉菌（*Streptomyces coelicolor*）以及赫氏蜱疏螺旋体（*Borrelia hermsii*）等原核生物中相继发现了线状质粒。有关线状质粒的结构、复制机制以及遗传特性曾一度引起微生物界的广泛关注。与病毒相比，质粒不具备细胞外的颗粒形式，其在宿主中的存在一般不会影响细胞的正常生理活动，同时还可能赋予宿主细胞新的特性。而相较于染色体，由于不包含宿主细胞生长所必需的基因，质粒通常是可以消除的。质粒长度通常比染色体小得多，从 1 kb 到 1 Mb 不等。有些细菌可以包含多种质粒，例如伯氏疏螺旋体（*Borrelia burgdorferi*）中已鉴定出多达 17 种环状和线状质粒。

除了复制子这一最重要的结构元件，不同质粒还包含其他结构元件，科学家们将

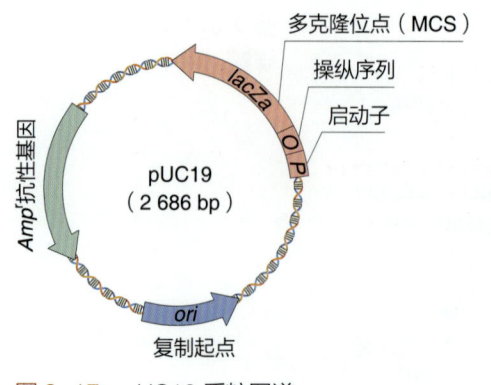

图 9-17 pUC19 质粒图谱

这些结构元件选择性地组装在一起，构成了现代分子克隆实验必备的基因载体。基因载体是一类能自我复制的 DNA 分子，其中的一段 DNA 被切除而不影响其复制，可用于置换多克隆位点（MCS）或插入外源（目的）DNA 而将目的 DNA 带入宿主细胞。下面以人工质粒 pUC19 为例，介绍质粒中三种重要的结构（功能）元件（图 9-17）。人工质粒 pUC19 是分子克隆中应用得最为广泛的载体之一，它具有 pMB1 改进型复制子，因此在大肠杆菌中的拷贝数可达数百个，方便外源基因的大量扩增。它还含有一个由多种限制性内切酶切点组成的多克隆位点（multiple cloning site，MCS），方便外源基因的插入和切除。为了有效地筛选克隆，pUC19 还含有抗药性标记基因 *bla*（*Amp*[r] 抗性基因），方便在含有氨苄青霉素的培养基中筛选携带该质粒的大肠杆菌。

总之，复制子、多克隆位点及选择标记基因是构成质粒载体的基本结构单位。目前大多数质粒载体还包含一个或多个其他功能元件，如敏感型复制子、接合转移位点（*oriT*）、融合蛋白表达标签（6×His-tag 等），以及噬菌体包装位点（*cos*）等，这里不再做深入介绍。

9.3.2　质粒的复制

复制子（replicon）是一个遗传单位，由复制起点（*ori*）及其相关的调控元件组成。复制起点是一段长约数百个碱基对的 DNA 片段，其功能是结合与 DNA 复制相关的控制因子，共同负责 DNA 合成的起始。质粒的复制起点常用 *oriV* 表示。质粒复制子是质粒中能自主复制并维持质粒正常拷贝数的最小序列单位，一个质粒通常含有一个复制子，而有些大型质粒则含有多个复制子。质粒一般通过 θ 复制或滚环复制等形式进行复制。*oriV* 与质粒复制的宿主范围有关。只能在有限的几种细菌中复制的质粒称为窄宿主范围质粒；反之，能在多种细菌中复制的质粒称为广宿主范围质粒。例如，质粒 RSF1010 能在几乎所有革兰氏阴性菌和部分革兰氏阳性菌中复制。将不同来源的 *oriV* 连接到质粒上，能够增加质粒的宿主范围。

9.3.3　质粒的性质

9.3.3.1　质粒的拷贝数

不同质粒在宿主细胞中的拷贝数不尽相同，有些质粒的拷贝数为 1~3，称为严紧型质粒（stringent plasmid），而有些质粒在宿主细胞中可以具有数十至上百个拷贝，称为松弛型质粒（relaxed plasmid）。研究表明，拷贝数是由质粒上的特定基因或序列，以及质粒与宿主之间的互作等因素共同决定的。质粒复制子决定了质粒的拷贝数，例如携带 pMB1/colE1 复制子的质粒 pBR322，其在大肠杆菌中的拷贝数为 15~20 个。复制子决定拷贝数的本质在于参与各种复制子起始合成的控制子不尽相同。以 RNA

分子以及由宿主提供的长效酶（包括 DNA 聚合酶 I 和 III、核糖核酸酶 H、DNA 促旋酶和拓扑异构酶 I 等）为主要正向调控分子的质粒通常具有高拷贝数，而有些质粒的复制须伴随 RepA 蛋白的合成，一旦宿主蛋白质合成受阻，这类质粒的拷贝数会被控制在很低的水平。

9.3.3.2 质粒的保持和丢失

质粒的不稳定性包括结构不稳定性（structure instability）和分离不稳定性（segregation instability）两个方面，前者主要涉及质粒在转座或重组过程中发生的 DNA 重排或缺失，后者是指质粒在伴随细胞分裂过程中发生的分配不均现象，即有一个子细胞因未获得母细胞质粒拷贝而逐渐增殖为"空宿主"群体。质粒自身 DNA 或者所携带的外源 DNA 中如果存在高度同源序列，其结构会变得不稳定，在其复制以及传代过程中会在同源区之间发生重组，进而造成子代细胞中的质粒相比原始质粒变小。

质粒根据其是否含有分配区（partition region，*par* 区）可分为主动分配与随机分配两种类型。分配区是一段 DNA 序列，该区域具有编码决定质粒均等分配的反式作用因子和顺式结合位点。含有 *par* 区的质粒一般为严谨型质粒，如 F 质粒，其在母细胞中复制后的质粒 DNA 可被均等地分配到子细胞中；而多拷贝质粒，一般不含 *par* 区，它们完全依赖高拷贝质粒 DNA 的随机分配实现宿主细胞分裂过程中自身数量的稳定性。对于随机分配的质粒而言，培养基的供给以及宿主细胞的生长状态都会造成其分配不均，而产生出不含质粒的"空细胞"。

9.3.3.3 质粒的不相容性

两种质粒不能稳定同时存在于一个细胞中的现象称为质粒的不相容性（incompatibility）。具有不相容性的质粒属于同一不相容群（incompatible group）。这通常是由于两个质粒含有相同或相似的复制子或与分配相关的因子。复制子的高相似性会导致两种质粒在拷贝数上的严重失衡，随着传代次数的增加，只含有某种质粒的细胞会越来越多，而同时含有两种不相容质粒的细胞则越来越少；与质粒分配相关因子的高相似性会导致两种质粒在分配过程中相互干扰，造成分配不均。

9.3.4 质粒的主要类型

根据质粒大小、复制特性、转移性、遗传表型、功能应用等特征，可将其划分为不同类型。

9.3.4.1 依据遗传表型的质粒类型

质粒依其遗传表型主要分成以下 4 种类型：

① 致育因子（fertility factor）。也称 F 因子，是在大肠杆菌中首次发现的一种质粒，因能赋予宿主细胞接合能力而得名。目前已在多种细菌中发现了该类质粒，例如，SCP1 和 SCP2 是在天蓝色链霉菌中发现的两种致育质粒。

② 产抗生素质粒和产细菌素质粒。抗生素和细菌素同属抗菌物质。自然界中

约 60% 的天然抗生素由放线菌产生，其中相当一部分是由质粒编码的。SCP1 是该类质粒的代表，次甲基霉素 A 生物合成相关基因都由这一线状质粒编码。细菌素（bacteriocin）是细菌产生的一类特殊的能抑制或杀灭其他菌株的多肽类化合物，其主要代表大肠杆菌素由 Col 质粒编码的基因产物所合成。

③ 抗药性因子（drug resistance factor）。R 质粒可以赋予宿主菌对多种抗生素、药物或杀菌剂等的耐受性，目前已在 100 多种细菌中被发现，包括痢疾志贺氏菌（*Shigella dysenteriae*）、大肠杆菌、沙门菌属（*Salmonella*）、霍乱弧菌（*Vibrio cholerae*）、根瘤菌属（*Rhizobium*）、荧光假单胞菌（*Pseudomonas fluorescens*）等。

④ Bt 质粒。在苏云金芽孢杆菌（*Bacillus thuringiensis*）中还分离鉴定出一类能编码产生使昆虫致病乃至死亡的细菌毒素的 Bt 质粒。苏云金芽孢杆菌可作为生物杀虫剂，其毒素蛋白基因已被广泛用于水稻、棉花、玉米等农作物的转基因研究中，取得了良好的抗虫效果。

研究发现，一些能引起人和动物疾病的毒素也由质粒编码，例如产毒素大肠杆菌可引起人类和动物的腹泻，而致病因子肠毒素就是由多种质粒所编码。除了对人、动物和昆虫有致病性，不少微生物对植物也具有致病性，而且其中部分致病性也是由质粒决定的。根癌土壤杆菌（*Agrobacterium tumefaciens*）可使被侵染双子叶植物的根系与茎部产生根瘤，而诱导物就是由该菌 Ti 质粒编码的酶合成的。人们已对 Ti 质粒进行分子改造，作为遗传工程载体广泛应用于植物基因工程中。

此外，还有一些特殊的质粒，例如隐秘质粒（cryptic plasmid），虽然已从微生物细胞中分离得到，但对其遗传或表型效应尚未确定；以及较为少见的降解质粒，它能编码一系列降解酶，将一些特殊的有机物，如樟脑、水杨酸、二甲苯等降解成可被宿主微生物利用的简单碳源和能源。

9.3.4.2 依据功能和用途的质粒类型

质粒依其功能和用途主要分成以下几种类型：

① 高拷贝质粒。该类质粒的复制子是经过改造后的，拷贝数可达数百至数千，在基因工程中主要用于扩增基因。与之相对应的是低拷贝质粒，其复制子主要来自 pSC101，拷贝数小于 10，主要用于表达某些毒性基因。

② 温敏质粒。其复制子在不同温度下表现出不同复制能力或稳定性的质粒。

③ 测序质粒。由于其含有测序通用引物互补序列和多酶接头（polylinker），在 DNA 测序中被广泛应用。

④ 整合质粒。其序列中装有整合促进基因及位点，一般用于外源基因对宿主基因组的整合。

⑤ 穿梭质粒。其上装有针对两种不同种属宿主的复制子，因此可在多种宿主中进行复制，方便不同宿主中的遗传操作。

⑥ 表达质粒。序列中含有强化外源基因表达的转录、翻译甚至用于纯化的元件，广泛用于特定基因的表达。

⑦ 探针质粒。由于多克隆位点下游装有报告基因，一般用于克隆和筛选启动子

等元件。

⑧ 能装载大片段 DNA 的质粒，如柯斯质粒（cosmid）和细菌人工染色体（bacterial artificial chromosome，BAC）。前者是指由人工构建的含有噬菌体 DNA 的黏端位点（cos）序列以及其他必需元件的质粒，该类载体可在体外经噬菌体颗粒包装并感染宿主菌，可克隆并携带长达 45 kb 左右的外源片段。BAC 的复制子来源于 F 质粒，所以拷贝数很低，其上还包含 parA、parB、oriS、repE、cosN 和 loxP 等用于维持载体稳定性以及提高载体重组性能的元件，使 BAC 对外源 DNA 的包容量高达 300 kb 以上。

9.4 转座因子

转座因子（transposable element）既可以在同一个复制子内发生转座，也可以在不同复制子之间进行跳跃。玉米的 Ds-Ac 因子是由美国遗传学家 Barbara McClintock（1902—1992）于 20 世纪 40 年代发现的首例转座因子。几乎在所有生物中都发现了转座因子，尤其在微生物中，转座现象非常普遍。

9.4.1 转座因子的结构与类型

根据生物学特性，细菌转座因子可分成插入序列（insertion sequence，IS）、转座子（transposon，Tn）以及某些具有转座功能的温和噬菌体（如大肠杆菌 Mu 噬菌体）三大类。转座因子两端都含有长度不等的反向重复序列（inverted repeat sequence，IR），两个 IR 之间则包含转座酶编码基因，其产物在转座过程中主要负责识别、切割和连接 DNA 分子。在转座因子 IR 外侧是正向重复序列。IS 是结构最简单的转座因子，除了与转座有关的基因外，IS 不带有其他基因。目前已发现了数百种 IS，其表示法一般是按发现的先后顺序用阿拉伯数字表示。转座子比 IS 大得多，因为除了与转座有关的基因外，转座子还带有其他基因，如药物抗性基因（Tn10 带有四环素抗性基因）、乳糖发酵基因（如 Tn951）、肠毒素基因（如 Tn1681）等。各种转座子在大小、复杂程度以及转座位点专一性上都有所不同，但在结构上却非常类似。某些复杂的转座子中还含其他特性的基因，虽然它们对转座功能是非必需的，但可以赋予被转座宿主细胞新的遗传表型（图 9-18）。

9.4.2 转座的方式

图 9-19 描述了一个转座因子转座的过程：首先由转座酶在靶 DNA 序列两侧各一条单链上造成切口，两

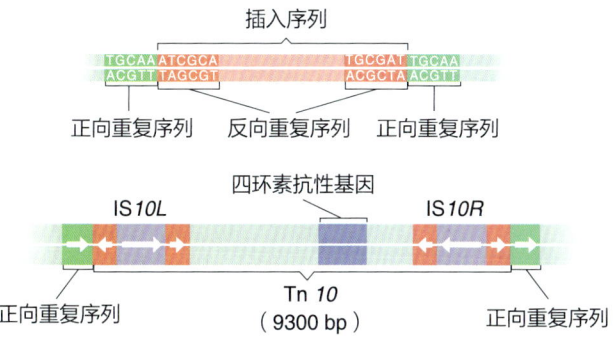

图 9-18　转座因子结构

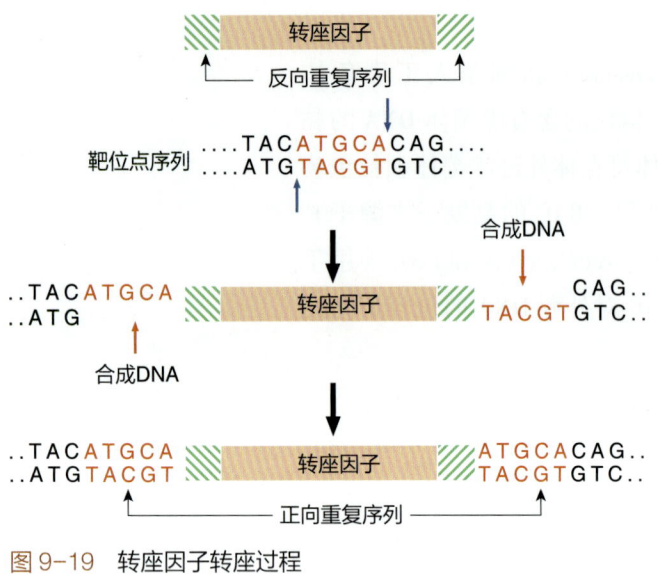

图 9-19 转座因子转座过程

个切口之间的距离也就是将来转座子插入后位于其两侧正向重复序列的长度。然后，转座因子插入切口之间，并由 DNA 聚合酶填充所形成的缺口，最后由连接酶将端口连起来。

按转座机制，转座子可以细分为以下五类：

保守型转座子（conservative transposon），也称为非复制型转座子（nonreplicative transposon），在完成转座过程后，原来位置上的拷贝不再存在。与保守型转座子对应的是复制型转座子（replicative transposon），后者在转座过程中，原来位置上的拷贝会保留。切离型转座子（excisive transposon）是指转座子首先从原有位置切离出来，再以共价闭合环状中间体形式整合到靶定位置。接合型转座子（conjugative transposon，CTn）也属于这一类别，它与切离型转座子的区别在于切离出来的环状中间体会通过细菌接合转移将它的一条单链转移到受体菌中，复制回复成双链环状 DNA 后，再整合到受体菌的染色体或质粒上。逆转录转座子（retrotransposon）的转座过程也很有特点，包含一步逆转录过程，原来位置上的转座子是通过转录出的 RNA 整合到靶位点上。

9.4.3 转座的效应

转座因子插入某一基因的编码区后，会引起该基因的突变。同时，如果该基因位于一个操纵子中，其下游同一操纵子中基因的转录也会受到影响，这称为极性效应（polar effect）。另一方面，转座因子上携带的基因（如抗生素抗性基因）会赋予宿主新的表型。

9.5 原核微生物的基因水平转移与重组

真核生物主要依赖减数分裂中同源染色体间的局部交换来完成基因重组，而大部分原核生物的生命周期中没有有性生殖，它们的遗传重组主要依赖接受供体细胞的 DNA 片段，并与之发生基因交换。微生物中基因的水平转移是指遗传物质在不同微生物细胞间转移的过程。本节主要讨论三种发生在细菌中的 DNA 水平转移过程，包括转化、接合作用和转导。

9.5.1 转化

转化（transformation）是指某个细胞接受来自另一个细胞的 DNA 而使自身基因型或表型发生变化的现象。自然发生的转化普遍存在于各种细菌中，包括肺炎链球菌、大肠杆菌、霍乱弧菌、枯草芽孢杆菌等。随着人们对转化机制的认识以及基因工程技术的发展，在自然条件下不能发生转化的生物，包括一些真菌、放线菌以及高等真核细胞等，也可通过人工处理具备从周围介质中获得 DNA 的能力。

自然转化是指细菌细胞不用经过特殊的物理或化学处理而从环境中吸收外来 DNA 的过程。通常革兰氏阴性菌和革兰氏阳性菌都能进行自然转化，该过程主要包括感受态的形成、DNA 的吸附与摄入，以及 DNA 的复制或整合三个阶段。感受态（competence）是一种细菌生长到某个特定阶段时其获得的能吸取周围环境中 DNA 的生理状态。大量研究已经证明，能发生自然转化的细菌，其基因组上有多个编码感受态因子（competence factor，CF）的基因。感受态因子大多是一类 5 000～10 000 的小分子蛋白，可以使细胞形成感受态，它的产生取决于细胞所处的生理状态或环境条件。例如，肺炎链球菌在对数生长期出现感受态，枯草芽孢杆菌则在对数生长期的后期出现感受态，而环境中的甲壳素能够诱发霍乱弧菌的感受态。

外源 DNA 进入细胞会受到宿主限制系统的影响。革兰氏阳性菌和阴性菌演化出不同的体系，保证外源 DNA 在进入细胞时的完整性。以肺炎链球菌为例，它能产生某种核酸外切酶，将吸附在细胞壁上的双链 DNA 的一条单链分解掉，另一条单链与感受态特异蛋白结合，从而进入宿主细胞。外源 DNA 以单链形式进入可保证其不受宿主限制修饰系统的降解。而革兰氏阴性菌则采用另一种方式保护外源 DNA。以流感嗜血杆菌为例，其感受态形成过程中，在细胞膜上可产生一种能结合双链 DNA 的转化小体，它可以包裹外源 DNA 并带入胞内，并在行进过程中变成单链，从而免受宿主细胞的降解。

进入到胞内的外源 DNA 可根据其特性通过两种方式赋予受体细胞以新的基因型或表型。如果供体和受体 DNA 的同源性高，进入受体的 DNA 不经复制便以单链形式与受体 DNA 的同源区配对以及发生交换，被交换下来的受体单链 DNA 会被胞内核酸酶所分解。但如果外源 DNA 带有能在宿主菌中复制的复制子，则会由单链复制成双链后，以游离质粒的方式存在于宿主细胞中。

与自然转化对应的是人工转化，即经过人工诱导，包括物理或化学处理，使无自然转化能力的细胞转变成感受态。人工转化的方法很多，主要包括化学诱导法、原生质体法、聚乙二醇（PEG）介导法、电穿孔法以及基因枪法等。化学诱导法主要针对大肠杆菌，人们已经建立了用 Ca^{2+}、Mg^{2+} 等诱导转化的标准程序，每微克质粒 DNA 的转化效率可达 10^7 转化子或更高，远高于自然转化。对一些不能自然形成感受态的革兰氏阳性菌，如放线菌，可通过制备其原生质体加以 PEG 处理的方式，将外源 DNA 导入宿主细胞中。电穿孔法对真核生物和原核生物都适用，其原理是利用高压脉冲电流击破细胞膜，促使 DNA 进入。一些用常规方法难以实施转化的细胞，用电击法可大大提高成功率。基因枪法有点类似电穿孔法，它是将包裹有 DNA 的金属颗粒用高压射进细胞并使 DNA 留在细胞内，该方法目前主要应用于非常难以转化的植物细胞中。

9.5.2 接合作用

接合作用（conjugation）是指细胞与细胞接触时，质粒从供体细胞向受体细胞转移的过程。介导接合作用的质粒称为接合质粒，也有称作自主转移质粒或性质粒。接合其实是质粒所编码的一种 DNA 转移方式，即接合质粒将自身的一个拷贝转移到新宿主。除了自身 DNA，有些接合质粒还能带动供体的染色体向受体转移，因此，接合作用也是自然界中物种间遗传物质交换的重要途径之一。接合与转化和转导的最明显区别在于该过程必须供体细胞与受体细胞直接接触。控制接合的基因元件包括 tra 区域和 oriT 位点。tra 区域主要负责编码性菌毛等，性菌毛可以介导革兰氏阴性菌之间的接触。

下面以大肠杆菌的 F 质粒为例，介绍 DNA 接合转移的机制（图 9-20）。含有 F 质粒的供体细胞（称为 F⁺ 细胞）由 tra 区域编码产生性菌毛，结合不含 F 质粒的受体细胞（F⁻ 细胞），将两个细胞拉近，接下来两个细胞逐渐发生部分融合。供体菌内切口酶 TraI（由 F 质粒的 tra 区域编码）在 F 质粒的转移原点（oriT）处切开一条单链，该线状单链 DNA 进入受体菌。在这条单链转移过程中，供体细胞中的另一条链通过滚环方式合成出新的 DNA 分子来替代发生转移的单链，而转移过去的单链也很快在宿主细胞中复制出互补链。最终，接合过程结束后，供体和受体细胞中均有完整的 F 质粒，即产生两个 F⁺ 细胞。接合质粒具有很高的转移效率，可像感染因子一样在群体细胞之间迅速传播。若赋予接合质粒以优势选择基因，如某抗生素抗性基因，在抗生素选择压力下，整个受体群体会在很短的时间内变为 F⁺ 细胞。

F 质粒会通过同源重组整合入宿主的染色体。此时，当接合转移发生时，oriT 处的质粒 DNA 被切割，进入受体菌，接下来是宿主染色体 DNA。由于染色体 DNA 非常长，往往只有一部分转入受体菌，而处于染色体末端的 F 质粒序列很难进入宿主细胞，因此接合后受体菌依旧是 F⁻ 细胞。进入受体菌的 DNA 有可能通过同源重组整合入受体菌染色体，影响细菌的表型。由于这种供体菌能够以很高的频率转移宿主染色体 DNA，因此被称为高频重组（high frequency of recombination，

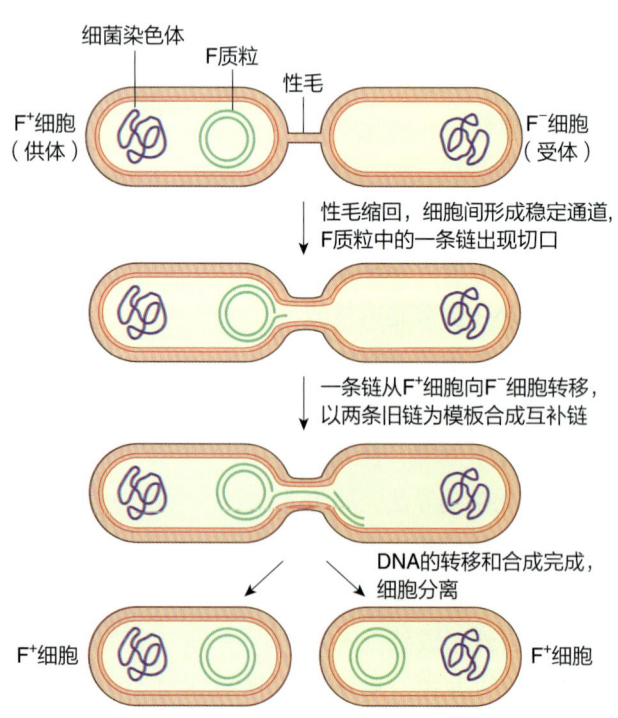

图 9-20　F 质粒的接合转移

Hfr）菌株（图 9-21）。

整合入染色体的 F 质粒还会以同源重组的方式从染色体上切离下来，在这一过程中染色体 DNA 片段偶尔会与 F 质粒序列一同被分离下来，这种携带有染色体片段的质粒称为 F′ 质粒。当 F′ 质粒发生接合时，其携带的染色体 DNA 也进入受体菌。

9.5.3 转导

转导（transduction）是以细菌病毒（噬菌体）为媒介，将供体菌的 DNA 转移到受体菌的过程。这种 DNA 转移有两种方式：普遍性转导和特异性转导。

在普遍性转导（generalized transduction）中，宿主基因组的任何 DNA 片段都有可能被转移至受体细胞中。宿主细胞被噬菌体感染时，负责噬菌体 DNA 包装的酶蛋白会偶尔将宿主的 DNA 包装进噬菌体头部，由此便形成普遍性转导噬菌体，也称为转导颗粒（transduction particle）。普遍性转导的前提是噬菌体繁殖过程中宿主 DNA 不会被完全降解，同时噬菌体头部蛋白包装的特异性不是很强，且噬菌体头部装入一定长度的 DNA 后就停止包装（称为 headful 原则，即包装 DNA 的大小与噬菌体头部的容量相关）。转导颗粒中可能包含宿主菌 DNA 的任何部分，当其侵

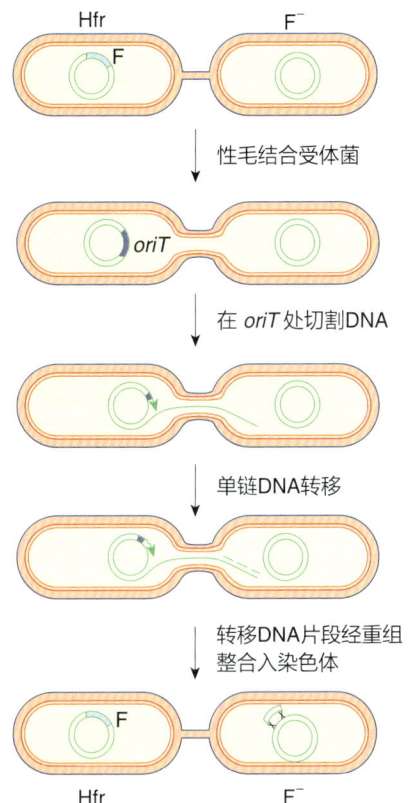

图 9-21　Hfr 细胞转移细菌染色体

染受体细胞后，噬菌体中的供体基因便被注入受体细胞中。如果转导颗粒中包含的是染色体 DNA，则可能与受体细胞的染色体发生同源重组，而将此片段整合到受体染色体中，形成稳定的转导子（transductant）；如果转导进去的是质粒 DNA，则可能进行复制而稳定地在受体细胞中保留下来。

特异性转导（specialized transduction）也称为局限性转导，仅由部分温和型噬菌体引起，能被转导的 DNA 片段只是那些靠近染色体溶原化位点的基因，它们在原噬菌体切除时有可能被错误地装进噬菌体基因组中，但同时切除下来的 DNA 上会缺失部分噬菌体基因。因此当这段 DNA 被包装入噬菌体后，噬菌体 DNA 被注入新宿主后不能再复制并包装出新的子代噬菌体，宿主细胞不会裂解，而这段 DNA 有可能通过同源重组整合入宿主染色体，赋予宿主新的表型。相比普遍性转导，特异性转导所引起的宿主 DNA 转移频率非常高。人们根据温和型噬菌体的这一特点，利用基因工程技术构建了一种转导噬菌体载体，它去除了噬菌体中非外壳蛋白以及裂解和溶原所必需的基因，包含 att 区域（吸附位点）、cos 位点（用于包装的黏性末端）及噬菌体基因组的复制起始区。利用这种载体，可在体外包装特定大小的细菌基因组片段。

大多数细菌都有噬菌体，所以转导作用比较普遍。此外，被转运的 DNA 包裹于噬菌体蛋白外壳内，不易被核酸酶所破坏，因此转导过程相当稳定。目前，人们基于转导的原理，将噬菌体包装蛋白分离纯化出来，并将转导所需 DNA 元件构建到人工

载体上，应用于基因组文库的制备，平均一个被转导的质粒中可包含约 40 kb 的细菌基因组片段。

9.6 微生物遗传育种

工业上利用微生物生产特定用途的代谢产物如乙醇、醋、抗生素、色素、毒素和激素等，农业上利用部分微生物的固氮、溶磷、解钾、秸秆降解和生物防治功能，大健康领域通过对人类和动物肠道微生物群落的调控改善健康状态等实践活动对人类社会发展具有重要意义。利用微生物进行的各类实践活动涉及微生物初级代谢与次级代谢的协同。初级代谢涉及的酶通常由保守的核心基因编码，而次级代谢途径或菌种特有功能相关的蛋白通常由附属基因编码。在筛选天然菌种的基础上，如何进一步通过遗传育种提升微生物特有功能的作用效率是科学家和相关企业孜孜不倦追求的目标。

9.6.1 诱变育种

利用微生物菌种资源的天然变异，比较不同菌株在特定表型的表现，优选高效菌株是利用微生物进行生产实践活动的重要方式。为了进一步提高可供选择的微生物菌种遗传变异，可以利用诱变育种的方法，即通过上文所述的物理化学诱变、转座子随机插入、DNA 损伤修复缺陷获得一系列突变株（此处不赘述），然后检测不同突变株的表型，从中选取生产性能获得提高的突变体。此外，利用微生物繁殖快和存在自发突变的特点，可以将天然菌种或诱变菌株的大量细胞置于特定的选择压力下，经过 1 轮以上的筛选，人工选择表型突出的演化克隆用于生产或进行进一步的改造，这类方法被称为实验演化（experimental evolution）。这些方法是微生物优良菌种选育的重要途径，其突出特点是遗传变异的随机性和人工选择时的表型导向（图 9-22）。

其中基于转座子随机插入的方法，可以利用转座子的已知序列设计引物，并通过 PCR 和 Sanger 测序获得转座子在基因组上的插入位点信息（图 9-23）。随着基因组测序技术的进步，科学家可以通过比较不同天然菌种、诱变菌株或演化克隆与出发菌种

图 9-22 基于微生物菌种遗传变异的育种方法

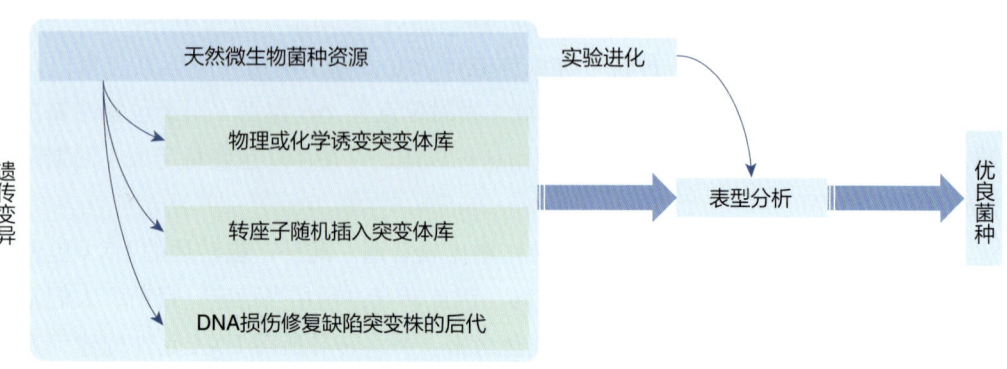

之间的基因组差异，分析潜在的决定表型差异的关键遗传变异，并进一步验证遗传变异与表型的因果关系。这些方法可以归为正向遗传学（forward genetics）方法，即从具有一定遗传变异的群体中筛选出决定特定表型的遗传基础；遗传变异的群体可以来自天然菌种资源、物理或化学诱变、转座子随机插入突变体库、DNA损伤修复功能基因突变体的后代等。

在目前公共数据库约1.2亿个蛋白序列中，已知蛋白功能的比例不足1%，这限制了科学家利用基因资源开展微生物育种工作的效率。为了更高效地探索基因功能，伴随着高通量测序技术的发展，科学家发明了转座子插入位点测序（transposon insertion site sequencing），即Tn-seq。目前使用较多的是源于真核生物mariner转座子家族的Himar1 mini-转座子，该转座子除了需要TA位点，没有表现出明显的序列特异性，已经在细菌的Tn-seq研究中广泛使用。通过接合或转化获得目标菌株的Himar mini-转座子随机插入突变体库之后，将突变体库所有克隆混合在一起提取总DNA，然后用 *MmeⅠ* 酶处理总DNA——*MmeⅠ* 是 IIS 型内切核酸酶，能够识别Himar1 mini-转座子两端反向重复序列中的位点（TCCAAC）并在距离识别位点20 bp处切割DNA，产生带有2 bp黏性末端的固定大小酶切产物；由于 *MmeⅠ* 酶识别位点距离反向重复序列末端4 bp，该酶切产物包括Himar1 mini-转座子及其两侧各16 bp的基因组DNA。2 bp的黏性末端便于连接接头，用一个接头特异引物和转座子特异引物就可以通过PCR将插入位点序列扩增出来，然后在琼脂糖凝胶电泳分离纯化固定大小的目标片段，最后用二代高通量测序方法检测哪些基因组位置发生了插入突变，以及每个插入突变体在混合突变体库中的丰度（图9-24）。由于该方法能高通量地检测不同条件下微生物的必需基因和非必需基因，被广泛用于鉴定微生物在不同生境中发挥正负作用的相关功能基因，极大地提升了微生物育种工作中靶基因的筛选效率。

不同微生物在生物圈的生存和繁衍过程中演化出了多种多样的与环境互作模式，虽然它们能产生一些对人类而言有价值的产物，但是微生物对初级和次级代谢都有严格的调控，尤其是很多次级代谢产物仅在微生物处于逆境时产生。因此，无论是天然的还是诱导产生的遗传变异，都需要根据研究目标理性设计和优化筛选条件。

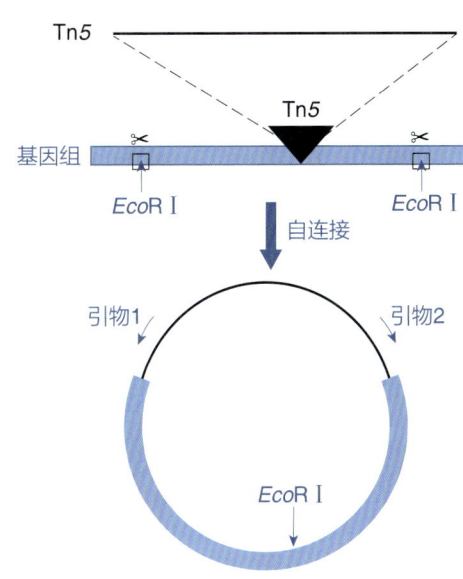

图 9-23 Tn5转座子随机插入突变体插入位点的鉴定

9.6.2 基因重组育种

微生物可以发生天然的基因重组从而产生供自然选择作用的遗传变异，例如，现有的证据支持阿斯加德古菌（*Asgardarchaeota*）通过内化α-变形杆菌演化出最早的真核生物线粒体；蓝细菌被真核生物内化并演化为叶绿体——所以，从遗传学角度看，真核生物是嵌合体（Chimera）。2018年的一项研究将能够分泌ATP的营养缺陷型大肠杆菌（维生素B_1）和线粒体功能缺陷的酵母细胞通过原生质体融合构建了新的嵌合细胞——大肠杆菌被酵母细胞内化，实现了嵌合细胞利用大肠杆菌替代线粒体进行氧化磷酸化的功能。2022年科学家又通过类似的策略实现了线粒体缺陷型酵母细胞对能够分泌ATP的蓝细菌的内化，使得嵌合细胞利用蓝细菌的光合磷酸化替代线粒体供能（图9-25）。上述微生物育种例子涉及的关键技术之一是原生质体融合，即将遗传信息不同的两种微生物融合为一个嵌合细胞的技术。原生质体融合一般包括以下5个步骤：①针对所研究的微生物物种，用溶菌酶（细菌）、蜗牛酶（酵母）等酶解细胞壁制备原生质体；②利用电融合技术或聚乙二醇等化学融合剂促进原生质体融合；③融合后的原生质体需要在高渗培养基中进行原生质体再生，即恢复细胞壁等结构使其生长；④通过筛选培养基获得目标嵌合细胞，即融合子；⑤利用透射电子显微镜和激光共聚焦显微镜等细胞生物学、遗传学和生理学方法等检测融合子的遗传稳定性及其他生物学特征。

正如真核生物中线粒体和叶绿体基因组与核基因组之间的协同演化，原生质体融合是将不同微生物菌种的遗传信息以一种较为粗放的方式整合在一起，融

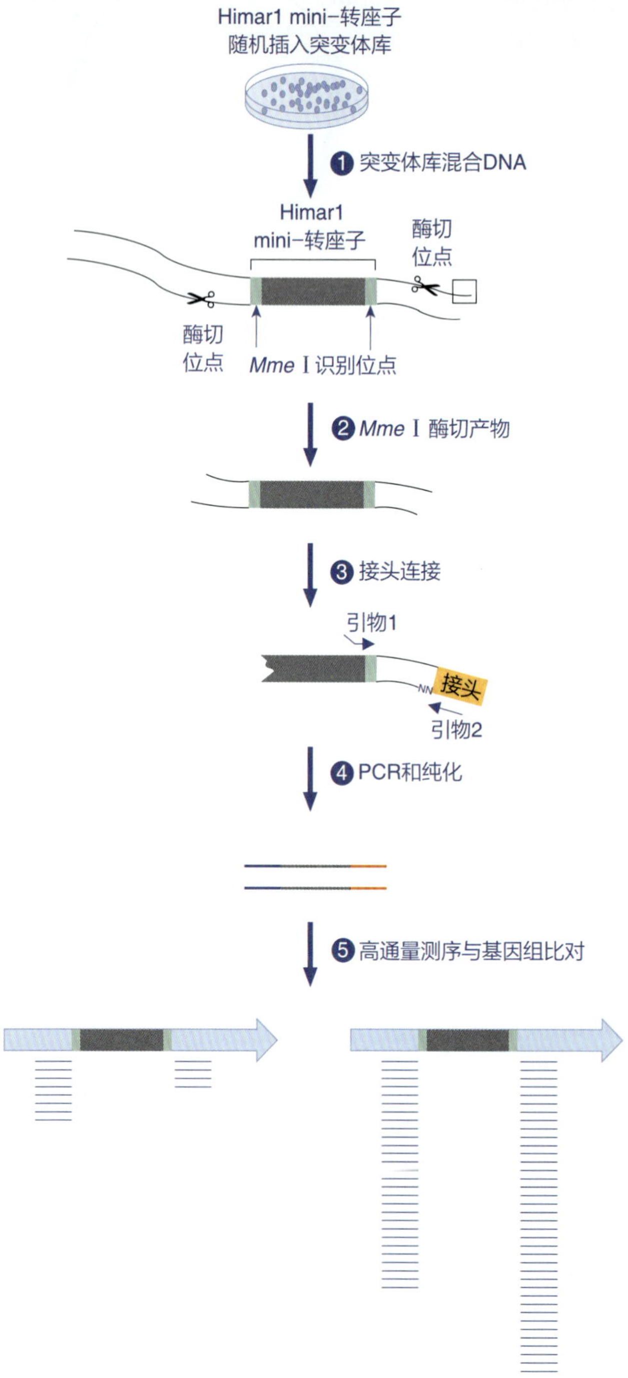

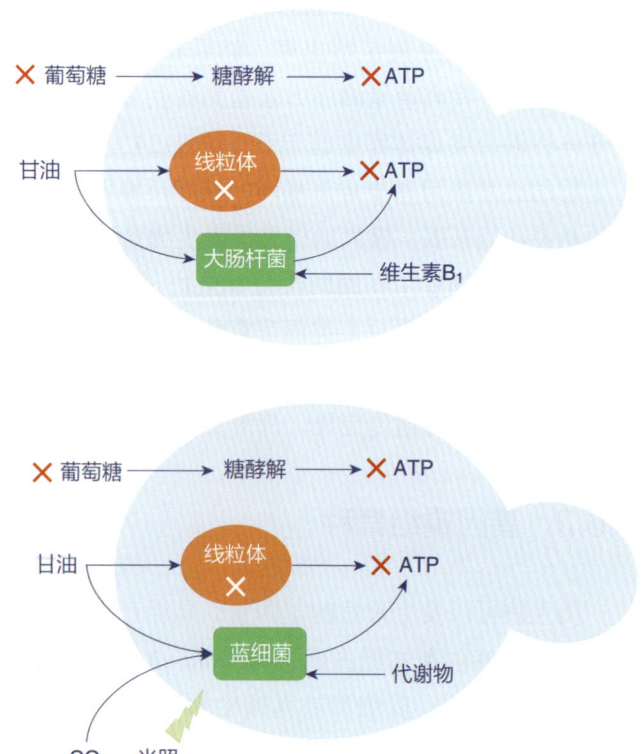

图9-24 基于Himar mini转座子的Tn-seq

图9-25 通过原生质体融合实现酵母细胞对细菌的内化

合子势必发生极为复杂的代谢网络重构与基因组的演化。尽管融合子的生物学特征有较大的不确定性，但这也正是原生质体融合技术的魅力所在，代谢网络重塑很有可能产生新的代谢产物。涉及全基因组尺度的微生物育种方法还有杂交育种，如将两株具有不同优良性状的真菌菌株进行杂交获得异核体进而获得单倍体分离子，最后通过筛选获得性状优良的后代。

原核生物主要通过接合、转导、转化等方式从环境中获取外源遗传信息，正是基于自然界存在的这些基因水平转移方式，原核生物的泛基因组才会不断演化并产生了多种多样的环境互作模式及代谢产物。在认知这些规律的基础上，科学家可以首先在体外克隆具有不同特征的同源基因或人工改造的遗传物质，然后借助接合、转导、转化等方式将这些遗传物质导入受体菌，实现对受体菌的"赋能"，使其获得新功能或原有性状得到改良。这个领域涉及的遗传学方法包括：Gibson 组装、Golden Gate 组装、基因定点突变、基因过表达、基于 CRISPR/Cas 系统的基因编辑、基于同源重组的基因敲除或插入突变等基因工程技术（见第 11 章）。这些研究工作属于反向遗传学（reverse genetics）的范畴，即通过对遗传物质（DNA 或 RNA）进行改造并研究这种遗传改变引起的表型变化，从而确定基因的功能。

9.6.3 代谢工程育种

如微生物的代谢一章所述（第 7 章），微生物从环境里获取资源进行能量代谢和合成代谢，次级代谢的前体通常为初级代谢的中间产物。为了适应生境中条件和资源的变化，微生物对初级和次级代谢进行着酶活性和酶量的调节。为了高效获取特定的代谢产物，面对多种多样的微生物物种以及每个菌种中复杂的初级代谢与次级代谢网络，科学家可以通过正向遗传学方法筛选可培养微生物的关键功能基因，再利用反向遗传学、分子生物学、生物化学、转录组学、蛋白质组学、代谢组学等方法系统解析该功能基因及其所在通路发挥作用的机制。在认知代谢调控规律的基础上，科学家可以通过基因工程技术定向改造基因表达调控途径，解除代谢产物对关键酶合成的阻遏；可以改造代谢途径关键酶，解除代谢产物反馈抑制对酶活性的影响；还可以通过增大细胞膜透性，使得胞外营养物质和胞内代谢产物更容易进出细胞。

很多次级代谢途径是由泛基因组中的附属基因编码的，这些基因在丰富培养基上正常生长的菌体中通常是不表达的。其中一个重要调控机制涉及趋同演化的外源基因沉默蛋白，如大肠杆菌的 H-NS、结核分枝杆菌和链霉菌的 Lsr2、alpha 变形菌纲的 MucR 等，它们具有以下特征：偏好结合高 AT 序列、桥连 DNA 并全局性负调控高 AT 基因的转录。科学家通过删除委内瑞拉链霉菌（*Streptomyces venezuelae*）全局负调控转录因子 Lsr2 编码基因使其氯霉素的产量获得了显著提升；通过导入 DNA 结合能力缺陷的 Lsr2* 干扰野生型 Lsr2 与 DNA 的互作模式，使委内瑞拉链霉菌产生了放线菌素。自然界中不同微生物可能具有某条类似的次级代谢途径，但是长度和末端产物不同——即自然界存在微生物次级代谢途径的天然拓展现象。例如有些微生物具有合成角鲨烯的代谢途径，有些微生物在角鲨烯合成途径的基础上进一步拓展合成了 C_{35} 藿烷类化合物。科学家们可以采用类似的方法将现有代谢途径缩短或拓展，从而得到不同目标代谢产物。

微生物对代谢的调控涉及线性代谢途径中末端产物对限速酶的反馈抑制，分支代谢途径中末端产物对分支节点后第一个酶以及共有途径第一个酶的协同、累积、增效和顺序反馈抑制，以及同工酶和多功能酶相关的反馈抑制——均可以尝试从关键酶的改造入手，解除末端产物对关键酶活性的反馈抑制。例如，初级代谢产物缬氨酸是青霉素的合成前体之一，细胞内缬氨酸的水平上升会抑制其合成途径中乙酰乳酸合酶的活性，可以通过筛选对缬氨酸不敏感的突变型乙酰乳酸合酶解除反馈抑制，从而增加缬氨酸的供应和青霉素的产量。这样避免了初级代谢前体物质合成的反馈调节对次级代谢产物合成的影响。又如：青霉素和赖氨酸合成具有共同途径，分支代谢途径的中间体为 α-氨基己二酸；当初级代谢产物赖氨酸的浓度过高，会对共同途径的高柠檬酸合酶产生反馈抑制，使分支中间体 α-氨基己二酸合成减少，影响青霉素的合成；可以尝试改造高柠檬酸合酶解除初级代谢末端产物赖氨酸对次级代谢产物青霉素合成的影响。相对于初级代谢较为专一的酶促反应，附属基因编码的次级代谢酶系对底物专一性不强，能同时产生多种结构相似的一族或一组次级代谢产物。这也为科学家提供了较大的发挥空间，通过对代谢途径中酶促反应进行专一性的多样化改造，有助于实现分别生产多个次级代谢产物的目标。

尽管绝大多数微生物还是不可纯培养的，随着微生物群系研究的深入，科学家获得了大量未培养微生物的基因组甚至转录组等组学信息，可以利用环境样品总 DNA 构建宏基因组文库并在模式底盘菌中研究这些基因资源的潜在功能，挖掘新的代谢途径。即使不能直接获取相关样品的 DNA，也可以通过生物信息学分析潜在的代谢产物合成功能基因，预测未培养微生物或微生物群落中的代谢网络，然后人工合成它们的 DNA 并在特定的底盘菌中检测合成新代谢产物的潜力并逐步优化其产能。另一方面，有些代谢产物只在与群落中其他物种互作的过程中产生，需要进一步解析物种间的分子对话和代谢网络重塑机制，并在此基础上理性设计相关基因线路，通过对酶量和酶活性的调控在原细胞生物或模式底盘生物中实现特定初级或次级代谢产物的高效合成。

※ 本章小结

本章首先介绍了三个证实 DNA 和 RNA 是遗传物质的经典实验。原核生物与真核生物基因组具有显著区别。泛基因组是指一个物种的所有基因的集合，而宏基因组包含一个微生物群落的所有基因信息。基因突变具有多种类型，有可能导致表型的变化。诱变剂能够提高突变的频率。细菌具有多种 DNA 修复机制。质粒是能够自主复制的遗传元件，已广泛应用于各种分子生物学研究。转座因子是可移动的 DNA 序列。原核生物遗传物质的水平转移包括转化、转导和接合转移。通过遗传育种能够提升微生物特有功能的作用效率，主要包括诱变育种、基因重组育种和代谢工程育种。

※ 推荐阅读

1. AVERY O, MACLEOD C, MCCARTY M. Studies on the chemical nature of the substance inducing transformation of pneumococcal types [J]. Journal of experimental medicine, 1944, 79（2）：137-158.

1944年，Oswald Avery通过一系列实验证明了DNA是遗传物质，这是微生物学和遗传学领域的里程碑式研究。论文中的实验设计精巧且严谨，通过对比不同处理条件下的细菌转化效果，成功地将DNA与其他可能的遗传物质候选者区分开来，证明了在细菌转化过程中，起关键作用的是DNA，为后续的分子生物学和遗传学研究奠定了坚实的基础。

2. LEDERBERG J, TATUM E. Cell-to-cell contact in the induction of bacterial conjugation [J]. Journal of bacteriology, 1946, 53（6）：693-702.

Joshua Lederberg和Edward Tatum通过实验观察到了细菌之间的接合转移现象，并证明了这种接触依赖性的遗传物质传递过程。这一发现对于理解微生物之间的遗传交流和演化机制具有重要意义，也为后续的微生物学和遗传学研究奠定了基础。

3. COURTNEY K E，TRIANA N D，ALFREDO V C，et al. Retraction of DNA-bound type IV competence pili initiates DNA uptake during natural transformation in *Vibrio cholerae* [J]. Nature microbiology, 2018, 3（7）：773-780.

革兰氏阴性细菌天然感受态细胞在吸收环境中DNA时，如何使胞外DNA穿过外膜？该研究通过显微成像结合遗传学研究，发现菌毛在此过程中发挥重要作用，揭示了DNA跨外膜运输的机制。

※ 开放性讨论题

1. 自然界中CRISPR/Cas系统会影响细菌间遗传物质的水平转移吗？
2. 微生物宏基因组学在环境生态和健康医疗研究中的应用前景是什么？如何利用宏基因组学方法揭示环境或人体中微生物群落的多样性及其功能？

※ 复习思考题

1. 大肠杆菌菌株XL-1 Red的基因型如下：F$^-$ endA1 gyrA96（nal^R）thi-1 relA1 lac glnV44 hsdR17（r$_K^-$ m$_K^+$）Tn10 mutS mutT mutD5。该菌在 *mutS mutT mutD*（*mutD* 又被命名为 *dnaQ*）三个基因上带有功能缺失突变。这三个基因的功能是什么？如果在一质粒上克隆了某个酶的基因，能否通过这个菌株在该基因上引入突变，筛选使酶活性升高或降低的基因突变？

2. 如何设计实验，利用转座子诱变技术筛选与大肠杆菌组氨酸合成相关基因？

3. 如何设计实验检测两个带有不同抗性基因的质粒是否属于同一不相容群？

4. pUC19 是一个常见的克隆载体，不能自主接合转移。如果将 F 质粒上完整的 *oriT* 序列克隆到 pUC19 质粒上（命名为 pUC19-*oriT*），这个质粒能自主接合转移吗？如果将 pUC19-*oriT* 转入带有 F 质粒的大肠杆菌中，再将该转化子与一个 F⁻ 大肠杆菌共孵育，有可能出现哪些与亲本不同的菌株？试解释相关原理。

5. 简述诱变育种、基因重组育种和代谢工程育种的主要原理和过程。

（吴卫辉　田长富）

微生物基因表达调控

导语

微生物在复杂多变的环境中生存和繁衍，离不开其高度灵活的基因表达调控机制。这些机制使微生物能够感知并响应外界的各种信号，从而调节其生理和代谢活动。基因表达调控是微生物适应环境变化的关键，通过调控基因的开启和关闭，微生物可以在不同的环境条件下优化资源利用，增强生存能力。在微生物细胞中，基因表达调控不仅涉及转录水平的调控，还包括转录后、翻译和翻译后的多层次调控。这些调控机制相互作用，共同维持微生物的生命活动。了解这些调控过程，不仅有助于揭示微生物在自然界中的适应策略，还为生物技术和医学领域的应用提供了理论基础。

关键词

基因表达调控，操纵子，弱化作用，σ因子，转录因子，双组分系统，转录后调控，群体感应

10.1 原核基因表达调控总论

基因表达（gene expression）是指储存在 DNA 序列中的遗传信息经过一系列步骤表现出其生物学功能的过程。这些过程一般包括基因转录、mRNA 翻译以及蛋白质的修饰加工和转运等。另外，非编码性 RNA（如 rRNA、tRNA 以及调节性 RNA）经过转录和转录后的加工，产生具有特定功能的成熟 RNA 分子的过程也是基因表达。对以上基因表达的各个阶段的调节作用称之为基因表达调控（gene expression regulation）。

基因表达调控主要表现在以下两个阶段：转录水平的调控（transcriptional regulation）和转录后水平的调控（post-transcriptional regulation）。转录后水平的基因表达调控又包括：mRNA 加工与成熟的调控；翻译水平的调控以及翻译后水平（post-translational level）的调控。其中转录水平的调控是最经济、灵活而有效的调控，并且也是最为重要且复杂的调控。

营养状态（nutritional status）和环境因素（environmental factor）对原核生物的基因表达调控起着十分重要的作用。在转录水平对基因表达的调控取决于 DNA 的结构、RNA 聚合酶（RNA polymerase，RNAP）的功能、转录因子及与其他小分子配体的相互作用。原核生物没有细胞核，在 RNA 聚合酶转录合成 mRNA 的过程中，核糖体便结合到新生的 mRNA 上开始翻译，这一机制被称为转录与翻译相偶联反应（coupled transcription and translation）。原核生物只存在一种 RNA 聚合酶参与转录，核心 RNA 聚合酶可通过替换 σ 因子，并与局部性（特异的）和全局性转录因子之间相互作用对转录水平实现调控。

10.1.1 原核基因表达调控分类

单细胞的原核生物（本章主要指细菌）需要随时调整基因表达方式以应对环境变化对自身造成的影响。环境中的营养物质（如作为碳源的葡萄糖或乳糖等）随时可能发生改变，细菌的生存状况取决于其转化环境中不同代谢底物的能力。细菌在没有合适底物的情况下，会避免合成不必要的代谢途径的酶类，但如果环境中出现了底物，细菌则调整基因表达调控的方式，表达相关代谢途径的基因，合成相关酶类。这种特定底物对酶生物合成的转录激活作用称为诱导（induction），该类基因则称为可诱导基因（inducible gene），引发这种基因表达方式改变的小分子物质称为诱导物（inducer）。诱导物通常就是相关酶类的代谢底物或者其结构类似物。

氨基酸是构成蛋白质的基本单元，为了保证细胞正常发挥功能，原核生物一般都具有合成各类氨基酸的能力，但是氨基酸的从头合成需要大量的酶类及其辅因子，因此当环境中有可利用的氨基酸时，原核细胞便立刻停止相关氨基酸合成酶的合成，避免浪费。这种通过合成代谢终产物的浓度反馈引发基因表达改变的调控方式称为阻遏作用（repression），该类型的基因称为可阻遏基因（repressible gene），而把那些能够阻止合成酶类表达的物质称之为辅阻遏物（co-repressor），也称为共抑制因子，它们通常是相关酶类合成的终产物。

原核生物的基因表达调控主要发生在转录水平上，根据调控机制的不同可分为负转录调控（negative transcription regulation）和正转录调控（positive transcription regulation）（图 10-1）。

在负转录调控系统中，调控基因（regulatory gene，也称调节基因）的表达产物作为阻遏蛋白（repressor）发挥着阻止结构基因（structural gene）转录的作用。根据其作用特征又可分为负控诱导系统和负控阻遏系统两大类。在负控诱导系统中，阻遏蛋白不与效应物（诱导物）结合时，结构基因不转录；在负控阻遏系统中，阻遏蛋白与效应物（有阻遏作用的代谢产物，辅阻遏物）结合时，结构基因不转录。阻遏蛋白作用的位点是操纵元件（operator）。在正转录调控系统中，调控基因表达的产物是激活蛋白（activator）。

正转录调控系统可根据激活蛋白的作用特征分为正控诱导系统和正控阻遏系统。在正控诱导系统中，效应物分子（诱导物）的存在使得激活蛋白处于活性状态；在正控阻遏系统中，效应物分子（有阻遏作用的代谢产物，抑制物）的存在使得激活蛋白处于非活性状态。激活蛋白的作用位点是邻近启动子（promoter）区域的激活蛋白结合位点（activator binding site，AS）。

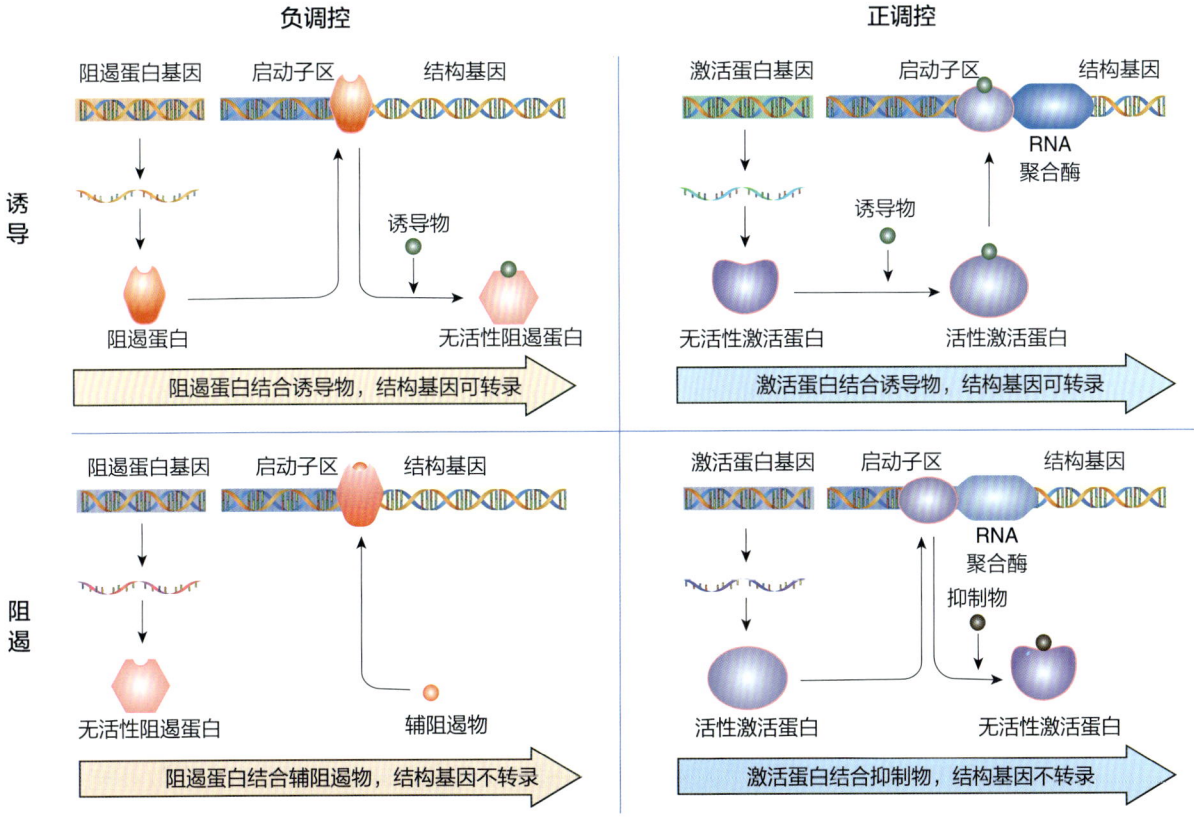

图 10-1　原核生物转录水平的基因表达调控体系

10.1.2 原核基因表达调控的主要特点

原核基因表达调控最重要的特点就是大多数基因的表达调控是通过操纵子（operon）机制来实现的，如乳糖操纵子、色氨酸操纵子、阿拉伯糖操纵子等。操纵子机制在原核基因表达调控中具有非常普遍的意义。

在基因表达调控的各个层次中，针对转录起始阶段的调控是最经济有效的。在合成代谢途径中，相关基因转录终止越早，就越不会造成能量和物质的巨大浪费；在分解代谢途径中，底物相关代谢酶类的基因能否及时开始转录，决定了细胞是否能够及时从环境中获取并利用碳源或能源。因此，发生在转录起始阶段的各种调控方式是基因表达调控的关键。

原核生物只有一类 RNA 聚合酶——RNA 聚合酶全酶，由核心酶组分和 σ 因子组成。全酶控制着基因的转录起始，而核心酶则参与基因转录的延伸和终止阶段。在转录起始阶段 σ 因子负责模板链的选择和转录的起始，使 RNA 聚合酶能够专一性地识别模板链上的启动子。原核生物基因组可编码多个不同的 σ 因子，不同的 σ 因子决定了特异性结构基因的转录激活，也决定了不同 RNA 分子（如 mRNA、rRNA 和 tRNA 等）基因的转录，并参与启动子序列的识别、结合以及转录起始复合物的构象改变，在细胞的发育和对环境变化的应答反应中发挥着重要作用。

原核生物转录终止阶段的调控一般包括终止作用、抗终止作用和弱化作用（attenuation）等方式。在某些基因的转录终止阶段，需要特定的蛋白质因子辅助其完成基因的转录终止，这类蛋白质被称为终止因子（termination factor）。在噬菌体侵染阶段及某些细菌中，存在着一类能够阻止基因转录终止，帮助 RNA 聚合酶顺利进入下游基因区域发生通读的蛋白质因子称之为抗终止因子（anti-termination factor）。该作用方式还依赖于终止子上游的抗终止作用信号序列，在抗终止因子的帮助下，一部分 RNA 聚合酶能够跨越终止序列，顺利通过具有茎-环结构的终止子，使得转录继续进行。

在原核生物某些参与合成代谢途径的操纵子的结构基因上游，存在着一段能够显著减弱甚至终止转录过程的核酸序列，该段序列包含一段称之为前导肽（leading peptide）的短肽编码区，被转录后可以形成不同的二级结构，能够利用原核生物转录与翻译过程偶联的特性，通过核糖体对前导肽的翻译对下游结构基因的转录进行调节，该段序列被称为弱化子（attenuator，又称衰减子）。弱化作用在原核生物中相当普遍，如大肠杆菌中的色氨酸操纵子、苯丙氨酸操纵子、异亮氨酸操纵子和缬氨酸操纵子，以及沙门菌中的组氨酸操纵子、亮氨酸操纵子和嘧啶合成操纵子中都包含有弱化子。

发生在转录后的调控过程，包括翻译水平和翻译后水平上的调控，对基因表达总体而言，均属于"微调"，这些调控方式被认为是对转录水平调控的有效补充。原核生物转录后调控包括：某些调控因子可以影响 mRNA 分子的稳定性，导致其丰度和翻译效率发生变化；小调控 RNA（small regulatory RNA，sRNA）可以识别并结合某些特定靶基因的 mRNA 分子，影响其稳定性或翻译效率；在某些 mRNA 序列中还存在着被称为核糖开关（riboswitch）的调控元件，可直接与代谢物或其他分子相互作用，调节其 mRNA 翻译效率；原核细胞中还存在一些调节因子可影响核糖体与 mRNA 的结合，从而影响翻译起始和延伸。翻译后水平还存在着其他调控方式，如蛋白质的磷酸化、乙酰化等修饰，以及蛋白质的水解作用等。

此外，为了应对极端环境，原核生物还存在着全局性的基因表达调控，通过特定的信号分子，同时调控基因组中多个不同功能的基因或操纵子的表达。

10.1.3 操纵子学说

操纵子理论是分子生物学中的一个重要概念，它描述了原核生物，特别是细菌中基因的组织和调控。这一理论最初是由弗朗索瓦·雅各布（François Jacob，1920—2013）和雅克·莫诺（Jacques Monod，1910—1976）在 20 世纪 60 年代提出，并迅速成为广泛接受的原核生物基因表达调控模型。操纵子是由一组基因组成的功能单元，这些基因被转录成一个单一的 mRNA 分子。这种协调的转录允许有效地调节和控制基因表达。操纵子由以下四部分组成。

知识拓展 10-1
操纵子学说的发现

① 结构基因（structural gene）。这些基因负责编码具有相关功能的蛋白质并一同转录。例如，在大肠杆菌的乳糖操纵子中，*lacZ*、*lacY* 和 *lacA* 基因编码参与乳糖代谢的蛋白质。

② 调控基因（regulatory gene）。除了结构基因外，操纵子通常还包含一个调控基因，该基因编码一种称为转录因子（transcription factor）的蛋白质。调控基因位于操纵子附近或内部，产生控制操纵子表达的转录因子。如在乳糖操纵子中，*lacI* 基因编码 LacI 抑制因子（阻遏蛋白）。

③ 启动子（promoter）。启动子是位于结构基因上游的 DNA 序列，它为 RNA 聚合酶结合和启动转录提供了一个位点。原核生物转录起点上游大约 10 bp 和 35 bp 处有两个共有序列（consensus sequence）是 RNA 聚合酶结合启动子的关键区域，其中 –10 区的共有序列为 "TATAAT"，–35 区的共有序列为 "TTGACA"。绝大多数启动子均有这两个共有序列，在序列上只有少数几个核苷酸的差别。一般来说，序列越接近共有序列则启动子活性越强。–10 区与 –35 区之间的核苷酸数目也会影响转录活性，强启动子一般为 17 ± 1 bp，当间距小于 15 bp 或大于 20 bp 时都会降低启动子的活性。有少数启动子缺乏这两个序列（–35 和 –10）之一，在这种情况下，RNA 聚合酶往往不能单独识别这种启动子，而需要辅助蛋白质的帮助，这些蛋白质因子与邻近序列的相互作用可以弥补启动子的这一缺陷。

④ 操纵元件（operator）。操纵元件是位于启动子和结构基因之间的一段能够被阻遏蛋白识别和结合的 DNA 序列。阻遏蛋白与操纵元件结合后，可阻止 RNA 聚合酶转录结构基因，从而抑制基因表达。

操纵子理论假定操纵子中结构基因的表达是由特定分子的存在或缺失来调节的。

例如，在乳糖操纵子中，乳糖的存在诱导了一种称为别乳糖的诱导剂分子的产生。别乳糖与 LacI 阻遏蛋白结合，引起构象变化，阻止其与操纵元件的结合，从而使 RNA 聚合酶可以转录结构基因，以发生乳糖代谢。

操纵子理论为基因如何在原核生物中有效地组织和调节提供了一个模型，它允许基因的协调表达和对环境变化的快速反应，确保参与相关功能的基因被共同控制。

10.2 乳糖操纵子的基因表达调控

10.2.1 *lac* 操纵子的结构及其调节因子

大肠杆菌的乳糖操纵子（lactose operon）是第一个被发现的典型操纵子，其结构基因由 3 个参与乳糖代谢的基因 *lacZ*、*lacY* 和 *lacA* 组成，这 3 个基因分别编码 β- 半乳糖苷酶、β- 半乳糖透性酶和 β- 半乳糖乙酰基转移酶（图 10-2）。当无乳糖存在时，大肠杆菌细胞内这 3 种乳糖代谢酶的含量都很低，每个细胞中只有 3~5 个分子的 β- 半乳糖苷酶。当培养基中没有葡萄糖而有乳糖时，这 3 种酶的合成急剧增加，在 2~3 min 内即可增加 1 000 倍以上，且 3 种酶的合成等比例增加。一旦乳糖被消耗完，这 3 种酶的量又很快下降到本底水平。这种快速响应底物的基因调控与乳糖操纵子的结构和调节因子密切相关。下面将对参与调控的 DNA 序列和调节因子及作用机制进行介绍。

10.2.2 *lac* 操纵子上的调控区

在乳糖操纵子第一个结构基因 *lacZ* 起始密码子上游的第 38~18 位核苷酸是阻遏蛋白 LacI 的结合位点（*lacO*），第 74~69 位和 50~45 位核苷酸分别为其启动子的 –35 和 –10 区，第 106~93 位核苷酸是环腺苷酸受体蛋白（cAMP receptor protein，CRP）的结合位点（AS），该蛋白质又被称为代谢物激活蛋白 CAP（catabolite activator protein）（图 10-2）。

图 10-2 乳糖操纵子的结构

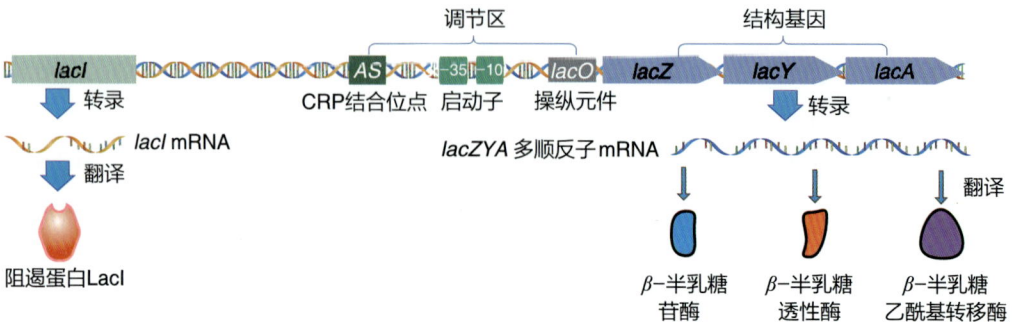

10.2.3 乳糖操纵子的负控诱导调节

当无乳糖存在时，LacI 蛋白结合在操纵元件 *lacO* 区域，阻碍 RNA 聚合酶对下游基因的转录。当环境中存在乳糖时，进入细胞的乳糖在本底水平的 β- 半乳糖苷酶作用下转变为别乳糖，别乳糖与 LacI 蛋白相结合，导致 LacI 构象发生变化，不能继续与 *lacO* 序列结合，从而使 RNA 聚合酶能够对下游结构基因进行转录（图 10-3）。

10.2.4 乳糖操纵子的正控激活调节

虽然乳糖能够解除 LacI 的负调控作用，但在葡萄糖和乳糖同时存在的情况下，大肠杆菌中乳糖操纵子基因的表达水平依然不高，大肠杆菌会优先利用葡萄糖这种最适用的碳源。这种最适碳源抑制其他碳源代谢的调控机制称为分解代谢物阻遏（catabolite repression），也称葡萄糖效应（glucose effect）。然而分解代谢物阻遏并不总是与葡萄糖有关，其根本因素在于环境中是否存在一种物质能作为细胞更好的碳源和能源。

分解代谢物阻遏实际上是一种依赖于环腺苷酸受体蛋白的正调控。在 *lac* 操纵子启动子的上游具有一个 CRP 结合位点（AS），当 CRP 与 cAMP 结合后能以活化的二聚体形式结合到该序列上，并促进 RNA 聚合酶结合到启动子上，从而激活下游结构基因转录。

葡萄糖的存在不但能够抑制 cAMP 的合成，还会促进 cAMP 转运到胞外，从而使细胞内 cAMP 的含量降低，导致 CRP 不能结合 DNA 上的结合位点；葡萄糖的存在还能够阻止胞外的乳糖被转运进胞内，此时阻遏蛋白以四聚体的活性形式结合在操纵元

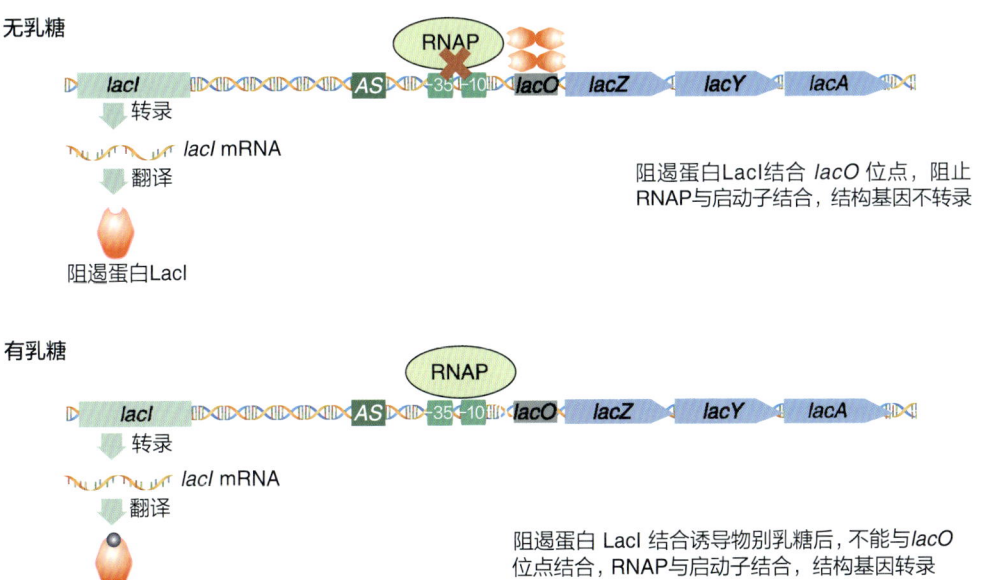

图 10-3 乳糖操纵子的负控诱导调节

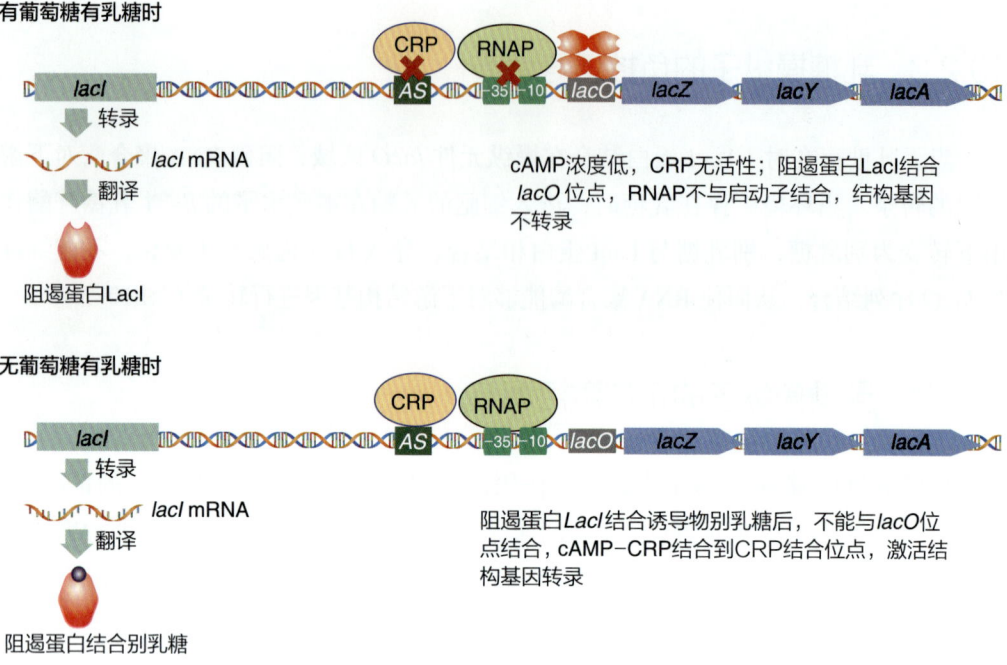

图 10-4　乳糖操纵子的正控激活调节

件 lacO 上，阻止了结构基因的转录。在没有葡萄糖而仅有乳糖存在时，胞内的 cAMP 含量升高，乳糖被转运进胞内，以别乳糖的形式结合阻遏蛋白引起其构象改变，使其失去了结合操纵元件 lacO 的能力，乳糖操纵子结构基因被诱导表达（图 10-4）。这一机制确保细菌能优先利用最适的碳源和能源，并能够迅速响应和利用其他碳源。

10.2.5　lac 操纵子与基因克隆

基于对乳糖操纵子调控机制的充分了解，其启动子已被优化开发成为广泛应用的基因克隆和表达系统。由于 LacI 和操纵元件 lacO 的存在，lac 启动子（P_{lac}）受到乳糖或其类似物 IPTG（异丙基硫代-β-D-半乳糖苷，isopropylthio-β-D-galactoside）的诱导；lacI 基因启动子突变促使阻遏蛋白大量表达，导致 P_{lac} 活性被高度抑制，从而提高了调控的严谨性；为了改变 P_{lac} 的活性，对其 –35 和 –10 区进行了突变（表 10-1），产生的 lacUV5 启动子（P_{lacUV5}）活性高于 P_{lac}，且基本不受胞内 cAMP 水平的影响；将 P_{lacUV5} 的 –10 区与色氨酸操纵子启动子 P_{trp} 的 –35 区进行组合，产生活性更强的 tac 启动子（P_{tac}）。

表 10-1　优化的 lac 启动子

启动子	–35 区	间隔区	–10 区
P_{lac}	TTTACA	18 bp	TATGTT
P_{lacUV5}	TTTACA	18 bp	TATAAT
P_{tac}	TTGACA	17 bp	TATAAT

10.3 负控阻遏系统

10.3.1 *trp* 操纵子的阻遏系统

大肠杆菌色氨酸操纵子（tryptophane operon）由 5 个与色氨酸合成相关的结构基因组成，在基因编码区的上游是启动子、操纵元件、前导肽（leader peptide）编码区 *trpL* 和弱化子序列（图 10-5）。*trp* 操纵子具有多种调控方式，包括负转录调控和弱化作用。参与转录调控的是色氨酸阻遏蛋白 TrpR。当环境中不存在色氨酸时，TrpR 不能与操纵元件结合，下游基因能够被转录。在色氨酸含量丰富时，TrpR 与色氨酸结合，使其能够结合于操纵元件，抑制下游基因的转录。

10.3.2 前导肽与 *trp* 操纵子的弱化作用

除了 TrpR 介导的转录阻遏调控外，色氨酸合成基因的转录还受到转录弱化（transcription attenuation）的调控，可根据细胞内色氨酸的水平来微调色氨酸操纵子的表达。这一调控是通过前导肽编码区实现的，该序列编码一个含有 14 个氨基酸残基的前导肽，其转录出的 mRNA 可分为 4 个区域（编号 1~4），相互之间能够形成茎环结构，其中区域 1 内含有两个连续的 Trp 密码子，前导肽的终止密码子位于区域 1 和区域 2 之间。当细胞内色氨酸含量丰富时，负载有色氨酸的 tRNA^{Trp} 也丰富，核糖体可顺利通过两个连续的色氨酸密码子翻译合成前导肽，最终停在其终止密码子处，此时核糖体的位置阻止了 2 区与 3 区的配对，使 3 区与 4 区配对形成一个茎环状终止子结构，导致 RNA 聚合酶在进入下游结构基因 *trpE* 之前从模板链上解离，下游色氨酸合成相关基因 *trpEDCBA* 不被转录；当胞内色氨酸含量很低时，tRNA^{Trp} 的浓度也很低，导致核糖体翻译通过两个相邻色氨酸密码子的速度也很慢，当 4 区被转录完成时，核糖体仍停滞于 1 区中两个相邻的色氨酸密码子处，这使得 2 区与 3 区配对，从

图 10-5 大肠杆菌色氨酸操纵子

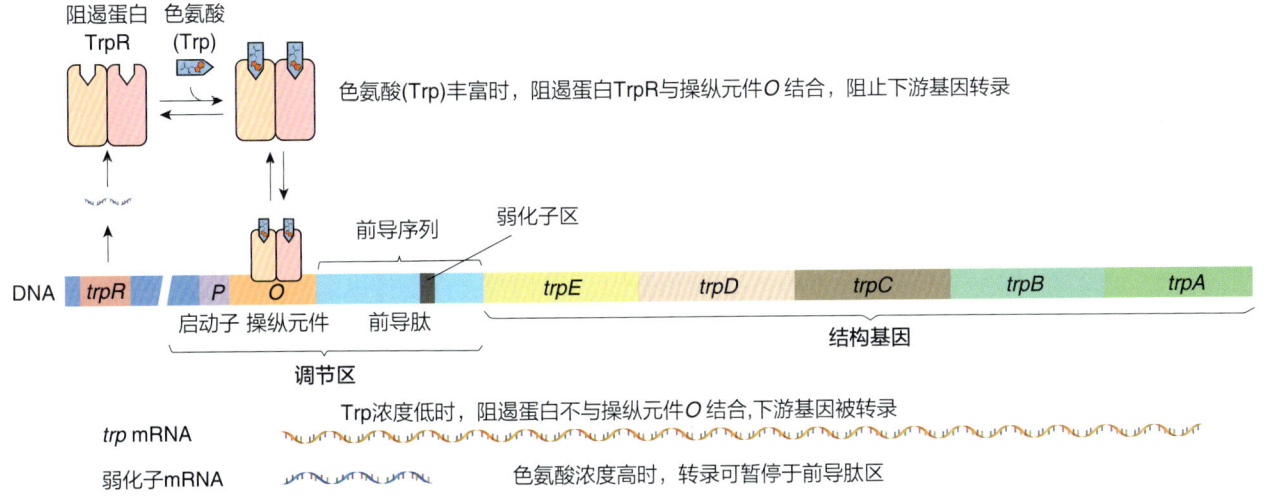

图 10-6 大肠杆菌 *trp* 操纵子的弱化作用

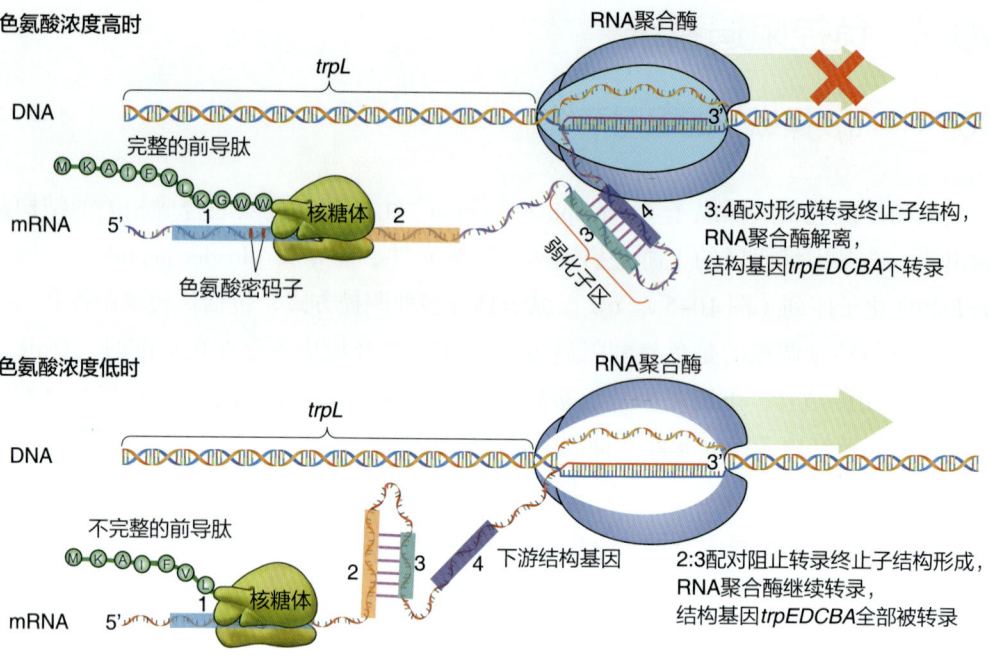

而阻止了 3 区与 4 区配对形成终止子结构，故转录可继续进行，*trp* 操纵子中的色氨酸合成结构基因全部被转录（图 10-6）。

在 *trp* 操纵子中，阻遏蛋白的负调控起到粗调节的作用，而弱化子起到细调节的作用。因为阻遏作用只能使转录不起始，而对于已经起始的转录，只能通过弱化作用使之中途停顿下来，因此弱化作用可以弥补阻遏作用的不足。

与大肠杆菌相似，枯草芽孢杆菌（*Bacillus subtilis*）中 *trp* 操纵子也受到弱化作用的调控，然而其转录弱化调控通过 TRAP（*trp* RNA binding attenuation protein）蛋白复合体进行。

> 知识拓展 10-2
> 枯草芽孢杆菌中 *trp* 操纵子的弱化作用

10.4 细菌的其他操纵子

10.4.1 双启动子结构与半乳糖操纵子

大肠杆菌半乳糖操纵子（galactose operon）由 4 个结构基因组成：*galE*、*galT*、*galK* 和 *galM*，构成 *galETKM* 多顺反子。结构基因内部和上游存在两个重叠的启动子 *P1*（+1）和 *P2*（-5），而两个操纵元件则分别定位于 *P1* 区上游 -67～-73 区域（外部操纵元件 O_E）和结构基因 *galE* 内部（内部操纵元件 O_I），激活因子 cAMP-CRP 的结合位点定位于 *P2* 上游区域。*galE* 编码一种将 UDP-葡萄糖转化为 UDP-半乳糖的差向异构酶（UDP-galactose-4-epimerase），*galT* 编码半乳糖基转移酶（galactosyltransferase），*galK* 编码半乳糖激酶（galactokinase），*galM* 则编码催化半乳糖代谢的第一步反应，将 β-D-半乳糖转化为 α-D-半乳糖的异构酶。阻遏蛋白基因

galR 在染色体上的定位远离 *galETKM* 操纵子。

激活因子 cAMP-CRP 与 AS 位点结合，在转录起始开放复合物的形成中激活从 *P1* 位点开始的转录并抑制 *P2* 的转录活性。阻遏蛋白 GalR 通过结合 O_E 和 O_I 两个操纵元件发挥调控作用。GalR-O_E 复合物通过与 RNA 聚合酶的 α-CTD 结构域相互作用，抑制 *P1* 处转录起始开放复合物的形成，增强 *P2* 位点的开放复合物的形成，从而抑制从 *P1* 处起始的基因转录，激活从 *P2* 处起始的基因本底水平的转录；在组蛋白样蛋白 HU 蛋白因子和超螺旋 DNA 作为模板存在的情况下，两个操纵元件上结合的 GalR 之间相互作用导致 DNA 环（抑制体）的形成，从而阻断下游结构基因的转录。

半乳糖在细菌细胞代谢中具有双重功能。半乳糖不仅可以作为碳源供细胞生长所需，而且与之相关的 UDP- 半乳糖（UDP-Gal）还是大肠杆菌细胞壁合成的前体物质。在生长过程中，细胞必须始终合成半乳糖差向异构酶（*galE* 基因产物），以保证细胞 UDP- 半乳糖的供应。在没有外源半乳糖的情况下，细胞通过半乳糖差向异构酶的作用由 UDP- 葡萄糖合成 UDP- 半乳糖。但由于细胞壁合成过程对差向异构酶的需求量很小，所以本底水平的组成型表达就能够满足细胞的生理需要。

如果大肠杆菌 *gal* 操纵子只有 *P1* 一个启动子，由于 *P1* 的转录活性依赖于 cAMP-CRP 的激活作用，当培养基中有葡萄糖时就不能合成异构酶。假如只有 *P2* 一个启动子，那么即使在有葡萄糖存在的条件下，半乳糖仍会使 *gal* 操纵子处于充分诱导表达的状态，对细菌来说这无疑会造成浪费。因此，无论从必要性还是经济性的角度考虑，大肠杆菌 *gal* 操纵子都需要一个不依赖于 cAMP-CRP 的启动子（*P2*）进行本底水平的组成型表达，以及一个依赖于 cAMP-CRP 的启动子（*P1*）来实现高水平表达。

10.4.2　AraC 与阿拉伯糖操纵子的正负调控作用

阿拉伯糖（arabinose）是一种可被大肠杆菌作为碳源利用的五碳糖。大肠杆菌利用 3 种酶将阿拉伯糖转化为 D- 木酮糖 -5- 磷酸，然后进入戊糖磷酸途径进行代谢。大肠杆菌中编码这 3 种蛋白酶类的基因在基因组上组成了一个操纵子结构，按照操纵子上的排列顺序这 3 个基因分别是：*araB*、*araA* 和 *araD*，简写为 *araBAD*。*araB* 基因编码 L- 核酮糖激酶（ribulokinase），*araA* 编码 L- 阿拉伯糖异构酶（L-arabinose isomerase），*araD* 则编码 L- 核酮糖 -5- 磷酸 -4- 差向异构酶（L-ribulose-5-phosphate-4-epimerase）。与 *gal* 操纵子不同，阿拉伯糖的代谢途径中酶的作用顺序是从 AraA、AraB、AraD 进行的。另外大肠杆菌还编码两套阿拉伯糖转运系统负责将其转运进入胞内，分别是由 *araE* 编码的低亲和力转运系统，和由 *araFGH* 编码的高亲和力转运系统，它们在基因组上的位置均远离 *araBAD* 操纵子。

araBAD 上游包含一个复合的启动区域，其中包含两个操纵元件：$araO_1$（-106 至 -144）和 $araO_2$（-265 至 -294），两个半诱导位点：$araI_1$（-56 至 -78）和 $araI_2$（-35 至 -51），一个位于两个半诱导位点上游的 CRP 结合位点，以及一个 *araBAD* 的启动子 P_{BAD} 和转录调节蛋白 *araC* 的启动子 P_C。转录调节蛋白基因 *araC* 的转录方向

是从启动子 P_C 向左转录，与从 P_{BAD} 开始的 *araBAD* 转录方向正好相反。转录调节蛋白 AraC 可结合于复合启动子区的 *araO*$_1$、*araO*$_2$、*araI*$_1$ 和 *araI*$_2$ 等位点，这个复合启动子区包括向右转录的 P_{BAD} 和向左转录的 P_C。

转录调节蛋白 AraC 包含 3 个部分：一个能够结合诱导物阿拉伯糖并介导其发生二聚化的 N 端结构域、一个结构域间连接区域（interdomain linker region）和一个结合 DNA 的 C 端结构域。AraC 蛋白既是控制 *araBAD* 操纵子转录的正调控蛋白，又是其负调控蛋白。在培养基中有阿拉伯糖但没有葡萄糖的情况下，*araBAD* 操纵子的启动子 P_{BAD} 被激活，转录下游基因 *araBAD*。当有阿拉伯糖存在时，AraC 结合效应物阿拉伯糖改变构象，以二聚体的形式结合到相邻的两个半位点 *araI*$_1$ 和 *araI*$_2$ 上；在没有葡萄糖的条件下，活化的 cAMP-CRP 蛋白在两个半位点上游的 CRP 结合位点结合。在此情况下，AraC 和 cAMP-CRP 两个转录激活因子共同激活了下游基因 *araBAD* 的转录。

当培养基中无阿拉伯糖时，*araBAD* 基因则不表达。这是因为此时 AraC 发挥了阻遏蛋白的作用，抑制了下游基因的转录。当不与阿拉伯糖结合时，AraC 以不同于激活蛋白构象的方式结合 DNA：一个 AraC 单体仍然结合在 *araI*$_1$ 位点，但另一个 AraC 单体则结合到远端的操纵元件 *araO*$_2$ 位点上。由于这两个半位点之间相距 210 bp，当 AraC 以这种方式结合时，两个 AraC 单体通过 N 端结构域以二聚化的构象结合在一起，两个位点之间的 DNA 形成一个环（loop）（图 10-7）。此外，当以这种方式结合时，在半位点 *araI*$_2$ 处没有 AraC 单体的结合。

当培养基中有阿拉伯糖时，AraC 还可激活 *araFGH* 操纵子的转录。该操纵子的转录起始位点上游 -42 bp 存在激活因子 cAMP-CRP 的结合位点，和转录起始位点上游 -70、-91、-145 或 -166 bp 位点的激活因子 AraC 的结合位点。

图 10-7 大肠杆菌阿拉伯糖操纵子的结构及其调控

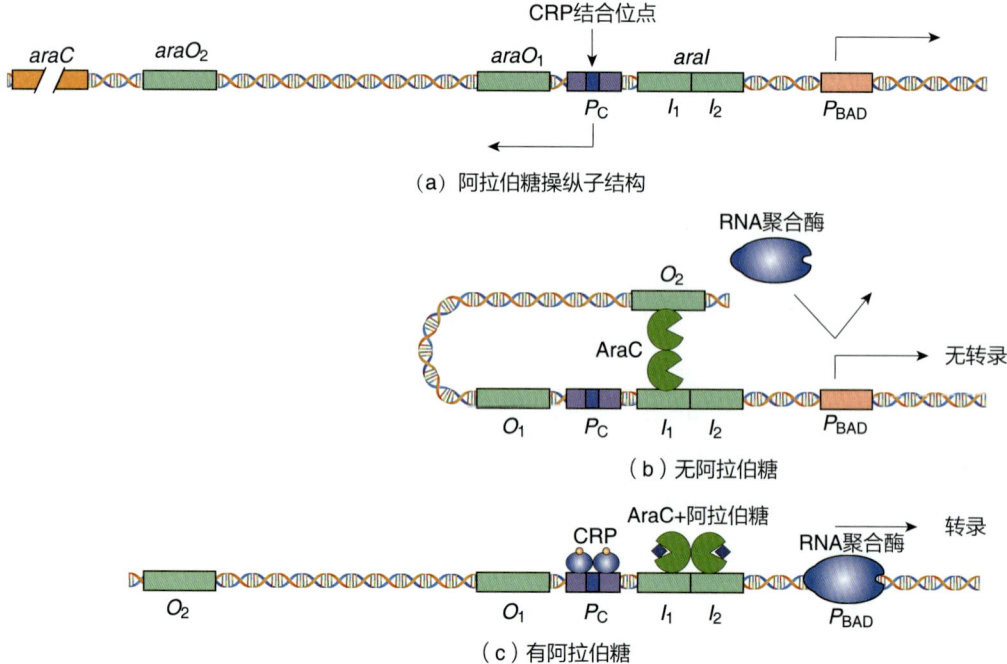

（a）阿拉伯糖操纵子结构

（b）无阿拉伯糖

（c）有阿拉伯糖

阿拉伯糖对 *araBAD* 启动子的诱导作用非常显著，基于这一特点，该启动子常被用于表达载体中。将目标基因克隆到 *araBAD* 启动子下游，通过是否在培养基中添加阿拉伯糖来控制目标基因的表达。

10.4.3 阻遏蛋白 LexA 与细菌的 SOS 反应

SOS 反应（SOS response）是细菌细胞应对 DNA 严重损伤（如受到紫外线辐射或 DNA 双链断裂）时做出的全局性应激反应。LexA 蛋白作为高度保守的小分子量（22 000）阻遏蛋白，调控了包括重组蛋白 RecA 在内的 50 多个 SOS 反应相关基因的表达。LexA 蛋白由 200 多个氨基酸残基组成，包含一个 N 端 DNA 结合结构域和一个 C 端催化核心结构域，并且有可自我切割和不可切割的两种构象。

在正常生理条件下，LexA 以二聚体的形式与启动子区域约 16 bp 的保守序列（5′-CTGTN$_8$ACAG-3′），即 SOS 盒（SOS box）结合，抑制下游基因的转录。细菌正常生长情况下，细胞内 *recA* 基因表达并不完全受 LexA 的阻遏，而是以本底表达的方式在每个细胞中合成大约 1 200 个 RecA 蛋白单体分子。

但当细菌 DNA 严重受损时，DNA 复制被中断，单链 DNA 缺口数量增加，RecA 蛋白结合 ATP 并与这些缺口处的单链 DNA（single stranded DNA，ssDNA）相结合，并在其他蛋白因子的帮助下形成 RecA 纤维状复合体，转变为活化的 RecA 蛋白。随后，活化的 RecA 纤维促进 LexA 蛋白自我切割，使其不能与 DNA 结合，解除了 LexA 对下游 SOS 反应相关基因的阻遏作用，SOS 相关基因以一定的顺序开始表达，其中 *recA* 基因的转录增加了约 50 倍，完成 DNA 损伤修复。高水平表达的 RecA 是为了确保所有的 LexA 蛋白发生自我切割，从而解除 LexA 对靶基因的抑制作用。当修复完成后，活化信号消失，RecA 蛋白转变为非活化的单体分子。此时，*lexA* 基因正处于高水平表达；在缺乏活化的 RecA 的情况下，LexA 蛋白的非自我切割构象迅速积累，进而发挥阻遏蛋白的功能，关闭 SOS 反应相关基因的表达。一旦 RecA 蛋白的合成停止，细菌开始生长并进行分裂，RecA 又逐渐被稀释到原先的本底水平。

10.4.4 核糖体 RNA 及核糖体蛋白的多启动子调控

细菌的 rRNA 基因以多拷贝的操纵子形式分散在基因组中。大肠杆菌基因组中包含 7 个 rRNA 转录单元，这些转录单元由 16S、23S 和 5S rRNA 基因，以及间隔在其中的 tRNA 基因组成操纵子结构。大肠杆菌 rRNA 操纵子（*rrnE*）转录起始点上游存在两个启动子 *P1* 和 *P2*。存于 *P2* 上游的 *P1* 是一个强启动子，而 *P2* 是一个弱启动子，在细菌活跃分裂阶段（即对数生长期），当 ATP 浓度较高时，rRNA 操纵子的转录主要从 *P1* 强启动子起始。但是当细菌处于严紧反应状态时，如氨基酸饥饿状态下，胞浆中的 ppGpp 浓度增加，从 *P1* 起始的转录作用被抑制，rRNA 的合成效率降低至 5%～10%。在营养匮乏的培养基中，细胞增殖缓慢，*P2* 作为合成 rRNA 的主要启动子发挥作用，维持 rRNA 的本底水平转录。从 P1 开始的 rRNA 基因的转录，还需要转录因子 DksA 的参与。

核糖体蛋白 S1（30S ribosomal subunit protein S1，RpsA）在细菌蛋白质翻译起始阶段发挥着重要的作用，直接参与 30S 核糖体颗粒对 mRNA 的识别和结合。rpsA 基因包含有 5 个启动子：3 个强启动子和 2 个弱启动子。与细菌核糖体 rRNA 相似，处在对数生长期的细胞，主要依赖于从强启动子起始 S1 蛋白的基因转录。但是在营养匮乏的严谨状态下，3 个强启动子受到 ppGpp 的抑制。此时，细胞通过两个弱启动子起始的 S1 蛋白转录来维持基本生长需求。

核糖体是细胞内蛋白质合成的"分子机器"，在核糖体上进行的蛋白质翻译是一个高度消耗能量和物质的过程，为了维持正常的生理生化功能，细菌胞内含有 20 000 余个核糖体。编码核糖体蛋白、蛋白质合成因子和 RNA 聚合酶亚基的基因都混杂在一起，并组织成少数操纵子。一系列复杂的基因表达协调控制系统确保这些蛋白质的合成水平与 rRNA 的转录水平相当，以适应不同的生长条件。

10.5 转录水平上的其他调控方式

10.5.1 通过替换 σ 因子进行的调控

σ 因子是一种转录因子，它与核心 RNA 聚合酶结合并参与基因的转录起始。大多数细菌具有多个 σ 因子，它们响应环境和胞内信号，识别特殊的启动子 DNA 序列从而开启相应的基因转录。大肠杆菌中有至少 7 种不同的 σ 因子，并根据其蛋白质分子量的大小或编码基因的功能进行命名。正常生理条件下，大肠杆菌主要依赖 σ^{70} 因子负责基因的转录起始。然而，在特定条件下，如细菌生长温度、营养状态或其他环境因子发生变化的情况下，其他 σ 因子可以替代 σ^{70} 来启动适应新环境基因的转录。

σ^{70}，由 rpoD 基因编码，是细菌在正常生长情况下最丰富也是最基本的 σ 因子，负责优先转录与快速生长相关的基因，如核糖体操纵子、其他蛋白质合成相关基因、rRNA 和 tRNA 的编码基因等。

此外，大肠杆菌还经常使用其他 6 个不同种类的 σ 因子以应对环境或营养条件的变化。

σ^{S}，由 rpoS 基因编码，是细菌生长的稳定期阶段和一般应激反应（general stress response）的主要转录调节因子，可以激活或抑制几百个基因的表达，这些基因主要参与了细菌的代谢、运输、调节和应激反应。

$\sigma^{H}(\sigma^{32})$，由 rpoH 基因编码，参与热激基因表达调控，是控制大肠杆菌在有氧条件下指数生长期热激应答反应的主要 σ 因子。

$\sigma^{E}(\sigma^{24})$，由 rpoE 编码，被称为胞质外功能（extracytoplasmic function，ECF）σ 因子，是专门响应热激和氧化应激反应的转录因子，调控应激反应中周质蛋白和脂多糖

（lipopolysaccharide，LPS）的合成，并且可间接激活调节性小 RNA 分子 *csrB* 和 *csrC* 的转录。

$\sigma^N(\sigma^{54})$，由 *rpoN* 基因编码，是控制大肠杆菌氮代谢相关基因表达的转录因子，负责与精氨酸分解代谢有关酶类的基因表达。σ^N 因子和 RNAP 核心酶形成的转录起始开放复合物还受到远程结合的激活因子 NtrC 的活化调节作用。

$\sigma^F(\sigma^{28})$，也称为 FliA，由 *fliA* 基因编码，负责鞭毛形成及细菌运动性相关基因的转录，其识别的启动子具有一个长的 −10 区（GCCGATAA）。

$\sigma^{FecI}(\sigma^{19})$，由 *fecI* 基因编码，参与调节细胞柠檬酸铁运输相关基因的表达，能够与 *fecA* 上游的 *fec* 转运基因启动子结合。

σ 因子的替代调节作用是一种重要的基因表达调控机制，它保证了基因的转录在不同环境条件下的灵活性和适应性。σ 因子本身的活性受到蛋白水解酶的调控，也能被同源的抗 σ 因子失活。这些抗 σ 因子能够与特定的 σ 因子结合，阻止它们与核心 RNA 聚合酶组装。不同的 σ 因子可以独立地起作用，但是为了保证细胞响应不同环境信号变化的准确性，σ 因子之间常常交互作用构成网络调控模式，使得原核基因的表达稳定而平衡。

细胞会通过一种称为热激应答反应（heat shock response，HSR）的防御机制，帮助自己在高温环境或其他环境胁迫下生长存活。细胞的热激应答反应会产生一种称为分子伴侣（molecular chaperone）的蛋白质，能够帮助变性蛋白质实现正确折叠。另外，热激应答反应还会产生蛋白酶，降解那些在分子伴侣存在下也无法正确折叠的变性蛋白。这些编码帮助细胞在热激条件下存活的蛋白质的基因被称为热激应答基因（heat shock response gene，HSG）。转录因子 σ^{32} 介导的热激反应是大肠杆菌应对高温和其他胁迫的主要应激反应。由 σ^{32} 参与构成的 RNA 聚合酶全酶能够识别热激应答基因的启动子，由 σ^{32} 识别的这类基因的启动子与 σ^{70} 所识别的启动子不同，在其 −35 序列的前面还有数个保守的碱基（TNNCNCNC），−10 序列前面存在保守的 CCCC 序列。在细菌正常生长温度下，大多数 σ^{32} 的 mRNA 分子以一种核糖体不能结合的二级结构形式存在，从而阻止了 σ^{32} 的合成；而在高温热激应答反应中，该二级结构打开，允许核糖体结合并翻译产生 σ^{32} 因子。随着胞内游离 σ^{32} 因子浓度的增加，促进了 σ^{32} 与 RNA 聚合酶的结合，并起始热激蛋白基因的转录。而在无热激条件或热激反应终止后，σ^{32} 与分子伴侣 GroESL 和 DnaKJ/GrpE 结合，从而阻断其与核心 RNA 聚合酶的结合。σ^{32} 的稳定性受两种蛋白酶 FtsH 和 ClpXP 的影响，随着胞内游离的 σ^{32} 被 FtsH 和 ClpXP 蛋白酶降解，热激蛋白合成速率下降并停止热激应答反应。

σ^E 因子是另一类参与热激应答的转录因子，与一种存在于内膜上的抗 σ 因子（anti-sigma factor）RseA 相结合，在非热激反应的情况下，σ^E 与 RseA 相结合而处于非活性状态，热激反应会导致 RseA 被降解，从而释放 σ^E 因子。释放的 σ^E 因子会替代一部分 σ^{70} 因子与核心 RNA 聚合酶相结合，引导这些 RNA 聚合酶到热激反应相关基因的启动子上，激活这些基因的转录。当细菌适应了较高的生长温度后，大多数热激应答基因便停止转录，又开始表达常规的基因。热激应答反应中的 σ^{70} 基因仍然大量表达，这可能与细菌适应了较高生长温度后，又开始常规基因的转录有关。

在营养物质缺乏或其他不利条件下，革兰氏阳性菌枯草芽孢杆菌通过形成芽孢度过艰难时期，直到有利条件下恢复营养生长。芽孢形成开始于子细胞间隔的形成。细胞隔膜将细胞分成大小两个不相等的部分，较小的部分为前芽孢，将来发育成熟为芽孢，较大的部分是母细胞。当枯草芽孢杆菌产生芽孢时，芽孢形成特异性基因启动转录，而在营养生长阶段所需的基因则被关闭，这种转换是通过一系列新的 σ 因子逐步取代 RNA 聚合酶中营养生长阶段的 σ 因子，进而转录特异性产芽孢相关基因完成的。芽孢的形成需要 6 种不同的 σ 因子，除了营养性 σ^A（σ^{43}）外，σ^F（SpoIIAC）、σ^E（σ^{29}）、σ^H（σ^{30}）、σ^G（SpoIIIG）和 σ^K（σ^{26}）都发挥着重要作用。枯草芽孢杆菌通过有序的 σ 因子更替，使 RNA 聚合酶识别不同基因的启动子，从而使与芽孢形成有关的基因有序地表达。σ^F 因子首先出现在芽孢形成过程中。在前芽孢中，它激活了大约 16 个基因的转录，包括编码其他芽孢特异性 σ 因子的基因。特别是，它激活了 *spoIIR* 基因的表达，而 SpoIIR 反过来又激活了母细胞中编码 σ^E 的基因。σ^F 和 σ^E 共同作用，分别使前芽孢和母细胞进入不可逆的产孢过程。σ^E 因子和 σ^K 因子存在于母细胞中，σ^E 因子和 σ^K 因子先以非活性的前体形式被合成，经过特定的蛋白酶作用转变成活性形式。σ^F 因子也是以非活性形式（与抗 σ 因子 SpoIIAB 结合）存在于芽孢中，环境刺激导致 SpoIIAA 抗-抗 σ 因子去磷酸化，并特异性地与抗 σ 因子 SpoIIAB 结合，释放出有活性的 σ^F 因子。活性 σ^F 因子促使早期芽孢形成相关基因（包括 σ^G 因子和需要进入母细胞中降解前体 σ^E 的蛋白酶基因）的转录。活性 σ^G 因子主要激活后期芽孢形成相关基因和需要进入母细胞中降解前体 σ^K 的蛋白酶基因的转录。

10.5.2　H-NS 蛋白的调节作用

H-NS 蛋白（histone-like nucleoid structuring protein）也称为组蛋白样类核结构蛋白，是细菌中一种含量丰富的小分子量（大肠杆菌中的 H-NS 只有 15 500）DNA 结合蛋白。H-NS 蛋白主要存在于细菌的拟核区，通过非特异结合到染色质 DNA 上，参与细菌染色质的包装，在维持细菌染色质高级结构和稳定性方面发挥着十分重要的作用。H-NS 蛋白由存在于 N 端的蛋白质-蛋白质相互作用结构域，和存在于 C 端的 DNA 结合结构域（DNA binding domain，DBD）两部分结构域组成。H-NS 蛋白首先通过 C 端 DBD 结构域非特异性结合到 DNA 上，再通过 N 端结构域形成四聚体或多聚体，桥联远端的 DNA 区域，导致染色质 DNA 成环，进而形成高级结构。H-NS 蛋白除了具有维持细菌染色质结构的作用外，在细菌的基因表达调控中也发挥着重要作用。

H-NS 作为转录调节因子既可以抑制基因的转录也可以激活基因的转录。当 H-NS 作为转录抑制因子发挥作用时，H-NS 优先结合到基因组中富含 AT 的 DNA 区域，这些区域被称为 H-NS 结合位点（H-NS binding site），通常位于水平获得性基因、致病性基因岛等基因簇的启动子区。当 H-NS 蛋白结合到该位点后，可以阻止 RNA

聚合酶结合，从而抑制基因转录起始。H-NS 通过与这些区域结合可以沉默或者下调可能对细菌有害的基因表达。

H-NS 也可以发挥转录激活因子的作用。在某些情况下，H-NS 的结合可以促进特定转录因子或 RNA 聚合酶对靶基因启动子区域的结合，从而增加目标基因的表达。H-NS 的调节作用受到包括温度、pH、渗透压和其他调节蛋白等多种因素的影响，调节相关基因表达，帮助细菌适应不同的环境条件。

最近的研究表明，细菌第二信使 c-di-GMP 是 H-NS 的特异性配体，高水平的 c-di-GMP 会干扰 H-NS 与 DNA 的结合，调控其转录因子功能。当外界环境发生改变时，细菌能够响应外界因素调节胞内 c-di-GMP 的浓度，进而通过 H-NS 调控不同基因的转录水平，以更好地应对环境变化。

10.5.3 特异性转录调控因子的作用

特异性转录调控因子，也称为特异性转录因子（specific transcription factor），是指能够识别并结合到特定基因的启动子区，对基因的转录起激活或抑制作用的 DNA 结合蛋白。特异性转录因子通常通过与 RNA 聚合酶相互作用以调控基因的转录，帮助细菌适应不同的生存环境和生理生化需求。它们不仅广泛参与了细菌细胞内的基因表达调控，而且也可以响应外部信号，如环境中的营养物质浓度、渗透压、特定金属离子浓度、氧化还原状态、pH 等变化，调控相关基因的转录以应对生存环境的变化。根据所调控基因的数量及其结合特点，可以将细菌转录因子分为两大类：全局性转录因子（global transcription factor）和局部转录因子（local transcription factor）。全局性转录因子在细菌基因组中具有多个启动子区结合位点，能够调控大量不同功能基因的转录；而局部转录因子则与少数基因的特异位点结合而发挥转录调控作用。在大肠杆菌中发现了至少 7 种全局性转录因子：CRP（cyclic AMP receptor protein，环腺苷酸受体蛋白）、FNR（fumarate and nitrate reduction protein，延胡索酸和硝酸盐还原蛋白）、IHF（integration host factor，整合宿主因子）、Fis（factor for inversion stimulation，倒位刺激蛋白因子）、AreA（anoxic redox control A，厌氧呼吸调控蛋白 A）、NarL（nitrate responsive regulator，硝酸盐应答调控蛋白）和 Lrp（leucine-responsive regulatory protein，亮氨酸应答调控蛋白）。以上 7 种转录因子调控了大肠杆菌中 50% 以上的基因表达。通常，全局性转录因子和局部转录因子存在协同调节作用，如 CRP 和 CytR（cytidine repressor，胞嘧啶核苷抑制因子）可以共同调控 cytR 启动子活性，呈现出复杂的网络调控格局。

根据作用机制可将细菌转录因子分为激活性转录因子和抑制性转录因子，也有些转录因子对某些基因发挥转录激活作用，而对另外一些基因发挥抑制作用。对同一个操纵子，某些转录因子也可以发挥激活和抑制作用，例如，前面提到过的 AraC 蛋白，可以通过是否结合诱导物（阿拉伯糖），而对阿拉伯糖操纵子基因转录分别起到激活和抑制作用。细菌中许多操纵子的启动子区域均具有多个转录因子的结合位点，这些转录因子通常与 RNA 聚合酶相互作用结合到启动子区域，形成转录起始复合物控制基因转录起始和效率。

细菌的转录因子通常包含 DNA 结合结构域（DNA binding domain，DBD）和调节结构域（regulatory domain，RD），并以二聚体的形式与启动子区域相互作用，激活或抑制下游操纵子的转录。但也有部分转录因子仅具有 DNA 结合结构域，如多重耐药调控蛋白 MarA（multiple antibiotic resistance regulator）和超氧化物应答转录调节蛋白 SoxS（superoxide response transcriptional regulator）都缺少调节结构域。几乎所有的细菌转录因子都具有十分保守的螺旋－转角－螺旋（helix-turn-helix，HTH）模体，该模体影响转录因子与启动区 DNA 的结合能力。转录因子受到信号活化之后，通过其 DNA 结合结构域与 DNA 调控序列相互作用，随后通过其转录激活结构域与 RNAP 相互作用，从而招募 RNAP 激活下游转录，然而细菌中也有一些具有特殊机制的转录因子，它们可以通过不依赖与 DNA 相互作用的方式或者以不依赖于 RNAP 相互作用的方式激活转录。

不依赖于 DNA 相互作用的转录激活因子：这类转录因子通过直接与 RNAP 相互作用，或者与 σ 因子相互作用来调节 RNAP 的转录活性，具有代表性的是大肠杆菌的 Crl 蛋白。RNAP-σ^{70} 和 RNAP-σ^{38} 分别在营养丰富和营养匮乏时负责大肠杆菌基因转录。RNAP-σ^{70} 的活性以及稳定性均强于 RNAP-σ^{38}，因此 RNAP-σ^{38} 需要 Crl 的协助才能在营养匮乏或生长受胁迫时接替 RNAP-σ^{70} 负责基因转录。Crl 能够特异性结合 σ^{38}，其通过和 RNAP 建立相互作用，促进 RNAP-σ^{38} 的组装，并且 Crl 还能够通过增强 RNAP-σ^{38} 与启动子 DNA 的结合能力促进 RNAP-σ^{38} 的转录活性。

不依赖于 RNAP 相互作用的转录激活因子：MerR（mercuric resistance operon regulatory protein）家族的转录因子具有和经典转录因子截然不同的特征，它们在启动子 DNA 上的结合位点与 RNAP 结合位点位置完全重叠。MerR 家族转录因子始终保持与 DNA 结合，在静息状态下抑制下游基因转录，受到信号活化后，能够将非活性的启动子转变为活性状态从而启动下游基因转录。MerR 家族转录因子通过结合在启动子 DNA 的 -35 区和 -10 区之间，使双链 DNA 在 4 个位置发生了较大程度弯折，将 19 bp 的 -35/-10 间隔区域还原到 17 bp 的理想距离，使 RNAP-σ^{70} 成功识别启动子的 -35 和 -10 两个关键区域从而起始下游基因转录。部分 MerR 家族因子和 RNAP 发生相互作用，但是 MerR 家族转录因子的转录激活很大程度上不依赖于 RNAP 的相互作用。

10.5.4 转录终止层面的调控

细菌基因转录一般通过两种途径终止，分别为依赖 Rho 因子的转录终止（Rho-dependent termination）和不依赖 Rho 因子的转录终止（Rho-independent termination），也称为固有转录终止（intrinsic termination）。在依赖 Rho 因子的转录终止过程中，终止因子 Rho 以六聚体形式识别和结合 RNA，随后通过水解 ATP 提供能量沿着 $5' \rightarrow 3'$

方向在 RNA 上移动，追赶上 RNA 聚合酶后，在 NusG 的协助下通过水解 ATP 提供机械力使 RNA 与 RNA 聚合酶解离。固有转录终止是一种不依赖终止因子，仅依靠 RNA 聚合酶识别 RNA 一级序列和二级结构实现转录终止的方式。固有转录终止是细菌更加保守的转录终止方式，在大肠杆菌中，大约有 80% 的转录终止事件通过固有转录终止方式实现。

固有转录终止子（terminator）由一段富含 GC 能够形成 RNA 发夹的序列和紧随其后的富含 U 的序列组成。固有转录终止位点通常位于 RNA 发夹 3′ 端的第 7~8 个尿嘧啶。固有转录终止过程可以分为 4 个中间步骤：①第一个步骤是转录暂停，当 RNA 聚合酶转录到固有转录终止子的多聚尿嘧啶区域时，RNA 聚合酶和 RNA-DNA 杂交链形成特殊的半移位构象，阻碍 NTP 结合从而发生转录暂停。②第二个步骤是 RNA 发夹折叠进入 RNA 聚合酶的 RNA 通道，转录暂停为 RNA 折叠提供了时间，当 RNA 发夹折叠进入 RNA 聚合酶的 RNA 通道后，诱发 RNA 聚合酶构象变化，导致 RNA-DNA 的杂合双链处于亚稳态。③第三个步骤是 DNA 双链自发闭合，RNA 发夹折叠完成、RNA 解离。在该过程中，DNA 双链自发闭合为 RNA 发夹完全折叠清除了能量障碍，RNA 发夹完全折叠的过程中，破坏 RNA-DNA 杂交链的 A：U 弱碱基配对，从而将 RNA 从 RNA 聚合酶催化中心解离。④第四个步骤是 DNA 解离，RNA 聚合酶解离 RNA 之后，仍然以特殊形式与基因组双链 DNA 结合，其可以自发解离也可以在其他蛋白质的协助下解离 DNA。

抗终止作用（anti-termination）是噬菌体和某些细菌操纵子控制基因转录的一种分子机制。该作用方式是通过一类称之为抗终止因子的蛋白质与转录延伸过程中的 RNA 聚合酶复合体相结合，使得 RNA 聚合酶能够顺利通过由茎-环结构组成的终止子，继续下游基因的转录。典型的抗转录终止作用发生在 λ 噬菌体基因表达的时序调控和大肠杆菌 rRNA 操纵子的转录过程中。当 λ 噬菌体侵染大肠杆菌后，利用宿主的 RNA 聚合酶首先从早期启动子 P_L 开始转录，合成产生抗终止 N 蛋白，N 蛋白立即识别并结合到新生 RNA 链的 nut（N utilization site）位点上。nut 位点主要由保守的 boxA 和 boxB 区域组成，N 蛋白识别并结合 boxB，而宿主中游离的 NusA（一种重要的转录因子）、NusB、NusE（核糖体蛋白 S10）和 NusG 可以识别并结合到 boxA 序列上。N 蛋白本身并不直接与 RNA 聚合酶相互作用，结合 boxB 的 N 蛋白通过与 RNA 聚合酶直接结合的 NusA 蛋白调控 RNA 的转录终止。NusA 与 σ 亚基共同竞争细菌 RNA 聚合酶的核心酶。NusA 结合到 RNA 聚合酶上，延长了 RNA 聚合酶在转录终止子发夹结构处的暂停阶段，促进了终止作用的发生。而在抗终止过程中，在宿主的另外 3 种抗终止蛋白 NusB、NusG 和 S10 的共同参与下，N 蛋白和 NusA 与 RNA 聚合酶相结合形成了抗终止复合物，从而发挥抗终止作用，使得转录通读（图 10-8），调控 λ 噬菌体进入迟早期阶段基因表达。N 蛋白的抗转录终止作用具有高度的特异性，不同的噬菌体利用不同的 nut 位点和 N 蛋白形成抗终止复合体，但其详细分子机制尚不明确。

λ 噬菌体从启动子 P_R 方向通过 N 蛋白抗转录终止作用，合成的最后一个蛋白 Q

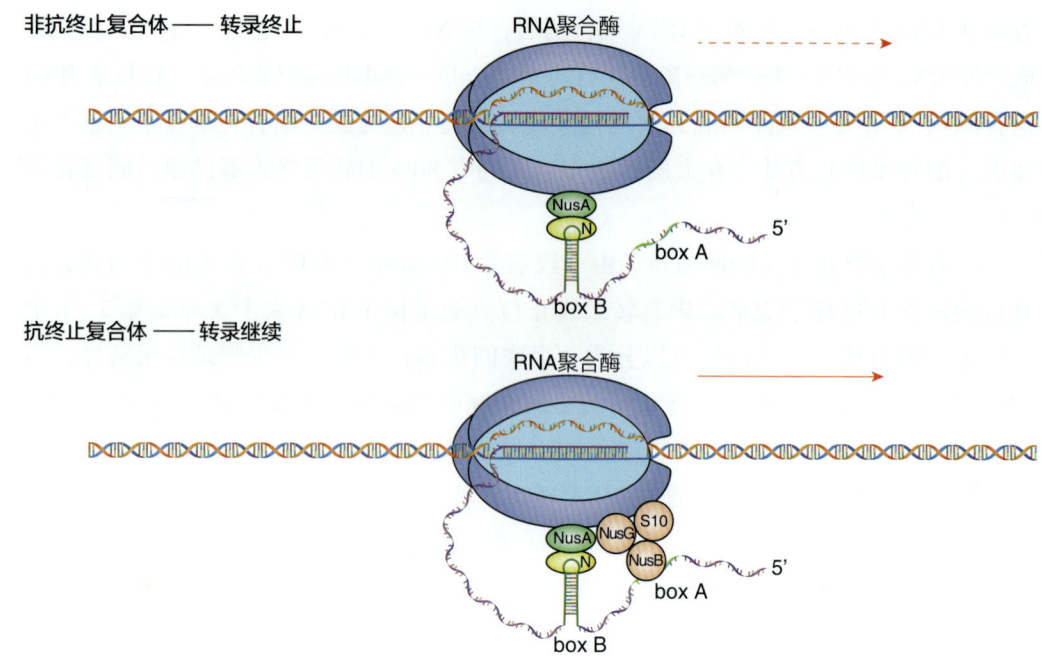

图 10-8 抗终止作用

也是一种抗终止因子。蛋白 Q 调控 λ 噬菌体启动子 $P_{R'}$ 方向的抗转录终止，合成噬菌体的头部和尾部蛋白多顺反子 mRNA。与抗终止 N 蛋白作用方式不同，Q 蛋白与 DNA 链上的 *qut* 位点（Q utilization site）结合，随后与转录阶段的 RNA 聚合酶、新生 RNA 以及 DNA 形成复合体，以某种尚不明确的机制，干扰晚期阶段的操纵子的终止子发挥作用，使得 λ 噬菌体发育进入裂解途径。

另一个抗转录终止的典型例子是大肠杆菌核糖体 RNA 编码基因 *rrn* 的转录调控。大肠杆菌的每个 *rRNA* 操纵子都包含有 boxA 和 boxB 序列，当结合有 NusA 的 RNA 聚合酶遇到 boxA 终止序列时，NusB/S10 抗终止因子在 NusG 的帮助下与 RNA 聚合酶相结合，实现抗转录终止。

10.5.5　信号转导、双组分系统和第二信使

微生物细胞生活的外在环境处于不断变化中，需要随时针对环境中的温度、pH、渗透压、氧化应激、营养状态及细胞浓度等变化做出相应的反应，以保障其能够存活。与诱导和阻遏转录调控系统中，环境中的小分子效应物（诱导物或阻遏物）通过直接与调节蛋白结合进而调控基因转录不同，在多数情况下，细胞外部的信号并不是直接传递给调节蛋白，而是首先通过一类被称为传感器（sensor）的蛋白质分子接收信号，然后通过调节蛋白以不同的方式传递到调节部位，这一信号传递的过程称之为信号转导（signal transduction）。

双组分调控系统（two-component regulatory systems）是目前已知的最简单的细胞信号转导系统，该系统广泛存在于微生物和植物细胞中，但不存在于哺乳动物细胞中。双组分系统也是细菌中最重要的信号转导系统，调控细菌的趋化性、渗透压感

知、芽孢形成、营养元素代谢、毒力因子表达、致病性及耐药性等生命活动。细菌利用双组分系统可以感受多种信号（如 pH、渗透压、光信号、温度、小分子等）进而调节其细胞内的生理生化反应。双组分系统通常由位于细胞膜上的跨膜传感蛋白受体（sensor protein），即感受信号的组氨酸激酶（histidine kinase，HK）和位于细胞质的应答调节蛋白（response regulator，RR）组成。当传感蛋白组氨酸激酶感知到膜外环境的信号后，其保守组氨酸（His）残基发生自磷酸化，随后将磷酸基团转移至应答调节蛋白的保守天冬氨酸（Asp）残基，磷酸化修饰的应答调节蛋白可以结合在受调控基因的启动子上，进而调控双组分系统下游基因的表达（图 10-9）。除支原体等个别类群外，原核生物细胞一般均编码数个乃至数百个双组分信号转导系统，用于感应外界环境刺激，调控细菌绝大多数生理过程。如大肠杆菌的基因组编码了 60 多种双组分系统蛋白，参与调控趋化性、新陈代谢和离子转运等生理过程。双组分系统调节细菌对特定环境条件的反应，如控制氮同化酶合成的 NtrB-NtrC 系统，控制外膜蛋白合成的 EnvZ-OmpR 系统，以及控制厌氧呼吸酶合成的 NarX-NarL 和 NarQ-NarP 系统等。

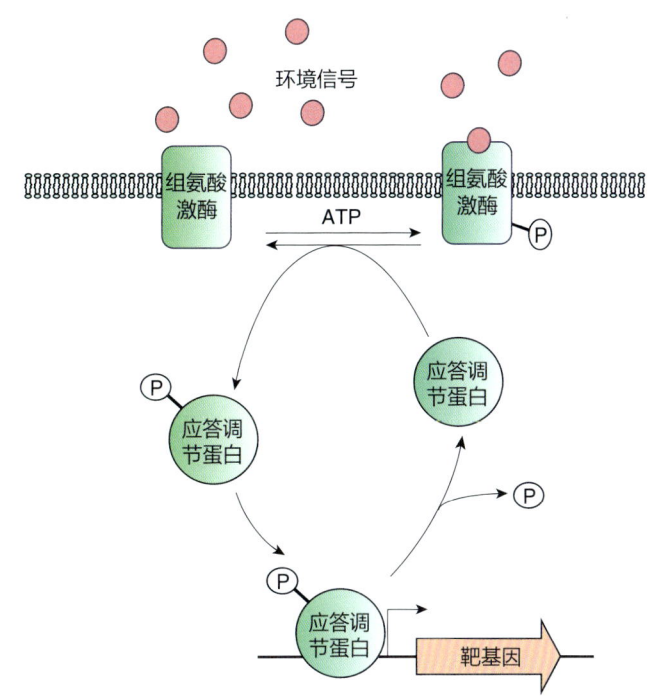

图 10-9　双组分调控系统

核苷类第二信使分子如 cAMP、cGMP、c-di-AMP、c-di-GMP、(p)ppGpp 等也在细菌和古菌的信号转导中发挥着重要的作用。其中，环二鸟苷单磷酸（cyclic diguanosine monophosphate，c-di-GMP）是一类广泛存在于细菌中的核苷类第二信使，参与调控细菌多种重要的生物学过程，如生物被膜（biofilm）形成、运动性、毒力及细胞周期等，在细菌的代谢调控中处于中心调节地位。c-di-GMP 可在二鸟苷酸环化酶（diguanylate cyclase，DGC）的催化下，由两分子的鸟苷三磷酸（guanosine triphosphate，GTP）环化形成。细菌胞内的 c-di-GMP 浓度由含 GGDEF 结构域的 DGC 催化合成和含 EAL 或 HD-GYP 结构域的磷酸二酯酶（phosphodiesterase，PDE）催化降解两条途径调控。当细胞表面受体感受到胞外信号时，可以通过调节细胞内各种 DGC 和 / 或 PDE 的活性，从而改变 c-di-GMP 的浓度。随后，c-di-GMP 的效应分子通过感知其浓度的变化，迅速调控细胞内相应的代谢途径和生物学功能以适应外界环境的改变。c-di-GMP 的效应分子主要包括特定的转录因子、核糖开关、退化的 GGDEF/EAL 结构域蛋白、PilZ 结构域蛋白、多核苷酸磷酸化酶 PNPase、蛋白激酶等（图 10-10）。在该过程中，第二信使 c-di-GMP 通过充当"转换器"或"放大器"的作用，将无法直接内化的胞外初始信号转化为细菌的胞内信号，以帮助细菌在信号感知与细胞反应之间建立联系。

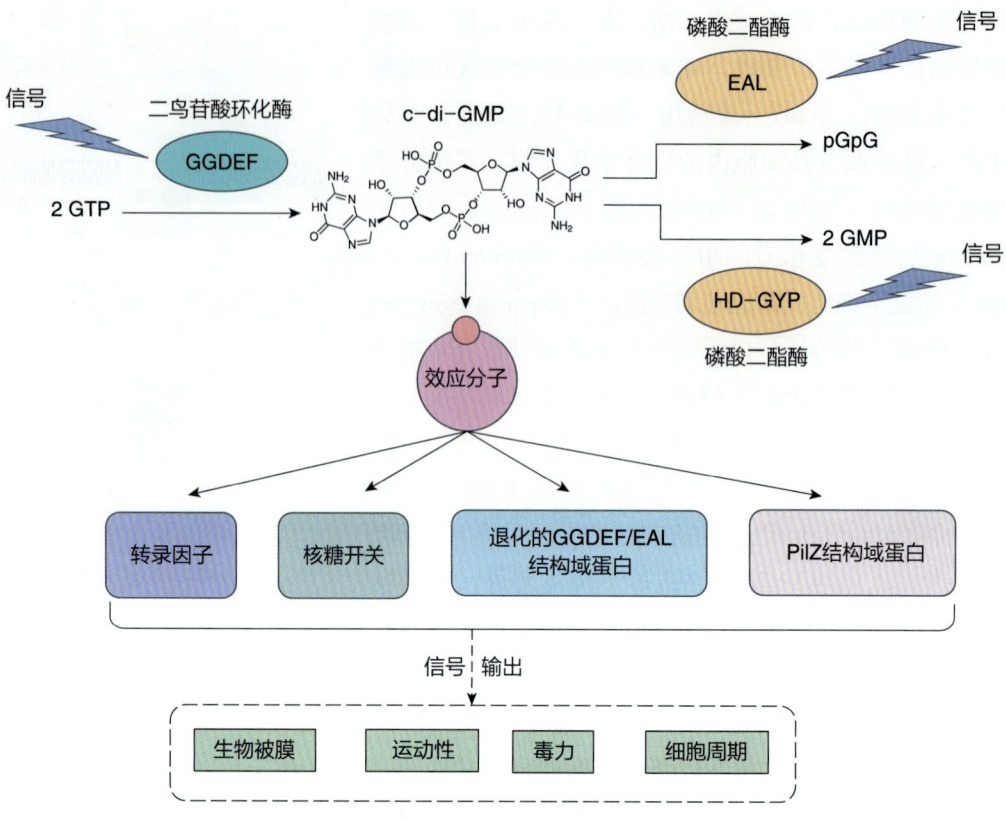

图 10-10 第二信使 c-di-GMP 参与的基因表达调控

10.6 转录后水平的基因表达调控

微生物要在复杂的环境中生存，必须根据自身需求来调节细胞内功能基因的表达。转录水平的基因表达调控是最普遍最经济的调控方式，可根据细胞的需要，开启或者关闭基因的转录。但为了应对外界环境的变化和生物体自身的需求，细胞内转录生成 mRNA 之后，还存在发生在翻译水平或翻译后水平上对基因表达的"微调"，这是对基因转录水平调控的补充。相对于转录水平，转录后水平的基因表达调控能够更加快速和直接地响应外在环境的变化和自身需求。

10.6.1 核糖开关控制的基因表达

核糖开关（riboswitch）是原核生物中一种重要的表达调控元件，通常位于 mRNA 的 5′端非翻译区，能够直接感知细胞内外生理信号变化（如温度、pH、代谢产物、tRNA 等），通过引起 mRNA 二级结构的变化控制核糖体与 mRNA 的结合，或者通过调节 mRNA 稳定性在翻译水平调控基因的表达。核糖开关也可能通过影响转录的起始、延伸及终止，调节基因的表达。目前，已经发现超过 50 种不同的核糖开关，根据其所能识别的信号分子（也称配体）类型，可将其分为 4 类：响应小分子代谢物、金属离子、环境因素及空载 tRNA 敏感的核糖开关。

焦磷酸硫胺素（thiamine pyrophosphate，TPP）感应核糖开关是最早发现参与翻译水平调控的核糖开关之一，也是目前已知广泛存在于细菌、古菌及真核生物中的一种核糖开关，主要负责调控硫胺素及其磷酸化衍生物转运或合成相关基因的表达。TPP感应核糖开关位于硫胺素合成操纵子的前导区（leader region），对 TPP 具有高度特异性。当胞内无 TPP 或 TPP 的浓度低于一定阈值时，TPP 的合成顺利进行；而当 TPP 浓度较高时，TPP 通过与核糖开关直接结合引起 mRNA 前导区的构象发生变化，与 SD 序列（Shine-Dalgarno sequence）碱基互补配对形成屏蔽螺旋，阻碍了核糖体结合，从而阻断了翻译起始。

还有少数核糖开关可通过调节 mRNA 的稳定性或 mRNA 的剪接加工来调节基因的表达。这类核糖开关可通过与配体结合引起 RNA 构象变化而影响其与 RNA 酶的结合，或者通过结合配体激活核酶（ribozyme）活性发挥调节作用。如枯草芽孢杆菌 *glmS* 核糖开关位于葡糖胺-6-磷酸（glucosamine-6-phosphate，GlcN6P）合成酶基因 *glmS* mRNA 的上游，具有自剪切核酶活性，对 GlcN6P 的合成起反馈抑制作用。该酶催化 D-果糖-6-磷酸和 L-谷氨酰胺生成 GlcN6P 和谷氨酸，当细胞中 GlcN6P 浓度较高时，*glmS* 核糖开关通过特异性结合 GlcN6P，激活自身核酶活性，在 *glmS* AUG 密码子上游 245 bp 处发生自剪切，引起 *glmS* mRNA 的降解，从而阻止了蛋白质的翻译（图 10-11）。细胞内没有 GlcN6P 时，没有配体与 *glmS* 核糖开关结合，*glmS* 核糖开关无核酶活性，*glmS* mRNA 可正常翻译。

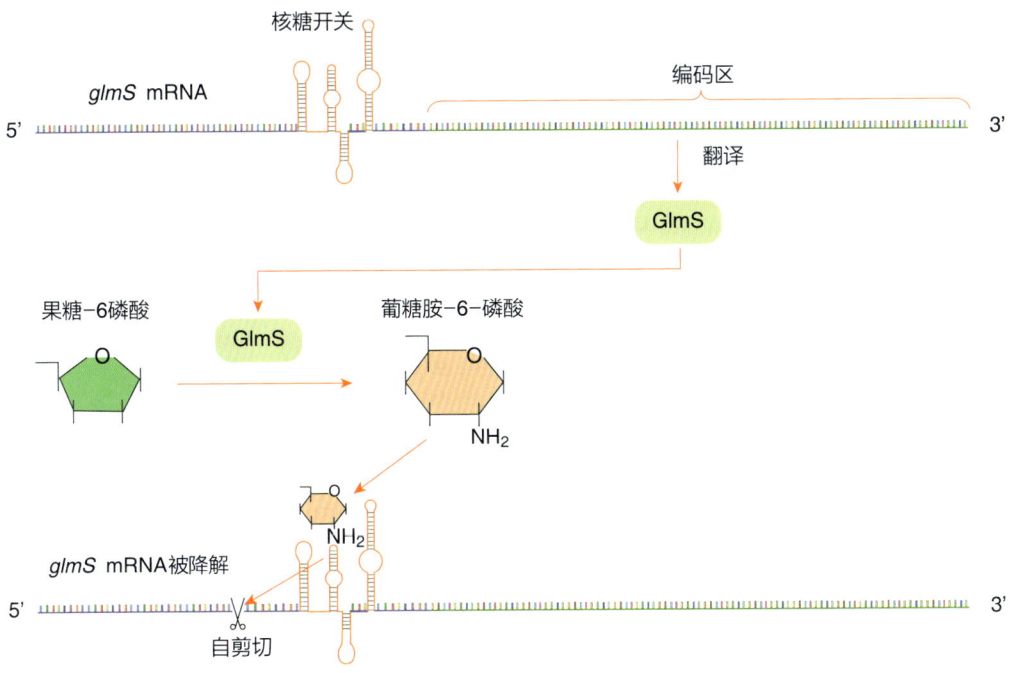

图 10-11　枯草芽孢杆菌 *glmS* 的核酶型核糖开关

10.6.2　CsrAB 调节系统与 mRNA 稳定性

mRNA 稳定性的调节是微生物转录后基因表达调控的有效途径之一。细菌中不同种类的mRNA稳定性差异很大，如大肠杆菌的mRNA半衰期的差异在数秒至20 min。细菌会利用一系列的核酸酶清除无用的或有缺陷的mRNA。mRNA稳定性不仅与自身序列特征有关，有些还受特异性顺式作用元件（cis-acting element）和RNA结合蛋白的影响。在细菌中广泛存在着一个CsrAB调节系统，其中CsrA（carbon storage regulator A）是一种RNA结合蛋白，能直接与靶基因mRNA结合参与其转录后水平调节；而CsrB作为一种非编码调控RNA，能与CsrA结合并抑制其活性。

CsrA是一种全局性转录后调节因子，在细菌中参与调节中心碳代谢途径、运动性、生物被膜形成、群体感应及致病性等多种生命活动。CsrA对靶标mRNA序列的识别非常保守，在大肠杆菌中，CsrA的识别序列为5′-RUACARGGAUGU-3′，其中GGA基序是100%保守的。此外，靶标mRNA的二级结构对于CsrA的识别也很重要，CsrA优先与RNA分子位于发夹环中的GGA基序相结合。

在大多数情况下，CsrA的调控作用是负向的，CsrA与靶标mRNA的结合往往导致其加速降解。在大肠杆菌中，CsrA与糖原合成基因 glgCAP 操纵子mRNA的非翻译区前导序列中的4个位点结合，其中最后一个位点与 glgC 的SD序列重叠，通过直接与核糖体竞争结合核糖体结合位点（ribosome binding site, RBS）来抑制翻译起始，导致操纵子mRNA不稳定，从而被RNA水解酶快速降解。也有一些CsrA介导正向调节作用，如CsrA可通过结合并稳定mRNA来激活大肠杆菌 flhDC 操纵子的表达，在激活鞭毛生物合成和趋化性中发挥关键作用。CsrA与 flhDC mRNA前导非翻译区的两个位点结合，抑制了RNase E对 flhDC mRNA的水解作用，提高了RNA稳定性。

CsrA的生物活性在翻译后水平受到CsrB和CsrC的严格调节（图10-12）。CsrB是一条366 nt的非编码RNA，每个分子最多能够结合18个CsrA蛋白。CsrB通过与靶标mRNA竞争结合CsrA蛋白，导致胞内游离CsrA数量减少，从而使得靶标mRNA能够实现翻译表达。当细胞内CsrB水平较低时，胞内游离CsrA浓度较高，靶标mRNA的翻译受到抑制。CsrC是含有9个CsrA结合位点的非编码RNA，也以类似的

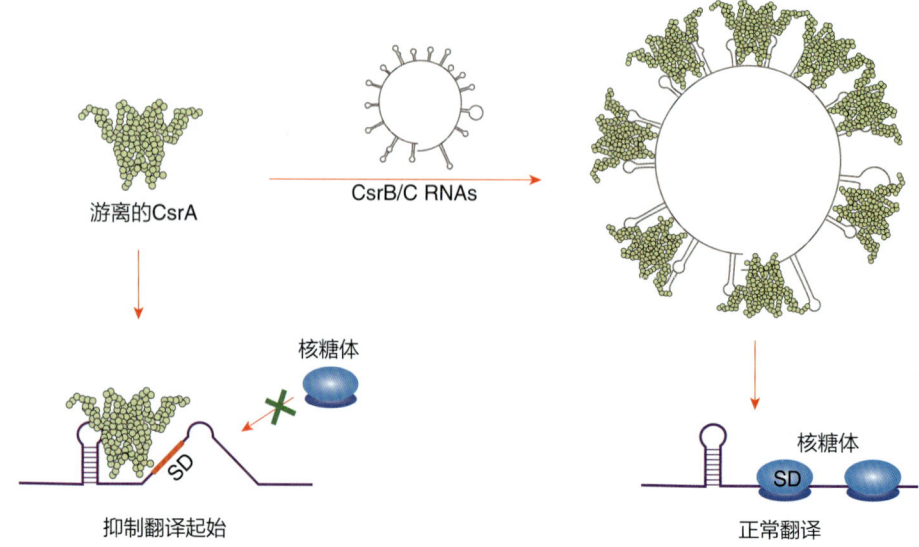

图10-12 CsrA蛋白的调控作用

方式调控着 CsrA 活性。此外，CsrA 还具有自调节机制，抑制自身蛋白质的合成。当细胞中游离 CsrA 的浓度达到临界水平时，CsrA 与 csrA mRNA 前导序列中的识别位点相结合，阻止核糖体与 SD 序列结合，从而减少自身蛋白质的合成。

10.6.3 反义 RNA 的调节作用

研究发现，细菌在响应外界环境压力、调节毒力、群体感应及氧化应激反应等变化时，细胞中会合成大量长度为 50~500 nt 的非编码 RNA，参与转录后水平的基因表达调控，这些 RNA 分子通常被称为 sRNA（small RNA）。大多数 sRNA 都是通过与靶 mRNA 的特定区域碱基互补配对结合参与调节基因表达的，因此也被称为反义 RNA（antisense RNA）。还有少数 sRNA 通过直接与蛋白质相互作用来调节基因表达，如 10.6.2 中提到的 CsrB。

靶向 mRNA 的 sRNA 通常可分为两大类：顺式编码 sRNA（*cis*-encoded sRNA）和反式编码 sRNA（*trans*-encoded sRNA）。顺式编码 sRNA 及其靶基因的编码序列位于同一 DNA 区域，但从相反的 DNA 链转录而来，能与其靶基因的 mRNA 完全匹配，通常只有一个靶标。原核生物 sRNA 以反式编码 sRNA 为主，反式编码 sRNA 通常在靶基因的远端，位于基因间隔区、mRNA 的 5′ 或 3′ 非翻译区（untranslated region，UTR），与靶 mRNA 仅表现出部分互补性，这使得其能与多个靶标进行碱基配对，为它们提供了全局性调节的能力。

目前发现的反式编码 sRNA 主要是以负调控作用为主，通过与靶 mRNA 的翻译起始位点附近和（或）5′-UTR 碱基的互补配对结合到靶 mRNA 上，从而阻止核糖体的结合，抑制翻译起始或促进 mRNA 降解。例如，大肠杆菌中 MicF 是在高渗透压下产生的 sRNA，它能与外膜孔蛋白编码基因 *ompF* mRNA 的翻译起始位点区序列相结合，抑制 *ompF* 的翻译，从而参与对外膜通透性的调控。近年来，还发现某些 sRNA 可通过直接与靶基因 mRNA 的 5′-UTR 配对，诱导 mRNA 结构变化，促进核糖体与 SD 序列结合，进而激活靶基因的表达，如 DsrA sRNA/*rpoS* mRNA、RyhB sRNA/*shiA* mRNA 和 RNAIII/*hla* mRNA 等。

大多数反式编码 sRNA 都需要依赖 RNA 伴侣蛋白 Hfq 的协助，共同调节靶 mRNA 的表达。Hfq 能与 sRNA 和靶 mRNA 中富含 A/U 的区域相互作用，促进 sRNA-mRNA 杂合双链的形成，进而招募核酸酶以执行 mRNA 的降解。在大肠杆菌中，Hfq 还能与胞内主要的 mRNA 降解酶 RNase E 直接结合，与 sRNA 形成三元复合物，以增强 RNase E 对 mRNA 的降解作用。此外，Hfq 还可以保护游离的 sRNA 免受细胞内核酸酶的降解。RyhB 是大肠杆菌中一个长 90 nt 的 sRNA，主要参与铁代谢相关蛋白质的表达调控。在富铁条件下，RyhB 的表达受铁摄取调节因子 Fur 的抑制；当缺铁状态下，RyhB 表达水平上调，在 Hfq 辅助下 RyhB 与甲硫氨酸亚砜还原酶基因 *msrB* mRNA 的 5′-UTR 区和 SD 序列附近位点相互作用，阻碍 30S 核糖体与 *msrB* mRNA 的结合，同时促进 RNase E 对 RyhB：*msrB* mRNA 杂合双链的降解，从而抑制 MsrB 的合成。

目前人们对细菌来源的顺式编码 sRNA 的生理功能还不是很清楚，有些可作为抗毒素因子通过碱基配对促进毒素 mRNA 的降解和（或）抑制其翻译，如大肠杆菌 IstR sRNA 和 OhsC sRNA。此外，人们还发现了少数双功能 sRNA（dual-function small RNA），一方面与其他典型 sRNA 类似参与翻译抑制或激活、靶 RNA 稳定性、加工或降解，另一方面还作为 mRNA 合成多肽或蛋白质，在相同或另一代谢途径中发挥作用。如金黄色葡萄球菌的毒力相关的关键调节因子 RNA Ⅲ，是一种长为 514 nt 具有复杂二级结构的 sRNA。RNA Ⅲ可以作为调节因子参与毒力因子的表达调节，如激活编码 α- 溶血素的 *hla* mRNA 的翻译，RNA Ⅲ的 5′ 端发夹结构 H2 和 H3 通过与 *hla* 5′-UTR 相互作用，使其 SD 序列暴露出来，能与核糖体结合并合成 HLA 毒素蛋白。RNA Ⅲ还可作为 mRNA 编码 26 个氨基酸组成的 δ- 溶血素，δ- 溶血素除具有溶血活性外，还具有抑制金黄色葡萄球菌菌落扩散的调节作用。

> 🔍 **知识拓展 10-3**
> 细菌中的双功能 sRNA

10.6.4　ppGpp 等警报素对翻译的影响

几乎所有细菌都可以产生鸟苷四磷酸（ppGpp）或鸟苷五磷酸（pppGpp），通常合称为 (p)ppGpp，也叫魔斑或者警报素。氨基酸饥饿条件下会导致大肠杆菌细胞内产生空载的 tRNA，这种空载的 tRNA 能激活焦磷酸转移酶，将 ATP 上的磷酸基团转移到 GDP 或者 GTP 上，合成大量的 (p)ppGpp。作为严紧反应（stringent response）信号分子，(p)ppGpp 的积累使得细胞从 DNA 复制、转录和蛋白质翻译层面进行生理过程的重塑和细胞资源的再分配，以减缓自身生长并提高对环境的适应能力。

胞内的 (p)ppGpp 对蛋白质翻译过程的影响，不仅包括对核糖体蛋白基因、rRNA 基因及 tRNA 基因转录的抑制，还包括对核糖体的组装、翻译起始和延伸等过程的抑制。(p)ppGpp 能够通过直接与 RNAP 相互作用，使其不能与 rRNA 等基因的启动子区正常结合，从而抑制翻译相关基因的转录。由于与 GTP 或 GDP 结构相似，(p)ppGpp 能竞争结合 GTPase 上的 GTP 结合位点，从而抑制了翻译过程中多种关键蛋白的 GTPase 活性，降低翻译速率。如 (p)ppGpp 通过与起始因子 IF2 相互作用，阻止其将起始 fMet-tRNA^{fMet} 定位在核糖体小亚基翻译起始复合物上，从而抑制翻译的起始。翻译延伸和易位过程也是 (p)ppGpp 的作用靶点。(p)ppGpp 与翻译延伸因子 EF-Tu 结合，阻止了氨酰 tRNA 与核糖体 A 位点的结合，而与 EF-G 的结合会阻碍其水解 GTP，导致供能不足，从而影响氨酰 tRNA 的易位，降低翻译的速度。在翻译终止过程中，(p)ppGpp 通过与释放因子 RF3 结合，导致其与核糖体亲和力下降，从而阻止了 RF1 和 RF2 从核糖体中释放，影响翻译终止后核糖体的重新利用。此外，(p)ppGpp 还通过抑制小 GTPase 的活性来抑制核糖体成熟过程中大亚基和小亚基的组装，从而影响 70S 起始复合物的装配，减少 70S 核糖体数量。总之，在翻译过程中，(p)ppGpp 通过抑制不同阶段关键蛋白质的 GTPase 活性，抑制胞内蛋白质的合成，以减缓细胞的生长速度。

> 🔍 **知识拓展 10-4**
> 其他的基因转录后水平影响因素

此外，调节型核糖体蛋白、密码子偏好性以及重叠基因结构也会影响基因转录后水平的调节。

10.7 噬菌体基因表达调控

噬菌体是感染细菌、真菌、藻类、放线菌或螺旋体等微生物的病毒的总称。在典型的裂解周期中，噬菌体 DNA（或 RNA）注入宿主细胞，进行噬菌体 DNA 的复制和蛋白质的合成，并组装成新的噬菌体颗粒，最后裂解宿主细胞，释放出子代噬菌体。温和噬菌体不仅能以裂解周期进行大量增殖，还能整合到宿主基因组上，以溶原状态存在，随着宿主 DNA 的复制而复制，并伴随宿主细胞的分裂传递到子细胞中。在一定条件下，原噬菌体经诱导还可以游离出来，脱离原有溶原状态，进入裂解途径。

λ 噬菌体是一种感染大肠杆菌的温和噬菌体，其裂解发育、溶原发育以及溶原状态到裂解发育的诱导一直是研究生物分子调节机制的经典模型。λ 噬菌体基因表达调控有多种形式，有正调节、负调节、自主性的反馈调节、抗终止调节、反义调节及反向调节等不同方式；不同的发育过程及两种生存方式间的转变都是通过众多调节因子在转录水平或转录后水平调节基因的表达来实现的。下面我们以 λ 噬菌体为例，详细介绍噬菌体在不同的发育过程及两种生存方式间转变中的三个关键调控因子的作用机制。

10.7.1 λ 噬菌体溶原化和裂解途径的基因表达调控

λ 噬菌体 DNA 总长为 48.5 kb，由 4 个操纵子组成，分别为阻遏蛋白操纵子、左向早期操纵子、右向早期操纵子和右向晚期操纵子，位于 DNA 的两条链上（图 10-13）。阻遏蛋白操纵子含有 *cI* 基因，其产物 C I 蛋白也被称为 λ 阻遏蛋白，是溶原途径所需的主要调节因子。λ 噬菌体溶原途径和裂解途径之间的平衡取决于胞质 λ 阻遏蛋白的浓度：当其浓度较高时，λ 噬菌体以溶原状态存在；当其浓度较低时，λ 噬菌体将无法维持溶原态而进入裂解途径。左向早期操纵子主要编码参与重组、整合、切割有关的蛋白；右向早期操纵子主要编码裂解感染所需的复制相关蛋白；晚期操纵子含有 20 多个基因，主要编码与 λ 噬菌体裂解途径有关的一系列结构蛋白和溶菌酶等。

根据不同操纵子转录的先后，可把转录分为早早期、迟早期和晚期等不同阶段。λ 噬菌体溶原化和裂解途径是以同样的方式开始的，都需要早早期基因和迟早期基因的表达。宿主 RNA 聚合酶结合在启动子 P_L 和 P_R 上并启动向左和向右的转录，转录产物都在其基因末端第一个终止子（分别为 *tL1* 和 *tR1*）位置终止，获得早早期转录产物 L_1 和 R_1，分别合成 N 蛋白和 Cro 蛋白。N 蛋白作

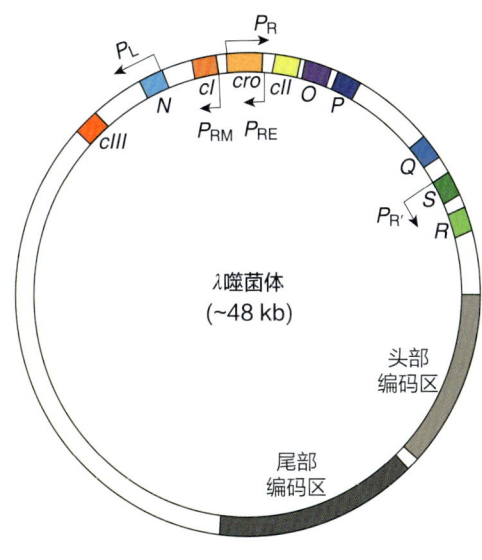

图 10-13 λ 噬菌体基因组

为一种抗终止因子，能使 L_1 和 R_1 越过 tL_1、tR_1 和 tR_2 的终止作用继续转录，合成迟早期转录产物 L_2、R_2 和 R_3，其中 L_2 和 R_2 mRNA 翻译合成 CⅢ、CⅡ 蛋白以及 DNA 复制所需的 O 和 P 蛋白，R_3 mRNA 翻译合成 Q 蛋白。CⅡ 蛋白和 CⅢ 蛋白能激活 P_{RE} 启动子，促进 λ 阻遏蛋白的合成，从而诱导 λ 噬菌体溶原态的建立；而 Q 蛋白能抑制 tR_3 的终止作用，使 RNA 聚合酶越过 tR_3 表达晚期基因，在此 λ 噬菌体可以走向不同的途径：溶原发育或裂解发育。晚期基因作为一个转录单元表达，从位于 Q 和 S 之间的启动子 $P_{R'}$ 开始。在缺乏 Q 蛋白时，晚期基因转录终止于 tR_4 位点，转录产物是长度为 194 个碱基的 6S RNA，表达受到抑制，λ 噬菌体走向溶原途径；当 Q 蛋白存在时，转录产物延伸直至晚期基因进行转录，合成头、尾部蛋白及组装、裂解有关的蛋白，则启动裂解过程。

λ 噬菌体每个阶段起始转录必然受到上一阶段产物的调节，同时本阶段的产物中必然含有下阶段所需的转录调控因子，这样就形成了一种级联控制通路。在级联反应中，上一阶段编码的转录调控因子对下一阶段的调控作用通常有两种作用机制：调控因子可能是新的 σ 因子或者 RNA 聚合酶，使其识别不同的启动子并与之结合，启动基因的转录；也可能是一种抗终止因子，能够越过终止子，读取一组新的基因。下面我们来详细了解一下 λ 噬菌体在转录过程中的一些关键调控因子。

10.7.2　λ 阻遏蛋白

λ 阻遏蛋白是 λ 噬菌体维持溶原状态的关键调控蛋白。当 λ 噬菌体以溶原态形式存在时，只有 cI 基因表达，其产物 λ 阻遏蛋白单体由 236 个氨基酸残基组成，分子量为 27 000 左右，含有两个不同的结构域：N 端的 DNA 结合结构域和 C 端的二聚化结构域。N 端的 DNA 结合结构域为典型的螺旋 - 转角 - 螺旋（HTH）结构，由 5 个 α 螺旋构成，其中 $α_3$ 为识别螺旋，能特异性识别 DNA 序列，通过氨基酸侧链与 DNA 碱基之间的氢键与 DNA 结合，嵌入 DNA 的大沟槽中。$α_2$ 螺旋与 DNA 的相互作用也是结合所必需的，但没有识别特异性。$α_2$ 和 $α_3$ 螺旋之间通过氨基酸侧链间的疏水相互作用维持，以一定角度横跨沟槽，通过氢键与 DNA 磷酸骨架结合。C 端结构域负责亚基之间的二聚体形成，以及二聚体之间的协同相互作用形成四聚体结构，对维持溶原状态至关重要。C 端结构域的二聚化可确保两个 N 端结构域 $α_3$ 螺旋连续嵌入 DNA 的大沟，而结合在同一个操纵子上的两个二聚体蛋白之间的协同作用，能进一步提高 λ 阻遏蛋白对启动子结合的亲和力，从而有效抑制 λ 噬菌体进入裂解途径。两个结构域之间的连接区可被蛋白酶裂解，使 N 端结构域和 C 端结构域作为单独的片段被释放出来。分离后每个结构域都能独立行使其功能，如 N 端片段可与操纵子区结合，但亲和力低于完整的 λ 阻遏蛋白。

λ 阻遏蛋白主要通过与 λ 噬菌体基因组上 P_L 和 P_R 启动子结合，阻止 RNA 聚合酶在此启动转录，抑制了包括 N 基因、cro 基因在内的整个左向 O_L 和右向 O_R 操纵子的转录，从而在早期阶段阻断裂解途径的发生。P_L 和 P_R 启动子区各包含了 3 个 λ 阻遏蛋白结合位点，按照在序列上的顺序分别命名为 O_{L1}、O_{L2}、O_{L3} 和 O_{R1}、O_{R2}、O_{R3}。这些结合位点的序列各不相同，与 λ 阻遏蛋白的亲和力也不同。第 1 个位点 O_{L1} 和 O_{R1} 位于对应的 RNA 聚合酶结合位点附近，亲和力最高，比同一操纵子上其他位点的亲和力大约高 10 倍，通常最先与 λ 阻遏蛋白结合。第 2、3 个结合位点位于更远的上游，λ 阻遏蛋白与位点 1 的结合能大大增强第 2 个 λ 阻遏蛋白与位点 2 结合的亲和力。当 2 个 λ 阻遏蛋白同时与位点 1 和位点 2 结合，在空间位阻上能有效阻断 RNA 聚合酶结合相应的启动子，从而抑制转录的发生（图 10-14a）。

λ 阻遏蛋白还作为正调节因子，激活 P_{RM} 向左进行自身编码基因 cI 的转录。P_{RM} 启动子区的 RNA 聚合酶结合位点与 O_{R2} 相邻，与 O_{R2} 结合的 λ 阻遏蛋白 N 端结构域通过与 RNA 聚合酶 σ^{70} 亚基相互作用，使其从封闭复合物转变为开放复合物，激活 P_{RM} 启动转录，合成 λ 阻遏蛋白（图 10-14a）。P_{RM} 启动子的转录产物 cI mRNA 起始于 AUG 密码子，因缺乏含核糖体结合位点的 5'-UTR，翻译效率较低，CI 蛋白合成速率较慢。一般情况下，同时结合在 O_{R1} 和 O_{R2} 的 2 个 λ 阻遏蛋白通过其 C 端结构域协同作用形成四聚体，有的进一步与 O_L 操纵子上 2 个 λ 阻遏蛋白形成八聚体，从而使 RNA 聚合酶与 P_{RM} 结合更稳定，有助于促进 λ 阻遏蛋白的表达，使 O_L 和 O_R 被长期抑制，将 λ 噬菌体维持在溶原状态（图 10-14b）。

λ 阻遏蛋白的合成并不是一直处于被激活状态，cI 基因的转录受 λ 阻遏蛋白浓度的严格控制：在浓度较低时，λ 阻遏蛋白形成的八聚体有利于激活 RNA 聚合酶，促进 cI 基因的转录；O_L 和 O_R 之间的 DNA 可由八聚体连接形成一个大环，这促进了 λ 阻

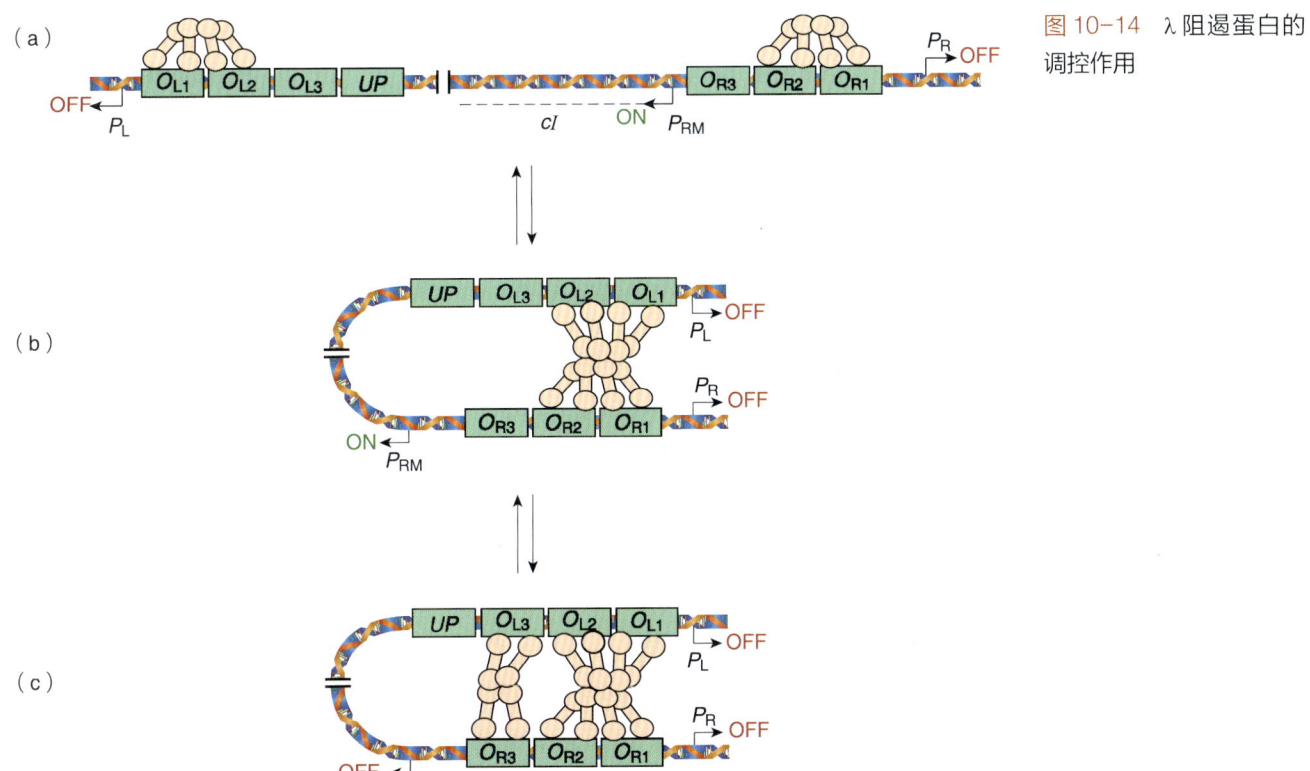

图 10-14 λ 阻遏蛋白的调控作用

遏蛋白与更远端的 O_{L3} 和 O_{R3} 位点结合；随着 λ 阻遏蛋白浓度的增加，λ 阻遏蛋白逐渐与 O_{L3} 和 O_{R3} 结合，而与 O_{R3} 位点的结合将阻止 RNA 聚合酶与 P_{RM} 结合，从而抑制 λ 阻遏蛋白的表达（图 10-14c）。因此，λ 阻遏蛋白浓度的变化会触发对应的调节反应，维持胞内 λ 阻遏蛋白水平，使 λ 噬菌体维持溶原状态。

10.7.3　Cro 蛋白

λ 噬菌体进入裂解周期的关键调节因子是由 cro 基因编码的另一种阻遏蛋白 Cro。Cro 蛋白由 66 个氨基酸残基组成，以二聚体（单体为 9 000）形式存在。Cro 蛋白与 λ 阻遏蛋白在螺旋-转角-螺旋区的氨基酸序列相似，$α_2$ 和 $α_3$ 螺旋之间通过疏水相互作用形成一定的角度，识别相似的 DNA 序列。因此，与 λ 阻遏蛋白相同，Cro 也是通过与 O_{L1}、O_{L2}、O_{L3} 和 O_{R1}、O_{R2}、O_{R3} 相互作用来实现其功能的；但 Cro 蛋白只与 DNA 的一侧结合，而 λ 阻遏蛋白可以到达 DNA 的另一侧，两种蛋白质对操纵子内的单个结合位点具有不同的亲和力。

Cro 蛋白对 O_{L3} 和 O_{R3} 的亲和力大于其对 O_{L1}、O_{L2} 或 O_{R1}、O_{R2} 的亲和力，它首先与 O_{R3} 结合，阻止了 RNA 聚合酶与 P_{RM} 的结合，从而抑制 λ 阻遏蛋白从 P_{RM} 启动子的转录；然后再与 O_{L1}、O_{L2} 或 O_{R1}、O_{R2} 结合，Cro 对这些位点的亲和力相似，没有协同作用，在任一位点的相互作用都能阻止 RNA 聚合酶与 P_L 和 P_R 的结合，从而抑制早期基因的转录（包括 Cro 蛋白本身）。因此，当 λ 噬菌体进入裂解途径时，Cro 蛋白主要体现了两方面的作用：一是通过抑制从 P_{RM} 的转录阻断 λ 阻遏蛋白的合成，直接破坏 λ 噬菌体建立溶原态的可能性；二是通过抑制从 P_L 和 P_R 的转录，下调早期基因的表达水平，间接抑制溶原态的建立。值得注意的是，在感染的早期阶段，Cro 蛋白较 λ 阻遏蛋白先表达，似乎更有利于裂解途径的发生，但最终结果是由这两种蛋白质的浓度及其内在的 DNA 结合亲和力决定的。

10.7.4　激活因子 CⅡ 的调控作用

λ 噬菌体溶原态的维持与 λ 阻遏蛋白水平紧密相关，λ 阻遏蛋白的合成受自身蛋白的严格调控。然而，当 λDNA 进入新的宿主细胞时，细胞内没有 λ 阻遏蛋白，无法协助 RNA 聚合酶与 P_{RM} 结合，启动 cI 基因的转录，那么 λ 阻遏蛋白最初是如何合成的？λ 噬菌体溶原状态又是怎样建立的呢？

λDNA 感染细菌后，首先早早期 N 基因和 cro 基因发生转录，N 蛋白的合成进一步启动了迟早期基因的转录，使 cⅡ 基因在右边转录，而 cⅢ 基因在左边转录。cⅡ 和 cⅢ 基因是 λ 噬菌体进入溶原途径的关键调控基因，cⅡ 或 cⅢ 基因的突变将导致 λ 噬菌体不能建立溶原状态。CⅡ 蛋白是 λ 噬菌体的正调控因子，可直接与位于 cro 和 cⅡ 基因之间的 P_{RE} 启动子区结合，激活其下游基因的转录，从而促进 λ 噬菌体溶原态的建立。P_{RE} 启动子含有非典型 –10 和 –35 区序列，–10 区保守性较差，–35 区缺乏保守序列。这种特性使其不能单独与 RNA 聚合酶结合，只有在 CⅡ 蛋白存在的情况下，依赖 CⅡ 蛋白与 –35 区附近的相互作用，RNA 聚合酶才能识别该启动子。P_{RE} 被 CⅡ 蛋白激活后主要通过两种方式促进噬菌体溶原态的建立：一是高效合成 λ 阻遏蛋白。P_{RE} 是 cⅠ 基因的第二个启动子，CⅡ 蛋白的结合激活了 P_{RE} 下游 cⅠ 基因的表达。与 P_{RM} 相比，P_{RE} 转录产物含有高效的 5′–UTR，cⅠ 编码区翻译速率较高，λ 阻遏蛋白肽链的合成效率是 P_{RM} 的 7~8 倍。另一个间接作用是抑制 cro mRNA 的翻译。Cro 蛋白是 λ 噬菌体进入裂解周期的关键调控蛋白，P_{RE} 激活使转录以相反的方向经过 cro 基因，获得的转录产物可作为反义 RNA 与 cro mRNA 互补结合，从而抑制了 Cro 蛋白的合成。CⅡ 蛋白在体内极不稳定，容易被宿主细胞 HflA 蛋白酶降解；CⅢ 蛋白的作用就是保护 CⅡ 蛋白，避免其被降解。

CⅡ 和 CⅢ 蛋白可以看作 λ 阻遏蛋白合成的激活蛋白，用于启动 cⅠ 基因的表达，但是它们并不需要持续表达。在感染期间，CⅡ 和 CⅢ 蛋白在迟早期阶段表达，CⅢ 保护 CⅡ 免受蛋白酶 HflA 的水解作用。CⅡ 激活 P_{RE} 用于 cⅠ 基因转录，λ 阻遏蛋白继而大量合成，并立即与 O_L 和 O_R 结合，关闭所有 λ 噬菌体基因的表达，CⅡ 和 CⅢ 蛋白由此停止合成，被迅速降解。CⅡ 和 CⅢ 蛋白的缺乏使 P_{RE} 不能被激活，λ 阻遏蛋白不再通过 P_{RE} 途径继续合成，而是利用其自调控回路，通过 P_{RM} 途径继续被合成，以维持 λ 噬菌体溶原性。此外，在 λ 噬菌体溶原性建立的最后阶段，λDNA 需要在 Int 蛋白介导下整合到宿主细菌基因组上。该蛋白编码基因位于 P_L 下游，其转录需要 CⅡ 蛋白的激活。CⅡ 蛋白还能激活位于 Q 基因内部的 P_{anti-Q} 启动子获得 Q 基因的反义 RNA，抑制 Q mRNA 的翻译。

10.7.5　λ 噬菌体转录的抗终止作用

抗终止作用也是噬菌体基因表达调控的一种方式。在噬菌体感染过程中，一些上游基因和下游基因之间以终止子相隔开，抗终止蛋白可以通过结合于转录出的 RNA 上的特定序列或直接结合于 DNA 上的启动子近端序列，或形成抗终止复合物等方式，使正在转录的 RNA 聚合酶忽略转录终止信号，继续转录终止子下游的基因。λ 噬菌体 mRNA 的转录终止是通过依赖于 ρ（Rho）因子的终止子以及抗终止子如 N 蛋白或 Q 蛋白来调控的。请参考 10.5.4 转录终止层面的调控。

10.8　群体感应：细胞密度依赖的基因表达调控

群体感应（quorum sensing，QS）是一种微生物根据细胞密度变化调控基因表达的机制。群体感应作为一个开关，使细菌可以在两种不同的基因表达模式之间进行转换：一种是低细胞密度下的个体行为；另一种是高细胞密度下的群体行为。细菌在增殖代谢过程中，不断地产生一系列化学物质作为信号分子并分泌到胞外，这种信号小分子被称为自诱导物（autoinducer，AI）。随着细菌种群密度的增加，AI 在环境中不断积累。细菌通过监控 AI 的浓度变化来感知细胞数量的变化，以评估所处环境和胞内的生理状态；当 AI 浓度积累超过阈值时，细菌响应信号分子并触发细胞内的信号转导级联反应，从而在群体水平上共同调节相关基因的表达，以协调细菌的群体行为，完成一系列重要的生理学过程，如生物被膜形成、运动性、产胞外多糖、毒力因子的产生、芽孢形成、抗生素与细菌素合成等。

细菌群体感应系统一般由两个核心组分构成：自诱导物和受体蛋白。自诱导物是细菌监测细胞浓度和进行细胞间交流的媒介，而特异性受体蛋白则响应信号、激活或抑制下游靶基因的表达。目前研究比较普遍的 QS 系统主要有 3 类：①以酰基高丝氨酸内酯作为信号分子的革兰氏阴性细菌种内交流的 QS 系统；②以寡肽作为信号分子的革兰氏阳性细菌种内交流的 QS 系统；③以 AI-2 作为信号分子的细菌种间交流的 QS 系统。其中，以 AI-2 作为信号分子的群体感应系统是目前所知的能够同时进行种内和种间交流的一种通用语言。不同的细菌具有结构和功能不同的群体感应信号分子和受体，大部分细菌都含有两套或两套以上的 QS 系统，这些不同的 QS 系统一起构成了复杂的调控网络，实现对一系列重要生理功能的调控。

10.8.1 群体感应信号分子

革兰氏阴性菌和革兰氏阳性菌都能够通过群体感应实现细胞间的交流，但它们产生的自诱导物不同，目前发现了 3 类主要的群体感应信号分子包括高丝氨酸内酯类（AHL，也被称为 AI-1）、寡肽类（AIP）和呋喃酰硼酸二酯类化合物（AI-2）（图 10-15）。

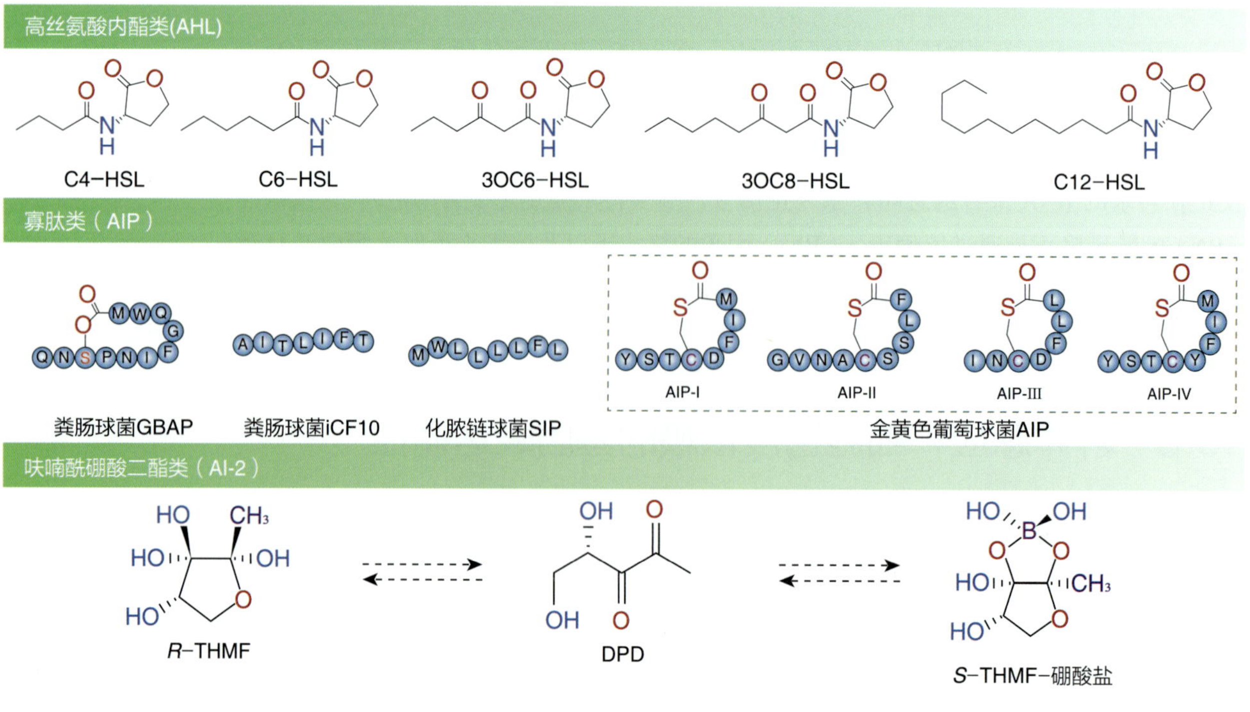

图 10-15 群体感应信号分子

10.8.1.1 酰基高丝氨酸内酯类

很多革兰氏阴性菌使用酰基高丝氨酸内酯（acyl-homoserine lactone，AHL）分子以细胞密度依赖的方式进行基因表达调控。AHL 由 LuxI 同源蛋白合成，以自由扩散的方式分泌到胞外；当细菌细胞密度不断增加，使环境中的 AHL 浓度达到一定阈值并超过细胞内 AHL 浓度时，AHL 回流到胞内与相应的受体蛋白结合，从而实现对靶基因的表达调控。

AHL 的分子结构由一个高丝氨酸内酯环和一条酰基链组成。革兰氏阴性菌产生的 AHL 分子多种多样，其酰基链长度为 $C_4 \sim C_{18}$，有些 AHL 分子酰基链 C_3 位置可能还含有化学取代基团，如羟基、氧代、甲基，或具有不同的不饱和度。如铜绿假单胞菌可合成短链 AHL 分子（C_4）参与鼠李糖脂合成，还可合成长链 AHL 分子（C_{12}）调节毒力；小肠结肠炎耶尔森氏菌中的主要 AHL 分子包括 3-氧代-己酰基高丝氨酸内酯（3OC6-HSL）和 N-己酰基-高丝氨酸内酯（C6-HSL）；根癌土壤杆菌合成 3-氧代-辛酰基高丝氨酸内酯（3OC8-HSL）作为自诱导物信号。自然界中 AHL 分子的多样性反映了 AHL 合成酶蛋白的结构和功能多样性，而不同的 AHL 分子需要与其特异的识别受体相结合才能发挥作用。

10.8.1.2 寡肽类

革兰氏阳性细菌，如金黄色葡萄球菌、枯草芽孢杆菌和肺炎链球菌等，以自诱导肽（autoinducing peptide，AIP）作为其自身诱导信号。这些小分子寡肽在细胞内首先由核糖体合成为前体肽，经加工后由转运蛋白分泌到胞外。AIP 核心肽通常由 5~17 个氨基酸残基组成，蛋白质序列不具有保守性，蛋白质结构有线性也有环状的，在不同的革兰氏阳性细菌中差异较大，修饰方式各异。如粪肠球菌寡肽分子 GABP 是含 11 个氨基酸残基的环肽，而枯草芽孢杆菌成熟的寡肽分子 Phr 为五肽（序列为"ERGMT"），参与芽孢的形成、外源 DNA 的摄取及可移动 DNA 元件的切除等。在金黄色葡萄球菌中鉴定出 4 种不同的 AIP，由 7~9 个氨基酸残基组成，包括一个高度保守的半胱氨酸残基，该残基与 C 端羧基形成硫酯键以产生由 5 个氨基酸残基组成的环状结构。AIP 的环状结构是与其特异性受体结合所必需的，而 AIP 的尾部由 2~4 个氨基酸残基的线性序列组成，对受体蛋白的激活至关重要。与其他 QS 系统类似，随着种群密度的增加，AIP 在环境中积累，当达到一定阈值时，AIP 与受体结合并进一步激活细胞内反应调节因子，激活后的反应调节因子参与靶基因的转录调控。

10.8.1.3 呋喃酰硼酸二酯类

呋喃酰硼酸二酯（autoinducer 2，AI-2）介导的 QS 系统广泛存在于一系列革兰氏阴性菌和革兰氏阳性菌中，故 AI-2 被认为是细菌进行种间交流的信号。AI-2 是一类呋喃酰硼酸二酯类衍生物，由前体分子 4,5-二羟基-2,3-戊二酮（DPD）自发环化产生。DPD 是 S-核糖同型半胱氨酸酶 LuxS 合成的线性化学产物，非常不稳定，在溶液中能自发地环化形成不同的异构体，这些异构体在溶液中处于平衡状态，并且能够快速相互转化。而鉴定这些异构体中哪一种能作为信号分子被细菌识别仍然是一个严峻的挑战。通过对某些 DPD 受体晶体结构的研究发现，虽然细菌 AI-2 前体相同，但最终识别的信号分子结构却不同，如鼠伤寒沙门菌（*Salmonella* Typhimurium）可识别的信号分子为 *R*-2- 甲基 -2,3,3,4- 四羟基四氢呋喃（*R*-THMF），而哈氏弧菌可识别的 AI-2 分子结构是 *S*-2- 甲基 -2,3,3,4- 四羟基四氢呋喃硼酸酯（*S*-THMF-borate）。除了这两种形式外，大多数细菌中 AI-2 具体结构尚不清楚，DPD 其他形式衍生物是否能被识别为 AI-2 信号还有待进一步研究。

除了上述三类信号分子，有些细菌还可将其他一些小分子物质作为自诱导物实现群体感应，如顺式 -2- 不饱和脂肪酸扩散信号因子（diffusible signal factor，DSF）、烷基喹诺酮类及 α- 羟基酮类化合物等。

10.8.2 酰基高丝氨酸内酯 AHL 介导的群体感应调节

AHL 是革兰氏阴性菌中一类主要介导细菌种内群体感应的自诱导物。第一个 QS 系统是在费氏弧菌（*Vibrio fischeri*）中发现的，该细菌定殖于夏威夷短尾鱿鱼的发光器中，鱿鱼发光器内的营养环境使细菌能够高密度生长，并利用群体感应来激活萤光素酶操纵子（*luxICDABE*）的表达。鱿鱼宿主利用细菌产生的光照亮自己。LuxI 和 LuxR 蛋白对费氏弧菌群体感应控制的生物发光至关重要。LuxI 是群体感应自诱导物 3OC6-HSL 的合成酶，催化 *S*- 腺苷甲硫氨酸（SAM）和己酰基 ACP 底物之间的酰化和内酯化反应。合成后的 3OC6-HSL 在细胞内外自由扩散，其浓度随着细胞群体密度的增加而增加。LuxR 是 3OC6-HSL 的细胞质受体以及萤光素酶 *luxICDABE* 操纵子的转录激活因子。经典的 LuxR 受体蛋白通常包含 N 端的配体结合结构域和 C 端的 DNA 结合结构域，分别能够与 AHL 信号分子和下游靶基因启动子区相结合。在缺乏 AHL 时，大多数 LuxR 蛋白很容易被降解；而当其与 AHL 结合后，LuxR 蛋白形成同型二聚体，与靶基因转录起始位点上游的反向重复序列相结合，从而激活下游基因的表达。在费氏弧菌中，当 3OC6-HSL 积累时，它与 LuxR 结合后形成稳定的二聚体复合物，并识别 *luxICDABE* 操纵子上游的共有结合序列（*lux* 框）激活其表达，以诱导细菌发光。*luxI* 的表达也被 3OC6-HSL-LuxR 复合物激活，诱导合成 3OC6-HSL（图 10-16）。目前已在大量细菌基因组中鉴定到 LuxI 和 LuxR 的同源蛋白，包括控制毒力因子基因表达和生物被膜形成的铜绿假单胞菌 LasI/LasR 与 RhlI/RhlR 系统、调节 Ti 质粒向植物宿主转移的根癌土壤杆菌 TraI/TraR 系统，以及控制胞外多糖产生、黏附和植物定殖的斯氏泛菌 EsaI/EsaR 系统等。

10.8.3 AIP 介导的群体感应调节

革兰氏阳性菌通常以寡肽 AIP 作为自诱导物。AIP 被分泌到胞外后，随着细胞密度的增加，AIP 的浓度也不断增加。革兰氏阳性菌 QS 受体主要包括跨

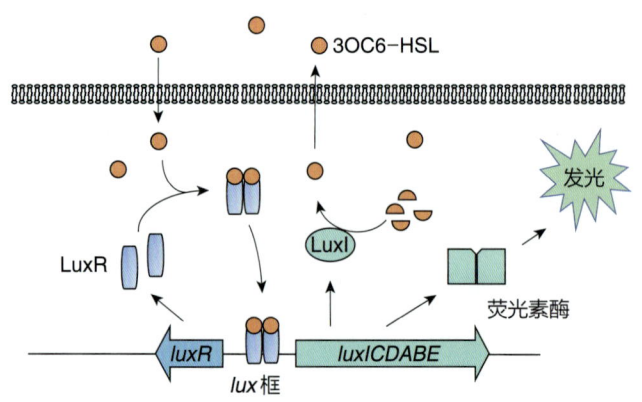

图 10-16 费氏弧菌中高丝氨酸内酯介导的群体感应系统

膜双组分系统组氨酸激酶受体和 RRNPP（Rap/Rgg/NprR/PlcR/PrgX）家族的细胞质受体。

跨膜双组分系统组氨酸激酶受体检测到胞外的 AIP 信号后，启动其激酶活性，并导致应答调节蛋白的磷酸化而被激活，从而参与一系列胞内靶基因的表达调控。例如，金黄色葡萄球菌（*Staphylococcus aureus*）的 *agrBDCA* 群体感应系统包含一个由 *agrD* 编码的自诱导肽 AIP 和 AgrA/C 跨膜双组分系统组氨酸激酶受体／应答调节蛋白对，AIP 通过 AgrB 转运体分泌到胞外，胞外累积的 AIP 被跨膜组氨酸激酶受体 AgrC 探测并与其结合，进而磷酸化激活应答调节蛋白 AgrA，磷酸化的 AgrA 正向调节 *agrBDCA* 操纵子的表达，驱动溶血素、凝固酶等毒力因子的产生（图 10-17）。

AIP 除了能被跨膜的双组分系统受体蛋白感知以外，还能通过寡肽渗透酶系统被运入细胞质，与位于胞内的细胞质 AIP 受体直接相互作用而被感知。粪肠球菌（*Enterococcus faecalis*）PrgQ 寡肽前体在胞内合成后，经 Eep 加工为成熟的寡肽分子 iCF10 并被分泌到外环境中；胞外的 iCF10 被细胞感知，通过 PrgZ 和 Opp 系统进入胞质中，进一步与胞质受体蛋白 PrgX 相互作用形成四聚体复合物。该复合物能与 *prgQ* 基因启动子附近 DNA 有效结合，通过阻断 RNA 聚合酶与 DNA 结合来阻断 *prgQ* 转录（图 10-17）。化脓链球菌（*Streptococcus pyogenes*）细胞质受体 RopB 通过与其信号分子 SpeB 诱导肽（SpeB-inducing peptide，SIP）结合被激活，从而调节分泌型毒力因子 SpeB 的表达。苏云金芽孢杆菌细胞质受体 NprR 是一种双功能调节因子，既可以与寡肽分子 NprX 结合调节下游基因的表达，还可以与 SpoOF 结合调节芽孢形成。当 NprX 缺乏时，NprR 与 SpoOF 结合以调节芽孢形成；而在 NprX 存在的情况下，NprR 与 NprX 结合，作为四聚体转录激活剂参与坏死营养型生活方式的调节。

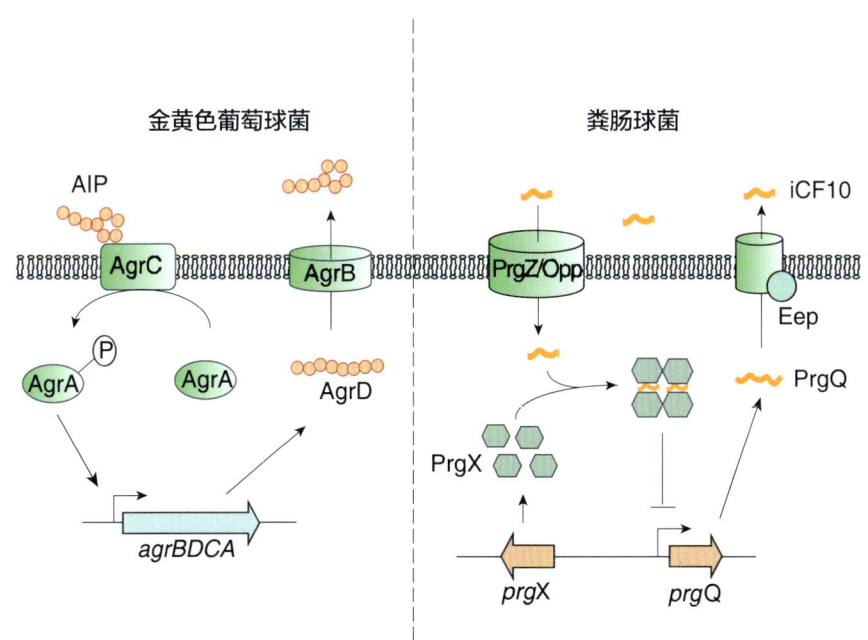

图 10-17　AIP 介导的群体感应调节

10.8.4　AI-2 介导的群体感应调节

AI-2 介导的 QS 是革兰氏阳性菌和革兰氏阴性菌中共有的群体感应机制，被认为是细菌种间交流的通用语言。目前弧菌属细菌响应 AI-2 信号调节基因表达机制研究得最为清楚。当自诱导物 AI-2 进入哈氏弧菌（*Vibrio harveyi*）的细胞周质中，可以与周质结合蛋白 LuxP 相结合，LuxP 随后与跨膜组氨酸激酶 LuxQ 相互作用并影响其活性，利用磷酸化信号转导级联反应调节下游基因的表达。对 LuxP 与 LuxQ 周质结构域复合物晶体结构的研究发现，AI-2 的结合使 LuxPQ 异四聚体复合物的对称性结构被破坏，从而阻止了 LuxQ 细胞质结构域的磷酸化。在没有 AI-2 的情况下，LuxQ 自磷酸化并将磷酸基团转移到磷酸转移酶 LuxU 上，随后传递给调控因子 LuxO，磷酸化的 LuxO 能激活小 RNA（sRNA）的表达，小 RNA 在伴侣蛋白 Hfq 的协助下破坏转录激活蛋白 LuxR 的 mRNA 的稳定性，导致细胞中 LuxR 蛋白水平降低。由于 LuxR 蛋白是编码生物发光的 *luxCDABE* 操纵子转录所必需的，在此状态下导致生物发光极为微弱。在高 AI-2 浓度下，LuxQ 从激酶状态转化至磷酸酶状态，逆转磷酸基团的流向，使调控因子 LuxO 去磷酸化，不能激活 sRNA 的合成，因此 *luxR* mRNA 稳定性增加，高水平的 LuxR 通过激活 *luxCDABE* 操纵子诱导生物发光。目前发现 LuxP 同源蛋白仅存在于弧菌属细菌中，如哈氏弧菌和霍乱弧菌等。

在鼠伤寒沙门菌中发现了另一种 AI-2 的受体蛋白 LsrB。LsrB 也是一种周质蛋白，与 LuxP 结合组氨酸激酶不同，它与 ABC 转运系统膜组分相互作用，参与 AI-2 的摄取。AI-2 直接与 ABC 转运蛋白组分 LsrB 结合，通过转运蛋白进入细胞内并被 LsrK 磷酸化，磷酸化的 AI-2 与阻遏蛋白 LsrR 结合，解除其对 *lsr* 操纵子的抑制作用，从而诱导 *lsrACDBFGE* 的转录，进一步促进胞外的 AI-2 被运入细胞内。除了鼠伤寒沙门菌之外，LsrB 蛋白也存在于其他细菌如大肠杆菌、中华根瘤菌（*Sinorhizobium*）和鼠疫耶尔森菌（*Yersinia pestis*）中。研究发现，虽然 LuxP 和 LsrB 的氨基酸序列相似性仅为 11%，但它们的蛋白质结构非常相似。LuxP 和 LsrB 结合位点的极性存在显著差异，这可能是两种受体结合不同形式 AI-2 的主要原因。

除此之外，近年的研究还发现了第三类 dCACHE 型 AI-2 受体，该类型受体广泛分布于不同种属的细菌中，其特征是包含一个保守的胞外 dCACHE 结构域以特异识别并响应 AI-2 信号，参与调控包括细菌趋化、第二信使 c-di-GMP 合成、蛋白磷酸化信号转导、核苷酸循环等多种重要的细菌生理功能（图 10-18）。

古菌因其在形态上与细菌非常相似，如都是单细胞微生物，没有细胞器和真正的细胞核，遗传物质为环状 DNA 分子。但古菌的 DNA 复制、转录、翻译以及 DNA 损伤修复等过程及其机制却与真核生物比较相近，在此不再赘述，请参考知识拓展 10-6 相关内容进行了解学习。

> 知识拓展 10-5
> Bonnie Bassler：细菌是怎样交流的？

> 知识拓展 10-6
> 古菌及真核基因表达调控

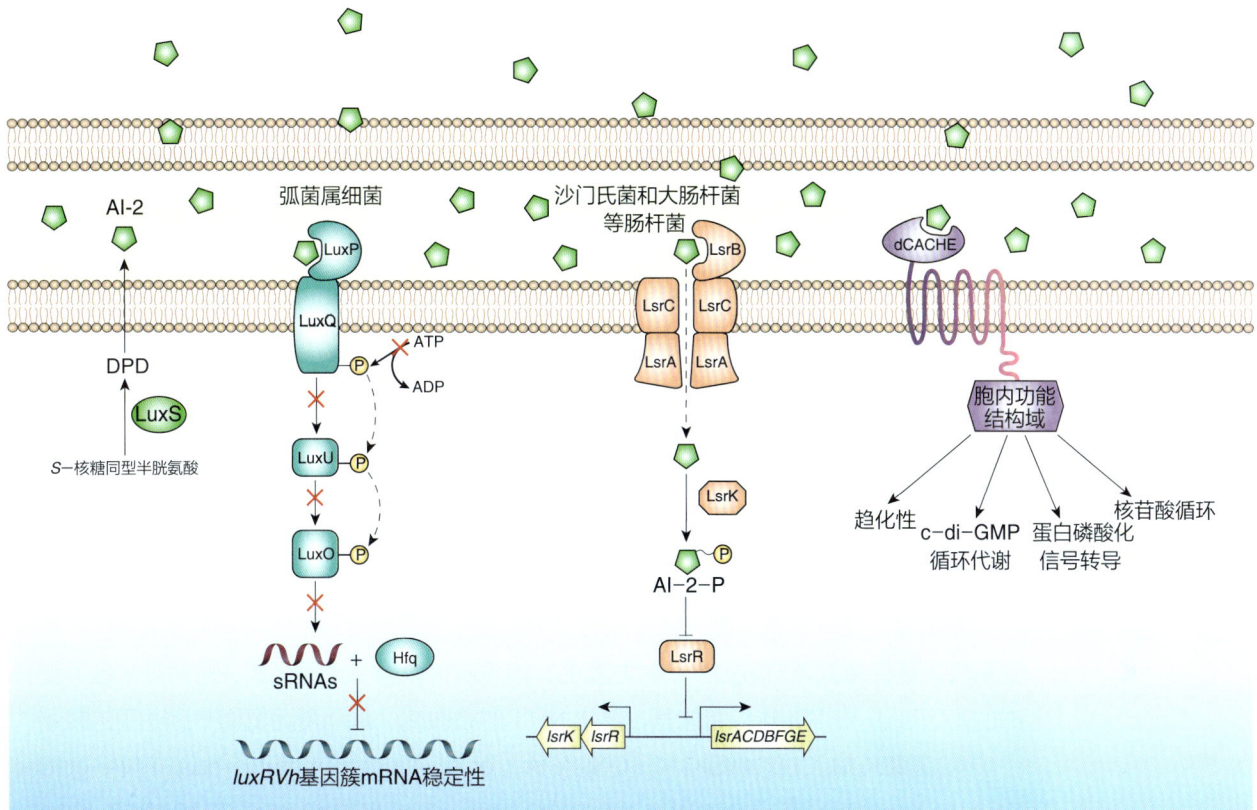

图 10-18　AI-2 介导的群体感应调节

※ 本章小结

本章我们主要探讨和学习微生物基因表达调控的机制。操纵子是微生物主要的基因表达调控机制，其中乳糖操纵子和色氨酸操纵子是经典的模型。此外，微生物在转录水平还通过多种方式进行调控，如 σ 因子的替换调节、H-NS 样组蛋白的调节、特异性转录调控因子、抗转录终止因子、双组分系统和第二信使的调节等。在转录后水平，微生物通过核糖开关、mRNA 稳定性的控制、反义 RNA 调节以及对翻译的调节等方式来调控基因表达。λ 噬菌体的溶原状态和裂解途径的转变主要依赖于 λ 阻遏蛋白、Cro 蛋白、CⅡ 蛋白及抗终止子的调节。群体感应（QS）是细菌根据细胞密度变化调控基因表达的一种机制，不同细菌的 QS 系统各不相同，其中 AI-2 是一种能够进行种内和种间交流的通用信号分子。这些多层次、多方式的基因表达调控机制共同作用，使得微生物能够灵活适应复杂多变的环境条件。

※ 推荐阅读

1. JACOB F, MONOD J. Genetic regulatory mechanisms in the synthesis of proteins [J]. Journal of molecular cell biology, 1961, 6(3): 318-356.

1961年，莫诺和雅各布在《分子生物学杂志》上首次全面阐述了操纵子模型。这篇报告是第一篇系统论述在基因水平上调节控制的科学文献，是生物学界继DNA双螺旋模型之后的另一项重大成就，开创了基因调控机制的研究，也预言了mRNA的存在，其影响意义十分深远。

2. FUQUA W C, WINANS S C, GREENBERG E P. Quorum sensing in bacteria: the LuxR-LuxI family of cell density-responsive transcriptional regulators [J]. Jounal of bacteriology, 1994, 176 (2): 269-275.

1994年Fuqua等人首次提出了"群体感应"的概念，以反映微生物群体密度变化对调控生物功能的重要性。开展微生物通信系统研究，不仅可以明晰微生物功能调控机制，还可作为实现微生物病害绿色防控的关键切入点，具有重大的科学意义和应用前景。

3. NINFA A J, MAGASANIK B. Covalent modification of the *glnG* product, NRI, by the *glnL* product, NRII, regulates the transcription of the *glnALG* operon in *Escherichia coli* [J]. PNAS, 1986, 83 (16): 5909-5913.

双组分调控系统是细菌一种普遍而又很重要的基因表达调节系统，起初是由Ninfa等在研究大肠杆菌氮调节蛋白系统时发现的，该系统可以调节大肠杆菌在应对外来氮源变化时的基因表达，NR Ⅱ响应氮信号，催化NR Ⅰ的磷酸化，从而激活氮调节启动子的转录。

4. JINEK M, CHYLINSKI K, FONFARA I, et al. A programmable dual-RNA-guided DNA endonuclease in adaptive bacterial immunity [J]. Science, 2012, 337 (6096): 816-821.

CRISPR系统是源于细菌及古菌的获得性免疫系统，能识别并破坏入侵细菌的病毒。2012年6月，两位女性科学家带领研究团队首次在体外证明CRISPR/Cas9系统可切割任意DNA链，这是最早把细菌天然免疫系统演变成基因编辑工具的研究工作。

※ 开放性讨论题

1. 在利用大肠杆菌进行外源基因重组表达时，研究者常常需要对要表达外源基因的编码序列进行密码子优化，为提高外源基因表达的产物量，有时还会改造基因上游启动子结构，请问这样做的分子机制是什么？

2. 简要说明什么是细菌的群体感应机制，其核心组分是什么？结合本章内容与数字资源内容，谈谈你对利用群体感应机制在临床病原菌和农业微生物防治中的潜力与挑战？

※ 复习思考题

1. 什么是基因表达？基因表达包含了哪些生物学过程？
2. 在转录水平上原核生物的基因表达调控可分为哪些类型？
3. 简述操纵子学说的主要内容，并以大肠杆菌代谢乳糖为例概述其分子作用机制。
4. 简述核糖开关调控基因表达的作用方式。

5. 简述反义 RNA 的基因表达调节作用。

6. 什么是重叠基因？根据重叠结构可将其分为哪些类型？

7. 简要说明原核生物转录后水平上存在哪些表达调控方式，试举 1~2 例说明这种转录后的表达调控的作用机制以及该方式有何意义。

8. 试分析大肠杆菌从正常的培养温度（37℃）转移到高温（42℃）环境后，大肠杆菌的基因表达在转录水平发生了怎样的变化，有哪些因子参与了这些过程？发挥了什么作用？

9. 有一种细菌来源的 sRNA 可能是作为抗毒素因子发挥生物学功能的，应该从哪些方面设计实验以验证其功能呢？

（沈锡辉　吴卫辉　徐磊）

11 微生物与基因工程

导语

基因工程是一个引人入胜的科学技术领域,它开辟了改变生命特征、认识生命本质的大门。随着技术的不断进步和我们对基因理解的日益深入,基因工程将在未来继续发挥巨大的作用,为人类带来更多的科学突破和福祉。本章将带领读者了解基因工程的基本原理和相关前沿技术,深入探索基因工程在微生物领域中的应用,向读者呈现这一创新技术的精彩之处,并提高读者在基因工程应用上的伦理与风险意识。

关键词

基因工程,基因敲除,基因敲减,基因过表达,基因编辑,微生物组学,生命伦理

11.1 基因工程概述

生命的奥秘一直是人类探索的焦点之一。随着科技的飞速发展，建立在分子生物学和遗传学基础之上的基因工程作为一项创新技术，引领着我们开启生命的解码之旅，基因工程也成为了现代生物产业中发展速度最快、创新成果最多、应用前景最广的核心技术。它的显著特点是能够跨越生物种属之间不可逾越的鸿沟，打破常规育种难以突破的物种界限，可以在短时间内改变微生物遗传特性，从而使微生物能够更好地为人类的生产创造服务。同时，随着大数据时代的到来，基因资源的挖掘已不局限于生物培养，而是借助宏基因组学等组学技术开展系统性分析，并通过基因工程技术实现目标基因在微生物体系中进行表达和加以利用，这极大地促进了基因资源的保护和资源化利用。因而基因工程成为当今生命科学领域中最具生命力、最引人注目的学科之一。

基因工程在各个领域展现出巨大的应用潜力。在农业领域，基因工程技术可以改良作物的抗病虫害能力，提高产品产量和改善产品品质，推动可持续农业的发展。在医学领域，基因工程为精准医学的实现开辟道路，可以用于新药开发、遗传性疾病和癌症等各种疾病的治疗。在工业生产方面，基因工程使生物工厂成为可能，通过改造微生物构建细胞工厂，生产高价值的化学品和生物燃料等。此外，基因工程还能用于环境保护和生态恢复，如利用微生物处理污染物等。尽管基因工程具有巨大的应用潜力，但也面临着伦理争议和潜在风险。伦理争议主要涉及基因改造是否符合伦理准则和价值观，以及如何在遵循伦理规范下推动其应用。潜在风险则涉及基因工程可能带来的风险，如不可预测的基因突变、对生态系统的潜在威胁等。因此，基因工程的应用需要建立在科学、伦理和法律的框架下，进行严格的监管和规范。

11.1.1 基因工程的定义

基因工程（genetic engineering），又称遗传工程或基因操作，是一种人工干预和改造生物体基因的技术。该技术通过重组 DNA 技术、基因编辑等手段直接干预目标生物的遗传物质，实现对生物性状的精准修饰与定向改造，从而达成特定目的。这项颠覆性的技术为我们解密生物世界的密码，为自然界中的微生物造福人类提供了无限可能。基因工程的核心在于对基因的操作与编辑。研究人员通过重组 DNA 技术，利用 DNA 的序列互补性和连接酶的作用，将来自不同生物体的基因片段精确拼接在一起，形成新的 DNA 分子。基于最新的基因编辑技术，如 CRISPR/Cas9 系统等，研究人员能够原位修改生物体基因，实现对特定基因的精确修饰。这些基因编辑技术为基因工程提供了强大的工具和有效的方法。

11.1.1.1 基因工程的诞生与发展史

基因工程是一门在 20 世纪 70 年代基于分子生物学和分子遗传学综合发展而诞生的新兴生物技术。1972 年，美国斯坦福大学 Paul Berg（1926—2023）用限制性核酸内切酶 EcoR I 在体外分别对猿猴空泡病毒 40（SV40）DNA 和 λ 噬菌体 DNA 进行切割，然后用 T4 DNA 连接酶将两种酶切片段连接起来，首次在体外获得了 SV40 和 λDNA 的重组 DNA 分子，并因此与 Frederick Sanger（1918—2013）分享了 1980 年诺贝尔化学奖。1973 年，美国斯坦福大学 Stanley Cohen（1922—2020）用 EcoR I 分别对编码卡那霉素抗性基因的 R6-5 质粒 DNA 和含有编码四环素抗性基因的 pSC101 质粒 DNA 进行切割，并用 T4 DNA 连接酶连接，将连接重组分子转化至大肠杆菌中，部分菌落表现出双抗性特征。这次是第一次基因克隆实验的成功，宣告了基因工程诞生。

1976 年，27 岁的风险投资人 Robert Swanson 与美国加州大学的 Herb Boyer 教授讨论了基因工程技术的商业前景，讨论结束后，他们决定成立一家公司，取名为基因工程公司——Genentech（Genetic Engineering Technology），这标志着基因工程的实用阶段即将到来。1978 年，该公司在大肠杆菌中成功表达了人类胰岛素基因，并开发出了世界首个基因工程药物，从此拉开了基因工程产业化的序幕。1980 年 11 月 15 日，Genentech 公司在纽约证券交易所上市，在开盘的 20 分钟内，其股票股价从 35 美元飙升至 89 美元，正是因为该公司构建了能大规模生产人类胰岛素的基因工程菌，体现出了基因工程在产业化应用中的巨大潜力。

基因，作为遗传信息的载体，不仅决定了生物的特征与形态，也是基因工程研究和生产应用的基本元件。只有深入解析基因的结构和功能，才能极大地推动基因工程的发展和应用。1990 年启动的国际人类基因组计划（human genome project，HGP）是基因工程研究发展中一个重要的里程碑。该计划历经 10 年，耗资约 30 亿美元，于 2000 年 6 月成功绘制出人类基因组草图，其包含人类基因组 97% 以上的信息。人类基因组学是生物技术产业和健康产业的知识核心，蕴含着巨大的产业化潜能和商业价值。基于基因组研究成果的基因工程药物、基因治疗、生物芯片诊断技术等，有着极其广阔的应用前景。基于基因组知识的药物设计，尤其是基于药物基因组学的个体化药物治疗等，能够在大大提高治疗效果的同时最大限度地降低药物毒性。

进入 21 世纪以来，随着基因合成技术、基因编辑技术和高通量测序技术的快速发展，基因工程逐步从原有基因的简单拼接发展到未知新基因的高通量发掘和人工基因的理性设计与合成，极大地拓宽了基因工程的应用范围。

11.1.1.2 基因工程的基本定义

基因工程利用 DNA 重组技术，在体外通过人工"剪切"和"拼接"等方法对生物的核酸（基因）进行改造和重新组合，再将其导入微生物中进行无性繁殖，使重组基因在微生物细胞内表达，从而获得目标基因产物或赋予生物体新的性状。从实质上讲，基因工程使得外源 DNA 分子的新组合能够被引入到新的寄主生物中并进行繁殖。这种 DNA 分子的新组合是按工程学的方法进行设计和操作的，允许基因工程跨越天然物种屏障，克服固有的生物种间限制，提高定向创造生物的可能性，这是基因工程的最大特点。

随着基因工程技术的不断发展，对基因工程概念的理解分为狭义和广义两个层面：狭义的基因工程是指在体外将一种供体生物的基因与载体进行拼接重组，转入受体生物中，使其稳定遗传并表达新产物或新性状。

广义的基因工程则不仅包括外源基因的"转入"，也包括生物内源基因的修饰和敲除，如将内源基因"转出"，使生物获得新性状。广义的基因工程概念更倾向于工程学的范畴，是指 DNA 重组技术的产业化设计与应用，既包括上游的基因重组、克隆和表达的设计与构建技术，也涉及下游基因工程菌/细胞的大规模培养、外源基因表达产物的分离纯化过程，是一个上游设计和下游应用紧密结合的统一体：上游重组 DNA 的设计必须以简化下游操作工艺和装备为指导思想，下游过程则是上游重组蓝图的体现与保证。

11.1.1.3 基因工程的基本流程

基因工程是一种利用人为的方法将所需的供体生物的遗传物质——DNA 大分子提取出来，在体外经酶切消化后与载体的 DNA 分子连接起来，然后导入更易生长、繁殖的受体细胞的过程。这样可以使外源物质在受体细胞中稳定地复制和表达，从而使其获得特定的功能，克服了远缘杂交的不亲和障碍。如图 11-1 所示，基因工程主要包括以下 5 个流程。

（1）目的基因的分离、获取与制备

基因工程的关键步骤之一是获取所需的目的基因，这一过程可以通过多种方法实现，其中一种方法是利用酶切消化等技术，将复杂生物体的基因组分解成小片段，进而构建基因文库，从中分离出包含目的基因的 DNA 片段。另一种方法是通过逆转录技术，以 mRNA 为模板合成 cDNA，从而获取目的基因。此外，还可以通过酶学或化学合成的方法人工合成较短的目的基因序列。聚合酶链反应（PCR）技术的广泛应用，可以实现直接从供体生物的基因组或已有的目的基因克隆中扩增目的基因。

（2）目的基因与载体的连接构建重组载体分子

目的基因通常是较小的 DNA 片段，难以直接进入受体细胞进行复制和表达。因此，需要将目的基因与基因工程载体连接起来，构建重组载体 DNA 分子，以便传递目的基因。这些基因工程载体包括质粒、噬菌体、病毒、黏粒或人工微小染色体等，其选择取决于基因工程的具体目的和受体细胞的性质。只有在体外将目的基因与载体

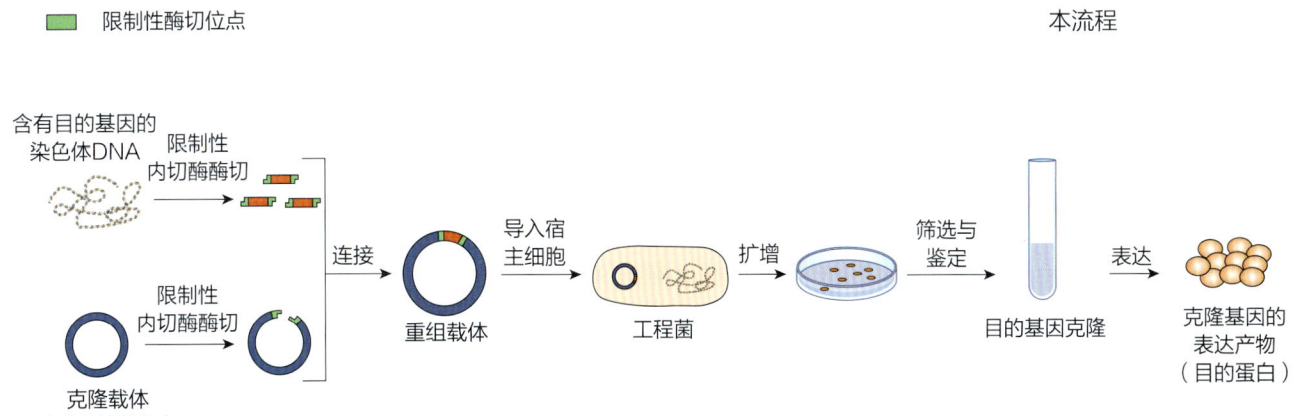

图 11-1 基因工程的基本流程

连接起来，才能有效地将目的基因引入受体细胞，从而实现其复制和表达。

（3）重组 DNA 分子导入受体细胞

在构建了重组 DNA 分子后，必须将其导入受体细胞中进行复制和表达。导入的方法取决于所使用的载体类型和受体细胞种类。细菌或酵母菌等微生物通常使用化学转化或电击转化等方法将重组载体导入细胞中。

（4）外源目的基因的阳性克隆鉴定和筛选

外源目的基因成功导入受体细胞后，需要进行筛选和鉴定。含有外源目的基因的受体细胞后代被称为阳性克隆（positive clone）或阳性转化体。阳性克隆可以通过检测载体上的遗传标记基因或目的基因的表达产物来鉴定，也可以使用酶切、PCR、核酸杂交和 DNA 测序等分子生物学方法鉴定。

（5）外源目的基因的表达

基因工程技术的最终目标是在受体细胞中表达外源目的基因。根据目的基因和受体细胞类型，选择不同的表达载体和调控元件，使目的基因在新的背景中进行表达，产生所需物质或赋予受体细胞新的遗传特性。

11.1.2　微生物与基因工程

11.1.2.1　微生物在基因工程中的作用

随着基因工程的发展，微生物已经成为其重要工具和研究对象。微生物的多样性为基因工程提供了丰富的基因资源、分子操作工具和表达宿主，满足了基因工程在不同领域的研究和生产需求。甚至可以说，基因工程的一切操作都离不开微生物。以下6个方面体现了微生物在基因工程中不可或缺的作用。

① 微生物基因资源的多样性。微生物种类繁多，具有多样的基因资源，包括抗高温、高盐、高酸、高碱、低温，以及分解有毒物质、杀虫，或者产生诸多特殊功能的蛋白质等众多基因，为基因工程提供了丰富而独特的基因库。

② 基因克隆的主要载体来源于微生物。基因工程所用的克隆载体主要是由微生物质粒、噬菌体和病毒 DNA 等改造而成。

③ 微生物提供各种分子操作工具酶。微生物提供了基因工程所需的各种工具酶，如限制性核酸内切酶、DNA 连接酶和逆转录酶等，为分子操作提供了重要支撑。

④ 微生物是基因克隆的主要宿主。植物基因工程和动物基因工程往往先在微生物中构建穿梭载体，再转移到植物和动物细胞中。

⑤ 微生物是基因表达的主要生物反应器。为了大规模表达具有应用价值的基因产物，进行商业化生产，通常将外源基因表达载体导入微生物中，将"工程菌"作为生物反应器，进行大规模工业发酵。

⑥ 微生物是研究基因结构与功能的主要对象。微生物的研究不仅为基因工程提供了操作技术，还为基因结构、性质和表达调控的理论认识提供了重要依据，为基因工程的发展提供了不可或缺的理论指导。

11.1.2.2 微生物基因工程的优势

微生物生长迅速，容易控制，适于大规模工业化生产，微生物基因工程在农业、工业、医学、环境学等多个领域发挥着重要作用。早在 20 世纪初，微生物就被用于青霉素、链霉素等多种抗生素的合成，挽救了无数人的生命。基因工程胰岛素、基因工程干扰素、人造血液、乙肝疫苗等基因工程药品的开发将基因工程产业化推向新高潮。

基因工程的主要目的之一是在宿主细胞中插入外源核酸分子，以改变宿主细胞的遗传性状、制备难以大量生产的蛋白质或代谢产物。因此，宿主细胞需具有遗传可操作性和稳定性，即能够在可控的条件下接受外源 DNA。而微生物作为相对简单的生命系统，人类对其遗传、代谢、生理等各方面进行了深入探索，使得微生物成为人类最为了解、最容易掌控的生命系统。

相较于其他生命系统，微生物还具有以下优势：①能够在含有廉价营养物质的培养基中生长，生产成本低；②生长周期短，能够在短时间内快速增殖、生产目标产物；③发酵过程简单，便于降低操作成本；④具有较高的稳健性，对高浓度的底物或产物以及培养过程中变化的条件有较高的耐受性。因此，微生物成了基因工程的理想工具和平台。

11.1.2.3 微生物基因工程的未来发展

微生物基因工程正迅猛发展，在农业、医学、环境学和工业等领域都有着重要的应用前景。在农业领域，基因工程技术可以用于改良农作物的抗病性、耐逆性和产量，提高农业生产效益。在医学领域，微生物被广泛应用于合成药物、生产疫苗和重组蛋白等。此外，微生物还可以用于环境修复，如利用微生物对污染物进行降解和生物转化，减轻环境污染。总之，微生物基因工程在各个领域都展现出了巨大的潜力和价值，以下是微生物基因工程发展的几个方面。

> 知识拓展 11-1
> 基因编辑工程菌 CATCH 技术发现癌细胞

① 基因编辑技术的突破。CRISPR/Cas9 技术的出现为微生物基因工程带来了革命性的进展。CRISPR/Cas9 可以精确编辑微生物的基因组，提高基因组改造的效率和准确率。这种技术可广泛应用于微生物基因的功能、调控模式研究，及定点基因插入、修饰和删除等操作。

② 合成生物学的发展。合成生物学将基因工程技术与工程原理相结合，致力于重新设计和构建微生物的代谢途径，生产出理想的产物或执行特定的功能。这一领域的发展为生产抗生素、化学品、生物燃料等提供了新的可能性，为可持续发展和环境友好型产业提供了创新解决方案。

③ 蛋白质表达水平与生产的提高。微生物是蛋白质表达和生产的理想工厂。近年来，基因工程技术的发展使得微生物可以更高效地表达外源基因并合成目标蛋白。通过优化微生物的代谢途径和提高蛋白质折叠、分泌和稳定性等方面的研究，建立了高效蛋白质表达系统，为药物开发、酶工程和工业生产等领域提供了更多机会。

④ 耐逆性和环境适应性的改良。微生物基因工程也在改良微生物的耐逆性和环境适应性方面起到重要作用。通过基因工程技术，可以改造微生物的基因组，使其更

适应各种环境条件，提高其对环境胁迫和污染物的降解能力。这对于环境修复、污染物处理和可持续发展具有积极的意义。

⑤ 新型疫苗和药物的开发。微生物基因工程被广泛应用于疫苗和药物的研发领域。利用基因工程技术，构建病毒载体或合成重组蛋白，用于疫苗的生产。此外，基因工程也为生产抗体、药物和生物诊断试剂等提供了便捷和可控的方法，为药物开发提供了新的可能性。

微生物基因工程的迅速发展，不仅加深了我们对微生物的认识，也为解决实际问题带来了新的途径和策略。随着研究的不断深入和技术的不断突破，微生物基因工程的潜力将得到进一步发挥。但与此同时，微生物基因工程面临着一些挑战，包括高效工程菌筛选与设计、潜在风险与伦理问题、合理的监管与安全控制等。处理好基因工程技术的优势与挑战，微生物基因工程未来将在合成生物学、生物医药和能源与环境等领域发挥更重要的作用，为人类带来更多的创新和福祉。

11.2 微生物的基因工程技术

11.2.1 基因敲除技术

基因敲除（gene knockout）技术是指通过一定的途径使机体特定的基因失活或缺失的技术。通常意义上的基因敲除主要通过同源重组的方法利用外源突变基因替换正常同源基因，使同源基因失活或缺失，进而表现突变体性状的外源 DNA 导入技术。科学技术的发展使人类的基因组测序越来越完善，许多已知序列的功能尚未明确，因此基因敲除技术应运而生，它可以令特定的基因丧失功能，从而揭示其功能。基因敲除是实现基因精确缺失和研究某一已知序列基因功能的最直接、有效的方法之一。

11.2.1.1 同源重组基因敲除技术

随机整合在宿主染色体 DNA 上的外源基因往往会因陷入染色质转录沉默区域而不表达，甚至还有可能影响宿主基因组邻近基因的表达。如果能够通过同源重组的方式准确敲除基因组特定位点上的基因，则上述困难可以得到解决。同源重组现象频繁发生在细菌和酵母中，主要有 RecA 同源重组系统、RecET 重组系统和 Red 重组系统。基因敲除基因同源重组是指当外源 DNA 片段较大且与宿主基因片段同源性强时，可发生互补结合并进行交换（重组）。RecA 重组系统是细菌内源性同源重组酶，是由 RecA 和其他相关的酶组成。RecA 在重组起始便形成右手螺旋结构，与单链 DNA（ssDNA）结合，形成 DNA-蛋白纤维结构，这种结构促使 RecA 蛋白在双链 DNA（dsDNA）中寻找单链 DNA 的同源片段，当同源片段正确匹配后，该区域便形成霍利迪连接体（Holiday junction）结构，并伴随 ATP 水解发生同源重组。

在 RecA 同源重组系统中，不同的辅助蛋白通过不同的方式促进 RecA 蛋白发生同源重组。如图 11-2，在大肠杆菌中，RecA 重组系统由 RecA 和 RecBCD 组成。

> 知识拓展 11-2
> RecET 重组系统和 Red 重组系统

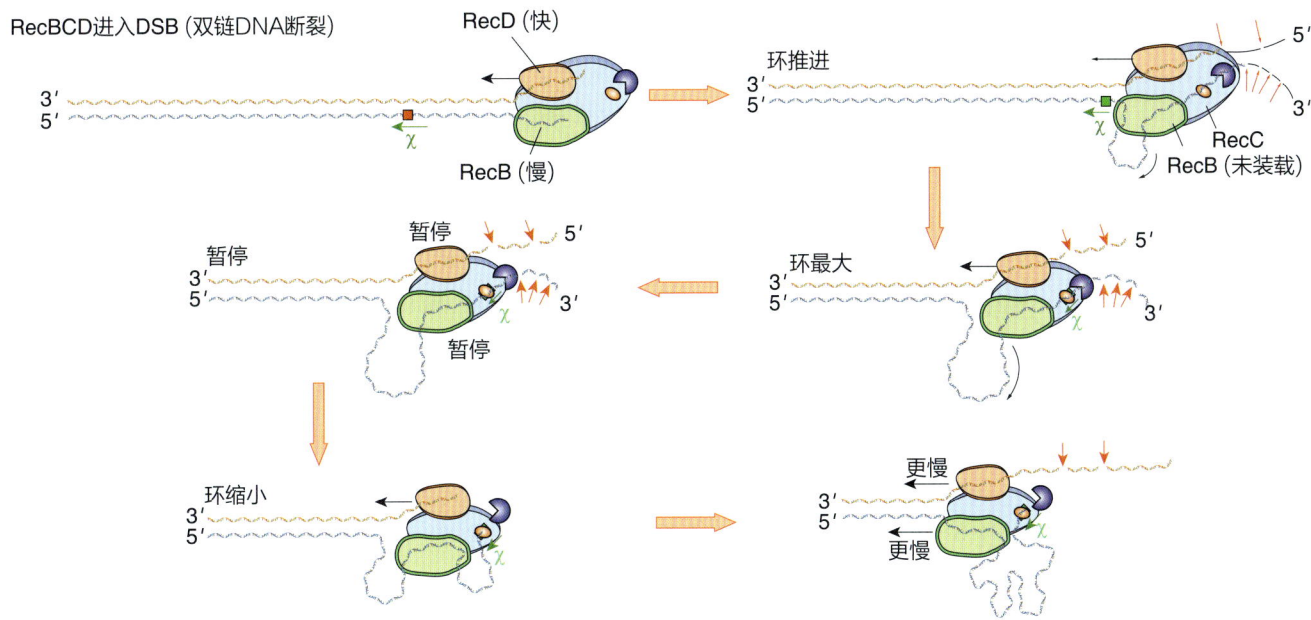

图 11-2 RecA 同源重组系统

RecBCD 蛋白的分子量较大，是一个由 RecB、RecC 和 RecD 蛋白质组成的复合体，具有解旋酶活性和 ATP 依赖的核酸外切酶活性，可以降解细菌体内的线性 DNA 分子。RecBCD 与双链断裂 DNA 上的切口结合，沿 DNA 链移动，并切割核苷酸形成 3′ 突出末端结构，随后识别 Chi 位点（5′-GCTGGTGG-3′），并在 Chi 位点停顿，从而减慢移动速率。随后，由 RecA 蛋白介导单链 DNA-RecA 复合物结合到双链 DNA 上，形成霍利迪连接体结构，进而发生同源重组。

11.2.1.2 条件性基因敲除技术

条件性基因敲除（conditional gene knockout）是在特定细胞类型或细胞发育的特定阶段敲除某一特定基因的技术。近年来发展起来的 Cre-LoxP 系统、Flp-FRT 系统、转座子系统和基因捕获技术是比较成熟的条件基因敲除技术。其中 Cre-LoxP 系统能够敲除 loxp 位点间的基因序列或使其发生重组，其优势在于可作用于不同结构的 DNA 底物，不需要辅因子的参与，具有较高的重组率。

Cre-loxP 系统是近年来广泛应用于多种细菌和真菌的条件性基因修饰方法，由 Cre 重组酶和 LoxP 位点两部分构成。Cre 重组酶于 1981 年从 P1 噬菌体中首次被发现。1987 年 Brian Sauer 将 Cre-loxP 重组系统应用于真核生物酿酒酵母中操作特定位点的特异性重组。Cre 重组酶介导两个 LoxP 位点间的重组是一个动态、可逆的过程，能够精确诱导基因组 DNA 的敲除、插入和倒位。Cre 重组酶由来自 *E. coli* 噬菌体 P1 的 *cre* 基因编码，loxP 则是由两个 13 bp 的反向重复序列顺和 8 bp 的间隔区域构成。Cre 重组酶可以介导 34 bp 的重复单元，切除同向重复的两个 loxP 位点间的 DNA 片段和一个 loxP 位点，同时保留一个 loxP 位点。该系统通过将标记基因两侧放置相同方向的 loxP 序列，可以实现标记基因的精确切除，从而获得条件性敲除的细胞。Cre 重组酶的编码基因可以由任何一种二型启动子驱动，其活性可控，可以实现较高的细胞特异性或特定局部刺激（如化学信号、热刺激等）触发表达。现代基因工程方法对 Cre 和 loxP 元件的改造，从而使更加丰富的条件性重组策略成为可能。例如，对 Cre 元件的改造提高了 Cre 重组酶的活性，并实现了药物可诱导性；对 loxP 元件改造实现同一 Cre 重组酶的作用下的多序列基因重组。

Flp-FRT 系统是最初于酿酒酵母的 2 μm 质粒中被发现的另一种重组酶介导的基因修饰技术。该系统由 Flp 重组酶（flippase）和 FRT 位点（short flippase recognition target）组成。Flp 重组酶可以识别并作用于一段 48 bp 的 FRT 位点序列，实现两个同向 FRT 位点之间的 DNA 片段的切割和再连接。其作用机制与 Cre-Loxp 系统作用机制相似。

11.2.1.3 基因捕获技术

基因捕获（gene trapping）技术，又可称之为基因诱捕、基因陷阱等，其利用含有报告基因的 DNA 载体通过电转化或者病毒转染的方式随机插入到宿主细胞基因组中，通过形成内源基因和报告基因的融合基因使内源基因转录中止失活。通过报告基因的表达情况可以确定插入突变的位置以及该内源基因的时空表达特点。基因捕获载体包含 3 种基本载体：增强子捕获（enhancer trapping）载体、启动子捕获（promoter trapping）载体和基因捕获载体。其中增强子捕获载体常插入编码区域附近；启动子捕获载体偏好插入有转录活性的基因上，且只能对单细胞产生突变体，不能对整个生物体产生突变；基因捕获载体插入在内源基因的内含子中，与启动子捕获技术相比，其效率可提高 10~100 倍。

此外，包括正负双向筛选、启动子捕获、进退策略、双置换法、标记和交换法以及重组酶介导的盒式交换法在内的新兴的基因敲除技术在不同程度上补充和完善了基因敲除技术。

11.2.2 基因敲减技术

基因敲减（gene knock-down）技术也被称为基因敲低技术，主要通过双链小 RNA 等介导的基因表达沉默机制实现。这种技术通过对 mRNA 的切割实现阻断体内靶基因的表达，使细胞表现出暂时性的靶基因功能缺失表型。基因敲减技术包括 RNA 干扰、反义吗啉环寡核苷酸技术等。不同于基因敲除技术（gene knockout）针对目标基因 DNA 进行永久性的表达沉默，基因敲减技术通过针对性降解具有同源序列靶基因的 mRNA，实现暂时性的基因表达抑制。

目前基因敲减技术中最常用的是 RNA 干扰（RNA interference，RNAi）技术。狭义 RNAi 由长双链 RNA（double-stranded RNA，dsRNA）产生的小 RNA 介导序列特异性 mRNA 降解，进而引发基因沉默现象。广义 RNAi 由非编码小 RNA（small non-coding RNA，sncRNA）诱导 mRNA 降解、抑制翻译或促使异染色质形成等，进而引发基因沉默现象。

1998 年，科学家在秀丽隐杆线虫（*Caenorhabditis elegans*）中发现 dsRNA（实际

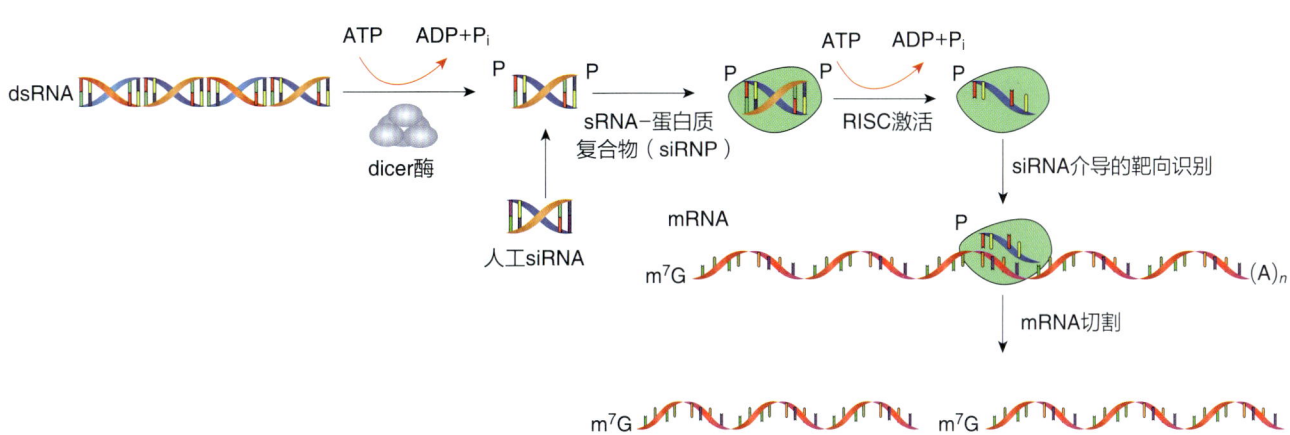

图 11-3 RNAi 的基本作用机制

是由 dsRNA 产生的小 RNA）会引发基因沉默现象，并将其称为 RNAi。后来发现，RNAi 普遍存在于真核生物中，是真核生物用于调控内源基因表达及抵御外源核酸入侵的高效自我保护系统。

RNAi 的基本作用机制如图 11-3：当 dsRNA 被引入细胞后，首先被 RNaseⅢ 家族核糖核酸酶 dicer 特异性识别并切割加工成 21~23 个碱基对的小分子干扰 RNA（siRNA）。然后 dicer 引导 siRNA 双链与一种核酶结合形成 RNA 诱导沉默复合体（RISC）。RISC 是一种核酸酶复合物，其激活需要 ATP 依赖性的 siRNA 解双链，通过碱基互补作用将 siRNA 反义链定位到特异 mRNA 上，并在距离 siRNA 3′ 端 12 个核苷酸的特定位置切割 mRNA，从而实现基因沉默。

随着分子生物学的快速发展，众多生物的全基因组测序工作已经完成，对这些全基因组序列进行基因功能分析变得尤为重要。通过 RNAi 特异沉默基因表达，比较基因沉默前后生物表型的变化，有助于揭示基因功能。与传统的基因敲除手段相比，RNAi 技术具有快速、高效、特异性强、操作简易等优点，已成为研究基因功能的强有力工具，在后基因组时代中发挥着重要作用。随着技术的不断发展和完善，RNAi 技术在未来的应用前景将更加广阔。

11.2.3 基因编辑技术

基因编辑（gene editing）是指利用酶（主要是核酸酶）特异性改变靶标基因序列并以同源重组或非同源末端连接的方式对基因组特定位点完成基因的插入、突变、敲除等操作。基因编辑技术可以人为设计对 DNA 序列的改变和修正，破坏抑制性基因的功能或恢复必要基因的功能，从而对基因及其功能进行研究，结合工业化设计理念衍生出的合成生物学（见第16章）更是在生物传感器、环境治理、疫苗生产、药物研发、生物绿色制造、可再生能源生产等领域有着极好的发展前景，是当前微生物领域最热门的研究方向之一。

然而，在高等真核生物中，外源DNA与目的DNA自然重组率极低，而且同源重组技术的精确性和编辑效率都比较低，这限制了其大规模应用。基于核酸酶的基因编辑技术的出现，使得在真核生物中实现精准有效的基因编辑成为可能。与传统的基因编辑技术相比，基于核酸酶的基因编辑技术减少了外源基因随机插入，提高了对基因组特定片段精确修饰的概率。基于DNA核酸酶的基因编辑技术发展迅速，从第一代DNA核酸酶编辑系统ZFN、第二代TALEN到第三代CRISPR/Cas9系统，基因编辑效率不断提高、成本逐渐降低、应用范围日益广泛。

11.2.3.1 锌指核酸酶技术

锌指核酸酶（zinc finger nuclease，ZFN）技术是一种早期的基因编辑工具。1983年，科学家在非洲爪蟾卵母细胞的转录因子TF III中发现了锌指蛋白（zinc finger protein，ZFP），通过将人工改造的锌指蛋白与核酸内切酶融合成为锌指核酸酶实现对特定基因位点的修饰。

ZFN的结构是由锌指蛋白结构域（DNA结合域）和 *Fok* I 限制性核酸内切酶DNA切割域两个部分组成，锌指蛋白结合域能够特异性识别并结合靶标DNA序列，DNA切割域具有核酸内切酶活性，可以产生双链DNA断裂。

Fok I 是一种 II S型核酸内切酶，*Fok* I 核酸内切酶的DNA切割域和DNA结合域是相互独立的，因此其切割位点和识别位点是不同的：N端是DNA结合域，用于识别DNA序列；C端是DNA切割域，具有核酸内切酶的作用。大部分 *Fok* I 只有在处于二聚体状态时才具有DNA的酶切活性，因此通常设计两个ZFN分别结合在切割结构域两侧的DNA正反链上，同时留出适当的间隔区以形成有活性的 *Fok* I 二聚体。

当含有编码ZFN基因的质粒或者mRNA进入细胞后，在核糖体中对ZFN进行表达，实现对特定基因序列的切割，进而激活细胞的DNA非同源末端连接或同源介导的双链DNA修复等（图11-4），进而引发4种编辑程序：①当没有外源DNA模板时，部分DNA双链断裂的修复是以非同源末端连接方式进行的。这种修复方式容易造成碱基增加或缺失进而导致该位点基因发生突变，因此当突变发生在编码区时可能会导致基因功能的改变或者丧失；②当有大量外源靶标基因进入细胞时，细胞会通过同源重组进行错误基因的修复进而实现基因编辑；③当同时使用两组ZFN编辑同一条染色体（两组共4个单体，可分别识别2个不同的位点），会在染色体DNA双链上形成2个双链DNA断裂，在修复过程中，两侧的序列可能直接连接，造成中间DNA片段丢失，从而导致一个或多个基因的缺失、突变或染色体基因的大片段删除；④当同时使用两组ZFN对不同染色体进行编辑造成2个双链DNA断裂，则可能产生非同源染色体的末端连接。

尽管ZFN技术可以应用于多种生物的基因编辑，但仍存在一些局限性，如脱靶率高、细胞毒性较高、设计筛选技术不成熟等不足，使用范围有一定限制。随着基因

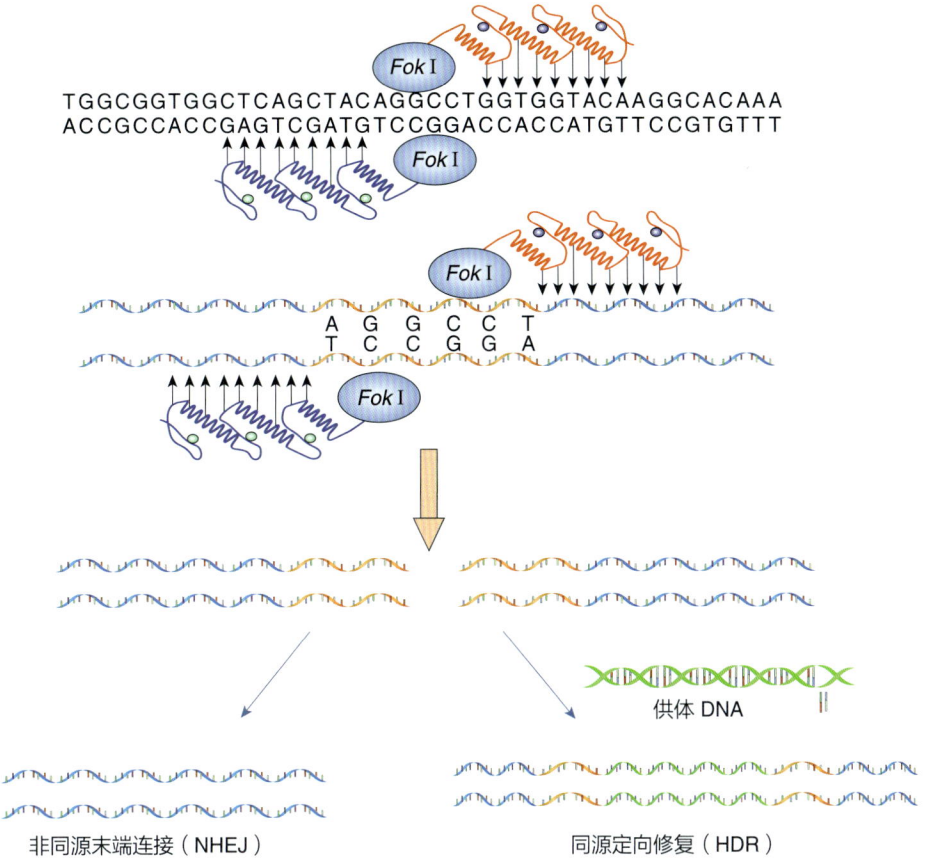

图 11-4 锌指核酸酶技术的基本作用机制

编辑技术的不断发展，后续出现的 TALEN 和 CRISPR/Cas9 等技术在某些方面有所改进，提高了基因编辑的效率和准确性。

11.2.3.2 转录激活效应因子核酸酶（TALEN）技术

1992 年，科学家在黄单胞菌中发现一种可以进入植物细胞核内像转录因子那样特异性识别 DNA 序列并启动特定基因的表达的蛋白，并将其命名为转录激活因子样效应蛋白（transcription activator-like effector, TALE）。转录激活因子样效应蛋白核酸酶（transcription activator-like effector nucleases, TALEN）是基于转录激活因子样效应蛋白（TALE）和 FokⅠ核酸内切酶融合而成的一种第二代基因编辑工具（图 11-5）。TALE 蛋白可以特异性识别 DNA 序列，而 FokⅠ核酸内切酶负责切割 DNA，从而实现基因编辑。TALEN 的序列设计与 ZFN 类似，需要设计两条不同的 TALEN，使核酸酶 FokⅠ形成二聚体以发挥酶切活性，从而激活细胞的 DNA 修复机制。

当缺少外源 DNA 模板时，部分 DNA 断裂双链的修复以非同源末端连接方式进行，这种修复方式的错误率很高，可能造成碱基增加或者缺失进而导致该位点基因发生突变，若突变发生在编码区时可能会导致基因功能的改变或者丧失。当有大量外源靶标基因进入细胞时，细胞会通过同源重组进行错误基因的修复。

相比 ZFN 技术，TALEN 技术具有一些优势：TALEN 技术的序列筛选更加简便，构建流程更方便快捷，可以实现大规模高通量组装，而且 TALEN 具有更高的 DNA 序

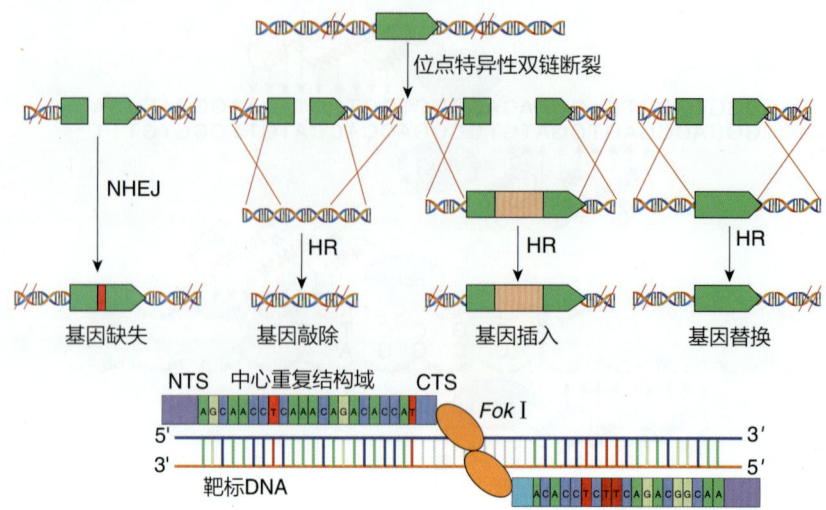

图 11-5 转录激活效应因子核酸酶技术的基本作用机制

列特异性识别和结合效率，脱靶率更低。但 TALEN 技术仍然面临脱靶问题，而且在多个物种中的应用仅限于非同源重组末端连接的定点随机突变和筛选，难以通过同源重组修复精确操控基因组。

11.2.3.3 CRISPR/Cas 系统介导的基因编辑技术

1987 年日本科学家石野良纯（Yoshizumi Ishino）在大肠杆菌基因组 DNA 中发现了一段重复 - 间隔的序列（clustered regularly interspaced short palindromic repeats，CRISPR），发现这些序列既不能编码蛋白也不能辅助 DNA 转录。而后科学家在 20 多种不同的微生物中都发现了这种 CRISPR 结构，进一步验证发现这是细菌对噬菌体的一种免疫机制。在 2013 年初，珍妮弗·道德纳（Jennifer Doudna）、张锋、乔治·丘奇（George Church）相继证明，将人工设计的 CRISPR 序列与 Cas9 蛋白结合，可以高效编辑人类基因组。此后 CRISPR/Cas9 基因编辑技术作为第三代基因编辑技术快速发展。

CRISPR/Cas 系统具有多样性，科学家们发现 Cas 基因和 CRISPR 序列是高度多样且动态变化的，认为其高度多样化的分子机制的形成于病毒和宿主的长期演化过程。CRISPR/Cas 系统的多样性使得其分类标准较为复杂，目前主要分为两大类群，即类群 1 和类群 2。类群 1 和类群 2 的主要差异在于结合 CRISPR RNA（crRNA）并参与靶标识别和干扰的关键效应物是由多个蛋白质亚基组成的复合物（类群 1）还是由多个功能结构域组成的单一蛋白质（类群 2）。而 Cas1 和 Cas2 作为参与 CRISPR 适应过程的核心蛋白几乎存在于所有的 CRISPR/Cas 系统中。

目前使用最广泛的基因编辑技术是来源于化脓性链球菌（*Streptococcus pyogenes*）的 Ⅱ-A 型 CRISPR/Cas 系统，该系统实现 CRISPR 干扰过程的效应复合物由 crRNA、反式激活 crRNA（*trans*-activating crRNA）和多功能域的 Cas9 蛋白组成（图 11-6）。Cas9 蛋白含有 HNH 和 RuvC 两个核酸酶结构域，分别负责切割靶标 DNA 中与 crRNA 互补的靶标链以及和被 crRNA 替换的非靶标链。研究人员通过对 CRISPR/Cas9 系统进行改造优化，将原本分开的 crRNA 和 tracrRNA 融合形成一条单链嵌合体结构的

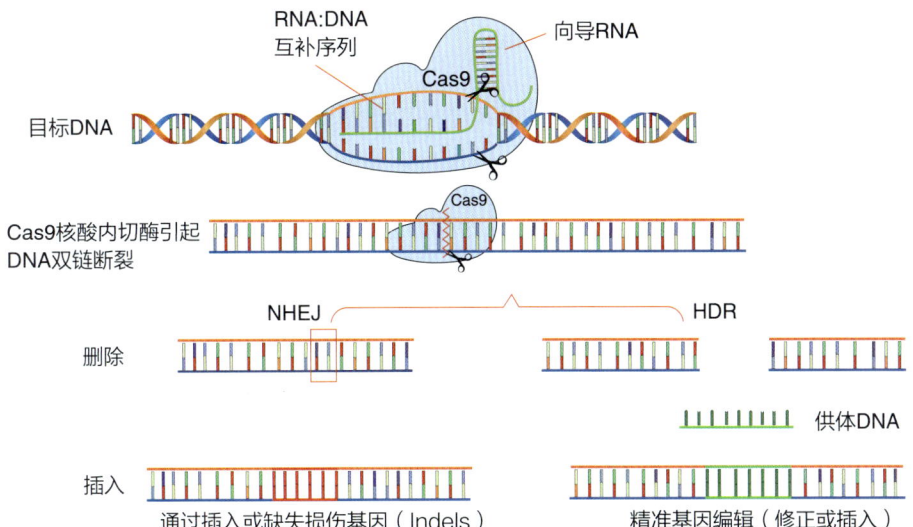

图 11-6 CRISPR/Cas 系统介导的基因编辑技术的基本作用机制

sgRNA（single guide RNA）。SgRNA 可以特异性结合靶标序列，进而引导核酸酶 Cas9 对 DNA 双链进行定点切割。Cas9 蛋白具有解旋酶和核酸酶活性，可特异性识别靶标 DNA 的 PAM 序列解开双链使 sgRNA 与靶标序列配对，在 PAM 序列前 3 个碱基处造成 DNA 双链断裂，进而通过细胞启动修复机制实现基因编辑。一方面，利用非同源末端连接的方式可以将经过 CRISPR/Cas9 系统编辑后的基因敲除；另一方面，在提供同源序列的情况下，同源重组修复途径会以同源序列为模板进行合成修复，从而对 Cas9 切割的目标 DNA 序列进行编辑。

与传统的 ZFN 和 TALEN 技术相比，CRISPR/Cas9 基因编辑技术利用 RNA 分子而不是 DNA 结合蛋白进行特异性靶向，提高了重新编程的简便性，也节约了成本。然而，它也存在一定的局限性，如 PAM 序列的识别要求可能限制靶点的选择范围。尽管如此，CRISPR/Cas9 技术仍然是当前最受欢迎的基因编辑工具之一，其应用范围十分广泛。

11.2.4 基因过表达技术

即使获得大量的基因克隆，在细胞正常表达下，仍有一些基因表达量低或基因沉默，将目的基因的表达量提高是研究该基因功能的有效途径。基因过表达（gene overexpression）是指将目的基因构建到组成型或组织特异性启动子的下游，通过载体转入某一特定细胞中，使基因高水平的转录和翻译，实现基因的表达量增加的目的。

基因过表达技术是研究基因功能必不可少的方法之一，其基本步骤包括基因过表达载体的构建、转化入宿主细胞、筛选目的产物过量积累的转化子和基因功能的分析。将目的基因和过表达载体连接后形成重组载体，而后重组载体通过热激转化、电穿孔转化等方法导入大肠杆菌、酵母细胞等宿主细胞中。重组载体进入宿主细胞之后，在宿主细胞中整合并大量表达目的基因，导致产物在细胞中积累。通过抗药性筛

知识拓展 11-3
基因过表达技术的基本操作步骤

选、显色互补筛选法、原位杂交法、免疫化学检测等方法筛选并鉴定出目的产物过量积累的转化子。

根据启动子不同，基因过表达技术可使用的载体类型可以分成组成型载体和诱导型载体。组成型载体能够使目的基因始终维持一定的表达水平，但往往会使宿主细胞产生代谢压力。而诱导型载体可以由温度诱导、诱导物诱导的方式启动目的基因表达。另外，还可以通过增强核糖体结合位点来提高目的基因表达的翻译水平，从而实现目的基因的过表达。

11.3 从天然微生物到工程菌株

11.3.1 微生物表达系统的主要类别与特点

随着分子生物学和基因克隆表达技术的深入发展，利用各种表达系统进行外源基因表达成为生产商用蛋白以及合成各种化学品的重要途径。微生物表达系统具有培养方便、培养周期短、成本低等优点。比较成熟的微生物表达系统包括大肠杆菌表达系统、酵母表达系统、丝状真菌表达系统等。前者属于原核表达系统，后两者属于真核表达系统。

11.3.1.1 大肠杆菌表达系统

大肠杆菌（*Escherichia coli*）为生命科学研究的模式生物之一，大肠杆菌表达系统也是目前研究最为深入的原核表达系统。K-12 MG1655 菌株是首个完成全基因组测序的大肠杆菌菌株，其基因组为环状 DNA，大小只有 4.6×10^3 kb，共包含 4 288 个可读框（open reading frame，ORF），占整个基因组序列的 87.8%。其基因组中 0.8% 的基因编码 tRNA 和 rRNA，0.7% 是不编码任何基因的重复序列，10% 的基因组序列包括所有的调控序列，即启动子、操纵子、DNA 复制的起始和终止序列等。大肠杆菌遗传背景清晰、基因表达调控机制研究深入、培养操作简单、生长繁殖速度快、成本低、转化和转导效率高、蛋白表达量高，目前已经成为最常用的外源蛋白质表达系统。

在科研和工业上被广泛应用的大肠杆菌表达载体主要有 pET 系列、pGE 系列和 pQE 系列。其中应用最广泛的为 pET 表达载体，是大肠杆菌中表达外源蛋白极为高效的表达载体。其中的 T7 启动子可以通过 T7 RNA 聚合酶驱动外源蛋白的高水平表达。在目的蛋白 N 端或 C 端添加融合蛋白基因序列，如 His-Tag、GST-Tag、StrepⅡ-Tag、c-myc 等，进行融合表达，可以简化下游目的蛋白的分离纯化操作。此外，也可通过新型启动子和糖基化工程改造大肠杆菌细胞，提高重组蛋白的表达量。

然而，作为原核生物，大肠杆菌外源表达蛋白具有以下 4 个缺点：①不具有翻译后修饰的功能，无法完成蛋白的糖基化、磷酸化及分泌，部分大肠杆菌表达的真核生物来源的蛋白无法正确折叠；②无法识别真核基因内含子区域，无法完成转录后剪切；

③其为非分泌型蛋白表达，胞内杂蛋白含量高，给后续蛋白分离纯化造成困难；④大肠杆菌胞内积累大量表达的蛋白，易生成不溶性的包涵体。

11.3.1.2 酵母表达系统

作为单细胞真核生物的代表，酵母培养操作简单、安全可靠、生长繁殖速度快，能够进行翻译后修饰，并将蛋白分泌到胞外，可以弥补大肠杆菌等原核表达系统在真核基因表达方面的不足，目前已经成为应用最广泛的真核表达系统之一。酵母表达系统拥有许多性能优良的宿主菌株，包括酿酒酵母（*Saccharomyces cerevisiae*）、毕赤酵母（*Pichia pastoris*）、多形汉逊酵母（*Ogataea polymorpha*）、乳酸克鲁维酵母（*Kluyveromyces lactis*）、产朊假丝酵母（*Candida utilis*）等。

酿酒酵母于1996年完成基因组测序，有16条染色体，基因组全长1.2×10^4 kb，染色体上共有约5 800个可能编码蛋白质的可读框。可读框约占整个基因组70%，其中一半是功能已知基因或者已知功能基因的同源基因，而另一半可读框所编码的蛋白质功能未知。酿酒酵母遗传背景清晰、生产安全可靠，在食品、医药工业被广泛应用。但酿酒酵母糖基化能力较强，可能导致蛋白质的过度糖基化。此外，相较于其他表达系统，酿酒酵母缺乏强有力的启动子，高密度发酵困难，且存在表达质粒易丢失等问题。

毕赤酵母具有醇氧化酶（alcohol oxidase 1）基因启动子P_{AOX1}，这是目前已知的最强有力且严格调控的启动子之一，受葡萄糖、甘油、乙醇等碳源的严格抑制，在甲醇存在下可高效诱导外源基因表达。与酿酒酵母相比，毕赤酵母表达产物的糖基化程度低、蛋白活性高、可进行高密度发酵，便于外源蛋白的工业化生产。

11.3.1.3 丝状真菌表达系统

大肠杆菌和酵母表达系统广泛应用于商用蛋白生产过程，但大肠杆菌表达蛋白易形成包涵体、酵母蛋白产量低等问题限制了其进一步应用。作为外源蛋白表达宿主，丝状真菌由于其较强的蛋白分泌能力，较为完善的翻译后修饰系统以及能够完成蛋白的糖基化等修饰，成为了生产外源蛋白的重要宿主之一。

丝状真菌的基因组由染色体基因组和线粒体基因组两部分组成。丝状真菌的单倍体基因组一般由6~8个线状染色体组成，平均大小为$2 \times 10^4 \sim 4 \times 10^4$ kb，其中2%~5%的基因组序列是不编码任何蛋白质的重复序列。功能基因通常含有较短的内含子，长度50~200 bp。丝状真菌中的结构基因并不像原核生物那样形成操纵子结构，而是分别转录各自的mRNA。丝状真菌线粒体DNA为环状，一般在几十kb左右，主要包含16S rRNA、23S rRNA、tRNA以及一些与电子传递链有关的结构基因，这也与线粒体自身的功能相对应。由于其结构上的特殊性，线粒体基因组在正常复制过程中经常发生DNA重排、缺失、插入、内含子剪接异常等现象，从而造成高频分子内重组。

黑曲霉（*Aspergillus niger*）、米曲霉（*Aspergillus oryzae*）、产黄青霉（*Penicillium chrysogenum*）、里氏木霉（*Trichoderma reesei*）等丝状真菌菌种被广泛应用于商业蛋白生产，是美国FDA认可的安全生产菌种（GRAS），GRAS指"一般认为安全"

(generally recognized as safe)。曲霉具有生产和分泌天然和外源蛋白质、有机酸和次级代谢物的优良性能，超过 50% 的食品工业中使用的来自丝状真菌的商业酶是由曲霉菌表达的。曲霉表达系统在工业生产中应用也非常广泛，如米曲霉常被用于大规模生产牛凝乳酶（CHY）、β- 葡萄糖苷酶（BGL）、人溶菌酶（HLY）和重组抗体（如阿达木单抗）等重要的商业蛋白。

11.3.1.4　其他表达系统

随着基因工程在医药、食品、材料等领域的不断发展，需要开发不同的表达系统以满足不同产品生产的需求。例如，枯草芽孢杆菌（*Bacillus subtilis*）表达系统、浑浊红球菌（*Rhodococcus opacus*）表达系统、乳酸乳球菌（*Lactococcus lactis*）表达系统等。

11.3.2　目的基因的获取

从天然微生物到工程菌株的研究进程中，首先面临的问题是如何获取目的基因。通常获取目的基因的方法有 3 种：①从基因文库或 cDNA 文库中分离并通过 DNA 聚合酶链反应（PCR）扩增目的基因；②化学法合成目的基因；③或通过基因定点突变获取突变基因。

11.3.2.1　从基因文库或 cDNA 文库中分离基因

将目标生物的基因组 DNA 随机切割成小片段，然后将这些片段克隆到适合的载体中，并将载体转化到宿主细胞中，形成基因文库（图 11-7）。一个理想的基因文库

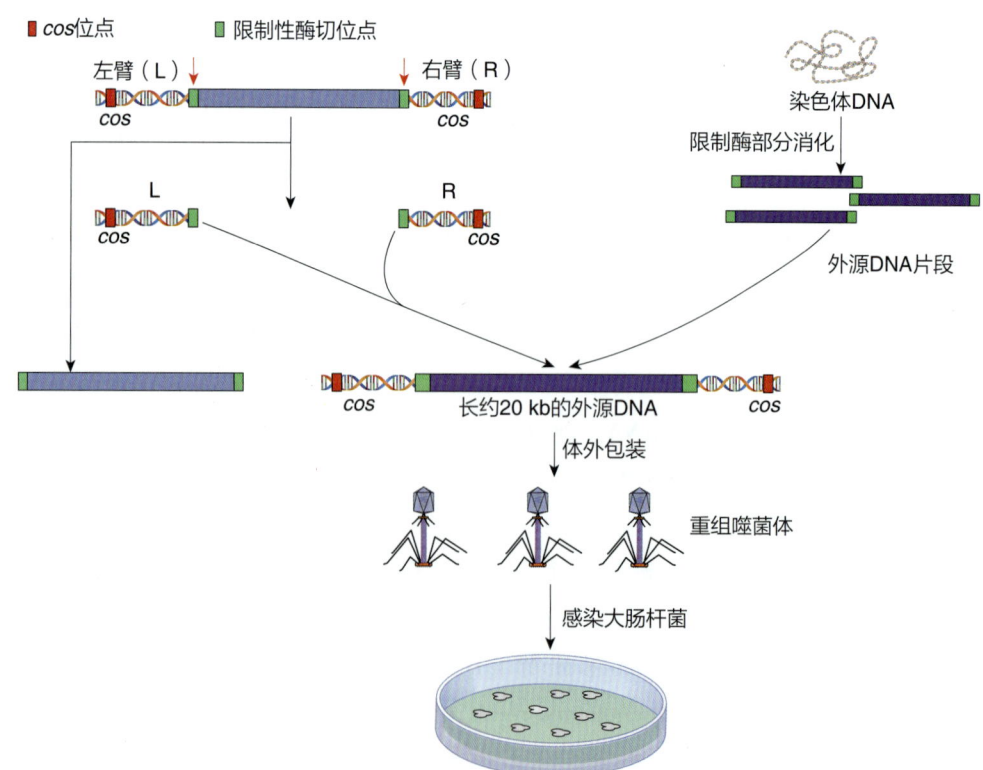

图 11-7　基因文库构建示意图

应包含该生物基因组的全部遗传信息。在构建好基因文库后，通常采用以下方法筛选目的基因：①根据目的基因蛋白质家族的保守序列或目的基因同源序列设计特异性DNA探针，使用标记的特异DNA作为探针，通过DNA杂交，从基因文库中筛选目的基因；②用抗体与表达蛋白进行免疫反应；③检测表达产物功能活性。

cDNA文库是指包含某一生物mRNA的全部cDNA克隆。cDNA是由转录的mRNA逆转录产生，因此仅包含生物体的表达的基因，不包含真核生物基因的内含子。从cDNA文库中筛选目的基因的方法与基因文库类似。

11.3.2.2　PCR扩增基因及基因定位诱变

聚合酶链反应（polymerase chain reaction，PCR）是20世纪80年代中期发展起来的一种体外快速扩增特定的DNA序列的分子生物学技术。它具有特异、敏感、产率高、快速、简便、重复性好、易自动化等突出优点，是生物医学领域中的一项革命性创举和里程碑。

> 知识拓展 11-4
> PCR 技术的发现之旅

（1）PCR的基本步骤

进行PCR需要合成一对寡核苷酸作为引物，引物需与扩增的靶DNA片段两条链的末端互补配对。PCR循环分变性、退火、延伸三个步骤（图11-8）。

变性（denaturation）：在高温（94℃左右）下，模板DNA热变性，双链被解开为两条单链。

退火（annealing）：反应系统降温，使引物与模板DNA两端的碱基配对。

延伸（extension）：DNA聚合酶使引物3′端向前延伸，合成与模板互补的

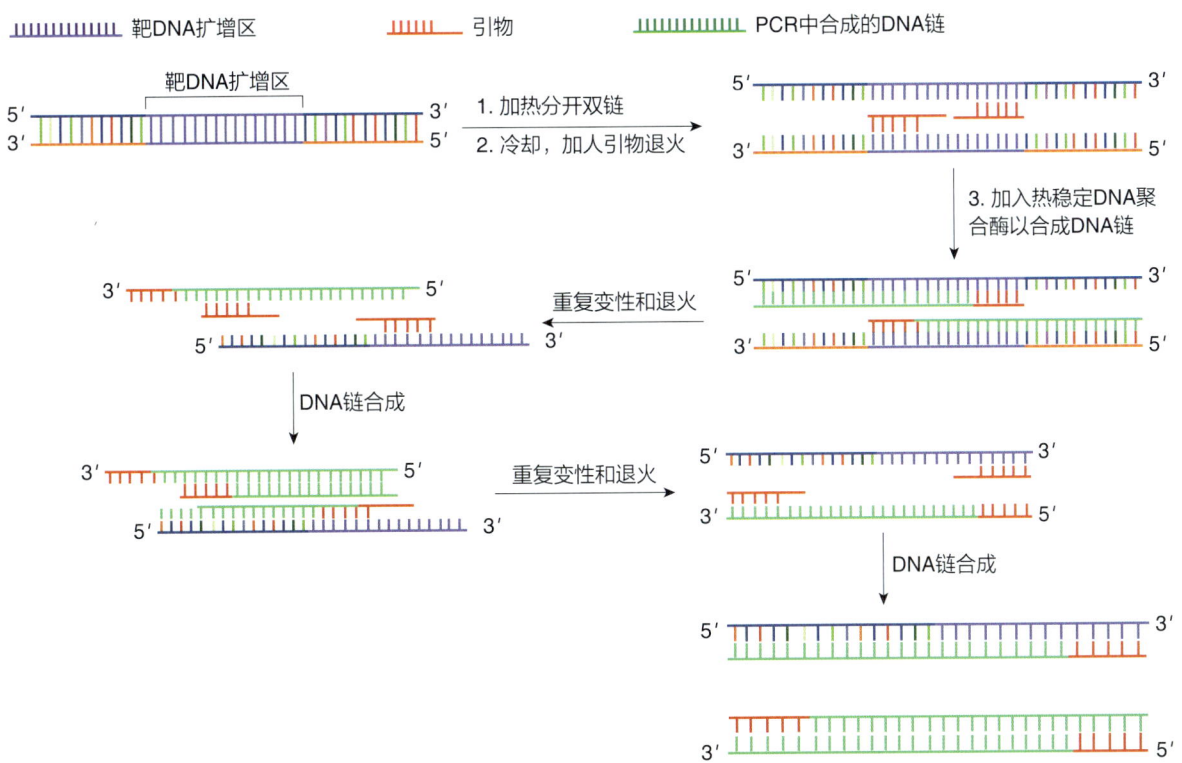

图 11-8　聚合酶链反应的基本步骤

DNA 新链。

新合成的 DNA 链可作为下一轮循环的模板进行复制，重复变性、退火和延伸三个步骤，DNA 片段数量呈 2 的指数倍增长，利用 PCR 仪，在 1~2 h 内可完成 25~30 次循环，DNA 量可扩增 10^6~10^7 倍。

（2）通过基因定点突变获取突变基因

通过 PCR 方法引入突变可分为两种情况：突变位点位于基因末端：在 5′ 或 3′ 端引物中含有目标突变碱基，便可使 PCR 产物的末端引入该变异碱基。突变位点位于基因中间：在目标突变位点设计一对含有目标突变序列的互补的寡核苷酸引物，分别于 5′ 和 3′ 端引物进行 PCR，得到两个 PCR 产物，含有包括该突变位点的一端互补重叠序列，经过重组 PCR 便可得到变异的 PCR 产物。

11.3.2.3　化学法合成基因

若已知目的基因的核苷酸序列，或已知蛋白质的氨基酸序列，通过蛋白质的氨基酸序列推测 mRNA 的核苷酸序列，可通过化学法直接合成目的基因。

DNA 化学合成起源于 20 世纪中期，1957 年的诺贝尔奖获得者亚历山大·R·托德（Alexander R. Todd）在 1955 年成功合成了具有 3′–5′ 磷酸二酯键结构的 TpT。哈尔·葛宾·科拉纳（Har Gobind Khorana）等人发展了一系列核苷酸的糖上羟基、碱基的氨基和磷酸基的保护基及缩合剂，建立了磷酸二酯法，但磷酸二酯法只适用于液相合成，不适用于固相合成，限制其合成自动化应用。Robert Letsinger、Marvin Caruthers 等其他研究小组在前人基础上继续推动寡核苷酸化学合成方法。1981 年 Serge Beaucage 对固相亚磷酸三酯法加以改进，采用二烷基胺替代亚磷酸中间体上的氯原子形成亚磷酰胺化合物，解决其高反应活性对制备的负面影响，形成了被广泛使用的固相亚磷酰胺三酯法，并实现寡核苷酸合成的自动化。

11.3.3　外源基因导入宿主细胞

外源目的基因与载体进行体外连接构成重组 DNA 分子后，需要将重组 DNA 分子导入到受体宿主细胞，才可以实现目的基因在宿主细胞中的扩增或表达。载体和受体细胞不同，所采用的转化方法也不同。

11.3.3.1　热激转化

转化是 DNA 分子直接从培养基进入原核细胞的现象。含有外源基因的重组质粒通过转化导入原核细胞，细胞这种能从其胞外环境直接吸收裸露的 DNA 的特殊的生理状态被称为感受态。该生理状态通常是在高细胞高密度培养或者营养缺乏时形成的，细胞从外界吸收 DNA 可能是出于以外源 DNA 为食物缓解营养缺乏或增加遗传多样性的需要，也可能是借助外源 DNA 对自身的 DNA 损伤进行修复。

以大肠杆菌为例，人工制备感受态细胞进行转化的过程通常为：①利用氯化钙处理对数期的大肠杆菌，使细胞膨胀，同时 Ca^{2+} 使细胞膜磷脂层形成半晶格状态，位于外膜与内膜间隙中的部分核酸酶离开所在区域，构成大肠杆菌人工诱导的感受态；

②加入外源DNA并将其在一起进行冷孵育，DNA与Ca^{2+}结合形成抗脱氧核糖核酸酶的羟基-磷酸钙复合物，并黏附在细菌细胞膜的外表面上；③经过42℃短暂热激处理后，细菌细胞膜的半晶格状态变成流动性，膜的通透性增加，从而便于DNA分子进入细胞内。一般条件下转化效率可达到每微克DNA转化$10^7 \sim 10^8$个细胞。

11.3.3.2 电穿孔法

电穿孔（electroporation）是一种电场介导的细胞膜可渗透化处理技术。受体细胞在电场脉冲的作用下，细胞壁和细胞膜上瞬间形成一些可逆的微孔通道，使得DNA分子直接与裸露的细胞膜磷脂双分子层结构接触，随着细胞复苏和弥合，实现质粒DNA的物理转移过程。

电穿孔法导入外源DNA同样也需要制备感受态细胞，但与化学法制备感受态细胞不同。其过程通常为：①选取对数生长期的大肠杆菌，用水或低盐缓冲液充分清洗以降低细胞悬浮液的离子强度，并用10%甘油重悬细胞，于干冰上速冻后置于$-80 \sim -70$℃贮存或直接进行下一步转化；②在$0 \sim 4$℃进行电场转化，将感受态细胞与待转化的质粒DNA混合，冰浴，转移至电转杯中并混匀，推入电转仪中，调节合适的电转参数以获得理想的电场转化效率。

电穿孔法的转化率通常比化学法高$10 \sim 20$倍，一般条件下转化效率可达到每微克DNA转化10^9个细胞。电穿孔法不仅广泛应用于原核细胞，也应用于真核细胞的转化。

11.3.3.3 接合转移法

接合转移是指供体和受体细胞间直接接触，质粒DNA从供体向受体转移的过程。通过这种方式将质粒转入到目标细胞中，实现外源基因在目标细胞中的扩增或表达。接合转移法适用于大部分革兰氏阴性细菌、放线菌等多种细菌菌株。

11.3.3.4 噬菌体介导的基因转导

噬菌体感染细菌后会把噬菌体基因组注入到受体细菌内进行复制和表达，并在细菌细胞内包装成为子代噬菌体颗粒，并造成细菌细胞裂解，释放后继续感染其他细菌。而在这个过程中，如果子代噬菌体基因组中重组了被裂解的供体细菌DNA片段，那么在感染其他溶原性细菌细胞时，其所携带的供体DNA片段会整合到受体细菌染色体上，该过程则称为噬菌体介导的基因转导。

基因转导常用的噬菌体为λ噬菌体，λ噬菌体属于温和噬菌体。在使用λ噬菌体作为载体时，重组DNA分子需要有λ噬菌体包装蛋白的包装识别信号（cos序列），且长度在$38 \sim 50$ kb，以便通过λ噬菌体的包装蛋白包装重组DNA分子。重组DNA分子与λ噬菌体的头部、尾部和有关包装蛋白混合，即可装配成完整具有感染力的λ噬菌体粒子，然后感染细胞。每微克可产生10^9个的噬菌斑。该基因导入方法广泛应用于细菌。

11.3.3.5 聚乙二醇介导的转化

由于真核细胞往往具有由多糖和糖蛋白组成的细胞壁，外源基因难以转入。因此，使用蜗牛酶等酶去除细胞壁形成原生质体，并使用聚乙二醇和$CaCl_2$处理原生质体，将重组 DNA 通过转化导入到细胞的原生质体中，于再生培养基中培养，使其再生细胞壁，形成完整的细胞，从而实现外源 DNA 的导入。

该方法通常应用于酵母、放线菌和丝状真菌。

11.3.3.6　金属阳离子介导的转化

研究发现，某些单价碱性阳离子（如 Na^+、K^+、Rb^+、Cs^+、Li^+）与聚乙二醇合用可以刺激未经去细胞壁处理的完整细胞吸收质粒 DNA 以实现外源目的基因的导入。具体操作大致为：首先使用 100 mmol/L 的阳离子溶液处理细胞后，加入质粒 DNA 和终浓度为 35% 的聚乙二醇 PEG4000，在 30℃孵育 1 h，再于 42℃水浴中热激 5 min 后立刻降至室温，并直接涂板筛选。其中使用 CH_3COOLi 处理得到的转化子数量最多。经分析，使用 CH_3COOLi 处理可以使细胞呈现一种短暂的易于摄取外源 DNA 的状态，而 PEG 的加入可以在高浓度的阳离子溶液环境中保护细胞膜，并促进质粒与细胞膜的紧密接触。

该方法可用于酵母、部分原核细胞以及微型藻类等微生物。不同微生物的细胞壁和膜结构可能存在差异，因此具体的转化方法和条件可能需要根据目标微生物的特性进行优化和调整。

11.3.3.7　土壤杆菌介导的转化

在自然条件下，土壤杆菌属（*Agrobacterium*）染色体外的遗传物质 Ti 质粒上的一段 DNA（T-DNA）能够转移到宿主细胞内，并整合进染色体组中进行表达。通过改造 Ti 质粒，将 T-DNA 区域中的致病基因移除，并替换为目的基因，可使土壤杆菌成为一种有效的转化载体。其转化过程大致为构建二元载体、活化土壤杆菌、准备真菌分生孢子和共转化 4 个步骤。

土壤杆菌介导的转化主要应用于真菌的遗传转化过程，其具有操作简便、转化效率高、易得到单拷贝随机插入的转化子且转化子稳定等特点。

11.3.4　目标菌株的筛选与鉴定

在目的基因导入受体细胞的过程中，仅有少数的受体细胞能成功地转入外源 DNA 分子并稳定表达。因此，需要从众多的菌株中筛选含有目的基因的重组体克隆。目前，用于筛选和鉴定含有目的基因菌株的方法主要有三类，分别是基于载体的选择标记、目的基因序列和基因的表达产物。

11.3.4.1　基于载体选择标记的筛选与鉴定

抗生素抗性选择法、插入失活法和 α 互补筛选法是常用的三种方法。

（1）抗生素抗性选择法

抗生素抗性基因表型是重组质粒 DNA 菌株筛选应用最多的一种方法。菌株因携带有含特定抗性基因的重组质粒而获得在含有相应抗生素的培养基上正常生长的能力，而没有重组质粒转入的菌株则无法生长，从而实现筛选。

（2）插入失活法

插入失活法是指将外源 DNA 插入到载体的抗性基因序列中，导致基因结构遭到破坏而失活，从而使其失去该抗性功能，是检测外源 DNA 插入的常用方法。

例如，质粒 pBR322 中含有四环素抗性基因和氨苄青霉素抗性基因，且质粒上含有许多限制性核酸酶切位点。四环素抗性基因序列上有 *Bam*H I、*Sal* I 等多种限制酶的单一识别位点，可以实现外源 DNA 的插入。在这些位点插入一定大小的外源 DNA 片段会导致四环素抗性基因出现功能性失活，因此含有目的基因的菌株只能在氨苄青霉素抗性的培养基上生长而丧失在四环素抗性培养基上生长的能力，由此通过抗性表型检测出目标菌株。

（3）α 互补筛选法

α 互补筛选法，又称蓝白斑显色筛选法，其实质是利用 β- 半乳糖苷酶基因（*lacZ*）表达 β- 半乳糖苷酶催化显色底物为标记，以呈现颜色来提供选择信息。目前使用的许多质粒载体的组成结构中具有 *lacZ* 的调控序列和 N 端氨基酸（α 肽）的编码序列，并在这个编码区中插入一个多克隆位点，但没有影响其正常功能。而大肠杆菌 *lacZΔM15* 突变株如 DH5α、JM101 等菌株，其编码 β- 半乳糖苷酶的基因序列 N 端编码序列（编码 ω 片段）缺失，导致酶的活性缺失。而 α 肽可以恢复由于 N 端编码序列缺失造成的酶活性丧失，因此称为 α 互补。乳糖类似物 IPTG（异丙基 -β-D- 硫代半乳糖苷）可以代替乳糖诱导细胞产生 β- 半乳糖苷酶，且其不会发生代谢变化。而显色剂 X-gal（5- 溴 -4- 氯 -3- 吲哚 -β-D- 硫代半乳糖苷）本身是无色的，在 β- 半乳糖苷酶的作用下可以生成蓝色物质（5- 溴 -4- 氯 - 靛蓝）。因此，在培养具有完整乳糖操纵子的细菌细胞时，培养基中同时存在诱导物 IPTG 和 X-gal 时，会形成蓝色菌落。而当外源 DNA 插入载体中破坏了 α 肽的可读框，使 α 肽失去互补的能力，因此无法形成有活性的 β- 半乳糖苷酶，就形成了白色菌落。通过菌落的颜色筛选出含有外源 DNA 片段的菌落。

11.3.4.2　基于目的基因序列的筛选与鉴定

利用目的基因序列的筛选与鉴定主要有菌落（或噬菌斑）的原位杂交、限制性酶图谱的鉴定以及 DNA 测序三个步骤。

（1）菌落（或噬菌斑）的原位杂交

原位杂交（*in situ* hybridization）是指将特定标记的已知序列核酸作为探针与细胞中的核酸进行杂交，从而对特定的核酸序列进行定性、定位和相对定量的过程。该过程可以从文库中迅速筛选出所需要的目的基因克隆。

其大致操作过程如下：琼脂平板上的转化细胞形成菌落后，将其转印到硝酸纤维素滤膜上。用碱液处理滤膜上的菌体，使其裂解并释放出 DNA，DNA 变性为单链。经过烘烤，将变性 DNA 固定在滤膜上。最后，将滤膜和放射性标记的核酸探针置于密封的塑料袋内进行分子杂交。通过放射自显影显示的黑色斑点与原平板菌落位置对照，可将含有探针的菌落筛选出。该方法可以在短时间从大量克隆中筛选出阳性克隆。

（2）限制性酶图谱的鉴定

将初步筛选获得的阳性克隆提取重组质粒后，用合适的内切酶进行酶切，通过凝胶电泳验证限制酶图谱或外源 DNA 长度，从而确定外源 DNA 是否成功转入。

（3）DNA 序列的测定

在确定了外源 DNA 成功转入后，需要进一步对目的基因进行序列测定以保证目的基因序列的正确性。

11.3.4.3　基于目的基因表达产物的筛选与鉴定

（1）免疫活性检测

基于免疫学方法检测蛋白质是一种专一性很强、灵敏度很高的检测方法。如果表达产物是蛋白质或多肽且具有抗原性，则可以与其特异性抗体产生免疫反应，具体方法主要有蛋白免疫印迹（Western blotting）、酶联免疫吸附法（ELISA）等。Western blotting 是将电泳分离后的细胞或组织总蛋白质从凝胶转移到硝酸纤维素膜或聚偏二氟乙烯膜（PVDF 膜）等固相支持物上，然后用特异性抗体检测某特定抗原的一种蛋白质检测技术。ELISA 是指利用抗体分子与抗原分子特异性结合的特点，将游离的杂蛋白和结合于固相载体的目的蛋白结合，并利用特殊的标志物对其定性或定量分析的一种检测方法。

（2）生物学检测

若基因表达产物为酶，则可以通过测定其酶活来检测；若其表达产物为酶的抑制剂，则可以通过测定其抑制酶活的能力来进行检测。

（3）氨基酸序列检测

测定经过部分水解多肽的肽谱或者检测表达产物两端的氨基酸序列，可以鉴定表达产物。

（4）RNA 检测

当基因的表达产物是 RNA 时，可通过实时荧光定量 PCR 技术来进行检测。检测时需要先将 RNA 逆转录为 cDNA，再以其为模板进行 PCR 扩增，并在 PCR 反应体系中加入荧光基团，利用荧光信号积累来实时监测整个 PCR 进程，从而检测目标 RNA 的相对含量。

11.4　组学在基因工程中的应用

在微生物基因工程的设计过程中，通常需要综合利用微生物的基因组、转录组、蛋白组和代谢组等多组学技术进行研究和设计。这些组学技术可以从不同层面全方位地解析微生物的遗传信息、功能和代谢能力，为基因工程提供科学依据。具体而言，基因组学主要从 DNA 序列层面研究微生物的全部基因组成；转录组学从 RNA 表达谱层面分析基因转录和表达模式；蛋白质组学从蛋白质层面研究酶及代谢通路中关键蛋白的表达；而代谢组学技术则从细胞内所有小分子代谢物的层面研究微生物的代谢能力。综合运用各种组学技术，可以加深对微生物遗传功能的理解，挖掘其在代谢工程领域的潜在应用价值，并辅助设计构建高效的代谢途径，从而有力推动微生物基因工程的研究和设计。

11.4.1 基因组学

基因组学（genomics）是指以基因组分析为手段，对所有基因进行基因组作图、核苷酸序列分析、基因定位和基因功能分析的一门科学。针对微生物的基因组学一般分为结构基因组学、功能基因组学、比较基因组学、宏基因组学等。

11.4.1.1 结构基因组学

结构基因组学（structural genomics）就是对基因组进行测序并注释的过程，通过基因作图、核苷酸序列分析确定基因组成、基因定位，为更深入的基因组研究打下基础。

11.4.1.2 功能基因组学

功能基因组学（functional genomics）是在结构基因组学的基础上，从整个基因组的角度，系统地研究基因的表达调控、相互作用、功能及其与表型的关联，包括基因功能发现、基因表达分析、突变检测、基因组表达与调控等。功能基因组学对成千上万的基因表达进行分析和比较，从基因组整体水平上对基因的活动规律进行阐述，使得生物学研究从单一基因与蛋白质的研究转向基因组与蛋白质组的系统研究。

11.4.1.3 比较基因组学

比较基因组学（comparative genomics）是一门研究不同生物体基因组序列差异及其生物学意义的学科，是当代基因组学研究的重要分支。它通过比较分析不同物种或种群内个体之间的基因组序列，揭示基因的结构、功能、表达机制和物种的演化历程。

研究主要内容包括：①比较不同物种基因组之间功能区域顺序上、组织结构上的同源性，对系统发育中代表性物种之间的基因和基因家族的差异分析；②构建基于基因组的系统发育数据；③发现新基因，研究其基因功能；④揭示基因与基因家族的起源、功能以及演化过程中复杂性和多样性的机制。通过比较基因组学的研究和分析，我们可以发现微生物中新的基因、研究未被注释基因的功能、揭示一些非编码序列的功能、确定某一个基因的演化关系、分析某一类基因的功能位点等。

比较基因组学的基础是相关生物基因组的相似性和同源性，常用的研究方法有如下三种。

第一，基因组作图比较法。利用共同的遗传标记对相关物种进行遗传/物理图谱比对，分析标记在相关物种基因组中的分布情况：同线性（synteny）或是共线性（collinearity），进而揭示物种的基因组结构、功能以及演化历程。

第二，基于芯片技术的比较基因组学法。以已知序列基因组为参考，通过芯片技术，将未测序基因组与参考基因组进行比较基因组杂交分析，检测基因组中对应的DNA区域是否存在、是否有缺失或变异。这种方法常应用于微生物随机突变或定向演化的研究中，探究性状与基因变化的关系。

第三，基于全基因组测序的比较基因组学法。该方法需要先完成全基因组测序，然后针对全基因序列进行比较分析，鉴定同源基因家族。该方法在微生物学领域应用广泛，如判断不同微生物中是否存在来源相同的一组基因家族；分析微生物中某些基因的系统发育关系并构建演化树（又称进化树）；发现具有多拷贝的基因家族等。

大肠杆菌、酵母等微生物是重要的模式生物，常作为参照对象与其他物种进行基因组比较研究。通过将基因组与模式生物基因组进行比较，可以揭示目标物种中基因的功能，并有助于探究某些疾病发生的分子机制。

11.4.1.4　宏基因组学

宏基因组（metagenome）指的是在特定环境下所有微生物遗传物质的总和。宏基因组学（metagenomics）旨在揭示微生物群落整体的遗传多样性及其与环境之间的相互作用，它以生态环境样本中所有基因组 DNA 作为研究对象，通过高通量测序和生物信息学分析手段，对微生物群落的基因组组成、基因功能和基因表达模式等进行系统性研究。宏基因组学不仅关注已培养微生物的基因组信息，更重要的是挖掘大量未培养微生物的遗传资源，从而全面揭示微生物群落的代谢能力和生态功能。该领域在肠道微生物、菌体混合发酵等方面具有广阔的应用前景。

基因组学在微生物基因组设计和功能研究中常用的研究思路包括两个方面：①利用全基因组测序技术解析微生物基因组，获得其所有基因序列信息；②通过基因组比较分析，鉴定微生物特有的代谢途径及关键酶家族基因。

微生物来源的天然产物因其独特的化学结构和广泛的生物活性，在开发新型药物方面具有重要价值。面对超级耐药菌的不断挑战，探索来自新的微生物源的天然抗生素变得尤为迫切。基因组学研究表明，微生物基因中蕴藏着丰富的次级代谢途径，其中超过 90% 的次级代谢基因簇在标准培养条件下表达缓慢或不表达，这些基因被称为"沉默基因簇（silent gene clusters）"。针对这些沉默基因簇，挖掘新的代谢途径成为目前的研究热点和难点。一方面，通过基因工程手段激活这些沉默基因簇已显示出成功案例，例如，在链霉菌中直接表达优化的转录和翻译元件，成功激活多个沉默基因簇，为开发新型抗生素提供了新思路。另一方面，基因组分析技术也支持对特定酶家族的系统性研究，包括目标酶的同源基因、构建系统演化树、分析所在基因簇等手段，以此筛选并鉴定可能催化反应的新酶，进而丰富了我们对酶功能的认识。总之，基因组学技术为微生物次级代谢产物的发现和应用提供了强有力的支持。

11.4.2　转录组学

转录组（transcriptome）是特定微生物在特定发育阶段或在特定生理条件下所有基因的转录情况以及转录调控的规律。在完成基因组测序的基础上，转录组学的分析能够表现基因转录水平，从而提供有关基因结构、基因表达调控、基因产物和基因组动态等信息。通过比较不同微生物或同一微生物在不同条件下的转录组，可以确定基因在转录水平条件下的表达情况，进而探究微生物的生理代谢活动的变化。

转录组学（transcriptomics）在微生物基因工程中常用的研究思路包括：①分析不同环境条件下微生物的转录组数据，确定环境响应基因；②鉴定微生物中与目的产物相关的基因的转录表达模式；③根据转录信息进行基因表达调控，优化代谢流向目标产物。以灵菌红素生产为例，通过分析不同温度条件下黏质沙雷氏菌的转录组数据，揭示了温度对灵菌红素合成的影响机制，识别了关键的限制酶和转录因子，并通过代谢工程策略调整这些因素，最终实现了产量的显著提升。这说明转录组学不仅能够揭示基因表达调控的复杂网络，还能指导微生物代谢的优化设计。

11.4.3　蛋白质组学

蛋白质组（proteome）是指微生物体内在特定时空条件下所有表达的蛋白质的总和。蛋白质组学（proteomics）是一门研究蛋白质的结构、功能、相互作用以及调控机制的学科，其复杂程度超过基因组学和转录组学。尽管如此，蛋白质分析仍然是揭示基因功能的关键手段之一。

在蛋白质组学领域，应用高通量技术，如双向聚丙烯酰胺凝胶电泳和质谱分析等，可以全面地研究微生物中所有表达的蛋白质及其特征，包括蛋白质表达水平、翻译后修饰模式以及蛋白质与蛋白质的相互作用等。这些数据不仅提供了定量和定性角度深入理解微生物代谢的手段，而且通过揭示特定条件下代谢关键酶的表达差异，为基因工程靶点的选择提供了依据，进一步促进了向目标产物代谢流量的优化。比如，乔治·阿隆索－古铁雷斯（Jorge Alonso-Gutierrez）等报道了一种名为蛋白质组主成分分析（principal component analysis in proteomics，PCAP）的定量靶向蛋白质组学数据分析方法。他们将甲羟戊酸途径的9个基因分成3个基因簇，并分别通过单质粒和双质粒表达的排列组合，构建了27株大肠杆菌工程菌，然后分析各菌株产量与甲羟戊酸途径酶水平的关联，得出萜类合成酶的过表达和其他酶的平衡表达使柠檬烯产量提高40%，而且将该策略应用于生物燃料——甜没药烯的合成，产量达到最高报道值（1 150 mg/L），相比之前报道的双质粒表达系统，产量提高2倍以上。

11.4.4　代谢组学

代谢组学（metabonomics）是继基因组学、转录组学之后出现的一门新兴组学技术，旨在通过研究机体受外部扰动后其小分子代谢物的变化，并结合多种数据分析方法，揭示机体潜在的代谢调控机制。功能代谢组学技术以发现关键代谢物为基础，结合体内体外实验和分子生物学等技术手段，研究差异代谢物及相关蛋白、酶和基因的功能，从而阐释生物体内在的分子调控网络。传统的代谢组学的应用主要包括微生物的分类鉴定、突变体的筛选、发酵工程检测、相关疾病诊断及环境污染评估等。

11.5 基因工程技术在微生物改造中的作用

11.5.1 新兴微生物基因工程技术的发展

11.5.1.1 高通量筛选平台

高通量筛选技术包括营养缺陷筛选、流式细胞分选、微流控液滴技术等，可快速从大型变异库中筛选理想菌株。营养缺陷筛选是一种经典的高通量筛选方法，随着微生物遗传学的发展，20世纪中期该方法广泛应用于微生物酶工程和代谢功能研究。为了满足日益增加的多参数分析和高通量分析需求，更高通量的微生物筛选技术应运而生。流式细胞分选（fluorescence-activated cell sorting，FACS）是20世纪六七十年代发展起来的可以对流式细胞（或微粒）的物理、生理、生化、免疫、遗传等性状及功能状态等进行定性或定量检测的现代细胞分析技术。流式细胞分选可根据发射光的荧光强度和波长将细胞亚群分开，并实现单克隆分选。它能将复杂样本中的细胞进行鉴定、分类、定量和分离，单次可同时对其中一种至多种特定细胞进行超高速分选纯化、高通量单克隆分选或细胞芯片制备。分选后的细胞能直接用于培养、移植、核酸提取、单细胞PCR扩增或原位杂交等，进一步进行细胞基因、蛋白、功能水平的研究和不同细胞之间的差异化研究。除此之外，微流控技术、拉曼单细胞分选技术等新兴高通量筛选技术也逐步成熟，极大地提高了微生物基因工程目标菌株的筛选通量和效率。

11.5.1.2 合成生物电路和逻辑门

生物电路（biological circuit）是由生物分子（如DNA、RNA、蛋白质等）和细胞内的其他分子元件组成的控制系统。利用调节基因表达的调节元件（启动子、终止子、核糖体结合位点）和特定功能结构元件（如天然产物合成途径中编码酶的基因）等生物元件，设计构建基因开关、振荡器、放大器、逻辑门、计数器等合成器件，实现对生命系统的重新编程并执行特定的生物功能，如基因表达的调控、信号转导、代谢途径的控制等。近年来，随着对启动子序列和上游激活序列核心成分的理解不断加深，人工杂合启动子的开发和应用正在迅速发展。通过将不同来源的启动子元件（如-35区、-10区、UP元件等）进行组合，可以构建出具有新颖特性的杂合启动子。与天然启动子相比，人工杂合启动子可以实现更精确、更灵活的表达调控。未来有望获得序列更短、性能更强的启动子，这有助于更有效地调节模式菌中所引入的复杂通路。不同来源和不同功能的生物元件，可以通过复杂设计与其他元件或模块进行组装，形成更大规模的具有特定生物学功能的生物回路、装置和系统。为了促进生物元件的共享和组装，科学家们提出了多种标准化方法，如BioBrick、BglBrick等。这些标准化方法为生物元件的模块化设计提供了基础，使得不同研究者构建的元件和模块可以方便地进行组合和集成。因此，生物元件的搜寻与标准化是设计与组装更复杂的功能模块和生命系统的基础，也为微生物基因工程提供了更丰富的分子元件和工具。

11.5.1.3 定向演化

定向演化（directed evolution）是指通过模拟自然界的演化过程，来提高基因或生物大分子的演化速度的技术。体内定向演化系统已经成为一个高速发展且备受关注的研究领域。通过设计和构建新的遗传系统，有望在细胞内选择性地对目的基因进行高效的定向演化。

（1）PACE 系统

PACE 系统的全称为噬菌体辅助连续演化系统（phage-assisted continuous evolution），它是一个突破性平台，由美籍华裔科学家刘如谦（David R. Liu）实验室在 2011 年首次报道。如图 11-9 所示，该系统利用噬菌体和其宿主细菌（大肠杆菌）的连续共培养机制来促进蛋白质定向演化。在此系统中，所构建的工程化噬菌体基因组缺失其必需基因 gIII，该基因改由宿主细胞进行表达，并使其表达水平受目标蛋白活性的控制。由于 gIII 基因所编码的蛋白 pgIII 是噬菌体能否被正确包装和发挥侵染活性的关键蛋白，其表达水平决定了噬菌体。因此，只有符合预期演化方向的突变体才能在连续复制的过程中被保留并积累。通过这种方式，PACE 能够在短短一天内完成数十轮的定向演化，极大地加快了演化速度。PAGE 系统应用于多种重要酶类（包括 RNA 聚合酶、Cas9、碱基编辑器、TALEN 等）的演化。2018 年，刘如谦团队利用 PACE 系统筛选到了 SpCas9 的变体 xCas9，显著提高了其识别特异性。

（2）EvolvR 系统

EvolvR 系统是基于 CRISPR/Cas9 的一种体内定向突变方法。该系统主要由两个部分组成：一个表达携 nCas9 和易错 DNA 聚合酶 PolI3M 的诱变质粒 pEvolvR，以及一个携带含目标基因的靶质粒 pTarget。EvolvR 系统通过将易出错的 PolI3M 与 nicking Cas9（nCas9）融合。利用易错的聚合酶引入基因突变，同时 nCas9 确保 PolI3M 能够精确地靶向靶质粒中特定基因的特定区域进行定点突变。该系统不仅具有靶向性，还能实现所有碱基类型的突变，为在细菌中产生新的遗传突变体提供了一种新的途径。然而，该系统也存在一定的局限性，例如突变区域狭窄（只有几十个碱基对），且突

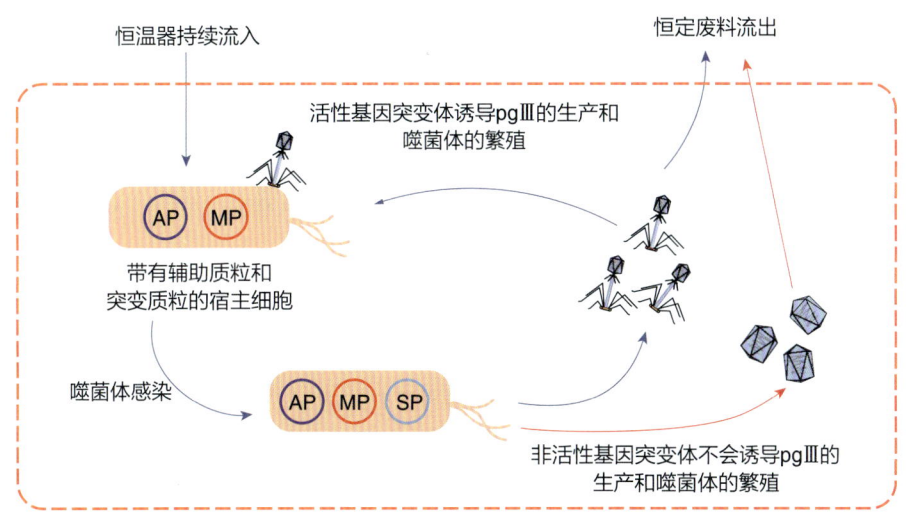

图 11-9 PACE 系统的基本作用机制
AP：含有 gIII 基因的辅助质粒；MP：诱变质粒；SP：选择噬菌体质粒

变率还有待提高。

11.5.2 基因工程改造细菌的应用

细菌作为生物界重要组成部分，其种类繁多、分布广泛，被广泛应用于农业、工业和医学等研究中，在细菌中开发和建立遗传操作工具可加快对细菌的研究和应用。常用的原核细胞有大肠杆菌、芽孢杆菌、棒状杆菌、链霉菌等。

11.5.2.1 基因工程大肠杆菌

作为一种成熟的基因克隆表达受体，大肠杆菌广泛应用于重组异源蛋白的生产与高效表达，具有重要的经济意义。1978年人胰岛素基因在大肠杆菌中获得成功表达，1982年重组人胰岛素获FDA批准用于胰岛素治疗，此后，在大肠杆菌中合成的重组蛋白药物如激素、干扰素、酶和抗体等获批用于人类疾病治疗。2012年10月27日在我国正式上市的益可宁（Hecolin）是国际上第一个批准的针对戊型肝炎病毒（hepatitis E virus，HEV）的重组疫苗，包含HEV可读框368~606aa片段，可以有效预防HEV感染，这标志着我国大肠杆菌表达系统在商业化疫苗生产方面的一次重大突破。此外，针对人乳头瘤病毒（human papilloma virus，HPV）的疫苗研发也利用了大肠杆菌表达系统。通过对编码HPV L1的基因进行优化，使其在大肠杆菌中高效表达并在体外组装成病毒样颗粒，在临床试验中也表现出良好的安全性和有效性。此外，大肠杆菌也被广泛应用于生产生物丁醇等各种化学品的生物合成。

11.5.2.2 基因工程芽孢杆菌

随着微生物分子遗传学研究的不断深入，大肠杆菌以外的其他细菌也被作为底盘菌株广泛应用于基因工程。其中芽孢杆菌的分泌系统为功能基因的表达提供了良好条件，弥补了大肠杆菌在外源基因表达过程中的缺陷。在生产生活中，利用芽孢杆菌的高效分泌特性，构建耐热性酶制剂的工程菌具有极高的经济价值。利用基因工程构建的短小芽孢杆菌工程菌能高效表达并分泌热硫梭菌 β- 淀粉酶，极大提高酶的生产规模和效率。除此之外，构建枯草芽孢杆菌工程菌在酸性条件下有效合成D-阿洛酮糖还能有效解决单糖制备的生产过程中的非酶褐变问题，避免副产物的产生，降低分离和提取的难度。

11.5.2.3 基因工程棒状杆菌

小分子生化物质代谢途径的基因工程改造已成为科研领域的一个热点，尤其是改良抗生素和氨基酸的生产菌的产量和效率方面具有显著经济价值。在这一领域，棒状杆菌属（*Corynebacterium*）是首选的底盘菌株。L-赖氨酸的产业化规模较大，利用基因工程提升L-赖氨酸生物合成的末端途径、确保前体物质草酰乙酸的充足供应、强化辅酶NADPH的持续合成、阻断所有无关合成代谢途径的流量来构建的谷氨酸棒杆菌（*Corynebacterium glutamicum*）工程菌LYS12，间歇式发酵生产L-赖氨酸是基因工程构建氨基酸发酵生产菌的成功案例之一，其产率已达120 g/L，每克葡萄糖能产0.55 g产物。

11.5.2.4 基因工程链霉菌

变铅青链霉菌（*Streptomyces lividans*）是最为理想、应用也最为广泛的分子克隆受体菌，它不含内源性质粒，遗传背景清楚，易于质粒的转化操作，而且对外源 DNA 无明显的限制修饰作用。变铅青链霉菌不但能识别绝大多数链霉菌的启动子和终止子，而且能高效表达来自众多革兰氏阳性和阴性菌的基因。此外与大肠杆菌相比，变铅青链霉菌作为外源基因克隆表达受体的一个显著优点是拥有高效率的异源蛋白分泌系统，但其内源或外源蛋白酶的合成效率却远小于枯草芽孢杆菌。

在链霉菌中，与抗生素生物合成相关的基因往往连锁在一起，形成典型的基因簇，这一特性为抗生素生物合成基因的克隆表达鉴定以及利用基因工程技术改良抗生素生产菌提供了可能性。在抗生素生产中，利用基因工程强化表达生物合成途径中的关键酶基因、定向突变关键酶的编码基因、基因簇的最小化与异源表达、随机重组相似的抗生素生物合成途径等策略，能够显著提高抗生素产量和品质。

11.5.3 基因工程改造真菌的应用

真菌种类繁多，是仅次于昆虫的第二大生物类群，与人们的生活息息相关。很多大型子实体真菌可以食用，某些还可以入药，是极为丰富的自然资源。随着基因工程技术的成熟，人们将目光转向这一丰富的自然资源，越来越多真菌基因组测序的完成，为从分子水平揭示基因的功能提供了条件。真菌遗传转化系统的建立和完善为特定基因的功能以及代谢及调控研究提供了技术支持，也为真菌菌株的定向遗传改造提供了条件。研究人员可以通过简单插入/删除/敲低等策略来确定一个基因的功能，从而研究目标基因相关的调控与互作机制，并按照生产实践的需求对工程菌株进行定向改造和优化，使真菌更好地为人所用。一般可采用以下三种基因工程技术手段对真菌进行基因改造。

11.5.3.1 增加限速酶的基因拷贝数

通过增加限速酶基因的表达，提高代谢流，可以提高次级代谢物的产量。例如异青霉素 N 合成酶是产黄青霉（*Penicillium chrysogenum*）产生青霉素的限速酶，通过额外导入异青霉素 N 合成酶基因片段以增加其拷贝数，可使 *P. chrysogenu* 的青霉素产量提高 40%。头孢菌素 C 的工业发酵生产中存在中间产物青霉素 N 积累过剩的问题，通过增加青霉素 N 的扩环酶、羟化酶基因拷贝数解除限速步骤，可将头孢菌素 C 的产量提高 25%~50%。

11.5.3.2 控制正负调节基因

正调节基因可以促进基因的转录，负调节基因阻遏结构基因的转录。可以通过增加正调节基因以增强转录功能，使生物合成基因得到高水平表达，提高代谢产物的产量；或通过去除负调节基因，解除阻遏作用，提高代谢产物产量。例如，在酿酒酵母中，通过过表达糖酵解途径中的关键酶基因（如 *pfk* 和 *pyk*）和乙醇生成途径中的关键酶基因（如 *pdc* 和 *adh*），同时抑制副产物生成途径中的关键酶基因（如 *ack* 和

ldh），显著提高了乙醇的产量。

11.5.3.3 增加抗性基因的拷贝数

抗性基因的产物可以避免发酵菌株被自身产生的抗生素杀灭，因此提高菌种耐受抗生素的能力是取得高产抗生素产物的前提。将胞内的抗生素排出胞外，还可以解除高浓度代谢产物对其生物合成的反馈调节，使产物大量合成。还可增加抗性基因的拷贝数，使最终次级代谢产物的产量得以提高。例如，通过增加编码氨基糖苷磷酸转移酶的抗性基因 *aadA* 的拷贝数，显著提高链霉菌对链霉素的耐受性，最终实现链霉素产量的显著增加。

随着真菌基因组学研究的进一步深入，真菌的分子遗传学特点的描述和功能分析将成为社会学、环境学、医学、工学和农学等领域的重要基石。例如，在药物研发领域，从真菌中获得的多糖、多肽、生物碱和其他天然产物等高效能的小分子化合物为疾病的治疗提供了铺垫，真菌基因组的研究进展将为新药筛选和制备提供有力的支持。在生态学领域，部分真菌可以在一系列极端环境中生存，其代谢途径和适应性模式的研究为生态学的研究提供了重要的线索。

11.5.4 微生物病原体的基因工程应用

由于 CRISPR/Cas 系统具有特异性结合和高效切割靶向序列这一特性，基于 CRISPR/Cas 系统的核酸检测方法不断涌现，并显示出极高敏感性和特异性，在肿瘤、重大传染病诊断和治疗方面显示出巨大的应用潜力，为发展快速、准确的传染病诊断工具提供了新思路。目前基于 CRISPR/Cas 系统的检测方法包括 RNA 引导的靶向识别系统（Cas9），以及靶向识别触发的附带裂解系统（Cas12 和 Cas13）。

Keith Pardee 等在 2016 年率先将 CRISPR/Cas 系统与 SBA 技术相结合用于寨卡病毒的检测，其检测限达到了 1 fmol 并能区分具有单碱基差异的不同病毒亚型以及与寨卡病毒临床症状相似的登革热病毒感染样本。其优点在于将检测体系冻干在试纸上，经济、便携并能长期保存，适用于现场和资源匮乏地区检测，但检测时间过长（180 min）是阻碍其大规模应用的主要原因。Hajime Shinoda 等利用 CRISPR/Cas13a 和微流控装置开发出自动免扩增的数字 RNA 检测平台，该平台可在 9 min 内完成 RNA 定量检测，检测灵敏度达 RT-PCR 标准且能对 SARS-CoV-2 突变体进行区分，准确率达 98%，可作为快速、便捷的诊断平台来识别不同病毒感染。

CRISPR/Cas13a 系统在细菌检测方面也得到了广泛研究与应用。科学家将 CRISPR/Cas13a 系统与 PCR 技术相结合，成功实现了对沙门菌的检测方法，灵敏度在 2 h 内达 10 aM，且与其他常见食源性细菌无交叉反应，显示出高灵敏度和特异性。随着新的蛋白不断被发现，基于 CRISPR/Cas 系统的检测技术有望在分子水平上实现对病原体或突变癌基因准确诊断，但尚需开展更深入、系统的研究。

11.6 微生物基因工程涉及的伦理问题

基因技术研究的快速发展及其初步显现出来的广阔应用前景，使得许多科学家认为 21 世纪将是以基因技术为基础的生物经济时代。基因工程技术最为突出的特征就是它与人类生命健康密切相关，这种联系是其他技术无法比拟的。然而，它也如同一把双刃剑：一方面，它可以为人类创造巨大的经济利益和社会效益，解决人类面临的人口、粮食、健康等难题；但另一方面，它也面临伦理道德问题。

基因工程的负面影响主要包括：基因资源获取问题、基因隐私问题、基因歧视问题、生命价值冲突、转基因技术对人体安全性问题和环境安全性的担忧等。其中，有些问题是源自基因工程本身，有些则源于基因工程现有的价值观与道德体系的冲击而产生的负面影响。基因工程的两面性在众多科技领域中尤为突出。因此，在推进基因工程等生物技术快速发展的同时，也必须高度重视相关伦理法规的制定，加强公众教育，努力实现科技发展与社会伦理的协调统一，最大限度发挥生物技术的正面作用，规避和减少其潜在的负面影响。

另外，如何通过知识产权法规范和促进基因技术的发展，同时又有效地避免其不利影响，已经成为一个亟待解决的现实课题。基因技术知识产权保护问题已成为了继数字技术之后各国所面临的又一个焦点问题。如何既能保护研究者的成果，又能不损害他人的利益，仍需进一步探讨。

※ 本章小结

本章深入探讨了微生物基因工程的基本概念、技术方法及其广泛应用，并进一步讨论了相关的伦理问题。基因工程的出现使得生物体的精准改造成为可能。微生物因其繁殖迅速、遗传背景清晰且操作简便，被视为基因工程的理想模型。微生物基因工程在工业生产、环境治理和生物医药等多个领域展现出巨大潜力。

我们首先介绍了微生物的基因工程技术，主要包括基因敲除、基因敲减、基因编辑和基因过表达技术。基因敲除技术通过敲除特定基因来研究其功能，常用方法包括同源重组和 CRISPR/Cas9 系统；基因敲减技术通过 RNA 干扰等手段抑制特定基因的表达，用于研究基因功能和调控机制；基因编辑技术如 CRISPR/Cas9 使得基因组修饰更加精确和高效，广泛应用于基因功能研究和生物体改造；基因过表达技术通过增强特定基因的表达，实现对基因功能的研究或提高目标产物的产量。这些技术使科学家能够精确地操控基因，从而实现生物功能的改造和优化。

随着分子生物学和基因克隆表达研究技术的深入发展，利用大肠杆菌表达系统等进行外源基因表达成为生产商用蛋白的重要途径。从天然微生物到工程菌株的改造过程包括目的基因的获取、外源基因导入宿主细胞、目标菌株的筛选与鉴定等步骤。

微生物组学为微生物基因工程提供了丰富的数据支持。微生物组学包括基因组学、转录组学、蛋白质组学和代谢组学等技术，用于全面解析微生物的遗传和代谢特性。基因组学主要从 DNA 序列层面研究微生物的全部基因组成；转录组学从 RNA 表达谱层面分析基因转录和表达模式；蛋白质组学从蛋白质层面研究酶及代谢通路中关键蛋白的表达；而代谢组学技术则从细胞内所有小分子代谢物的层面研究微生物的代谢能力。基因组学为基因工程提供基础数据，转录组学、蛋白质组学和代谢组学则为基因功能研究和代谢路径优化提供了更全面的解析手段。通过多组学技术，可以精确定位基因功能、优化代谢途径，进而提高微生物的产物产量和代谢效率。

为了满足不断增长的多参数和高通量分析需求，流式细胞分选、微流控液滴技术等更高通量的微生物筛选技术应运而生。同时，生物元件被不断开发，以实现特定的生物功能以及对生命系统的重新编程。PACE 系统、EvolvR 系统等体内定向演化系统也在不断开发和完善中。进一步探讨了基因工程在细菌和真菌改造中的实例。大肠杆菌和芽孢杆菌是细菌基因工程改造的典型对象，通过基因工程技术，可以优化其在工业生产中的应用。真菌基因工程的发展和应用也展示了基因工程在生物医药和工业生产中的巨大潜力。

随着基因工程技术的快速发展，人们也必须面对其中的伦理和风险问题，如基因隐私问题、生命价值冲突和安全性等。呼吁采取有效的监管措施和风险评估手段以保证在技术应用中的伦理道德。此外，微生物基因工程对人类健康的影响和潜在风险也需要谨慎评估，合理规避。

通过本章的学习，读者不仅能够全面了解微生物基因工程的基本原理、技术方法和实际应用，还能提升对潜在的伦理问题和风险的认识，为未来的研究和应用提供了坚实的知识储备。

※ 推荐阅读

1. LANDER E S. The heroes of CRISPR [J]. Cell, 2016, 164 (1-2): 18-28.

CRISPR 技术因其在活细胞中展现出的精确且高效的基因组编辑能力而备受科学界的瞩目。本文深入回顾并梳理了 CRISPR 技术的起源和发展脉络，有助于学生全面了解这一技术的演进历程，并从中学习科研思维与方法的精髓。

2. HUG J J, KRU G D, MÜLLER R. Bacteria as genetically programmable producers of bioactive natural products [J]. Nature reviews chemistry, 2020, 4(4): 172-193.

这篇文章强调近期理念和技术发展对微生物改造和应用的影响，以细菌工程化生物合成天然产物的进展为例，阐述了经过改造和重新编程的细菌可促进难获得生物分子的生产，介绍基因工程在细菌改造中的发展，展示了基因工程的巨大的应用前景。

3. LING C, PEABODY G L, SALVACHÚA D, et al. Muconic acid production from glucose and xylose in *Pseudomonas putida* via evolution and metabolic engineering[J]. Nature communications, 2022, 13 (1): 4925.

这项研究将 *Pseudomonas putida* KT2440 设计为将木质纤维素水解物中的葡萄糖和木糖转化为黏康酸的模型菌株。通过适应性实验室演化和代谢工程的方法，获得高效转化菌株，对菌株的改变进行探究，并证实其演化所获得高效能力的来源。该研究通过设计与改造微生物获得高效的工程菌株，展示了基因工程技术在工业生产中的巨大潜力。

※ 开放性讨论题

1. 基因工程的主要研究内容有哪些？论述该学科在生物学研究中的意义。
2. 你认为基因工程存在哪些优势和风险？如何定义这些优势和风险？如何有效避免基因工程的负面影响？
3. 请查阅相关文献，讨论基因工程在环境保护方面有哪些应用。

※ 复习思考题

1. 基因工程表达体系分为哪几类，分别有什么特点？
2. 基因工程的定义与特征是什么？
3. 基因工程的基本流程是什么？为什么需要将目的基因与载体连接？
4. 以大肠杆菌表达系统为例，讨论提高目的基因表达效率的策略。
5. 讨论基因编辑技术的原理、进展及应用。
6. 请列举由 RecBCD 催化的不同的酶促反应，并描述每个反应在同源重组（通过双链断裂修复通路）各个步骤中的意义。
7. 简述目前的基因编辑技术及其特点。
8. CRISPR/Cas 技术如何实现靶点基因编辑？
9. 外源基因异源表达的策略有哪些？
10. 基因克隆是如何使得含有单个基因的目的片段得到纯化的？

（谢尚县）

12 微生物的系统发育与分类鉴定

导语

微生物的系统发育分析是根据生物间的差异和相似性来推断生命演化过程的方法,常用分支图或树的形式来描述生物相互之间的亲缘关系。对微生物的系统发育进行研究,能为探索早期生命起源,还原地球环境变迁历史提供线索。微生物的分类鉴定是微生物分类学(microbial taxonomy)的内容。现代的微生物分类学,已从原有的按微生物表型进行分类的经典分类发展到按它们的亲缘关系和演化规律进行分类。通过微生物的分类鉴定,可以建立各种微生物的信息库,以便人们查证、认识各种微生物,从而更有效地开发利用微生物资源及有效地控制有害类群;而微生物的系统发育分析,可揭示各物种的演变本质,丰富生物多样性研究的内容。因此微生物的系统发育分析与分类鉴定是微生物研究中的重要内容。

关键词

微生物分类学,分类单元,系统发育,多相分类,鉴定系统

12.1 通用的生物分类单元

分类是人类认识客观事物的基础。微生物的分类是根据微生物相互间的相似性和亲缘关系将其划归为合适的类群，并将各个类群排列成不同的等级，且对不同的分类等级的特征进行描述，以便对后续获得的菌种进行鉴定。原核生物的分类与其他微生物有许多相同之处，本节内容以原核生物为基础介绍分类过程中常用的一些概念，并对微生物的命名规则进行简单概括。

12.1.1 分类单元及等级

分类单元（taxon）又称分类单位，是指在分类系统中的任何一级分类群。在原核生物的分类体系中，最常使用的分类单元自上而下可依次分成8级，分别是域（Domain）、界（Kingdom）、门（Phylum）、纲（Class）、目（Order）、科（Family）、属（Genus）和种（Species）。除此之外，还可在不同的分类等级之间增加"亚""超"或"族"等辅助分类单元。"超"和"族"辅助分类单元现已不常见，而在"亚级"辅助分类单元中，只有"亚种"最为常用。每个分类单元的等级只是分类单元水平的概括，它并不代表具体的分类单元，且每个分类等级的微生物类群的命名都有其相似的结尾或后缀（表12-1）。

在免培养分析中，分类操作单元（OTU）是常用的分类单元，常用于不依赖于培养的微生物多样性研究中，它根据DNA序列的相似性来区分样品中的微生物的分类地位。OTU是人为给某一个分类单元（如品系、种、属或分组等）设置的同一标志。在微生物多样性分析中，根据不同的相似度水平，对所有序列进行OTU划分，一般情况下，如果序列之间的相似性高于97%（种水平）就可以把它定义为一个OTU，每个OTU代表一个物种。

表12-1 原核生物分类单元的等级及分类单元的学名

中文名称	英文名称	学名词尾	举例
域	Domain	–	*Bacteria*
界	Kingdom	ati	*Bacillati*
门	Phylum	ota	*Actinomycetota*
纲	Class	ia	*Actinomycetia*
目	Order	ales	*Actinomycetales*
科	Family	aceae	*Actinomycetaceae*
属	Genus	–	*Actinomyces*
种	Species	–	*Actinomyces bovis*

12.1.2 生物种的概念

在高等生物中，种的概念非常清晰，即该群体的个体之间可以在自然条件下交配，产生可繁殖的后代，并且和其他群体的生物在生殖上相互隔离。然而原核生物一般是单倍体，且缺乏严格意义的有性繁殖，大多数原核生物细胞形态过于简单，在高等生物中可用于区分物种的条件在微生物中并不适用。因此，很长一段时间以来，对原核生物而言，没有一个公认的、明确的种的定义。

随着分子生物学技术在微生物分类学中的应用，以及微生物基因组学的飞速发展，以遗传物质为基础的原核生物的种的概念逐渐形成。以核糖体小亚基 16S rRNA 基因序列为基础，与指定的基因数据库中相应信息进行比对，如果 16S rRNA 基因列相似性低于 98.65%，将检测菌株定为"潜在新种"是可信的，如果其相似性等于或高于 98.65%，则情况较为复杂。据统计，即使相似性大于 99%，仍有 20%~30% 可能性是新的微生物种。同时，随着测序技术的发展，我们获得了越来越多的微生物基因组信息，可计算出微生物之间的数字化 DNA-DNA 杂交值（digital DNA-DNA hybridization，dDDH）和平均核苷酸一致性（average nucleotide identity，ANI）。通常 70% 的 dDDH 和 95%~96% 的 ANI 值是微生物种的划分标准。由此可见，微生物的遗传物质信息对界定微生物的种起着重要的作用。

现今普遍认为，微生物的种（species）是基本的分类单元，它是一群表型特征高度相似、亲缘关系极其接近、与同属内的其他物种有着明显差异的菌株的总称。在实际操作中，需从形态学特征、生理生化特征、细胞化学特征及分子生物学特征等多方面开展多相分类鉴定来确定微生物的种。在微生物中，一个种只能用该种内的一个模式菌株（type strain）当作它的具体代表。例如，在牛型放线菌（*Actinomyces bovis*）的大量菌株中，只有 ATCC 13683 菌株才是模式菌株。

12.1.3 分类单元的命名

12.1.3.1 纯培养微生物的命名

每一种微生物都有自己的名称。名称分两类，一是地区性的俗名，具有大众化和简明化等优点，但往往含义不够确切，易于重复，不便于国际学术交流，如"结核杆菌"是 *Mycobacterium tuberculosis*（结核分枝杆菌）的俗名，"红色面包霉"是 *Neurospora crassa*（粗糙脉孢菌）的俗名等。二是学名，它是某一菌种的科学名称，是按"国际命名法规"进行命名并受国际学术界公认的通用正式名称。微生物的学名采用双名法，由属名和种名两部分组成。这是瑞典著名的植物学家卡尔·林奈（Carolus Linnaeus，1707—1778）于 1768 年在《自然系统》中提出的生物命名法则。双名法的第一个词为属名，词首需大写；第二个词为种名（包括由人名、地名或其他名词衍生的名词），词首需小写。一个完整的学名还需要加上最早给这个物种命名的作者名，即第三个词是命名人，命名人名字用正体表示，一般可省去。例如，牛型放线菌 *Actinomyces bovis* Harz，其中 *Actinomyces* 是属名，表示放线菌属；*bovis* 是种名后缀，表示牛的意思；Harz 则表示命名人的名字。

物种的学名是用拉丁词或拉丁化的词组成的。在一般的出版物中，学名应排斜体字，在书写材料中应在学名之下画一横线，以表示它应是斜体字母。当表示一个属内的某个种或多个种时，可在属名后加 sp. 或 spp. 表示。如 *Actinomyces* sp. 表示一种放线菌，*Streptomyces* spp. 表示多种链霉菌。当前后有两个或更多的学名连排在一起时，若它们的属名相同，则后面的一个或几个属名可缩写成一个，两个或三个字母，并在其后加上一个点。例如 *Bacillus*（芽孢杆菌属）可缩写成 "*B.*" 或 "*Bac.*"，*Streptomyces*（链霉菌属）可缩写成 "*S.*" 或 "*St.*" 等。属级以上的分类单元，通常是将典型属的名字进行些许改变，加上规定的词尾后形成的，它们的名字需斜体，且首字母均需大写。

根据《国际原核生物命名法规》（ICNP）的规定，在 IJSEM（International Journal of Systematic and Evolutionary Microbiology）以外公开发行的刊物上发表的原核生物新名称为有效发表（effective publication）。原作者将有关文献发送至 IJSEM 编辑部，由裁决委员会审核后，在 IJSEM 的 Validation List 中公布该新名称及相关信息后，该新名称才得以合格发表（valid publication）并被国际确认。如果分类单元直接在 IJSEM 表为合格发表（valid publication），无需合格化就被国际确认。

12.1.3.2 未培养微生物的命名

ICNP 的相关规定只适用于获得了纯培养的菌株，该菌株必须保存于至少两个不同国家的菌种保藏中心且获得了保藏号。然而，目前大多数原核生物还不能通过纯培养获得，因此无法根据 ICNP 的规则和建议对这些微生物进行命名。为解决这一问题，研究人员提出了基于微生物的 DNA 序列对未培养原核生物进行命名的规则，该规则被称为 SeqCode（Code of Nomenclature of Prokaryotes Described from Sequence Data）（图 12-1）。该规则允许基于纯培养菌株基因组、宏基因组组装基因组或单细胞基因组序列的原核生物名称的有效发表，因此对未培养微生物的命名通常可以使用 SeqCode 的方式进行。

SeqCode 的大部分命名规则与 ICNP 相似，在 SeqCode 下验证的分类名称将通过 SeqCode Registry 运行。需要注意的是，根据 ICNP 命名的典型菌株通常用上标的字母 T 来标识，如 *Actinomyces bovis* ATCC 13683^T。而根据 SeqCode 来命名的微生物通常用上标的 "TS" 或者 "Ts" 来标识，如 *Wolframiraptor gerlachensis*^{Ts}。

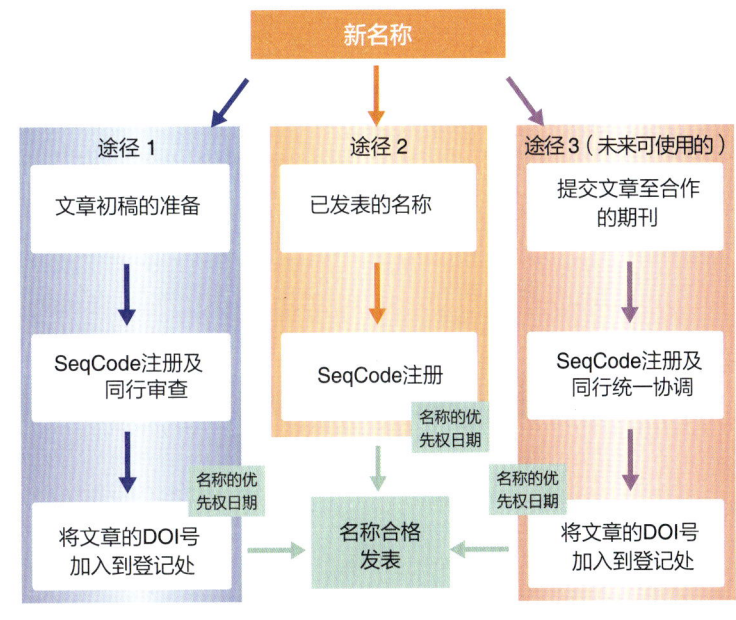

图 12-1　SeqCode 注册和名称验证机制

12.2 微生物的系统发育学

微生物系统分类学是一门与相关研究技术和方法学共同发展的学科。从早期的形态学研究（依赖物理学方法如显微镜观察）、化学特征分析（化学方法的确立）和分子系统鉴定（测序技术的发展）到当今基因组系统学，微生物系统分类学逐渐发展成以系统发育关系和物种多相分类为手段，研究微生物个体和个体间关系的学科。目前，微生物分类学主要研究内容是依靠现有微生物种系关系、分类、鉴定和命名的相关原理和方法，对微生物类群间的系统发育关系进行研究，并采用多相分类手段对物种进行区分和归类。从哲学的角度来讲，微生物系统学是从客体出发，重在认识类群之间的关系，是理论创新的源泉；分类学则是从主体出发，重在对于微生物个体的认知，是理论创新的结果。微生物系统分类学最终解决的科学问题是"它是谁"和"它们的关系是什么"。微生物分类学的研究具有实际的理论或应用价值。当前主要从两个方面进行微生物分类学的研究，一是为了实用的需要，建立各种微生物的信息库，以便人们查证、认识各种微生物，从而更有效地开发利用微生物资源及有效地控制有害类群；二是为了探讨微生物的系统发育，建立反映微生物演化关系的自然分类系统，以揭示各物种的本质特征和相互关系，丰富生物多样性研究的内容。

> 知识拓展 12-1
> 生命起源的探索之路

历经多年持续发展，微生物分类学从最初的形态、生理特征等表型观察的经验科学，逐步发展成为利用基因组和分子生物学"由表及里"展开研究的微生物系统科学（图 12-2）。随着研究技术的不断迭代更新，对于微生物新类群的认知不断深入，拓宽对于微生物物种多样性和生态功能的全面认知，深入了解不同微生物类群的演化历程，促使研究者剥茧抽丝地更加接近揭开"终极谜题"——生命起源的哲学问题。

图 12-2 寻找生命之树的新分支

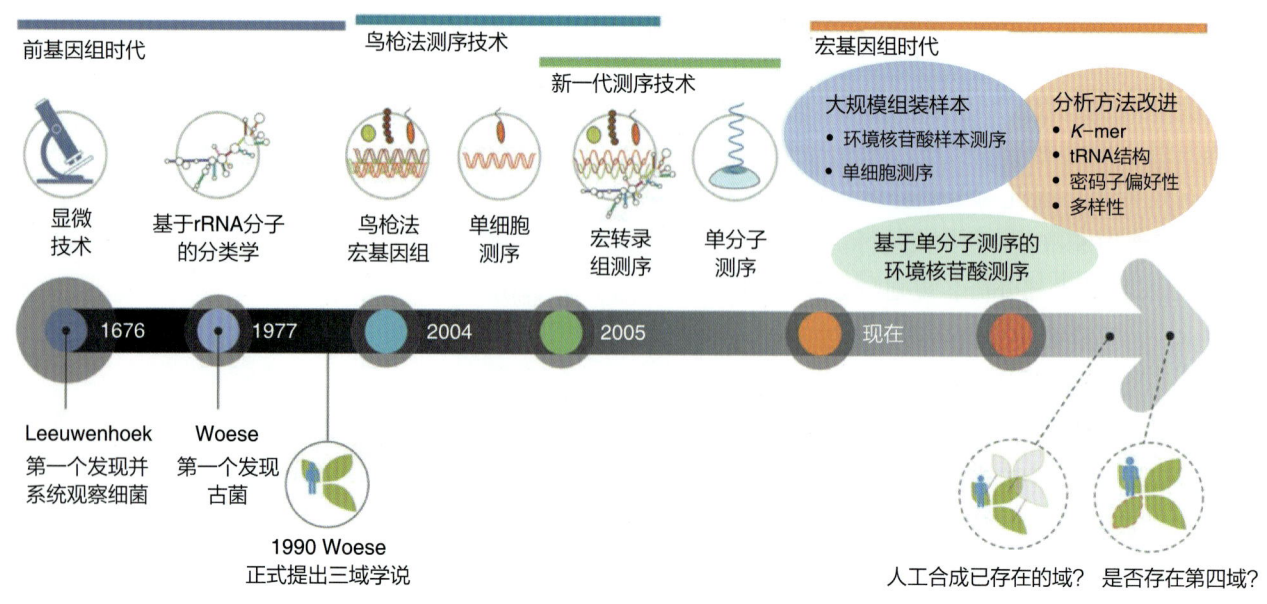

12.2.1 演化计时器的选择

分子钟（molecular clock）是一个隐喻术语，指的是利用生物分子的突变率来估计两种或多种史前生命形式何时出现分歧的技术。逻辑上来说，如果能找到一种生物体内普遍存在的分子，而且这种分子的变化十分缓慢且遵循一种时序性的变化规则（类似时钟），就有可能用于分析所有生物类群的演化关系，即描绘出系统演化之树。

1962年，埃米尔·扎克坎德（Emile Zuckerkandl，1922—2013）和莱纳斯·卡尔·鲍林（Linus C. Pauling，1901—1994）通过比较不同生物世系的血红蛋白（hemoglobin）分子的氨基酸排列顺序发现，氨基酸随着时间的推移大致以一定的比例被置换，即氨基酸在单位时间以同样的速度进行置换。他们将这样的观察数据化之后，提出分子钟假说，即基因或蛋白质的序列随时间的推移以相对恒定的速率变化，而且同一基因或蛋白的变化速率在不同世系的有机体中大约一致。1963年，伊曼纽尔·马戈利亚什（Emanuel Margolish，1920—2008）比较分析了不同生物的细胞色素 c 的氨基酸组成差异数据，表明不同生物的细胞色素 c 的氨基酸组成也存在着差别。显然，细胞色素 c 亲缘关系近的物种之间遗传距离小，而亲缘关系疏远的物种间的遗传距离大（表 12-2）。

分子钟假说的核心原理是：在一定时间范围内，特定生物大分子的序列在不同类群间的差异与其分化后经历的时间呈近似正线性关系。分子钟分子的选择一般为普适性存在且完全不受达尔文选择影响，必须拥有足够的复杂性，容纳相当大的时序性变异等特点。分子钟为演化生物学者提供了将微观证据和宏观演化历史结合起来的、全新的重要方法论。然而，更多研究表明分子钟不是匀速的，为此，建立了一系列针对可变速率进行测年的宽松分子钟方法，如，相对速率检验法、局域分子钟、补偿性似然速率修匀法、贝叶斯计算法等。此类计算中使用的生物分子数据通常是 DNA、RNA 碱基序列和蛋白质氨基酸序列。确定突变率的基准通常是化石或考古年龄。

表 12-2 细胞色素 c 的演化

物种比较	残基变化数目	分化时间线（百万年）
人——马	12	130
猪——马	3	33
马——鸡	12	
猪——鸡	10	108~150
兔——鸡	11	
人——鸡	14	
马——金枪鱼	19	
猪——金枪鱼	17	
兔——金枪鱼	19	184~228
人——金枪鱼	21	
鸡——金枪鱼	18	
马——酵母菌	44	
猪——酵母菌	43	
兔——酵母菌	45	465~520
人——酵母菌	43	
鸡——酵母菌	43	
金枪鱼——酵母菌	48	

12.2.2 核糖体 RNA 基因作为生物演化的计时器

20世纪70年代，美国著名的微生物学家卡尔·乌斯（Carl Woese，1928—2012）找到了一个适

表 12-3　三域代表性物种的关联性系数

	1	2	3	4	5	6	7	8	9	10	11	12	13
1. *Saccharomyces cerevisiae*, 18S	—	0.29	0.33	0.05	0.06	0.08	0.09	0.11	0.08	0.11	0.11	0.08	0.08
2. *Lemna minor*, 18S	0.29	—	0.36	0.10	0.05	0.06	0.10	0.09	0.11	0.10	0.10	0.13	0.07
3. L cell, 18S	0.33	0.36	—	0.06	0.06	0.07	0.07	0.09	0.06	0.10	0.10	0.09	0.07
4. *Escherichia coli*	0.05	0.10	0.06	—	0.24	0.25	0.28	0.26	0.21	0.11	0.12	0.07	0.12
5. *Chlorobium vibrioforme*	0.06	0.05	0.06	0.24	—	0.22	0.22	0.20	0.19	0.06	0.07	0.06	0.09
6. *Bacillus firmus*	0.08	0.06	0.07	0.25	0.22	—	0.34	0.26	0.20	0.11	0.13	0.06	0.12
7. *Corynebacterium diphtheriae*	0.09	0.10	0.07	0.28	0.22	0.34	—	0.23	0.21	0.12	0.12	0.09	0.10
8. *Aphanocapsa* 6714	0.11	0.09	0.09	0.26	0.20	0.26	0.23	—	0.31	0.11	0.11	0.10	0.10
9. Chloroplast (*Lemna*)	0.08	0.11	0.06	0.21	0.19	0.20	0.21	0.31	—	0.14	0.12	0.10	0.12
10. *Methanobacterium thermoautotrophicum*	0.11	0.10	0.10	0.11	0.06	0.11	0.12	0.11	0.14	—	0.51	0.25	0.30
11. *M. ruminantium* strain M–1	0.11	0.10	0.10	0.12	0.07	0.13	0.12	0.11	0.12	0.51	—	0.25	0.24
12. *Methanobacterium* sp. Cariacoisolate JR–1	0.08	0.13	0.09	0.07	0.06	0.06	0.09	0.10	0.10	0.25	0.25	—	0.32
13. *Methanosarcina barkeri*	0.08	0.07	0.07	0.12	0.09	0.12	0.10	0.10	0.12	0.30	0.24	0.32	—

合作为衡量演化速率的神奇分子——16S rRNA 基因（在真核生物中为 18S rRNA 基因）。乌斯和乔治·福克斯（George Fox）在 1977 年通过距离矩阵法，计算出不同序列之间的演化距离（还揭示出一些特征序列）（表 12-3），最后构建出一般的系统发育树，勾画出了现代生物类群的相对演化路线与位置。

12.2.3　系统发育分析

系统发育（phylogeny）研究生物演化的历史，目标是获得生命演化的谱系。系统分类学（systematics）是按照生物系统发育的相关性来进行分类，阐明的是不同生物个体和类群间的亲缘关系。伴随着分子遗传学和分子生态学等近代生命科学的发展，在系统发育分析研究中大量使用核酸和蛋白质这两类生物大分子中的信息作为度量生命演化的标尺。

原核生物的核糖体小亚基中的 16S rRNA 基因被普遍认为是微生物演化谱系分析的"分子钟"，主要的原因在于：16S rRNA 基因普遍存在于原核生物中（真核生物中为 18S rRNA），具有重要且恒定的生理功能；在 16S rRNA 基因分子中，既含有高度保守序列的区域，又有中度保守序列和高度变化序列的区域，因而它适用于演化距离不同的各类生物亲缘关系的研究；16S rRNA 基因在细胞中含量大（约占细胞中 RNA 的 90%），易于提取，分子量大小适中，便于序列测定分析。

近年来，由多个国际著名的微生物系统发育学研究机构提出了"全种属的活的系统发育树"（The All-Species Living Tree Project）。该系统发育树基于现有的所有可培养的细菌和古菌模式菌株的 16S rRNA 和 23S rRNA 基因序列信息而构建,并将及时添加国际系统细菌学委员会定期发布的、有效发表的微生物新种的核糖体 RNA 序列信息,在互联网对该系统发育树进行持续更新。

12.2.4　生物的界级分类学说

1735 年,瑞典科学家林奈以二界系统作为生物的分类系统,依据肉眼可见的特征及习性功能分类,将生物分为植物界和动物界。1859 年,查尔斯·达尔文(Charles R. Darwin, 1809—1882)发表了《物种起源》,进行了生物化石和现存生物体之间的形态对比观察,一定程度上推动了动、植物演化的研究。因而早期的分类学将生物分为动物界和植物界。1866 年,德国生物学家恩斯特·海克尔(Ernst Haeckel)对所有生物的共同演化历史做出了尝试,将单细胞生物命名为原生生物界(Monera),并将其作为动、植物和原生生物的祖先,并形成三界分类系统。

20 世纪中,生物的分类学迅速发展,并逐渐形成现代分类系统的雏形。1956 年,美国科学家提出四界分类系统,形成了原核生物界、原生生物界、植物界和动物界。1969 年,美国生物学家罗伯特·魏泰克(Robert Whittaker, 1924—1980)进一步在此前的工作上进行修改,将黏菌和真菌重新归类,形成真菌界(Fungi),并提出了五界分类系统(图 12-3)。1971 年,林恩·马古利斯(Lynn Margulis, 1938—2011)对魏泰克的五界分类系统进行修订(将黏菌归为原生生物界),建立新的五界分类系统,即原核生物界、原生生物界、真菌界、植物界和动物界。但是这个系统只分离出了真菌界,而大多数微生物的演化历史并没有得到很好的解释。因此,五界分类系统并没有显著提高科学界对微生物演化的认识。

12.2.5　三域理论及其发展

从 20 世纪 70 年代美国科学家乌斯提出使用核糖体小亚基 RNA(small subunit ribosomal RNA, SSU rRNA)作为微生物系统发育分析的分子标尺以来,基于 SSU rRNA 的系统发育树已被科学家们普遍接受。乌斯依据 16S rRNA 编码基因的脱氧核糖核苷酸分析的结果,发现原核生物中有一大类群与其他原核生物的演化谱系明显不同,更令人吃惊的是这类原核生物的演化关系甚至更接近于真核生物类群。基于此,乌斯提出了细胞生物的三域学说(three domains theory)(图 12-4)。

三域学说指出,所有细胞生物可以分为细菌域、古菌域和真核生物域三个域。这三个域在地球生命的早期有一个共同的起源,该起源点在演化树的根部,称为细胞生物

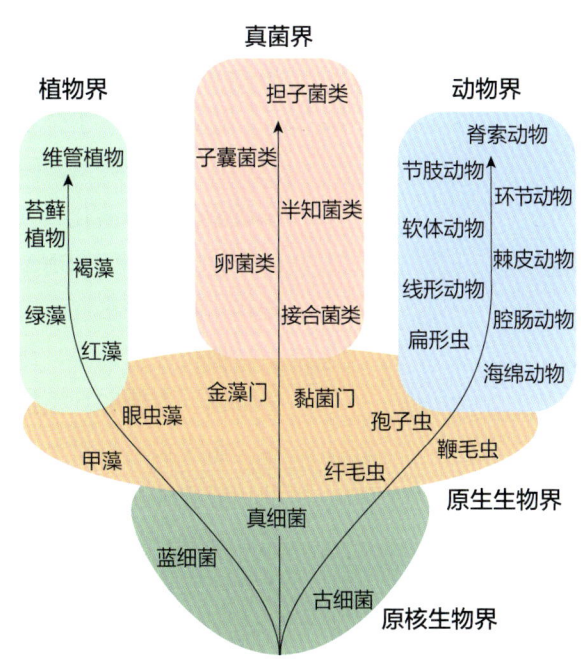

图 12-3　五界生命假说

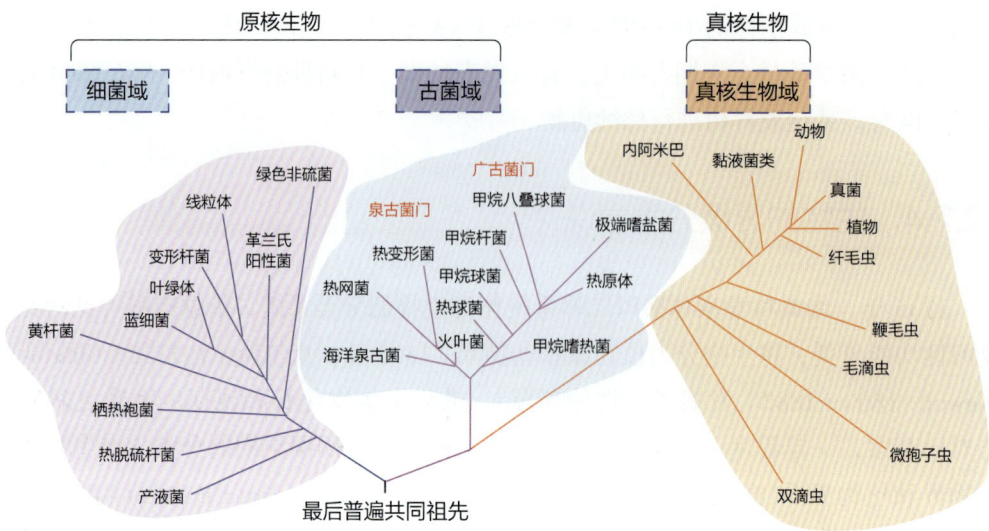

图 12-4 基于 16S rRNA 基因系统发育分析的生命的"三域"系统

（注：图中只显示了"三域"系统中若干主要分支。如果包括未培养的类群，现已知细菌的分支超过 80 个）

的最后普遍共同祖先（the last universal common ancestor，LUCA）。

三域学说基于细胞生物中普遍存在的核糖体 rRNA 基因的序列的差异来建立系统发育树，对传统的基于形态和生理的分类体系提出了挑战。之后越来越多证据表明，古菌的细胞成分、DNA 复制、基因转录、翻译等生命过程与细菌不同。例如德国科学家沃尔夫勒斯·齐利格（Wolfram Zilig，1925—2005）等发现古菌 RNA 聚合酶的亚基组成与真核生物的类似，但与细菌的显著不同。古菌的 DNA 聚合酶（DNA polymerase）和拓扑异构酶（topoisomerase）也具有独特之处，如嗜酸热硫化叶菌（*Sulfolobus acidocaldariu*）中发现的特殊的 I 型 DNA 拓扑异构酶可以在 DNA 中引入正超螺旋。此外，古菌在细胞膜的成分、中心代谢途径、鞭毛运动的驱动方式等各个方面都表现出与细菌不同的特点。因此，古菌在原核生物中独立于细菌演化的说法源于核糖体 RNA 基因的序列差异，并获得了微生物生理学和遗传学的支持。

近年来，基于全基因组序列的比较基因组学研究发现古菌、细菌和真核生物之间也存在大量的共用基因，反映出水平基因转移（horizontal gene transfer）在三域系统尚未成型的生命演化早期大量发生。例如，超嗜热微生物具有特殊的反解旋酶（reverse gyrase）同时具有 DNA 解旋酶和拓扑异构酶功能，该酶的编码基因可能通过水平基因转移，从超嗜热古菌扩散到超嗜热细菌中。

值得注意的是，细胞生物的三域学说基于核糖体小亚基 RNA 的序列的差异来区分细菌、古菌和真核生物的主要类群。但是作为地球生命系统中最重要的参与者的病毒，由于没有核糖体而被排除在生命三域系统的演化框架之外。对古菌 RNA 聚合酶的功能和转录调控研究提供了将病毒囊括到生命演化历史的一个观察窗口。如侵染硫化叶菌的杆状病毒（SIRV2）和角塔状二十面体病毒（STIV）能产生独特的七面金字塔型的蛋白结构，在裂解之前从宿主细胞膜突出出来。巨型病毒科（*Megaviridae*）病毒的 RNA 聚合酶的系统发育分支位于真核和古菌之间，或许可以认为这些病毒可能是从原始的真核生物中独立出来或者真核的 RNA 聚合酶可能来源于这些病毒。如果将一些古菌来源的巨大病毒编码的 RNA 聚合酶（RNAPs）纳入系统发育分析，如最近发现的潘多拉病毒（*Pandoraviruses*），它们的基因组甚至比一些寄生的真核生物的基因组还要大，这些病毒的大小和基因组的复杂程度足以让人思考是否应将它们归结为生命的第四域。

同时，美国微生物学家詹姆士·雷克（James Lake）也基于分子系统发育学提出 Ecoyte 假说，认为真核生物起源于古菌，并形成了地球生命的二域学说。值得一提的是，近年来基于宏基因组学发现的阿斯加德古菌类群（Asgard archaea）部分研究将其归类为阿斯加德超门（Asgard superphylum）。这一古菌类群的发现，更是将这两种科学假说的讨论提高到新的层面，并形成了新的地球生命之树（图 12-5）。然而，尽管这以上两种基于系统发育学分析的假说一直以来都是生命科学争论的热点，但目前科学界仍没有确切的定论，古菌与真核生物之间的确切关系仍有待进一步研究。

12.3　原核生物的分类

随着科技手段的进步，人类可采集和分离的微生物越来越多。面对如此纷繁的微生物类群，微生物学家需根据相关性排列成不同等级，并对不同的分类等级进行描述，以便对后续获得的菌种进行鉴定和分类。随着技术的发展，原核生物的分类从早期的形态学研究、化学信息分析、遗传信息和系统发育分析时代，发展到了当今基因组系统学时代，且综合上述分析的多相分类已成为当今原核生物系统分类学研究的主

知识拓展 12-2
我国原核生物分类学发展史

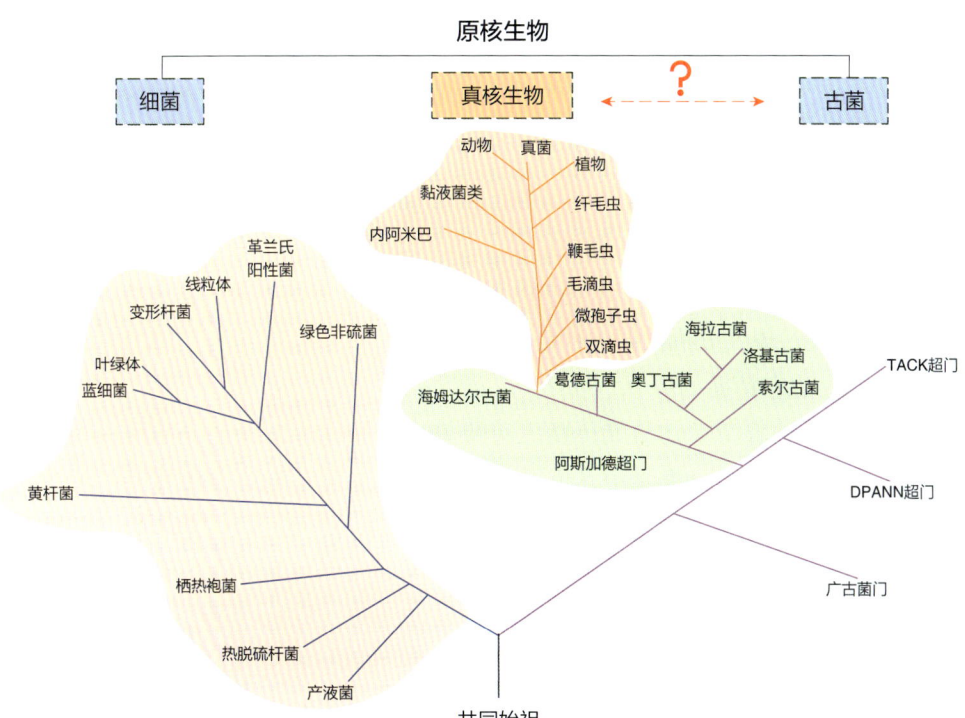

图 12-5　"二域"生命假说的生物系统发育分析

要手段。而在此过程中，我国的原核生物分类也取得了令人瞩目的成绩。

12.3.1 原核生物分类的主要依据

在原核生物的分类和鉴定中，任何能够稳定反映微生物类群特征的指标都可作为分类学的依据。其中，形态特征、生理生化特征、生态特征、血清学特征以及分子生物学特征是原核生物分类的主要依据。

12.3.1.1 形态学特征

由于微生物的形态容易观察和分析，且形态特征依赖于许多基因的表达，通常是稳定遗传的，因此形态学特征是系统发育关系的外在的综合衡量指征。光学显微镜和电子显微镜是形态学观察的常用工具。微生物分类鉴定的常用形态学特征见表 12-4。

表 12-4 微生物分类鉴定的常用形态学特征

特征	鉴别类群
培养特征	菌落大小、形状、颜色、隆起、表面状况、质地、光泽、可溶性色素
细胞形状	球形、杆状、弧形、螺旋状、丝状、分支
细胞大小	细胞的直径
细胞排列方式	单个、成对、成链及其他
鞭毛	有无鞭毛、着生位置及其数量
芽孢	有无芽孢、形状、位置及孢囊是否膨大
孢子	孢子形状、着生位置、数量及排列
细胞内含物	异染颗粒、聚 β- 羟丁酸、硫粒、气泡、伴孢晶体
染色反应	革兰氏染色、抗酸性染色
运动性	鞭毛游动、滑行、螺旋体运动方式

12.3.1.2 生理生化特征

微生物对营养成分的分解和利用，及不同环境因子对微生物生长的影响等都具有种属特异性，可以用作分类鉴定的指标。微生物在一定的培养条件下表现出来的生理生化特征可以通过现代分析仪器进行精确的测定。

12.3.1.3 生态特征

生态特征影响着微生物与其环境之间的关系，通过生态特征，可将一些关系非常近的微生物分开。在分类学中，重要的生态特征主要有生命循环类型、天然共生关系、对特定宿主的致病能力、栖息环境的参数要求（温度、酸碱度、氧和渗透压）等。

12.3.1.4 血清学特征

蛋白质、脂蛋白、脂多糖等细胞结构成分是具有种属特异性的抗原物质，可以激发高等生物的免疫系统形成与其特异性结合的抗体。微生物的血清学试验就是在体外利用抗原抗体反应进行微生物的分类和鉴定。所用的方法主要有凝集反应、沉淀反应、补体结合、直接或间接的免疫荧光抗体技术、酶联免疫以及免疫组织化学等方法。常用的血清学试验主要针对全细胞、细胞壁、鞭毛、荚膜或黏液层进行分析比较。

血清学鉴定已经成功地用于不同菌株的划分，特别是在一些流行病的研究中，具有特异性强、灵敏度高、简便快速等特点。例如，根据沙门菌的菌体抗原（O抗原）和鞭毛抗原（H抗原）的不同，可将沙门菌区分为2 000种以上血清型。

12.3.1.5　分子生物学特征

分子生物学研究表明功能相似的基因和蛋白质的亲缘关系可以通过其编码序列的相似性进行推断。基因的核酸序列、蛋白质的氨基酸序列，以及这两类生物大分子的电泳行为、热力学性质等都可以用于分类鉴定。随着测序技术的不断发展，微生物基因组测序成本一降再降，通过基因组对微生物的核酸以及蛋白质的氨基酸序列进行分析，可以获得更加准确、可靠的分类结果。

（1）蛋白质分析

相同功能蛋白质氨基酸序列的演化速率大体上是恒定的，如果相同功能蛋白质的序列是相似的，则拥有它们的生物可能亲缘关系较近。在微生物分类研究中常常选择参与转录和翻译过程的重要蛋白因子、参与电子传递的细胞色素、与DNA结合的组蛋白、对环境应急的热激蛋白等具有重要生理功能的蛋白质序列展开分析。

（2）核酸的碱基组成

DNA分子包含有4种碱基：腺嘌呤（A）、鸟嘌呤（G）、胞嘧啶（C）和胸腺嘧啶（T）。在双链DNA中，A与T配对，G与C配对。每种微生物的DNA碱基组成（G+C含量）是相对稳定的。亲缘关系较近的生物，通常具有相似的G+C含量；然而，G+C含量非常相似的生物却不一定有相似的DNA碱基序列，因为G+C含量不能反映出碱基在DNA分子中的排列顺序。因此，生物之间的G+C含量差别大，则表明它们的亲缘关系较远；反之则不成立。

（3）核酸杂交

遗传信息是以碱基的线性排列贮存于DNA分子的，不同生物DNA碱基序列的差异反映了物种之间亲缘关系的远近。碱基序列差异越小，它们之间的亲缘关系就越近，因此核酸杂交方法能间接地反映基因组的相似性。在微生物的分类鉴定中，核酸分子杂交主要包括DNA-DNA杂交、DNA-rDNA杂交以及根据核酸杂交特异性原理制备核酸探针。许多资料研究表明，基因组DNA杂交同源性在70%以上，就可以认为是同一个种。基因组DNA杂交同源性大于25%但低于70%，则可以认为是同一个属的不同种。

12.3.2　原核生物分类系统和伯杰氏手册

微生物由于结构简单，个体微小，在进行分类鉴定时除了采用传统的形态学观察和生理生化分析外，细胞学组分分析、蛋白质水平分析、核酸水平分析以及数值分析等手段也被用来进行微生物的分类鉴定。随着现代分类鉴定方法的发展，微生物分类学已经由简单的形态描述转变为对细胞的遗传信息和生理生化指标进行全面分析的综合实验学科，从而使得对微生物进行精确鉴定和分类成为可能，也因此逐渐形成了3个主要的原核生物分类系统。

12.3.2.1 表征分类

表征分类是依据生物之间表型特征相似性组织在一起的分类方式。在微生物的鉴定中，经典的表型指标是微生物鉴定中最常用和最重要的数据。其中形态特征由于易观察和具有相对的稳定性，是微生物鉴定的基础数据，而且也是反映系统发育相关性的重要参考资料。经典的形态特征包括培养特征（菌落大小、形状、颜色等）、细胞形态（形状、大小、排列等）、特殊的细胞结构（鞭毛、芽孢等）、染色反应以及运动性等。

生理生化特征也是表型指标的一类。近些年来一些更高效率的自动化鉴定系统的出现，使得微生物的生理生化特征分析更为方便，如API细菌数值鉴定系统（API system）、Enterotube系统以及Biolog全自动微生物鉴定系统等。

12.3.2.2 数值分类

数值分类法又称为统计分类法，是一种依赖数值分析的原理、使用统计分析软件对拟分类的微生物对象按照大量表型性状的相似性程度进行统计、归类的方法。在进行数值分析时，必须先准备一批待研究的菌株和有关典型菌种的菌株，将有关生物特性的信息转换成一张适合于数值分析的表，然后导入统计分析软件进行计算分析。在数值分类中，通过简单配对系数（simple matching coefficient，S_{SM}）和杰卡德系数（Jaccard coefficient，S_J）研究菌株之间共同特征的相关性。

数值分类法的第一步，就是进行特征分析。考虑到分类的精确性和可信性，通常须至少选择50个特征；且所选用的特征越多，包含的种类越丰富（如形态学、生物化学和生理学），得到的结果就越准确。特征分析之后，需要计算简单配对系数和Jaccard系数：

$$S_{SM} = \frac{a+d}{a+b+c+d} \qquad S_J = \frac{a}{a+b+c}$$

上式中 a 为两种生物都有的特征数目；b 和 c 为两种生物不同特征的数目；d 为两种生物都没有的特征。然后用简单配对系数或其他相关系数做一个相似度矩阵（similarity matrix）。在矩阵中，横、纵坐标代表物种，每个数值是测定的两个不同物种之间的相似性得出的相关系数，因此在表中每种生物可与其他每个物种比较。为了便于观察，将矩阵按照相关系数从高到低进行排列，这样聚在一起的生物类群称为表元（phenon）或表观群（phenotic group）。数值分类分析结果常常采用树状谱图的形式呈现，即树状谱（dendrogram）。

由于数值分类法是按大量生物表型特征的总相似性进行分类的，得出的两个物种的相似性信息不能直接反映系统发育内在的自然规律，不是严格意义上的分类单元。

12.3.2.3 系统发育分类

生物演化和系统分类研究中，常用分支图或树的形式说明系统发育关系。通过比较生物大分子序列差异的数值而构建的系统树称为系统发育树（phylogenetic tree）。构建系统发育树是在进行序列测定获得原始序列资料后，通过序列分析软件排序，使各分子的序列中的同源位点一一对应。可利用分子遗传演化分析软件，如 MEGA（molecular evolutionary genetics analysis）计算序列中改变的位点数目，用这些数据计算序列间差别的程度，构建能反映出不同物种的演化距离的系统发育树。

系统发育树是由连结节点的分支组成的图，这些节点（node）代表分类单位如种或属，分支代表不同分类单位之间的演化关系。系统发育树可以有一个时间尺或分支的长度可以代表发生在两个节点之间的分子改变的数目。系统发育树分为无根树（unrooted tree）和有根树（rooted tree）两种。无根树仅表示系统发育关系但是不提供演化途径，有根树则反映出它们有共同的起源及演化方向（图 12-6）。

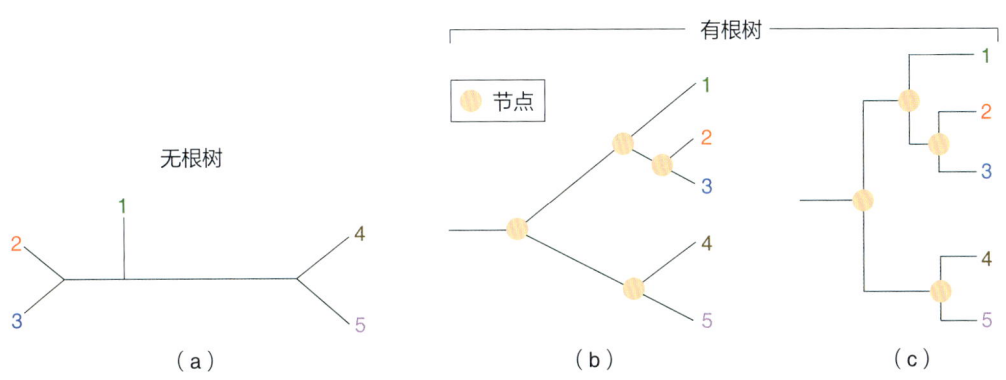

图 12-6 系统发育树：无根树和有根树

系统演化树的构建方法主要分为基于距离和离散特征两类，前者主要包括邻接法（neighbor-joining method）等，后者主要包括最大简约法（maximum parsimony method）和最大似然法（maximum likelihood method）等。这里对基于距离的最大简约法做简单介绍（图 12-7）。首先，对两两序列建立距离矩阵；然后使用最小二乘法或启发式算法，计算对应序列的内部聚类关系；最后，根据得到的聚类关系，进行演化树的可视化构建。

一个可信度足够高的系统发育树不仅可以直观地展现出不同微生物种属之间的亲缘关系，还能够展现出这些微生物的演化轨迹，为我们认识微生物的起源和发展提供了一个良好的工具。

12.3.2.4 《伯杰氏系统细菌学手册》

美国伯杰氏基金会（Bergey's Trust）资助编写的《伯杰氏鉴定细菌学手册（Bergey's Manual of Determinative Bacteriology）》（以下简称"伯杰氏鉴定手册"）和《伯杰氏系统细菌学手册（Bergey's Manual of Systematic Bacteriology）》（以下简称"伯杰氏系统手册"）一直是国际微生物学界公认的关于原核生物系统发育的权威工具书

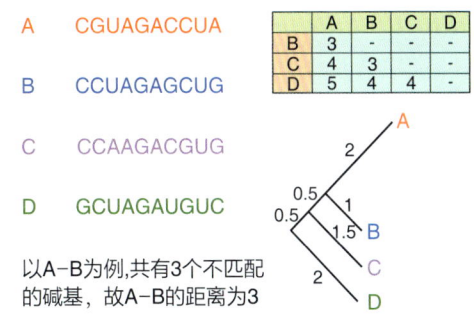

图 12-7 系统发育树的构建方式

> 知识拓展 12-3
> 伯杰氏国际系统微生物学学会

（图 12-8）。2009 年该基金会还决定赞助成立伯杰氏国际系统微生物学学会，该学会于 2011 年正式成立。"伯杰氏鉴定手册"自第一版刊发以来，其对微生物系统分类学的意义巨大，不仅规范了微生物分类学的依照标准，也是原核生物分类学的百科全书，被人们公认为"分类学的圣经"。《伯杰氏鉴定细菌学手册》从 1923 年开始出版，在 1994 年发行了第九版，强调依据微生物的表型对其进行快速分类鉴定。

《伯杰氏系统细菌学手册》从 1984—1989 年出版了第一版，从 2001—2012 年出版了第二版，从第二版开始更强调基于系统发育关系形成的自然分类体系。从伯杰氏的细菌学"鉴定手册"到"系统手册"的演变，是微生物学研究从表观形态入手向分子特征迈进的缩影。

《伯杰氏系统细菌学手册》第一版分为四卷，分别是：

第一卷　一般、医学和工业上重要的革兰氏阴性细菌。

第二卷　除放线菌以外的革兰氏阳性细菌。

第三卷　古菌、蓝细菌和其他革兰氏阴性细菌。

第四卷　放线菌（丝状革兰氏阳性细菌）。

《伯杰氏系统细菌学手册》其分类理论基础为卡尔乌斯等提出的三域系统——古菌域（Archaea）、细菌域（Bacteria）和真核生物域（Eukarya）。第二版分为五卷，收录了古菌域（Archaea）和细菌域（Bacteria）中的 24 个门，五卷分别是：

第一卷　古菌、深分支细菌和光合细菌。

第二卷　变形菌门［*Proteobacteria*，现被修改为假单胞菌门（*Pseudomonadota*）］。

第三卷　低 G+C 含量的革兰氏阳性菌，即厚壁菌门［*Firmicutes*，现被修改为芽孢杆菌门（*Bacillota*）］。共分 3 个纲：梭菌纲（*Clostridia*），柔膜菌纲（*Erysipelotrichia*）和芽孢杆菌纲（*Bacilli*）。

第四卷　拟杆菌门（*Bacteroidetes*，现被修改为 *Bacteroidota*）、螺旋体门（*Spirochaetes*，现被修改为 *Spirochaetota*）、软壁菌门（*Tenericutes*，现被修改为支原体门 *Mycoplasmatota*）、酸杆菌门（*Acidobacteria*，现被修改为 *Acidobacteriota*）和纤维杆菌门（*Fibrobacteres*，现被修改为 *Fibrobacterota*）、梭杆菌门（*Fusobacteria*，现被修改为 *Fusobacteriota*）、网团菌门（*Dictyoglomi*，现被修改为 *Dictyoglomerota*）、芽单胞菌门（*Gemmatimonadetes*，现被修改为 *Gemmatimonadota*）、黏胶球形菌门（*Lentisphaerae*，现被修改为 *Lentisphaerota*）、疣微菌门（*Verrucomicrobia*，现被修改为 *Verrucomicrobiota*）、衣原体门（*Chlamydiae*，现被修改为 *Chlamydiota*）和浮霉菌门（*Planctomycetes*，现被修改为

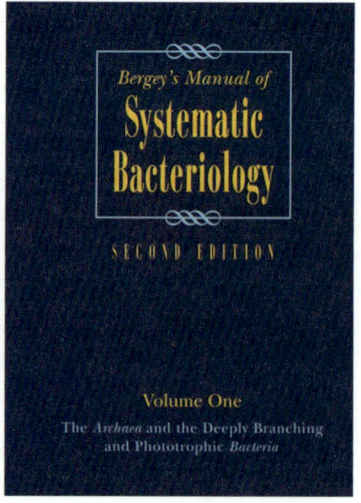

图 12-8　《伯杰氏鉴定细菌学手册》与《伯杰氏系统细菌学手册》

Planctomycetota）。

第五卷　高 G+C 含量的革兰氏阳性菌，即放线菌门（*Actinobacteria*，现被修改为 *Actinomycetota*）。

从 2001 年的"系统手册"第一卷开始发行，截止到 2012 年的第五卷的陆续出版，标志着该手册从依照经典分类体系的第一版向依照系统发育分类体系的第二版的转变。第二版的第五卷分为 A、B 两册，由英国著名的放线菌分类学家迈克尔·古德费洛（Michael Goodfellow）教授主编，其中大量收录了我国微生物分类学家提出的放线菌新种属。因新发现的微生物物种及其生物学特征信息增加迅猛，该手册在 2015 年改名为《伯杰氏古菌与细菌系统学手册》，并于 2015 年 4 月开始在线发布更为快捷的电子版手册，为原核生物系统分类学领域注入新的生机和活力。目前已有 40 余个门的细菌获得了实验室培养物，且部分细菌的名称在近几年已发生变化，见表 14-1。

12.4　真菌的分类

12.4.1　真菌分类的主要依据

与原核生物的分类主要依靠分子和化学指标不同，在目前全世界已知的大约 120 000 种真菌物种中，大多数是以形态种概念进行鉴别和描述的。不同的形态性状往往被赋予不同的分类学意义，如有的用来区分种，有的用来区分属或更高的分类单元。近年来，演化的观念对分类性状的选择产生了很大影响，并促进了对形态性状遗传背景的了解。一般认为，只可能来源于单次演化事件的复杂形态特征适于界定高等级分类单元，而可能来源于一个或几个突变步骤，并在不同类群中存在的简单特征，适用于低等级分类单元，如种或变种的划分。除了形态性状外，真菌的生理学特征、化学分类特征、蛋白质和核酸等生物大分子的特征也是真菌分类的重要依据。

> 知识拓展 12-4
> 真菌界

12.4.1.1　形态特征

形态特征是真菌，尤其是大型真菌分类的基础。这些特征包括肉眼可辨的宏观结构，如菌落和子实体等的形态、光学显微镜下的菌丝和孢子等的显微形态以及电子显微镜下的菌丝隔膜、孢子表面纹饰等超微结构。真菌有性生殖过程中的形态特征是优先考虑的分类依据。在缺少有性生殖循环的真菌中，无性繁殖结构则成为主要分类依据。具体来说，对有性生殖型的真菌，可从有性孢子的子实体如担子果或子囊果的着生方式（表生、半埋生、埋生），子实体的类型（子囊壳、子囊盘、闭囊壳等），以及子实体的颜色、形状、大小、隔膜等方面进行区分。对无性生殖类型的真菌，可从载孢体的类型（分生孢子器、分生孢子座、分生孢子盘）、分生孢子梗有无、着生方式、是否弯曲以及是否有隔膜，产孢细胞或分生孢子的大小、形状等方面进行区分。

12.4.1.2　生理学特征

相对于大型真菌来说，单细胞的酵母菌等微型真菌形态结构简单，难以提供足够的形态信息用于其分类鉴定,因此需要借助营养和生理特征。这些特征包括对不同糖类化合物的发酵能力、对不同碳氮源化合物的利用能力、最高生长温度、对外源维生素的依赖性等。少数丝状真菌的分类,也辅助于一些生理特征,如最高生长温度等。

12.4.1.3 化学特征

化学分类通常指以小分子量化合物为依据的分类鉴定。这些化合物包括次级和初级代谢产物。与藻类和蓝细菌共生形成地衣的真菌类群的分类常辅以次级代谢产物的鉴定。辅酶Q(Coenzyme Q,CoQ)的结构类型在酵母菌分类上具有应用价值。这是因为CoQ是生物代谢过程中电子传递链中的一个重要且不可或缺的辅酶因子,其分子结构中包含一条由多个(酵母菌为6~10个)异戊二烯单元共价相连而成的侧链,不同CoQ类型间的差异表现在侧链中所含异戊二烯单元的数量。此外,脂肪酸也是化学分类的一个重要的指标,它们是一类结构多样并分布广泛的化合物,其差异表现为碳链的长度、不饱和键的多少和分布位置等。不同真菌种类在所含脂肪酸类型及各类型之间的比例方面有所差异。另外,真菌细胞壁具有复杂的结构和化学组成,不同的真菌类群在所含多糖方面具有特征性的区别,如卵菌细胞壁多糖主要是纤维素,而其他真菌类群则主要含几丁质。真菌细胞壁多糖成分方面的差异还常以其水解液中单糖组分的不同来衡量。如在已研究过的酵母菌中,细胞壁水解液中含有大量葡萄糖和甘露糖,但不同的类群在果糖、半乳糖、鼠李糖和木糖的有无和含量方面具有差异,这些差异具有重要的分类学意义。

12.4.1.4 分子系统学

根据表型特征进行分类经常会出现两个问题从而导致分类结果的不准确:①表型特征在分类时受主观因素的影响较大,研究者自身的认识能力也不一样,鉴定结果可能差异较大;②一些真菌的表型特征在自然环境和人工培养环境下具有不稳定性,不能充分反应物种的演化关系。因此随着真菌分类学的自身发展所需以及分子生物学技术的迅速发展,使分类学者可以直接从遗传物质(DNA)中寻找分类依据。由此而发展起来的分子分类学或分子系统学研究方法,对真菌的分类产生了重大影响。

早期应用的特征主要是DNA碱基组成(DNA base composition),通常被表述为鸟嘌呤(G)与胞嘧啶(C)之和的摩尔分数(简称GC含量或GC值)。若不同真菌菌株或类群间的DNA的GC含量差异显著,表明二者间不可能具有相似的DNA序列,因而不会有相近的亲缘关系。DNA相似性(DNA similarity)或DNA相关性(DNA relevance)在酵母菌分类中应用较多,通过不同菌株间核DNA的杂交亲和率来表示个体间DNA碱基序列的相似程度,尤其适用于GC值相近的菌种间的分类。目前酵母菌分类学者一般认为,DNA相似率在80%以上的菌株可以确认为属于同一种,在65%~80%之间的代表同一种内分化较远的菌株,在20%以下则被视为代表不同的种。

在真核生物细胞中,rRNA基因常以串联重复的多拷贝方式存在,核糖体RNA(rRNA)基因序列分析正被广泛地运用于真菌的系统学研究中。rRNA重复单元中较保守的区域,如小亚基(18S)rRNA基因,常用于高等级分类单元演化关系的探讨。

而其中变异性较大的区域，如转录间隔区（internally transcribed spacer，ITS）或大亚基（25～28S）rRNA 基因的 5' 端区段（D1/D2 domain），则常用于种间区分或种间亲缘关系的探讨，ITS 序列已被推荐用于真菌物种鉴定的通用 DNA 条形码。但在部分类群中，如常见的青霉、曲霉和镰刀菌属，ITS 序列的差异程度不足以将不同种清楚区分开，一些单拷贝蛋白质编码基因，包括翻译因子 *1-α*（*EF1-α*）、*β*- 微管蛋白、肌动蛋白、RNA 聚合酶 Ⅱ 亚基（*RPB1* 和 *RPB2*）、微小染色体维持蛋白（*MCM7*）和钙调蛋白（calmodulin）等基因，常被作为补充 DNA 条形码用于物种鉴定。

12.4.2 真菌主要分类系统

在林奈 1735 年以生物能否运动为标准提出的两界系统中，真菌属于植物界。赫伯特·科普兰德（Herbert F. Copeland）1938 年提出了四界分类系统，此时真菌被划归原生生物界。最终罗伯特·魏泰克（Robert Whittaker，1924—1980）于 1959 年根据细胞结构的复杂程度及营养方式的不同提出了五界系统，真菌终于被划归为一个独立的真菌界。现在我们知道，虽然真菌学在传统上常被划归在植物学的范畴中，但真菌其实与动物的亲缘更为接近。而随着 DNA 测序技术普及后，关于真菌的分类不断提出新的分类观点和分类系统。许多传统上以形态或交配实验所做出的分类系统受到相当大的挑战，其中比较有代表性的就是黏菌与卵菌在历史上曾因形态相似而归属真菌界，但后来通过分子系统性分析显示它们与真菌的亲缘关系甚远，是趋同演化的结果，从而被从真菌界中划出。

12.4.2.1 传统真菌分类系统

皮耶尔·安东尼奥·米凯利（Pier A. Micheli）于 1729 年首次用显微镜观察研究真菌，并提出了真菌分类检索表，随后，林奈 1735 年于《自然系统》等书中将真菌分为 10 属，从而开启了真菌的分类工作。真菌分类的研究，经过较长时间的演变，形成了以"形态结构特征为主，生理生化、细胞化学和生态等特征为辅"的分类原则。在这个分类原则的基础上逐渐形成了多个分析系统。其中，乔治·威拉德·马丁（George W. Martin）提出了将真菌分为黏菌门（*Myxomycota*）及真菌门（*Eumycota*），其中真菌门又包括了藻状菌纲（*Phycomycetes*）、子囊菌纲（*Ascomycetes*）、担子菌纲（*Basidiomycetes*）和半知菌纲（*Deuteromycetes*）。康斯坦丁·亚历克索普洛斯（Constantine alexopoulos）分别在 1952 年，1962 年以及 1979 年提出了 3 个分类系统，其中在 1979 年的分类系统中，他将真菌界分为裸菌门（即黏菌门）（*Myxomycota*）和真菌门（*Eumycota*），后者又分为鞭毛菌门（*Mastigomycota*）包含单鞭毛菌亚门（*Haplomastigomycotina*）、双鞭毛菌亚门（*Diplomastigomycotima*）、无鞭毛菌门（*Amastigomycota*）（包含接合菌亚门（*Zygomycotina*）、子囊菌亚门（*Ascomycotina*）、担子菌亚门（*Basidiomycotina*）、半知菌亚门（*Deuteromycotina*））。而最常用的是则是杰弗里·克拉夫·安斯沃斯（Geoffrey C. Ainsworth）在 1971 年提出的分类系统，这个系统采用了五界系统学说，并与亚历克索普洛斯分类系统较相似，其区别在于建立了

3个新亚门,并将子囊菌分为6个纲,半知菌亚门设3个纲。随着真菌分类的不断发展,大家逐渐认识到黏菌与卵菌只是形态上与真菌相似,但在生物化学和细胞壁组分等方面与其他真菌类群存在根本差异,因此并不能归属于真菌界。在1995年出版的《真菌词典》第8版的分类体系中,根据真菌学各个领域1983年以来的进展,将黏菌归属到原生生物界,将卵菌、丝壶菌和网黏菌归属到了藻物界,并把真菌界分为了子囊菌门(*Ascomycota*)、担子菌门(*Basidiomycota*)、壶菌门(*Chytridiomycota*)、接合菌门(*Zygomycota*),取消了半知菌类,把已知有性阶段的半知菌放到相应的子囊菌门(*Ascomycota*)和担子菌门(*Basidiomycota*)中。

12.4.2.2 现代真菌分类系统

进入21世纪后,分子遗传学与生物技术得到了飞速发展,DNA条形码、基因组以及宏基因组测序技术开始被逐渐用于真菌分类以及新的真菌类群的发现中,从而使传统分类系统受到一定程度的挑战。比较典型的是原本不被认为是真菌的生物如微孢子虫和核形虫等被归入真菌界或与其关系密切的类群中,另外一些此前难培养类群如罗兹壶菌属(*Rozella*)被宏基因组学技术在环境样品中检测到,并被证明是属于真菌基部的一个类群。此外传统上认为的接合菌门和壶菌门也被发现是一个并系群而被不断拆分。2008年出版的《真菌词典》第10版分类系统收录了2008年以前的研究成果,尤其是引入了分子系统学的研究,最终将真菌界分为了7个门。其中子囊菌门(*Ascomycota*)和担子菌门(*Basidiomycota*)组成了双核亚界(*Dikarya*);壶菌门被拆分成了壶菌门(*Chytridiomycota*)、芽枝霉门(*Blastocladiomycota*)和新美鞭菌门(*Neocallimastigomycota*)三个门;接合菌门被拆分为接合菌门(*Zygomycota*)和球囊菌门(*Glomeromycota*),但是一些类群例如蛙粪霉属(*Basidiobolus*)、油壶菌属(*Olpidium*)以及罗兹壶菌属等的分类地位却并不确定。2018年研究者通过分子系统发育分析的手段,结合分歧时间推断对真菌的系统发育关系进行了进一步梳理,共将真菌分为了18个门,分别为罗兹菌门(*Rozellomycota*)、*Aphelidiomycota*门、芽枝霉门(*Blastocladiomycota*)、壶菌门(*Chytridiomycota*)、单毛壶菌门(*Monoblepharidomycota*)、新美鞭菌门(*Neocallimastigomycota*)、油壶菌门(*Olpidiomycota*)、蛙粪霉门(*Basidiobolomycota*)、捕虫霉门(*Zoopagomycota*)、梳霉门(*Kickxellomycota*)、虫霉门(*Entomophthoromycota*)、毛霉门(*Mucoromycota*)、*Calcarisporiellomycota*门、被孢霉门(*Mortierellomycota*)、球囊菌门(*Glomeromycota*)、根肿黑粉菌门(*Entorrhizomycota*)、子囊菌门(*Ascomycota*)与担子菌门(*Basidiomycota*)。在这一分类系统中,作者将微孢子虫与此前未确定分类地位的罗兹壶菌属合并划归为罗兹菌门,这一门位于整个真菌的基部,与其他所有真菌类群形成姊妹群的关系。同样在真菌的近基部新建了一个门——*Aphelidiomycota*。原属于接合菌门的类群进一步分拆,拆出了捕虫霉门(*Zoopagomycota*)、梳霉门(*Kickxellomycota*)、虫霉门(*Entomophthoromycota*)、毛霉门(*Mucoromycota*)、被孢霉门(*Mortierellomycota*)、*Calcarisporiellomycota*门、蛙粪霉门(*Basidiobolomycota*)和球囊菌门(*Glomeromycota*)。壶菌门(*Chytridiomycota*)也被进一步拆分出来单毛壶菌门（*Monoblepharidomycota*）及油壶菌门（*Olpidiomycota*）。担子菌门（*Basidiomycota*）拆分出了根肿黑粉菌门（*Entorrhizomycota*），并与子囊菌门（*Ascomycota*）一起组成了双核亚界位于真菌的最端部。此分类体系的结果在门水平上与2020年由148家单位参与的使用更多类群的真菌分类工作基本一致（图12-9）。

12.5 微生物系统学的研究内容与方法

微生物结构简单，个体微小，在微生物的分类鉴定中，任何能够稳定反映微生物类群特征的指标都可作为分类学的依据。随着现代分类鉴定方法的发展，微生物分类学已经由简单的形态描述转变为对细胞生理生化、细胞化学组分和分子进行全面分析的综合实验学科，从而使得对微生物进行精确鉴定和分类成为可能。

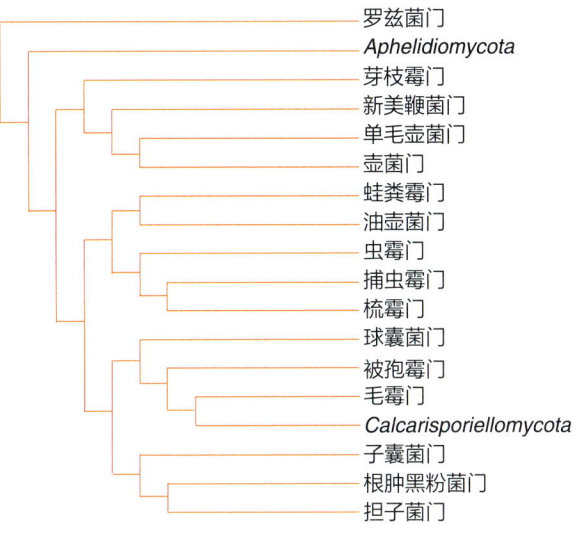

图 12-9 真菌界中的主要门之间的演化关系

12.5.1 形态学特征

微生物形态学特征是重要的微生物分类依据之一。细菌的形态特征一般在不同培养基中相对稳定，不会发生太大的变化。但在不同培养基上，放线菌的形态特征则可能表现出不同情况，因此，在对放线菌进行分类时必须先进行培养特征实验。培养特征是指微生物在各种培养基上的生长征状，一般将微生物培养在不同的培养基上，然后记录菌丝的有无、菌落的颜色和可溶性色素的颜色等。

可用光学显微镜观察细胞的基本形态结构，用扫描电子显微镜观察表面的细微结构，用透射电子显微镜观察细胞的超显微结构。放线菌常用扫描电子显微镜来观察细胞的结构，细菌可采用扫描电子显微镜或透射电子显微镜，当细菌有鞭毛时通常使用透射电子显微镜来观察。因放线菌具有基内菌丝、气生菌丝或孢子等特殊结构（图12-10），因此，使用扫描电子显微镜时，细菌和放线菌的观察方法一样，但样品的前处理不一样。

扫描电子显微镜样品前处理方法：

① 收集菌体，用0.9% NaCl或磷酸缓冲液PBS清洗细胞2~3次，加入2.5%戊二醛4℃固定1 h以上，固定后再次清洗细胞，然后乙醇梯度脱水（分别用30%、50%、70%、90%和100%的乙醇溶液脱水10 min），脱水后用叔丁醇清洗2~3次，每次10 min，最后用叔丁醇悬浮。将悬浮液进行冷冻干燥，干燥后将样品均匀地放置于载物台上，喷金后在扫描电子显微镜下进行观察。

② 在放线菌的最适培养基平板上挖成3 cm×1 cm的长方形小槽，在小槽边缘接种，随后盖上无菌盖玻片培养。待菌体长在盖玻片上后，选取不同时间（一般2、5、

图 12-10 放线菌基内菌丝、气生菌丝、孢子丝和孢子的模拟图

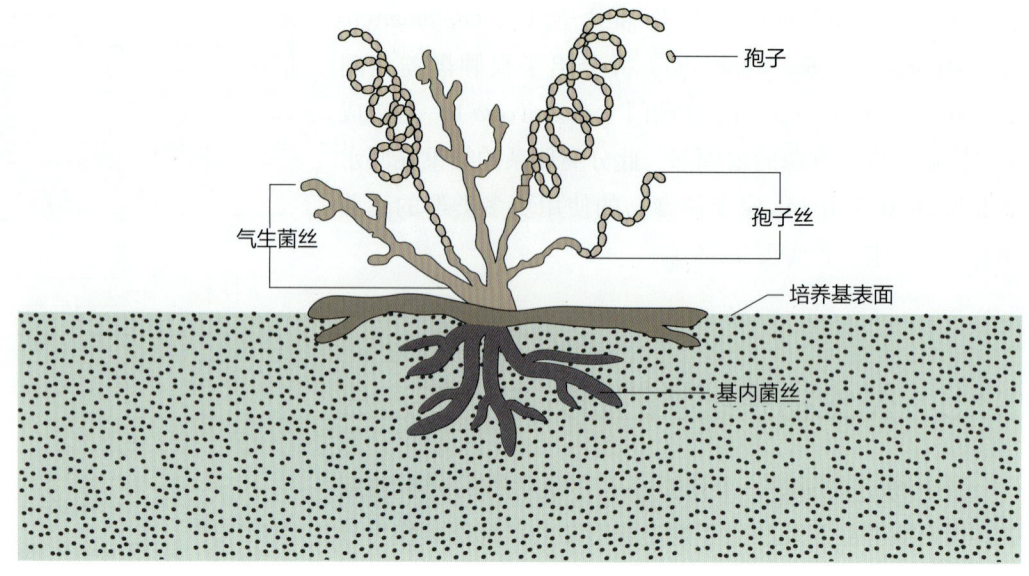

10、20 天）取出盖玻片，选择长有菌体的区域进行喷金，随后用扫描电子显微镜观察细微结构。为避免形态变形，可将长有菌体的盖玻片放在 2.5% 戊二醛溶液中固定 1.5 h，取出后分别用 30%、50%、70%、90% 和 100% 乙醇各脱水 10 min，取出放于真空干燥器中干燥 1 h。选择较完整的区域，喷金用扫描电子显微镜观察。

透射电子显微镜样品前处理方法：收集菌体，用 0.9% NaCl 或磷酸缓冲液 PBS 清洗细胞 2～3 次，取等量的上述菌悬液与 2% 的磷钨酸钠水溶液混合染色，制成混合菌染色液。用无菌毛细吸管吸取混合菌悬液滴在铜网膜上。经 20～30 s 后，用滤纸吸去菌悬液，待样品干燥后，置于透射电子显微镜下观察。为了保持菌体的真实形状，也可用戊二醛固定后再进行染色及观察。

12.5.2 生理生化特征

生理生化特征与微生物的酶和调节蛋白的活性直接相关。酶和蛋白都是基因产物，所以对微生物生理生化特征的比较也是对微生物基因组的间接比较，而测定生理生化特征相对直接分析基因组更加容易。因此，生理生化特征对于微生物的系统分类具有重要意义。通过生理生化特征可将大量微生物物种定义在属或者种的分类水平，这在形态学分类范畴难以达到，所以生理生化特征测试往往是微生物分类鉴定必不可少的手段。值得强调的是，由于不少生理生化特征是染色体外遗传因子编码，加之影响生理生化特征表达的因素比较复杂，所以根据生理生化特征来判断亲缘关系并进行系统分类时，必须与其他数据特别是基因型特征进行综合分析。微生物分类鉴定常用的生理生化特征如表 12-5 所示，其余的生理生化特征还可借助 API 细菌鉴定系统来完成，如好氧菌常用的 API 20E，API 20NE 和 API ZYM 试剂条，厌氧菌常用的 API 20A 和 API Rapid 32A 等。

表 12-5 微生物分类鉴定常用的生理生化特征

特征	鉴别内容
营养类型	光能自（异）养、化能自（异）养、兼性营养型
革兰氏染色	革兰氏阳性、革兰氏阴性
需氧性	好氧、微好氧、厌氧及兼性厌氧
温度	最适、最低及最高生长温度
pH	最适 pH、pH 耐受范围
盐浓度	最适盐浓度、盐浓度耐受范围
游动性	有无鞭毛
碳源的利用	对各种单糖、双糖、多糖、醇类及有机酸的利用，可借助 Biolog 微生物自动分析系统测定
氮源的利用	对蛋白质、蛋白胨、氨基酸及含氮无机盐的利用，可借助 Biolog 微生物自动分析系统测定
氧化酶	有无细胞色素氧化酶
接触酶	有无过氧化氢酶
纤维素酶	能否降解纤维素
淀粉酶	能否降解淀粉
脲酶	能否水解尿素
脂酶	能否降解吐温
明胶液化	能否产生明胶酶
牛奶凝固与陈化	有无凝乳酶及蛋白酶
硝酸盐还原	有无硝酸盐还原能力
硫化氢产生	能否分解含硫化合物产生硫化氢
药敏试验	对抗生素的敏感性
抗菌活性	抗生素对致病菌的抑菌能力

12.5.3 细胞化学特征

化学分类是利用各种化学分析手段分析细胞的化学成分进而对微生物进行分类，常借助于高效气相色谱、高效液相色谱和质谱等仪器，是现代微生物分类必不可少的手段之一。目前，普遍使用的细胞化学特征包括肽聚糖、极性脂、脂肪酸、呼吸醌、枝菌酸、多胺及全细胞水解糖等，分析的对象主要包括细胞壁、质膜以及整个细胞（表 12-6）。

12.5.3.1 极性脂分析

在微生物中，生物膜的骨架是一样的，主要是由磷酸类脂、糖脂及固醇构成的脂双层，它们都属于极性脂。磷酸类脂是细胞膜的主要组成成分，其包括甘油磷脂和鞘

表12-6 化学分类信息来源

细胞部位	成分
细胞壁	肽聚糖（主要分析氨基酸）
	枝菌酸
质膜	极性脂
	肪酸酸
	呼吸醌
全细胞	糖
	多胺

磷脂两类，甘油磷脂是第一大类膜脂，而鞘磷脂和鞘糖脂是第二大类膜脂。不同属微生物的磷酸类脂组分是不同的，它是鉴别属的重要特征之一，是化学分类中不可缺少的分类指征。磷酸类脂的种类繁多，但用于分类的指征并不多。Mary P. Lechevalier 分析了来自20个属的97株放线菌，用于分类指征的磷酸类脂只有5种，分别为磷脂酰胆碱（PC, phosphatidyl choline）、磷脂酰乙醇胺（PE, phosphatidyl ethanolamine）、磷脂酰甲基乙醇胺（PME, phosphatidylmethyl ethanolamine）、磷脂酰甘油（PG, phosphatidl glycerol）及含葡萄糖胺未知结构的磷酸类脂（GluNu phospholipids of unknown structure containing glucosamine）。现今，除了上述5种磷酸类脂外，磷脂酰肌醇（PI, phosphatidylinositol）、磷脂酰甲基肌醇（PIM, phosphatidylinositol mannoside）、二磷脂酸甘油（DPG, diphosphatidylglycerol）等也被用于极性脂的分析检测中。

在微生物化学分类中，极性脂组分的检测尚未借助分析仪器进行定量分析，只是用层析法进行定性分析。该分析需收集菌体，提取出极性脂成分，再通过双向薄层层析法将各组分展层分开，然后喷不同的试剂进行显色，最后结合显色结果和斑点的位置来确定极性脂成分。

12.5.3.2 肽聚糖的分析

肽聚糖由聚糖链、四肽尾及肽桥组成。在肽聚糖中，聚糖链的结构十分保守，都是由 N- 乙酰胞壁酸和 N- 乙酰葡糖胺交替连接组成，但聚糖链的长度分布及双糖单位的化学修饰在不同微生物中会有所不同。革兰氏阴性菌肽聚糖的肽链部分氨基酸组成与顺序的变化不大，因此革兰氏阴性菌一般不做肽聚糖的分析。在革兰氏阳性菌中，肽聚糖的多样性主要体现在四肽尾和肽桥上。四肽尾的第一个氨基酸残基都是 L-Ala，在极少数细菌种类中，这个氨基酸残基会被替换成 Gly 或者 L-Ser；四肽尾的第二个氨基酸残基基本都是 D-Glu，有时会被 D-isoGln 所代替；四肽尾的第四个氨基酸残基基本都是 D-Ala；发生变异最多的是四肽尾的第三个氨基酸残基。肽聚糖的四肽尾之间会出现交联，然后构成大分子的网状结构。四肽尾的交联分为直接交联和间接交联两种，直接交联通常发现在多数革兰氏阴性菌中，大量研究表明，对革兰氏阳性菌株来说，第一种交联类型是3-4交联（A组），这种交联类型发生在一条四肽尾第三位的氨基酸和相邻四肽尾第四位的氨基酸之间。这种交联类型是细菌肽聚糖中最常见的交联类型，这种交联可以以直接交联的方式（A1组）也可以以间接交联的方式存在（A2，A3和A4组）。根据肽尾第三个氨基酸残基种类的不同，上述4种分组又可分为三种类型，α 变型的第3位为 L- 赖氨酸（L-Lys），β 变型的第3位为 L- 鸟氨酸（L-Orn），γ 变型的第3位为二氨基庚二酸（L-DAP）。第二种交联类型是2-4交联（B组），这种交联发生在一个四肽尾上第2位氨基酸与另一个相邻四肽尾上第4位氨基酸之间，这种交联方式比较少见，属于间接交联。B组又可分为2个亚组（B1和B2），B1亚组的肽桥含一个 L 型二氨基氨基酸，B2亚组的肽桥含一个 D 型二氨基氨基酸。

目前大部分研究机构可应用薄层层析（TLC）和高效液相色谱（HPLC）方法对肽聚糖中的氨基酸组分进行分析，而四肽尾之间的连接方式目前只有德国微生物菌种保藏中心（DSMZ）能检测。

12.5.3.3 全细胞水解糖

全细胞水解糖是革兰氏阳性菌株尤其是放线菌细胞化学特征的重要组成部分，准确快速地测定全细胞水解糖对于放线菌的分类鉴定有着重要的意义。Mary P. Lechevalier 通过研究认为阿拉伯糖、半乳糖、马杜拉糖以及木糖是特征性糖，从而将放线菌全细胞水解糖组分分为 A、B、C 和 D 这 4 种类型。随着放线菌分离方法的不断发展，研究者多次分离到含半乳糖而不含阿拉伯糖的放线菌。所以，有学者建议将只含半乳糖的放线菌定为 E 型。最初，研究者采用纸色谱的方法对全细胞水解糖型进行定量分析，该法耗时长，程序步骤复杂，已经完全被薄层色谱法（thin layer chromatography，TLC）所取代。薄层色谱法是非常经典的全细胞水解糖型定量分析方法，得到广大研究者的认可，沿用至今。随着化学、物理检测技术的不断发展，放线菌全细胞水解糖的分析方法也在不断改进，目前高效液相色谱法灵敏度高、速度快，为全细胞水解糖的检测提供了一项有力的研究手段。目前从全细胞水解糖的结果我们无法看出特征性和非特征性的差异，也很难通过含量的多少来划分类型。所以，在分类鉴定时，都直接说明糖的种类和含量，而不过多地强调具体属于什么类型。

12.5.3.4 脂肪酸分析

脂肪酸是由一条长的烃链和一个末端羧基组成的羧酸，于 20 世纪 50 年代被用作多相分类的指标。在细胞内大约 20% 的脂肪酸以游离的形式存在，这些游离的脂肪酸主要是软脂酸、硬脂酸和油酸，但大部分脂肪酸都以结合形式（三酰甘油、磷脂、糖脂、脂蛋白等）存在。脂肪酸的提取是脂肪酸鉴定工作中首要的步骤，早期，采用强酸或强碱等试剂对微生物细胞进行水解或皂化后对脂肪酸进行检测。随着技术的发展，脂肪酸的检测技术也在不断更新，精馏法、结晶法和逆流分布法都曾被用于脂肪酸的检测中。1963 年，科学家首次将高效气相色谱用于脂肪酸的分析检测中。时至今日，安装有 MIDI（microbial identification system）公司开发的 Sherlock 微生物鉴定系统 MIS 软件的高效气相色谱（GC）分析系统是脂肪酸分析的主要手段。

12.5.3.5 呼吸醌的分析

类异戊二烯醌（isoprenoid quinone）是存在于几乎所有已知生命体中的膜结合化合物，只有少数发酵型细菌和甲烷八叠球菌目（*Methanosarcinales*）的产甲烷古菌丧失了合成类异戊二烯醌的能力。类异戊二烯醌可分为呼吸型和光合型两类，其在电子传递、氧化磷酸化和主动运输等方面发挥着重要作用。此外，还原态的类异戊二烯醌还在保护细胞膜免受脂质过氧化反应和活性氧损伤方面扮演着重要角色。侧链的巨大变化（长度、饱和度和氢化程度的差异）造就了类异戊二烯醌丰富的化学结构多样性，这也使其可作为重要的原核生物化学分类特征。其中，甲基萘醌（menaquinone，MK）和泛醌（ubiquinone，UQ）是原核生物中两种最主要的具有生物学功能的呼吸醌类。

甲基萘醌以苯酚为核心，泛醌以苯环为核心。尽管分子骨架不同，但二者均有相似的聚异戊二烯侧链。根据异戊二烯的单位长度和侧链中被氢饱和的双键个数，甲基萘醌和泛醌分别被命名为 MK-n（Hx）和 UQ-n（Hx）。此外，甲基萘醌存在于革兰氏阳性菌和个别革兰氏阴性菌中，而泛醌的存在局限于 α-、β- 和 γ- 变形菌纲（*Alphaproteobacteria*、*Betaproteobacteria* 和 *Gammaproteobacteria*）的细菌中。值得注意的是，很多微生物除了含有一类主要醌型外，也含有少量其他醌类。一般用高效液相色谱法（HPLC）及标准品的图谱来检测分析各种醌型。

12.5.3.6 枝菌酸的分析

枝菌酸（mycolic acid），也称为分枝菌酸，是一类 α- 烷基 -β- 羟基高分子脂肪酸，最早在结核分枝杆菌（*Mycobacterium tuberculosis*）中发现。枝菌酸与索状因子（cord factor）相结合，和肽聚糖层共同构成了分枝杆菌及相关类群的细胞壁结构，对细菌的致病性和抗逆能力发挥重要作用。由于部分分枝杆菌的枝菌酸在常温下为蜡状，被酸性复红染色后，不能再被盐酸乙醇脱色，因此也被称为抗酸细菌。在抗酸细菌的细胞壁中含有约 60% 的类脂（包括枝菌酸和索状因子等），肽聚糖含量则很少，从其类脂外壁层和肽聚糖内壁层的结构来看，与革兰氏阴性菌的细胞壁更为相似。目前发现，含有枝菌酸的细菌基本都分布在分枝杆菌目（*Mycobacteriales*），因此，枝菌酸的有无和分子特性（长度）是分枝杆菌、诺卡氏菌等分类必不可少的化学指征。根据分子中所含碳原子数目的多少，早期人们将枝菌酸分作 4 类：约含 80 个碳原子的分枝杆菌枝菌酸（mycobcteomycolic acid）；约含 60 个碳原子的诺卡氏枝菌酸（nocardomycolic acid）；约含 40 个碳原子的红球菌枝菌酸（rhodomycolic acid）；约含 30 个碳原子的棒状杆菌枝菌酸（corynomycolic acid）。但随着新的相关细菌类群被分离培养，枝菌酸的碳链长度在不同种属之间可呈现一种连续变化的趋势。目前，枝菌酸的分析主要借助薄层层析法。

12.5.3.7 多胺

多胺（polyamine）是广泛存在于生物体内的一种含有多个氨基和（或）亚氨基的多聚阳离子脂肪族化合物，对生物的增殖与分化均有重要的作用。多胺带有正电荷，可以与体内带负电荷的大分子发生作用。最普遍的多胺是腐胺（putrescine，1,4- 丁二胺）、尸胺（cadaverine，1,5- 戊二胺）、亚精胺（spermidine）和精胺（spermine）等，还有一些比较少见的如对称篙精脒（sym-homospermidine）、去甲精脒（norspermidine）和热精胺（thermospermine）。在研究细菌多胺组分时发现不同种属细菌其多胺组分在种类与含量上有特征性差异，因此多胺已成为用于判断某些细菌属及属以上关系的依据之一。

多胺既没有特征性荧光，没有紫外吸收特点，也无电化学活性，所以通常要将它进行衍生处理之后再行高效液相色谱（HPLC）检测。

12.5.4　分子生物学特征

随着科学技术的快速发展，尤其是分子生物学、细胞化学、分子遗传学、分子生态学及生物信息学的发展，微生物分类学研究也从传统的表观水平跨越到分子水平。根据获得的基因型信息对生物个体进行分类，被称为基因型分类（genotypic taxonomy）。此外，直接以 DNA 和蛋白质的序列差异为基础建立的分型方法包括核酸分型、多位点序列分型技术、细菌基因组重复序列 PCR 技术及全细胞蛋白 SDS-PAGE（sodium dodecyl sulfate polyacrylamide gel electrophoresis）指纹图谱分析等。常见的分子分类指标如下：

12.5.4.1 DNA 碱基组成分析

DNA 碱基组成比例（G+C 含量）在不同生物中是比较恒定的，其不受生长菌龄和外界因素的影响，是分类学重要的指标之一，对于种、属甚至科的分类单元的鉴定具有重要的指导意义。一般认为 G+C 含量差异在种内不超过 5%，在属内不超过 10%，相差低于 2% 时没有分类学意义。测定 DNA 的 G+C 含量的方法主要有熔点法（也叫热变性法或 Tm 值法）、浮力密度法、高效液相色谱法等，高效液相色谱法因其准确性高，重复性好和节约时间等优势已成为 DNA 中 G+C 含量测定的常用方法。而现今，可直接根据基因组数据获得微生物的 G+C 含量的理论值。

12.5.4.2 DNA-DNA 杂交（DDH）

DNA-DNA 杂交是基于 DNA 双链分子解链的可逆性和碱基互补配对的专一性，将不同生物样品的基因组 DNA 变成单链 DNA 后在一定条件下按照碱基互补配对原则再进行复性并测定其复性值，复性值也称杂交值。两条单链 DNA 分子互补配对的程度取决于它们 DNA 分子的相似性，即它们的亲缘关系。DNA 的杂交值可反映出两基因组间序列的相似性，统计结果显示，当两株菌的 DNA-DNA 杂交值≥70% 时，这两个菌株可界定为同一个种的菌株。传统的 DNA-DNA 分子杂交的方法可分为固相滤膜法、液相羟基磷灰石法、液相复性速率法、S1 核酸酶法等，但这些方法费时费力、重现性较差，难以形成在不同实验室之间可比较的数据。2005 年，Stefan R. Henz 等人提出了一种反映原核生物基因组水平遗传距离的算法，称为 GBDP（genome blast distance phylogeny）。随后，2013 年 Jan P. Meier-Kolthoff 将 GBDP 的遗传距离应用于推算数字化的 DDH（digital DDH，dDDH），并开发了在线工具 GGDC（genome-to-genome distance calculator）用于计算 dDDH。这一在线计算工具替代了传统的 DNA-DNA 杂交方法，能更快地得到更可靠的结果，因此是进入基因组时代后，鉴定种的一个重要指标。

12.5.4.3 16S rRNA 基因序列的分析

16S rRNA 基因既高度保守，同时又在某些区域变异幅度较大，其位于原核细胞核糖体小亚基上的 16S rRNA 基因长约 1 500 bp，结构和碱基排列复杂度适中，较易于进行序列测定和分析比较，因此被广泛用作鉴定原核生物的依据。Lane 等首先用逆转录酶和测序引物对 16S rRNA 基因进行测序，一般能获得 90% 的序列，现在则采用 PCR 技术和合适的引物对其测序。根据返回的 16S rRNA 基因序列峰图，选取测序结果好的序列，利用 EzBioCloud 进行相似性分析。如果 16S rRNA 基因列相似性低于 98.65%，将检测菌株定为"潜在新分类单元"，并选取同源性较高的典型菌株的 16S rRNA 基因序列作为参比对象，通过 MEGA 软件进行 16S rRNA 基因系统发育演化树的构建，最终再结合其他指标，给予微生物准确的分类地位。

12.5.4.4 多位点序列分型技术

16S rRNA 基因序列分析在进行菌株的区分（小尺度的区分）时往往不能提供足够多的信息。多位点序列分型技术的出现弥补了 16S rRNA 的不足。多位点序列分型技术（multilocus sequence typing，MLST）是由 Maiden 等人在研究脑膜炎奈瑟球菌（*Neisseria meningitidis*）的自然变异过程中首次提出。该方法选用多个看家基因进行序列分析，通过核苷酸序列的差异反映不同菌株之间的演化关系。MLST 技术所选择的位点序列通常位于看家基因的内部，长度通常为 500 bp。由于看家基因普遍存在于待测菌株中，具有一定的保守性，而且不同菌株中有足够的变异度存在，所以选择分散在基因组内的多个位点进行分析，可大大增加其分辨率。MLST 具有高分辨率、可重复性及可比性等优点，已经成功地应用在细菌分型鉴定技术中，但看家基因在微生物系统发育分析中的缺点也同时存在，高度的变异性直接导致了 PCR 引物通用性的降低，进而导致各类看家基因在不同类群中的可操作性降低。

12.5.4.5 细菌基因组重复序列 PCR 技术

细菌基因组重复序列（repetitive sequence），是广泛存在于细菌基因组中且在菌株、种、属水平上分布有差异及演化过程有相对保守性的 DNA 序列，包括 REP（repetitive extragenic palindromic sequences，基因外重复回文因子）、ERIC（enterobacterial repetitive intergenic consensus，肠杆菌基因间重复一致序列）和 BOX 重复序列（interspersed repetitive elements）等。细菌基因组重复序列 PCR 技术（rep-PCR）是针对重复序列设计引物来扩增细菌基因组中广泛分布的短重复序列，通过电泳条带比较分析，揭示基因组间的差异。研究发现，BOX-PCR、REP-PCR 和 ERIC-PCR 基因指纹分析具有可重复性并且通过简单的方法就能将相似的菌株鉴别出来，它能有效区分细菌种、属及菌株间的差异，并能对新发现的菌株和已知菌株做进一步分析，在研究细菌分类、细菌亲缘关系和分子微生物生态学方面应用很广泛，具有分辨率高、稳定、重现性好和简便易行等特点，能反映出种和菌株水平的基因型、系统发育和分类学关系，特别适合对大量菌株进行分析。

12.5.5 基因组相似性分析

基因组系统发育分析是指通过基因组学的方法，研究不同物种之间的演化关系和演化历史，它结合了基因组学和系统发育学两个领域，旨在通过比较不同物种的基因组序列，揭示它们之间的演化关系和演化历史。基因组系统发育分析通常包括如下几个方面的内容。

12.5.5.1 平均核苷酸一致性（ANI）分析

平均核苷酸一致性（average nucleotide identity，ANI）最早由美国 James M. Tiedje 教授等人在 2005 年提出，并尝试用于从基因组序列水平对原核生物不同种进行区分。

根据对 70 个近缘种编码基因核酸序列的分析，他们认为传统划分不同种的 DNA-DNA 杂交阈值 70% 对应的 ANI 值大致为 94%。2009 年 Richter Michael 等人开发了 Jspecies 软件，并对种内、种间的 ANI 值进行系统分析，提出划分不同种的 ANI 阈值为 95%～96%，该标准一直沿用至今。不同于早期基于基因序列的 ANI 值计算方法，Jspecies 软件提供两种方法，均使用包含编码区和非编码区的所有基因组序列：一种是将一个基因组的序列切割为 1 020 bp 的小片段，然后使用局部序列比对软件 blast 分别与另一个基因组进行分析，然后计算一致性结果的平均值；另一种是使用全局序列比对软件 MUMmer 计算所有检索到的长片段同源序列的一致性结果，然后计算平均值。近些年，出现了许多新的计算 ANI 的软件，但是基本原理与 Jspecies 大同小异，主要在于计算效率、准确度和结果呈现方面有所优化。

12.5.5.2 平均氨基酸一致性（AAI）分析

平均氨基酸一致性（average amino acid identity，AAI）在亲缘关系较远的类群之间更能准确反映彼此之间的基因组水平的差异。DNA 序列由于自身的特性决定了当序列差异较大时，比对后不同序列在同一位点是否同源的可能性会降低。因此，ANI 分析软件在计算平均值时一般默认将一致性低于 70% 的结果排除掉。于是我们发现，随着种间差异变大，ANI 值逐渐降低到 70%～80% 之间，然后便保持平稳。这时如果查看 JSpecies 等软件给出的 coverage 值时，会发现 ANI 的值虽然趋于平稳，但是 coverage 值却在不断下降。这意味着当亲缘关系远到一定程度后，根据核酸序列找到菌株之间的同源序列其实在变少。但是当我们使用编码基因的氨基酸序列进行类似的分析时，便可以在远缘的菌株间找到更多的同源序列。比如，在原核生物之间，两条氨基酸序列一致性在 30% 左右时，仍然有很大可能是同源序列。基于这些事实，计算菌株之间的 AAI 值也具有重要意义。且 AAI 在限定属的界限方面得到了很好的应用。

12.5.5.3 保守蛋白百分比（POCP）分析

DNA 序列中的核苷酸取代通常引起非同义氨基酸取代，其既不改变蛋白质功能也不改变菌株表型。因此，保守蛋白百分比（POCP）值适合评估两株菌的演化距离和表型差异。POCP 的计算公式为 POCP=$[(C_1+C_2)/(T_1+T_2)]\times 100\%$，$C_1$ 和 C_2 分别为被比较的两个菌株中保守蛋白的数量，T_1 和 T_2 分别为被比较的两个菌株中蛋白的总数，理论上来讲，POCP 的变化为 0%～100%。POCP 的计算显示来自不同属的两个菌株的 POCP 值均匀地分布在很宽的区域，并且可以清楚地彼此分离（图 12-11）。另一方面，相比于 ANI 的结果，重叠的部分也少了许多，这说明 POCP 是比 ANI 更好的属水平上的分类方法。因此 POCP 是一个基于基因组分析的细菌属水平上的分类方法。界定原核生物属的 POCP 标准可概括为三条：①将 50% 的 POCP 值作为属边界提出；②如果菌株属于特定属，则该菌株与同一属的任何其他物种之间的 POCP 值应该高于该菌株与来自其他不同属的任何物种之间的 POCP 值；③从基因组的角度来看，原核属可以定义为所有成对 POCP 值高于 50% 的一组物种。

12.5.5.4 基因组树构建

众所周知，可以通过构建同源保守基因的分子演化树来进行系统发育分析。但

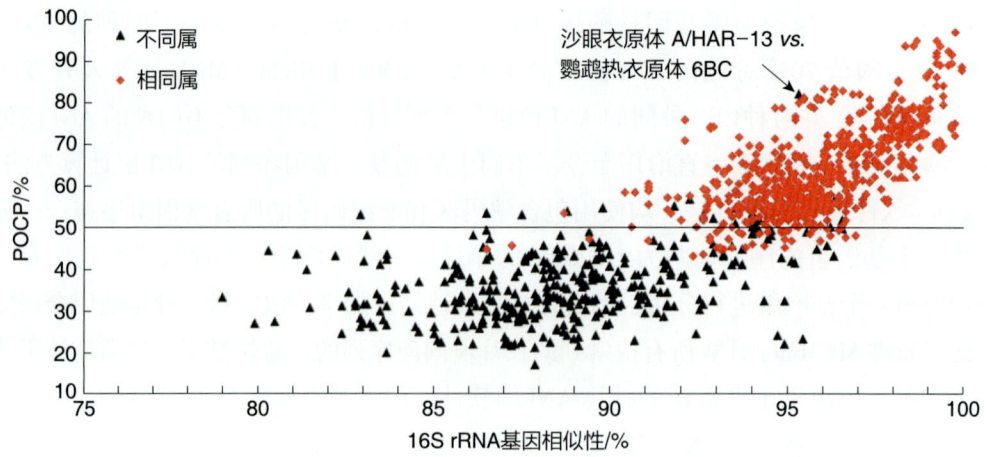

图12-11 POCP值与16S rRNA基因相似性之间的关系

是,基因分子长度和功能上的限制会导致变异位点数量上的限制,基因的演化历史也不能够完全反映物种本身的演化历史。由于高通量测序技术的巨大进步,在GenBank中收录的微生物基因组数据呈现爆炸性增加的趋势,使得从基因组中获取系统发育标记来进行系统发育分析成为可能。在构建基因组树时,首先需要获取物种的基因组序列,随后通过CheckM软件对上述所有基因组序列进行完整度和污染度的评估,选取中高质量基因组为待分析基因组。采用GTDB-Tk预测的保守基因,并根据该软件的多序列比对结果,通过IQ-Tree进行系统发育树的构建,最后用iTol在线工具进行美化。除了选用GTDB-Tk预测的保守基因外,还常选用31个保守基因及16个核糖体蛋白进行基因组的构建。

12.6 微生物的快速鉴定与分析技术

生物标志物(biomarker)是微生物中含有的一些化学物质,如不饱和脂肪酸、蛋白质、核酸、类脂、磷脂、多糖、吡啶二羧酸、分枝酸和醌类等,其含量或结构具有种属特征或与其分类位置密切相关,能够标志某一类或某种特定微生物的存在。微生物系统学发展初期,这些具有分类学意义的化学物质的种类和含量被视为微生物分类学的重要指标。随着仪器设备分析技术的提升和计算机的广泛应用,微生物菌种鉴定已由传统的形态学观察和生理生化实验鉴定进入了基于仪器自动化分析的鉴定系统阶段。近20年来,一系列商品化自动鉴定系统相继推出,如Vitek系统、MIDI系统、Biolog系统、SENSITITRE系统、AUTOSCEPTOR系统以及MICROSCAN系统等,其中脂肪酸分析的MIDI系统、碳源利用分析的Biolog系统与基于16S rRNA基因序列分析的演化发育系统已然成为目前国际上细菌多相分类鉴定常用的技术手段。而分子生物学与测序技术的迅速发展和普及,使得微生物学鉴定得以摆脱传统生化鉴定方法的局限,跨入新的历史进程。PCR、特异性核酸探针杂交、基因芯片、生物传感器、免疫学技术等广泛地应用于微生物的鉴定中。

12.6.1 生理生化鉴定系统

12.6.1.1 Biolog 系统

Biolog 微生物自动分析系统是一套微生物鉴定系统，发展到现在已能鉴定包括细菌、酵母、丝状真菌在内的近 2 000 种微生物，几乎涵盖了所有的人类、动物、植物病原菌及食品和环境微生物。Biolog 微生物自动分析系统能利用计算机进行数据分析，自动化和标准化程度高，具有数据库广、鉴定范围大、鉴定快速等优点，目前已成为国际上细菌多项分类鉴定常用的参考数据。

Biolog 系统利用微生物对不同碳源代谢率的差异，针对每一类微生物筛选 95 种不同碳源，配合四唑类显色物质（如 TTC、TV），固定于 96 孔板上（A1 孔为阴性对照），接种菌悬液后培养一定时间，通过检测微生物细胞利用不同碳源进行新陈代谢过程中产生的氧化还原酶与显色物质发生反应而导致的颜色变化（光密度）以及由于微生物生长造成的浊度差异（浊度），与标准菌株数据库进行比对，即可得出最终鉴定结果。微生物利用碳源进行呼吸时会将四唑类氧化还原染色剂从无色还原成紫色，从而在微生物鉴定板上形成该微生物特征性的反应模式或"指纹"，通过纤维光学读取设备——读数仪来读取颜色变化，并将该反应模式或"指纹图谱"与数据库相比就可在瞬间得到鉴定结果，其中酵母和霉菌还须通过读数仪读取同化的变化（也就是浊度的变化）进行鉴定。Biolog 的分析结果可以快速地确定测试菌株的代谢特征，为后期微生物菌株的功能验证提供基础。

12.6.1.2 SENSITITRE 系统

SENSITITRE 全自动 AST 系统是一套全自动的快速微生物药敏及鉴定分析系统，主要由联机孵育、电脑软件管理控制、内置条形码扫描器、自动读数装置组成。孵育系统具有 64 块板条的大容量，使得最大鉴定标本量达到 192 个。孵育架定时旋转，确保板条处于恒温状态中。孵育温度可有多种选项（10℃、30℃、35℃、37℃）。内置条形码扫描器，能自动识别不同种类的检测板条，从而针对各类板条设置不同的孵育时间。用户可以随时从仪器中取出板条，也可以随时在仪器中任何空位置放入板条。微生物筛选菌库达 1 274 种，抗生素库涵盖几乎所有最新及常用抗生素，并提供 1~4 点及 4~12 点药敏 MIC 值分析，药敏板完全符合临床实验室标准化协会（CLSI）标准。技术先进的药敏板条和鉴定板条，选板简单，只需革兰氏染色，无需更多附加实验，无需任何添加试剂，最大限度避免板条选错导致的试验失败，能够快速地帮助医生或实验人员对最佳抗生素的选择，还为流行病学的调查和院内感染的管理提供最大的帮助。

12.6.2 快速、自动化的微生物检测仪器与设备

12.6.2.1 SHERLOCK 全自动微生物鉴定系统

SHERLOCK® Microbial Identification System 为美国 MIDI 公司依据自 20 世纪 60 年

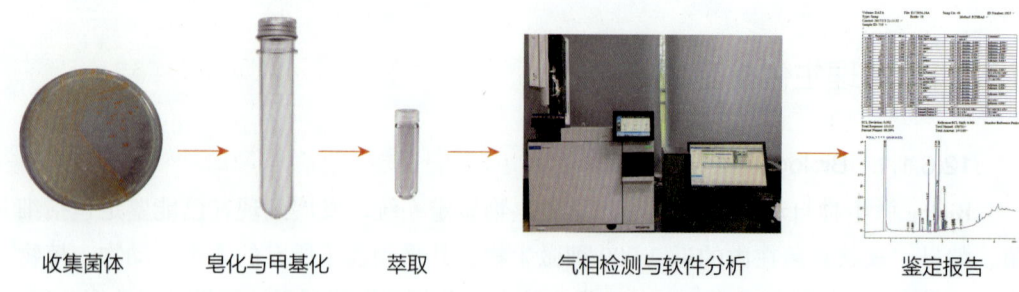

图 12-12 MIDI 系统脂肪酸鉴定流程

收集菌体　皂化与甲基化　萃取　气相检测与软件分析　鉴定报告

代以来对微生物细胞脂肪酸的研究经验，开发了一套根据微生物中特定短链脂肪酸（$C_9 \sim C_{20}$）的种类和含量进行鉴定和分析的软件，结合气相色谱，通过对气相色谱获得的短链脂肪酸的种类和含量的图谱进行比对分析（图 12-12）。该系统主要根据不同种类微生物细胞膜中磷脂脂肪酸的类型和含量具有种的特异性、指标性和遗传稳定性等特殊性能对微生物进行全自动鉴定和分析，菌体脂肪酸组成相对稳定，不受生化反应的变异及质粒丢失等因素的影响。此外，磷脂脂肪酸可以代表微生物群落中"存活"的那部分群体。脂肪酸分型一般可通过单次试验比较准确地将微生物鉴定到种。该系统配备有图谱识别软件和迄今为止微生物鉴定系统中最大的数据库资源，包括嗜氧菌 1 100 余种，厌氧菌 800 余种，酵母菌和放线菌约 300 种，共计超过 2 200 种。随着试验数据的不断积累，又推出 Sherlock PLFA 群落分析软件，成为微生物菌落结构分析方法之一。该方法主要针对作为微生物生物标志物的磷脂脂肪酸（PLFA）进行比对分析。该系统由全自动微生物系统的气相分析和 PLFA 数据库构成，通过与独家设计的 PLFA 标准品对系统进行校正，从而实现 166 种磷脂脂肪酸的准确定性和定量。目前，磷脂脂肪酸分析（PLFA）广泛用于微生物的量化和微生物群落结构。

12.6.2.2　VITEK® 2 COMPACT 全自动微生物分析系统

VITEK® 2 COMPACT 系统是由生物梅里埃公司出品的全自动微生物鉴定/药敏分析系统，是目前国内使用比较广泛的一种全自动细菌鉴定系统，其主要特点是自动化程度高、软件功能强大、细菌鉴定速度快，因而被广泛地应用于医疗行业的快速检验。VITEK 已被许多国家定为细菌最终鉴定设备，并获美国药品食品管理局（FDA）认可。该系统有高度的特异性、敏感性和可重复性，还具有操作简便、检测速度快的特点，绝大多数细菌的鉴定在 2~18 h 内可得出结果。

该系统对细菌的鉴定是以每种细菌的微量生化反应为基础，不同种类的 VITEK 试卡（检测卡）含有多种的生化反应孔，可达 64 种。将手工分离的待检菌的纯菌落制成符合一定浊度要求的菌悬液，经充填机将菌悬液注入试卡内，封口后放入读数器/恒温培养箱，根据试卡各生化反应孔中的生长变化情况，由读数器按光学扫描原理，定时测定各生化介质中指示剂的显色情况。目前 VITEK 系统的检测卡有 14 种，微生物常用的有 7 种，即：革兰氏阳性菌鉴定卡（GPI）、革兰氏阴性菌卡（GNI+）、非发酵菌卡（NFC）、酵母菌卡（YBC）、厌氧菌卡（ANI）、芽孢杆菌卡（BAC）、奈瑟氏菌嗜血杆菌卡（NHI），以及药敏检测卡等。其中：GPI 卡可鉴定凝固酶阳性和阴性的葡萄球菌（*Staphylococcus*）、肠球菌（*Enterococcus*）、链球菌

（*Streptococcus*）、棒状杆菌属（*Corynebacterium*）、李斯特菌属（*Listeria*）和丹毒丝菌（*Erysipelothrix*）等 51 种；GNI+ 卡可鉴定肠杆菌科（*Enterobacteriaceae*）、弧菌科（*Vibrionaceae*）和非发酵菌等 116 种；NFC 卡可鉴定不动杆菌（*Acinetobacter*）、气单胞菌（*Aeromonas*）、产碱杆菌（*Alcaligenes*）、假单胞菌（*Pseudomonas*）、弧菌（*Vibrio*）等 42 种；YBC 卡可鉴定假丝酵母（*Candida*）、隐球菌（*Cryptococcus*）、地霉（*Geotrichum*）、丝孢酵母（*Trichosporon*）、红酵母（*Rhodotorula*）等 34 种；ANI 卡可鉴定放线菌（*Actinomyces*）、拟杆菌（*Bacteroides*）、梭杆菌（*Fusobacterium*）、乳杆菌（*Lactobacillus*）、真杆菌（*Eubacterium*）、梭菌（*Clostridium*）、消化链球菌（*Peptostreptococcus*）等 94 种；BAC 卡可鉴定芽孢杆菌 21 种；NHI 卡可鉴定奈瑟氏菌（*Neisseria*）、嗜血杆菌（*Haemophilus*）、金氏菌（*Kingella*）、摩拉氏菌（*Moraxella*）、布兰汉氏菌（*Branhamella*）等 47 种。

12.6.2.3 MALDI-TOF MS 微生物鉴定系统

基质辅助激光解吸电离飞行时间质谱技术（matrix-assisted laser desorption/ionization time-of-flight mass spectrometry，MALDI-TOF MS）技术具有操作简单、鉴定快速、通量高、灵敏度好、准确度高的优点，已被越来越多的临床微生物实验室所采用。微生物具有自身独特的蛋白质，因而拥有独特的蛋白质指纹图谱，MALDI-TOF MS 可通过检测微生物的蛋白质指纹图谱来鉴定微生物。鉴定微生物的基础是构建丰富而完整的蛋白质指纹图谱数据库。MALDI-TOF MS 在鉴定微生物时主要依据菌株的核糖体蛋白，其工作原理和流程是将待测微生物样品与基质分别点加在样品靶板上，溶剂挥发后形成样品与基质的共结晶；检测时质谱仪利用激光作为能量来源轰击结晶体，基质从激光中吸收能量使样品解吸，基质与样品之间发生电荷转移使得样品分子电离，经过飞行时间检测器，采集数据并获得特异性蛋白质指纹图谱；通过相应的数据库软件，自动匹配待测菌株的图谱至数据库中的已知菌株图谱，根据比对分值的高低，鉴定待测微生物的属、种及株（图 12-13）。

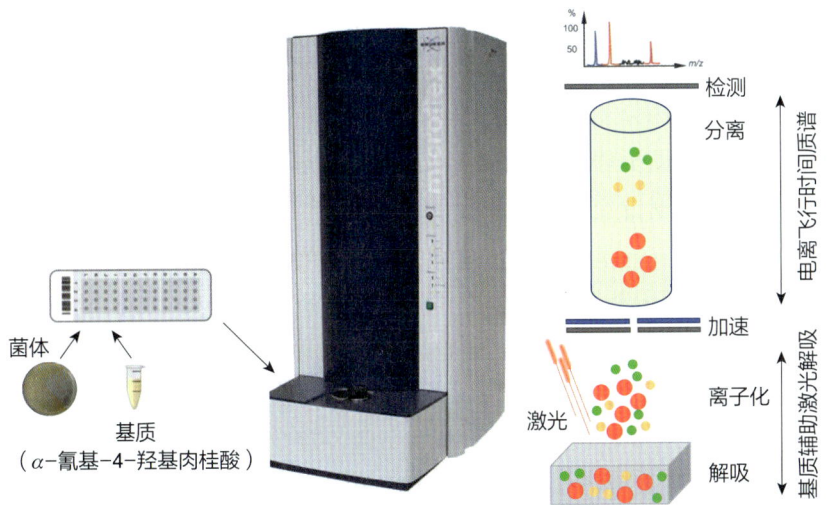

图 12-13 MALDI-TOF MS 微生物鉴定系统原理

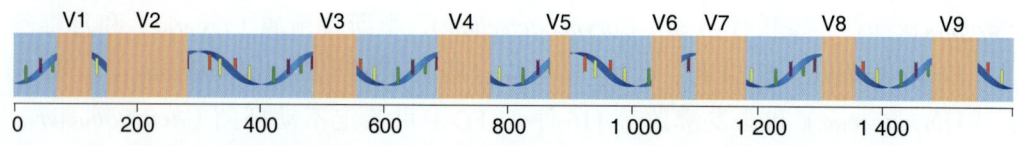

图 12-14 16S rRNA 基因结构示意图

12.6.2.4 MicroSEQ 自动微生物基因分型鉴定系统

较 20 世纪已经出现的生化鉴定法，基于分子生物学技术的微生物鉴定系统的优越性主要表现为：可鉴定的种属范围均大大扩展；可靠性和灵敏度显著提升；整体检测时间降低。MicroSEQ 自动微生物基因分型鉴定系统对 16S rRNA 基因区域（细菌）或 LSU D2 区域（真菌）的比较测序，是快速、准确、可靠的微生物鉴定方法。针对细菌而言，16S rRNA 普遍存在，系统可以选择对 16S rRNA 基因的前 500 bp 或完整的 1 500 bp 长度测序。前 500 bp 涵盖 16S rRNA 基因 9 个高变区中的 3 个。在某些情况下，类群演化关系较为邻近的类群，则需要信息量更大的全长基因（图 12-14）。

在 16S rRNA 基因测序完成后，MicroSEQ 系统自动将测序结果与 MicroSEQ 微生物数据库中经过验证的序列进行比较。该结果根据参考序列与样本间的遗传距离排列并以遗传系统发生树的方式显示。这一系统包含广泛验证的细菌和真菌数据库。细菌序列数据库包含有超过 2 300 个条目，其中涵盖了葡萄球菌（*Staphylococcus*）、芽孢杆菌（*Bacillus*）、棒状杆菌（*Corynebacterium*）、分枝杆菌（*Mycobacterium*）以及非发酵型革兰氏阴性菌等。真菌数据库涵盖了超过 1 100 个条目。MicroSEQ 数据库只包含正确识别的微生物和来自典型培养物收集菌株的可靠序列。这些数据库还支持序列多态性。

12.6.3 生物信息学在微生物系统学中的应用

生物信息学是结合生物学、计算机科学、统计学和数学来分析和解释生物数据的跨学科新兴领域。它涉及计算方法、算法和工具的开发和应用，用于组织、存储、检索和分析大量生物信息，特别是与 DNA、RNA 和蛋白质序列相关的信息。生物信息学在基因组学、蛋白质组学、转录组学等领域具有广泛的应用，可以帮助科学家深入了解生物分子的结构、功能和演化，以及生物系统内复杂的相互作用和网络，进而更为全面阐释生物体内的分子机制以及它们之间的相互作用。通过整合和分析大量生物数据，生物信息学有助于理解各种生物现象，例如基因表达、蛋白质 – 蛋白质相互作用以及与疾病相关的遗传变异。生物信息学与微生物系统学的结合，可以在以下方面发挥作用。

① 微生物基因组分析。生物信息学工具可以帮助研究人员分析微生物基因组的序列，揭示微生物的基因组结构、功能基因以及可能的生态适应性。

② 微生物组学。生物信息学可以应用于微生物组学研究，通过分析微生物群落的组成和功能，揭示微生物在生态系统中的角色，以及与宿主的相互关系。

③ 功能注释和代谢途径分析。生物信息学方法可以帮助识别微生物基因的功能，

预测蛋白质的功能，并推断微生物可能参与的代谢途径。

④ 微生物与宿主相互作用。生物信息学可以用于研究微生物与宿主之间的相互作用，包括共生关系、致病机制等。

⑤ 抗生素和药物研发。生物信息学可以用于挖掘微生物中潜在的抗生素产生基因簇，从而有助于新药物的发现。

⑥ 环境微生物学。生物信息学在研究微生物在不同环境中的分布、适应性和生态功能等方面也有应用。

⑦ 演化研究。生物信息学可以通过基因序列比较和系统发育分析揭示微生物的演化关系，从而更好地了解微生物的起源和演化。

总之，生物信息学与微生物系统学的结合为深入了解微生物世界以及微生物与生态系统之间的相互作用提供了强大的工具和方法。

※ 本章小结

在原核生物的分类体系中，最常使用的分类单元自上而下可依次分成8级，分别是域（Domain）、界（Kingdom）、门（Phylum）、纲（Class）、目（Order）、科（Family）、属（Genus）、种（Species），其中，种（Species）是一个基本分类单元，它是一群表型特征高度相似、亲缘关系极其接近、与同属内的其他物种有着明显差异的菌株的总称。每个种都有自己公认的学名，微生物的学名采用双名法，由属名和种名两部分组成。自人类发现并逐步研究微生物以来，生物的分类界级先后经历了二界、三界、四界、五界甚至六界的不同阶段，直至20世纪70年代末，学术界已倾向于更科学的三域学说理论。然而，近年来随着阿斯加德古菌的分离培养获得新突破，二域假说获得更多有力的科学支持，并形成了新的地球生命之树，但古菌与真核生物之间的确切关系仍有待进一步研究。

微生物系统分类学是一门与相关研究技术和方法学共同发展的学科，现今微生物系统分类学逐渐发展成了以形态特征、生态特征、血清学特征、细胞化学特征及分子生物学特征为依据的多相分类为手段，研究微生物个体之间关系的学科。在微生物分类鉴定的实际工作中，主要使用的还是一些经典方法，但随着仪器设备分析技术的提升和计算机的广泛应用，为了提高工作效率，经典的分类鉴定方法被简便化、快速化和微量化，至此微生物分类鉴定进入了基于仪器自动化分析的鉴定系统阶段。一系列商品化自动鉴定系统相继推出，其中脂肪酸分析的MIDI Sherlock系统、碳源利用分析的Biolog系统与基于16S rRNA基因序列分析的演化发育系统已然成为目前国际上原核生物多相分类鉴定常用的技术手段。

※ 推荐阅读

1. HEDLUND B P, MARIA C, HUGENHOLTZ P K, et al. SeqCode: a nomenclatural code for prokaryotes described from sequence data [J]. Nature microbiology, 2022,

7(10): 1702-1708.

目前，仍然存在多数的原核生物不能通过纯培养获得，无法通过国际原核生物命名法规（ICNP）的规则和建议命名，严重阻碍了微生物学科的交流。为此，美国内华达大学研究人员在 Nature Microbiology 发表最新研究，他们开发了 SeqCode，通过 SeqCode Registry，可根据原核生物基因组序列进行命名。SeqCode 可对纯培养菌株的基因组、宏基因组组装基因组或单扩增基因组序列对原核生物命名，在名称组成和优先规则方面与 ICNP 相似。虽然 SeqCode 可满足更广泛的研究团体的利益，但作者也强调该命名法目的不是要阻碍培养，并且没有提供关于分类群划分的规则或建议。未来，仍需要进一步优化该命名法，以期改善整个微生物学科的交流。

2. LIU Y, MAKAROVA K S, HUANG W C, et al. Expanded diversity of Asgard archaea and their relationships with eukaryotes [J]. Nature, 2021, 593(7860): 553-557.

研究团队对阿斯加德古菌的 162 个完整或几乎完整的基因组进行了比较分析，其中包括 75 个之前未报道的由宏基因组组装的基因组，大大扩展了阿斯加德古菌的系统发育多样性。基于这些分析，研究团队将阿斯加德古菌从原有的 6 个门增加到 12 个门，并将其中一个门命名为悟空古菌（Wukongarchaeota）。该项研究从发现 6 个阿斯加德古菌新门并建立首个阿斯加德古菌功能基因库（AsCOG），深入分析了阿斯加德古菌的基因组和代谢潜能，重构了由原核生物（细菌、古菌）和真核生物组成的生命之树，从系统发育演化关系、真核特征蛋白功能演化及生理代谢的互作等方面详细阐释了阿斯加德古菌与真核生物的关系，为认识真核生物起源这一未解的生命科学之谜提供了新见解。

3. HUG L A, BAKER B J, ANANTHARAMAN K, et al. A new view of the tree of life [J]. Nature microbiology, 2016, 1(5): 16048.

随着宏基因组学的发展，越来越多鲜为人知的生物的新基因组数据被发现和公布，这使得我们对生命多样性的理解发生了巨大变化。在本研究中，加州大学伯克利分校的吉利安·班菲尔德（Jillian F. Banfield）研究团队从浅含水层、沙漠结皮、土壤和海豚口腔中获得了 1 011 个基因组序列，结合公共数据库中已有的基因组序列，基于 16 个核糖体蛋白重构了演化树。结果显示，这棵演化树包含了 92 个细菌门，26 个古菌门及部分真核生物，扩展了之前的"生命之树"；与古菌与真核生物相比，细菌的多样性更丰富，并强调了未培养微生物的重要性；该演化树最明显的特征，是由一个被描述为"候选门级辐射类群"（candidate phyla radiation）的类群形成的重要分支，这是一个刚被人类所知、只由营共生生活的细菌构成的类群，它们贡献了细菌一半的多样性。虽然古细菌和真核生物之间的关系还不明朗，这一研究仍然带来了看待生命史的新视野。这一发现不仅惠及微生物生态学家，对于寻找新基因的生物化学家，以及演化和地球历史的研究者来说都极为有用。

※ 开放性讨论题

1. ICNP 和 SeqCode 的命名规则如何做到相互兼容？

2. 如何提高原核生物分类鉴定的效率？

※ 复习思考题

1. 微生物系统学与微生物分类学之间的区别及联系是什么？
2. 什么是微生物的种？阐述微生物的种、株及克隆之间的区别。
3. 微生物的命名方法有哪些？
4. 16S rRNA 基因被普遍公认为是微生物演化谱系分析的"分子钟"的原因是什么？
5. 何谓三域学说，目前存在哪些挑战？
6. 简述《伯杰氏系统细菌学手册》的发展史。
7. 微生物分类鉴定的依据是什么？
8. 如何看待微生物的快速鉴定与分析技术？

（李文均　徐俊　刘兰　房保柱　杨子文）

13

微生物的生态

导语

地球上出现最早的生物属于微生物。伴随着地质化学和气候的不断变化，微生物与生物圈中的生物与非生物因子广泛互作，经历了几十亿年的遗传演化，已形成丰富多样的时空分布和多度特征，维持着生物圈能量流动和物质循环。原核微生物之间及其与环境因子的动态互作驱动了真核生物线粒体和叶绿体的形成与演化。微生物通过与动植物的互利、偏利、致病性互作等，在塑造动植物的生物地理分布与多度动态变化中也发挥了重要作用。描述和解释微生物生态学现象不仅是理解生物圈运行与演化的必要科研活动，也有助于人类对特定微生物生态学过程动态变化的预测与控制，保障人类社会与其他生物在生物圈的和谐共存与可持续发展。

关键词

生态位，适应，自然选择，竞争，扩散，生物被膜，生物地球化学循环，生物修复，微生物群系（微生物组）

13.1 微生物生态学基础

生态学（ecology）一词由 Haeckel 于 1866 年首次使用，源于希腊语 *oikos*，意为家（home），所以生态学的朴素含义可以理解为生物的家庭生活。1972 年 Krebs 将生态学定义为决定生物分布和多度的相互作用的科学研究。在目前国际上广泛使用的生态学教科书 *Ecology: from individuals to ecosystems* 中，生态学被定义为：研究生物的分布（distribution）和多度（abundance）以及决定其分布和多度的相互作用的科学。

早在 19 世纪末，Beijerinck 和 Winogradsky 等微生物学家就开始意识到微生物在自然环境中的重要作用。1896 年，Winogradsky 在一个题为 "On the role of microbes in general circulation of life" 的讲座中特别强调了微生物在地球元素循环中的重要作用并讨论了不同微生物在该过程中的可能分工。进入 20 世纪，特别是第二次世界大战之后，微生物分离与鉴定方法得到不断改进，各种染色方法和荧光抗体技术也被引入微生物的原位观测研究中。研究方法和技术的进步使得科学家对土壤、水体、食品保藏与发酵、医学领域相关生态系统中微生物重要作用的理解不断深入，微生物生态学（microbial ecology）逐步形成一门独立学科并得到快速发展。其中具有标志性意义的是 1966 年 Brock 发表的 *Principle of Microbial Ecology*，1971 年成立的国际微生物生态学委员会，1972 年在英国桑德兰大学举办的首次国际微生物生态学研讨会，1973 年 Rosswall 发表的 *Modern Methods in the Study of Microbial Ecology*，1974 年创刊的 *Microbial Ecology*，1998 年成立的国际微生物生态学学会，于 2007 年和 2013 年先后创刊的国际微生物生态学学会会刊 *ISME J* 和微生物群系杂志 *Microbiome*（2023 年之前，microbiome 一词被翻译为"微生物组"）。

13.1.1 微生物生态学范畴

微生物生态学的研究范畴一般涉及个体（individuals）、种群（population）、群落（community）和生态系统（ecosystem）4 个层级（图 13-1）。我们可以在个体水平研究微生物如何被环境所影响以及它们如何影响环境——这也是生态学与生物学研究交叉最紧密的层级，个体水平呈现的生态学现象最终需要深入到生理学、分子生物学和遗传学规律的解析——例如微生物对高温或高盐等环境因子的适应机制。微生物种群是由栖息在同一区域中同种微生物个体组成的复合体；在该层级，主要研究微生物种群大小在时间和空间上的变动规律和决定机制——种群密度、出生率、死亡率、迁入和迁出等。群落是特定时间内聚集在同一区域的各种种群的集合，包括动物、植物和微生物的各个物种的种群；在该层级，主要研究微生物群落与动植物及非生物环境因子的相互关系。生态系统是在一定空间中共同生活的所有生物与其

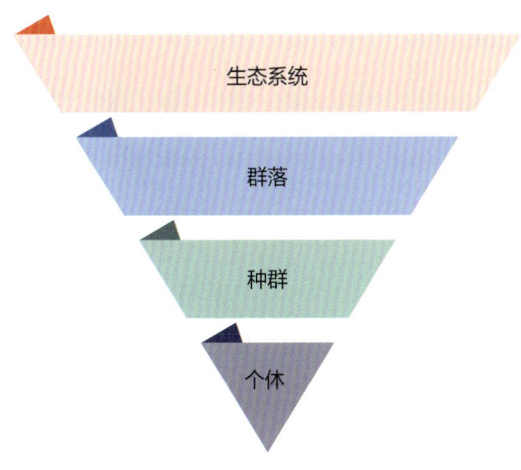

图 13-1 微生物生态学的范畴

环境之间由于不断进行的物质循环和能量流动过程而形成的统一整体；在该层级主要研究非生命元素与生命元素间的物质与能量流动通路，重点解析微生物在这些通路中的作用机制。生态系统的范围和大小并没有严格限制，小至土壤颗粒，大至江河、湖泊、海洋、冰川、森林、草原、农田、城市等。当我们对不同群落进行比较研究时，会涉及更高层级的一个名词——生物群系（biome），即一个区域内所有群落的总和。微生物群系（microbiome，早期文献也使用 microbiota 一词）即包括一个区域内所有微生物群落的总和。与微生物群系同层级的有植物区系（flora）和动物区系（fauna）。

13.1.2　微生物生态的演化学基础

微生物生态学的核心问题是微生物与环境之间的相互关系，这从根本上看是一种演化关系。一种嗜盐微生物能够在高盐条件下生存，是由于其遗传物质有别于非嗜盐微生物，即嗜盐微生物对高盐条件的适应（adaptation）。微生物并不是为了适应现在的特定环境所设计的，而是经历过去的类似生境后被塑造的结果——自然选择的结果。达尔文等人提出的自然选择演化理论也是一个生态学理论：①构成某一物种种群的所有个体并不是完全相同的；②这些差异中，至少有一部分是可遗传的；③所有的种群均有占据整个地球的潜力，但事实上没有任何种群能做到这一点；④不同祖先会留下不同数量的后代；⑤某一个体后代的存活数量虽不是完全却主要取决于个体特征与其生存环境之间的相互作用。种群中适合度（fitness）最高的个体是那些留下更多后代的个体——通常不适用于单一个体，而是指具有某种特征的个体。例如一种病原微生物能够引起特定作物病害的发生，往往是由于该种微生物具有相应的关键致病基因，而该致病基因的多态性（polymorphism）与作物相应抗病基因的多态性会决定该病原微生物的不同菌株与作物品种之间的互作效率，使得不同基因型的病原微生物菌株在分布和多度特征上产生分化。故而，生态学现象的最终解释需要解析背后的演化规律。这也是为什么在微生物生态学研究中用生态型（ecotype）、生物型（biovar）、遗传多态性等名词来表述与局域环境或不同宿主匹配的同一微生物物种不同种群间的遗传差异。

13.1.3　生态位理论

生态位理论是研究生物与环境相互关系的核心理论之一。生态位（niche）经常被错误地与生境（habitat）混淆。生境是指生物生活的物理场所。生态位不是生物生活的地方，而是生物对生境条件（conditions）的耐受性以及对生境资源（resources）的需求的总和。资源是生物进行生命活动需要的物质，包括水和各种营养元素等，其数量会由于生命活动而减少。根据对微生物生长的影响，资源可以分为以下 4 种类型：①必需资源，不能被其他资源替代；②可被其他资源完全替代的资源；③互补资源，多种资源同时摄取时的需求量少于分别吸收一种资源；④拮抗资源，多种资源同时摄取时的需求量多于分别吸收一种资源。条件是指影响生物功能的非生物环境因子，包括温度、相对湿度、pH、盐度及污染物的浓度等；条件可以被改变，但不能被生物消耗或用竭。生态位具有多维性，包括影响生物分布和多度的不同条件与资源变量。在研究过程中通常需要采用排序分析（ordination analysis）等将多维信息压缩到一个可展示的低维度图中，这使得我们可以呈现多种条件与资源变量共同确定的 n 维生态位空间，以及不同物种在该空间中的分布和多度信息（图 13-2）。从各条件和资源变量（维度$_1$～维度$_n$）的箭头方向与长度等统计信息，可以评价特定物种的分布与多度和这些变量的关系。

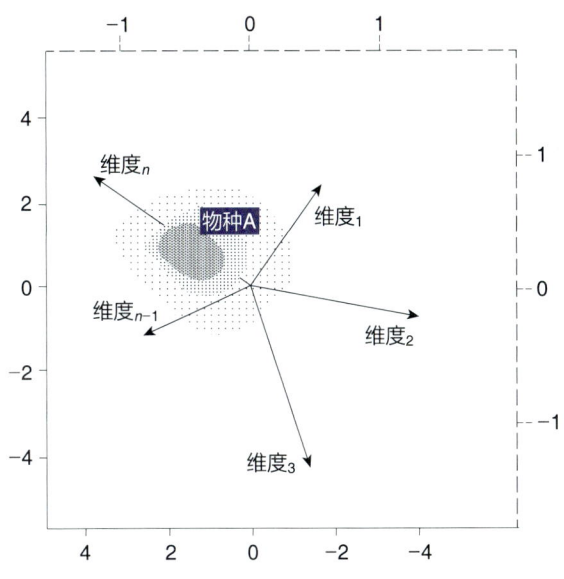

图 13-2　物种 A 在 n 维生态位空间的分布与多度示意图

13.1.4　互作

生态位的多维性从根本上决定了生态位的多样性属性。理论上，为物种生存、生长和繁殖提供适宜条件和资源的最大生态位空间称为基础生态位（fundamental niche）。在竞争者、捕食者和寄生生物存在的情况下，能够允许物种延续的更为有限的条件和资源所确定的生态位空间称为实际生态位（realized niche）。物种内不同个体或不同物种之间都可能产生复杂的相互作用，影响实际生态位。从资源利用的角度看，不同个体间直接发生相互作用，一个个体阻止另一个体对部分生境资源的利用，称为干扰性竞争（interference competition），例如不同土壤微生物在植物根表空间的竞争性定殖。另一方面，利用性竞争（exploitation competition）则描述了不直接互作的竞争模式——在相关资源的有限供应下，每个个体受资源的影响程度都取决于其他个体利用后剩余的资源量。在微生物纯培养过程中，常见的 S 型细胞数量动态变化曲线就和种群密度依赖的竞争密切相关。针对特定微生物物种的捕食者或噬菌体都能直接影响该物种的种群大小，从而引起该物种分布和多度特征的时空变化。除了这些负面相互作用，生态系统中也存在互利（mutualism）和偏利（commensalism）的正面促进作用（facilitation）。互利通常指两个物种都从相互作用中获利，例如有些不可纯培养的单细胞固氮蓝细菌（被称为 UCYN-A）可以和某些真核单细胞微藻进行表面接触，UCYN-A 可以为微藻提供氮素营养而后者为其提供光合作用产物。偏利则指一个物种从互作中获利，另一个物种不受影响，例如与动植物互作的微生物群系中有很多微生物仅从宿主分泌物获益但并不对宿主的生存、生长和繁殖产生显著的影响。微生物与生物环境相互作用的更多类型见 13.2.6.1。

13.1.5 生境的斑块化与扩散

地球上的条件和资源分布是斑块化的（patchiness），这决定了不同生境的异质性属性。具有鞭毛的微生物，如很多细菌物种可以在液体环境中从营养物质匮乏或耗竭的斑块游动（swimming）到另一个斑块，也可以在固体表面通过鞭毛依赖的集群运动（swarming）在不同斑块间定向运动（图13-3）。此外，还存在不依赖鞭毛的固体表面运动方式（surface motility）：依赖菌毛扩张和收缩的单细胞定向蹭行运动（twitching）、依赖黏附作用（adhesion）的定向运动（gliding）、依赖生长和表面活性剂的不定向扩散运动（sliding）。不同微生物的运动能力存在显著差异，运动能力强的物种X可以在一个区域内的不同斑块间频繁运动，而运动能力弱的物种Y很少在不同斑块间运动——那么，同一个区域对于物种X和Y分别是细纹理（fine-grained）和粗纹理（coarse-grained）生境。

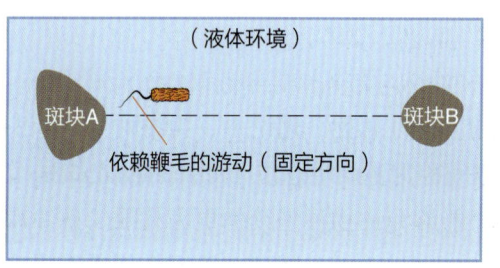
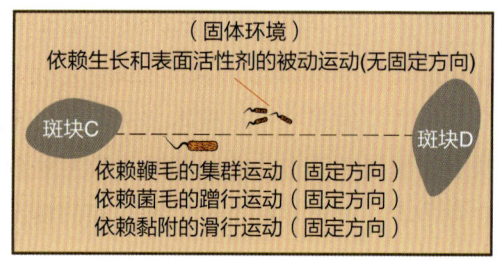

图13-3 微生物在不同生境斑块间的典型运动方式

13.1.6 空间分布与多样性

在自然和人工生态系统中，生物在斑块间的主动或被动运动往往会影响它们在大环境（macroenvironment）和微环境（microenvironment）的空间分布特征——呈现出随机（random）、规律（regular）和聚集（aggregated）三种模式或它们的中间过渡模式。大环境指区域或地球环境，而微环境或微生境（microhabitat）是指对生物生存、生长和繁殖有直接影响的邻接环境。大环境中每个生境斑块的物种丰富度（species richness）、物种多度（species abundance）和物种均匀度（species evenness）被称为α多样性；不同生境斑块群落之间物种组成的差异为β多样性；α和β多样性的总和为整个区域的γ多样性；不同斑块间共享的物种数目被称为ζ多样性（图13-4）。物种丰富度指一定空间范围内物种的数量；物种多度指每个物种个体数目或种群密度；物种均匀度指全部物种个体数目分配的均匀程度。在绝大多数自然和人工生态系统的微生境中，微生物很少以单细胞形式存在，不同物

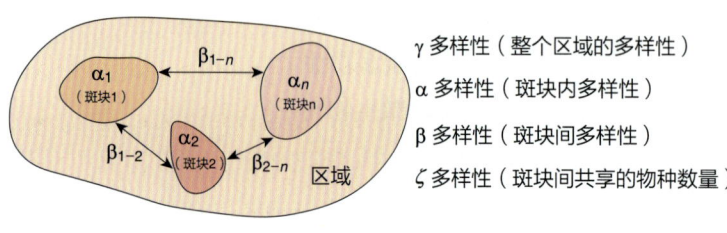

图13-4 不同空间尺度的微生物多样性

种或同一物种的细胞聚集在一起形成微生物聚集体（microbial aggregates），它们相互作用并与聚集体之外的生物和非生物因子互作，与整个生物圈共同演化。

生物被膜（biofilm）是一种典型的微生物聚集体，是微生物在固体表面附着、增殖形成的微生物和多种胞外有机物组成的复合层。生物被膜的形成参见 8.1.1.6 生物被膜。微生物的生物被膜在生物圈广泛分布，如岩石、管壁、船底等惰性的无机表面，腐败食物等有机物表面，以及植物根表、叶面、牙齿和置入性医疗器械的表面等潮湿或浸没在水中的固体表面。我们可以把生物被膜看作微生物在这些微生境的"家"，它能减少抗生素、干旱、营养物质波动等生态位变量的不利变化对微生物生存、生长和繁殖的影响程度。生物被膜不是完全封闭的系统，具有一定的持水能力并可以吸附流经固体表面的有机物、离子和抗

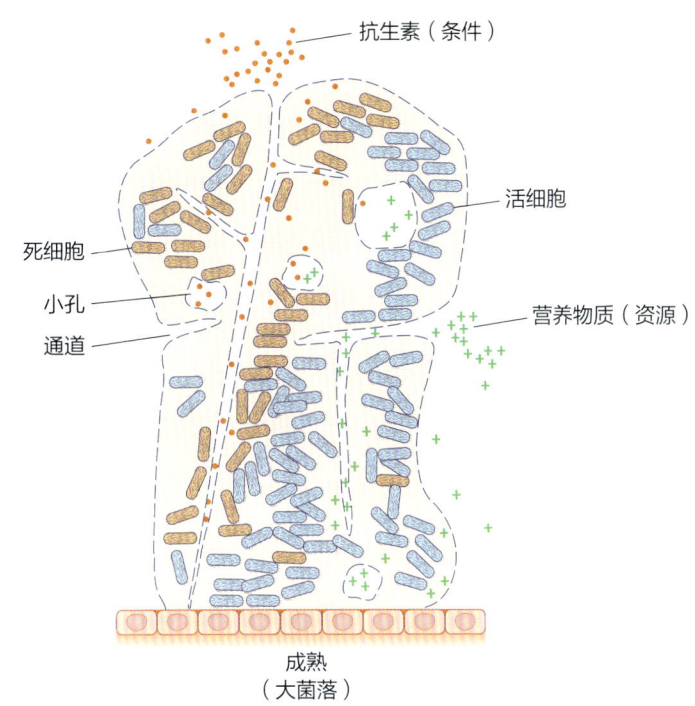

图 13-5　生物被膜中的生态位分化

生素等；生物被膜小孔和通道的分布会进一步影响这些资源与条件变量在生物被膜内部的时空变化（图 13-5）。例如，部分细胞可能面临较高浓度的抗生素而死亡，其他一些细胞则免受抗生素的干扰而存活下来；也有证据表明生物被膜可以为一些固氮微生物创造低氧分压条件，避免氧气对固氮酶活性的破坏。生物被膜内部条件与资源的异质性为不同微生物物种或同一种群不同个体之间产生分工创造了机会，也为基因水平转移提供了场所。在营养缺乏时，生物被膜的各种多聚物又可以为细胞提供 C、N、P 等营养元素，为微生物的生存、生长和繁殖提供支持。

13.2　不同生境中的微生物

微生物广泛分布于陆地环境、海洋环境、淡水环境、大气环境、极端环境及生物体内外，其种群多样性、群落多样性和生态多样性丰富。

13.2.1　陆地环境中的微生物

地球陆地环境范围从干到湿、冷到热、酸到碱、无氧到有氧、营养贫瘠到营养丰富，变化很大。这些环境特征决定了栖息于陆地环境中的微生物的物种和代谢活性多样性。陆地环境中微生物的主要栖息地为土壤和深部地层，尤其是表层土壤。

土壤（soil）是指覆盖在地球陆地表面的、具有生命力和生产力的、疏松而不均

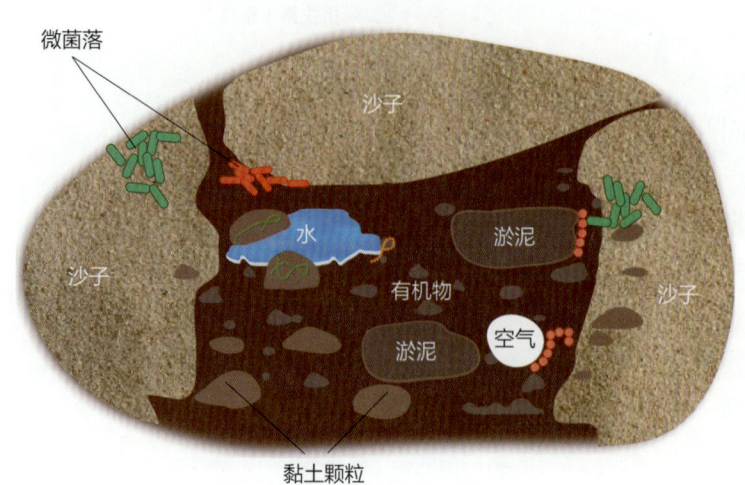

图 13-6　土壤微生物栖息地

匀的聚集层，其理化性质与其深部地层完全不同。土壤的生物多样性极为丰富，物质循环和能量交换活跃，不仅为植物和微生物的生长繁殖提供了必要的营养、水分和其他条件，也是环境污染物吸附和降解的重要场所。土壤微生物在生物地球化学循环和环境污染物降解转化中发挥关键作用。

13.2.1.1　土壤的结构和性质

土壤由固体、液体和气体三相物质组成，像"皮肤"一样覆盖在地球表面。土壤固相物质包括无机矿物质和土壤有机物。在土壤固相物质之间存在大量大小和形状不同的空隙，空隙中充满了土壤溶液和空气（图13-6）。这三相物质之间相互作用而达成平衡态，形成相对稳定的环境。

无机矿物质是土壤固相物质的主体，约占土壤总体积的45%，是岩石风化后的产物。依据风化颗粒的大小可将其分为三类：沙子、粉沙和黏土。三者在土壤中的比例和分布决定了土质。含有沙子较多的土壤中空隙空间大而数目少，土质粗糙；而黏土含量较多的土壤孔隙空间小而数目多，土质细腻。

土壤有机物占土壤总体积的5%左右，不仅包括死亡生物的残体及其降解转化产物，也包括微生物和植物根系等活的生物体。腐殖质（humus）是死亡生物质经由土壤微生物的一系列生物化学作用后，形成的含苯环、蛋白质和多糖的黄色至棕黑色高分子聚合物，占土壤有机物含量的60%～80%。腐殖质是土壤中最复杂、最稳定的有机化合物，每年降解率在2%～5%，为土壤微生物提供了长期稳定的营养源。腐殖质结构复杂，不同土壤中腐殖质的物理化学性质差异很大，但总体上是同时包含疏水性和亲水性基团的三维海绵结构，具有良好的透水性和蓄水性，可以吸附土壤中无机矿物质、营养元素和微生物，提高土壤肥力。

土壤溶液是一种由无机和有机溶质组成的不断变化的基质，其溶质组成反映了土壤的化学性质，如土壤的酸碱性等。土壤化学性质影响营养物质的形态和生物可利用性。对于大多数土壤微生物，土壤溶液pH为6.0～6.5时较适宜。微生物对土壤中水的利用取决于水与土壤颗粒表面吸附力的强度，通常富含水而又不完全被水饱和的土壤环境更适合好氧微生物生长。

土壤空气的组成与大气基本相同，但通气不佳时，微生物活动会影响土壤颗粒内部微环境的氧含量。如在黏土含量过多的土壤中，O_2被好氧微生物所消耗，CO_2含量上升，改变了微环境中的氧化还原电位，进而影响好氧和厌氧微生物电子受体的可利用性。

13.2.1.2　土壤微生物的多样性

由于土壤具备了各种微生物生长繁殖所需要的营养物质、水分、空气、酸碱度、渗透压和温度等条件，所以成为微生物生活的良好环境。可以说，土壤是微生物生长的"天然培养基"，也是它们的"大本营"，拥有丰富的菌种资源。

土壤微生物的主要类群包括细菌、古菌、真菌、藻类、原生动物和病毒。微生物的数量取决于环境因素，尤其是土壤湿度和温度。一般来说，在每克农田土壤中，各种微生物含量之比大体有一个10倍系列的递减规律：

病毒（$\sim 10^9$）>细菌（$\sim 10^8$）>霉菌（$\sim 10^6$，孢子）>酵母菌（$\sim 10^5$）>藻类（$\sim 10^4$）>原生动物（$\sim 10^3$）

由此可见，土壤中所含的微生物数量很多。通过这些微生物旺盛的代谢活动，可明显改善土壤的物理结构并提高它的肥力。细菌是除病毒以外土壤中最丰富的类群，占土壤细胞型微生物总量的70%~80%。表层土壤中微生物的数量最多，随深度的增加微生物的数量迅速减少，且微生物的丰度和多样性与环境条件密切相关。

大部分细菌位于土壤颗粒表面，或分布在土壤孔隙内表面。在浅层土壤中，好氧菌的数量比厌氧菌高几个数量级，厌氧菌数量随着土壤深度的增加而增加。土壤细菌的代谢多样性极为丰富，一些在生物圈物质循环和能量代谢中发挥重要作用的细菌都出现在土壤中，如氨氧化细菌、硝化细菌、反硝化细菌、厌氧氨氧化细菌、硫氧化菌、硫酸盐还原菌、固氮菌、光合细菌、甲基营养菌等。放线菌属于高G+C含量的革兰氏阳性菌，一般为杆状或丝状，也是土壤微生物的重要组分。放线菌可产生孢子，耐干旱，适合在碱性或中性条件下生长，可以分解土壤中的纤维素、木质素、几丁质等复杂有机物，也是抗生素的主要来源。土壤中还含有氨氧化古菌、产甲烷菌等古菌类群。

尽管土壤真菌在数量上少于细菌，但生物量要多于细菌。每克土壤中真菌菌丝体长度可达数百米。除酵母外，土壤真菌多为好氧菌，具有较高的耐酸性，大多在土壤表层生存，数量随着土壤深度增加迅速减少，在30 cm以下很少有真菌生存。酵母菌可在厌氧条件下发酵，数量少于好氧的丝状真菌。真菌是土壤中营养物质循环的重要驱动力，对有机物的分解比细菌更加彻底，是纤维素、半纤维素和木质素等植物大分子降解和腐殖质产生过程的关键角色。一些丝状真菌与植物形成菌根共生体，作为植物根系的延伸，在植物营养物质获取中发挥关键作用。

藻类是典型的光能自养型微生物，在土壤表层阳光可以穿透的区域营光合作用。通常在土壤表层10 cm区域内藻类数量最多，有时在地下1 m左右的黑暗区域内也能发现藻类，主要是兼性异养型的藻类，如绿藻门和硅藻门的某些种类，在光照不足或完全黑暗的环境中能利用有机物作为唯一碳源和能源生长。土壤中的原生动物主要包括鞭毛虫、根足虫和纤毛虫等单细胞、能运动的种类。大多数原生动物是捕食性的，以细菌、真菌和藻类为食。少数原生动物体内含有叶绿素，能营光合作用，如鞭毛虫的某些种类。土壤中还含有大量的病毒，可侵染细菌、古菌、真菌、藻类和原生动物，其数量大约是细菌数量的10倍。

还应该重视的是，随着人类活动的加剧，包括人和动物的迁移，以及人类贸易和排污等，使土壤产生污染、退化、"过劳"，对生态系统和人类生存构成严重威胁，亟待人类采取有效措施保护土壤资源，确保可持续发展。

13.2.1.3 深部地层及其微生物

尽管陆地环境中微生物的栖息地主要为表层土壤，但深层土壤和深部地层也存在着微生物。深部地层的研究通常需要钻探设施来实现。比如在江苏连云港市郊有一个钻探直径为 20 cm、深 5 158 m 的"亚洲第一井"。在其 500 m 以下的泥浆和岩石中，通过分子生物学技术和微生物培养后，均发现含有大量的微生物，每克泥浆中的微生物数量为 $10^8 \sim 10^9$ 个。类似的情况在世界各地都有发现，如在 400 m 深的岩石中，可分离出以 H_2 为能源，以 CO_2 为碳源的化能自养菌——产乙酸细菌，每克岩石含 $10^6 \sim 10^7$ 个。这类深部地层的微生物，都是人类未来潜在可利用的微生物种质资源。

13.2.2 海洋环境中的微生物

海洋是地球上最大的生态系统，大约覆盖地球表面积的 71%。海洋是一个非常复杂的系统，由海水、海雪颗粒、海底沉积物、海洋生物等组成。海水约占地球总水量的 97%，含盐量约 3%，海洋的平均水深是 3 800 m。

13.2.2.1 海洋生境及主要生态区

海洋生境包括大洋、边缘海、海湾和河口等。地球上有四大洋，面积最大的太平洋占地球表面积的 35.3% 左右，大于陆地面积占比（约 29%）。大西洋是第二大洋，位于非洲、欧洲、南极洲及美洲之间。印度洋位于非洲、南极洲、亚洲和澳大利亚之间。北冰洋，位于北极圈以北，是最小的大洋。陆地与大洋连接海域称为边缘海，多以海域所处的地理位置而命名，如中国南海、地中海、加勒比海、波罗的海、白令海等。海湾是指海岸线明显的凹进部分，有被陆地环抱的水域。世界的大小海湾甚多，比较著名的有北大西洋的墨西哥湾、印度洋的孟加拉湾、中国南海的北部湾等。河口是指河流注入海洋的地方，其中的海水被陆域来水所冲淡。

根据水深、海底坡度等不同，海洋可分成 4 种地形区域：大陆架、大陆坡、洋盆和海沟（图 13-7）。从海岸起，海底向海洋缓倾，到一定深度后海底坡度显著增大，这个坡度较大的区域称为大陆坡，从海岸到大陆坡之间的区域称为大陆架。大陆架水深一般在 200 m 以内，而大陆坡水深一般为 200~2 500 m。洋盆是海洋的主要部分，深度为 2 500~6 000 m。在洋盆中，深度超过 6 000 m 的区域称为海沟，其中最深的是马里亚纳海沟，最深处的"挑战者深渊"约为 11 000 m。根据海水深度，海洋水体可以分为海洋浅层（epipelagic zone；0~200 m，又称真光层）、海洋中层（mesopelagic zone；200~1 000 m）、海洋半深层（bathypelagic zone；1 000~4 000 m）、海洋深层（abyssopelagic zone；4 000~6 000 m）和深渊层（hadal zone；>6 000 m）(图 13-7)。

海洋中还存在一些非常特殊的生态环境，如热液喷口和冷泉。热液喷口广泛分布于海底扩张中心，喷口处的流体温度高达 350℃以上。伴随着热液喷口出现的"黑烟囱"（black smoker），是由高温、低密度、富含金属硫化物的热液流上升遇冷后形成的沉淀产生的。冷泉是指富含甲烷、硫化氢等气体的流体从海底沉积物表面渗漏或者喷

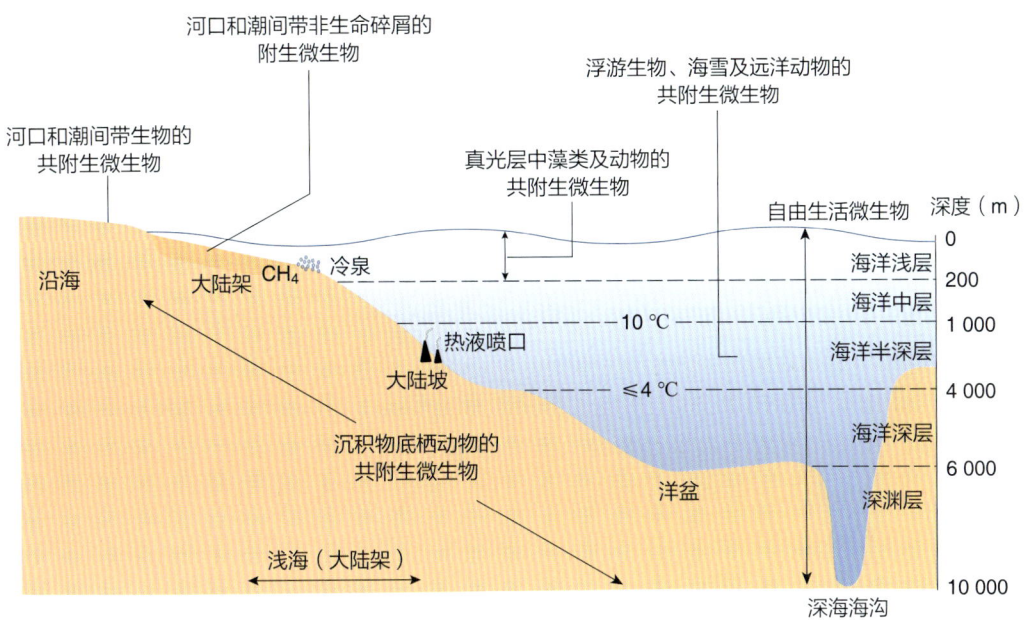

图 13-7 海洋的主要生态区和海洋微生物的栖息地示意图

发形成的地质构造，多分布于大陆架和板块交界处。在热液喷口和冷泉附近生长着大量包括巨型管虫、蠕虫、蛤类、贻贝类、化能自养细菌在内的特殊生物群落，形成了一个独特的生命绿洲。

13.2.2.2 海洋微生物的多样性

海洋是一个高度多样的环境，在盐度、深度、温度、压力和营养水平等方面表现出极大的差异，形成多样的微生物群落。从海洋表面至 11 034 m 深的海沟以及海洋沉积物中都有微生物生活着，估计微生物种类有 50 万~600 万种，甚至可能超过 1 000 万种。数量庞大、种类繁多的海洋微生物，是海洋生态系统的主体，也是海洋生物量和生产力的主要贡献者。它们主宰着整个海洋中碳、氮、硫等元素的生物地球化学循环，对调节气候变化具有重要作用。海洋微生物与陆生类群有许多共性，比如目前细菌域可培养细菌共分为 42 个门，多数门的主要分支都能在海洋环境中发现。然而，特殊且复杂多变的海洋环境使海洋微生物产生许多不同的特性，尤其是海洋细菌，具有极强的适应性和极高的多样性。图 13-8 是我国微生物海洋学家肖湘教授团队发现的一株超嗜热古菌 Thermococcus eurythermalis A501。

多数海洋原核细胞的尺寸要比陆生原核细胞小得多。比如海洋水体中最丰富的细菌 SAR11 类群，在海水中的数量可高达 2.4×10^{28} 个细胞，约占海洋中浮游微生物数量的 25%。其可培养的种类，遍在远洋杆菌（*Ca. Pelagibacter ubique*）（*Ca.* = candidatus，指尚未纯培养的微生物，暂定种名，后同；遍在远洋杆菌虽然可以纯培养，但尚未达到国际菌种保藏标准，故保留 *Ca*），长 0.4~0.9 μm，直

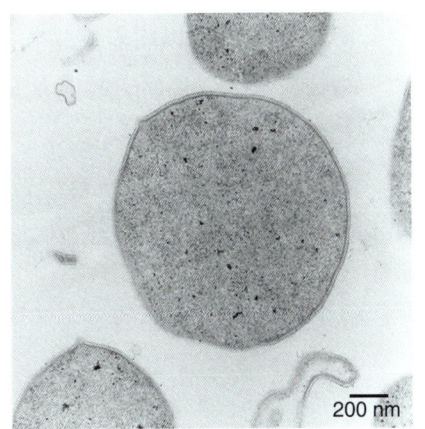

图 13-8 超嗜热古菌 *Thermococcus eurythermalis* A501 的显微照片
（图片来源：上海交通大学赵维殳）

径 0.1～0.2 μm，细胞体积仅有 0.01 μm³（不及大肠杆菌的 1/100），其细胞呈月牙形。SAR11 是一类寡营养异养细菌，可有效利用极低浓度的、低分子量活性溶解有机物（dissolved organic matter，DOM），如氨基酸、有机酸、膦酸酯、多胺类、相容性介质、挥发性有机物等进行生存。此外，SAR11 既可产生温室气体如 CH_4、CO_2、甲硫醇等，又可产生"冷室气体"二甲基硫（dimethyl sulfide，DMS），在全球生物地球化学循环和气候变化中发挥重要作用。然而，目前已知的单体体积最大的三种原核生物，华丽硫珍珠菌（*Thiomargarita magnifica*）、纳米比亚硫珍珠菌（*Thiomargarita namibiensis*）和费氏刺骨鱼菌（*Epulopiscium fishelsoni*）都发现于海洋，其细胞尺寸比一些真核细胞还大。华丽硫珍珠菌于 2022 年由《科学》杂志报道，单个细胞长度可达 2 cm。纳米比亚硫珍珠菌中具有大量的硫颗粒，并且细胞中含有一个大液泡，使表面积明显增加。费氏刺骨鱼菌具有特殊的细胞膜表面，其以某种方式折叠，使表面积显著增加。

由于海水的盐度一般在 3% 左右，因此海水中的土著微生物必须生活在盐度为 2%～4% 的环境中，以 3.3%～3.5% 为最适盐度。这是海洋土著微生物与陆生微生物最显著的区别。海水中的多数微生物细胞要比陆生细菌小得多，可能与海水的寡营养环境有关。此外，陆生细菌的最适生长温度一般在 20～40℃，而大多数海洋细菌具有热敏感性，不适于在 30℃ 以上的环境下生长。大洋细菌的最适生长温度通常为 18～22℃，海洋生物的病原菌多适于在 25～28℃ 的温度生长。许多海洋细菌能够在 0～4℃ 条件下缓慢生长，甚至在 -5℃ 以下也有细菌能够生长。然而，在海洋中也发现一些超高温原核生物，比如发现在海底热液喷口处 120℃ 的海水中仍有细菌或古菌能正常生存。

虽然发光现象并非海洋细菌的普遍性生理特性，但是已知的发光菌绝大部分分离自海洋生物的体表或海水中。常见的海洋发光细菌包括印度发光杆菌（*Photobacterium indicum*）、鳚发光杆菌（*P. leiognathi*）、明亮发光杆菌（*P. phosphoreum*）、磷光发光杆菌（*P. phosphorescens*）、坎氏弧菌（*Vibrio campbellii*）、哈维氏弧菌（*V. harveyi*）、费氏另类弧菌（*Aliivibrio fischeri*；又称费氏弧菌 *V. fischeri*）等。

海洋微生物几乎都具有附着特性，胞外多具有一层自身分泌的黏多糖，利于其附着于固体表面。有鞭毛的细菌种类还能借助鞭毛进行附着生活。海洋细菌附着于非生物表面后，还可吸引藻类、真菌、原生动物等共同附着，通过形成生物被膜而互利共存。海洋细菌也可以附着在生物体表，多为互利共栖。例如，一些海鱼（如大西洋鲱）为适应环境变化而引起体表变色，但引起变色的色素是由在其体表附着生长的细菌所产生的。

13.2.3 淡水中的微生物

水是生命赖以生存的重要环境。淡水仅占地球总水量的约 2.53%，其中绝大部分（约 90%）的淡水都以雪山、冰原或深层地下水等人类难以利用的形式存在，少部分分布于湖泊、池塘、河流和泉溪。

13.2.3.1 淡水生境的一般特征

典型的淡水生境包括湖泊、池塘、河流和泉溪。其中湖泊与池塘属于静水，河流和泉溪属于流水。微生物在水体中的丰度和种类与其接触的土壤有密切关系，而且受到氧气、光线、温度、营养物质等众多环境因子的影响。

在较深的湖泊或水库等淡水生境中，因光线、溶解氧和温度等的差异，微生物呈明显的垂直分布。在浅水区，由于光线充足且溶解氧浓度高，适合蓝细菌、真核微藻、好氧微生物等生长。在深水区，因光线微弱、溶解氧浓度低、硫化氢含量较高等，适合紫硫细菌、绿硫细菌等厌氧光合细菌以及许多兼性厌氧细菌的生长。在湖底沉积物中，因缺乏氧气，只有脱硫弧菌属（*Desulfovibrio*）、梭菌属（*Clostridium*）、产甲烷菌等专性厌氧菌才能生长。

13.2.3.2 水体的自净作用

在自然水体，尤其是快速流动、氧气充足的水体中，存在着水体对有机或无机污染物的自我净化作用。水体自净作用的最重要原因是好氧菌对有机物的降解作用。此外，原生动物对细菌的吞噬作用、病毒对宿主的裂解作用、藻类对无机盐的吸收利用，以及浮游动物和后生动物通过食物链对有机物的摄取也对水体自净发挥着重要作用。

13.2.3.3 饮用水的微生物学标准

我国对饮用水的微生物种类和数量都有严格的规定。检验饮用水的微生物种类主要为恒温动物肠道中的正常菌群——大肠菌群数，以此可灵敏地推断该水源是否曾与动物粪便接触以及污染程度如何。中华人民共和国国家卫生健康委员会（以下简称"国家卫健委"）规定的饮用水标准是：自来水中细菌总数应 <100 个 /mL（37℃，培养 24 h），总大肠菌群数应 <3 个 /L（37℃，培养 48 h）。此外，国家卫健委还规定，饮水中可引起人体肝损伤和肝癌的微囊蓝细菌毒素（microcystin）含量应 <1 μg/L。靠近城市或城市下游水中的微生物数量很多，并且有很多对健康不利的细菌，因此不宜作为饮用水源。严重污染的水会通过食物链的生物放大作用危害人类健康。

13.2.4 大气中的微生物

空气环境缺乏水分且营养不足，并不能作为微生物生长繁殖的栖息地。但空气是微生物传播输送的重要途径，因此在空气中仍可以分离出许多细菌、真菌、原生动物等。这些微生物来源于土壤、水体等微生物生境，以生物气溶胶（bioaerosol）的形式进入空气，在空气中可以停留短暂时间。空气中的干燥、阳光、射线等因子会对微生物的生命活动产生负面影响。因此，能长期存活在空气中的微生物常具有较强抵抗力。一般而言，空气中的微生物数量取决于空气中灰尘数量、植被、海拔、纬度、通风、湿度、温度、紫外线强度等因素。例如，低温、高纬度或通风、灰尘少的野外微生物数量少，北极空气中微生物数量甚至为 0。

13.2.5 极端环境下的微生物

地球上一些生境具有大多数生物无法生存的极端环境条件，如高温、低温、干旱、强酸、强碱、高盐度、低营养、高辐射等，仅有某些特殊微生物能在其中生长繁殖，这类微生物称为极端环境微生物（extremophilic microorganism）。表 13-1 汇总了极端环境微生物的主要类型。已发现的极端生境包括陆地热泉、深海热泉、极地海冰、干旱土壤、碳酸盐湖、酸矿排水、深海等。一些极端生境往往兼具几种极端环境条件，如热泉既是高温又是强酸环境。极端环境微生物在这些极端环境条件胁迫的选择压力下演化出独特的生理适应能力。对极端环境微生物的研究不仅有利于开发新型微生物资源，而且为生命起源与演化研究提供了新材料。

13.2.5.1 极端温度环境中的微生物

低温会导致细胞膜"冻结"、生化反应速率下降，冰冻产生的冰晶会刺穿生物膜使内溶物流失；而高温会引起细胞膜、蛋白质、核酸和某些细胞器的失活和变性，如叶绿素在 75℃ 以上降解，高温时微生物所必需的氧气和二氧化碳在水中的溶解度也会下降。

热泉（hot spring）是由地下热液喷发产生的温度接近沸点的温泉，它是最典型的嗜热菌和极端嗜热菌生境。美国黄石公园是陆地热泉的集中区（图 13-9），用于 PCR 技术的耐高温 Taq 聚合酶就源于黄石公园热泉分离的水生栖热菌（Thermus aquaticus）。热泉中的嗜热菌包括真菌、细菌和古菌。通常真菌的生长温度低于细菌和古菌。嗜热真核藻类的生长温度极限是 65℃，超过 65℃ 时只有原核生物可以生存，如古菌中的火球菌、热球菌、热原体、嗜热产甲烷菌等，以及细菌中产水菌目（Aquificales）的某些种。目前发现最嗜热的极端嗜热古菌是延胡索酸火叶菌（Pyrolobus fumarii），属

表 13-1 极端环境微生物的类别

环境因子	类型	定义	代表菌株	主要生境
温度	极端嗜热菌	>80℃	延胡索酸火叶菌（Pyrolobus fumarii）	热泉、深海热泉
	嗜热菌	45~80℃	深蓝聚球藻（Synechococcus lividus）	
	嗜冷菌	<15℃	嗜冷杆菌属（Psychrobacter）	极地海冰、冰川
压力	嗜压菌	高压	深栖假单胞菌（Pseudomonas bathycetes）	深海
盐度	极端嗜盐菌	高盐（2.5~5.2 mol/L NaCl）	盐杆菌（Halobacteriaceae）	盐田、盐湖
			杜氏藻（Dunaliella salina）	
pH	嗜酸菌	pH<3~4	嗜酸热硫化叶菌（Sulfolobus acidocaldarius）	酸矿水、热泉、酸性土壤
			铁原体属（Ferroplasma）	
			星明氏嗜酸菌（Picrophilus oshimae）	
	嗜碱菌	pH>9	嗜盐碱杆菌（Natrono bacterium）	碳酸盐湖、碳酸盐荒漠
			坚强芽孢杆菌（Bacillus firmus）	

于泉古菌门的一种硝酸盐还原菌，最适生长温度高达113℃。在陆地热泉中，光合作用受到高温的限制，因此光能营养型微生物生长温度通常低于非光能营养型微生物。嗜热化能无机自养型微生物是陆地热泉中主要的初级生产者。从地下喷发出的泉水中富含溶解性气体和还原性矿物质，为嗜热化能无机自养型微生物提供了充足的电子供体，如氢气和还原性硫化物，初级生产力来源于这些物质的氧化。而在海底热泉生境，厌氧和好氧的嗜热化能无机自养型微生物则是海底热泉生态系统的基础，这些嗜热菌利用热泉中的无机能量固定CO_2，为海底动物提供有机物。

图 13-9　美国黄石公园的热泉（照片来源：上海交通大学陈峰）

地球海洋表面平均温度为 5℃，深海的温度甚至更低，一些高纬度地区也长期处于寒冷状态，因此广泛分布着最适生长温度在 15℃以下的嗜冷菌。在高海拔地区常看到粉红色的积雪，就是由嗜冷极地雪藻（*Chlamydomonas nivalis*）的红色孢子造成的。极地常年处于零下几十度的冰冻状态，但仍有嗜冷菌生长，这些微生物在冰冻物质空穴的液体水中生长，微环境温度在零度以上，以化能无机自养型微生物为基础，形成了独特的极地微生物生态系统。

13.2.5.2　极端 pH 环境中的微生物

酸矿水、热泉或酸性土壤等极端酸性生境分布着极端嗜酸菌，包括硫杆菌属及古菌中的硫化叶菌属、热原体属和铁原体属等。从火山喷发形成的极端酸性土壤中分离得到的星明氏嗜酸菌（*Picrophilus oshimae*）是已知最嗜酸的原核微生物，最适生长 pH 为 0.7，pH 高于 4 的时候细胞就会裂解。有的热泉同时具有极端酸性环境（图 13-10），是嗜热嗜酸菌的主要栖息地，嗜酸热硫化叶菌（*Sulfolobus acidocaldarius*）是其中常见的古菌，生长温度在 85～90℃、pH 为 3 时生长最佳，可营自养生活。

碳酸盐湖、碳酸盐荒漠等极端碱性生境的微生物以嗜碱菌为主。碳酸盐湖是自然条件下碱性最强的生境，如肯尼亚的玛格达湖、美国的苏打湖等，pH 高达 10.5～11.0，湖水中的碱性主要来源于碳酸盐或石灰。许多嗜碱性原核生物属于芽孢杆菌属，如坚强芽孢杆菌（*Bacillus firmus*）。许多嗜酸菌或嗜碱菌的栖息地除了具有极端的 pH，还具有高盐、高温等环境条件，因此嗜酸菌和嗜碱菌大多是嗜多极微生物（polyextremophile）。例如一些嗜碱菌也是嗜盐菌，称为嗜盐嗜碱菌，包括外硫红螺菌、甲烷嗜盐菌、嗜盐碱杆菌等。

13.2.5.3　高盐环境中的微生物

咸水湖是极端嗜盐菌的主要自然生境。如中国青海的查卡盐湖和美国的大盐湖等。嗜盐古菌在一些盐

图 13-10　美国黄石公园的酸性热泉（照片来源：上海交通大学陈峰）

湖的微生物群落中占据优势，是盐湖中主要的初级生产者，如盐杆菌因含有菌红素，使盐湖多呈现红色。此外，一些嗜盐的绿藻和嗜盐蓝细菌也是盐湖中的初级生产者。盐湖微生物群落还包括嗜盐细菌、硅藻和原生动物，参与营养物质循环。盐湖的有机质上经常生长着一些嗜盐真菌，如德巴利酵母属，其盐耐受浓度高达 26%。

13.2.5.4　高压环境中的微生物

最适生长压力在 40 MPa 以上的微生物称为嗜压菌（piezophile）。而最适生长压力为常压，但可以耐受高压的微生物称为耐压菌（piezotolerant）。嗜压菌广泛分布于地球的深海环境。深海大多数区域是极寒的，平均温度 2~3℃，而少数深海热泉区域又是极热的。因此深海中的微生物通常是嗜热嗜压菌或嗜冷嗜压菌。在深度大于 10 000 m 的马里亚纳群岛海沟中发现的极端嗜压菌（*Moritella*）最高可以在 100 MPa 下生长，最适生长温度为 2℃。

13.2.6　与其他生物互作的微生物

微生物不仅栖息于自然环境，也栖息于植物、动物等生物的体表或体内。通常将微生物栖息的生物称为宿主（host）。在长期共演化（coevolution）过程中，微生物与所栖息的生物环境之间形成了相互作用、相互依存的复杂关系。

13.2.6.1　微生物与生物环境的相互作用

从农业生产、食品发酵、环境保护到直接影响人体健康，微生物在人类的生产生活中始终扮演重要角色。在所有这些应用场景下，微生物都不是独立存在的，它们以一个社会（微生物群落或微生物群系）的形式发挥作用。通过改造甚至从头构建微生物群落，有可能使其更好地执行所期望的功能，例如发酵产生更美味的食物、更好地保护环境、促进作物更好地生长、协助治疗疾病甚至强健体魄。利用微生物群落构建原理改造微生物社会，是目前的研究热点，称作"微生物群系工程（microbiome engineering）"。

种间关系（interspecific interaction）是指不同物种之间的相互作用。微生物可以多种方式与共享同一生境的其他微生物发生相互作用，也可与作为微生物生境的宿主发生相互作用。这种作用可能有利也可能有害，或没有特殊影响，可能对作用双方的生存是必需或非必需的。根据 A、B 两个物种相互作用的结果是受益（+）、受害（−）还是没有影响（0），表 13-2 将种间关系划分为 8 种基础类型。

表 13-2　种间关系分类

类型	特点	种群 A	种群 B
中性作用（neutralism）	A、B 彼此不受影响	0	0
捕食（predation）	A 摄食 B 个体的全部或部分	+	−
竞争（competition）	A、B 互相抑制而受害	−	−
偏害共生（amensalism）	A 受害，B 无影响	−	0

续表

类型	特点	种群 A	种群 B
协作（synergism）	相互作用对 A、B 都有利，但不是必需的	+	+
偏利共生（commensalism）	A 受益，B 无影响	+	0
互利共生（mutualism）	相互作用对 A、B 都有利，且是必需的	+	+
寄生（parasitism）	A 寄居 B 个体体内，A 获益，B 受害	+	−

① 中性作用（neutralism）是指两种群在一起彼此没有影响或仅存无关紧要的影响。然而在自然界中，微生物总是趋向于和其他微生物集合在一起形成微生物聚集体，因此很难观察到微生物之间的中性作用。

② 捕食（predation）是指一个种群生物以摄食方式从另一种群生物身体获取营养，这种关系通常发生在捕食性原生动物与微生物之间。

③ 竞争（competition）是指两个种群因需要相同的生长基质或环境因子，致使双方生长都受到抑制的相互作用。在自然生境中，为争夺有限的营养，微生物之间的竞争普遍存在。

④ 偏害共生（amensalism）是指一个种群因另一个种群的生命活动而受害，而另一个种群没有得益或受害。微生物之间的偏害共生又称为拮抗（antagonism），是指一种微生物所产生的代谢产物可抑制成杀死其他微生物的一种相互关系。最常见的拮抗作用是抗生素对微生物生长的抑制作用，抗生素产生菌可以通过抑制周围微生物的生长间接获取更多营养资源。

⑤ 协作（synergism）是指两个可以单独生活的种群生活在一起时，对于双方的生命活动都有利，两者之间是一种非专性的松散联合。在土壤中的纤维素分解菌和自生固氮菌构成的协作关系中，纤维素分解菌分解多糖产生的有机酸可以作为固氮菌的碳源，而固氮菌固定的有机氮可满足前者对氮源的需求。

⑥ 偏利共生（commensalism）是指两个可以单独生活的种群生活在一起时，一个种群因另一种群的生命活动而得益，而另一种群没有得益或受害，一旦分开，得益的一方不能很好生活或不能完成特定的生命活动，而另一方不受影响。例如废水厌氧处理过程中，产酸细菌发酵有机物生成乙酸，再由产甲烷菌转化为甲烷，单独的产甲烷菌无法直接发酵有机物生成甲烷，但产酸细菌在这一关系中并没有得益或受害。

⑦ 互利共生（mutualism）是指两个生活在一起的种群对双方生命活动都有利，两者形成一种专性的紧密结合，分离后不能独立生活或失去共生时特有的代谢功能。互利共生是协作关系高度发展的结果，有时简称共生，是狭义的共生概念。如地衣是由真菌和藻类或蓝细菌构成的共生体，常生活在贫瘠的干旱地表。藻类通过光合作用为真菌提供营养，而真菌为藻类生长提供一个牢固的基质，免受风雨侵蚀，同时吸收藻类生长所需的无机盐，并促进水的吸收防止藻类干枯，两者共生时具有固氮作用。真菌和藻类在协同演化过程中形成高度专一性，分离后无法在原有生境独立生活，失去固氮功能。微生物与大型生物之间的共生现象也广泛存在。如白蚁消化木质纤维素

的能力依赖于它们肠道中的微生物菌群。对于白蚁来说，这种关系是必需的，否则它们就会饿死，而栖息在它们体内的肠道微生物菌群，获得了一个安全稳定的生存环境。此外还有植物根系和菌根真菌、豆科植物和根瘤菌、反刍动物和瘤胃微生物等形成的共生关系。

⑧ 寄生（parasitism）是指一个种群对另一种群的直接侵入，寄生者从宿主生活细胞或组织中获取营养而受益，同时对宿主产生不利影响。噬菌体、立克次氏体是以单细胞为宿主的寄生。当宿主为大型生物时，寄生微生物即为病原物。

协作、偏利共生、互利共生和寄生是微生物与生物环境之间的重要种间相互作用关系，统称为共生（symbiosis），这是广义共生的概念，即两种生活在一起生物的相互作用关系。在长期演化过程中，生物环境中的微生物都与所栖居的大型生物形成一定共生关系。这种共生关系是大型生物生存的基本条件。表 13-3 列出了一些生物环境中微生物与宿主之间的相互关系。下面将重点介绍菌根、共生固氮和瘤胃共生三种典型共生关系。

表 13-3　微生物与植物和动物的相互关系

	宿主	微生物	功能
植物	满江红	鱼腥藻	互利共生，共生固氮
	豆科植物	根瘤菌	互利共生，共生固氮
	杨梅、沙棘等非豆科植物	弗兰克氏菌	互利共生，共生固氮
	禾本科植物	红螺菌、固氮螺菌等	协作，联合固氮
	植物	叶际微生物	协作或偏利共生，吸收营养
	植物	根际微生物	协作或偏利共生，吸收营养
	陆生植物	菌根真菌	互利共生，吸收营养
	植物	植物病原菌	寄生，致病
动物	夏威夷短尾乌贼	发光细菌	互利共生，发光
	医用蛭	肠道细菌	互利共生，消化血
	蚜虫	细菌	互利共生，合成氨基酸
	白蚁	肠道微生物菌群	互利共生，消化纤维素
	反刍动物	瘤胃微生物菌群	互利共生，消化纤维素
	动物	动物病原菌	寄生，致病

13.2.6.2　菌根

菌根（mycorrhiza）是指土壤真菌与活体植物根系以互利共生关系形成的共生体。菌根是世界上最古老的微生物-植物共生体，在 4.6 亿年前的化石中就发现植物根中有子囊菌门真菌细胞。大约 80% 的陆生植物都形成菌根。在这种互利共生关系中，植物给真菌提供其生长所必需的碳水化合物，如冷杉林中外生菌根真菌吸收的碳占总净初级生产量的 15%；而菌根真菌则从土壤中吸收磷、锌、铜、氮等矿物质和水分转运给植物，某些直根系植物 80% 磷素营养由菌根提供。某些菌根真菌只有在与植物共生时才能完成其生活史，如松茸、红菇等珍稀食药用菌，至今无法人工栽培获得子实体。传统理论认为，糖类是植物为菌根真菌提供碳源营养的主要形式，然而多年来研究人员一直没有找到相关的糖转运蛋白。近年研究表明，在丛枝菌根真菌与植物的共生过程中，脂肪酸是植物传递给菌根真菌的主要碳源形式，推翻了百年来教科书中的"糖"理论。

> **知识拓展 13-1**
> 真菌更喜欢从植物根部"揩油"，而非"吃糖"

菌根可以分为外生菌根和内生菌根两大类。外生菌根（ectomycorrhiza）侵入植物根系后，很少进入植物根系皮层细胞，真菌菌丝紧密围绕植物根系形成致密的鞘套。温带大多数木本植物具有外生菌根，形成外生菌根的真菌多为担子菌，包括一些可以产生大型子实体的食药用菌，如牛肝菌属、鹅膏属、口蘑属，也有少数属于子囊菌的块菌目。内生菌根（endomycorrhiza）侵入植物根系皮层中，其中丛枝菌根是分布最广的内生菌根类型，大约 80% 植物根系上都有丛枝菌根。值得注意的是，很多病原菌，如稻瘟病菌也属于真菌，近年来针对水稻与真菌互作机制的系统研究表明：水稻能够识别真菌细胞壁中几丁质多糖的聚合长度从而区分病原菌与有益菌。

> **知识拓展 13-2**
> 抗病又共生，它是怎么做到的？

13.2.6.3 共生固氮

豆科植物与根瘤菌共生体的共生固氮作用是生物圈氮素的主要来源。根瘤菌（rhizobia）是一大类有鞭毛、能运动的好氧革兰氏阴性杆菌，绝大多数根瘤菌通过识别来自宿主植物的类黄酮等共生信号分子表达结瘤基因并合成分泌结瘤因子，结瘤因子被宿主特异性受体所识别并起始侵染和根瘤（root nodule）形态建成。在这个过程中豆科植物干细胞关键基因 *SCR* 在皮层细胞表达，另一个干细胞关键转录因子 SHR 在维管束表达后移动到皮层细胞——该干细胞分子模块赋予豆科植物皮层细胞分裂能力，使豆科植物的皮层与非豆科植物不同。大豆根瘤菌等具备三型分泌系统，可以向宿主细胞分泌不同的效应蛋白干扰宿主免疫反应从而调控共生匹配性；依赖三型分泌系统的共生匹配能力，可以在宿主选择压力下发生快速演化。不是所有生理期的根瘤菌都可以固氮，绝大多数根瘤菌只有侵入根瘤细胞内并分化为类菌体（bacteroid）时才能固氮。类菌体被来自宿主细胞的膜包裹，形成共生体（symbiosome）。固氮作用需要固氮酶（nitrogenase）的催化，这是一种由铁蛋白和钼铁蛋白构成的固氮酶复合物。尽管根瘤菌是专性好氧菌，但氧可使固氮酶不可逆失活，固氮作用在好氧条件下被抑制。根瘤细胞中的豆血红蛋白与氧分子的亲和力极强，使根瘤细胞氧浓度处在较低的水平，同时能够将氧气快速传递给根瘤菌，保障根瘤菌的微氧呼吸。在这种互利共生关系中，植物为根瘤菌提供营养和固氮微环境，细菌为植物提供可利用的氮源。共生体中的根瘤菌每年可固定氮 150~200 kg/hm^2。共生体的固氮作用使豆科植物能生长在贫瘠土壤中，并且增加土壤中化合态氮的含量，有利于其他植物生长。我国古代很早就采用豆科植物与谷物轮作的方式提高地力。

> **知识拓展 13-3**
> 根瘤"奠基细胞"的命运推手

13.2.6.4 瘤胃中的微生物

反刍动物（ruminant）是地球上演化最成功、多样性最丰富的草食性动物，包括牛、鹿、骆驼、羊等。植物纤维素是草食性动物的食物来源，但几乎所有食草性动物都缺乏分解纤维素的酶。反刍动物具有一个被称为瘤胃（rumen）的特殊消化器官，在瘤胃中，纤维素等植物多糖在微生物的作用下被消化。瘤胃类似一个厌氧生物反应器，温度恒定在39℃，pH为6.5，缺氧，为纤维素厌氧发酵微生物群落提供了一个适宜生境。在菌群作用下，吞入瘤胃的食物发酵时间为9~12 h，纤维素分解为纤维二糖和葡萄糖，进而发酵为乙酸、丙酸、丁酸等有机酸和脂肪酸。瘤胃消化后的食物反刍回吐口中，再次咀嚼吞咽经过真正的酸性胃（皱胃）消化。

瘤胃中微生物浓度极高，种类繁多，达到10^{12}个/mL，主要是厌氧微生物。各种微生物的生化反应通过食物链彼此偶联，实现纤维素的降解和转化。瘤胃中纤维素的水解依靠厌氧纤维素降解细菌的作用，这些细菌或直接附着在纤维素纤丝上，利用周质纤维素酶降解纤维素；或分泌胞外纤维素酶水解纤维素。水解产物葡萄糖和纤维二糖可以在发酵细菌作用下转化为有机酸。瘤胃中的厌氧真菌在半纤维素、果胶和木质素的降解中起主要作用。还有一些专性厌氧的原生动物，可以捕食细菌控制种群密度，也能水解纤维素发酵有机酸。产甲烷菌能以动物所需的有机酸为底物发酵产生甲烷和二氧化碳，同时为反刍动物提供必需的维生素。

13.2.6.5　人体中的微生物

生活在人身体各种腔体内的微小生物的合集我们称之为人体微生物，包含数目庞大的细菌、古菌、病毒和真菌。其中有很多为共生微生物。一个人的所有肠道微生物基因的集合代表了一个遗传库，该库的基因数目比人类基因组多一个数量级。大部分的微生物居住在人类的肠道内，并受到分娩方式、喂养方式、生活方式、药物和宿主遗传的影响。肠道微生物群系在提高宿主免疫力、食物消化、肠道内分泌功能和神经信号调节、药物功能和代谢、内毒素清除和影响宿主代谢相关物质的产生等方面扮演重要角色。

在长期的共同演化过程中，人类和肠道微生物已经形成了紧密的共生关系。人类为微生物提供适合的栖息环境和生存资源，肠道微生物也为人类宿主提供维持正常生理功能的活性分子，并介导了饮食和环境暴露对人体健康的影响。作为人体的"第二套基因组"，肠道微生物也成为了宿主的动态基因池，并与宿主在遗传上形成偶联关系。肠道微生物与宿主健康的关联也同时受到宿主遗传背景的调控，同时也为个体化的靶向菌群干预提供了重要参考。

13.3　微生物与生物地球化学循环

如前所述，生物圈中存在一些动植物不能生存的生境，但是很多微生物却具备在这些极端生境中存活、生长和繁殖的能力。即这些微生物演化出了对类似生境条件和资源的适应性遗传物质，能够耐受人类看起来比较极端的条件或是利用特定惰性物质作为资源。尽管绝大多数微生物并不能为肉眼所见，但是它们往往具有不同于动植物的生态位空间，在维持生态系统能量和物质的流动中发挥重要作用。我们已经在第 7 章学习了微生物多样化的能量代谢途径。本节将重点从生物地球化学循环（biogeochemical cycling；生物圈各种化学元素从环境流向生物体，再由生物体返回环境的循环过程）的角度介绍特定微生物如何通过同化无机物和矿化有机物等方式实现碳、氮、硫、磷、铁、锰、钙、硅、汞等多种元素的氧化还原及其在非生物库和生物库之间的流动。尽管在分析和理解生物地球化学循环的过程中，我们会把不同元素循环分开介绍，但是任何一种生物都不是由单一元素构成的，所以不同元素循环之间存在不同程度的偶联。

13.3.1 碳循环

在生物圈中，大气、陆地、海洋、淡水、沉积物和岩石，以及生物体之间主要的碳流动形式是二氧化碳（CO_2）。地球上最大的碳库是沉积物和岩石（占比 99.5%），它们的自然分解及 CO_2 的释放速率低，不足以在短时间内对生态系统产生显著影响。化石燃料仅占全球碳库的 0.006%，但人类燃烧化石燃料产生的 CO_2 大量排放已经引起了全球气候变暖和海水酸化等环境问题——这一现象的本质是人类活动对地球碳循环的干扰。

通常将 CO_2 固定为有机物作为碳循环的起始步骤（图 13-11）。这一还原步骤主要由光能自养（phototroph）和化能无机营养（chemolithotrophy）生物完成。光合作用是生物圈最主要的碳固定途径，其中植物和产氧光合微生物分别主导了陆地生态系统和水生生态系统的光合作用。不产氧光合与化能无机自养微生物也能将 CO_2 固定为有机物，但是贡献程度小于产氧光能自养生物。这是由于产氧光能自养生物固定 CO_2 的还原力来自 H_2O，后者在生物圈的供应往往是比较充分的。另一方面光能自养与化能无机自养生物也会通过呼吸或发酵作用以 CO_2 的形式释放部分碳素——其中微生物有氧呼吸和无氧呼吸来源的 CO_2 占比最高——剩余的储存在有机物中的碳素则可以被碳源异养生物利用。储存在有机物的碳素可以被生活在同一生境的产甲烷菌和发酵细菌在营养互栖的互作过程中还原为甲烷（CH_4）。在无氧环境中，产甲烷菌可以利用氢气还原 CO_2，或将乙酸分解为 CH_4 和 CO_2。在极地冻土和海底沉积物深层的高压与低温条件下，微生物活动产生的 CH_4 达到一定量之后会形成甲烷水合物（methane hydrate），即"可燃冰"。据估计，可燃冰可能是地球上最大的甲烷库。可燃冰可以为厌氧甲烷氧化古菌等提供 CH_4——CH_4 氧化过程通常和硫酸盐、硝酸盐、铁锰氧化物的还原过程偶联，这些微生物活动会在一定程度上减少 CH_4 的释放。CH_4 释放到有氧环境后也可以被甲烷营养菌氧

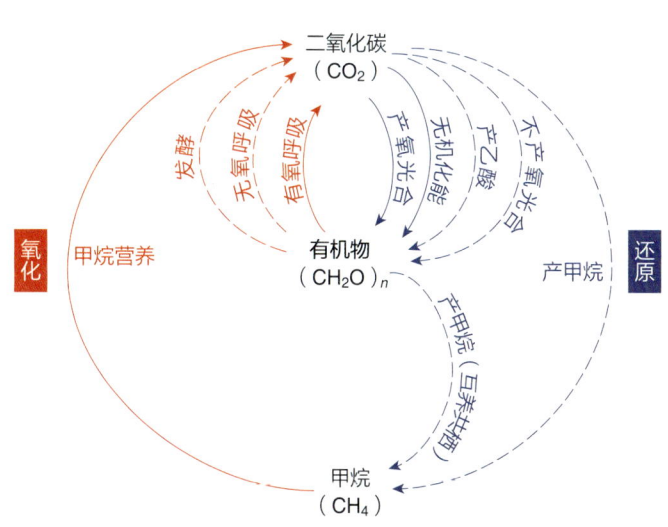

图 13-11 微生物参与的碳循环
点线：厌氧；实线：好氧

化为 CO_2。尽管 CH_4 在大气中的比例低于 CO_2，但是它引起的温室效应是 CO_2 的 20 倍以上。

微生物参与的碳循环与人类社会的可持续发展息息相关，例如，利用作物秸秆还田提升土壤地力的农业措施就依赖一系列木质素、纤维素和半纤维素降解微生物的多酶协同作用。在垃圾填埋场，有机物的微生物分解过程释放了大量温室气体 CH_4 和 CO_2——对 CH_4 的高效收集和利用则可以变废为宝，用来取暖或发电；依据同样的碳循环规律，利用沼气发酵产生甲烷可以部分解决能源问题。

13.3.2 氮循环

氮素是动植物细胞的大量营养元素（排在氧、碳、氢之后）。尽管大气中氮气含量达到约 78%，但是并不能被动植物直接吸收利用，那么氮素是如何在生物圈中流动循环的呢（图 13-12）？

在常温常压下，原核微生物的固氮酶（nitrogenase）能将大气中的分子态氮（N_2）还原为氨（NH_3），这个过程被称为生物固氮（biological nitrogen fixation）。据估计，生物固氮每年固定的纯氮是工业固氮的 2 倍以上。已知的固氮酶包括钼铁固氮酶、铁铁固氮酶和钒铁固氮酶，它们具有类似的蛋白序列、结构和功能特征——即一个传递电子的铁蛋白（NifH/VnfH/AnfH）和一个催化 N_2 还原为氨的组分。理想条件下，三种固氮酶的催化中心的金属辅因子分别为钼、铁和钒，每还原一分子 N_2，消耗的 MgATP 分子数量分别为 16、24 和 40。有些微生物（如棕色固氮菌）拥有全部三种固氮酶，根据生境中三种金属辅因子的供给情况，优先表达钼铁固氮酶，然后是钒铁固氮酶，最后是铁铁固氮酶。目前在细菌的 13 个门和古菌的 1 个门发现了核心的固氮酶编码基因，从这些微生物的生理特征看，包括能够进行好氧（aerobic）、兼性厌氧（facultatively anaerobic）或厌氧（anaerobic）生活的异养微生物（heterotroph），不产氧（anoxygenic）和产氧（oxygenic）的光能自养生物，以及化能无机自养生物（chemolithotroph）等。从这些固氮微生物的生境来看，可以分为自生（free-living）、联合（associative）、内生（endophytic）和共生（symbiosis）固氮菌。

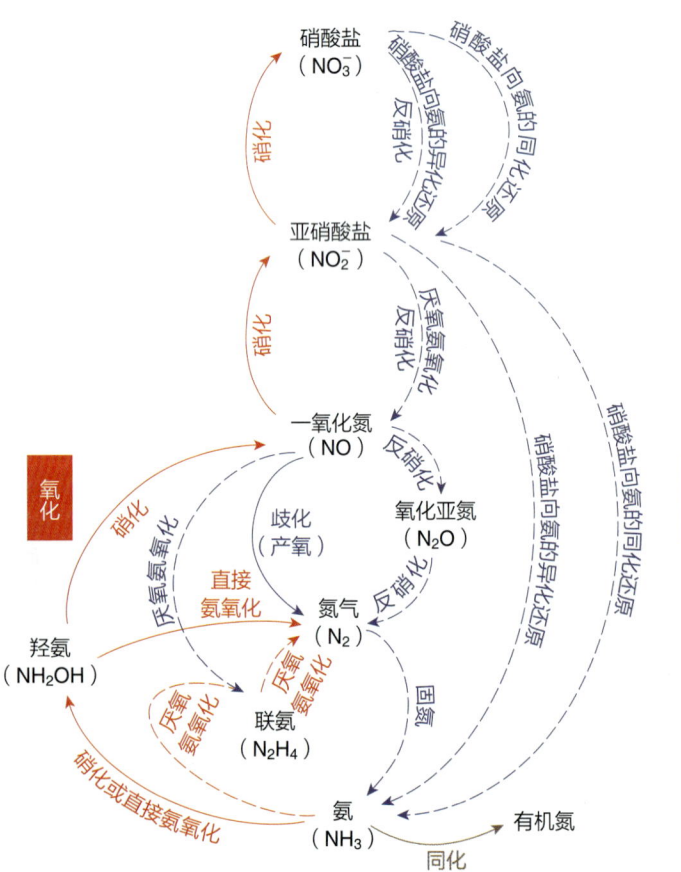

图 13-12　微生物参与的氮循环

自生固氮菌不依赖其他生物而独立进行固氮；共生固氮菌与其他生物生活在一起，构成特殊的共生体结构（根瘤、茎瘤等）或特殊的生物（如地衣）；内生固氮菌在植物根皮层、中柱、细胞间隙和木质部导管等生活；联合固氮菌定殖在植物根表，尤其是根毛、伸长区、侧根形成过程中出现的裂缝区。有些文献把内生固氮菌合并到了联合固氮菌，因为它们都没有和宿主形成新的共生器官或特殊共生细胞；只要条件与资源满足，部分固氮菌在自生、联合、内生甚至共生生境中都能表达固氮酶进行固氮作用——有时称某个固氮微生物为联合固氮菌或共生固氮菌等往往是由于其主要在该互作模式下对氮循环有更大的贡献。所有已知固氮酶遇到氧气会不可逆地失去活性，上述固氮微生物或其互作宿主，演化出了一系列防氧保护机制，如好氧棕色固氮菌铁硫蛋白 II 对固氮酶的构象保护作用、部分固氮蓝细菌的异形胞、部分放线菌的厚壁球形囊泡或其宿主植物木质化的皮层细胞、与联合固氮菌互作的大刍草等植物分泌的多糖黏液、豆科植物根瘤的豆血红蛋白和根瘤菌适应微氧呼吸的末端氧化酶等。

固氮酶生成的氨进一步以 NH_4^+ 的形式被细胞生物同化为有机物中的组分，这个途径为铵盐同化作用（assimilation of ammonium）。在生物体死亡后，含氮有机物又可以被好氧和厌氧微生物降解并释放出氨，即氨化作用（ammonification）。氮循环中的氨也可以通过硝化作用（nitrification）被氧化为硝酸盐（NO_3^-）；通过厌氧氨氧化（anaerobic ammonium oxidation）或由我国科学家发现的直接氨氧化途径（direct ammonium oxidation）氧化为氮气（N_2）。在有氧条件下，部分化能无机自养细菌和古菌利用氨单加氧酶、羟氨氧化还原酶、亚硝酸氧化还原酶等将氨氧化为羟氨（NH_2OH）、一氧化氮（NO）、亚硝酸盐（NO_2^-）、硝酸盐（NO_3^-），即硝化途径。完整的硝化途径可以由亚硝化螺菌属（*Nitrospira*）的部分菌种单独完成，也可以由氨氧化细菌和古菌先完成氨到亚硝酸盐的氧化，再由其他细菌完成亚硝酸盐的氧化。厌氧条件下，浮霉菌门（*Planctomycetes*）的一些化能自养细菌以氨为电子供体，亚硝酸盐为电子受体，通过亚硝酸还原酶、联氨合酶和联氨脱氢酶的催化产生氮气（N_2）；厌氧氨氧化反应在浮霉菌门细菌的厌氧氨氧化体（anammoxosome）完成。在有氧条件下，产碱杆菌属（*Alcaligenes*）等异养细菌利用 DnfABC 等将氨先后氧化为羟氨（NH_2OH）和氮气（N_2）——*dnfABC* 分别编码 N 加氧酶、铁氧还蛋白还原酶和谷氨酰胺-酰胺转移酶。

除了厌氧氨氧化或有氧条件下的直接氨氧化途径，氮气（N_2）还可以通过一氧化氮歧化（nitric oxide dismutation）或反硝化作用（denitrification）这两个还原途径产生。在富营养化水体等低氧环境下，未培养细菌 *C. Methylomirabilis oxyfera* 等利用一氧化氮歧化酶催化两分子一氧化氮（NO）歧化为一分子氧气（O_2）和一分子氮气（N_2）。很多古菌和细菌在低氧或无氧条件下可以进行反硝化作用，即以硝酸盐（NO_3^-）为电子受体的无氧呼吸作用，中间产物包括亚硝酸盐（NO_2^-）、一氧化氮（NO）和氧化亚氮（N_2O），完整还原过程的终产物为氮气（N_2）——该过程涉及硝酸盐还原酶、亚硝酸盐还原酶、一氧化氮还原酶和氧化亚氮还原酶。

氮循环中还存在硝酸盐向氨的异化还原（dissimilatory nitrate reduction to

ammonium）和同化还原（assimilatory nitrate reduction to ammonium）途径。前者是以硝酸盐（NO_3^-）为电子受体的无氧呼吸作用，完整还原过程的产物为氨（NH_3），涉及硝酸盐还原酶和亚硝酸盐还原酶 ccNir 等——其中 ccNir 催化亚硝酸盐（NO_2^-）经由一氧化氮（NO）、羟氨（NH_2OH）到氨（NH_3）的多步还原，最后释放 NH_4^+。该途径可以为厌氧氨氧化反应提供氨（NH_3），往往在电子供体和碳源相对于硝酸盐（NO_3^-）过量时发挥作用。在有氧或无氧条件下，硝酸盐（NO_3^-）都能被同化型硝酸盐还原酶还原为亚硝酸盐（NO_2^-），进而被同化型亚硝酸盐还原酶还原为氨（NH_3），后者被进一步同化，参与到氨基酸的合成。

硝酸盐同化还原途径和铵盐同化作用是无机氮转化为有机氮的主要方式，但是过量施用化学氮肥会直接导致土壤质量下降和水体面源污染等环境问题。种植业和养殖业释放的氨（NH_3）会加剧空气中可入肺颗粒物 PM 2.5（particulate matter）的形成。不完全反硝化途径所释放的氧化亚氮（N_2O）引起的温室效应是 CO_2 的 300 倍。合理利用氮循环的不同途径则可以促进人类社会的可持续发展，例如在农业上充分利用根瘤菌 - 豆科作物共生固氮、固氮菌 - 非豆科植物联合固氮等生物固氮作用，可以从源头上减少化学氮肥的投入；硝化 - 反硝化、厌氧氨氧化、直接氨氧化可用于富氨（NH_3）污水治理。

13.3.3 硫循环

硫循环的复杂程度要高于碳氮循环——因为硫的氧化状态更多，而且存在不依赖生物的转化方式。地球上的硫库存在形式以硫酸盐（sulfate）和硫化物（sulfide）为主，如沉积物和岩石中的硫酸钙（$CaSO_4$）、黄铁矿中的 FeS_2、海洋中的硫酸盐（SO_4^{2-}）。硫作为细胞生物的重要营养元素，不仅参与维生素和蛋白质等物质代谢，还参与能量代谢。生物地球化学循环中微生物参与的硫循环也包括氧化和还原两大类途径（图 13-13）。

在大多数微生物中，硫酸盐（SO_4^{2-}）在 ATP 硫酸化酶、腺苷 -5′- 磷酸硫酸激酶、3′- 磷酸腺苷 -5′- 磷酸硫酸还原酶、同化型亚硫酸盐还原酶的催化下经由腺苷 -5′- 磷酸硫酸（APS）、3′- 磷酸腺苷 -5′- 磷酸硫酸（PAPS）、亚硫酸盐（SO_3^{2-}）生成硫化氢（H_2S）；随后硫化氢被用于合成半胱氨酸、甲硫氨酸等有机硫化物。这个过程被称为硫酸盐同化还原（assimilatory sulfur reduction）。生物体的有机硫化物可以在微生物的作用下转化为硫化氢等无机硫化物，即脱硫作用（desulfuration）。自然界丰度最高的有机硫化物是 $(CH_3)_2S$，二甲基硫醚（dimethyl sulfide，DMS）——主要来自海藻二甲基巯基丙酸（dimethylsulfoniopropionate，DMSP）的微生物降解过程，在空气中 DMS 经光氧化转化为硫酸盐；在无氧生境，DMS 可以通过产甲烷作用转化为硫化氢（H_2S），通过紫色光合细菌的固碳作用或化能有机营养菌与化能无机营养菌的能量代谢被氧化为二甲基亚砜（DMSO）。DMSO 也可以作为无氧呼吸的电子受体被还原，生成 DMS。

生物圈中一类被统称为硫酸盐还原细菌（sulfate-reducing bacteria）的微生物可

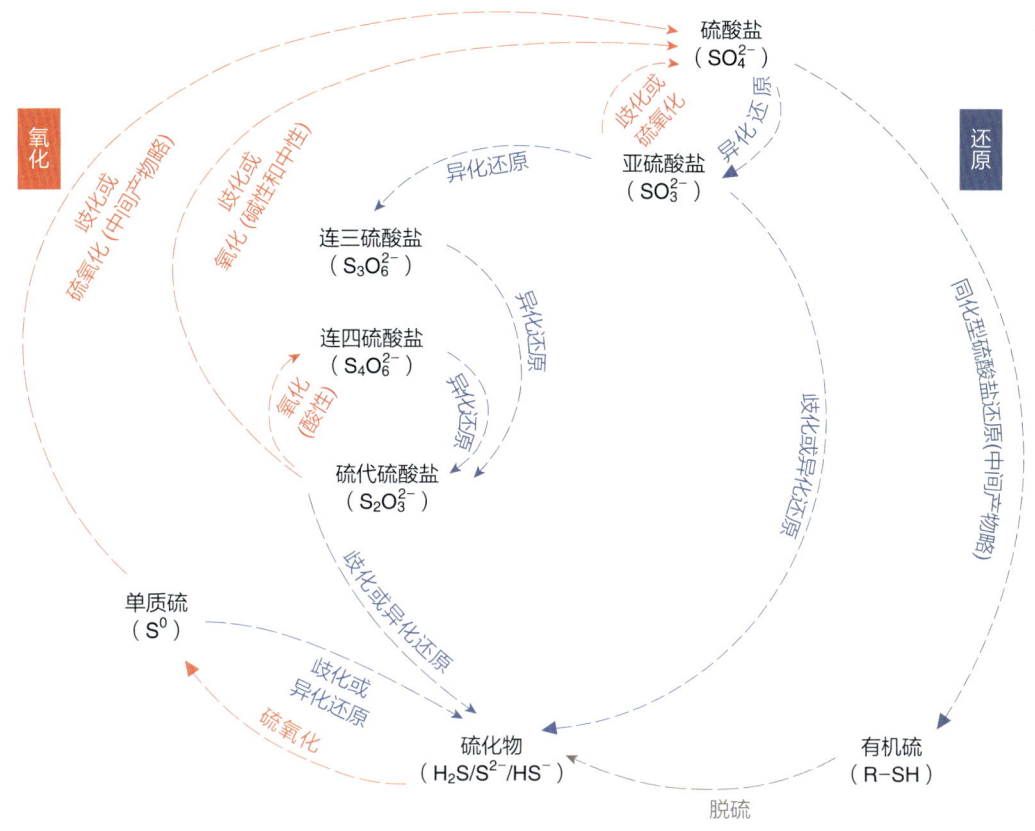

图 13-13 微生物参与的硫循环

以利用硫酸盐（SO_4^{2-}）为能量代谢的电子受体，产生并向环境释放 H_2S。在这种硫酸盐（SO_4^{2-}）的异化还原途径中（dissimilative sulfate reduction），ATP 硫酸化酶催化硫酸盐（SO_4^{2-}）与 ATP 反应生成腺苷-5′-磷酸硫酸（APS），APS 的硫酸盐（SO_4^{2-}）被 APS 还原酶直接还原为亚硫酸盐（SO_3^{2-}），后者的 S 进一步在异化型亚硫酸盐还原酶 DsrAB 的催化下与 DsrC 蛋白形成异二硫化物，最后异二硫化物还原酶（heterodisulfide reductase）作用于该异二硫化物，产生硫化氢（H_2S）。此外，亚硫酸盐（SO_3^{2-}）还可以在连三硫酸盐形成酶、连三硫酸盐还原酶和硫代硫酸盐还原酶的作用下经由连三硫酸盐（$S_3O_6^{2-}$）和硫代硫酸盐（$S_2O_3^{2-}$）被还原为硫化氢（H_2S）。一些硫酸盐还原细菌可以通过亚硫酸盐（SO_3^{2-}）、硫代硫酸盐（$S_2O_3^{2-}$）和单质硫（S^0）的歧化反应（disproportionation），生成硫酸盐（SO_4^{2-}）和硫化氢（H_2S）。硫酸盐还原细菌释放的大量硫化氢（H_2S）可以被空气氧化，为其他生物所利用或与金属离子反应生成金属硫化物。

硫化氢（H_2S）、单质硫（S^0）、硫代硫酸盐（$S_2O_3^{2-}$）和亚硫酸盐（SO_3^{2-}）等可以作为电子供体，经过多种硫氧化途径生成硫酸盐（SO_4^{2-}）（图 13-13）。其中研究最为深入的是在周质空间发挥作用的 SOX 系统（Sulfate oxidation system）：SoxXA 催化硫化氢（H_2S）、单质硫（S^0）或硫代硫酸盐（$S_2O_3^{2-}$）与载体蛋白 SoxYZ 形成异二硫化物；在 SoxCD 和 SoxB 的接力作用下将异二硫化物中的 S 氧化并释放硫酸盐和质子，该过程产生的质子会对环境产生酸化作用。在很多硫氧化细菌中，硫代硫酸盐（$S_2O_3^{2-}$）还可以被硫代硫酸盐脱氢酶 TsdA 氧化为连四硫酸盐（$S_4O_6^{2-}$）。某些硫氧化细菌如 *Beggiatoa* 可以在细胞内积累硫化氢第一步氧化步骤的产物单质硫（S^0），即硫颗粒（sulfur granules）——作为还原力的贮存物质，当环境里的硫化物供给不足时，硫颗粒可以被进一步氧化。当环境中存在单质硫时，硫氧化细菌如 *Thiobacillus* 和 *Acidithiobacillus* 可以将其氧化为 H_2SO_4。此外，由硫化氢（H_2S）和单质硫（S^0）等氧化而来的或从环境吸收的亚硫酸盐（SO_3^{2-}）可以在亚硫酸盐氧化酶的催化下生成硫酸盐（SO_4^{2-}），也可以经 APS 还原酶和 ADP 硫酸化酶的接力作用下氧化为硫酸盐（SO_4^{2-}）——这两个途径分别被称为亚硫酸盐氧化途径和 APS 氧化途径。这些还原性硫化物氧化途径所释放的电子进入能量代谢的电子传递链，最终传递给氧气或硝酸盐等电子受体，产生质子动力势，驱动 ATP 合酶生成 ATP。

13.3.4 磷循环

地球的磷元素以无机磷和有机磷的形式存在（图 13-14），但是细胞生物能够直接利用的有效磷主要是 $H_2PO_4^-$ 和 HPO_4^{2-}，它们进入细胞后被固定为磷酸酯（肌醇磷酸、磷脂、核酸、磷糖）、磷酸酐（腺苷三磷酸、腺苷二磷酸等）、膦酸酯（C-P 键）。有机体死亡后释放的有机磷可以在微生物的矿化作用下再转化为有效磷，这个过程涉及多种酶，如植酸酶、碱性磷酸酶、酸性磷酸酶、膦酸酯酶/CP 裂解酶等。有效磷通过沉积作用可以转化为磷灰石、磷酸钙、磷酸铁、磷酸铝等，也可以被吸附在黏土、铁氧化物和铝氧化物等矿物表面。一方面磷矿石的风化、矿物表面无机磷的解吸附会释放有效磷；另一方面微生物可以通过产有机酸、无机酸、硫化氢、铁载体、表面多糖、或释放质子等多种方式溶解含磷化合物，生成有效磷。

磷是细胞生物的大量元素，每 kg 土壤约含磷 50～3 000 mg，但是只有约千分之一的总磷可以被植物吸收利用；但是随着化学磷肥的过量施用，人们担心的已不是磷匮乏而是过量磷肥引起的水体富营养化等面源污染问题。充分利用具有矿化磷和溶磷功能的细菌和真菌，是从源头上减少化学磷肥施用量的重要措施。

13.3.5 铁循环

铁是地球上最为丰富的元素之一，主要在 Fe^{2+} 和 Fe^{3+} 之间发生氧化还原。Fe^{2+} 可以通过微生物的化能无机营养代谢过程或化学过程被氧化。在 pH<4 的酸性条件下，Fe^{2+} 比较稳定，但是可以被嗜酸的化能无机营养

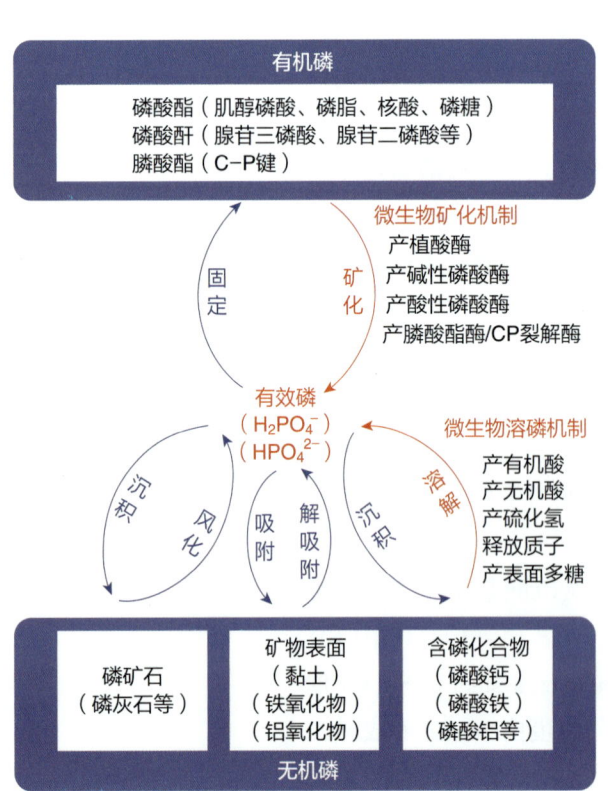

图 13-14 微生物参与的磷循环

微生物氧化——基于这个特性，相关微生物已在生物冶金中有所应用，如将黄铁矿（FeS_2）或低等级铜矿中的金属溶解而浸出。在接近中性pH的条件下，Fe^{2+}可以被氧气快速氧化。$Fe(OH)_3$、$FeOOH$、Fe_2O_3等氧化产物是不溶于水的，构成了海洋和淡水沉积物的重要组分。Fe^{3+}可以通过化学过程或作为微生物无氧呼吸过程的电子受体被还原——有些微生物利用芳香烃类有机污染物为电子供体还原Fe^{3+}，对污染环境的生物修复具有重要意义。在细胞生物的电子传递链中，铁原子参与电子载体血红素或其他类似卟啉环的组成，也是Fe_2S_2、Fe_4S_4、Fe_3S_4等不同类型铁氧还蛋白的主要元素之一。在Fe^{2+}供给受限的情况下，很多微生物可以通过分泌铁载体螯合环境里的Fe^{3+}，再将该可溶性复合物吸收入体内，满足细胞对铁元素的需求。在水环境和沉积环境中广泛分布的趋磁细菌能够主动吸收铁元素并合成膜包被的纳米级铁磁性颗粒（主要成分为Fe_3O_4或Fe_3S_4），称为磁小体。磁小体在生物传感、食品安全检测、医学诊断、药物靶向递送、有机污染物监测、废水处理、有害辐射或雷达波吸收等领域有广泛应用前景。

13.3.6 其他元素的循环

在近地表环境中，锰的丰度是铁的1/10~1/5，可以在微生物的作用下发生Mn^{2+}和Mn^{4+}之间的氧化还原反应。能够氧化Mn^{2+}的微生物广泛分布在淡水、海水和土壤中；因为Mn^{2+}和Mn^{4+}组成的氧化还原电对还原电势很高，接近氧气和水组成的氧化还原电对，所以Mn^{2+}的氧化需要以氧气为电子受体——Mn^{2+}的氧化由一部分好氧细菌完成。Mn^{2+}是可溶的，但氧化后形成的MnO_2会在水中形成沉淀，后者进一步作为沉积物中微生物厌氧呼吸的电子受体被还原为Mn^{2+}，从而完成循环。

钙以碳酸钙（$CaCO_3$）或可溶的Ca^{2+}形式存在。海水中的可溶性Ca^{2+}浓度约为10 mM，可以被某些光养微生物吸收转化为钙质外壳，如赫氏圆石藻。随着$CaCO_3$沉积为钙质外壳，海水中可溶性CO_2和HCO_3^-的浓度分别增加和减少，从而减弱了大气CO_2向表面海水的流入，维持了海水弱碱性的特征。但是，人类活动排放过多的CO_2会引起海水酸化，降低上述钙质外壳的形成速率，引起一系列生态学问题。

海洋中还有一些浮游的单细胞真核微生物，如硅藻和硅鞭藻等，可以吸收硅酸（H_4SiO_4）并形成二氧化硅外壳。这些浮游微生物死亡后，有硅化外壳的细胞更容易沉积到海底，从而将上层海水的有机物带入海底。而海水的上涌则可以把海底的硅酸再输送到上层海水，完成循环。

13.4 环境污染物的微生物降解与修复

随着全球人口的急速增长和工农业生产的高速发展，不可避免地产生了各种污染物，使人类赖以生存的地球环境发生严重恶化。从生态系统物质循环的角度可以将污染物分为两类：一类是易降解污染物，在自然界中作为碳、氮源等营养物质被生物所利用，这类物质是天然生态系统物质循环的一部分，通常可以通过生物地球化学循环实现降解和转化。然而，这类污染物的过量排放会使某些元素在生态系统中积累过多，破坏生态平衡，使生态系统失去原有的生态功能和使用价值。例如，污水直接排放会引起氮、磷富营养化问题；另一类是难降解有机污染物。这类污染物通常是自然界中不存在的、人工合成的化学物质，称为异生物质（xenobiotics）。这类物质很难被生物利用，对生物具有毒害作用。微生物在这两类污染物的降解中都具有不可替代的作用。微生物降解技术是当前环境污染处理的核心，广泛应用于工农业废水和生活污水处理、难降解有机污染物的生物降解、生物修复等各个方面。

13.4.1 难降解有机污染物的生物降解

生物降解（biodegradation）是指生物（主要是微生物）对环境中有机物的分解作用。生物降解可使有机物分子发生三种类型的变化：①有机化合物的功能基团仅发生轻微的改变，主要结构依然完整，比如卤族被羟基取代；②有机化合物发生断裂形成有机物片段，原来的分子可以发生重构；③有机物完全降解形成无机物，通常需要许多种微生物的参与，而且需要添加其他的碳源。

从生物地球化学循环角度讲，自然界天然存在的有机物都可以在微生物作用下降解转化，保持地球有机碳平衡。然而，当前工农业生产中广泛使用的约十万种化合物中，大部分是具有新颖结构的异生物质。有些异生物质结构上与某些天然有机物类似，可被已经存在的具有相应降解酶的微生物所降解；但很多异生物质的结构与任何天然有机物都有很大差异，微生物还未演化出分解该物质的代谢机制。这类有机物通常对生物降解具有很强抗性，进入环境后降解缓慢甚至无法降解，在生态系统中不断积累而对人体健康和环境产生严重危害，因此称为难降解有机污染物。

难降解有机污染物包括农药、染料、有机氯化物（如三氯乙烯、四氯乙烯等）、有机磷化物、多氯联苯、高分子聚合物以及杂环有机化合物等。这些污染物大部分基于脂肪烃、环烷烃和芳香烃三种基本结构，在其基础上进行加成反应获得各种复杂分子。难降解有机污染物主要来源于化工、焦化、印染、纺织、制药等工业废水和含有除草剂、杀虫剂等农田农药废水排放。这些污染物进入土壤和水体后，不易分解，长时间残留在生态系统中，且大多具有致畸、致癌和致突变作用。一些难降解污染物具有生物累积性，通过食物链不断富集，最终在大型动物或人体中蓄积，其浓度远高于在周围环境中的浓度。还有一些污染物通过大气气流或海洋环流进行远距离传输，造成全球性污染。

导致某些污染物难降解的常见原因是缺乏合适的特异性生物降解酶。微生物对污染物的降解作用依赖于微生物分泌的一系列特定降解酶，而微生物的酶通常是针对自然界已有的天然有机物演化而成。对于自然界中罕见的污染物，现存的酶通常无法识别，所以很难被降解。即使是与天然有机物结构相似的污染物，其微小的结构变化亦可影响生物降解速率。

微生物具有种类多、分布广、适应性强和代谢多样性丰富等特点，为环境污染物的降解提供了一个庞大的生物资源库。人们可以针对不同的污染物，筛选出高效降解菌株。在自然界，有些微生物对许多有机物具有降解能力，例如从假单胞菌属（*Pseudomonas*）中筛选出来的高效降解菌株，对除草剂、杀虫剂、杀菌剂、多环芳烃、氰化物、有机溶剂等污染物均表现出强降解能力，再如洋葱假单胞菌（*Pseudomonas cepacia*）能降解90种以上的有机物。

复杂化合物的降解需要多个阶段，通常需要不同类型的微生物进行降解，这个过程往往先将最初的污染物转化更容易降解的低毒性化合物。处理有机氯农药、烷基溶剂、芳基卤化物等许多污染物的第一步是还原性脱卤作用，即脱掉卤素（如氯、溴、氟等）取代基。可进行该过程的主要微生物类群包括脱亚硫酸杆菌属（*Desulfitobacterium*）、脱卤微螺菌属（*Dehalospirillum*）和脱硫念珠菌属（*Desulfomonile*）。

13.4.2 污水生物处理

污水（sewage）是指来自家庭生活或工农业生产，含有大量有机物、重金属、营养盐和颗粒物质的排出水。当前世界各国的大城市、河流和湖泊等的污染程度极其严重。以工业有毒污水为例，其所含的农药、多氯联苯、多环芳烃、酚、氰、丙烯腈和重金属离子等都属于剧毒物质，若不加处理，则后果极其严重。在各种污水处理方法中，最有效的方法就是微生物处理法。微生物法处理污水的基本原理是利用不同生理生化特征的微生物构建出一个小型人工生态系统，适宜于碳、氮、硫、磷等元素的转化，并辅以一定的物理化学方法，实现污水中有机物和其他污染物的高效去除。

污水处理工业对污水的处理过程至少包括三个在空间上分离的步骤：初级处理、次级处理和三级处理。初级处理是用物理的方法将大部分的固体物质去除；次级处理主要依靠微生物的生长将DOM转化为微生物生物量和CO_2，该步骤可使DOM减少90%~95%；三级处理是采用生物和化学的方法进一步去除氮磷无机营养盐、重金属、可降解的有机物和包括病毒在内的微生物。废水经多级处理后，会进一步加氯消毒或用臭氧处理，然后释放进入环境。

污水的次级处理主要依赖于微生物的作用，常用的处理技术包括好氧生物处理、厌氧生物处理和生物脱氮除磷技术。

好氧生物处理（aerobic biological treatment）分为活性污泥法和生物被膜法。活性污泥法是利用生物处理池中悬浮流动的活性污泥降解污染物并实现污水净化的过程。活性污泥（activated sludge）是指由活细菌、原生动物和其他微生物群落与污水中的固体悬浮物混凝交织在一起形成的絮状体，具有吸附、降解有机物的能力，还具有一定的沉降性，在静水中可以自然沉降并与水分离。由细菌聚集而成的菌胶团（zoogloea）是活性污泥的结构和功能中心。生物被膜法是利用生长在人工多孔性固体介质表面的生物被膜（biofilm）降解有机物实现污水净化的过程。在特定的生物被膜反应器（池）中，固体介质表面的生物被膜构成一个多样性丰富的微生物群落，以生物被膜为中心，其他细菌、真菌、藻类、原生动物和微型后生动物在生物被膜反应器内构成一个微生物生态系统。当污水流经生物被膜时，水中的有机物被生物被膜吸附，并在不同类型微生物的共同作用下降解转化。

厌氧生物处理（anaerobic biological treatment）又称厌氧消化法，指厌氧微生物或兼性厌氧微生物在无氧条件下降解有机物产生 CH_4 和 CO_2 的过程。在厌氧生物处理过程中，有机物的降解和转化需要经过4个阶段：①水解阶段，污水中的蛋白质、多糖、脂质等生物大分子在微生物胞外酶作用下水解成氨基酸、单糖、长链脂肪酸等小分子物质；②产酸阶段，细菌通过发酵或厌氧呼吸作用氧化水解产物，使其转化为各种可溶性物质，如挥发性脂肪酸、乙酸、丙酸、丁酸、乳酸、乙醇等，以及 H_2 和 CO_2；③产乙酸阶段，产酸阶段生成的有机酸和醇在产氢产乙酸菌的作用下进一步转化为乙酸、H_2 和 CO_2；④产甲烷阶段，产甲烷菌将前两个阶段中所产生的乙酸和 H_2、CO_2 转化为甲烷。

生物脱氮除磷技术可以降低污水中富集的氮磷含量。生物脱氮工艺首先通过好氧池经硝化作用将废水中的氨转化为硝酸盐，再利用缺氧池经反硝化作用，将硝酸盐还原成氮气，溢出水面释放到大气，从而去除污水中的含氮物质。生物除磷工艺首先使污水进入厌氧池，聚磷菌在厌氧条件下释放磷，然后污水进入好氧池，在有氧条件下聚磷菌生长繁殖并充分地吸收磷，通过排放污泥，就可以达到从废水中去除磷的目的。

污水中有机污染物含量的监控贯穿全部处理过程，通常利用污水中有机物能被氧化的共性，测定有机物在氧化过程中消耗的氧，间接表征其含量。传统上以化学需氧量（chemical oxygen demand，COD）和生化需氧量（biochemical oxygen demand，BOD）表征污水的污染程度，即污水水质。污水的 BOD 和 COD 越大，表示废水中有机物越多，污水水质越差。

13.4.3　污染环境的生物修复

生物修复（bioremediation）是指利用微生物的代谢活性，催化降解有机污染物，从而清除环境中污染物的一个受控或自发进行的过程。生物修复的基础是生态系统在受到外界干扰时的自我调节机制。自我调节是一个达到稳态的生态系统的基本功能。当土壤、水生生态系统接纳一定负荷的有机污染物后，可以利用各种物理、化学和生物过程分解污染物实现自我调节，使系统恢复到污染之前的水平。通常将这种自我调节过程称为自净，如水体自净、土壤自净。自净是自然生境在微生物作用下的一种自我修复过程，但微生物作用常受到环境条件的限制，如溶氧不足、营养贫瘠、微生物数量或活性低、污染物的生物可利用性差和毒性大等，因此生物修复过程非常缓慢。此外，天然自净有一定的自净容量，一旦所接纳污染物的负荷超过限度，生态系统的自我调节功能就会受到损害，引起失衡或系统的破坏。生物修复的实质是通过一定技术手段，强化天然自净能力，使环境中污染物降低到安全浓度之下，恢复生态系统的生态功能。

生物修复技术可以分为原位（*in situ*）和异位（*ex situ*）两类。原位生物修复无须移动污染土壤或水体，在污染现场进行处理，操作简便、费用低，但过程较难控制；异位生物修复是将污染介质转移到污染现场附近或之外再进行处理，费用高，但过程易控制，对富含有毒化合物、挥发性污染物或污染物浓度较高的污染场地处理，通常只能用异位修复。

13.5 微生物生态学研究方法

13.5.1 微生物群系学

高通量测序技术的发展衍生出一系列微生物群系研究技术，如扩增子测序（amplicon sequencing）、宏基因组学（metagenomics）、宏转录组学（metatranscriptomics）等，快速推动了微生物群系领域的发展（图13-15）。研究表明，微生物群系在人类和动植物的营养吸收、疾病抵抗和环境适应中起重要作用。基因组测序技术、复杂的宏基因组学及系统发育学的进步极大地改变了人们对微生物生命多样性的理解。

近年来第二代测序（next generation sequencing，NGS）技术的发展使得基于非培养方法研究微生物群系成为可能，并推动了微生物群系研究进入了黄金发展时期。目前对微生物群系样本的研究主要集中在3个层面：①微生物培养层面：培养组学（culturomics）是该层面最重要的研究手段。通过在固体培养皿挑单菌落或使用96孔板液体高通量培养的方式获得微生物群落中可培养的菌落，随后结合标记基因（marker gene）测序、分离纯化等方法进行菌种鉴定和保藏。目前该方法已在人类、拟南芥（*Arabidopsis thaliana*）、水稻（*Oryza sativa*）等物种中应用和报道。② DNA层面：针对DNA易于提取和保存的特点，研究者相继发展出扩增子、宏基因组和宏病毒组（metavirome）等测序研究手段。扩增子测序常用的标记基因主要包括原核生物的16S rRNA基因、真核生物的18S rRNA基因以及转录间隔区（internal transcribed spacers，ITS）等。由于扩增子测序仅能获得研究对象的物种组成信息，要想进一步研究物种所携带的其他功能基因，就需要开展宏基因组测序和分析。③ mRNA层面：通过对微生物群系样本提取RNA进行宏转录组测序（metatranscriptomic sequencing），可以根据微生物群系样本中的基因表达谱进一步揭示微生物群落原位功能。病毒包括DNA和RNA病毒两大类，想要全面开展宏病毒组学研究需要宏基因组结合宏转录组测序。

近年来，微生物群系研究在概念、技术和实践上取得了重大进展。起初微生物群系的研究重点为物种组成和多样性的描述，并确定微生物和宿主表型之间的相关性。目前该领域已逐渐开始关注微生物群系功能解析，探索微生物群系的作用机制，及研

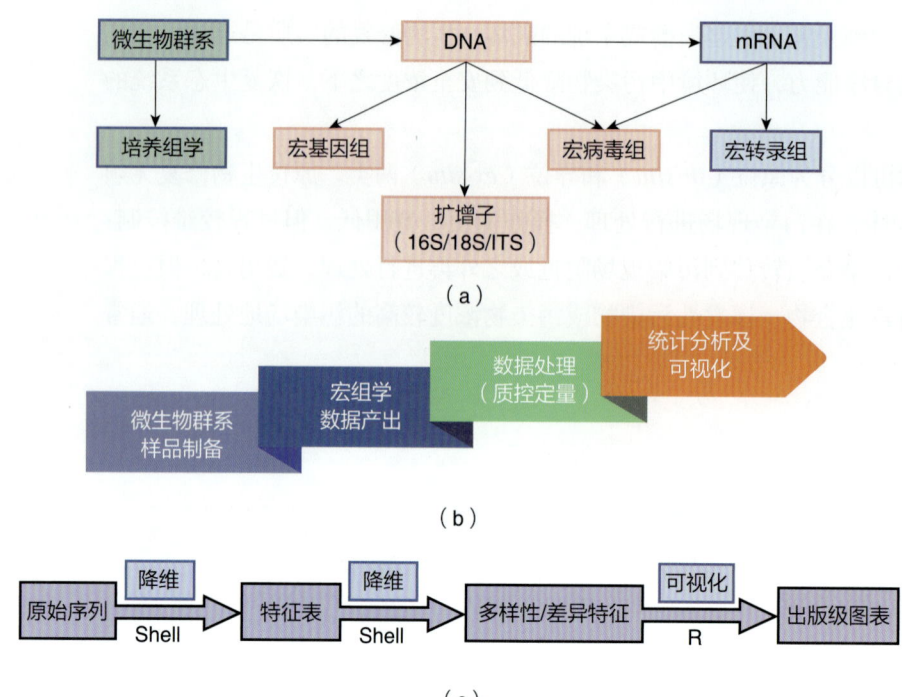

图 13-15 微生物群系研究方法概述
（a）微生物群系常用的研究层面和对应方法。微生物群系按研究层面主要分为微生物培养、DNA 和 mRNA 等 3 个层面；按研究技术主要包括培养组学、扩增子、宏基因组、宏病毒组和宏转录组等测序技术。（b）微生物群系研究的基本步骤。基于测序技术为基础的微生物群系研究，主要分为样本制备、测序、数据处理和统计分析 4 个阶段。（c）微生物群系数据分析的基本步骤、常用环境和思想。组学数据分析主要分 3 步，图中箭头上描述了实现分析的常用语言环境 Shell 和/或 R；图中箭头下展示各步分析的目的，即通过降维和可视化的基本思想，实现将大数据转化为可读图表

究其与宿主的协同演化。这些工作将进一步加深人们理解微生物群系对宿主多个方面的影响。

根据近年来大量的研究，我们知道了人体微生物对身体健康的重要性。相比而言，我们对土壤、植物和动物的微生物群系及其影响还缺乏足够的了解。随着利用越来越复杂的工具探测农业微生物群系，有望在未来十年实现突破性进展，建立农业微生物数据库，更好地理解分子水平土壤、植物和动物微生物群系之间的相互作用，并通过改善土壤结构、提高饲料效率和养分利用率以及提高作物对环境和疾病的抵抗力等增强农业生产力和恢复力。其中，土壤和植物微生物群系之间的相互作用表征至关重要。土壤微生物群系与气候变化中的碳、氮和诸多其他元素的循环息息相关，并通过一些尚未被人类认知的过程影响着全球关键生态系统服务功能。加深对微生物群系基本组成部分的理解以及强化它们在养分循环中的作用对确保全球可持续农业生产至关重要。

未来微生物群系学家将会关注微生物群落的"暗物质"（microbial dark matter），例如真菌、病毒、古菌和原生动物等，这些微生物目前仍很少被关注，但它们在环境中的广泛分布，表明其可能具有与细菌同等重要的作用。技术方面，会引入更多先进的测序技术，如长读长测序、单细胞测序等技术，这也将允许在物种或菌株层面上对

微生物群系开展深入研究。同时，云平台和 R 软件包的发展亦将极大地促进微生物群系研究中数据处理和挖掘方面的工作。

13.5.2 培养组学

尽管近年来微生物基因组数据激增，但通过基于培养的实验对于证实细胞生物学、生态作用和微生物演化的推论仍然十分重要。目前，绝大多数古菌和细菌仍难以培养且对其特性了解不够充分，因此研究者们对高效的培养学方法愈加重视，这也加快了许多方法学和技术的发展。虽然现代宏基因组学技术能够一次性对群落中所有微生物的 DNA 进行测序，从而展示不同环境下的微生物组成，对地球上微生物生命的多样性有了广泛的了解，但是这种技术依然无法帮助研究人员解答关于微生物的基本问题，比如，它们摄取什么？它们会产生哪些代谢物？它们在环境中如何与其他微生物相互作用？想要找到这些问题的答案，微生物学家们必须在实验室中先分离培养这些生物。微生物的分离和培养对于直接研究它们并确定它们的代谢和生理功能以及生态作用仍然至关重要。然而，大多数环境微生物尚未被培养，因此，将这些稀有或特征不佳的群体引入培养是进一步了解微生物群系功能的首要任务。此外，培养的菌株可以在一系列应用中找到用途，例如新的益生菌、生物防治剂和工业加工剂。

作为微生物学中培养技术的一部分，培养组是一种利用多重分离培养条件结合 16S rRNA 基因测序和 / 或其他技术（如 MALDI-TOF）的微生物群系研究方法，是在培养和鉴定居住在人体肠道中的未知细菌的过程中发展起来的。这种由多种培养条件和快速鉴定细菌组成的培养组学方法使得数百种与人类相关的新微生物得以培养，为研究宿主 – 细菌关系提供了令人兴奋的新视角。近年来培养组学的快速发展，使得可培养的人体细菌增加了数百种，拓展了人们对宿主 – 细菌关系的认知。人体肠道中存在约 80% 的未知细菌，近年来培养组学的应用不仅使可培养的人体细菌增加，还用于临床的致病菌分离鉴定，发现新的分类单元，减少了宏基因组分析中的未表征 OTU （operational taxonomy unit）；用培养组学获得的菌株可用于体外和动物实验，对于肠道菌群相关疾病的研究必不可少；培养组学还能用于分离潜在的益生菌，是研发细菌疗法的基础。

2015 年，作为病原体或共生菌，只有 2 172 种不同的原核种类被报告至少从人体中分离出一次。2018 年，从人体分离的相关物种总数达到 2 776 种，数量增加了 28%。其中，依赖培养组方法分离了 400 种（其中 288 种是新种），为更新这一数据做出了 66.2% 的贡献。这表明需要继续发展培养组学技术，这对于破译巨大的微生物暗物质至关重要，可加速微生物生态学的发展和生物资源的开发利用。

限制微生物可培养的因素有很多，主要包括底物及生长条件、休眠复苏、共生的相互依赖、物理接触或空间接近、环境理化条件、低丰度和竞争等。目前，提高目标微生物分离率的方法大多遵循两种策略：一种是依靠扩大细胞分离的数量来增加分离感兴趣物种的机会（高通量分离和培养）；另一种是，旨在有选择地分离具有特定功能特征或属于特定分类组的生物（目标隔离）。

有研究者以挖掘沙漠土壤微生物暗物质为例，提出了一种多组学策略——基于培养组的宏基因组学（culturomics-based Metagenomics，CBM），其整合了大规模分离培养，以及基于全长16SrRNA基因和鸟枪法的宏基因组测序。基于培养组的宏基因组学，为深入认识和挖掘微生物群系样本中的暗物质资源提供了一个新的视角，尤其是那些来自极端或特殊生境的样本。

13.5.3　自然界微生物活动的检测

微生物群落通过单个微生物的协同活动来表现它们的存在，这些活动共同推动主要的生物地球化学过程。一套强大的同位素和遗传方法与高分辨率显微镜和传感器技术相结合，使微生物生态学家能够将这些过程的研究从单个细胞的水平上升到整个环境系统。

13.5.3.1　化学测定、放射性同位素方法、微传感器和纳米传感器

在许多研究中，微生物反应的直接化学测量足以评估环境中的微生物活性。例如，可以跟踪沉积物样品中硫酸盐还原细菌氧化乳酸的过程。如果硫酸盐还原细菌存在于沉积物样品中并具有活性，则添加到沉积物中的乳酸将被消耗，SO_4^{2-}将被还原为硫化氢（H_2S）。由于乳酸、SO_4^{2-}和H_2S都可以通过化学测定以高灵敏度进行特异性测量，因此可以跟踪这些物质在样品中彼此之间的转化。然而，当需要非常高的灵敏度或需要确定周转率时，放射性同位素比常规化学测定更有用。

另一种灵敏测量某些微生物过程速率的方法利用了对过程特异性酶的选择性化学抑制。例如，乙炔可以作为化学抑制剂抑制硝化作用，或作为固氮酶的反应底物。不同类型的微传感器和纳米传感器可以通过量化特定化学物质在时间和空间中的浓度变化来测量活性微生物过程。

13.5.3.2　稳定同位素及其探测

许多化学元素具有不止一种同位素，它们的中子数量不同。某些同位素不稳定，会因放射性衰变而分解。其他称为稳定同位素的同位素没有放射性，但被微生物代谢时有差异，可用于研究自然界中的微生物转化。稳定同位素可以通过两种方法产生有关微生物活动的信息：同位素分馏和稳定同位素探测。

13.5.3.3　将功能与特定生物联系起来

迄今为止，描述的同位素方法使用含有大量细胞的样品来推断特定代谢发生在群落内或群落内的特定物种。这些方法概述了群落活动，但没有揭示单个细胞的贡献。为此，已经开发了可以测量单细胞活性以及元素和同位素组成的新方法。这些是将特定微生物种群的细胞与特定活动或生态位连接起来的强大方法，但在大多数情况下，必须了解感兴趣的生物的系统发育才能开发必要的荧光原位杂交（fluorescence in situ hybridization，FISH）探针。单细胞方法对于研究微生物之间的代谢物交换特别重要，例如涉及互营关系的交换，其中紧密的物理结合对于有效交换至关重要。

※ 本章小结

本章基于生态学基础框架，重点介绍了微生物如何与其生境中的条件和资源变量发生互作。通过本章的学习，可以掌握以下知识：①微生物生态学的理论基础；②不同生境中微生物的典型特征；③微生物在生物地球化学循环中的重要作用；④环境污染物的微生物降解与修复；⑤微生物生态学的一般研究方法。

※ 推荐阅读

1. BEGON M，TOWNSEND C R. Ecology：from individuals to ecosystems [M]. 5th ed. New Jersey：Wiley，2021.

该书为生态学的经典教材，从个体、种群、群落和生态系统 4 个层级介绍了生态学的基础理论，并提供了丰富的应用案例。可以为微生物生态学的学习和研究提供基础理论和方法论的支撑。

2. 赵立平. 从"微生物组"到"微生物群系"：microbiome 译名变化背后应是研究思路与手段的彻底变革 [J]. 中国科学：生命科学，2023，53（5）：746-750.

在该文章中，作者通过介绍其亲身经历将 microbiome 领域的学科发展及译名的变化进行了专业且客观的介绍。同学们可以深切地感受到科学家群体对一个前沿学科的认知是一个不断演化的过程。

3. 刘永鑫，秦媛，郭晓璇，等. 微生物组数据分析方法与应用 [J]. 遗传，2019，41（9）：845-862.

该文由我国从事微生物群系研究的一线科研工作者撰写，系统整理了常用的微生物群系数据分析软件。同学们可以在该文基础上进一步跟踪文献学习相关方法的原理以及更新的微生物群系数据分析方法。

※ 开放性讨论题

通过测定和分析不同生境斑块之间微生物群落的结构差异，以及条件与资源变量的差异，能否获悉造成微生物群落结构差异的原因？

※ 复习思考题

1. 请尝试以肠道微生物中的某个致病性大肠杆菌种群为对象，列出可能影响其生存和繁殖的各种条件与资源。
2. 请结合生态位理论探讨生物被膜中病原菌的综合消杀策略。

3. 请结合生态位理论探讨如何利用生物被膜增加有益微生物的生存与繁殖能力。

4. 请尝试利用参与碳、氮、磷、硫等元素循环的微生物构建不同版本的"微缩版生物圈",并将其用于污染物降解和微生物肥料等。

5. 请利用种间互作原理设计实验挖掘微生物群系中的"暗物质"。

(田长富　张晓华　何晓青)

14 微生物物种多样性

导语

微生物是地球上生物多样性最为丰富的生命形式。一般认为，地球上的微生物物种数量为 50 万~600 万种，甚至更高，但目前被分离鉴定并有效发表的微生物物种数量仅约 20 万种，绝大多数微生物类群还未能被分离培养。对微生物的物种多样性进行研究，能为早期生命起源的探索、微生物资源的开发利用，以及微生物生态作用的理解提供基础资料。本章主要介绍了细菌（Bacteria）、古菌（Archaea）和真核微生物（Eukaryotic microorganisms）中目前被分离鉴定的类群，按照微生物系统学的降序，即域、界、门、纲、目、科、属、种，对其中的重要类群进行了描述。

关键词

物种多样性，细菌，古菌，真核微生物，16S rRNA 基因，可培养微生物，未培养微生物

14.1 细菌多样性

细菌的多样性比古菌和真核微生物的多样性更加丰富。按照环境样品的宏基因组组装基因组的序列，细菌域含有 150 多个门。然而，目前仅有其中 42 个门获得了实验室培养，并进行了描述。近几年，部分细菌门的名称已发生变化，*International Journal of Systematic and Evolutionary Microbiology*（IJSEM）期刊最新发布的原核生物 42 个门（其中细菌 40 个门，古菌 2 个门）的新命名建议见表 14-1。

表 14-1　IJSEM 最新发布的原核生物 42 个门的新命名建议

编号	原命名（中文译名）	新命名（中文译名）
1	*Acidobacteria*（酸杆菌门）	*Acidobacteriota*（酸杆菌门）
2	*Actinobacteria*（放线菌门）	*Actinomycetota*（放线菌门）
3	*Aquificae*（产水菌门）	*Aquificota*（产水菌门）
4	*Armatimonadetes*（装甲菌门）	*Armatimonadota*（装甲菌门）
5	—	*Atribacterota*（暗黑菌门）
6	*Firmicutes*（厚壁菌门）	*Bacillota*（芽孢杆菌门）
7	*Bacteroidetes*（拟杆菌门）	*Bacteroidota*（拟杆菌门）
8	*Balneolaeota*（巴纽尔斯菌门）	*Balneolota*（巴纽尔斯菌门）
9	—	*Bdellovibrionota*（蛭弧菌门）
10	*Caldiserica*（暖丝菌门）	*Caldisericota*（暖丝菌门）
11	*Calditrichaeota*（暖发菌门）	*Calditrichota*（暖发菌门）
12	*Epsilonbacteraeota*（埃普西隆杆菌门）	*Campylobacterota*（弯曲菌门）
13	*Chlamydiae*（衣原体门）	*Chlamydiota*（衣原体门）
14	*Chlorobi*（绿菌门）	*Chlorobiota*（绿菌门）
15	*Chloroflexi*（绿弯菌门）	*Chloroflexota*（绿弯菌门）
16	*Chrysiogenetes*（产金菌门）	*Chrysiogenota*（产金菌门）
17	—	*Coprothermobacterota*（粪热杆菌门）
18	*Deferribacteres*（脱铁杆菌门）	*Deferribacterota*（脱铁杆菌门）
19	*Deinococcus-Thermus*（异常球菌–栖热菌门）	*Deinococcota*（异常球菌门）
20	*Dictyoglomi*（网团菌门）	*Dictyoglomota*（网团菌门）
21	*Elusimicrobia*（迷踪菌门）	*Elusimicrobiota*（迷踪菌门）
22	*Fibrobacteres*（纤维杆菌门）	*Fibrobacterota*（纤维杆菌门）
23	*Fusobacteria*（梭杆菌门）	*Fusobacteriota*（梭杆菌门）
24	*Gemmatimonadetes*（芽单胞菌门）	*Gemmatimonadota*（芽单胞菌门）
25	*Ignavibacteriae*（惰杆菌门）	*Ignavibacteriota*（惰杆菌门）
26	*Kiritimatiellaeota*（圣诞岛菌门）	*Kiritimatiellota*（圣诞岛菌门）
27	*Lentisphaerae*（黏胶球形菌门）	*Lentisphaerota*（黏胶球形菌门）

续表

编号	原命名（中文译名）	新命名（中文译名）
28	*Tenericutes*（软壁菌门）	*Mycoplasmatota*（支原体门）
29	—	*Myxococcota*（黏球菌门）
30	*Thaumarchaeota*（奇古菌门）*	*Nitrososphaerota*（亚硝化球菌门）
31	*Nitrospinae*（硝化刺菌门）	*Nitrospinota*（硝化刺菌门）
32	*Nitrospirae*（硝化螺菌门）	*Nitrospirota*（硝化螺菌门）
33	*Planctomycetes*（浮霉菌门）	*Planctomycetota*（浮霉菌门）
34	*Proteobacteria*（变形菌门）	*Pseudomonadota*（假单胞菌门）
35	*Rhodothermaeota*（红嗜热菌门）	*Rhodothermota*（红嗜热菌门）
36	*Spirochaetes*（螺旋体门）	*Spirochaetota*（螺旋体门）
37	*Synergistetes*（互养菌门）	*Synergistota*（互养菌门）
38	*Thermodesulfobacteria*（热脱硫杆菌门）	*Thermodesulfobacteriota*（热脱硫杆菌门）
39	*Thermomicrobia*（热微菌门）	*Thermomicrobiota*（热微菌门）
40	*Crenarchaeota*（泉古菌门）*	*Thermoproteota*（热变形菌门）
41	*Thermotogae*（热袍菌门）	*Thermotogota*（热袍菌门）
42	*Verrucomicrobia*（疣微菌门）	*Verrucomicrobiota*（疣微菌门）

注："—"代表之前无相应命名；"*"标注为古菌门，其余为细菌门。

值得注意的是，细菌域中90%以上的属和种隶属于4个门：假单胞菌门[*Pseudomonadota*，原名为变形菌门（*Proteobacteria*）]、放线菌门（*Actinomycetota*）、芽孢杆菌门[*Bacillota*，原名为厚壁菌门（*Firmicutes*）]和拟杆菌门（*Bacteroidota*）（图14-1）。

目前细菌域中已有24 000多个物种被描述，本节仅对其中含有可培养种类较多的20个门进行介绍。我们会根据微生物系统学的降序，即域（Domain）、界（Kingdom）、门（Phylum）、纲（Class）、目（Order）、科（Family）、属（Genus）、种（Species），对重要类群进行描述。

14.1.1　假单胞菌门

假单胞菌门是细菌域中已知物种数量最多、代谢类型最为多样的门。细菌域中三分之一以上已培养的种类属于假单胞菌门（图14-1），且假单胞菌门中含有绝大多数已知的医学、工业和农业上的重要细菌。

所有的假单胞菌门细菌均为革兰氏阴性细菌，具有多种细胞形态，包括直的或弯曲的杆状、球状、螺旋状和丝状，还有出芽和具菌柄的种类。它们的能量产生机制亦具有广泛多样性，包括化能无机营养型（chemolithotrophic）、化能有机营养型（chemoorganotrophic）和光能营养型（phototrophic）种类。仅有少量的代

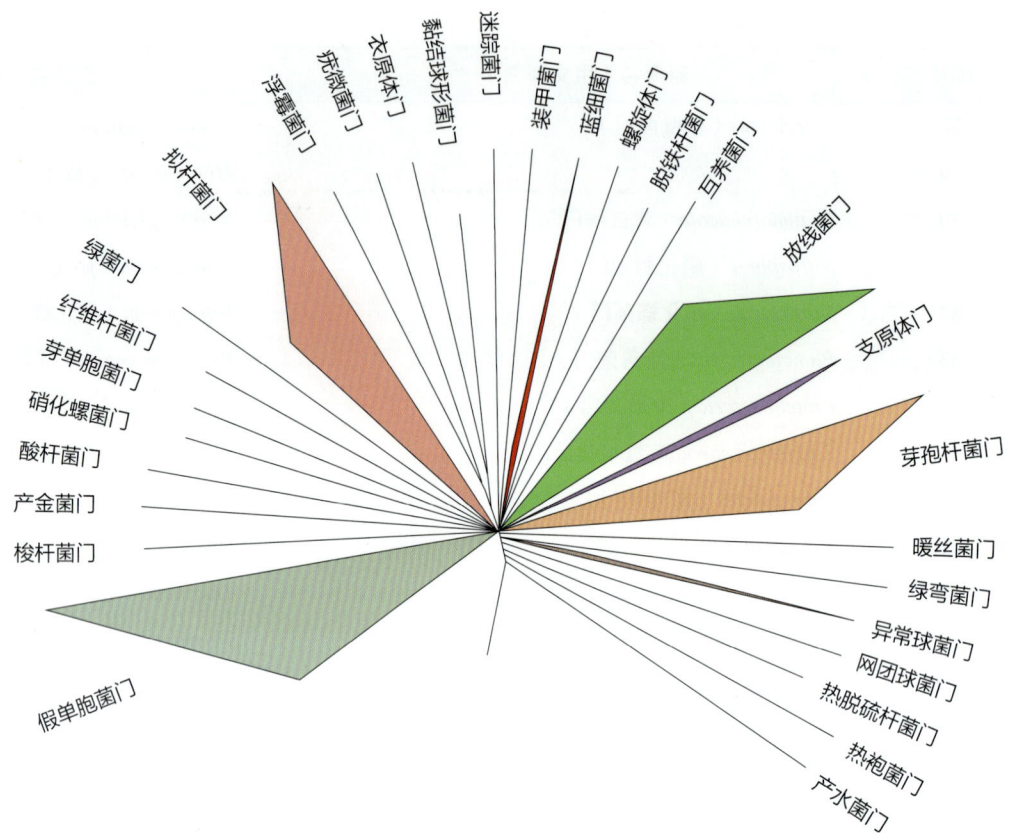

图 14-1 基于 16S rRNA 基因的可培养细菌主要门类的演化树

楔块的面积与每个类群中可培养细菌的数量成正比

谢类型不存在于假单胞菌门中，如无氧产甲烷作用（methanogenesis）只存在于古菌，产氧光能营养型仅存在于蓝细菌，厌氧氨氧化（anammox）仅存在于浮霉菌门（Planctomycetota），全程氨氧化作用（comammox；将 NH_4^+ 完全氧化为 NO_3^-）仅存在于硝化螺旋菌门（Nitrospirota），厌氧甲烷氧化（anaerobic methanotrophy，ANME）仅存在于古菌。假单胞菌门与 O_2 的关系同样有很高的多样性，有厌氧、微好氧和兼性好氧的种类。

基于 16S rRNA 基因序列，假单胞菌门可以分为 6 个纲，依次为 α- 变形菌纲（Alphaproteobacteria）、β- 变形菌纲（Betaproteobacteria）、γ- 变形菌纲（Gammaproteobacteria）、δ- 变形菌纲（Deltaproteobacteria）、ε- 变形菌纲（Epsilonproteobacteria）和 ζ- 变形菌纲（Zetaproteobacteria）（图 14-2）。前 5 纲均包含很多属，但 ζ- 变形菌纲目前的种类较少，最先发现的是铁氧化深海菌（Mariprofundus ferrooxydans）（见 14.1.1.6）。

尽管假单胞菌门在系统发育上跨度很大，但在不同纲的种类经常具有相似的代谢活性。比如，光营养细菌和甲烷营养菌分布在假单胞菌门的 3 个纲，而硝化细菌则分布于 4 个纲。这说明水平基因流（horizontal gene flow）在塑造假单胞菌门代谢多样性方面发挥着主要作用。假单胞菌门不同纲之间代谢特征的共享，也提醒我们表型和系统发育型经常为原核生物的多样性提供不同的视角。

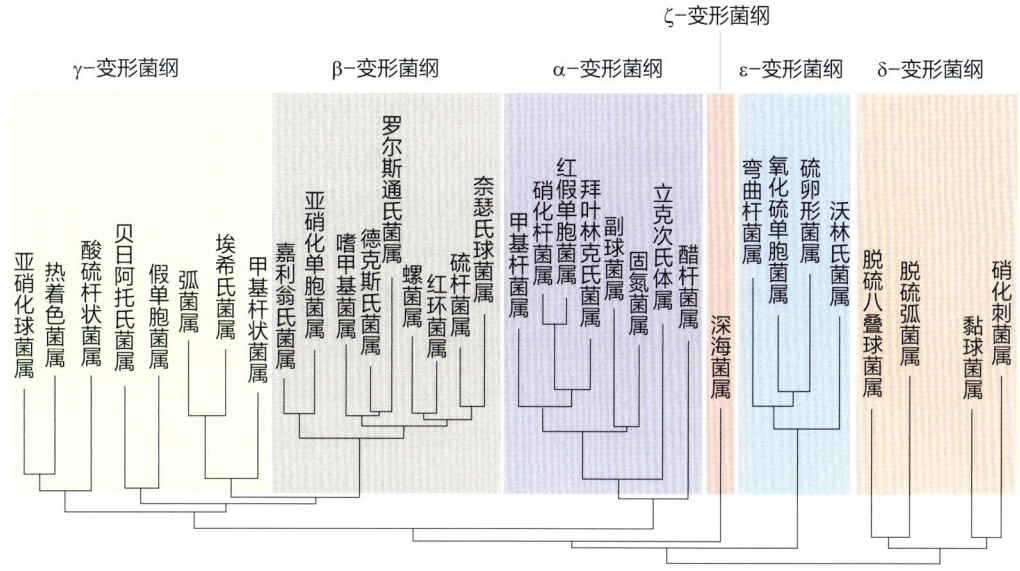

图 14-2 假单胞菌门的 6 个纲及其代表属的系统发育树

14.1.1.1　α-变形菌纲

α-变形菌纲是假单胞菌门的第二大纲,有大约 1 000 个被描述的种。α-变形菌纲具有广泛的功能多样性。多数种类是严格好氧菌或兼性好氧菌,许多种类是寡营养的(oligotrophic),偏爱生活于低营养浓度的环境中,如 SAR11 类群。

α-变形菌纲中有 10 个详细描述的目,但绝大多数种类隶属根瘤菌目(*Rhizobiales*)、立克次氏体目(*Rickettsiales*)、红杆菌目(*Rhodobacterales*)、红螺菌目(*Rhodospirillales*)、柄杆菌目(*Caulobacterales*)和鞘脂单胞菌目(*Sphingomonadales*)。

(1) 根瘤菌目

代表属:巴尔通氏菌属(*Bartonella*)、甲基杆菌属(*Methylobacterium*)、远洋杆菌属(*Pelagibacter*)、根瘤菌属(*Rhizobium*)、土壤杆菌属(*Agrobacterium*)。

根瘤菌目是 α-变形菌纲中最大且代谢类型最为多样的目,含有光合细菌如红假单胞菌属(*Rhodopseudomonas*)、化能无机营养菌如硝化杆菌属(*Nitrobacter*)、共生菌如根瘤菌属、自由生活的固氮细菌如拜叶林克氏菌属(*Beijerinckia*)、一些动植物病原菌,以及各种各样的化能有机营养菌。该目的名称来源于根瘤菌(rhizobia),由不同的属组成,可与豆科植物共生形成根瘤进行固氮。

根瘤菌目中有 9 个属可以形成根瘤,即慢生根瘤菌属(*Bradyrhizobium*)、苍白杆菌属(*Ochrobactrum*)、固氮根瘤菌属(*Azorhizobium*)、德沃斯氏菌属(*Devosia*)、甲基杆菌属(*Methylobacterium*)、中慢生根瘤菌属(*Mesorhizobium*)、叶杆菌属(*Phyllobacterium*)、中华根瘤菌属(*Sinorhizobium*)和根瘤菌属。这些菌是典型的化能有机营养菌和严格好氧菌,这些属中的结瘤基因通过水平转移的方式获得。结瘤基因发现于这些属的大质粒成共生岛中,并可在细胞间转移。根瘤菌的每个属都可定殖于不同范围的植物宿主。将根瘤压碎并将其涂布到营养丰富的固体培养基上就可分离根

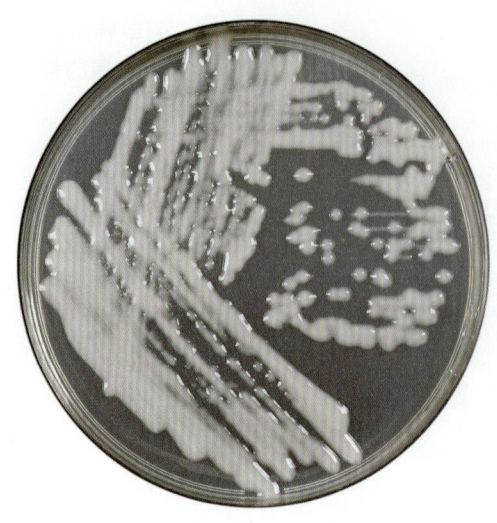

图 14-3 费氏中华根瘤菌（*Sinorhizobium fredii*）的菌落（照片来源：中国农业科学院烟草研究所郑艳芬）
菌株分离自野生大豆根瘤部位

瘤菌，菌落通常产生大量的胞外多糖黏液（图 14-3）。

根癌土壤杆菌（*Agrobacterium tumefaciens*）与根瘤菌属的亲缘关系很近，但它可引起植物根癌病。根癌土壤杆菌不能形成根瘤，其质粒上携带的根癌编码基因与根瘤菌的结瘤基因无关。

甲基杆菌属是根瘤菌目中最大的属之一，其菌落呈粉红色，且在甲醇上生长良好，因此被称为"粉红色兼性甲基营养菌"。该属常见于植物表面、土壤和淡水系统中，也经常出现于厕所和浴室中，可形成粉红色的生物被膜。

巴尔通氏菌属（*Bartonella*）是根瘤菌目中另一个著名的属。该属曾被归为立克次氏体目，是人类的胞内病原菌。该属的种类可引起人类和其他脊椎动物的各种疾病。五日热巴尔通氏菌（*Bartonella quintana*）是战壕热（trench fever，又称五日热）的病原菌，其在第一次世界大战的残酷战壕战中杀死了大量的士兵，因此得名。巴尔通氏菌属的其他物种可引起巴尔通氏菌病（bartonellosis）、猫抓病和各种炎症性疾病。这些疾病通过跳蚤和虱子等节肢动物介导。巴尔通氏菌属的种类很难分离培养，通常需要使用血琼脂平板才能获得。巴尔通氏菌在组织培养中生长时，其细胞生长在真核宿主细胞的表面，而非细胞质或细胞核中。

隶属 SAR11 类群的远洋杆菌属（*Pelagibacter*）也属于根瘤菌目。遍在远洋杆菌（*Pelagibacter ubique*）是一种寡营养、专性好氧的化能异养细菌，生活在海洋有光区。该菌可占到表层海洋总细菌的 25%，在温带海域的夏季其数量可达总细菌的 50%，因此遍在远洋杆菌可能是地球上丰度最高的细菌种类。

（2）立克次氏体目

代表属：立克次氏体属（*Rickettsia*）、沃尔巴克氏体属（*Wolbachia*）

立克次氏体目细菌一般呈球状或杆状，都是动物的专性胞内寄生菌或互利共生菌（mutualist）。该目的细菌在缺乏宿主细胞时尚未获得培养，必须在鸡胚或宿主细胞中才能生长。

立克次氏体属的多个物种都是人类病原菌，包括引起斑疹伤寒的普氏立克次体（*Rickettsia prowazekii*）和引起落基山斑点热的立氏立克次氏体。这些病原菌可通过蜱虫、跳蚤、虱子和螨虫等节肢动物传播。大多数立克次氏体的代谢作用发生特化，只能氧化谷氨酸或谷氨酰胺，而不能氧化葡萄糖或有机酸。它们不能合成某些代谢物，而必须从宿主细胞中获得。立克次氏体在宿主外存活时间很短，可以节肢动物为媒介在动物之间传播。

立克次氏体具有典型的原核生物形态，含有细胞壁。立克次氏体细胞穿透宿主细胞是一个主动过程，需要两者都具有代谢活性。立克次氏体进入宿主细胞后，主要在其细胞质内繁殖。宿主细胞破裂后，立克次氏体从宿主细胞释放出来。

（3）红细菌目和红螺菌目

代表属：红细菌属（*Rhodobacter*）、红螺菌属（*Rhodospirillum*）、玫瑰杆菌属（*Roseobacter*）。

红细菌目和红螺菌目含有代谢类型多样的种类，包括紫色非硫细菌如红细菌属和红螺菌属、好氧不产氧光合细菌如玫瑰杆菌属、固氮细菌如固氮螺菌属（*Azospirillum*）、反硝化细菌（如副球菌属，*Paracoccus*）、趋磁细菌（magnetotactic bacteria）（如磁螺菌属，*Magnetospirillum*）等。

玫瑰杆菌类群（*Roseobacter* clade），与SAR11类群类似，也是全球表层海水中分布最广、数量最多的浮游细菌类群之一，在海洋有机硫循环中扮演重要的角色，在合成或降解有机硫化合物——二甲基硫基丙酸（dimethylsulfoniopropionate，DMSP）和二甲基硫醚（dimethyl sulfide，DMS）中发挥重要作用。

磁螺菌属细菌可以产生由细胞内膜包裹的由 Fe_3O_4 组成的磁性颗粒，即磁小体（magnetosome）（图 14-4），使细菌能够沿着磁力线运动。磁螺菌广泛分布于淡水泥浆中，可在微氧条件下生长。在富铁环境下可产生磁小体链，在缺铁环境下不产生磁小体链。

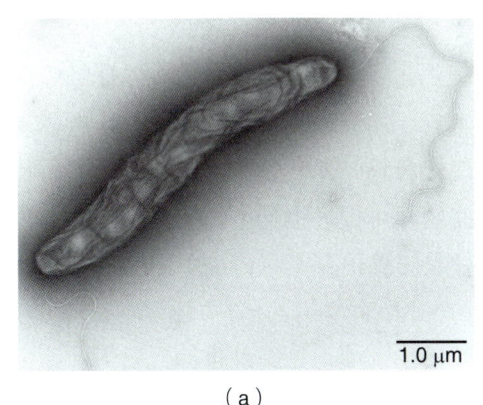 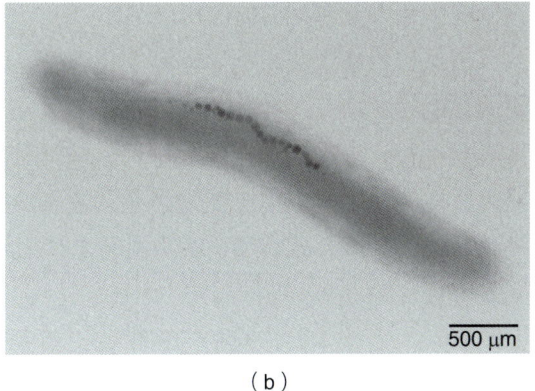

(a)　　　　　　　　(b)

图 14-4　格瑞菲斯瓦尔德磁螺菌（*Magnetospirillum gryphiswaldense*）MSR-1 的透射电镜照片（图片来源：中国农业大学田杰生）（a）0.3% 乙酸双氧铀染色，拍照时聚焦于细胞表面和鞭毛；（b）不采用乙酸双氧铀染色，拍照时聚焦于磁小体

（4）柄杆菌目

代表属：柄杆菌属（*Caulobacter*）。

柄杆菌目是典型的寡营养型和严格好氧的化能异养细菌。该目细菌通常形成菌柄，使细菌牢固地附着在水环境中的藻类、石头或其他物体表面上。许多种类具有不对称的细胞分裂形式。新月柄杆菌（*Caulobacter crescentus*）已被作为细胞分化的模式细菌开展了大量的研究，其细胞周期受到调控蛋白的控制，相当精确地支配细胞周期事件中基因表达的偶联（图 14-5）。

（5）鞘氨醇单胞菌目

代表属：鞘氨醇单胞菌属（*Sphingomonas*）。

鞘氨醇单胞菌目包括各种好氧和兼性好氧的化能异养菌、好氧不产氧光合细菌如（红杆菌属）和一些专性厌氧细菌。鞘氨醇单胞菌属广泛分布于水生和陆地环境中，

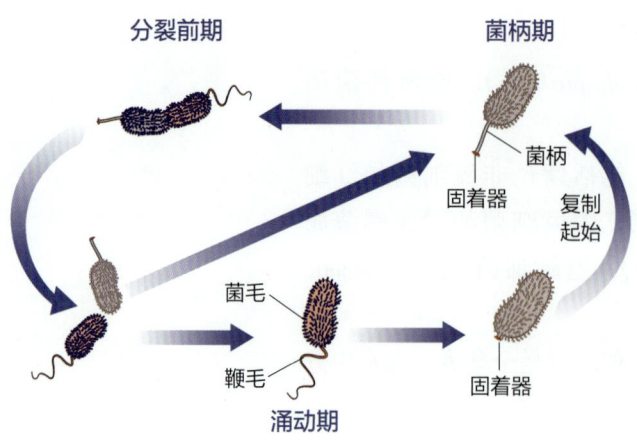

图 14-5　新月柄杆菌（*Caulobacter crescentus*）的二态细胞周期

可代谢多种有机化合物，如芳香族化合物（甲苯、壬基酚、萘和蒽）等常见的环境污染物。鞘氨醇单胞菌属作为潜在生物修复剂已被广泛研究。这些细菌很容易在各种复杂的培养基上生长。

14.1.1.2　β- 变形菌纲

β- 变形菌纲是假单胞菌门的第三大纲，有大约500个已被描述的种。β- 变形菌纲类群的功能多样性极为丰富（图 14-2）。该纲有6个目，包括伯克霍尔德氏菌目（*Burkholderiales*）、红环菌目（*Rhodocyclales*）、奈瑟氏球菌目（*Neisseriales*）、嗜氢菌目（*Hydrogenophilales*）、嗜甲基菌目（*Methylophilales*）和亚硝化单胞菌目（*Nitrosomonadales*）。

（1）伯克霍尔德氏菌目

代表属：伯克霍尔德氏菌属（*Burkholderia*）、马赛菌属（*Massilia*）。

伯克霍尔德氏菌目包含具有广泛代谢和生态特征的种类，包括严格好氧、兼性好氧和专性厌氧的化能异养菌、不产氧光合细菌、专性和兼性化能自养菌、自由生活的固氮菌以及人类和动植物的病原菌。

伯克霍尔德氏菌属是伯克霍尔德氏菌目的模式属。该属包括各种具有专性呼吸代谢的化能异养菌。所有种类均可在有氧条件下生长，一些种类也可以硝酸盐为电子受体厌氧生长，许多菌株有固氮作用。该属对有机化合物，尤其是芳香族化合物具有代谢多样性，使之可应用于生物修复。该属的某些菌株可促进植物生长。然而，许多种类是动植物的潜在致病菌，其中最著名的致病种是洋葱伯克霍尔德氏菌（*Burkholderia cepacia*）。

洋葱伯克霍尔德氏菌主要生活于土壤，是一种条件致病菌。该菌通常存在于植物的根际，可产生抗真菌和抗线虫化合物，因此其在植物根部的定殖可以预防病害发生并促进植物生长。然而，在某些情况下，该菌会成为植物病原菌，是洋葱软腐病的主要病因。洋葱伯克霍尔德氏菌也会成为住院患者的条件致病菌，该菌在免疫功能低下或肺炎患者中可形成继发性肺部感染，其在肺中可形成生物被膜并对许多抗生素具耐药性，使之对肺炎患者特别危险。

马赛菌属包含40余个有效种，在土壤中广泛分布，从人类临床样本、植物、水、冰芯、空气和岩石等生境中也可分离到。菌落多为黄色，少数为白色、粉色或紫黑色，细胞形态多为杆状，绝大多数种类具有鞭毛（图 14-6），能运动。马赛菌不仅能够合成多种次级代谢产物和酶，而且具有溶磷、降解菲和耐受重金属等多种功能。

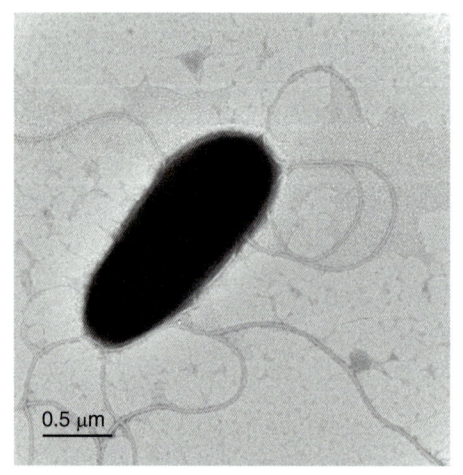

图 14-6　田地马赛菌（*Massilia arvi*）A6-12
（图片来源：武汉大学彭方）
分离自土壤环境

（2）红环菌目

代表属：红环菌属（*Rhodocyclus*）、动胶菌属（*Zoogloea*）。

与伯克霍尔德氏菌目类似，红环菌目也包含了具有不同代谢和生态特征的物种。红环菌目的代表属是红环菌属，一类紫色非硫细菌。红环菌属在光能异养条件下生长最好，但大多数种类也可以H_2为电子供体营光能自养生长。这些种类也可在黑暗条件下通过呼吸作用生长，但其通常发现于光照缺氧且存在有机物的环境中。

动胶菌属是红环菌目的另一个重要属。动胶菌属是一种好氧化能异养菌，其独特之处是产生厚厚的胶状荚膜，将细胞黏合在一起形成复杂的基质，具有分支的指状突起。这种凝胶状基质可以引起絮凝现象，在溶液中形成颗粒沉淀。该菌在有氧废水处理中尤为重要，可降解废水中的大部分有机物，并促进絮凝和沉降，这是水净化的关键步骤。

（3）奈瑟氏球菌目

代表属：色杆菌属（*Chromobacterium*）、奈瑟球菌属（*Neisseria*）。

奈瑟氏球菌目至少包含29个属，均为化能异养菌。最典型的属是奈瑟氏球菌属和色杆菌属。奈瑟氏球菌属的种类通常分离自动物，某些种类具有致病性。奈瑟氏菌通常为球形，某些种类是自由生活的腐生细菌，存在于口腔和动物体的其他潮湿部位。还有部分种类是严重的病原菌，如脑膜炎奈瑟氏球菌（*Neisseria meningitidis*），可导致脑膜炎。

色杆菌属中最著名的种类是紫色色杆菌（*Chromobacterium violaceum*），菌落呈紫色，存在于水和土壤中，偶尔也发现于人类和其他动物的化脓伤口中。紫色色杆菌可产生紫色色素（简称紫色素），是一种具有抗菌和抗氧化特性的非水溶性色素。色杆菌属是兼性好氧菌，可发酵糖类生长，并可在多种碳源上进行有氧生长。

（4）嗜氢菌目、嗜甲基菌目和亚硝化单胞菌目

代表属：嗜氢菌属（*Hydrogenophilus*）、硫杆菌属（*Thiobacillus*）、嗜甲基菌属（*Methylophilus*）、亚硝化单胞菌属（*Nitrosomonas*）。

这三个目的种类具有相当特殊的代谢能力，包括化能自养菌和甲基营养菌。大多数种类是专性好氧菌，许多种类是自养菌。热叶绿体嗜氢菌（*Hydrogenophilus thermoluteolus*）是一种专性好氧菌，可以H_2为呼吸作用的电子供体并通过卡尔文循环固定CO_2，进行化能自养生长。该菌也可以利用简单碳源进行化能异养生长。硫杆菌属是嗜氢菌目的另一个重要属。硫杆菌属的种类有化能异养型，也有化能自养型。硫杆菌属中的化能自养种类是硫细菌，可以还原性硫化物为电子供体进行氧化作用，通过有氧呼吸或反硝化作用进行生长。硫杆菌属的种类也可以通过卡尔文循环固定CO_2，通常存在于土壤、硫泉、海洋环境和其他含有还原性硫化物的环境。

嗜甲基菌目是专性和兼性甲基营养菌，可利用甲醇和其他一碳（C_1）化合物，但不能利用甲烷。兼性的种类可以化能异养生长，利用单糖进行有氧呼吸。亚硝化单胞菌目含有专性化能自养氨氧化细菌，关键属是亚硝化单胞菌属和亚硝化螺菌属（*Nitrosospira*）。

14.1.1.3 γ-变形菌纲

γ-变形菌纲是假单胞菌门中最大和多样性最高的纲，包含了该门中近一半已描述

的种类。该纲包含超过 1 500 个已描述的种和至少 15 个已描述的目。其物种具有多样的代谢和生态特征（图 14-2），包括许多众所周知的人类病原菌。该纲细菌可以进行光能营养（包括紫硫细菌）、化能异养、化能自养。该纲成员通常在实验室培养基中迅速生长，并可从广泛多样的栖息地中分离出来。

（1）肠杆菌目

代表属：肠杆菌属（*Enterobacter*）、埃希氏菌属（*Escherichia*）、克雷伯菌属（*Klebsiella*）、变形菌属（*Proteus*）、沙门菌属（*Salmonella*）、沙雷氏菌属（*Serratia*）、志贺菌属（*Shigella*）。

肠杆菌目（*Enterobacterales*）是 γ- 变形菌纲中最大和最著名的目之一，通常被称为肠道细菌，是 γ- 变形菌纲中的一个相对同质的系统发育群，是兼性好氧、不产芽孢的杆状细菌，不运动或以周生鞭毛运动。氧化酶阴性和过氧化氢酶阳性。它们可发酵葡萄糖产酸，还可还原硝酸盐，但只产生亚硝酸盐。肠道细菌的营养需求相对简单，可将糖发酵成多种终产物。

在肠道细菌中，有许多种类是人类或动植物的病原菌，还有一些种类在工业上有重要应用。大肠杆菌是典型的肠道细菌，目前已鉴定了许多属和种。

然而，由于肠道细菌在遗传上密切相关，其鉴别往往比较困难。在临床实验室中，肠道细菌的鉴定通常采用快速诊断试剂盒、免疫学和基因组学进行综合分析，以确定特定种类的特征蛋白或基因。

（2）假单胞菌目

代表属：假单胞菌属（*Pseudomonas*）。

假单胞菌目（*Pseudomonadales*）细菌全部为行呼吸代谢的化能异养菌。所有种类均可好氧生长，通常为氧化酶和过氧化氢酶阳性，但一些种类亦可以硝酸盐为电子受体进行厌氧呼吸。大多数种类可利用多种有机化合物作为碳源和能源进行生长。该目细菌广泛分布于土壤和水生生态系统，许多种类可导致人类或动植物发病。该目的典型属是假单胞菌属。

假单胞菌属的多个种类具有致病性。其中，铜绿假单胞菌（*Pseudomonas aeruginosa*）可引起人类的尿道和呼吸道感染。该菌不是专性病原菌，仅在免疫系统薄弱的个体中引发感染。铜绿假单胞菌还是研究生物被膜发生机制的模式生物。由于该菌很容易在物体表面定殖，它是接受气管切开术、腰椎穿刺、严重烧伤治疗等患者医院获得性感染的常见原因。除了局部感染外，铜绿假单胞菌也可引起全身感染，通常发生在经历过大面积皮肤损伤的个体中。

铜绿假单胞菌对许多广泛使用的抗生素具有天然耐药性，因此治疗感染往往很困难。耐药性通常是由抗性质粒（R 质粒）转移引起，其基因编码的蛋白质可以解毒不同抗生素或将其泵出细胞。生物被膜的形成进一步增强了其对抗生素的耐药性。多黏菌素是一种具有毒性的抗生素，通常不用于人类治疗，但对铜绿假单胞菌有效，仅用于严重的病例。

"软腐病"病原菌丁香假单胞菌（*Pseudomonas syringae*），可感染植物的茎和芽，但很少感染叶片。

施氏假单胞菌（*Pseudomonas stutzeri*；图 14-7）具有很高的表型和基因型多样性，可以解磷和解钾，在环境生物修复方面发挥重要作用。

（3）弧菌目

代表属：另类弧菌属（*Aliivibrio*）、弧菌属（*Vibrio*）、发光杆菌属（*Photobacterium*）。

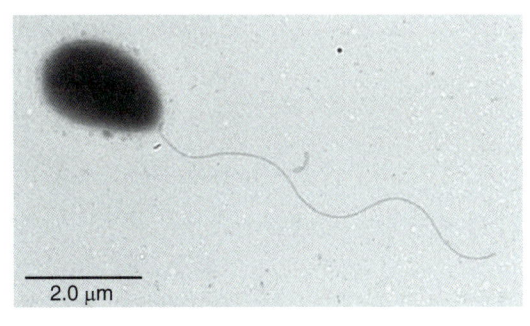

图 14-7　施氏假单胞菌的电镜图（图片来源：中国科学院海洋研究所孙超岷）

弧菌目（*Vibrionales*）含有兼性好氧的杆状或弯曲杆状菌，可发酵代谢。弧菌和肠道细菌之间的一个关键区别是，弧菌氧化酶呈阳性，而肠道细菌氧化酶呈阴性。虽然假单胞菌目也是氧化酶阳性，但它们不能发酵代谢，因此与弧菌目明显不同。弧菌目中最著名的属是弧菌属、另类弧菌属和发光杆菌属，其中多个种类具有生物发光特性（图 14-8）。

大多数弧菌发现于海洋、半咸水或淡水栖息地。霍乱弧菌（*Vibrio cholerae*）可引起人类霍乱病，但该菌一般不会引起其他宿主发病。霍乱病是发展中国家最常见的人类传染病之一，几乎全部通过水传播。

副溶血弧菌（*Vibrio parahaemolyticus*）生活于海洋环境中。在日本，由于生鱼被广泛食用，是引发胃肠炎的主要原因，该菌还与其他国家的肠胃炎暴发有关。副溶血弧菌可从海水、贝类或甲壳类动物中分离出来，其主要宿主可能是海洋动物，人类是偶然宿主。

（4）硫发菌目

代表属：辫硫菌属（*Thioploca*）、硫发菌属（*Thiothrix*）、硫珍珠菌属（*Thiomargarita*）。

硫发菌目（*Thiotrichales*）多为丝状化能自养硫氧化菌。辫硫菌属是多细胞丝状细菌，通常以束状形式存在，外包共同的鞘，鞘中含有硫颗粒。纳米比亚硫珍珠菌

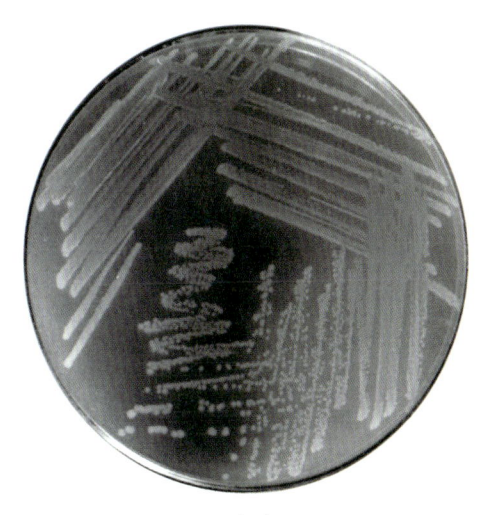

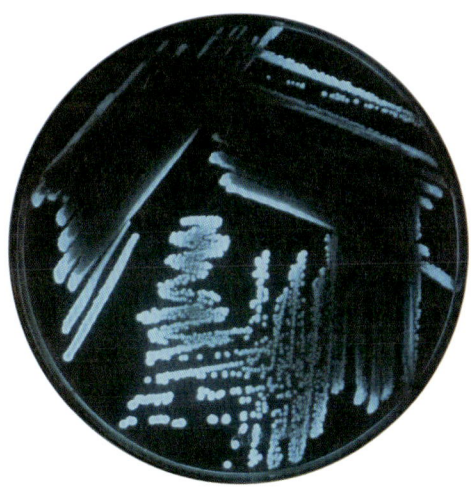

(a)　　　　　　　　(b)

图 14-8　哈维氏弧菌（*Vibrio haveyi*）的发光现象（图片来源：中国海洋大学张晓华）
(a)在有光条件下拍照；
(b)在黑暗条件下拍照，可见哈维氏弧菌 VIB391 的发光现象

（*Thiomargarita namibiensis*）于1999年被发现，是目前已知的单体体积最大的原核生物之一。其球形细胞的直径通常为100~300 μm，有的甚至高达750 μm。纳米比亚硫珍珠菌在纳米比亚的沿海沉积物中含量很高，以丝状形式存在，外包共同的黏液鞘。在显微镜下硫颗粒发出闪烁的白色，如一串闪亮的珍珠链，因此取名为硫珍珠菌。纳米比亚海岸的水文地理条件使得大量的营养物质聚集于水表面，大量浮游植物的生长导致有机物沉积到海底，被细菌降解产生大量的 H_2S。纳米比亚硫珍珠菌利用 NO_3^- 氧化硫化物。和辫硫菌一样，纳米比亚硫珍珠菌细胞内含有一个大的液泡，NO_3^- 储存于液泡中，硫元素则储存于细胞周质中作为营养物质储备，这样细菌就可在无外界营养物质的条件下生长数个月。

2022年，根据《科学》杂志报道，一种肉眼可见的细菌被发现，被命名为华丽硫珍珠菌（*Ca. Thiomargarita magnifica*），它来自加勒比海格兰德特雷岛的红树林，是目前已发现的最大的细菌，单个细菌最大长度为2 cm。

14.1.1.4　δ-变形菌纲

代表属：蛭弧菌属（*Bdellovibrio*）、黏球菌属（*Myxococcus*）、脱硫弧菌属（*Desulfovibrio*）、地杆菌属（*Geobacter*）、互营杆菌属（*Syntrophobacter*）。

与α-、β-和γ-变形菌纲相比，δ-变形菌纲的种类较少，功能多样性较低（图14-2）。δ-变形菌纲主要是硫酸盐和硫还原细菌、异化铁还原细菌和捕食细菌（如黏细菌）。在δ-变形菌纲中有8个目被进行了详细研究。

黏球菌目（*Myxococcales*）和蛭弧菌目（*Bdellovibrionales*）含有大量的捕食细菌。蛭弧菌附着于宿主细胞表面，钻穿宿主细胞壁并在周质空间繁殖，最终引起宿主细胞裂解，并释放出多达30个子代个体（图14-9）。

相比之下，脱硫单胞菌目（*Desulfuromonadales*）含有多个金属和硫还原属，如地杆菌属。与脱硫单胞菌目类似，δ-变形菌纲的许多属都与硫化物的还原有关。含

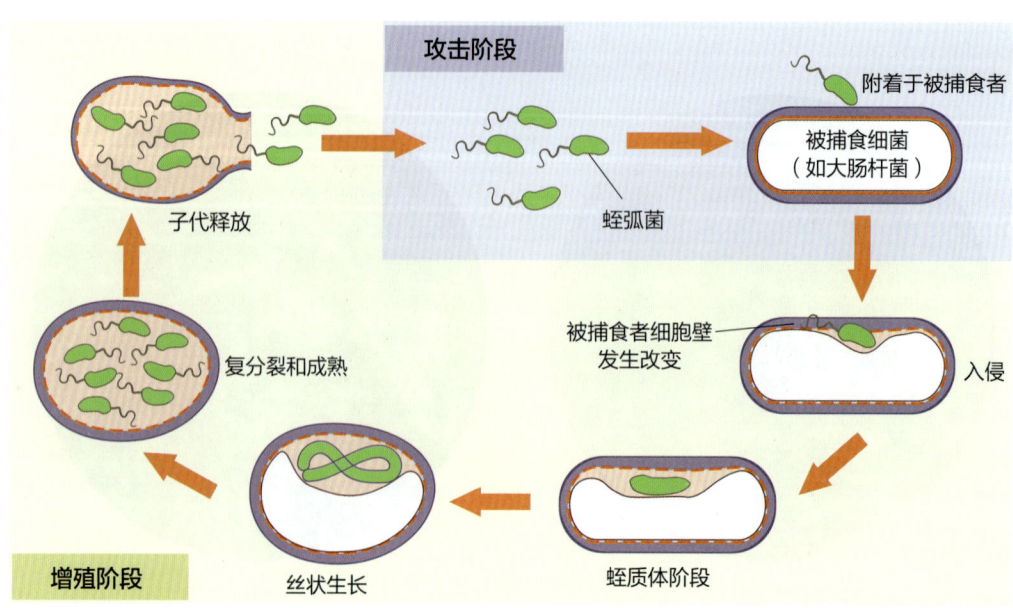

图14-9　蛭弧菌的生活周期示意图

有硫酸盐还原菌的最大和最常见的目是脱硫弧菌目（*Desulfovibrionales*）。该目细菌很容易从含有硫酸盐的海洋沉积物和营养丰富的缺氧环境中分离出来。脱硫弧菌目细菌是典型的不完全氧化菌，都能利用硫酸盐作为末端电子受体，并需要乳酸等小分子有机物作为碳源和能源生长。脱硫杆菌目（*Desulfobacterales*）和脱硫弧菌目（*Desulfarculales*）的物种也是硫酸盐还原菌，但与脱硫弧菌目相比，这些物种可以是完全或不完全的醋酸氧化菌。除了还原硫酸盐，这三个目的一些种类还能还原亚硫酸盐、硫代硫酸盐或硝酸盐，有些种类还具有一定的发酵能力。

含有硫酸盐还原菌的最后一个目是互营杆菌目（*Syntrophobacterales*），该目的某些种类也能还原硫酸盐。在自然界中，互营杆菌目细菌主要与 H_2 利用菌具有互养共栖作用。例如，互养物种沃氏互营杆菌（*Syntrophobacter wolinii*）能氧化丙酸，产生乙酸盐、CO_2 和 H_2，然而这种作用只有在 H_2 利用菌存在时才能实现。

14.1.1.5 ε- 变形菌纲

代表属：弯曲杆菌属（*Campylobacter*）、螺杆菌属（*Helicobacter*）。

与 δ- 变形菌纲类似，ε- 变形菌纲的种类也较少，且功能多样性较低。ε- 变形菌纲含有许多能将硫化氢氧化为硫或硫酸盐的种类。有好多种类是化能自养细菌，某些种类如弯曲杆菌属（*Campylobacter*）和螺杆菌属（*Helicobacter*）的种类是人类病原菌，而另一些种类可与宿主共生。

（1）弯曲杆菌属和螺杆菌属

这两个属有许多共同特征，均为螺旋状、可运动、氧化酶和过氧化氢酶阳性，大多数物种对人类或其他动物具有致病性。它们属于微好氧微生物，必须在低 O_2（3%~15%）和高 CO_2（3%~10%）条件下从临床标本中分离培养。

弯曲杆菌属已有十余种被描述，它们会引起急性胃肠炎，通常导致出血性腹泻。其发病机制与多个因素有关，包括一种与霍乱毒素相关的肠毒素。幽门螺杆菌（*Helicobacter pylori*）也是人类病原菌，可引起急性或慢性胃炎，最终导致胃溃疡甚至胃癌。

（2）代谢硫的 ε- 变形菌纲物种

通过环境样品测序和基于培养的研究，发现 ε- 变形菌纲物种在海洋和陆地环境中广泛存在。这些微生物在硫循环活跃的环境中特别丰富，尤其是在深海热液喷口和海洋沉积物中，那里混有丰富的硫化物和有氧水体。该纲有许多嗜热菌，有助于其在热液系统中生长。化能自养细菌（通过反向三羧酸循环固定 CO_2）也广泛存在于 ε- 变形菌纲中。许多种类能够有氧或厌氧（利用氧化态氮化物或硫化合物作为电子受体）生长，同时利用还原态硫化物或 H_2 等无机物作为电子供体。在富硫环境中，ε- 变形菌纲细菌会大量附着在有氧 – 无氧界面，在自然界硫化物氧化中起着重要作用。

ε- 变形菌纲细菌固定 CO_2 的能力对生活在富硫环境中的动物尤为重要，该纲细菌在热液喷口烟囱上的微生物生物量占比可高达 85%。此外，ε- 变形菌纲细菌可作为许多动物（如寡毛类和多毛类蠕虫、蜗牛、虾等）的外共生和内共生微生物生长。这些共生微生物可对宿主发挥两种作用，既可提供营养物质，又可解毒对宿主有害的 H_2S。

14.1.1.6 ζ-变形菌纲

ζ-变形菌纲细菌是典型的微好氧、嗜中性的化能自养型铁氧化菌，常栖息于有氧与无氧交界处的富铁含水环境。铁氧化深海菌是该纲第一株被纯培养的菌株，于1996年分离自夏威夷罗希海山的富铁低温热液喷口，以二价铁离子作为能量来源。该菌与固体表面接触时，可生长出由铁氧化物包裹的螺旋状菌柄。此外，该菌细胞内还含有多聚磷酸物，可为细胞提供能量和磷酸盐。此后陆续从淡水和海洋环境中分离出其他菌株。

依托中国大洋72航次（2022年4月28日启动的一次重要海洋科学考察），深海菌（*Mariprofundus* sp.）S2-6分离自天休热液区沉积物，为该属的潜在新种，是一株严格化能自养的嗜中性铁氧化菌，细胞比同属的其他菌株更长（图14-10）。

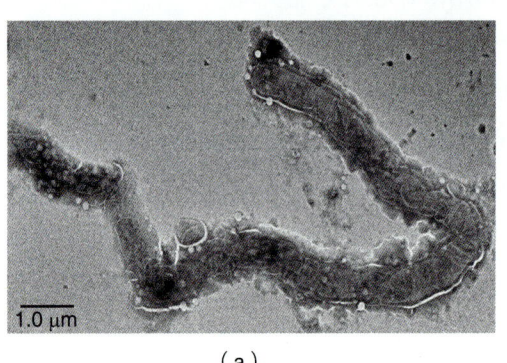 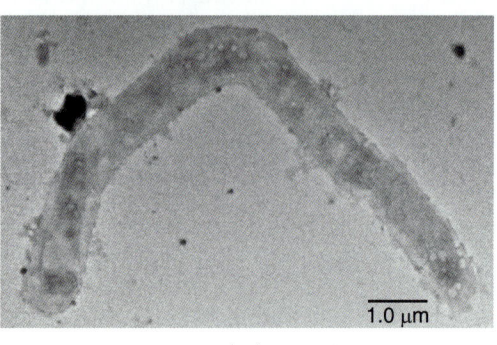

(a)　　　　　　　　　　　　　　　　(b)

图14-10　深海菌（*Mariprofundus* sp.）S2-6的透射电镜照片（图片来源：自然资源部第三海洋研究所邵宗泽）
在添加氢气、二价铁和氧气的条件下对菌株进行培养，（a）和（b）为不同的视野

14.1.2　芽孢杆菌门、支原体门和放线菌门

芽孢杆菌门（*Bacillota*）和放线菌门（*Actinomycetota*）细菌为革兰氏阳性细菌，许多类群的特征已被详细描述。支原体门（*Mycoplasmatota*），原名软壁菌门（*Tenericutes*）包括支原体属（*Mycoplasma*）等已失去产生肽聚糖和任何类型细胞壁能力的物种。这三个门（图14-11）的细菌包含了近一半已被描述的细菌种类。

放线菌门的种类很多，主要为丝状土壤细菌，其基因组DNA通常具有高频率的GC碱基对，因此它们也被称为高G+C革兰氏阳性细菌。支原体门包括许多缺乏细胞壁的细菌，而芽孢杆菌门包括芽孢形成细菌、乳酸菌和其他一些类群。与放线菌门相比，芽孢杆菌门基因组中GC含量通常较低，因此它们也被称为低G+C革兰氏阳性细菌。

14.1.2.1　芽孢杆菌门

（1）产芽孢的芽孢杆菌目和梭菌目

代表属：芽孢杆菌属（*Bacillus*）、梭菌属（*Clostridium*）、芽孢八叠球菌属（*Sporosarcina*）。

所有芽孢产生菌都属于芽孢杆菌目（*Bacillales*）和梭菌目（*Clostridiales*）。形成芽孢的能力仅在芽孢杆菌目、梭菌目和乳杆菌目的共同祖先中演化过一次。然而，许

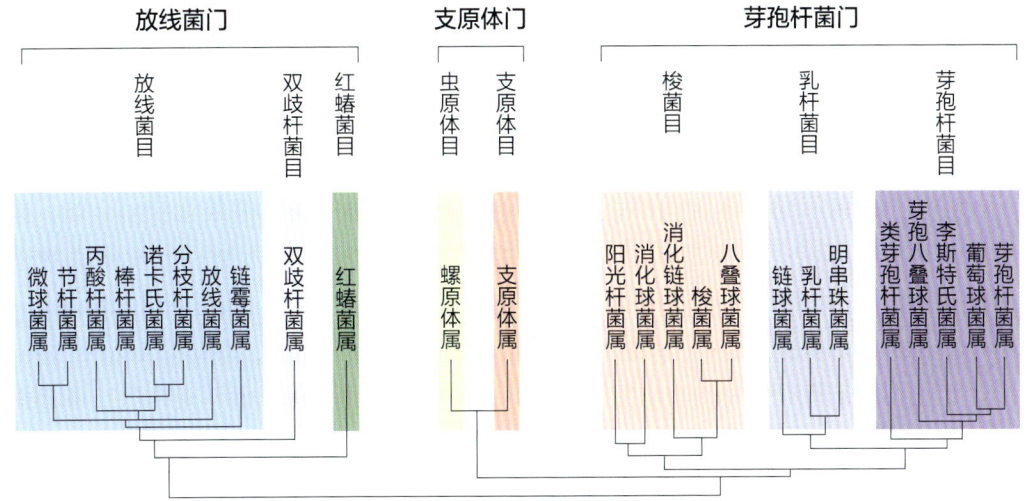

图 14-11 革兰氏阳性菌的主要目及其近缘类群

以放线菌门、芽孢杆菌门和支原体门代表性属的 16S rRNA 基因序列构建了系统发育树

多芽孢杆菌目和梭菌目以及全部乳杆菌目细菌都无法形成芽孢。芽孢产生需要许多基因参与，且并非通过水平基因转移获得。有许多细菌的芽孢产生能力在演化过程中丧失了。

芽孢产生菌可根据其细胞形态、芽孢形状和在细胞中的位置、与氧气的关系以及能量代谢来区分。最著名的芽孢产生菌是芽孢杆菌属和梭菌属，其中前者为好氧或兼性好氧细菌，而后者为专性厌氧菌和发酵菌。在自然界中，产芽孢菌主要存在于土壤中。即便是对人类或其他动物具致病性的产芽孢菌，也主要是土壤腐生细菌，只是偶尔感染动物。由于土壤的营养水平、温度和水活度高度多变，产生芽孢能力对土壤微生物是有利的。

芽孢杆菌属和类芽孢杆菌属（*Paenibacillus*）在含有多种碳源的合成培养基上均能生长良好。许多芽孢杆菌能产生胞外水解酶，分解多糖、核酸和脂质等复杂的聚合物，用作碳源和电子供体。许多芽孢杆菌能产生杆菌肽、多黏菌素、酪氨酸、短杆菌肽和环菌素等抗生素。这些抗生素一般在培养物进入稳定期并开始形成芽孢时释放出来。

有一些芽孢杆菌，如弧丽金龟类芽孢杆菌（*Paenibacillus popilliae*）和苏云金芽孢杆菌（*Bacillus thuringiensis*），能产生有毒的杀虫蛋白。弧丽金龟类芽孢杆菌会使甲虫的幼虫患上致命的乳状病（milky disease）。苏云金芽孢杆菌可使许多种类的昆虫死亡。这两种昆虫病原菌伴随芽孢的形成，产生一种晶体蛋白质，称为伴孢晶体（parasporal body）（图 14-12）。

苏云金芽孢杆菌的伴孢晶体是一种毒素前体（protoxin），在昆虫肠道中转化为毒素。该毒素可与某些昆虫的肠道上皮细胞特定受体结合，并诱导形成孔隙，导致宿主细胞质泄漏，继而裂解。苏云金芽孢杆菌的不同菌株可产生不同类型的毒素，对不同种类的昆虫具有特异性。芽孢杆菌的伴孢晶体，可作为生物杀虫剂在

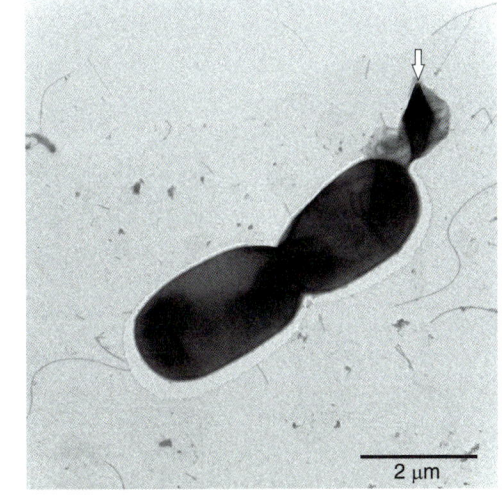

图 14-12 苏云金芽孢杆菌（*Bacillus thuringiensis*）的透射电镜照片（图片来源：武汉大学彭方）

箭头所指为释放到细胞外的伴孢晶体

市场上销售。

目前，已从多个苏云金芽孢杆菌中鉴定出编码伴孢晶体蛋白（也称为"Bt 毒素"）的 *cry* 基因，并被转化到玉米、大豆和棉花等转基因作物中，以增强植物的抗虫性。这些转基因"Bt 农作物"在世界各地被广泛种植。

与芽孢杆菌不同，梭菌属缺乏呼吸链，因此它们通过底物磷酸化获得 ATP。梭菌属细菌中有多种厌氧产能机制，该属主要根据这些特性及所利用的发酵底物来划分亚群。许多梭菌可发酵糖类，其主要终产物是丁酸。巴氏梭菌（*Clostridium pasteurianum*）等种类还能产生丙酮和丁醇，该菌还具活跃的固氮作用。

芽孢八叠球菌属细菌并不是常见的产芽孢菌，其细胞是球状而不是杆状。该菌由严格需氧的球形至椭圆形细胞组成，这些细胞在两个或三个垂直断面上分裂，形成四分体或由 8 个或更多细胞组成的细胞包裹。主要种类是脲芽孢八叠球菌（*Sporosarcina ureae*）。

（2）不产芽孢的芽孢杆菌目和梭菌目

代表属：李斯特菌属（*Listeria*）、葡萄球菌属（*Staphylococcus*）、八叠球菌属（*Sarcina*）。

能产芽孢的芽孢杆菌门细菌属于芽孢杆菌目和梭菌目。然而，这两个目的许多种类不产芽孢，以下介绍一些不产芽孢的种类。

芽孢杆菌目通常包括好氧和兼性好氧的化能异养菌，其成员分布广泛，在土壤中尤为常见。例如，李斯特氏菌属广泛存在于土壤中，是一种条件致病菌，也是食源性疾病的常见病因。李斯特氏菌属是革兰氏阳性、过氧化氢酶阳性、杆状、兼性好氧的化能异养菌。单核增生李斯特菌（*Listeria monocytogenes*）是该属中最著名的种类，可引起重要的食源性疾病——李斯特氏菌病（listeriosis），该病原菌可通过奶酪、香肠等受污染的即食食品传播，可引起轻微疾病或致命的脑膜炎。该属细菌通常在低温下生长良好，可在冷藏食品中生长。

芽孢杆菌目的葡萄球菌属是一种兼性好氧菌，具典型的呼吸代谢，但也能发酵生长。细胞通常成簇生长，并通过好氧和厌氧两种方式代谢葡萄糖产酸。葡萄球菌的过氧化氢酶呈阳性，使之有别于链球菌属和一些其他属的乳酸菌。葡萄球菌属对干燥和高盐环境有很好的耐受性。许多种类具有色素。

葡萄球菌是人类和动物常见的附生菌和寄生菌，偶尔会引起严重感染。表皮葡萄球菌（*Staphylococcus epidermidis*）和金黄色葡萄球菌（*Staphylococcus aureus*）存在于人类皮肤或黏膜上。表皮葡萄球菌是一种不产色素的非致病菌，而金黄色葡萄球菌则是一种产黄色色素的致病菌，最常见的病症包括疖子、丘疹、肺炎、骨髓炎、脑膜炎和关节炎。有些金黄色葡萄球菌菌株对多种抗生素具有耐药性（即所谓的 MRSA 菌株），可造成广泛的组织损伤。

梭菌目的八叠球菌属包含过氧化氢酶阴性的专性厌氧菌。八叠球菌属还具有极强的耐酸性，能够发酵糖类并在 pH 低至 2 的环境中生长。胃八叠球菌（*Sarcina ventriculi*）的细胞壁周围具有一层厚厚的纤维素层，相邻细胞的纤维素层会粘连在一起，起到黏合剂的作用，将胃八叠球菌细胞包裹固定在一起。

胃八叠球菌耐酸性极强，是仅有的几种能在人类和其他单胃动物胃中栖息的细菌之一。在某些胃肠道疾病（如幽门溃疡）患者的胃中可观察到胃八叠球菌的快速生长，会阻碍食物流向肠道。

（3）乳杆菌目

代表属：乳杆菌属（*Lactobacillus*）、链球菌属（*Streptococcus*）。

乳杆菌目（*Lactobacillales*）是一类以乳酸为主要发酵终产物的乳酸菌，不产芽孢。这些细菌被广泛应用于食品生产和保藏。乳酸菌为氧化酶和过氧化氢酶阴性的棒状或球状菌，专性发酵代谢。所有的乳酸菌都以乳酸为主要或唯一的发酵产物。这类细菌缺乏卟啉和细胞色素，不能通过氧化磷酸化获得能量，只能通过底物水平磷酸化而获得。不同于许多厌氧细菌，大多数乳酸菌对 O_2 不敏感，可在有氧情况下生长，因此被称为耐氧厌氧菌。

大多数乳酸菌只能从糖代谢中获得能量，因此其通常局限于含糖的栖息地。它们的生物合成能力有限，具有对氨基酸、维生素、嘌呤和嘧啶等复杂营养物质需求。乳酸菌亚群之间的一个重要区别在于糖发酵产物的类型。其中一类被称为同型乳酸发酵菌，产生单一的发酵产物乳酸，另一类被称为异型乳酸发酵菌，除了发酵产乳酸以外，还产生乙醇和二氧化碳。

乳杆菌属（*Lactobacillus*）是典型的杆菌，链状生长，细胞呈细长或短杆状，大多数为同型乳酸发酵。乳杆菌在乳制品中非常常见，一些菌株可用于制备发酵乳制品。例如，嗜酸乳杆菌（*Lactobacillus acidophilus*）和德氏乳杆菌（*Lactobacillus delbrueckii*）可用于酸奶类产品的生产，有些种类可用于泡菜的生产。

乳杆菌属通常比其他乳酸菌更耐酸，在 pH 低至 4 的条件下也能很好地生长。乳杆菌的耐酸性使其可在自然乳酸发酵过程中 pH 下降到其他乳酸菌无法生长时，也能持续生长，因此乳杆菌通常负责乳酸发酵的最后阶段。

乳球菌属（*Lactococcus*）和链球菌属（*Streptococcus*）包含同型乳酸发酵的球状乳酸菌。有些种类对人类和动物具有致病性。链球菌的细胞排列特征是链状或四联球状，因此很容易与杆状的乳杆菌区分开来。链球菌的某些种类在龋齿的形成中也扮演着重要角色。

14.1.2.2 支原体门

代表属：支原体属（*Mycoplasma*）、螺原体属（*Spiroplasma*）。

支原体门包含唯一的纲，即柔膜体纲（*Mollicutes*），缺乏细胞壁，是已知体积最小的生物之一。该门的代表属是支原体属，因此这类细菌通常被称为支原体，有些种类是人类病原菌。

虽然支原体并非革兰氏染色阳性（因为它们没有细胞壁），但在系统发育上与芽孢杆菌门亲缘关系很近。支原体通常寄生在动物和植物体内，其基因组很小（0.6~2.2 Mbp），这是专性共生体和胞内寄生菌的共同特征。

（1）支原体的特性

电镜和化学分析证实，支原体没有细胞壁。支原体与原生质体（经人工去除细胞壁的细菌）相似，但它们对渗透裂解的抵抗力更强，能够在原生质体裂解的条件下存活。支原体的细胞质膜含有固醇，使其比其他细菌的细胞质膜更加稳定。有些支原体的生长培养基中需要添加固醇，对固醇需求情况是支原体分类的依据之一。

除固醇外，某些支原体的细胞质膜中还嵌入了脂多糖。支原体的脂多糖与革兰氏阴性细菌外膜中的脂多糖在某些方面相似，但缺乏脂质 A 骨架。脂多糖的功能是帮助稳定细胞质膜，并可促进支原体附着于动物细胞的表面受体。

（2）支原体的生长

支原体可在实验室中培养，是一种小型多形性细胞（图 14-13a）。单个培养物可表现出小的球状细胞、较大的肿胀细胞和丝状细胞（通常高度分枝）。小的球状细胞（0.2 ~ 0.3 μm）是最小的自由生活细胞。支原体在液体和固体培养基中的生长方式不同。在固体培养基上，支原体会嵌入培养基中生长，菌落呈现出特殊的"油煎蛋"形（图 14-13c），包括一个向下渗透到琼脂中的致密中心核，周围是颜色较浅的圆形扩散区。与其他缺乏细胞壁的细胞相同，抑制细胞壁合成的抗生素不会抑制支原体的生长。然而，支原体与大多数细菌相同，对作用于细胞壁以外的抗生素非常敏感。

培养支原体的培养基通常相当复杂，需添加新鲜血清或腹腔液来提供不饱和脂肪酸和固醇。不过，有些支原体可以在相对简单的培养基上培养。大多数支原体利用糖类作为碳源和能源，并须添加维生素、氨基酸、嘌呤和嘧啶作为生长因子。

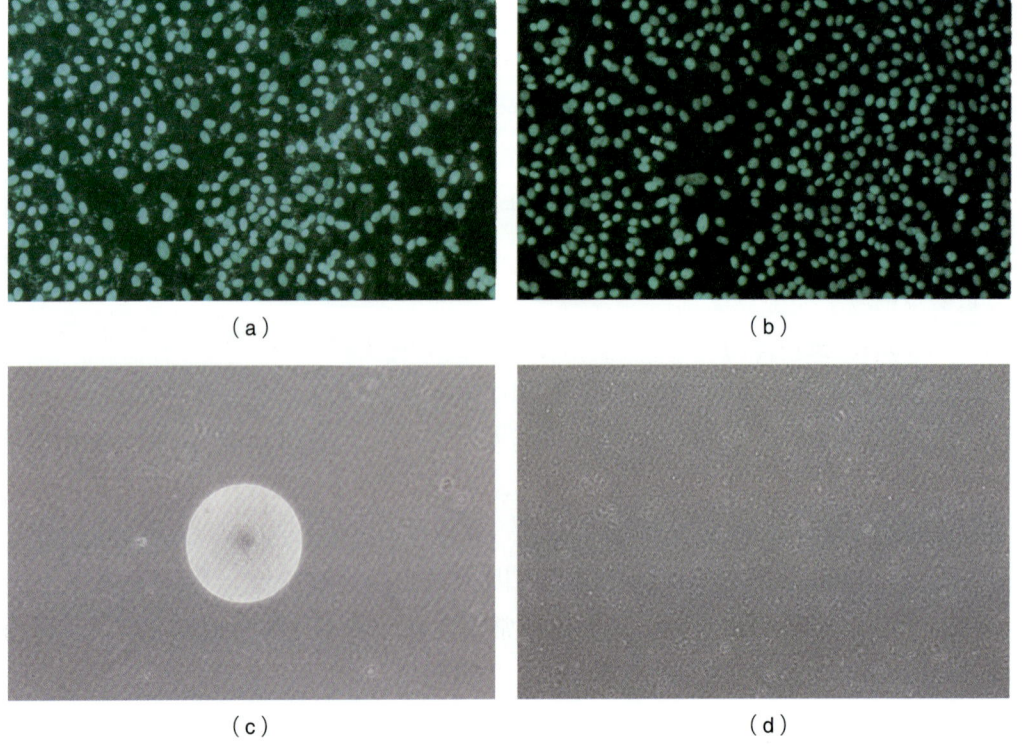

图 14-13 感染 Vero 细胞（非洲绿猴肾细胞）的肺炎支原体（*Mycoplasma pneumoniae*）细胞和菌落（图片来源：武汉大学沈超）（a）和（b）为荧光显微照片，分别为感染了支原体（a）和未感染支原体（b）的 Vero 细胞；（c）为支原体菌落；（d）为无支原体菌落的对照组

（3）螺原体属

螺原体属由螺旋形的支原体组成。虽然螺原体属缺乏细胞壁和鞭毛，但它们却能通过旋转或缓慢起伏来运动，胞内纤维在运动中发挥了重要作用。柑橘僵化螺原体（*Spiroplasma citri*）是从柑橘植物叶片中分离出来的，它可引起柑橘顽固病，也可从患有玉米矮缩病的玉米植株中分离出来。

14.1.2.3 放线菌门

革兰氏阳性细菌的另一大类是放线菌门。放线菌门包含杆状及丝状细菌，主要为好氧细菌，常见于土壤中。大多数放线菌是无害的，但结核分枝杆菌（*Mycobacterium tuberculosis*）等分枝杆菌例外。某些放线菌在生产抗生素或某些发酵乳制品方面具有很高的经济价值。绝大多数物种属于放线菌目（*Actinomycetales*）。

（1）链霉菌及近缘菌

代表属：链霉菌属（*Streptomyces*）、放线菌属（*Actinomyces*）、诺卡氏菌属（*Nocardia*）。

链霉菌属是放线菌中最重要的属，有600余个已知种。链霉菌的菌丝直径通常为0.5～1.0 μm，长度不固定，在营养菌丝阶段通常缺乏横壁。营养菌丝由复杂、紧密编织的基质组成，形成紧密、卷曲的菌丝体和随后的菌落。随着菌落的老化，会形成特征性气生菌丝，称为孢子囊，这些菌丝会突出菌落表面并产生孢子。

链霉菌属的孢子称为分生孢子（conidium），与芽孢杆菌属和梭菌属的芽孢截然不同。芽孢的形成需要经过复杂的细胞分化，而分生孢子则在多核孢子囊中形成交叉壁，然后单个细胞直接分离成孢子。不同种类的链霉菌气生菌丝和孢子着生结构的形状和排列差异是其分类依据之一。分生孢子和孢子囊通常带有色素，为成熟菌落带来特有的颜色。链霉菌在琼脂平板上的成熟菌落具有粉尘状形态，且比较紧凑，菌落有色素，使其很容易与其他细菌菌落区分开来（图 14-14）。

链霉菌属细菌主要存在于土壤中，土壤中特有的泥土气味就是由链霉菌产生的一系列复杂代谢物（即地黄素）引起的。链霉菌最显著的生理特性是其可以产生抗生素。在分离链霉菌使用的琼脂平板上经常可以看到其相邻细菌菌落出现抑菌区。约 50% 的链霉菌种类可以产生抗生素，链霉菌产生的抗生素达 500 余种，还有更多的抗生素有待发现。

（2）棒状细菌和丙酸细菌

代表属：节杆菌属（*Arthrobacter*）、棒状杆菌属（*Corynebacterium*）、丙酸杆菌属（*Propionibacterium*）。

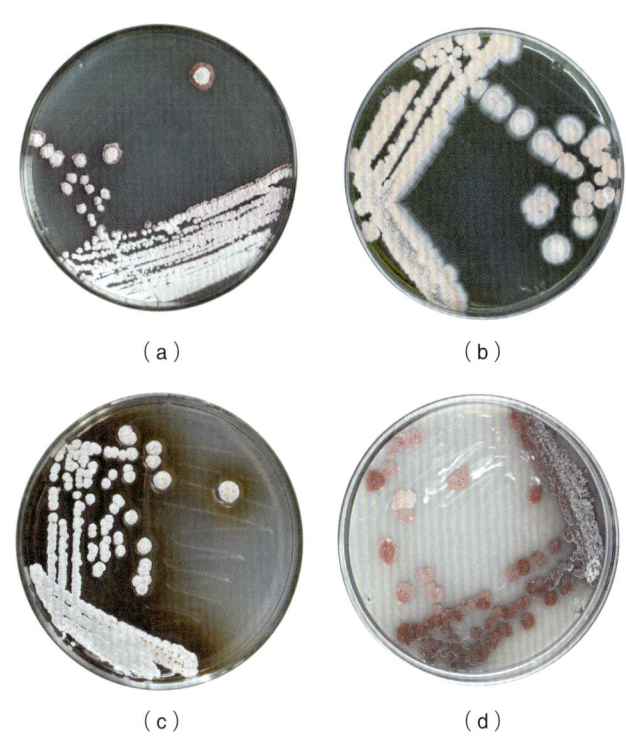

图 14-14 产生不同色素的链霉菌菌落形态（图片来源：中国科学院微生物研究所刘庆）

（a）紫色链霉菌（*Streptomyces violaceus*）CGMCC 4.75；（b）广岛链霉菌（*Streptomyces hiroshimensis*）CGMCC 4.947；（c）圈卷产色链霉菌（*Streptomyces ansochromogenes*）CGMCC 4.321；（d）三色链霉菌（*Streptomyces tricolor*）CGMCC 4.1092

图 14-15 节杆菌细胞分裂的透射电镜图（图片来源：武汉大学彭方）

节杆菌（Arthrobacter sp.）24S4-2 分离自南极冰川沉积物。（a）细胞分裂处（箭头）；（b）形成 V 形细胞

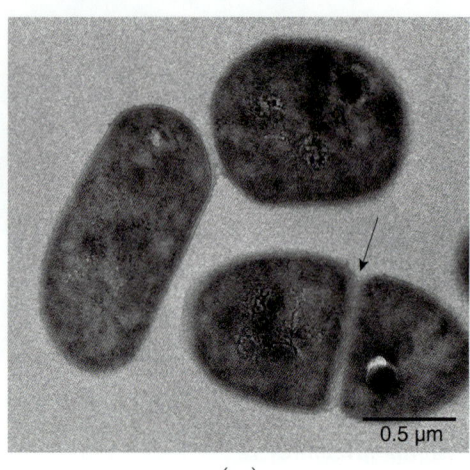
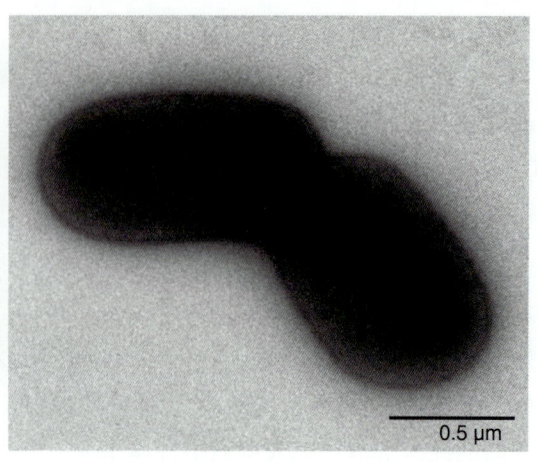

(a) (b)

棒状细菌是革兰氏阳性、好氧、不运动的棒状细菌，在生长过程中会形成不规则形、棍棒形或 V 形细胞排列。V 形细胞是由于细胞分裂后突然发生运动而形成的，这一过程被称为"断裂分裂"（snapping division）。由于细胞壁由两层组成，只有内层参与横壁的形成，因此横壁形成后两个子细胞仍由细胞壁外层连接，当细胞一侧的外层局部破裂后，两个细胞会向远离破裂侧弯曲，从而形成 V 形（图 14-15）。

棒状细菌的主要属是棒状杆菌属和节杆菌属。棒状杆菌属由种类繁多的细菌组成，包括动植物病原菌和腐生菌。某些种类，如白喉棒状杆菌（*Corynebacterium diphtheriae*），可引起白喉病。节杆菌属主要由土壤微生物组成，其发育周期与棒状杆菌有差别，前者的细胞形态会在杆状和球状之间发生变化。棒状杆菌的细胞末端经常发生膨胀，其外观呈棒状，该外观在节杆菌中不常见。

丙酸杆菌属最早是在瑞士奶酪中发现的，其发酵过程中产生的 CO_2 会产生特征性小孔，该菌产生的丙酸也是奶酪风味独特的原因之一。这类细菌是厌氧菌，可发酵乳酸、糖类和多羟基醇，主要产物为丙酸、乙酸和 CO_2。

乳酸是许多细菌的发酵产物。瑞士奶酪生产中的起始培养物由同型发酵的链球菌和乳酸杆菌，以及丙酸细菌混合组成。在凝乳（蛋白质和脂肪）形成过程中，同型发酵菌将乳糖初步发酵为乳酸；凝乳沥干后，丙酸细菌迅速生长，产生的 CO_2 在凝乳中扩散并聚集在薄弱点，形成瑞士奶酪特征性"眼睛"（或小孔）。因此，丙酸细菌可从其他细菌发酵产物中无氧获取能量，这种新陈代谢策略被称为二次发酵。

（3）分枝杆菌

代表属：分枝杆菌属（*Mycobacterium*）。

分枝杆菌在土壤中很常见，大多数对人体无害，但有数个种是人类病原菌，其中最主要的是结核分枝杆菌（*Mycobacterium tuberculosis*），它是结核病的病原菌。分枝杆菌呈杆状，在其生长周期的某些阶段具有独特的染色特性，称为耐酸性（acid-fastness），主要是由于该菌细胞表面存在一种独特的脂质物质，称为分枝菌酸（mycolic acid），该物质仅存在于分枝杆菌属细菌。分枝菌酸是一组复杂的支链羟基

脂质，可与细胞壁中的肽聚糖共价结合，该复合物使细胞表面具有蜡状疏水性。

由于分枝杆菌表面呈蜡状，因此无法用革兰氏染色法染色。耐酸染色法使用碱性紫红素和苯酚的混合物进行染色。通过缓慢加热可使染色剂进入细胞，苯酚的作用是增强染料对脂质的渗透。样品经蒸馏水冲洗后，用酸性乙醇脱色，并用亚甲基蓝复染。耐酸菌细胞染成红色，而背景和非耐酸菌则呈蓝色。

分枝杆菌具有多形性，可能会出现分枝甚至丝状生长。不过，与常见的放线菌菌丝不同，分枝杆菌不会形成真正的菌丝。分枝杆菌可分为两大类，即结核分枝杆菌、鸟分枝杆菌（*M. avium*）、牛分枝杆菌（*M. bovis*）、戈登分枝杆菌（*M. gordonae*）等生长缓慢的种类，以及耻垢分枝杆菌（*M. smegmatis*）、草分枝杆菌（*M. phlei*）、龟分枝杆菌（*M. chelonae*）、副偶发分枝杆菌（*M. parafortuitum*）等生长迅速的种类。结核分枝杆菌是一种典型的生长缓慢的分枝杆菌，接种后需要经过数天至数周的培养才能形成肉眼可见的菌落。在固体培养基上生长时，有的分枝杆菌会形成紧密、起皱的菌落，有的则形成黏稠、隆起的菌落（图 14-16）。这种菌落形态可能由细胞表面的高脂质含量和疏水性引起，有利于细胞黏合在一起。

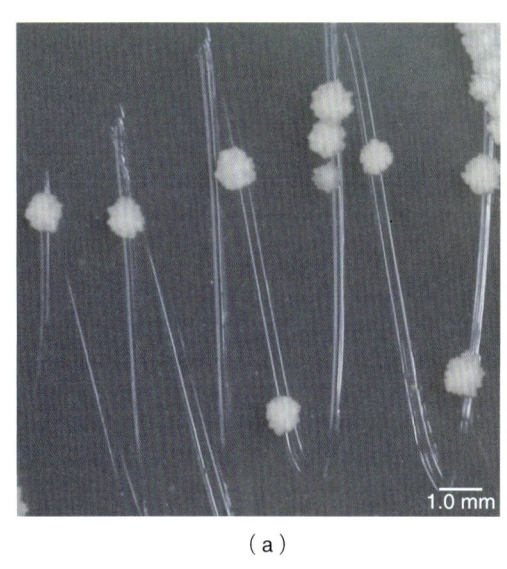
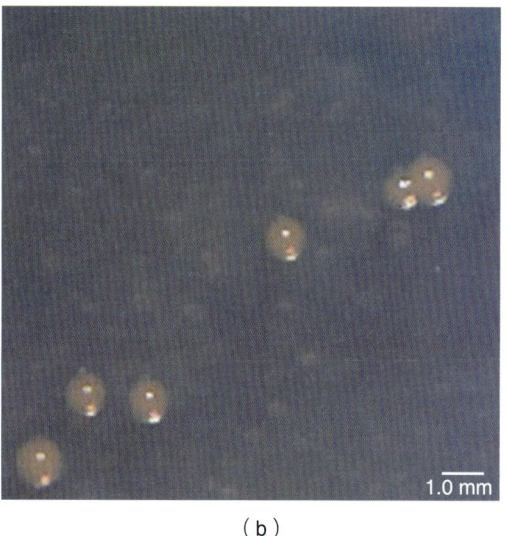

图 14-16 分枝杆菌的菌落形态（图片来源：中国科学院微生物研究所刘庆；自然资源部第三海洋研究所邵宗泽）
(a) 耻垢分枝杆菌（*Mycobacterium smegmatis*）CGMCC1.2621，菌落紧密、皱褶；(b) 多孔分枝杆菌（*Mycobacterium poriferae*）MCCC 1A16626 的菌落，菌落黏稠、隆起

(a)　　　　　　　　(b)

14.1.3　拟杆菌门

拟杆菌门（*Bacteroidota*）包含 1 000 余个已描述的种类，主要分布在拟杆菌目（*Bacteroidales*）、噬纤维菌目（*Cytophagales*）、黄杆菌目（*Flavobacteriales*）和鞘氨醇杆菌目（*Sphingobacteriales*）4 个目中。该门为革兰氏阴性、不产芽孢的杆菌，该门细菌通常具有蔗糖降解能力，具有严格好氧、兼性好氧和严格厌氧的类群。该门细菌普遍存在滑行运动，少数种类通过鞭毛运动，也有许多种类不能运动。该门细菌在自然界分布广泛，是陆地和水生环境中常见的微生物。由于拟杆菌属是人类肠道微生物的主要组分，因此已得到非常深入的研究。

14.1.3.1 拟杆菌目

代表属：拟杆菌属（*Bacteroides*）。

拟杆菌目中主要包含严格厌氧的发酵种类。标准属为拟杆菌属，该属细菌可发酵蔗糖、其他糖类或蛋白质（取决于物种），以乙酸和丁酸作为主要发酵产物。拟杆菌属细菌通常为共生菌，存在于人类和其他动物肠道，是人类大肠中数量最多的细菌。然而，有些拟杆菌属细菌偶尔也可成为病原菌，是人类菌血症等感染病相关的最重要的厌氧细菌。

多形拟杆菌（*Bacteroides thetaiotaomicron*）是人类大肠中数量最多的拟杆菌属细菌之一，专门分解复杂多糖，其基因组的大部分基因用于编码多糖分解酶，基因组中糖类代谢基因的多样性和数量远远超过任何其他细菌类群。多形拟杆菌产生许多人类基因组不编码的酶，极大地增加了其在人体消化道中分解植物聚合物的多样性。

拟杆菌属细菌是少见的可合成神经酰胺脂质的细菌类群之一，该类脂质用长链氨基醇神经酰胺取代脂质骨架中的甘油。鞘磷脂、脑苷脂和神经苷脂等神经酰胺脂质，在哺乳动物大脑和其他神经组织中广泛存在，但在细菌中很罕见。拟杆菌门的许多其他属，如弯杆菌属（*Flectobacillus*）、普雷沃氏菌属（*Prevotella*）、卟啉单胞菌属（*Porphyromonas*）和鞘氨醇杆菌属（*Sphingobacterium*）也可产生鞘脂质。

14.1.3.2 噬纤维菌目

代表属：噬纤维菌属（*Cytophaga*）。

噬纤维菌目细菌几乎全部为严格好氧菌，仅有部分种类具发酵能力。该目细菌通常为细长杆状，常具尖端，进行滑行运动。噬纤维菌专门分解复杂多糖，在土壤和淡水中广泛分布，在纤维素消化细菌中占了很大比例。

噬纤维菌有两种纤维素降解机制。第一种机制是分泌胞外纤维素酶，在细胞外分解不溶性纤维素。菌株可分泌内切纤维素酶（切割内部的 β-1,4- 糖苷键）和外切纤维素酶（切割末端的 β-1,4 糖苷键）的复杂混合物，释放纤维二糖。这些胞外酶将不溶性纤维素分解为容易被细胞吸收的可溶性多糖和二糖。哈氏噬纤维菌（*Cytophaga hutchinsonii*）不产生胞外纤维素酶，需要纤维素与细胞壁表面的纤维素酶进行物理接触，才能进行纤维素降解。

噬纤维菌属细菌不仅可降解纤维素，还可降解琼脂和几丁质。噬纤维菌可在含有纤维素的琼脂上培养。生孢噬纤维菌属（*Sporocytophaga*）与噬纤维菌属在形态和生理上类似，但细胞可形成休眠球形结构——微囊，与黏细菌的子实体结构类似。

有一些噬纤维菌是鱼类病原菌，在养殖渔业可引起严重问题。比如，柱状噬纤维菌（*Cytophaga columnaris*）可引起柱状菌病（columnaris disease），而嗜冷黄杆菌（*Flavobacterium psychrophilum*）可引起冷水病（cold-water disease）。这些疾病主要发生在受环境胁迫的鱼类，如水产养殖鱼类。感染的鱼类在鳃附近会出现组织破坏，可能是由噬纤维菌分泌的蛋白酶引起的。

14.1.3.3 黄杆菌目

代表属：黄杆菌属（*Flavobacterium*）、海水菌属（*Aquimarina*）。

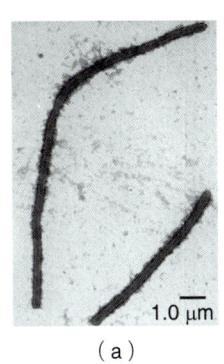 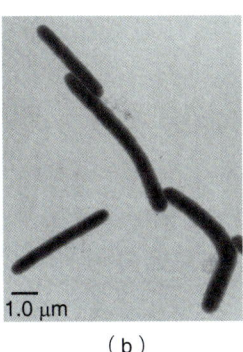 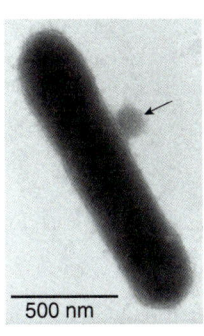 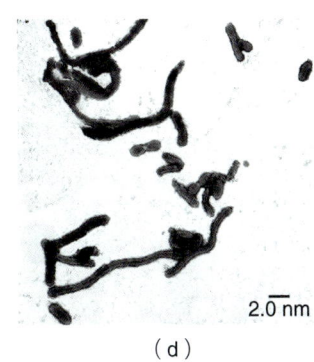

图 14-17 黄杆菌目细菌的细胞形态（图片来源：中国海洋大学张晓华）（a）狭长海水菌（*Aquimarina longa*），细胞呈长杆状；（b）海南海水菌（*Aquimarina hainanensis*）；（c）橙色具柄菌（*Muricauda lutea*），细胞表面有附属物（箭头所指）；（d）巨大鱼肠杆菌（*Ichthyenterobacterium magnum*），细胞呈多形性

　　黄杆菌目通常包含好氧和兼性好氧的化能异养菌，广泛分布于土壤和水生环境。多数物种可进行滑行运动，可降解多种复杂多糖。黄杆菌目细菌在海洋水体中特别丰富。该目许多细菌呈长杆状，有些种类呈多形性，有些种类细胞表面有附属物（图 14-17）。

　　黄杆菌属大多数种类是专性好氧菌，但有一些种类可进行厌氧呼吸，还原硝酸盐。黄杆菌通常产生黄色色素、嗜糖，大多数种类也可以降解淀粉和蛋白质。黄杆菌很少具有致病性，但脑膜炎脓毒性黄杆菌（*Flavobacterium meningosepticum*）曾引起婴儿脑膜炎，有的种类还可引起鱼类疾病。

　　有一些黄杆菌目细菌具有嗜冷性或耐冷性，如极地杆菌属（*Polaribacter*）和冷弯曲菌属（*Psychroflexus*）。这些细菌通常分离自寒冷环境，如极地水域和海冰。许多相关属可在 20℃ 以下生长良好，可能造成食品变质。该目未发现病原菌。

14.1.3.4　鞘氨醇杆菌目

　　代表属：屈挠杆菌属（*Flexibacter*）。

　　鞘氨醇杆菌目细菌的表型特征与许多黄杆菌目相似。与黄杆菌目相比，鞘氨醇杆菌目细菌对复杂多糖的降解谱更广，与噬纤维菌目细菌的降解谱更为接近。屈挠杆菌属是鞘氨醇杆菌目的典型属，通常需要复杂的培养基才能良好生长，且不能降解纤维素。某些屈挠杆菌的细胞形态也会从长而滑动的纤维状细胞（缺乏交叉壁）转变为短而不可滑动的杆状细胞。许多屈挠杆菌因其细胞质膜中的类胡萝卜素或细胞外膜中的黄色素（flexirubins）而呈现颜色。屈挠杆菌在土壤和淡水中普遍存在，可降解多糖，目前尚未发现其致病性。

14.1.4　衣原体门、浮霉菌门和疣微菌门

　　衣原体门（*Chlamydiota*）和浮霉菌门（*Planctomycetes*）缺乏关键的细胞分裂蛋白 FtsZ，产生异常的细胞结构。衣原体门包括细胞内寄生菌，而浮霉菌门和疣微菌门（*Verrucomicrobiota*）在土壤和水生系统中广泛分布。

　　衣原体门、浮霉菌门和疣微菌门具有共同祖先，它们之间的亲缘关系比其他门更近（图 14-18）。这三个门的细菌分布于土壤、水生系统等各种生境中，有的寄生于

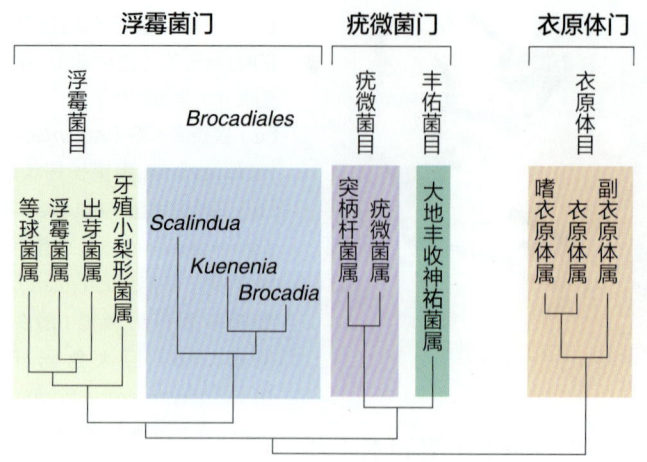

图 14-18 衣原体门、浮霉菌门和疣微菌门的主要目
以衣原体门、浮霉菌门和疣微菌门代表性属的 16S rRNA 基因序列构建的系统发育树

真核宿主。不同于一般细菌，衣原体门和浮霉菌门缺少编码细胞分裂蛋白 FtsZ 的基因，FtsZ 是细胞分裂中形成隔膜的关键蛋白质。FtsZ 对大多数细菌的细胞分裂是必不可少的，因此人们对衣原体门和浮霉菌门细菌在没有 FtsZ 时是如何分裂的很感兴趣。

14.1.4.1 衣原体门

代表属：衣原体属（*Chlamydia*）、嗜衣原体属（*Chlamydophila*）、副衣原体属（*Parachlamydia*）。

衣原体门只包含一个目，即衣原体目（*Chlamydiales*）。整个门由真核生物特别是人类的专性胞内寄生菌组成。衣原体的基因组很小，约 1 Mbp，是生化特征最受限制的已知细菌之一。衣原体无法合成生长所需的许多维生素和生长因子，必须从宿主细胞质中获得这些分子。

衣原体除了缺乏细胞分裂关键蛋白 FtsZ 外，许多种类还缺乏细胞壁。衣原体最大限度地减少了自身的肽聚糖，以避免被宿主免疫系统发现。尽管衣原体缺乏细胞壁，但其仍然需要形成环状肽聚糖结构，以促进细胞分裂期间隔膜的形成。

衣原体作为人类病原菌，其特征已得到详细描述，但该门还包含寄生于其他真核生物的种类。衣原体细胞通常呈很小的球状，直径约 0.5 μm，并具有独特的生命周期。

（1）衣原体的生命周期

衣原体门物种的生命周期中有两种类型的细胞：①原体（elementary body），是小而致密的细胞，耐干燥，利于传播；②网状体（reticulate body），是较大而密度小的细胞，是营养体，可通过二分裂增殖。

原体是非增殖细胞，专门用于传染性传播，而网状体为非感染性形式，其功能为在宿主细胞内繁殖。与立克次氏体不同，衣原体不通过节肢动物传播，而主要通过空气传播进入呼吸系统，因此原体的抗干燥性具有重要意义。经过多次细胞分裂后，转化为原体。当宿主细胞解体时，原体被释放出来，然后感染附近的其他宿主细胞。网状体的代时为 2~3 h，比立克次氏体的代时短得多。

（2）衣原体的重要属

不同种类的衣原体感染不同的真核宿主。棘阿米巴副衣原体（*Parachlamydia acanthamoeba*）可感染自由生活的变形虫，特别是棘阿米巴属（*Acanthamoeba*）的变形虫，在感染变形虫过程中表现出典型的衣原体生命周期。棘阿米巴副衣原体还会感染人体，其致病性比衣原体小得多。

研究最多的衣原体是感染人类的衣原体属和嗜衣原体属。这两个属中公认的种类有鹦鹉热衣原体（*Chlamydophila psittaci*；鹦鹉热病的病原菌）、沙眼衣原体（*Chlamydia trachomatis*；沙眼的病原菌）和肺炎衣原体（*Chlamydophila pneumoniae*；

某些呼吸系统综合征的病原菌）。鹦鹉热是一种鸟类流行病，偶尔会传播给人类，并导致肺炎样症状。沙眼是一种以角膜血管化和瘢痕形成为特征的眼睛疾病，是人类失明的主要原因。中国科学家汤飞凡于 1956 年从沙眼中首次分离出沙眼衣原体。沙眼衣原体还可感染泌尿生殖道，是目前主要的性传播疾病之一。

14.1.4.2　浮霉菌门

代表属：浮霉菌属（*Planctomyces*）、牙殖小梨型菌属（*Blastopirellula*）、出芽菌属（*Gemmata*）、*Brocadia*。

浮霉菌门包括许多形态独特的细菌类群，主要分布在两个目，即浮霉菌目（*Planctomycetales*）和 *Brocadiales*。浮霉菌门是革兰氏阴性细菌，通常具有柄或附属物，许多种类可形成玫瑰花结（细胞极端附着在一起形成细胞簇）。该门广泛分布于土壤和水生环境中，很少有致病性。浮霉菌门具有一系列不寻常的细胞特征。

浮霉菌缺乏细胞分裂蛋白 FtsZ，它们通过类似于酵母菌的出芽方式分裂。长期以来，浮霉菌被认为缺乏肽聚糖，透射电镜观察到某些种类存在"核被膜"或其他囊泡样细胞器（图 14-19）。浮霉菌中原核和真核细胞特征的独特结合，多年来被认为是细胞演化中缺失的一环。然而，肽聚糖的缺失和囊泡样细胞器的性质之谜最终将随着微生物学技术的进步而解开。

浮霉菌门的有些类群（如 *Brocadiales*）可在缺氧条件下通过氧化 NH_4^+、还原 NO_2^- 生成 N_2，这些类群被称为厌氧氨氧化细菌（anammox bacteria），在氮循环中发挥重要作用。厌氧氨氧化细菌具有特殊的膜间隔区域，即厌氧氨氧化体（anammoxosome）（图 14-20），是厌氧氨氧化作用发生的场所，其膜上有由环丁烷组成的梯形醚状脂质。这种致密的醚状脂质对细菌自身有保护作用，使其免受厌氧氨氧

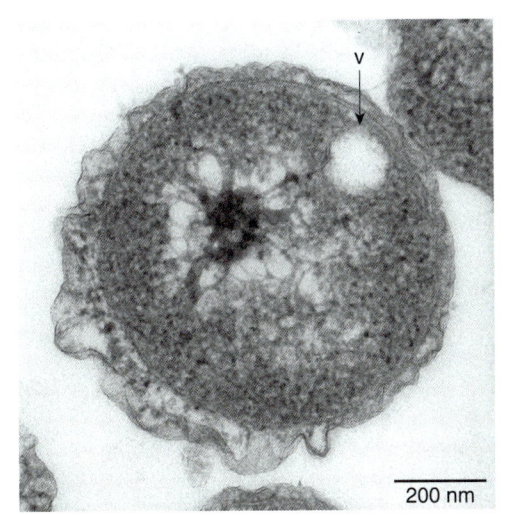

图 14-19　浮霉菌门细菌的囊泡样细胞器（图片来源：中国科学院海洋研究所孙超岷）
分离自南海冷泉沉积物的异养海绵球菌（*Poriferisphaera heterotrophicis*）ZRK32，其细胞电镜切片中可见囊泡样细胞器（V）

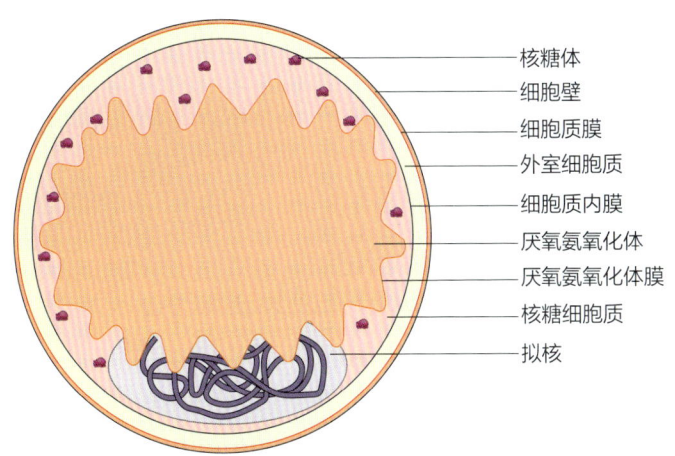

图 14-20　厌氧氨氧化细菌的细胞模型

化作用生成的有毒中间产物肼所造成的伤害。细胞最外层为蛋白质亚基晶体排列组成的 S 层。厌氧氨氧化细菌生长缓慢（14～21 d/代），难以分离纯化，迄今仍未获得纯培养菌株。

14.1.4.3 疣微菌门

代表属：疣微菌属（*Verrucomicrobium*）、突柄杆菌属（*Prosthecobacter*）。

疣微菌门至少有 4 个已描述的目，但大多数种类属于疣微菌目。疣微菌门是好氧或兼性好氧菌，能发酵糖类。嗜甲酸菌属（*Methylacidiphilum*）比较特殊，含有好氧甲烷氧化酶。疣微菌门广泛分布于自然界，栖息在淡水、海洋、森林和土壤环境。与浮霉菌门类似，疣微菌门也具有膜包围的细胞内结构。疣微菌门通常由胞质突出形成菌柄或形成其他皱褶（图 14-21）。疣微菌门细胞壁中含有肽聚糖，与浮霉菌门有着明显区别。

疣微菌属和突柄杆菌属细菌的每个细胞会产生 2 至数个菌柄。与包含单个菌柄的柄杆菌属细胞不同，疣微菌属和突柄杆菌属是对称分裂的，母细胞和子细胞在细胞分裂时都具有菌柄。

突柄杆菌属细菌具有与真核细胞微管蛋白编码基因高度同源的两个基因。微管蛋白是构成真核细胞骨架的关键蛋白质。虽然细胞分裂蛋白 FtsZ 也是微管蛋白同源物，但突柄杆菌属的微管同源蛋白在结构上比 FtsZ 更接近真核微管蛋白。由于在这些生物中尚未发现真核类细胞骨架，所以其微管同源蛋白在突柄杆菌中的作用尚不清楚。

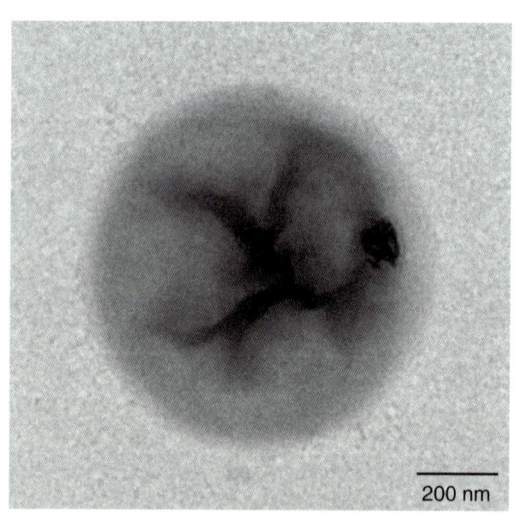 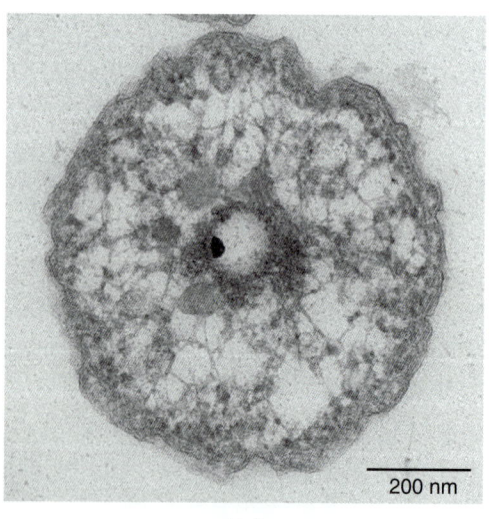

图 14-21 分离自深海冷泉的疣微菌门细菌（*Verrucomicrobiota* sp.）ZRK36 的电镜照片（图片来源：中国科学院海洋研究所孙超岷）
（a）透射电镜复染照片，可见疣状突起；（b）细胞切片的透射电镜照片，可见细胞表面不均匀的突起

14.1.5　热袍菌门、热脱硫杆菌门和产液菌门

超级嗜热的细菌门类在细菌系统发育树的根部附近，支持地球上最早的细菌细胞嗜热的观点。超嗜热细菌的三个门，即热袍菌门（*Thermotogota*）、热脱硫杆菌门（*Thermodesulfobacteriota*）和产液菌门（*Aquificota*），集中在细菌系统发育树的根部附近

（图 14-1）。每个门中有 1~2 个主要属，多数种类的主要生理特征是嗜高温，最适生长温度在 80℃ 以上。

14.1.5.1 热袍菌门

代表属：热袍菌属（*Thermotoga*）、广袍菌属（*Kosmotoga*）。

热袍菌门细菌主要生长在低盐火山岩或高温环境中，包括大约 12 个已培养属。这些种类都是化能异养、厌氧细菌，许多种类是嗜热菌或超嗜热菌，也有少量嗜中温菌。代表属热袍菌属和广袍菌属物种是杆状或球杆状超嗜热细菌，形成鞘状的包膜，称为袍（toga）（图 14-22）。其肽聚糖的氨基酸成分不同于其他细菌，脂质中还含有特殊的长链脂肪酸。它们均为发酵性厌氧菌，分解糖或淀粉，以乳酸、乙酸、CO_2 和 H_2 为发酵产物。这些细菌也可以利用 H_2 为电子供体，铁为电子受体，进行无氧呼吸。这些属的种类可从陆地热泉和海洋热液喷口中分离出来。

尽管热袍菌属是细菌，但其基因组含有许多与超嗜热古菌具高同源性的基因。20% 以上的热袍菌属基因可能是通过水平基因转移从古菌演化而来。尽管在其他细菌基因组中也存在少数与古菌类似的基因（反之亦然），但只在热袍菌属中发现如此多的域间水平基因转移。

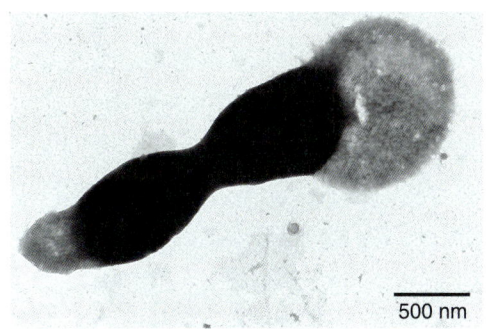

图 14-22　太平洋广袍菌（*Kosmotoga pacifica*）
（图片来源：自然资源部第三海洋研究所邵宗泽）
可见从细胞两端延伸出疏松的鞘

14.1.5.2 热脱硫杆菌门

代表属：热脱硫杆菌属（*Thermodesulfobacterium*）、假脱硫弧菌属（*Pseudodesulfovibrio*）。

热脱硫杆菌门是一类嗜热硫酸盐还原细菌，在系统发育树上位于热袍菌门和产液菌门之后。热脱硫杆菌属是一类严格厌氧菌，利用乳酸盐、丙酮酸盐和乙醇（但不使用乙酸盐）等化合物作为电子供体，将 SO_4^{2-} 还原为 H_2S，与 δ- 变形菌纲的脱硫弧菌属的作用类似（见 14.1.1.4）。

热脱硫杆菌属的一个特殊生化特征是产生醚脂（ether-linked lipids）。醚脂是古菌的生物标志物，在古菌中，聚类异戊二烯 C_{20} 烃（植烷基）取代脂肪酸作为脂质侧链。然而，在热脱硫杆菌属中，醚连接的脂质非常特殊，甘油侧链不是古菌中的植烷基，而是由独特的 C_{17} 烃和一些脂肪酸组成。因此，热脱硫杆菌门既有很深的系统发育谱系（图 14-1），又有结合了古菌和细菌特征的脂质谱系。目前在其他一些细菌中也发现了醚脂，因此在细菌中醚脂可能比以前认为的更常见。

假脱硫弧菌属是热脱硫杆菌门的另一代表属，多分离自海洋沉积物。其中蛇假脱硫弧菌（*Pseudodesulfovibrio serpens*）DSM 11384T 分离自南海冷泉，严格厌氧、极生单鞭毛、菌体呈 S 形（图 14-23），可进行硫酸盐还原作用。

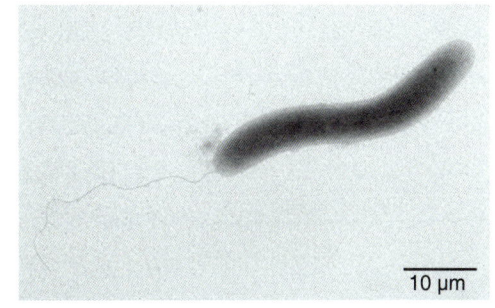

图 14-23　蛇假脱硫弧菌（*Pseudodesulfovibrio serpens*）（图片来源：中国科学院海洋研究所孙超岷）

14.1.5.3 产液菌门

代表属：产液菌属（*Aquifex*）、热发状菌属（*Thermocrinis*）。

产液菌属是专性化能自养超级嗜热菌，是所有细菌中最嗜热的类群。产液菌属细菌可利用 H_2、S^0 或 $S_2O_3^{2-}$ 作为电子供体，O_2 或 NO_3^- 作为电子受体，在高达 95℃ 的温度下生长。产液菌属细菌只能耐受很低的 O_2 浓度（微好氧），且不能利用有机物。氢杆菌属（*Hydrogenobacter*）是产液菌属的近亲，大部分特性与产液菌属相同，但是专性好氧菌。

（1）产液菌属和自养作用

产液菌属的自养作用通过反向柠檬酸循环（reverse citric acid cycle）进行，此前仅在绿硫细菌中发现该途径。嗜火产液菌（*Aquifex pyrophilus*）和风产液菌（*A. aeolicus*）的 DNA 均具有高 G+C 含量，使其适宜高温生长，最高可达 95℃。它们的基因组序列揭示了完全化能自养的生活方式，由仅约 1.55 Mbp 的基因组编码。古菌和细菌中如此多的极端嗜热种类，均为 H_2 化能自养菌，而且它们在各自的系统发育树上均为早期谱系，表明 H_2 是地球早期原始生命能量代谢的关键电子供体，且最早的细胞可能是嗜热生物。

（2）热发状菌属

热发状菌属是产液菌属和产氢菌属的近亲。该菌的最适生长温度为 80℃ 以下，化能自养，以 H_2、$S_2O_3^{2-}$ 或 S^0 为电子供体，O_2 为电子受体。该属唯一物种为红色热发状菌（*Thermocrinis ruber*），生长在美国黄石公园某些温泉的流出口，形成粉色"飘带"，由附着在硅质沉积物上的丝状细胞组成。在静态培养中，红色热发状菌以单个杆状细胞生长。然而，当在流动系统中培养时，其细胞形态与在自然栖息地中类似。

14.1.6 奇异球菌门、酸杆菌门和硝化螺菌门

本部分主要介绍在环境中丰度很高且分布广泛，但较难培养的奇异球菌门（*Deinococcota*）、酸杆菌门（*Acidobacteriota*）和硝化螺菌门（*Nitrospirota*）。目前对它们的了解大多基于宏基因组学研究，尤其是酸杆菌门在土壤中的多样性和丰度非常高。

14.1.6.1 奇异球菌门

代表属：奇异球菌属（*Deinococcus*）、栖热菌属（*Thermus*）。

奇异球菌门是一群对环境具有高度抗逆性的球状细菌，包括三个目，即奇异球菌目（*Deinococcales*）、特吕珀菌目（*Trueperales*）和栖热菌目（*Thermales*），包含少数几个已描述的属。该门细菌通常为好氧化能异养菌，可代谢糖类、氨基酸和有机酸或各种复杂的混合物。虽然该门成员革兰氏染色阳性，但其具有革兰氏阴性菌的细胞壁结构，具革兰氏阴性细菌特有的外膜。然而，该门细菌的外膜缺乏脂质 A，还含有一种特别的肽聚糖，在 N-乙酰胞壁酸交联中以鸟氨酸取代了二氨基庚二酸。

栖热菌目（*Thermales*）细菌通常是嗜热菌或超嗜热菌，模式属是栖热菌属（*Thermus*）。20 世纪 60 年代中期，Thomas Brock 在美国黄石公园的一个温泉中发现了

水生栖热菌（*Thermus aquaticus*），随后人们又从热水器等高温系统中分离出水生栖热菌，从中发现了 *Taq* DNA 聚合酶。由于 *Taq* 聚合酶的热稳定性很高，因此扩增 DNA 的聚合酶链反应（PCR）技术能够完全自动化，促进了整个生物学的快速发展。

（1）奇异球菌的抗辐射能力

奇异球菌目（*Deinococcales*）细菌具有极强的抗辐射能力，而耐辐射奇异球菌（*Deinococcus radiodurans*）是该方面研究最深入的种类。由于含有类胡萝卜素，大多数奇异球菌呈红色或粉红色，而且许多奇异球菌对辐射和干燥都有很强的抵抗力。例如，耐辐射奇异球菌细胞在 15 000 戈瑞（Gy）的电离辐射（1 Gy = 100 拉德）下仍能存活，该条件足以将生物染色体粉碎成数百个碎片。分离自极地土壤环境的耐冷奇异球菌（*Deinococcus psychrotolerans*）（图 14-24）的抗辐射能力较耐辐射奇异球菌稍弱。相比之下，一些芽孢在低水平辐射下就会死亡，而人在不到 10 Gy 的辐射下就会死亡。

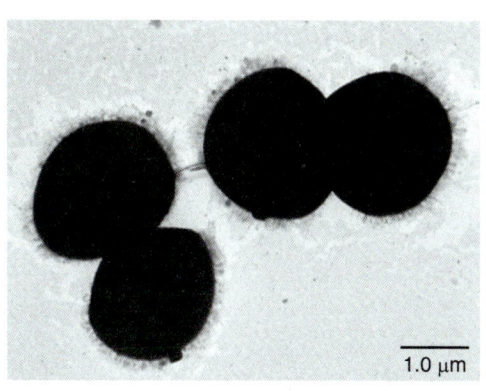

图 14-24　具有抗辐射能力的耐冷奇异球菌（*Deinococcus psychrotolerans*）的透射电镜图（图片来源：武汉大学彭方）

除了抗辐射能力外，耐辐射奇异球菌还能抵抗许多诱变剂的作用。唯一对耐辐射奇异球菌起作用的化学诱变剂是亚硝基胍等物质，能诱导 DNA 缺失。

（2）奇异球菌的 DNA 修复

耐辐射奇异球菌对受损 DNA 的修复效率很高。该菌存在几种不同的 DNA 修复酶，除了 RecA 之外，还存在几种不依赖于 RecA 的 DNA 修复系统，可修复单链或双链 DNA 的断裂、切除错误的碱基。该菌的修复过程非常有效，甚至可以把染色体从碎片状态重新组合起来。

耐辐射奇异球菌细胞中 DNA 的独特排列方式可能在抗辐射中发挥了重要作用。该菌细胞以成对或四分体的形式存在，其 DNA 并不像典型的类核那样分散在细胞内，而是有序地排列成环状（卷曲或堆叠的环）结构。环状结构为同源重组提供了平台，相邻隔室的拟核融合后可促进 DNA 修复。在这种广泛的 DNA 重组过程中，会产生一条修复后的染色体，含有这条染色体的细胞可以生长和分裂。

14.1.6.2　酸杆菌门

代表属：酸杆菌属（*Acidobacterium*）。

16S rRNA 基因分析表明，酸杆菌门细菌在环境中广泛存在。酸杆菌常见于土壤中，尤其是在酸性土壤（pH < 6.0）中，通常占土壤微生物群落的大部分。酸杆菌门还栖息于淡水、热泉微生物席、污水处理反应器和污泥中。然而，尽管酸杆菌在环境中广泛分布，但只有少数属被分离培养出来。

大多数已描述的酸杆菌都是革兰氏阴性、耐酸、好氧化能异养菌。荚膜酸杆菌（*Acidobacterium capsulatum*）分离自酸性矿井废水中，是一种专性好氧的荚膜细菌，可利用各种糖和有机酸生长。多态酸八叠球菌（*Acidisarcina polymorpha*）分离自森林的酸性土壤中，生长在由 6~8 个细胞组成的立方体包囊中，也是耐酸菌。该菌好氧，能降解土壤中常见的纤维素和几丁质等聚合物。

14.1.6.3 硝化螺菌门

代表属：硝化螺菌属（*Nitrospira*）、钩端螺菌属（*Leptospirillum*）、磁杆菌属（*Magnetobacterium*）和热脱硫弧菌属（*Thermodesulfovibrio*）。

硝化螺菌门的基本特征为革兰氏阴性，弯曲、弧形或螺旋形细胞。其代谢方式多样，大部分为好氧、化能自养菌，包括亚硝酸盐氧化细菌（nitrite oxidizing bacteria，NOB）、异化硫酸盐还原细菌和趋磁细菌等类群。

硝化螺菌属是硝化螺菌门的代表属，其细胞呈松散螺旋状至弧状，周质空间的厚度是其他革兰氏阴性菌的2倍。与假单胞菌门的硝化杆菌属细菌一样，硝化螺菌属也是能把亚硝酸盐氧化为硝酸盐的化能自养菌。硝化螺菌属与硝化杆菌属的生存环境相似。然而，环境调查发现，自然界中硝化螺菌属比硝化杆菌属丰富得多，因此硝化螺菌属被认为是自然环境中亚硝酸盐氧化的主要驱动力，在废水处理厂和富氨土壤等富氮环境中，大多数亚硝酸盐可能被硝化螺菌所氧化。此外，近年来发现的全程硝化细菌（comammox），能够把氨直接氧化为硝酸盐，也被暂时归类于硝化螺菌属。钩端螺旋属（*Leptospirillum*）是一类好氧、嗜酸、铁氧化的化能自养菌，常见于开采煤和铁的酸性矿井废水中。

14.1.7 梭杆菌门、丝状杆菌门和互养菌门

梭杆菌门（*Fusobacteriota*）、丝状杆菌门（*Fibrobacterota*）和互养菌门（*Synergistota*）被描述的种类相对较少，它们通常具有发酵代谢。

14.1.7.1 梭杆菌门

代表属：梭杆菌属（*Fusobacterium*）。

梭杆菌门是一类革兰氏阴性、不产芽孢的杆菌，存在于沉积物、动物的胃肠系统（图14-25）和口腔中。梭杆菌门细菌是专性厌氧菌，能发酵糖类、多肽和氨基酸。梭杆菌属细菌是人类微生物组的常见组分。梭杆菌具有黏附素，使之能牢固地黏附于其他细菌或动物细胞。在口腔牙菌斑的形成上，梭杆菌的粘连发挥着重要的支撑作用。梭杆菌很难培养，在基于DNA的微生物群落研究技术发展起来后，才认识到其在人类微生物组中的重要作用。

虽然梭杆菌在健康个体的微生物组中很常见，但它们也与几种人类疾病和综合征有关。特别是在各种口腔疾病的患者中，梭杆菌的丰度增加。牙龈组织炎症和血管撕裂使梭杆菌和其他口腔细菌进入血液中。这些细菌可在动脉斑块中发现，甚至可能在心脏病中发挥作用。此外，血液中的梭杆菌也会对妊娠造成危害，而肠道中的梭杆菌可附着、定殖结肠癌细胞并促进其生长。使用抗生素甲硝唑治疗患有结肠癌的小鼠，既能降低肿瘤中梭杆菌的数量，又能减缓肿瘤的生长。

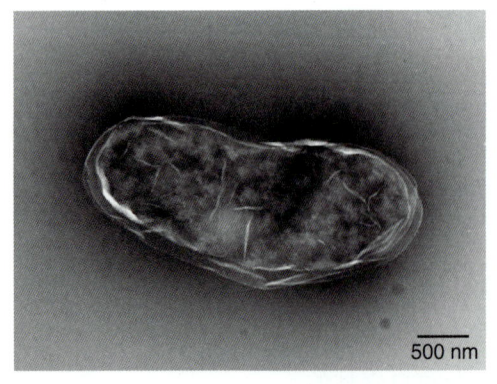

图14-25 分离自北海狮肠道的坏疽梭杆菌（*Fusobacterium necrogenes*）SYSU M8D902 的透射电镜照片（图片来源：中山大学李文均）

14.1.7.2 丝状杆菌门

代表属：丝状杆菌属（*Fibrobacter*）。

虽然丝状杆菌门细菌的 16S rRNA 基因分布于多种栖息地，但唯一被描述的种类来自动物瘤胃。丝状杆菌门含有革兰氏阴性、具发酵能力的严格厌氧菌。然而，与大多数梭杆菌门和互养菌门细菌不同，丝状杆菌门细菌不能发酵蛋白质或氨基酸，而是专门发酵糖类，包括纤维素。在瘤胃中，纤维素是主要的能量来源，在该环境中，纤维素不仅是纤维杆菌门等纤维素分解细菌的能量来源，也是许多能利用纤维素降解产物葡萄糖的、非纤维素分解的厌氧细菌的能量来源。

14.1.7.3 互养菌门

代表属：联合菌属（*Synergistes*）。

互养菌门细菌是在陆地和海洋系统的动物和缺氧环境中发现的革兰氏阴性、不产芽孢的杆菌。已描述的物种通常是能够降解蛋白质并发酵氨基酸的专性厌氧菌。在动物中，它们最常见于胃肠道，如约氏联合菌（*Synergistes jonesii*）栖息于瘤胃中。在人类中，互养菌门细菌与某些软组织伤口和脓肿、牙菌斑和牙周病有关。

14.1.8 脱铁杆菌门和产金菌门

脱铁杆菌门（*Deferribacterota*）和产金菌门（*Chrysiogenota*）含有厌氧化能异养菌。大多数种类可通过厌氧呼吸将硝酸盐转化为亚硝酸盐或铵而生长。

14.1.8.1 脱铁杆菌门

代表属：脱铁杆菌属（*Deferribacter*）。

脱铁杆菌门细菌通常呈棒状或弧状，嗜中温或高温，是一类通过专性或兼性厌氧代谢获得能量的细菌，可利用多种电子受体，如 Fe（Ⅲ）、Mn（Ⅳ）、S^0、Co（Ⅲ）和硝酸盐，部分还可进行发酵代谢。该门细菌多生长于含有还原氢离子、高温、高盐、富含硫化物的环境中。脱铁杆菌属是脱铁杆菌门的代表属，是嗜热异化铁还原细菌，也能还原硝酸盐和金属氧化物。其中深海脱铁杆菌（*D. abyssi*）是分离自大西洋中脊深海热液喷口的嗜热厌氧化能自养菌，它的生存依赖于热液喷口的高温及特殊的化学生境，通过利用 Fe（Ⅲ）和 S^0 氧化 H_2 获取能量。为了防止被热液冲离，该属细菌会以微生物席的方式黏附于岩石上，或者通过鞭毛感知温度和化学信号，向适宜的生境移动。

14.1.8.2 产金菌门

代表属：产金菌属（*Chrysiogenes*）。

产金菌门的砷酸产金菌（*Chrysiogenes arsenatis*）及其近缘细菌，可氧化乙酸盐和其他有机化合物，并与作为末端电子受体的砷酸盐的还原相偶联，将砷酸盐还原为亚砷酸盐。除了还原砷酸盐之外，产金菌门的许多种类在厌氧呼吸中还可还原硒酸盐、亚硝酸盐、硝酸盐、硫代硫酸盐和元素硫。

14.2 古菌多样性

古菌是一类形态大小与细菌相似，但细胞表面结构及遗传机制等与细菌有本质区别的原核生物。古菌的英文名称"Archaea"，源自古希腊语，意为"古老的东西"。1977年，美国科学家卡尔·乌斯通过比较不同生物的核糖体小亚基RNA序列，建立了泛生命树（universal tree of life），并发现了古菌这一种新的生命形式。到1990年，卡尔·乌斯提出三域学说，将生物分为三个域（domain）：细菌域、古菌域和真核生物域。近年来，在高通量测序技术的快速发展下，古菌的多样性被进一步挖掘，许多新的门被发现，古菌域的生命之树也得到了极大的扩展。目前，古菌域中已报道超过30个门，它们至少组成了4个超群（supergroup），即广古菌门（Euryarchaeota）、TACK古菌超门、DPANN古菌超门和阿斯加德（Asgard）古菌类群（图14-26）。古菌分布广泛，无论是在高温、高寒、强酸、强碱以及高盐等极端环境，如酸性热泉、海底沉积物、深海热液口、盐碱湖、污水池等，还是在相对温和的环境，如普通土壤、沼泽地、动物（包括人）皮肤及消化道，都能检测到古菌的存在，这也凸显了古菌在地球生态系统中的重要地位。本节将对4个古菌超群中的重要门类进行物种和功能多样性的概述。

14.2.1 广古菌门

广古菌门（Euryarchaeota），前缀"eury"源自希腊语"euryos"，意为"宽广的，广泛的"。广古菌门是古菌域中早期被描述的门类之一，其覆盖的类群在生理、形态和地理分布方面具有高度的多样性，包含严格厌氧的产甲烷菌、严格好氧的嗜盐菌以及极端嗜热、嗜酸的好氧和厌氧菌。目前，广古菌门共有13个纲（Class），

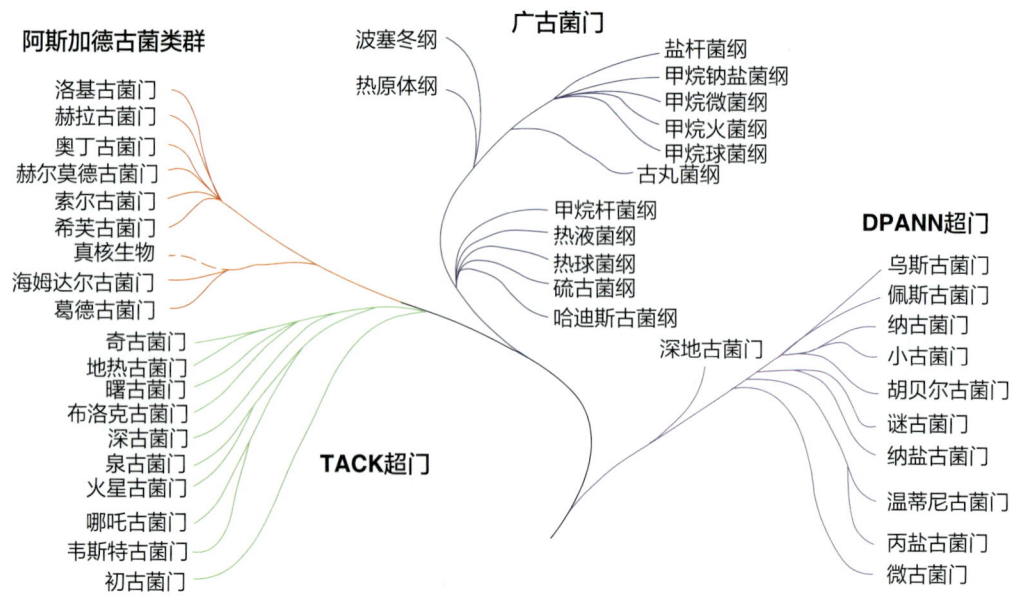

图14-26 古菌域中4个超群及其门/纲类的系统发育树

且每个纲都表现出独特的代谢特征和生活方式。

鳕八迭球菌（*Sarcina morrhuae*），是最早被描述的广古菌，后来更名为鳕盐球菌（*Halococcus morrhuae*），并被归为盐杆菌纲（*Halobacteria*）。目前，广古菌门中拥有最多数量和种类的已培养古菌菌株，其中大多数为产甲烷菌。这些产甲烷菌为专性厌氧菌，可以利用氢、甲酸、乙酸、甲醇或甲基化胺作为电子供体来还原二氧化碳产生甲烷。产甲烷菌在广古菌门中主要分布于5个纲，包括甲烷微菌纲（*Methanomicrobia*）（图 14-27）、甲烷火菌纲（*Methanopyri*）、甲烷杆菌纲（*Methanobacteria*）、甲烷球菌纲（*Methanococci*）和甲烷钠盐菌纲（*Methanonatronarchaeia*）。

除了产甲烷菌外，盐杆菌纲（*Halobacteria*）、热原体纲（*Thermoplasmata*）、古丸菌纲（*Archaeoglobi*）以及热球菌纲（*Thermococci*）也已被成功培养。其中，盐杆菌纲中包含了许多嗜盐古菌类群，它们能够利用特殊的胞外及胞内酶，如水解酶和酯酶等，参与到碳和氮元素的生物地球化学循环中，在高盐环境中具有重要的生态功能（图 14-28）。值得一提的是，我国科学家在盐湖样品中发现了一种新的具有形态发育过程的极端嗜盐古菌（*Actinoarchaeum halophilum* YIM 93972），它在形态上与放线菌相似，能够形成类似放线菌的菌丝体和孢子。古丸菌纲、热球菌纲和热原体纲则包含许多嗜热和超嗜热的化能自养或异养菌。热原体纲除嗜热外还具有嗜酸的特性，而且其中来自热原体属（*Thermoplasma*）和铁原体属（*Ferroplasma*）的成员具有明显的形态特征——缺少细胞壁。

这些成功培养的极端微生物不仅促进了人们对广古菌生理特征的认知，也加深了对极端环境下生物适应性的理解。例如，坎

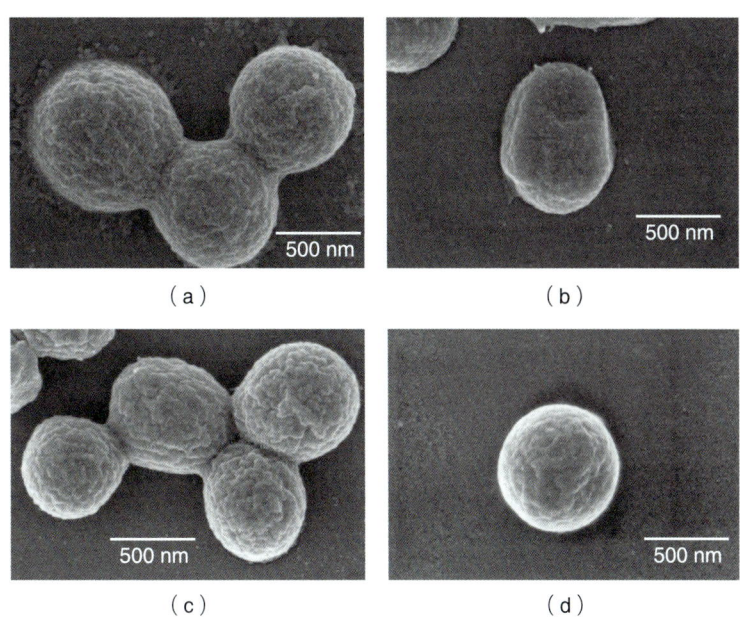

图 14-27　甲烷微菌纲中两种产甲烷古菌的电镜照片（图片来源：深圳大学李猛）
（a）和（b）沉积甲烷叶菌（*Methanolobus sediminis* FTZ6^T）；（c）和（d）红树林甲烷叶菌（*Methanolobus mangrovi* FTZ2^T）

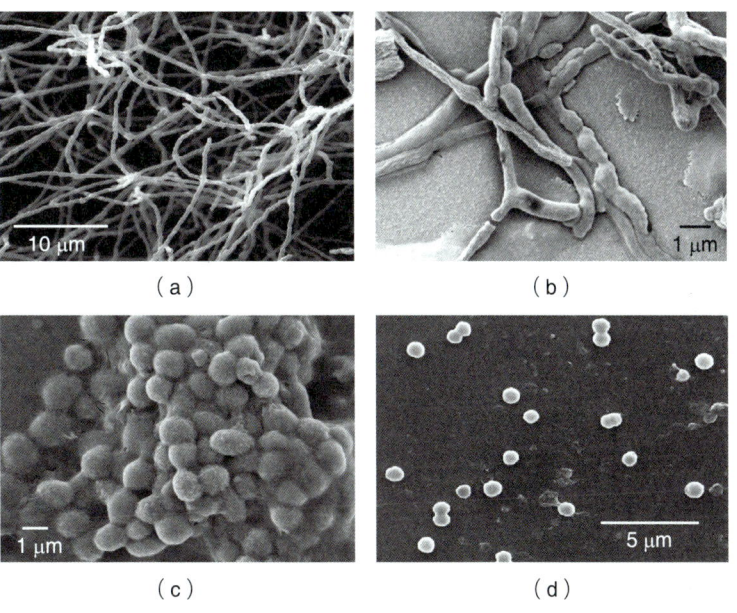

图 14-28　多种嗜盐古菌的电镜照片（图片来源：南阳理工学院刘冰冰）
（a）嗜盐放线古菌（*Actinoarchaeum halophilum* YIM 93972）；（b）嗜盐丝状古菌（*Halocatena salina* NG A267-1）；（c）钠线菌（*Natrinema* sp. NG A387）；（d）土生嗜盐古菌（*Saliphagus infecundisoli* YIM A93745^T）

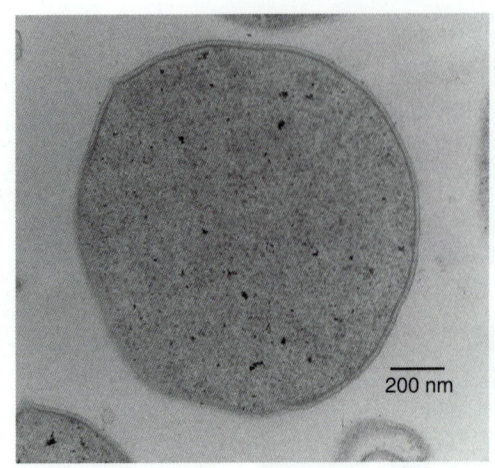

图 14-29 超嗜热广古菌（*Thermococcus eurythermalis* A501）的电镜照片（图片来源：上海交通大学赵维殳）

氏甲烷嗜热菌（*Methanopyrus kandleri*）已被证明能够在温度高达 122℃、压力高达 20 MPa 的环境下保持生长，这也拓展了地球生命的温度上限。另外，分离自深海热液烟囱的菌株 *Thermococcus eurythermalis* A501 也是一种超嗜热古菌，能够在 50~100℃的温度下和 0.1~70 MPa 的压力下生长，最适生长温度为 85℃（图 14-29）。虽然其他广古菌纲迄今为止尚未被培养，但它们也被证明是一些环境微生物群落的主要成员。例如，波塞冬纲（*Candidatus* Poseidoniia，以前被称为海洋古菌类群 II 和 III，即 MG-II 和 MG-III）是海洋微生物群落的重要组成部分，其相对丰度能高达 40%。哈迪斯古菌纲（*Candidatus* Hadesarchaea），以前称为南非金矿广古菌类群（即 SAGMEG）但目前研究者提出将其划分为新的古菌门 *Candidatus* Hadarchaeota，也广泛分布于陆地和海底环境中。值得注意的是，我国研究者通过对热泉沉积物多年的富集培养，获得了 Ca. Hadarchaeota 古菌门中烷烃降解古菌（*Candidatus* Melinoarchaeum fermentans DL9YTT1）的富集培养物，并揭示了该物种与其他产甲烷古菌的互作产甲烷新模式（图 14-30）。此外，对于广古菌门的深部分支类群，如热液菌纲（*Candidatus* Hydrothermarchaeota）和硫古菌纲（*Candidatus* Theionarchaea），研究表明它们与其他广古菌具有一定的代谢共性，包括 F_{420}- 氢化酶和 Wood–Ljungdahl 途径的存在。

广古菌在生物地球化学循环中的作用也是多样化的。虽然广古菌通常被认为是产甲烷菌，但实际上其不仅参与了甲烷的产生，还参与了甲烷的厌氧氧化。以厌氧嗜甲烷古菌（ANME）为例，这类微生物通过反向运作产甲烷核心代谢途径实现甲烷氧化，但这一过程需要与特定细菌建立共生关系。由于厌氧甲烷氧化本质上是氧化反应，这一过程需要与还原反应偶联，并依赖外源电子受体（如硫酸盐、硝酸盐等）的参与。因此，ANME 古菌通常与硫酸盐还原菌、反硝化菌或硝酸盐还原菌形成互营共生关系。这类共生体在自然界中多以微小聚集体形式存在，但有时也会发展为大规模的微生物席（microbial mat）。值得注意的是，这种紧密的物理关联使它们能够高效偶联氧化还原反应，通过直接电子传递或代谢中间产物交换实现能量获取，从而维持整

图 14-30 烷烃降解古菌（*Ca. Melinoarchaeum fermentans* DL9YTT1）富集培养物的荧光显微照片（图片来源：上海交通大学余甜甜）
标尺为 10 μm

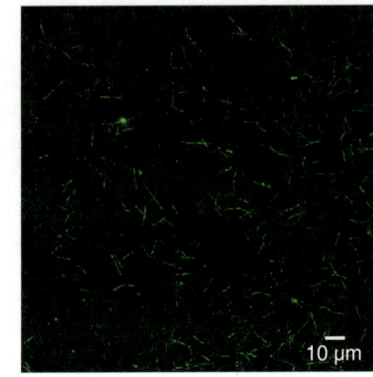
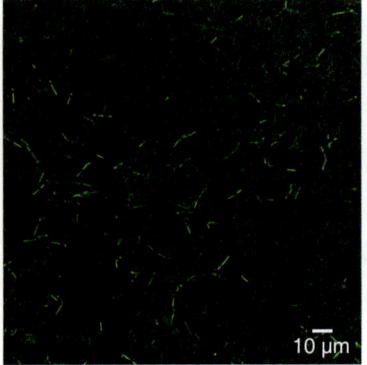
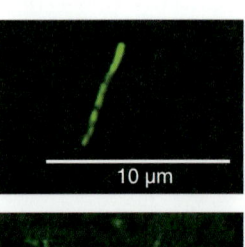
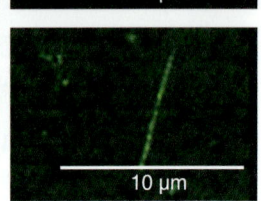

个共生体系的稳定运行。除了甲烷代谢能力外，广古菌也能降解其他碳氢化合物。例如，在海底沉积层富集物中发现的古菌 *Candidatus* Syntrophoarchaeum，其编码了类甲基-辅酶 M 还原酶（Mcr-like），能够厌氧降解丁烷；在海洋烃渗漏区域富集物中被发现的未培养古菌 *Candidatus* Argoarchaeum ethanivorans 则是能够进行乙烷的厌氧降解，且代谢产物分析也检测到关键中间代谢产物乙基-辅酶 M；在全球油藏地普遍分布的广古菌 *Candidatus Methanoliparia* 被发现不仅编码了完整的产甲烷途径，也编码了完整的烷烃厌氧降解途径，推测该菌能够通过歧化作用从烷烃代谢中生产甲烷。其次，广古菌除了参与碳氢化合物的转化外，还在硫、氮和铁元素循环中发挥作用。基因组功能研究表明未培养的哈迪斯纲和硫古菌纲分别具有亚硝酸盐还原与硫还原的作用。此外，一些广古菌类群被发现可能具有有机物降解能力。例如，来自热原体纲的 DHVE2（Deep-Sea Hydrothermal Vent Euryarchaeota 2）类群能够降解蛋白质以获得能量，且属于同纲的 DHVE1 类群也被发现含有高含量的胞外肽酶。综上，这些研究发现共同表明了广古菌的代谢多样性，也反映了其在自然生态系统中占据了多重生态位。

14.2.2 TACK 超门

TACK 超门于 2011 年被首次提出，最初由奇古菌门（*Thaumarchaeota*）、曙古菌门（*Candidatus* Aigarchaeota）、泉古菌门（*Crenarchaeota*）和初古菌门（*Candidatus* Korarchaeota）组成，并以这 4 个古菌门的名称缩写命名。近年来，高通量测序技术的大力发展，重构的未培养古菌基因组呈现井喷式暴发，极大地扩展了 TACK 超门成员数量。目前，TACK 超门中已包含 10 个门类，其中新增的门类包括地热古菌门（*Candidatus* Geothermarchaeota）、布洛克古菌门（*Candidatus* Brockarchaeota）、深古菌门（*Candidatus* Bathyarchaeota）（图 14-31）、火星古菌门（*Candidatus* Marsarchaeota）、哪吒古菌门（*Candidatus* Nezhaarchaeota）和韦斯特拉特古菌门（*Verstraetearchaeota*）（图 14-32）。

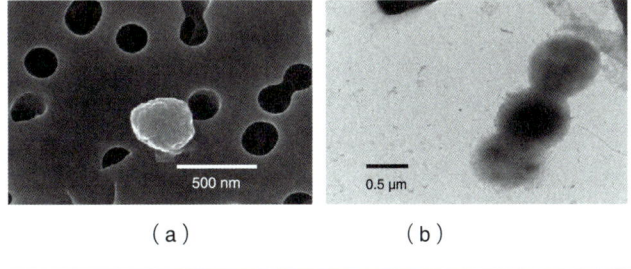
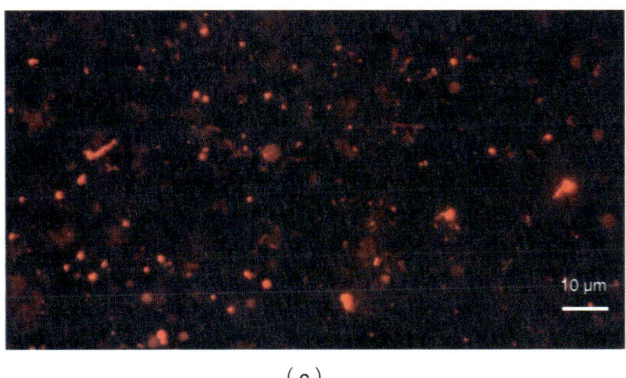

图 14-31 深古菌门中木质素降解古菌（*Candidatus Baizosediminiarchaeum ligniniphilus* DL1YTT001）的富集培养物的电镜照片（a，b）和荧光显微照片（c）（图片来源：上海交通大学余甜甜）

14.2.2.1 泉古菌门

泉古菌门，英文名称 "*Crenarchaeota*"，前缀 "cren" 源自希腊语 "crenos"，意为 "泉水或源泉"。泉古菌是首批被描述的古菌门类，同时也是最容易被分离培养的古菌类群之一。泉古菌细胞形状多样，除了常见的杆状和球状外，还包括细丝状和不规则圆盘状。目前已培养的泉古菌多为嗜热菌，常见于陆地高温生境（>100℃），部分可耐受极端酸性环

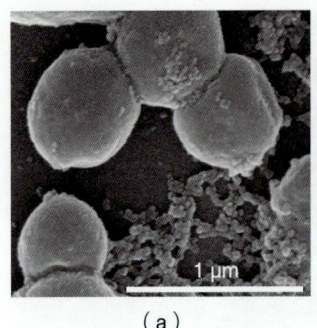 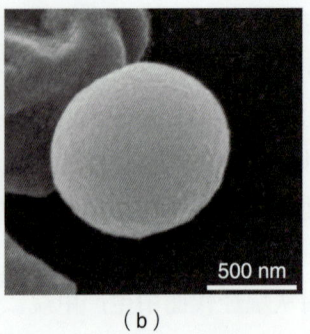

图 14-32 韦斯特拉特古菌门中新型产甲烷古菌（*Methanosuratincola petrocarbonis* LWZ-6）的电镜照片（图片来源：农业农村部成都沼气科学研究所承磊）

境（pH < 1）。硫化叶菌属（*Sulfolobus*）是最早被成功培养的泉古菌，它们是从美国黄石公园的富含硫的酸性热泉中被分离出来的，现已成为研究超嗜热古菌的模式菌株。随后，更多的泉古菌陆续从高温陆地热泉和海洋环境中被分离培养。例如，超嗜热的烟栖火叶菌（*Pyrolobus fumarii*），该菌的最适生长温度为 106℃，且能在温度高达 113℃ 的环境下生长。此外，来自硫化叶菌属、火棒菌属（*Pyrobaculum*）、酸菌属（*Acidianus*）和热变形菌属（*Thermoproteus*）的许多超嗜热泉古菌在陆地高温热泉中具有较高的丰度，占据主导地位，甚至是高温环境中的主要生产者。

大多数泉古菌是厌氧菌，可以利用有机化合物（如蛋白质和糖）进行化能异养型生活。也有许多泉古菌能进行厌氧化能自养型生活，其中多数以 H_2 为电子供体，单质硫（S^0）或 NO_3^- 为电子受体，少数能以 Fe^{3+} 为电子受体进行 H_2 呼吸。此外，部分泉古菌，如硫化叶菌属，为混合营养型，既可以通过氧化单质硫及硫化物进行化能无机营养型生活，亦可以通过使用硫氧化其他还原型碳化合物进行化能有机营养型生活，但是其主要营养方式仍为异养型。

14.2.2.2 奇古菌门

1992 年，研究人员通过对海水中古菌 16S rRNA 基因的分析，首次发现了奇古菌，但因这些古菌在系统发育树上与泉古菌门接近，且来自中温环境，故而当时被称为中温泉古菌（mesophilic or non-thermophilic Crenarchaeota），或 MG-Ⅰ（Marine Group Ⅰ）类群。然而，后续研究表明，这些中温泉古菌并非泉古菌演化而来，其在起源上早于泉古菌和广古菌门。因此，在 2008 年人们提出将这些中温泉古菌，包括来自开放海域的 ALOHA Group、来自热泉和热液口的 pSL12 Group、HWCGIII 和 Nitrosocaldus Group、来自酸性土壤的 MG-Ⅰ.1c 以及氨氧化古菌 MG-Ⅰ.1a 和 Ⅰ.1b，划分为一个新的门，命名为"Thaumarchaeota"，希腊语"Thaumas"指"奇妙的"，译为"奇古菌门"。

奇古菌不仅多样性高、数量多，且环境适应能力极强、分布非常广泛，从淡水到盐度超高的咸水环境，从 pH 为 3.5 的酸性环境到 pH 为 8.7 的碱性环境，从温度低至 0.2℃ 的海洋环境到温度可高达 97℃ 的热泉环境，均能发现它们的踪迹。不仅如此，奇古菌类群通常在海洋沉积物中具有较高丰度，占主导地位。例如，我国边缘海表层沉积物中奇古菌的平均丰度占总古菌的 60%；在大西洋等不同纬度的深海表层沉积物中，奇古菌在古菌中的平均比重约为 53%；在位于北大西洋的寡营养含氧沉积物中，奇古菌的相对丰度可达总微生物的 80%，超过细菌成为最优势类群。2005 年从西雅图水族馆海水中分离培养到第一株奇古菌——*Nitrosopumilus maritimus* SCM1。*N. maritimus* 通过将氨（NH_3）有氧氧化为亚硝酸盐（NO_2^-）来进行化能营养生长，这也是硝化过程的第一步。这种生物与硝化细菌一样使用 CO_2 作为其唯一的碳源进行自养生长，但不同的是，*N. maritimus* 能够适应极端营养限制条件下的生活。*N. maritimus* 可以在硝化细菌所需 NH_3 浓度 1/100 的条件下生长，而在支持硝化细菌生长所需的较高 NH_3 浓度条件下，它们的生长实际上会受到抑制。随着研究者对奇古菌认识的加深，培养策略也不断被完善，使得更多的奇古菌门菌株相继被成功富集或分离培养。

奇古菌的主要营养类型为化能自养。奇古菌通过使用一种经过修饰的 3-羟基丙酸/4-羟基丁酸（HP/HB）途径固定 CO_2 进行自养生长。该途径是有氧条件下能量效率最高的碳固定途径，且仅在奇古菌门成员中发现。因此，奇古菌被认为是深海初级生产力的重要贡献者，并在驱动碳元素的循环中发挥重要作用。其次，奇古菌中具有的氨氧化功能也备受关注。氨氧化反应主要包括两个部分，首先是氨经氨单加氧酶（AMO）氧化为羟胺（NH_2OH），其次羟胺再进一步氧化为亚硝酸盐。然而，奇古菌中不存在与细菌类似的羟胺脱氢酶（HAO），推测其可能通过完全不同的酶复合体进行羟胺的氧化，具体机制尚不清楚。尽管如此，奇古菌具有比氨氧化细菌更高的氨亲和力，是海洋中氨氧化反应的主要执行者，活跃地驱动着海洋中氮元素的循环。另外，奇古菌也被认为是海洋溶解氧最小值区（oxygen minimum zone，OMZ）区域氧化亚氮（N_2O）的重要来源，并推测 N_2O 的产生可能由中间代谢产物羟胺、亚硝酸盐和一氧化氮（NO）经非生物过程转化而来。此外，虽然氨的氧化为奇古菌门提供了重要能量来源，但研究表明许多奇古菌类群还可以利用多种有机质进行混合营养型生活。例如，奇古菌成员可直接利用氰酸盐和尿素作为能源和氮源，也可以在异养微生物的辅助下利用氨基酸和有机胺等。除参与碳氮循环外，奇古菌成员还能够合成甲基膦酸。在缺磷条件下，甲基膦酸是许多海洋微生物的重要磷源物质。同时，微生物对甲基膦酸的分解利用会产生甲烷，这可能是表层海水甲烷饱和的重要原因，具有重要的气候效应。

14.2.2.3 初古菌门

1996 年，研究人员通过分析从黑曜石热泉（位于美国黄石公园的一个近中性热泉，温度为 74~93℃）获得的 rRNA 基因序列，发现了其中一些序列形成了一个在系统发育上与泉古菌门和广古菌门截然不同的更深的分支，并将其定义为新的古菌门，命名为 "*Candidatus* Korarchaeota"。希腊语中的名词 "koros" 或 "kore"，意思是 "年轻男子" 或 "年轻女子"，因此中文译为 "初古菌"。初古菌系统发育学多样性较低，但其地理分布具有高度特异性，主要分布于陆地热泉和海洋热液喷口等高温生境中，而在其他自然环境中丰度很低。尽管目前尚未获得初古菌的纯培养物，但 2008 年首次从黑曜石热泉沉积物中获得了含初古菌的混合培养物，且能在 85℃、pH 6.5、严格厌氧的条件下长期存活。厌氧混合培养物中的初古菌细胞呈直径小于 0.2 μm 的纤丝状，长短不一，最长可达 100 μm，该菌株因此被命名为 *Candidatus* Korarchaeum cryptofilum OPF8，暗指其为 "神秘的细丝"。此外，2023 年，中国研究者基于宏基因组学技术在云南腾冲热泉样品中重构出 10 个初古菌基因组，它们组成了一个新目，并被命名为盘古古菌目（*Panguiarchaelaes*），取盘古开天辟地，克服困难，创造美丽新世界之意，旨在表达该古菌对分化出多才多艺 TACK 古菌的突出贡献。

目前对初古菌功能的研究大多基于基因组的分析，其中一些初古菌被认为营共生生长模式。例如，*Ca.* K. cryptofilum OPF8 由于缺乏合成嘌呤、辅酶 A 和其他多种辅助因子的基因，并依赖于一种简单的多肽发酵作用来获取碳源和能量，推测其可能是一种共生菌。类似的情况在盘古古菌 *Panguiarchaeum symbiosum* 中也有发现，该物种缺失细胞膜、氨基酸、维生素和嘌呤合成等基础代谢通路，主要通过降解胞外蛋白质来获取碳源、氮源和能量，维持其生长。此外，初古菌还能进行产甲烷和硫还原。例如，研究者发现在 *Candidatus* Methanodesulfokores Washburnensis 基因组中具有厌氧甲烷代谢和异化硫代谢所必需的基因，演化分析表明甲烷代谢起源于初古菌祖先，而异化亚硫酸盐还原的基因是从芽孢杆菌门水平转移得到的。代谢重建表明 *Ca. M. washburnensis* 为混合营养型古菌，能够摄取氨基酸，同化甲烷衍生的碳，或通过古菌类型的 RuBisCO 固定二氧化碳来获取核糖碳。

14.2.2.4 曙古菌门

2011 年，研究人员从 320 m 深、70℃的金矿地下热水菌席中重构了一个占优势的未培养菌株基因组——*Candidatus* Caldiarchaeum subterraneum，提出了该菌代表了古菌域中一个新分支，命名为"*Aigarchaeota*"，希腊语"aigi"意为"黎明和曙光"，因此译作"曙古菌门"。由于曙古菌在系统发育学上与奇古菌很接近，因此也有部分学者认为曙古菌是隶属于奇古菌门的一个纲。曙古菌具有丰富的系统发育学多样性，相关的 16S rRNA 基因序列大部分存在于高温环境，包括陆地和海洋地热系统、地下含水层和矿井孔隙水等，只有少量的序列在中温或低温环境样品中被检测到。曙古菌门的 16S rRNA 基因的 GC 含量也符合嗜热菌或超嗜热菌的特征，并从中计算出类群的最佳生长温度为 40.8 ~ 101.9℃。目前对曙古菌的形态特征了解有限，不过有研究已发现一种来自美国黄石公园热泉的曙古菌成员——*Candidatus* Calditenuis aerorheumensis，呈细丝状，直径约为 0.5 μm，长度可达 20 μm。

不同曙古菌的代谢类型具有明显的差异。基因组分析表明，曙古菌成员 *Ca. C. subterraneum* 具有潜在的氢氧化、一氧化碳氧化以及碳固定的自养代谢能力。另一个曙古菌成员 *Ca. C. aerorheumensis* 可以利用乙酸、脂肪酸、氨基酸、糖类和芳香烃化合物等胞外有机碳进行需氧的、化能有机异养代谢，但它们不能从头合成亚铁血红素、维生素等，可能从群落中其他微生物中获得。然而，来自中国云南腾冲热泉沉积物中的曙古菌是专性厌氧菌或兼性厌氧菌，大多数是可以氧化硫化物的化能无机营养型。此外，曙古菌基因组包含了一些有趣的真核生物基因特征，比如编码真核生物类型的泛素修饰系统，这在原核生物中尚属首次发现。

14.2.3 DPANN 超门

DPANN 超门是 2013 年首次提出的古菌超门，它们在系统发育树上聚集形成了一个单独的支系，并位于古菌支系靠近根部的位置。与 TACK 超门一样，DPANN 超门也是以 5 个古菌门的首字母命名，即丙盐古菌门（*Candidatus* Diapherotrites）、小古菌门（*Candidatus* Parvarchaeota）、谜古菌门（*Candidatus* Aenigmarchaeota）、纳古菌门（*Nanoarchaeota*）和纳盐古菌门（*Candidatus* Nanohaloarchaeota）。DPANN 超门通常具有细胞微小、基因组小而精简、缺少部分核心代谢能力等共性特征，因此它们也被认为营共生生活方式（图 14-33）。随着测序技术与分析技术的发展，不断有新的未知古菌门类被发现和研究，DPANN 超门也由最初定名时的 5 个门增加到至少 11 个门，新增门类包括：微古菌门（*Candidatus* Micrarchaeota）、乌斯古菌门（*Candidatus* Woesearchaeota）、佩斯古菌门（*Candidatus* Pacearchaeota）、深地古菌门（*Candidatus* Altiarchaeota）、胡贝尔古菌门（*Candidatus* Huberarchaeota）、温蒂尼古菌门（*Candidatus* Undinarchaeota）。由于古菌一直被认为是与地球早期生命起源息息相关的生物，研究位于古菌系统发育树根部的 DPANN 超门古菌对于人们探究早期微生物的演化有着不可替代的重要性。

14.2.3.1 纳古菌门

2002 年，科学家从冰岛以北科贝恩塞海脊（Kolbeinsey）热液口分离得到了第一株纳古菌，即骑行纳古菌（*Nanoarchaeum equitans*）。系统发育分析表明该菌株不属于当时已知的任何一个古菌门类，因此被认为是一个全新的门类，并命名为 *Nanoarchaeota*，其前缀源自拉丁语 "Nanus"，意为 "矮小的"，译作 "纳古菌门"。骑行纳古菌呈球状，细胞直径约为 400 nm，属于专性共生菌，直接附着在其宿主火球菌（*Ignicoccus hospitalis*）细胞的表面。骑行纳古菌是极端嗜热菌，最佳生长温度约为

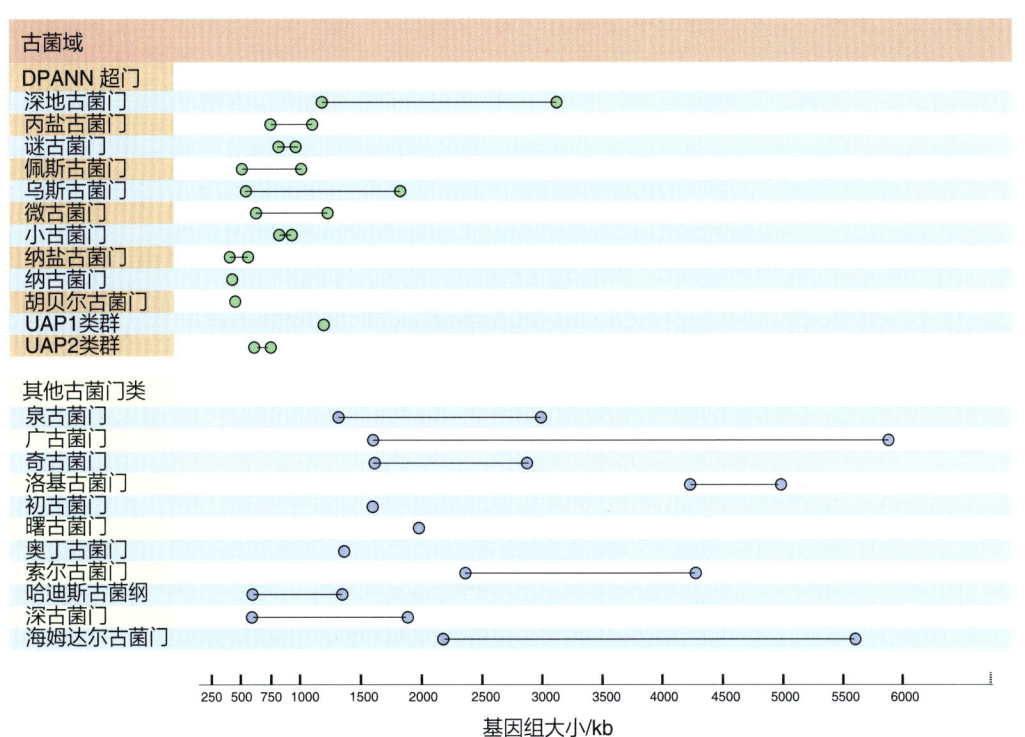

图 14-33 DPANN 超门古菌与其他门类古菌的基因组大小范围

90℃。2016 年，研究人员从美国黄石公园的酸性热泉中发现了第二株纳古菌及其共生菌的共培养物，该纳古菌被命名为酸叶小纳古菌（*Candidatus* Nanopusillus acidilobi），其共生菌为属于酸叶菌属（*Acidilobus*）的泉古菌。酸叶小纳古菌是已知最小的细胞生物，其细胞直径为 100~300 nm。该菌严格厌氧、嗜酸且极端嗜热，在温度 82℃、pH 3.6 的条件下可观察到其最佳生长。16S rRNA 基因序列调查显示，纳古菌广泛分布于陆地和海洋地热环境。

此外，纳古菌的基因组也非常小。骑行纳古菌和酸叶小纳古菌的基因组大小分别为 0.5 Mb 和 0.6 Mb。多组学分析研究表明，纳古菌具有完整的遗传信息处理机制（如 DNA 复制、转录和翻译等），但几乎没有合成氨基酸、核苷酸、脂质和辅因子等物质的能力，它们必须依赖共生菌来获得这些小分子物质。

14.2.3.2 小古菌门和微古菌门

2006 年，在澳大利亚里士满铁山的酸性矿山废水生物膜中发现了与纳古菌门类似的微小古菌，最初它们被统称为"里士满矿山嗜酸性纳米古菌（ARMAN, archaeal Richmond Mine acidophilic nanoorganisms）"，随后被划分为两个单独门：小古菌门（*Ca.* Parvarchaeota）和微古菌门（*Ca.* Micrarchaeota）。与纳古菌相比，小古菌和微古菌的基因组稍大，为 0.64~1.08 Mb。有研究指出 ARMAN 古菌的 16S rRNA 和转运 RNA（tRNA）基因中具有独特的内含子，平均基因长度相对较短，这也使得早期多样性调查所使用的常见 PCR 引物通常会忽略这些类群。显微镜观察到 ARMAN 古菌与属于热原体目（*Thermoplasmatales*）的其他古菌有着密切的物理接触，热原体目细胞会形成较长的类似菌毛的附属结构，穿透 ARMAN 古菌的细胞壁，但这种相互作用的生态意义仍不清楚。基于 16S rRNA 基因的分析表明，与小古菌门相比，微古菌门具有更高的系统发育多样性和更广的生境分布。其中，小古菌主要分布在酸性矿山废水和热泉生境，而微古菌除了分布在这些生境外，在土壤、泥炭、盐湖和淡水等生境中也能被检测到。

通过代谢潜能分析发现，这些古菌基因组除了编码大多数 DPANN 常见的发酵途径外，还具有执行碳代谢、脂质降解和氧化磷酸化等核心代谢步骤的潜力，这表明它们既能进行有氧代谢，也能进行厌氧代谢。然而，这两个门类也都缺乏氨基酸和核苷酸的生物合成途径，这表明它们很可能利用外部或宿主"现成"的核苷酸和氨基酸进行生物合成。此外，在小古菌基因组中发现了铁氧化相关基因的同源基因，这表明它们可能在铁循环中发挥作用。

14.2.3.3 纳盐古菌门

2012 年，在澳大利亚维多利亚州西北部的盐湖中发现了另一种微小的古菌门类——纳盐古菌门（*Ca.* Nanohaloarchaeota）。它们最初被认为与嗜盐古菌（Haloarchaea）互为姐妹支系而得名，而后随着古菌系统发育分析的不断完善，发现纳盐古菌应归类于 DPANN 超门。纳盐古菌细胞直径为 100~800 nm，并在全球范围内的高盐生态系统中广泛分布。2022 年，我国科学家从中国新疆七角井盐湖盐结晶样品中重构出了三个纳盐古菌新目基因组，并将其命名为 *Nucleotidisoterales*。曾经的研究分析认为，纳盐古菌是一种能够独立生活的微生物，但纳盐古菌菌株 *Nanohaloarchaeum antarcticus* 和 *Nanohalobium constans* LC1Nh 与其各自宿主 *Halorubum lacusprofundi* 和 *Halomicrobium* sp. LC1Hm 的共培养研究则证明这些纳盐古菌对宿主具有依赖性。

纳盐古菌具有多样的代谢，包括好氧异养型、光能异养型以及厌氧发酵型等多种生活方式。大部分纳盐古菌具有糖原降解能力，可通过分解糖原为宿主提供葡萄糖从而促进其与宿主的互利共生。然而，*Nucleotidisoterales* 类群缺乏多糖代谢相关基因，而其编码的完整核苷酸回收和降解途径在已知的纳盐古菌中鲜有发现，表明该类群采用全新策略与宿主形成共生。部分纳盐古菌需要从宿主处获得生存所必需的营养，但同时，也可以反向向宿主传递物质，从而促进二者之间的互利共生。例如，*Nanohalobium constans* LC1Nh 可将糖原和淀粉水解为葡萄糖来供给其宿主 *Halomicrobium* sp. LC1Hm。

14.2.3.4 丙盐古菌门和谜古菌门

2013 年，通过单细胞基因组学技术从美国南达科他州废弃金矿的地下水中发现了许多具有超小基因组的古菌，并首次命名了丙盐古菌门（*Ca.* Diapherotrites）和谜古菌门（*Ca.* Aenigmarchaeota）两个门类。目前两个门类均未实现实验室培养。丙盐古菌具有基因组小（约 1.24 Mb）、平均基因长度短（822 bp）、仅含一个核糖体 RNA 操纵子、编码密度高（约 90.4%）、重叠基因比例高（27.6%）以及基因重复发生率低（2.16%）等特征。代谢潜能分析表明，丙盐古菌的分解代谢能力有限，但理论上可以通过将核糖、聚羟基丁酸脂和几种氨基酸等狭窄范围的底物分解至乙酰辅酶 A 来进行自主独立生活。反之，尽管无法自主合成部分氨基酸和辅助因子，它们还是具有相对发达的合成代谢能力，且这些合成代谢基因是通过水平基因转移从细菌处获得的。其次，对谜古菌的地理分布研究，揭示了其在淡水、地下水、热泉、海洋热液口、盐湖、土壤等生境中广泛分布，且主要分布于淡水生境。比较基因组分析发现，尽管谜古菌代谢能力有限，但热环境中的谜古菌比非热环境中的谜古菌含有更多与碳水化合物代谢相关的基因。此外，针对热泉中谜古菌与其宿主关系的研究同样揭示了 DPANN 超门古菌与宿主间的共生关系，并表明宿主为谜古菌提供了生长必需的代谢产物，例如氨基酸、核苷酸、用于合成细胞膜的脂质及 ATP 等，并通过水平基因转移赋予了谜古菌抵御氧化胁迫的能力，而谜古菌则具有宿主缺失的细胞防御系统，可协助宿主抵御病毒。

14.2.4 阿斯加德古菌类群

自从 20 世纪 70 年代发现古菌以来，生命树的三域学说（真核生物、细菌和古菌）占据了长时间的主导地位。然而随着后续生物学研究的发展，"真核生物起源自古菌"的二域论悄然兴起，其中阿斯加德古菌的发现为二域学说提供了有力的证据支持（图 14-34）。《科学》杂志将阿斯加德古菌和真核生物起源的研究列为 2019 年的十大科学进展之一。因此，探讨阿斯加德古菌与真核生物起源已成为当前国际生命

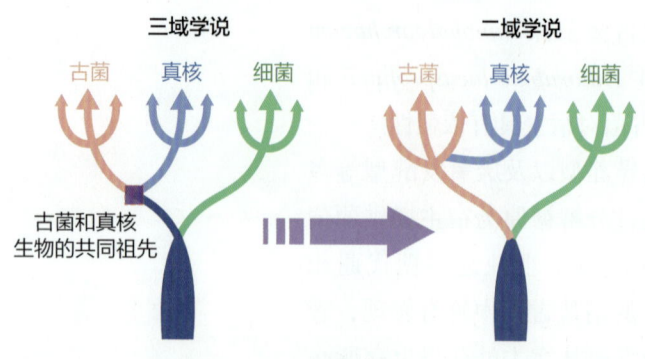

图 14-34 "三域学说"与"二域学说"

"三域学说"主张整个生命体系分为三大域，分别为细菌域、真核生物域以及古菌域。"二域学说"则主张整个生命体系最初只有细菌和古菌，真核生物是从古菌里演化出来的

科学研究的前沿热点。阿斯加德古菌是目前发现的与真核生物亲缘关系最接近的一类古菌，其基因组拥有大量"真核生物特有蛋白"。阿斯加德（Asgard）是北欧神话中阿萨神族的居所，最初的 5 个阿斯加德古菌门类也均以北欧神话中的神命名，包括洛基古菌门（*Ca.* Lokiarchaeota）、索尔古菌门（*Ca.* Thorarchaeota）、奥丁古菌门（*Ca.* Odinarchaeota）、海姆达尔古菌门（*Ca.* Heimdallarchaeota）和海拉古菌门（*Ca.* Helarchaeota）。近年来，随着更多研究的开展，新的门类被不断发现，现今阿斯加德古菌超门已经包括了至少 16 个门类，新增的门类包括巴德尔古菌门（*Ca.* Baldrarchaeota）、包尔古菌门（*Ca.* Borrarchaeota）、弗雷古菌门（*Ca.* Freyrarchaeota）、葛德古菌门（*Ca.* Gerdarchaeota）、赫尔莫德古菌门（*Ca.* Hermodarchaeota）、霍德尔古菌门（*Ca.* Hodarchaeota）、卡瑞古菌门（*Ca.* Kariarchaeota）、涅尔德古菌门（*Ca.* Njordarchaeota）、希芙古菌门（*Ca.* Sifarchaeota）、西格恩古菌门（*Ca.* Sigynarchaeota）和悟空古菌门（*Ca.* Wukongarchaeota）。

14.2.4.1 阿斯加德古菌系统发育多样性及分布

2015 年，研究人员在"洛基城堡"向北约 15 km 的海底沉积物中发现了一种新的古菌，它不属于任一已知的古菌门或超门，因此以其发现地而命名为 *Ca.* Lokiarchaeota（洛基古菌门）。洛基城堡（Loki's Castle）是位于大西洋中部，在格陵兰岛与挪威之间的海面下方 2352 m 处的一片海底热液区，这里分布了多处热液口，独特的地形结构也孕育着许多等待发掘的奇幻生命。除了地理位置，洛基古菌的命名灵感也有部分是来自北欧神话中洛基的形象，意指"充满矛盾和困惑"，而这正好可以用来形容真核生物和古菌之间的演化关系。此前洛基古菌门的 16S rRNA 基因序列被发现在深海沉积物中大量存在，被称为"深海类群 B（Marine Benthic Group B，MBG-B）"或"深海古菌类群（Deep Sea Archaeal Group，DSAG）。洛基古菌门不仅是当时已知的与真核生物亲缘关系最近的类群，而且拥有许多真核生物特有的基因组特征，因此为真核生物的起源与细胞复杂性提供了独特的见解。洛基古菌门的发现重新点燃了对"真核生物细胞的起源"这一谜题的争论和研究，也导致了学界对这一新古菌谱系的热切关注。次年，研究人员从美国白栎木河的河口底泥宏基因组中重构出 3 个接近完整的基因组，其在系统发育位置上与洛基古菌门互为姐妹支，并被命名为"索尔古菌门"，源自北欧神话中洛基的兄弟——雷神索尔。2017 年，研究人员对不同环境的沉积物进行宏基因组测序分析，发现了与洛基古菌门和索尔古菌门系统发育距离接近的新门类——"奥丁古菌门"（源自众神之王：奥丁）和"海姆达尔古菌门"（源自光之神：海姆达尔），它们分别来自热泉底泥和海洋底泥样品。同时，研究人员在此提出以北欧神话的诸神王国"阿斯加德"的名字来命名这一古菌超门。

随后，阿斯加德古菌超门下的类群如雨后春笋般地涌现，包括 2019 年在加利福尼亚湾瓜伊马斯盆地深海热液口沉积物中发现的"海拉古菌门"（源自死亡女神：海拉）和 2020 年在中国红树林湿地沉积物中发现的"葛德古菌门"（源自女巨人：葛德）。其次，2021 年，阿斯加德古菌类群得到了迅速扩展，包括在哥斯达黎加深海沉积物中发现了"希芙古菌门"，因其与索尔古菌有最近的系统发育距离，便以索尔的妻子希芙（土地和收获女神）命名；以及在瓜伊马斯盆地深海沉积物和中国腾冲热泉环境中发现了"西格恩古菌门"（源自胜利之神：西格恩）、"弗雷古菌门"（源自和平之神：弗雷）和"涅尔德古菌门"（源自海之神：涅尔德）。同年，中国研究者将不同环境样品的宏基因组进行整合分析，获得了 162 个高质量的阿斯加德古菌基因组，其中 75 个属于尚未报道的新基因组，从中发现了 6 个尚未被报道的阿斯加德古菌新门，分别命名为"赫尔莫德古菌门"（源自神使：赫尔莫德）、"霍德尔古菌门"（源自黑暗之神：霍德尔）、"卡瑞古菌门"（源自风之神：卡瑞）、"包尔古菌门"（源自奥丁之父：包尔）、"巴德尔古菌门"（源自光明之神：巴德尔）和"悟空古菌门"（源自中国古典名著《西游记》中大闹天宫的齐天大圣：孙悟空）（图 14-35）。研究分析表明，悟空古菌门具备氢氧化的化能自养代谢潜能，显著区别于其他阿斯加德古菌混合营养或异养的代谢模式，这也是将其命名为中国神话人物的原因。

目前，阿斯加德古菌超门中仅有两株分离培养的菌株。2020 年，日本科学家团队经过十年探索，从深海沉积物中分离培养出第一株洛基古菌——"*Candidatus* Prometheoarchaeum syntrophicum strain MK-D1"，该名字源自希腊神话中的神"普罗米修斯"。实验室获得的培养物并非仅含单一菌株，而是含洛基古菌 *Ca*. P. syntrophicum strain MK-D1 和产甲烷菌 *Methanogenium* 两种相互依存的菌。在电镜下，MK-D1 细胞呈球状，极其微小（直径约为 550 nm），表面有长短不一且分叉的突触。研究人员推测这种突触可能帮助 MK-D1 与细菌细胞结合。MK-D1 是一种生长极其缓慢的专性共生厌氧菌，可通过与产甲烷菌协作降解氨基酸。2022 年，在斯洛文尼亚皮兰海岸附近的沉积物中成功分离培养了第二株洛基古菌——*Lokiarchaeum ossiferum*。这是科学家

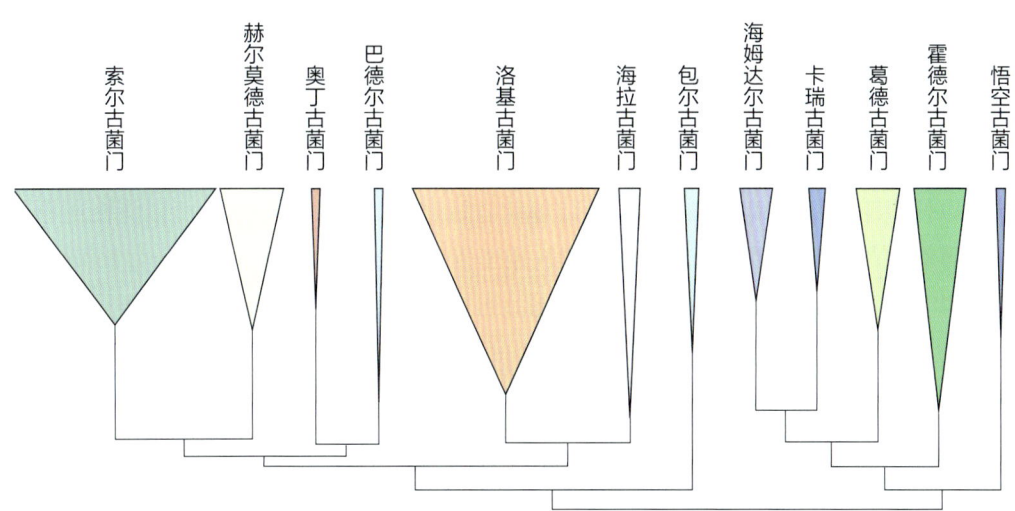

图 14-35　阿斯加德古菌的系统发育树
合并分支的面积与基因组数量成正比

们首次在实验室中培养出足够数量的阿斯加德古菌，并拍摄了菌株的内部结构以详细研究。研究发现，*L. ossiferum* 也有突触，但其突触上有增稠物和小气泡。此外，在细胞内还发现了蛋白丝网络——这是只在复杂的真核细胞中观察到过的特征，与真核细胞中构成细胞骨架的肌动蛋白丝非常相似。这表明，在第一批真核生物出现之前，复杂的细胞骨架结构就已经出现于古菌中了，意味着阿斯加德古菌可能是真核生物重要的演化前体。

阿斯加德古菌的分布也非常广泛，目前已经被发现可存在于全球范围内的多种生态环境中，包括海洋和淡水环境、陆地土壤、陆地热泉和深海热液口等，但主要还是厌氧沉积物环境。洛基古菌在微生物群落中丰度较高，而索尔古菌、海姆达尔古菌和奥丁古菌一般属于低丰度类群。海姆达尔古菌和洛基古菌主要出现在海洋沉积物中，索尔古菌可栖息于海洋、湖泊、河口沉积物等不同环境，而奥丁古菌似乎是唯一一个只存在于高温生境的阿斯加德古菌门类。其次，通过对 SILVA 数据库中阿斯加德古菌的 16S rRNA 基因序列进行调查发现，其中，22% 有效序列来自高盐环境的洛基古菌。洛基古菌也是所有阿斯加德古菌中适应 pH 范围最广的类群（pH 为 5.0~9.0），而奥丁古菌只在中性到弱碱性（pH 为 7.5~8.5）环境中有发现。

14.2.4.2 阿斯加德古菌的功能多样性

目前对阿斯加德古菌功能的了解主要基于基因组预测的代谢潜能分析。洛基古菌和索尔古菌基因组编码了完整的古菌型 Wood-Ljungdahl 通路和 NiFe 氢化酶基因，因此可能是可固定 CO_2 的无机营养型，甚至还可能拥有生成氢气或消耗氢气的能力。推测索尔古菌是自养产乙酸菌和硫还原菌。希芙古菌，与索尔古菌有最近的系统发育距离，编码厌氧甲基营养型代谢通路，可利用 C_1 到 C_3 化合物（如甲醇、甲胺）来合成乙酰辅酶 A，还拥有大量碳水化合物活性酶。海拉古菌基因组则具有甲基辅酶 M 还原酶、Wood-Ljungdahl 通路和烷基辅酶 A 氧化相关的基因，与丁烷氧化古菌的基因组特征相似，研究人员推测海拉古菌基因组具有厌氧氧化短链烷烃的潜能，在深海碳氢化合物循环中发挥重要作用。海姆达尔古菌则是一个功能多样性较高的门类，可在浅水盐湖底泥中占据微氧环境的生态位，使用独特的好氧型烟酰胺腺嘌呤二核苷酸（NAD）合成途径。海姆达尔古菌基因组中还发现了一种新型质子泵视紫红质家族基因，说明该类群具有光敏性。除海姆达尔古菌外，洛基古菌和索尔古菌基因组中也被发现过视紫红质基因，说明在阿斯加德古菌的演化史中，它们曾栖息于光暴露的环境中。另外，深海沉积物中的海姆达尔古菌则是进行有机物发酵的异养代谢，一部分古菌可以使用硝酸盐或氧气作为电子受体氧化有机底物，另一部分古菌可以将铁还原蛋白的再氧化与呼吸作用中的质子还原偶联用于发酵有机底物储能。

奥丁古菌是一类独特的阿斯加德古菌，可能是该超门中唯一的嗜热类群。其代谢潜能似乎有限，基因组缺乏 Wood-Ljungdahl 通路和 β 氧化通路的关键基因，只编码三羧酸循环的部分基因，但具有将有机底物发酵成乙酸的潜力，属于嗜热的发酵异养菌。异养的涅尔德古菌可利用多肽和氨基酸，而西格恩古菌和弗雷古菌则可通过 Wood-Ljungdahl 通路固定无机碳和降解有机底物。另外，在弗雷古菌基因组中，还有细菌特有的同型产乙酸通路。值得注意的是，悟空古菌基因组编码了完整的厌氧钴胺素（维生素 B_{12}）合成途径，这是一个能量消耗较大的生物合成过程。赫尔莫德古菌可编码烷基/苯甲基琥珀酸盐合成酶，可能是严格厌氧的烷烃和芳香烃化合物降解菌，并偶联硝酸盐还原过程。

通过对不同阿斯加德古菌门类代谢潜力比较分析，发现阿斯加德古菌主要是有机异养菌，并具有可变的氢气消耗或生成的能力。在此基础上，推测出阿斯加德古菌的共同祖先（last Asgard archaeal common ancestor，LAsCA）的代谢潜能：它既可以利用 H_2 和 CO_2 进行无机自养，也可以利用有机底物（如脂肪酸，甚至烷烃或芳香烃化合物）进行有机异养，可能还可以通过氢化酶作用生成 H_2。除了基因组层面的研究外，目前对阿斯加德古菌的原位活性也有了一定的探索。通过宏转录组分析，发现了洛基古菌 NiFe 型氢化酶基因的转录本，以及许多阿斯加德古菌（包括洛基古菌、索尔古菌、海拉古菌、葛德古菌和海姆达尔古菌）能够降解多肽、氨基酸和脂肪酸等有机物，并在海岸沉积物的不同深度中均占有独特的生态位。其次，通过稳定性同位素探测分析，洛基古菌的不同亚群具备不同的代谢能力，在深海沉积物中占据不同的生态位，如亚群 Loki-2 利用蛋白质和无机碳，作为碳源和能源，参与富集培养液中细菌生物质的降解；而亚群 Loki-3 具有乳酸降解途径及芳香族化合物降解潜力。

14.2.4.3 真核特征蛋白和真核起源学说

真核生物（包括植物、动物、原生生物和真菌）的起源是生命科学的最大谜题之一。细菌和古菌的细胞学特征相对简单，真核生物的细胞学特征具有高度复杂性。大多数假设认为原核生物向真核生物转变，但很难解释真核生物的共同祖先存在内膜系统、核孔、剪接体、泛素蛋白降解系统、RNAi 机制、细胞骨架结构和吞噬机制等复杂结构或机制。根据目前比较流行的内共生假说，该假说认为大约 20 亿年前，一种作为内共生体的 α- 变形菌纲细菌与一种作为宿主的古菌之间发生细胞结合，形成了最早的真核生物细胞，细菌细胞演化成为真核生物细胞中进行产能代谢的细胞器——线粒体。其中，真核细胞线粒体起源于 α- 变形菌的观点是基本受到学界认可的，但古菌细胞的宿主身份一直受到质疑。然而，阿斯加德古菌的发现及其独特的基因组特征为真核生物的古菌起源学说提供了重要线索。首先，系统发育分析显示阿斯加德古菌是与真核生物最亲近的类群，且真核生物所在分支位于古菌域分支中，为生命树的二域学说提供了一个令人信服的证据。其次，阿斯加德古菌拥有大量此前被认为是真核生物所特有的基因，这些基因编码的蛋白被统称为"真核特征蛋白"（eukaryotic signature protein，ESP）。

阿斯加德古菌的出现重新激起了关于真核生物起源于古菌宿主细胞的讨论。随后，出现了众多基于洛基古菌基因组信息，对其细胞复杂性、膜的组成和功能代谢进行的研究，试图解释真核生物的起源和早期演化（图 14-36）。早在 2016 年，研究人员根据洛基古菌的氢气依赖型生活方式，提出了一种真核生物宿主起源的假说——"氢假说"。该假说认为洛基古菌是一种厌氧的氢气依赖的自养生物，所以它不太可能拥有一定程度的细胞复杂性。2019 年，海姆达尔古菌被发现，由于它是当时最接近真核生物的古菌类群,且包含氧气依赖的代谢途径,因此提出了"需氧原始真核生物"模型假设,即真核生物的古菌、细菌祖先都具有氧气依赖的代谢方式。

2020年,首个阿斯加德古菌菌株MK-D1被成功分离培养,依据其独特的长且分枝突触结构和基因组功能信息,提出了"缠绕—吞没—内生"的真核生物生成模型,即古菌宿主利用自身的胞外结构吞没代谢伴侣,同时形成一个与核膜拓扑结构相似的原始的包围染色体的结构。如此则引发了另一个问题,古菌细胞膜为醚类脂质膜,而现存的真核生物则是酯类脂质膜。但有研究表示,脂质可以在不影响膜完整性的情况下混合,预示着酯类脂质有可能简单地取代宿主的醚类脂质。其次,在阿斯加德古菌基因组中,发现了细菌和真核生物特有的酯类脂质的生物合成酶,支持阿斯加德古菌可能拥有醚酯混合脂质的假设。直到2021年,通过对阿斯加德古菌超门进行详细的比较基因组分析,发现基于阿斯加德古菌主要是有机异养菌,并具有可变的氢气消耗或生成能力的分析结果,提出了一个更新的真核生物起源共生模型——"逆流模型",涉及从有机异养古菌宿主到共生细菌的电子或氢的流动过程。逆流模型所认为的共生作用的方向,与以往的

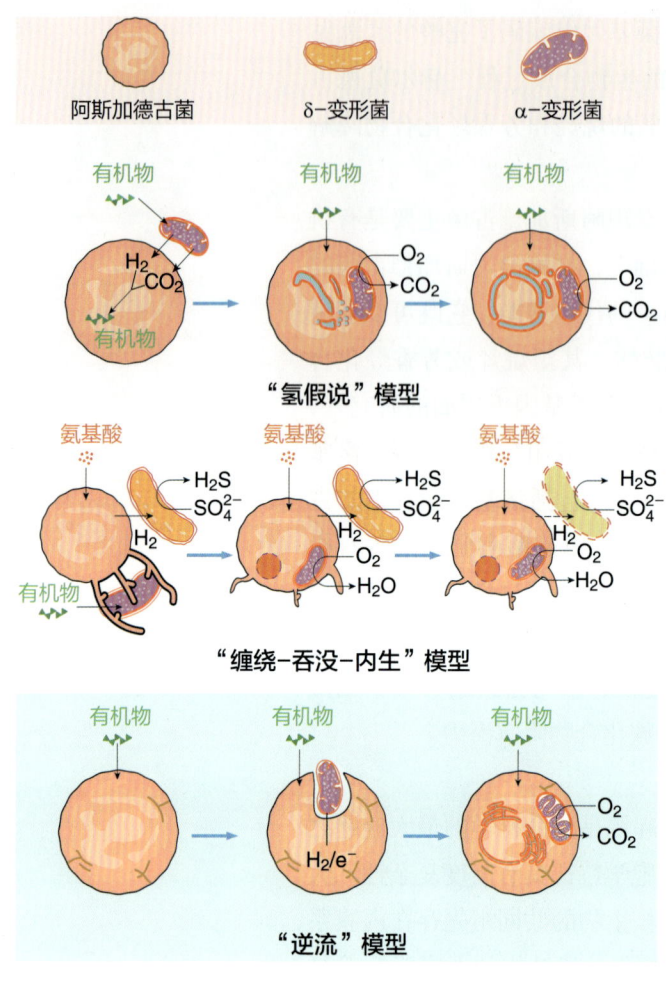

图14-36 不同假说的真核细胞起源演化模型

氢假说的共生方向相反。逆流模型认为,真核生物的古菌祖先通过发酵作用产生还原性底物,这些物质被线粒体的兼性厌氧α-变形菌祖先所吸收、利用。这种反向电子流与目前所发现的阿斯加德古菌基因组特征最为匹配。

> 知识拓展 14-1
> 高温下的演化与生命

14.3 真核微生物的多样性

细菌与古菌的多样性演化与互作孕育了真核生物的起源。相对于人们更熟悉的动物和植物,真核微生物多样性更高,但是获得深入研究的物种却比较少。真核微生物从形态上被分为原生生物(protista)、真菌(fungi)和藻类(algae)。藻类包括除了植物之外的能进行光合作用的单细胞和多细胞真核生物。真菌包括具有几丁质细胞壁的非光合真核微生物。原生生物的范畴则一直比较模糊,1860年约翰·霍格(John Hogg)用Protoctista表示起源早于动植物的生物;1866年开始恩斯特·海克尔(Ernst Haeckel)用Protista表示以起源早于动植物的单细胞生物为主的一大类生物;如今

比较流行的范畴为动物、陆生植物和真菌之外的其他真核生物。真核微生物的营养型根据碳源、能源及电子供体性质的不同，可将绝大部分微生物分为光能无机自养型（photolithoautotrophy）、光能有机异养型（photoorganoheterophy）、化能无机营养型（chemolithoautotrophy）及化能有机异养型（chemoorganoheterotrophy）4种类型。

14.3.1 真核微生物的细胞器与系统发育

14.3.1.1 真核细胞和内共生

正如真核生物的定义，真核微生物有核膜包被的DNA，即细胞核，并且还具有其他不同形状和大小的膜包被的细胞器。现存的真核生物几乎都需要叶绿体等色素体和（或）线粒体进行光合磷酸化与氧化磷酸化，这是两种效率较高的依赖电子传递链打破电化学平衡的产能方式（见第7章有关能量代谢的部分），有助于更好地维持真核微生物的各种代谢活动。真核生物的起源仍然是未解之谜，但是科学家一直在孜孜不倦地探索。如前文所述，基于系统发育、基因组学、细胞生物学与代谢分析等，真核生物的最近共同祖先很有可能是一种与细菌共生的阿斯加德古菌，它虽然没有能量代谢细胞器，但是可以通过与其共生细菌的代谢来获得能量。

当前认知支持的能量代谢细胞器演化模型为：α-变形菌纲细菌被阿斯加德古菌内共生并逐步演化为线粒体，蓝细菌被原生生物内共生并演化为真核生物的叶绿体。这两个内共生事件都被称为初级内共生（primary endosymbiosis），因为细菌都是被受体细胞直接获取的。而且在内共生过程中，细菌与受体细胞首先建立的是一种生理上互相依赖的关系，然后逐步发生基因组的演化（如现存线粒体与叶绿体基因组很小，部分基因被转移到真核生物的核基因组），最后变得不可分离。由蓝细菌的初级内共生事件引发而演化出的光合真核生物包括绿色植物（陆生植物和绿藻，均含有叶绿体）、红藻（含有藻红体）和灰藻（含有灰质体），它们也被称为原始色素体生物（archaeplastida）。其中绿藻和红藻又分别被不同的原生生物内共生，原生生物形成新的能够进行光合作用的真核生物——由于这个过程涉及一个已经发生过初级内共生的受体细胞生物获得第二个内共生体，所以被称为次级内共生（secondary endosymbiosis）。随着演化的推进，除了叶绿体或藻红体的功能，绿藻和红藻内共生体很多其他特征都丢失了。上述基于初级内共生的次级内共生演化如图14-37所示，这些多次独立的次级内共生将光合磷酸化系统扩散到了更多的真核生物中。

基于上述的线粒体和叶绿体内共生起源假说，2018年和2022年科学家先后通过遗传改造使大肠杆菌和蓝细菌能够分泌ATP，并借助原生质体融合的方法把它们分别导入线粒体功能缺陷的酵母细胞中，形成了两种新的嵌合细胞——具备分泌ATP能力的大肠杆菌和蓝细菌分别能够替代线粒体为嵌合细胞提供能量，其中光照可以促进"酵母-蓝细菌"嵌合细胞的生长，说明光合磷酸化在发挥作用。这些开创性工作为我们最终揭示真核生物的起源与多样性演化机制提供了重要参考。

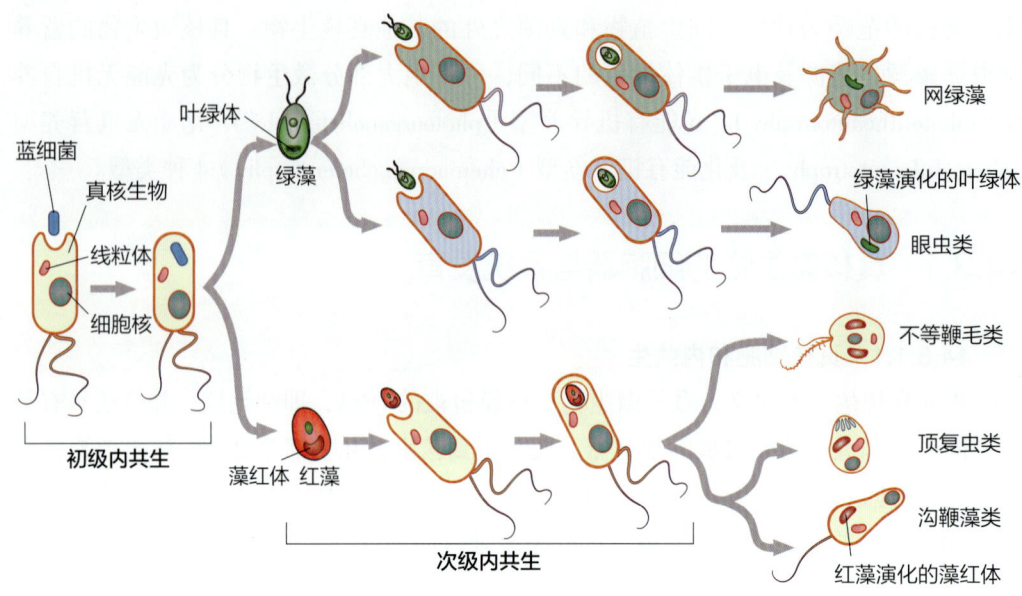

图 14-37 基于初级内共生的次级内共生

具有线粒体的真核生物内共生蓝细菌并逐步演化出原始色素体生物（红藻、灰藻、绿藻、陆生植物），其中绿藻和红藻通过多次独立的次级内共生将光合磷酸化功能扩散到了更多的真核生物中

14.3.1.2 真核生物的系统发育谱系

基于系统发育学研究和一部分相关的化石证据，科学家们推测真核生物在演化的早期就发生了辐射演化（图 14-38）。从真核生物的系统发育树上可以看到这个辐射演化的时间点应该在 α- 变形菌纲细菌初级内共生之后。这些辐射演化的分支逐步演化出现存的 5 个主要的真核生物超类群：原始色素体生物（Archaeplastida）、后鞭毛生物超类群（Opistchkonta）、SAR 超类群［包括不等鞭毛类（Stramenopiles）、囊泡虫类（Alveolata）、有孔虫类（Rhizaria）］、古虫超类群（Exavates）和变形虫（Amoebozoa）——它们都有线粒体、与线粒体结构同源的结构或这些结构的一些遗传证据。

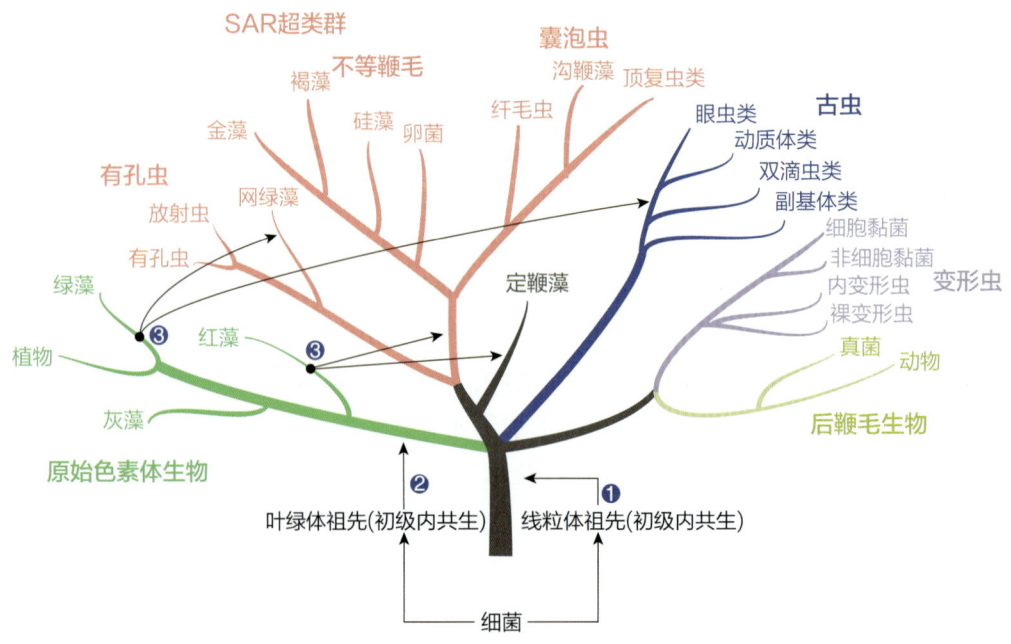

图 14-38 真核生物系统发育树

不同颜色表示真核生物的 5 个超类群。黑色细线：① α 变形杆菌的初级内共生；② 蓝细菌的初级内共生；③ 红藻和绿藻的次级内共生

如代谢一章所述，氧气作为电子传递链最终电子受体的有氧呼吸所产生的能量要大于无氧呼吸和发酵（见第 7 章）；而伴随着地球大气中氧气浓度的上升，包含线粒体这个氧化磷酸化产能细胞器的细胞生物利用氧气的优势得到充分体现——这可能导致了辐射演化的发生。在氧气浓度上升的过程中，能进行产氧光合作用的蓝细菌可能发挥了重要作用；而当蓝细菌被一部分真核生物初级内共生并逐步演化为光合磷酸化细胞器之后，真核生物演化出的原始色素体生物（红藻、绿藻、灰藻和植物）进一步保障了生物圈越来越多地依赖氧化磷酸化生存的细胞生物对氧气的需求，促进了生物多样性的进一步发展。后鞭毛生物包括真菌和动物，均为单系群。变形虫超类群包括了很多形式的变形虫和黏菌，但是其他超类群中也有变形虫形态的物种。不等鞭毛类、囊泡虫、有孔虫组成的 SAR 超类群，包括化能异养和光能营养物种；其中的光能营养物种都是通过次级内共生获得光合磷酸化功能。古虫超类群包括很多厌氧的原生生物物种，也有部分物种通过次级内共生获得了光能营养的能力。这 5 个超类群并没有涵盖所有的真核生物，如定鞭藻（Haptophytes）等。

随着生物多样性研究的推进，可能会发现更多的真核生物物种，而且随着基因组学和相关分子生物学研究的开展，一些"困惑"也将逐步得到解决。例如，与绝大多数好氧生活的真核生物不同，梨形鞭毛虫（*Giardia*）、内阿米巴虫（*Entamoeba*）和其他一些致病真核微生物均缺少线粒体，需进行厌氧生活——但是基因组分析发现这些无线粒体（amitochondriate）真核微生物具有线粒体来源的一些基因，说明它们在演化过程中曾经具有线粒体。这些特殊的真核微生物可能在其厌氧生态位的选择压力下又丢掉了线粒体。从图 14-38 中可以明显地感受到植物和动物作为人类研究最多的真核生物仅占了真核生物多样性的冰山"两角"，动物与真菌具有最近共同祖先，植物与其他原始色素体生物具有最近共同祖先，真核生物更广的多样性则体现为原生生物的多样性。

14.3.2 原生生物

1860 年由约翰·霍格（John Hogg）首次提出原生生物——它们是不同于动植物的生物。而提到原生生物，有一位科学家的名字也是不得不提的——恩斯特·海克尔（Ernst Haeckel，1834—1919），他在一系列专著中系统研究了原生生物的多样性和系统发育，被誉为原生生物学之父。当达尔文在环球航行考察的时候，海克尔在德国出生了，达尔文的《物种起源》出版后（1859）在国际上产生了巨大影响，作为达尔文的粉丝，海克尔在 1866 年绘制了一个描述自然界生物之间关系的生命之树，分为植物、原生生物和动物，并在《人的演化》著作中研讨了部分原生生物作为人类祖先的假说。

14.3.2.1 古虫类（Excavates）

古虫类超类群包括光能营养和化能异养生物，其中一部分进行厌氧生活。其中，副基体类（*Parabasalids*）和双滴虫类（*Diplomonads*）缺少线粒体和叶绿体，它们生活在缺氧的生境（如动物肠道），通过发酵获取能量。双滴虫类物种具有两个细胞核、纺锤剩体（mitosome），但缺少电子传递链蛋白与三羧酸循环酶系的线粒体。例如双滴虫类的梨形鞭毛虫属（*Giardia*）物种基因组约为 12 Mb，内含子少，缺少三羧酸循环，进行厌氧生活；其中篮氏贾第鞭毛虫（*Giardia intestinalis*）能引起人类的贾第鞭毛虫病。

副基体类生物具有一个副基体——可以从结构上支撑高尔基体，它们缺少线粒体但是具有氢化酶体（hydrogenosomes）。氢化酶体起源于线粒体，通过发酵产氢气与乙酸获得 ATP，是一个厌氧细胞器。多数副基体类生物的基因组缺少内含子，其中阴道毛滴虫（*Trichomonas vaginalis*）的基因组达 160 Mb——包括很多重复序列和转座元件以及从细菌获得的基因。它们生活在动物的肠道和泌尿生殖管道，其中 *T. vaginalis* 能引起一个重要的依靠性行为传播的人类疾病——滴虫性阴道炎或尿道炎。

动质体类（Kinetoplastids）具有单个大线粒体，这个线粒体含有大量多拷贝的线粒体基因组 DNA。它们的生境主要是水体，可以取食细菌，也有一些物种是动物的病原物，可以引起人类和脊椎动物的疾病。例如，锥体虫属（*Trypanosoma*）约 20 μm 长，呈新月形状，具有一个被细胞质膜包裹的鞭毛——可以推动个体在血液等黏性液体中移动。布氏锥体虫（*Trypanosoma brucei*）可以被非洲的舌蝇（*Glossina*）传播并侵染人体，它的两个亚种布氏锥体虫冈比亚亚种（*T. b. gambiense*）和布氏锥体虫罗得西亚亚种（*T. b. rhodesiense*）可分别在西非-中非地区和东非-南非地区引起慢性和急性锥虫病，锥虫病也叫"昏睡病"。动质体类还包括其他人体病原物，如由吸血猎蝽虫传播的克鲁斯锥虫（*Trypanosoma cruzi*）能引起恰加斯病；由沙蝇传播的利什曼原虫（*Leishmania*）能引起利什曼病（黑热病）。

眼虫类（Euglenids）物种不致病，它们生活在淡水和海水中，多数物种在背腹各生一个鞭毛，使得它们能够在光亮和黑暗的生境之间移动，分别进行光能营养和化能营养生活。例如，眼虫属（*Euglend*）物种在有光线的生境利用叶绿体进行光合作用，而在黑暗条件下会因缺失叶绿体只进行化能营养。许多眼虫属物种还能够吞噬细菌细胞，细菌在吞噬体中被消化，释放营养物质。

14.3.2.2　囊泡虫类（Alveolata）

囊泡虫类包括纤毛虫门（Ciliates）、双鞭毛虫门（甲藻门）和顶复虫门（Apicomplexans）三个分支，会在细胞质膜下面形成特征性的囊泡。这些囊泡可能通过控制水的进出来维持细胞渗透压平衡。纤毛虫具有两种细胞核：微核（micronuclei）与大核（macronuclei）。大核也被称为滋养核，因为它包含的基因调控生长和取食等基本细胞功能，而微核的基因参与有性生殖。纤毛虫在其生活史的特定阶段会形成大量纤毛——成簇、成行或覆盖整个细胞表面。最有名的纤毛虫就是草履虫（*Paramecium*），它们用纤毛来运动和获取细菌等食物；食物被口槽中的纤毛运送到细胞的食管，然后通过吞噬作用被液泡包裹并被酶消化。许多草履虫是一些内共生细菌、古菌或绿藻的宿主。一些厌氧的纤毛虫也有内共生体，例如，生活在白蚁后肠的纤毛虫具有产甲烷古菌内共生菌。一些严格厌氧的纤毛虫在反刍动物的瘤胃和前胃中参与消化和发酵过程。部分纤毛虫是动物的病原物，如结肠小袋纤毛虫（*Balantidium coli*）是驯养动物肠道病原物，可以引起类似痢疾的症状。

沟鞭藻是生活在海洋和淡水中的光能营养生物，它们具有两条长度不等的横向和纵向插入的鞭毛。一些沟鞭藻物种能够与形成珊瑚礁的动物共生，为它们提供光合作用固定的碳源。在夜晚，海边一些自由生活的沟鞭藻物种受到干扰后会发光，形成漂亮的生物发光现象。还有一些沟鞭藻物种的旺盛生长会产生有害藻华——水流动慢、水温上升，尤其是城市和工业废水排放所引起的富营养化会促进藻华的发生，藻华分泌有毒物质并导致水中氧气不足，从而导致鱼类死亡。例如，多纹膝沟藻（*Gonyaulax polygramma*）含有红色素，其在受到污染的海域可以引起赤潮，如果人类食用含有大量膝沟藻细胞的贻贝就有可能中毒。

顶复虫类物种不能进行光能营养，吸收可溶性营养物质，具有不能运动的成年阶段，能产生孢子体（sporozoites），孢子体一端的一个细胞器复合物可以刺入宿主细胞，顶复虫物种是严谨性病原物。例如，引起人类疟疾、弓形虫病、球虫病和隐孢子虫病的疟原虫（*Plasmodium*）、弓形虫（*Toxoplasma*）、艾美虫（*Eimeria*）和隐孢子虫（*Cryptosporidiumn*）物种。顶复虫类物种具有顶质体（Apicoplasts），这是不能进行光合作用的质体，可能由于红藻的次级内共生，逐步丧失了光合作用的能力，但是能够催化脂肪酸、类异戊二烯和血红素等生物合成。

14.3.2.3 不等鞭毛类（Stramenopiles）

不等鞭毛类生物包括金藻（gold algae）、褐藻（brown algae）、硅藻（diatom）和卵菌（oomycetes）等，分为化能有机营养和光能营养生物，鞭毛通常具有很多短发状分叉。

金藻物种的叶绿体含有类胡萝卜素、岩藻黄质和叶绿素 c，呈金棕色；多数物种具有两条长度不等的鞭毛，是水生单细胞光能营养生物；部分物种是化能有机营养生物，可以通过吞噬作用或吸收可溶性有机物生活。

褐藻是水生多细胞生物，其叶绿体中类胡萝卜素、岩藻黄质的含量多少会决定其颜色为褐色或绿色。海洋中绝大多数海草是褐藻，例如巨藻（*Macrocystis*）的长度可达 50 m。

硅藻为水生的单细胞光能营养真核微生物，是海洋和淡水生态系统中主要的浮游光合微生物；细胞壁具有二氧化硅组成的外骨骼及其附着的蛋白和多糖，这个特殊的结构可以保护硅藻，在细胞死亡后硅化的细胞壁会沉降并在水体沉积物中长期存在，甚至形成化石。硅藻的硅化细胞壁通常会呈现对称的外形：羽状对称或放射状对称（图 14-39）。

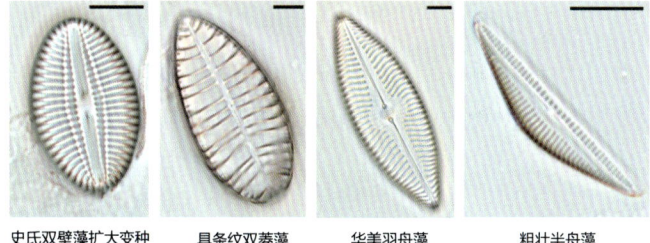

图 14-39　**硅藻物种**（图片来源：青岛水族馆郭嘉填）
标尺为 10 μm

卵菌具有菌丝形态及多核菌丝，可以分解动植物残体，这些特征使得人们之前将其归为真菌，但是它们的细胞壁是纤维素而不是真菌典型的几丁质细胞壁，而且系统发育分析表明卵菌与其他不等鞭毛类原生生物亲缘关系更近。卵菌的很多物种是植物病原物，例如致病疫霉（*Phytophthora infestans*）能够引起马铃薯晚疫病，造成了 19 世纪中叶爱尔兰的大饥荒；*Albugo* 能在多种农作物上引起白锈病。

14.3.2.4 有孔虫类（Rhizaria）

有孔虫类生物的一个重要特征是具有线状的细胞质突起，即伪足（pseudopodium），可以用于移动和取食，有孔虫类包括有孔虫（foraminifer）、放射虫（radiolarian），另外网绿藻（chlorarachniophyte）与有孔虫和放射虫有较近的亲缘关系（图 14-38），有些学者把网绿藻纳入有孔虫类，也有学者把网绿藻单列出来。有孔虫目（*Foraminiferans*）生活在海洋生态系统，会形成华丽的外壳，这些外壳由有机物和碳酸钙组成；由于外壳的重量，有孔虫目的物种经常生活在水底，取食沉积物中溶解的有机质、细菌、其他原生生物，以及生物残体；由于外壳和细胞的结合并不牢固，变形细胞在取食的时候可能伸出外壳；这些外壳与硅藻的外壳类似，不易降解并能形成化石。部分有孔虫能够作为宿主和许多藻类形成共生关系，为藻类提供无机营养物来获取有机碳。放射虫类物种生活在海洋上层水体，以细菌和有机物为食，是海洋浮游的化能有机营养生物。放射虫物种不仅有辐射状对称的硅质外壳骨架，而且它们还具有大液泡能够积累脂滴，这些特征以及针状的伪足都可能有助于它们营浮游生活。不过它们死亡后，其硅质外壳还是会沉到海底。网绿藻在淡水和海水生态系统中生活，具有一个鞭毛，其叶绿体有 4 层膜，是典型的通过次级内共生获得光能营养能力的原生生物，在两套叶绿体膜之间存在次级内共生过程中藻类的细胞核残留——被称为类核体（nucleomorph），但是类核体的基因组相对于它的藻类祖先来说已经经历了很大程度的缩减，可能随着演化的推进会逐步从叶绿体中丢失。

14.3.2.5 定鞭藻（Haptophyta）

定鞭藻是真核生物辐射演化过程中出现较早的一个系统发育分支，但是并不属于那些超类群。定鞭藻类生物是水生的单细胞光能营养生物，有两个鞭毛和两个起源于红藻次级内共生的叶绿体；该类生物的生活史包括单倍体和二倍体阶段，单倍体细胞具有一个特征性的附着鞭毛（被称为 haptonema），用于附着和躲避捕食者以及取食；二倍体细胞是不能运动的，细胞表面会形成坚硬的多糖外壳板，这些外壳还可以发生复杂的碳酸钙矿化形成方解石；二倍体细胞通过二分裂产生二倍体后代，通过减数分裂生成单倍体后代——由于单倍体和二倍体细胞表型差异较大，有时会被错误地认为是不同物种。定鞭藻细胞死亡后，由于方解石外壳本身的重量较大，它们会沉降到海底并最终形成沉积岩——可见定鞭藻可以固定二氧化碳并最终把碳存在海底岩石中，从而在调控大气中二氧化碳浓度方面发挥重要作用。此外，部分定鞭藻物种是混合营养型，既能进行光合磷酸化获取能量也能取食更小的生物。

14.3.2.6 变形虫（Amoebozoa）

变形虫超类群包括黏菌、内变形虫（Entamoebas）、裸变形虫（Gymnamoebas），它们具有叶状伪足，用于移动和取食。裸变形虫自由分布在水体和土壤生态系统中，它们利用伪足进行变形运动，通过吞噬作用取食细菌、其他原生生物和有机物。裸变形虫的变形运动依赖其紧贴细胞质膜的一层微丝，微丝介导了细胞质向细胞尖端的流动。内变形虫分布在动物口腔或肠道，并且可以通过粪便对水体和食物的污染等方式在人群中传播致病，例如痢疾变形虫（*Entamoeba histolytica*）能引起人类的变形虫痢疾。

黏菌主要分布在腐烂的植物组织上，以取食细菌等微生物为生；它们能够分化形成孢子实体，通过产孢子进行扩散，也可以长期维持在营养体阶段，在固体界面快速运动。黏菌分为细胞黏菌（cellular slime molds）和非细胞黏菌（plasmodial slime molds）两类，前者的营养体为单个变形虫细胞，而后者的营养体为没有固定大小和形状的原生质体。细胞黏菌主要以单个单倍体营养细胞生活，仅在特定条件下形成二倍体；例如盘基网杆菌（*Dictyostelium discoideum*）的单倍体营养细胞聚集在一起迁移，最终形成孢子体并分化形成孢子；在营养胁迫条件下，它们也会聚集形成伪原生质团（pseudoplasmodium）——这里细胞并没有发生融合；除了无性繁殖，细胞黏菌也可以通过两个集聚的细胞融合产生一个大细胞而发生有性繁殖，这个大细胞会产生较厚的纤维素细胞壁并维持很长时间的休眠状态，最终通过减数分裂产生单倍体细胞，后者可以再进入无性繁殖的生活史。非细胞黏菌的原生质体具有多个二倍体细胞核，并通过变形运动移动，在繁殖阶段可形成包含单倍体孢子的孢子囊；在条件合适的情况下，孢子萌发产生带鞭毛的单倍体带鞭毛运动细胞；两个这样的细胞融合可以再生一个二倍体原生质体。

14.3.3 真菌多样性

真菌与动物具有最近共同祖先，是不能进行光能营养的真核微生物，它们具有几丁质细胞壁，一般不能运动，主要生活在土壤里和死去的植物组织上，在生物圈有机物的分解过程中发挥着重要作用；一部分物种也能和植物建立共生关系帮助植物获取营养，也有一些物种是植物或动物的病原物。目前全世界已知的真菌种数大约为120 000种，在过去的几十年内，每年发现和描述的真菌新物种数为1 000~2 000种。根据最近对生物多样性热点地区真菌多样性更全面的调查结果，应用环境DNA或宏基因组研究所发现的真菌新谱系和新物种的比例，以及最近数十年来每年发现和描述的真菌新物种的数量和未来趋势，估测全球真菌物种总数可能在220万至380万种之间。下面根据2020年的分类系统对真菌界的主要类群进行介绍。

14.3.3.1 罗兹菌门（*Rozellomycota*）

罗兹菌门，旧称隐真菌门（*Cryptomycota*）。2018年，有研究者主张隐真菌与微孢子虫共同构成真菌分类的基部类群，其中微孢子虫属（*Microsporidium*）位于隐真菌门中一个较深的支序，因此将隐真菌门与微孢子虫门（*Microspora*）合并，并改称罗兹菌门。微孢子虫的分类地位也由独立的门降至罗兹菌门的一个纲。此前属于隐真菌门的类群主要以罗兹菌属（*Rozella*）为代表，这一类群是壶菌门（*Chytridiomycota*）和芽枝霉门（*Blastocladiomycota*）内水生游动真菌和卵菌的活体营养细胞内寄生菌。但环境样品的分子标记检测显示，在土壤、海洋、淡水沉积物以及贫氧的环境中，均存在这类真菌，并且在系统发育上具有很丰富的多样性。另一个类群微孢子菌则主要寄生于动物体内，特别是昆虫、甲壳类动物和鱼类，有些还会对人体造成机会性感染。微孢子菌是专性寄生的，只在寄主细胞内生长和繁殖；它们缺乏功能性线粒体，需要依赖寄主给它们提供能量。而寄生的特性导致一些微孢子菌的基因组很小，甚至比一些原核生物的基因组还要小。

14.3.3.2 芽枝霉门（*Blastocladiomycota*）

芽枝霉门和壶菌门中的种类一样都是产游动孢子的水生真菌，此前被归入壶菌门，后主要依据分子系统学和系统发育基因组学的研究结果将其划分为一个独立的门。芽枝霉门有些物种为病原体，会感染水熊虫、水蚤、线虫、多种水生以半水生的植物，以及孑孓等生物。芽枝霉门真菌生活在淡水、泥和土壤中，营腐生生活，分解植物和动物的残体，或是寄生于节肢动物。这个门内已描述的种不到200个。异水霉属是该门内最常见的一个属，该属广泛分布于全球，以腐生菌的形式存在于水和土壤中。

14.3.3.3 新美鞭菌门（*Neocallimastigomycota*）

新美鞭菌门是厌氧性真菌的一门，发现于食草动物的消化道中。新美鞭菌门的微生物于1975年首次在绵羊的瘤胃样品中被发现和描述，现已经从包括反刍动物、非反刍哺乳动物和食草爬行动物在内的50多种动物的消化道中分离出这类真菌。起初这些微生物被认为是鞭毛虫，后经过经典分类学的研究将其划归到了壶菌门，但后来通过分子系统学研究，又将其从壶菌门中划分出来形成了一个单独的门即新美鞭菌门。新美鞭菌门真菌通过游动孢子在动物的消化系统中繁殖，这个门的一些种产单鞭毛的游动孢子，另一些种产多鞭毛的孢子。它们产生纤维素酶和木聚糖酶，以降解宿主所食饲料纤维中的多糖物质产生单糖。基因组学研究表明，这些厌氧真菌的植物纤维降解酶基因中的许多成员是通过横向转移从草食动物消化道内的细菌中获得。因其植物纤维物质的降解能力，这类真菌的工业应用潜力受到关注。因为厌氧生活的原因，它们都缺少真正的线粒体，而含有源自线粒体的氢化酶小体。由于生活于动物体内的缘故，这类真菌具有高于其他真菌类群的最适生长温度。

14.3.3.4 单毛壶菌门（*Monoblepharidomycota*）

单毛壶菌门于2018年从壶菌门中划出，并被认为是壶菌门的姊妹群。但是2022年，Strassert等人通过基因组系统发育学的方法证明单毛壶菌门与新美鞭菌门为姊妹群关系，同时单毛壶菌门与新美鞭菌门共同构成壶菌门的姊妹群。该类真菌多为淡水环境中的腐生菌，生活于浸水枝条和水果上，已描述了大约30个种。在已建立的6个属中，三个属的菌体是单细胞的，另三个属是丝状的。丝状单毛壶菌是在已描述的壶菌类真菌中仅有的拥有真菌丝的类群，并同时具有一些独特的细胞学特性，包括具有中心粒，但缺少顶体。单毛壶菌门的有性生殖方式也是独特的，一个不动的雌性配子囊和一个具鞭毛的游动雄配子交配，类似于受精作用。

14.3.3.5 壶菌门（*Chytridiomycota*）

壶菌常生活于水和潮湿的土壤中，在沟渠、小河和池塘边的土壤中最常见。也常寄生在藻类和卵菌上，少数寄生在维管植物、动物和原生动物上，是一类原始的真菌。壶菌是一类微小和难以被发现的真菌，很容易被忽视，但它们却是一个有重大生态经济意义的类群。壶菌中的植物病原菌可引起马铃薯癌肿病等，最近引起广泛关注的一种壶菌是蛙壶菌，它可感染两栖动物，在世界范围内引起两栖动物种群数量的严重下降。壶菌的营养体较简单，细胞壁多为几丁质，少数为纤维质。无性繁殖时，形成具一后生尾鞭式鞭毛的游动孢子，内含油滴，单极萌发。有两种孢子囊，一是薄壁游动孢子囊，另一是对恶劣环境条件有抗性的厚壁休眠孢子囊。只有很少的壶菌被发现可进行有性生殖，很多壶菌可能不进行有性生殖或其有性阶段尚未被认识。已报道的壶菌有性生殖是以各种不同方式来完成。在有性生殖时，经过配子配合、配子囊或菌丝体接合，形成了有性孢子即厚壁的休眠孢子。休眠孢子或休眠孢子囊萌发后，产生游动孢子。

14.3.3.6 球囊菌门（*Glomeromycota*）

球囊菌有时被称为"VAM 真菌"（Vesicular-Arbuscular Mycorrhiza），因为其形成的菌根常被称为泡囊丛枝菌根。据估计，在植物中，70% 的球囊菌门的科可形成泡囊丛枝菌根（图 14-40）。球囊菌可与大多数具有重要农业经济意义的被子植物、一些裸子植物、部分苔藓和羊齿类植物甚至个别藻类形成菌根关系。与外生菌根不同，VAM 真菌不明显改变其伴生植物根的外部形态，也不形成外罩或哈蒂氏网。这类菌根真菌菌丝既在皮层细胞间生长，也可穿过细胞壁在细胞内生长，导致寄主细胞原生质膜向内凹入。它们产生高度分枝的吸器状结构，称为丛枝，有时菌丝末端膨大形成泡囊。泡囊可形成于寄主细胞壁间或壁内，里面富含脂肪类物质，被认为是用来储存能量的结构，以备植物代谢物供应不足时取用。但并不是所有的种都产生泡囊，因此现在有人倾向于将这类菌根称为丛枝菌根，将所涉及的真菌简称为"AM 真菌"。丛枝为高度分枝的特化菌丝，穿过细胞壁向细胞内延伸，使寄主细胞原生质膜充分内凹，但不破裂，使真菌菌丝与植物细胞原生质保持隔离。球囊霉门传统上被认为属于接合菌，但其是否可通过形成接合孢子的方式进行有性生殖尚未被证实。它们可在土壤中产生孢子、厚垣孢子等无性繁殖结构，大多数产生单生的孢子，少数形成孢子果，有些种还产生被称为拟接合孢子的结构，但其属性尚不确定。AM 真菌在土壤中普遍存在，但由于它们在地表下产生的孢子或孢子果很小，而且是专性活体营养寄生菌，不能被人工培养，所以只有用特殊的技术才能检测到。常用对土样进行湿筛的方法来收集小的孢子果和自由孢子。由于这些真菌不能被培养，与其寄主一起进行盆栽是目前实践中唯一一种供养这类真菌以对其进行研究的方法。

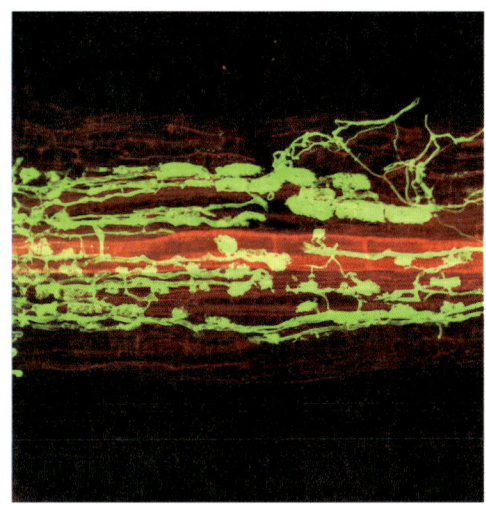

图 14-40 蒺藜苜蓿（*Medicago truncatula*）根部异形根孢囊霉（*Rhizophagus irregularis*）形成的丛枝菌根（图片来源：中国科学院分子植物科学卓越创新中心王二涛）

Wheat-germ agglutinin (WGA)-AlexaFluor488 染色

14.3.3.7 虫霉门（*Entomophthoromycota*）

虫霉门过去属于接合菌门（Zygomycota），2007年Hibbett将其归为一个亚门，2012年被提升至一独立的门。虫霉门也与动物有关，可从动物粪便中分离出来，或者是昆虫的病原体和寄生物，许多物种具有腐生阶段。有些种类产生初生分生孢子，由其产生并强力弹射单个孢子，如果孢子落在合适的基质上，将发芽形成菌丝体，否则将反复发芽，形成次生分生孢子。在某些情况下，强力弹出的分生孢子会产生非强力弹射的具毛梗分生孢子，这些分生孢子可附着在昆虫的外表面。当昆虫被食虫动物吞噬，其上的真菌通过肠道随粪便排出体外，由此得以扩散。典型的虫霉门真菌是昆虫病原菌，它们通过孢子感染宿主，并在宿主内繁殖，形成一到两个细胞的菌丝体，菌丝体也可以成为配子囊。宿主死亡后，菌体穿透角质层节段并破裂，产生强力弹射的初生分生孢子。被感染的宿主通常会移到高的位置，这种现象被称为高峰病。这种行为可能是被病原菌诱导的，以便有利于病原菌孢子的扩散。

14.3.3.8 捕虫霉门（*Zoopagomycota*）

捕虫霉门是非鞭毛真菌中一个最早分化出的陆生真菌类群，可形成真菌丝，大多数成员是腐生的，也可寄生于后生动物、变形虫或其他真菌上。捕虫霉门中的种可捕食线虫、线虫卵或变形虫，有的种可寄生在毛霉上，因此可应用于某些害虫的生物防治。另一方面，本门中有些种类能引起食品、果品、蔬菜等的变质和霉烂，也有些种类是人畜的致病菌。其菌丝较细，为多核体（多个细胞核共处于未被分隔开的细胞质内），在其寄主上或寄主内产生吸器。通过形成分生孢子或孢囊孢子进行无性繁殖，孢囊孢子在柱孢子囊内产生，若有有性生殖阶段，则通过形成接合孢子进行。

14.3.3.9 梳霉门（*Kickxellomycota*）

梳霉门最早被归于接合菌门。2016年，根据基因组数据将接合菌门重新拆分为捕虫霉门和毛霉门，梳霉门又被划归到了捕虫霉门下。2018年梳霉门从捕虫霉门独立出来形成了一个新的门类。梳霉门的物种共有的一个特征是菌丝被形态独特的隔膜规则地分隔开，隔膜孔具有一个双凸透镜状隔膜塞。有些种生活于节肢动物水生阶段的消化道内，以前曾被归在毛菌纲内；有些种是其他真菌的寄生菌；还有些种是腐生菌，常见于土壤和粪便中。节肢动物寄生或共生类群往往具有分枝的丝状菌体，通过菌体的断裂形成节孢子进行无性繁殖；或者通过产生具有发状附属物，被称为毛孢子的无性孢子进行无性繁殖。寄生于其他真菌的种和腐生种往往产生独特的孢子囊，称为柱孢子囊。这种柱状的孢子囊常成簇地产生于一个鳞茎状的结构上，其中产生一个或多个串珠状排列的孢囊孢子。

14.3.3.10 毛霉门（*Mucoromycota*）

该门中的种具有发育良好的菌丝体，一般无隔。大部分为腐生菌，生长于粪便、土壤、腐殖质及其他有机物残体上。少数种，如瓜笄霉，是植物病原菌，侵染葫芦及许多其他重要经济植物的花和果实，导致相当严重的损失。不少种还是水果和蔬菜在储藏和运输过程中的严重致腐菌（图14-41）。有些种可寄生在蘑菇上，还有些种，包括毛霉属、根霉属和梨头霉属等中的种，是人类的致病菌。一些毛霉菌被用于化工产品和食品的生产中，许多种可生产重要的工业产品如淀粉酶、凝乳酶、有机酸和多种次生代谢产物。大多数毛霉广泛分布于世界各地，仅雅致水生被孢霉一种水生，其余均为陆生。毛霉菌因能立即用大多数简单的碳水化合物，将比较复杂的物质留给其他微生物去利用，所以有"糖菌"之称。典型的毛霉门类群如根霉属的生活史包括有性和无性繁殖；在无性阶段，菌丝会形成包含单倍体孢子的孢子囊（sporangium），孢子释放后可以萌发形成营养菌丝；在有性阶段，不同交配型的菌丝体配子（gametangia）融合产生带有两个细胞核的细胞，这种二倍体细胞进一步发育成接合孢子，接合孢子可以保持休眠从而抵抗干燥等逆境；在条件适宜的情况下，接合孢子萌发形成二倍体菌丝或者孢子囊，后者可以产生单倍体孢子并扩散（图 14-42）。

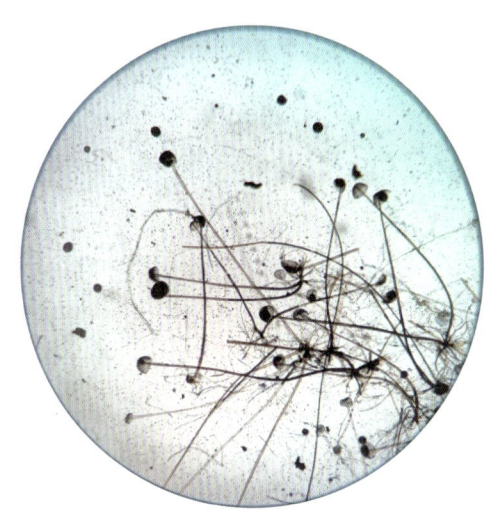

图 14-41　根霉（*Rhizopus* sp.）（图片来源：中国海洋大学王祥红）

能够看到营养菌丝、假根、孢子囊和散落的孢子

14.3.3.11　被孢霉门（*Mortierellomycota*）

该门的真菌属于常见的土壤真菌，在形态和生态上与毛霉门类似。它们产生的接合孢子和孢子囊类似于毛霉门中的一些种类，因此被认为属于典型的接合菌，曾被归入毛霉亚门。但是分子系统发育和基因组规模的系统发育分析都明确支持该类真菌代表一个独立的门。甚至更早的生化研究也发现了被孢霉类群和毛霉类群的差异，因为前者在细胞膜中含有固醇而不是麦角固醇。被孢霉门中的真菌已被证明是植物的根内生菌，但它们对宿主适应性的影响仍然未知，其中孢霉属的部分物种会造成草莓轴腐病。被孢霉也是脂肪酸，尤其是花生四烯酸的

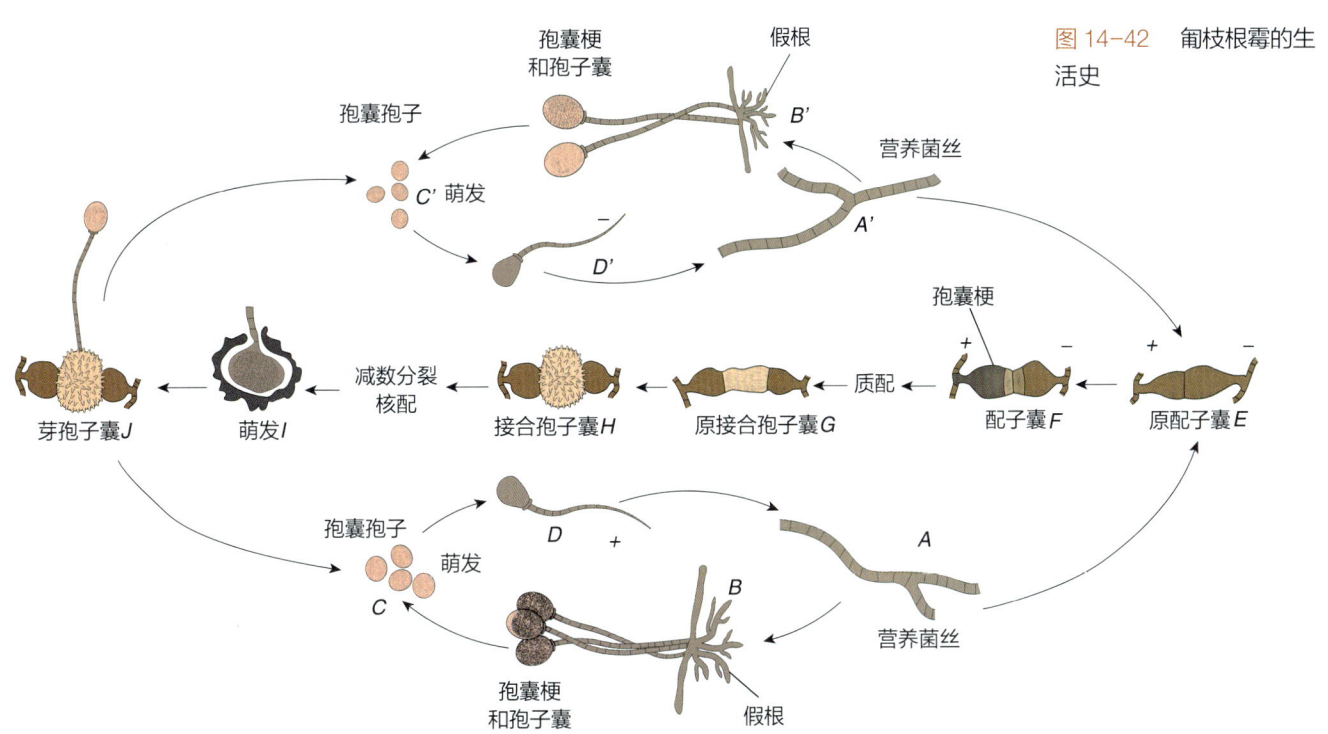

图 14-42　匍枝根霉的生活史

高产者,并被用于花生四烯酸的工业生产。

14.3.3.12 根肿黑粉菌门(*Entorrhizomycota*)

根肿黑粉菌门原属于担子菌门(*Basidiomycota*)的一个亚门,2018年从担子菌门里划出为一个单独的门。它们是一类非常重要的植物病原菌,因其在染病植物器官上产生类似煤烟的黑色粉状冬孢子团而得名。另有少数黑粉菌的菌瘿可食用,如原产自墨西哥的玉米蘑菇(玉米黑粉菌)、原产自中国的茭白(菰黑粉菌)等。在自然界,几乎所有的黑粉菌都是活体营养植物寄生菌,但具有或长或短的腐生阶段。黑粉菌主要侵染显花植物的繁殖结构,导致子房或花粉囊畸变,也可侵染发育中的种胚。花药黑粉菌侵染雌雄异株的石竹科植物,如石竹和繁缕等。被感染的雄性植株花粉囊中的花粉被冬孢子所替代,并诱导形成子房,被感染的雌性植株则诱导产生不育的花粉囊。被冬孢子填充的花粉囊与包含花粉的花粉囊在外表上很相似,可吸引昆虫正常来访,借此将冬孢子传播到其他的花上。这种现象被称为诱导性雌雄同体或寄生性去雄。引发侵染的黑粉菌菌丝体多为双核体,或侵染后很快通过菌丝融合建立双核体。菌丝体生长于寄主组织的细胞间,具隔膜,有时形成锁状联合和吸器。生长于寄主组织内的菌丝体在一定部位大量增殖,最终以多种方式形成孢子堆。

14.3.3.13 担子菌门(*Basidiomycota*)

绝大多数大型真菌,如常见的蘑菇、牛肝菌、马勃、地星、鬼笔、鸟巢菌、胶质菌、多孔菌等属于担子菌,还有一些担子菌以酵母菌状态存在。担子菌的首要特征是在称为担子的专化产孢结构上产生外生的称为担孢子的有性孢子。其他特征包括规则分隔的菌丝体常具有桶孔隔膜,有时还具有锁状联合,营养菌丝体的主要阶段为双核体。细胞壁的主要成分为几丁质和葡聚糖,担子菌酵母中为几丁质和甘露聚糖。有些担子菌以单细胞的酵母状态生活,但大多数担子菌具有由分隔菌丝组成的发育完善的菌丝体,这些菌丝在基物内生长并吸收养分。担子菌的菌丝均具有规则的分隔,超微结构研究表明,在大多数已研究过的担子菌中,菌丝隔膜均具有一单个的中央穿孔。在有些种中,隔膜壁由周边向中央穿孔处逐渐变薄,而在另外一些种中,隔膜壁在中央穿孔周围增厚,形成一特征性的桶状膨大。

大多数担子菌在形态各异的子实体里产生担子,这类子实体称为担子果,担子果与子囊菌中的子囊果相对应(图14-43)。在担子菌中,经过核配和减数分裂后在其表面形成一定数目(通常4个)担孢子的结构称为担子。形态较复杂的高等担子菌所产生的棍棒状担子是这种结构的典型代表。在发育中的担子内细胞核的分裂方式因种而异。在大多数担子菌中,担子内只进行一次减数分裂,产生4个单核的担孢子。但在有些种中,减数分裂完成后接着进行一次有丝分裂。有丝分裂的位置和所产生的细胞核的去向也有所不同。大多数的担孢子萌发形成初生菌丝体,这种方式称为直接萌发。在有的类群中,担孢子萌发形成次生担孢子或芽殖形成大量的分生孢子或小分生孢子,再由此萌发形成初生菌丝体,这种方式称间接萌发。此外担子菌还可以通过包括芽殖,菌丝断裂,产生分生孢子、节孢子或粉孢子的方式进行无性繁殖。

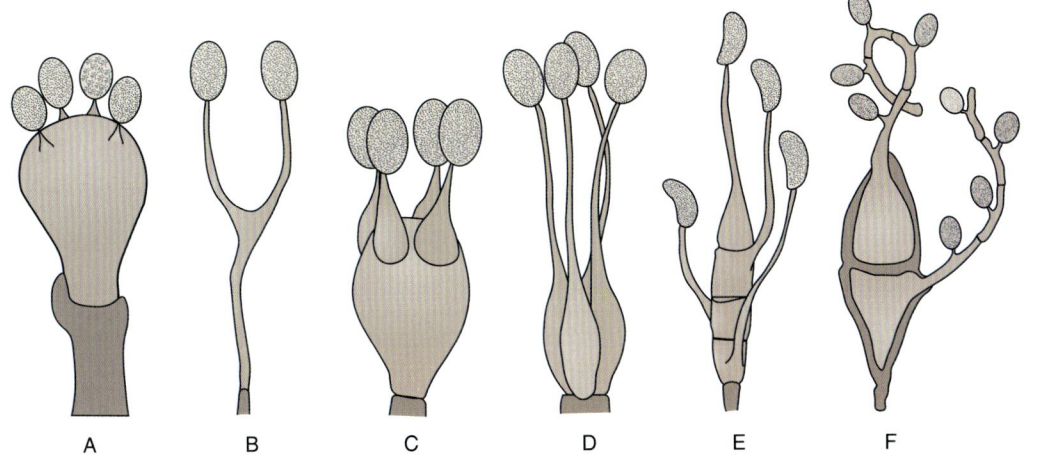

图 14-43 不同形态的子实体产生的担子示意图
（a）典型的无隔担子；（b）花耳属（*Dacrymyces*）音叉状担子；（c）胶膜菌属（*Tulasnella*）担子；（d）银耳属（*Tremellla*）担子；（e）木耳属（*Auricularia*）担子；（f）柄锈菌属（*Puccinia*）担子

14.3.3.14 子囊菌门（*Ascomycota*）

子囊菌门是真菌中最大的一个类群，包括从单细胞的酵母菌到各种丝状的霉菌、白粉菌、盘菌以及美味的羊肚菌和块菌等（图 14-44）。子囊菌门与其他类群的真菌最基本的区别为有性生殖时产生子囊，子囊为袋状结构，内含子囊孢子。子囊菌在地球上具有非常广泛的分布，在一年中的大部分时间里和各种各样的生境中都可发现子囊菌。大部分为陆生，但也有相当数量的种类生长于淡水或海水中。许多种为腐生菌，多生长于植物残体或动物粪便上。寄生子囊菌可引起严重的动植物病害，此外，一些子囊菌还与植物建立长期的共生关系，包括形成菌根和内生菌等。相当多的子囊菌与绿藻或蓝绿藻建立共生复合体，形成地衣。

子囊菌与人类生活具有密切关系。可降解纤维素的子囊菌，会导致纤维织物的损坏。有些子囊菌可引起破坏性的植物病害，如栗树疫病、苹果疮痂病、白粉病、玫瑰黑斑病、榆树病、桃叶卷曲病等。一些子囊菌可直接引起人类疾病，如常见的皮肤癣

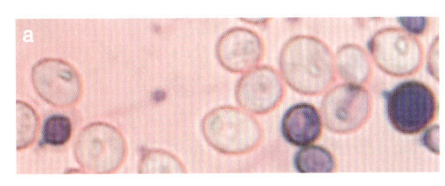
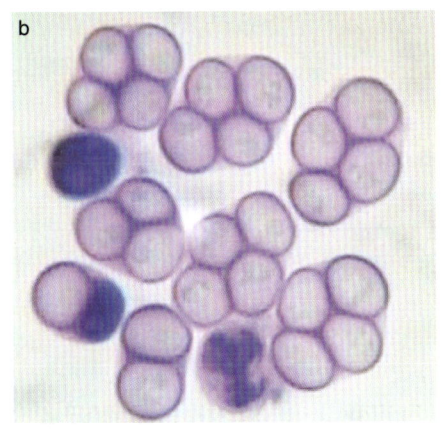
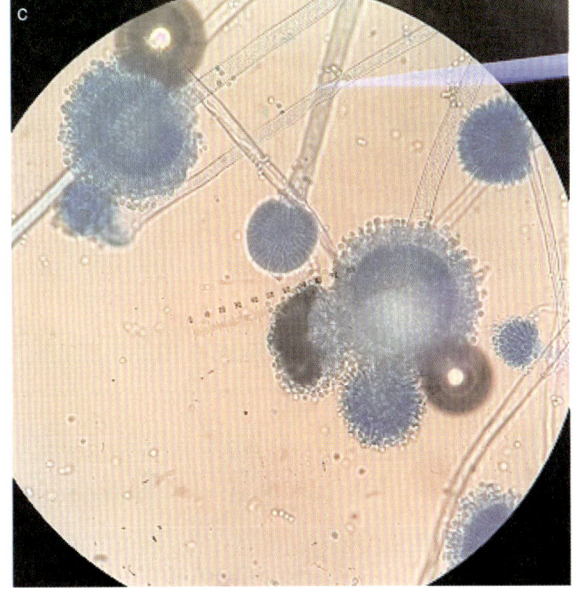

图 14-44 子囊菌门物种
（图片来源：中国海洋大学王祥红）
酿酒酵母出芽（a）与子囊（b）；黑曲霉（c）的分生孢子梗

病和脚气病等。子囊菌有些种可为昆虫提供食物,虫囊菌目中的有些种是昆虫的活体营养寄生菌,而有一些种在适当的环境条件下可杀死昆虫,如白僵菌、绿僵菌和镰刀菌属中的一些种,有些已被用作或正被研究用作生物杀虫剂。属于子囊菌的酵母菌的发酵能力是酿酒业和面包焙制业发展的基础,其他子囊菌也给我们提供了大量有用代谢产物,如青霉素、头孢霉素和灰黄霉素等抗生素。一些子囊菌,如酿酒酵母、粗糙脉孢霉和构巢曲霉等作为模式生物在科学研究中发挥了重要作用。

子囊菌的营养体结构形态多样,有些是单细胞酵母菌,但多数具有丝状菌丝体,还有少数种是二型性的。子囊菌的菌丝具有规则的分隔,隔膜从菌丝细胞周边向内生长而成,导致原生质膜内凹。在大多数子囊菌中,隔膜的中心留有一个孔口,邻近细胞的原生质膜和细胞质通过此隔膜孔彼此相连。隔膜孔可被存在于附近的不同类型的膜质结构所堵塞或阻碍。产生各种各样的分生孢子,是子囊菌中最常见的无性繁殖方式,对真菌在自然界的增殖和传播非常重要。相当数量的子囊菌只进行无性繁殖,一些真菌已经完全失去了有性生殖的能力。因此,我们所熟知的很多子囊菌通常只能看到它们的无性阶段。由于以前真菌的系统学研究主要以形态特征,特别是有性生殖阶段的形态特征为依据,所以,只具有无性阶段或难以发现有性阶段的子囊菌和担子菌以前被称作半知菌。子囊菌有性生殖过程中的共有特征为其有性孢子(子囊孢子)产生于一袋状子囊中。两个可亲和的细胞核通过质配进入同一个细胞中,或立即发生核配形成合子,或典型地保持密切关联并连续分裂而形成许多双核细胞,维持一定时间的双核期,然后发生核配形成合子,合子发育为子囊,其中二倍体核经过减数分裂形成4个单倍体核,单倍体核典型地再进行一次有丝分裂而形成8个单核的子囊孢子(图14-45)。

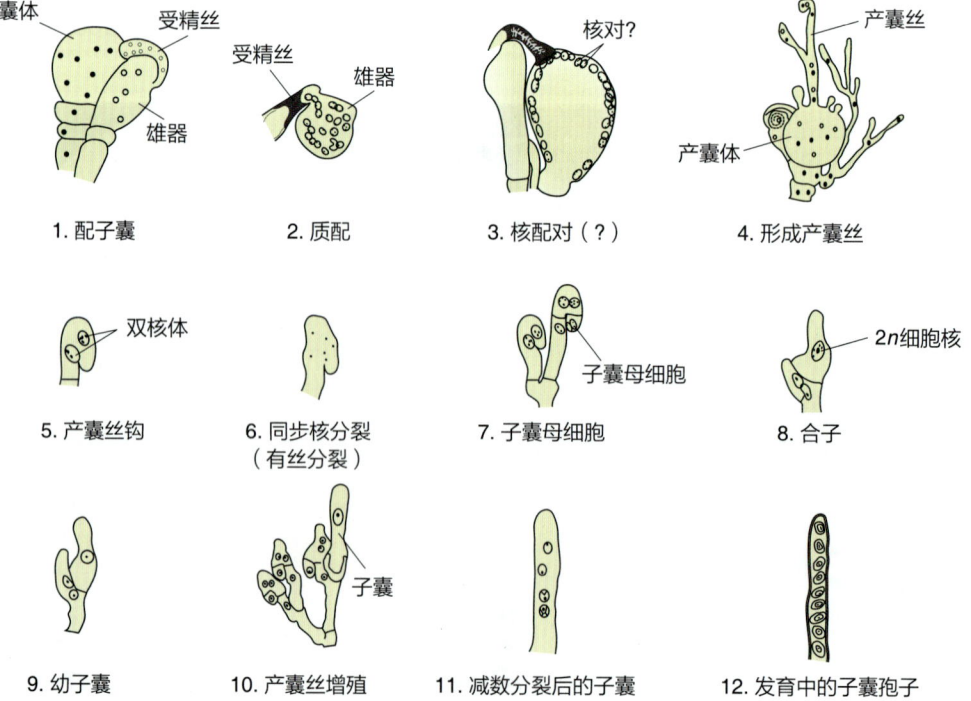

图14-45 以烧土火丝菌(*Pyronema omphalodes*)为例图解子囊菌的有性生殖和子囊发育过程

14.3.4 原始色素体生物

原始色素体生物（Archaeplastida）包括陆生植物、红藻、绿藻和灰藻，它们的色素体由两层膜包被，可能起源于 15 亿年前的同一初级内共生事件。其中陆生植物和绿藻的叶绿体能够贮存淀粉；红藻和灰藻是在细胞质中合成与贮存淀粉，两者的色素体分别为藻红体和灰质体。由于红藻和绿藻的次级内共生在光合磷酸化功能的扩散演化中扮演了重要角色，下面重点介绍这两类原始色素体生物。

14.3.4.1 红藻（red algae）

红藻门（Rhodophyte）为单细胞或多细胞光能营养生物，含有叶绿素 a 和藻胆蛋白（phycobiliprotein），但缺少叶绿素 b，红藻呈现红色主要是因为藻红体中的藻红蛋白（phycoerythrin）掩盖了叶绿素的绿色；它们主要生活在海洋生态系统，部分物种在淡水和陆地生态系统中也有分布；红藻可以在海面下两百多米进行光合作用，藻红蛋白合成较多，细胞更红；而在浅海生存的红藻合成的藻红蛋白较少，细胞甚至呈绿色。许多红藻物种是缺少鞭毛的多细胞生物，部分物种是琼脂的主要来源，还有部分物种是人类的重要食材，如紫菜。以多管藻（Polysiphonia）为代表的红藻具有较为复杂的生活史：二倍体多细胞个体释放单倍体雄性和雌性配子，继而分别发育为单倍体雄性和雌性多细胞个体，然后单倍体雄性个体释放单倍体精子细胞，后者与单倍体雌性个体的特化繁殖结构融合产生二倍体合子，二倍体合子发育成多细胞个体后经过减数分裂释放单倍体雄性和雌性配子，从而完成生活史。

有些红藻是单细胞光能营养生物，生活在酸性热泉中（pH 为 0.5 ~ 4.0），例如 Cyanidiales 几乎是这种极端生境中仅有的光合微生物；也许正是在这种极端环境的选择压力下，它们在细胞和基因组大小方面也比较特殊，例如 Cyanidioschyzon merolae 是仅有 2 μm 的单倍体红藻，基因组为 16.5 Mb，具有一个线粒体和一个叶绿体，缺少液泡和细胞壁。

14.3.4.2 绿藻（green algae）

绿藻门（Chlorophyte）是单细胞、丝状或菌落形态的光能营养生物，多数绿藻具有有性和无性繁殖阶段；它们的叶绿体含有叶绿素 a 和 b，但是没有藻胆蛋白，所以是绿色的；它们主要生活在水体、潮湿的土壤或雪上，一部分物种能够与真菌共生形成地衣。单细胞绿藻金牛鸵球藻（Ostreococcus tauri）是一类海洋浮游光合微生物，直径约 2 μm，基因组仅有 12.6 Mb；原始小球藻（Auxenochlorella protothecoides）是产油脂和蛋白的重要单细胞绿藻（图 14-46）。团藻属（Volvox）物种可以形成由数百个带鞭毛细胞组成的菌落——不同细胞存在以下分工：一部分细

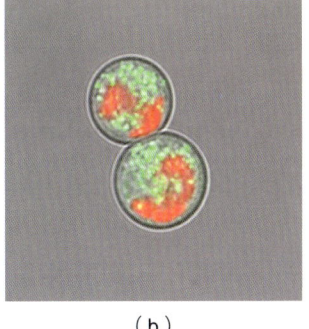

（a） （b）

图 14-46　绿藻物种原始小球藻（Auxenochlorella protothecoides）（图片来源：中国农业大学杨金水）
原始小球藻 UTEX 2341 的 400 倍光学显微镜照片（a），及其 4 000 倍激光共聚焦显微镜 BODIPY 505/515 染色的照片（b）。（b）中绿色为 IBODIPY 505/515 亲脂性荧光染料特异染色的中性脂，红色为自发光的叶绿体

胞能运动和进行光合作用，另一部分细胞用于繁殖；菌落中的细胞通过丝状细胞质连接，从而可以协同游动，这又呈现出整体性。一些菌落形态的绿藻如布朗葡萄藻（*Botryococcus braunii*）可以产生并分泌较多的胞外长链烃类物质（$C_{30} \sim C_{36}$），用于生产生物质燃料。在干燥或寒冷的生境，一些绿藻能够生活在多孔岩石中靠近表面的内部位置，这里的光照和水分可以在一定时间段内满足绿藻对温度和水分的需求——在这样的生境下，绿藻与蓝细菌可以和真菌共生形成岩石内地衣，而地衣的生长会逐步风化岩石，创造适宜更多微生物定殖的生境，最后岩石分解形成原土，从而支持植物和动物的生存、生长和繁殖。

※ 本章小结

细胞型微生物主要分为细菌、古菌和真核微生物。细菌域含有 40 多个已实验室培养的门，物种数量最多、代谢活性最为多样，是自然界中生物量最高的微生物类群。古菌域中可培养的类群远少于细菌域，有些种类可在高温、强酸、强碱、高盐等极端环境中生长，并具有一些特殊的代谢特征。真核微生物分为原生生物、真菌和原始色素体生物，细菌与古菌的多样性演化与互作孕育了真核微生物。

※ 推荐阅读

1. IMACHI H, NOBU M K, NAKAHARA N, et al. Isolation of an archaeon at the prokaryote-eukaryote interface [J]. Nature, 2020, 577: 519-525.

目前被分离鉴定的微生物物种数量还不到全部微生物数量的 1%。本文用了 12 年的时间，尝试了很多种方法，成功地分离培养了介于原核生物-真核生物之间的洛基古菌。这是如何培养难培养微生物的典型案例。

2. HUG L A, BAKER B J, ANANTHARAMAN K, et al. A new view of the tree of life [J]. Nature microbiology, 2016, 1(5): 16048.

1977 年，卡尔·乌斯（Carl Woese）首次提出利用核糖体小亚基 RNA 基因序列作为分子标记，确定各种生命之间的亲缘关系，将生命分为三域，即细菌域、古菌域和真核生物域。40 年后，Hug 等利用研究团队获得的 1 011 个基因组序列结合公共数据库中的基因组序列，大幅度扩展了之前的"生命之树"。

※ 开放性讨论题

1. 目前被分离鉴定的微生物物种数量还不到全部微生物数量的 1%。你认为是否有必要把大部分目前未培养的微生物培养出来？为什么？

2. 近些年许多微生物的分类地位在持续发生变化，比如，细菌门的名称近期发生了重大变化，已经使用了几十年的名称，突然变成了完全不同的名字；古菌门的数量有时突然增加了很多，有时又发生了合并。你如何看待这些变化？

※ 复习思考题

1. 请列举细菌域的主要门类及其主要特征。

2. 为什么说人们对微生物的理解大部分来自于假单胞菌门细菌？请从其物种多样性、生存环境、物质和能量代谢特征、与人类疾病的关系、生态作用等方面进行描述。

3. 哪些细菌门类属于革兰氏阳性细菌？它们在 G+C 含量、表型和代谢特征、与人类的关系等方面各有什么特点？

4. 为什么产液菌门、热袍菌门和热脱硫杆菌门被认为是最古老的细菌世系？它们有什么共同的代谢特征？

5. 光合作用都存在于哪些细菌类群？其光合作用的方式有何异同？

6. 描述古菌的四大分支（Euryarchaeota、TACK、DPANN、Asgard）的主要特征，并举例说明。

7. 古菌的栖息地与细菌和真核微生物相比有什么特点？古菌的哪些特性使它们在极端环境中生存下来？

8. 古菌在地球早期生命起源中扮演了什么角色？

9. 为什么原生生物的系统分类是目前的热点研究领域？目前流行的分类方式是什么？

10. 真菌分为哪些主要类群？各有什么特点？

（张晓华　李文均　杨子文　田长富　谭莎）

15

感染与免疫

导语

感染和免疫是生物学中两个密切相关的概念。感染是指病原微生物侵入宿主生物进而引起疾病的过程,这些微生物包括病毒、类病毒、细菌、真菌和寄生虫等。宿主通过免疫对异物入侵产生响应,是机体识别和抵御病原微生物感染的防卫机制。

病原微生物造成的感染对人类社会的发展和历史进程造成了广泛而深远的影响,诸如鼠疫、天花、霍乱、流感等都曾数度肆虐,夺走了数以千万计的生命。随着科学技术的进步,人类对微生物感染以及免疫在抵抗感染过程中的作用的认识逐渐加深。理解感染和免疫的基本原理,对于我们更好地应对当下和未来的感染威胁,提高人类的健康和生活水平具有极为重要的意义。

关键词

感染,病原微生物,致病机制,免疫,天然免疫,适应性免疫,抗体,免疫学技术,微生物耐药

15.1 感染的一般概念

病原体（pathogen）是指能够引起疾病（disease）的生物和非生物物质的总和。病原体引起感染性疾病发生和发展的能力称为病原性或致病性（pathogenicity）。病原微生物（pathogenic microorganism）是具有致病性的微生物，包括部分种类的病毒、类病毒、细菌、真菌和寄生虫等。病原微生物侵入宿主生物体内定殖或增殖，并引发疾病的过程称为感染（infection），疾病所引发的机体功能变化称为疾病症状或病症（symptom）。

需要注意的是，只有极少数种类的微生物属于病原微生物，绝大多数的微生物与其栖息的宿主是和平共处的，部分微生物的存在对宿主来说甚至是有利的。因此，我们学习感染的基础原理首先要从正确认识微生物和宿主生物的相互作用关系开始。

15.1.1 人体的正常微生物组与病原微生物

微生物遍布于整个生态圈内，是数量最多、分布最广泛的生命形式，且大量栖息于各类宿主生物体内。以人类为例，子宫中的胎儿是近乎无菌的，但出生后微生物很快会在婴儿体内外进行定殖，形成新生的微生物群系（microbiome）。人类个体的微生物组在出生后的前三年中剧烈变化，之后逐渐趋于稳定。成年人体的皮肤、消化道、呼吸道、阴道等上皮表面栖息着大量的微生物，一个普通成年人的体细胞数量约为 3×10^{13} 个，而其体内外的微生物总量也与这个数字相近。

栖息的微生物与人体各组织间形成起了复杂的生态关系，已然成为了人体重要的有机组成部分，与人类的生理功能和健康密切相关。稳定定殖于健康人体内，通常条件下与机体和平共处的微生物称为正常微生物（normal microorganism），其集合为正常微生物组（normal microbiome）。与之相对的，一旦入侵和定殖在人体后可引发疾病的微生物则称为病原微生物。部分病原微生物致病性较弱，需要在一定情形下（如宿主免疫低下或定殖部位的机体功能失调）才能引发疾病，它们又被称为条件致病微生物（conditional pathogenic microorganism）或机会性病原微生物（opportunistic pathogenic microorganism）。需要指出的是正常微生物的概念对个体而言是相对的，一旦宿主与正常微生物的平衡被破坏，或者正常微生物异位出现在体内不应出现的部位（如肠道中常见的大肠杆菌大量出现在血液或脊髓中），也会对机体造成危害和损伤，引起疾病的发生。

为了全面了解微生物在人体的分布，人类微生物组计划（Human Microbiome Project）于 2007 年启动。该计划旨在全方位分析和研究人体微生物组与人类生理和健康的关系。近年来的研究发现人体微生物组展现出了丰富的多样性，其背后的规律还有待进一步地研究阐明。了解微生物组与人体的关系和基本规律，对于认识理解微生物在宿主中定殖和生长的规律，研究微生物对宿主健康的影响，以及控制潜在感染的发生具有重要的意义。

知识拓展 15-1
人类微生物组计划

15.1.2　感染性疾病的病因学

病因学（etiology）是研究疾病发生的原因与条件的科学。感染性疾病（infectious disease）病因学的核心在于寻找和鉴定导致感染发生的病原体和感染条件。

15.1.2.1　科赫法则

科赫在微生物学发展中最重要的一个贡献是开创并奠定了微生物病因学的基础。1876年，科赫在德国布雷斯劳以公开表演实验的方式首次证明了炭疽芽孢杆菌（*Bacillus anthracis*）是炭疽病发病的原因，揭开了对感染性疾病病因学研究的序幕。在这项实验中，科赫首先锁定了一种仅存在于炭疽病发病而非健康动物的血液中的细菌（后来被命名为炭疽杆菌）。当然，他明白仅凭这一点还不足以证明该细菌是炭疽病的成因。于是，接下来他将血液从炭疽病动物的身上抽出，然后注射到了另一只健康的动物体内，很快原本健康的第二只动物患上了炭疽病。这一过程重复了许多次，每次都能得到相同的结果。之后，他从患病动物体液中分离了这种细菌并进行了体外培养，这种体外培养的细菌注射到健康动物体内后同样会导致炭疽病的发生。

科赫的实验首次证明了某一特定微生物（炭疽杆菌）可以导致一种特定的感染性疾病（炭疽病）的发生。之后，他用相同的方法又证实了结核分枝杆菌和霍乱弧菌分别是结核病和霍乱病的病因。科赫的这套研究方法奠定了感染性疾病病因学的基石和框架。今天，人们将这套基于实验学流程来鉴定感染性疾病病原体的准则称为科赫法则，其依然是当代生物和医学工作者判定造成感染的病原体的金标准。科赫法则的核心可以归结为4项核心内容（经典4法则）（图15-1）：

① 在每个患病个体中，都要能找到相同的病原体，而该病原体在健康个体中不存在。

② 需要从患病的宿主体内分离出这种病原体，并在体外得到纯培养物。

③ 用以体外培养的病原体接种到健康而敏感的宿主体内后，宿主应出现与原疾病相同的症状。

图15-1　科赫法则的4项核心内容

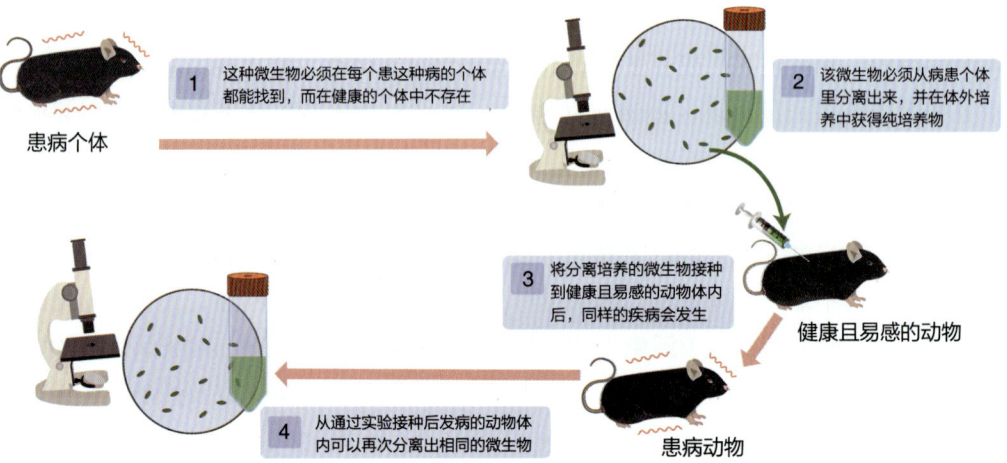

④ 从通过实验接种后发病的宿主体内再次分离培养出相同的病原体。

15.1.2.2 科赫法则的例外

尽管科赫法则在鉴定感染性疾病的未知病原体中展现出了强大的威力，然而有时候也会出现各种例外。这些例外可能是由于当前技术和认知的限制造成的，因此需要在实际应用中理性和科学地进行分析和探讨。

最常见的一类情况是病原体无法在人工培养基上进行体外的分离培养。以麻风病（leprosy）的病原体麻风分枝杆菌（*Mycobacterium leprae*）为例，至今人们还无法在人工培养基上对这种细菌进行体外培养，目前实验室的麻风杆菌主要是在小鼠足垫部位的神经上进行体内培养的。此外，病毒和类病毒也无法实现在人工培养基上的培养，它们依赖于细胞、组织或实验动物进行培养。

另一个时常遇到的情况是多种病原体引起的疾病表征是相似的，也就是说有时通过病症来判定感染性疾病时会产生边界模糊。这对一些症状特征清晰的疾病来说并非问题，例如白喉和破伤风。然而对于另一些疾病来说，比如肺炎和脑膜炎，多种不同的病原体都可以引起相同的病症，就难以建立一一对应的关系。在极端的情况下，多重感染（multi-infection）可能协同作用引起罕见的病症，而其中的任一病原体可能都无法单独重现该疾病症状。

此外，同一种病原体也可能引发多种不同的疾病。典型的例子如水痘-疱疹病毒（varicella-zoster virus，VZV）。该病毒在儿童初次感染时造成的疾病是水痘（chickenpox），部分患者愈后此病毒会潜伏在神经元中，若成年后在免疫低下时可能复发，此时疾病则表现为带状疱疹（shingles）。水痘和带状疱疹的病原体都是水痘-疱疹病毒，只是由于发病条件和人群不同而产生了两种不同的病症显现（图 15-2）。

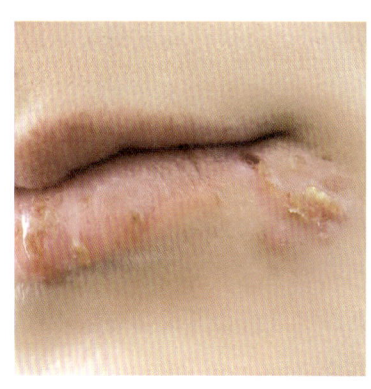 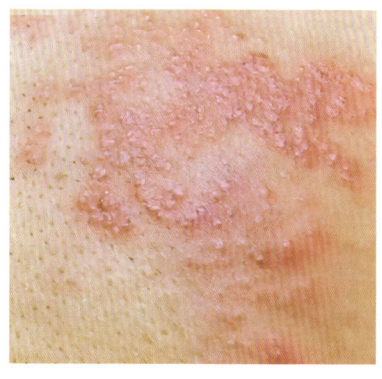

图 15-2 水痘-疱疹病毒发病时可以造成两种不同症状

左边为儿童感染发病时表现为水痘，右边为成人发病表现为带状疱疹

15.1.3 感染性疾病的分类

为了更好地描述和研究不同类别的感染性疾病，人们基于以下四方面对其进行了分类。

第一种常用的分类方式是基于感染性疾病在宿主中的传输行为，分为可传染的

（communicable）疾病即传染性（contagious）疾病，以及不可传染的（noncommunicable）疾病两大类别。传染性疾病基于不同的宿主和传输方向，又大致可划分为特定动物种群内传染的疾病、人和其他动物相互传染的疾病、其他动物向人单向传染的疾病、人群内部传染的疾病等四类。比如结核病（tuberculosis）是一种严格在人群内部传染的疾病，部分种类的流感可在人和其他动物之间相互传染，而破伤风（tetanus）则属于不可传染的感染性疾病。关于感染性疾病的传播见15.1.5。

第二种常用的分类方式是基于感染性疾病发生的频次，可分为偶发性（sporadic）、地区性（endemic）、流行性（epidemic）和大流行（pandemic）4个级别。偶发性疾病指仅偶尔发生的疾病类型，比如食源性肉毒症等。地区性疾病通常指在某一地域或人群中低频次地持续存在的疾病，如主要发生于北美的莱姆病（Lyme）和中南美洲的恰加斯病（Chagas）都是这类疾病的代表。流行性疾病指在某一地域范围内，一定时期内同时出现了较多数量的病例，如季节性流感是流行性疾病之一。大流行疾病则指在全球范围内出现的流行性疾病，比如1918年的西班牙大流感。需要注意的是，这种分类方式具有很强的时空性和一定的主观性，同一种疾病在不同时期和地区可能会被描述为不同的类型。如由严重急性呼吸系统综合征冠状病毒2型（SARS-CoV-2）造成的新型冠状病毒肺炎感染（COVID-19），从2019年到2023年间，就经历了从偶发性到全球大流行，后逐渐又转为流行性疾病的过程。

第三种常用的分类方式是基于感染性疾病的严重程度和持续时间，大致可分为急性（acute）、慢性（chronic）、亚急性（subacute）、潜伏性（latent）这四类。急性感染疾病病程发展迅速，比如流感。慢性感染疾病病程发展慢、持续时间长，比如乙肝。亚急性疾病指病程发展介于急性和慢性之间的一些疾病。潜伏性感染指病原体已经侵入体内，但处于不活跃的状态，也没有显现的病症，例如潜伏状态的结核病。潜伏性感染的病原体在一定条件下会被激活，从而疾病从潜伏性疾病转为急性或慢性感染疾病。

第四种常用的分类方式是基于感染发生时在宿主体内涉及的范围和程度不同。当感染局限于宿主的某一区域称为局部感染（local infection），当感染随血液或淋巴系统扩散到身体的各个部位时称全身性或系统性感染（systemic infection）。还有一类情况是病原微生物从原发感染部位进入血液或淋巴系统并未扩散至全身，而是被限制在身体部分区域发生感染，这类感染称为继发感染或病灶感染（focal infection）。

15.1.4 感染性疾病的疾病模式

和其他疾病一样，感染性疾病的病程发展也呈现出明显的阶段性特征。无论是急性还是慢性，感染性疾病的发生始于病原微生物突破宿主防御侵入体内，之后会经历包括潜育期、发病期、消退期、康复期在内的4个主要阶段。

潜育期（incubation period）是指宿主个体从暴露于病原体发生首次感染到出现症状的时间间隔。潜育期的时间长短和病原微生物的种类、感染途径、感染的病原体数量、宿主的免疫状况和个体差异等因素相关。不同病原体的潜育期差别很大，有些仅几个小时，而另一些可能长达数周或数年。在某些情况下，比如病原微生物本身致病性较弱，感染剂量小，且宿主的免疫功能强大，感染会止步于潜育期，不会进入下一个阶段。至于病原微生物是被直接清除，还是长期存在于宿主体内（即病原体携带者，见 15.1.5），取决于与宿主免疫系统之间的斗争结果。

发病期（period of illness）是指患者从开始出现症状到症状发展到最严重化的阶段。这一时期内，病原微生物增殖迅速，数量快速上升。同时伴随着明显的免疫指征变化，如白细胞计数水平的改变。该阶段是宿主最为脆弱的时期，继发感染也往往出现在该阶段，如果机体无法克服这一阶段，则会导致死亡。

消退期（period of decline）是感染性疾病在医疗干预或自身免疫系统应对下，病情得到缓解，症状开始消退的阶段。该阶段中患者体内病原微生物数量得到控制，开始回落。但该阶段患者还十分脆弱，病情可能反复，且依然易发生继发感染。

康复期（period of convalescence）是指患者的疾病症状已经完全消失，但身体的生理功能尚未恢复到感染发生前状态的阶段。需要注意的是部分情况下，该阶段患者体内依然有少量病原微生物的存在。因此康复期的患者有时也具有传染性，可能造成感染性疾病的传播。

15.1.5　感染性疾病的传播与传染

在我们了解了感染性疾病的病因、分类和疾病模式后，接下来我们将学习感染性疾病的传播（transmission）和传染（contagion）。传播是指病原体在空间和宿主个体之间的传输过程。传染是指病原微生物从一个被感染宿主传播到其他宿主，导致后者被感染并患病的过程。并非所有的感染性疾病都具有传染性，具有传染能力的感染性疾病称为传染病。

15.1.5.1　感染源

一种感染性疾病如果能在演化中延续下来，必然存在着可以持续导致感染发生的病原体的来源。这种可以使病原体持续存在、繁殖和传播的场所称为感染源或感染库（reservoirs of infection）。感染源可以是人类、动物或者环境（如水源、土壤等）。了解感染源对于预防和控制感染性疾病非常重要。识别和控制感染源可以帮助降低疾病的传播风险，采取相应的措施来隔离、治疗或消除感染源。对于某些疾病，成功控制感染源可以消除或根除疾病。

对于大多数人类传染病而言，人群本身就是最重要的感染源。疾病在人群中持续存在，患者群体构成了稳定的传染源。通常来说，传染病患者在处于发病期和消退期是主要的传染源，不过处于潜育期和康复期的患者同样具有潜在的传染性。在一些特殊人群中，感染的病原微生物与人体的免疫系统达到了相对平衡，既不会被清除，又不足以引发疾病病症。这类人群被称为病原体的携带者（carrier），携带者在人类传染病的传播中起到了重要的作用。

> 知识拓展 15-2
> 伤寒玛丽的故事

野生和家养的动物也是重要的感染源。根据世界卫生组织（World Health Organization，WHO）的定义，能够从脊椎动物自然传播给人类的任何感染性疾病称为人兽（畜）共患病（zoonosis）。人兽共患病在全球的传染病中占据了重要的地位。据估计，目前已知的人兽共患病有约150种，包括狂犬病、鼠疫、布鲁氏病、疟疾等（表15-1）。

表15-1 典型的人兽共患病

疾病	病原体	动物感染库
流感	流感病毒	鸟类、猪
狂犬病	狂犬病毒	蝙蝠、狗、狼、浣熊
汉坦病毒心肺综合征	汉坦病毒	啮齿动物
鼠疫	鼠疫耶尔森菌	鼠类
布鲁氏菌病	布鲁氏菌属	家畜
炭疽	炭疽杆菌	家畜
莱姆病	伯氏疏螺旋体	田鼠、野鼠
鹦鹉热	鹦鹉热衣原体	鸟类（尤其是鹦鹉）
沙门菌病	肠道沙门菌	家禽、爬行动物
疟疾	疟原虫	猴
弓形虫病	刚地弓形虫	猫科动物

非生命形式的场所也可以是感染源，土壤和水体是最主要的两大非生命的感染源。土壤中包含多种病原微生物，包括破伤风梭菌、产气荚膜梭菌、致病性真菌等。水体中的病原菌多来自患者和其他动物的污染，比如沙门杆菌、霍乱弧菌、致病性大肠杆菌、创伤弧菌等。其他常见的非生命感染源还包括被污染的食物、生活垃圾、医疗废弃物等。

15.1.5.2 传播途径

病原微生物从感染源向敏感宿主传播的主要途径有三种：接触传播（contact transmission）、载体传播（vehicle transmission）和介体传播（vector transmission）。

接触传播指病原体从生物感染源向易感宿主传输的方式，分为直接接触传播（direct contact transmission）、母婴传播（congenital transmission）、间接接触传播（indirect contact transmission）和飞沫传播（droplet transmission）。

直接接触传播是经过物理接触的方式将病原体从感染源传输向易感宿主，例如皮肤触碰、接吻、性行为等。母婴传播即垂直传播（vertical transmission），指病原体通过母体的胎盘或产道传给子代的方式。间接接触传播是易感者接触被生物感染源污染的物品，比如患者使用过的毛巾、餐具、门把手、床铺；此外，吸毒者共用针管导致的艾滋病或乙肝感染也属于间接接触传播。最后一类接触传播是飞沫传播，是呼吸道传染病最主要的传播方式。世界卫生组织将感染源经咳嗽、喷嚏、说话等释放的含病原体的黏液飞沫经过小于1 m距离后感染易感宿主的方式定为飞沫传播，距离超过

图 15-3 飞沫传播和空气传播

1 m 则归为空气传播（air-borne transmission）（图 15-3）。

载体传播是从非生物感染源向易感宿主传输的方式。根据承载病原体的基质不同，可分为空气传播、水体传播（water-borne transmission）、食源传播（food-borne transmission）等。粪口传播（fecal-oral transmission）是一类经典的复合传播模式，在该循环中，病原体随患者或携带者的粪便排出后污染水源、食物或餐具，而易感者由于进食被感染，其排出的粪便又成为新的感染源。

介体传播是病原体通过生物中间体从感染源向易感宿主传输的方式。其中以昆虫为代表的节肢动物是最重要的一大类介体，病原体通过昆虫进行传播的方式称为虫媒传播，如通过蚊子传播的登革热（dengue）和黄热病（yellow fever）、通过跳蚤传播的鼠疫，以及通过蜱虫传播的莱姆病都是典型的虫媒传播传染病（图 15-4）。

15.1.5.3 医疗保健相关性感染

医疗保健（healthcare）涵盖了各种维护和改善人体健康相关的服务行业，在现代

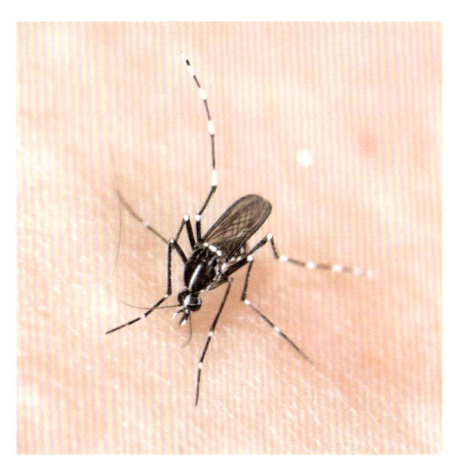

图 15-4 伊蚊（左）和硬蜱（右）是常见的传播病原体的介体（图片来源：苏圣博、南京林业大学余文博）

社会中有着重要的意义，它包括了医院、诊所、药房、疗养院以及其他与医疗相关的机构场所以及医生、护士、护工在内的技术人员。由于医疗保健这类服务的特殊性，其本身又成为了感染性疾病传播的易发地和集散地。因为接受或从事医疗保健活动受到的感染称为医疗保健相关性感染（healthcare-associated infections）。

构成医疗保健相关性感染的三大因素是医疗场所特殊的微生物环境、相对大量和集中的易感染病患，以及传播链（chain of transmission）的存在。医疗场所比如医院存在有大量的感染源，包括各类感染患者、医疗废弃物等，因此对医疗环境内病原微生物的消杀和检测尤其重要。易感病患是机体防御力下降导致对病原微生物感染的抗性降低的一类人群，在医疗场所尤其是医院中密集存在。易感病患的形成可能是由于其他疾病的发病，也可能是由于诊疗实施本身带来的机体抵抗感染的防御功能被破坏，比如外科手术造成的创面、用药造成的免疫抑制或黏膜损伤等。

> 知识拓展 15-3
> 流行病学的基本概念

> 知识拓展 15-4
> 疾病控制和预防中心

传播链是指病原体（或潜在病原体）在有生命的个体（包括人和动物）和/或无生命的物品或场所间传播的路径。由于医疗保健活动的特殊性，特别容易产生传播链，而多个传播链出现时就可能造成感染性疾病的暴发。在医疗场所中持续检测并及时切断传播链是防止出现规模性感染暴发的重要措施。

15.2 微生物的致病性和感染特征

前一节介绍过致病性是指病原体引起感染性疾病的能力，其程度或强弱一般用毒力（virulence）来描述，而疾病发生和发展的基本过程和原理称为致病机制（pathogenesis）。致病机制涉及了病原微生物与宿主之间的相互作用，包括病原微生物对宿主的侵入、定殖、破坏和免疫逃逸等，以及宿主对病原微生物的识别、免疫反应和损伤修复等两个方向。

广义概念上讲，病原微生物中所有参与和调控疾病发生和发展的因子都可以称为毒力因子（virulence factor）。病原微生物本身的生理学特征、毒力因子种类，以及入侵途径等共同构成了其感染特征，其中毒力因子的数量和性质是病原微生物致病性强弱的决定性因素。

15.2.1 病原微生物感染的入侵门户

病原微生物感染人体的基本入侵门户（portals of entry）可分三种，即皮肤、黏膜和穿透途径。穿透途径泛指皮肤或黏膜因各种理化原因（如针刺、割伤、咬伤、手术创面等）发生破损后，微生物直接进入体内的途径。

不同的病原微生物对入侵门户具有选择性，如流感病毒主要从呼吸道黏膜侵入、破伤风梭菌主要从深度伤口进行感染。一些病原微生物可以从多个门户进行入侵，比如肺炎克雷伯菌既可以从呼吸道黏膜侵入，也可以从伤口由穿透途径侵入。病原微生物对门户的选择与其生活环境、宿主表面的黏附、受体的特异性识别和免疫逃逸机制等因素相关。

感染是否发生除了病原体的种类和宿主免疫情况外，还与入侵门户和入侵的病原体数量密切相关。一般来说引起疾病发生所需的入侵病原体数量越少，毒力越强，反之则毒力越弱。病原体毒力的强弱可以进行定量化描述，常用的指标包括半数感染剂量（median infectious dose，ID_{50}）、半数致死剂量（lethal dose 50%，LD_{50}）等。ID_{50}是指在一定条件下，造成某一样本群体50%的个体发生感染的病原体数量。LD_{50}是指在一定条件下，造成某一样本群体50%的个体发生感染后死亡的病原体数量。

15.2.2 细菌的毒力因子和致病特性

细菌具有种类丰富的毒力因子，其功能主要包含以下几类：在宿主中黏附和定殖、细胞的侵入和逸出、直接破坏宿主的组织和细胞、争夺宿主营养、免疫逃逸、对其他毒力因子起直接调控作用等。影响细菌致病性的重要毒力因子包括：荚膜、胞外酶、细胞膜/壁组分、鞭毛和菌毛、外毒素、内毒素、分泌系统和效应分子、嗜铁素和生物被膜等（图15-5）。

15.2.2.1 荚膜

荚膜（capsule）是部分细菌细胞壁外一层主要由糖蛋白组成的包裹结构（详见第3章）。荚膜可以抵御宿主细胞的吞噬作用，从而起到免疫逃逸的作用。即使同种细菌的荚膜糖蛋白对血清反应也会有差异，临床检验上利用这一特性（即K抗原）可以对病原细菌进行分型。

15.2.2.2 胞外酶

许多细菌能产生各种各样的酶并分泌到菌体外，这些胞外酶可以用于改变周边环境，从而为细菌提供营养物质或有利的生存空间。这一特性也可以用于应对宿主体内的环境，通过催化改变宿主的组织或细胞组分，为病原菌提供有利因素，同时造成宿主机体的损伤。常见的与细菌致病性相关的胞外酶类型有：凝固酶（coagulase）、激酶（kinase）、蛋白酶（protease）、脂酶（lipase）、透明质酸酶（hyaluronidase）和胶原酶（collagenase）等。

15.2.2.3 细胞膜/壁组分

细胞膜/壁组分包含了各种类型细胞外膜和细胞壁上的结合蛋白、糖脂、肽聚糖等组分。其中最著名的是革兰氏阴性菌外膜上包含的脂多糖（lipopolysaccharide，LPS），即内毒素（endotoxin）。另一个著名的例子是结核分枝杆菌细胞壁外层特有的一层分枝菌酸（mycolic acid），这层蜡样的脂质结构赋予了结核分枝杆菌强大的抗吞噬能力，因此结核分枝杆菌甚至能在吞噬细胞内部进行生长和增殖。

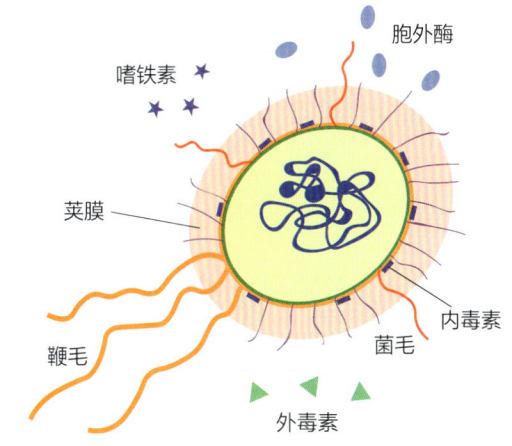

图15-5 细菌拥有众多种类的毒力因子

15.2.2.4 鞭毛和菌毛

部分细菌具有鞭毛（flagellum），它是细菌的主要运动器官（见第 3 章）。具有鞭毛的细菌有较强的移动能力，从而帮助细菌在宿主体内转移和躲避吞噬。此外，一些细菌鞭毛上存在有黏附素甚至酶组分，对于细菌在宿主中的黏附和定殖方面起了重要的作用。

菌毛（fimbrium）是部分细菌表面附着的丝状结构，菌毛较细短且柔软，单个细胞上存在数量较多，主要帮助细菌附着在其他物体表面，对细菌在宿主体内的黏附和定殖起重要作用。

15.2.2.5 外毒素

毒素（toxin）一词最早由德国有机化学家路德维希·贝格尔（Ludwig Brieger，1849-1919）提出使用，指从活细胞或生物体的合成代谢活动中产生的有毒性有机物质。与毒素相关的还有两个常用的生物学概念，一个是抗毒素（antitoxin），另一个是类毒素（toxoid）。抗毒素是指机体产生的对毒素具有中和作用的特异性抗体或免疫分子，或者含有这种抗体的血清和生物制剂。类毒素是一些经化学或物理方法处理后失去毒性，但仍保留免疫原性的分子，类毒素是制备疫苗的重要手段之一。

细菌毒素分为外毒素（exotoxin）和内毒素（endotoxin）两个类别，绝大多数细菌毒素都属于外毒素，外毒素可以是小分子、寡肽、单链蛋白质，或者蛋白复合物。蛋白类的外毒素基于其结构和功能主要分为三类：AB 毒素（AB toxin）、膜破坏毒素（membrane-disrupting toxin）和超抗原（superantigen）。

AB 毒素中都含有 A 和 B 这两个基本单元，A（取自"active"的首字母）是具有酶活性的单元，负责进入细胞内部后靶向胞内分子进行各种催化反应；B（取自"binding"的首字母）是受体结合单元，负责特异性结合到宿主细胞表面。AB 毒素的本质是酶，AB 毒素的这种工作方式使其具有极高的效价，世界上毒性最强的毒素几乎都属于 AB 毒素，例如肉毒梭菌毒素、破伤风毒素、艰难梭菌毒素、志贺毒素和白喉毒素等。

> 🔍 发现之路 15-1
> 白喉毒素的发现

膜破坏毒素的基本机制有两种，一种是穿孔毒素（pore-forming toxin），可以在宿主细胞表面形成横跨细胞膜的通道，造成膜通透，比如金黄色葡萄球菌的 α 溶血素；另一种是磷脂酶（phospholipase），可以催化降解磷脂分子破坏细胞膜，比如产气荚膜梭菌的 α 毒素。

超抗原可以以极高的亲和力结合到免疫细胞的重要受体上，从而强烈地激活或者阻断信号传导，产生过度的免疫反应（超敏反应）。比如金黄色葡萄球菌的中毒休克综合征毒素 1 型（toxic shock syndrome toxin-1）可以非特异性地交联 T 细胞受体和主要组织相容性复合物 II（major histocom patibility，MHC-II），使 T 细胞持续且强烈地被激活。

15.2.2.6 内毒素

1892—1895 年，德国细菌学家理查德·菲佛（Richard Pfeiffer，1858—1945）在研究霍乱弧菌时发现它有两类性质不同的毒性物质：一类可以通过过滤从培养液上清中获得，热不稳定，是蛋白质毒素（霍乱毒素）；另一类存在于细菌"内"部，需要将细菌裂解后才会释放出来，具有热稳定的性质。他把后者命名为内毒素，对应前者的外毒素。

后续的研究发现，内毒素其实是存在于革兰氏阴性菌细胞外膜上的脂多糖（lipopolysaccharide，LPS）的成分。脂多糖由三个结构部分组成，由外到内分别为O多糖（O抗原）、核心寡糖和脂质A（lipid A）。其中核心寡糖和脂质A具有保守的结构。O多糖变化很大，同种属下不同菌株都可能有不同的构成，因而在临床上可作为抗原标志对菌株进行分类。外毒素有很多种类，而内毒素只有一种即脂多糖，细菌的脂多糖就是内毒素（表15-2）。

表15-2 内毒素和外毒素的比较

性质	外毒素	内毒素
化学组分	主要是蛋白质	脂多糖
来源	各种细菌	革兰氏阴性菌
热稳定性	热不稳定	热稳定
毒性	强	弱
抗原性	强	弱

15.2.2.7 分泌系统和效应分子

分泌系统（secretion system）是细菌具有的一大类可以特异性地把胞内的物质，包括小分子、蛋白和核酸，分泌到细胞外部的大分子机器。分泌系统的分类是基于其结构和向外分泌分子的方式，分别命名为"X"型分泌系统（type X secretion system，TXSS），例如三型分泌系统的缩写为T3SS。分泌系统向胞外分泌的分子可以对宿主或周边微生物的细胞产生破坏作用，这些被分泌的分子称效应分子（effector）。近年来有研究报道细菌分泌系统至少有7种类型，与细菌致病性关系密切。

15.2.2.8 嗜铁素

铁是绝大多数细菌生长必不可少的微量元素之一，然而宿主体内的铁主要存在于各种载铁蛋白中，几乎没有游离态的存在，如何从宿主环境中摄取铁元素对于病原细菌来说是一个重要的问题。一些细菌可以合成并向外分泌嗜铁素（siderophore）分子，嗜铁素以极高的亲和力从宿主载铁蛋白和环境中抢夺铁，然后通过嗜铁素受体和转运系统把结合了铁的嗜铁素运回细菌细胞内。

15.2.3 病毒的致病特性

病毒的合成和复制完全依赖宿主细胞，只有在宿主细胞内病毒才是"活跃"的。病毒通过劫持细胞功能利用宿主物质来合成病毒自身组分，组装、并释放出去，在该过程中对宿主细胞产生伤害甚至使其死亡。病毒致病性的关键在于成功识别并侵入宿

> 知识拓展 15-5
> 病毒的毒力——传播权衡假说

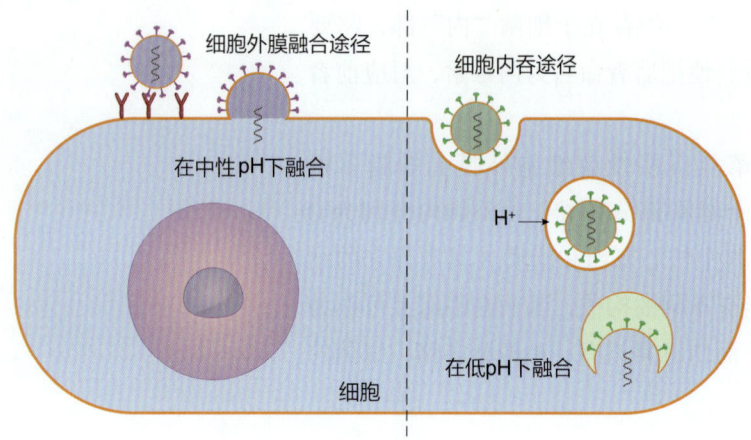

图 15-6 病毒入侵细胞的两种主要途径

主细胞和躲避宿主的免疫防御。

15.2.3.1 病毒对宿主细胞的识别和入侵

病毒的宿主识别是通过其具有受体结合功能的结构蛋白与宿主细胞的受体结合来进行的，因此病毒具有很高的宿主和细胞选择性。一些病毒具有多个受体，以此来提高与宿主细胞的结合能力或扩大细胞选择范围。比如人类免疫缺陷病毒（HIV）识别 T 细胞上的 CD4 蛋白作为受体，同时结合 CCR5 或 CXCR4 作为共受体。

当病毒与宿主细胞表面受体结合后，病毒还需要设法将遗传和辅助物质注入细胞内部。病毒侵入动物细胞主要有两种方式，第一种是细胞内吞途径（endocytic pathway），第二种是细胞外膜融合途径（surface membrane fusion pathway）。两者都需要依赖受体结合及病毒囊膜和细胞的膜结构的融合，区别在于前者需要酸性条件触发发生于内吞体中，后者在中性条件下发生于细胞膜表面（图 15-6）。

15.2.3.2 病毒的细胞病变作用

病毒进入细胞后会劫持宿主细胞功能，抑制细胞本身的 DNA、RNA 和蛋白合成，并自我复制形成大量病毒颗粒。这一过程会造成可见的细胞内形态和结构变化，即病毒感染造成的细胞病变效应（cytopathic effect）。一些病毒感染引起的细胞损伤会进一步导致细胞死亡效应（cytocidal effect），另一些则不会。细胞病变和细胞死亡效应是用于诊断病毒感染发生及其类型的重要标志。

病毒感染引起的典型细胞病变效应包括以下几种。

① 大分子合成（DNA、RNA、蛋白）受强烈抑制，导致细胞分裂被阻断和生长停滞。典型的如单纯疱疹病毒感染后的细胞。

② 胞内溶酶体和内吞体破裂，细胞内环境受损并最终导致细胞死亡。

③ 包涵体（inclusion body）在细胞质和细胞核中聚集，形成颗粒状结构，可以用酸性或碱性染料染色观察到。麻疹病毒、狂犬病毒、牛痘病毒、疱疹病毒感染常形成包涵体。

④ 形成合胞体（syncytium）。合胞体是由多个相邻的被感染细胞融合在一起后形成的巨大的多细胞核的细胞结构。腮腺炎病毒、流感病毒、严重急性呼吸综合征病毒（SARS-CoV）等感染细胞后都会产生典型的合胞体结构。

⑤ 细胞表面抗原、细胞因子和表面标志物变化，可以用免疫方法进行检测。

⑥ 细胞核内结构和染色体的变化，常常是病毒造成染色体破损导致，部分情况下可能会导致向肿瘤细胞的转变。

⑦ 细胞发生癌变（cancer transform），包括形态和生长的改变。一些被感染细胞形态会变得不正常或不规则，细胞不再识别接触边界并不停地生长分裂。

15.2.3.3 病毒对宿主免疫防御的躲避

病毒对宿主免疫防御的躲避或逃逸是在多个层面上进行的。①病毒侵入细胞内部后，可以躲过大多数作用于胞外的免疫防御系统。②病毒可以劫持细胞的功能和信号通路，从而阻止细胞行使天然免疫功能，比如自噬和凋亡。③病毒可以通过一些组分来抑制或异常表达宿主细胞抗病毒相关的细胞因子（如干扰素）和表面标志物。④部分病毒（如 HIV）可以整合到宿主的基因组上并随宿主细胞的复制进行扩增。⑤病毒具有极高的变异频率使其可以在较短时期内逃逸宿主的适应性免疫系统。

15.2.4 真菌和原生生物的感染特性

除细菌和病毒外，一些真菌、原生动物和蠕虫也会造成人体感染。在本小节我们将简述这些病原体感染的致病特性。

15.2.4.1 真菌感染

真菌感染在生活中十分普遍，但由于其危害程度相对细菌和病毒较弱，人们对其关注度较低。导致疾病的真菌大部分是条件致病菌，这些真菌平时就存在于人体表面或日常生活环境中，当人体免疫低下或是出现损伤性创口（即穿透途径）时可造成感染。多数真菌感染发生在相对表层的部位，如皮肤、口腔、消化道和生殖道等，少数情况下也可以造成深层感染，如脑膜炎、心内膜炎等。

真菌感染的一大特征是难根除，这主要是与其产生孢子的特性相关。随着目前对真菌感染认识的加深，这类感染在临床上也越来越得到重视。

许多真菌没有明确鉴定的毒力因子，一些真菌可以产生真菌毒素，它们通常是真菌的各种次级代谢产物。如黄曲霉毒素（aflatoxin）和麦角毒素（ergotoxin），前者具有致癌作用，后者有神经毒性，摄入这些真菌毒素会造成严重的疾病。一些真菌会分泌蛋白酶来帮助其在宿主中的定殖，比如常造成皮肤感染的毛癣菌属（*Trichophyton*）和白色念珠菌（*Candida albicans*），其中白色念珠菌是目前造成临床感染问题最为严重的病原真菌。

15.2.4.2 原生动物感染

原生动物感染后致病的主要原因是其对宿主的物质和营养的夺取，以及其释放的有害物质。一些原生动物可以侵入宿主的细胞内部，从而逃逸宿主免疫。相对来说，原生动物感染在经济发达的国家和地区发病极少，但在卫生和医疗水平相对落后的地方依然问题严重。

原生动物感染疾病中最著名的例子是疟疾（malaria），在我国也曾有广泛病例分布，全球每年约有数十万人死于疟疾。疟疾的病原体是一种名为疟原虫（*Plasmodium*）的原生动物，它寄生于高等脊椎动物的红细胞中，靠吞食红细胞的细胞质获取营养，释放出的代谢物质会引起患者寒战并继发高热，发病后如得不到治疗致死率较高。

15.2.4.3 蠕虫感染

从个体大小定义，蠕虫已经不属于微生物的一般范畴。蠕虫感染致病原因主要是由于其吞食组织细胞造成破坏，夺取宿主营养，以及释放废物等引发过敏反应。主要感染人体的蠕虫有钩虫、绦虫、线虫、血吸虫等。

15.3 天然免疫：宿主的非特异性防御机制

免疫（immunity）是指生命体自身抵御异物入侵或疾病的机制和过程。免疫学（immunology）是一门研究生命体如何通过免疫反应来保护自己的科学。免疫根据其功能特点可人为划分为两类，一类是天然免疫（innate immunity），又称固有免疫或先天免疫；另一类是适应性免疫（adaptive immunity），又称获得性免疫（acquired immunity）。天然免疫是指机体与生俱来的抵御异物入侵或疾病的能力，其特点为：同物种的个体中都共同具备，能快速对异物入侵或疾病产生响应，特异性低，没有记忆功能。

天然免疫是已知所有的生命体包括细菌、植物、动物体内都存在的免疫机制，本章节中的免疫主要针对高等动物特别是人如何抵抗病原微生物的入侵进行讲解和讨论。

15.3.1 生理屏障

生理屏障是抵抗异物入侵的第一道防线，通过阻止外来异物侵入生物体内部从而起到保护作用。高等动物的生理屏障包括皮肤、黏膜及其附属成分等。从解剖学结构上看，生理屏障包括了多种组织和构造，如体表屏障、血脑屏障、肠屏障、血胎屏障等。生理屏障的工作方式大致有物理作用、化学作用、生物作用三大类。

15.3.1.1 物理作用

物理作用是生理屏障最基本的作用方式，包括物理阻挡异物的侵入和将异物从机体表面移除。

皮肤是人体内质量最大的生理器官，主要通过物理阻挡的方式来行使屏障功能。人的皮肤分为表皮（epidermis）、真皮（dermis）和皮下组织。其中表皮层由数层紧密接合的上皮细胞构成，外层的上皮细胞还产生有大量不可溶的角蛋白（keratin），可以起到很好的保护作用。黏膜的物理阻挡则是由紧密接合的上皮细胞和其上覆盖的黏液（主要组分是糖蛋白）来完成的。

除了阻挡的方式，生理屏障还可以通过机械作用的方式将异物从表面移除。典型的例子如利用眼泪冲刷掉眼球表面的异物，以及鼻黏膜微纤维通过运动作用移除吸附了灰尘和病原微生物的黏液。咳嗽、喷嚏、呕吐、腹泻也可以看作是通过机械作用清除生理屏障表面异物的机体防御手段。

15.3.1.2 化学作用

化学作用是生理屏障抵御外来异物入侵的重要组成部分，特别是在抗微生物方面作用尤其明显。比如人类胃液具有较低的 pH（pH 1.5～3.5），同时含有大量的蛋白酶，可以有效破坏大多数的细菌和蛋白类毒素。唾液、眼泪、鼻腔黏液等中含有大量的溶菌酶（lysozyme）和抗菌肽（antimicrobial peptide）等物质，对抑制微生物有着重要的作用。

15.3.1.3 生物作用

生理屏障上方附着的共生微生物群体（即正常微生物组），也对保护宿主起到了重要的作用，这种作用方式被称为生物作用。人体主要的共生微生物群落包括肠道微生物组、皮肤微生物组、口腔微生物组、鼻腔微生物组等，它们主要通过三种方式对宿主起保护作用。

① 占据生理屏障上的生态位，通过生存空间和营养等方面的竞争，阻碍病原微生物在生理屏障上的附着和定殖。比如艰难梭菌（*Clostridioides difficile*）很难在拥有正常肠道菌群的健康人体内定殖，但在肠道菌群被破坏的特殊人群（如长期服用抗生素的住院患者）中则很容易发生艰难梭菌的感染。

② 产生具有抗微生物作用的物质，从而抑制或杀死病原微生物。例如乳杆菌属（*Lactobacillus*）是女性阴道微生物组的主要组分，其产生的乳酸可以使阴道内保持中度酸性（pH 3.8～4.5），从而抑制其他微生物的生长。

③ 通过与生理屏障的相互作用刺激免疫系统的发育和维持。最近的研究发现，正常微生物组与宿主生理屏障（主要是各类黏膜）的相互作用对于免疫系统的发育和维持起了重要的作用。

15.3.2 炎症

炎症是机体应对感染或组织损伤触发的一系列防御性的生理和病理性的综合应答反应。当病原微生物突破第一道防线生理屏障后，天然免疫系统的响应往往伴随着炎症的发生。炎症通常是局部性的，严重时也可能向全身扩散。炎症的典型临床症状是红（redness）、肿（swelling）、热（heat）、痛（pain）和不能活动（immobility）。

① 红。主要是因为更多的血液流入炎症部位。

② 肿。主要是血管和屏障通透性增加导致的局部积液和水肿。

③ 热。部分是由于血液快速流过带来的热量，另一部分是因为神经或激素调控造成的产热增加，炎症严重时会引起发热（fever）。

④ 痛。主要是包括细胞因子等在内的大量化学分子的释放，造成对局部神经的刺激和损伤作用。

⑤ 不能活动。是细胞因子和其他物质的刺激导致局部细胞和组织的功能受限，导致无法活动。

炎症的生理学意义在于：将效应细胞和相关分子加速输送到感染或损伤部位，增强一线的防御和抵抗力；提供一个局部的保护屏障，将感染或损伤限制在一个有限的范围内；加快病原体和损伤物质的转移和清除，从而帮助修复组织。从本质上讲，炎症的发生是机体自我保护的一种机制，但过度的炎症也会给机体造成损伤并产生不利的后果。

15.3.3 体液中的抗微生物物质

体液是人体内环境中液体的总称，包括血液、淋巴液、脑脊液、组织液等。体液中含有许多不同的抗微生物物质，如溶菌酶（lysozyme）、抗菌肽、补体（complement）、抗体、细胞因子（cytokine）、急性期蛋白（acute-phase protein）等，它们在抵抗感染和调控免疫的过程中发挥着各种不同作用。

15.3.3.1 溶菌酶

溶菌酶又称胞壁质酶（muramidase），是一种不耐热的碱性蛋白质。溶菌酶广泛存在于各种人体的体液中，黏膜和腺体分泌的体液如唾液、泪液、鼻液中含有大量的溶菌酶。溶菌酶可以水解细胞壁主要成分肽聚糖中 N-乙酰胞壁酸和 N-乙酰氨基葡萄糖之间的 $1,4$-β 糖苷键，使细菌细胞壁受损，从而起到抗菌作用。

15.3.3.2 抗菌肽

一些多肽展现出广谱的抗微生物活性，这类具有抗微生物活性的多肽通称抗菌肽或抗微生物肽。抗菌肽分布广泛，除高等动物外，昆虫、植物、真菌、细菌也合成和释放许多抗菌肽，因此其被认为是一种演化上古老的防御手段。抗菌肽由于稳定性强、毒副作用弱等特点，在医药、食品工业、农业和环保领域都有一定的应用和潜在开发价值。

15.3.3.3 补体

补体是一类在脊椎动物和无脊椎动物中普遍存在的天然免疫系统，在生物演化上出现较早，其本质是一种级联酶反应系统。

人类的补体系统已知是由 30 多种不耐热的蛋白质所组成的多功能体系，包括固有成分、调节蛋白、补体受体这三类主要组分。固有成分包括 C1 到 C9 等多个补体成分，是补体系统的核心功能蛋白；调节蛋白负责调控补体固有成分的活性，包括补体的激活和活性抑制，以确保其在合适的时间和地点起作用；补体受体位于细胞膜上，能够识别被激活的补体后介导细胞信号传导和调节免疫反应。

补体系统可以通过三条相互独立又存在交叉的通路来激活，即经典途径、旁路途径和凝集素途径（图 15-7）。经典途径的激活物始于抗体与抗原形成的免疫复合物，免疫复合物会激活 C1 补体分子，接下来依次激活 C4、C2 和 C3。旁路途径的激活物是微生物表面具有重复特征的分子，例如糖脂和脂多糖，在该途径中 C3 可以直接结合此类分子后被活化。凝集素途径始于凝集素与糖脂或糖蛋白的结合，典型的例子是甘露糖结合蛋白（mannose-binding protein，MBP）识别细菌表面的聚糖中的甘露糖残基结构后，募集甘露糖结合凝集素相关丝氨酸蛋白酶（MBL-associated serine protease,

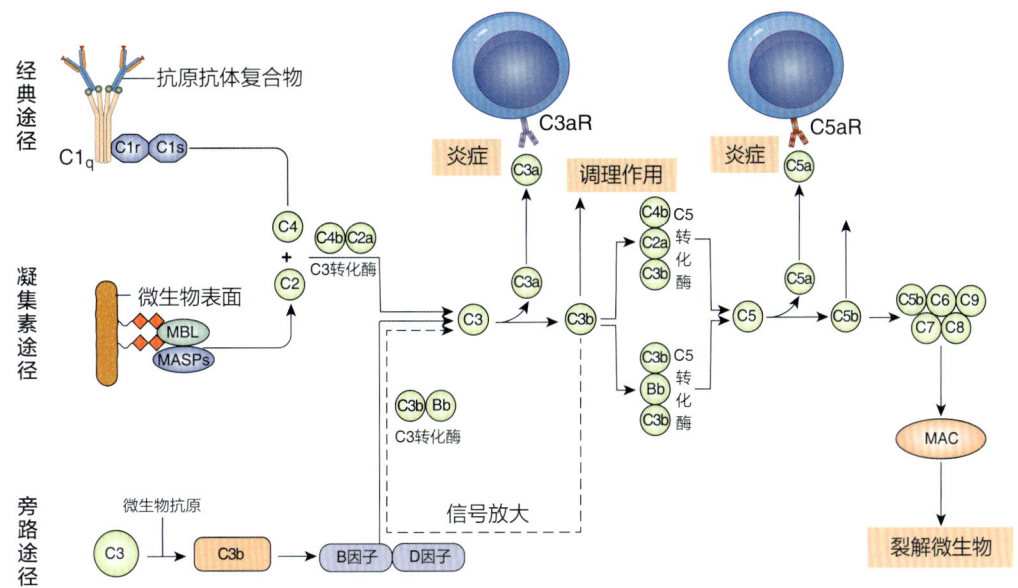

图 15-7 补体系统的激活途径和效应方式

MASP），MASP 可以切割活化 C4，进而活化 C2 和 C3。

所有的三条激活途径都依赖于 C3 的活化来进入后续的级联反应，激活的补体系统可以产生三种抗感染的效应，分别为：①通过激发炎症反应来募集和活化白细胞。②通过调理作用（opsonization）促进吞噬细胞的吞噬作用；调理作用是指通过抗体、补体或/和其他分子与吞噬细胞表面结合，促进吞噬细胞吞噬病原微生物或异物颗粒的作用。在该过程中发挥调理作用的分子，比如抗体和补体，称为调理素（opsonin）。③形成膜攻击复合物（membrane attack complex，MAC）直接攻击入侵微生物的细胞膜，使其发生裂解。

15.3.3.4 抗体

抗体是由成熟的 B 细胞（即浆细胞）产生的一类能与对应抗原在体内外发生特异性结合的糖蛋白，是适应性免疫的重要组成部分。关于抗体，将在 15.4 和 15.5 的章节中进行详细讲解。

15.3.3.5 细胞因子

细胞因子是一类具有免疫调节和效应功能的低分子量蛋白质或小分子多肽，它们可以看作是细胞间的语言，负责在细胞间传递信息，起到了调节炎症和免疫应答、促进细胞生长、增殖、凋亡和分化等作用。细胞因子可以由体内众多类型的细胞产生和感知。它们与激素（hormone）的主要区别在于，激素通常会通过血液或组织液循环输送到身体各个部位，而细胞因子一般仅在组织局部短距离地发挥作用。常见的细胞因子种类包括白细胞介素（interleukin，IL）、干扰素（interferon，IFN）、肿瘤坏死因子（tumor necrosis factor，TNF）、集落刺激因子（colony stimulating factor，CSF）、生长因子（growth factor）和趋化因子（chemokine）等。众多的细胞因子在体内发挥作用，具有多效性、重叠性、协同性和拮抗性等多重特点，形成十分复杂的调控网络，参与了人体许多重要的生理功能。

15.3.3.6 急性期蛋白

急性期蛋白又称急性期反应蛋白,是指机体受到感染、创伤、炎症等应激刺激下,合成量迅速增加或减少的蛋白质。急性期蛋白参与了机体对感染、炎症和组织损伤的快速响应,在临床上常被用作于评估炎症和感染的类型和程度的生物标志物。急性期蛋白包括 C 反应蛋白(C-reactive protein, CRP)、甘露糖结合蛋白、血浆纤维蛋白原(fibrinogen)、补体成分、血清淀粉样蛋白 A(serum amyloid A, SAA)、血红蛋白结合蛋白等。

15.3.4 参与天然免疫的细胞

当病原微生物突破生理屏障进入机体内部后,免疫细胞与体液中的其他抗微生物物质一同组成了抵抗感染的第二道防线。多能造血干细胞(multiple hematopoietic stem cell)是体内绝大多数专职性免疫细胞的来源,包括粒细胞(granulocyte)、巨噬细胞(macrophage, Mφ)、树突状细胞(dendritic cell, DC)、B 细胞、T 细胞、天然淋巴细胞(innate lymphoid cell, ILC)等。多能造血干细胞首先会分化为两个大类,分别是髓系祖细胞(myeloid progenitor cell)和淋巴系祖细胞(lymphoid progenitor cell),进而再分化为不同的血细胞和免疫细胞(图 15-8)。

不同的免疫细胞具有不同的功能,有些免疫细胞只参与天然免疫或适应性免疫,还有些细胞同时参与了天然免疫和适应性免疫的过程。其中执行天然免疫功能的免疫

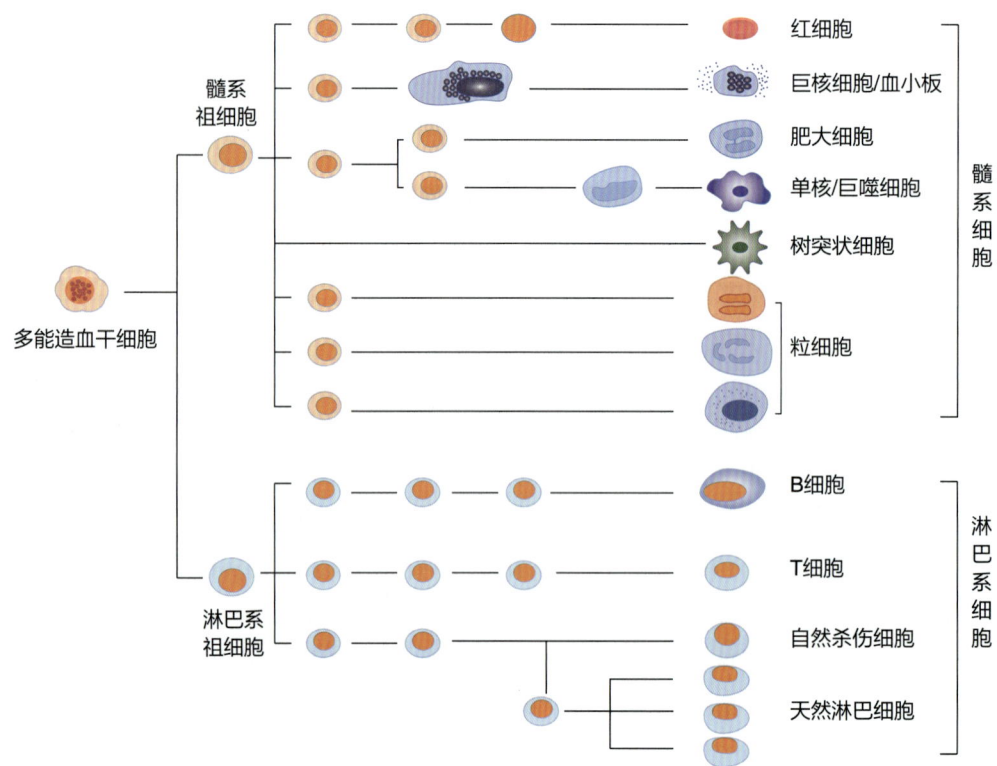

图 15-8 多能造血干细胞的分化

细胞主要有粒细胞、巨噬细胞、树突状细胞、自然杀伤细胞和天然淋巴细胞等。除了专职性的免疫细胞，其他类型的细胞比如小胶质细胞、上皮细胞等也具有一定的天然免疫功能。

15.3.4.1 粒细胞

粒细胞、红细胞和血小板都是由髓系祖细胞分化而来，统称髓系细胞。粒细胞在显微镜下观察胞质内具有颗粒状物质分布，并由此而得名。粒细胞分为中性粒细胞（neutrophil）、嗜酸性粒细胞（eosinophil）、嗜碱性粒细胞（basophil）和肥大细胞（mast cell）。

中性粒细胞是最常见的粒细胞，可占血液中白细胞总数的60%~70%，主要负责吞噬和清除细菌、真菌和其他微生物，并参与炎症反应过程。嗜酸性粒细胞因其在酸性染料伊红染色下呈橙红色而得名，主要参与了抗寄生虫和过敏反应，可以释放抗寄生虫物质和组胺等炎症介质。嗜碱性粒细胞因其在碱性染料亚甲基蓝染色下呈蓝紫色而得名，主要参与了过敏和炎症反应，可以释放组胺、白三烯等炎症介质。肥大细胞呈圆形或卵圆形，胞质内充满囊泡。肥大细胞活化后可以释放大量的组胺、肝素、白三烯和细胞因子等物质，并在过敏反应、炎症反应、免疫调节和组织修复过程中发挥重要作用。

15.3.4.2 巨噬细胞

巨噬细胞（macrophage）由血液中的单核细胞（monocyte）进入组织后分化而来，因此两者又常合称为单核/巨噬细胞系统。巨噬细胞具有大而不规则的形状，内含丰富的溶酶体和其他颗粒。巨噬细胞广泛分布于全身各种组织中，具有极强的吞噬能力，在天然免疫和适应性免疫中均发挥重要作用。

15.3.4.3 树突状细胞

树突状细胞（dendritic cell）具有高度发达的突起结构及较强的吞噬能力，广泛分布于各类组织器官中。树突状细胞的前体分化是一个复杂的过程，其来源包括多能造血干细胞和其他细胞系。树突状细胞是功能最强的专职抗原提呈细胞（antigen presenting cell，APC），可以高效地摄取、加工处理和呈递抗原，从而启动适应性免疫应答。

15.3.4.4 天然淋巴细胞

天然淋巴细胞（innate lymphoid cell，ILC）由淋巴系祖细胞分化而来，是一类参与天然免疫的淋巴系细胞。天然淋巴细胞无须识别抗体或主要组织相容性复合物（major histocompatibility complex，MHC）呈递的抗原即可对靶细胞产生杀伤作用。于曾认为天然淋巴细胞没有记忆功能，但后来发现某些天然淋巴细胞也具有记忆性。如巴斯德研究所和法国国立健康和医药研究院（INSERM）的科学家利用肠道感染模型发现，3型天然淋巴细胞（ILC3）在暴露于鼠柠檬酸杆菌后会维持在激活状态长达数月之久；中国科学技术大学田志刚教授课题组也发现一群肝脏特有的自然杀伤细胞（NK），具备其他常规NK细胞不具备的免疫记忆功能。

天然淋巴细胞依据分化和功能大致可以分为自然杀伤细胞（natural killer cell，

NK)、1 型天然淋巴细胞（ILC1）、2 型天然淋巴细胞（ILC2）、3 型天然淋巴细胞（ILC3）等四类，不同的天然淋巴细胞具有不同的表面分子并可以产生不同的细胞因子。自然杀伤细胞的功能主要是对胞内被病原体侵入的细胞或肿瘤细胞产生杀伤作用；1 型天然淋巴细胞与自然杀伤细胞许多性质相近，但细胞毒性较弱；2 型天然淋巴细胞主要对寄生虫和过敏原产生免疫响应；3 型天然淋巴细胞主要对胞外菌产生免疫作用，并参与黏膜屏障稳态的维持。

15.3.5　模式识别受体

病原相关分子模式（pathogen-associated molecular pattern，PAMP）是指微生物中具有一些广泛存在、与病原相关、而在人体中不存在的分子结构特征。损伤相关分子模式（damage-associated molecular pattern，DAMP）是指人体内的细胞或组织因病原微生物感染或其他疾病产生的损伤性的分子特征。天然免疫系统可以通过识别病原相关分子模式和损伤相关分子模式来感知到机体是否受到病原体感染或其他损伤。

模式识别受体（pattern recognition receptor，PRR）是一类表达在天然免疫细胞中，可以识别和结合病原相关分子模式或损伤相关分子模式的一类特殊蛋白质。模式识别受体可存在于细胞表面或细胞内，在识别对应的分子配体后可以触发免疫细胞的信号转导，进而激活和调控各类免疫反应。模式识别受体主要包括 Toll 样受体（Toll-like receptor，TLR）、RIG-I 样受体（RIG-I-like receptor，RLR）、NOD 样受体（NOD-like receptor，NLR）和 C 型凝集素受体（C-type lectin receptor，CLR）这四大类。

15.3.6　吞噬作用对胞外入侵者的清除

吞噬作用（phagocytosis）是细胞内吞作用（internalization）的一种特殊形式，指细胞通过细胞膜从周围环境摄入微生物或其他颗粒物质，并在细胞内形成吞噬体（phagosome）的过程。吞噬体随后与细胞内的溶酶体融合，形成吞噬溶酶体（phagolysosome），利用酸性条件和其中大量的酶来降解和消化被吞噬的颗粒（图 15-9）。吞噬作用是机体清除胞外病原微生物，尤其是细菌和真菌的重要方式。

吞噬作用的主要执行者是吞噬细胞（phagocyte），吞噬细胞包含了多种具有较强吞噬能力的免疫细胞，如巨噬细胞、中性粒细胞、单核细胞、树突状细胞等。此外其他一些类型的细胞也会有少许的吞噬能力。吞噬作用的发生受到了多种因素的影响，包括吞噬有关受体如抗体受体、补体受体、模式识别受体等的识别和结合，以及相关信号通路的激活和调节。

15.3.7　胞内病原体的清除

吞噬作用主要在清除胞外病原体时发挥作用，而对于进入细胞内部的病原体，则

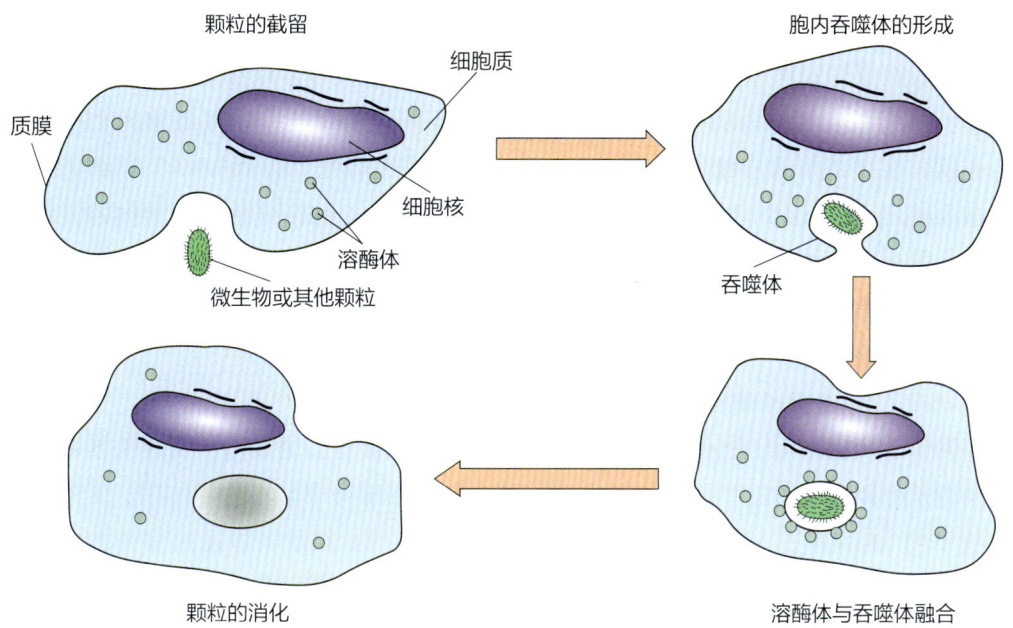

图 15-9 吞噬作用清除胞外病原微生物

需要依赖其他手段进行免疫防御。常见的机制包括：被感染细胞自体的核酸酶系统（nuclease systems）、自噬作用（autophagy）、程序性细胞死亡（programmed cell death），以及依赖其他免疫细胞（尤其是天然淋巴细胞）对被感染靶细胞的杀伤清除。

15.3.7.1 核酸酶系统的抗感染作用

核酸酶系统是一种古老而普遍的天然免疫机制，细菌、古菌，以及各类真核生物细胞中均有发现存在。核酸酶系统包含众多的类型，它们可以识别有别于自身的异源核酸（单、双链的 DNA 或 RNA）并对其进行切割和降解。特别是在对抗病毒感染的过程中，核酸酶系统起了重要作用。

15.3.7.2 通过自噬作用清除胞内病原体

自噬作用（autophagy）原本是一种细胞内的降解和回收机制，通过将受损或不需要的细胞器、蛋白质和其他细胞成分包裹成自噬体，然后将其送入溶酶体进行降解和再利用。自噬作用的过程主要包括以下三个步骤：首先，细胞形成自噬囊膜（phagophore），这是一个双层膜结构，将需要降解的细胞成分包裹起来形成自噬体（autophagosome）。然后，自噬体与溶酶体融合，形成自噬体-溶酶体复合体，使被包裹的物质进入溶酶体内部。最后，溶酶体内的酶降解自噬体中的成分，产物可供细胞循环利用。

当宿主细胞受到胞内感染时，有时也能经胞内感受器感知到病原体后激活自噬途径，通过将细胞内的病原体以及其产物包裹成自噬体，予以降解和清除。感染介导的自噬作用可以通过多个途径实现，包括细胞内的感染感受器、炎症因子的释放以及免疫细胞的激活。自噬作用不仅能够清除被感染细胞内的细菌、病毒和寄生虫，还可以调节免疫细胞的活性和炎症反应。

15.3.7.3 通过程序性细胞死亡限制和清除胞内病原体

细胞在感知到病原体侵入后，一定条件下还可以触发程序性细胞死亡。病原体感染后，基于触发细胞内的信号通路和效应分子不同，引发的程序性细胞死亡形式也会不同，主要的形式有细胞凋亡（apoptosis）、程序性坏死（necroptosis）和细胞焦亡（pyroptosis）等。这类"自杀"的方式可以限制病原微生物在被感染细胞内的复制和增殖，阻止病原体进一步感染周边其他健康组织和细胞。同时该过程（尤其是程序性坏死和细胞焦亡）会释放出大量的细胞因子，从而加速免疫细胞向病灶的募集，并介导炎症反应的发生。

15.3.7.4 免疫杀伤被感染的靶细胞从而清除胞内感染

发生胞内感染后，机体可以通过免疫细胞来识别被感染的细胞，通过杀伤被感染的细胞从而阻止感染的扩大，这种方式特别在抗病毒感染中起了重要作用。天然免疫细胞中的NK细胞是行使这一职能的主要免疫细胞，NK细胞可以通过多种方式如激活和抑制受体来识别被感染细胞表面表达的异常分子，然后通过释放杀伤性细胞因子，如穿孔素（perforin）和颗粒酶（granzyme），进入到靶细胞导致其死亡。死亡后的细胞残体和碎片一般通过吞噬作用被进一步清除。

15.4　适应性免疫：宿主的特异性防御机制

适应性免疫是一种高度特异性、具有记忆能力的免疫方式，是脊椎动物免疫系统中的重要组成部分。同一物种里的不同个体由于其过往感染经历和疫苗接种差异，可以对同一病原体的感染产生截然不同的适应性免疫反应。如果说天然免疫是一种"通用版"的免疫系统，适应性免疫则可以视为是个体"定制版"的免疫系统。

适应性免疫具有4个特征：①识别"自我"和"非我"的能力；②特异性，适应性免疫可以高度精确选择单个种类的病原体；③多样性，适应性免疫可以同时针对性地识别数以千万计的不同对象；④记忆性，只要形成适应性免疫，当个体再次暴露于同一病原体或异物时将做出更快更强的应答。除了第一条是适应性免疫与天然免疫共同特征外，其他三条都是适应性免疫独有的特征。

15.4.1　适应性免疫依赖于对抗原的识别与记忆

适应性免疫的特异性、多样性和记忆性都是针对特定的"非我"物质（即抗原）进行的，该过程包括对"非我"分子的接触、识别、信息提取、效应产生和记忆形成。

15.4.1.1　抗原

抗原（antigen）是指所有自身或外界产生的、可以触发免疫反应的物质，抗原又称为免疫原（immunogen）。抗原触发免疫反应产生的能力称为免疫原性（immunogenicity）。抗原可以是蛋白质、核酸、多糖，或者糖脂类等分子。免疫原性弱，能与抗体结合但不能有效触发免疫反应的物质称半抗原（hapten）。半抗原可以通过与其他大分子或载体结合来获得足够的免疫原性。

抗原上实际起到触发免疫原性和与抗体结合的位点称为抗原决定簇（antigenic determinant）或表位（epitope）。通常来说一个抗原表面可以有数个表位，抗原具有表位的数量称为效价（valence）。

15.4.1.2 适应性免疫有多种获得方式

适应性免疫可以通过不同途径获得，从获得的途径分可以分为主动（active）免疫和被动（passive）免疫。主动免疫是指个体直接暴露在抗原下，体内自身形成的免疫能力。被动免疫是指个体不与抗原直接发生接触，通过从其他个体获得免疫细胞或分子来得到的免疫能力。适应性免疫从获得的方法又可分为天然（natural）和人工（artificial）两种方式，因此组合得到的基本的方式途径有 4 种（图 15-10）。

15.4.1.3 适应性免疫始于主要组织相容性复合物对抗原的识别

主要组织相容性复合物（MHC）是动物体内一组编码蛋白形成的复合体，可以特异性地识别"自我"和"非我"分子。人类的 MHC 又称为人白细胞抗原（human leukocyte antigen，HLA），其编码基因簇位于人的 6 号染色体短臂上。MHC 分为三类，分别为 I 型、II 型和 III 型主要组织相容性复合物（MHC-I、MHC-II 和 MHC-III）。其中 MHC-III 包含各种分泌型的免疫功能蛋白，属于非适应性免疫的一部分，这里不予展开讨论。

MHC-I 由两条多肽链组成，包括一条较长的 α 链（~45 000）和一条较短的 β 链（~12 000），只有 α 链具有跨膜区域。两条链结合在一起后形成一个抗原结合口袋，用于结合细胞内源性合成的抗原，可以是细胞自身或者是胞内病原体表达的多肽。MHC-I 在所有的有核细胞表面都有表达（图 15-11）。MHC-I 行使了自体细胞"自我"

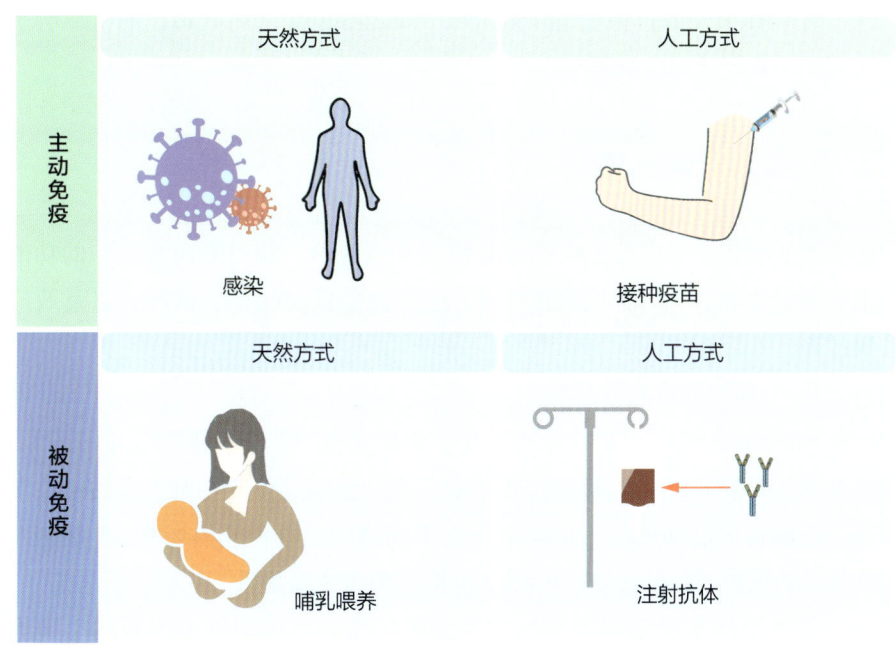

图 15-10 免疫获得的方式

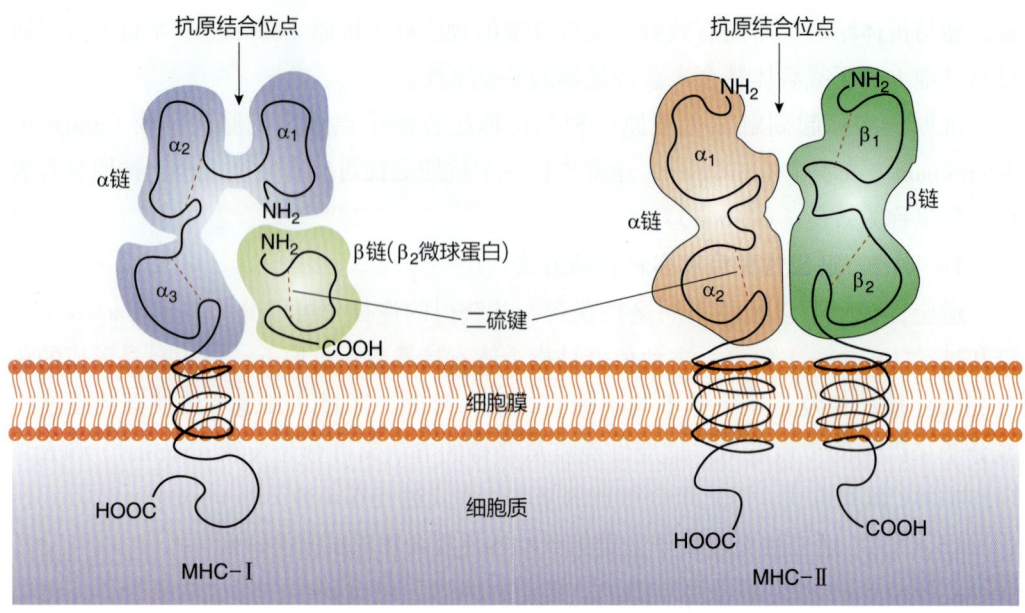

图 15-11 MHC-Ⅰ和 MHC-Ⅱ分子的示意图

和"非我"的区分。健康细胞表面的 MHC-Ⅰ结合了自身正常的多肽，所以免疫系统不会攻击相关细胞。如果细胞发生胞内感染或癌变，MHC-Ⅰ则将结合展示异常的多肽，从而引导免疫系统对其进行清除。

MHC-Ⅱ是异源二聚体复合物蛋白，包含两条大小近似的多肽链，其中 α 链稍大（~35 000），具有两个 N- 糖基化位点，β 链略小（~33 000），只有一个 N- 糖基化位点。MHC-Ⅱ具有一个较大、较深的抗原结合口袋，仅用于结合外源性的抗原分子（图 15-11）。MHC-Ⅱ仅表达于部分具有免疫功能的细胞中，如单核/巨噬细胞、树突状细胞、B 细胞等，它们都是抗原提呈细胞（antigen presenting cell，APC）。抗原提呈细胞在吞噬或内吞了外源异物（如细菌、病毒、毒素蛋白等）后，会将其降解成肽段等抗原，这一过程称为外源抗原处理（antigen processing），之后处理过的抗原会被送到其表面的 MHC-Ⅱ分子结合并提呈。

15.4.2　T 细胞介导的免疫

B 细胞和 T 细胞是适应性免疫的主要协调和效应者。相对来说 B 细胞的功能比较单一（主要是产生抗体），而 T 细胞参与了适应性免疫的起始、调控，以及效应发挥等一系列过程。

15.4.2.1　T 细胞的发育和成熟

T 细胞（thymocytes）的名字源自其发生和成熟的场所——胸腺（thymus）。淋巴系祖细胞来源于骨髓和胚胎期的肝和卵黄囊，之后移动到位于心脏上方的初级淋巴器官胸腺中。胸腺目前已知的唯一功能是作为 T 细胞的发育和成熟场所。T 细胞发育的过程又称为胸腺选择（thymic selection），包括了两个主要事件。

第一个主要事件是决定将要形成的 T 细胞的大类，由细胞上出现的 T 细胞受体

（T cell receptor，TCR）类型来定义。人体有 4 种 TCR 蛋白（TCRα，TCRβ，TCRγ 和 TCRδ），绝大多数 TCR 是由一个 TCRα 和一个 TCRβ 蛋白组成的，这种细胞称为 αβ T 细胞。小部分 T 细胞由 TCRγ 和 TCRδ 蛋白组成，称为 γδ T 细胞。这些 γδ T 细胞很快会离开胸腺，不会经历后续的选择，它们将转移到皮肤或黏膜等组织中的次级淋巴器官中进行后续发育。

数量众多的 αβ T 细胞（准确说是 T 祖细胞）将在胸腺中经历第二个主要事件，通过其表达的 TCR 共受体来确定。这些共受体也是由分化簇（cluster of differentiation，CD）来命名的，在这一步中作为区分标志的共受体是 CD4 和 CD8。T 祖细胞上没有 CD4 和 CD8，因此又称双阴性（double negative，DN）细胞。DN 阶段的 T 细胞将经历 β 选择（β selection），该过程中 TCRβ 基因座发生重排，并发育为 CD4$^+$/CD8$^+$ 的双阳性（double positive，DP）细胞。DP 阶段的 T 细胞将与胸腺皮质上皮细胞的 MHC-Ⅰ 或 MHC-Ⅱ 进行识别，其中 CD4 识别 MHC-Ⅱ 而 CD8 识别 MHC-Ⅰ，只有足够强结合获得识别信号的 T 细胞才能存活，这一过程称为阳性选择（positive selection）。之后 T 细胞将与胸腺髓质上皮细胞进行互作，胸腺髓质上皮细胞上有展示了自身蛋白多肽抗原的 MHC，该阶段如果 T 细胞与其结合过强，将获得凋亡信号从而死亡，该过程称为阴性选择（negative selection）。

知识拓展 15-6
分化簇

经过胸腺选择后的 T 细胞有且仅含有 CD4 和 CD8 中的一种，约 98% 的 T 细胞在此过程中被淘汰，只有 2% 的细胞存活下来。它们已经发育成熟准备好行使免疫功能，但尚未接触到抗原刺激，这一阶段的 T 细胞称为初始 T 细胞（naive T cell）。

15.4.2.2　T 细胞的激活

初始 T 细胞激活的第一个信号由 TCR 识别抗原提呈细胞表面的 MHC-抗原肽复合物触发。对于 CD4$^+$ T 细胞，即 TCR 和 CD4 与提呈抗原的 MHC-Ⅱ 分子的识别；对于 CD8$^+$ T 细胞，即 TCR 和 CD8 与提呈抗原的 MHC-Ⅰ 分子的识别。

要使初始 T 细胞对抗原刺激作出免疫响应，还需要第二个信号，即抗原提呈细胞上的 B7（CD80）蛋白与 T 细胞上的 CD28 受体的结合。如果只有第一个信号而没有第二个信号，T 细胞依然不会产生响应。树突状细胞表面有大量的 B7 蛋白，这也是它成为最强的抗原提呈细胞的重要原因。

除了前两个信号外，T 细胞还会接收第三个信号的调控，主要是分泌的细胞因子对 T 细胞的刺激作用。在这些信号的共同作用下，初始 T 细胞会分化为效应或记忆 T 细胞，增殖、并行使其免疫功能。

15.4.2.3　辅助 T 细胞

辅助 T（T-helper，Th）细胞由初始 CD4$^+$ T 细胞分化而来。辅助 T 细胞可以协助其他淋巴细胞，包括将 B 细胞分化为浆细胞和记忆 B 细胞，以及激活细胞毒性 T 细胞和巨噬细胞。当它们被表达有抗原提呈的 MHC-Ⅱ 分子的抗原提呈细胞激活后，会快速增殖并分泌调节或协助免疫反应的细胞因子。这些细胞可以分化为多种不同类型，各自扮演着不同的角色。不同的细胞因子传递的信号会引导 T 细胞进入功能不同的各种亚型，如 Th1、Th2、Tfh、Th17、Th9 等。

15.4.2.4 细胞毒性 T 淋巴细胞

细胞毒性 T 淋巴细胞（cytotoxic T lymphocyte，CTL 或 Tc）由初始 $CD8^+$ T 细胞分化而来。细胞毒性 T 淋巴细胞可破坏被病毒感染的细胞和肿瘤细胞，并与移植排斥有关。这些细胞通过识别其他细胞表面上带 MHC-I 类分子的短多肽结合来识别其目标。细胞毒性 T 淋巴细胞还可以产生细胞因子如 IL-2 和 IFNγ 来影响其他免疫反应，比如 IFNγ 对抗病毒感染有重要作用。

15.4.2.5 记忆 T 细胞

$CD4^+$ T 和 $CD8^+$ T 细胞都可能分化形成记忆 T 细胞（memory T cell）。所有的记忆 T 细胞亚型的共同特征是具有长寿命，且在再次暴露于相应抗原时能够快速扩张为大量的效应 T 细胞。通过这种机制，它们为免疫系统提供了对先前遇到的病原体的"记忆"。

15.4.2.6 调节性 T 细胞

调节性 T 细胞（regulatory T cell，Treg）来自约 10% 的 $CD4^+$ T 细胞和约 2% 的 $CD8^+$ T 细胞。调节性 T 细胞对于维持免疫耐受至关重要，它们的主要作用是在免疫反应结束时关闭 T 细胞介导的免疫应答，并抑制从胸腺里阴性选择中逃脱的自身免疫性 T 细胞。

15.4.2.7 类天然免疫的 T 细胞

尽管通常认为 T 细胞属于适应性免疫，也有一小部分 T 细胞在免疫中表现出不同于其他 T 细胞的免疫行为。它们能够触发快速的免疫反应，不受 MHC 表达的影响，这些行为更类似于天然免疫细胞。这些类天然（innate-like）免疫的 T 细胞主要有三类：自然杀伤 T 细胞（natural killer T cell，NKT）、黏膜相关恒定 T 细胞（mucosal associated invariant T cell，MAIT）和前面提到过的 γδ T 细胞。

15.4.3 B 细胞介导的体液免疫

B 细胞的名字源自其最初发现于鸡的法式囊（Bursa of Fabricius），取其首字母而得名。B 细胞在骨髓（胚胎期在肝）中发育成熟后进入外周循环，其中绝大多数初始 B 细胞（naive B cell）定居在全身的淋巴结和脾中。B 细胞被激活后分化增殖为浆细胞（plasma cell），浆细胞可在体液中大量分泌抗体，因此 B 细胞的免疫应答又称为体液免疫（humoral immunity）。

15.4.3.1 B 细胞的激活

初始 B 细胞的激活通常也需要两个信号。第一个信号是抗原与 B 细胞表面的 B 细胞受体（B cell receptor，BCR）的结合，第二个信号是来自辅助 T 细胞的信号，包括 TCR 与 B 细胞表面的 MHC-II 的结合以及各种细胞因子的刺激。这种常规的方式称为 T 细胞依赖的 B 细胞激活（T-cell dependent B-cell activation）。

不过少数抗原，比如细菌的脂多糖和多聚蛋白，可以直接激活 B 细胞，这种方式被称为非 T 细胞依赖的 B 细胞激活（T-cell independent B-cell activation）。

15.4.3.2 抗体

抗体（antibody）是浆细胞产生的一类能与对应抗原发生特异性结合的糖蛋白，又称免疫球蛋白（immunoglobulin, Ig），它是体液免疫的实际效应分子，主要存在于脊椎动物的血液、组织液和黏膜表面。

抗体的基本结构由两条相同的分子量较大的重链（heavy chain）和两条相同的分子量较小的轻链（light chain）组成。重链与轻链之间由二硫键相连，两条重链之间也有两个二硫键相连，组成一个"Y"形的结构（图15-12）。重链和轻链在N端约110个氨基酸残基的序列变化很大，被称为可变区（variable region，V region），其他部分序列相对恒定，称为恒定区（constant region，C region）。抗体的Y字中间结合部位称为铰链区（hinge domain），是连接两个重链分子的部位。Y字的柄部又称可结晶片段（crystallizable fragment，Fc），可以被免疫细胞的Fc受体识别。"Y"顶部的两个部分称为抗原结合片段（antigen-binding fragment，Fab）。抗体的可变区是结合抗原的区域，抗体Y字头部单侧的重链可变区（V_H）和轻链可变区（V_L）组成一个抗原结合位点，识别一个抗原表位，因此单个抗体理论上可以识别两个抗原表位。

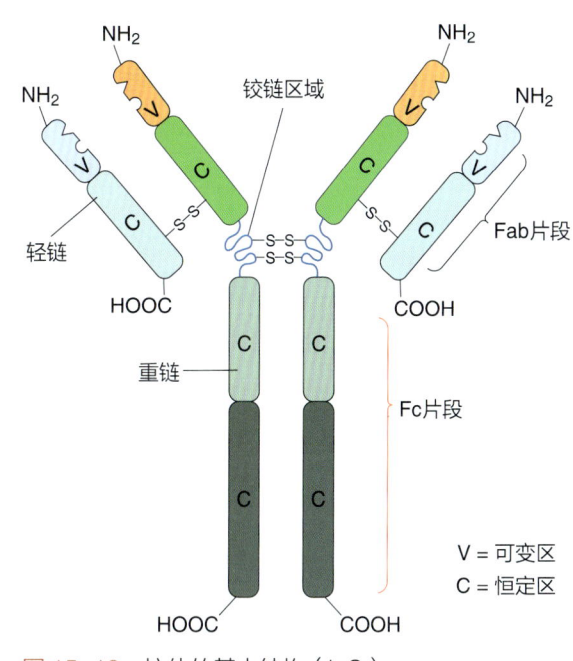

图 15-12 抗体的基本结构（IgG）

人类抗体的重链有5种，分别为γ、μ、α、δ和ε，这5种重链分别对应了IgG、IgM、IgA、IgD和IgE这五类免疫球蛋白（图15-13）。抗体的轻链有2种，即λ和κ，分别对应抗体的两个型。

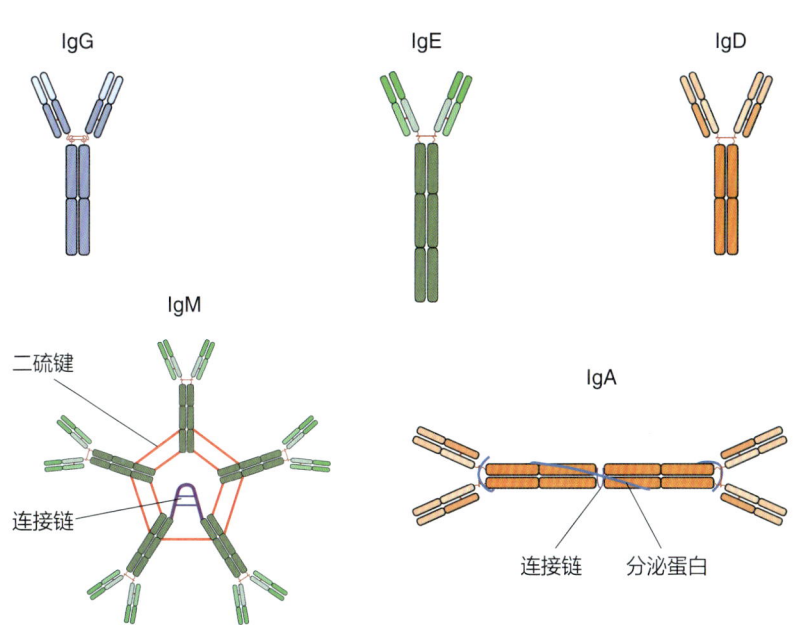

图 15-13 五类免疫球蛋白

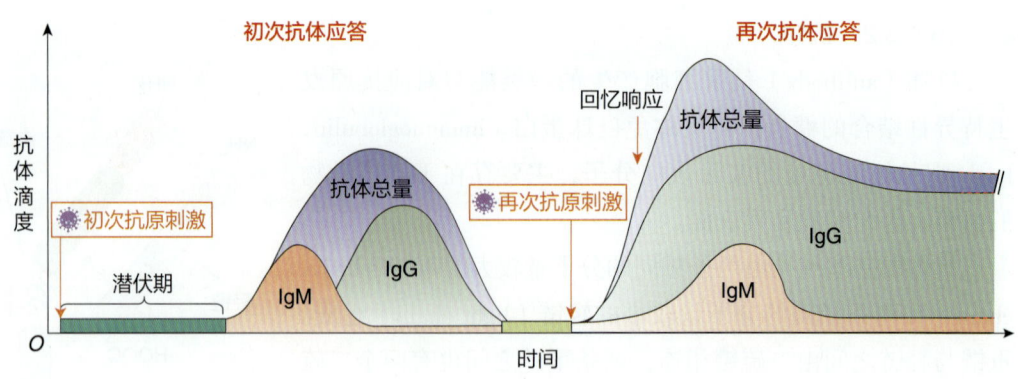

图 15-14　抗体应答的动力学曲线

15.4.3.3　抗体应答的动力学

抗体应答（antibody response）的动力学描绘了生物体在接触了抗原后随时间推移产生抗体数量的变化曲线（图 15-14）。抗体滴度（antibody titer）是衡量某种抗体识别特定抗原表位所需要的最低浓度（即最大稀释度）的指标。

个体首次接触抗原后的抗体应答称为初次抗体应答（primary antibody response），从接触抗原到对应抗体大量产生之间有一个迟滞期，时间从数日到数周不等。之后 IgM 会首先出现，但通常亲和力偏弱。之后多数情况下 IgM 滴度会下降，同时 IgG（或 IgA）的滴度升高，而总抗体滴度持续升高。随着抗原被清除，对应的抗体滴度会逐渐回落。

如果个体再次接触到同样的抗原，产生的抗体应答称为再次抗体应答（secondary antibody response）。再次抗体应答产生抗体的响应明显要快得多，且产生的抗体滴度和亲和力都比初次抗体应答要更高。此外，再次抗体应答时 IgG（或 IgA）的产生不会较 IgM 有滞后现象，而是同时快速上升。再次抗体应答时快速高效产生抗体的原因是在初次抗体应答后，有一部分针对特定抗原的 B 细胞会分化为记忆 B 细胞。记忆 B 细胞有很长的寿命，可以在再次接触同样抗原时迅速分化增殖出大量浆细胞，产生大量的特异性抗体。

15.4.3.4　抗体多样性的产生

抗体要特异性地针对形形色色的各种抗原，因此具有极高的多样性。据估计，人类的抗体可识别潜在抗原的数目高达 10^{13} 之多。如何利用数量有限的基因来实现如此之高的多样性，目前认为是以下四重因素叠加的结果：

① B 细胞在骨髓内发育过程中，编码抗体的基因通过一种被称为 V（D）J 重组［V（D）J recombination］的剪切和粘贴机制进行重新排列。

② 抗体基因在发生 V（D）J 重组的过程中，剪切的末端会插入额外的核苷酸，从而增加序列的多样性。

③ 同样在上述组合连接的过程中，通过剪切位点变异（splice-site variability）的途径会引入新的编码密码子。

④ 在辅助 T 细胞的刺激下，编码抗体的基因的突变频率会大大增加。

V（D）J 重组是获得抗体多样性的重要手段，它发生于骨髓中的前体 B 细胞向成

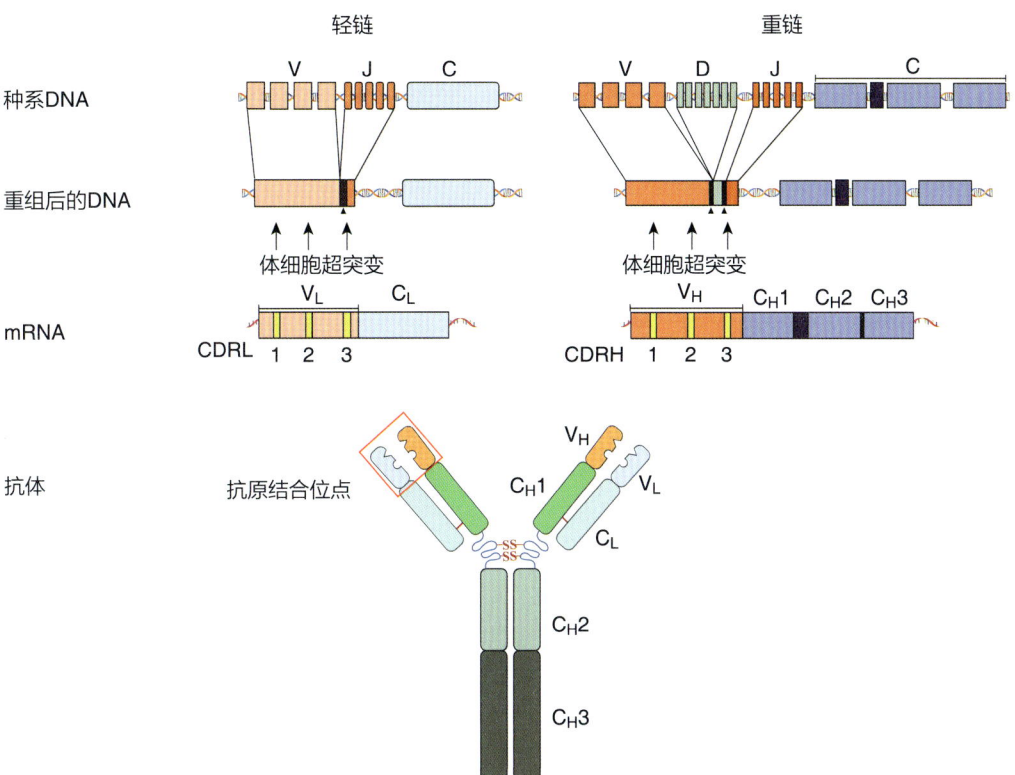

图 15-15 人类免疫球蛋白基因簇的 V(D)J 重组

熟 B 细胞转化阶段。编码轻链的基因簇发生的重组称为 VJ 重组。前体 B 细胞的轻链基因簇含有一系列的 V 区编码基因片段和一系列的 J（joining）区编码片段，在重组阶段只有一个 V 区编码片段和一个 J 区编码片段被保留并连接起来，其他片段都会被切除。编码重链的基因簇重组称为 VDJ 重组，其过程与轻链的 VJ 重组类似，只是多了一组 D（diversity）区编码片段参与重组过程（图 15-15）。

15.4.3.5 抗体类别转换

所有的重链基因簇中 J 区后的第一个基因片段编码了 μ 类型的 C 区，因此在 V(D)J 重组后 B 细胞首先表达的是 IgM。这解释了为何在初次抗体应答时首先看到的是 IgM 水平的上升。之后通过 T 细胞依赖的 B 细胞激活，B 细胞将发生抗体类别转换（antibody class switching），切除部分编码 C 区的基因（图 15-16）。例如切除后 VDJ 区后跟随的是编码了 γ1 类型的 C 区，则 B 细胞转变为表达 IgG1 类的抗体。抗体类别转换后表达的抗体种类依据不同的 T 细胞和细胞因子信号来决定，该过程不可逆。

15.4.3.6 抗体的抗感染机制

抗体特异性结合到目标抗原后，通过不同的方式来介导清除感染的病原体。主要的机制有以下 5 种：

① 凝集作用（agglutination）。IgG 的 Fab 可以结合两个抗原表位，IgA 和 IgM 由于以多聚体形式存在，单个抗体分子可以结合更多的表位。抗体利用这种特点可以同时结合多个病原分子，通过桥联的方式使病原体凝聚成较大的团块，从而减少其与宿主细胞的接触面且更易于免疫系统处理。

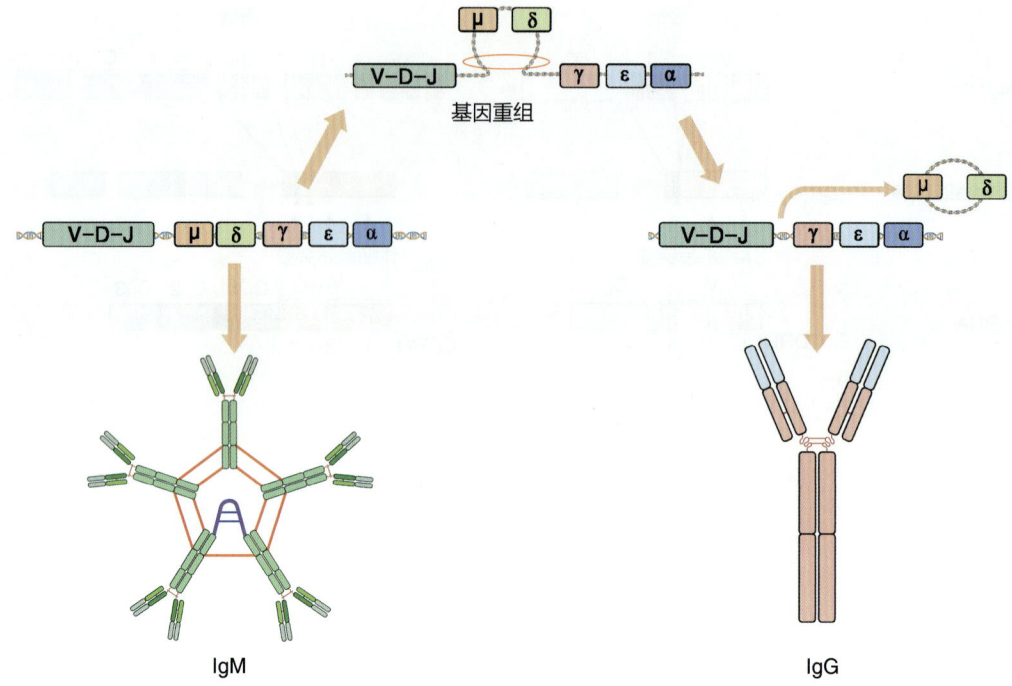

图 15-16 抗体类别转换

② 中和作用（neutralization）。抗体可以结合病原体上的活性位点使其失去生物活性，特别是对应较小的病原体（比如病毒和毒素）时效果显著。

③ 补体激活（activation of complement）。结合病原微生物的抗体可以进一步结合补体，形成抗体-补体复合物，介导补体来杀伤微生物。

④ 调理作用（opsonization）。抗体与目标病原微生物结合后，可以促进吞噬细胞吞噬病原微生物或异物颗粒。

⑤ 抗体依赖的细胞杀伤（antibody-dependent cell-mediated cytotoxicity）。对于较大的病原微生物（比如寄生虫），抗体在病原微生物表面结合后，可以募集免疫细胞，如巨噬细胞、嗜酸性粒细胞、NK 细胞等前来杀伤细胞。

15.5 免疫学的应用

15.5.1 疫苗

疫苗（vaccine）旨在通过引发机体的免疫应答来防止感染。通常来说，疫苗含有减毒或灭活的病原体，或者它们的部分成分。当人体接种疫苗后，免疫系统会识别这些"入侵者"，并产生相应的特异性免疫反应。当疫苗接种者在未来再次被该病原体感染时，免疫系统可以迅速地识别并消灭它，从而预防疾病的发生或减轻疾病的症状。

疫苗在公共卫生领域起到了关键作用，成功地控制了许多曾经致命的传染病，如天花、麻疹和脊髓灰质炎等，为全球健康作出了巨大贡献，保护了数以亿计的生命。随着科学技术的发展，疫苗的类型和效果也在不断更新和提高。根据制备方法和病原体的性质，疫苗可主要分为减毒活疫苗、灭活疫苗、亚单位疫苗、载体疫苗、核酸疫苗等。

> 知识拓展 15-7
> 中国古代的天花疫苗

15.5.1.1 减毒活疫苗

减毒活疫苗（live attenuated vaccine）是减弱了毒力的活病原体。这些病原体在人体内有复制的能力，但其毒性已被降低，从而不会导致疾病或仅有轻微病症。这类疫苗的突出优点是病原体展示的抗原数量、性质、构象与自然感染相似，因此，可以产生较强的免疫原性，提供长期甚至终身的免疫保护。然而，减毒活疫苗也有明显的缺陷，例如，可能不适用于免疫功能受损的人群，因为病原体在体内有复制的潜能。此外，减毒活疫苗的存储和运输通常需要严格的冷链条件，这增加了成本和复杂性。还有，病原体存在一定的突变风险，可能导致毒力恢复或其他安全问题，常见的实例有麻疹、腮腺炎和风疹（measles，mump，rubella，MMR）疫苗。

15.5.1.2 灭活疫苗

灭活疫苗（inactivated vaccine）是通过失去复制能力的灭活病原体来制作的。灭活疫苗的主要优势在于其安全性，可以被广泛地用于各种人群，包括免疫功能减弱的人群。但是，由于它们不能在人体内复制，免疫原性也会减弱，为了获得持续的免疫反应，通常需要多次接种或在疫苗中添加佐剂。类毒素是一些经化学或物理方法处理后失去毒性，但仍保留免疫原性的分子，也属于灭活疫苗的一类。

15.5.1.3 亚单位疫苗

亚单位疫苗（subunit vaccine）使用病原体中具有抗原性的部分，以诱发免疫反应。可溶性重组蛋白疫苗是最常见的亚单位疫苗，以基因工程表达的抗原蛋白为主要成分，其优点是质量可控、安全性好，但往往免疫原性有限，需要加入佐剂以增强免疫反应。纳米颗粒或病毒样颗粒（virus-like particle，VLP）疫苗是特殊类型的亚单位疫苗，其模拟病原体的外部结构，但不含有任何遗传物质，因此不能复制。由于它们的大小和结构与真实的病毒相似，这使得免疫系统可以识别并产生有效的免疫反应。亚单位疫苗的优点是安全性高，无生物活性风险，并且免疫原性较强。

15.5.1.4 载体疫苗

载体疫苗利用已知不引起疾病或其病原性已被削弱的病毒或细菌作为载体，将传递目标病原体的某些基因到疫苗接种者体内。腺病毒、痘病毒、疱疹病毒、水泡性口炎病毒和慢病毒都能被设计成疫苗载体。病毒载体已被用于针对各种传染病的疫苗，如艾滋病毒、疟疾、埃博拉病毒，以及急性呼吸系统综合征冠状病毒-2（SARS-CoV-2）。这种疫苗结合了减毒活疫苗的免疫原性和亚单位疫苗的精准抗原表达两个优点，然而许多疫苗载体的安全性有待进一步临床观察。

15.5.1.5 核酸疫苗

核酸疫苗是一类新兴的疫苗形式。核酸疫苗利用病原体的遗传物质来诱导免疫反应，此类遗传物质可以是 DNA 或者 RNA。当这些核酸进入体内后，它们指导细胞生产病原体的特定蛋白质,从而刺激免疫系统对这些蛋白质产生反应。目前的核酸疫苗有 DNA 疫苗、线性 mRNA 疫苗,环状 mRNA 疫苗这 3 种形式。新型的 mRNA 疫苗在 COVID-19 大流行期间显示了其独特的价值。

> 知识拓展 15-8
> mRNA 疫苗的前世今生

15.5.1.6 联合疫苗

疫苗还可以分为单价疫苗和联合疫苗两类。单价疫苗（univalent vaccine）是只针对一种病原体抗原制备的疫苗,只能单独预防一种疾病。联合疫苗（combined vaccine）是指含有两个或多个病原体抗原成分联合配置在一起制备的疫苗,可以同时预防多种疾病。联合疫苗又分为多价疫苗和多联疫苗两种,多价疫苗（polyvalent vaccine）是针对同一种病原体的不同亚型制备的联合疫苗,多联疫苗（mixed vaccine）是对不同的病原体制备的联合疫苗,比如著名的百白破疫苗就是由百日咳菌苗、白喉类毒素和破伤风类毒素制备的联合疫苗。

15.5.2 免疫治疗

免疫治疗是一种利用人体自身免疫系统的力量来预防、控制或消除疾病的方法。与手术、化疗或放射等直接针对疾病或其症状的传统疗法不同,免疫治疗旨在通过操纵免疫细胞或免疫分子来调节体内的免疫反应。这种方法在治疗各种类型的癌症方面具有特别的变革性,为患者提供更具针对性且毒性较小的治疗选择。除了癌症之外,免疫疗法也在探索并应用于治疗自身免疫性疾病、过敏和某些感染性疾病。

15.5.2.1 抗体治疗

基于抗体的免疫疗法已成为治疗肿瘤、自身免疫性疾病和传染病等一系列疾病的革命性方法。利用抗体的特异性和适应性,这些治疗可以精确地针对患病细胞,且与传统治疗比较,通常副作用更小。PD-1 抗体靶向程序性细胞死亡蛋白 1（PD-1）通路,从而缓解免疫系统的"刹车",增强 T 细胞对癌细胞的攻击。同样,人表皮生长因子受体 2（human epidermal growth factor receptor, HER2）靶向抗体可通过抑制癌细胞信号传导并将其标记使其被杀伤来有效治疗 HER2 阳性乳腺癌。类风湿性关节炎、狼疮和多发性硬化症等自身免疫性疾病也受益于抗体治疗。

> 知识拓展 15-9
> 抗体偶联药物

15.5.2.2 细胞治疗

细胞治疗是以细胞为基础的免疫治疗依赖于将自体或异体的造血细胞、肿瘤细胞或免疫效应细胞经体外改造和培养扩增后回输机体,以达到激活或增强机体免疫应答的效果。嵌合抗原受体 T 细胞（chimeric antigen receptor T-cell, CAR-T）是一种经过基因工程改造的 T 细胞,能够特异性地识别和攻击表达某种特定抗原的细胞。通过基因工程手段改造患者的 T 细胞,使其表面呈现一个特殊的"嵌合抗原受体"。这个受体能够识别并黏附到癌细胞表面的特定抗原,从而激活 T 细胞,使其攻击癌细胞。目前,CAR-T 疗法经 FDA 批准用于治疗多种类型的血液恶性肿瘤,包括白血病、淋巴瘤和多发性骨髓瘤。另外,基于基因改造的 NK 细胞或 DC 细胞的疗法也在临床试验阶段。

15.5.2.3 细胞因子治疗

细胞因子治疗利用具有生物活性的细胞因子，如干扰素、白介素、肿瘤坏死因子等，来调节或刺激免疫反应。细胞因子是一类对细胞信号转导至关重要的小蛋白质，它们由各种细胞类型（尤其是免疫细胞）分泌，并且具有影响其他细胞的能力。由于细胞因子在免疫细胞的激活、生长和分化中发挥着关键作用，因此它们被用于治疗肿瘤或感染性疾病。

15.5.3 免疫学技术的其他应用

免疫诊断利用免疫学原理和技术来诊断各种疾病，尤其是感染性疾病、自身免疫疾病和癌症。这些诊断通常基于抗体 - 抗原相互作用和其他免疫反应。常见的免疫诊断方法包括酶联免疫吸附试验（enzyme-linked immunosor bent assay，ELISA），用于检测血液样本中特定抗体或抗原的存在，常用于诊断 HIV、肝炎和某些自身免疫疾病。流式细胞术（flow cytometry）用于分析细胞群体，尤其是血液和骨髓样本，可以评估不同类型免疫细胞的数量和状态。免疫组化（immunohistochemistry）和免疫荧光（immunofluorescence）可用于在组织切片中定位特定抗原，辅助癌症诊断和病理分析。

15.6 人类疾病相关的病原微生物

人体不同的组织和器官有着截然不同的屏障结构、微环境和免疫反应，病原微生物针对人体不同部位也发展出了各自不同的感染致病特点。已知与人类疾病相关的微生物种类有数千种。在本章节中，我们将根据感染人体系统的不同，介绍与人类疾病相关的重要病原微生物。其中一部分是对人类健康曾经或当前造成重大威胁的病原体，另一部分是造成新发感染性疾病（emerging infectious disease）的病原体。

15.6.1 感染神经系统的病原微生物

神经系统的感染往往伴随着严重的后果，尤其是发生在脑和脊髓的感染，可能造成耳聋、失明、认知和智力障碍、麻痹、瘫痪乃至死亡。由于神经元细胞的不可再生性，神经系统感染造成的损伤即使本身较轻，恢复后也常伴随有一定的后遗症。此外，神经系统有着非常独特的屏障和免疫特征，除创伤感染的情况外，感染神经系统的病原体都有较高的特异性。

15.6.1.1 人体的神经系统和血脑屏障

人体的神经系统可以分为两个部分（图 15-17），分别是中枢神

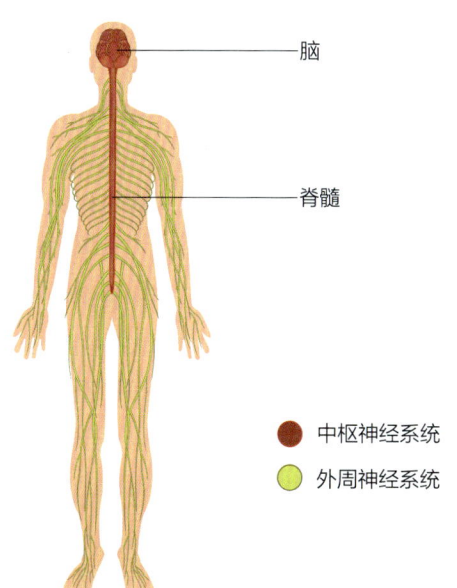

图 15-17 人的神经系统

经系统（central nervous system，CNS）和外周神经系统（peripheral nervous system，PNS）。中枢神经系统包括脑和脊髓，外周神经系统包括所有从脑和脊髓延伸出来的神经分支。

　　脑和脊髓都被连续的膜结构所包裹保护，该膜结构即脑膜（meninge）。脑膜分为三层，从外到内分别为硬脑膜（dura mater）、蛛网膜（arachnoid mater）和软脑膜（pia mater）。在蛛网膜和软脑膜之间有一个空腔称为蛛网膜下腔（subarachnoid space），内部充满了脑脊液（cerebrospinal fluid，CSF）。一个普通成年人有100~160 mL的脑脊液。由于脑脊液中的抗体、补体以及免疫吞噬细胞很少，微生物很容易在里面增殖，因此通常以检测脑脊液中微生物来判断是否发生中枢神经系统感染。

　　早在19世纪，人们发现当往血管中注入染料后，其他组织和器官都可以被染上颜色，只有脑部除外，这一发现揭示了血脑屏障（blood-brain barrier，BBB）这一构造的存在。血脑屏障是由脑毛细血管内皮细胞、基底膜和星形胶质细胞（astrocyte）构成的紧密结构。该结构使得脑血管与脑组织之间具有高度的渗透选择性，可以有效阻止绝大多数病原体和其他有害物质进入脑组织。然而血脑屏障不仅可以阻碍有害物质，也能限制其他物质比如药物的进入，给脑部疾病的药物治疗带来了一定的挑战。

　　在脑膜发生的炎症称脑膜炎（meningitis），发生在脑实质的炎症称脑炎（encephalitis）。临床上脑膜炎较脑炎发生的频率要高。幼龄儿童患脑膜炎的比例较成人要高许多，症状也更严重。

15.6.1.2　细菌性脑膜炎

　　临床上常见感染脑膜造成脑膜炎的病原细菌包括脑膜炎奈瑟球菌（*Neisseria meningitis*）、流感嗜血杆菌（*Haemophilus influenza*）、肺炎链球菌（*Streptococcus pneumoniae*）和单核细胞增生李斯特菌（*Listeria monocytogenes*）。

　　脑膜炎奈瑟菌和流感嗜血杆菌是革兰氏阴性菌，属假单胞菌门，肺炎链球菌和单核细胞增生李斯特菌是革兰氏阳性菌，属芽孢杆菌门（*Bacillota*）。前三者都是胞外菌，在健康人的鼻腔、口咽部、皮肤中也有一定比例的检出，这些人群中的携带者是潜在的感染源。脑膜炎奈瑟菌、流感嗜血杆菌和肺炎链球菌通过血脑屏障的具体机制还不明确，一般认为这些细菌的荚膜类型和感染者免疫低下与疾病的发生密切相关。

　　单核细胞增生李斯特菌一般简称李斯特菌，是一种胞内菌，它被细胞吞噬后，能够裂解吞噬体，进而逃逸到细胞质中进行生长和增殖（图15-18）。李斯特菌感染成人时症状一般较轻，但有时也会发生脑膜炎。一个常见的是母婴感染，该细菌对孕妇和幼童危害很大，孕妇感染后，新生儿有极高比例也会被感染，大概率发生脑膜炎，致死率极高。另一个常见的李斯特菌感染造成脑膜炎的途径是食源性感染，因此李斯特菌是食品工业中需严格检测的细菌种类之一。

15.6.1.3　破伤风和肉毒中毒

　　造成破伤风（tetanus）和肉毒中毒（botulism）的病原微生物分别是破伤风梭菌（*Clostridium tetani*）和肉毒梭菌（*Clostridium botulinum*），两者都是产芽孢、严格厌氧

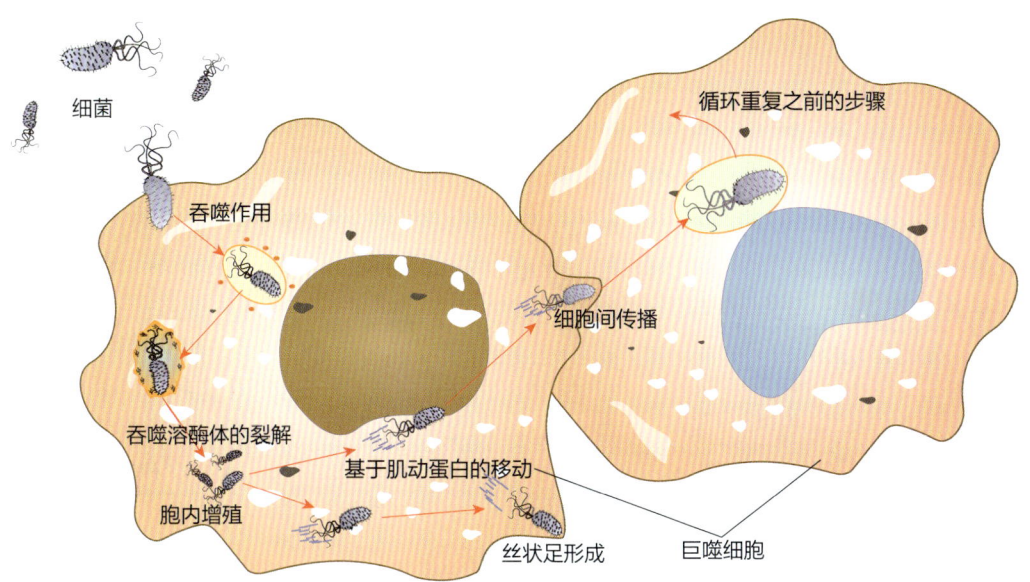

图 15-18 李斯特菌入侵细胞的过程

的革兰氏阳性菌，可存在于土壤、水底沉淀物等环境中。

破伤风梭菌主要通过深层创伤途径感染人体，梭菌芽孢可在组织深层萌发生长并释放破伤风毒素。破伤风发病的表型为痉挛性麻痹（spastic paralysis），特征非常明显。据统计，每年约有一百万破伤风病例发生，绝大多数在发展中国家和地区。注射破伤风疫苗可以有效防止破伤风发病。肉毒梭菌感染的病例罕见，其主要中毒途径是摄入含有肉毒梭菌及其分泌毒素的食物，临床发病的表型为松弛性麻痹（flaccid paralysis），致死率极高。

确切来说，导致破伤风和肉毒中毒的直接病原体是细菌产生的外毒素，即破伤风毒素（tetanus toxin）和肉毒素（botulinum toxin）。破伤风毒素和肉毒素是具有相似结构的单链蛋白神经毒素，分子量约为 150 000。两者均可以极高特异性地识别神经突触上的受体，进入神经后通过切割 SNARE 复合体的组成蛋白（突触小泡缔合性膜蛋白、突触融合蛋白和突触关联蛋白）从而阻断神经递质的释放，使神经失活（图 15-19）。破伤风毒素和肉毒素都是从外周神经系统的神经末梢处进入神经细胞，区别在于肉毒素主要作用于运动神经元，阻断其对肌肉的信号控制，因此表现为松弛性麻痹。而破伤风毒素则可以逆向传递到上一级的抑制性神经，阻断抑制性神经对下级运动神经的抑制作用，因此表现为痉挛性麻痹。

15.6.1.4 麻风分枝杆菌

麻风分枝杆菌（*Mycobacterium leprae*）是极少数可以在外周神经元中生长的细菌，它的最适生长温度为 30℃，因此偏好在身体外周侧温度较低的地方生长。麻风分枝杆菌感染可能出现斑疹、斑块、结节、局部皮肤变形麻痹、体温升高、疲劳、肌肉酸痛和运动障碍等。麻风分枝杆菌生长速度极为缓慢，其生长周期长达 12 天左右。迄今为止，人们还无法在体外培养基上培养麻风分枝杆菌，实验室里依赖在小鼠体内培养获得麻风分枝杆菌。

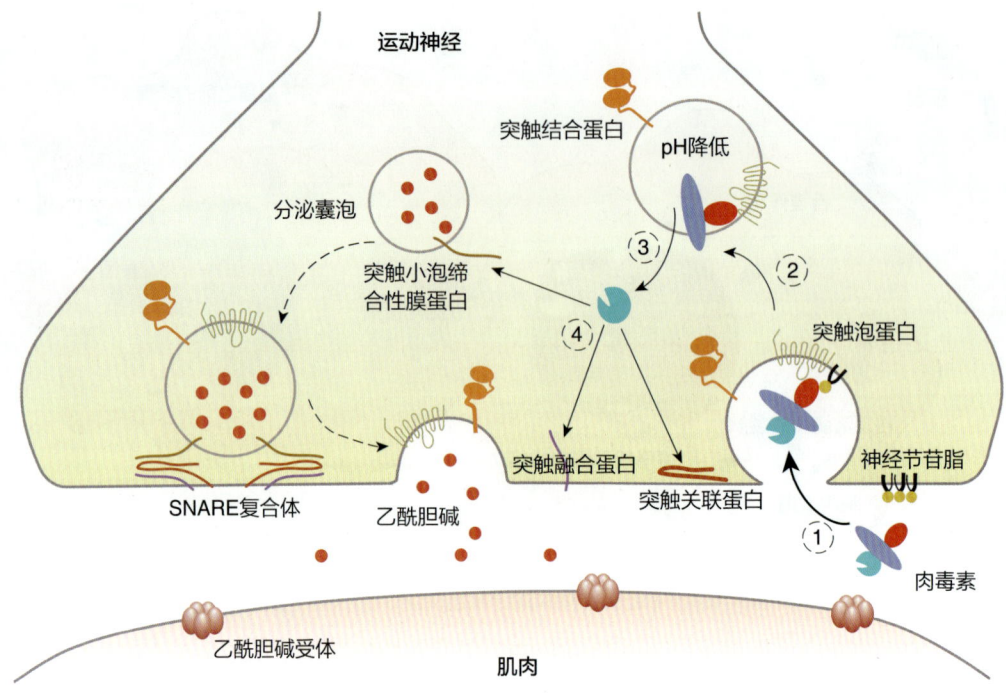

图 15-19 肉毒素阻断神经递质释放的机制
①肉毒素分子识别神经突触上的特异性受体（突触泡蛋白、突触结合蛋白以及神经节苷脂）；②肉毒素分子进入内吞体中；③吞噬体酸化后，肉毒素分子发生变构并把其酶活区释放到胞质中；④肉毒素的酶活区识别并切割特定底物（突触融合蛋白、突触关联蛋白或突触小泡缔合性膜蛋白）

15.6.1.5 狂犬病毒

狂犬病毒（rabies virus）是造成狂犬病的病原体。狂犬病毒是一种单链 RNA 病毒，属弹状病毒科丽沙病毒属（*Lyssavirus*），电镜下观察有着子弹一般的外形。狂犬病毒在自然界中的天然宿主广泛，包括狐、狼、獾、狗、蝙蝠和其他肉食类野兽等，在城镇中本病的主要传染源为携带病毒的狗和猫。狂犬病毒感染人的方式主要是被带毒的动物（尤其是犬类）咬伤、抓伤或经黏膜感染。病毒进入人体后首先会侵入外周神经系统并增殖，同时会随神经轴逆行至中枢神经系统引起致命的脑和脊髓炎症。狂犬病毒早期感染外周神经系统时仅有轻微症状如局部异样、刺痛、颤痛、灼痛，甚至没有明显症状。一旦病毒到达中枢神经系统，患者将表现出亢进、躁动、静息麻痹、或狂躁与静息交替等症状，许多患者会表现出怕水（即恐水征）、怕风、吞咽和呼吸困难，进入这一发病状态的患者死亡率几乎是 100%。在发病的最后阶段，病毒将扩散至全身各器官，此时患者的体液如唾液、组织液里均含有病毒。

狂犬病毒感染后的潜伏期很长，平均为 1~2 个月，有极端病例报道潜伏期长达 6 年之久，这可能与感染病毒的剂量、感染部位及个体免疫差异有关。狂犬病一旦发病目前无特效药物，狂犬疫苗依然是防治狂犬病毒感染的唯一有效手段，在发生疑似感染的情况下应及时接种狂犬疫苗进行预防。此外，被动物（尤其是疑似携带病毒的狗和猫）抓、咬伤后的早期处理非常重要，应以肥皂水或其他有效的消毒剂充分清洗伤口，并不断擦拭，伤口较深者可进行灌注清洗，如有免疫血清可注入伤口底部和四周。尽可能捕获肇事动物进行隔离观察和样本检查，以确定其是否携带病毒。

15.6.2　感染呼吸系统的病原微生物

呼吸系统感染是临床常见的感染类型，尤其是儿童发病率更高，呼吸系统感染根据感染部位不同可分为上呼吸道感染和下呼吸道感染。上呼吸道感染指主要发生在鼻、咽、喉、甚至中耳等部位的感染，其中绝大部分症状较轻且可以自愈。下呼吸道感染指发生在气管、支气管、肺等部位的感染，通常症状较上呼吸道感染要严重。可以导致呼吸系统感染的病原微生物种类众多，大多数是病毒或细菌，真菌感染情况相对较少，极少数情况为寄生虫。

15.6.2.1　造成普通感冒的病原微生物

普通感冒（common cold），又称为伤风，是临床最常见的呼吸道感染疾病。无季节性规律，发病后一般在 10 天内可以自愈。普通感冒其实是一大类上呼吸道感染引发急性炎症的总称，并不是由一种病原微生物感染引发的单一疾病。造成普通感冒的病原微生物有很多种，其中最常见的是鼻病毒，约占总发病率的 50%。除此之外，冠状病毒、腺病毒、呼吸道合胞病毒、副流感病毒、柯萨奇病毒、肠病毒也是常见造成普通感冒的病原体。

15.6.2.2　流感病毒

流感病毒是一类单链负链 RNA 病毒，属于正黏液病毒科。流感病毒的基因组由 8 个片段组成。流感病毒的基因组除了发生突变和重组（recombination）外，还可以发生基因重配（reassortment），因此其具有极高的变异率。重配是指基因组分节段的病毒通过基因组节段交换形成重组体。流感病毒表面主要有两种抗原蛋白，即血细胞凝集素（hemagglutinin，H）和神经氨酸酶（neuraminidase，N），这两种蛋白的变异种类决定了流感病毒的亚型和血清型。流感病毒可分为 A、B、C、D 4 个亚型，其中 A、B 和 C 可以感染人类。不过 C 型流感病毒的病症非常轻微，造成季节性暴发的流感主要是 A 和 B 型，分别对应甲型流感和乙型流感。

流感是一种典型的人兽共患病，目前观点认为，野生鸟类是 A 型流感病毒的原始天然宿主，因为几乎大部分的血细胞凝集素和神经氨酸酶种类都可以在鸟类身上分离的流感病毒中找到（图 15-20）。目前在人群中传播的 A 型流感病毒主要是 H1N1 和 H3N2 两种，历史上还曾有过 H2N2 型的流感暴发。暴发性流感主要高发于冬季，当前的对抗流感的手段还是以接种疫苗为主。

15.6.2.3　冠状病毒

冠状病毒于 1937 年首先在鸡身上分离出来，1965 年分离出第一株人的冠状病毒。冠状病毒在电子显微镜下可以被观察到外膜上有明显的棒状突起，其形态看上去像中世纪欧洲的王冠而得名。冠状病毒为单一链的正链 RNA 病毒，基因组为 27～31 kb。冠状病毒具有呼吸道、胃肠道和神经系统的嗜性，患者感染后可出现咳嗽、流涕、咽喉痛、呼吸困难、发热、肺炎、肌肉酸痛及胃肠道症状等。

冠状病毒属于冠状病毒科、冠状病毒属，下属 4 个群：α、β、γ、δ，目前已知

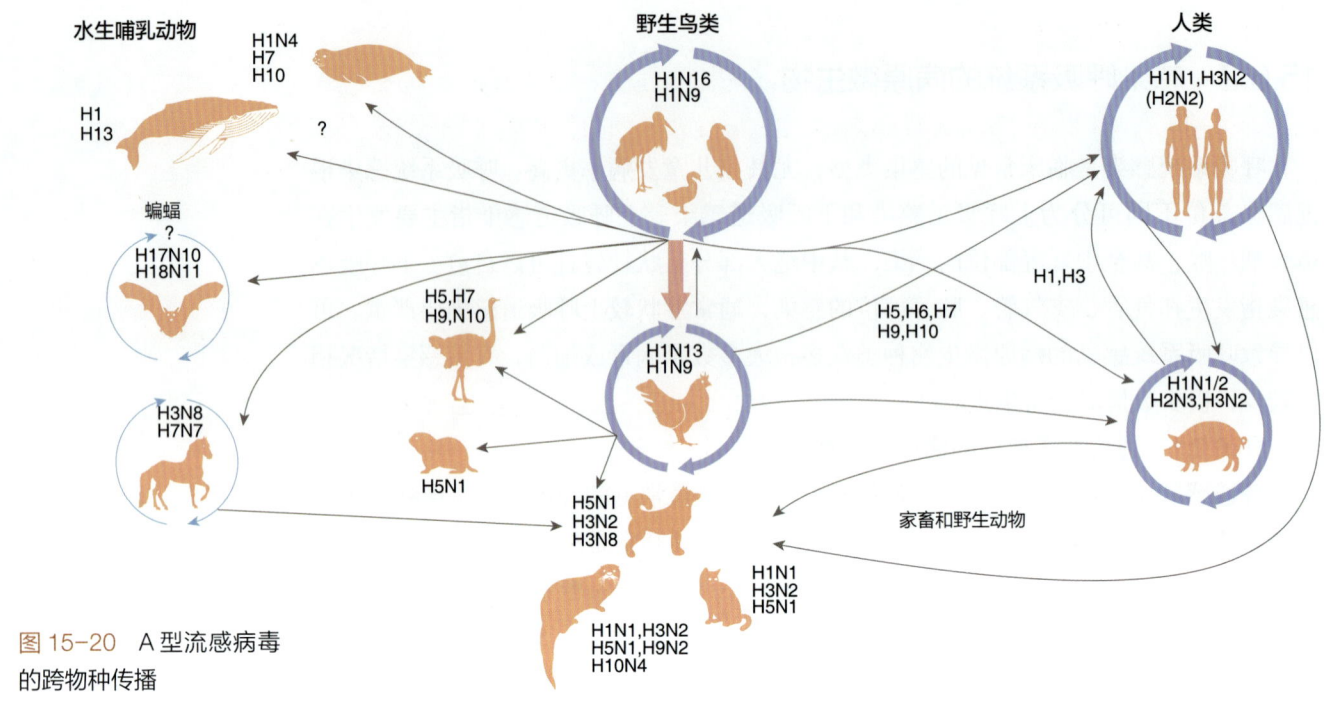

图 15-20 A 型流感病毒的跨物种传播

可以感染人的冠状病毒至少有 7 种，包括 HCoV-229E、HCoV-OC43、HCoV-NL63、HCoV-HKU1、严重急性呼吸综合征冠状病毒（SARS-CoV）、中东呼吸综合征冠状病毒（MERS-CoV）和 SARS-CoV2。其中前 4 种会引起轻或中度上呼吸道感染如感冒等，症状较轻可在数天内自愈。SARS-CoV 首次出现在 2002 年，主要在亚洲流传，全球共感染超过 8 000 人，死亡 774 人，致死率约 9.6%。最后一例 SARS-CoV 感染发生于 2004 年，之后再没有人感染的病例报道。MERS-CoV 于 2012 年首次在沙特阿拉伯被发现，致死率高达 30%~40%，相对来说传播力较弱，主要为零散发病。SARS-CoV2 是近期发现的感染人的冠状病毒种类，首次发现于 2019 年，之后引发了被称为 COVID-19 的全球大流行。SARS-CoV2 与 SARS-CoV 近缘，与 SARS-CoV 相比，致死率较低但传播力更强。

15.6.2.4 细菌性肺炎

细菌性肺炎是临床最常见的下呼吸道感染类型，尤其是在婴幼儿、老年和免疫缺陷人群中发病率很高。由于呼吸道和肺泡日常暴露于各类环境空气中的微生物下，一旦免疫功能低下，很容易引起各类细菌感染。常见引发细菌性感染的病原体种类繁多，包括肺炎链球菌（*Streptococcus pneumoniae*）、流感嗜血杆菌（*Haemophilus influenzae*）、肺炎支原体（*Mycoplasma pneumoniae*）、肺炎克雷伯菌（*K. pneumoniae*）、金黄色葡萄球菌（*Staphylococcus aureus*）、嗜肺军团菌（*Legionella pneumophila*）、铜绿假单胞菌（*Pseudomonas aeruginosa*）、肺炎衣原体（*Chlamydophila pneumoniae*）等。其中肺炎链球菌最为常见，约占到临床病例的 50%。

15.6.2.5 结核分枝杆菌

结核病（tuberculosis）是全球最致病的传染病之一，每年可导致上百万人死亡。结核分枝杆菌（*Mycobacterium tuberculosis*）在 1882 年由德国细菌学家罗伯特·科赫发现并证明其为结核病的病原体。考古学和古基因组研究发现结核病是最古老的人类细菌性感染疾病之一，中国古代《黄帝内经》中就有对"痨病"即结核病的描述。18 到 20 世纪上半叶是结核病全球流行的高峰期，据估计部分地区感染肺结核的人数高达总人口的 70%～90%。

> 知识拓展 15-10
> 卡介苗

结核分枝杆菌属于放线菌门分枝杆菌属，生长速度缓慢。结核分枝杆菌细胞壁外层有一层蜡样的分枝菌酸，因此该细菌一般不适用于革兰氏染色，临床上主要用抗酸染色法鉴定。

结核分枝杆菌感染具有明显的阶段性特征，即分为潜伏期（latent）和活跃期（active）两个阶段。处于结核病潜伏期的感染者并没有临床症状，该阶段人体的免疫系统可以控制结核分枝杆菌。潜伏期长度因人而异，部分感染者甚至可以终身不发病。值得注意的是，生活质量，尤其是营养和卫生状况对于结核病的发病率和病死率影响很大。结核病进入活跃期后，结核分枝杆菌使肺部受损，会形成一种名为结核性肉芽肿（tuberculous granuloma）的病变，结核性肉芽肿是结核分枝杆菌损伤肺部组织后，免疫细胞和其他细胞包裹结核分枝杆菌对损伤部位进行修复抑制的产物。结核性肉芽肿缓慢长大时临床病症一般不严重，还表现出慢性疾病的特征，肉芽肿长大到一定阶段会发生破溃，细菌在体内大规模扩散，此时患者病症严重，传染性很强。结核性肉芽肿本身对结核分枝杆菌起到一定的抑制作用（图 15-21），有些情况下肉芽肿中的结核杆菌会转入静息状态，肉芽肿不再生长，即结核病重新进入潜伏期。

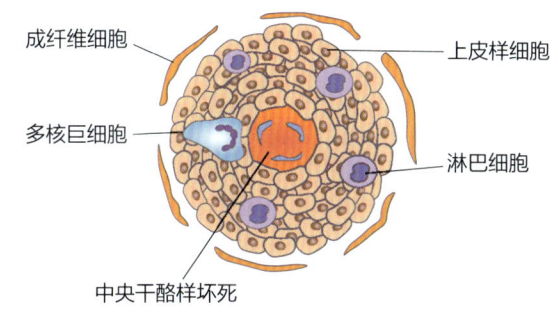

图 15-21 结核性肉芽肿示意图

15.6.3 感染循环系统的病原微生物

循环系统是遍布于全身的连续封闭的管道系统，包括心血管系统和淋巴系统，其中充满了在全身上下循环的体液（血液和淋巴液）和血细胞。循环系统感染的一大特征是全身性，病原体将随着体液流动迅速扩散到身体的每个角落。循环系统感染致病可分为两类情况，一类是当微生物大量存在于循环系统的体液中造成发病，许多微生物都可以成为病原体；另一类则是被特定攻击血细胞的病原体感染，这些病原微生物具有很强的靶向特异性，比如人类免疫缺陷病毒（human immunodeficiency virus，HIV）和疟原虫。此外，循环系统由于连通着全身各组织器官，病原微生物侵入循环系统后可以随体液循环至全身各处，进而造成不同器官的继发感染。

15.6.3.1 脓毒症

血液和淋巴液中一般认为是无菌的，然而如果血液或淋巴液中出现大量微生物存在或增殖，几乎都会造成严重的疾病。这种情况下往往会发展为脓毒症（sepsis），即病原微生物及其物质，特别是细菌和其毒素，通过循环系统扩散至全身后引发的毒性炎症反应综合征。脓毒症发生后的病程发展迅猛，致死率极高。目前临床上造成脓毒症的主要是各种细菌，如金黄色葡萄球菌、肺炎克雷伯菌、鲍曼不动杆菌、大肠埃希菌、肠球菌、化脓性链球菌、各种梭菌、铜绿假单胞菌等，真菌也在脓毒症中占一定的比例，如白色念珠菌、曲霉菌、新型隐球菌等。

除了脓毒症，还有几个相关的概念：脓毒血症（septicemia）是特指病原微生物进入血液并在其中增殖，之后引起的毒性炎症反应综合征；菌血症（bacteremia），指血液中存在有细菌的情况；毒血症（toxemia），指血液中存在有毒素的情况；病毒血症（viremia），指血液中存在有致病性病毒的情况。脓毒症、脓毒血症、和毒血症存在一定的概念交叉重叠，但应注意它们之间的区别。

15.6.3.2 人类免疫缺陷病毒

部分病原微生物尤其是病毒，专性地以循环系统中的血细胞进行靶向感染。其中最著名的代表为人类免疫缺陷病毒（human immunodeficiency virus，HIV），又称艾滋病病毒。

HIV 作为获得性免疫缺陷综合征（acquired immune deficiency syndrome，AIDS，通称艾滋病）的病原体于 1983 年在美国首次发现，由两个研究小组分别独立报道。HIV 是一种逆转录病毒，成熟的病毒颗粒呈球形，直径约 120 nm，内部包含有两条单股正链 RNA。HIV 通过其囊膜上的 gp120 分子识别受体 CD4 分子，因此 $CD4^+$ T 细胞是其最主要的靶细胞。此外，HIV 的细胞入侵还需要与共受体的结合，HIV 最重要的共受体是 CCR5 或 CXCR4。一旦侵入靶细胞，HIV 的 RNA 会逆转录合成反义 DNA，然后合成正义 DNA。HIV 的 DNA 接下来会整合到宿主的基因组 DNA 中，这也是 HIV 病毒几乎无法被清除的重要原因之一。整合到宿主基因组的病毒 DNA 可能进入休眠状态，即 HIV 感染进入潜伏期。一定条件下整合的病毒 DNA 会活化，开始进行病毒的复制，即进入活跃期。该阶段会合成 HIV 病毒的基因组 RNA（gRNA）和信使 RNA（mRNA），后续合成各种酶以及组分蛋白。组装完成的病毒核心颗粒会迁移至细胞膜的内侧，以出芽的方式被细胞膜包裹形成囊膜，最终释放到细胞外（图 15-22）。

由 HIV 引起的 AIDS 会导致人体的免疫功能缺失，标志为疾病后期患者体内 $CD4^+$ T 细胞水平极低。HIV 目前无特效药或疫苗，感染后的治愈率几乎是 0%，在没有药物干预的情况下感染后的平均期望寿命为 11 年。不过近年来出现有个别 HIV 感染患者治愈的报道。HIV 感染主要通过血液和体液传播，高危性行为、被污染的针头和输血，以及母婴垂直传播也是艾滋病的主要传播途径。HIV 感染的早期药物阻断是有效的，尤其在疑似感染后的 2 h 内，72 h 内用药阻断也有较高的成功率。

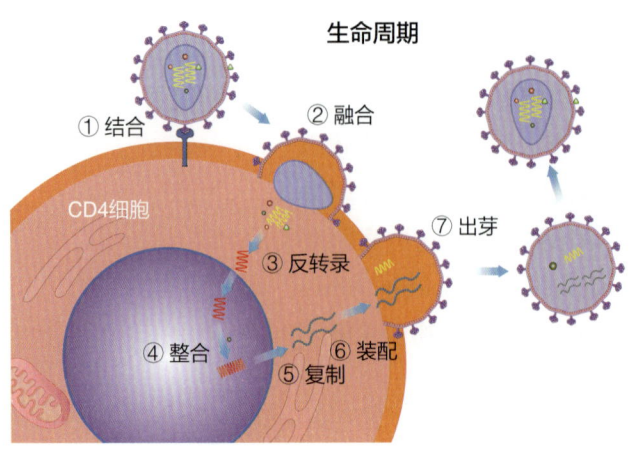

图 15-22　HIV 的复制周期

15.6.4 感染消化系统的病原微生物

人的消化系统器官包括口、咽喉、食道、胃、小肠、肝、胆、胰、大肠等（图15-23）。病原微生物主要通过食物和饮水进入消化系统引发感染，其中经典的粪口传播途径占主要比例。

消化系统中的口、咽喉、食道、胃、小肠和大肠组成了消化道。消化道黏膜属于生理屏障的一部分（见15.3.1），对微生物侵袭有着较强的抵御能力，尤其是在口腔和肠道中本身就定殖有大量的微生物形成各自的微生物组（见15.1.1）。感染消化道的病原微生物为突破黏膜屏障通常依赖毒力因子，如强效外毒素及辅助释放的分泌系统。临床重要的消化道感染病原微生物有沙门菌、霍乱弧菌、大肠杆菌、艰难梭菌、产气荚膜梭菌、空肠弯曲杆菌、幽门螺旋杆菌、诺如病毒、轮状病毒等。

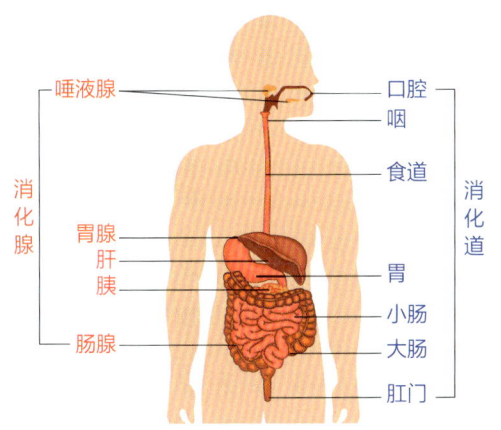

图15-23 人的消化系统

15.6.4.1 霍乱弧菌

霍乱弧菌（*Vibrio cholerae*）是革兰氏阴性菌，属于假单胞菌门弧菌属，它是造成霍乱（cholera）的病原体。霍乱是一种烈性肠道传染病，典型的症状是水样腹泻，如不及时治疗，患者可能在几小时内因脱水和电解质失衡造成休克甚至死亡。霍乱是人类历史上最致命的传染病之一，全球曾暴发过数次世界性霍乱大流行，致死数千万人。目前每年有300万～500万人感染霍乱，死亡10万～20万人。

霍乱弧菌菌体形态短小弯曲呈弧状，有单鞭毛和菌毛。霍乱弧菌表达一种被称为霍乱毒素（Cholera toxin）的外毒素，霍乱毒素是霍乱弧菌致病的决定性因子，不表达霍乱毒素的霍乱弧菌不会造成霍乱。霍乱毒素是一种AB毒素，其酶活亚单位进入肠黏膜细胞后会催化三磷酸腺苷（ATP）转化为环磷酸腺苷（cAMP）。肠黏膜细胞内的高cAMP浓度会持续激活一类名为CFTR的门控氯离子通道，导致大量细胞液和电解质进入肠腔，引发腹泻和脱水。

15.6.4.2 艰难梭菌

艰难梭菌（*Clostridioides difficile*）是一种专性厌氧的革兰氏阳性细菌，形状多为杆状、棒状、梭状，可产生芽孢。该菌最早于1935年在健康婴儿的肠道中分离得到，因其在实验室条件下分离培养非常困难而得名"艰难"。艰难梭菌在发现后的数十年内一直被认为是正常肠道细菌，直到20世纪70年代才被证明与伪膜性结肠炎的发生直接相关。

自20世纪末以来，艰难梭菌感染相关疾病病例数量急剧增加，在医疗水平发达地区尤为严重。通常认为这与工业化国家大量使用抗生素有关，艰难梭菌对多种抗生素，包括氨基糖苷类抗生素、林可霉素、四环素、红霉素、克林霉素、青霉素、头孢菌素、喹诺酮类抗生素等广泛具备较高的耐药性，此外其芽孢能够抵御高温、干燥、消毒剂等各种极端条件，在自然环境中长期存活。艰难梭菌感染是一种典型的新发感染性疾病，最常见于医院和社区的外源性感染和交叉感染，是抗生素相关性腹泻的主要病原体之一。美国疾病预防控制中心近十年来一直将艰难梭菌列为最高级别的紧急威胁耐药病菌。

艰难梭菌已知有三种外毒素，即毒素 A（TcdA）、毒素 B（TcdB）和二元毒素 CDT。艰难梭菌利用这些毒素来破坏人体的肠道上皮层，引发坏死和炎症。艰难梭菌的致病能力完全依赖于其表达的外毒素，尤其是 TcdB。事实上，临床分离到的致病菌株几乎都包含 TcdB。

15.6.4.3　幽门螺旋杆菌

幽门螺杆菌（*Helicobacter pylori*）是一种革兰氏阴性菌，属于假单胞菌门螺杆菌属。菌体呈弧形、S 形或螺旋形，有鞭毛，运动能力较强。幽门螺旋杆菌是极少数可以在胃的强酸性（胃液 pH 为 1.5～3）环境中生存的微生物之一。两位澳大利亚的医生罗宾·沃伦（Robin Warren，1937—2024）和巴里·马歇尔（Barry Marshall，1951—）证明了幽门螺旋杆菌与胃炎、胃溃疡和胃癌等胃部疾病密切相关，两人也因此获得了 2005 年的诺贝尔生理学或医学奖。

幽门螺旋杆菌的致病机制还没有完全明了，幽门螺旋杆菌已知具有多个毒力因子，目前研究认为 CagA 和 VacA 是其最重要的致病因子。前者是可以通过四型分泌系统注入靶细胞的效应蛋白，后者是一种外毒素。

15.6.4.4　胃肠道病毒

病毒性肠胃炎临床上非常常见，其中大部分由轮状病毒或诺如病毒引起。病毒性肠胃炎的典型症状包括低热、腹泻和呕吐，病程约在 1 周内，绝大多数都可自愈。致死率不高，据估计有 0.001%～5%。婴幼儿是其主要易感人群，成人症状较轻。对于病毒性肠胃炎，目前主要的预防手段是接种对应的疫苗。

15.6.5　感染泌尿和生殖系统的病原微生物

由于不同性别的泌尿和生殖系统在生理学和解剖学上存在显著差异，感染泌尿和生殖系统的病原微生物以及其导致的疾病病症也有明显的不同。

尿路感染的主要病原微生物是尿路致病性大肠杆菌，此外一些葡萄球菌、假单胞菌、克雷伯菌和棒状杆菌也会引发尿路感染。女性的尿路感染发病率要明显高于男性，这可能是由于女性的生理结构特点，如尿道较短较宽且尿道口与阴道口相邻，使得细菌更容易侵入尿路。

淋病（gonorrhea）和梅毒（syphilis）是最知名的生殖系统感染疾病，前者由淋病奈瑟氏菌（*Neisseria gonorrhoeae*）引发，后者的病原体为梅毒密螺旋体（*Treponema pallidum*）。淋病和梅毒曾经在世界范围内广泛流行，后来随着抗生素的发明得到了有效的控制，然而近些年来淋病和梅毒的发病率又有所回升。

15.6.6 病原微生物感染的临床检测

诊断微生物学（diagnostic microbiology）属于临床微生物学范畴。它与临床医学密切结合，主要研究感染性疾病快速、准确诊断病原微生物的策略和方法，为临床提供依据。病原微生物的检测主要有传统培养方法、血清学检测以及基于各类分子生物学的非培养检测方法。

15.6.6.1 分离培养与生化反应

临床标本（例如血液、痰、粪便等）在体外培养基上分离培养以获得目标病原微生物。由于病原微生物的增殖需要一定时间，所以检测周期较长。而医学领域不断进行革新，采用了自动化的培养和鉴定的仪器，对传统的培养方式进行了改善，提高了检测的灵敏感度和准确度。

15.6.6.2 样本染色镜检

通过一些特殊的染色方法，例如革兰氏染色、抗酸染色、墨汁染色、六胺银染色以及荧光染色等，将样本染色后经显微镜观察其颜色、形态、排列等。该方法简便快速，对一些具有特殊形态和染色的病原微生物感染具有较高的诊断价值，例如淋球菌感染、结核分枝杆菌、耶氏肺孢子菌感染等的早期初步诊断。由于不需要对样品进行培养，该方法可以较快获得检验结果。此外，该方法不依赖特殊的仪器和设备，在基层实验室仍然是比较重要的病原微生物检测手段。

15.6.6.3 血清学检测

通过已知的抗体或抗原来检测病原微生物的抗原或抗体从而对病原微生物进行快速鉴定的技术，常用的方法包括血清凝集技术、乳胶凝集实验、荧光抗体检测技术、协同凝集试验、酶联免疫测试技术等。该技术方法简便快速，同时兼具一定的灵敏度和准确度。

15.6.6.4 核酸检测

通过特定探针对病原微生物的标志性核酸序列进行检测，聚合酶链反应（PCR）是最常用的核酸检测手段，同时该方法可以进一步偶联荧光或染料等其他技术，来实现定量化或操作的简便化。核酸检测方法一般需要依赖一定的仪器设备，与血清学检测相比，具有更高的灵敏度和准确度，但时效性较差。

15.6.6.5 其他新兴的微生物检测手段

随着科学技术的进步，许多新兴的技术手段也被应用到临床微生物的检测中。其中有代表性的包括：

① 高通量基因测序。二代测序技术允许被用于对病原微生物的全基因组进行快速测序。这种方法对于未知病原体的检测和识别非常有用，因为它不依赖于先验知识。NGS技术还可以用于检测部分病原微生物的耐药基因和毒力基因。但是该技术通常需要报告解读者既掌握临床微生物知识又具备生物信息学知识。

② 质谱分析。质谱技术可被用于分析微生物样本中的蛋白质和代谢产物，从而

确定感染的类型和特性。质谱分析还可用于快速鉴别不同细菌株之间的同源性差异。

③ 纳米孔测序。纳米孔测序技术使用微小的孔道来逐个测量 DNA 分子，从而实现高速的 DNA 测序。这种方法可以快速检测病原微生物，同时还能检测到变异株。

④ 电化学生物传感器。电化学生物传感器使用生物分子与电极之间的交互作用来检测微生物。这些传感器可以快速、高效地识别病原微生物，并且在便携式设备中应用广泛。

⑤ 免疫传感器。免疫传感器使用抗体或抗原与目标微生物结合的原理来进行检测。这些传感器可以用于检测细菌、病毒、真菌和寄生虫，具有高度特异性。

⑥ 微生物组学。微生物组学研究微生物在人体内的生态系统，有助于理解微生物感染的机制和病原微生物与宿主之间的相互作用。通过分析微生物组成，可以预测疾病风险并研究新的治疗策略。

⑦ 机器学习和人工智能。机器学习和人工智能可以用于分析大规模的临床和生物信息数据，从中提取有关病原微生物的信息。这些技术可以缩短诊断和疾病监测过程。

⑧ CRISPR 技术。CRISPR 技术不仅用于基因编辑，还可以用于检测病原微生物。CRISPR/Cas 系统可以被设计用于特异性地识别并绑定目标 DNA 或 RNA，从而实现高度敏感的检测。

15.7 抗微生物药物

抗微生物药物指能够抑制或杀伤微生物，从而使其生长、繁殖受到阻碍的药物，主要包括消毒防腐药及临床治疗用抗微生物药物，本节将重点对后者进行介绍。这些抗微生物药物的发现不仅降低了医院临床治疗中术后感染的风险，还使微生物感染疾病的防治由医院扩展至家庭，显著延长了人类的寿命。

15.7.1 抗微生物药物的发展历史

德国医生保罗·埃尔利希（Paul Ehrlich，1854—1915）是现代化学疗法用于治疗微生物感染疾病的先驱。他痴迷于各种能与微生物细胞特异性结合的染料，并认为这些化学物质可以具备选择性消灭病原体而不损伤人类细胞的潜力。1904 年，埃尔利希发现了可杀灭椎体虫的染料台盼红（trypan red），并将其用于治疗椎体虫引发的非洲昏睡病。随后，他和日本科学家秦佐八郎（Sahachiro Hata，1873—1938）利用感染梅毒的兔子测试了多种含砷化合物，发现了砷凡纳明（arsphenamine）对梅毒螺旋体的抑制活性，并于 1910 年将药品成功上市。

1927 年，格哈德·多马克（Gerhard Domagk，1895—1964）在众多化合物中发现了一种用于皮革染色的红色染料百浪多息（Prontosil），可以保护小鼠免受致病性链球菌和葡萄球菌的感染，进一步实验证明，该染料在体内被代谢为具备抑菌活性的磺胺分子而发挥作用。百浪多息是世界上第一种商品化的合成抗菌药和磺胺类抗菌药，开启了合成药物化学发展的新时代，而多马克也获得了 1939 年诺贝尔生理学或医学奖。

青霉素的发现激励了对其他抗生素的研究。1943 年，罗格斯大学的赛尔曼·瓦克斯曼（Selman Waksman，1888—1973）和其同事对大约 1 万株土壤细菌和真菌仔细筛选，发现了一种新的抗生素——由灰色链霉菌产生的链霉素，即第一种成功治疗结核病的药物。瓦克斯曼于 1952 年获得诺贝尔奖，他的成功导致了全球范围内对其他产抗生素土壤微生物的广泛研究。随后的几年里，发现新抗生素的报道平均每年 100～200 个，其中不少被用于临床，开创了一个抗生素发展的黄金时代（图 15-24）。

发现之路 15-2
青霉素的发现和生产

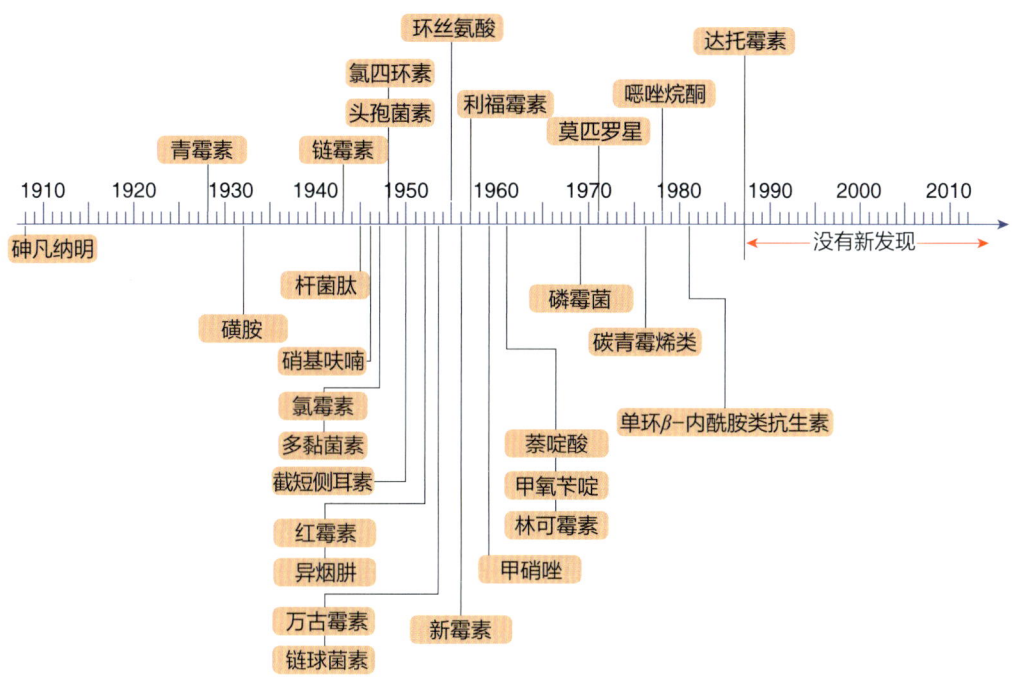

图 15-24 抗微生物药物发现的时间轴

15.7.2 抗微生物药物的主要作用机制

根据作用对象的不同，抗微生物药物可分为抗细菌药物、抗真菌药物、抗病毒药物和抗原生动物药物。

15.7.2.1 抗细菌药物

抗生素是优良的抗细菌药物（见 8.5.2.2）。自从 20 世纪 20 年代发现青霉素以来，至今已有 9 000 多种新的抗生素被发现，合成了 70 000 多种半合成抗生素，然而临床上常用的抗生素只有数十种。抗细菌药物的作用机制大约可以分为抑制细胞壁合成、抑制蛋白质合成、阻碍细菌代谢、抑制核酸合成这几大类（图 15-25）。

（1）抑制细胞壁的合成

由于细菌细胞壁结构成分的独特性和功能的重要性，作用于细胞壁合成的抗生素

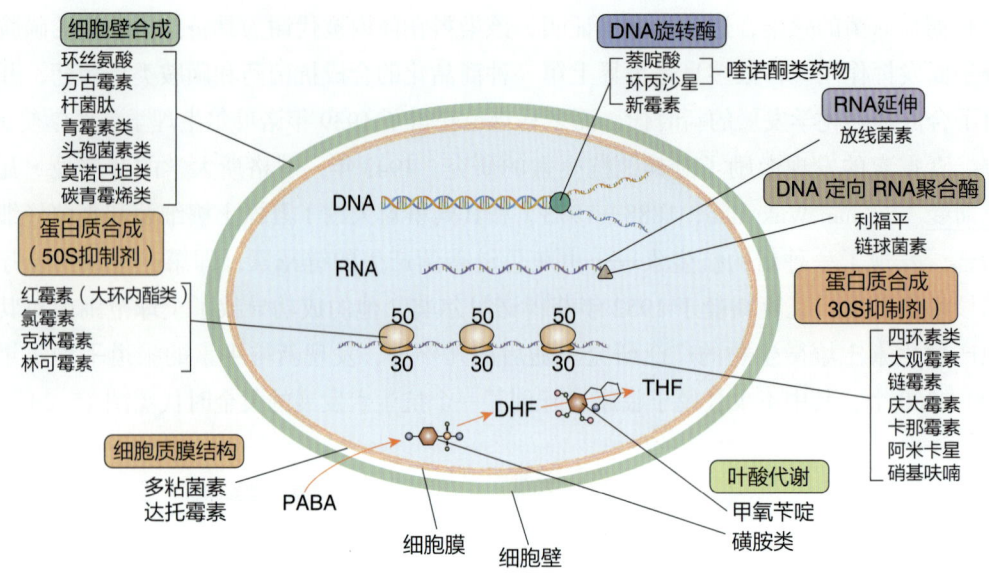

图 15-25 抗细菌药物的主要作用机制和代表性药物

具有很高的选择性和很好的治疗效果，依据其活性结构可以分为 β- 内酰胺类抗生素（β-lactam antibiotic）和糖肽类抗生素（glycopeptide antibiotic）两大类群（图 15-26）。

青霉素（penicillin）和头孢霉素（cephalosporin）类抗生素的典型特征是含有 β- 内酰胺环，该结构类似于肽聚糖亚基上的 D- 丙酰 -D- 丙氨酸，阻断了催化肽聚糖交联反应的转肽酶（即青霉素结合蛋白，penicillin binding proteins）活性，从而抑制细胞壁肽聚糖的合成致使细胞渗透性裂解。该类抗生素多为广谱药物，对革兰氏阳性和阴性细菌都有良好的杀菌效果，对细胞壁合成需求高的活跃病原菌更加有效。近年来，有关青霉素的其他杀菌机制也被相继报道。青霉素可通过激活细菌自身的自溶素（autolysin）来破坏细胞壁的完整性，也可以刺激细菌空泡素（bacterial holins）类蛋白的产生并在质膜上形成空洞或损伤，直接导致膜渗漏和细胞死亡。

万古霉素（vancomycin）和替考拉宁（teicoplanin）属于糖肽类抗生素，其杀菌机制与 β- 内酰胺类抗生素不同，不相互竞争结合位点，而是与肽聚糖亚基上的 D- 丙酰 -D- 丙氨酸形成复合物，抑制肽聚糖交联反应和细胞壁的合成。该类抗生素多用于治疗耐药革兰氏阳性菌的严重感染，或用于治疗对青霉素类过敏患者的革兰氏阳性菌感染，其中，万古霉素被认为是对抗药革兰氏阳性菌感染的"最后防线"。

（2）抑制蛋白质的合成

由于细菌核糖体和真核核糖体具有结构性差异，许多抗生素能够特异性作用于细菌核糖体抑制其蛋白质合成的不同步骤，实现其抑菌/杀菌活性。

氨基糖苷类抗生素（aminoglycoside antibiotic）主要包括链霉素（streptomycin）、卡那霉素（kanamycin）、

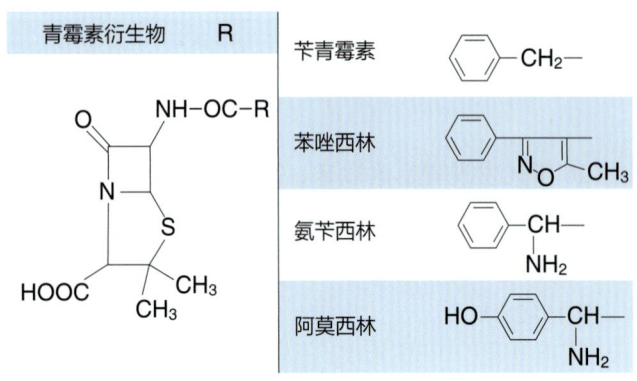

图 15-26 β- 内酰胺类的化学结构

新霉素（neomycin）、妥布霉素（tobramycin）和庆大霉素（gentamicin）等，其在结构上都含有一个氨基环醇和一个或多个氨基糖分子，主要作用机制是在翻译过程中破坏肽链的延伸。该类抗生素因与细菌 30S 核糖体亚基的核糖体 RNA 结合，干扰 mRNA 的读取并导致肽链合成的早期终止而具备杀菌活性，是治疗需氧革兰氏阴性杆菌感染的重要药物。氨基糖苷类抗生素往往具有一定的毒性，可引发宿主听力和肾损伤、平衡能力下降、恶心和过敏反应等副作用。

四环素类抗生素（tetracycline antibiotic）包括金霉素（chlortetracycline）、土霉素（oxytetracycline）、四环素（tetracycline）及半合成衍生物甲烯土霉素（methacycline）、多西环素（doxycycline）等，其结构均含有并四苯基骨架（图 15-27）。这些抗生素与氨基糖苷类似，它们可以与 30S 核糖体亚基结合，抑制蛋白质合成。四环素是一类广谱抗生素，只有抑菌活性而非杀菌活性，可作用于大多数细菌，以及细胞内病原体（如立克次氏体、衣原体和支原体）。

大环内酯类抗生素（macrolide antibiotic）包括红霉素（erythromycin）和阿奇霉素（azithromycin）等，其结构中含有一个由 12 到 22 个碳组成的环状结构（图 15-28），通过阻断 50S 核糖体中肽酰转移酶的活性来抑制细菌蛋白质合成，属于快速抑菌剂。红霉素是一种相对广谱的抗生素，对革兰氏阳性菌、支原体和少数革兰氏阴性菌有效。目前阿奇霉素的使用已经超过红霉素，它对包括性传播的沙眼衣原体等病原细菌有效。研究表明，大环内酯类抗生素除了抗菌作用外，还具有其他广泛的药理作用。

氯霉素（chloramphenicol）也是一种抑菌性抗生素，与红霉素类似，通过可逆地与 50S 核糖体亚基结合，抑制转肽酰酶的作用，干扰带有氨基酸的氨基酰-tRNA 终端与 50S 亚基结合，从而使新生肽链合成受阻，抑制细菌蛋白质的合成。氯霉素对革兰阳性、阴性细菌均有抑制作用，且对后者的作用较强。由于氯霉素还可与人体线粒体的 70S 核糖体结合，因而相对毒性较大。

（3）抑制微生物代谢

抗代谢药物多在结构上与关键酶的底物相似，并与代谢物竞争这些酶的结合位点而抑制酶活，通过拮抗或阻断细菌的关键代谢途径，展现广谱的抑菌活性。

磺胺类（sulfonamides）药物是人工合成的抗菌药，是一类以对氨基苯磺酰胺（简称磺胺）为基本结构的衍生物，该结构是对氨基苯甲酸（para-aminobenzoic acid，

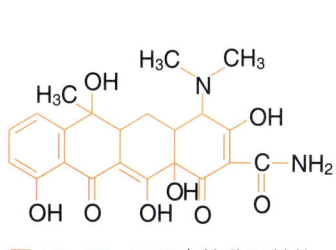

图 15-27　四环素的分子结构　　　　图 15-28　红霉素的分子结构

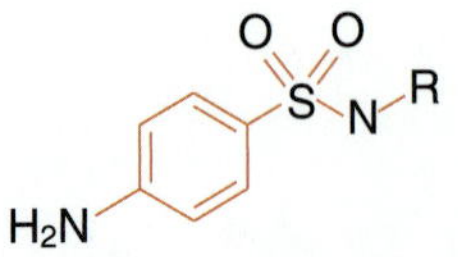

PABA）的类似物（图 15-29）。PABA 是许多酶的辅因子，为叶酸合成所必需。当磺胺类药物进入细菌细胞时，它与 PABA 竞争叶酸合成酶的活性位点，导致叶酸浓度下降，最终因嘌呤和嘧啶含量的减少导致蛋白质合成和 DNA 复制的终止。由于许多细菌和原生动物必须自身合成叶酸，人类所需的叶酸是从食物中获取而非自身合成，因此，磺胺类药物对细菌和原生动物有选择毒性，并具有很高的治疗指数（治疗指数：指药物的最小有效剂量与引起中毒的最大剂量之间的比值）。

图 15-29 磺胺类的分子结构

甲氧苄啶（trimethoprim）也是一种人工合成抗生素，通过与二氢叶酸还原酶结合，抑制四氢叶酸的合成。甲氧苄啶是一种广谱抗生素，它通常与磺胺类药物联合使用，通过阻断叶酸合成途径中的两个关键步骤来提高治疗效果。抑制单个生化途径中两个连续步骤意味着每种药物联合使用时所需的剂量比单独使用时少，这被称为药物协同相互作用。

（4）抑制核酸合成

由于细菌和真核生物在核酸合成方面十分相似，核酸合成抑制类药物不像其他抗生素那样具有选择毒性。这类药物中最常用的是喹诺酮类（quinolones）药物（图 15-30）。

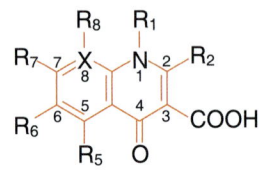

图 15-30 喹诺酮类的分子结构

喹诺酮类含有 4-喹诺酮环，包括环丙沙星（ciprofloxacin,）、诺氟沙星（norfloxacin）和氧氟沙星（ofloxacin）等。该类药物通过抑制 DNA 解旋酶（gyrase）和拓扑异构酶 II（topoisomerase II），破坏细菌 DNA 的复制和修复，达到抗菌效果。其对大肠杆菌和肺炎克雷伯菌等肠道细菌非常有效，也可用于嗜血杆菌、奈瑟菌、铜绿假单胞菌和其他革兰氏阴性病原体感染。该类药物对革兰氏阳性细菌如金黄色葡萄球菌、化脓性链球菌等也具杀菌活性，是广谱性抗菌药物。

15.7.2.2 抗真菌药物

真菌感染的治疗通常不如细菌感染理想，很大程度上是因为真菌细胞比细菌细胞更类似于人类细胞。因此许多抑制或杀死真菌的药物对人类毒性很大，治疗指数较低。此外，大多数真菌具有解毒系统，可改变许多抗真菌药物，限制药物有效性。

因真菌细胞膜含有独特的麦角甾醇（ergosterol）类分子，而人类细胞膜中没有，因此成为很好的抗真菌药物靶点。抗真菌药物分为多烯类（polyene）和唑类（azole）两种，多烯类药物可以直接与麦角甾醇结合，而唑类药物阻断了麦角甾醇生物合成的最后一步，因此，这两种药物都能阻止真菌细胞膜正常功能的履行。

真菌感染通常被细分为浅表性真菌病、皮下真菌病和系统性真菌病。这些疾病的治疗方法各不相同。三种唑类药物，咪康唑、酮康唑和克霉唑，可用于治疗脚癣、口腔和阴道念珠菌病等浅表真菌感染。制霉菌素是一种来自链霉菌的多烯类抗生素，用于控制皮肤、阴道或消化道的念珠菌感染，由于毒性太大不能全身服用。灰黄霉素是一种由青霉菌合成的抗真菌药物，用于口服治疗慢性浅表真菌病，它被认为破坏有丝分裂纺锤体并抑制细胞分裂、还可能抑制蛋白质和核酸的合成。全身性真菌感染通常是致命的，很难控制。用于治疗全身性真菌病的药物包括两性霉素 B、5-氟胞嘧啶和唑类药物（如氟康唑、伊曲康唑）等。皮下真菌病通常是用治疗浅表和全身真菌病的药物联合治疗。这种联合治疗的目标是在较长时间内提供毒性较小的药物，而在较短时间内接触毒性较大的药物。通过这种方式，抗真菌药物持续靶向皮下真菌，使患者从毒性更大的药物的副作用中得到喘息。

15.7.2.3 抗病毒药物

抗病毒感染的途径很多，如直接抑制或杀灭病毒、干扰病毒吸附、阻止病毒进入细胞、抑制病毒生物合成、抑制病毒释放或增强宿主抗病毒能力等。抗病毒药物的作用主要是通过影响病毒复制周期的某个环节而实现的。

病毒寄生于宿主细胞内，依赖宿主细胞代谢系统进行增殖复制。病毒复制过程如下：病毒识别并吸附到宿主细胞的表面；通过宿主细胞膜进入易感细胞；脱壳；合成早期的调控蛋白及核酸多聚酶；病毒基因组（DNA 或 RNA）复制；合成后期的结构蛋白；子代病毒的组装；感染细胞释放子代病毒。抗病毒药物可以靶向病毒复制的任何一个步骤，发挥抗病毒作用。根据抗病毒药物的作用机制，可将目前的抗病毒药物分为以下几类：

① 进入和脱壳抑制剂：金刚烷胺、金刚乙胺、恩夫韦地、马拉韦罗。
② DNA 多聚酶抑制剂：阿昔洛韦、更昔洛韦、伐昔洛韦、泛昔洛韦、膦甲酸钠。
③ 逆转录酶抑制剂：
　核苷类：拉米夫定、齐多夫定、恩曲他滨、替诺福韦、阿德福韦酯。
　非核苷类：依法韦仑、奈韦拉平。
④ 蛋白酶抑制剂：沙奎那韦。
⑤ 神经氨酸酶抑制剂：奥司他韦、扎那米韦。
⑥ 广谱抗病毒药：利巴韦林、干扰素。

15.7.2.4 抗原生动物药物

与其他抗微生物药物一样，抗原生动物药物的有效性首先要确定其结合的独特靶点，从而阻断微生物重要的生理功能。然而，原生动物是真核生物，因此药物作用于宿主细胞的可能性较大，大多数治疗原生动物感染的药物具有明显的副作用。抗原生动物药物的数量相对较少，并且大多数药物的作用机制尚不完全清楚，可能对原生动物的核酸合成或代谢过程起抑制作用。

🔍 知识拓展 15-11
抗疟疾药物

15.7.3　微生物耐药性的产生机制

抗微生物药物的发现为人类健康作出了巨大的贡献，然而，药物的过度使用甚至滥用导致微生物耐药性的广泛发生和传播，成为了 21 世纪人类健康的新型挑战。耐药性（drug resistance）又称抗药性，指微生物、寄生虫以及肿瘤细胞等对于化疗药物作用的耐受性，耐药性一旦产生，药物的化疗作用就明显下降。微生物在对抗药物的过程中，为了免遭伤害，形成了多种防卫机制，由此而产生的耐药菌得以存活和繁殖，符合"适者生存"的生物演化规律。

大多数微生物对某种抗菌药物或对多种抗菌药物的抗性具有多种耐药机制

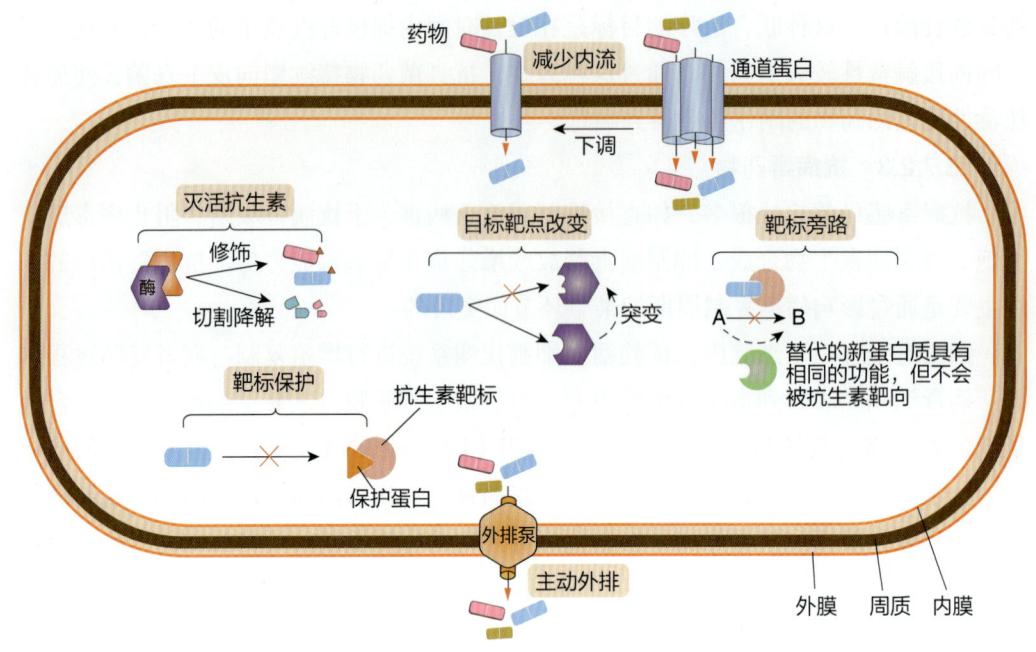

图 15-31 抗生素耐药的机制概况

（图 15-31）。因为产生钝化酶的耐药机制和靶位改变产生的耐药机制往往具有特异性，而由于细胞膜通透性改变、膜上外排泵系统的增强或生物被膜形成所产生的耐药机制一般是非特异性的。

15.7.3.1 微生物的特异性耐药机制

（1）产生特异性钝化酶

有些病原菌可以产生特定的钝化酶，通过水解或者修饰抗菌药物使其丧失杀灭或抑制病原菌的活性。例如，许多耐青霉素细菌可以产生 β- 内酰胺酶，能够使 β- 内酰胺环水解开环从而不再与青霉素结合蛋白（penicillin-binding protein，PBP）PBP 结合并发挥干扰细菌细胞壁合成的功能。对氨基糖苷类抗生素产生耐药的细菌往往是通过细菌产生的酰基转移酶（acyltransferase，AAC）、腺苷转移酶（adenyltransferase，ANT）和磷酸转移酶（phosphotransferase，APH）对进入胞内的活性分子进行修饰使之失生物活性。

（2）药物作用靶点发生改变

细胞的靶位发生改变，导致抗菌药物不能与病原菌相应的部位结合，从而影响抗菌药物的活性。例如，耐万古霉素的金黄色葡萄球菌可以产生特定的抗性因子，导致肽聚糖末端 D- 丙氨酸被 D- 乳酸或 D- 丝氨酸残基取代，进而产生耐药性。

15.7.3.2 微生物的非特异性耐药机制

（1）改变细胞外膜通透性

虽然革兰氏阳性细菌的细胞膜被一层厚厚的肽聚糖细胞壁所包裹，但由于其内部结构比较简单而几乎不影响抗菌药物这样的小分子物质扩散至胞内。相反，革兰阴性细菌的外膜层和其中的脂多糖（LPS）成分则对很多小分子药物起着有效的屏障作用。与此同时，以分枝杆菌为代表的一类细菌由于其所具有的特殊细胞壁结构，形成了一道渗透性很低的有效屏障，从而对多数抗菌药物表现出耐药性。

同时，在革兰阴性菌的外膜上存在多种不同的外膜孔蛋白（outer membrane porin）作为小分子亲水性化合物进入细菌的通道。存在于外膜的孔蛋白一旦缺失或减少，可明显地导致产生对相关的抗生素产生耐药性。例如，铜绿假单胞菌可以通过减少或者关闭特殊的孔蛋白通道 OprD 的表达获得对非典型 β- 内酰胺抗生素亚胺培南（imipenem）的抗性。

（2）主动药物外排机制

细菌可以通过过量表达和激活主动药物外排（active drug efflux）或称外排泵系统（efflux pump system）导致多重耐药。细菌主动药物外排系统根据其超分子结构、机制和序列的同源性等可以将其分为 MF 家族（major facilitator），RND 家族（resistance-nodulation-division），SMR 家族（small multidrug resistance），ABC 转运器（ATP-binding cassette）和 MATE 家族（multidrug and toxic compound extrusion）等。

（3）生物被膜相关耐药机制

当微生物以生物被膜形式存在时，其耐药性往往明显增强，有时抗生素不仅无法有效清除生物被膜，还可诱导其耐药性产生。相关研究表明，生物被膜可以通过多种机制参与耐药性形成，不同机制间还存在着协同作用。

※ 本章小结

本章重点介绍了微生物与宿主（尤其是人）之间发生互作并导致疾病发生的基本原则、方式和规律。通过本章的学习，可以掌握以下知识：①感染的病因学和流行病学；②影响微生物感染宿主的因素；③病原微生物的主要毒力因子和致病机制；④免疫系统的组成和功能；⑤非特异性和特异性免疫的特征和区别；⑥免疫学技术的应用；⑦重要的人类病原微生物及其致病机制；⑧抗微生物药物的种类和作用机制。

※ 推荐阅读

1. WILSON M R, JIANG Y, VILLALTA P W, et al. The human gut bacterial genotoxin colibactin alkylates DNA [J]. Science，2019，363（6428）：eaar7785.

本研究揭示了一类被称为 colibactin 的肠道毒素破坏宿主细胞双链 DNA 的机制，可能是其诱导肠炎和结肠癌发生的原因。

2. SHI J, ZHAO Y, WANG Y, et al. Inflammatory caspases are innate immune receptors for intracellular LPS [J]. Nature，2014，514：187-192.

LPS（内毒素）是革兰氏阴性菌重要的毒力因子，可造成严重的败血症和内毒素性休克。20 世纪 90 年代鉴定出 Toll 样受体 4 为 LPS 的细胞膜上受体，本文研究首次鉴定发现炎症性 Caspase-4/5/11 为细胞内 LPS 的受体，直接结合 LPS 发生寡聚化而被激活，导致细胞炎症性坏死。

3. STOKES J M, YANG K, SWANSON K, et al. A deep learning approach to antibiotic discovery [J]. Cell, 2020, 181: 475-483.

病原菌对抗生素的耐药性是目前人类社会面临的一个巨大危机，在过去的数十年里几乎没有新类型抗生素被引入临床。本文研究首次使用机器学习的方法从超过 1 亿个分子中筛选出了一种新型抗生素，为抗生素研发提供了一条新的途径。

※ 开放性讨论题

1. 病原微生物与宿主之间是否存在共演化关系，如果存在是如何进行的？以一到两种病原微生物为例进行讨论。
2. 免疫是生命体自身抵御异物入侵或疾病的过程，而过度免疫又会对机体产生伤害，讨论在正常情况下机体是如何来平衡这两种关系的。
3. 从病原微生物致病机制和耐药机制的角度出发，讨论当今人类抗微生物感染的策略和方法，比较它们的优缺点，并展望未来的发展方向。

※ 复习思考题

1. 病原微生物的传播与哪些因素有关？是否致病能力越强传播能力也越强？
2. 病原细菌参与破坏宿主生理屏障的毒力因子有哪些？它们都是如何作用的？
3. 胞内菌感染的自体清除和药物治疗相对来说比较困难，为什么？
4. 为何 HIV 感染几乎无法被治愈？从该病毒感染的机制入手进行阐述。
5. T 细胞胸腺选择的意义是什么？如果胸腺选择功能部分缺失，会产生什么后果？
6. 人体如何通过有限的基因产生 100 亿以上的不同抗体？
7. 感染消化道系统的常见病原微生物有哪些？它们一般具有什么特点？并请举例说明。
8. 抗微生物药物结合在哪些靶点理论上不容易产生耐药性？从机制上阐述原因。

（陶亮　胡玮）

16 合成生物学

导语

分子生物学告诉我们，所有生物都具有相同的分子基础，即基因由 4 种碱基组成，而蛋白质主要由 20 种氨基酸组成。这引发了人们的一个兴趣：可以用相同的碱基创造不同的生物，其实这就是合成生物学。本章将学习合成生物学的内涵和核心技术，包括生物系统的层级结构、生物元件及遗传回路、DNA 片段组装方法、基因组设计与合成等。通过学习本章内容，将了解到合成生物学的基本原理和最新进展，以及其在生物医药、工业生产、环境、信息等领域的广泛应用和潜在前景。

关键词

合成生物学，生物元件，遗传回路，标准化组装，聚合酶循环组装，Gibson 组装，Red/ET 重组组装，细胞内组装，合成病毒，合成细菌基因组，合成细菌，合成酿酒酵母染色体，微生物细胞工厂，活体微生物药物，物理信息存储

16.1 合成生物学概述

微生物的细胞结构具有不同分子层级，对各层级进行抽提、解耦，提取生物元件、生物模块、遗传回路，是进行合成生物学操作的前提。

16.1.1 生物系统的层级结构

生物是一个复杂系统，具有层级结构。对于微生物而言，组成性层级结构包括元素、无机小分子、小分子代谢产物、生物大分子、细胞器、细胞（图 16-1）。在组成性层级结构中，低一级层次的成分组合成新的高一级层次。微生物吸收小分子，在细胞内经过初级代谢生成有机酸、氨基酸、核苷酸等小分子。小分子单体聚合生成生物大分子，如氨基酸聚合生成蛋白质，核苷酸聚合生成核酸，乙酰辅酶 A 用于合成脂质等。这些大分子组装形成复合体机器，如用于翻译的核糖体、用于转录的 RNA 聚合酶装置等。核酸和蛋白质结合形成染色体，脂肪酸和磷酸组装形成磷脂和膜系统，多糖形成细胞壁。超大分子复合物和膜系统组装形成细胞器，如细胞核、叶绿体等。细胞膜、细胞质、细胞壁等组装形成细胞。

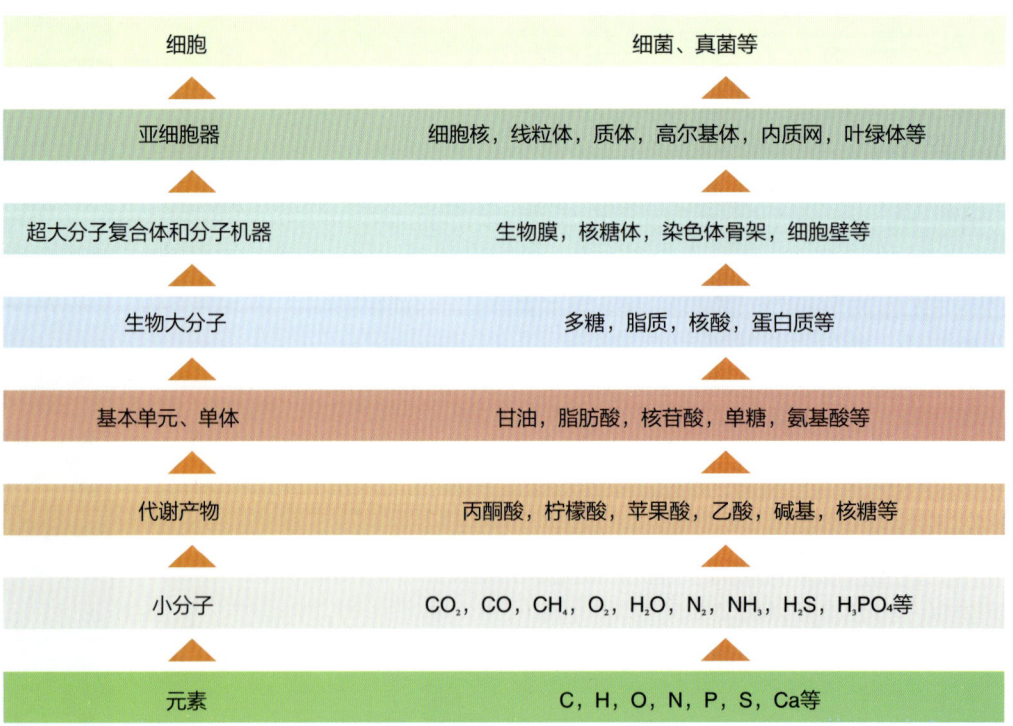

图 16-1 微生物的组成性层级结构

16.1.2 生物元件

理论上来说，基于微生物的组成性层级结构，对每个层级进行设计合成，就能构建出全新的生物。可以设计合成非细胞生物病毒，也可以设计合成具有细胞结构的细菌、酵母。但由于人类对生物的认知不足，目前主要是在核酸的层级上进行设计和合成生物。

生物元件（biological part）是构建生物的材料，包括基因元件、RNA元件等。由于基因是遗传材料，由核酸组成，所以研究和应用最多。根据基因的生物学功能，基因元件可以是编码生化反应、具有催化功能的酶元件，也可以是转录、翻译、代谢等的调控元件。基因元件包括复制子、功能基因、启动子、终止子、阻遏子、诱导子、核糖体结合位点等，也包括酶切位点、选择标记基因、报告基因等遗传操作元件。从工程应用角度来说，用图形显示元件非常有利于合成生物学制图（表16-1）。

表16-1 部分基因元件及其对应的图形

元件名称	图形	生物学功能和意义
复制子		DNA的自主复制
启动子		启动基因的转录
阻遏子		阻止基因的转录
诱导子		诱导基因的转录
核糖体结合位点		启动蛋白质的翻译
功能基因		决定细胞行为
终止子		mRNA合成停止
酶切位点		生物元件标准化
选择标记基因		维持载体的稳定性

生物模块（biological module）由一系列生物元件组成，可执行特定的细胞功能。在细胞内，生物模块是具有特定功能的生化途径，如代谢途径、信号转导途径、调控途径等。

合成生物学的设计过程经常与计算机的组装进行类比（表16-2）。生物元件类似于电子元件，由多个生物元件组成的代谢途径是功能模块。细胞的程序化过程由基因组决定，所以基因组可看作生物的"软件"，而细胞质和细胞壁等可看作生物的"硬件"。计算机的硬件和软件可以相对独立，但生物却没有这么简单，生物元件相互影响，且"软件"具有决定性作用。

表16-2 合成生物学与计算机组装的类比

类型	元件	模块	控制	系统
计算机	电子元件	功能单元	门控	软件、硬件
生物	生物元件	代谢途径	基因组网络	细胞

16.1.3 遗传回路

为了调控生物元件和模块的表达，类似于电子学中的电路，合成生物学提出了遗传回路（genetic circuit）或基因回路（gene circuit）的概念。合成生物学认为遗传回路是使合成生物正常运行的控制器，其设计与构建也出现得最早。目前已经设计和构建出了具有多种功能的遗传回路，主要包括开关回路、逻辑门回路等，设计原理一般是基于操纵子模型。

16.1.3.1 开关回路

开关回路（switch circuit）是化学物质或温度、光照等诱导（或缺乏）时，控制基因元件处于转录表达（或阻遏状态）的一种方式。例如在异丙基硫代半乳糖苷（isopropyl β-D-thiogalactoside，IPTG）诱导解阻遏的基因表达调控中，只有输入IPTG，*lac* 启动子才能转录下游的基因元件。

双稳态开关是第一个被公开报道的具有功能的遗传回路。该开关由两条相互抑制的调控回路组成（图16-2）。两种状态的表达产物相互抑制，由诱导物的浓度来决定回路开关的状态。其中 *trc* 启动子、阻遏基因 *lacI* 和诱导物 IPTG 组成一个阻遏系统，而 *LtetO1* 启动子、阻遏基因 *tetR* 和氧化四环素（OTC）组成另一个阻遏系统。当加入IPTG后，*trc* 启动子解阻遏，驱动 *tetR* 基因及其 *GFP* 基因转录，TetR结合到 *LtetO1* 上，从而抑制 *lacI* 基因转录，进而 *tetR* 与绿色荧光蛋白（green fluorescent protein，GFP）基因持续高表达，输出信号为绿色荧光；相反，当加入脱水四环素（aTc）后，*LtetO1* 启动子解除阻遏，*lacI* 基因表达，进而抑制了 *tetR* 和 *GFP* 基因的表达，无绿色荧光输出。

16.1.3.2 逻辑门回路

逻辑门回路是另一类常用的遗传回路，可分为非门、与门、或门、与非门等遗传回路。

（1）非门遗传回路

非门（NO gate）遗传回路是无信号输入时，基因元件不表达，则有输出信号；而有诱导剂输入时，基因元件表达，则无输出信号（表16-3）。如在大肠杆菌的非门遗传回路中，由 *lac* 启动子和 *cI* 基因组成一个系统，由 L 启动子和报告基因 *GFP* 组成另一个系统。LacI可阻遏 *lac* 启动子，CI可阻遏L启动子，形成非门逻辑（图16-3）。当不输入IPTG时，*cI* 基因被阻遏故不表达CI蛋白，L启动子表达 *GFP*，输出绿色荧光；输入IPTG时，*cI* 基因被解阻遏，CI蛋白阻遏L启动子，不表达 *GFP* 基因，无绿色荧光输出。

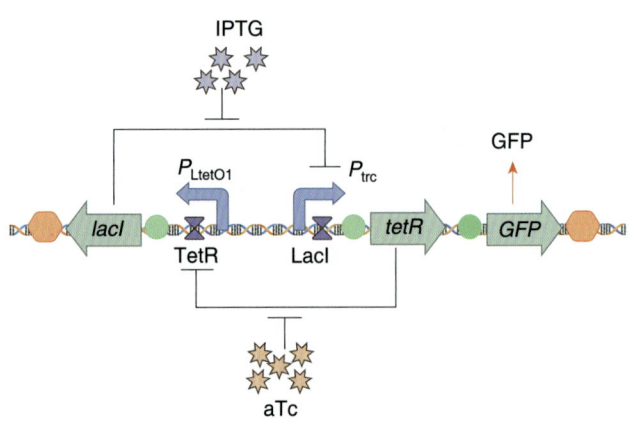

图 16-2　IPTG-aTc 调控的双稳态开关回路

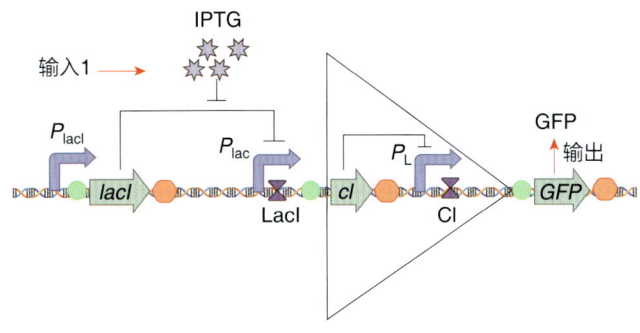

图 16-3　非门遗传回路示意图

表 16-3　非门遗传回路的信号转换

输入	输出
0	1
1	0

（2）与门遗传回路

与门（AND gate）遗传回路是两种信号同时输入时，才有输出信号，否则就没有输出信号（表 16-4）。以图 16-4 为例，无 IPTG 或阿拉伯糖（Ara）输入时，*hrpR* 或 *hrpS* 基因不转录，*hrpL* 启动子不转录 *GFP* 基因，无输出绿色荧光信号；当输入 IPTG 或阿拉伯糖时，*hrpL* 启动子也不转录 *GFP* 基因，无输出绿色荧光信号；当同时输入 IPTG 和阿拉伯糖时，*hrpR* 和 *hrpS* 基因转录，其产物 HrpR 和 HrpS 结合到启动子上，激活 *hrpL* 启动子转录 *GFP* 基因，输出绿色荧光。

（3）或门遗传回路

或门（OR gate）遗传回路是只要有输入信号，就有输出信号；无信号输入，则无信号输出（表 16-5）。用阿拉伯糖（Ara）和脱水四环素（aTc）双启动子控制 *GFP* 基因，组成型表达 AraC 和 TetR，形成或门遗传回路（图 16-5）。当输入阿拉伯糖或脱水四环素或同时输入两种信号分子时，*GFP* 基因都能表达，输出绿色荧光。

（4）与非门遗传回路

与非门（NAND gate）遗传回路是双层逻辑，先与门逻辑，然后非门逻辑，是两个逻辑门的组合（表 16-6）。与门、非门都有信号输入时，无输出信号；否则为有输出信号。

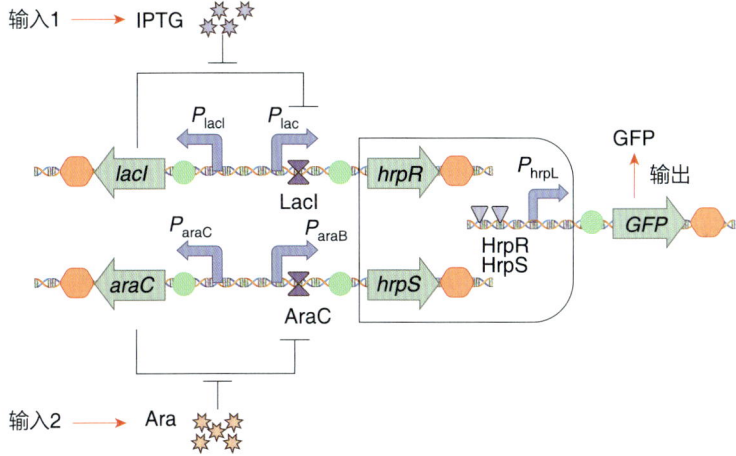

图 16-4　与门遗传回路示意图

表 16-4　与门遗传回路的信号转换

输入 1	输入 2	输出
0	0	0
1	0	0
0	1	0
1	1	1

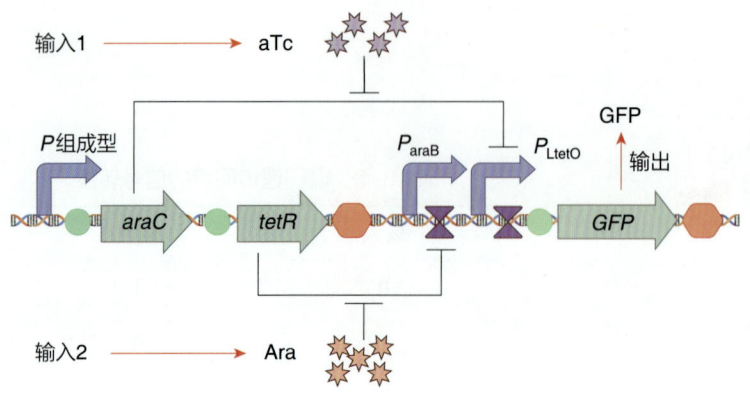

图 16-5 或门遗传回路示意图

表 16-5 或门遗传回路的信号转换

输入 1	输入 2	输出
0	0	0
1	0	1
0	1	1
1	1	1

表 16-6 与非门回路的信号转换

输入 1	输入 2	输出
0	0	1
1	0	1
0	1	1
1	1	0

以图 16-6 为例，与门遗传回路由 *lac* 启动子 –*hrpR*、*araB* 启动子 –*hrpS* 组成，非门遗传回路由 *hrpL* 启动子 –*cI*、L 启动子 –*GFP* 组成。无 IPTG 或阿拉伯糖输入时，*hrpR* 和 *hrpS* 基因不转录，*hrpL* 启动子不转录 *cI* 基因，L 启动子转录 *GFP* 基因，输出绿色荧光信号；当输入 IPTG 或阿拉伯糖时，*hrpL* 启动子也不转录 *cI* 基因，L 启动子转录 *GFP* 基因，输出绿色荧光信号；当同时输入 IPTG 和阿拉伯糖时，*hrpL* 启动子转录 *cI* 基因，抑制 L 启动子，不转录 *GFP* 基因，无绿色荧光输出。

虽然遗传回路的研究模式常用荧光作为信号输出，但这些原理同样可用于生物系统、代谢途径、细胞状态等控制中。

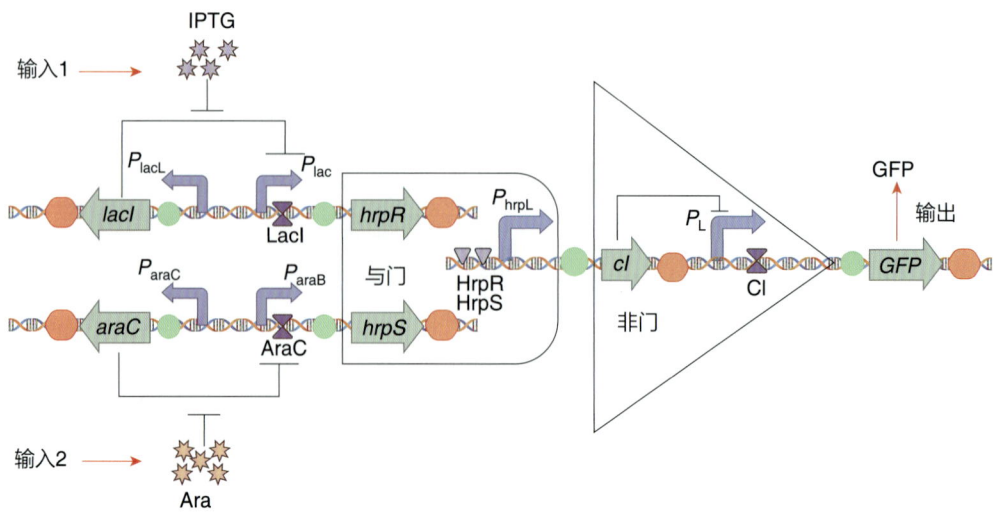

图 16-6 与非门遗传回路示意图

16.2 组装 DNA 片段

16.2.1 标准化组装

为了提高 DNA 片段的利用率和通用性，可对合成的 DNA 片段（即生物元件）进行标准化。生物元件的标准化具有很多优点：①标准化的生物元件相互之间容易连接，省去了寻找和优化限制性内切核酸酶、连接酶等 DNA 重组工具的烦琐工作，大大节省了时间，提高了效率，有效实现即插即用。②经过改造和实验检验的生物元件，在模式生物中具有很好的生物功能，减少了直接从自然生物中克隆基因所必须面对的异源表达问题。③生物元件具有标准化的动力学参数模拟、载体和宿主背景，为生物模块的功能预测提供了参考、比较和优化的平台。④基于生物元件构建的 DNA 元件文库（如 iGEM Registry），可提供标准化的描述文件和分类的方法，为使用者迅速找到理想的模块提供了便利。

16.2.1.1 生物元件库

国际遗传工程机器大赛（International Genetically Engineered Machine Competition，iGEM）是一项合成生物学领域的国际大学生科技竞赛，该竞赛为大学生提供了一个很好的合成生物学训练机会。该竞赛基于生物元件构建了一个 DNA 元件文库（如 iGEM Registry），为了方便研究者查阅生物元件的功能，iGEM Registry 对其中的每一个生物元件都有详细的注释，包括该片段的示意图、碱基顺序（不包括前缀和后缀）、片段的设计者对于该片段功能的阐述，以及其他使用者提供的使用经验等。每年 iGEM Registry 都会向全世界所有参赛队伍免费提供所有最近更新的生物元件，供参赛队伍使用。参赛队伍也可免费向 iGEM Reistry 上交自己队伍新创造的生物元件和规范化描述性文字。iGEM Registry 已得到全世界合成生物学界的普遍支持，其他科研机构和个人也会贡献自己的力量。

16.2.1.2 生物元件的标准化结构

生物元件的标准化体现在每一个 DNA 片段的末端具有相同的前缀和后缀（图 16-7）。前缀中包括 *EcoR* I 和 *Xba* I 两个酶切位点，后缀中包括 *Spe* I 和 *Pst* I 两个酶切位点，且 DNA 片段内部序列不含有这 4 个酶切位点。*Xba* I 和 *Spe* I 是一对同尾酶，其识别位点不同，但酶切之后形成的黏末端相同。整个生物元件被克隆在特定的质粒载体上，可按照设计的需要剪切和拼接，使 DNA 片段依次组装起来。

生物元件前缀和后缀中各片段的功能如下（图 16-7）：

片段（1）：额外的间隔碱基序列，以利于用 *EcoR* I（前缀）和 *Pst* I（后缀）酶切后进行 PCR 扩增；促进利用 *Taq* 聚合酶进行 PCR 时反向链末端 A 碱基的添加，从而保证 TA 克隆的高效性；

片段（2）：随机附加的间隔碱基；

片段（3）：*EcoR* I（前缀）和 *Pst* I（后缀）识别位点；

片段（4）：*Not* I 识别位点；

图 16-7 生物元件前缀和后缀的碱基序列

前缀:
```
5'  GTTTCTT  C  GAATTC  GCGGCCGC  T  TCTAGA  G  [part]  3'
3'  CAAAGAA  G  CTTAAG  CGCCGGCG  A  AGATCT  C  [part]  5'
    (1)     (2)  (3)     (4)     (5)  (6)   (7)  (8)
```

后缀:
```
5'  [part]  T  ACTAGT  A  GCGGCCG  CTGCAG  G  AAGAAAC  3'
3'  [part]  A  TGATCA  T  CGCCGGC  GACGTC  C  TTCTTTG  5'
    (8)   (7)  (6)    (5)  (4)     (3)   (2)  (1)
```

片段（5）：附加碱基，防止切割/重组过程中意外出现 EcoBI 或 EcoKI 甲基化位点而抑制酶切作用；

片段（6）：XbaI（前缀）和 SpeI（后缀）识别位点；

片段（7）：附加碱基；

片段（8）：大约 20 bp 的、与预构建组件 5′端（前缀）和 3′端（后缀）匹配的序列。

16.2.1.3 生物元件的连接

将需要组装的 DNA 片段分为插入片段和载体片段两部分。由于具有 4 个标准化的酶切位点，插入片段可在限制性内切核酸酶作用下从载体上切割出来；载体经限制性内切核酸酶处理后可打开一个缺口，并留下两个黏末端。假设将目的片段 A 插入到目的片段 B 的左侧时（图 16-8），首先利用 EcoRI 和 SpeI 两种酶切割含有片段 A 的质粒并将片段 A 切下来。片段 A 的序列如下：

```
5'*AATTC   GCGGCCGC   T   TCTAGA   G   片段A  --T   A      3'
3'    G    CGCCGGCG   A   AGATCT   C   片段A  --A   TGATC* 5'
    EcoRI    NotI         XbaI                          SpeI
```

然后利用 EcoRI 和 XbaI 两种酶切割含有片段 B 的质粒并去掉它们之间的序列，形成一个切口如下：

```
5'--gca  G              *CTAGA   G---3'
3'--cgt  CTTAA*              T   C---5'
        EcoRI              XbaI
```

在连接酶的作用下，片段 A 和片段 B 上的 EcoRI 位点连接到一起，形成新的 EcoRI 酶切位点；而片段 A 上的 SpeI 和片段 B 上的 XbaI 是同尾酶切位点，因具有相同的黏末端而连在一起。插入片段可以准确嵌入载体上的切口中，且融合后的混合位点因不能被 XbaI 和 SpeI 识别而切开。此外，片段 A 又将自身的 XbaI 位点加入到片段 B 上，保证了连接后片段的前缀和后缀都保持不变，最终实现两个生物元件的成功连接，且新片段仍然可以用这 4 种酶与其他片段连接。如此循环往复，即可由简单到复杂，逐层构建更加复杂的生物系统。

类似地，也可将片段 A 插入到片段 B 的右侧，新生物元件的两端仍然具有 4 个标准酶切位点。

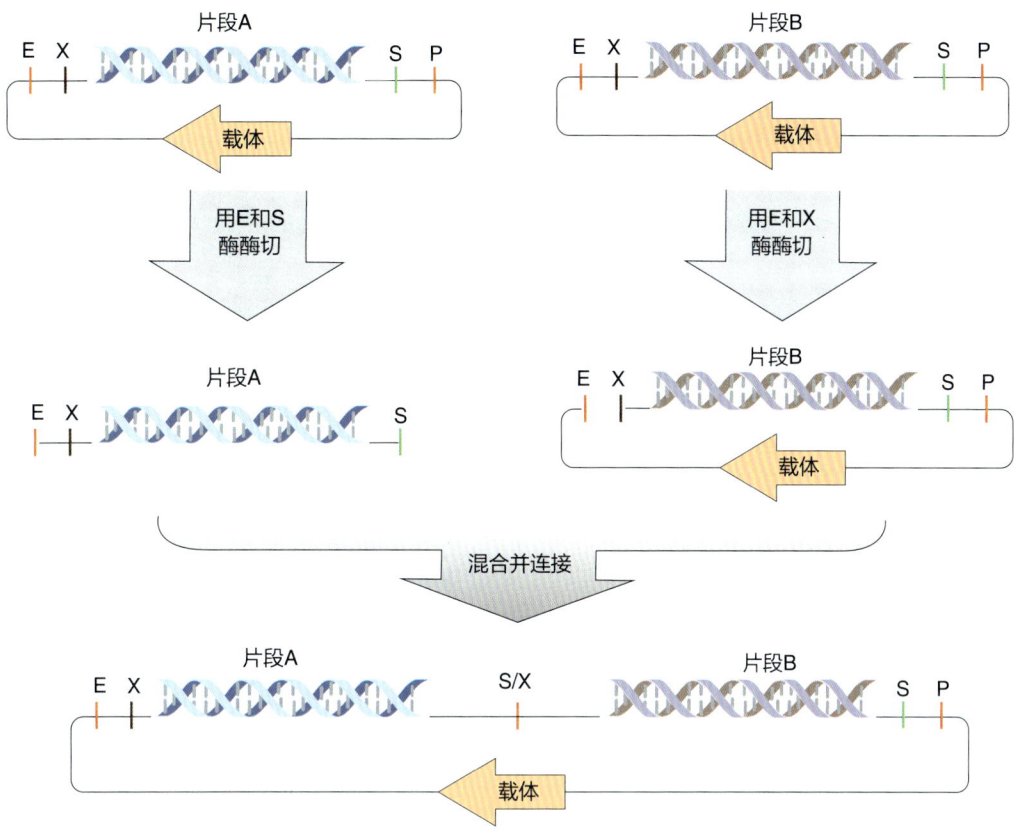

图 16-8 生物元件的连接（以片段 A 插入片段 B 的左侧为例）

16.2.2 聚合酶循环组装

聚合酶循环组装（polymerase cycling assembly，PCA）是一种基于聚合酶链反应（polymerase chain reaction，PCR），将可化学合成的短寡核苷酸通过无模板 PCR 组装成长 DNA 片段的 DNA 组装技术。PCA 常用于组装 10~20 条长度为 40~70 bp 的寡核苷酸。用于 PCA 的单链寡核苷酸彼此之间部分重叠。拼接时，这些部分重叠的寡核苷酸片段彼此互为引物和模板，在 DNA 聚合酶的作用下，通过退火、延伸变成较长的双链 DNA；然后再通过与其他寡核苷酸片段或延伸产物之间的变性、退火及延伸的循环，逐步实现寡核苷酸片段的拼接（图 16-9）。该方法由于 DNA 合成费用较低而得到广泛使用。

重叠延伸 PCR 技术（overlap extension polymerase chain reaction，OE-PCR）可以用于组装更长的 DNA 片段（图 16-10）。将末端具有重叠序列的 DNA 片段通过变性、退火，然后互为引物，经聚合酶延伸得到融合的 DNA。一般可以将 2~6 个 DNA 片段按比例混合作为模板，以最外侧两端的寡核苷酸作为引物，进行重叠延伸，同时要保证相邻的两个 DNA 片段之间有 20~40 bp 的同源重叠区。由于 OE-PCR 方法操作简单，省时省力，已经得到了广泛的应用。

图 16-9 PCA 示意图

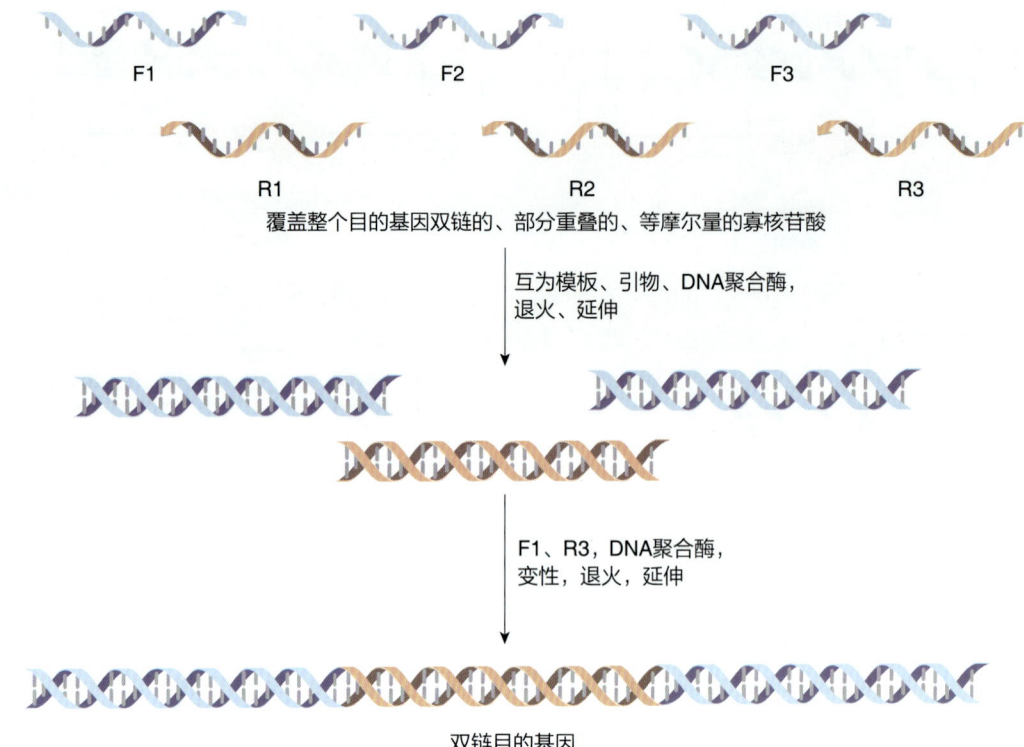

图 16-10 OE-PCR 示意图

将两个 DNA 片段分别用一对引物（F1/R1 或 F2/R2）通过 PCR 扩增，使 PCR 产物之间有同源区段，接着用 F1 和 R2 引物通过 PCR 扩增得到完整双链目的片段

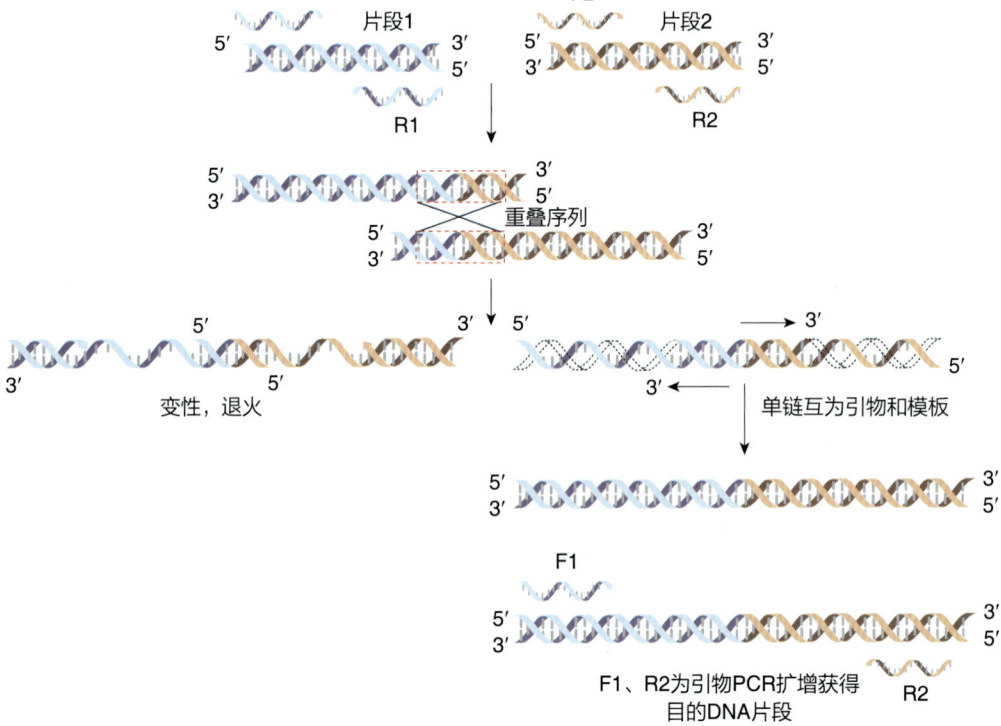

16.2.3　Gibson 组装

Gibson 组装（Gibson assembly）又称为"Gibson 恒温一步组装法"，是美国克雷格·文特尔（J. Craig Venter）研究所的丹尼尔·吉布森（Daniel G. Gibson）和其他研究员一起创建的一种 DNA 组装方法。Gibson 组装利用 T5 核酸外切酶、DNA 聚合酶及连接酶的协同作用在体外将多个带有末端重叠序列的 DNA 片段组装起来（图 16-11）。首先通过 PCR 扩增在 DNA 片段两端加上同源序列，其长度通常为 15～40 bp，获得部分重叠的 DNA 片段。T5 核酸外切酶具有 5′→3′ 核酸外切酶活性，能够从 5′ 端切割有重叠区的 DNA 片段产生 3′ 突出末端，然后该单链 DNA 的重叠序列在 50℃特异性退火（此时 T5 核酸外切酶逐渐失活），最后 DNA 聚合酶和 Taq 连接酶修复连接而成的双链 DNA，从而形成完整的 DNA 分子，实现无缝拼接。该方法可一步完成组装，组装后的质粒可直接用于转化感受态细胞，无须限制性内切酶。随着组装 DNA 片段的增多，其效率和正确率会随之降低，且需要的重叠序列也较长，引物合成的费用也相应增加，因此该方法常用于不超过 6 个片段的组装。

16.2.4　Red/ET 重组组装

Red/ET 重组组装（Red/ET recombineering）是由来源于大肠杆菌的 λ 噬菌体蛋白对 Redα/Redβ 或来源于 Rac 原噬菌体的蛋白对 RecE/RecT 所介导的基于短同源臂的同源重组技术。同源重组是两个具有同源序列的 DNA 分子间发生交换，从而使序列发生重组的过程。这种同源重组技术能对宿主 DNA 序列进行快速、高效、精确地修饰和操作。

ET 同源重组系统：大肠杆菌 Rac 原噬菌体通过表达蛋白 RecE 和 RecT 高效介导

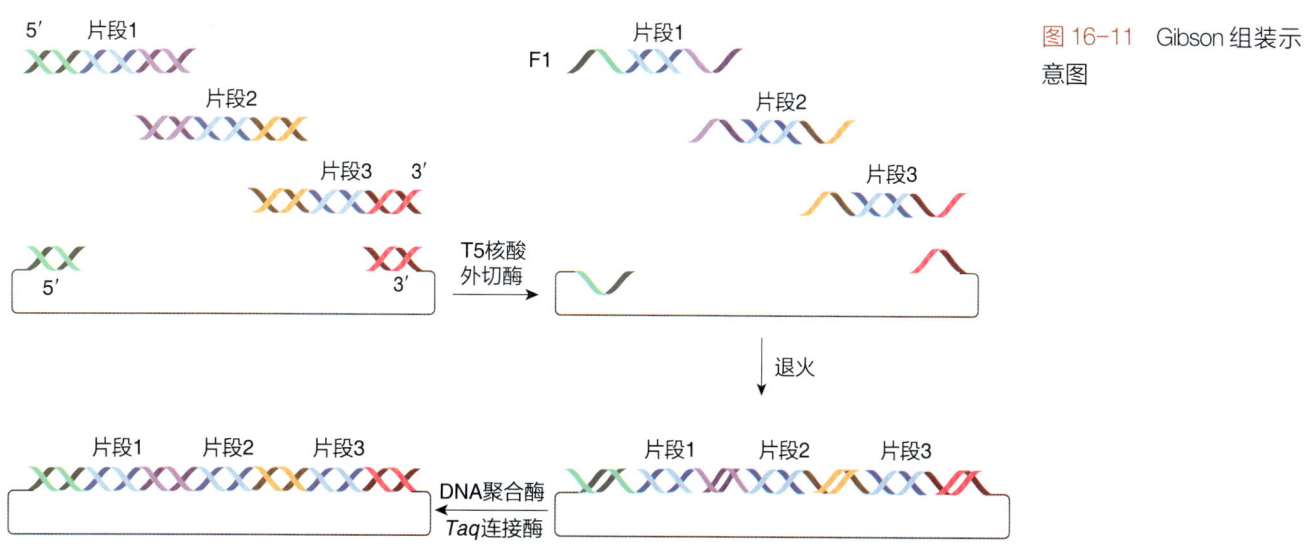

图 16-11　Gibson 组装示意图

体内同源重组的发生，其所需的单侧同源臂长度仅为 35～50 bp。其中 RecE 蛋白有 5′→3′ 外切酶活性，能够从 5′→3′ 端依次切下双链 DNA 上的碱基，形成 3′ 黏末端；RecT 蛋白是一种单链结合蛋白，保护单链核苷酸不被降解，能在退火时指导单链入侵。

Red 同源重组系统：大肠杆菌 λ 噬菌体的 Redα/Redβ 蛋白对与 RecE/RecT 蛋白对类似，具有介导同源重组的功能。其中 Redα 蛋白具有 5′→3′ 端核酸外切酶活性，RecT 是一种单链结合蛋白。

2003 年，A. 弗朗西斯·斯图尔特（A. Francis Stewart）等将含有 Redα/Redβ 和 RecE/RecT 的重组体系合并命名为 "Red/ET 重组"。当带有同源臂的外源 DNA 分子进入到大肠杆菌中时，Redα 或 RecE 发挥其 5′→3′ 端核酸外切酶功能，由 5′ 端开始降解 DNA 序列，产生 3′ 黏末端，这时外源 DNA 具备了与受体 DNA 发生重组的条件。产生的黏末端被 RecT 或 Redβ 结合，防止被细胞内存在的核酸酶降解。在 DNA 退火时，含有黏末端的 3′ 单链攻击双链 DNA 片段并重组。发生重组的两条 DNA 链经过剪切和 DNA 聚合酶的修复后，形成重组 DNA，即外源 DNA 成功导入受体 DNA 中（图 16-12）。

> 知识拓展 16-1
> Red/ET

16.2.5 细胞内组装

随着待组装片段长度的增加，DNA 在体外容易受到常规操作的影响而变得不稳定，且 DNA 大片段体外组装技术通常是烦琐和低效的。因此，大片段 DNA 的组装更

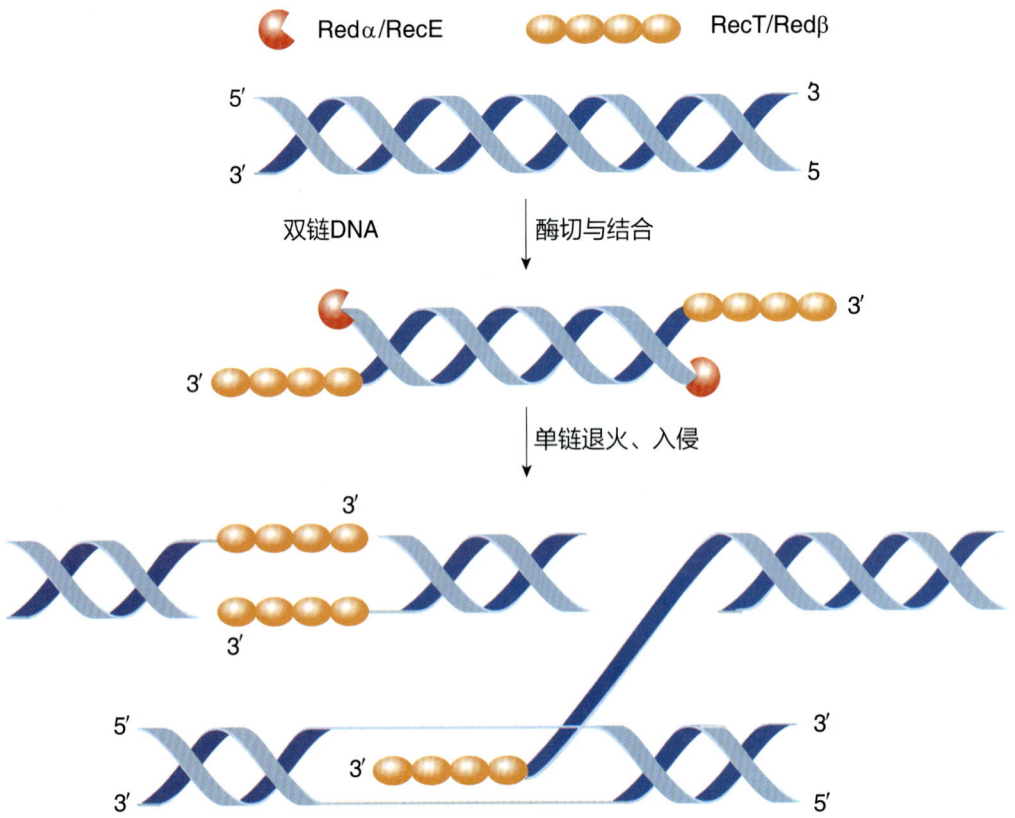

图 16-12 Red/ET 重组示意图

多依靠细胞内组装，酿酒酵母是细胞内组装的常用宿主载体。

16.2.5.1 酵母转化偶联重组技术

利用酿酒酵母体内高效同源重组系统开发出将多个具有末端重叠序列的 DNA 片段组装起来的技术称为酵母转化偶联重组技术（transformation-associated recombination，TAR）。TAR 可以组装较短的寡核苷酸，也可以组装大片段 DNA，甚至实现整个基因组的组装。TAR 组装过程如图 16-13 所示。2010 年美国 Venter 研究组通过该技术完成了 1 078 条大小为 1 080 bp 的 DNA 片段的组装，最终人工合成了 1.08 Mb 的丝状支原体（*Mycoplasma mycoides*）基因组；来自美、中、英、澳大利亚和新加坡的科学家共同开展的酵母基因组合成计划（synthetic yeast genome project，SC2.0），在 2017 年完成了酿酒酵母 5 条染色体的人工设计与合成，实现了合成染色体片段对野生染色体片段的替换，其中 4 条染色体的合成是由中国科学家领衔完成的。

16.2.5.2 YLC 组装

传统兆碱基（Mb）大小的 DNA 组装方法通常需要从宿主细胞中提取大片段 DNA，在体外或大肠杆菌中富集后将它们导入宿主细胞再进一步组装。大片段 DNA 输入和输出到宿主细胞的低效率严重限制了组装的效率。酵母生命周期（yeast life cycle，YLC）介导的大片段 DNA 组装技术可以解决这一问题。YLC 组装的原理是通过在酵母交配和孢子形成过程中迭代、转移细胞中的待组装 DNA 片段，最后在体内组装成大片段 DNA。YLC 通过以下步骤与酵母生命周期嵌套：交配过程使来自两个单倍体的两个 DNA 片段被带入一个二倍体进行组装，含有组装 DNA 的二倍体可以进行减数分裂以产生可用于下一轮组装的单倍体孢子。其组装过程见图 16-14。据报道，使用该方法可以组装 100 千碱基（kb）大小的内源酵母 DNA 和兆碱基（Mb）大

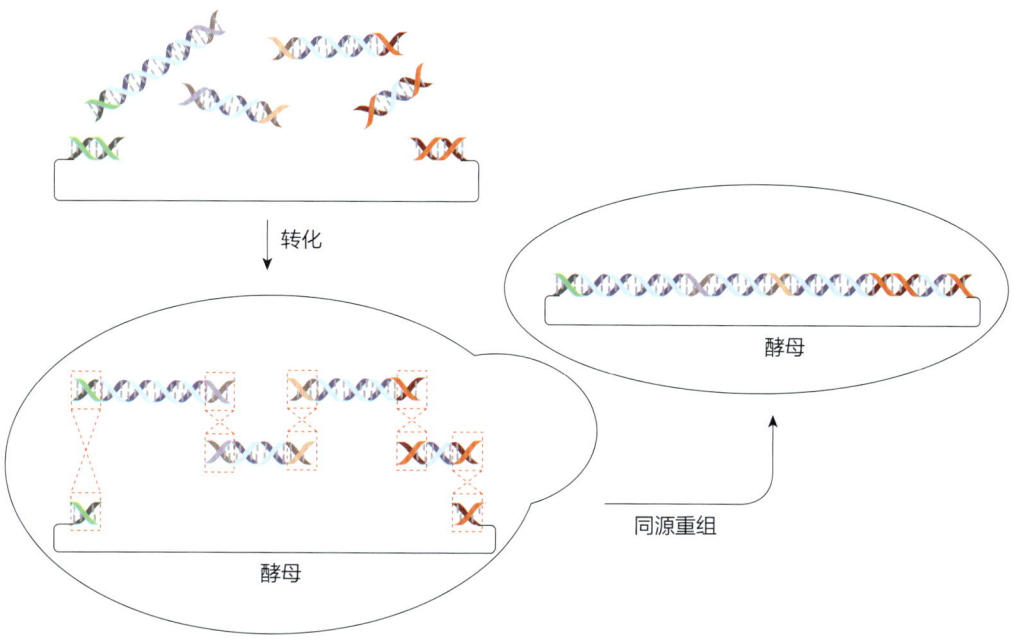

图 16-13　TAR 组装示意图

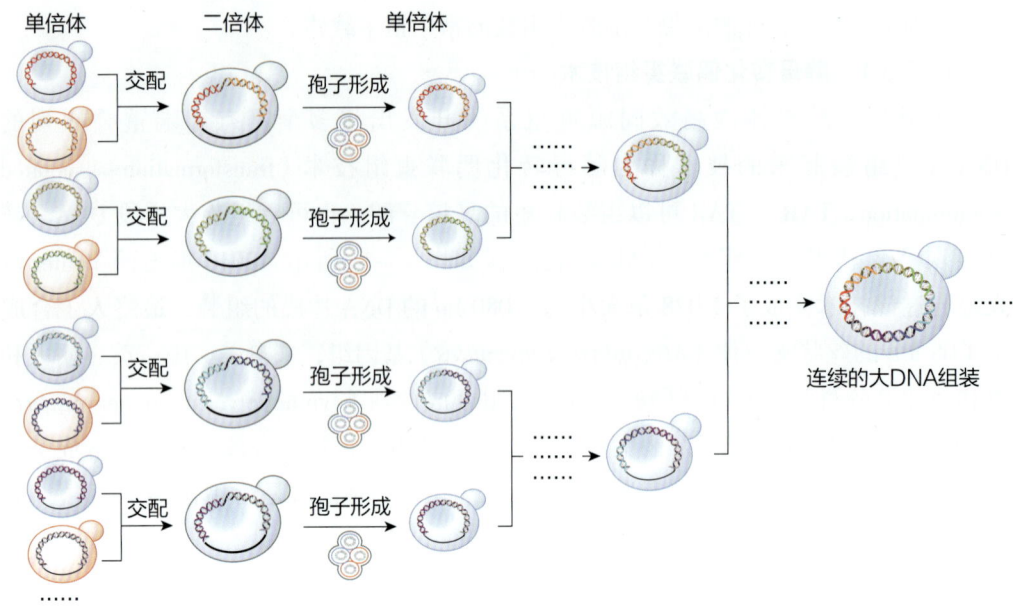

图 16-14 YLC 组装示意图

小的外源 DNA。YLC 组装降低了 Mb 大小 DNA 组装的技术难度，是大规模基因组工程和合成基因组学有潜力的工具。

16.3 合成噬菌体与病毒

> 知识拓展 16-2
> 枯草芽孢杆菌体内组装

噬菌体和病毒基因组的合成技术，使得无须从感染样本中分离制备，就能快速获得噬菌体和病毒及研究样本。合成噬菌体和病毒技术不仅可用于基础研究，还可开发减活疫苗。目前已经合成了噬菌体、脊髓灰质炎病毒、鼠肝炎病毒、中东呼吸综合征病毒、SARS-CoV-2 等基因组。

16.3.1 合成噬菌体

本小节以 T7 噬菌体为例，介绍嵌合噬菌体基因组的设计合成及噬菌体的再生。

16.3.1.1 合成型 T7 基因组的设计

合成基因组时一般需要遵循"基因元件序列不重叠"的设计原则，以避免合成致死性，即一个基因元件序列是唯一的且编码唯一功能，这样每个基因元件能够进行独立和准确地合成和组装。首先要对野生型 T7 噬菌体基因组进行注释，以确定功能基因的边界。野生型 T7 噬菌体的线性基因组长 39 937 bp，包括 57 个可读框、57 个核糖体结合位点（RBS）、60 个蛋白、51 个调控序列。对于基因之间的重叠序列，需要拆分到两个基因中。

如图 16-15 所示，野生型 T7 基因组中，基因 3 的核糖体结合区（RBS）在基因 2.8 内部。在设计 T7.1 时，把自然 RBS 和起始密码进行同义点突变（用大写字母表

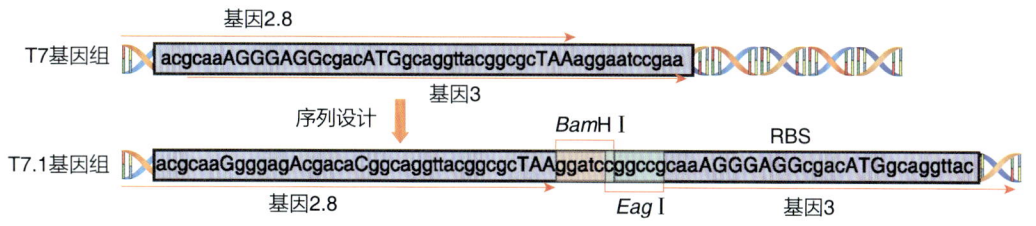

图 16-15 T7.1 基因组中基因元件设计
基因 2.8 中突变碱基用大写字母表示；TAA 是终止密码子；ATG 是起始密码子

示），这不改变基因 2.8 的氨基酸序列；把基因 3 的重叠序列整体右移，与基因 2.8 之间用限制性内切酶（*Bam*H I 和 *Eag* I）分开。通过采取这类策略，解决了 T7 基因组中基因序列的重叠问题，所设计的 T7.1 基因组长度为 41 326 bp。

16.3.1.2　T7.1 基因组的合成

将 T7.1 基因组拆分成 6 个大片段、73 个片段，每个片段包括多个基因元件。大片段之间无重叠边界，末端是核酸内切酶位点。采用替换策略，进行 T7.1 基因组的合成。用合成的 12 179 bp 取代野生型 T7 基因组左端的 11 515 bp，获得了嵌合噬菌体基因组。

16.3.1.3　T7.1 噬菌体包装

用嵌合体噬菌体基因组转染大肠杆菌，涂培养板测试其功能。在平板上出现了噬菌斑，则表明嵌合噬菌体基因组具有复制、转录和翻译功能，包装成活噬菌体，具有生物学活性。

虽然未见报道野生型 T7 基因组右端序列的替换工作，但研究表明自然生物基因组可进行再设计和重新合成，是合成微生物基因组的开篇工作。

16.3.2　合成脊髓灰质炎病毒

脊髓灰质炎病毒（poliovirus）是引起瘫痪和小儿麻痹症的病原体，脊髓灰质炎病毒基因组是一条长 7 440 nt 的正义单链 RNA。2002 年杰罗尼莫·西罗（Jeronimo Cello）等以脊髓灰质炎病毒 1［(poliovirus 1 Mahoney)，简称 PV1（M）］基因组序列为参考，人工设计并合成了脊髓灰质炎病毒［synthetic PV1（M），简称 sPV1（M）］，下面以该项工作为例来介绍病毒基因组的设计与合成。

16.3.2.1　脊髓灰质炎病毒基因组 cDNA 的设计

野生型脊髓灰质炎病毒基因组由 742 nt 的 5′ 非翻译区（5′UTR）、1 个可读框、70 nt 的 3′ 非翻译区（3′UTR）和大约 60 nt 的 poly（A）组成（图 16-16）。其只有 1 个可读框，形成一个转录本，编码病毒复制的所有蛋白，包括结构蛋白 P1、非结构蛋白 P2 和 P3。

由于 T7 RNA 聚合酶启动子能转录脊髓灰质炎病毒基因组，并产生相同长度的转录本，因此选择 T7 启动子替换天然启动子，置于整个基因组的左端，驱动整个基因组的转录。其他序列最大限度地保持与野生型完全相同。

为了有效地合成和组装，将 sPV1（M）基因组 cDNA 拆分为 F1、F2 和 F3 片

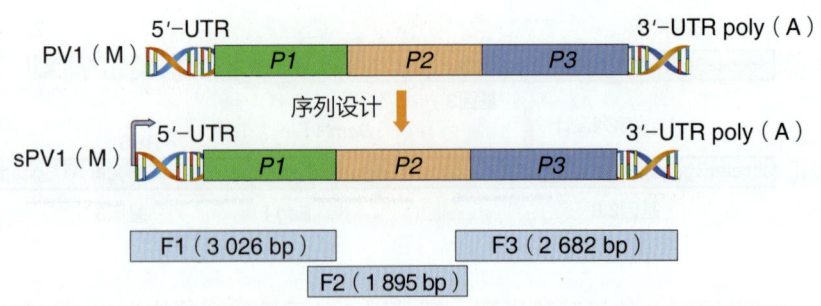

图 16-16 合成脊髓灰质炎病毒 [sPV1 (M)] 基因组 cDNA 的设计

段。F1 片段长度 3 026 bp，包括 T7 RNA 聚合酶启动子（TAATACGACTCACTATAG）、5′UTR 和结构区域 P1，F1 与 F2 重叠 24 bp。F2 片段长度 1 895 bp，主要包括非结构域 P2 区域，F2 与 F3 重叠 21 bp。F3 片段长度 2 682 bp，包括 P3 区域、3′UTR 和 poly (A) 尾。

为了组装和筛选鉴定合成型基因组，在 sPV1 (M) 基因组中设计了 13 个新酶切位点，消除 1 个原有的酶切位点，改变 20 个碱基，但所有序列改变都不能影响病毒复制。

按脊髓灰质炎病毒基因组的组织形式，将 RNA 序列转换为 cDNA 序列，进行序列设计。基于 cDNA 序列，设计成每个长度大约为 60 bp 的寡核苷酸，且每个寡核苷酸之间重叠 15~30 bp。同时引入设计的突变位点。

16.3.2.2 脊髓灰质炎病毒 cDNA 的合成与组装

采用酶切连接策略进行组装（图 16-17）。根据设计，由化学合成互补双链寡核苷酸，末端具有重叠序列。再通过无模板 PCR，使用高保真聚合酶，把 8~12 个寡核苷酸片段（40~93 bp）组装成 400~600 bp 的小片段。小片段经凝胶电泳纯化后，再连接到质粒载体上。

经过双向测序验证正确的小片段，进一步连接、组装成 F1、F2 和 F3 片段。如果出现错误，则需通过 PCR 进行点突变或正确序列的替换实现纠错。

利用 F1、F2 和 F3 片段内部的酶切位点和载体上位点，经过酶切和连接反应，逐步合并，组装到 pBR322 载体上，组装成 pBR-F1-2-3。

16.3.2.3 脊髓灰质炎病毒包装

接下来采用无细胞提取物表达病毒基因组 sPV1 (M)。pBR-F1-2-3 与无细胞提取物混合孵育，T7 RNA 聚合酶转录合成的脊髓灰质炎病毒 cDNA，生成转录物 RNA，进一步翻译出病毒的蛋白，包装成病毒颗粒。有实验检测到了合成的病毒和病毒特异性蛋白质，且与野生型病毒 RNA 的产物相同，噬菌斑的表型特性也与野生型相同。sPV1 (M) 的 RNA 能在无细胞提取物中复制和翻译，并包装形成具有感染能力的新脊髓灰质炎病毒，实现了从头合成脊髓灰质炎病毒。

16.3.2.4 合成脊髓灰质炎病毒减活疫苗

脊髓灰质炎病毒 P1 区域编码病毒衣壳蛋白，在不改变 P2 和 P3 区域的前提下，使用不同密码子，同时控制密码子偏向性和 RNA 折叠自由能，对脊髓灰质炎病毒 P1

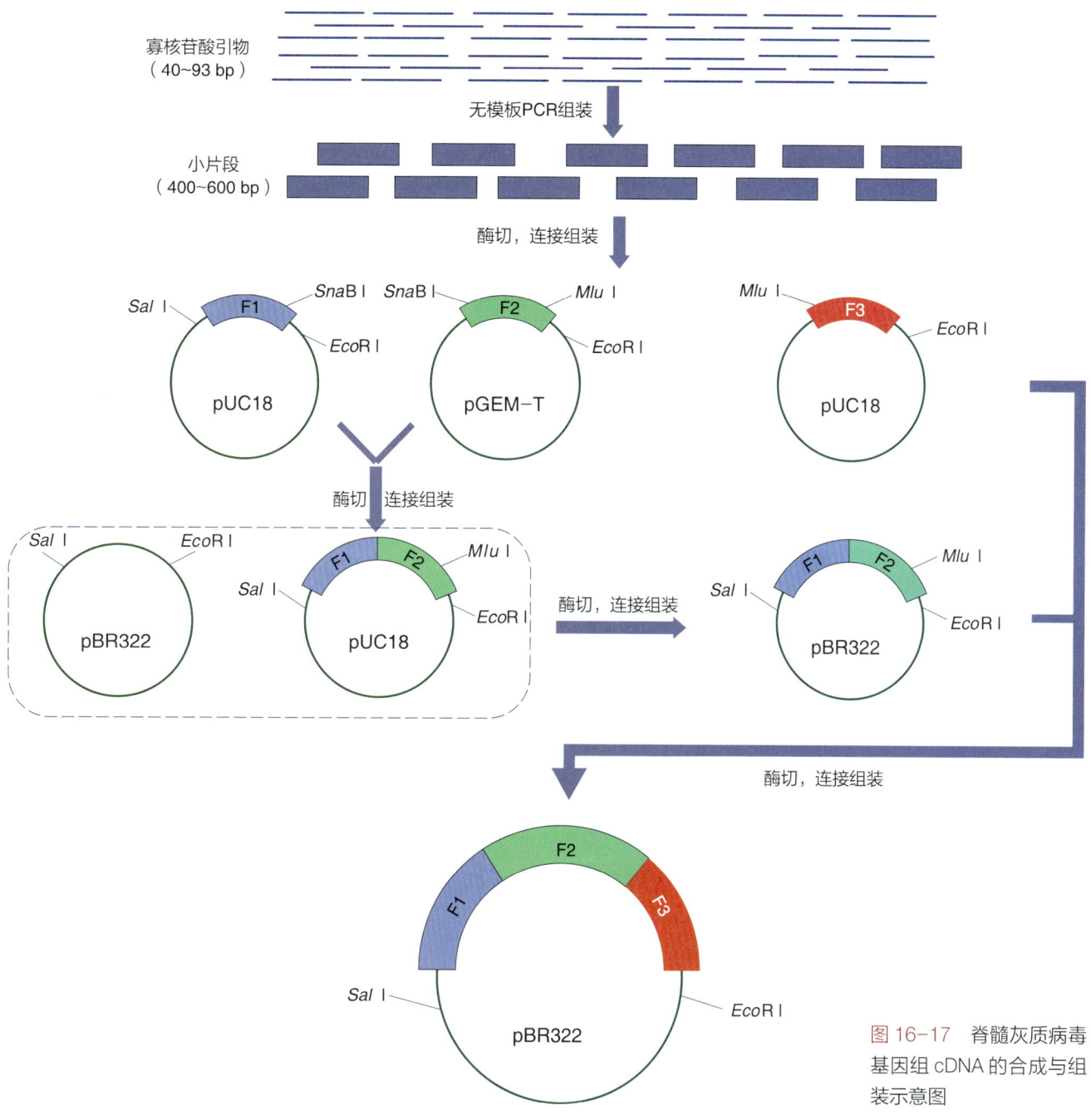

图 16-17 脊髓灰质病毒基因组 cDNA 的合成与组装示意图

的氨基酸重新编码，可设计合成减活疫苗。例如，使用人类基因组中高丰度密码子对 P1 区编码，其中包括 566 个同义突变，它的感染性和致瘫痪率与野生型完全相同；但使用人类基因组中低丰度密码子对 P1 区编码，其中包括 631 个同义突变，因其翻译效率太低，该病毒不能存活；对 P1 区的 C 端突变设计，则感染性下降，神经毒性衰减至原来的 1/100，50% 致瘫痪浓度是野生型的 2 000 倍，从而获得合成型脊髓灰质炎病毒减活疫苗。

16.3.3 合成新型冠状病毒

急性呼吸综合征冠状病毒 2（SARS-CoV-2）也称为新冠病毒，其基因组是正链 RNA，约 30 kb。合成新型冠状病毒的基本过程包括 3 个主要步骤，首先是合成新型冠状病毒基因组 cDNA，其次是离体转录生成基因组 RNA，最后是转化动物细胞，基因组 RNA 复制、转录和翻译，并包装形成新型冠状病毒颗粒。目前已经报道有两种合成新型冠状病毒基因组 cDNA 的策略，分别是离体组装和酵母细胞组装。

16.3.3.1 离体组装新型冠状病毒基因组 cDNA

第一步是基因组 cDNA 设计与片段合成。将新型冠状病毒基因组拆分成长度 3 500~5 700 bp 的 7 个片段，在片段末端设计 IIS 型限制性内切酶位点（图 16-18）。F1 片段左端设计 T7 RNA 聚合酶启动子，F7 片段右端设计转录终止信号 poly（A）序列（29 nt）。F1、F4、F5 和 F6 片段的末端为 *Bsa*I（GGTCTCANNNN），F2、F3 和 F7 片段的末端为 *Esp*3I（CGTCTCANNNN）。F1、F4、F5 和 F6 片段克隆在载体 pUC 上，能在大肠杆菌 Top10 中稳定存在。在 pUC 上的 F2、F3 和 F7 片段，会导致大肠杆菌不能存活；故需选用能承载毒性和不稳定性片段的载体 pCC1，对 F2、F3 和 F7 片段进行克隆，并在大肠杆菌 EPI300 中保存。pCC1 是单拷贝质粒，经阿拉伯糖诱导后，拷贝数可增加到 10~20 个。

新型冠状病毒基因组片段在大肠杆菌中往往不稳定，倾向于复制突变的错误和删除。需使用大肠杆菌 Top10 或 EPI300，降低培养温度（25~30℃）、长时间（48 h）生长，以减少突变发生。

下一步是离体连接与组装。先提取质粒，经酶切、纯化制备高质量的 F1 至 F7 片段；采用 T4 DNA 连接酶，将 F1、F2、F3、F4 连接在一起，并分离纯化获得 F1-4 片段；另将 F5、F6 和 F7 片段连接在一起，并分离纯化获得 F5-7 片段。最后，再将 F1-4 片段和 F5-7 片段连接组装在一起，经分离纯化而获得新型冠状病毒基因组 cDNA。

图 16-18 新型冠状病毒基因组 cDNA 的设计与离体组装示意图
两个相邻片段中，只有上游片段长度计算酶切位点的 4 个碱基

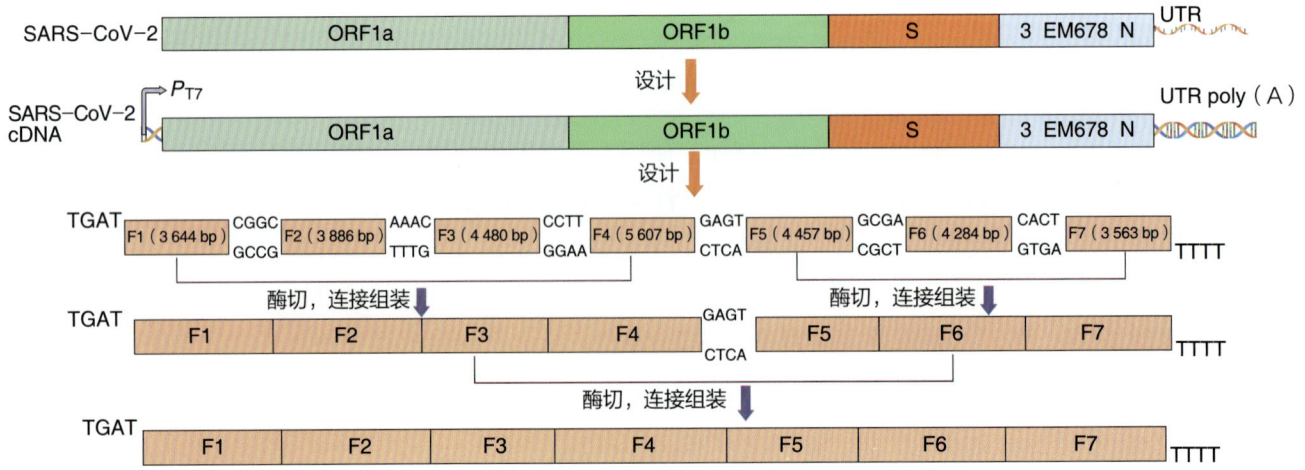

16.3.3.2 酵母细胞组装新型冠状病毒基因组 cDNA

冠状病毒基因组较大，而且基因组片段对大肠杆菌具有毒性，离体组装需要数微克高质量的片段，技术难度较大。而选择酵母底盘，通过同源重组原理，使用YAC载体进行组装，则相对较容易。

将新型冠状病毒基因组拆分为12个重叠DNA片段，每个片段之间重叠长度45~500 bp（图16-19），且每个片段末端设计有限制性内切酶位点，以便酶切制备大片段。在F1片段的左端设计T7启动子和载体同源臂（88 nt），F12片段右端设计poly（A）和载体同源臂（181 nt），用于离体转录和酵母细胞内的同源重组。用含有45 bp以上同源臂的引物扩增，使pCC1BAC-His3线性化。将12个片段和线性化的载体，转化酿酒酵母（Saccharomyces cerevisiae）VL6-48N，12个片段按照顺序组装到载体上。最后经筛选、鉴定，分离纯化获得组装成功的含有新型冠状病毒基因组cDNA的载体。

16.3.3.3 新型冠状病毒基因组 cDNA 的离体转录

使用离体转录试剂盒完成离体转录。加入新型冠状病毒基因组cDNA，由T7 RNA聚合酶进行转录，32℃、8 h，生成基因组RNA。转录结束后，加入DNase，消化降解cDNA模板，分离纯化、制备新型冠状病毒基因组RNA。

16.3.3.4 重组新型冠状病毒的包装

由于新型冠状病毒N基因有利于基因组RNA的电转化，因此，通过PCR扩增N基因DNA，离体转录制备N基因的RNA。再将新型冠状病毒基因组RNA和N基因的RNA一起电转化Vero E6细胞，转化细胞在5%二氧化碳培养箱中，37℃下培养。转化后40~60 h，分离、收获新型冠状病毒颗粒。使用10%~20%血清用于细胞增殖，2%血清用于病毒感染和复制。

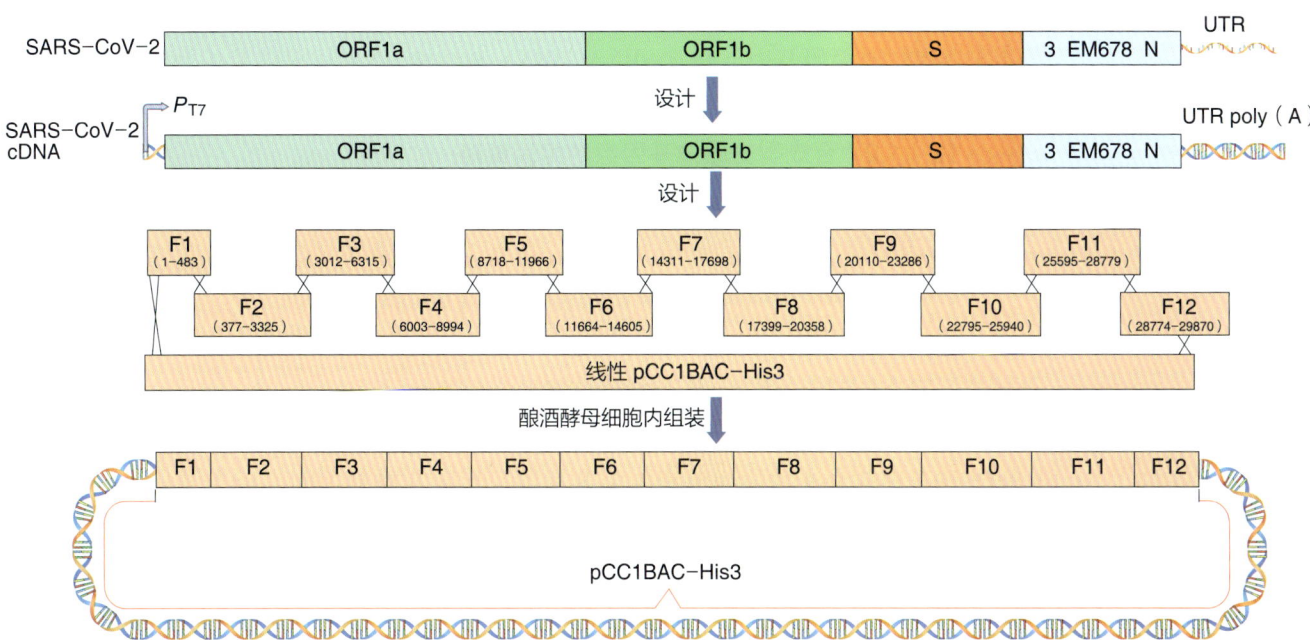

图16-19 新型冠状病毒基因组cDNA的设计与酿酒酵母组装示意图（括号数字内仅显示在新型冠状病毒基因组上的顺序位置）

为了提高转染效率和病毒滴度，可采用细胞共培养策略。将新型冠状病毒基因组 RNA 和 N 基因的 RNA 一起电转化为 BHK-21 细胞，再与 Vero E6 细胞在 5% 二氧化碳培养箱中，37℃下共培养。转化后 3~4 d，从培养液上清中分离、收获新型冠状病毒颗粒。

16.4 合成细菌基因组

细菌基因组的合成有三种策略，第一种是由小到大，异源逐级片段组装，最终组装出全长基因组。如离体组装和酵母中组装相结合，合成了支原体基因组。第二种是所有片段一次性组装，如将 25 个大片段一次性导入酵母细胞，在细胞内组装出了支原体基因组。第三种是合成型片段逐步替换野生型基因组序列，获得合成型基因型，如大肠杆菌缩减密码子的基因组。

16.4.1 合成支原体基因组

16.4.1.1 支原体基因组的拆分设计

生殖支原体（*Mycoplasma genitalium*）基因组长度为 580 076 bp，把原始序列按顺序等分成 101 个片段，每个片段长 5~7 kb。在不影响生存的前提下，选择性地除去非必需基因。每个片段包含一个或几个完整基因，以防止基因失活。相邻片段的末端有 80~360 bp 重叠序列，第一个片段 5′ 端与最后一个片段 3′ 端之间重叠，以组装形成环状基因组。

在合成基因组序列中，设计 4 个水印序列，插入在片段之间，以区别野生型基因组和合成型基因组。合成型生殖支原体基因组 JCVI-1.0 的总长度为 582 970 bp，包括 485 个蛋白质编码基因、43 个 rRNA、tRNA 和结构 RNA 基因以及 4 个水印序列和插入序列。

16.4.1.2 合成型支原体基因组的组装策略

采用离体组装与酵母细胞内组装相结合的策略，分两个阶段，逐级组装基因组（图 16-20）。

第 1 个阶段，用细菌人工染色体（bacterial artificial chromosome，BAC）载体，逐级离体 Gibson 组装。由相邻 4 个片段和外切酶、聚合酶、连接酶等组成反应体系，离体组装成 A1 片段。把 A1 片段和线性 BAC 载体电转化大肠杆菌，筛选、鉴定正确的组装体 A1。这样组装得到 A 系列（A1~A25）片段，每个 A 系列长约 24 kb。用类似的方法，由 3 个 A 片段组装成 1 个 B 片段，形成 B 系列（B1~B8）片段，每个 B 片段长约 72 kb。由 2 个 B 片段组装成 1 个 C 片段，每个 C 片段长约 144 kb，形成 C 系列（C1~C4）片段。

第 2 阶段，用酵母人工染色体（YAC）为载体，在酿酒酵母细胞内同源组装。将

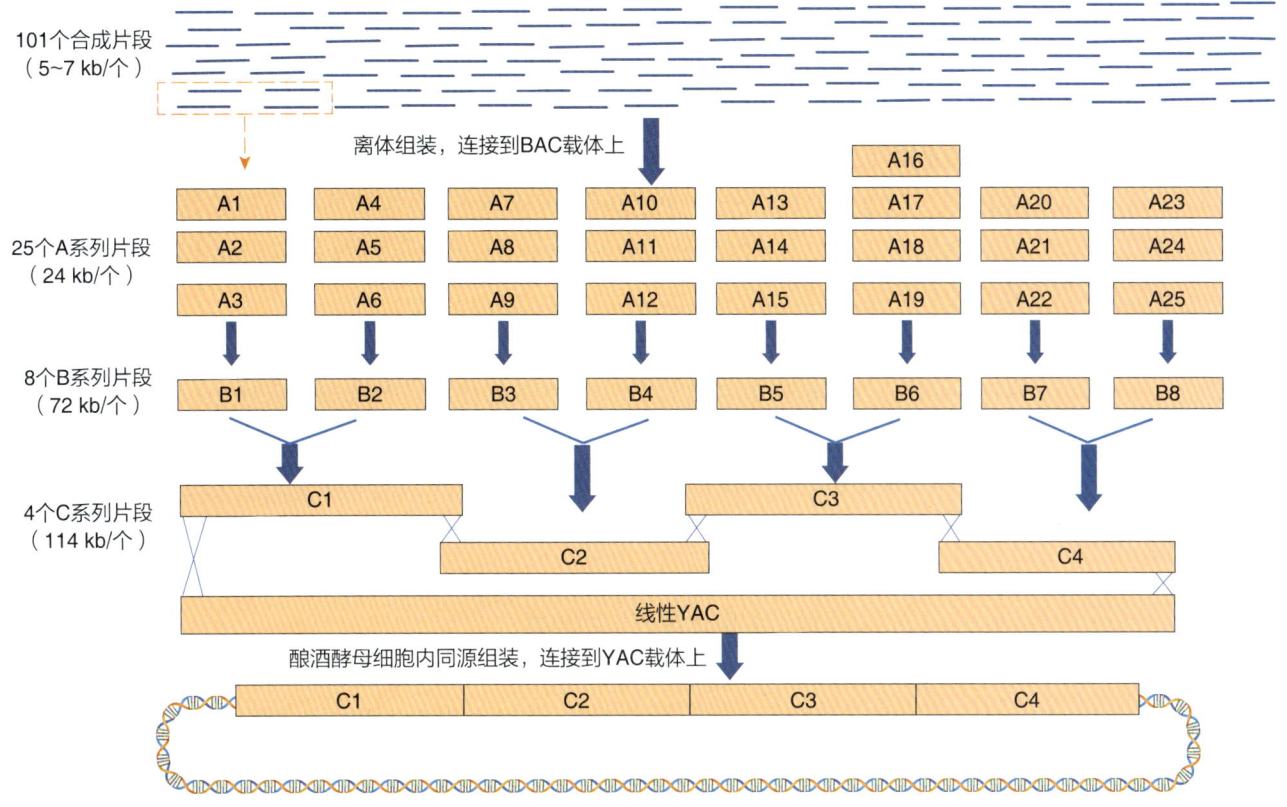

4个 C 序列片段（C1、C2、C3、C4）和线性化的 YAC 载体，导入酿酒酵母细胞内，组装出合成型支原体基因组 JCVI-1.0。也可以逐级组装，将 C1 和 C2 片段与 YAC 转化酵母，组装成 D1 片段，C3 和 C4 片段组装成 D2 片段。D1 和 D2 片段与 YAC 转化酿酒，组装成全长基因组。经功能测试，该合成型基因组没有生物活性，但为百 kb 级别基因组合成提供了技术和方法。

图 16-20 支原体基因组设计与组装策略

16.4.2 合成支原体

在合成生殖支原体基因组和细菌基因组移植技术的基础上，美国克雷格·文特尔研究所（J. Craig Venter Institute，JCVI）在 2010 年用两种生长较快的支原体，以丝状支原体［*M. mycoides* sp. *capri*（GM12）］为供体基因组，以山羊支原体［*M. capricolum* sp. *capricolum*（CK）］为受体细胞。采用酵母细胞内组装供体基因组，导入到去核受体细胞中（图 16-21），创造了合成细菌 JCVI-Syn 1.0，其基因组长度为 1 077 947 bp。合成型基因组具有生物活性，开创了人工合成细菌的先河。

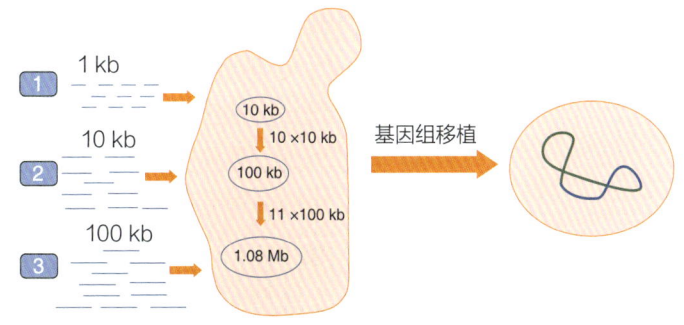

图 16-21 合成细菌过程的示意图

16.4.2.1 合成型支原体基因组的设计

选择两株已经测序的丝状支原体供体基因组序列（CP001621 的长度 1 089 202 bp，CP001668 的长度 1 084 586 bp）为参考，设计合成型基因组序列。敲除野生型基因组中非必需序列 4 kb，增加在酵母中繁殖和移植的序列，包括酵母自主复制序列、转座酶基因、选择标记基因（URA3），增加细菌中选择的氨苄青霉素抗性基因和报告基因 lacZ。敲除Ⅲ型限制性内切核酸酶限制性系统，便于向受体细胞中移植。

将整个基因组等分为 1 078 个片段，每个片段长度约为 1 080 bp，相邻片段具有 80 bp 重叠序列。根据组装的需要，对 25 处的序列进行突变性设计。YAC 载体和片段的两个末端含有 NotⅠ酶切位点，以便组装和克隆。设计 4 个水印序列（水印 1 长度 1 246 bp，水印 2 长度 1 081 bp，水印 3 长度 1 109 bp，水印 4 长度 1 222 bp），水印序列本身和插入位点对细胞活性没有影响。同时，在水印序列末端设计有合理的酶切位点。

16.4.2.2 合成型支原体基因组的组装

由化学合成的寡核苷酸组装成序列盒 1 078 个，长度为 1 081 bp，测序确认序列无误。导入酵母细胞内，进行同源重组、层级组装分为以下三个阶段。

第一阶段是 10 kb 片段的组装。将 10 个约 1 kb 片段和线性载体，导入酿酒酵母原生质体，进行同源重组。筛选到重组克隆，提取重组质粒后，转化大肠杆菌进行富集，测序。分离纯化制备 10 kb 正确组装体，进入下一级组装。

第二阶段是 100 kb 片段的组装。将 10 个 10 kb 组装体和线性载体，导入酿酒酵母原生质体，进行同源重组。100 kb 以上重组质粒在大肠杆菌中不稳定，直接从酵母克隆中提取。采用多重 PCR 筛选酵母克隆，从酵母原生质体中提取重组载体。测序正确的 100 kb 组装体，进入下一级组装。

第三阶段是全长基因组的组装。分用 NotⅠ酶切，高度纯化和富集 100 kb 组装体。将 11 个 100 kb 的组装体，转化酵母细胞，组装成全长基因组。采用多种方法，包括多重 PCR、酶切、脉冲场电泳等进行筛选和鉴定。

16.4.2.3 合成型支原体基因组的移植

用琼脂块包埋技术制备合成型支原体基因组，将含有合成基因组的酿酒酵母细胞与低熔点琼脂、去壁酶混合，点样到琼脂块上。加入去壁酶、蛋白酶 K，37℃下原位裂解，消化酵母细胞壁、蛋白质，洗涤除去水解物。加入限制性内切酶（AsiSⅠ和 RsrⅡ，不消化支原体基因组），消化琼脂块中的酵母线性基因组。电泳去除酵母基因组片段，合成型的环形支原体基因组仍然保留在琼脂块中。分离纯化制备合成型支原体基因组，移植到去基因组的山羊支原体受体细胞中，在 37℃下用抗生素和 X-gal 筛选。出现蓝色，表明合成型支原体基因组是有功能的。

16.4.2.4 合成型支原体细菌的特征

合成型支原体的菌落形态与野生型非常相似，生长速度略快于野生型。和野生型相比，合成型支原体的细胞小、呈卵形。合成型支原体基因组中没有受体细胞的基因序列，组装过程中产生了个别的插入和点突变，但对整体功能没有影响。组合成型支原体和野生型几乎具有完全相同的蛋白质图谱。

> 技术应用 16-1
> 合成最小基因组的支原体

16.4.3 合成大肠杆菌

本书以合成大肠杆菌 Syn61 菌株为例，该菌株于 2019 年由朱利叶斯·弗雷登斯（Julius Fredens）人工合成。大肠杆菌（*E. coli*）MDS42 是 MG1655 基因组的缩减版本（表 16-7），主要敲除了转座元件、非必需和逆境基因等，提高了转化效率并增强了基因组的稳定性。

表 16-7　大肠杆菌 MDS42 基因组的特征

菌株	基因组大小 /bp	基因数	敲除基因数	敲除 DNA 长度 /bp	敲除基因组比例
MG1655	4 639 675	4 434	0	0	0
MDS42	3 976 359	3 730	704	663 316	14.3%

16.4.3.1　同义密码子的替换设计

以 MDS42 为野生型，采用同义密码子替换策略，将编码基因的丝氨酸密码子 TCG 替换为 AGC，TCA 替换为 AGT，终止密码子 TAG 替换为 TAA（图 16-22），共替换了 18 214 种密码子。相当于删除了全基因组中 3 种密码子，设计了具有 61 种密码子的合成型大肠杆菌基因组。由于 64 种密码子被缩减到 61 个，该菌株被命名为 Syn61。

16.4.3.2　编码重叠区的序列设计

对于在基因重叠区域的同义密码子替换，需分两种情况进行（图 16-23）。第一种情况是正向重叠序列，把每个基因分开，独立编码两个基因，并替换同义密码子。第二种情况是正链和反链都编码蛋白，如果不影响变蛋白质序列，维持重叠区，直接替换密码子。如果影响了蛋白质序列，则将重叠区分开，并替换同义密码子。总共替换了 79 个基因的重叠区。由此设计了合成型基因组全长 3 978 937 bp。

16.4.3.3　合成型基因组的拆分设计

将合成型大肠杆菌基因组分成 8 个大片段，每个大片段长度约为 0.5 Mb，标记为 A~H 片段。每个大片段分成 4~5 个片段，其长度在 91~136 kb。片段的末端位于非必需基因的间隔区，不能破坏必需基因的功能。每个片段进一步拆分为 9~14 个约 10 kb 的小片段，片段之间具有同源序列（图 16-24）。

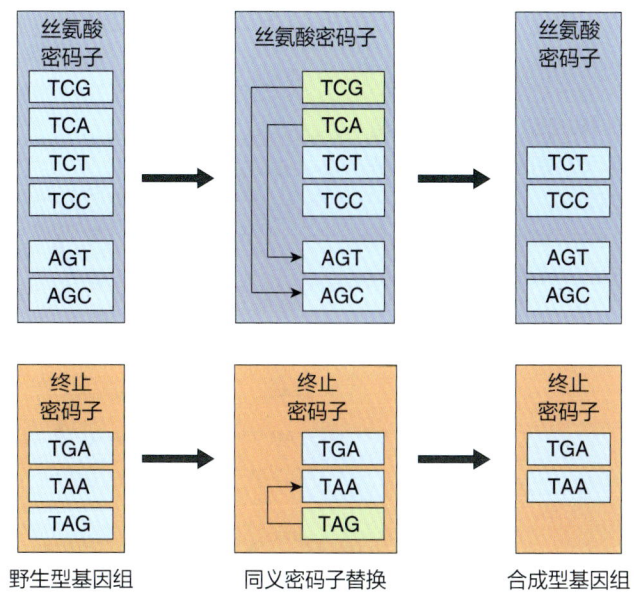

图 16-22　合成型大肠杆菌基因组密码子的缩减设计

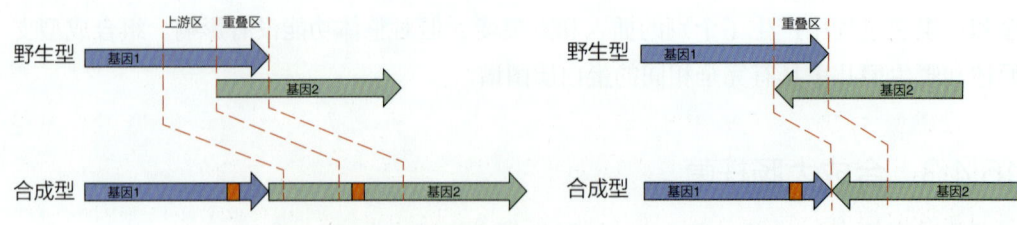

图 16-23 正向重叠区域和反向重叠区域的密码子替换设计

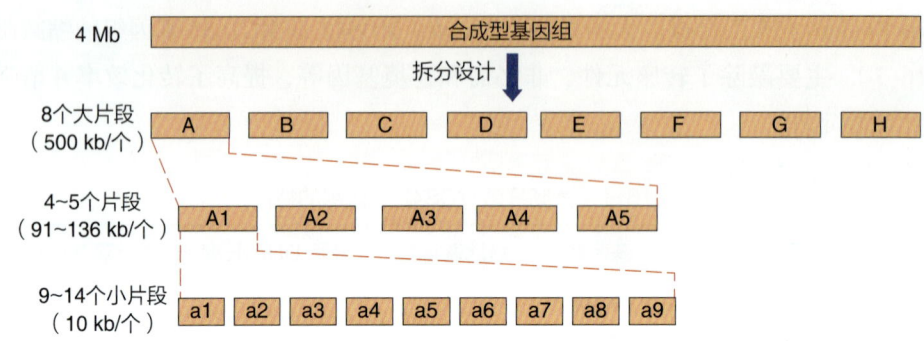

图 16-24 合成型大肠杆菌基因组的拆分设计

16.4.3.4 分步组装合成型大肠杆菌基因组

第一步是利用酿酒酵母细胞的同源重组能力，将小片段组装到细菌人工染色体（BAC）上，每个 BAC 承载大约 100 kb 的片段。

第二步是接合组装（conjugative assembly），原位替换野生型基因组片段。首先将含有 100 kb 片段的 BAC 导入受体大肠杆菌细胞内，由 Cas 酶切割 BAC，释放出合成型片段，对野生型基因组进行原位迭代替换，获得具有合成型大片段 A-B、C、D、E、F、G、H 共 7 株大肠杆菌。其次，通过两菌株的接合转移，将具有合成型片段的嵌合基因组从供体菌转移到受体菌中，汇聚式、同源重组替换。如图 16-25 所示，将含有 C 片段的嵌合基因组导入含有 A-B 片段基因组的细胞内，通过正、负双筛选，获得含有合成型 A-B-C 片段的基因组。例如，D 片段和 E 片段组装成 D-E 片段，并

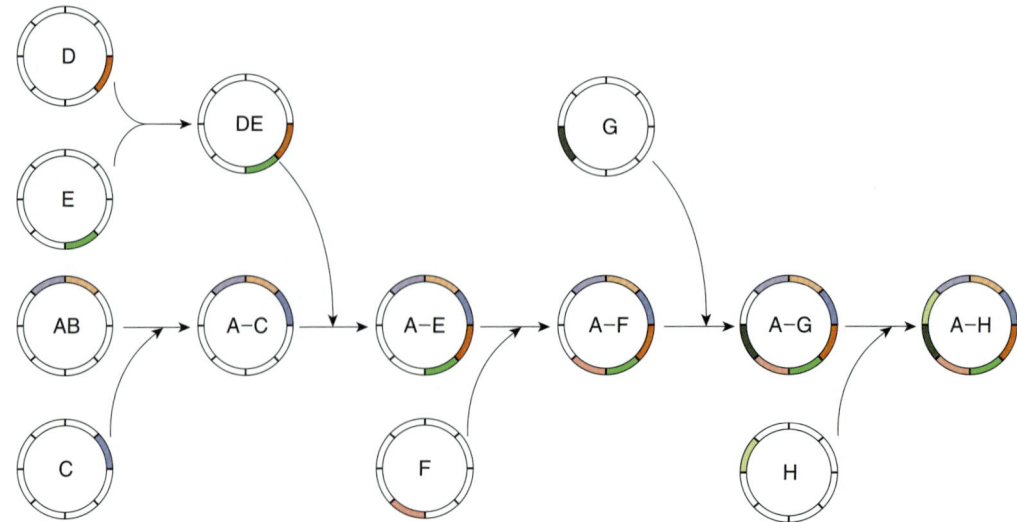

图 16-25 大肠杆菌 Syn61 基因组的接合组装过程

彩色为合成型片段，白色为野生型片段

替换了野生型片段。D-E 片段与 A-B-C 片段组装成 A-B-C-D-E 片段，再依次与 F 片段、G 片段、H 片段组装，获得合成型基因组。

合成型大肠杆菌基因组 Syn61 中引入了 8 个随机碱基突变，来源于百 kb 片段组装和基因组组装过程中，但不影响基因组功能。该研究表明，生物的密码子可缩减，具有重要应用潜力和新用途。一方面，释放出的密码子可赋予工业大肠杆菌对噬菌体的抗性，用于防治发酵污染。另一方面，可编码非天然氨基酸，制造非天然蛋白质，包括抗体、重组蛋白质等。

16.5 合成酿酒酵母基因组

在合成噬菌体、病毒和细菌基因组的基础上，人类迈向了真核生物基因组的合成。2012 年，由中国、美国、英国等科学家发起了全球性合成酿酒酵母基因组计划。本节主要内容是酿酒酵母基因组设计、染色体的合成与转移、染色体的融合等。

16.5.1 合成酵母基因组计划

合成酵母基因组计划（synthetic yeast genome project）简称 Sc 2.0 计划，目的是定制化合成酿酒酵母基因组，为系统研究真核生物染色体提供平台，拓展人类合成生物的能力和边界。截至 2025 年 1 月，中国、美国、英国、澳大利亚、新加坡等国科学家已经报道了 16 条酿酒酵母染色体的设计合成（表 16-8）。

表 16-8 合成酵母基因组计划

染色体编号	野生型 /bp	合成型 /bp	承担单位	完成时间
I	230 208	180 554	美国约翰霍普金斯大学	2023
II	813 184	770.035	华大基因研究院和英国爱丁堡大学	2017
III	316 617	272 871	美国约翰霍普金斯大学	2014
IV	1 531 933	1 454 621	美国纽约大学	2023
V	576 874	536 024	天津大学	2017
VI	270 148	242 745	美国约翰霍普金斯大学	2017
VII	1 090 940	1 028 952	英国爱丁堡大学	2023
VIII	562 643	504 827	美国纽约大学	2023
IX	439 885	404 963	美国纽约大学	2023
X	745 751	707 459	天津大学	2017
XI	666 816	659 617	英国帝国理工学院	2023
XII	1 078 177	976 067	清华大学	2017

染色体编号	野生型 /bp	合成型 /bp	承担单位	完成时间
XIII	924 431	883 749	深圳大学	2024
XIV	784 333	753 096	澳大利亚麦考瑞大学	2023
XV	1 091 291	1 048 343	新加坡国立大学	2023
XVI	948 066	902 994	澳大利亚麦考瑞大学	2025
新染色体		186 602	英国曼彻斯特大学	2023
合计	1 2071 297	11 516 473		

16.5.2　合成型酿酒酵母基因组的设计

作为第一版本的合成型基因组，基本原则是要尽量保持野生基因型，使柔性元件的引入及所致的基因组不稳定性达到平衡。设计上，基本不改变染色体上编码基因的原有顺序和非编码区域，防止基因功能变化和未注释元件被破坏。删除逆转录转座子、非必需基因、重复元件及部分内含子，保留非编码小 RNA 的内含子。用终止密码子 TAA 替换 TAG，采用同义突变，引入或消除酶切位点，便于组装。275 个核 tRNA 基因只编码 42 个 tRNA，删除冗余 tRNA 基因，其余 tRNA 基因定位到一条新染色体（neochromosome）上。

在编码区内设计 PCR tag 序列，便于筛选和鉴定，与野生型序列区分。在非必需基因 3′UTR 插入对称的 loxPsym（symmetrical loxP）位点，以便对合成型染色体进行诱导演化研究。酵母染色体有两种类型亚端粒重复序列，Y′ 和 X 元件。Y′ 元件功能未知，X 元件序列差异大，以单拷贝存在，在端粒沉默和染色体分配时起作用。删除所有的 Y′ 元件，X 元件由保守核心序列取代。以酿酒酵母 S288C 为参考，16 条染色体，长度 12 Mb。

合成型染色体的设计是在计算机辅助和酵母知识指导下完成的，在已合成的 16 条染色体中，只有合成型 V 号染色体（简称 SnyV）序列与设计序列完全相同，其设计流程如图 16-26 所示。

16.5.3　合成型酵母染色体的合成与组装

酵母染色体合成与组装策略和细菌基因组构建基本相同，采用模块化合成和组装，逐级原位替换野生型染色体片段。主要包括化学合成寡核苷酸，组装出 750 bp 的构建块（building block）、2~4 kb 片段、10 kb 片段、30~60 kb 片段，然后用 kb 级合成片段原位替换野生型染色体序列，获得合成型染色体（图 16-27）。

构建块的合成。设计约 70 bp 的寡核苷酸，相邻末端具有 50 bp 重叠序列。第一个寡核苷酸和最后一个寡核苷酸的一端与载体有相同酶切位点。用 16 条正反向寡核

版本	设计内容
5_0_00	野生型
5_1_00	增加PCRTags
5_2_00	TAA替换TAG
5_3_00	插入loxP位点
5_3_01-5_3_38	中间体编写
5_3_39	染色体的片段化分割
5_3_40-53_43	中间体序列，注释矫正
5_9_01-5_9_21	SynV与设计序列比较，纠错
5_9_22	终版SynV与设计序列完全相同

图 16-26 合成型酿酒酵母 V 号染色体的设计流程

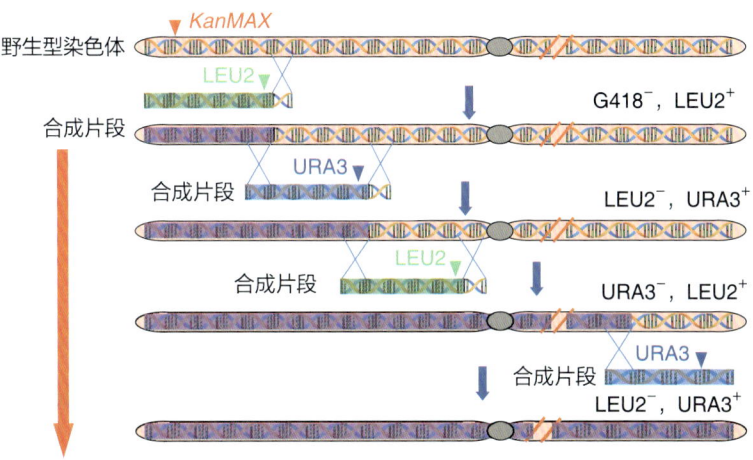

图 16-27 合成型酵母染色体的组装

苷酸，建立无模板 PCR 体系。将 PCR 产物和载体用相同酶切、连接，转化大肠杆菌。筛选鉴定，获得约 750 bp 的构建块。

片段的组装。有多种组装策略可供选择，如离体 Gibson 组装、重叠延伸 PCR 和酵母细胞内同源组装等。对于同源重组，把 4~8 个构建块与线性载体共转化酵母细胞。筛选鉴定，获得 2~4 kb 的大片段。类似的，3~5 个 2~4 kb 片段组装成 10 kb 片段，3~6 个 10 kb 片段组装成 30~60 kb 片段。

野生型酵母染色体的逐段替换。野生型染色体上插入卡那霉素抗性基因，把 kb 级片段导入酵母细胞，发生同源重组。第一轮导入含有亮氨酸（*LEU2*）标签的合成片段，与野生型染色体同源重组，卡那霉素抗性（*KanMAX*）丢失，获得亮氨酸营养标签，筛选和鉴定嵌合染色体。第二轮导入含有尿嘧啶（*URA3*）标签的合成片段，与嵌合染色体同源重组，亮氨酸标签丢失，获得尿嘧啶标签，筛选和鉴定嵌合染色体。由此，逐步替换野生型全部染色体序列，获得合成染色体（图 16-27）。

对于 Syn II，用 3 kb 片段组装成 10 kb，从染色体的两端开始，进行野生型染色体左臂和右臂的逐级替换。最后，通过交配和拆孢，将合成型左臂和合成型右臂合并成一条全合成型染色体。

对于XⅡ染色体，移除1.5 Mb的rDNA序列。用1.6 kb片段组装成26~39 kb，进行野生型染色体替换，获得6株半合成染色体菌株（每条大约含有170 kb合成型片段）。通过多轮交配和拆孢，将6个合成型染色体片段集成一条全合成染色体。

携带单条合成染色体的酿酒酵母细胞与野生酵母几乎一样，正常生长和出芽分裂。删除线性染色体的两个端粒，连接在一起，形成环形V号染色体。无论是野生型还是合成型环形V号染色体，都能稳定遗传，但在二倍体中，孢子的育性大幅度下降。合成型环形V号染色体，可作为人类环形染色体疾病的研究模型。具有功能的全合成酵母染色体是人工合成生物的一大进步，将加快合成酵母菌株的培育，并在医药、食品、能源、化工、材料等产品的制造中发挥重要作用，具有重大意义和应用价值。

16.5.4　合成型酵母染色体的转移

将合成型单染色体酿酒酵母菌株交配，生成二倍体。通过有性生殖，拆分单孢子，生长成单倍体。筛选野生型染色体丢失的菌种，鉴定出含有多条合成型染色体的单倍体酵母菌株。目前已报道了含有SynⅢ和SynⅥ、含有SynⅤ和SynⅩ以及含有6条合成型染色体的菌株。

16.5.5　酵母染色体的融合

通过同源重组，可将两条染色体融合为一条染色体。如将Ⅳ和ⅩⅡ融合为一条长度3.2 Mb染色体，将Ⅶ-Ⅴ-ⅩⅤ-Ⅳ融合为4.3 Mb染色体，12条染色体的单倍体酵母对适应性没有影响。采用CRISPR/Cas对染色体进行编辑，可加速了染色体融合。2018年中国科学家和美国科学家对酿酒酵母的16条染色体进行融合，两种不同融合顺序和策略，融合染色体的结局不同，分别是具有1条和2条染色体的非自然酿酒酵母。

16.5.5.1　酿酒酵母染色体融合原理

染色体融合的设计原理是保留一个着丝粒和两个端粒，确保染色体融合稳定；删除着丝粒和端粒，不能影响邻近的基因；在不同染色体上存在端粒相关长重复序列（2 kb以上）的冗余拷贝，需要删除，以避免在融合过程中发生错误位点的同源重组；单着丝粒始终在融合染色体的中间，以维持两臂的长度平衡；染色体间的融合顺序是随机的。

采用CRISPR/Cas9技术与同源重组技术相结合，在gRNA引导下，Cas9切割端粒和着丝粒，与同源片段（含有URA3筛选标记的正向重复序列hisG-URA3-hisG）发生重组，使两条染色体之间融合为一条染色体（图16-28）。

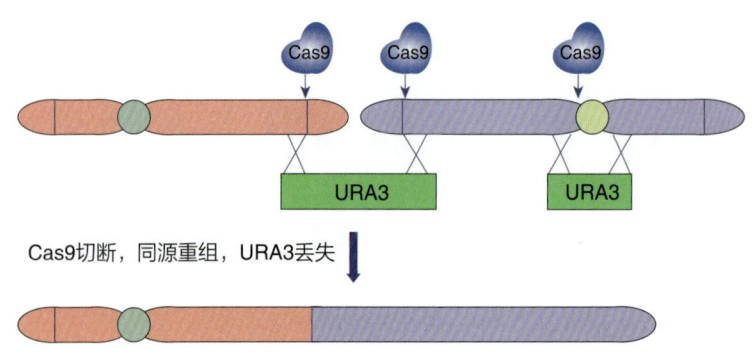

图16-28　酵母染色体融合原理示意图

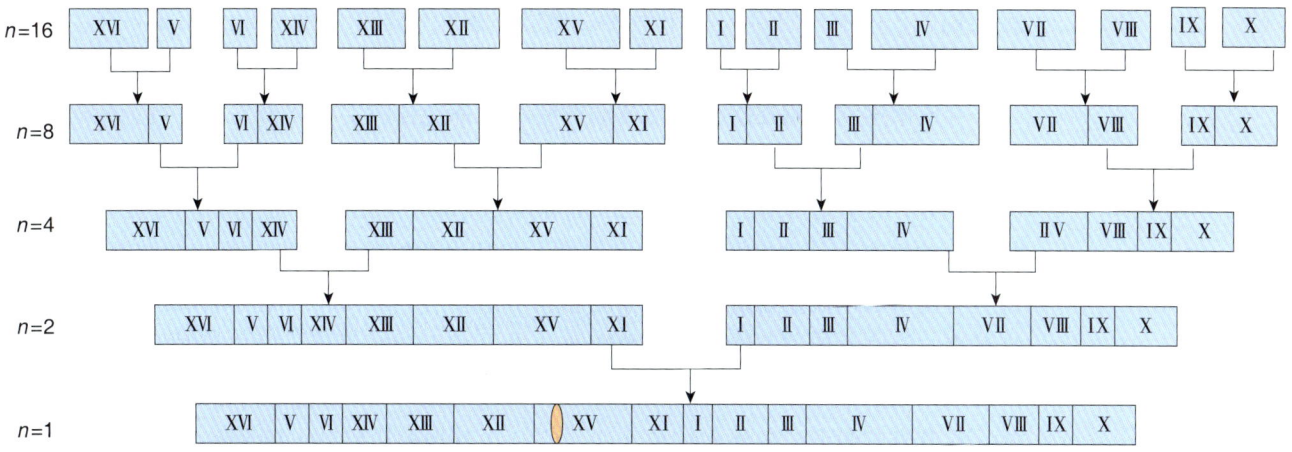

图 16-29 酿酒酵母单染色体的融合过程示意图

用 5-氟尿嘧啶（5-FOA）反向筛选，无痕删除 URA3 筛选标记后，获得无标签的融合染色体，进入下一轮融合。

16.5.5.2 酿酒酵母染色体的融合过程

采用汇聚式融合，第一轮是两条染色体之间融合，获得 $n=8$ 菌株。第二轮融合，获得 $n=4$ 菌株。第三轮融合，获得 $n=2$ 菌株。第四轮融合，获得 $n=1$ 菌株 SY14（图 16-29）。总共删除了 15 个着丝粒和 30 个端粒，单染色体长度 11.4 Mb。酿酒酵母的着丝粒 125 bp，具有强大的承载能力，可承载 12 Mb 的染色体。

同样采用汇聚式融合，从最小染色体之间融合开始，逐渐增加染色体臂的长度。经过四轮融合，获得双染色体的酿酒酵母，每条染色体约 6 Mb。

酿酒酵母染色体融合研究表明，染色体之间的相互作用弱。与野生型相比，单染色体酵母的转录和生长几乎没有影响。单染色体二倍体酵母，具有多倍体化的趋势，表明单染色体的分配功能有缺陷，产孢率大幅度下降 80%，单孢子的活性下降 10% 左右，可能引起配子和减数分裂的活性下降。

单染色体和双染色体酿酒酵母，为染色体结构和功能（端粒、着丝粒、减数分裂）的演化研究提供了宝贵的遗传材料。

> **技术应用 16-2**
> 酿酒酵母双染色体融合过程

16.6 合成生物学的应用

16.6.1 微生物细胞工厂

基于合成生物技术构建微生物细胞工厂，将促进医药、能源、材料、化学品生产、食品和环境等领域的发展，为解决许多人类重大全球性问题提供崭新工具。

16.6.1.1 医药领域应用

通过微生物细胞工厂生产基因工程药物是合成生物学的重要应用领域，包括生产多肽类药物和疫苗等。例如，生产具有抗肿瘤和抗病毒功能的干扰素；用于预防传染病的乙型肝炎疫苗；用于治疗心血管系统疾病的尿激酶原以及用于人体生理调节的胰岛素等。

合成微生物细胞在疾病治疗方面的应用也备受合成生物学家关注，可为疾病治疗提供新的思路和解决方案，包括糖尿病和肿瘤等。

例如，可通过在细胞中构建人工合成基因回路，将生物传感系统用于糖尿病的治疗。目前已有两种调控回路被开发出来，包括光调控基因回路和微波调控基因回路。将含有光调控系统的合成细胞移植至患病小鼠体内，此合成细胞基因回路由光感受器视黑素与效应器两部分构成。视黑素为一类 G 蛋白偶联受体，效应器则由响应活化 T 细胞核因子的启动子及胰高血糖素样肽 -1（glucagon-like peptide 1，GLP-1）基因构成。在蓝光刺激下，视黑素构象改变，GLP-1 基因表达启动，刺激胰岛 β 细胞增殖分化，从而促进胰岛素合成并分泌，起到降血糖的效果。患者只需照射蓝光就能得到降血糖的治疗结果。与化学诱导物比较，蓝光具有诱导速度快、毒性低等特点，能够克服吃药、打针等传统治疗方法的局限性，有效减轻治疗过程中的痛苦。微波调控基因回路体系所利用的感知元件是一种热敏感型离子通道蛋白（thermosensive Ion channel protein，TRPV1）。在低频微波辐射作用下，与之结合的铁蛋白聚合物可发生磁热效应释放热能，使细胞局部温度升高，激活 TRPV1 离子通道，使钙离子内流而激活 NFAT 信号通路，从而启动基因回路中胰岛素原的表达，调节血糖稳态。

合成生物学还可用于治疗肿瘤。经过合成生物技术改造而成的人工细菌，有望实现对癌症患者生理状态的监测、诊断以及治疗。例如，利用群体感应的基因回路设计工程化裂解细菌，当肿瘤环境内生长的工程细菌数量达到一定浓度阈值后自动裂解，并释放出抗肿瘤药物。由于体内始终维持较低的细菌数量，从而可以减轻其对周围组织的毒副作用。与人工细菌作用原理相似，人工改造的溶瘤病毒在肿瘤细胞中，特异性复制并杀伤肿瘤细胞，但不伤害健康组织，同时还会克服肿瘤免疫抑制，促进机体免疫修复。

16.6.1.2 能源和材料领域应用

利用合成生物学技术开发新型生物能源是解决能源危机的重要途径之一。例如，经过合成生物技术改造大肠杆菌的非发酵代谢途径，构建用于合成 1- 丁醇的细胞工厂，生产的 1- 丁醇燃料接近汽油的能量密度，且不易挥发。氢气是未来很有前景的绿色清洁能源。在细胞中将多种酶进行适配，实现把生物质原料转化为氢气分子，其生产的氢气易存储、安全性高且环境友好。

未来先进材料的合成和制备需要朝着绿色可持续、低耗高产出、精细可调控、高效多功能的方向发展。微生物细胞工厂将为制造和设计生物材料注入新的思路和活力，推进对新材料的探索。例如，利用细胞工厂合成高分子生物材料、制备无机纳米材料和活体功能材料等；利用噬菌体展示和蛋白定向演化战略筛选和优化分子材料；开发活体功能材料等。

16.6.1.3 化学品生产领域应用

传统工业发酵菌种大都经过长期的诱变或重组育种，生产性能很难再有大幅度提升。基于合成生物技术，设计高效代谢通路和酶，构建微生物细胞工厂可以打破这一困境，实现不同化学物品的高效安全生产。如，上海交通大学邓子新院士用合成生物技术合成维生素 E，生产工艺从 7 个步骤减少为 3 个，极大降低资金投入和生产成本，填补了中国长期没有维生素 E 完整产业链的空白；加州大学伯克利分校杰·基斯林（Jay Keasling）团队成功在酵母细胞中生产出青蒿素前体青蒿素酸；斯坦福大学克里斯蒂娜·斯默克（Christina Smolke）团队在酵母菌中完全合成阿片类药物（Opioids）。此外，微生物细胞工厂在生产各种工业化学品如生物塑料、乙醇、有机酸和生物燃料等领域已有大量成功的例子。

16.6.1.4 食品领域应用

合成生物技术可以增加食物的产量、改进食物的品质、减少对环境的污染等。如利用合成细胞的发酵过程将非食用生物质转化为具有高营养价值的蛋白质和氨基酸。常见应用包括：利用微生物细胞工厂合成工业用途的食品成分；通过合成细胞产生特定的蛋白质；利用合成生物技术促进作物生长提高植物产量，如通过将有益的微生物转化到植物体内，使得植物获得提升养分吸收、抵御病原体和提升产量的能力；转固氮、结瘤、分解纤维素或木质素等相关酶的编码基因，构建转基因新品种等。

16.6.1.5 环境领域应用

在环境保护领域，合成生物技术可以有效实现有毒污染物的降解、脱毒，以及废弃物质的高值转化。以具有烃类降解能力的工程菌株人工合成为例。自然界未分离出能够好氧利用 1,2,3- 三氯丙烷的天然菌株，可通过在大肠杆菌中组装分解代谢途径并构建合成细胞，以实现将 1,2,3- 三氯丙烷转化为无害甘油。把芳烃、萜烃和多环芳烃等降解途径整合到一株具有烃降解能力的假单胞菌中，获得可以同时降解 4 种烃类的超级"合成细胞"，可以把原油中 2/3 的烃分解掉。据报道，利用这种超级"合成细胞"只需几个小时就可以分解大部分海洋石油污染，而利用自然菌种则需要一年以上的时间。除难降解有毒污染物的降解外，通过构建合成细胞，还可以将木质纤维素等物质转化为中间化合物乳酸，再代谢为乙酸、丁酸等，实现废物利用、变废为宝。可见，这种合成微生物细胞在保护环境、污染修复方面具有很大潜力。

目前新兴污染物种类繁多，而微生物自然演化出降解元件的过程十分漫长和困难，因此现有降解菌难以满足环境中复杂和新兴污染物生物降解和修复的需求。通过分析现有降解菌的代谢通路信息及催化元件，利用合成生物技术定向设计、改造并组合降解元件，构建能够降解一种或多种污染物、具有全新代谢网络的合成细胞，实现污染物从未可（或低效）降解到高效降解。

16.6.2 活体微生物药物

活体生物药（live biotherapeutic product，LBP）被越来越多地应用于预防、诊断与治疗疾病。2016 年美国食品药品监督管理局生物制品评价与研究中心发布了全球第一部明确将 LBPs 作为药物使用的指南，明确了活体生物药的定义：①包含活的生物体，如细菌；②能够预防、治疗或治愈某种疾病；③不是疫苗。值得注意的是，LBPs 不是可过滤的病毒、溶瘤细菌或用作基因治疗剂的产品。

合成生物技术的出现极大提高了活体微生物药物在改善健康状况、治疗疾病等方面的应用潜力。例如，采用合成生物学手段在微生物细胞中设计、构建精准可控的基因通路，获得非致病性、具有疾病微环境感知和响应能力并按需释放治疗药物的活体工程菌，已成为实施活体微生物疗法的新思路和新方法。噬菌体药物和肠道菌药物是目前常见的活体微生物药物。

16.6.2.1 噬菌体药物

噬菌体对宿主具有极高的特异性，在诊断和治疗细菌感染方面具有巨大潜力。合成生物技术将极大促进噬菌体药物在疾病治疗领域的应用。通过合成生物技术改造噬菌体可以提高噬菌体的杀菌效率；增加噬菌体作为靶向药物载体的杀菌方式多样性等。在预防与治疗细菌感染方面，目前已有不少噬菌体药物治疗成功的案例，包括治疗位于口腔、肺部、生殖道、肠道、心脏和皮肤等感染。例如 2017 年，对感染了多重耐药菌鲍曼不动杆菌（*Acinetobacter baumannii*）并发展为坏死性胰腺炎的患者进行噬菌体治疗（腔内和静脉注射），患者在 5 个月后痊愈；2019 年，美国匹兹堡大学和美国科罗拉多大学的研究团队首次成功使用经过工程改造的噬菌体治疗了一例人类分枝杆菌感染。该团队通过基因工程和正向遗传学的方法，开发出了高效裂解感染性脓肿分枝杆菌的噬菌体衍生物，能够有效地杀灭脓肿分枝杆菌（*Mycobacterium abscessus*）感染株，成功治疗 1 例 15 岁囊性纤维化伴播散性脓肿分枝杆菌感染的患者。

16.6.2.2 肠道菌药物

肠道微生物被称为人体的"第二基因组"，与人类健康有着密切关联，因此，肠道菌不仅可作为疾病治疗效果的标志物，还可作为治疗疾病或辅助治疗药物。例如，肠道微生物作为肿瘤免疫中新的干预方式，已成为肿瘤治疗领域研究的一个新热点。肠道菌可通过其代谢产物、表面蛋白等，直接或间接抑制肿瘤的生长或诱发细胞凋亡，从而发挥抗肿瘤作用。基于合成生物技术改造的肠道工程菌具有潜在优势，因为肠道工程菌可以赋予内源性肠道微生物群不表达的功能。例如，大肠杆菌 Nissle 1917（*Escherichia coil* Nissle 1917，EcN）是一株应用于益生菌领域超过 100 年历史的特殊菌株。基于合成生物技术改造后的 EcN 菌株已经被用于多种不同疾病的临床试验。改造 EcN 的主要思路包括消耗免疫抑制物、分泌细胞因子和分泌潜在免疫激动剂。研究人员将厌氧诱导型二核苷酸环化酶基因 *dca*A 导入 EcN，得到的合成菌株（SYNB1891）可以感知肿瘤微环境中的厌氧条件，进而表达生成干扰素基因刺激因子激动剂环二腺苷酸。环二腺苷酸则进一步激活 IFN-β 的表达以达到抗肿瘤的目的。据报道，SYNB1891 可诱导产生剂量依赖型肿瘤免疫和肿瘤退化，且已有两例使用了 SYNB1891 治疗的患者病情得到改善。总之，利用合成生物技术改造微生物为疾病的治疗提供了新思路，在疾病治疗领域有无限可能。

> 知识拓展 16-3
> 噬菌体治疗囊性纤维化合并难治性肺部感染

16.6.3 物理信息存储

DNA 具有可编程性、持久性、易于复制、高存储密度和高保真等特性，可作为信息数据存储的介质。DNA 存储技术是新型的信息存储技术，是指用人工合成的脱氧核苷酸链对文档、图片、音频和视频等信息进行存储并完整读取的技术。DNA 信息存储的基本过程包括（图 16-30）：①信息编码，通过将数据编码成二进制的数字串，然后用 A、T、C、G 4 种碱基编码二进制相对应的数字，将数字信息转换为 DNA 序列；② DNA 合成，将编码信息的 DNA 序列进行合成；③信息存储，将合成的 DNA 进行体外或体内的长期存储，以便随时检索和选择性地访问（数据储存）；④读取数据，通过测序将 DNA 序列转换为数字数据（解码）。

DNA 信息存储可以分为体外和体内存储两种方式。早在 1960 年，Mikhail Neiman（1905—1975）就提出了使用 DNA 进行数字信息存储的概念。2015 年，Robert Grass 通过硅石封装以及纠错码保护数据，可以实现数据长达数千年的存储，并使用纠错码设计了第一个稳定的 DNA 数据存储方案。随后，James Bornholt 等利用 DNA 文库存储了 4 个文件，并展示了随机存取在 DNA 信息存储中的应用。2017 年，Yaniv Erlich 等开发了一种称为"DNA 喷泉"的高密度存储机制，并利用 DNA 文库存储了约 2.11 Mb 的文件，其中包括一部电影和其他文件。这些研究已经证实 DNA 作为存储介质的可行性与价值。据报道，目前体外 DNA 信息存储体系的存储能力已经得到了很大的扩展，可以存储高达 200 Mb 的数字信息。与体外 DNA 储存不同，体内 DNA 信息存储是将编码数字信息的 DNA 片段整合到不同生物体的基因组中，例如大肠杆菌、枯草芽孢杆菌和酵母。其优势在于数据可以在微生物体内复制和遗传，无须额外的维护费用；信息以 DNA 双链形式进行存储，具有更高的稳定性和更长的贮藏期；可以携带更长的 DNA 片段，信息容量大。

DNA 作为新型的信息存储载体，具有以下优点：①长期稳定性。DNA 能保证生命准确无误地繁衍遗传，上万年的样本仍可被恢复为完整的 DNA 片段。②高密度性。DNA 序列的每个碱基对可以存储 1 字节（两个比特）的信息，使 DNA 能够在极小空间中存储大量信息。③环境友好。与传统的物理存储介质（如硬盘、光盘等）不同，DNA 是生物体内天然存在的生物大分子，其制备和处理过程对环境的影响很小。

> 知识拓展 16-4
> DNA 喷泉

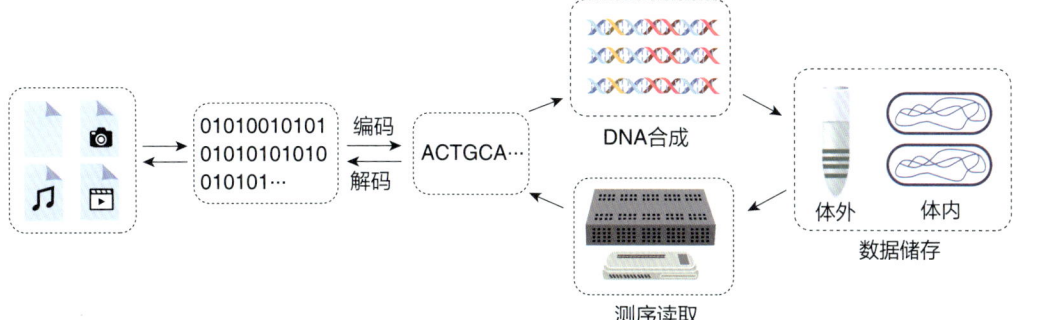

图 16-30 DNA 存储技术示意图

※ 本章小结

设计合成生物的过程，可与计算机类比。由生物元件、模块、遗传回路构成细胞代谢及控制模式，使生物系统按照设计的程序运行。组装 DNA 片段是合成微生物学的底层技术，常用技术包括标准化组装、聚合酶循环组装、等温组装、Red/ET 重组组装和酿酒酵母细胞内组装等。

微生物基因组设计合成的基本思路是解耦基因组功能、抽提编码序列、拆分设计、片段合成、基因组组装、功能检验。以寡核苷酸为原料，采用逐级组装策略，目前已经设计合成了噬菌体、DNA 病毒、RNA 病毒等基因组，也设计合成了支原体基因组、最小基因组以及 61 个密码子的大肠杆菌基因组。酿酒酵母基因组比细菌基因组复杂，在精细设计的基础上，用合成片段逐级原位替换野生型染色体，目前合成了 15 条染色体。通过染色体之间的融合，构建了单染色体酿酒酵母和双染色体酿酒酵母。

合成生物学的主要应用领域是微生物细胞工厂、活体生物药物、物理信息的存储等。微生物细胞工厂是目前最活跃的领域，可用于生产药品、食品、能源、材料、化学品等。肠道菌药物、噬菌体药物等活体生物药是新兴应用领域。将文档、图片、音频和视频等信息转化为 DNA 序列，是未来物理信息存储和读取的重要方式。

随着合成生物学的不断深入研究，将为人类解决健康、农业、工业、环境、气候、信息、安全等重大全球性问题提供崭新工具。

※ 推荐阅读

1. TAN Y, SHEN J, SI T, et al. Engineered live biotherapeutics: progress and challenges [J]. Biotechnology journal, 2020, 15 (10): e2000155.

该综述全面介绍了合成生物学在活体生物药领域的进展与挑战。通过合成生物学的方法，科学家能够设计和工程化活体微生物，包括工程化共生菌、合成微生物群落和噬菌体等，以治疗各种人类疾病，如病原体感染、代谢紊乱和结肠癌。该文突出了合成生物学在活体生物药开发中的潜力，并提出了未来发展中的挑战，为该领域的研究和应用提供了重要参考。

2. BENCUROVA E, AKASH A, DOBSON R C J, et al. DNA storage-from natural biology to synthetic biology [J]. Computational and structural biotechnology journal, 2023, 21: 1227-1235.

该文论述了 DNA 存储的基本概念和最新进展，探讨了从自然生物学到合成生物学的转变。着重介绍了受自然启发的高效 DNA 存储方法，并展望了 DNA 存储技术在未来替代传统信息存储方法的潜力。这对于合成生物学和生物技术领域的发展具有重要意义。

3. NELSON M D, FITCH D H. Overlap extension PCR: an efficient method for transgene construction [J]. Methods in molecular biology. 2011, 772: 459-470.

这篇经典文章介绍了一种名为 OE-PCR 的新型 DNA 组装技术。该技术快速、高效、成本低、易操作，且适用于构建较大的杂交 DNA 片段 (>20 kb)。

4. GIBSON D G, YOUNG L, CHUANG R Y, et al. Enzymatic assembly of DNA molecules up to several hundred kilobases [J]. Nature methods, 2009, 6: 343-345.

这篇经典文章报道了 Gibson 组装的原理与方法，Gibson 组装通过 5' 核酸外切酶、DNA 聚合酶和 DNA 连接酶的协同作用组装多个重叠的 DNA 分子。这种方法不仅可以用于构建合成基因和天然基因，还可以用于构建遗传途径和整个基因组。因此，Gibson 组装技术具有广泛的应用前景，可能成为一种重要的分子工程工具。

5. 丁明珠，李炳志，王颖，等 . 合成生物学重要研究方向进展 [J]. 合成生物学，2020，1（1）：7-28.

该文对过去 20 年的合成生物学研究进展进行了系统评述，包括基因回路、人工基因组和人工细胞工厂等主要方向的设计原理和构建技术，也包括 DNA 信息存储、非天然密码子、无细胞合成生物学等新兴交叉方向，并指出了合成生物学的未来趋势和对策。这是一篇全面了解和掌握合成生物学及其应用的重要文献。

※ 开放性讨论题

1. DNA 组装技术未来如何发展和演变？
2. 设计合成真核微生物基因组的挑战是什么？
3. 微生物体内信息存储的安全性如何？与传统电子存储相比，存储在微生物体内的信息是否会带来新的隐私问题？我们应该如何平衡数据的安全性与便利性？

※ 复习思考题

1. 在合成生物学中，生物元件、模块、遗传回路的功能及其关系是什么？
2. 聚合酶循环组装（PCA）和 Gibson 组装两种方法的主要区别是什么？
3. 对比标准化组装和细胞内组装两种 DNA 组装方法的优缺点。
4. 在构建大片段 DNA 时，为什么会选择细胞内组装而不是体外组装？
5. 负链 RNA 病毒和正链 RNA 病毒的设计合成有什么区别？
6. 合成细菌基因组和合成酿酒酵母基因组的技术异同是什么？
7. 合成微生物学有哪些新兴的应用领域？
8. 什么是活体微生物药物，目前常见的活体微生物药物有哪些？

（赵广荣　蒋建东）

17

农业微生物学

导语

农业生产过程中的典型场景，如植物根际、养殖动物肠道、污染生境，其间的微生物群落扮演着极为重要的角色。多学科交叉技术的应用，极大提升了人们对上述场景中典型微生物群落结构与功能的认识，为理性调控绿色农业生产过程提供了全新、有力的理论与技术支撑。农田植物微生物群落的成员包括有益微生物、中性微生物和致病微生物，其中有益微生物可以通过抑制植物病原体、固氮、解磷、产生植物生长调节剂等机制，提高植物生长、抗病及抗逆能力。动物的肠道微生物构成了复杂的微生物群落，其中有益微生物具有调节肠道内环境稳态、激活宿主免疫应答、促进饲料消化和营养吸收、参与物质与能量代谢等功能。这些有益微生物在微生物肥料、微生物农药、微生物饲料添加剂及土壤污染修复等领域展现出广泛的应用前景。

关键词

微生物群落，根际微生物，绿色农业，微生物肥料，微生物农药，微生物饲料，微生态制剂，土壤污染修复

17.1　农业微生物群落结构与功能

微生物与农业生产密切相关。除农业领域数量较少的病原微生物外，大多数的农业微生物通常在各种特征的生境中形成特定有益的微生物群落，从而影响农田植物与养殖动物产量，以及农田污染修复效率。相关微生物有望成为应对农业可持续性挑战的生物资源。农业微生物对生态系统健康的重要性是无可争议的，它们不仅与宿主形成特殊的共生关系，而且负责驱动碳、氮、磷、硫等重要元素的地球循环。数十年来，研究者们通过多组学研究，探索了对农业生态系统健康至关重要的微生物群落，并力求揭示塑造微生物群落结构和功能的力量。

农业生态系统（涵盖耕地及其周边自然区域的交互体系）是微生物学与生态学研究的热点，其核心方向在于利用微生物群落的有益功能，以促进作物生长及养殖动物健康。在整个农业历史上，人类一直采用种植策略来避免土壤传播病原体的积累，并有意利用微生物来对抗农业害虫。近年来，多学科交叉极大提升了人们对植物根际、动物肠道、污染生境等典型农业微生物群落结构与功能的认识，为理性调控绿色农业生产提供了有力的理论与技术支撑。

17.1.1　农田植物微生物群落

根际是植物、土壤和微生物相互作用的复杂空间。1904 年，德国科学家洛伦茨·希尔特纳（Lorenz Hiltner，1867—1936）最早提出：根际是受植物生长影响的土壤隔层。这一隔层很大程度上是由植物释放的有机物，如植物代谢物和植物碎片构成的。这些有机物含碳量占到植物光合固碳量的 20%~40%。因此，虽然大多数裸露土壤被认为是寡营养环境，但根际土壤通常为中营养环境，有利于细菌、古菌、病毒和真菌的生长。例如，植物根际高丰度分布一类持续稳定地定殖于植物根际、受植物根系生命活动影响的细菌，称为根际细菌（rhizobacteria），这类细菌的种群密度比非根际土壤细菌高出 100 倍以上，并且具有丰富的遗传和功能多样性。根际微生物显著影响植物健康和根际生态功能，是碳循环的一部分，可直接参与碳循环，也可作为其他微生物或更大生物体（如变形虫、线虫）的营养源。根际系统可以通过工程化手段而被理性设计与调控，从而促进农业可持续发展，这一技术体系称为根际工程（图 17-1）。例如，土壤理化性质的改变能够影响互作系统的功能；植物可以通过工程设计来优化微生物群落结构；微生物群落则可以通过理性设计来促进植物的生长。

不同的健康植物根际存在结构各异的微生物群落，植物为细菌、真菌、原生动物、病毒等各类微生物的生长和增殖提供大量的生态位。微生物在各种植物组织中定殖，进而发挥各种复杂作用，包括促进作物生长、提升营养吸收效率、增强抗逆性等。

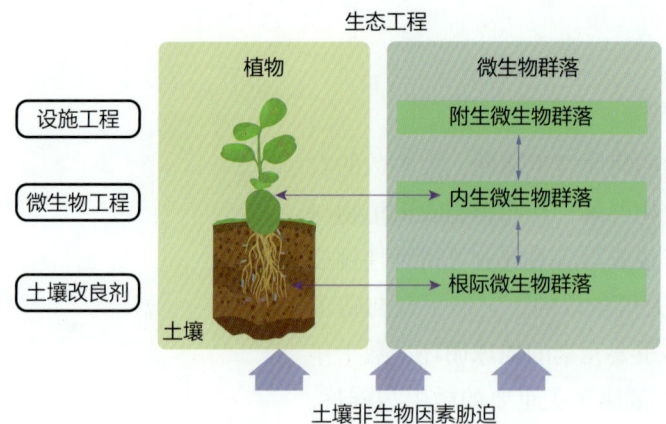

图 17-1 根际工程对植物和土壤健康的改善作用
在植物非生物因素（如干旱或森林砍伐导致的高盐浓度或高金属浓度）及生物因素（如病原体）的胁迫下，设施工程、微生物工程和土壤改良剂都可以重塑根际微生物群落，从而维持植物及土壤健康

17.1.1.1 群落结构

农田植物微生物群落的成员包括有益微生物、中性微生物和致病微生物，其中有益微生物对于维持植物健康至关重要。如假单胞菌（*Pseudomonas* spp.）可以通过产生抗生素、生长竞争等方式，抑制植物致病微生物的定殖。然而，植物健康的维持受到多种因素的影响，包括微生物组成的多样性、病原体种群动态、土壤理化条件等。

微生物给宿主植物带来的益处可以是直接的，包括：转化和转移土壤中必需的营养物质，使其为植物所利用（例如固氮、解磷、解钾）；通过竞争、产生抗生素和水解酶等机制，减轻环境压力及病原体对植物的侵害。微生物的益处也可以是间接的，如通过增强植物的抗性反应而发挥作用。合理设计和应用具有广泛、持久促进植物生长能力的合成微生物群落，将为绿色农业发展提供新的思路。

1978 年，美国科学家约瑟夫·W·克洛普尔（Joseph W. Klopper）首次提出了植物根际促生细菌（plant growth promoting rhizobacteria，PGPR）的概念，专指一群定殖于植物根际，与植物根系密切相关的根际细菌，将其接种于植物种子、根系、块根、块茎或根际土壤时，可表现出促进植物生长的功能。PGPR 在微生物肥料领域具有广泛的应用前景。已报道的 PGPR 种类很多，包括醋杆菌（*Acetobacter* spp.）、巴西固氮螺菌（*Azospirillum brasilense*）、枯草芽孢杆菌（*Bacillus subtilis*）、气单胞菌（*Aeromonas* spp.）、柠檬节杆菌（*Arthrobacter citreus*）、巨大普里斯特氏菌（*Priestia megterium*）、固氮菌（*Azotobacter* spp.）、荧光假单胞菌（*Pseudomonas fluorescens*）、多黏类芽孢杆菌（*Paenibacillus polymyxa*）、恶臭假单胞菌（*Pseudomonas putida*）、沙雷氏菌（*Serratia* spp.）、根癌土壤杆菌（*Agrobacterium tumefaciens*）、豌豆根瘤菌（*Rhizobium leguminosarum*）、三叶草根瘤菌（*Rhizobium trifolii*）、苜蓿中华根瘤菌（*Sinorhizobium meliloti*）等。

> 知识拓展 17-1
> PGPR 的促生长及生防机制

植物微生物群落的形成并不是随机事件，而是遵循群落组合的一般规则，并具有明显的系统发育特征。群落的组装受微生物、植物宿主和环境之间复杂相互作用的支配。对这些相互作用的新认识将有助于增进对群落形成、演化和生态过程的理解，并将指导合成微生物群落的构建与重塑，以提高植物适应性和生产力。为获得更为全面的认识，人们首先需要阐明驱动根际微生物群落组装的机制。其次，需要确定宿主-微生物相互作用的生化和遗传特征。此外，微生物菌剂、信号分子和其他制剂的开发也将增强微生物群落在农业环境中的调节功能。

微生物群落组成在植物根际、根内生区、叶内生区及叶际之间存在显著差异。在植物内生微生物群落中，假单胞菌门（*Pseudomonadota*）和芽孢杆菌门（*Bacillota*）相对丰度显著偏高，达到根际微生物群落中的两倍或更高，而酸杆菌门（*Acidobacteria*）、芽单胞菌门（*Gemmatimonadetes*）等类群的微生物相对丰度约为根际的 25% 或更低。这种特定细菌类群的富集即使在其他类群占主导地位的土壤中也是一致的。叶内微生物群落主要由假单胞菌门、拟杆菌门（*Bacteroidetes*）和放线菌门（*Actinomycetota*）组成，其中假单胞菌门的成员占群落组成的 50% 左右。植物相关的真菌种类繁多，主要属于子囊菌门和担子菌门。尽管丛枝菌根真菌（球囊菌门）和外生菌根真菌已经进行了大量研究，但这些类群在根系的真菌群落中多样性较低。病毒在土壤中细菌群落的聚集和周转中起着重要作用。在土壤中，病毒既影响微生物群落结构，也影响群落的生态功能。同样，原生生物和线虫对微生物群落多样性有很大贡献，它们与其他微生物一起影响土壤 – 植物互作过程和生态系统功能。原生生物通过调节不同营养水平上的捕食者 – 食饵关系来控制细菌和真菌群落的演替。

17.1.1.2 群落功能

（1）营养调节

植物根际微生物在改善植物营养方面具有极为重要的作用。植物与丛枝菌根真菌（AMF）和根瘤菌共生，从而协同获取养分。此外，非共生植物促生菌可以提高不溶性矿物质的生物有效性，增强根系对水分和矿物质的吸收能力。例如，根际微生物可通过矿化、载体增溶或产酸作用，调动植物不容易获得的营养物质，如无机磷和矿物钾。某些植物根际促生细菌可产生铁载体（siderophore）。铁载体是一种对铁具有高亲和力的低分子量铁螯合蛋白，可与土壤中的 Fe^{3+} 螯合形成 Fe^{3+}– 铁载体复合物，供植物吸收利用。在石灰性土壤中，细菌铁载体复合物对于植物铁利用过程至关重要。此外，根际微生物还可通过硝化作用提高氮的生物有效性，延缓作物开花时间。

（2）激素调控

许多 PGPR 能够产生不同类型的植物激素，调控植物的生长代谢过程（表 17–1）。例如，维罗纳气单胞菌（*Aeromonas veronii*）、根癌土壤杆菌（*Agrobacterium tumefaciens*）、豌豆根瘤菌（*Rhizobium leguminosarum*）、阴沟肠杆菌（*Enterobacter cloacae*）等可产生植物生长激素吲哚 –3– 乙酸（indole-3-acetic acid, IAA），促进根系生长，增加根长度及表面积。多黏类芽孢杆菌（*Paenibacillus polymyxa*）、荧光假单胞菌（*Pseudomonas fluorescens*）和豌豆根瘤菌（*Rhizobium leguminosarum*）可产生细胞分裂素，促进根细胞分裂及增大，增加根表面积。某些芽孢杆菌（*Bacillus* spp.），如短小芽孢杆菌、地衣芽孢杆菌等产生赤霉素。产碱杆菌（*Alkaligenes* spp.）、短小芽孢杆菌（*Bacillus pumilus*）、阴沟肠杆菌（*Enterobacter cloacae*）、洋葱假单胞菌（*Pseudomonas cepacia*）、恶臭假单胞菌（*Pseudomonas putida*）等可产生 ACC 脱氨酶（1– 氨基环丙烷 –1– 羧酸脱氨酶），提高植物抗逆性，促进植物生长。

（3）抗病

以天然微生物为基础的植物防御对于抑制土传病害至关重要。植物根系分泌物可刺激、丰富和支持根际微生物生长，根际微生物则可形成抵御土传病原体的第一道防线。根际细菌产生抗真菌代谢物和挥发物是其抑制土传真菌病害的共性机制。如果病

表 17-1　植物根际促生细菌（PGPR）产生的主要植物激素

序号	PGPR	植物激素	植物
1	*Pseudomanas putida*	ACC 脱氨酶	番茄
2	*Bacillus circulans*	ACC 脱氨酶	芥菜
3	*Achromobacter xylosoxidans*，*Enterobacter cloacae*	ACC 脱氨酶，IAA	玉米
4	*Bacillus* spp.	ACC 脱氨酶，IAA	水稻
5	*Pseudomonas putida*	IAA	油菜
6	*Herbaspirillum seropedicae*	IAA	圣罗勒
7	*Bacillus amyloliquefaciens* QST713	IAA	苜蓿
8	*Azospirillum* spp.	细胞因子	含羞草
9	*Bacillus* spp.	细胞因子	黄瓜
10	*Pseudomonas* BA-8	细胞因子	草莓
11	*Acinetobacter* ALEB16	ABA	苍术
12	*Bacillus* spp.	赤霉素	赤杨
13	*Sphingomonas* spp.	赤霉素	番茄
14	*Bacillus* spp.	赤霉素	辣椒

原体突破根际微生物形成的第一道防线，内生微生物组可以选择性富集有益微生物，后者通过产生针对病原体的酶和次级代谢物，为植物提供额外保护。作物轮作、施加有机肥等管理措施可以通过影响土壤有机碳含量，驱动功能微生物群落的重塑，进而抑制土传病害。

某些 PGPR 菌株与植物根系相互作用，促使植物产生对病原细菌、真菌和病毒的抗性，这种抗性称为诱导系统抗性（induced systemic resistance，ISR）。例如，许多细菌代谢物及其组分，如脂多糖、水杨酸、铁载体、环脂肽、2,4- 二乙酰基间苯三酚、酰基同型高丝氨酸内酯、某些挥发性物质、鞭毛蛋白等，能够诱导植物产生 ISR。具有该种模式的生防细菌不需要具备根际竞争优势，也不需要在根系广泛定殖。PGPR 菌株的生防机制还包括信号干扰、竞争营养和生态位、竞争铁离子、解毒、捕食和寄生、干扰病原菌活性、抑制病原菌孢子形成和萌发等。

许多 PGPR 菌株可分泌水解酶，破坏病原真菌的细胞壁，表现出生防特性。如多种链霉菌（*Streptomyces* spp.）可产生几丁质酶，抑制番茄灰霉病菌（*Botrytis cinerea*）孢子萌发及芽管延伸；黏质沙雷氏菌（*Serratia marcescens*）产生的几丁质酶是抑制齐整小核菌（*Sclerotium rolfsii*）生长的关键。施氏假单胞菌（*Pseudomonas stutzeri*）产生的几丁质酶和昆布多糖酶可裂解枯萎病菌的菌丝，达到拮抗枯萎病的目的。

（4）抗逆

植物根际微生物可以通过多种途径调节植物对环境胁迫的抗性。植物通常在非生物或生物胁迫条件下，选择性募集提高抗逆性的根际微生物类群。在逆境尤其是干旱条件下的植物性状与相关微生物类群丰度的变化紧密相关。微生物可通过上调植物乙烯信号通路，增强植物抗逆性。

17.1.2 养殖动物肠道微生物群落

动物肠道是由宿主细胞、肠道微生物群落、可利用营养物质组成的复杂生态系统。肠道微生物群落可以通过调节肠道内环境稳态，调控营养物质代谢，预防动物肠道疾病的发生。肠道内环境稳态与肠道病原体入侵抑制密切相关，在保护宿主免受病原体感染中发挥着重要作用。

17.1.2.1 群落结构

养殖动物的肠道微生物组成复杂多样，包括真细菌、古菌、病毒、真菌和原生动物，已鉴定的微生物种类多达 500 种以上。肠道菌群可分为有益菌、条件致病菌和致病菌。有益菌在肠道菌群中占比最大，可辅助消化食物，保护肠道。条件致病菌群在肠道菌群中占比较少，若有益菌群被破坏，条件致病菌群将引发肠道疾病。大多数条件致病菌是肠球菌和肠杆菌。致病菌通过饮食等进入肠道，产生致癌物，干扰免疫系统功能，引发多种疾病，如沙门菌属（*Salmonella*）、致病性大肠埃希菌（pathogenic *Escherichia coli*）等。

鸡肠道各部位均有特定的细菌类群。例如，盲肠段的微生物菌群以链球菌属（*Streptococcus*）、埃希氏菌属（*Escherichia*）、拟杆菌属（*Bacteroides*）和乳杆菌属（*Lactobacillus*）为主。肠道菌群的结构和组成除与物种有关外，还与地域、饮食、营养等因素有密切关系。

17.1.2.2 群落功能

养殖动物胃肠道中微生物多样性极为丰富，其中有益菌在维持肠道稳态中发挥着重要作用。肠道微生物群落对宿主的肠道发育、黏膜免疫、饲料消化、营养吸收具有重要意义。在畜禽养殖中，可通过优化肠道微生态菌群结构，调节肠道微生物生态系统，从而保障畜禽健康。近年来，肠道有益菌常被开发为益生菌制剂，被认为是最有前途的抗生素替代品。受致病菌感染的畜禽肠道菌群平衡容易被破坏，引起肠道菌群失调，减弱畜禽的免疫功能，导致动物患病甚至死亡。益生菌可抑制条件致病菌及致病菌的定殖或增殖，提高有益菌数量。

畜禽养殖过程中肠道微生物群落的主要生物学功能包括：

（1）促进养殖动物肠道发育

肠道有益菌与宿主存在共生关系，可在肠道内发酵多糖，产生短链脂肪酸（short chain fatty acids，SCFAs），如乙酸、丙酸和丁酸等。短链脂肪酸刺激肠上皮细胞增殖、分化并促进肠绒毛生长，从而增加肠道的吸收表面积。

（2）调节肠道免疫系统功能

肠道微生物可以调节免疫系统的平衡，促进免疫细胞的发育，协助免疫组织成熟，抑制病原微生物定殖与组织入侵。在生理条件下，肠道微生物群落不断刺激免疫系统，是一种快速有效的病原体防御机制。肠道微生物群落构成肠黏膜屏障，对机体的免疫活性产生根本性影响。例如，乳杆菌可促进肠道蠕动，增强细胞间的紧密连接，维持肠道屏障功能。

（3）促进饲料消化和营养吸收

肠道微生物群落可以降解复杂的碳水化合物、蛋白质和脂肪，使其更易于消化和吸收。例如，拟杆菌（*Bacteroides* spp.）主要利用单糖和低聚糖，促进仔猪对碳水化合物的消化吸收；普雷沃氏菌（*Prevotella* spp.）能够降解植物性饲料中的半纤维素，可以利用包括抗性淀粉和纤维素在内的不可消化的多糖。相关研究表明，鸡缺乏促进多糖酵解的水解酶、多糖裂解酶和碳水化合物酯酶等，而肠道微生物可产生降解多糖的酶，促进宿主的营养吸收。

（4）抑制肠道病原菌定殖

肠道中的有益菌可通过多种方式直接或间接抑制肠道病原菌定殖（图 17-2）。例如，拟杆菌产生丙酸等短链脂肪酸，可抑制鼠伤寒沙门菌（*Salmonella enterica*）的定殖。芽孢杆菌通过分泌抗菌肽，干扰金黄色葡萄球菌的群体感应并抑制其定殖。

17.1.3 农田污染生境微生物群落结构与功能

土壤微生物是土壤生态系统的重要组成部分，通过参与元素地球化学循环来调节土壤生态系统。农田土壤污染是全世界共同面临的威胁环境和人类健康的严重问题。

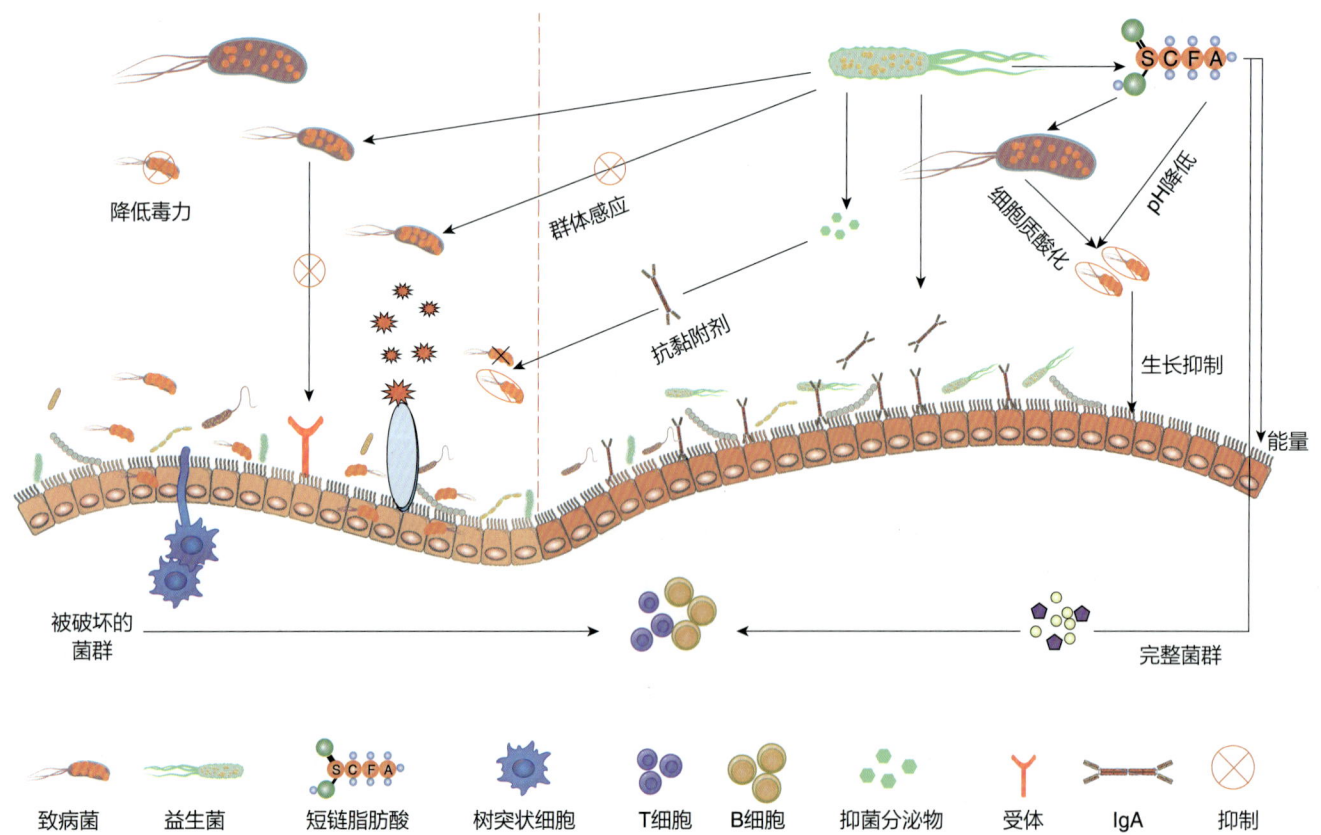

图 17-2　肠道益生菌抑制病原菌定殖与侵染的模式图

重金属污染浓度和pH对微生物群落结构有显著影响。例如，与其他细菌类群相比，酸杆菌、金藻菌等对低pH（pH < 6.5）和高浓度重金属污染具有较强的抗性，这些细菌在高水平重金属污染的土壤样品中大量存在。而在碱性土壤（pH > 7.5）中，变形菌、放线菌和拟杆菌的数量较多。

一般来说，土壤细菌群落对重金属胁迫高度敏感，因为重金属可引起细菌蛋白变性和细胞膜破裂。重金属污染会影响土壤中的细菌多样性和结构。例如，镉污染与细菌多样性呈显著负相关。当受到重金属污染胁迫时，一些耐重金属细菌存活下来，并形成一个新的微生物群落。除此以外，农田土壤中的化学农药、多环芳烃、微塑料等有机污染物也对土壤微生物群落结构产生重要影响。

土壤微生物的群落抗性与生态系统功能稳定性密切相关。农田污染生境微生物群落对环境胁迫具有一定抵抗力，可以参与有机物分解、养分供应和植物病原体控制等过程，从而维持生态系统功能。

17.2 微生物肥料

微生物肥料作为一类农业产品，含有特定的活体微生物，通过微生物的生命活动（如固氮、解磷、解钾、分泌促生长物质等），进而改善农作物营养或促进其生长。与传统化学肥料不同，微生物肥料的核心作用依赖于其活菌的功能，而非直接提供矿质养分。

17.2.1 固氮菌肥料

氮在大气中含量丰富，但经常是植物最受限制的营养元素。植物本身无法直接利用大气中的氮气，其生长依赖于外源合成氮肥的施加，以及从根际及受根系影响的非根际区域获取的固定态氮。虽然大量合成氮肥的施用显著提高了作物产量，支撑了全球人口的持续增长，但这些肥料使人类付出了沉重的环境成本。

固氮微生物通过自身生命活动，把空气中的游离氮气直接转换成含氮化合物，这一过程被称为生物固氮（biological nitrogen fixation）。固氮菌（nitrogen fixing bacteria）一般分为自生固氮菌、共生固氮菌及联合固氮菌三类。在自生固氮过程中，固氮菌在微氧或厌氧条件下，将氮气转变为氨，以供自身利用或释放到环境中。在共生固氮中，根瘤等植物器官中的固氮微生物利用宿主的光合产物作为能量来源，固定氮素以支持宿主生长。在联合固氮中，固氮螺菌属（*Azospirillum*）、固氮弧菌属（*Azoarcus*）和草螺菌属（*Herbaspirillum*）等固氮菌，生活在植物宿主的表面或根际区间，利用植物光合产物作为能源及碳源来固定氮气。

固氮菌在农田氮循环过程中扮演重要角色，因而被开发成固氮菌肥料。这类微生物肥料在农业生产过程中可提升土壤肥力、提高作物产量。根据肥料所引入微生物是否在宿主植物根部形成根瘤，将固氮菌肥料分为根瘤菌肥料和其他固氮菌肥料。

17.2.1.1 根瘤菌肥料

根瘤菌肥料，又称根瘤菌剂。根瘤菌是土壤中的一类特殊细菌，能与豆科植物的根系或茎形成根瘤或茎瘤共生体，其独特之处是与宿主植物共生固氮，将大气中的 N_2 转化为 NH_3，供植物生长所需。据估计，豆科植物与根瘤菌的共生固氮量占全球年生物固氮总量的 65% 左右。

根瘤菌为小杆状，大小为 (0.5~0.9) μm×(1.2~3.0) μm，有鞭毛，不产芽孢，可在酵母提取物甘露醇琼脂 (yeast extract mannitol agar, YMA) 上形成荚膜。培养 3~5 天后，根瘤菌细胞内大多形成聚 β- 羟基丁酸颗粒，折光性较强，使细胞染色不均匀而呈环节状。

根瘤菌是化能有机营养型好氧细菌，最适生长 pH 为 7.2~7.4，最适生长温度为 25~28℃。可利用多种碳水化合物和有机酸作为碳源和能源物质。在 YMA 培养基上，根瘤菌菌落呈圆形，表面光滑、有凸起，颜色多为乳白色。最初根据在 YMA 上生长速度的不同，将根瘤菌分为快生型 (fast growing) 和慢生型 (slow growing) 两类，后来发现还有中慢型，如中慢生根瘤菌属 (*Mesorhizobium*)。快生型根瘤菌代时为 2~4 h，慢生型为 6~8 h，在 YMA 培养基上，具有快生型根瘤菌产酸、慢生型根瘤菌产碱的特性。

大多数根瘤菌能够以硝酸盐和铵盐作为氮源，少数可利用蛋白胨等动物性氮源。根瘤菌对矿质元素含量如 Fe、Mn、Mo 等较为敏感，环境中缺乏这些矿物元素，会影响根瘤菌结瘤效率和固氮能力，因而配制根瘤菌肥料时通常需要添加适量微量元素。

根瘤菌具有宿主专一性，不同的根瘤菌具有不同的豆科植物宿主范围，表现出丰富的生物多样性和遗传多样性。早期的根瘤菌分类主要依据豆科植物与根瘤菌间的对应关系，如大豆根瘤菌、蚕豆根瘤菌、菜豆根瘤菌等。随着分子生物学技术的发展，根瘤菌系统分类体系代替了传统的宿主对应体系。随着大量根瘤菌新种群被发现，目前已报道的根瘤菌包括 15 个属、200 多个种。

豆科作物接种高效根瘤菌可有效提高其共生固氮能力，有助于根系发育，减少氮肥用量，促进作物生长，因而接种根瘤菌是生态农业发展的重要内容。筛选高效根瘤菌时，菌株的结瘤能力、固氮能力和竞争能力是基本要素，菌株的地理区域适应性、与宿主植物的共生有效性和匹配性是基本原则。接种优良根瘤菌菌株后，豆科作物产量可明显增加。大豆和花生根瘤菌剂是许多国家（如巴西、阿根廷和美国等）普遍研究和推广应用的主要根瘤菌剂。

根瘤菌剂的田间应用有两种方法：拌种法和土壤混菌法。拌种法是最常用的方法，播种前将种子与少量根瘤菌液体菌剂混匀，使种子表面充分吸附一定数量的根瘤菌即可，具有操作简单、菌剂用量少的优点。土壤混菌法是将根瘤菌剂混合到植物根际的主要部位。在土著根瘤菌数量多的情况下，土壤混菌法比拌菌法更能提高接种菌的固氮效率，其缺点是菌剂用量多，大面积耕作时混菌不方便。

根瘤菌与豆科植物共生固氮体系受土壤环境中化合态氮浓度的影响。若土壤中的氮肥含量过高，会影响根瘤形成和增大，降低根瘤菌固氮酶活性。在田间条件下，土壤中含有的少量化合态氮对豆科作物共生固氮有较好的促进作用，但浓度过高会产生抑制作用，表现出"氮阻遏"现象。在农业生产中通过配施磷、钾肥和微量元素肥料等措施，可提高豆科作物–根瘤菌共生体的固氮效率。施用磷肥能够促进结瘤，并且显著增加土壤中根瘤菌的数量。此外，采用禾本科作物与豆科植物间套作耕作制度，可有效降低"氮阻遏"现象。

根瘤菌剂最早于1896年前后在欧洲开始应用，20世纪40年代，我国引进和选育了优良大豆和花生根瘤菌，并在东北和华北推广应用。20世纪60至70年代，我国根瘤菌肥料应用快速发展，应用范围从大豆扩展到紫云英、苕子、豌豆、三叶草和田菁等多种豆科植物，有效缓解化肥短缺的难题，成为我国根瘤菌推广应用的黄金时期。20世纪80年代，我国大面积推广应用豆科牧草接种根瘤菌菌剂，充分利用豆科牧草的共生固氮作用，提高草原土壤的肥力和牧草产量，促进了我国的牧草飞播工作，对退化草场的改良起到关键性作用。

17.2.1.2　其他固氮菌肥料

自然界中广泛存在自生固氮和联合固氮现象，目前已知约14个科200多个种的细菌具有固氮活性。固氮菌剂是指用自生固氮菌或联合固氮菌作为菌种生产的微生物制剂。目前已知8个属的菌种可用于生产固氮菌剂（表17-2）。

表17-2　常见的生产固氮菌剂的细菌种类

属	种
固氮菌属（Azotobacter）	贝氏固氮菌（A. beijerinckii），圆褐固氮菌（A. chroococcum），雀稗固氮菌（A. paspali），棕色固氮菌（A. vinelandii）
氮单胞菌属（Azomonas）	标记氮单胞菌（A. insignis）
贝氏固氮菌属（Beijerinckia）	印度贝氏固氮菌（B. indica），德氏贝氏固氮菌（B. derxii）
芽孢杆菌属（Bacillus）	多黏类芽孢杆菌（P. polymyxa）
克雷伯氏菌属（Klebsiella）	肺炎克雷伯氏菌（K. pneumonia），产气克雷伯氏菌（K. aerogenes），产酸克雷伯氏菌（K. oxytoca）
肠杆菌属（Enterobacter）	阴沟肠杆菌（E. cloacae）
欧文氏菌属（Erwinia）	草生欧文氏菌（E. herbicola）
固氮螺菌属（Azospirillum）	生脂固氮螺菌（A. lipoferum），巴西固氮螺菌（A. brasilense）

自生固氮和联合固氮的效率远远低于根瘤菌与豆科植物共生体的固氮效率。例如，水稻根际细菌固氮66~72天后，固氮量仅为0.200~0.395 kg/亩（1亩 ≈ 667 m^2）。尽管自生固氮菌的固氮效率较低，但因其分布广、适应性强，加之既具有固氮作用，又能在生长繁殖过程中产生多种代谢产物，包括激素类物质（如吲哚-3-乙酸、赤霉素、激动素等）、维生素、氨基酸和多糖等，促进植物生长，因而被广泛应用于生产实践。

固氮菌剂生产大多采用液体培养方式。目前，国内的产品有瓶装的液体剂型和用载体吸附的固体剂型。液体菌剂是发酵罐发酵结束后分装而成，由于发酵结束后培养液内的营养基本耗尽，同时分装后条件发生改变，因而保存时间较短，当温度较高时细菌数量快速下降。固体菌剂多用载体吸附菌体，载体由富含有机质、透气性良好的物质组成，吸附的固氮菌初期会死亡一部分，但条件适宜时，可继续繁殖，从而使数量增加。液体菌剂生产和使用方便，但运输距离较近；固体菌剂贮存方便，适合远距离运输。

固氮菌冻干制剂是将发酵完成的菌液浓缩或不浓缩，加适量保护剂，低温真空干燥（冻干）而成，每小瓶含活菌 $200 \sim 1\,000 \times 10^8$ CFU。这种剂型体积小，方便运输和保存，保质期较长，使用方便，使用前用适量水溶解即可，但成本较高。

17.2.2 解磷菌肥料

磷是植物发育和生长所必需的基本元素之一，约占植物干重的 0.2%。当土壤中的速效磷含量不能满足作物生长需求时，施用磷肥和提高土壤中磷的可给性，是一项重要的农业措施。土壤中含有大量难溶性磷，不能直接被植物吸收利用。土壤中存在许多具有分解有机磷和无机磷化合物能力的微生物类群，称为解磷微生物，可将难溶性磷转化为有效态磷供植物利用。

解磷微生物在土壤磷循环中发挥特殊作用，占土壤微生物种群的 1%~50%。使用解磷微生物作为生物肥料是一种改善土壤缺磷的环保方法，因而成为农田作物产量提升的重点方向之一。

解磷微生物根据底物不同可分为解无机磷微生物和解有机磷微生物；按解磷微生物类群分为解磷细菌（phosphate-solubilizing bacteria）、解磷真菌（phosphate-solubilizing fungi）和解磷放线菌（phosphate-solubilizing actinomycetes）三类。

17.2.2.1 解磷微生物种群

已报道的解磷细菌种群很多，包括假单胞菌属（*Pseudomonas*）、芽孢杆菌属（*Bacillus*）、类芽孢杆菌属（*Paenibacillus*）、土壤杆菌属（*Agrobacterium*）、欧文氏菌属（*Erwinia*）、肠杆菌属（*Enterobacter*）、黄杆菌属（*Flavobacterium*）、微球菌属（*Micrococcus*）、慢生根瘤菌属（*Bradyrhizobium*）、固氮螺菌属（*Azotobacter*）、伯克霍尔德菌属（*Burkholderia*）、硫杆菌属（*Thiobacillus*）、红球菌属（*Rhodococcus*）、沙雷氏菌属（*Serratia*）等。

解磷真菌包括曲霉属（*Aspergillus*）、青霉属（*Penicillium*）、根霉属（*Rhizopus*）、链格孢属（*Alternaria*）、酵母属（*Saccharomyces*）、小核菌属（*Sclerotium*）、镰刀菌属（*Fusarium*）、木霉属（*Trichoderma*）、拟青霉属（*Paecilomyces*）、芽枝霉属（*Cladosporium*）等类群。土壤真菌比细菌更容易在土壤中长距离传播，更有利于土壤中无机磷的溶解，这是因为解磷真菌通常比细菌产生和分泌更多的有机酸，如葡萄糖酸、柠檬酸、乳酸、草酸、酒石酸和乙酸等。

放线菌能够产生丰富的次级代谢产物，其中一些产物与解磷活性有关。解磷放线菌包括放线菌属（*Actinomyces*）、小单孢菌属（*Micromonospora*）、链霉菌属（*Streptomyces*）等。

17.2.2.2 解磷微生物的解磷机制

（1）酸解作用

解磷细菌的解磷机制与细菌产生的有机酸有关。解磷细菌生长过程中产生多种有机酸，如乳酸、氨基酸、琥珀酸、延胡索酸和柠檬酸等，可分解难溶性磷酸盐，释放可溶性磷，即"酸解作用"。这些有机酸不仅能降低土壤环境的pH，还能与钙、铁、镁和铝等金属离子络合，从而阻止土壤中有效态磷转化成难溶态磷酸盐。酸解作用的强弱既与分泌酸的数量和种类有关，又与磷酸根离子螯合的金属离子多少有关。

（2）矿化作用

土壤中有机磷以有机磷酸的形式存在，一般占土壤全磷的20%～50%，有的甚至高达90%。矿化作用是这类有机磷降解的主要途径。解有机磷细菌产生核酸酶、植酸酶和磷酸酶等多种酶，将有机磷酸酯等有机磷转化为可溶性无机磷，供植物利用。

17.2.2.3 解磷微生物辅助植物营养吸收机制

解磷微生物可以通过增加可溶性磷含量来调节植物代谢。可溶性磷的增加会导致植物生长和新陈代谢的变化，如光合作用速率增加，根系发育改善，干旱或疾病耐受性增强。解磷微生物还可上调植物吸水、抗氧化和热激反应相关基因表达，帮助植物更好应对非生物胁迫。一些解磷细菌能够合成吲哚-3-乙酸、细胞分裂素（cytokinin，CTK）、赤霉素（gibberellin，GA）、铁载体等物质，表现出PGPR的重要功能。此外，解磷细菌还可以促进作物根系对土壤中钙、锌、铜等微量元素的吸收（图17-3）。

17.2.2.4 解磷微生物肥料的使用

解磷细菌肥料的施用多为拌种法，对于移栽作物可采用蘸根法，也可以用有机肥作为基质生产解磷细菌生物有机肥。接种解磷细菌肥料与适量配施化学磷肥相结合，可提高磷肥利用率，但应注意不能与杀菌剂和农药同时施用。

17.2.3 解钾菌肥料

钾是植物必需的营养元素，也是所有活细胞的主要成分之一。土壤中钾的含量丰富，但大多数钾不能被植物直接吸收。解钾菌能溶解硅酸盐矿物，通过产生有机酸、无机酸、络合物等机制来释放矿物钾，从而提高土壤钾的利用率。

17.2.3.1 解钾细菌的种类

许多细菌能够将难溶性的矿物钾溶解到土壤溶液中，这些细菌被称为解钾细菌（potassium bacterias，KSB）。已报道的解钾细菌种群很多，如芽孢杆菌、类芽孢杆菌、假单胞菌、伯克霍尔德氏菌、氧化亚铁硫杆菌（*Thiobacillus ferrooxidans*）等。解钾细菌可产生多种有机酸，如草酸、酒石酸、葡萄糖酸、2-酮葡萄糖酸、柠檬酸、苹果酸、琥珀酸、乳酸、丙酸、乙醇酸、丙二酸、富马酸等，参与土壤不溶性钾的释

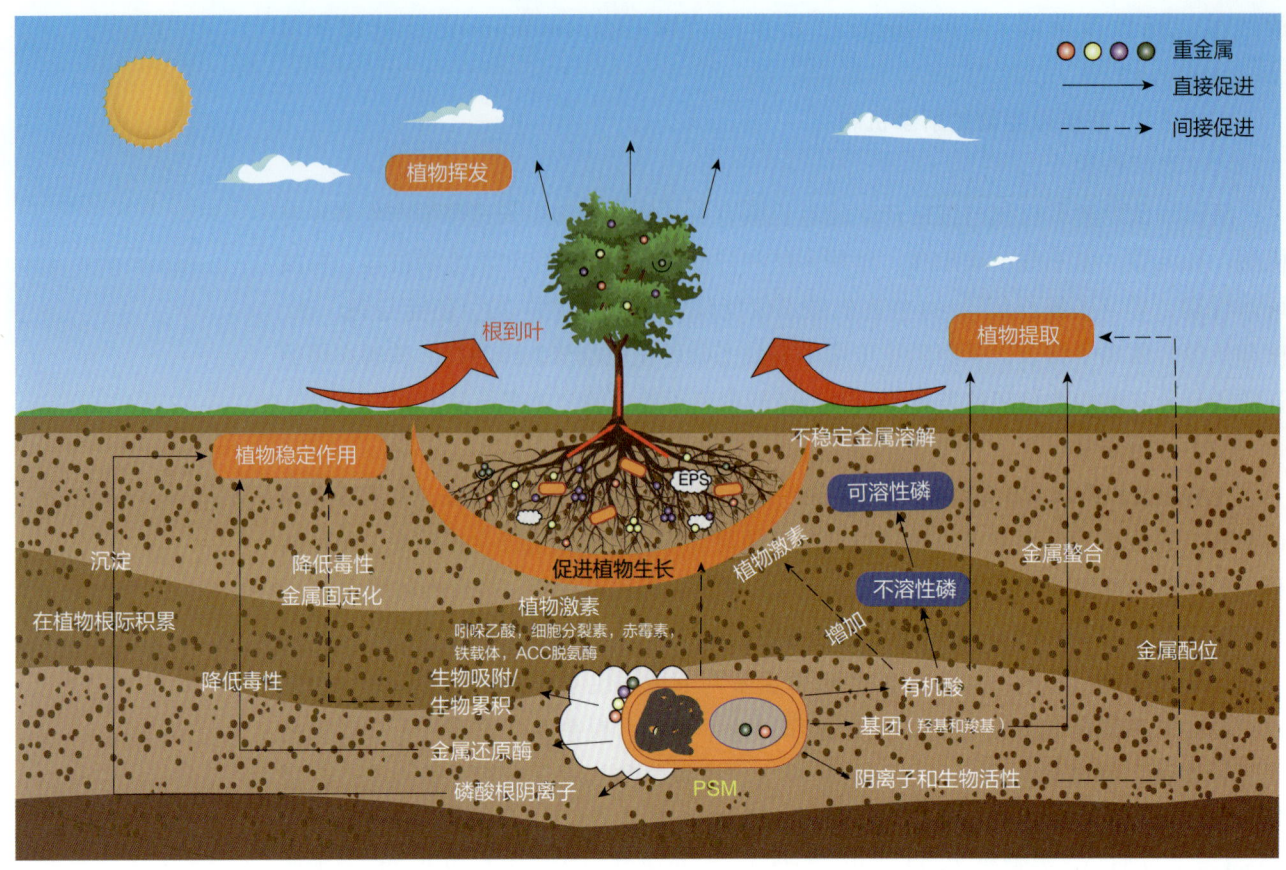

图 17-3 解磷微生物辅助植物营养吸收和土壤修复的机制

放。除了降低土壤 pH 外，有机酸还可与含钾矿物中的 Si^{4+}、Al^{3+}、Fe^{2+} 和 Ca^{2+} 等形成络合物，促进钾释放。

17.2.3.2 解钾菌肥料的使用

解钾菌肥料是一种有效的化肥替代品。随着高产作物品种的推广和农业的逐步集约化，土壤钾存量正在以更快的速度耗尽。在温室和田间条件下，解钾菌肥料可提高矿物钾利用效率，一定程度上缓解钾存量危机，并且显著提高不同植物的种子发芽率、幼苗活力及作物产量。此外，某些解钾细菌还具有 PGPR 的功能，可产生吲哚 -3- 乙酸等植物生长调节剂。

17.2.4 菌根菌肥料

菌根（mycorrhiza）是指一些真菌与植物根形成的具有特定形态结构和功能的共生体，是植物和真菌经过长期演化而形成的特殊结构。自然界中大部分植物都具有菌根，与之共生的真菌称为菌根真菌，包括担子菌、子囊菌和藻状菌。菌根真菌位于植物根与土壤之间的界面上，在土壤有机质动态变化中发挥着独特作用。

菌根真菌及其根外菌丝对于许多植物的营养生长至关重要。其功能主要包括：

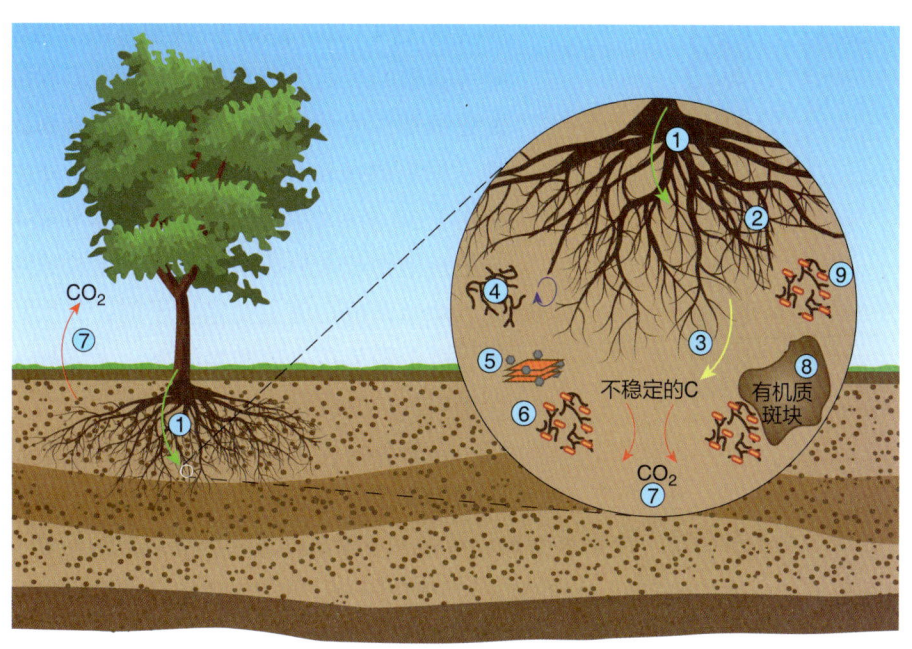

图 17-4 菌根真菌对植物生长的重要性

①作为光合产物向根部运输的管道；②提高土壤真菌生物量；③释放活性有机碳；④贡献死亡微生物组分；⑤与矿物质共同构成土壤稳定成分；⑥增强腐生菌生长代谢活性；⑦通过异养型呼吸作用释放 CO_2；⑧通过酶促或非生物氧化反应促进土壤有机质降解；⑨竞争性抑制病原微生物（图 17-4）。

根据菌根的形态结构和菌根真菌共生时的性状，菌根可分为外生菌根和内生菌根两大类（表 17-3）。

17.2.4.1 外生菌根

外生菌根（ectomycorrhiza）的主要特征是在根外形成菌套，在根的皮层细胞间形

表 17-3 菌根的类型

主要类型	亚型	特殊结构	真菌类别	宿主植物
外生菌根		有菌套和哈蒂氏网	担子菌、子囊菌、藻状菌	裸子植物、被子植物的乔木和灌木
内生菌根	内外生菌根	可形成菌套，但不一定形成哈蒂氏网，根细胞内有菌丝圈	担子菌、子囊菌	裸子植物、被子植物的乔木和灌木
	浆果鹃菌根	有菌套、哈蒂氏网，细胞中有菌丝圈	担子菌	仅杜鹃花目
	水晶兰菌根	有菌套、哈蒂氏网，细胞中有菌丝圈	担子菌	仅水晶兰科
	杜鹃菌根	有菌套、哈蒂氏网，细胞中有菌丝圈	担子菌、子囊菌	仅杜鹃花目
	兰科菌根	有菌套、哈蒂氏网，细胞中有菌丝圈	担子菌	仅兰科
	丛枝菌根	无菌套、哈蒂氏网，细胞中有菌丝圈和细小分支的丛枝	内囊霉科	裸子植物、被子植物的乔木、灌木和草本植物，苔藓植物和蕨类植物

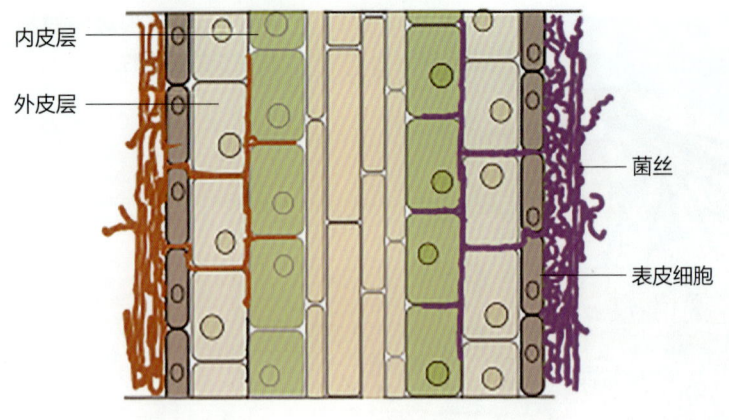

图 17-5　外生菌根侵染

成哈蒂氏网（Hartig net）。菌根真菌的菌丝在植物营养根的表面生长繁殖，交织成套状结构包裹在根外，使营养根变得粗壮，前端膨大，代替了根毛的地位和作用（图 17-5）。外生菌根存在于 30 多科植物中，主要为乔木和灌木，其中松科植物若未形成菌根就无法生长或生长不良。外生菌根真菌主要是担子菌，其次是子囊菌，极少数为接合菌和半知菌。大多数为广谱性寄生菌，少数为专性寄生菌。

自然界的树木从幼苗阶段就受土壤中的外生菌根真菌侵染而形成外生菌根。对树木的幼苗人工接种外生菌根真菌，两周后即形成菌根。土壤条件显著影响菌根的形成，通常有机质含量丰富、通气状况良好的土壤有利于菌根形成。外生菌根的主要功能有：①扩大宿主植物根系吸收面积，有利于植物根系吸收水分和矿质养分，促进植物生长，增强抗逆能力。②产生植物生长素类物质，刺激植物生长。③形成的菌套和哈蒂氏网起到机械屏障的作用，具有防御病菌侵袭的功能。④诱导宿主细胞产生抑制病原菌的物质。当外生菌根真菌进入植物根部时，根部细胞会产生抑菌物质，可抑制病原菌。

17.2.4.2　内生菌根

内生菌根（endomycorrhiza）的主要特征是可侵入植物根系皮层中，其中丛枝菌根是分布最广的内生菌根。丛枝菌根（arbuscular mycorrhiza，AM）也称泡囊-丛枝菌根（VA 菌根），是由内囊霉科（*Endogonaceae*）的部分真菌与植物根系形成的共生体系。在自然界中有 200 科 20 万种以上的植物形成丛枝菌根。小麦、玉米、棉花、烟草、大豆、菜豆、马铃薯、番茄、苹果、葡萄、草莓、柑橘等作物根系都具有丛枝菌根，最常见的为豆科和禾本科植物。丛枝菌根的主要特征是在植物根皮层内有丛枝和无隔菌丝，有的产生泡囊，此外还可形成比较松散的根外生菌丝（即附着枝，hyphopode，HP），但不形成菌套，外生菌丝的顶端常形成厚垣孢子（图 17-6）。

在丛枝菌根共生体系中，植物为菌根真菌提供生长及代谢所需的碳源和能量。丛枝菌根菌丝体的作用包括：扩大植物根系范围，增大植物水分吸收面积，提高植物抗旱能力；促进植物对磷的吸收；从土壤中吸收有效态的锌、铜、硼、铂、铁、锰等元素输送给宿主植物，促进植物对微量元素的吸收；促进植物根系某些氨基酸（如精氨酸、苯丙氨酸、丝氨酸）、类异黄酮（如植保素）、儿茶酚、还原糖和酶（如几丁质酶）的产生，这些物质可抑制病原菌，从而表现出防病效果，尤其对土传病害效果更为明显。

17.2.4.3　菌根菌的应用

无论是外生菌根菌，还是丛枝菌根菌，都广泛地应用于农业和林业生产中。林业上，菌根菌已在育苗造林引种等方面得到大量的应用研究。以彩色豆马勃（*Pisolithus tinctorius*）为代表的菌根真菌，具有寄生范围广、抗逆性强、易分离和培养等特点，

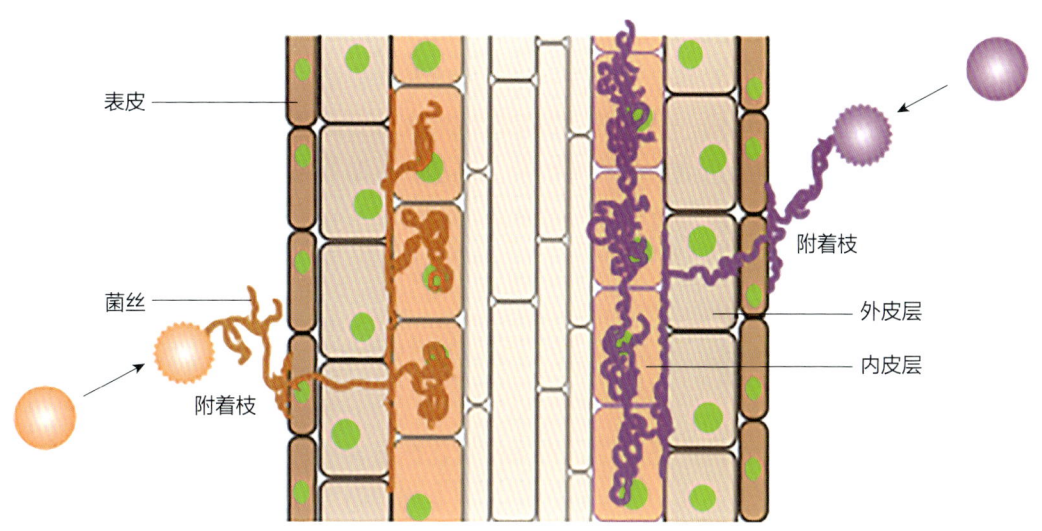

图 17-6 丛枝菌根侵染

在美国已作为商品制剂广泛应用于林业生产，在林木育苗中展示出很好的应用前景。

菌根菌的人工纯培养技术仍然需要突破。目前国内外研究者主要采用扩大培养方法，将丛枝菌根菌接种到植物根系，再用被丛枝菌根菌侵染的植物根段和含有大量孢子的根际土为接种剂接种作物，从而获得较好的增产效果。丛枝菌根接种剂已在大田作物、名贵花卉、苗木、药材、经济作物的种植过程中得到应用。

17.2.5 铁载体产生菌肥料

铁是植物的另一种必需元素，参与固氮、光合及呼吸作用等诸多生理过程。它通常以 Fe^{3+} 和 Fe^{2+} 的形式存在。土壤中的铁多来自不溶性氧化物和氢氧化物，使其难以被植物吸收。Fe^{2+} 虽然更易溶解，但在环境中极易被氧化，形成三价形式的沉淀。为了在缺铁环境生存，很多微生物都演化出包括铁载体在内的三价铁吸收机制。

肠杆菌、假单胞菌、固氮菌、芽孢杆菌、沙雷氏菌和根瘤菌可产生水溶性铁载体，在缺铁条件下从矿物或有机分子中溶解铁。铁载体可在微生物细胞膜上与三价铁形成复合物，三价铁随后被还原为二价，并被细胞摄入。在这一过程中，植物通过多种机制从铁载体中吸收铁，包括螯合和释放铁、直接吸收铁载体-铁复合物，以及配体交换。

17.2.5.1 铁载体吸收铁的机制

铁在细菌膜上的主动转运始于革兰氏阴性菌和革兰氏阳性菌的特定膜受体对铁-铁载体复合物的识别。铁-铁载体复合物与相应的内膜受体蛋白结合后，利用特定的内膜蛋白能量转导系统通过受体通道进入周质，最终利用 ATP 水解的能量转运到细胞质。在细胞质中，复合物内的铁通过铁还原酶催化释放。

铁载体根据其参与铁螯合的化学作用分为 3 类：羟肟酸、苯酚/邻苯二酚和羟基羧酸。迄今为止，已鉴定出 500 多种铁载体，其中 270 余种的化学构型已被鉴定。然而，PGPR 产生铁载体的能力有待进一步探索。

17.2.5.2 铁载体产生菌对植物的影响

铁载体为植物生长，尤其是在缺铁环境下的生长提供必需条件。同时，铁载体还是微生物控制植物病原体的一种机制。根际区域的大部分铁离子被铁载体结合。这种缺铁环境可进一步抑制病原细菌和真菌生长。例如，生防假单胞菌产生的铁载体可以抑制多种植物病原体，如曲霉属、镰刀菌属和腐霉属。

17.3 微生物农药

化学农药在农业生产的广泛应用，对防治植物病虫害、确保农业稳产高产具有巨大作用，但同时也带来农药残留、生态破坏等一系列问题。随着现代农业的发展，生物防治技术应运而生。广义的生物防治（biological control）是指一切利用生物学手段来防治病虫害的方法，而狭义的生物防治是指通过引入、增强或保护天敌（包括昆虫、螨类、线虫、有益微生物等），降低有害生物种群（如植物病害等）的技术。本节重点讨论微生物农药有关的生物防治技术。

在我国农业生产中，水稻、小麦、玉米等农作物常受不良环境影响或其他生物侵染发生植物病害，如水稻稻瘟病、小麦条锈病等，严重影响农作物的产量。植物病害生物防治是利用有益微生物和微生物代谢产物对农作物病害进行有效防治的技术与方法。生物防治的主要机制包括：①与病原菌竞争生态位和营养物质；②分泌抗菌物质；③寄生于病原菌；④多种生防机制对病原菌的协同拮抗作用；⑤诱导宿主植物产生对病原菌的系统抗性（ISR）；⑥促进植物生长，提高植物健康水平，增强其对病害的抵御能力；⑦调节宿主植物的微生态系统。

微生物农药是利用微生物活体或其代谢产物对有害生物进行防治的一类制剂，具有对人畜和天敌安全、选择性强、不易产生抗药性、易分解和不污染环境等优点，是生物防治的主要手段之一。广义的微生物农药是指利用微生物或其代谢产物来防治危害农作物的病、虫、草、鼠害，包括促进作物生长的活体微生物农药和农用抗生素。狭义的微生物农药专指活体微生物农药，包括细菌、真菌、病毒等微生物体。根据用途和防治对象的不同，微生物农药可分为杀虫剂、杀菌剂和除草剂3类。

17.3.1 农业常见病害与病原体

植物在生长发育、贮藏和运输过程中，受到各种致病因素（生物或非生物因素）的侵袭，整个植株、器官、组织和局部细胞的正常生理生化功能发生紊乱、解剖结构遭到破坏、形态特征改变，以致植物生长不良、品质变坏、产量下降或死亡，这种现象称为植物病害。

植物受生物或非生物病原侵染后其外表形态的不正常表现（寄主和病原），称为症状（symptom）。症状是由病状和病征组成，病状包括变色、坏死、腐烂、枯萎或萎蔫、畸形等外部感病特征。病原体在寄主病部的各种结构特征，称病征。

植物病害分为真菌性病害、细菌性病害以及病毒性病害。

植物病原真菌是指那些可以寄生在植物上并引起植物病害的真菌。植物病害研究最早的是马铃薯晚疫病，它是由疫霉引起的病害。据不完全统计，在各类栽培植物的病害中，有70%~80%植物病害是由真菌引起的，且其中不少病害种类破坏性极大。例如，常见的稻瘟病、小麦锈病、棉花枯萎病、玉米大小斑病、油菜菌核病、花生叶斑病、苹果腐烂病、柑橘炭疽病、黄瓜霜霉病、茶饼病、桑白粉病等，都是威胁当前农业生产的重要真菌性病害。真菌所致的病害常在宿主被害部位的表面长出霉状物、粉状物、颗粒状物等，这些病征是判断真菌病害的重要标志。

鞭毛菌亚门的一些菌，例如绵霉、腐霉、疫霉菌等，产生游动孢子，它们是水生性的，常生活在水中或潮湿的土壤中，可导致植物根部或茎基部腐烂。这类菌在湿度大的情况下，常在患病部位生出白色毛状物。霜霉菌等比较高等的鞭毛菌接近陆生，多危害植物的地上部，导致叶斑或花、穗变形。

子囊菌和半知菌所引起的病害，除少数菌如白粉菌之外，一般都形成明显的病斑，并有明显的颜色较深的边缘。在病斑上产生各种颜色的霉状物或小黑点。这些菌的无性繁殖都产生分生孢子，在田间可通过气流远距离传播。植物病原性子囊菌通过有性繁殖产生子囊果，可在原生环境中抵御不良影响，成为下一季度生长季节的侵染源。

担子菌中的黑粉菌和锈菌可形成黑色或锈色的粉状物。这两类真菌虽然有些可以人工培养，但在自然界是活体营养生物，不存在田间腐生问题。黑粉菌多以冬孢子附着在种子表面，少数以休眠菌丝在土壤或粪肥中存活，个别种类（如小麦散黑粉菌）的冬孢子可在种子内部越冬。有不少病害可以通过药剂处理种子得到防治。宿主植物品种间抗病性的差异明显，较容易获得高度抗病的品种，但抗病的品种也容易因病菌发生变异而变得易感，这是防治该类病害的难点。

真菌病害在宿主病部表面生出各种霉状物和粉状物，在诊断时，可用湿润的解剖刀把它们刮下来，或撕下病部表皮，在显微镜下观察，可以清楚地看到真菌的各种形态。如果患病部位还未长出真菌的繁殖体，可用湿纱布或保湿器保湿24 h，霉状物就可以长出来，此时再做检查和鉴定。

细菌病害的病株表现主要有坏死、萎蔫、腐烂和畸形等病状类型，褪色或变色的较少；有的还有脓状物溢出等病征类型。

坏死类型症状是植物细菌病害最常见的一类。以叶部、果实上出现的斑点、枯斑为多。萎蔫症状是细菌侵害维管束系统导致，与真菌性病害造成的萎蔫症状相似，青枯病、马铃薯环腐病是常见的代表类型，可通过观察茎横切面是否出现菌脓与真菌性萎蔫病进行区分。细菌病害引起植物组织的腐烂也较为常见。瓜果等贮藏器官的软腐型腐烂多由软腐细菌侵害所致，虽然瓜果腐霉等真菌也能导致植物组织腐烂，但真菌病害受害处常有霉状物而易于区分。有些细菌可以造成宿主组织的畸形，如桃发根病，苹果、葡萄的根癌病等。

植物细菌病害往往表现为患病部位产生菌脓。植物病毒病只有明显的病状而无病征。最常见的病毒病症状有花叶、斑驳、黄化、丛枝、矮化、畸形及坏死斑等。有些病毒病可形成内部症状，即在宿主叶毛或表皮细胞内产生 X- 体、结晶体等，上述症状可作为诊断病毒病的依据。有些植物感染病毒后，不表现症状，生长发育和产量也未受到显著影响，称"带毒现象"，被寄生的植物称为"带毒者"。

17.3.2 微生物杀虫剂

17.3.2.1 细菌杀虫剂

某些细菌对昆虫有致病或致死作用，利用这一特点将细菌及其所含有的活性成分制成杀虫制剂即为细菌杀虫剂，其作用机制为胃毒作用，昆虫摄入制剂后，通过肠道细胞吸收，进入体腔和血液，使之得败血症或中毒死亡。

目前已知的昆虫病原细菌达 100 多种，其中被开发成产品并投入应用的主要有 4 种，即苏云金芽孢杆菌（*Bacillus thuringiensis*）、日本金龟子芽孢杆菌（*Bacillus popilliae*）、球形芽孢杆菌（*Bacillus sphaericus*）和缓病芽孢杆菌（*Bacillus lentimorbus*）。

苏云金芽孢杆菌杀虫剂是目前世界上应用最广、产量最大的细菌杀虫剂，其产量占微生物杀虫剂总量的 95% 以上。

苏云金芽孢杆菌对鳞翅目、双翅目、膜翅目、鞘翅目、直翅目和毛翅目等 600 余种昆虫具有不同程度的致病性。苏云金芽孢杆菌从口器感染昆虫，通过自身生长繁殖、产生毒素等机制杀灭昆虫。该细菌可产生多种杀虫毒素，如 δ- 内毒素、α- 外毒素、β- 外毒素、γ- 外毒素、溶血素、肠毒素，还可产生几丁质酶、营养期杀虫蛋白等杀虫活性成分，以及不具有直接杀虫活性的双效菌素、辅助蛋白和自身诱导物抑制蛋白等成分（表 17-4）。苏云金芽孢杆菌不同亚种的菌株产生的毒素种类和性质不同，其杀虫谱也不同。

苏云金芽孢杆菌产生的毒素中，δ- 内毒素是最主要的杀虫毒素，它伴随着芽孢

> 知识拓展 17-2
> 苏云金芽孢杆菌杀虫剂研发应用的中国贡献

表 17-4　苏云金芽孢杆菌的活性成分

分类		活性成分
胞外活性成分	蛋白质类	营养期杀虫蛋白（vegetative insecticidal protein, VIP）
	酶类	几丁质酶（chitinase）、磷脂酶 C（phospholipase C）、溶血素（hemolysin）
	核苷类	苏云金素（thuringiensin）
	多元醇类	双效菌素（zwittermicin, ZwA）
胞内活性成分	蛋白质类	杀虫晶体蛋白（insecticidal crystal protein, ICP），免疫抑制因子 A（immune inhibitor A, InA），肠毒素（enterotoxin），辅助蛋白（help protein），自身诱导物抑制蛋白（autoinducer inhibitor, Aii）
	芽孢	活芽孢、死芽孢、芽孢衣

的形成而产生，也称为伴孢晶体，是一种由蛋白质构成的晶体结构，其形状分为菱形和非菱形两类。菱形伴孢晶体的大小为（0.71~1.75）μm×（0.44~1.00）μm；非菱形伴孢晶体的形状为方形、球形、近圆形、近六角形等，其大小为（0.79~1.24）μm×（0.63~0.99）μm。完整的伴孢晶体并不具毒性，只有被昆虫肠道消化或碱溶后才释放出有毒成分，其对人、畜无毒性。

苏云金芽孢杆菌制剂（Bt 制剂）分为悬乳剂、粉剂和颗粒剂等，是在人工条件下大量培养苏云金杆菌的基础上，获取杀虫有效成分——芽孢及伴孢晶体后调制而成的不同 Bt 剂型。Bt 制剂生产方法有液体深层通气发酵法和固体发酵法，以液体深层通气发酵法为主。苏云金芽孢杆菌 YBT-020 是国际上第一个被测定的带杀虫基因全序列的苏云金芽孢杆菌菌株。迄今为止，已有超过 1 000 个苏云金芽孢杆菌菌株的全基因组完成测序分析，为进一步解析其杀虫机制、开发新的杀虫蛋白基因奠定了基础。

日本金龟子芽孢杆菌是多种金龟子幼虫的专性病原菌，主要通过芽孢感染和传播。芽孢经幼虫的口摄入到虫体内，进入消化管萌发成杆状的营养细胞，营养细胞能够侵染中肠细胞，穿透肠壁进入体腔内；侵入体液的芽孢经由萌发期、营养繁殖期、芽孢形成期和芽孢成熟期 4 个时期进行增殖，最终导致幼虫感染 A 型乳化病（type A milky disease），虫体呈现乳白色而死亡。

最初金龟子芽孢杆菌在人工培养基中不生长或生长缓慢，因而当时采用幼虫活体培养的方法制备菌剂。20 世纪 60 年代以后，科研工作者对该种菌的生长条件和营养需求等进行了系统的研究，获得了重大进展。现普遍采用液态培养基两阶段发酵培养法生产，培养基组分包括可溶性淀粉、海藻糖、磷酸氢二钾、碳酸钙、酵母膏等，金龟子芽孢杆菌的芽孢生成率可达到 80% 以上。目前，美国开发出的日本金龟子芽孢杆菌制剂 Doom 已在美国、加拿大、新西兰等日本金龟子泛滥的国家大面积使用，取得了很好的防治效果。

17.3.2.2　杀虫抗生素

阿维菌素（avermectin）是由阿维链霉菌（*Streptomyces avermitilis*）产生的一类结构相似的大环内酯类杀虫抗生素，由 8 种结构相近的同系物组成，主要成分为 A、B 两种物质，该组化合物统称为阿维菌素（图 17-7）。A1a、A2a、B1a、B2a 是主要组分，含量占 80% 以上；A1b、A2b、B1b、B2b 是次要组分，含量在 20% 以下。阿维菌素 B 杀虫活性最强，但毒性较大，将其 22,23-C 之间双链加氢还原为 22,23-C 双氢阿维菌素 B 后，其毒性降低一半，称为伊维菌素（ivermectin）。阿维菌素和伊维菌素都具有杀灭体内外寄生虫的活性。

阿维菌素类药物对蔬菜、果树、棉花和花卉等农作物的多种害虫有杀虫活性，包括鳞翅目、鞘翅目、半翅目、双翅目和膜翅目的害虫；对绝大多数与农业有关的线虫和节肢动物具有毒性，尤其对螨类毒杀作用强，毒杀效果是其他商用杀螨剂的 50~200 倍；对柑橘红蜘蛛、棉花害虫、柑橘锈螨、叶螨、小叶蛾、害蜗和黏虫等均有很好的防治效果，特别能有效防治多种对常用药剂不敏感或具有抗性的植食蜗类和害虫。阿维菌素现已广泛应用于兽医临床治疗，可预防马、绵羊、牛、猪、犬、兔

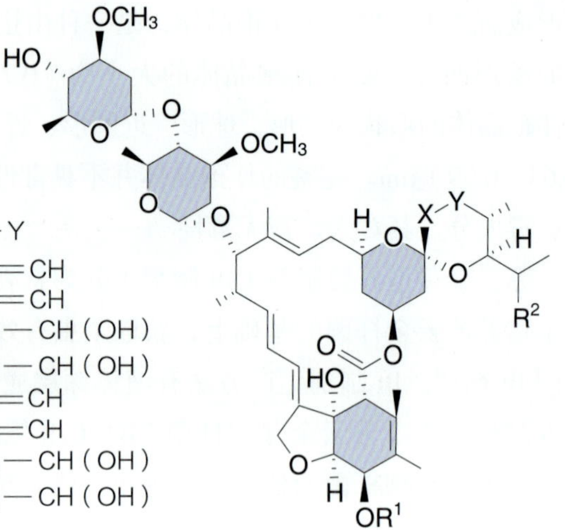

图 17-7 阿维菌素的化学结构式

	R¹	R²	X—Y
除虫菌素A1a	M₉	Et	CH═CH
除虫菌素A1b	M₉	M₈	CH═CH
除虫菌素A2a	M₉	E₁	CH₂—CH(OH)
除虫菌素A2b	M₉	M₈	CH₂—CH(OH)
除虫菌素B1a	H	E₁	CH═CH
除虫菌素B1b	H	M₈	CH═CH
除虫菌素B2a	H	E₁	CH₂—CH(OH)
除虫菌素B2b	H	M₈	CH₂—CH(OH)

等动物的体内外寄生虫和螨虫，可减轻消化道线虫、牛寄生虫、狂蝇蛆、羊虱、羊痒螨、仰口线虫、牛痒螨、毛首线虫等寄生虫感染。

17.3.2.3 真菌杀虫剂

昆虫病原真菌是昆虫病原微生物中的一个主要类群，共约750种，宿主范围广泛，达5个目24个科的200余种昆虫。在真菌杀虫剂中，研究最多的是白僵菌和绿僵菌，另外蛴生轮枝菌和汤普生多毛菌也有商品化制剂。

白僵菌属（*Beauveria*）包括2个种：球孢白僵菌（*Beauveria bassiana*），球形孢子占50%；卵孢白僵菌（*B. tenella*），卵形孢子占98%。这两种白僵菌在培养基上可存活1~2年，低温干燥条件下存活5年，在虫体上存活6个月，但遇阳光直射则很快失去活性。白僵菌以分生孢子形式侵染昆虫，当分生孢子附着在昆虫宿主体壁后，在湿度较高的环境条件下，孢子萌发长出芽管，穿透体壁进入血腔，利用宿主营养而进行生长繁殖，而后在血腔中以芽殖的方式产生大量芽生孢子导致宿主死亡，白僵菌菌丝则从昆虫尸体表面长出，产生分生孢子，完成侵染循环周期。白僵菌也可通过取食作用进入昆虫肠道，随后经肠壁感染宿主。

白僵菌的宿主范围广泛，常见的宿主有鞘翅目、鳞翅目、膜翅目、同翅目和半翅目的昆虫。白僵菌菌剂主要用于防治松毛虫和玉米螟，尤其在防治松毛虫方面效果突出，施用白僵菌菌剂后，其孢子进入环境中，可持续数年控制病害的发生。

白僵菌易于培养，以麦麸、黄豆饼粉或玉米粉为主要原料进行固体发酵，形成分生孢子后，将培养原料干燥粉碎制成白僵菌粉剂。白僵菌剂也可采用双相法生产，该法充分结合液体培养与固体培养的优点，先将白僵菌移入发酵罐中进行好氧发酵，当菌丝生物量达到最高时，转接到固体培养基质上，菌丝体快速繁殖形成大量的分生孢子。双相法操作简单方便、生产速度快，但成本较高、技术性较强，液体深层发酵阶段必须严格无菌操作，控制通气量、pH、温度和泡沫等条件。

金龟子绿僵菌（*Metarhizium anisopliae*）对鞘翅目和鳞翅目害虫有较好的防治作用，是一种有效的昆虫病原真菌，通过侵染昆虫表皮和血液寄生。

绿僵菌属于核菌纲（*Pyrenomycetes*）、球壳菌目（*Sphaeriales*）、麦角菌科（*Clavicipitaceae*）。现已发现了 42 个种和变种。金龟子绿僵菌包括小孢变种（*M. anisopliae* var. *anisopliae*）和大孢变种（*M. anisopliae* var. *majus*）：小孢变种的分生孢子小，寄生分布范围广，真菌杀虫剂商品已经研发成功；大孢变种的分生孢子则较大，在自然界中相对较少见，且寄生范围也很窄。

制备绿僵菌菌剂的培养料中，常见碳源主要有蔗糖、马铃薯淀粉、葡萄糖、麦芽糖和 D- 果糖等，常用氮源主要以花生饼粉、豆饼粉、酵母膏、蛋白胨、麦麸等为最佳。绿僵菌生长阶段，空气湿度控制在 98%～100% 为最佳，生长温度为 15～35℃，以 25～30℃生长速度最快，产孢量最大。

17.3.2.4　病毒杀虫剂

目前已知的昆虫病毒有 1 600 多种，分布广、专性强。常见的昆虫病毒有核多角体病毒（nuclear polyhedrosis virus，NPV）、质多角体病毒、颗粒体病毒和无包涵体病毒。核多角体病毒属于杆状病毒科、核多角体病毒属，是最主要的昆虫病毒。在我国发现的 290 多种昆虫病毒中，核多角体病毒有 212 种，占 71.3%；对农林害虫具有 85% 以上杀虫效果的 67 种杆状病毒中，核多角体病毒占 50 种。目前，从鳞翅目、膜翅目、双翅目等昆虫中分离并记载的昆虫杆状病毒已超过 700 种。

国内外已有多种商品化的核多角体病毒杀虫剂，用于防治农作物害虫、森林害虫和棉铃虫。昆虫病毒杀虫剂应用中存在的问题主要是菌剂制备方式单一，只能靠侵染昆虫繁殖获得，因而国内外已开发出的多种用于农林害虫控制的杆状病毒产品，大多数采用在人工饲料饲养的昆虫体内扩繁；同时昆虫病毒杀虫剂存在杀虫谱窄、对昆虫致死时间较长等不足。利用杆状病毒控制害虫最成功的案例是巴西利用黎豆夜蛾（*Anticarsia gemmatalis*）杆状病毒杀虫剂，控制黎豆夜蛾对大豆的危害。

17.3.3　微生物杀菌剂

17.3.3.1　植物细菌病害的生物防治

植物细菌病害生物防治的最成功范例是冠瘿病生物防治。冠瘿病（crown-gall disease）是一种世界性分布的细菌性土传病害，病原菌是土壤杆菌（*Agrobacterium* spp.），严重危害我国北方桃树和葡萄等植物。从植物病理学角度，细菌性冠瘿病被认为是一种特殊类型的病害，冠瘿（肿瘤）的发生是由病原细菌细胞内肿瘤诱发质粒（Ti 质粒）DNA 的一个片段转移到植物中引起的。病菌与植物受伤组织的细胞接触后，Ti 质粒的 DNA 转移到宿主细胞，并随植物细胞 DNA 复制而不断复制，引起组织膨大。

防治这一病害的成功案例是采用放射土壤杆菌 K84 菌株进行的生物防治。K84 菌株对植物不致瘤，但具有拮抗根癌土壤杆菌的能力，最初认为 K84 的防治机制是竞争侵染位点，但其防治作用主要是活细胞的作用，且无论在接种病菌前后使用都有一定效果，并在培养基平板上产生抑菌圈，说明 K84 的生物防治机制有细菌素的作用。

K84菌株已在多个国家和地区使用，无论采用浸种、蘸根或浸种加蘸根，其防治效果均很显著。尽管如此，其防治效果仍受到使用地区、地点、宿主植物、土壤中病菌的密度以及其他农业措施和农药施用方式等因素的影响，如K84对葡萄的病原菌是无效的。

17.3.3.2 植物真菌病害的生物防治

细菌、真菌和病毒都可用来防治植物的真菌病害，不同拮抗菌与不同病原菌之间，其作用机制各不相同，放线菌主要通过产生抗生素抑制病害，细菌和真菌则通过产生抗菌物质或与病原菌营养竞争而抑制病害发生，病毒以侵染方式抑制病害。

（1）井冈霉素

井冈霉素又称有效霉素（validamycin），是由我国科技人员1972年从江西省井冈山地区土壤中分离筛选的吸水链霉菌（*Streptomyces tygroscopicus*）井冈变种产生的葡萄糖苷类水溶性抗生素。

井冈霉素为白色粉末，易溶于水，可溶于甲醇、二甲基甲酰胺，微溶于乙醇，不溶于丙酮、氯仿、苯、石油醚等溶剂。但井冈霉素的吸湿性强，在pH 4~5的水溶液中较稳定，能被多种微生物分解而失去活性。某些子囊菌和毛霉菌的活性较弱。井冈霉素A~H对立枯丝核菌的最小抑菌浓度为0.01~25 μg/mL，其中井冈霉素A、E、F的最小抑菌浓度接近0.01 μg/mL，防治水稻纹枯病、稻曲病、小麦纹枯病、玉米纹枯病和棉花立枯病等病害的效果显著。井冈霉素具有很强的内吸作用，当水稻纹枯病病菌的菌丝接触到井冈霉素后，菌丝体细胞很快被吸收，井冈霉素发挥作用，干扰和抑制菌丝体正常生长发育，使其失去致病性而起到防治作用。施用井冈霉素后，水稻体内的过氧化物酶、苯丙氨酸解氨酶、内切几丁质酶、β-1,3-葡聚糖酶等活性显著提高，表明井冈霉素的作用机制可能与诱导水稻植株的抗病性有关，也可能是井冈霉素抑制了水稻植株体内的海藻糖酶，导致海藻糖积累，后者进一步引发系列生防反应。

按照我国农药毒性分组标准，井冈霉素属于低毒农药，常用剂型为水剂和粉剂。与其他农药相比，井冈霉素具有以下优点：

① 药效高，每亩施药折合有效成分为3~5 g，防治效果可达90%以上，仅为化学农药用量的10%。

② 耐雨水冲刷，喷药不受阴雨天气影响。

③ 使用安全，对作物不造成任何危害。

④ 增产效果明显，大面积试验证明，对水稻平均每亩可增产35 kg。

⑤ 药效周期长，一次用药能保持14~28天，防治效果是普通化学农药的数倍。

井冈霉素作为防治水稻纹枯病的首选农药品种，是我国目前农业上推广应用效果最好、使用面积最大的农用抗生素，其年产量、施用量和施用面积逐年扩大，产值超过4亿元。

（2）木霉制剂

木霉属（*Trichoderma*）广泛存在于土壤、植物根、茎、叶和种子等生境，是一种具有重要应用价值的有益真菌，主要用于植物病害的生物防治。木霉在大多数环境或基质上生长迅速，易于分离和培养，可产生多种拮抗物质，生防机制多样，在植物病害生物防治中具有明显优势。早在20世纪30年代人们就发现木霉对植物病原菌的拮抗作用。随着现代生物技术的不断发展，研究者们从生化、代谢和基因分子水平上对木霉的生防机制开展了深入研究。

① 重寄生作用。这是木霉抑制病原菌的最有效机制。木霉可寄生在丝核菌属（*Rhizoctonia*）、小核菌属（*Sclerotium*）、疫霉属（*Phytophthora*）、腐霉属（*Pythium*）和根霉属（*Rhizopus*）等18个属的29种植物病原真菌，抑制这些病原真菌的生长。

② 产生抗生素。木霉菌可产生多种抗菌物质，其抗真菌代谢产物有70种以上，主要包括戊酮、辛酮、类萜、多肽和氨基酸衍生物等。许多木霉菌产生不止一种类型的抗菌物质。

③ 竞争作用。木霉环境适应能力强、生长迅速，在与病原菌竞争营养或空间的过程中，可充分有效利用植物表面或侵入点附近的低浓度营养物质而快速生长，占领病原菌的侵入位点，从而减少病原菌侵染，这在木霉菌制剂抑制植物根际土壤及叶片表面病原菌时效果明显。

④ 溶菌作用。木霉可分泌 β-1,3-葡聚糖苷酶、几丁质酶和纤维素酶等具有分解真菌细胞壁功能的酶类，引起病原菌解体。

⑤ 诱导抗性。木霉可产生木聚糖酶等多种诱导因子，诱导宿主植物的防御反应基因表达，产生诱导抗性。当拮抗木霉菌的菌丝穿过黄瓜根部的表皮皮层时，可诱导黄瓜植株产生一系列抗病相关蛋白，包括许多水解酶，其抑制效果与施用化学诱变剂2,6-二氯苯氧乙酸处理植物后的结果相似。

⑥ 协同拮抗作用。木霉对病原菌的拮抗机制常常是综合性的，如木霉菌对腐霉菌的拮抗包括重寄生和抗生两种。木霉菌代谢胞外酶单独存在时抗菌性能较差，当与抗生素同时应用时表现出了很强的抗菌作用；木霉菌分泌的不同细胞壁降解酶之间也存在协同作用。

⑦ 其他生防机制。在干旱、养分胁迫等逆境条件下，木霉菌通过加强根系和植株发育提高耐性；诱导植物对病原菌的抗性；提高土壤中养分的有效性，促进植物吸收；钝化病原菌的酶；与植物根系形成共生体等。如哈茨木霉通过螯合或降解作用溶解土壤中的金属氧化物，将难溶态矿质元素转化为有效态养分，从而促进植物对矿质元素的吸收；康宁木霉对棉花和菜豆具有显著的促生作用。

欧洲最早于20世纪80年代已开始木霉菌制剂的商品化生产。木霉制剂商品化生产一般采用液体或半固体发酵生产方法，以得到大量厚垣孢子或分生孢子。多数木霉制剂用于植物土传病害的防治。

17.3.4 微生物除草剂

杂草微生物防治是指利用宿主范围较为专一的植物病原微生物或其代谢产物，控制杂草种群的危害。与杂草的天敌——昆虫防治杂草现状相比，利用微生物开发除草剂的研究和应用较少，主要集中在两个方面：直接利用病原微生物作为除草剂；利用微生物产生的对杂草具有毒性的次级代谢产物防除杂草。任何类型的植物病原体，包括细菌、真菌或病毒，都可用于杂草的生物防治，尤其以真菌作为杂草生防因子的研究居多。用作生物除草剂的病原体必备的条件包括：能在人工条件下发酵产生大量活性微生物细胞；对目标杂草具有较强的专一性；遗传稳定性好；适应环境能力强，可在多种环境条件下侵染和杀死杂草。

17.3.4.1 微生物除草剂的类型

（1）活体微生物除草剂

该类除草剂是从杂草病原菌中筛选，大量繁殖培养后制成的标准化制剂，在杂草苗前或苗后施用，使杂草病害流行，从而控制杂草。该方法可短时间内有效地控制草害，适用于防除农田、草坪及公园中的杂草。

（2）微生物源除草剂

这类除草剂是利用微生物产生的毒素或抗生物质等代谢产物防除杂草，分为真菌源、细菌源和链霉菌源三类，活性成分包括多肽类、萜类、大环脂质和酚醛树脂质等。

双丙氨膦（biolaphos）是第一个开发成商品除草剂的微生物源除草剂，生产菌株为产绿色链霉菌（*Streptomyces viridochromogenes*）。双丙氨膦是一种可杀单子叶和双子叶植物的非选择性除草剂，常用于非耕地和果园一年生或多年生杂草的防除。

17.3.4.2 微生物除草剂的局限

尽管微生物除草剂具有效果好、无二次污染的优点，但存在部分制剂使用范围较窄、杂草季节性生长、分布区域分散，导致市场过小、生产厂家少、生产规模小且成本高，以及产品制剂单一、应用技术不完善等问题，严重地制约了微生物除草剂产品的大面积推广应用，尚需在菌种选育、除草剂生产应用等方面创新思路。

17.4 微生物饲料

充足的饲料保障是畜牧业健康发展的基础，微生物饲料是养殖业的重要饲料来源。利用微生物种群及代谢多样性丰富的特点，可将许多工农业副产物转化为优质的蛋白质饲料。我国是农业大国，农作物秸秆年产量为8亿~9亿t，通过微生物发酵，以青贮或微贮（黄贮）等方式处理秸秆，为养殖业提供所需的优质秸秆饲料，可有效缓解养殖业饲料短缺的现状。含有微生物菌体或其代谢产物的饲料称为微生物饲料，主要类型如下。

17.4.1 单细胞蛋白饲料

解决养殖业发展亟须的饲料蛋白质来源问题，除推广种植高蛋白牧草如紫花苜蓿、大豆和花生等豆科植物外，还可以通过生产不同微生物来源的单细胞蛋白（single cell protein，SCP）来增加蛋白质饲料含量，以弥补养殖业蛋白质饲料不足，提供动物养殖所需的饲料。各国政府极为重视并积极发展单细胞蛋白产业。据统计，目前单细胞蛋白产量已超过全世界所产蛋白质总量的3%。

17.4.1.1 单细胞蛋白饲料的概念和优点

单细胞蛋白饲料（SCP feed）是由单细胞生物个体组成的、蛋白质含量较高的饲料。单细胞蛋白饲料的优点包括：①微生物细胞富含蛋白质、氨基酸、脂肪和维生素等畜禽所必需的营养物质。②微生物细胞生长繁殖快、代谢类型多，在适宜环境条件下，可将多种工、农业副产品或者其他有机废弃物迅速转化为菌体细胞。③微生物培养条件易控制，生产过程不污染环境，可实现周年化、工厂化生产。④易实现遗传改造，从而得到目的蛋白。⑤易筛选出产量高、质量好的生产菌株。由于微生物代时短，每几十分钟到几小时即可繁殖一代，合成蛋白质的速度比植物快500倍，比动物快200倍，在解决畜禽养殖所需蛋白饲料方面优势明显。

17.4.1.2 单细胞蛋白饲料的生产原料

在单细胞蛋白饲料的生产过程中，既可将非蛋白氮转变成蛋白质，提高饲料基质中蛋白质含量，又可利用微生物将废液、废渣等工农业副产物转化为微生物细胞及发酵制品，达到变废为宝的目的。通常，单细胞蛋白生产原料主要有以下5类：

① 糖类原料。例如，淀粉或纤维素的酸水解液、亚硫酸纸浆废液、糖蜜等。

② 石油原料。例如，柴油、正烷烃、天然气等。

③ 石油化工产物。例如，乙酸、甲醇、乙醇等。

④ 无机气体类。例如，氢气、二氧化碳、一氧化碳等。

⑤ 有机工业废水。例如，含糖废水，含有机、无机质废水等。

在已有的单细胞蛋白饲料大规模生产工艺中，原料大多为石油及其制品，但由于石油资源有限，人们逐渐将目光转向可再生资源，尤其是利用发酵工业副产物，如淀粉厂废水、豆制品厂废水、乙醇蒸馏废液、味精废液等发酵生产单细胞蛋白饲料。

17.4.1.3 单细胞蛋白微生物

可用于生产单细胞蛋白饲料的微生物种类很多，有酵母、细菌、单细胞藻类、霉菌以及担子菌等。目前生产单细胞蛋白饲料主要采用酵母、担子菌以及螺旋藻等单细胞藻类。螺旋藻营养丰富，其蛋白质含量高达67%~72%，总脂含量为6%~7%。

17.4.1.4 单细胞蛋白饲料的生产方式

目前，单细胞蛋白的生产菌株主要为酵母菌。单细胞蛋白生产方式有两种，一种采用深层液体通气培养，待酵母菌体达到最大生物量，通过离心、过滤、沉淀等方法收集纯酵母菌体，作为饲料或饲料添加剂；另一种采用固态法培养，接种霉菌、酵母，利用菌株产生的酶将培养基原料降解为小分子物质，同时菌体迅速繁殖，最终将培养基质和微生物菌体一起粉碎后作为饲料或饲料添加剂。现以白地霉为例介绍单细胞蛋白生产过程。白地霉是一种好氧性真菌，生长繁殖快，培养方法简单，生理适应性强。生产原料有粉坊废水、白薯干浸泡水、豆腐黄浆水和废糖蜜等。白地霉饲料营养价值高，可与传统的食用酵母和饲料酵母相媲美。用豆腐黄浆水可生产白地霉饲料，生产菌株为 A82.498。生产流程为：发酵料液 pH 调整为 5.5～6.0，灭菌后无菌接种生产种子菌，控制料温至 28～32℃，振荡培养、浅层培养或通气深层培养，使菌株能生长良好，7～8 h 后即可收集菌体，正常生长的白地霉为丝状，采用滤布压滤收菌，收集的菌丝体于 60～70℃烘干，磨碎，即为成品。

17.4.2　青贮饲料

青贮饲料是将玉米秆、根茎类、栽培牧草等新鲜青饲料，经切碎后填入青贮窖或青贮塔，压实密封，在厌氧条件下经微生物发酵调制成的饲料。其调制方法称为青贮。青贮饲料具有以下优点：可保持饲料的新鲜状态；酸味芳香，柔软多汁，适口性好；营养保存好；耐贮藏、可全年使用等。

17.4.2.1　青贮微生物

青贮饲料主要利用植物原料表面附生的乳酸菌、酵母等微生物，通过发酵作用快速降低原料 pH，抑制肠杆菌、丁酸梭菌、霉菌和其他微生物的大量繁殖，保持原料品质。

乳酸菌是制作优良青贮饲料的主要微生物。乳酸菌种类和形态多样，有杆状和球状，有单个，成对和链状排列，生化特性存在差异。乳酸菌不具备蛋白质水解酶，不能分解蛋白质，以青贮原料的氨基酸为氮源。乳酸菌厌氧或微需氧生长，通过同型和异型乳酸发酵，将青贮原料中的碳水化合物转化成乳酸等有机酸类，青贮料得以较好地保存。

在青贮饲料中，除醭酵母（*Mycoderma*）外，还有其他多种酵母参与。在青贮饲料发酵过程中，厌氧条件下酵母菌的乙醇发酵使青贮饲料具有较好的香味。但若青贮原料的糖分含量低，酵母菌可能与乳酸菌争夺养分，影响乳酸菌生长。同时，若青贮饲料装填不紧实，有氧条件下酵母分解多种有机酸，包括乳酸，造成乳酸积累受影响，青贮饲料 pH 升高，影响青贮效果。通常，酵母只在最初几天繁殖，随着乳酸菌数量增加，青贮饲料乳酸积累，氧气耗尽，酵母菌生长受抑制。

17.4.2.2　青贮原理及过程

青贮原理主要包括：利用青贮原料附生的乳酸菌等微生物的生命活动造成厌氧环境；利用青贮原料中的糖类进行乳酸发酵，产生乳酸等有机酸，降低原料 pH，抑制丁酸菌等有害细菌和霉菌生长；发酵产生的乳酸、乙醇等使青贮饲料具有芳香酸甜的味道，增强青贮饲料的适口性。

17.4.2.3　青贮饲料调制

根据原料含水量，青贮饲料可分为高水分青贮、低水分青贮和外加剂青贮。

（1）高水分青贮

高水分青贮也称全水分青贮。青贮时原料处于新鲜状态，水分含量高达 70% 以上，不进行预干处理，不添加其他成分，单一或几种原料混合直接青贮。调制高水分青贮饲料时，必须使用有排水口的青贮窖，若原料水分含量超过85%，需在原料中添加5%米糠、麸皮、干草粉等辅料。高水分青贮的优点是省时省力，生产成本低；缺点是青贮料干物质少、酸度大、口感差、流汁损失降低营养。我国许多养殖场多采用高水分青贮法调制青贮饲料，青贮料质量差，亟待改进发酵工艺。

（2）低水分青贮

低水分青贮也称半干贮，是新鲜原料经晾晒失去部分水分后再青贮的技术，被欧美地区及日本等国普遍采用。我国广泛采用的玉米秸秆青贮或黄贮均属低水分青贮，原料含水量40%~55%，在密闭式青贮窖进行青贮。低水分青贮料具有含水量低、干物质含量高、青贮量大、生产成本低、经济效益高等优点。青贮饲料呈淡绿色、不酸或微酸、相对湿润、果香味浓郁、适口性强。

（3）外加剂青贮

也称添加剂青贮，主要是在制作青贮饲料时，向青贮原料中加入一些促进发酵剂、保存剂、营养物质补充剂。外加剂的作用包括：添加各种可溶性碳水化合物，可促进乳酸菌发酵，迅速产生乳酸，使青贮料pH快速降至3.8~4.2；添加甲酸等抑菌剂，可抑制不良发酵，阻止其他腐败微生物生长；添加尿素、氨等氮源物质，调整青贮原料碳氮比，有利于青贮细菌生长。

由于添加剂数量少，要注意与青贮饲料充分混合均匀，否则会影响青贮质量。装填青贮原料时，按比例均匀地加入添加剂，也可分层撒入，混合均匀。

17.4.2.4 青贮饲料的使用和管理

青贮原料经过40~50天完成青贮发酵处理，即可开窖使用。根据养殖需求，青贮饲料也可保存数年而质量不变。青贮饲料使用期间，青贮窖一旦打开，应及时饲喂，若间歇性饲喂，应注意间隔期间封好青贮窖，以免青贮料变质。现已开发有青贮饲料专用袋，分袋青贮，便于青贮饲料发酵、运输和保藏。

17.4.3 其他发酵饲料

发酵饲料是指通过微生物的发酵作用，将各种青、粗饲料制成酸甜软熟香、有效营养高、适口性好、利于保存的饲料。发酵饲料制作方法主要有种曲发酵法和无曲发酵法两种。种曲发酵是通过接种人工培养的曲种，转化饲料中的物质，例如纤维素酶解饲料。无曲发酵法是不接种"曲子"，适当控制好条件，促使饲料中有益微生物大量生长繁殖，达到饲料发酵的目的，如青贮饲料。

除青贮饲料外，发酵饲料还包括纤维素酶解饲料、人工瘤胃发酵饲料（亦称瘤胃液接种发酵饲料）和担子菌发酵饲料。参与这几种饲料发酵的微生物有霉菌、担子菌、细菌等。霉菌中分解纤维素能力强的有黑曲霉（*Aspergillus niger*）、烟曲霉（*A. fumigatus*）、绿色木霉（*Trichoderma viride*）、里氏木霉（*T. reesei*）、康氏木霉（*T. koningii*）等。担子菌中分解粗纤维、合成菌体蛋白能力强的有柳生小皮伞（*Marasmius salicicola*），以及多种食用菌菌株。发酵细菌包括产琥珀酸拟杆菌（*Bacteroides succinogenes*）、溶纤维丁酸弧菌（*Butyrivibrio fibrisolvens*）、梭菌属（*Clostridium*）、瘤胃球菌属（*Ruminococcus*）等。

17.4.4 动物肠道微生态制剂

微生态制剂（microecological agent）是基于微生态学原理，利用益生菌或促进益生菌生长的物质，经特殊工艺制成的制剂。目前微生态制剂被广泛应用于饲料、种植、医药和食品等各个领域。微生态制剂作为遵循生态环境自然循环法则的无公害制剂，是添加剂行业的一种发展趋势。

17.4.4.1 肠道微生态制剂分类

动物肠道微生态制剂具有绿色、无毒、无药、安全、高效等特点。不同微生物组成的微生态制剂在发挥各自优势的同时，还可弥补单一菌株的不足。肠道微生态制剂根据组成成分及作用方式，可分为益生菌、益生元和合生元三类。益生菌（probiotic）是指有益于动物健康的活体微生物。益生元（prebiotic）是为益生菌提供营养并促进其生长的基质。合生元（synbiotic）是益生菌和益生元的组合体。

17.4.4.2 肠道微生态制剂原理

（1）调节动物肠道菌群平衡

微生态制剂可释放有益于益生菌生长的物质，促进益生菌大量繁殖，抑制有害菌生长，从而达到调节肠道菌群，促进机体健康的目的。

（2）产生有益物质，促进肠道对营养物质的吸收

微生态制剂中的有益微生物进入肠道后不仅能产生营养物质，还能将肠道中大分子物质降解为小分子，从而可被肠道直接吸收。

（3）提高动物免疫力

肠道微生态制剂能够激活白介素、干扰素等细胞因子的表达，增强机体免疫活性。

17.5 农田污染治理微生物制剂

农田土壤污染是一个日益严重的全球性问题。人们正在努力减少污染物向农田转移，并开发有效的生物修复技术。植物修复是一种重要的生物修复策略，但其效率取决于污染物种类、土壤特性和植物生长速度。近年来，微生物制剂已被成功应用于提高植物耐受性、增强污染物降解或去除效率等方面。

土壤固有微生物或者后添加微生物都可起到降解土壤中有机污染物的作用，使土壤的性能得到恢复。比如，在农业生产中使用农药会造成土壤农药残留。为治理这类污染，可使用特定的农药降解菌株，如黄杆菌属、芽孢杆菌属、假单胞菌属等细菌，以人工添加的方式加到土壤中，发挥其降解农药的功能。此外，微生物还可用于土壤

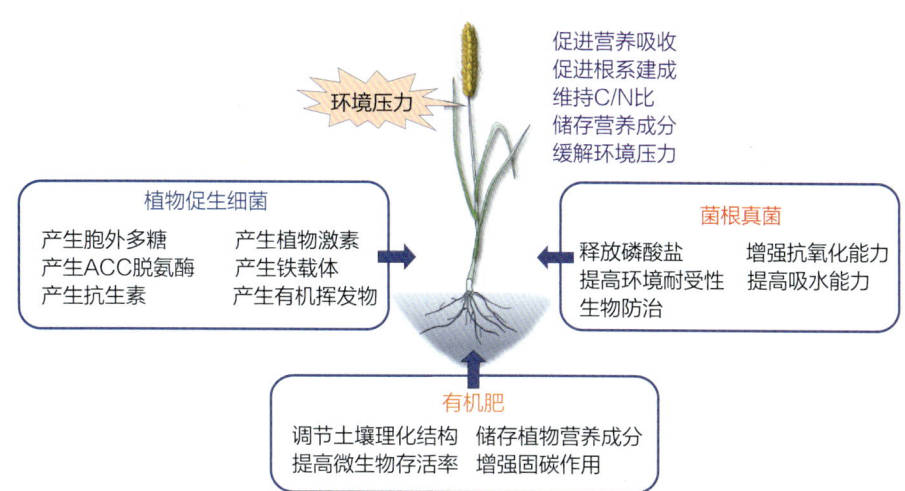

图 17-8 微生物制剂与有机肥在农业和土壤管理中的作用

石油烃及芳香族类污染物的降解。我国微生物降解技术的研究热点之一，是采用合成生物技术，构建降解农药、石油烃、芳香烃等污染物的高效菌株。

在农业和土壤管理中广泛应用的微生物制剂有植物促生细菌、菌根真菌等，它们通过产生胞外多糖、植物激素、铁载体，释放磷酸盐，增强环境耐受性等方式，促进植物营养吸收，缓解环境压力。这些微生物制剂通常与有机肥联用，后者能够调节土壤理化结构，提高土壤肥力（图 17-8）。

17.5.1　农田重金属污染治理

农田重金属污染主要是指具有生物毒性的重金属（如汞、镉、铅、铬等）在农田土壤中沉积，导致浓度超过背景值的污染状态。重金属是不可生物降解的，通过生物放大，它们的浓度可以增加数千倍，对人体健康有重大影响。近年来，工业活动和采矿业排放的大量重金属，最终沉积在土壤中，导致农田重金属浓度增加。农药和化肥的广泛使用也可能导致农田重金属浓度增加。

传统的农田重金属污染治理依赖于高成本的化学和物理过程，这些过程易造成其他有毒废物的污染。与之相反，微生物修复是一种成本低廉、绿色环保、前景广阔的修复方法，因而备受关注。

> 知识拓展 17-3
> 农田重金属污染治理的非生物学方法及存在问题

17.5.1.1　农田土壤重金属的来源

重金属进入土壤有两个主要来源，即自然和人为来源。污染场地中的重金属可能来自母土本身，称为岩石源。除此之外，一些特定的环境条件，如火山喷发、风载土壤颗粒、海盐喷雾、森林火灾、岩石风化均可能增加重金属浓度。人为来源主要包括采矿、冶金、商品日常制造、农业生产、机械操作、废水或垃圾排放等。一般来说，由于化学废水废物，工业城市地区周围土壤通常受到高含量重金属的污染，如铅、铜、镉、铬、镍、锌等。

农业土壤重金属污染近年来呈上升趋势，这归因于人为活动的增加，例如过度工业化、化学制剂大量使用和机械化等。由于重金属的生物半衰期长，不可生物降解，在食物链中逐级积累，农业土壤重金属污染已成为一个严重的环境问题，对农业生产构成威胁。无机肥料、灌溉、污水污泥和石灰是农业土壤中重金属的主要来源。此外，杀菌剂及农药的使用，易将镉、铅、铬和镍等重金属带到土壤中，加剧重金属污染。

17.5.1.2　微生物制剂的作用机制

重金属生物修复是一种通过藻类、细菌、真菌或植物活动，从污染水体及土壤环境中去除和回收重金属的技术。该过程可以自发发生，也可以在电子、营养物质或其他分子的帮助下发生。微生物在重金属污染环境中发挥作用的主要机制是微生物钝化，包括生物吸附、生物积累、生物转化和生物矿化等过程。大多数重金属钝化微生物表面都有一系列官能团，例如 –SH, –OH 和 –COOH，用于捕获重金属离子。金属硫蛋白、液泡和线粒体能够改变体内重金属离子的分布，使重金属毒性和可利用性下降。

在植物–微生物联合修复过程中，微生物可通过重金属形态或价态转化、离子捕获与转运、根际微生物群落重塑、增强植物抗逆性等机制，提高植物对重金属的耐受性和富集能力，从而增强植物去除土壤重金属的能力。

17.5.1.3　研究现状与前景

复合微生物制剂通常表现出比单菌制剂更高的重金属钝化效率。毛霉、羊肚菌及放线菌能有效降低重金属活性，显著缩短修复周期，改善尾矿的不良生境。此外，微生物多样性和群落结构对生物修复过程有敏感反应，因此微生物群落的变化还可用于实时监测生物修复过程。近年来，新兴的合成生物技术为人工微生物的研发开辟了新的途径，可大幅提高重金属修复效率（图 17-9）。

17.5.2　农田有机污染物治理

微生物在好氧和厌氧的条件下均能降解有机污染物，其降解机制主要分为两种：一是通过酶促反应直接降解有机污染物，主要的降解酶包括加氧酶、脱氯化氢酶、还原酶、脱氢酶、羟化酶等；二是通过矿化、累积、共代谢作用去除土壤中的有机污染物。

17.5.2.1　有机污染物的来源

农业土壤有机污染物主要来源于人类活动，常见的有机污染物包括多环芳烃（polycyclic aromatic hydrocarbons，PAHs）、有机卤代物等。工业废水、生活污水、工业废气和毒气的排放，以及农业生产中不合理施加化肥和农药，都会对土壤造成严重的有机物污染。

17.5.2.2　研究现状与前景

近年来，科学家们致力于筛选高效的有机污染物降解菌，并取得丰硕成果。常见的有机污染物降解菌株包括青霉、毛霉、曲霉、犁头霉等真菌，以及鞘氨醇单胞菌、假单胞菌、黄杆菌、产碱菌、枯草芽孢杆菌、无色杆菌等细菌。然而，由于降解菌株在新环境中的存活率较低，单一菌株难以进行原位土壤修复。多数情况下，菌群对有

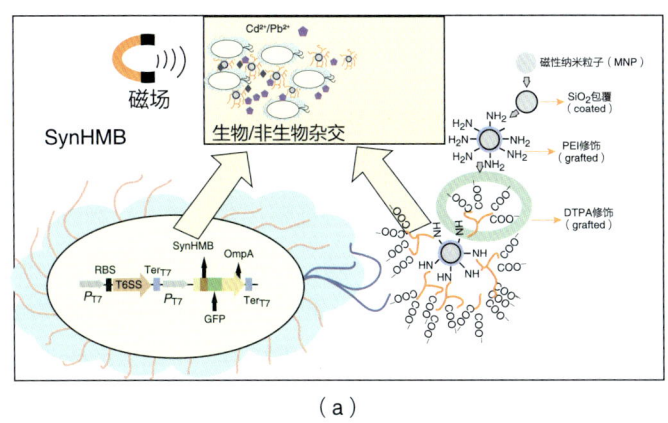
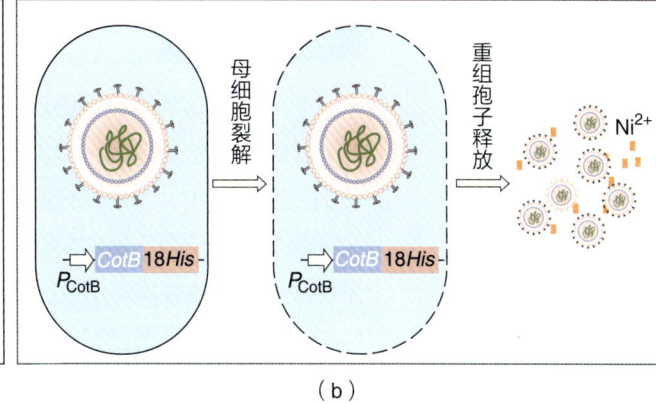

(a) (b)

机污染物的降解效果显著优于单一菌株（表 17-5），因为菌群中一个菌株降解途径的毒性中间体可能会被具有合适分解代谢途径的其他菌株进一步降解。

根际修复（rhizosphere remediation）是一种由植物-微生物联合去除污染物的策略，既包括植物本身对污染物的吸收、降解，又包括根际微生物对污染物的吸附、矿化。在根际修复过程中，植物与根际微生物协同共生，部分根际微生物对植物有促生作用，如提供植物关键营养素螯合剂、防治病原体侵入植物、降低污染物对植物的负面影响等。植物为根系微生物提供碳源，并提供营养丰富且稳定的环境生态位。除根际修复外，内生菌同样能够协同植物将污染物由土壤迁移到植物体内，并在植物体内富集、降解，达到去除土壤中有机污染物的目标。

生物修复固然是一项公认的环境友好型农业土壤有机污染修复技术，但仍存在修复时间长、污染物去除效率低等局限性。为此，研究者们不遗余力地探索强化生物修复的技术，如采用表面活性剂、含碳吸附剂、电化学、生物刺激等强化手段。

图 17-9 基于人工微生物的重金属污染修复方法 （a）人工合成大肠杆菌-磁性纳米粒子共组装对 Cd^{2+} 及 Pb^{2+} 的捕获作用；（b）人工合成枯草芽孢杆菌裂解释放的重组芽孢对 Ni^{2+} 的捕获作用

表 17-5 微生物菌群对农业土壤有机污染物的降解

菌群名	污染物	去除率 /%
假单胞菌（Pseudomonas）、无色杆菌（Achromobacter）、芽孢杆菌（Bacillus）、微单胞菌（Micromonospora）	总石油烃	82～91
动胶杆菌（Zoogloea）、黄杆菌（Flavobacterium）、芽孢杆菌（Bacillus）、黑曲霉（Aspergillus niger）、产黄青霉（Penicillium chrysogenum）、交链孢霉（Alternaria alternata）、黄孢原毛平革菌（Phanerochaete chrysosporium）、小克银汉霉（Cunninghamella）	PAHs	41
慢生根瘤菌（Mesorhizobium）、产碱菌（Alcaligenes）、芽孢杆菌（Bacillus）	PAHs	20～35
血红银耳（Tremella sanguinea）、凤尾菇（Pleurotus sajorcaju）	多氯联苯	90
鞘氨醇杆菌（Sphingobacterium）、蜡样芽孢杆菌（Bacillus cereus）、无色杆菌（Achromobacter）	菲（多环芳烃类）	25～100

※ 本章小结

农田根际微生物群落通过营养强化、产生植物激素、提高植物抗病性及抗逆能力等机制，实现农田土壤改良与作物增产。养殖动物肠道功能微生物能够促进动物肠道发育，调节宿主免疫系统，促进饲料消化和营养吸收，参与宿主物质与能量代谢过程。植物根际促生细菌是一群定殖于植物根际，与植物根密切相关的根际细菌，将其接种于植物种子、根系、块根、块茎或根际土壤时，可促进植物生长。单细胞蛋白饲料是由单细胞生物个体组成的蛋白质含量较高的饲料。发酵饲料是通过微生物的作用，由各种青、粗饲料制成的酸甜软熟香、有效营养高、适口性好、利于保存的饲料。微生态制剂是基于微生态学原理，利用益生菌或促进益生菌生长的物质，经特殊工艺制成的制剂。根际修复是一种由"植物－微生物"联合去除污染物的策略，既包括植物本身对污染物的吸收、降解，又包括根际微生物对污染物的吸附、矿化。

※ 推荐阅读

1. TRIVEDI P, LEACH J E, TRINGE S G, et al. Plant-microbiome interactions: from community assembly to plant health [J]. Nature reviews microbiology, 2020, 18 (11): 607-621.

植物相关的微生物群落对于植物宿主健康至关重要，可促进宿主植物生长与营养吸收，提高植物抗逆性和对病原菌的抵抗力。这篇文章全面探讨了植物与根际微生物群落如何相互作用进而调节其有益性状，如养分获取和植物健康等。

2. FREY S D. Mycorrhizal fungi as mediators of soil organic matter dynamics [J]. Annual review of ecology evolution and systematics, 2019, 50: 237-259.

菌根真菌位于植物根与土壤之间的界面上，在土壤有机质（SOM）动态变化中发挥着独特但未被充分认识的作用。这篇论文系统介绍了菌根真菌及其根外菌丝潜在影响土壤有机质形成、稳定和失稳的机制，以及其在生态系统尺度上对土壤有机质动态变化所带来的不同影响。

3. SHAHWAR D, MUSHTAQ Z, MUSHTAQ H, et al. Role of microbial inoculants as bio fertilizers for improving crop productivity: a review [J]. Heliyon, 2023, 9: e16134.

生物肥料是由植物促生菌制成的活性制剂，是一种环境友好且经济的生物肥料，可通过直接或间接促进植物发育来提高作物生产力。这篇论文全面概述了微生物菌剂作为生物肥料的现有知识，包括其类型、作用机制、对作物生产力的影响、微生物菌剂使用相关的挑战等。

4. SUPREETH M. Enhanced remediation of pollutants by microorganisms-plant combination [J]. International journal of environmental science and technology, 2022, 19: 4587-4598.

人类活动产生的污染物在整个环境中无处不在，微生物修复和植物修复是去除污染物最经济的方法，但它们的移除过程缓慢是一大缺点。这篇论文概述了微生物-植物组合系统在增强污染物修复方面的最新进展，包括组合系统对污染物的降解、植物生长代谢调控、污染物吸收以及微生物对植物抗逆性的增强作用，强调了该研究领域的挑战和未来前景。

※ 开放性讨论题

1. 根际微生物群落在农田土壤改良、作物增产抗逆等方面发挥重要作用，试论根际微生物群落调控的策略及其应用方向。
2. 化学肥料、化学农药等制剂的大量使用，给农田生态系统带来了巨大的负面影响，试论微生物资源在农田生态系统保护领域中的应用前景。

※ 复习思考题

1. 试述农田作物根际微生物群落的功能。
2. 简述养殖动物肠道微生物的生物学功能。
3. 简述微生物肥料的主要种类及其作用机制。
4. 简述植物根际促生细菌的概念及其主要功能。
5. 简述生物防治微生物的主要作用机制。
6. 简述单细胞蛋白饲料的概念和优点。
7. 简述微生物治理农田重金属污染土壤的机制。

（喻其林）

18

食品微生物学

导语

由微生物所引起的食品安全问题已成为一个全球性问题,微生物污染则是导致食源性疾病的主要因素。60%以上的食物中毒由致病微生物引起,每年微生物污染造成的食品腐败变质约占食品产值的10%,经济损失巨大。随着食品贸易全球化的进一步深入,食品安全问题也成为各国政府和民众关心的焦点。

食品微生物学(food microbiology)是专门研究微生物与食品之间相互关系的一门学科。研究食品微生物学的目的有两个,一是研究、开发和利用有益微生物,为人类提供更多更好的食品;二是研究对人类健康和食品有危害作用的微生物,并能进行有效的检测和监控,以确保食品安全,预防食源性疾病。

生物技术的发展及其在微生物学和食品工业领域的广泛应用,使得食品领域的新技术、新知识、新产品不断创新,新的致病菌不断被发现,新的食品安全管理措施也不断提出。

关键词

益生菌,发酵食品,食源性疾病,食物中毒,预测食品微生物学,微生物溯源

18.1 微生物与食品制造

18.1.1 食品微生物的分类与作用

食品微生物（food microorganisms）是与食品有关微生物的总称，包括用于发酵食品的生产型食品微生物、引起食品变质的腐败微生物，以及引起食物中毒或使人、动物感染疾病的食源性致病微生物。

18.1.1.1 发酵食品微生物

发酵食品制造过程中所利用的微生物统称为发酵食品微生物。最常用的包括细菌中的醋酸杆菌、乳酸菌、黄短杆菌、棒状杆菌，以及真菌中的酵母、霉菌等。

（1）醋酸杆菌

醋酸杆菌（*Acetobacter*）分布广泛，从腐败的水果、蔬菜及酸化的酒类、果汁等中都能分离得到，在工业上常用作制醋的生产菌株。细胞呈椭圆形杆状、单生或成链状，不生芽孢，需氧。该菌属有很强的氧化能力，可将乙醇氧化成乙酸。根据鞭毛类型，醋酸杆菌可分为两个类群：周生鞭毛群（能将生成的乙酸进一步氧化成 CO_2 和水）和极生鞭毛群（不能进一步氧化乙酸）。

（2）乳酸菌

乳酸菌是一类利用可发酵碳水化合物产生大量乳酸的无芽孢、革兰氏阳性细菌的总称，多呈现出球形、短杆状或长杆状等，其中球形乳酸菌包括链球菌、明串珠菌属、片球菌，杆状乳酸菌包括乳球菌、乳杆菌、双歧杆菌等。乳酸菌在自然界分布极为广泛，具有丰富的物种多样性，包含 18 个属，共 200 多种。通常存在于肉、乳和蔬菜等食品及其制品中，常用于制作酸奶、奶酪、泡菜、香肠、豆酱等多种发酵食品，还可与酵母菌一起用于啤酒、葡萄酒和奶酒的生产，以及制备乳酸等重要食品添加剂。绝大部分乳酸菌是人体内必不可少、具有重要生理功能的菌群，广泛存在于人和动物的肠道及少数临床样品中。乳酸菌是一种益生菌，具有增强免疫力、调节肠道菌群、预防肠道疾病等功能。因此，乳酸菌作为一类重要的细菌，在食品、医学和保健领域已获得广泛的应用。

（3）酵母属

酵母营专性或兼性厌氧生活，缺氧时可将糖类转化成为二氧化碳和乙醇，并由此获取能量。酵母种类较多，最主要的有酿酒酵母（*S. cerevisiae*）、葡萄汁酵母（*S. uvarum*）和果酒酵母。酿酒酵母是酵母属中典型菌，从发酵的果汁、酒曲以及各种水果表皮和土壤中均可分离到，目前被广泛用于啤酒、白酒、果酒酿造和面包制造中。葡萄汁酵母多用于啤酒酿造的底层发酵，它与酿酒酵母的主要区别在于其能够全发酵棉子糖（酿酒酵母一般在上层发酵，大概只发酵 1/3 棉子糖）。果酒酵母多用于果酒发酵，主要有葡萄酒酵母、巴氏酵母和尖端酵母三种类型，一般具有对酸的适应性和耐受能力。此外，酵母通常含有丰富的维生素和蛋白质，故可用作药物和饲料，具有较大的经济价值。葡萄汁酵母还可作为维生素检测中的测定菌，用于测定泛酸、硫胺素、吡哆醇等。

（4）霉菌

霉菌（molds）为丝状真菌，在分类上属于真菌界、真菌门的各个亚门，具有强大的胞外蛋白分泌能力，可产生多种酶类，如淀粉酶、蛋白酶、谷氨酰胺酶等，从而分解食品原料，常被用作糖化菌种。霉菌常用于生产奶酪、豆豉、腐乳、味噌等发酵食品，在食品生产中起到制作、发酵、调味等多种作用。此外，在干果、肉制品等食品保藏方面，利用霉菌还可加工出长期保藏的食品，如火腿等干腌肉。黄豆酱、腐乳生产中常用的霉菌有米曲霉、黑曲霉、酱油曲霉等；在白酒生产的大曲中常用曲霉，特别是米曲霉。这些霉菌经人工筛选并被普遍证明是无毒菌种。

18.1.1.2 食品腐败微生物

某些微生物可在食品中生长，通过代谢过程中产生的醇、酮、醛、酸、酯等产物改变食品的化学或物理性质，造成食品营养价值降低、质构劣化和风味改变，不能达到相应的食品质量与安全要求，这类微生物统称为食品腐败微生物。其中，霉菌、芽孢杆菌、假单胞菌属、产碱菌属、变形菌属是导致食品腐败的主要微生物类型（表18-1）。

表18-1 部分食品腐败类型和引起腐败的食源性微生物

食品	腐败类型	微生物
面包和谷物	发霉 产生黏液	黑根霉、青霉属、黑曲霉、根霉属 枯草芽孢杆菌
蔬菜和水果	软腐 灰色霉菌腐烂 黑色霉菌腐烂	根霉属、欧文杆菌属 葡萄孢属 黑曲霉、假单胞菌属
泡菜、酸菜	表面出现白膜	红酵母属
浓缩橘汁	失去风味	乳杆菌属、明串珠菌属、醋杆菌属
鲜肉	腐败 变黑 发霉 变酸 变绿色、变黏	产碱菌属、梭菌属、普通变形菌 荧光假单胞菌、腐败假单胞菌 曲霉属、根霉属、青霉属 假单胞菌属、微球菌属、乳杆菌属 明串珠菌属、芽孢杆菌属
鱼	变色 腐败	假单胞菌属、产碱菌属、黄杆菌属 腐败桑瓦拉菌
家禽	变黏、有气味	假单胞菌属、产碱菌属
蛋	绿色、褪色、黑色腐败	假单胞菌属、产碱菌属、变形菌属
咸肉	色泽暗淡、变灰，内部出现白色、绿色或黑色的霉斑；酸化、发臭	链球菌属、乳酸杆菌属、假单胞菌属、无色杆菌属、芽孢杆菌属、微球菌属、变形杆菌属
罐头食品	胀罐或胖听、平酸、黑变、发霉	芽孢杆菌属、梭菌属、链球菌属、丝衣霉属、乳酸杆菌属
乳制品	出现凝块、酸化、发臭	链球菌属、微球菌属、产碱杆菌属、芽孢杆菌属、梭菌属、假单胞菌属、乳酸杆菌属、青霉属、圆酵母属、地丝菌属
糖浆	产生黏液 发酵 呈粉红色发霉	产气肠杆菌、酵母属 接合酵母属 玫瑰色微球菌、曲霉属、青霉属

（1）霉菌

霉菌广泛存在于空气、土壤、水体中，对许多食品的污染风险较高。容易被霉菌污染的食品主要包括面包和高水分的面制品、干果和坚果、水果和蔬菜等。霉菌侵染食品后会形成各种颜色的霉菌菌丝体，并能一定程度地降解蛋白质、脂肪、碳水化合物（包括纤维素和果胶），使食品腐败甚至软化、解体。

（2）产芽孢细菌

这一类细菌主要是芽孢杆菌属（*Bacillus*）和梭菌属（*Clostridium*），它们能产生芽孢，有更强的耐热能力。需氧和厌氧梭状芽孢杆菌是食品腐败变质常见菌。罐头食品、肉类制品（罐装肉类、肉类酱料和肉干）、奶制品、调味品等容易受到产芽孢细菌的污染。

（3）非产芽孢细菌

这类细菌不能产生芽孢，耐热性较差，容易在食品加热处理过程中被杀灭，一般出现在新鲜和冷藏食品中，加热不足或密封不良也能引起由该类菌导致的腐败变质。这类细菌主要通过分解蛋白质或脂肪引起食品腐败，多数可分泌胞外蛋白酶。新鲜畜肉、家禽、水产品和蛋制品容易受到非产芽孢细菌的污染。

18.1.1.3　食源性致病微生物

食源性疾病是由摄食各种致病因子（包括致病微生物、天然有毒成分、有毒化学物质等）进入人体内引起的，通常具有感染或中毒性质的一类疾病，包括食源性传染病和食源性非传染病（食物中毒）。食源性致病微生物一般是指通过摄食进入人体从而引起食源性疾病的微生物病原体，包括细菌、真菌、病毒，它们是引起食物中毒的三大类食源性致病微生物。常见的食源性致病菌包括大肠杆菌、沙门菌、单核增生李斯特菌、金黄色葡萄球菌、副溶血弧菌、蜡样芽孢杆菌、志贺菌、β型溶血性链球菌、肉毒杆菌、霍乱弧菌、变形杆菌、空肠弯曲菌、阪崎肠杆菌、小肠结肠炎耶尔森氏菌等。

18.1.2　传统发酵食品及其生产工艺

18.1.2.1　发酵食品概念及应用

发酵食品（fermented foods）是人类巧妙利用微生物制造的一类食品。传统发酵食品包括以人们日常食用的谷类、豆类、蔬菜类、乳类、肉类等六大类原料制作的食品，其中谷类中的酿造酒类是文化、经济价值较高的传统发酵食品，各类发酵食品均与人们的日常生活联系甚为紧密。

我国传统食品的发酵体系通常由一种或多种微生物构成。这些微生物处于特殊的微生态环境中，与发酵食品的品质密切相关。在传统食品发酵中，参与代谢的微生物在其原生产地进行统一富集，共同组成了一个复杂而完整的体系，导致发酵完成的食品在地域上存在着明显区别。同时，发酵食品中的许多微生物能够在代谢过程中产生大量生理活性物质，从而赋予其较高的营养价值，在食品行业具有十分广泛的应用前景。比如一些不能被人体利用的物质（如棉子糖、水苏糖等）经发酵后可转化成能被人体利用的形式。薯类含有对人体有害的氰基化合物，发酵能使其转化成安全无毒的物质。另外，发酵使用的微生物还能合成大量的 B 族维生素和维生素 K，使食品的营养价值大大提升。

在食品工业中，发酵是指利用微生物分解有机物的生物化学反应过程。工业生产上的发酵则泛指利用微生物制造或生产某些产品的过程，包括厌氧培养的生产过程（如乙醇、乳酸等）和通气（有氧）培养生产过程（如抗生素、氨基酸、酶制剂等）。食品发酵工业主要包括生产发酵食品（如啤酒、果酒、食醋等）和食品添加剂（如L-苹果酸、柠檬酸、谷氨酸、红曲素等）。此外，发酵还可用于生产单细胞蛋白等。

发酵食品使用的微生物主要包括酵母菌、霉菌和多种细菌。如中国著名曲酒——茅台，其发酵所用的大曲是由大麦、小麦等粮食原料保温培菌制得。曲中的微生物构成十分复杂，有曲霉、红曲霉、根霉等霉菌，假丝酵母、汉逊酵母等酵母菌以及乳酸菌、丁酸菌、耐高温芽孢杆菌等细菌，正是它们的共同作用才能酿造出回味绵长、醇馥幽郁的"国酒"。

18.1.2.2　食品发酵的作用

发酵食品的种类较多，发酵主要产生四大作用。

（1）提高食品的营养价值

一是微生物分泌的淀粉酶和蛋白酶等水解酶，将原料中的淀粉和蛋白质等分解成易于吸收利用的糖、氨基酸和寡肽等；二是微生物代谢合成丰富的维生素和其他有益成分。如高等动物和高等植物都不能自行合成的"造血维生素"——维生素 B_{12}，只能由微生物合成。

（2）去除食品中对人体不利的物质

酸奶发酵将牛奶中的乳糖分解成半乳糖和葡萄糖，解决了大多数东亚地区人群的乳糖不耐受问题。

（3）制备人体有益微生物及其代谢产物

酸奶中有益细菌可维持人体肠道菌群平衡，抑制有害微生物。面包和馒头发酵产生的大量酵母菌虽然失活，但菌体中含有丰富维生素、核酸和蛋白质等。啤酒因含有大量氨基酸和其他营养成分，被誉为"液体面包"。

（4）提升食品风味

如腐乳发酵，由霉菌产生胞外蛋白酶水解大豆蛋白，形成呈味氨基酸。甜面酱和酒酿的甜味源于谷物中淀粉水解生成的麦芽糖和葡萄糖等，其鲜味主要来自蛋白质水解生成的氨基酸。微生物胞外酶类对原料的分解产物和微生物代谢产物共同形成发酵食品特有的风味。

18.1.2.3　发酵食品生产工艺

发酵食品的种类繁多，制作方式各异。但一般都有 4 个关键生产环节，即制备发酵剂、原料预处理、发酵、发酵后处理。

发酵剂（starter）是发酵食品的灵魂，众多知名发酵食品之所以具有独特的风味和品质，就是因为选择了独特的发酵剂。一些发酵食品的传统发酵是自然控制生产条件，促使环境中多种微生物在原料中生长和发挥作用。即不需要专门制备发酵剂，而是采用环境空气中或原料表面带来的微生物直接接种发酵，如腐乳、豆豉、豆酱、酱腌菜、泡菜、火腿等；另一些发酵食品需要先制作发酵剂，再将发酵剂添加到原料中进行发酵，如酒、酱油酿制用的发酵剂称为"曲"。

曲实际上是从发霉的谷物演变来的。虽然人类与曲打了几千年交道，但随着微生物相关学科发展，才逐渐解开其中的奥秘。酒曲含有大量特定的微生物及其分泌的酶（淀粉酶、糖化酶和蛋白酶等）。酶加速将谷物淀粉、蛋白质等转变成糖分、氨基酸和风味物质，糖分经酵母菌发酵生成乙醇和一些风味物质。所以，酒曲在酿酒中起到糖化、发酵和生香作用，是中国传统酿酒工艺的精髓。

目前，许多发酵食品的生产已采用直投式发酵剂，如泡菜、酸奶等。原本是自然接种制作的发酵剂也在逐渐向纯种发酵剂发展。目前，全国约98%酱油厂使用纯培养种曲，腐乳采用纯种毛霉或根霉发酵剂等进行发酵，白醋则是采用纯种醋酸杆菌进行发酵。

很多发酵食品的原料需经预处理后再进行发酵，如酒、醋、酱、酱油、豆豉等，需要先将原料（谷物或豆类）进行蒸煮熟化，以便其更好地被微生物利用。

现阶段大多数发酵食品仅从原来的天然发酵条件改成人工控制部分条件，如温度、湿度、通气量等。发酵方式大多仍采用传统的固态发酵，也有采用液态发酵方式，但后者所得的产品质量常常不及传统固态发酵产品。

发酵食品在完全发酵后通常需要陈酿和熟化。即让刚刚发酵结束的食品在一定条件下发生某些生物化学反应，使其风味更加协调、柔和，如酒、醋通常需要较长时间的陈酿。现代工艺可采用人工催陈。下面以常见的调味品酱油和白酒生产为例，介绍发酵食品的生产工艺。

酱油富含氨基酸和多种肉样风味物质，是中国和日本、韩国等亚洲国家的传统发酵调味品。酱油通过微生物对植物性基质发酵获得，不仅有较高的营养价值，还由于酶解作用产生多种呈味物质。酱油种类较多，按制造方法不同可分为天然发酵、人工发酵和化学合成。天然发酵时间长、产量低，但氨基酸含量较高，香气浓，味道鲜，营养丰富。人工发酵时间短、产量大，生产效率高，易被更多企业选择。图18-1（a）展示的是赤水河沿岸传统酱油生产工艺中长达三年的天然发酵阶段。

酱油的生产工艺流程包括原料选择、灭菌、冷却、接菌、控温发酵、后处理、杀菌和包装。天然发酵酱油酿造工艺一般可分为4个阶段：原料处理、制曲、发酵、浸提和杀菌。酱油以黄豆或豆粕、小麦粉为主料，以30%~40%麸皮为辅料。黄豆经过筛选、浸泡，再经高压蒸煮，降温至30~40℃后接种米曲霉，控制发酵温湿度，让米曲霉生长繁殖，出曲到发酵缸，再加入盐水浸泡发酵3~4个月，然后取油、过滤、压榨、蒸煮、杀菌、灌装。其中制曲，即米曲霉在原料中生长繁殖，是整个流程中较为重要的重要工序，也是酱油发酵成败的关键。曲制得好，孢子就多而茂盛，蛋白酶含量高、转化快，酱油中氨基酸和固形物的含量高，由此酱油质量好且产率高。

图 18-1 天然发酵生产食品
(a) 酱油古法酿制；(b) 白酒窖池封窖发酵

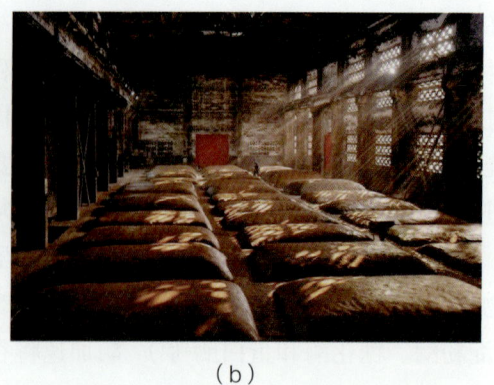

(a)　　　　　　　　　　(b)

白酒，是独具中华传统文化特色的发酵食品，同时也是世界七大蒸馏酒之一。我国白酒种类繁多，地方特点明显，产品各具特色，生产工艺也各有特点。按生产方式可分为：固态法白酒、半固态法白酒、液态法白酒。此外，按香型可分为 6 类，包括浓香型、酱香型、清香型、米香型、凤香型和其他香型白酒，其中以浓香型较为常见。不同类型的白酒，其生产工艺不尽相同。在浓香型大曲酒的酿造过程中，主要以高粱为原料，以小麦、大麦、豌豆等为配料，培制中、高温曲；泥窖固态发酵工艺包括续糟配料、混蒸混烧、量质摘酒、原度酒贮存、勾兑等步骤。各种酒曲因采用原料及工艺条件不同，其微生物区系有所不同，造成所酿制酒的风味特征有所差异。

酒曲中微生物种类丰富，细菌、霉菌、酵母菌等随酒曲不同而异。大量根霉产生高活性的糖化酶和液化酶；大量酵母菌（酿酒酵母、假丝酵母）与产乙醇有关。茅台大曲中芽孢杆菌含量较高，对茅台酒的独特风味产生重要影响。天然发酵的酒曲中微生物复杂多样，在特定条件下形成了独特的微生物区系，也造就了我国众多名酒的独特风味。

随着现代发酵工业发展以及对发酵食品中微生物的逐渐了解，酒曲的发展趋向于从自然成曲到纯种制曲，即先分离纯化食品发酵的优势菌种，再将它们按一定比例混菌制成发酵剂。深入研究酒曲微生物种类及其在制曲和酿造过程中的变化规律与性能，进一步优化酿酒工艺，是实现酿酒工业标准化和现代化的前提。

18.1.2.4　自然发酵过程中的微生态

研究传统发酵食品中的微生态及其功能已成为提高发酵食品品质的重要手段。微生态系统是指在一定的时间、空间内微生物种群之间及其与生态环境之间，不断地进行物质循环、能量流动和信息传递而形成的统一整体。以白酒为例，中国白酒酿造系统中的大曲、窖泥、糟醅及酿造环境都是一个微生态系统，而这些小的微生态系统又共同构成了白酒酿造微生态系统。

我国对白酒微生物的研究早期主要是利用微生物纯培养技术分离出酿酒主要菌种，然后再研究利用这些菌种来提高原料利用率、出酒率等。中国白酒酿造环境中微生物种类丰富，种群复杂，传统的平板纯培养技术无法分离和分析更多的微生物，更无法研究酿酒微生物种群之间的相互作用。所以，这一时期注重的是单个微生物的分

🔍 知识拓展 18-1
宏基因组

离、培养和应用，虽然对酿酒微生物和酿酒环境有了更深入的认识，但受技术条件限制，无法充分认识和利用酿酒微生态。国内学者自2007年开始以微生态学的观点来研究白酒酿造微生态系统。近年来分子生物学相关技术的快速发展有力地促进了白酒微生态学和研究技术的发展。除传统的微生物分析方法外，目前白酒微生态学研究中还用到一些生命科学研究技术，例如磷脂脂肪酸分析方法（PLFA）、基于PCR的指纹图谱分析、基因测序及系统发育分析、克隆文库、荧光原位杂交技术（FISH）、宏基因组学、蛋白组学、代谢组学等，这些方法也大量应用于酱油、醋、豆豉等传统食品发酵过程中微生物群落结构研究。

研究显示，白酒发酵过程中，芽孢杆菌大量繁殖，成为主要优势菌群，利用淀粉、蛋白质等代谢产酸产香；白酒香气则主要源自发酵后期产酯酵母合成的酯类。清香型小曲酒中细菌种类较多，以乳酸菌和芽孢杆菌为主；酵母类主要包括扣囊复膜孢酵母（*Saccharomycopsis fibuligera*）、异常赤酵母（*Pichia anomala*）和酿酒酵母（*S. cerevisiae*），其中异常赤酵母具有较高的产酯能力；霉菌种类相对较少，以米根霉（*Rhizopus oryzae*）为主。

微生物群落结构及其相互作用对食品的发酵至关重要。例如，在醋的传统酿造过程中就存在不同微生物间的共栖作用。首先由酵母产生乙醇，然后由细菌利用乙醇作为底物转化为乙酸。在酸奶发酵过程中则存在菌群之间的互利共生关系，嗜热链球菌产生甲酸、叶酸等有机酸，刺激保加利亚乳杆菌的生长；作为回报，保加利亚乳杆菌产生一种蛋白酶，能够分解牛乳中的酪蛋白，为嗜热链球菌生长提供游离氨基酸和寡肽。在奶酪发酵过程中，蛋白酶阳性菌株可以从细胞外酪蛋白中获取足够的多肽，以实现整个群落的快速生长。

可见，传统酿造过程中微生物非常复杂。将来可借助现代分子生物学技术进一步揭示传统发酵食品的微生物酿造规律和相互作用，进而指导食品生产，这样既可促进生产更多优质传统发酵食品，又能弘扬中国传统文化。

18.1.3 食用菌及其生产

18.1.3.1 食用菌及其种类

食用菌（edible fungi）是指人类可食用的大型真菌子实体。人类食用食用菌的历史悠久，中国是世界上最早认识和利用食用菌的国家之一，可追溯到距今六七千年前的仰韶文化时期，早在《吕氏春秋·本味篇》就有相关的文字记载。中国同时将食用菌当作食物（香菇、木耳）和药物（冬虫夏草、灵芝）。目前中国已知的食用菌约1 020种，其中多属于担子菌亚门，常见的商业种植食用菌包括香菇、草菇、金针菇、杏鲍菇、木耳、银耳、猴头菇、竹荪、松口蘑、口蘑等；少数属于子囊菌亚门，如羊肚菌、马鞍菌、块菌等。

18.1.3.2 食用菌栽培和菌种

随着科学技术发展，人们逐渐认识了食用菌的生长规律，改进了传统的依靠孢

图 18-2　菇房中的杏鲍菇（左）、虫草花（右上）、鹿茸菇（右下）

子、菌丝自然传播的生产方式。人工栽培加快了食用菌繁殖速度并实现了高产，中国在食用菌驯化和栽培技术上一直走在世界前沿，食用菌栽培规模也占据世界领先地位。

食用菌栽培的方式多种多样，不同食用菌栽培技术也有很大差异。在香菇栽培中，首先准备配制栽培料，其好坏直接影响到香菇的生产成本、产量和质量。一般情况下，栽培料包括木屑 78%、麸皮 20%、石膏 1%~2%、糖 1%、尿素 0.3%，料的含水量为 55%~60%。混匀后装袋灭菌，待降温至 30℃以下接种。接种采用侧面打穴接种，然后菌袋在 25℃左右培养。培育两周左右后翻袋，一个月左右再次翻袋，两个月左右进入转色出菇期。香菇菌柱转色后，菌丝体完全成熟，进入出菇期，采菇分多次进行（图 18-2）。

我国是食用菌生产大国，食用菌生产居于全球首位，年产量 4 000 多万吨，杏鲍菇、虫草花、鹿茸菇、双孢蘑菇、金针菇、真姬菇、银耳、绣球菌、灰树花等已实现工业化栽培。这些食用菌的栽培流程、培养周期各有特点，如虫草花的生产工艺主要包括装盆、灭菌、接种、上架、采草。

> **知识拓展 18-2**
> 杏鲍菇为例的食用菌工业化栽培流程

食用菌菌种生产是关键环节，获得液体菌种是保证大规模、标准化生产的重要措施。传统的食用菌生产过程中使用的菌种多为固体菌种，通常以玻璃瓶或聚丙烯塑料袋作容器进行菌丝培养。液体菌种在食用菌生产中的应用始于 20 世纪 60 年代，经多年研究和发展，现已被很多发达国家采用。近年来，随着人们对农业和工业废弃物利用的重视以及国民食品消费结构的改变，食用菌产业及液体菌种生产技术均实现快速发展。食用菌液体菌种是将生物液体深层发酵技术原理应用于食用菌菌种生产，采用专用发酵设备和液体培养基进行食用菌种子的生产和处理，不经扩大培养即可直接使用液体菌种进行接菌生产。

18.1.3.3　中国野生食药用菌资源科学大数据库

食药用菌作为我国食品营养与健康的"新抓手"，目前产业规模已成为仅次于蔬菜、粮食、水果，超过油料和棉花的第四大农作物。食药用菌具有丰富多样的次级代谢产物，在慢病防控、精准营养等方面具有重要作用，是"大健康产业"的重要组成部分。通过系统采集来自国内外的 28 000 余份标本，中国野生食药用菌科学大数据库已于 2021 年完成构建，包括种质资源库、基因库、标本库和驯化库，保藏菌种 9 000 余株。基于大数据库开展的食药用菌降血糖研究已经挖掘出具有显著降糖效果的灵芝多糖 F31 与灰树花多糖 F2。中国野生食药用菌科学大数据库的构建解决了我国食药用菌菌种资源"卡脖子"的重要科技问题，可提升高价值品种的选育与精深加工产品的研发水平。

18.1.4 益生菌食品

18.1.4.1 益生菌的定义

益生菌（probiotics），又称为益生素、促生素、生菌素、促菌素、活菌素等，是从 1907 年俄国科学家梅契尼科夫（Metchnikoff）提出的"酸奶长寿说"中发展而来的。最近，益生菌被公认为"应用于动物及人体内，通过改善宿主体内的微生态平衡而促进宿主健康的单一或混合的活的微生物制剂"。益生菌属于有益菌，但并非所有的有益菌都属于益生菌。一个完善而有效的益生菌菌种具备的条件包括：来源于宿主并对宿主健康有一定的促进作用；能在胃肠道内生存；能有效地定殖于肠道中；选择性调节微生物区系的组成，并能对食物中的致病微生物起一定抑制作用；是公认安全的微生物。

知识拓展 18-3
益生菌的定义

知识拓展 18-4
益生菌菌种具备的条件

18.1.4.2 益生菌的功能

近年来，益生菌的特殊生理活性通过发酵食品、微生态制剂等形式被广泛研究。资料显示，抗生素在治疗肠炎、感染等疾病时，除杀死致病微生物外，也破坏了肠道正常菌群的平衡，使人体消化吸收受到干扰，导致机体免疫功能下降。摄入一定数量的有益微生物是改善肠道菌群和维持机体健康的重要途径。当摄入的益生菌活菌数高于 10^8 个/天或者摄入 100 mL 含益生菌不少于 10^6 CFU 的食品或者药品时，益生菌对人体健康具有明显的改善作用，其保健功能主要包括：可促进维生素、矿物质等的吸收利用，改善人体营养状态；调节人体免疫功能和肠道微生态平衡以及减少耐药性微生物数量、延缓衰老、预防糖尿病等。

知识拓展 18-5
益生菌的保健功能

益生菌产品应有保健声明及标识。目前，许多国家对益生菌食品只允许作一般性保健声明，且在标签上显示益生菌菌种和菌株信息。

18.1.4.3 益生菌在食品工业中的应用

目前，益生菌主要用于功能食品、膳食补充剂、药用生物制品及饲料等领域。含有益生菌的食品统称为益生菌食品，主要包括直接添加益生菌的食品和经益生菌发酵的食品。益生菌在食品领域中最普遍的应用仍是乳制品领域，包括发酵乳、活性乳酸菌饮料、干酪、液态活性乳、活性奶粉和冰淇淋等。此外，益生菌还可用于豆奶、发酵豆奶、点心、糖果、糕饼、果蔬汁、发酵肉制品等。常用的益生菌菌种主要是双歧杆菌属（*Bifidobacterium*）、乳杆菌属（*Lactobacillus*）和一些链球菌属（*Streptococcus*）。根据中华人民共和国国家卫生健康委员会 2022 年第 4 号公告，我国目前可用于保健食品的益生菌菌种有双歧杆菌属（*Bifidobacterium*）、乳杆菌属（*Lactobacillus*）、乳酪杆菌属（*Lacticaseibacillus*）、黏液乳杆菌属（*Limosilactobacillus*）、乳植杆菌属（*Lactiplantibacillus*），以及链球菌属（*Streptococcus*）、乳球菌属（*Lactococcus*）、魏茨曼菌属（*Weizmannia*）。

知识拓展 18-6
益生菌产品标签规定

知识拓展 18-7
国外应用的典型益生菌菌株

18.1.5 微生物酶制剂在食品中的应用

微生物与其他生物一样，其细胞内发生的全部代谢过程，几乎都是由酶催化完成的生物化学反应。微生物是制取酶的得天独厚的资源，具有如下突出特点：

① 由于微生物细胞比表面大，代谢能力旺盛，生长繁殖迅速，培养几天或十多天即可收获，几乎不受气候条件的影响，这是其他任何生物无法比拟的。

② 微生物种类繁多，酶的种类也多。现已知微生物细胞产生的酶数量众多，可以满足食品工业大部分需要。

③ 微生物易发生突变，较易获得一些高产突变菌株。这样能够以较低的成本得到最多的产品。

微生物酶制剂生产的基本工艺包括菌种培养、菌种扩大培养、种子罐扩大培养、生产培养以及酶的提取、纯化、浓缩、沉淀回收、干燥、粉碎、稳定、检验。

经培养以后，如何把酶提取出来，取决于酶的存在部位。微生物酶有胞外酶和胞内酶，二者的生产工艺有所不同。以往的研究认为微生物的水解酶类均释放到细胞外的培养液中。研究表明，有些水解酶类（如蔗糖酶、乳糖酶等）并不释放到培养液中，而是固定在细胞内。只有淀粉酶、蛋白酶和部分微生物的纤维素酶等释放到细胞外。

能够用于生产酶制剂的微生物类群多，包括细菌、放线菌、酵母菌和霉菌等。例如食品工业中广泛应用的液化型淀粉酶的生产菌主要为枯草芽孢杆菌；糖化型淀粉酶的生产菌有根霉、黑曲霉等；蛋白酶的生产菌有枯草芽孢杆菌、米曲霉、黑曲霉等；果胶酶的生产菌有枯草芽孢杆菌、米曲霉、黑曲霉、棕曲霉等。食品工业上常用酶的来源及其在食品工业中的应用见表18-2。

表 18-2 微生物酶制剂在食品工业中的应用

食品工业	用途	酶	来源
食品分析	糖的测定	葡萄糖氧化酶	真菌
	糖原的测定	半乳糖氧化酶	真菌
	尿酸的测定	葡萄糖淀粉酶	真菌
		尿酸氧化酶	真菌、动物
面包和谷类加工	面包制造	淀粉酶	真菌、细菌、麦芽
		蛋白酶	真菌、细菌
啤酒工业	糖化	淀粉酶	麦芽、真菌、细菌
	防止浑浊	葡萄糖淀粉酶	真菌
		蛋白酶	真菌、细菌
充二氧化碳饮料	除去氧气	葡萄糖氧化酶	真菌
粮食加工工业	儿童食品、早餐食品	淀粉酶	麦芽、真菌、细菌

续表

食品工业	用途	酶	来源
咖啡工业	咖啡豆发酵	果胶酶	真菌
	咖啡浓缩物	果胶酶、半纤维素酶	真菌
糖果工业	软心糖果和软糖	蔗糖酶	酵母
乳制品工业	干酪制造	凝乳蛋白酶	真菌、动物
	牛奶灭菌	过氧化氢酶	细菌、真菌
	改变奶脂肪产生香味	脂肪酶	真菌
	牛奶蛋白质浓缩物	蛋白酶	细菌、真菌
	浓缩牛奶的稳定	蛋白酶	真菌
	冰淇淋和冰冻甜食	乳糖酶	酵母
	奶粉的除氧	葡萄糖氧化酶	真菌
蒸馏酒精饮料工业	糖化	淀粉酶	真菌、细菌
		葡萄糖淀粉酶	真菌
蛋粉工业	除去葡萄糖	葡萄糖氧化酶、过氧化氢酶	真菌
	蛋黄酱除氧	葡萄糖氧化酶	真菌
调味品工业	淀粉的水解、澄清	淀粉酶	真菌
	氧气的去除	葡萄糖氧化酶	真菌
风味增强剂	各种核苷酸的制备	核糖核酸酶	真菌
水果和果汁加工	澄清，过滤浓缩	果胶酶	真菌
	低甲氧基果胶的制备	果胶甲酯酶	真菌
	胶中淀粉的去除	淀粉酶	真菌
	氧气的去除	葡萄糖氧化酶	真菌
	橘子脱苦	柚苷酶	真菌
肉类、鱼类加工	皮的软化，脱毛	蛋白酶	细菌、真菌
	肉类、肠衣嫩化	蛋白酶	真菌、细菌
	浓缩鱼肉膏	蛋白酶	细菌
淀粉和糖浆	玉米糖浆葡萄糖的生产	淀粉酶、糊精酶	真菌
		葡萄糖异构酶	真菌、细菌
		葡萄糖淀粉酶、淀粉酶	细菌、真菌
蔬菜加工	菜泥和羹汤的液化	淀粉酶	真菌
葡萄酒	压榨、澄清、过滤	果胶酶	真菌

18.1.6 新型食品的微生物制造

18.1.6.1 替代蛋白制造

微生物蛋白也被称作单细胞蛋白（single cell protein，SCP）。SCP 通常是指通过工业方法培养酵母、非病原细菌及单细胞藻类等微生物而获得的菌体蛋白质。由于微生物可持续发酵的潜力和 SCP 中有利的营养成分，它有望成为人类未来饮食重要组成部分。

SCP 有漫长的发展历史。最早的一种是马麦酱（Marmite），它诞生于 1902 年，是啤酒工业的副产品，富含多种蛋白质和维生素，曾作为 B 族维生素的来源被用作军队口粮。随着对可持续食品生产的需求不断增加，SCP 作为一种潜在的高效蛋白质来源受到广泛关注。SCP 的生产主要利用发酵技术实现。通过对微生物菌株进行基因工程改造，科学家们成功优化了其代谢途径，提高了蛋白质的合成效率。这种工程方法涉及调控基因表达、改良代谢途径，从而实现对微生物的高效改造，提高 SCP 产量。

目前，已有多家成熟的 SCP 生产公司，它们可生产从丝状真菌中提取的 SCP，其产品有很多不同的质地和形状可供选择，可用于制造鸡块及牛肉碎等肉制品。将长链菌丝与黏合剂混合形成纤维凝胶复合物，然后将这种纤维凝胶复合物冷冻，从而使菌丝分层，重现肉的纤维质地。目前国际上已有多个初创企业利用丝状真菌生产肉类替代食品。

工程微生物还可用于生产如乳制品和鸡蛋等动物食品，这可以通过精准发酵实现。牛奶由寡糖、脂肪、乳糖和蛋白质组成，蛋白质主要包括酪蛋白和乳清蛋白。目前有多个初创公司使用微生物细胞（细菌和酵母）生产酪蛋白和乳清蛋白，与其他脂肪和糖混合可获得非动物奶制品。母乳对新生儿肠道菌群和免疫系统的发育有重要影响。母乳寡糖和母乳脂肪目前已经能够通过精准发酵获得。人类母乳寡糖（human milk oligosaccharides，HMO）已经在酿酒酵母（$S.\ cerevisiae$）和枯草芽孢杆菌（$B.\ subtilis$）中得以生产，而人类母乳脂肪也可通过解脂耶氏酵母（$Yarrowia\ lipolytica$）发酵得到。通过将以上组分按比例混合，可以得到微生物生产的人类母乳制品。部分生产人类替代食品所用的微生物种类见表 18-3。

目前，使用微生物蛋白作为肉质食品仍存在一定的局限性，其主要缺陷是核酸含量高。摄入过量的核酸，特别是嘌呤，会增加体内尿酸的含量，而尿酸是痛风和肾结

表 18-3 部分生产人类替代食品所用的微生物种类

产品	微生物	国家
肉类替代产品	化能自养细菌	芬兰
肉类、海鲜替代食品	尖孢镰刀菌	英国
蛋白粉	未披露	美国
培根	丝状真菌	美国
真菌蛋白	丝状真菌	荷兰、瑞典、德国
橘子酱	啤酒酵母	英国
真菌蛋白	未披露	美国
烤肉、火腿、培根替代品	米曲霉	美国
蛋白质补充剂	微藻	以色列
牛奶和奶油	来自肠道菌群	美国

石以及代谢综合征和心血管疾病的重要危险因素。可以通过适当的加工处理去除部分核酸，包括加热和纯化。在未来，可通过工程设计实现微生物核酸含量降低。此外，纯微生物细胞群的气味和质地通常不符合人类对食品的感官需求。这一缺陷可以通过微生物育种或基因改造来改善，或者通过创造混合物或共同培养来获得新奇而愉快的味道。许多微生物，特别是酵母、真菌和藻类存在较厚的细胞壁。对于某些 SCP，厚实的细胞壁可能会影响一些营养物质的消化吸收。因此，可能有必要使用热处理、机械或酶处理等方法 SCP，以提高其营养物质的生物利用度。

18.1.6.2　食品添加剂

在当前的食品生态系统中，工程微生物最大的用途之一是生产食品添加剂。

目前，风味增强剂如谷氨酸钠、肌苷酸和鸟苷酸均可由微生物生产，有助于食品达到理想的鲜味。微生物也被用于改造生产甜味剂，如甜菊糖衍生物分子、木糖醇或赤藓糖醇。通过酵母生产花香味成分，如玫瑰（2-苯乙醇）、橙子/柠檬（柠檬烯）、薄荷（薄荷醇）、桃子（γ-癸内酯）香味成分等。

以柠檬酸生产为例，在工业应用中，通常采用丝状真菌尤其是黑曲霉，进行柠檬酸的生产。黑曲霉具备多项优势，包括在各种培养基中快速适应和生长，在线粒体代谢合成途径、细胞膜分泌柠檬酸方面具有调节和控制能力，这些特性有助于柠檬酸的积累，并有效防止其在三羧酸循环中的降解。此外，采用黑曲霉进行培养的优点在于其高效的繁殖能力和同步发酵柠檬酸生物合成的能力相辅相成。更值得一提的是，黑曲霉菌株的安全性得到广泛认可，因为在受控培养条件下，它们不会产生赭曲霉毒素（ochratoxin），也不会引起人类明显的过敏反应。

食品中的着色剂也可通过微生物合成，包括橙色（β-胡萝卜素、角黄素）、红色（番茄红素、虾青素、芥子红素）、黄色（核黄素）、蓝色（藻青素）、紫色（紫罗兰素）和黑色（黑色素）着色剂。

18.1.6.3　功能食品原料

数十年来，科学家通过随机突变和选择以及遗传和代谢工程对微生物进行选择和改良，以最大程度合成目标分子，这一实践被称为精准发酵——利用人工智能、机器学习和生物加工技术来优化生产流程、降低成本并扩大运营规模，以满足商业需求，其产品生产效率和一致性较高。精准发酵已用于功能食品原料的生产，典型的例子是维生素 B_2 的生产。在 20 世纪 90 年代，维生素 B_2 的化学合成逐渐被发酵生产所取代。目前，使用基因工程菌株生产特定化合物已逐渐被接受，因其发酵产物经提取纯化后，通常无残留重组细胞或 DNA，符合某些法规中"天然来源"成分的认定标准。通过基因编辑的酵母菌株（主要是耶氏毛孢酵母，*Yarrowia lipolytica*）能够（超）表达多种不饱和酶（例如 D5-、D6-、D8 desaturate）、酰基化酶和酰基转移酶。

随着人们对生产细胞的不断改进，越来越多的功能食品原料，包括水溶性维生素（B 族维生素和维生素 C）以及脂溶性维生素（维生素 A、D、E 和 K），均可通过微生物合成。其他由工程微生物合成的营养和生理活性成分包括脂肪酸（omega-3）、多酚类物质（白藜芦醇和柚皮素等）、类胡萝卜素（β-胡萝卜素或虾青素等）、非蛋白质

> 知识拓展 18-8
> 微生物法生产维生素

氨基酸（γ- 氨基丁酸和 β- 丙氨酸等）。

微生物产生的脂质被称为微生物脂质或单细胞油（single-cell oils，SCOs），包括三酰甘油（triacylglycerols，TAGs）、糖脂、磷脂和甾酯。微生物脂质的组成与常见的植物油（如菜籽油）相似，未被整合到磷脂双分子层的脂质会储存积累形成油滴或脂肪体的疏水核心。当葡萄糖、甘油、其他六碳糖或淀粉等作为唯一碳源时，微生物在生长稳定期积累 TAGs，形成细胞质中的油滴。油滴组成和百分比会根据微生物的遗传倾向和所采用的培养条件（如碳源和氮源类型、培养基 pH、发酵配置等）而变化。在约 1 600 种酵母中，有约 70 种能够将其干重物质的 20% 以上转化为脂质。具备这种转化能力的酵母主要包括念珠菌属（*Candida*）、隐球菌属（*Cryptococcus*）、红酵母属（*Rhodotorula*）、毛孢子菌属（*Trichosporon*）和耶氏毛孢酵母属（*Yarrowia*）。这些酵母平均脂质积累量约为其生物质的 40%，在营养限制条件下甚至可达 70%，它们可以将占储存总量的 90% 的脂质以三酰甘油形式积累。微生物生产的 SCOs 中的脂肪酸主要包括肉豆蔻酸（C14∶0）、棕榈酸（C16∶0）、棕榈油酸（C16∶1）、硬脂酸（C18∶0）、油酸（C18∶1）和亚油酸（C18∶2）。有些富含油脂的微生物（主要是真菌和藻类）还能够产生多种在植物或动物界中并不常见的不饱和脂肪酸，如二十碳五烯酸、二十二碳六烯酸和花生四烯酸，这些脂肪酸可用于医学和特殊膳食目的。

18.2 微生物与食品腐败

18.2.1 食品中常见的微生物污染

有统计显示，在影响我国食品安全的诸多因素中，微生物污染高居首位。由于微生物具有较强的环境适应性，在食品原料的种植、收获、饲养、加工、包装、贮藏、运输、销售和食用等每一个环节都有可能被微生物污染。

18.2.1.1 食品的细菌污染

细菌性污染是微生物污染中涉及面最广且影响最大的一类食品污染，其引起的食物中毒是所有食物中毒中最常见、最具暴发性的。引起细菌性食品污染的微生物主要有沙门菌属（*Salmonella*）、副溶血性弧菌（*Vibrio parahaemolyticus*）、志贺菌属（*Shigella*）、葡萄球菌属（*Staphylococcus*）等。近年来，变形菌属（*Proteus*）、李斯特菌属（*Listeria*）、肠杆菌属（*Enterobacter*）、弧菌属（*Vibrio*）引起的食品污染呈上升趋势。例如，2011 年德国暴发了肠出血性大肠杆菌（EHEC）感染，该菌对很多抗生素具有抗药性，最终溯源查明该病菌的来源之一是产自西班牙的黄瓜。

在食品工业中，细菌不仅以个体方式存在于食品原料和生产线上，还以聚合形式的生物被膜（biofilm）方式给食品安全造成潜在危害。与浮游的细胞相比，以生物被膜形式存在的细胞更具有以下优势：增强了对环境的适应能力，提高了对消毒剂和抗生素的耐受能力。金黄色葡萄球菌（*Staphylococcus aureus*）和沙门菌（*Salmonella*）是引起食源性疾病的常见致病菌，它们容易在常用食品接触表面形成生物被膜，由此造成食品污染以及带来潜在危害，如细菌耐药等。生物被膜是细菌通过群体感应（quorum sensing，QS）系统互相交流形成的有组织的微生物聚集体，其形成提高了细菌对消杀剂的耐受能力，从而导致细菌残留在食品中引起腐败甚至食物中毒。例如，沙门菌对环境的耐受能力强，与其具有生物被膜形成能力密切相关。

18.2.1.2 食品的真菌污染

真菌在食品发酵行业应用非常广泛，然而部分致病真菌的污染也给食品行业带来了严峻的挑战。具有强致癌作用的黄曲霉素等真菌毒素对食品的污染问题日益引起重视。真菌毒素具有致癌、致突变的作用，其来源广且种类多，如黄曲霉（*Aspergillus flavus*）和寄生曲霉（*Aspergillus parasiticus*）产生的黄曲霉素，麦角菌（*Clavieeps pttrpurea*）产生的麦角碱，杂色曲霉（*Aspergillus versicolor*）和构巢曲霉（*Aspergillus nidulans*）产生的杂色曲霉素等。致病真菌感染的食品主要有粮食、面包、蔬菜、水果、坚果等。真菌造成的食物感染危害严重，例如，由于食用霉变的玉米，1974年印度两个邦的200个村庄暴发黄曲霉中毒性肝炎，397人发病，其中106人死亡。

18.2.1.3 食品的病毒污染

常见的食源性病毒主要分为两类：一是肠道食源性病毒，如甲型和戊型肝炎病毒（*Hepatitis*）、轮状病毒（*Rotavirus*）、诺瓦克病毒（*Norwalk*）等。甲肝病毒主要是通过甲肝患者的粪便传播。当甲肝病毒携带者将其粪便排出体外，可污染水体、食品，可能导致人类再次感染。诺瓦克病毒被认为是世界范围内流行性、非细菌胃肠炎暴发的主要原因，传染性极强，也是通过患者或携带者的粪便传播，当水体被污染后，诺瓦克病毒便栖息于牡蛎、蛤蜊等贝类中。二是人兽共患的食源性病毒，此类病毒主要以动物性食品（畜禽产品）为载体而使人感染。如禽流感病毒、口蹄疫病毒、朊病毒等。

与细菌、真菌不同，病毒的繁殖离不开宿主，所以病毒往往先污染动物性食品，然后进一步通过宿主、食物等媒介传播。带有病毒的水产品、患病动物的乳、肉制品一般是病毒性食物中毒的源头。与细菌、真菌引起的感染相比，由病毒导致的疾病多难以有效治疗，更容易暴发流行。

18.2.1.4 食品的寄生虫污染

寄生虫也可导致食品污染，包括旋毛虫、绦虫、孢子虫等，它们可在生乳、生菜、水果、畜禽肉和水产品等食物中普遍存在，进入人体内可引起食源性寄生虫感染。

18.2.2 食品微生物腐败特征

18.2.2.1 肉、鱼、蛋类的腐败变质

肉类食品营养丰富，富含蛋白质和脂肪，且水分含量高，pH近中性，这些条件均有利于微生物的生长繁殖。造成肉类腐败变质的微生物有细菌、酵母和霉菌，以细

菌为主。

通常情况下，鱼类比畜肉类更易腐败，这主要与鱼类捕获后的运输和鱼体本身组织的脆弱性有关。鱼类变质主要由水生微生物引起。首先是鱼体表面出现混沌、无光泽，表面组织因被分解而变得松软，鳞易脱落，鱼体组织溃烂，进而组织分解产生吲哚、粪臭素、硫醇、氨、硫化氢等。由于季节、地理位置、水的含盐量和鱼类品种的不同，与以上过程相关的细菌种类也有所不同，例如热带鱼很少携带耐冷菌，而海水鱼类所带细菌主要为耐盐菌。

禽蛋先天具有对微生物的机械性和化学性的防御力，故正常情况下能够保藏较长时间而不发生变质。但在某些情况下，例如母禽可能发生输卵管甚至卵巢感染，以及收购、运输、贮藏过程中温度、湿度较高，禽蛋易被微生物污染并腐败变质。禽蛋变质的类型主要是细菌腐败和霉菌霉变，这些菌类多为好氧菌，部分为厌氧菌。另外，沙门菌、金黄色葡萄球菌等致病微生物也可能存在于禽蛋中。

18.2.2.2　乳及乳制品的腐败变质

乳类营养成分丰富，可作为微生物生长繁殖的良好培养基，造成其污染的微生物可能来自牛乳房内和外界环境。乳糖发酵、蛋白质腐败和脂肪酸败是乳类变质的基本特征。鲜乳中，腐败微生物主要包括能使鲜乳发酵产酸产气和分解鲜乳蛋白质的细菌和一些霉菌、酵母；乳制品的腐败变质主要与耐热微生物有关，如微球菌属、链球菌属、微杆菌属、乳杆菌属、芽孢杆菌属。在工业上，如果原料奶被污染，由其加工生产的劣质奶粉中就可能存在沙门菌和金黄色葡萄球菌等致病微生物的毒素，直接威胁人体健康。

18.2.2.3　果蔬及其制品的腐败变质

果蔬中单双糖物质和水的含量较多，且组织脆弱，机械损伤造成其被细菌或霉菌污染而发生腐败变质的情况较为普遍。最常见的现象是霉菌首先在果蔬表皮损伤处繁殖，然后侵入果蔬组织，分解纤维素，进而降解果胶、蛋白质、有机酸、糖类等物质，继而细菌开始繁殖。这样的过程最终可导致果蔬外观呈现出深色斑点，组织变松、变软、凹陷，渐呈液浆状，并出现酸味或酒味。

18.2.2.4　糕点、粮食的腐败变质

糕点食品发生腐败变质的主要原因一是原料的质量问题，如作为糕点原料的奶及奶油未经巴氏消毒，奶中污染有较高数量的细菌；二是制作过程中灭菌不彻底，抵抗力较强的细菌芽孢和霉菌孢子可残留在食品中引发其腐败变质；三是包装贮藏不当，微生物在贮运过程中易大量生长繁殖。

粮堆吸湿、粮仓渗漏以及粮堆温差引起的湿热扩散均会引起储粮的腐败变质。在起始阶段，霉变主要由灰绿曲霉、白曲霉等干生性霉菌引起；在发展阶段，中温性、中生性的霉菌如黑曲霉、黄曲霉以及青霉等在霉变中则占据主导地位。

18.2.2.5　罐藏食品的腐败变质

通常情况下，罐藏食品能保藏较长时间而不发生腐败变质。但是如果灭菌不彻底或密封不良，也会引起残留微生物的生长繁殖而最终导致罐藏食品的变质。其中，因

灭菌不彻底而残留的微生物一般以产芽孢的嗜热细菌为主。

18.2.3 细菌性食物中毒

在各类食物中毒（food poisoning）中，细菌性食物中毒（bacterial food poisoning）最为多见，约占食物中毒事件总数的50%。细菌性食物中毒是由于摄入被细菌或其毒素污染的食品所出现的急性、亚急性感染中毒性疾病。人群对此病具有普遍易感性，病情与进食量有关，感染后机体免疫力降低，可重复多次感染。

几乎所有食品都有被细菌污染并引起细菌性食物中毒的可能。中毒食品种类多集中在一些动物性食品上，如畜禽肉、水产品、奶蛋类等，剩饭、米糕、发酵面制品等植物性食品引发中毒事件也时有报道。另外，细菌性食物中毒的发生具有明显的区域性特点，其种类与不同地区人群的饮食习惯有着密切关系。如美国人偏爱禽畜肉、糕点类食品，金黄色葡萄球菌食物中毒较多，同时他们生食或半生食禽蛋类的习惯也相应增大了沙门菌食物中毒的风险；日本人喜食鱼、虾、贝等海产品，副溶血性弧菌（*Vibrio parahaemolyticus*）食物中毒事件出现较多；在中国内陆，人们常食用熟肉制品及凉拌菜，但由于消毒不当、储运时二次污染等，与这些过程联系紧密的沙门菌食物中毒人数多年来都屡居首位。

细菌性食物中毒事件的发生需要三个基本条件，即致病微生物污染食物、食物中污染的致病微生物繁殖、食物在食用前未经过消毒或消毒不彻底。由于共同进食的关系，细菌性食物中毒多表现为一个家庭或一个集体中的多人发病，较少出现个体单独发病的事例。细菌性食物中毒最基本的致病因素是细菌的侵袭力及其释放的毒素。根据致病因素的不同，可将细菌性食物中毒分为感染型食物中毒（infectious food poisoning）、毒素型食物中毒（toxic food poisoning）以及过敏型食物中毒（anaphylactic food poisoning）三类。

18.2.3.1 感染型食物中毒

某些致病微生物或条件致病微生物，如沙门菌属，可污染食物并在其上大量繁殖，最终达到中毒数量（一般在 10^7 CFU/g 以上）。这种含有大量活菌的食物被摄入人体后侵犯机体肠黏膜、引起一系列消化道症状的现象，称为感染型食物中毒。此类中毒是由细菌本身引起的，潜伏期短，一般为 8~24 h，病程也较短，发病症状以急性胃肠炎为主，常伴有发热。部分食源性微生物利用凋亡的肠上皮细胞释放的营养物质来促进自身生长，从而在宿主肠道中获得定殖优势。

18.2.3.2 毒素型食物中毒

金黄色葡萄球菌、肉毒梭状芽孢杆菌等细菌在食品上繁殖时会产生有毒代谢产物。达到中毒量的肠毒素（enterotoxin）或其他类似毒素随食物进入人体，经肠道吸收后会激活相关酶系统，改变细胞分泌功能或影响神经系统传导通路，最终导致人体中毒。尽管大多数细菌毒素的分子量、结构和生物学性状不尽相同，但其致病作用机制基本相似。比如肠毒素可刺激肠黏膜上皮细胞膜上的酶系统，引起一系列酶反应，

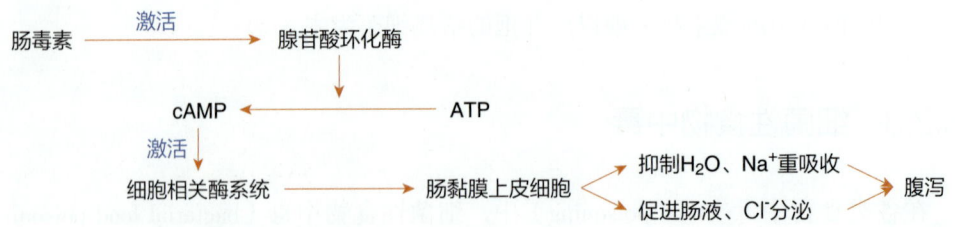

图 18-3 肠毒素引起腹泻的致病机制

同时抑制肠黏膜细胞对肠腔内水和钠的吸收，促进肠液与 Cl⁻ 的分泌，引起机体腹泻（图 18-3）。这类食物中毒潜伏期和病程长短不一，病情轻重程度受食入的细菌毒素量影响。

肉毒中毒（botulism）属于神经型食物中毒，特指由于进食被肉毒梭状芽孢杆菌的肉毒素污染的食品而引起的中毒性疾病。临床上以恶心、呕吐和神经系统症状（如脑神经支配的眼肌、咽肌甚至呼吸肌麻痹）为主要特征。其发病机制为肉毒素阻断胆碱能神经纤维的传导，抑制了神经传导介质——乙酰胆碱的释放，最终导致肌肉收缩运动障碍，发生软瘫。人群对此病均易感，病后无持久免疫力，若抢救不及时则病死率较高。另外，该神经毒素是全世界毒性最强的天然物质之一，对人的致死剂量仅约 100 ng，战争中甚至可用作生物武器，应当引起重视。

18.2.3.3 过敏型食物中毒

许多海产鱼类含有较高量的组氨酸，而某些细菌含有的组氨酸脱羧酶（histidine decarboxylase）可以分解食物中的组氨酸并产生大量的有毒物质——组胺，摄入这样的食物会使人产生过敏型食物中毒。与此类中毒事件相关最密切的是摩根菌属的摩氏摩根菌（*Morganella morganii*），其组胺生成水平很高，可达 400 mg/100 g。

根据临床表现的不同，细菌性食物中毒又可分为胃肠型食物中毒（food poisoning of gastrointestinal type）和神经型食物中毒（food poisoning of neural type）。前者最为常见，多表现为腹痛、腹泻、恶心、呕吐等。致病微生物在污染食物中大量繁殖并产生肠毒素，革兰氏阴性菌死亡裂解时还会释放内毒素（endotoxin），造成强烈胃肠道反应。引起胃肠型食物中毒的细菌很多，常见的有以下 7 种（表 18-4）。细菌性食物中毒虽然常见，但总体上是一类能够减少和预防的中毒事件，其预防原则是避免细菌污染食物、控制细菌繁殖和毒素产生、杀灭细菌。

18.2.4 真菌毒素中毒

真菌性食物中毒（fungal food poisoning）广义上指人畜因食用被真菌毒素污染的粮食和饲料发生的食物中毒，以及由某些大型真菌含有的天然毒素所引起的食物中毒。不过，人们常提及的真菌性食物中毒一般是狭义上的，仅涵盖前者，即真菌毒素食物中毒（mycotoxicosis）。由某些大型真菌含有的天然毒素引起的食物中毒被称为毒蕈中毒（mushroom poisoning），有时也被列入植物性食物中毒。毒蕈的大小、形状、颜色、花纹等变化多样，有毒成分十分复杂，非专业人士不易鉴别。目前，毒蕈中毒事件的

表 18-4　7 种常见胃肠型细菌性食物中毒

细菌种类	主要中毒机制	潜伏期	常见临床特点	常见食物来源
沙门菌	活菌感染，内毒素	6~72 h（一般 12~13 h）	恶心、头晕、头痛、寒战、冷汗、全身无力、饮食不振、呕吐、腹泻、腹胀、腹痛、发热，重者痉挛、脱水、休克等	肉、禽、蛋、鱼、内脏、奶类，未煮熟的受污染食物
副溶血性弧菌	活菌感染，肠毒素，耐热性直接溶血素	8~40 h（一般 10 h）	恶心、呕吐、腹泻、阵发性腹痛、畏寒发热、水样或洗肉水样便，重者脱水、痉挛、血压下降	海产品、腌肉、咸菜等含盐量较高的食物
大肠杆菌	活菌感染，肠毒素	可长可短（一般 12~24 h）	不同毒素表现出的症状有所不同，但主要是水样腹泻、发热、剧烈腹痛、呕吐，并伴有头痛、肌肉痛	熟肉制品、蔬菜、水果、蛋、奶、淀粉类等，隔夜食物
变形杆菌	活菌感染，肠毒素，组氨酸脱羧酸酶	5~18 h	上腹部刀绞样痛和急性腹泻为主，伴有恶心、呕吐、头痛、发热	动物性食品和豆制品、凉拌菜
金黄色葡萄球菌	肠毒素	1~6 h	突然恶心、反复剧烈呕吐、上腹痉挛疼痛、腹泻水样便，体温正常或低热	肉类、奶类，隔夜食物
蜡样芽孢杆菌	活菌感染，肠毒素	呕吐型：0.5~5 h 腹泻型：8~16 h	呕吐型：恶心、呕吐，伴头晕、四肢无力 腹泻型：腹痛、腹泻	米粉、甜酒酿、甜点心及乳类、肉类，隔夜食物
单核细胞增生型李斯特菌	活菌感染，内化素，李斯特溶血素	潜伏期较长，4~21 天，最长达 3 个月	发热、无力、头痛、意识不清、胃部不适、呕吐、腹泻等，且持续数周。可引起脑膜炎、败血性肉芽肿、淋巴结肿大等	动物性加工食品、蔬菜及水果，冷藏乳类、肉类制品中多见

发生往往是因个人采集野生鲜蘑、误食毒蕈引起的。为预防毒蕈中毒的发生，比较简单且有效的方法就是切勿采摘和食用自己不认识的蘑菇。

许多真菌能够产生被称作"真菌毒素（mycotoxin）"的有毒物质。不同真菌毒素的化学结构和毒性强弱各不相同，主要毒性作用包括致癌、致畸、遗传毒性、肝细胞毒性、中毒性肾损害、生殖紊乱和免疫抑制等。目前已发现的真菌毒素多达 300 余种，其中约 30 多种对动物和人类有致病性，且至少有 10 余种具有致癌性，如黄曲霉毒素、杂色曲霉毒素、黄天精、环氯素和展青霉素等。作为真菌在其对数生长期结束时生成的次级代谢产物，真菌毒素通常在初级代谢前驱物质（如氨基酸、乙酸、丙酮酸等）积累量很大的时候生成。并不是所有的真菌都能产生毒素，能产生毒素的真菌被称为产毒真菌（toxigenic fungi）。产毒真菌只是真菌中的一小部分，产毒菌种中也可能只有部分菌株产毒，同一菌株的产毒能力也会因环境因素而发生改变。同一菌种或菌株可以产生多种不同的毒素，而同一毒素也可以由多种不同真菌产生。以下介绍几种被真菌污染的食物中常见真菌毒素。

18.2.4.1　黄曲霉毒素

黄曲霉毒素（aflatoxin，AFT）可由黄曲霉（*Aspergillus flavus*）、寄生曲霉（*Aspergillus parasiticus*）等霉菌产生，霉变谷物包括花生、玉米、大米、豆类等。它是一类结构相似的物质，包括 10 余种异构体，主要有 B_1、B_2、G_1 与 G_2 等，其中毒性

图 18-4 几种常见黄曲霉毒素的结构式

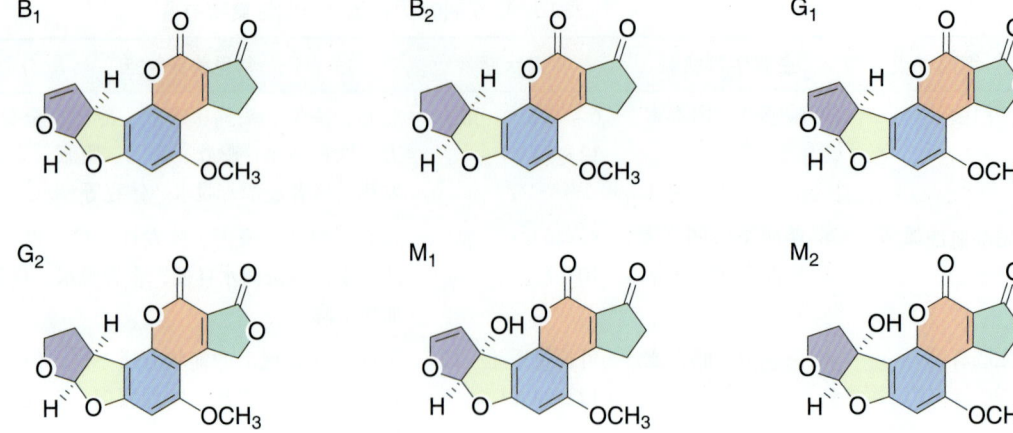

最强、危害最大的为黄曲霉毒素 B_1（图 18-4）。黄曲霉毒素命名代码中的 B 和 G 分别表示蓝色（blue）和绿色（green），因为它们分别在层析板上可显示出蓝色和绿色荧光；代码中的 1 和 2 则分别表示它们被发现的时间顺序，即 B_1 比 B_2 先发现，G_1 比 G_2 先发现。奶牛在摄入被黄曲霉毒素 B_1 或 B_2 污染的饲料后，在肝中经过代谢可生成黄曲霉毒素 M_1 或 M_2［M 代表牛奶（milk）］。

较早的黄曲霉毒素中毒事件可追溯到 1960 年，当时英国发生了十万只以上的火鸡大型暴毙事件，人们从有毒饲料中分离出了黄曲霉及其毒素。这是一类有强烈生物毒性的化合物，中毒类型包括急性中毒和慢性中毒两种。1987 年，鉴于足够的医学证据和动物实验结果，国际癌症研究中心就已将黄曲霉毒素归为一级致癌物。

18.2.4.2 赭曲霉毒素

赭曲霉毒素（ocharatoxin，OCT）为异香豆素衍生物，主要产毒菌为赭曲霉（*Aspergillus ochraceus*）和纯绿青霉（*Penicillium viridicatum*）。赭曲霉毒素 A 在自然界分布最广、毒性最强，紫外线照射下呈微绿色荧光，对肝、肾有毒害作用。

18.2.4.3 单端孢霉烯族毒素

单端孢霉烯族毒素（trichothecene toxin）具有四环倍半萜烯结构，由某些镰刀菌产生。急毒性较强，靶器官是肝和肾，且大多属于组织刺激因子和致炎物质，中毒症状以局部刺激、炎症甚至坏死为主。其慢性毒性可引起白细胞减少，抑制蛋白质和 DNA 合成，某些单端孢霉烯族类化合物（如 T2 毒素）还具有一定致癌性。

18.2.4.4 玉米赤霉烯酮

玉米赤霉烯酮（zearalenone，ZEN）主要由镰刀菌属的菌株如禾谷镰刀菌（*Fusarium graminearum*）和三线镰刀菌（*Fusarium tricinctum*）产生。这类毒素具有类似雌激素样毒理作用，主要表现为生殖毒性，可严重影响动物生殖系统，导致动物繁殖功能异常甚至死亡。妊娠期动物（包括人）食用含玉米赤霉烯酮的食物可引起流产、畸胎和死胎。

18.2.4.5 伏马菌素

伏马菌素（fumonisin，FB）是由串珠镰刀菌（*Fusarium moniliforme*）和再育镰刀

菌（*Fusarium proliferatum*）等真菌产生的多氢醇和丙三羧酸的双酯化合物。伏马菌素主要损害肝、肾功能，能导致马白脑软化征（ELEM）、猪肺水肿综合征（PPE）等疾病，还能对动物免疫系统造成损害，引起免疫功能降低。

18.2.4.6 展青霉素

许多青霉能产生展青霉素（patulin，PT），它们主要附着在水果上。展青霉素是一类具有致癌、致畸、致突变作用的神经毒素，可引起动物的胃肠道功能紊乱和许多器官的水肿和出血，高剂量时还具有免疫抑制作用。

18.2.5 病毒性食物中毒

大多数食物中毒由细菌感染引起，少数情况下可能是病毒感染所致。比如经过粪－口途径传染的轮状病毒、诺如病毒等，摄入被其污染的食物后，患者也可发生食物中毒。轮状病毒则是引起婴幼儿腹泻的主要病原体之一，通过粪－口途径传染。病毒刺激胃肠黏膜，造成胃肠道不适症状，如腹痛、腹泻等。病毒感染一般呈自限性，多数情况下不需要使用特殊的抗病毒药物治疗。其中比较特别的是朊病毒，朊病毒属于亚病毒因子，是一类不含核酸而仅由蛋白质构成的具感染性的因子，是动物和人类传染性海绵状脑病的病原，在牛中导致牛海绵状脑病（见 5.4.4）。感染朊病毒的人和动物均可成为传染源，通过消化道、医疗行为或是遗传等途径传染，人和动物均可通过进食含有朊病毒的宿主组织及其加工物而感染，尤其是脑组织。人群对朊病毒普遍易感，且感染后缺乏有效治疗方法，最终导致死亡。

与细菌和真菌相比，人们对食物中病毒的了解甚少。其主要原因在于作为专性寄生的微生物，病毒需要的培养手段与步骤更为繁杂，而且并非所有病毒都能在实验室条件下实现培养。另一方面，病毒需要细胞才能复制的特点使其无法在食物和水中生长繁殖，可检出数量极低，也不会使食物直接腐烂，因此对食物本身受病毒污染情况进行全面、直观的判断非常困难。随着科学技术的不断发展，已逐渐开发出包括免疫电镜法（immune electron microscopy，IEM）、酶联免疫法（ELISA）、放射免疫（radioimmunoassay，RIA）和逆转录聚合酶链反应（reverse transcription-polymerase chain reaction，RT-PCR）等在内的多种病毒检测手段。它们常被用于临床上病毒学检验，也部分适用于对食物、水样等食品安全性检测。常见的食源性病毒包括甲型肝炎病毒、轮状病毒、诺如病毒、朊病毒、口蹄疫病毒。容易携带甲肝病毒的海产品有虾类、蟹类和毛蚶、牡蛎、蛤蜊、蛏子等贝类，其中尤以贝类海产品最"危险"。

18.3 食品腐败控制与保藏

18.3.1 影响微生物生长的食品内外因素

18.3.1.1 影响微生物生长的食品内在因素

（1）食品的营养成分　食品除了含有一定水分外，还含有蛋白质、脂肪、碳水化合物、维生素、矿物质等物质。不同食品的蛋白质、脂肪、碳水化合物的含量不同，造成其腐败变质类型也不同。食品中由蛋白质分解引起的变质称为腐败，由脂肪氧化或水解引起的称为酸败，由碳水化合物分解引起的称为酵解。细菌分解蛋白质的能力主要是通过其分泌胞外蛋白酶实现的。造成食品腐败常见的细菌有芽孢杆菌属、假单胞菌属、变形杆菌属、链球菌属等。少数细菌也能分解淀粉和脂肪。由于酵母一般喜欢生长在含糖分高和一定盐分的食品上，因此酵母主要引起碳水化合物的变质。

（2）食品的氢离子浓度　各类微生物都有其生长适宜的 pH 范围，大多数细菌在 pH 为 7.0 左右（6.6~7.5）生长最好，一般细菌对 pH 的要求比霉菌和酵母苛刻，致病性细菌则更为严格。极少数微生物能够在 pH 4.0 以下生长。非酸性食品适合绝大多数细菌生长，当 pH 低于 5.5，腐败菌基本被抑制，只有极少数细菌能继续生长，如大肠杆菌和部分耐酸细菌。微生物在食品中的生长繁殖代谢也会影响食品 pH，而这一变化反过来又影响微生物的生长。

（3）食品的水分　不同微生物对水的需要量不同，从小到大顺序为：霉菌、酵母、革兰氏阴性细菌、革兰氏阳性细菌。微生物在食品上的生长繁殖主要取决于水活度（a_w）。微生物一般在 a_w 为 0.60~0.99 的条件下生长。对某种微生物而言，a_w 过低时，微生物生长的延缓期延长，生长速率降低，总生长量减少。为防止食品腐败变质，需设法降低食品的 a_w，通常将其 a_w 降低至 0.70 以下，食品可长期保藏；若 a_w 在 0.60 以下，则认为微生物不能生长。在实际生产中，也常用水分质量百分比来表示食品的含水量，表 18-5 列举了一些常见食品中致病微生物的水活度范围。

（4）食品的渗透压　微生物细胞的半透性膜能够调节细胞内外的渗透压平衡，不同微生物生长适应的渗透压不同。在食品工业中，往往利用食盐（NaCl）或糖类来提高食品的渗透压，抑制微生物的生长，但 NaCl 和糖类所能抑制的微生物种类有所区别。10% 以上的 NaCl 溶液可抑制多数杆菌的生长，如大肠杆菌、沙门菌等。NaCl 浓度在 15% 以上可抑制球菌生长，霉菌不易被 NaCl 溶液抑制，而酵母对高浓度 NaCl 敏感。蔗糖要达到与 NaCl 相同的抑菌效果，其浓度必须要比食盐浓度大 6 倍以上，能在高浓度糖溶液中生长的微生物称为耐糖微生物。一般来说，食品的渗透压越大，对微生物的抑制作用越强。

18.3.1.2 影响微生物生长的食品外在因素

（1）温度　最低生长温度、最适生长温度和最高生长温度是微生物生长温度的三个基点。需要指出的是，最适生长温度不等于累计代谢产物最高的培养温度，例如乳酸链球菌生长的最适温度为 34℃，而发酵产酸最快的温度为 30℃。

表 18-5　食品中常见致病微生物的水活度范围

a_w 范围	微生物	常见食品
1.0~0.95	假单胞菌、大肠杆菌、变形菌、志贺菌属、克雷伯菌属、芽孢杆菌、产气荚膜梭状芽孢杆菌、一些酵母	极易腐败变质（新鲜）食品、罐头水果、蔬菜、肉、鱼以及生乳；熟香肠和面包；含有约40%（质量分数）或7% NaCl 的食品
0.95~0.91	沙门菌属、溶副血红蛋白弧菌、肉毒梭状芽孢杆菌、沙雷氏杆菌、乳杆菌属、足球菌、一些霉菌、酵母（红酵母、毕赤酵母）	腌制肉（火腿）、一些水果汁浓缩物、含有55%（质量分数）蔗糖或12%氯化钠的食品
0.91~0.87	许多酵母（假丝酵母、球拟酵母、汉逊酵母）、小球菌	发酵香肠（萨拉米）、松蛋糕、干酪、人造奶油、含65%（质量分数）蔗糖（饱和）或15%氯化钠食品
0.87~0.80	大多数霉菌（产生毒素的青霉菌）、金黄色葡萄球菌、大多数酵母属（拜耳酵母）、德巴利氏酵母	大多数浓缩水果汁、甜炼乳、巧克力糖浆、槭糖浆和水果糖浆、面粉、米、含有15%~17%水分的豆类食品、水果、蛋糕、家庭自制火腿、微晶糖膏、重油蛋糕
0.80~0.75	大多数嗜盐细菌、产真菌毒素的曲霉	果酱、加柑橘皮丝的果冻、杏仁酥糖、糖渍水果、一些棉花糖
0.75~0.65	嗜旱霉菌（谢瓦曲霉、白曲霉、Wallemia sebi）、二孢酵母	含有10%水分的燕麦片、颗粒牛轧糖、砂性软糖、棉花糖、果冻、糖蜜、粗蔗糖、一些果干、坚果
0.65~0.60	耐渗透压酵母（鲁酵母）、少数霉菌（刺孢曲霉、二孢红曲霉）	含15%~20%水分的果干、一些太妃糖与焦糖、蜂蜜
0.50	微生物不增殖	含约12%水分的酱、含约10%水分的调味料
0.40	微生物不增殖	含约5%水分的全蛋粉
0.30	微生物不增殖	含3%~5%水分的曲奇饼、脆饼干、面包硬皮等
0.20	微生物不增殖	含2%~3%水分的全脂奶粉、含约5%水分的脱水蔬菜、含约5%水分的玉米片、家庭自制的曲奇饼、脆饼干

（2）气体　氧气对微生物的生命活动有重要影响。一般来讲，在有氧环境中，微生物进行有氧呼吸，生长、代谢速度快，食品变质速度也快；在缺氧条件下，由厌氧性微生物引起的食品变质速度较慢。在食品原料内部生长的微生物绝大多数是厌氧微生物，而在原料表面生长的多为需氧微生物。在食物的保藏中可通过降低氧浓度来抑制好氧微生物的生命活动，达到抑制食品表面细菌生长的效果。此外，氮气、二氧化碳的存在对微生物生长也有一定的抑制作用，实际生产中可通过控制氮气或二氧化碳的浓度来防止食品的腐败变质。

（3）环境相对湿度　环境空气的相对湿度对于微生物的生长和食品变质起着重要作用，尤其是未经包装的食品，如脱水食品放置在相对湿度较大的环境中，其表面水分迅速增加。此时若条件适宜，微生物就会大量繁殖，进而引起食品腐败变质。

18.3.2　微生物与食品保藏原理

导致食物腐败变质的原因包括微生物的生长、食物中所含酶的作用及非酶作用

（如氧化作用、呼吸作用、机械损伤等）。其中，微生物生长是引起食品腐败变质的主要原因。虽然食品的种类不同，腐败变质情况也各异，但如何对微生物的活动进行控制以保证食品的质量与安全，却是整个食品行业在生产加工直至流通和销售过程中必然会遇到的重要问题。因此，食品保藏技术才得以在长期的生产实践中不断得到改进和创新，并随着科学技术的发展，不断取得新的成就和进展，已形成了一门独立的学科，即食品保藏学。食品保藏的重点是防止微生物污染、杀灭或抑制微生物生长繁殖以及延缓食品自身组织酶的分解作用而采用的物理、化学和生物学方法，使食品在尽可能长的时间内保持其原有的营养价值、色、香、味及其他良好的感官性状。为了达到控制微生物生长繁殖的目的，其原理主要是控制源头微生物数量，以及通过物理、化学方法对食品中的微生物进行有效的杀灭、抑制，并做好杀菌后的食品隔离，防止交叉污染，控制微生物生长繁殖。目前常用的食品保藏方法及其原理主要为：

① 低温保藏。将食品储存在低温环境中，可以降低微生物的代谢率，延缓其繁殖速度，从而减缓或抑制微生物的生长，是冷藏和冷冻保藏的基本原理。

② 热处理。食品加热包括常压加热和高压加热，可以杀灭其中的微生物。这可以通过加热烹调、巴氏杀菌等方法来实现。高温能够破坏微生物的细胞结构和蛋白质，使其失去生存能力。

③ 真空包装。将食品包装在真空环境中可以减少氧气的存在，从而抑制氧化反应和微生物的生长。真空包装也有助于延缓食品的氧化和腐败过程。

④ 添加防腐剂。食品中添加防腐剂可以抑制微生物的生长。常见的防腐剂包括苯甲酸钠、山梨酸钾、乳酸链球菌素等。这些物质可以改变物理和化学条件，使微生物难以生存或繁殖。

⑤ 辐照处理。通过使用辐射（如紫外线、射线）杀灭微生物，称为辐射灭菌，通过破坏微生物的 DNA 阻止其繁殖。

⑥ 发酵。有些发酵食品通过添加有益的微生物，如乳酸菌，来抑制有害微生物的生长。此外，发酵还可产生抗菌物质，并改变食品的酸碱度，使其不利于微生物生长。

控制食品中微生物生长、延长食品保藏时间，通常采取以下措施：

① 减少微生物的污染。加强清洁生产和食品加工过程中的无菌操作是阻止食物腐败最重要的措施之一，良好的卫生规范措施能有效减少食品腐败的发生。

② 除去食品中的微生物。利用加热、微波、辐照、高压、臭氧、电阻加热杀菌和过滤除菌等方法，除去食品中的微生物。非热物理杀菌技术主要有辐照杀菌、紫外线杀菌、超高压杀菌、高压脉冲电场杀菌、感应电子杀菌、磁力杀菌、脉冲强光杀菌、超声波杀菌等，以使食品中微生物菌数量降至长期储藏所允许的最低限度，并维持这种状态，以达到在常温下长期储藏食品的目的。用此方法保藏食品的技术关键是食品要采用密封包装，防止杀菌后微生物的二次污染。

③ 抑制微生物的生长繁殖。第一，可以通过控制水活度和环境条件来抑制微生物的生长繁殖，该法已成为重要的食品保藏方法，在生产中有着广泛的应用，如干

制、浓缩、烟熏等。第二，在食品中添加对微生物生长和繁殖有抑制作用的化学防腐剂来延缓食品的腐败变质。第三，氧的控制，多数导致食品腐败变质的微生物都是好氧菌，采用改变气体组成的方法，如降低氧分压可以限制好氧微生物的生长，同时可减少营养成分的氧化损失，如食品生产和保藏中的充氮、真空包装等均是基于这一原理。第四，温度的控制，即通过低温保藏法抑制微生物的生长和繁殖。

④ 利用微生物发酵抑制有害微生物的生长和繁殖。培养某些有益微生物，借助发酵过程中产生的乙醇、乳酸、乙酸、抗生素等防腐物质的作用，抑制腐败菌生长，延缓食品腐败变质，如泡菜、酸乳等。

⑤ 缩短食品加工工序的时间间隔。缩短食品从田间到餐桌经历的所有时间间隔，是防止食物腐败变质的重要措施之一。

18.3.3 基于微生物防控的食品保藏方法

食品保藏方法包括化学法、生物法和物理法，以下逐一介绍。

18.3.3.1 化学保藏法

食品的化学保藏法是指在食品的加工和储运过程中使用化学保藏剂来提高食品的耐藏性或达到某种加工目的。化学法保藏食品不仅防止或延缓由微生物引起的食品腐败变质，还防止或延缓因氧化和酶的作用引起的食品变质。目前使用的化学保藏剂种类繁多，主要包括人工合成化学物质和天然产物，其理化性质和保藏的原理也各不相同。根据保藏原理的不同，化学保藏剂一般分为防腐剂、抗氧化剂和保鲜剂三大类。

食品防腐剂按照其抗微生物的程度分为杀菌剂和狭义范围的防腐剂，具有杀菌作用的物质为杀菌剂，而仅具有抑菌作用的物质为防腐剂，但在食品加工和保藏中两者并无绝对严格的区分，往往统称为防腐剂。防腐剂的抑菌作用主要是使微生物生长停留在迟滞期，而不进入剧烈增殖的对数期。通过抑制微生物分裂，使其群体数量停止增长称为静菌作用。防腐剂通过抑制微生物的生理活动，减弱微生物的活性或破坏微生物细胞膜的正常功能，从而达到静菌作用。食品防腐剂应该只针对有害微生物发生显著的杀菌或抑菌作用，而对人体肠道内的有益微生物菌群没有影响，也不能妨碍消化道内各种酶的作用。食品防腐剂按照其制备和来源的不同分为合成型和天然型两大类。随着人们对食品安全的重视，合成型食品防腐剂的使用将会越来越少，而天然型的将越来越广泛。来自微生物的防腐剂包括纳他霉素、乳酸链球菌素、枯草杆菌素等。一些常见的防腐剂介绍见表18-6。

18.3.3.2 生物控制法

食品保藏的生物控制法主要是指通过腌制等微生物发酵来提高食品耐藏性或改善食品风味的一种方法。腌制是人类最早采用的一种行之有效的食品保藏方法，既可以通过微生物的发酵来降低食品pH，抑制腐败菌生长，从而防止食品腐败变质，并且获得更好的食用或感官品质；也可以通过食盐或糖渗入食品组织内部，以降低其水活

表 18-6 常见食品防腐剂的使用范围及作用机制

防腐剂种类	使用范围	作用机制
苯甲酸及其钠盐	碳酸饮料、低盐酱菜、蜜饯、葡萄酒、果酒、软糖、酱油、食醋、果酱、果汁饮料、食品工业用桶装浓果蔬汁	使微生物细胞呼吸系统和电子传递酶系统的活性受抑制，阻碍细胞膜的正常生理活动
山梨酸及其钾盐	除以上外，还有鱼、肉、蛋、禽类制品，以及果蔬保鲜、胶原蛋白肠衣、果冻、乳酸菌饮料、糕点馅、面包等	不饱和脂肪酸，抑菌机制是利用自身的双键与微生物细胞中酶的巯基形成共价键，使其丧失活性，破坏酶系，从而抑制微生物的生长
对羟基苯甲酸丙酯	果蔬、果汁饮料、果酱、糕点馅、碳酸饮料、食醋、酱油	尼泊金酯，抑菌机制与苯甲酸基本相同，防腐效果不随pH变化，在pH 4~8下均有较好效果，故可用于代替酸性防腐剂，且毒性低于苯甲酸，但高于山梨酸
丙酸钙	生湿面制品（切面、馄饨皮）、面包、食醋、酱油、糕点、豆制食品	丙酸盐在酸性条件下转变为丙酸，丙酸单分子可以在霉菌细胞外形成高渗透压，使霉菌细胞内脱水，失去繁殖力，且还可以穿透霉菌细胞壁，抑制细胞活性
硝酸盐及亚硝酸盐	肉制品（护色剂）	具有抗微生物的作用，能抑制细菌生长及孢子形成，尤其是肉毒杆菌
乳酸链球菌	素食罐头、植物蛋白饮料、乳制品、肉制品等	通过干扰细胞膜的正常功能，造成细胞膜的渗透、养分流失和膜电位下降，导致致病微生物和腐败菌的死亡
纳他霉素	奶酪、肉制品、葡萄酒、果汁饮料、茶饮料等	与真菌的麦角甾醇以及其他甾醇基团结合，阻遏麦角甾醇的生物合成，从而使细胞膜畸变，最终导致渗漏，引起细胞死亡
溶菌酶	低度酒、香肠、奶油、糕点、面条、饮料及乳制品的防腐保鲜	溶菌酶自身是无毒蛋白质，但它能破坏细菌的细胞壁

度从而提高渗透压，进而延长食品保质期。食盐、各种添加辅料、有益微生物的发酵产物、蛋白质分解等生化作用使食品在腌制过程中还具有了一些特殊的风味，其中加盐腌制的过程称为腌制，加糖腌制的过程称为糖渍。盐腌制品主要有腌菜、腌肉、腌蛋等，如泡菜、榨菜、腊肉、火腿、咸鸭蛋、皮蛋等；糖渍制品主要有果脯、蜜饯、果酱等，如杏脯、枣脯、话梅、九制陈皮等。

微生物用于发酵食品的生产在我国已有数千年悠久历史，并已成为现代食品工业不可或缺的一部分。发酵不仅为人类提供了品种繁多的食品，还增强了食品的耐藏性。发酵保藏食品是利用各种因素促使有益微生物生长，抑制有害微生物生长，防止食品腐败变质，同时还能保持甚至改善食品原有的营养和风味。

保藏食品的物理方法种类繁多，应用广泛，主要包括以下类型。

18.3.3.3 低温保藏

食品的低温保藏就是通过降低食品温度，并维持低温水平或冻结状态，以延缓或阻止食品的腐败变质，达到食品长途运输和短期或长期保藏的目的。低温既可抑制微生物的生长繁殖和酶的活性，也能降低非酶促反应的速率，因此能够延长食品的保藏期。根据低温保藏中的食品物料是否冻结可分为冷藏（cold storage）和冻藏（frozen storage）。冷藏是在高于食品物料冻结点的温度下进行的食品保藏，其温度范围一般

为 –2~15℃，常用的冷藏温度为 4~8℃；冻藏是在食品物料冻结的状态下进行的保藏，其温度一般为 –30~–12℃，常用温度为 –18℃。

18.3.3.4 干燥保藏

食品的干燥保藏是指在自然或人工控制条件下使食品水分降低到足以防止其腐败变质的长期保藏方法。水是微生物繁殖必需物质，在不同的水活度（a_w）下微生物生长存在明显差异。大多数腐败细菌所需最低 a_w 值在 0.90 以上，而干制食品的 a_w 值通常在 0.60~0.75 之间，因此可抑制其腐败变质，从而延长食品保藏期。同时食品干燥后水活度降低会引起酶活性和热稳定性降低，从而抑制由酶促反应导致的食品质量稳定性下降。食品干燥保藏通常还与其他保藏方法如腌制、烟熏、化学保藏等结合，以获得更长的保质期。

18.3.3.5 罐藏保藏

食品的罐藏保藏是将经过一定处理（如分选、修整、烹调）的食品装入包装容器（如镀锡钢板罐、玻璃瓶、复合薄膜袋等）中，经密封杀菌，使罐内食品与外界环境隔绝而不被微生物污染，同时将容器内绝大部分微生物杀死并使酶失活，从而在室温条件下使食品能够长期保藏的一种方法。罐藏法保藏的食品之所以能长期保藏，主要是借助于罐藏条件（排气、密封和杀菌）杀灭容器内能引起食品腐败、产毒和致病的微生物，破坏食品原料组织自身的酶活性，并保持密封状态，使容器内食品不再受外界微生物的污染。因此，影响罐藏食品质量的关键因素是容器的真空度、排气、封罐、杀菌和冷却等工序。确定罐藏食品杀菌条件的过程如图 18-5 所示。

18.3.3.6 气调保藏

食品的气调保藏是调节气体保藏的简称，是将食品放在一个相对密闭的环境中，通过调节保藏环境中的 O_2、CO_2 和 N_2 等气体的比例，从而延长食品的保质期或货架期的一种技术。它是继冷藏技术后，水果、蔬菜保藏技术上的又一次重大革新，是在传统冷藏保鲜技术基础上发展起来的现代保鲜技术，被认为是当今保藏水果效果最好的方法。气调保藏的原理主要是抑制新鲜果蔬的呼吸作用和乙烯的生成，延缓果蔬的后熟和衰老，同时低氧环境和高浓度的 CO_2 能较强地抑制微生物的生长繁殖，从而延长保藏期，降低腐烂率。根据调节气体的方法，气调保藏可分为自发气调保

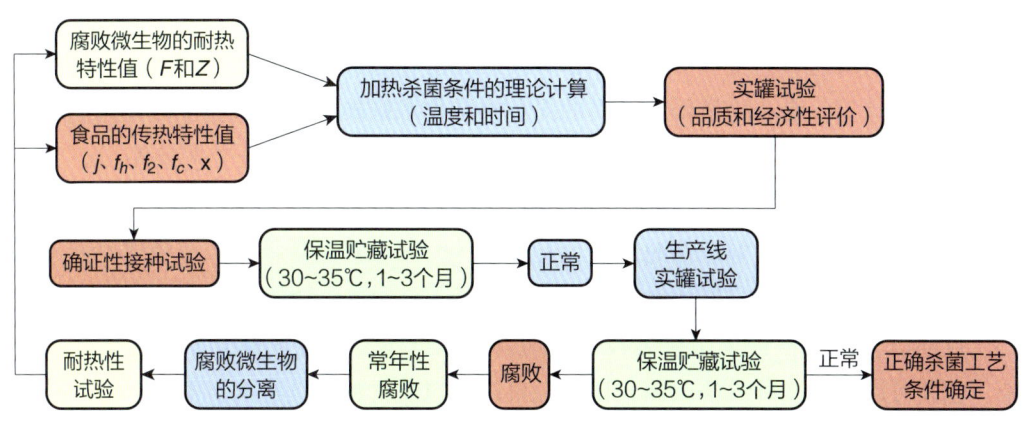

图 18-5 确定罐藏食品杀菌条件的过程

藏（modified atmosphere storage，MA）和人工气调保藏（controlled atmosphere storage，CA）两大类。前者是指将果蔬密封在具有特定透气性能的塑料薄膜制成的袋中，利用果蔬自身的呼吸作用和塑料薄膜的透气性能自行调节密封环境中的氧气和二氧化碳含量，从而延长果蔬保藏期。人工气调保藏则是利用某些机械设备，人为地控制保藏环境中气体成分的保藏方式。

18.3.3.7 辐照保藏

食品的辐照保藏是利用射线照射食品或原材料，延缓新鲜食物某些生理过程（发芽和成熟），或对食品进行杀虫、消毒、杀菌、防霉等处理，从而延长保藏时间，提高食品质量。其基本原理是利用射线对食品或农产品、微生物和昆虫等的辐射化学效应和生物学效应，杀灭食品和农产品中的害虫、腐败微生物和致病微生物，抑制新鲜蔬菜、水果生理代谢活动，实现杀虫灭菌、抑制发芽和延缓生理过程，达到安全保藏的目的。食品辐照保藏是近几十年来新兴的一项技术，在其商业化的生产过程中取得了显著经济效益，一般用于食品辐照处理的辐射源为钴-60（^{60}Co）γ射线源。

18.3.3.8 微波处理保藏

微波是一种频率极高（300～300 000 MHz）、波长很短（1 mm～1 m）的电磁波。近年来微波作为一种能源技术迅速发展，在对物体进行加热、干燥、杀菌、烘烤、杀虫、灭酶、萃取、消解和解冻等方面得到了广泛应用。

微波具有热效应和非热效应双重杀菌作用。在微波作用下，食品中微生物吸收电磁波而产生电能使温度升高，破坏菌体中蛋白质成分起到杀灭微生物的作用。此外，在微波电磁场环境下，微生物受到电磁场作用会产生应答效应，其赖以生存的细胞膜与外界交换营养物质的离子通道关闭，正常生理活动受限，造成细胞膜瞬间破裂而致死。微波杀菌在食品工业中已有广泛应用，如饮料、酱油制品、烘烤食品（蛋糕、面包等）、豆制品、天然营养食品和食品包装材料等。

18.3.3.9 无菌包装

传统的罐装方法是将未经杀菌的食品放入未经消毒的容器中，然后将容器密封并杀菌。而无菌包装则是将杀菌后的食品在无菌条件下置于消毒过的容器中，并在无菌条件下将包装封口。虽然无菌包装方法早在20世纪60年代初期就已申请专利，但直到1981年才开始大量应用。同年，美国食品与药品管理局（FDA）批准 H_2O_2 用于无菌加工系统中多层软袋包装材料的杀菌。

通常任何可通入热交换器的食品都可应用无菌包装。无菌包装应用最广的是液态食品，如果汁等。含有固体颗粒食品的无菌包装技术则较难开发。由于液体和固体的热渗透速率不同，很难建立起能同时杀死微生物和食品中酶的最低工艺条件。

无菌包装的优点包括：果汁类产品的风味更加良好，柔性多层纸盒可取代玻璃和金属容器，当使用超高温杀菌时产品经受高温的时间可降至最低，某些液体可使用膜过滤技术去除微生物，容器顶部气体可用氮气灌充减少微生物的繁殖。

目前已开发出多种无菌包装技术，随着技术进步，更多无菌技术将会被开发出来。包装可以通过多种方法灭菌，比如说可以将包装材料连续送入机器中，并在其中用热过氧化氢有效杀菌，随后成形、充填食品和密封。充液过程中的无菌要求可通过保持正压空气或氮气的方法实现。无菌包装果汁的货架稳定期在室温下可达 6~12 个月甚至更长。

18.3.4 食品保藏新技术

18.3.4.1 超高压处理

食品的超高压处理技术是指将食品放在特殊密封超高压容器内，在常温或相对 121℃ 的低温（一般低于 100℃）条件下，以液压作为压力传递介质对其加压到数百兆帕，从而达到杀菌、物料改性、产生新的组织结构、改变食品品质和某些物理化学反应速度的一项新技术。实验证明，超高压能够不可逆地改变细胞形态，影响细胞生物化学反应，引起胞内主要酶系失活，改变细胞膜通透性和细胞壁刚性等，导致微生物原有的生理功能遭到破坏或者发生不可逆变化，进而起到杀菌的作用。目前超高压处理技术在肉制品、水产品、果酱、果汁等食品加工中有一定的应用。随着技术和设备的不断发展，该技术在食品保藏中将会得到更加广泛的应用。

18.3.4.2 脉冲电场处理

脉冲电场技术（pulsed electric field，PEF）是一项新兴的高效食品保鲜技术。它通过高强度脉冲电场瞬时破坏微生物细胞膜使微生物致死，处理过程中的温度要求较低（低于 50℃），可避免加热杀菌的缺陷。当微生物细胞处在脉冲电场下，其细胞膜会由于跨膜电位效应和细胞膜穿孔效应而被破坏，从而导致细胞内容物外渗，微生物死亡。与传统方法相比，脉冲电场处理法具有灭菌效果好、速度极快、食品营养和风味损失小等优点。目前脉冲电场处理技术在果汁、牛乳、鸡蛋等食品加工中有一定的应用。

18.3.4.3 热超声处理

当同时用超声波和热处理细菌孢子时，其抵抗力下降。虽然在加热前用超声波处理也能达到一定程度的下降，但两者同时处理时效果最佳。西班牙学者对这一现象进行了研究并将其称为压热声处理（manothermosonication，MTS）或热超声处理。MTS 可降低孢子的抗热性，对过氧化物酶、脂肪氧合酶和多酚氧化酶也有同样的抑制效果。

压热声处理采用致死温度，而压超声（manosonication）处理采用亚致死温度。本质上这类方法均采用在高压下使用超声波处理。Manas 等研究了 60℃ 下压超声处理对森夫登堡沙门菌（*S. senftenberg*）的影响。结果表明，细菌的数量下降了 3 个对数值。而单独用 60℃ 处理，细菌的数量仅减少 0.5 个对数值。

人们对超声处理降低孢子耐热性可能的机制进行了研究。Palacios 等发现利用超声处理可使嗜热脂肪芽孢杆菌释放钙、吡啶二羧酸、脂肪酸和其他低分子质量组分。这些变化可能导致孢子的水合状态发生改变，进而降低其耐热性。

18.3.4.4 微生物保鲜剂

来源于微生物的生物防腐剂，如有机酸、多肽、前体肽等，可在一定程度上克服常用植物性防腐剂的局限性。Marcos 等人使用含乳酸链球菌素（Nisin）的复合膜对发酵香肠进行抗菌包装，通过控制发酵香肠中的肠杆菌生长可防止其质量缺陷（如恶臭形成和二胺腐胺、尸胺等生物胺的产生）。Nisin 是一种广泛使用的无污染、低成本、高效的防腐剂，但它不稳定，容易受温度、pH、食品成分等环境因素的影响而失活。将脉冲电场处理与装载 Nisin 的果胶纳米颗粒联合使用，可进一步增强单独使用装载 Nisin 的果胶纳米颗粒产生的失活效果，从而减轻 Nisin 对环境因素的敏感性。近年来，利用活性微生物降低生物胺含量已成为一种新兴的方法。在生物胺降解菌株中，植物乳植杆菌（*Lactiplanti bacillus plantarum*，LP）比乳酸乳球菌更能降解生物胺。LP 除了能降解生物胺外，还具有多种优势，如代谢可产生有机酸、细菌素等多种天然抗菌物质，并与其他微生物竞争必需营养素。有报道从 LP 中分离出的胞外囊泡可以显著抑制氧化、总挥发性碱性氮、过氧化值、丙二醛等，从而显著降低组胺和酪胺水平。基于普鲁兰纤维的抗菌包装材料具有生物可降解、包裹食品基质并延长保质期、提高安全性的优点，普鲁兰纤维可使用"旋转喷射纺丝"高通量制备。

18.3.4.5　抗微生物生物被膜天然产物在食品保藏中的应用

通过干扰群体感应来抑制生物被膜的显著优势在于不会对细菌正常生长产生影响，因此不易诱导细菌耐药。许多研究者已经从天然产物及其衍生物中发现了多种基于群体感应的生物被膜小分子抑制剂。例如，有研究表明含吲哚基和二酮哌嗪基的化合物是一类潜在的基于群体感应的生物被膜小分子抑制剂。Hui Zhang 等通过建立常见食源性致病菌金黄色葡萄球菌（*S. aureus*）和肠炎沙门菌（*S. enteritidis*）生物被膜实验模型，并使用该模型从含有吲哚基和二酮哌嗪基的化合物中筛选出高效生物被膜小分子抑制剂。研究发现，吲哚和 3,3′- 二吲哚甲烷均具有抗金黄色葡萄球菌和肠炎沙门菌生物被膜活性，且后者表现出更强的抑制效果，它可能是通过阻碍细菌运动、抑制 eDNA 和胞外多糖产生从而防止细菌黏附和聚集，导致生物被膜不能形成完整三维结构。3,3′- 二吲哚甲烷对常用食品接触表面上金黄色葡萄球菌生物被膜的形成也具有较强的抑制活性，在食品工业中具有较大应用潜能。

18.3.5　新型食品的微生物控制

人造肉是一种通过使用植物蛋白、细胞培养、真菌或其他替代性来源，模拟动物肉质口感和营养特性的新型食品。开发这种食品的目的是提供一种替代传统肉类产品的选择，以减少对传统畜牧业的需求和环境影响，并为人们提供更可持续和资源效益的蛋白质来源。人造肉的制备方式有多种，主要包括植物基人造肉、细胞培养人造肉、真菌基人造肉。真菌基人造肉中，部分产品使用木耳菌类等真菌，可提供与肉类相似的质地和口感。

对于细胞培养人造肉，细胞育种阶段关键是保证细胞来源的合格。种子细胞转化过程中，有可能引入高危生物污染物，造成细胞污染和变异。细胞培养人造肉容易受到各种微生物的污染（如支原体污染），主要危害来自细胞或培养基成分携带的感染因子。培养基需要的血清还可能含有多种微生物，包括病毒和支原体。

预制菜（prepared foods），也称预制菜肴，是以一种或多种食用农产品及其制品为原料，使用或不使用调味料等辅料，不添加防腐剂，经工业化预加工（如搅拌、腌制、滚揉、成型、炒、炸、烤、煮、蒸等）制成，配以或不配以调味料包，符合产品标签标明的贮存、运输及销售条件，加热或熟制后方可食用的预包装菜肴。预制菜安全与微生物密切相关，因为预制菜中可能有生熟制品或不同类别食品搭配，导致其微生物指标不统一，且通常在生产后还需要在一定时间内保藏，而在保藏过程中微生物的生长会对食品质量和安全产生影响。因此，控制微生物在预制菜中的数量和种类至关重要。为了减缓微生物的生长和防止食品腐败，预制菜通常会采用冷藏、冷冻、真空包装等保藏方法。

> 知识拓展 18-9
> 预制菜执行的微生物标准和常用杀菌技术

18.3.6 栅栏理论在食品防腐保鲜上的应用

随着食品防腐保鲜技术的飞速发展，人们逐渐意识到，单一的保鲜措施不能获得完美的保藏效果，必须采用综合的方法进行食品保藏。引起食品腐败的因素很多，如温度、pH、水活度、氧化反应等。每种因素都能在一定程度上抑制食品的腐败，称为栅栏因子（hurdle factor）。食品生产中，运用栅栏因子间相互协作的效应，使用多因素共同抑制食品腐败微生物的生长繁殖，达到改善食品品质、保证食品安全的效果，这一技术称为栅栏技术（hurdle technology，HT）。

18.3.6.1 栅栏技术的基本原理

食品保藏的关键是抑制微生物的生长繁殖。栅栏技术的基本原理就是在食品加工储藏过程中利用多种防腐保藏技术的协同作用，抑制腐败菌的生长。每一种防腐保藏技术都可以看作一道栅栏，通过增加栅栏的数量和高度，使微生物生长受到抑制，确保食品安全。由于联合使用多种保藏因子，降低了每种保藏因子的强度和对食品的质量影响，比使用单一保藏因子的效率高。同时，使用栅栏技术的目的是阻止微生物生长繁殖而不是灭菌，因此不会对食品质量产生很大的影响。

18.3.6.2 食品防腐保鲜中的栅栏因子

在提出"栅栏"这个专业术语之前，许多食品科学和技术专家实际上已经开始应用"栅栏因子"来进行食品防腐与保藏，比如在肉类加工中使用的腌、熏、加香料、加热、冷冻等措施。到目前为止，食品保藏中已得到应用和有潜在应用价值的栅栏因子数量已经超过 100 个，已用于食品保藏的约 50 个。其中，比较重要且常用的是温度、pH、水活度、高压、光效应、限制空气的包装、美拉德效应、竞争性菌群等。

18.3.6.3 栅栏技术在食品保藏中的应用

栅栏技术在食品保藏中已获得广泛应用，通过该技术加工和储藏的食品称为栅栏技术食品（HTF）。栅栏技术与传统或高新技术相结合能更好发挥作用，如与关键危害点控制技术（HACCP）和微生物预测技术（predictive microbiology）结合。

（1）在肉制品保藏中的应用

肉制品的腐败变质主要由微生物污染增殖和脂肪酸败造成。肉制品加工最早应用栅栏技术。传统的意大利蒙特拉香肠、德国的布里道香肠加工中就是采用降低水活度 a_w 为主要栅栏因子来保证其可贮性，其 a_w 值为 0.95。荷兰的格德斯香肠是通过添加葡萄糖醛酸内酯，将 pH 降至 5.4~5.6，然后真空包装来实现其可贮性。在中式肉制品中，传统的中国腊肠是一种在常温下可较长时间存放的发酵型生肉制品，也是通过迅速降低水活度为主要栅栏因子来保证产品质量。目前，可用于肉制品的栅栏因子有水活度、pH、防腐剂、低温处理、加热灭菌、真空包装等，其中最有效的是水活度。

（2）在果蔬保藏中的应用

鲜切果蔬的生产是一个综合加工过程，栅栏技术对保证其质量及货架期发挥着重要作用。从原料选择、加工、包装到配送、销售，每一环节都应直接或间接地采取"栅栏"措施，以达到预期保藏目的。在抑制杨桃切片贮存期发生的褐变反应中，以 pH 作为主要栅栏因子，采用柠檬酸和抗坏血酸的有效结合调节切片表面 pH，并同时利用真空包装、低温贮存等辅助性栅栏因子，达到有效抑制杨桃切片发生褐变的效果。

（3）在食品包装上的应用

为较好地实现食品防腐，仅仅对食品施以栅栏技术是无法取得预期效果的。除了在食品生产加工中使用部分栅栏因子，还可以通过合理的包装技术进一步提高食品稳定性和安全性，延长其货架期。食品包装技术通过阻隔作用可有效防止食品腐败变质。O_2、CO_2、H_2O 等食品包装内的成分，以及所引起的氧化还原电势和水活度等的变化，会在很大程度影响食品的稳定性，而控制这些变化的措施，主要依靠食品包装材料的阻隔性。

（4）在其他方面的应用

栅栏技术在意大利面食等非发酵食品保藏中的应用也得到了证实。在这些产品的加工过程中，降低水活度和温和加热是主要的栅栏因子。另外，调节包装的气体成分也能够实现食品的防腐保鲜，如乙醇蒸气能够有效抑制由霉菌和微球菌引起的腐败。

18.3.7 预测食品微生物学

预测食品微生物学（predictive food microbiology）是一门在微生物学、数学、统计学和应用计算机科学基础上建立起来的学科。预测食品微生物学依据各种微生物在加工、储藏和流通等条件下的特征信息库，通过计算机的配套软件，判断食品内主要致病微生物和腐败菌的生长或残存动态变化，从而对食品的质量和安全性做出快速评估。预测食品微生物学可应用于预测食品生产后的储藏、运输、销售、消费等各个环节的质量和安全，与传统检验方法相比，具有快捷、简便、高效等优点。微生物预测技术可在没有进行微生物检测的前提下，预测微生物的生长和死亡。自 20 世纪 80 年代初"预测微生物学"被提出以来，由于其巨大的潜力，很快被应用到多个领域。国内外的许多研究者致力于开发预测微生物学相关的模型软件，如美国农业部致病微生物模型程序（pathogen modeling program, PMP），研究和设计了一系列能描述和预测微生物在特定条件下生长和死亡的模型。

预测食品微生物学在鲜切果蔬产品质量安全控制中有广泛的应用。运用微生物预测模型对鲜切果蔬产品货架期进行评估需要考虑三个方面：
① 了解微生物生长数量和繁殖情况。
② 结合温度、水活度、pH、包装中气体成分等因素建立微生物生长动态模型。
③ 参考已经建立的数据库和实验数据开发方便快捷的货架期预测软件。

可见，在选择预测模型时不可局限于用单一模型拟合产品中微生物生长曲线，应比较多种模型拟合曲线后进行择优选择，以便提供更准确的风险评估预测结果。

18.4 食源性致病微生物的检测与追溯

18.4.1 食品安全的微生物指标与指示菌

食品安全微生物限量指标包括致病微生物（pathogens）和指示菌（indicator organisms）两类。一般情况下，致病微生物要求不得检出，指示菌则具有一定的限量范围。合理选择环境微生物的检测项目对食品安全十分重要。传统致病微生物检测不仅费用昂贵，而且耗时长，较好的选择是检测相应的指示菌。指示菌指标常包括菌落总数、大肠菌群、大肠杆菌和肠杆菌科总数等。

大肠菌群（coliform）指具有某些特征的一组与粪便污染有关的细菌，包括肠杆菌科的艾氏菌属、柠檬酸杆菌属、肠杆菌属和克雷伯菌属等。大肠菌群是评价食品卫生质量的重要指标之一。目前该项指标已被广泛用于食品生产中卫生质量检测，采用相当于 100 g 或 100 mL 食品中可能数来表示。大肠菌群数的多少表示粪便污染程度的高低，也反映了对人体健康危害性的大小。

大部分大肠杆菌（*Escherichia coli*）是肠道正常菌群的组成部分，少数特殊血清型的大肠杆菌对人和动物有病原性。如果在食品生产的多个环节重复检出大肠杆菌，则提示食品安全风险增加。肠杆菌科作为食品卫生指标菌在欧洲应用已有多年历史。在我国，大肠菌群一直作为监控食品卫生状况的主要指示菌。肠杆菌科（*Enterobacteriaceae*）为大多寄生在人和动物肠道中的革兰氏阴性杆菌。除大肠菌群外，还包括沙门菌、痢疾杆菌和致病性大肠杆菌等与食源性疾病相关的重要致病微生物，因此使用肠杆菌科作为指示菌比大肠菌群更敏感、准确。若经过热处理食品中肠杆菌科计数超过一定限量（一般为 $10^3/g$），则表明食品加工过程中存在缺陷。同时，肠杆菌科细菌能够适应多种环境，亦是监测设备污染状况是否良好的指示菌。

18.4.2 食源性致病微生物的常规检测项目

食品中细菌的常规检验有菌落总数的测定、大肠菌群的检验、肠球菌的检验等项目，本小节中将详细介绍菌落总数和大肠菌群的检验。

18.4.2.1 传统分离培养法

食品微生物检验从传统检测方法发展到目前的快速检测方法，由完全依赖培养基的方法向其他方法如免疫技术、核酸技术等发展。但是新的方法也需要结合传统分离培养法的增菌富集，因此选择性培养基的合理使用尤为重要。以沙门菌检验程序（引自国家标准 GB 4789.4—2016）为例，食品中致病微生物的分离一般包括以下步骤：

① 预增菌。目的为从食品中复活受损或处于休眠状态的细菌，一般使用蛋白胨缓冲液；

② 选择性增菌。目的为从第一步增菌液中选择性抑制非目标菌的生长，而目标菌生长不受影响，在适合的温度、酸碱度、渗透压下充分增殖成为优势菌；

③ 选择性平板分离。使用两种选择原理不同的选择性平板分离目标菌；

④ 纯化。在选择性平板上，挑选疑似菌落进行划线，纯化为单菌；

⑤ 鉴定。对挑选的疑似菌落进行生理特性和生化特征鉴定，同时进行血清学鉴定。

传统培养法一般需要 3~5 天甚至更长的时间，不利于快速检测。但传统方法中的增菌步骤，具有富集、减少非目标细菌对后续检验干扰等优点，因此可以与分子生物学、免疫学等方法相结合，缩短检测时间，以达到快速检测。

18.4.2.2 食品中菌落总数的测定

菌落总数测定是指食品检样经均质处理，在一定条件下（如培养基、培养温度和时间等）培养后所得每克（或每毫升）检样中微生物菌落总数。菌落总数主要用于判定食品被细菌污染程度，检查食品原料清洁程度、处理是否得当、新鲜程度和品质。其原理是通过稀释法，在营养琼脂平板上形成菌落数，最终以菌落形成单位数（CFU）报告结果。

18.4.2.3 食品中大肠菌群的检验

大肠菌群是在特定培养条件下能发酵乳糖、产酸产气的需氧和兼性厌氧革兰氏阴性无芽孢杆菌，主要包括大肠杆菌（*E. coli*）、弗劳地柠檬酸杆菌（*Citrobacter freundii*）、肺炎克雷伯氏菌（*Klebsiella pneumoniae*）和阴沟肠杆菌（*Enterobacter cloacae*）。大肠菌群主要来源为人畜粪便，常作为粪便污染指标，并用于推断食品中有无肠道致病微生物的可能性。大肠菌群可通过巴氏杀菌法杀灭，因此经 63℃、15min 或同等程度的热处理来杀灭食品中的大肠菌群已经是一种标准程序。大肠杆菌的检验程序如图 18-6 所示。

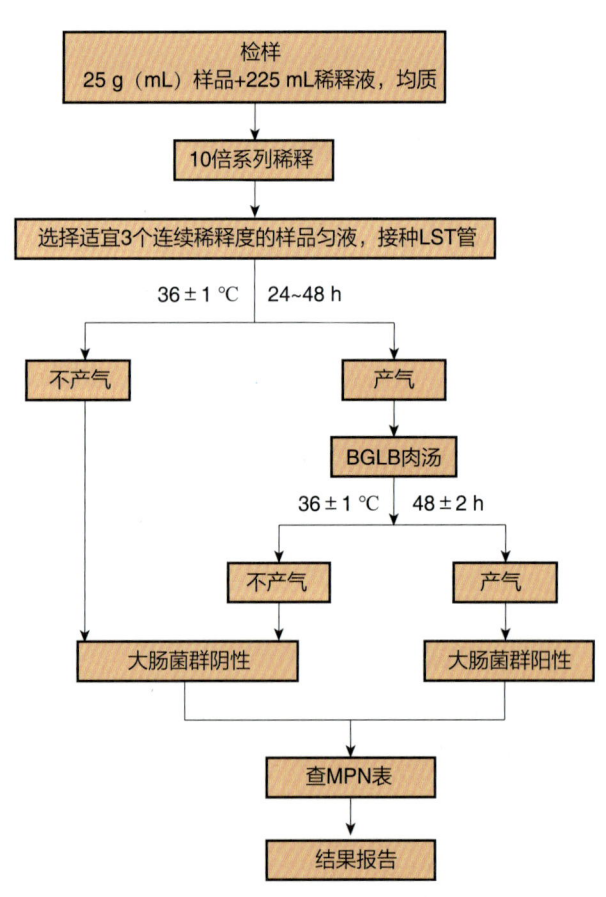

图 18-6 大肠杆菌的检验程序（引自国家标准 GB4789.3-2016）

LST: 月桂基硫酸盐胰蛋白胨肉汤；BGLB: 煌绿乳糖胆盐肉汤

18.4.3 食源性致病微生物的快速检测方法

18.4.3.1 生物发光法

ATP（三磷酸腺苷）是细胞内能量分子的重要组成部分。测量样本中的ATP含量可以间接评估样本中微生物的数量，从而判断样本的卫生状况。ATP荧光检测法利用生物发光（生物发光俗称"荧光"）技术来检测ATP含量，其基本原理是在荧光素酶的催化下，ATP与荧光素发生氧化反应并释放荧光，检测仪通过光电倍增管测量荧光强度，并以RLU（relative light unit，相对光单位）数值表示。ATP荧光检测技术具有检测灵敏度高、数据处理速度快、特异性强、操作简便等优点，被广泛用于食品、饮用水、医药等领域的质量检测，特别是对检测速度有较高要求的大型赛事、聚会活动，比如2023年世界大学生运动会的餐食快速检测就用到ATP法。在食品行业中，ATP荧光检测可用来检测食品加工过程的卫生状况，对于食品污染的快速检测和追踪具有重要意义。同时，该技术还可用来检测生鲜度和储存质量，如测定储存食品中微生物数量。在饮用水领域，ATP荧光检测技术可用于检测水中微生物及有机物污染程度。根据中国烹饪协会2022年发布的《食品表面清洁效果评价ATP监测及限值要求》，刀面、食品夹、调理盒及盖子等不锈钢材质器具，≤250 RLU为合格，250～500 RLU为警告，＞500 RLU为不可接受。因此，在利用ATP荧光检测仪检测细菌时，需要查阅相关合格判断标准，避免在没有明确检测标准的时候对样品卫生合格状况做出误判。

18.4.3.2 酶法

许多微生物都产生特异性的酶，利用这一特点可以将这些微生物与其他微生物区别开来，进行初筛。酶法检测的原理是利用活体细胞特异性酶的催化作用，使人工合成的无色底物降解，游离出产色基团并产生荧光或显示一定颜色，从而对菌株做出鉴定。这种方法提高了检测速度和准确性，不仅省去分离纯培养物的步骤，而且可以通过选择合适的合成底物对几个反应进行同时检测。

尽管这种方法不能达到百分之百的准确，但大多数情况下能满足快速检验的要求。常用的方法有两种：

① 色原（荧光）糖苷结合物 + 糖苷酶→糖苷 + 色原（荧光）

② 色原（荧光）氨基酸结合物 + 氨肽酶→氨基酸 + 色原（荧光）

用于呈色的色原有 α-萘酚、β-萘酚、邻硝基酚、对硝基酚、酚酞、对硝基苯胺、吲哚系列物质等；常用荧光物质有4-甲基伞形酮、7-氨基-4-甲基香豆素等。特异性酶包括糖苷酶、酯酶和脂酶等，举例如下：

糖苷酶：① α-半乳糖苷酶，可用来鉴别链球菌和肠球菌。如牛链球菌和粪链球菌可水解 4-MU-α-D-半乳糖苷；② β-D-半乳糖苷酶，可用于鉴定大肠菌群。大肠菌群可产生 β-半乳糖苷酶；③ β-葡萄糖醛酸酶，绝大多数大肠杆菌具有该酶，可催化 D-吡喃葡萄糖醛酸水解成相应的糖苷配基和 D-葡萄醛酸。不过大肠埃希菌中一些致病微生物如 E. coli O157：H7 却不具备此酶。

酯酶和脂酶：酯酶（esterase）可水解酯键产生短链有机酸，脂酶（lipase）催化脂质的酯键水解反应，逐步将三酰甘油水解成甘油和脂肪酸。沙门菌中辛酸酯酶可被荧光底物 4-甲基伞形酮辛酸酯和显色底物 SLPA-octanate 快速检测。典型沙门菌株显红色菌落，而非沙门菌呈白、乳白、黄色或透明菌落。

DNA 酶：通常 DNA 酶活性测定依赖于天然的水解作用。包含甲苯胺蓝、吖啶橙和甲基绿以及 5-溴-4-氯-3-吲哚胸苷磷酸酯的含 DNA 的琼脂更具优势，因这种培养基的平板经培养后不需要额外添加试剂，可直接测定 DNA 酶的活性，常用于鉴别金黄色葡萄球菌。

凝固酶：凝固酶常用于鉴别金黄色葡萄球菌。因游离和结合的凝固酶都具有凝固血浆的能力，故可在试管或玻片上进行凝固酶试验。

18.4.3.3　免疫学检测技术

免疫学检测方法是应用免疫学原理设计的抗原和抗体特异性结合的反应。通过生理或生化方法呈现出某种反应现象（如凝集或沉淀），由此来判定实验结果。主要有酶联免疫吸附法、酶联免疫荧光分析技术、免疫印迹法、免疫胶体金技术、免疫磁珠分离技术等。

酶联免疫吸附法（enzyme-linked immunosorbent assay，ELISA）是目前最常用的快速免疫检测方法，是把抗原抗体的免疫反应和酶的高效催化作用结合起来的一种检测技术，以显色反应来定性或定量分析。ELISA-FIA 将酶联免疫吸附法和荧光免疫分析相结合，大大提高了食源性致病微生物检测灵敏度。如果食品中含有沙门菌，即使每 25 g 样品中只有一个沙门菌，运用 ELISA-FIA 也能检测出阳性结果，该方法具有检测特异性强、准确度高、样品处理量大等特点。

酶联免疫荧光分析技术（enzyme-linked fluorescence immunoassay，ELFA）将酶系统与荧光免疫分析方法结合起来，在 ELISA 的基础上用理想的荧光底物代替生色底物，从而提高检测分析的灵敏度和测量范围。全自动酶联荧光免疫分析法（VIDAS）的出现简化了食源性致病微生物检测的操作。利用该技术可以通过体细胞抗原（O 抗原）和鞭毛抗原（H 抗原）的区别检测活的沙门菌和死的沙门菌。

免疫印迹法（immunoblotting）也称为蛋白质印迹法（Western blotting），是根据抗原抗体的特异性结合来检测特定蛋白的方法，由聚丙烯酰胺凝胶电泳（SDS-PAGE）、电转移和酶免疫显色三步组成。首先用 SDS-PAGE 将目的蛋白按分子量及所带电荷不同分离，然后通过电转移将凝胶中的蛋白质转移到化学惰性的高分子膜（如硝酸纤维素膜）上，接着将目的蛋白特异性抗体（一抗）与高分子膜上的目的蛋白进行免疫结合，再将特异性酶标抗体（二抗）与一抗结合，加入不溶性显色底物，最终导致区带染色。

免疫胶体金技术（immunocolloidal gold technique）起源于 1971 年，Faulk 等应用电镜免疫胶体金染色法（immune-gold staining，IGS）观察沙门菌。该法以微孔滤膜为载体包被抗原或抗体，待检样品经滤膜毛细管作用或渗滤作用后，其中的抗原或抗体与膜上包被的抗体或抗原结合，再使用胶体金结合物标记，从而达到检测目的。该法具有单份测定、简单快速、特异敏感、无需任何仪器设备和试剂的特点，几分钟就可用肉眼观察到颜色鲜明的实验结果，且易于保存。

免疫磁珠分离技术（immunomagnetic beads separation techniques，IMB）是通过偶联在磁性颗粒表面的特异性抗体与样品中被检致病微生物发生特异性结合，然后在外加磁场作用下，载有致病微生物的磁性颗粒向磁极方向聚集，使致病微生物得到分离、浓缩。免疫磁性分离技术可代替常规的选择性增菌培养过程，特异有效地将目的微生物从样品中快速分离出来，缩短检测时间。该法已用于牛奶中大肠杆菌O157：H7的监测和食品中单核细胞增生李斯特菌、副溶血性弧菌、小肠结肠耶尔森菌等的检测。

18.4.3.4 聚合酶链反应（PCR）检测技术

（1）常规PCR与多重PCR法

以核酸检测为基础的PCR技术可检测不同样品中的沙门菌，该法更快速，特异性更高。在扩增过程中，特异性引物首先结合沙门菌DNA序列，扩增约30个循环之后获得PCR产物，然后通过琼脂糖凝胶电泳检测。

特异性引物也被用到多重PCR（multiplex PCR）中，不仅能检测食品中沙门菌，还能同时检测其他食源性致病微生物。多重PCR是在PCR反应体系里加入两对以上引物，从而同时进行多个核酸片段的PCR反应。针对不同致病微生物的特异性引物可以扩增出不同大小的DNA片段，因此多重PCR可以快速有效地检测一个食物样品中的多种致病微生物。

（2）实时荧光定量PCR法

实时荧光定量PCR（quantitative real-time PCR）通过荧光染料或荧光标记的特异性探针对PCR产物进行标记跟踪，实时在线监控反应过程。既能满足定性检测，又能实现定量分析，无需对产物进行电泳分析。目前商业化的BAX系统与熔解曲线技术相结合，可同时检测沙门菌、单核细胞增生李斯特菌、大肠杆菌O157:H7、阪崎肠杆菌等。

18.4.3.5 液相芯片分析技术

按照常规方法检测食品中的致病微生物，需先对可疑样品增菌1~2天，然后接种于平板进行分离培养，再通过生化实验等进行鉴定，所需材料和试剂繁多，且分型鉴定等需有经验的人员来完成。应用快捷的PCR方法检测致病微生物也存在一定缺陷，如扩增背景高等因素，直接影响了PCR反应的敏感性和特异性。美国Luminex公司于20世纪90年代中期开发了一种具有多目标高通量检测的液相芯片分析技术（flexible multi-analyte profiling，xMAP）。该技术成功将流式细胞仪和芯片技术结合起来，同时整合了计算机信号处理等多项技术，具有多指标同步分析、准确度高、成本低等优点。

18.4.3.6 生物传感器

生物传感器是一种检测分析装置，它结合了生物成分和物理化学检测器，根据对某些生物活性物质具有选择性识别能力的原理制成。在食品安全方面，生物传感器可

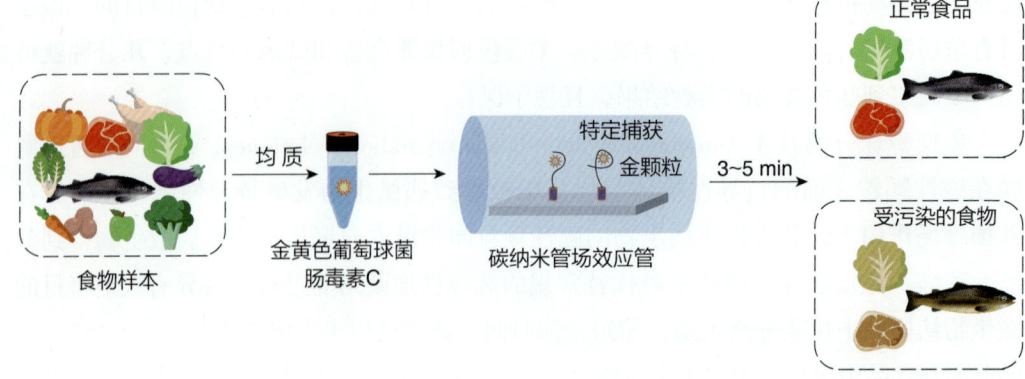

图 18-7 适配体功能化碳纳米管场效应晶体管（CNTs-FET）生物传感器快速直接检测金黄色葡萄球菌肠毒素 C 示意图

以快速检测食品成分、食品添加剂、农药和抗生素残留、微生物和生物毒素，具有价格合理、操作方便、响应快速、灵敏度高等显著优势。

以快速检测食品中的金黄色葡萄球菌肠毒素 C（staphylococcal enterotoxin C，SEC）为例，SEC 是一类能够分泌引起呕吐的细菌外毒素，摄入极低剂量（纳克级）即可引发严重的炎症反应和食物中毒。传统的生化鉴定法操作烦琐、检测时间长且灵敏度不高；酶联免疫吸附测定法（ELISA）虽然操作简便，但成本较高且易受干扰；高效液相色谱（high performance liquid chromatography，HPLC）能够准确检测，但前处理复杂、检测时间长且设备庞大昂贵。此外，食品中的毒素往往含量极低，因此对检测技术的灵敏度要求极高。研究表明，碳纳米管场效应晶体管可以作为生物传感器的传感器件，采用碳纳米管（carbon nanotube，CNT）作为半导体，显著提高了传感器性能。有研究设计了一种结合场效应晶体管（field-effect transistor，FET）和核酸适体的生物传感器（图 18-7），利用适配体与靶标结合后通道载体变化引起的构象变化实现对 SEC 的高灵敏度、快速、无标记检测，并利用高比表面的金纳米颗粒（AuNP）结合更多适体以提高灵敏度，在 0.01 mol/L PBS 和冷冻食品均质液中 SEC 检出限达到 pg/mL，具高度特异性，能够准确识别目标毒素，无需烦琐操作和检测即可在 5 min 内对不同复杂样品中的 SEC 进行实时检测。因此，生物传感器在具备出色高灵敏度和可靠准确性的同时，实现了对复杂食品样品的快速检测，为食品安全提供了一种全新高效的检测方法，有助于有效阻断食源性疾病的传播。

18.4.4 食品安全 HACCP 体系与微生物防控

18.4.4.1 HACCP 的基本概念

HACCP（hazard analysis and critical control point）即"危害分析与关键控制点"，是一个保证食品质量与安全的预防性管理系统。它运用食品加工、微生物学、质量控制和危险评价等有关原理和方法，对食品原料、加工工序以及最终产品等实际存在和潜在性的危害，特别是腐败和致病微生物，进行分析判定，找出对最终产品质量有影响的关键控制环节，并采取相应控制措施，使食品的危险性降低到最低限度，从而达到最终产品有较高安全性的目的。

18.4.4.2 HACCP 的基本内容及与微生物的关系

HACCP 是预防性食品安全控制体系，是食品加工和生产企业建立在 GMP（良好的操作规范）和 SSOP（卫生标准操作程序）基础上最为有效的食品安全自我控制手段之一。主要内容有：危害与危害分析、控制点与关键控制点、控制与控制标准、监控程序与纠偏措施。

微生物在食品中的存在可能引起食源性疾病或食品腐败，因此在 HACCP 中，对微生物的控制至关重要。

① 危害与危害分析。在危害分析中，微生物被认定为可能导致食品污染和食源性疾病的主要危害之一，可能包括细菌（如沙门菌、大肠杆菌）、霉菌、酵母等。

② 控制点与关键控制点。针对微生物的控制，HACCP 可能包括食品的加热杀菌温度、储存温度、生产过程中的卫生实践等，在这些关键点上的控制是为了防止或减少微生物的生长和繁殖。

③ 监测系统。HACCP 要求建立监测系统，以定期检测微生物的存在和水平。这可以通过微生物学检验、卫生检查等方法实现。

④ 纠正措施。如果监测系统发现微生物污染，HACCP 要求制定纠正措施，以确保产品的安全性。

18.4.5　基于多组学的食源性微生物溯源与风险评估

食源性微生物污染可能发生在食品的加工、运输和贮存的各个阶段，由此引发食物中毒等严重后果，对人体的健康构成潜在威胁。随着食品工业的高速发展，一家企业所制造的食品能够迅速分销至全国乃至全球，导致食源性疾病的暴发表现出跨国界、跨区域、进展快、难预测等特点。快速准确地追踪污染源有助于及时召回受污染的食品，最大限度地减少对人群健康的危害。因此，食源性微生物的溯源成为确保食品安全的重要环节。

18.4.5.1　基于基因序列的基因分型和溯源技术

目前，我国疾病预防控制中心已构建基于流行病学调查和实验室鉴定的食源性疾病暴发监测体系。流行病学调查通过了解食品中毒事件的发生情况、患者的食品摄入历史等，可以初步确定可能的致病微生物。实验室进一步通过分子生物学技术，如脉冲场凝胶电泳（pulsed field gel electrophoresis，PFGE）或全基因测序（whole genome sequencing，WGS）进行基因分型，从而鉴定食品中的微生物种类并确定其亲缘关系，有助于确定致病微生物的来源和传播。

以 2019 年 9 月在我国南部某城市暴发的大规模儿童肠胃炎疫情为例，经过流行病学研究，明确显示所有患者均在该时间前一天在某幼儿园就餐，食用了由该幼儿园供应的蛋黄酱三明治。经过对患者、食品处理人员、厨房用具以及厨房制作的蛋黄酱三明治进行调查和分析，成功分离出了肠炎沙门菌（*Salmonella enteritidis*）。进一步的基因组溯源追踪发现，这一病菌可能源自北方的一家鸡蛋生产商。

体育赛事等重大活动往往规模庞大、影响深远。确保在重大赛事期间的食品安全成为主办方的首要任务。以2023年8月某大型运动会为例，举办地的食品检验机构通过如图18-8所示的监管流程对运动员村的食品进行监督，一旦发现含有致病微生物的不合格食品，将立即中止其供应，并将这类食品送至实验室进行食源性微生物的追溯分析。

18.4.5.2 基于全基因组测序的基因分型和溯源技术

测序技术的快速发展使全基因组测序成为食源性病原体来源追踪和分子分型的一个重要技术手段。在微生物溯源方法中，基因分型技术应用广泛。该技术基于大量致病微生物基因组测序结果，参考传统分型方法，通过设定合理阈值获取不同致病菌的多态性标识物，从而建立基于核心功能基因和全基因组的微生物精准溯源技术，实现食源性致病微生物的精准溯源追踪。这些方法主要包括基于核心基因组多位点序列（core genome multi-locus sequence typing，cgMLST）分型技术和全基因组多位点序列分型（whole genome MLST，wgMLST）。cgMLST能将菌株分型鉴定分辨率拓展到克隆级别，由于其高精度和可靠的分型溯源能力，逐渐成为流行病学菌株分型的新标准。通过比较参考菌株基因组与分离菌株的全基因组数据，可以筛选出成百上千个核心基因，这些核心基因在多个基因组中保持稳定存在。通过设定合理的阈值，根据菌株之间的等位基因差异，可以将菌株分为不同簇，进而明确菌株的演化关系和起源。

cgMLST方法最大的优点之一是能够方便地实现实验室间数据分享和重复分析，并通过公共数据库与全球的相关菌株一同进行分型溯源研究。wgMLST技术则是在cgMLST技术基础上进行拓展的一种方法，在细菌菌株分型溯源中广泛应用，尤其在食源性疾病聚集性病例识别和暴发溯源调查中展现出极大的应用价值和强大的溯源能力。各类基因分型方法在微生物信息数据库完善后方可充分发挥其潜力。

WGS-SNP方法是对细菌全基因组测序（WGS），并与参考基因组进行比对，鉴定

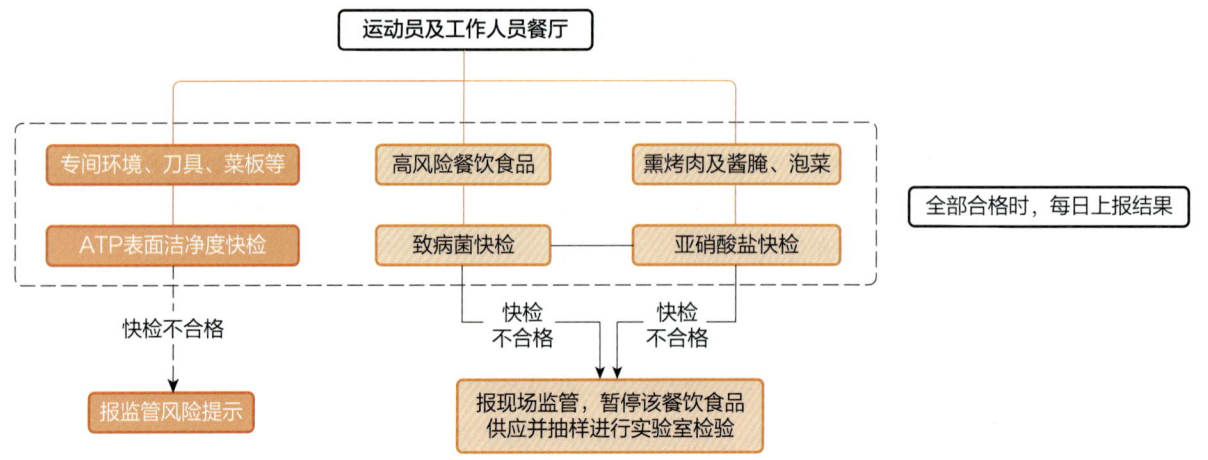

图18-8　大型运动会的食品安全监管流程
ATP：三磷酸腺苷

单核苷酸多态性（SNP）位点，再利用所筛选到的有效 SNP 位点进行演化树的构建和基因分型，处于同一演化分支的菌株则为相同或遗传距离较近的菌株，从而对不同菌株进行分类，揭示它们之间的遗传关系，该方法已经成功应用在疾控系统追溯致病菌的来源，快速阻断传染源。比如，肠炎沙门菌是一种重要的食源性致病菌，是全球公认的人类沙门菌病最常见的致病菌之一，其中鼠伤寒沙门菌和肠炎沙门菌是最常见的两种血清型，然而对这种高度同质血清型的暴发监测仍然具有挑战性。中国南方某疾控中心应用建立的 WGS-SNP 基因分型方法成功监测到 2018—2019 年间发生的 9 起肠炎沙门菌食物中毒暴发疫情，进一步证明了 WGS-SNP 分型方法在监测肠炎沙门菌感染暴发事件中的有效性和准确性。

> 知识拓展 18-10
> 应用 WGS-SNP 基因分型方法监测食源性微生物导致食物中毒

18.4.5.3　基于蛋白组学的溯源技术

蛋白质组学（proteomics）采用大规模、高通量、系统化的方法，从整体角度分析细胞或组织内蛋白质组成的动态变化。在蛋白质组学中，质谱技术是最为重要的技术之一。其中，基质辅助激光解吸电离飞行时间质谱（MALDI-TOF-MS）技术已广泛应用于食源性微生物的快速鉴定和溯源。

> 知识拓展 18-11
> 应用 MALDI-TOF-MS 进行微生物鉴定和分型

MALDI-TOF-MS 典型的应用实例为桶装饮用水生产过程中铜绿假单胞菌污染溯源。为查找某二线城市桶装饮用水生产过程中易受铜绿假单胞菌污染的关键风险点，探索其污染路径，采用 MALDI-TOF-MS 鉴定分型技术，对桶装饮用水生产企业的源水、粗滤、精滤、臭氧杀菌、清洗前回收桶、清洗后回收桶、成品水等不同工艺环节进行多点采样，分离培养获得铜绿假单胞菌菌株，单菌落样品涂板上机后进行 MALDI-TOF-MS 分析，与微生物指纹图谱库对照获得菌种鉴定信息。同时利用 PCA 聚类分析方法建立基于大量铜绿假单胞菌菌株蛋白指纹图谱的分型聚类图，以分析菌株之间的同源性，获得典型的污染传播路径。

总的来说，基于蛋白质的 MALDI-TOF-MS 技术目前主要用于微生物菌种鉴定，其在溯源方面的应用比基于核酸的要少，因为进行溯源时，需要先获得大量关联性同种属菌株，然后才能用于分析传播和溯源特征。目前，很多食品生产流通环节不太容易获得大量同种菌株。用于追溯时，全基因测序（WGS）一般更精准，但 MALDI-TOF-MS 更快更方便，在成分或工艺过程简单的食品产业链中比较适用。

18.4.5.4　食品微生物安全科学大数据库的构建

中国食品微生物安全科学大数据库于 2022 年建设完成，保藏菌种 7 万余株，建立了风险识别数据库、菌种数据库、基因组数据库、分子溯源体系及靶标与检测方法库，发现了我国食品产业链中高毒力持留基因型（HVPG），完成了我国大宗食品及产业链中常见食源性致病微生物风险识别，打破了发达国家关键数据与核心菌种"卡脖子"问题，提升致病微生物研究至"组学大数据研究"为基础的模式，引领国家食品微生物核心种质和科学大数据创制。

※ 本章小结

本章基本涵盖了现代食品微生物学的各个方面，较为系统地论述了现代食品微生物学的理论知识，提供了食品生产中相关微生物的应用实例，以及食品微生物指标的设定、食品微生物检验、食品安全HACCP质量安全控制体系、预测微生物学、微生物风险评估和溯源等新内容，还对全球关注的肠炎沙门菌食物中毒、肉毒中毒、真菌中毒、牛海绵状脑病等食源性疾病进行了概述。

通过本章学习，需要掌握以下知识：食品微生物的分类、生产型食品微生物的作用及在传统和现代新型食品制造中的应用、降低食品中微生物污染的方法、食品腐败控制与保藏的方法和新技术、食源性致病微生物的常规和快速检测。

※ 推荐阅读

1. WU G D, CHEN J, HOFFMANN C, et al. Linking long-term dietary patterns with gut microbial enterotypes [J]. Science, 2011, 334 (6052): 105-108.

饮食可以显著影响人类健康，而这种健康至少有一部分是通过肠道菌群实现的。本文研究告诉大家高脂低碳水与低脂高碳水饮食对肠道菌群的影响。

2. LIU Y, JARMAN J B, LOW Y S, et al. A widely distributed gene cluster compensates for uricase loss in hominids [J]. Cell, 2023, 186 (16): 3400-3413.e20.

人类的尿酸酶被认为是一种没有功能的假基因，早在人类演化的早期就已经失去了作用。最新的一项研究确定了肠道菌群中编码尿酸分解途径的一组保守基因。这些肠道菌群通过厌氧尿酸代谢功能，有助于维持宿主体内较低的血液尿酸水平，降低痛风的风险。

3. ESTRUCH R, LAMUELA-RAVENTOS R M. Cardiovascular benefits of fermented foods and beverages: still up for debates [J]. Nature reviews cardiology, 2023, 20: 789-790.

藏着"极简人类吃货史"的发酵食品，是"传承百万年的美味"。以植物食品为主的地中海饮食、素食和DASH饮食已被证明能够有效减少心血管疾病的风险。这其中高达40%的食材是发酵食品。这些发酵食品对健康的影响值得进一步深究。发酵食品的健康益处取决于：所用微生物（益生菌）的组成、原料（益生元）和生产方式。

4. CHOI K R, JUNG S Y, LEE S Y. From sustainable feedstocks to microbial foods [J]. Nature microbiology, 2024, 9: 1167-1175.

微生物食品是指利用微生物生产的配料和食品，其富含蛋白质、维生素等代谢产物，蛋白质含量可与动物肉类媲美。微生物食品具有对天气、气候和环境条件的依赖性较小等特点。未来需要创新方法来降低其嘌呤含量，生产更健康的微生物食品。

※ 开放性讨论题

如何确保益生菌在进入肠道后能够存活并发挥所声称的益处？我们是否需要更好的方法来评估益生菌产品的稳定性和生物活性？

※ 复习思考题

1. 举例说明 3 种引起食品腐败的微生物，并指出其主要危害哪些食品。
2. 简述食品的物理、化学和生物保藏法原理，并比较各种保藏方法的优劣。
3. 常见的微生物特异性酶有哪些？分别用于哪些致病微生物的检测？
4. 食品安全微生物限量指标中的微生物指示菌主要有哪些？
5. 预测食品微生物学将如何应用在食品安全保障中？
6. 举例说明如何改造微生物应用在新型食品研发中。
7. 如何看待食品安全中微生物检测"度"的问题？

（孙群　李雨庆　周智威）

19

工业微生物学

导语

工业微生物学旨在通过工业规模培养微生物获得特定产物或实现特定的社会功能。围绕这一目标，一方面需掌握工业微生物学的基础知识，包括工业微生物的形态构造、生理代谢、遗传变异、生态分布等；另一方面需了解工业微生物在现代发酵工业、食品工业、制造工业和环境工程等领域的应用现状与研究进展。近年来，随着现代生物学技术的发展，工业微生物研究取得了迅猛的进步。大量微生物的全基因组测序已完成，且众多工业微生物的功能基因被发现，其代谢规律被揭示。同时，基因组编辑、代谢工程、合成生物学、高通量筛选及机器学习等新兴技术在微生物菌株选育中的应用日益增多，显著提升了工业微生物生产的效率和性能。

关键词

工业微生物，现代发酵工业，医药，生物能源

19.1 工业微生物学概述

工业微生物（industrial microorganisms）指的是在工业规模上培养以获取特定产物或实现特定作用的微生物。生物制造是一种利用生物体机能进行物质加工与合成的绿色生产方式。工业菌种是生物制造产业的"芯片"，是生物制造的核心要素。工业微生物学之所以具有巨大前景，是因为它融合了生物学、化学、工程学以及生物信息学等多领域的专业知识，这种跨学科特性为其赋予了综合性的优势。

19.1.1 工业微生物学的发展

微生物发酵生产活动起源于人类早期的农业生产。最初，这种活动主要涉及传统的食品发酵，例如利用乳制品生产乳酸和通过酿造过程生产乙醇。这两种化学物质后来被发现还具有多种与食品无关的工业用途。在对微生物的存在缺乏了解且无法实现完全灭菌的情况下，人们已经能够培育出含有优良菌种的曲，用于酿造酒、醋、酱等。此外，这些曲也用于制作面包、奶酪等西式发酵食品。如今，这些酿造食品与调味品已成为众多国家和地区食谱中不可或缺的一部分。

目前的工业微生物学主要源自第二次世界大战后为生产青霉素而开发的微生物深层发酵技术。此后，以氨基酸、抗生素、有机酸、酶制剂、维生素、激素和单细胞蛋白等为代表的现代发酵工业逐渐兴起。这一领域已从机械化逐步向连续化和自动化发展，使得产品的质量和原料利用率不断提高，产品种类也大幅增加。

> 知识拓展 19-1
> 我国微生物制造产业现状

基因工程的出现极大地扩展了工业微生物学的范围，使得所有蛋白质的生产成为可能。工程菌现在被用来生产人胰岛素和干扰素等生物制品。代谢工程与分子生物学、系统生物学和合成生物学发生了深度交叉融合，本质是对宿主代谢网络的改造，以实现目标化合物的高效合成。合成生物学的出现已成为代谢工程的升级版，它利用化学合成手段生成基因，并将这些"基因"连接成网络，让细胞完成设计人员设想的各种任务。这改变了过去的单基因转移技术，开创了综合集成的基因链乃至整个基因蓝图设计的新时代，最终建立了人工生物系统。合成生物学为研究者提供了新的思路，即从研究发酵反应中错综复杂的代谢网络，回归到相对简单的化学反应流程上来。

进入 21 世纪，工业微生物学将更广泛地与信息科学、材料科学、能源科学、计算机科学等多种学科交叉和融合。这将开辟新的研究和应用领域，并带来新的发展。微生物学的研究技术和方法，将在吸收其他学科的先进技术的基础上，向自动化、定向化和定量化发展。

19.1.2 工业微生物的常见种类

工业微生物给人类的生活和健康带来了深远的影响，它们能够利用不同物质，通过代谢过程生成有用的产品,这些产品因其卓越特性,在多个领域中扮演着关键角色(表 19-1)。

表 19-1　工业微生物常见产品及其生产菌种

产品	生产菌种
工业产品	
乙醇	酿酒酵母(*Saccharomyces cerevisiae*) 脆壁克鲁维酵母(*Kluyveromyces fragilis*)
丙酮、丁醇	乙酰丁酸梭菌(*Clostridium acetobutylicum*)
2,3-丁二醇	肠杆菌属(*Enterobacter*) 沙雷氏菌属(*Serratia*)
酶类	曲霉属(*Aspergillus*) 芽孢杆菌属(*Bacillus*) 毛霉属(*Mucor*) 木霉属(*Trichoderma*)
有机酸(柠檬酸)	黑曲霉(*Aspergillus niger*)
氨基酸(赖氨酸)	谷氨酸棒杆菌(*Corynebacterium glutamicum*)
核苷酸	谷氨酸棒杆菌(*Corynebacterium glutamicum*)
维生素	阿舒囊霉属(*Ashbya*) 假囊酵母属(*Eremothecium*) 布拉霉属(*Blakeslea*)
多糖类	黄单胞菌属(*Xanthomonas*)
医药	
抗生素	青霉属(*Penicillium*) 链霉菌属(*Streptomyces*) 芽孢杆菌属(*Bacillus*)
生物碱类	麦角菌(*Claviceps purpurea*)
类固醇	根霉属(*Rhizopus*) 节杆菌属(*Arthrobacter*)
胰岛素、人生长激素、生长抑制素、干扰素	大肠杆菌、酿酒酵母等(重组 DNA 技术)
生物燃料	
氢气	光合微生物
甲烷	甲烷杆菌属(*Methanobacterium*)
乙醇	发酵单胞菌属(*Zymomonas*) 嗜热厌氧杆菌属(*Thermoanaerobacter*)

　　细菌是工业微生物学研究与应用的主要对象之一,常用的细菌有枯草芽孢杆菌、醋酸杆菌、棒状杆菌、短杆菌等,可用于生产各种酶制剂、有机酸、氨基酸、核苷酸等。此外,细菌可作为基因工程载体的宿主细胞,通过构建基因工程菌株来生产外源

物质，如利用大肠杆菌来生产蛋白质疫苗。

放线菌的主要经济价值在于能生产多种抗生素，如链霉素、红霉素、金霉素等，超过 60% 的抗生素由放线菌产生。常用的放线菌主要包括链霉菌属、小单孢菌属和诺卡菌属等。

常见的真菌有各类蕈菌、霉菌和酵母菌。蕈菌又称大型真菌，常见的有香菇、草菇、金针菇、双孢蘑菇、平菇、木耳、银耳、竹荪和羊肚菌等。它们不仅是重要的菌类蔬菜，也是食品和制药工业的重要资源。工业上常用的霉菌包括藻状菌纲的根霉属、毛霉属和犁头霉，子囊菌纲的红曲霉属、青霉属和曲霉属等，半知菌类的木霉属等，它们可广泛用于生产酶制剂、抗生素和有机酸等。工业生产中常用的酵母菌有啤酒酵母、假丝酵母、红酵母、面包酵母，可分别用于酿酒、制造面包、生产脂肪酶等，以及用于生产可食用、药用和饲料用的酵母菌体蛋白。

基因工程的出现扩展了工业微生物学的领域。基因工程起源可以追溯到多个关键科学事件，其中最具里程碑意义的是 1972 年美国斯坦福大学的斯坦利·科恩（Stanley Cohen）和赫伯特·博耶（Herbert Boyer）成功构建了一个重组 DNA 分子，这一成果标志着基因工程的正式诞生。通过基因工程方法设计的菌种比传统诱变产生的菌种更优越，因为它们避免了其他具有不良影响的非特异性突变。利用基因工程方法，可以影响工业用微生物代谢途径的调节，以及产品和副产品的产量，还可以利用微生物生产出许多种类的蛋白质，甚至是来自高等真核生物的蛋白质。

19.2 工业发酵

19.2.1 生物反应过程与发酵工程

综合运用化学工程、生物学和生物技术的原理、技术和方法，研究微生物、细胞和酶在工业生产中的工艺过程，这一领域通常被称为生物反应过程（bioprocess engineering）。生物反应过程实质是利用生物催化剂从事生物技术产品的生产，当使用游离的整体微生物细胞作为生物催化剂时，该过程被称为发酵工程；当生物催化剂为动、植物细胞时，称为细胞工程；当生物催化剂为游离或固定化酶时，称为酶工程。生物反应过程将化学工程的单元操作，如生物反应器和生物分离，与酶和微生物动力学、生物过程设计结合起来，用于生产蛋白质、生物分子、聚合物、生物燃料和食品等产品，年产量从数百克到数千吨不等。

发酵工程（fermentation engineering）是通过大规模工业化生产的方法，利用微生物菌种或者菌群，从其代谢产物中获得目标产物。发酵工程是生物学和化学工程相互交叉的学科，其主要内容包括菌种选育、发酵工艺与操作技术（如培养基、灭菌、接种等）、发酵设备及其控制系统、发酵产品分离纯化等。一般发酵工程流程如图 19-1 所示。

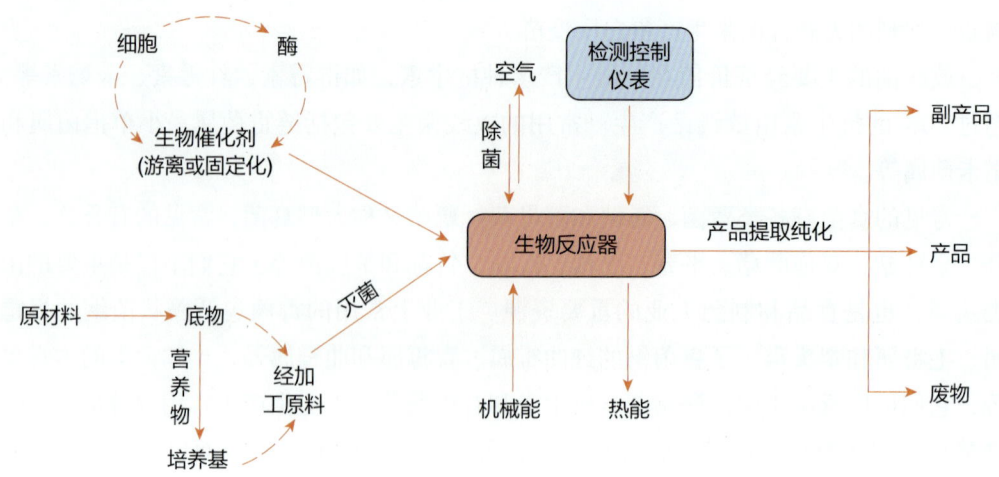

图 19-1 一般发酵工程过程示意图

发酵工程包括利用微生物发酵生产产品的全过程，可分为"上游""中游""下游"三个阶段。"上游"通常是指微生物菌种的筛选、鉴定、保藏和选育；"中游"通常涵盖从生产原料到发酵结束这一阶段，包括生产原料的预处理（含无菌空气的制备和水的预处理）、种子扩大培养、发酵培养及发酵过程控制等；"下游"工程是指发酵产品的分离、纯化及包装，得到最终成品，还包括发酵副产品的综合利用。

19.2.2 发酵方法分类

发酵方法通常可根据发酵操作方式、培养基性质和微生物对氧的需求等进行分类（表 19-2）。根据发酵操作方式，发酵可分为分批发酵、补料分批发酵和连续发酵。

表 19-2 发酵方法分类

发酵类型	发酵方法
根据发酵操作方式	分批发酵（batch fermentation） 补料分批发酵（fed-batch fermentation） 连续发酵（continuous fermentation）
根据培养基性质	固体发酵（solid-state fermentation） 液体发酵（liquid fermentation）
根据对氧的需求	好氧发酵（aerobic fermentation） 厌氧发酵（anaerobic fermentation）

19.2.2.1 分批发酵

分批发酵是将全部物料一次性加入发酵罐，经灭菌、接种及一定时间的发酵后，将发酵液一次性放出的操作过程。这种发酵方法的特点是微生物生长、各种基质消耗和代谢产物合成均在不断变化，导致整个发酵过程不稳定。

19.2.2.2 补料分批发酵

补料分批发酵是指发酵初期将部分培养基和种子接入发酵罐中，培养一段时间后，间歇或连续地补加新鲜培养基，以维持菌体进一步生长或持续产生某种代谢产物的培养方法。补料方式包括连续流加、间歇流加和多周期流加。每次流加可以采用快速流加、恒速流加、指数速率流加和变速流加。所补加的原料可以是全料（基础培养基），也可以是特定的碳源、氮源及前体等。

19.2.2.3 连续发酵

连续发酵是将培养基和种子接入发酵罐中，培养至一定菌体浓度后，不断加入新鲜培养基，同时移出等量培养液的培养方法。连续发酵系统分为恒化器和恒浊器。恒化器通过控制限制性基质的浓度来调节细胞生长密度和速率；恒浊器则通过控制培养基流速来保持细胞浓度恒定。这两种方法都旨在维持恒定的发酵液密度，为微生物提供较稳定的生活环境。与分批发酵相比，连续发酵使用的生物反应器更小，细胞生理状态更一致，生产过程更易于实现自动化。

19.2.3 发酵过程的主要单元操作

不同的发酵产品有其特定的生产方法，即便是同一产品，在不同工厂的生产方式也可能有所区别。发酵生产的目标是达到高效率和高效益。为了实现这一目标，通常需要对微生物菌种、生产原料及生产工艺进行优化。这些因素共同构成了一个复杂的系统工程，并且它们之间存在相互影响。

19.2.3.1 发酵工业菌种

菌种是发酵工业的"灵魂"，是决定发酵产品能否商业化生产的基础。从自然界分离获得的菌株，在长期演化过程中形成了精细的代谢调控机制，往往不能满足工业化生产的需求。因此，这些菌株需要进行遗传改良。常规菌种选育技术包括自然选育、诱变育种和杂交育种。随着生物化学、遗传学和分子生物学的发展，人们能从外因和内因两个角度对微生物进行遗传改造，建立了诸如经典基因工程育种（第一代基因工程育种）、蛋白质工程育种、代谢工程育种、基因组工程育种、全局转录机器工程育种、组合生物合成育种等技术。新育种技术的出现给发酵工业带来了"革命性"的变化，大幅提升了工业微生物菌种性能并拓展了其生产能力。优良菌株容易发生菌种退化，需要采取积极措施延缓退化，具体包括：①选择单核细胞的纯菌种；②选择有效的菌种保藏手段；③定期进行菌种复壮。

19.2.3.2 种子扩大培养

现代发酵工业生产规模越来越大，必须将微生物菌种从保藏管中逐级扩大培养，经由实验室种子制备阶段和生产车间种子制备阶段获得所需种子（图 19-2）。因此，种子扩大培养是发酵工业的一个重要环节。微生物种子品质也是决定发酵成败的关键。只有提供足够数量、代谢旺盛、活力强的种子，才能实现缩短发酵时间、提高发酵效率和抗杂菌等生产目标。

19.2.3.3 培养基的设计与配制

培养基是提供微生物生长、繁殖和产物合成所需营养物质的混合物。在工业发酵

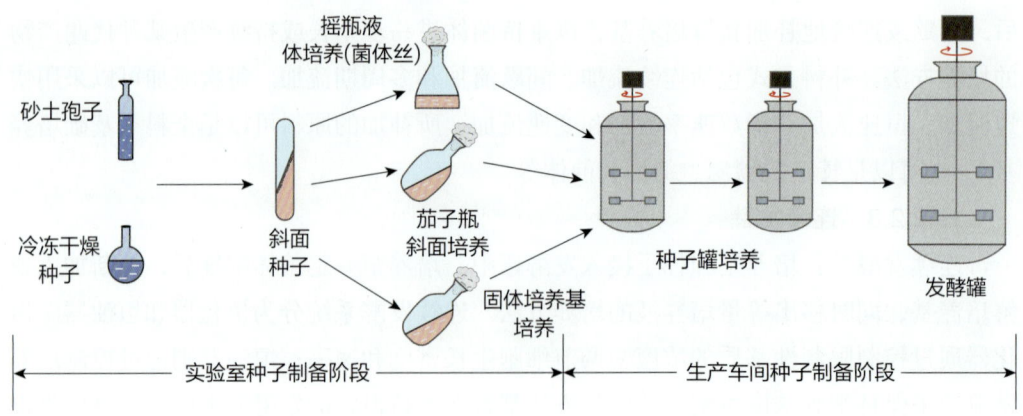

图 19-2 种子扩大培养流程图

过程中,根据生产过程及其作用,培养基可以分为斜面培养基、种子培养基和发酵培养基三种类型。发酵培养基除了含有碳源、氮源、无机盐和水等基本营养要素外,还可以添加一些有助于调节微生物生长和产物形成的代谢调节物质,例如生长因子、代谢抑制剂、促进剂或前体等。培养基的成分及其配比对微生物的生长、代谢和产物积累有显著影响,甚至会影响到发酵生产工艺。因此,设计及优化发酵培养基的原则是在确保安全无害的基础上,力求在提高发酵强度、降低原料成本、减少发酵过程能耗和降低发酵后处理难度等方面取得优势。使发酵的实际转化率尽可能接近理论转化率,是发酵控制的一个重要目标,也是优化发酵培养基的重要依据。

19.2.3.4 原料预处理

发酵生产原料形态多样,因此必须对其进行适当预处理以制备成适合工业化生产的培养基。原料预处理主要采用物理方法,目的是使天然原料在外观或成分上均匀一致,便于后续的灭菌操作或微生物利用。固态发酵原料预处理的主要单元操作包括筛分、除杂、精白、清洗、浸泡、粉碎、制坯、切块和润湿等。液态发酵培养基所用原料应尽可能制备成水溶性。固体物料如块状或颗粒状应在除杂后粉碎,以便配制成水溶液或悬浮液。葡萄糖是几乎所有微生物都能利用的碳源,因此在选择培养基成分时通常会优先考虑。然而,直接选用葡萄糖作为碳源的成本较高,所以一般采用淀粉水解糖,即将淀粉水解成葡萄糖得到的糖液。影响淀粉水解糖液质量的因素除了原料本身外,还与制备方法密切相关。目前,淀粉水解糖的制备方法有酸法、酸酶法和双酶法,其中双酶法制得的糖液质量最佳。许多有机氮源是复杂的大分子蛋白质,有些微生物如大多数氨基酸产生菌缺乏蛋白质分解酶,不能直接分解蛋白质,因此必须将有机氮源水解后才能被利用。

19.2.3.5 无菌操作

除了传统发酵之外,大多数现代工业发酵采用纯种培养,并严格禁止杂菌污染。因此,必须采取各种措施避免发酵过程中的污染,包括对培养基、空气系统、培养设备及管道系统进行彻底灭菌,注意无菌接种,以及对生产环境(包括车间、器具和厂区)进行消毒,以防止杂菌和噬菌体的大量繁殖。近年来,新型灭菌技术如超高压灭菌、臭氧灭菌、微波灭菌和辐射灭菌在发酵工业中得到了广泛应用。在液体深层发酵中，通常采用高压蒸汽灭菌法对培养基、生产设备和管道进行灭菌。工业灭菌按操作方式可分为分批灭菌和连续灭菌。这些方法确保了生产过程的无菌状态，保障了产品的质量和安全。

19.2.3.6 无菌空气制备

无菌空气制备对于好氧发酵过程至关重要，必须确保供给充足的无菌空气。空气中带菌是导致发酵染菌的主要原因之一，因此，空气除菌是好氧发酵的重要环节之一。在工业生产中，最常用且经济的空气灭菌方式是空气过滤除菌，已灭菌的过滤介质阻截空气中所含微生物，从而制得无菌空气。空气过滤除菌的一般工艺过程为：吸入空气→前过滤→空气压缩机→压缩空气冷却至适当温度→分离除去油和水→加热至适当温度，相对湿度为 50%~60%→空气过滤器→无菌空气，标准空气除菌系统如图 19-3 所示。

对于发酵企业，特别是制药厂而言，空气净化系统是实现良好生产规范（good manufacturing practice，GMP）的关键组成部分。制药厂房的空气净化系统所供应的空气质量，直接决定了生产环境中药品的微粒和微生物污染程度，从而对产品质量产生影响。根据 GMP 规定，洁净室应根据生产工艺和产品质量的要求，被分为不同的洁净等级。洁净室是一个封闭且隔离的空间，通过高效的空气过滤器引入洁净空气，确保空气质量满足特定标准。此外，洁净室内的尘埃和活微生物的数量必须符合相关标准，同时，温度和湿度也需要满足特定产品的工艺要求。

19.2.3.7 发酵控制及优化

发酵过程的核心在于微生物生长和酶促反应，这些构成了复杂的生物化学反应网络，通常在特定反应器中进行。随着发酵产品合成途径的复杂化，原料和产品价格上涨，以及微生物细胞对环境参数的敏感性，控制和优化发酵过程以及设计发酵设备变得尤为关键。最优工艺条件直接影响产品质量、得率、下游分离提取难度等经济效益指标，同时还能减少废物排放，节约能源和水资源。

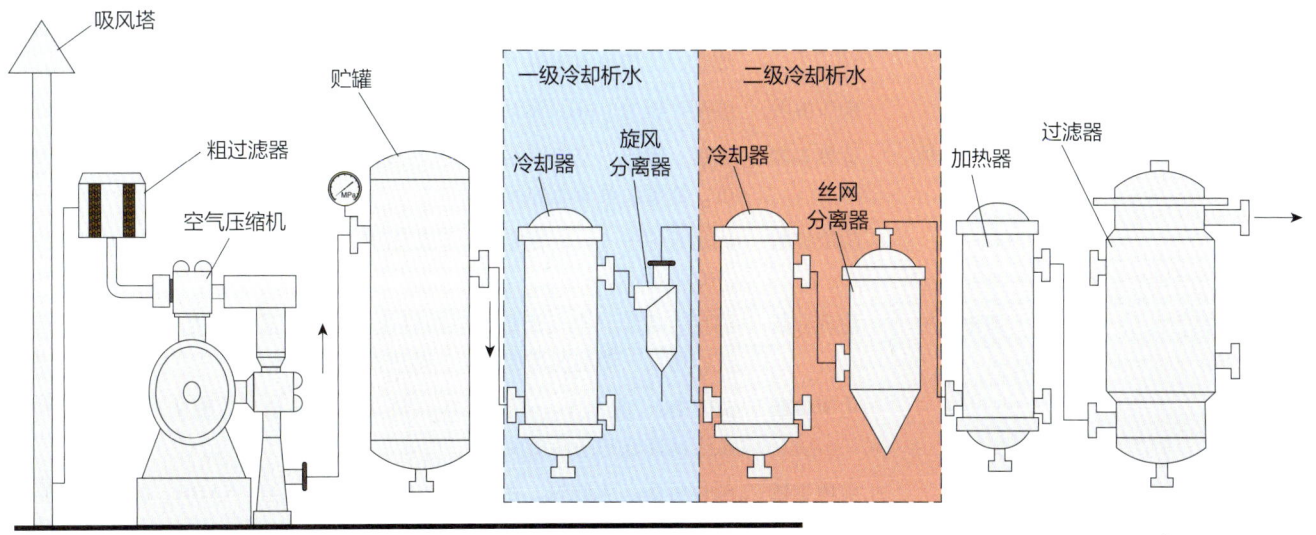

图 19-3　空气除菌系统标准流程图

发酵过程优化是指在确定生产菌株的基础上，通过调整宏观操作参数，来改变微生物细胞内外的环境，以实现最佳发酵效果。在常规发酵过程中，优化目标通常是目标产物产量最高、底物转化率最高或生产强度最高（即单位时间内单位反应器体积内的产品生成量）。在传统大规模发酵生产中，下游分离提取成本在产品成本中占最大比例，其次是原料成本，再次是能耗，而一次性投入的设备成本影响最小。因此，传统发酵过程优化通常追求最高产量和转化率，并通过扩大反应器规模来弥补发酵强度的不足。然而，随着以定制化生产为特征的第四次工业革命的到来，这种粗放生产模式可能面临淘汰，或至少不再是生物制造产业的价值增长点，取而代之的是通过大数据分析从原材料到市场的需求，以较小规模、高时效性生产高利润的细分市场产品。考虑时间成本后，发酵过程优化的目标可能会有所调整。但无论目标如何变化，发酵过程优化始终面临挑战，原因在于操作参数与优化指标间存在复杂的非线性关系。发酵过程优化通常是在收集了不同操作变量的实验室数据后，通过单因子实验或统计学实验设计，如响应面法、析因设计，分析并获取各个操作参数最优控制值，从而最终确定最优发酵工艺。之后按照既定参数对发酵过程进行控制，以实现大规模生产。

发酵过程的影响因素众多，可检测的参数包括状态参数和操作参数，或直接参数和间接参数，还可以分为物理参数、化学参数和生物参数。对于大多数发酵过程而言，需对部分关键参数如通气量、搅拌转速、温度、罐压、菌丝形态、pH、溶解氧浓度、尾气中的 CO_2 含量以及基质浓度等进行监测和控制（表19-3）。这些参数可通过传感器进行在线监测或通过取样进行离线检测。监控这些参数的变化有助于掌握发酵工艺条件的变化规律，并为发酵过程控制提供理论依据、操作指导及有效的最优控制策略，以实现工业发酵的目标。

表 19-3　发酵参数分类

分类标准	参数类型	参数名称
可操作性	状态参数	菌体浓度、基质浓度、代谢产物浓度、溶解氧浓度（DO）、酶活性、细胞的比增殖速率等
	操作参数	温度、压力、pH、基质流加速率、搅拌速率、通气量等
可检测性	直接参数	温度、罐压、空气流量、搅拌转速、pH、DO、溶解 CO_2、尾气 O_2、黏度、浊度、基质流加速率等
	间接参数	比生长速率（μ）、摄氧率（γ 或 OUR）、CO_2 释放速率（CER）、呼吸商（RQ）等
理化性质	物理参数	温度、罐压、空气流量、搅拌转速、黏度、液位高度、泡沫高度、浊度、密度、消泡剂流加速率、基质流加速率等
	化学参数	pH、DO、尾气 O_2、尾气 CO_2、氧化还原电位、总糖浓度、还原糖浓度、前体或中间体浓度等
	生物参数	菌体形态、生物量、胞内 ATP/ADP、胞内 NAD^+/NADH、胞内蛋白质/RNA/DNA、酶活性、基因表达水平等

工业发酵过程通常在发酵罐内进行。所有设备和培养基需事先经过严格的灭菌处理。之后，将准备好的种子液无菌地接入到发酵罐中，接种量一般介于5%～20%。在整个发酵过程中，需要不断向发酵液通入无菌压缩空气，通气量通常为0.3～1 m³/m³。通过搅拌（单位体积的搅拌功率消耗为1～2 kW/m³）和维持罐压（一般发酵始终维持0.3～0.5 kg/cm² 表压）等方式来加强氧气供应，确保溶解氧水平满足微生物的需求。为了控制罐温，通常会往夹套或盘管中通入循环水，温度根据不同品种而定，一般在26～37℃，有时高达40℃。发酵液的pH控制可以通过优化初始培养基配方、添加弱酸或弱碱调节以及其他综合调控方法来实现，以满足微生物生长和产物合成的需要。在发酵过程中可能会产生大量泡沫，可以加入化学消泡剂来控制。此外，多数发酵过程还需要间歇或连续地加入培养基或特定的补加原料，以补充培养基内的碳源和氮源，或者添加前体物质以促进产物的合成。发酵过程中应定时取样分析，观察微生物的生长和产物的合成情况，并通过质量监测来判断是否存在杂菌污染。选择适宜的发酵终点时，需综合考虑发酵类型、产品质量和经济效益等因素，并结合适宜的放罐指标来确定放罐时间，从而终止发酵。

19.2.3.8 发酵产物分离纯化

下游加工过程（downstream processing）指的是从发酵液中分离和精制产品的过程。这一步骤对于发酵产品的生产至关重要，因为它是确保产品质量的关键。在整个发酵生产成本中，产品分离和精制的费用占比较大，因此研究和改进这些工艺具有重要意义。完成发酵后得到的发酵液是一种复杂的多相体系，里面不仅包含目标产品，还有残留的培养基、由微生物代谢产生的各类杂质以及微生物细胞等。发酵液中目的产物通常浓度较低，且多为对温度、pH或机械剪切力较为敏感的活性物质。基于此，下游加工过程通常遵循的原则包括：处理时间短、低温操作、操作条件温和（如pH需在目标产品稳定的范围内）、机械剪切力尽可能小，以及防止污染。下游加工过程可以分为4个主要阶段：预处理和固液分离阶段、初步纯化（提取）阶段、高度纯化（精制）阶段及成品加工阶段。图19-4展示了下游加工过程的一般流程。

下游加工过程由各种化工单元操作组成。发酵产品品种繁多、性质各异，因此通常需要采用多种单元操作。在设计下游加工流程时，需要根据发酵液及产品特性，并根据经济效益与环境效益的最佳化原则，选择合适的单元操作，设计优化合理的、且有一定弹性的分离纯化工艺流程。

19.2.3.9 发酵工业的清洁生产

清洁生产是由联合国环境规划署提出的一种创新思想。该思想主张将全面预防的环境战略持续应用于

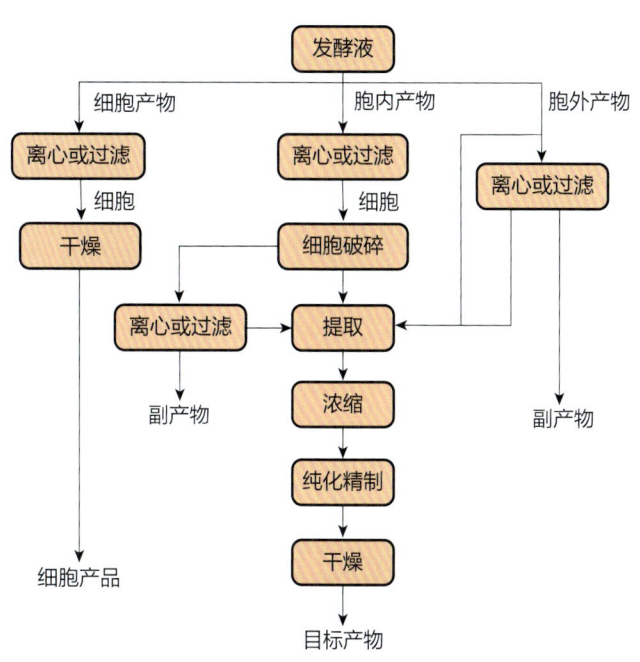

图19-4 下游加工过程的一般工艺流程

生产过程、产品和服务中，旨在提高生态效率并降低对人类和环境的风险。清洁生产涉及持续改进设计，使用清洁能源和原料、采纳先进工艺技术与设备、改善管理及综合利用等措施，从源头上削减污染，提升资源利用效率，并减少或避免在生产、服务及产品使用过程中产生和排放污染物，从而减轻或消除对人类健康和环境的危害。

现代发酵工业主要采用大规模液体深层发酵技术，这导致大量废水、废渣和废气的产生。通过综合利用这些废弃物，不仅可以消除污染，还能带来显著的经济效益。实施发酵工业的清洁生产可以从以下三个方面着手：强化内部管理、改进生产工艺和综合利用废弃资源。

① 强化内部管理是一种成本较低、易于执行的方法。在实施过程中，应针对生产过程、原料储存、设备维护以及废物处理等环节加强管理，并制定相应措施。

② 改进生产工艺是实现清洁生产最有效的方法之一。可以通过改变原料、改进工艺设备、改造生产流程以及优化工艺控制过程等方式进行。这样的工艺改革有助于预防废物的产生，同时增加产品产量和收率，提高产品质量，减少原材料和能源的消耗。

③ 综合利用废弃资源是发酵工业实现清洁生产的重要方面。通常，发酵过程中的蛋白质、脂肪、纤维素等成分尚未充分利用，而是以废渣或废液的形式排出。综合利用这些废弃物不仅可以减少污染，还便于进一步的废液治理，并且能够生产出具有经济价值的副产品，从而提高企业的经济效益。综合利用的方式多种多样，例如可以利用工业废液生产单细胞蛋白饲料，或将废渣水干燥后制成饲料，提取废渣液中的蛋白质及其他有价值成分，或是利用废渣生产肥料等。

19.2.3.10 发酵工厂生产技术指标

衡量发酵工厂生产性能的主要指标有以下 5 个：

① 产物浓度（产品质量/单位体积）。

② 发酵体积产率（发酵强度）[产品质量/（单位时间·单位体积）]：每升发酵液每小时形成的产物质量。其中，发酵时间包括发酵周期和辅助操作时间（包括前一批放罐、洗罐及配料、灭菌直至接种前所需时间）。

③ 产物得率：是指单位质量营养物质生产得到的产物质量。

④ 转化率：是指投入的原料与合成产物数量之比。

⑤ 产量（产品质量/罐，产品质量/年）。

19.2.4　生物反应器

生物反应器被誉为发酵工业的"心脏"，是生物技术产品实现规模化生产的核心设备。生物反应器的主要功能是为活细胞或酶提供适宜的反应环境，从而实现细胞增殖或产品形成。具体而言，生物反应器的研究涉及化工和机械两个领域，包括操作过程的基本原理、设备结构、特性、设计计算、造型及其组合等。简而言之，任何用于发生生物反应的容器都可以被称为生物反应器。随着时间的推移，为了适应各种微生物、过程和产品的形成，反应器的种类和复杂程度不断增加。生物反应器的应用范围广泛，从批量反应器中酶对反应物的催化转化，到通过细胞生长产生的小分子（如乙醇）或次级代谢物（如青霉素）。一般情况下，生物反应器被视作一个专门的容器，用于监测、增殖和维持微生物，以便将化学物质转化为产品，这一过程通常在特定的培养基中进行。几个世纪前，啤酒酿造桶就可以被视为一种生物反应器，其中的酵母菌将大麦和黑麦中的糖转化为乙醇。从那时起，随着设计和集成技术的进步，反应器的功能变得更加复杂，能够对其状态参数进行监控。现代的生物反应器由多种材料制成，包括但不限于玻璃、钢、混凝土和塑料，其容积可以从不到 1 mL 到超过 1 000 m^3 不等。最大的反应器通常与废水处理工艺相关，其中厌氧消化器的体积可能超过 5 000 m^3。

19.2.4.1 摇瓶

摇瓶是生物反应器的最基本形式，通常在摇床上使用。摇床主要有往复式与旋转式两种类型。其中，旋转式摇床形成的涡旋更稳定，受培养基黏度、机器启动和摇瓶装量的影响相对较小。摇瓶一般采用 250 mL、500 mL 或 1 000 mL 的三角瓶，其装液量通常是标称容积的 20%。瓶内外空气的交换依靠摇床的旋转来完成。为了防止培养物被杂菌污染，瓶口多用多层纱布或带微孔滤芯的瓶塞或瓶盖封闭。

在工业生产中，摇瓶培养主要用于生产罐种子的培养和种子生产性能的验证。在试验研究中多用于菌种选育和培养基优化。然而，由于氧气供给不充分、无法进行补料以及参数难以在线监测等缺点，摇瓶在发酵条件优化研究方面存在一定局限性，将研究结果放大至生产规模也有一定困难。

19.2.4.2 实验室小型生物反应器

实验室小型生物反应器，容量通常在 5 ~ 50 L，材质可以是玻璃或不锈钢，多为机械搅拌型发酵罐，有效工作容积通常为公称容积（即发酵罐体积）的 60% 到 80%，具体结构可参见图 19-5。这些反应器主要组成部分有罐体、搅拌装置、传热装置、通气系统、进出料口、温控测量系统以及其他附属设备。小型反应器一般装有温度、空气流量、pH 和溶解氧的在线监测传感器，以及搅拌器和补料装置。部分还配备尾气成分检测仪，用以分析尾气中的 O_2、CO_2 和一些挥发性物质（例如乙醇），这有助于分析和判断生物过程的代谢变化。

小型发酵罐可以进行离线灭菌，即置于高压蒸汽灭菌锅中；也可通过直接注入蒸汽来进行原位灭菌。通过底部的空气分布器通入经过介质过滤的无菌空气，以满足发酵过程的氧气需求。罐内通常装备有 2 ~ 3 组搅拌器，并在罐体内壁安装 4 组竖直金属挡板，以提升设备供氧水平。温度控制大多通过夹套内的冷却水或热水自动调节实现，而加热则多使用封闭式电热丝加热棒。现代小型发酵罐常配备计算机系统以进行数据采集、处理、分析和调控，并能将关键数据随时间的变化绘制成生长代谢曲线，以便更直观地理解和控制发酵过程。

19.2.4.3 平行生物反应器

在过去的几十年里，微生物菌株的筛选和操作条件的优化通常是在 125 ~ 250 mL 的摇瓶或 5 ~ 10 L 的小型生物反应器中进行。随着合成生物学的发展，微生物基因的

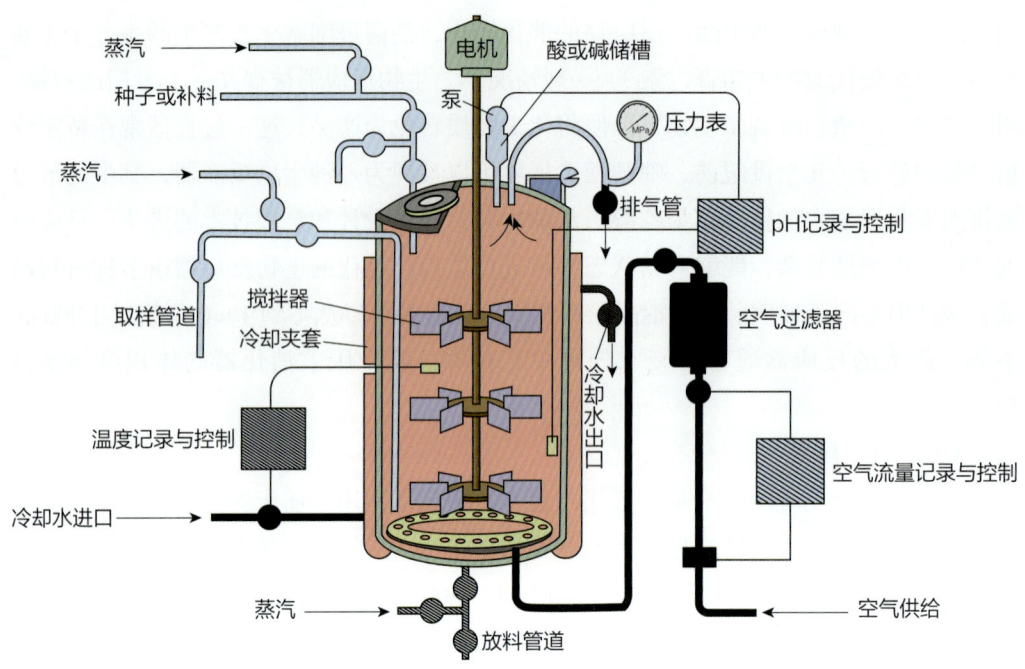

图 19-5 实验室小型生物反应器结构示意图

改造变得更加便捷，而从众多候选菌株中筛选出优良菌株进而生产目标产品，往往需要大量的发酵实验。从物料、时间和人力成本的角度来看，使用摇瓶或体积超过 1 L 的生物反应器进行发酵实验已逐渐变得不现实。同时，在大数据和人工智能引领的第四次工业革命背景下，传统的摇瓶和实验室规模发酵罐在数据生成的速度和质量已无法满足机器学习和大数据分析的需求。因此，自 20 世纪 90 年代起，高通量平行生物反应器（工作体积在毫升级别，具备在线检测和闭环控制的反应器）作为新一代发酵工程技术的关键组成部分，得到了迅速发展。

目前市场上有三种具有代表性的平行生物反应器产品：第一种是以 m2p-labs BioLector® 为代表的微孔板平行生物反应器，配备微流控补料和 pH 控制的 48 孔板平行反应器，每个孔可装载 0.8～2.4 mL 培养液，并提供振荡搅拌。第二种是以 sartorius stedium ambr®15 系列为代表的微型搅拌釜反应器，能够配备 10～15 mL 平行生物反应器，每个反应器都装有独立的传感器、搅拌系统和供气系统。第三种是以 sartorius stedium ambr®250 系列为代表的迷你反应器，配备有多组 250～350 mL 罐体，具备模块化设计和控制软件支持，能够实现大规模的平行操作。

随着在线检测和微流控技术的发展，平行生物反应器不仅用于菌种筛选和培养基优化，还越来越多地应用于发酵操作条件的优化。实验设计在平行生物反应器商业化之前就已经广泛应用于发酵优化，例如培养基和发酵工艺的优化。平行生物反应器的出现，特别是其平行化和自动化操作，使得发酵工艺优化的自动化和标准化成为可能。析因设计、人工神经网络和遗传算法等实验设计方法与平行生物反应器的结合，使得通过尽可能少的实验次数，就能得出更接近实际最优值的参数优化结果。

19.2.4.4　工业规模大型生物反应器

工业规模的发酵罐容量通常在 5～500 m^3，一般采用不锈钢制造，多为机械搅拌式。其结构、附属设备以及配备的仪器，与实验室小型发酵罐相似。在完成实验室小试和中试阶段研究后，可以在工厂进一步实施发酵过程的放大，以实现大规模生产。然而，实验室的研究结果并不总能顺利地放大到工业规模，这是因为大型发酵罐在通气和搅拌混合方面的效果往往不如小型发酵罐，尤其是溶解氧量很容易成为限制因素。因此，解决发酵设备和工艺放大的问题是实现发酵技术产业化的关键步骤。

19.2.4.5 好氧生物反应器的类型

好氧生物反应器是通过搅拌或通气等方式增加氧的溶解量，保证发酵过程中氧的供给，常用于氨基酸、抗生素和酶制剂等的生产。根据搅拌方式的不同，可以分为机械搅拌式发酵罐、气升式发酵罐、自吸式发酵罐等类型。

（1）机械搅拌式发酵罐

这种设备配备了通气和机械搅拌装置，是工业发酵中最常见的类型。它通过空气分布器输入空气或氧气，而搅拌器则驱动液体循环并混合，确保固体物料均匀悬浮并破碎气泡，从而提高气液间的传氧速率和无菌空气的利用率。

（2）气升式发酵罐

包括气升环流式、鼓泡式和空气喷射式等类型。其工作原理是通过罐底的喷嘴或喷孔将无菌空气注入发酵液中，借助喷嘴和气液混合物产生的湍流效应使空气泡细化。由于气液混合物密度降低，加之无菌空气的动能，推动其向上移动，而含气量较低的发酵液向下沉降，形成循环对流。这个过程不仅促进发酵液混合，还有助于传质和传热，确保微生物获得所需的溶氧，维持正常发酵过程。气升式发酵罐的特点在于结构简单、无轴封、抗污染性好、高氧传质效率、低能耗以及安装维护方便，特别适合于耗氧量大且对搅拌剪切敏感的发酵过程。在工业应用中广泛使用的有气升内环流发酵罐、气液双喷射气升环流发酵罐和塔式气升外环流发酵罐（图19-6）。

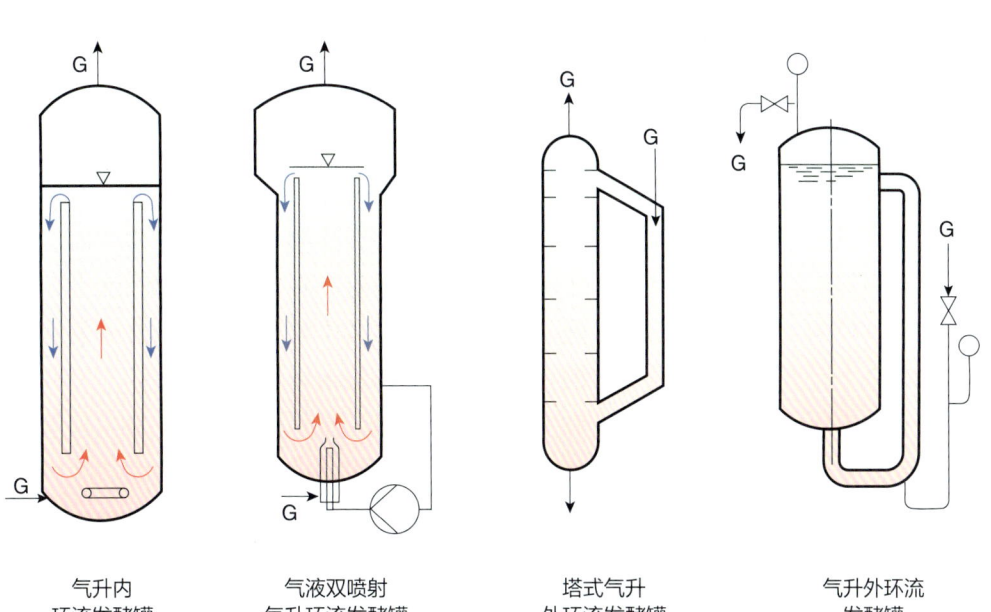

图 19-6　气升式发酵罐
G：无菌空气

气升内环流发酵罐　　气液双喷射气升环流发酵罐　　塔式气升外环流发酵罐　　气升外环流发酵罐

图 19-7 自吸式发酵罐

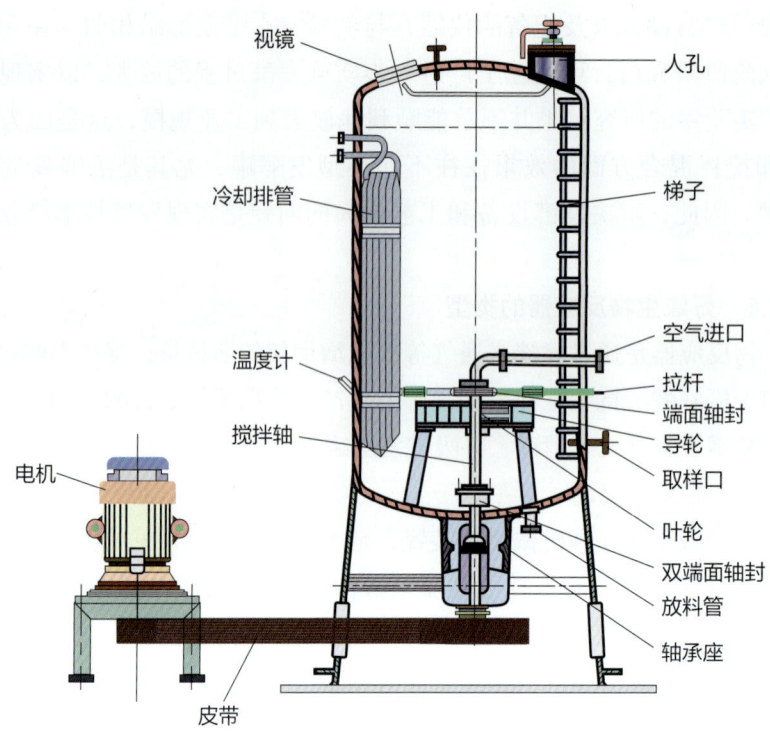

（3）自吸式发酵罐

这种发酵罐无需借助空压机来提供压缩空气，而是通过一个特殊设计的搅拌吸气装置来引入无菌空气，同时完成混合搅拌和氧气传递。如图 19-7 所示，其搅拌器为空心叶轮，当叶轮高速旋转时，会将周围的液体甩出，产生局部负压，从而把外部空气吸入罐内。这些空气随后与高速流动的液体密切接触，形成细小气泡并分散到液体之中。自吸式发酵罐的优点在于无需空气系统且气体分布均匀。缺点包括因进气处于负压状态而增加染菌风险，以及搅拌转速较高导致的剪切力较大。

19.3　微生物与现代发酵工业

几千年以前，人们就开始了微生物发酵的应用。微生物一直被用来生产面包、啤酒和葡萄酒等产品，而真正认识并了解发酵的本质是近二百年的事。第一次世界大战期间，通过丙酮-丁醇发酵过程，建立了真正的纯培养发酵技术，这标志着发酵工业发展的第一个转折点。随着抗生素的大规模生产，深层液体通气搅拌纯培养发酵技术得以建立，为现代发酵工业的理论和实践奠定了基础。生物化学、微生物生理学及遗传学的发展使得基于代谢调控理论的菌种选育和控制发酵更加深入，发酵产品扩展到柠檬酸、苹果酸等有机酸，氨基酸、核苷酸等食品添加剂，以及酶制剂、维生素和抗生素等药品。分子生物学的发展促进了基因工程和细胞工程技术在菌种选育中的应用，新型基因工程菌发酵兴起，数十种生物制药产品实现了规模化生产，如红细胞生成素、人体生长激素、干扰素等。工业微生物已成为现代发酵工业的主要参与者，也是许多国家科技竞争和产业发展的战略重点，其应用涉及工业、农业和医药等诸多领域。

19.3.1 微生物生产有机酸

20世纪初，随着霉菌能合成柠檬酸的现象被发现，人们开始研究微生物发酵方法来获得有机酸，以代替从植物果实中榨取有机酸的方法。目前，大多数有机酸都可以通过发酵法生产，例如柠檬酸、乳酸、葡萄糖酸、苹果酸、酒石酸、衣康酸、富马酸和曲酸等。其中，柠檬酸是世界上产量最大的发酵产品之一，而我国是世界上最大的柠檬酸生产和出口国。

知识拓展 19-2
柠檬酸简介

能够合成柠檬酸的微生物有很多，在工业生产上主要应用的种类包括：以糖质或淀粉质为原料的曲霉属（*Aspergillus*）菌株，包括黑曲霉（*A. niger*）、泡盛酒曲霉（*A. awamori*）、米曲霉（*A. oryzae*）、灰绿曲霉（*A. glaucus*）；以石油为原料的酵母菌，主要是解脂假丝酵母（*Candida lipolytica*）；以正链烷烃为原料的节杆菌属（*Arthrobacter*）菌株，如石蜡节杆菌（*A. paraffineus*）。

19.3.2 微生物生产氨基酸

氨基酸作为构成蛋白质的成分，在食品、饲料、医药及化妆品行业中均有广泛应用。氨基酸的生产方法包括化学合成法、提取法、发酵法及酶法等，其中绝大多数氨基酸是通过发酵法或酶法生产的。

由于野生型微生物细胞受到精细调控以避免过量合成特定氨基酸，因此工业发酵生产氨基酸的微生物菌种需要通过遗传改造解除反馈调节，从而使氨基酸能够大量积累。谷氨酸和其他氨基酸的产生菌几乎都是从短杆菌和棒杆菌通过诱变育种或基因工程选育而来。高产菌株选育和发酵工艺控制通常采用的策略包括：控制细胞渗透性、控制旁路代谢、降低反馈作用物的浓度、消除终产物的反馈抑制与阻遏作用、促进ATP积累以及控制发酵的环境条件。

19.3.3 微生物生产酶制剂

酶作为生物催化剂，在工业生物技术领域中发挥着重要作用。目前，工业上大量生产的酶有几十种，广泛应用于食品、纺织、皮革、农业、医药及分析研究等方面。

由于酶在工业条件下的稳定性和活性不理想，极大地限制了酶在工业中的应用。通过分子育种技术对酶进行改造，构建基因工程菌，有望生产出更多更适合工业用途的酶。酶基因改造策略包括：引入二硫键以提高蛋白稳定性、改变天冬酰胺以提高酶稳定性、提高酶活性、改变酶的专一性以及降低蛋白对蛋白酶的敏感性。

19.4 微生物与医药

微生物在医药中的应用可以追溯到远古时期。我们的祖先用豆腐上的"霉"治疗疮疖等感染，用发霉的面包治疗皮肤溃疡、创伤化脓和肠道感染等。巴斯德（Pasteur）以致病微生物本身作"原料"研制出霍乱疫苗、炭疽疫苗和狂犬疫苗，为医学科学带来革命性变化，为现代免疫学的建立奠定了基础。微生物代谢产物作为药物开发应用兴起于 20 世纪 40 年代，从青霉素问世到利用微生物成功合成青蒿素，微生物医药在传染病控制、肿瘤化疗、器官移植以及高胆固醇血症治疗等方面都发挥了重要作用。

19.4.1 微生物生产抗生素

应用于临床的抗生素大部分来源于放线菌，放线菌产生的抗菌药物化学类别较多，如 β- 内酰胺类药物（β-lactam）、氨基糖苷类药物（aminoglycoside）、大环内酯类（Macrolide）、四环素类、紫霉素类、糖肽类、多烯类以及其他抗细菌类抗生素等。真菌是第一个临床应用抗生素——青霉素的产生菌，也是头孢菌素 C、灰黄霉素等抗生素的产生菌。放线菌以外的细菌产生的有临床应用价值的抗生素相对较少，主要为多肽类、单环 β- 内酰胺类和少数氨基糖苷类等。

19.4.2 微生物生产甾体类药物

甾体（steroids）化合物结构中含有环戊烷多氢菲的基本碳骨架（又称甾核，steroid nucleus），在母核上通常带有两个角甲基（C10、C13）和一个含有不同碳原子数的侧链或含氧基团如羟基、羰基等（C17）（图 19-8）。天然甾体化合物种类众多、结构多样、生物活性广泛，其中很多化合物如强心苷类、甾体皂苷类、胆固醇、性激素和维生素 D 等在生命活动中扮演着至关重要的角色。甾体类化合物在医药领域中应用也非常广泛，主要用于抗炎、抗病毒、抗过敏、抗休克等，能治疗或缓解胶原性疾病和过敏性休克，也可用于治疗阿狄森病等内分泌疾病，还是治疗乳腺癌和前列腺癌的重要辅助治疗药物。

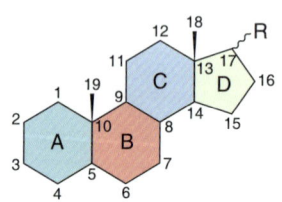

图 19-8 甾体类化合物的基本骨架

通过生物转化或化学合成方法能够有效修饰甾体结构，使其生物活性发生改变。生物转化方法引入特征官能团或修饰化合物结构已成为药物开发的热点，具体方法包括：①羟基化反应：常由根霉、曲霉或链霉菌等完成转化；②羰基化反应：可由壳球孢菌等完成转化；③氢化反应：可采用黑曲霉、匍枝根霉和镰刀菌等完成转化；④脱氢反应：由小克银汉霉、诺卡氏菌和单端孢属完成转化；⑤拜尔 - 维利格（Baeyer-Villiger）氧化反应和溴化反应：采用青霉菌、白僵菌和栅列藻菌等进行生物转化。

19.5 微生物与生物能源

生物能源包括燃料乙醇、生物制氢、沼气和生物柴油等多种形式，与传统化石能源相比，具有可再生、清洁及污染小等优点。微生物具有强大而多样化的代谢能力，可以快速、高效地利用各种生物质原料，且生长条件和产物可根据需求调控，因此，微生物已成为生物能源发展过程中最重要的战略资源和技术源泉。

19.5.1 燃料乙醇

燃料乙醇作为一种清洁、可再生的能源，正成为各国研究的焦点。微生物发酵法是燃料乙醇主要的生产方法。目前世界各国生产乙醇多采用糖类或淀粉原料，但这两类原料有严重短缺趋势，且生产乙醇的能耗高于其产能，无法从根本上解决能源问题。纤维质原料来源丰富，多以农林废弃物形式广泛存在，包括秸秆、玉米芯、糖厂蔗渣、造纸厂废纸浆、城市垃圾等，这类原料经过预处理，再经过水解的方法将其转化为糖，进而发酵生产乙醇，最终提纯乙醇（图 19-9）。目前以纤维素原料生产乙醇尚难以实现大规模工业化生产，主要原因是成本过高，构建木糖发酵微生物工程菌株和选育高活性纤维素酶高产菌株对生产成本控制具有重要意义。

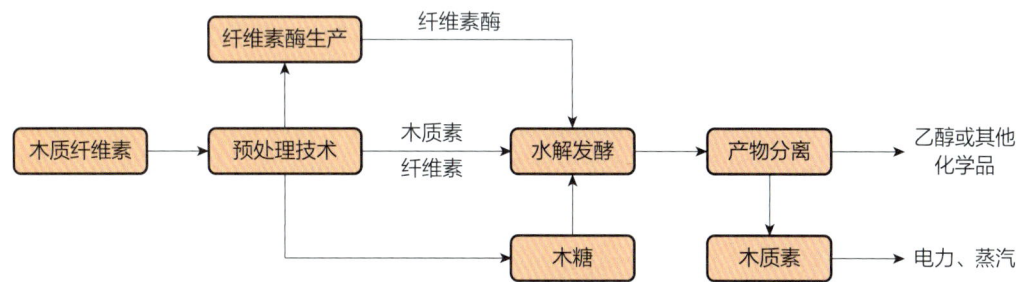

图 19-9 木质纤维素发酵生产乙醇过程

19.5.2 生物制氢

氢能具有可再生、燃烧热值高、清洁等优点，被认为是替代化石能源最理想的载能体之一。生物制氢以有机废水、城市垃圾或生物质作为原料，与废物回收利用过程偶联，符合可持续发展战略。迄今为止，已报道的能够产生氢的微生物包括：①光合微生物：分为光合细菌、蓝细菌和绿藻等；②非光合微生物：包括严格厌氧细菌、兼性厌氧细菌和好氧细菌等；③古菌：极端嗜热古菌，如嗜热的激烈热球菌（*Pyrococcus furiosus*）。

19.5.3 沼气发酵

沼气是由有机物（如动物粪便、秸秆、有机废水、能源作物等）经微生物发酵

知识拓展 19-3
沼气发酵原理

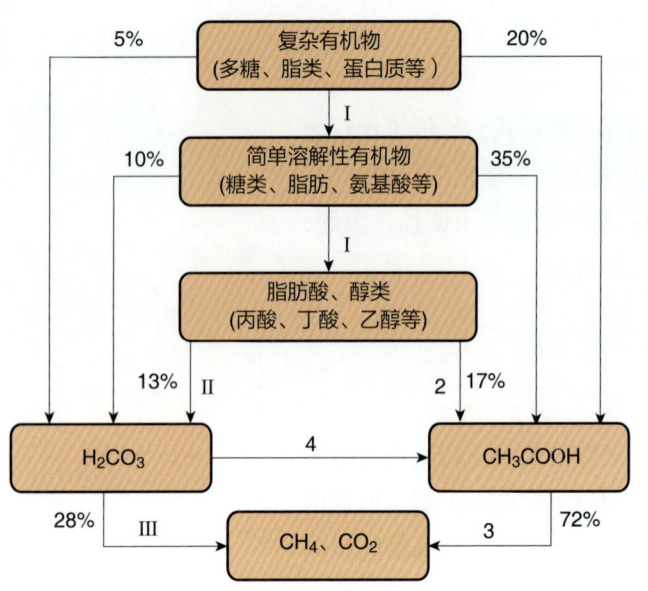

图19-10 复杂有机物沼气发酵过程
图中左侧Ⅰ、Ⅱ、Ⅲ为三阶段理论；右侧1、2、3、4为四阶段理论

产生的一种优质、清洁的气体燃料，主要成分是甲烷，还含有 CO_2 和少量 H_2S、CO、H_2 等气体。沼气发酵是由不产甲烷群落和产甲烷群落共同完成的代谢过程。不产甲烷群落是一类兼性厌氧菌，包括化能自养菌、化能异养菌、光能异养菌，甚至包括真菌和原生动物，具有水解和发酵大分子有机物产生酸的功能，为产甲烷微生物提供营养物质和能量。产甲烷群落通常为古菌中的产甲烷菌，具有1~3种甲烷合成途径。目前，沼气发酵过程主要分为三个阶段：水解发酵阶段、产氢产乙酸阶段和产甲烷阶段（图19-10）。

19.5.4 微生物燃料电池

微生物燃料电池（microbial fuel cell，MFC）是以微生物为催化剂，将有机物中的化学能转化为电能的生物电化学系统。传统的微生物燃料电池是含两个极室的双室电池系统，通常由阳极室、阴极室、质子交换膜和电解池构成（图19-11）。MFC是传质学、微生物学、电化学、材料科学和环境工程学等学科交叉融合而发展形成的一种全新的电能生产技术，在污水处理、污染物处理、生物传感器、脱盐海水淡化、制氢、含毒金属回收等方面具有巨大的应用前景。

MFC的核心构件是阳极室，阳极表面附着的产电微生物以有机物（如葡萄糖等）为电子供体，氧化后产生电子、质子和代谢产物，氧化过程中产生的电子经由电子载体传递到阳极表面。电子载体可以是与呼吸链有关的 $NADH/H^+$ 或色素分子，也可以是外源的或微生物代谢产生的还原性物质，如 S^{2-} 和 H_2 等。由于阴极和阳极间的电势差，阳极产生的电子经由外电路传递至阴极。微生物氧化作用释放的质子透过质子交换膜扩散到阴极，在阴极表面与电子及 O_2 反应生成 H_2O 或 H_2O_2。上述过程不断循环发生，伴随着阳极有机物持续的氧化和阴极氧化物连续的还原反应，电子不断产生、传递形成电流。当外电路连接了电阻或负载时，可以获得连续的电流和功率输出。

目前已报道的产电微生物多为铁还原细菌，分属于假单胞菌门、芽孢杆菌门和酸杆菌门，电化学活性微生物分类及特征见表19-4。

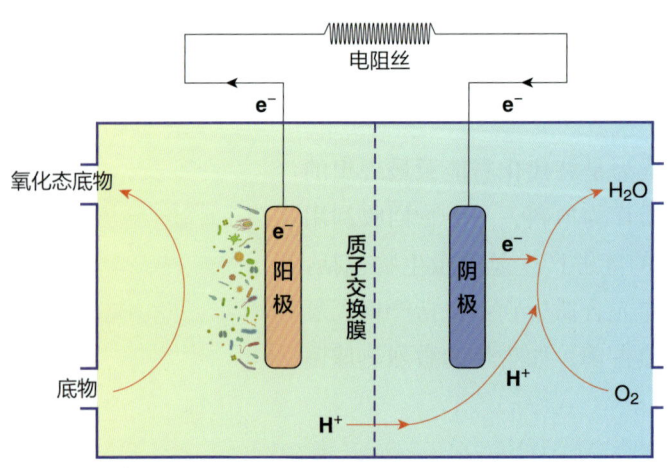

图19-11 微生物燃料电池原理示意图

表 19-4 电化学活性微生物分类及特征

门	纲	代表菌株	革兰氏染色	严格厌氧	兼性厌氧	严格好氧	铁还原性
假单胞菌门（*Pseudomonadota*）	α-变形菌纲	沼泽红假单胞菌（*Rhodopseudomonas palustris*）	-		+		
		人苍白杆菌（*Ochrobactrum anthropi*）	-			+	
		类球红细菌（*Rhodobacter sphaeroides*）	-		+		
		隐藏嗜酸菌（*Acidiphilium cryptum*）	-		+		+
		氧化葡萄糖酸杆菌（*Gluconobacter oxydans*）	-			+	
	β-变形菌纲	铁还原红育菌（*Rhodoferax ferrireducens*）	-		+		+
		脱氮丛毛单胞菌（*Comamonas denitrificans*）	-		+		
	γ-变形菌纲	腐败希瓦氏菌（*Shewanella putrefaciens*）	-		+		+
		奥奈达湖希瓦氏菌（*Shewanella oneidensis*）	-		+		+
		嗜水气单胞菌（*Aeromonas hydrophila*）	-			+	+
		大肠杆菌（*Escherichia coli*）	-		+		
		铜绿假单胞菌（*Pseudomonas aeruginosa*）	-		+		+
		肺炎克雷伯氏菌（*Klebsiella pneumoniae*）	-		+		+
	δ-变形菌纲	金属还原地杆菌（*Geobacter metallireducens*）	-	+			+
		硫还原地杆菌（*Geobacter sulfurreducens*）	-	+			+
		丙酸脱硫叶菌（*Desulfobulbus propionicus*）	-	+			+
	ε-变形菌纲	布氏弓形菌（*Arcobacter butzleri*）	-		+		
芽孢杆菌门（*Bacillota*）		丁酸梭菌（*Clostridium butylicum*）	+	+			+
		拜氏梭菌（*Clostridium beijerinckii*）	+	+			+
醋杆菌门（*Acidobacteria*）		发酵地发菌（*Geothrix fermentans*）	-	+			+
真菌（fungi）		酿酒酵母（*Saccharomyces cerevisiae*）			+		
		异常汉逊酵母（*Hansenula anomala*）			+		

※ 本章小结

工业微生物学是一个跨学科领域，结合了生物学、化学、工程学和生物信息学等专业知识。它利用工业规模培养的微生物来生产特定产物或实现特定应用。发酵工程是一门古老而年轻的学科，其应用领域广泛，从传统发酵食品的生产，到抗生素的制造，再到基因工程产品的大规模产业化，涉及食品、医药、化工、农业和环境等重要行业。随着工业生物技术的兴起和发展，生物技术和发酵工程能够将可再生的生物质转化为现代社会所需的能源、精细化学品、化工原料及医药等多种产品。近年来，合成生物学的发展使得人类在未来发现或设计的许多生物活性物质，都可以通过细胞培养方法获得，并最终利用发酵过程实现产品的规模化生产。本章主要介绍了发酵工程的基础内容，包括工业微生物的常见种类、发酵方法和发酵过程的主要单元操作，以及发酵工程的主要应用领域。

※ 推荐阅读

1. MICHAEL W M, KATHERINE R D, et al. Artificial intelligence for natural product drug discovery [J]. Nature reviews drug discovery, 2023, 22 (11): 895-916.

文章介绍了近年来人工智能在天然产物研究中的应用及相关问题。

2. LIU Y, YASAWONG M, YU B. Metabolic engineering of *Escherichia coli* for biosynthesis of β-nicotinamide mononucleotide from nicotinamide [J]. Microbiology biotechnology, 2021, 14 (6): 2581-2591.

文章介绍了一种大肠杆菌利用廉价底物生产 β- 烟酰胺单核苷酸（NMN）的方法。

3. THIRY M, CINGOLANI D. Optimizing scale-up fermentation processes [J]. Trends in Biotechnology, 2002, 20 (3): 103-105.

文章概述了转基因微生物发酵工艺优化设计的总体思路，为生物制药领域发酵工艺优化提供参考。

※ 开放性讨论题

1. 通过生物发酵商业化生产角鲨烯，试分析需要考虑哪些因素来提高产品竞争力。
2. 现代发酵工程发展日新月异，请以药物发酵生产为例，分析今后的发展趋势。

※ 复习思考题

1. 常见发酵罐包括哪些类型？机械搅拌式发酵罐的基本结构包括什么？
2. 一般微生物都具备可被人类利用的特性，但要成为工业生产菌株应该具备哪些特点？
3. 举例说明利用微生物发酵生产一种抗生素的发酵过程。
4. 酶制剂生产菌种改造常用思路有哪些？
5. 什么是甾体化合物？常用的微生物转化方法有哪些？
6. 发酵法生产乙醇常用的原料有哪些？燃料乙醇与汽油相比有哪些优点和缺点？
7. 查阅文献，简述通过生物发酵商品化生产青蒿素的工艺。

（苑琳）

名词索引

1 型天然淋巴细胞（ILC1） 498

2,6- 吡啶二羧酸（2,6-dipicolinic acid，DPA） 72

2 型天然淋巴细胞（ILC2） 498

3 型天然淋巴细胞（ILC3） 498

ABC 通透酶复合体（ABC permease complex） 158

ATP- 结合盒式转运蛋白系统（ATP-binding cassette transport system） 155

ATPase 复合物（ATPase complex） 66

ATP 开关（ATP-switch model） 155

B 细胞 504

CsrA（carbon storage regulator A） 294

DNA 促旋酶（DNA gyrase） 63

DNA 结合结构域（DNA binding domain，DBD） 286,288

DNA 阵列（DNA microarray） 135

DPANN 超门 452

Gibson 组装（Gibson assembly） 541

H-NS 蛋白（histone-like nucleoid structuring protein） 286

L 型细菌（L-form bacterium） 58

N- 乙酰胞壁酸（N-acetylmuramic acid） 53

N- 乙酰葡糖胺（N-acetylglucosamine） 53

O- 特异多糖（O-specific polysaccharide） 56

P 型 ATP 酶（P-type ATPases） 156

Red/ET 重组组装（Red/ET recombineering） 541

RNA 干扰（RNA interference，RNAi） 118,318

RNA 聚合酶（RNA polymerase，RNAP） 272

SD 序列（Shine-Dalgarno sequence） 293

SOS 反应（SOS response） 283

SOS 盒（SOS box） 283

SOS 修复（SOS repair） 254

sRNA（small RNA） 295

TACK 超门 449

T 细胞（thymocytes） 502

V（D）J 重组 506

X 疾病（disease X） 21

β- 内酰胺类抗生素（β-lactam antibiotic） 524

A

阿斯加德古菌（Asgard archaea） 353,455

埃姆斯试验（Ames test） 252

癌变（cancer transform） 490

氨化作用（ammonification） 401

氨基酸异养型生物（amino acid heterotroph） 144

氨基酸自养型生物（amino acid autotroph） 144

氨基糖苷类抗生素（aminoglycoside antibiotic） 524

铵开关（ammonium switch） 144

铵盐同化作用（assimilation of ammonium） 401

B

巴尔的摩分类法（Baltimore classification） 112

巴氏灭菌法（Pasteurization） 11,233

半固体培养基（semi-solid medium） 165

半合成培养基（semi-synthetic medium） 164

半抗原（hapten） 501

半乳糖操纵子（galactose operon） 280

伴侣蛋白（chaperonin） 70

包涵体（inclusion body） 490

包膜（envelope） 104

包膜病毒（enveloped virus） 105

孢子（spore） 210

胞壁质酶（muramidase） 494

胞裂蛋白（septin）84
胞吐作用（exocytosis）161
胞吞作用（phagocytosis）160
胞外 DNA（extracellular DNA，eDNA）210
胞外壁（exoporium）71
胞外多聚物（extracellular polymeric substance，EPS）210
胞外多糖（exopolysaccharide）210
胞外基质（extracellular matrix，ECM）210
胞饮泡（pinocytotic vesicle）85
胞饮作用（pinocytosis）161
胞质环（C ring）66
保守型转座子（conservative transposon）260
倍增时间（doubling time）225
被动运输（passive transport）152
比较基因组学（comparative genomics）333
比浊法（turbidimetry）220
闭合的泛基因组（closed pangenome）245
壁磷壁酸（wall teichoic acid）56
鞭毛（flagellum）64,488
鞭毛蛋白（flagellin）64
鞭毛钩（hook）64
鞭毛钩蛋白（hook protein）66
鞭毛马达（flagellar motor）64
鞭毛丝（filament）64
鞭毛丝蛋白（flagellin protein）64
鞭毛旋转（flagellar rotation）67
变性（denaturation）327
表面层（S-layer）58
表位（epitope）501
表型（phenotype）246
丙型肝炎病毒（hepatitis C virus，HCV）129
柄细菌（stalked bacteria）70
病毒复制周期（viral replication cycle）109
病毒粒（virion）103
病毒吸附蛋白（viral attachment protein）110
病毒性真核生物起源模型（viral eukaryogenesis model）95
病毒血症（viremia）518
病毒样颗粒（virus-like particle，VLP）115,509
病因学（etiology）480
病原体（pathogen）479
病原微生物（pathogenic microorganism）479
病原相关分子模式（pathogen-associated molecular pattern，PAMP）498
病灶感染（focal infection）482
病症（symptom）479
伯杰氏鉴定细菌学手册（Bergey's Manual of Determinative Bacteriology）357
伯杰氏系统细菌学手册（Bergey's Manual of Systematic Bacteriology）357
博朗脂蛋白（Braun lipoprotein）57
补充基础培养基（supplementary minimal medium）165
补料分批发酵 648
补体（complement）494
补体激活（activation of complement）508
补体系统（complement system）494
捕食（predation）395
捕食器（nematode-trapping device）92
不产氧光合作用（anoxygenic photosynthesis）150
不相容群（incompatible group）257
不相容性（incompatibility）257
不依赖 Rho 因子的转录终止（Rho-independent termination）288

C

操纵元件（operator）273,275
操纵子（operon）274
插入突变（insertion mutation）247
插入序列（insertion sequence，IS）259
产毒真菌（toxigenic fungi）619
产氧光合磷酸化（oxygenic photophosphorylation）189
产氧光合作用（oxygenic photosynthesis）150
长丝状超分子复合物（supermolecular structure）64
肠杆菌素（enterobactin）158
超高温灭菌（ultrahigh temperature sterilization，UHTS）233
超螺旋（supercoiling）63

超螺旋域（supercoiled domain） 63
超氧化物歧化酶（superoxide dismutase，SOD） 231
超氧阴离子自由基（superoxid anion radical） 231
沉默基因簇（silent gene cluster） 334
程序性坏死（necroptosis） 500
程序性细胞死亡（programmed cell death） 118
持续性感染（persistent infection） 116
出芽繁殖（budding division） 209
初次抗体应答（primary antibody response） 506
初级代谢（primary metabolism） 197
初级内共生（primary endosymbiosis） 461
初级主动运输（primary active transport） 154
传播（transmission） 483
传播链（chain of transmission） 486
传感器（sensor） 290
传染（contagion） 483
垂直传播（vertical transmission） 484
纯培养（pure cultivation） 13
纯培养物（pure culture） 13,38,167
重叠延伸 PCR 技术（overlap extension polymerase chain reaction，OE-PCR） 539
重组修复（recombination repair） 254
磁小体（magnetosome） 74
次级代谢（secondary metabolism） 199
次级内共生（secondary endosymbiosis） 461
次级主动运输（secondary active transport） 155
丛枝菌根（arbuscular mycorrhiza，AM） 580
促进扩散（facilitated diffusion） 153
错配修复（mismatch repair） 252
错义突变（missense mutation） 247

D

大肠菌群（coliform） 633
大环境（macroenvironment） 384
大环内酯类抗生素（macrolide antibiotic） 525
大量营养物质（macronutrient） 142
大质粒（mega plasmid） 242

代时（generation time） 224
代谢类似物（metabolite analogue） 234
代谢物激活蛋白 CAP（catabolite activator protein） 276
代谢组学（metabonomics） 335
单纯扩散（simple diffusion） 152
单端孢霉烯族毒素（trichothecene toxin） 620
单核细胞（monocyte） 497
单价疫苗（univalent vaccine） 510
单位膜模型（unit membrane model） 59
单细胞蛋白（single cell protein，SCP） 97,591,611
单细胞蛋白饲料（SCP feed） 591
单向运输（uniport） 155
蛋白质印迹法（Western blotting） 332,636
蛋白质组（proteome） 335
蛋白质组学（proteomics） 335
氮源（nitrogen source） 142,144
氮源谱（spectrum of nitrogen source） 144
等渗（isotonic） 153
低渗（hypotonic） 153
低温维持法（low temperature holding method，LTH） 233
底物水平磷酸化（substrate-level phosphorylation） 178
蒂痕（birth scar） 213
颠换（transversion） 247
电穿孔（electroporation） 329
电离辐射（ionizing radiation） 250
电子传递链（electron transport chain） 175
电子供体（electron donor） 173
电子歧化反应（electron bifurcation） 180
电子受体（electron acceptor） 173
电子载体（electron carrier） 175
丁达尔灭菌（tyndallization） 232
丁型肝炎病毒（hepatitis delta virus，HDV） 120
定向演化（directed evolution） 337
定子（stator） 66
动孢子（zoospore） 93
痘病毒（poxvirus） 106
毒力（virulence） 486

毒力因子（virulence factor） 486
毒素（toxin） 488
毒血症（toxemia） 518
毒蕈中毒（mushroom poisoning） 618
对称形式（symmetry） 104
对数期（logarithmic phase） 224
多胺（polyamine） 368
多重耐药菌（multi-drug resistant organisms，MDRO） 20
多核菌丝（coenocytic hyphae） 90
多价疫苗（polyvalent vaccine） 510
多克隆位点（multiple cloning site，MCS） 256
多孔板技术（multiwell plate technology） 168
多联疫苗（mixed vaccine） 510
多能造血干细胞（multiple hematopoietic stem cell） 496

E

二次生长（diauxic growth） 225
二均分裂（binary fission） 205
二鸟苷酸环化酶（diguanylate cyclase，DGC） 291
二十面体对称（icosahedral symmetry） 106

F

发病期（period of illness） 483
发酵工程（fermentation engineering） 647
反差（contrast） 25
反馈抑制（feedback inhibition） 176
反式编码 sRNA（trans-encoded sRNA） 295
反向重复序列（inverted repeat sequence，IR） 259
反向电子传递（reverse electron transport） 180
反向电子歧化反应（electron confurcation） 181
反向遗传学（reverse genetics） 267
反硝化作用（denitrification） 145，401
反义 RNA（antisense RNA） 295
泛基因组（pan-genome or pangenome） 245
泛醌（ubiquinone） 175
防腐（antisepsis） 232
放大倍数（magnification） 25

放能反应（exergonic reaction） 173
非电离辐射（non-ionizing radiation） 250
非复制型转座子（nonreplicative transposon） 260
非化学限定培养基（chemically undefined medium） 164
非门（NO gate） 534
肥大细胞（mast cell） 497
分辨率（resolution） 25
分化簇（cluster of differentiation，CD） 503
分解代谢途径（catabolic pathway） 173
分解代谢物阻遏（catabolite repression） 277
分类操作单元（OTU） 345
分类单元（taxon） 345
分离不稳定性（segregation instability） 257
分泌门通道复合物（export gate complex） 66
分泌通道（secretion channel） 66
分泌系统（secretion system） 489
分泌装置（export apparatus） 66
分批发酵（batch fermentation） 648
分批培养（batch culture） 224
分散高尔基体（dictyosome） 85
分枝菌素（mycobactin） 158
分子伴侣（molecular chaperone） 285
分子钟（molecular clock） 349
粪生素（coprogen） 158
呋喃酰硼酸二酯（autoinducer 2，AI-2） 303
伏马菌素（fumonisin，FB） 620
浮游生长（planktonic growth） 210
辅助 T（T-helper，Th）细胞 503
辅助受体（co-receptor） 111
辅阻遏物（co-repressor） 272
腐殖质（humus） 386
负超螺旋（negative supercoil） 63
负转录调控（negative transcription regulation） 273
附着胞（appressorium） 92
附着枝（hyphopodium） 92
复合对称（complex symmetry） 106
复制型转座子（replicative transposon） 260

复制子（replicon） 242,256

G

干扰素（interferon） 118
干扰性竞争（interference competition） 383
干热灭菌（dry heat sterilization） 232
干重（dry weight） 141
甘露聚糖（mannan） 81
甘油二醚（glycerol diether） 60
甘油四醚（glycerol tetraether） 61
杆菌（rod） 49
感染（infection） 479
感染库（reservoirs of infection） 483
感染性疾病（infectious disease） 480
感染源（source of infection） 483
感受态（competence） 261
高尔基体（Golgi body） 85
高频重组（high frequency of recombination，Hfr） 262
高渗（hypertonic） 153
高通量培养组学（high-throughput cultureomics） 167
高温瞬时巴氏消毒法（high temperature short time pasteurization，HTST） 233
高压蒸汽灭菌（autoclaving） 232
革兰氏染色法（Gram stain） 53
个体（individuals） 381
个体生长（individual growth） 205
根际细菌（rhizobacteria） 567
根瘤（root nodule） 397
工业微生物（industrial microorganisms） 645
功能基因组学（functional genomics） 333
共生（symbiosis） 396
共生体（symbiosome） 397
共营模型（syntrophic model） 95
共有序列（consensus sequence） 275
固氮菌（nitrogen fixing bacteria） 573
固氮酶（nitrogenase） 400
固氮微生物（nitrogen-fixing organism，diazotroph） 144

固体培养基（solid medium） 164
固有转录终止（intrinsic termination） 288
光合磷酸化（photophosphorylation） 178
光密度（optical density，OD） 220
光能无机自养型（photolithoautotroph） 150,151
光能异养型（photoheterotroph） 172
光能营养型（phototroph） 145,149,172
光能有机异养型（photoorganoheterotroph） 150,151
光能自养（phototroph） 399
光修复（photoreactivation） 252
硅胶（silica gel） 164
国际病毒分类委员会（International Committee on Taxonomy of Viruses，ICTV） 108
过滤除菌法（filter sterilization） 233
过氧化氢酶（catalase） 231
过氧化物酶体（peroxisome） 86

H

哈蒂氏网（Hartig net） 580
好氧菌（aerobe） 162
好氧生物处理（aerobic biological treatment） 407
合胞体（syncytium） 117,490
合成代谢途径（anabolism pathway） 173
合成酵母基因组计划（synthetic yeast genome project） 555
合成培养基（synthetic medium） 163
合成生物学（synthetic biology） 18
合生元（synbiotic） 594
核苷酸结合结构域（nucleotide-binding domain，NBD） 155
核骨架（nucleoskeleton） 83
核基质（nuclear matrix） 83
核孔（nuclear pore） 82
核酶（ribozyme） 293
核膜（nuclear envelope） 82
核配（karyogamy） 213
核仁（nucleolus） 83
核糖开关（riboswitch） 275,292
核糖体（ribosome） 70,84

核糖体蛋白质（ribosomal protein）70
核糖体结合位点（ribosome binding site，RBS）294
核小体（nucleosome）83
核心（core）72
核心多糖（core polysaccharide）56
核衣壳（nucleocapsid）104
核周间隙（perinuclear space）82
痕量元素（trace element）140
恒定区（constant region，C region）505
恒化器（chemostat）227
恒浊器（turbidostat）226
红细胞（red blood cell）497
宏病毒组（metavirome）409
宏代谢组学（metametabolomics）246
宏蛋白组学（metaproteomics）246
宏基因组学（metagenomics）17，245，246，334
宏转录组测序（metatranscriptomic sequencing）409
宏转录组学（metatranscriptomics）246
厚植体（thallus）93
呼肠孤病毒（reovirus）106
呼吸（respiration）182
互利共生（mutualism）383，395
花椰菜花叶病毒（caulimovirus）106
化疗（chemotherapy）232
化能无机异养型（chemolithoheterotroph）150
化能无机营养型生物（chemolithotroph）145，399
化能无机自养型（chemolithoautotroph）150，151
化能营养型（chemotroph）149，172
化能有机异养型（chemoorganoheterotroph）150，151
化能有机营养型生物（chemoorganotroph）146
化学感受器（chemoreceptor）160
化学渗透（chemiosmotic coupling）178
化学限定培养基（chemically defined medium）164
化学需氧量（chemical oxygen demand，COD）408
还原电势（reduction potential）174
还原力（reducing power）173
还原性三羧酸循环（reductive citric acid cycle，rTCA）193
还原性乙酰辅酶A途径（reductive acetyl-CoA pathway）193
环二鸟苷单磷酸（cyclic diguanosine monophosphate，c-di-GMP）291
环式光合磷酸化（cyclic photophosphorylation）189
环戊烷（cyclopentane）61
环腺苷酸受体蛋白（cAMP receptor protein，CRP）276
黄曲霉毒素（aflatoxin，AFT）619
磺胺类（sulfonamides）525
灰分（ash constituent）141
挥鞭论（bending theory）67
挥鞭运动（bending）67
回复突变（reverse mutation）251
混合营养型（mixotroph）150，172
活菌计数法（viable counting method）220
活体生物药（live biotherapeutic product，LBP）561
或门（OR gate）535
获得性免疫（acquired immunity）492
获得性免疫缺陷综合征（acquired immune deficiency syndrome，AIDS，通称艾滋病）518
霍利迪连接体（Holiday junction）316
霍乱（cholera）519
霍乱毒素（cholera toxin）519

J

机会性病原微生物（opportunistic pathogenic microorganism）479
基础培养基（minimum medium，MM）165
基础生态位（fundamental niche）383
基体（basal body）64
基团转位（group translocation）159
基因编辑（gene editing）319
基因表达（gene expression）272
基因表达调控（gene expression regulation）272
基因捕获（gene trapping）318
基因重配（reassortment）515
基因工程（genetic engineering）311
基因过表达（gene overexpression）323
基因回路（gene circuit）534

基因内抑制突变（intragenic suppression mutation） 251

基因敲除（gene knockout） 316，318

基因敲减（gene knock-down） 318

基因型（genotype） 246

基因组学（genomics） 333

基质（stroma） 87

激活（activation） 176

激活蛋白（activator） 273

激活蛋白结合位点（activator binding site，AS） 273

激素（hormone） 495

极端环境微生物（extremophilic microorganism） 392

极端嗜盐微生物（extreme halophile） 228

极性生长（polar growth） 209

急性期蛋白（acute phase protein） 496

疾病的病原说（Germ theory of disease） 12

几丁质（chitin） 80

嵴（cristae） 86

记忆 T 细胞（memory T cell） 504

寄生（parasitism） 396

加富培养基（enriched medium） 165

加富性选择培养基（enriched selected medium） 166

荚膜（capsule） 69，487

甲烷水合物（methane hydrate） 399

甲氧苄啶（trimethoprim） 526

假根（rhizoid） 91

假菌核（pseudosclerotium） 92

假菌丝（pseudohyphae） 90

假肽聚糖（pseudopeptidoglycan） 58

间歇灭菌（fractional sterilization） 232

间质（tegument） 105

兼性嗜碱菌（facultative alkaliphile） 230

兼性厌氧菌（facultative anaerobe） 231

减毒活疫苗（live attenuated vaccine） 509

减数分裂（meiosis） 212

碱基置换（base substitution） 247

鉴别培养基（differential medium） 166

浆细胞（plasma cell） 504

降解质粒（degradative plasmid） 63

交替通路模型（alternating-access model） 155

铰链区（hinge domain） 505

酵母菌（yeast） 80，96

酵母生命周期（yeast life cycle，YLC） 543

酵母转化偶联重组技术（transformation-associated recombination，TAR） 543

接触传播（contact transmission） 484

接合型转座子（conjugative transposon，CTn） 260

接合作用（conjugation） 262

接种物（inoculum） 224

节点（node） 357

拮抗（antagonism） 395

结构不稳定性（structure instability） 257

结构基因（structural gene） 273，275

结构基因组学（structural genomics） 333

结核病（tuberculosis） 517

结核性肉芽肿（tuberculous granuloma） 517

解钾细菌（potassium bacterias，KSB） 577

介体传播（vector transmission） 484

精子的鞭毛（sperm flagellum） 67

警报素（alarmins） 296

竞争（competition） 395

静孢子（aplanospore） 93

局部感染（local infection） 482

局部转录因子（local transcription factor） 287

巨噬细胞（macrophage） 497

巨型病毒（giant virus） 103

聚-β-羟基丁酸（poly-β-hydroxybutyric acid，PHB） 74

聚-β-羟基脂肪酸酯（poly-β-hydroxyalkanoate，PHA） 74

聚合酶链反应（polymerase chain reaction，PCR） 327，539

聚合酶循环组装（polymerase cycling assembly，PCA） 539

聚集体（aggregate） 211

聚磷酸（polyphosphate） 74

菌柄（prosthecae） 70

菌根（mycorrhiza） 396，578

菌核（sclerotium） 92

菌胶团（zoogloea） 407
菌绿素（bacteriochlorophyll） 145
菌绿素 g（bacteriochlorophyll g） 150
菌落形成单位（colony forming unit，CFU） 220
菌毛（fimbrium） 64,68,488
菌毛蛋白（pilin） 68
菌鞘（sheath） 69
菌视紫红质（bacteriorhodopsin） 145,154
菌丝（hypha） 89
菌丝体（mycelium） 90
菌索（rhizomorph） 91
菌血症（bacteremia） 518

壳质体（chitosome） 88
可变区（variable region，V region） 505
可结晶片段（crystallizable fragment，Fc） 505
可诱导基因（inducible gene） 272
可阻遏基因（repressible gene） 272
空泡（vacuole） 153
孔蛋白（porin） 57,152
跨膜结构域（transmembrane domain，TMD） 155
跨膜质子通道（proton channel） 66
快速生长（rapid growth） 205
狂犬病毒（rabies virus） 514
喹诺酮类（quinolones） 526

K

卡尔文循环（Calvin cycle） 193
开放的泛基因组（open pangenome） 245
开关回路（switch circuit） 534
康复期（period of convalescence） 483
抗σ因子（anti-sigma factor） 285
抗代谢类药物（antimetabolite） 234
抗毒素（antitoxin） 488
抗菌肽（antimicrobial peptide） 494
抗生素（antibiotic） 234
抗体（antibody） 505
抗体滴度（antibody titer） 506
抗体类别转换（antibody class switching） 507
抗体应答（antibody response） 506
抗性突变（resistant mutation） 248
抗性质粒（resistance plasmid） 63
抗药性因子（drug resistance factor） 258
抗原（antigen） 500
抗原决定簇（antigenic determinant） 501
抗原提呈细胞（antigen presenting cell，APC） 497,502
抗终止因子（anti-termination factor） 274
抗终止作用（anti-termination） 289
柯斯质粒（cosmid） 259
科赫法则（Koch's postulates） 12,480

L

类病毒（viroid） 121
类毒素（toxoid） 488
类菌体（bacteroid） 397
类囊体（thylakoid） 87
类脂 A（lipid A） 56
利用性竞争（exploitation competition） 383
粒细胞（granulocyte） 497
连续发酵（continuous fermentation） 227,649
连续培养（continuous culture） 226
联合疫苗（combined vaccine） 510
镰孢氨酸 C（fusarinine，FsC） 158
裂解性感染（lytic infection） 116
磷壁酸（teichoic acid） 56
磷酸二酯酶（phosphodiesterase，PDE） 291
磷酸烯醇式丙酮酸（phosphoenolpyruvate，PEP） 160
磷酸烯醇式丙酮酸：糖磷酸转移酶系统（phosphoenolpyruvate：sugar phosphotransferase system，PTS） 159
磷脂（phospholipid） 59
流产性感染（abortive infection） 117
流动镶嵌模型（fluid mosaic model） 59
流式细胞术（flow cytometry） 219
硫酸盐还原菌（sulphate-reducing bacteria） 143,402
硫酸盐同化还原（assimilatory sulfur reduction） 402

瘤胃（rumen） 398

六邻体（hexamer） 106

绿色荧光蛋白（green fluorescent protein，GFP） 534

螺旋-转角-螺旋（helix-turn-helix，HTH） 288

螺旋对称（helical symmetry） 105

螺旋状菌（spirillum） 49

裸露病毒（naked virus） 105

M

帽子蛋白或者伴侣蛋白（cap protein） 66

酶联免疫吸附法（enzyme-linked immunosorbent assay，ELISA） 332，636

酶联免疫荧光分析技术（enzyme-linked fluorescence immunoassay，ELFA） 636

霉菌（mold） 97，214

免疫（immunity） 492

免疫磁珠分离技术（immunomagnetic beads separation techniques，IMB） 637

免疫胶体金技术（immuno colloidal gold technique） 636

免疫球蛋白（immunoglobulin，Ig） 505

免疫学（immunology） 492

免疫印迹法（immunoblotting） 636

免疫原（immunogen） 500

免疫原性（immunogenicity） 500

免疫治疗（immunotherapy） 510

灭活疫苗（inactivated vaccine） 509

灭菌（sterilization） 232

明胶（gelatin） 164

模式菌株（type strain） 346

模式识别受体（pattern recognition receptor，PRR） 498

膜边体（lomasome） 88

膜蛋白（membrane protein） 59

膜过滤法（membrane filter method） 219

膜磷壁酸（membrane teichoic acid） 56

膜泡运输（membrance vesicle transport） 160

膜周边蛋白（peripheral membrane protein） 60

魔斑（magic spot） 296

N

耐碱菌（alkalitolerant microorganism） 230

耐酸菌（acidotolerant microorganism） 230

耐压菌（piezotolerant） 394

耐氧厌氧菌（aerotolerant anaerobe） 231

耐药性（drug resistance） 527

耐药性菌株（drug-resistant strain） 20

脑膜炎（meningitis） 512

脑炎（encephalitis） 512

内毒素（endotoxin） 487，488

内共生学说（endosymbiotic theory） 94

内含物（inclusion） 73，88

内膜（inner membrane） 66

内膜环（MS ring） 66

内生菌根（endomycorrhiza） 397，580

内生芽孢（endospore） 71

内吞作用（endocytosis） 160

内消旋二氨基庚二酸（meso-DAP） 54

内质网（endoplasmic reticulum，ER） 84

能源（energy source） 142，145

拟核（nucleoid） 48，62

逆向三羧酸循环（reverse citric acid cycle） 193

逆向运输（antiport） 155

逆转录转座子（retrotransposon） 260

黏菌（slime mould） 94

黏液层（slime layer） 69

鸟苷四磷酸（ppGpp） 296

鸟苷五磷酸（pppGpp） 296

凝集作用（agglutination） 507

扭矩产生（torque generation） 66

扭矩传输（torque transmission） 66

脓毒血症（septicemia） 518

脓毒症（sepsis） 518

P

泡囊-丛枝菌根（VA菌根） 580

培养基（culture medium） 161

培养组学（culturomics） 409
皮质层（cortex） 71
偏害共生（amensalism） 395
偏利共生（commensalism） 383，395
平板计数法（plate colony counting） 220
平均氨基酸一致性（average amino acid identity，AAI） 371
平均核苷酸一致性（average nucleotide identity，ANI） 370
平均生长速率（mean growth rate，μ） 225
匍匐菌丝（stolon） 91
葡聚糖（glucan） 80
葡萄糖效应（glucose effect） 277
普遍性转导（generalized transduction） 263

Q

七碳糖（heptoses） 57
气泡（gas vesicle） 75
启动子（promoter） 275
前导肽（leading peptide） 274，279
前噬菌体（prophage） 126
前芽孢（forespore） 72
潜伏性感染（latent infection） 116
潜育期（incubation period） 482
鞘细菌（sheathed bacteria） 69
切除修复（excision repair） 253
切离型转座子（excisive transposon） 260
氢化酶（hydrogenase） 187
氢化酶体（hydrogenosome） 88
氢酶（hydrogenases） 151
琼脂（agar） 164
球菌（coccus） 48
趋磁细菌（magnetotactic bacteria） 74
趋磁性（magnetotaxis） 68
趋化性（chemotaxis） 68
趋化作用（chemotaxis） 160
趋渗性（osmotaxis） 68
趋向性（taxis 或 tactic movement） 68
全局性转录因子（global transcription factor） 287

泉古菌醇（crenarchaeol） 61
缺失突变（deletion mutation） 247
群落（community） 381
群体感应（quorum sensing，QS） 211，301
群体生长（population growth） 222

R

染色粒（chromid） 242
染色体（chromosome） 242
染色质（chromatin） 83
热激应答反应（heat shock response，HSR） 285
热激应答基因（heat shock response gene，HSG） 285
热空气灭菌（hot air sterilization） 232
热泉（hot spring） 392
热激蛋白（heat shock protein） 71
人类免疫缺陷病毒（human immunodeficiency virus，HIV） 518
人类免疫缺陷病毒 1 型（human immunodeficiency virus type 1，HIV-1） 103
人兽（畜）共患病（zoonosis） 484
溶菌酶（lysozyme） 494
溶酶体（lysosome） 85
溶原状态（lysogeny） 126
肉毒素（botulinum toxin） 513
肉毒中毒（botulism） 618
乳酸细菌（lactic acid bacteria，LAB） 198
乳糖操纵子（lactose operon） 276
朊病毒（prion） 122
弱化子（attenuator） 274
弱化作用（attenuation） 274

S

三羧酸循环（tricarboxylic acid cycle，TCA） 182
三乙酰镰孢氨酸 C（triacetylfusarinine C，TAFC） 158
三域学说（three domains theory） 351
色氨酸操纵子（tryptophane operon） 279
筛选（screen） 249
伤风毒素（tetanus toxin） 513

渗透压（osmotic pressure） 153,162
生产性感染（productive infection） 116
生化需氧量（biochemical oxygen demand, BOD） 408
生理碱性盐（physiologically alkaline salt） 145
生理酸性盐（physiologically acid salt） 145
生态位（niche） 382
生态系统（ecosystem） 381
生态学（ecology） 381
生物（被）膜（biofilm） 210,385
生物标志物（biomarker） 372
生物地球化学循环（biogeochemical cycling） 399
生物电路（biological circuit） 336
生物反应过程（bioreaction process） 647
生物防治（biological control） 582
生物固氮（biological nitrogen fixation） 400,573
生物降解（biodegradation） 406
生物量（biomass） 218
生物模块（biological module） 533
生物能学（bioenergetics） 173
生物群系（biome） 382
生物素（biotin） 148
生物修复（bioremediation） 20,408
生物元件（biological part） 533
生物制造（biomanufacture） 645
生物砖（biobricks） 18
生长曲线（growth curve） 224
生长因子（growth factor） 142,147
生长因子异养型微生物（auxoheterotroph） 148
生长因子自养型微生物（auxoautotroph） 148
湿热灭菌（moist heat sterilization） 232
湿重（wet weight） 141
石炭酸系数（phenol coefficient, p.c.） 234
实际生态位（realized niche） 383
实验演化（experimental evolution） 264
适应（adaptation） 382
适应性免疫（adaptive immunity） 492
嗜多极微生物（polyextremophile） 393

嗜碱菌（alkaliphile） 229
嗜碱性粒细胞（basophil） 497
嗜酸菌（acidophile） 230
嗜酸性粒细胞（eosinophil） 497
嗜铁素（siderophore） 489
嗜压菌（piezophile） 394
嗜盐菌（halobacteria） 153
嗜盐微生物（halophile） 228
噬斑（plaque） 131
噬斑测定实验（plaque assay） 133
受体（receptor） 110
树突状细胞（dendritic cell） 497
数值孔径（numerical aperture） 26
衰亡期（death phase, decline phase） 225
"拴菌"试验（Tethered cell experiment） 67
双功能 sRNA（dual-function small RNA） 296
双功能营养物（difunctional nutrient） 143
双植烷（biphytanyl） 61
双组分调控系统（two-component regulatory systems） 290
水华（bloom） 75
水活度（water activity, a_w） 149,163,228
水平基因转移（horizontal gene transfer） 352
水势（water potential） 162
顺式编码 sRNA（*cis*-encoded sRNA） 295
顺式作用元件（*cis*-acting element） 294
丝状真菌（filamentous fungus） 80,214
四环素类抗生素（tetracycline antibiotic） 525
松弛型质粒（relaxed plasmid） 256
宿主范围（host range） 115
损伤相关分子模式（damage-associated molecular pattern, DAMP） 498
羧酶体（carboxysome） 75

T

肽聚糖（peptidoglycan） 53,55
肽聚糖层（peptidoglycan layer） 66
肽桥（glycine interbridge） 54

调节结构域（regulatory domain，RD） 288
调节性T细胞（regulatory T cell，Treg） 504
调控基因（regulatory gene） 273,275
调理作用（opsonization） 495,508
碳源（carbon source） 142
碳源谱（spectrum of carbon sources） 142
糖被（glycocalyx） 69
糖酵解（glycolysis） 182
糖酵解途径（embden-meyerhof pathway，EMP途径） 185
糖肽类抗生素（glycopeptide antibiotic） 524
糖异生（gluconeogenesis） 194
糖原（glycogen） 74
糖原粒（glycogen particle） 88
特异性转导（specialized transduction） 263
特异性转录因子（specific transcription factor） 287
体液免疫（humoral immunity） 504
天然淋巴细胞（innate lymphoid cell，ILC） 497
天然免疫（innate immunity） 492
天然培养基（complex medium） 164
条件性基因敲除（conditional gene knockout） 317
条件致病微生物（conditional pathogenic microorganism） 479
条件致死突变型（conditional lethal mutant） 249
铁菌素（ferricrocin） 158
铁硫蛋白（iron-sulfur protein） 147
铁色素（ferrichrome） 158
铁载体（siderophore） 157,569
同步培养（synchronous culture） 223
同步生长（synchronous growth） 223
同工酶（isozyme） 177
同化还原（assimilatory nitrate reduction to ammonium） 402
同化作用（assimilation） 173
同向运输（symport） 155
同型乳酸发酵（homolactic fermentation） 198
同义突变（same-senses mutation） 247
酮脱氧辛糖酸（ketodeoxyoctonate） 57
透过酶（permease） 153
透射电子显微镜（transmission electron microscope，TEM） 33

突变（mutation） 246
突变率（mutation rate） 246
突变体（mutant） 246
突起（spike） 105
土壤（soil） 385
退火（annealing） 327
吞噬泡（phagocytic vacuole） 85
吞噬细胞（phagocyte） 498
吞噬作用（phagocytosis） 498
脱壳（uncoating） 112
脱硫作用（desulfuration） 402
脱水培养基（dehydrated culture medium） 165
拓扑异构酶Ⅰ（topoisomerase Ⅰ） 63
拓扑异构酶Ⅱ（topoisomerase Ⅱ） 63

W

外毒素（exotoxin） 488
外激素（pheromone） 214
外膜（outer membrane） 56
外膜-周质环（LP ring） 66
外膜蛋白（outer membrane protein） 57
外膜环（L ring） 66
外膜假说（exomembrane hypothesis） 95
外生菌根（ectomycorrhiza） 397,579
微管（microtubule） 84
微好氧菌（microaerophile） 231
微环境（microenvironment） 384
微荚膜（microcapsule） 69
微菌落（microcolony） 211
微量元素（microelement） 140
微生境（microhabitat） 384
微生态制剂（microecological agent） 594
微生物（microorganism） 2
微生物暗物质（microbial dark matter） 410
微生物垫（microbial mat） 3
微生物聚集体（microbial aggregates） 385
微生物群系（microbiome） 382,479

微生物生态学（microbial ecology） 381

微生物组（microbiome） 17

微生物组学（microbiomics） 17

微体（microbody） 86

卫星病毒（satellite virus） 120

未培养微生物（uncultured microorganism） 167

稳定期（stationary phase） 225

稳态（steady state） 226

沃鲁宁体（Woronin body） 88

无隔菌丝（non-septate hypha 或 aseptate hypha） 90

无根树（unrooted tree） 357

无机盐（inorganic salt） 142, 146

无性繁殖（asexual reproduction） 212

无义突变（nonsense mutation） 247

五邻体（pentamer） 106

物种多度（species abundance） 384

物种丰富度（species richness） 384

物种均匀度（species evenness） 384

X

吸能反应（endergonic reaction） 173

吸器（haustorium） 91

系统发育（phylogeny） 350

系统发育树（phylogenetic tree） 357

系统分类学（systematics） 350

系统性感染（systemic infection） 482

细胞病变效应（cytopathic effect） 490

细胞凋亡（apoptosis） 500

细胞毒性T淋巴细胞（cytotoxic T lymphocyte，CTL 或 Tc） 504

细胞骨架（cytoskeleton） 84

细胞核（nucleus） 82

细胞焦亡（pyroptosis） 500

细胞膜（cell membrane） 59

细胞色素（cytochrome） 147

细胞死亡效应（cytocidal effect） 490

细胞因子（cytokine） 495

细胞质（cytoplasm） 83

细胞质基质（cytoplasmic matrix） 83

细胞治疗（cell therapy） 510

细胞周期（cell cycle） 206

细胞转化（cell transformation） 117

细菌人工染色体（bacterial artificial chromosome，BAC） 259

细菌素（bacteriocin） 258

细菌外膜（outer membrane） 66

细菌烯醇（bactoprenol） 207

下游加工过程（downstream processing） 653

酰基高丝氨酸内酯（acyl-homoserine lactone，AHL） 303

显微技术（microscopy） 25

显微镜直接计数（microscopic counting） 218

线粒体（mitochondrion） 86

线性光合磷酸化（linear photophosphorylation） 189

相容性溶质（compatible solute） 228

消毒（disinfection） 232

消退期（period of decline） 483

硝化作用（nitrification） 145, 401

硝酸盐向氨的异化还原（dissimilatory nitrate reduction to ammonium） 401

小调控RNA（small regulatory RNA，sRNA） 274

小分子酸性蛋白（small acid-soluble protein，SASP） 72

效价（valence） 501

协同转运（co-transport） 155

协作（synergism） 395

携带者（carrier） 483

锌指蛋白（zinc finger protein，ZFP） 320

锌指核酸酶（zinc finger nuclease，ZFN） 320

信号转导（signal transduction） 290

性菌毛（sex pilus） 64, 69

胸腺选择（thymic selection） 502

旋转论（rotation theory） 67

选择（selection） 248

选择培养基（selective medium） 165

选择透性（selective permeability） 61

血红素蛋白（haemprotein） 159

血红细胞凝集试验（hemagglutination assay） 133

血脑屏障（blood-brain barrier, BBB） 512
血小板（platelet） 497
蕈菌（mushroom） 80, 90, 98

Y

芽孢萌发（germination） 73
芽孢形成（sporulation） 72
芽孢衣（spore coat） 71
芽孢原生质体（spore protoplast） 72
芽痕（bud scar） 212
亚病毒因子（subviral agent） 119
亚单位疫苗（subunit vaccine） 509
烟草花叶病毒（tobacco mosaic virus, TMV） 104, 241
延伸（extension） 327
延滞期（lag phase） 224
严紧型质粒（stringent plasmid） 256
严紧反应（stringent response） 296
厌氧氨氧化（anaerobic ammonium oxidation） 401
厌氧氨氧化过程（anammox） 187
厌氧氨氧化体（anammoxosome） 401
厌氧生物处理（anaerobic biological treatment） 408
阳性克隆（positive clone） 314
氧化还原电位（redox potential） 162
氧化磷酸化（oxidative phosphorylation） 178
野生型（wild type） 246
叶绿体（chloroplast） 87
叶绿体被膜（chloroplast envelope） 87
液滴微流控技术（droplet microfluidic technology） 168
液泡（vacuole） 87
液体培养基（liquid medium） 164
一氧化氮歧化（nitric oxide dismutation） 401
伊红美蓝琼脂培养基（eosin-methylene blue agar, EMB） 166
衣壳（capsid） 104
衣壳粒（capsomere） 104
依赖 Rho 因子的转录终止（Rho-dependent termination） 288
移码突变（frameshift mutation） 247
遗传回路（genetic circuit） 534

乙醛酸循环体（glyoxysome） 86
乙型肝炎病毒（hepatitis B virus, HBV） 114, 129
异化作用（dissimilation） 173
异染粒（volutin） 88
异生物质（xenobiotic） 406
异戊二烯（isoprene）单元 60
异型乳酸发酵（heterolactic fermentation） 198
异养型（heterotroph） 143, 150, 172
抑制（inhibition） 176
抑制性选择培养基（inhibited selected medium） 166
易错修复（error-prone repair） 254
疫苗（vaccine） 508
益生菌（probiotic） 594
益生元（prebiotic） 594
隐秘质粒（cryptic plasmid） 63, 258
隐性感染（occult infection） 116
应答调节蛋白（response regulator, RR） 291
荧光原位杂交（fluorescence in situ hybridization, FISH） 219, 412
营养（nutrition） 142
营养缺陷型（auxotroph） 248
营养物质（nutrient substance） 142
营养细胞（vegetative cell） 71
涌动（swarming） 64
油脂粒（grease particle） 88
游动（swimming） 64
有隔菌丝（septate hypha） 90
有根树（rooted tree） 357
有性繁殖（sexual reproduction） 212
诱变剂（mutagen） 250
诱导（induction） 272
诱导物（inducer） 272
诱发突变（induced mutation） 250
与非门（NAND gate） 535
与门（AND gate） 535
玉米赤霉烯酮（zearalenone, ZEN） 620
原核生物（prokaryote） 2, 48
原生生物（protista） 460

原生质球（spheroplast） 59
原生质体（protoplast） 59
原位杂交（in situ hybridization） 331

Z

载体（carrier） 153
载体传播（vehicle transmission） 484
再次抗体应答（secondary antibody response） 506
藻类（alga） 93,460
展青霉素（patulin，PT） 621
赭曲霉毒素（ocharatoxin，OCT） 620
诊断微生物学（diagnostic microbiology） 521
真核生物（eukaryote） 2,48
真核生物的鞭毛（eukaryotic flagella） 67
真核微生物（eukaryotic microbiology） 415
真菌（fungus） 80,460
真菌毒素（mycotoxin） 619
真菌毒素食物中毒（mycotoxicosis） 618
真菌性食物中毒（fungal food poisoning） 618
整合蛋白（integral membrane protein） 59
正向遗传学（forward genetics） 265
正转录调控（positive transcription regulation） 273
枝菌酸（mycolic acid） 368
脂多糖（lipopolysaccharide，LPS） 56,284,487
脂磷壁酸（lipoteichoic acid） 56
脂锚定蛋白（lipid-anchored protein） 60
直接氨氧化途径（direct ammonium oxidation） 401
植烷（phytane） 60
植物根际促生细菌（plant growth promoting rhizobacteria，PGPR） 568
指示菌（indicator organisms） 633
指数期（exponential phase） 224
质壁分离（plasmolysis） 153
质粒（plasmid） 63,242,255
质膜（plasma membrane） 59
质配（plasmogamy） 213
质子动力势（proton motive force） 61,66

质子梯度（proton motive potential） 66
致病机制（pathogenesis） 486
致病微生物（pathogens） 633
致病性（pathogenicity） 479
致育因子（fertility factor） 257
中和作用（neutralization） 508
中性粒细胞（neutrophil） 497
中性作用（neutralism） 395
终止因子（termination factor） 274
终止子（terminator） 289
种（species） 346
种间关系（interspecific interaction） 394
种群（population） 381
周质环（P ring） 66
周质空间（periplasm） 57
主动运输（active transport） 154
主要元素（macroelement） 140
主要组织相容性复合物（major histocompatibility complex，MHC） 497
主要组织相容性复合物（MHC） 501
煮沸消毒（boiling disinfection） 233
专性好氧菌（obligate aerobe） 230
专性嗜碱菌（obligate alkaliphile） 230
专性厌氧菌（obligate anaerobe） 231
转导（transduction） 263
转导颗粒（transduction particle） 263
转导子（transductant） 263
转化（transformation） 261
转换（transition） 247
转录激活因子样效应蛋白核酸酶（transcription activator-like effector nucleases，TALEN） 321
转录弱化（transcription attenuation） 279
转录因子（transcription factor） 275
转录组（transcriptome） 334
转录组学（transcriptomics） 335
转肽酶（transpeptidase） 208
转糖苷酶（transglycosylase） 208

转铁蛋白/乳铁蛋白（transferrin/lactoferrin） 159
转向开关（switch complex） 66
转子（rotor） 66
转座因子（transposable element） 250，255，259
转座子（transposon，Tn） 259
灼烧灭菌（burning sterilization） 232
紫色非硫细菌（purple nonsulfur bacteria） 150
自发突变（spontaneous mutation） 249
自然发生说（spontaneous generation） 10
自然杀伤细胞（natural killer cell，NK） 497
自溶素（autolysin） 207
自噬体（autophagosome） 499
自噬作用（autophagy） 499
自演化模型（autogenous model） 95

自养型（autotroph） 143，150，172
自由能（free energy） 173
自诱导肽（autoinducing peptide，AIP） 303
自诱导物（autoinducer，AI） 302
阻遏蛋白（repressor） 273
阻遏作用（repression） 272
组氨酸的磷酸载体蛋白［histidine-containing phosphocarrier（HPr）protein］ 159
组氨酸激酶（histidine kinase，HK） 291
组织趋性（tissue tropism） 116
最低生长温度（minimum growth temperature） 228
最高生长温度（maximum growth temperature） 228
最后普遍共同祖先（last universal common ancestor，LUCA） 3，352
最适生长温度（optimum growth temperature） 228

微生物中文名索引

A

阿维链霉菌　*Streptomyces avermitilis*　585
埃希氏菌属　*Escherichia*　424

B

八孢裂殖酵母　*Schizosaccharomyces octosporus*　213,214
八叠球菌属　*Sarcina*　430
巴尔通氏菌属　*Bartonella*　420
巴氏梭菌　*Clostridium pasteurianum*　17,430
巴西固氮螺菌　*Azospirillum brasilense*　568
白喉棒状杆菌　*Corynebacterium diphtheriae*　434
白僵菌属　*Beauveria*　586
白色念珠菌　*Candida albicans*　90,158,491
百日咳博德氏菌　*Bordetella pertussis*　165
棒状杆菌属　*Corynebacterium*　143,338,433
鲍曼不动杆菌　*Acinetobacter baumannii*　562
毕赤酵母　*Pichia pastoris*　325
臂微菌属　*Ancalomicrobium*　50
变铅青链霉菌　*Streptomyces lividans*　339
变形菌属　*Proteus*　424,614
遍在远洋杆菌　*Pelagibacter ubique*　420
辫硫菌属　*Thioploca*　425
表皮葡萄球菌　*Staphylococcus epidermidis*　430
丙酸杆菌属　*Propionibacterium*　433
丙酮丁醇梭菌　*Clostridium acetobutylicum*　230
丙盐古菌门　*Candidatus Diapherotrites*　453
柄杆菌属　*Caulobacter*　49,70,209,421
伯克霍尔德氏菌属　*Burkholderia*　422
伯氏疏螺旋体　*Borrelia burgdorferi*　62,243,255
卟啉单胞菌属　*Porphyromonas*　436

C

产黄青霉　*Penicillium chrysogenum*　325,339
产甲烷球菌属　*Methanococcus*　144
产碱杆菌属　*Alcaligenes*　143,401
产金菌门　*Chrysiogenota*　445
产金菌属　*Chrysiogenes*　445
产朊假丝酵母　*Candida utilis*　325
产液菌门　*Aquificota*　440
产液菌属　*Aquifex*　441
肠杆菌属　*Enterobacter*　424,614
肠膜明串珠菌　*Leuconostoc mesenteroides*　148,231
初古菌门　*Candidatus* Korarchaeota　449
串珠镰刀菌　*Fusarium moniliforme*　620
纯绿青霉　*Penicillium viridicatum*　620
磁杆菌属　*Magnetobacterium*　444
磁性水螺菌　*Aquaspirillum magnetotacticum*　68
粗球孢子菌　*Coccidioides immitis*　145

D

大肠杆菌　*Escherichia coli*　18,324
大豆慢生根瘤菌　*Bradyrhizobium japonicum*　242
单核细胞增生李斯特菌　*Listeria monocytogenes*　430,512
德氏乳杆菌　*Lactobacillus delbrueckii*　431
地杆菌属　*Geobacter*　426
丁香假单胞菌　*Pseudomonas syringae*　424
动胶菌属　*Zoogloea*　422
短小芽孢杆菌　*Bacillus pumilus*　569
多态酸八叠球菌　*Acidisarcina polymorpha*　443
多形汉逊酵母　*Ogataea polymorpha*　325
多形拟杆菌　*Bacteroides thetaiotaomicron*　436

多黏类芽孢杆菌　Paenibacillus polymyxa　568,569

E
恶臭假单胞菌　Pseudomonas putida　568,569

F
发光杆菌属　Photobacterium　425
发酵单胞菌属　Zymomonas　231
番茄灰霉病菌　Botrytis cinerea　570
放线菌　Actinomycete　49
放线菌属　Actinomyces　433
肺炎克雷伯菌　K. pneumoniae　516
肺炎链球菌　Streptococcus pneumoniae　512,516
肺炎衣原体　Chlamydophila pneumoniae　438,516
肺炎支原体　Mycoplasma pneumoniae　516
费氏刺骨鱼菌　Epulopiscium fishelsoni　390
费氏弧菌　Vibrio fischeri　304
分枝杆菌属　Mycobacterium　434
粪肠球菌　Enterococcus faecalis　305
粪链球菌　Streptococcus faecalis　231
浮霉菌门　Planctomycetes　401,437
浮霉菌属　Planctomyces　439
浮游球衣菌　Sphaerotilus natans　49
副溶血性弧菌　Vibrio parahaemolyticus　614,617
副衣原体属　Parachlamydia　438

G
柑橘僵化螺原体　Spiroplasma citri　433
根癌土壤杆菌　Agrobacterium tumefaciens　258,420,568,569
根瘤菌属　Rhizobium　144,258,419
钩端螺菌属　Leptospirillum　444
构巢曲霉　Aspergillus nidulans　615
谷氨酸棒杆菌　Corynebacterium glutamicum　338
固氮根瘤菌属　Azorhizobium　419
固氮菌属　Azotobacter　144
广古菌门　Euryarchaeota　446
广袍菌属　Kosmotoga　441

硅藻门　Bacillariophyta　81

H
哈氏弧菌　Vibrio harveyi　306
海水菌属　Aquimarina　436
海洋弧菌　Vibrio spp.　64
禾谷镰刀菌　Fusarium graminearum　620
赫氏蜱疏螺旋体　Borrelia hermsii　255
黑曲霉　Aspergillus niger　230,325
红杆菌属　Rhodobacter　144
红环菌属　Rhodocyclus　422
红假单胞菌属　Rhodopseudomonas　419
红螺菌属　Rhodospirillum　421
红细菌属　Rhodobacter　421
红曲霉　Monascus sp.　166
弧菌属　Vibrio　425,614
弧丽金龟类芽孢杆菌　Paenibacillus popilliae　429
互养菌门　Synergistota　444
互营杆菌属　Syntrophobacter　426
华丽硫珍珠菌　Thiomargarita magnifica　50,390
化脓性链球菌　Streptococcus pyogenes　305
缓病芽孢杆菌　Bacillus lentimorbus　584
黄杆菌属　Flavobacterium　436
黄曲霉　Aspergillus flavus　615
黄色黏球菌　Myxococcus xanthus　50
黄藻门　Xanthophyta　82
浑浊红球菌　Rhodococcus opacus　326
霍乱弧菌　Vibrio cholerae　231,258,519

J
棘阿米巴副衣原体　Parachlamydia acanthamoeba　438
寄生曲霉　Aspergillus parasiticus　615
荚膜酸杆菌　Acidobacterium capsulatum　443
甲烷八叠球菌目　Methanosarcinales　367
甲烷八叠球菌属　Methanosarcina　58
甲烷杆菌属　Methanobacterium　58
甲藻门　Pyrrophyta　82

假单胞菌属　*Pseudomonas*　143,407,424
假脱硫弧菌属　*Pseudodesulfovibrio*　441
坚强芽孢杆菌　*Bacillus firmus*　393
艰难梭菌　*Clostridioides difficile*　493,519
节杆菌属　*Arthrobacter*　433
结核分枝杆菌　*Mycobacterium tuberculosis*　14,368,433,434
金龟子绿僵菌　*Metarhizium anisopliae*　586
金黄色葡萄球菌　*Staphylococcus aureus*　234,305,430,516
金藻门　*Chrysophyta*　82
巨大普里斯特氏菌　*Priestia megterium*　568

K
坎氏甲烷嗜热菌　*Methanopyrus kandleri*　448
克雷伯菌属　*Klebsiella*　144,424
枯草芽孢杆菌　*Bacillus subtilis*　72,280,326,568

L
蓝细菌　*cyanobacteria*　75,144
类芽孢杆菌属　*Paenibacillus*　429
李斯特菌属　*Listeria*　375,430,614
里氏木霉　*Trichoderma reesei*　325
立克次氏体属　*Rickettsia*　420
痢疾志贺氏菌　*Shigella dysenteriae*　258
联合菌属　*Synergistes*　445
链霉菌属　*Streptomyces*　49,62,433
链球菌属　*Streptococcus*　143,431,609
淋病奈瑟菌　*Neisseria gonorrhoeae*　520
另类弧菌属　*Aliivibrio*　425
流感嗜血杆菌　*Haemophilus influenza*　242,512,516
硫发菌属　*Thiothrix*　425
硫杆菌属　*Thiobacillus*　423
硫珍珠菌属　*Thiomargarita*　425
路德类酵母　*Saccharomycodes ludwigii*　214
螺杆菌属　*Helicobacter*　427
螺旋体　*Spirochaetes*　68
螺原体　*Spiroplasma*　68
螺原体属　*Spiroplasma*　431

M
麻风分枝杆菌　*Mycobacterium leprae*　481,513
马赛菌属　*Massilia*　422
慢生根瘤菌属　*Bradyrhizobium*　419
毛癣菌属　*Trichophyton*　491
玫瑰杆菌属　*Roseobacter*　421
梅毒密螺旋体　*Treponema pallidum*　520
谜古菌门　*Candidatus Aenigmarchaeota*　453
米曲霉　*Aspergillus oryzae*　325
木霉属　*Trichoderma*　588
苜蓿中华根瘤菌　*Sinorhizobium meliloti*　568

N
纳古菌门　*Nanoarchaeota*　453
纳米比亚硫珍珠菌　*Thiomargarita namibiensis*　390
纳盐古菌门　*Candidatus Nanohaloarchaeota*　453
奈瑟球菌属　*Neisseria*　423
耐辐射奇异球菌　*Deinococcus radiodurans*　443
耐冷奇异球菌　*Deinococcus psychrotolerans*　443
脑膜炎奈瑟球菌　*Neisseria meningitidis*　370,512
拟杆菌门　*Bacteroidota*　435
拟杆菌属　*Bacteroides*　436
黏球菌属　*Myxococcus*　426
黏液乳杆菌属　*Limosilactobacillus*　609
黏质沙雷氏菌　*Serratia marcescens*　570
酿酒酵母　*Saccharomyces cerevisiae*　18,81,212,325
脲芽孢八叠球菌　*Sporosarcina ureae*　430
柠檬节杆菌　*Arthrobacter citreus*　568
牛型放线菌　*Actinomyces bovis*　346
诺卡氏菌属　*Nocardia*　433

P
破伤风梭菌　*Clostridium tetani*　512
葡萄球菌属　*Staphylococcus*　143,430,614
普雷沃氏菌属　*Prevotella*　436

Q

栖热菌属　*Thermus*　69, 442
齐整小核菌　*Sclerotium rolfsii*　570
奇古菌门　*Thaumarchaeota*　61, 449
奇异变形杆菌　*Proteus mirabilis*　145
奇异球菌属　*Deinococcus*　442
骑行纳古菌　*Nanoarchaeum equitans*　244, 453
鞘氨醇单胞菌属　*Sphingomonas*　421
鞘氨醇杆菌属　*Sphingobacterium*　436
青霉属　*Penicillium*　83
球形芽孢杆菌　*Bacillus sphaericus*　584
球衣菌属　*Sphaerotilus*　69
屈挠杆菌属　*Flexibacter*　437
泉古菌门　*Crenarchaeota*　61, 207, 449

R

热发状菌属　*Thermocrinis*　441
热袍菌门　*Thermotogota*　440
热袍菌属　*Thermotoga*　441
热脱硫杆菌门　*Thermodesulfobacteriota*　440
热脱硫杆菌属　*Thermodesulfobacterium*　441
热脱硫弧菌属　*Thermodesulfovibrio*　444
热原体属　*Thermoplasma*　58, 447
日本金龟子芽孢杆菌　*Bacillus popilliae*　584
肉毒梭菌　*Clostridium botulinum*　512
乳杆菌属　*Lactobacillus*　431, 493, 609
乳酪杆菌属　*Lacticaseibacillus*　609
乳球菌属　*Lactococcus*　431, 609
乳酸克鲁维酵母　*Kluyveromyces lactis*　325
乳酸乳杆菌　*Lactobacillus lactis*　231
乳酸乳球菌　*Lactococcus lactis*　326
乳植杆菌属　*Lactiplantibacillus*　609

S

三线镰刀菌　*Fusarium tricinctum*　620
三叶草根瘤菌　*Rhizobium trifolii*　568
色杆菌属　*Chromobacterium*　423

沙雷氏菌属　*Serratia*　424
沙门菌属　*Salmonella*　57, 258, 424, 614
沙眼衣原体　*Chlamydia trachomatis*　438
伤寒沙门菌　*Salmonella typhi*　234
砷酸产金菌　*Chrysiogenes arsenatis*　445
深红红螺菌　*Rhodospirillum rubrum*　227
生孢噬纤维菌属　*Sporocytophaga*　436
生殖支原体　*Mycoplasma genitalium*　550
施氏假单胞菌　*Pseudomonas stutzeri*　425, 570
嗜胆球菌属　*Bilophococcus*　74
嗜肺军团菌　*Legionella pneumophila*　516
嗜甲基菌属　*Methylophilus*　423
嗜氢菌属　*Hydrogenophilus*　423
嗜热链球菌　*Streptococcus thermophilus*　231
嗜酸硫杆菌　*Thiobacillus acidophilus*　230
嗜酸热硫化叶菌　*Sulfolobus acidocaldarius*　352, 393
嗜酸乳杆菌　*Lactobacillus acidophilus*　431
嗜盐古菌属　*Halobacterium*　145
嗜衣原体属　*Chlamydophila*　438
噬菌蛭弧菌　*Bdellovibrio bacteriovorus*　64
噬纤维菌属　*Cytophaga*　436
鼠伤寒沙门菌　*Salmonella Typhimurium*　252, 304
鼠疫耶尔森菌　*Yersinia pestis*　306
曙古菌门　*Candidatus Aigarchaeota*　449
双歧杆菌属　*Bifidobacterium*　609
水生螺菌属　*Aquaspirillum*　74
水生栖热菌　*Thermus aquaticus*　70, 392
丝状杆菌门　*Fibrobacterota*　444
丝状杆菌属　*Fibrobacter*　445
苏云金芽孢杆菌　*Bacillus thuringiensis*　258, 429, 584
粟酒裂殖酵母　*Schizosaccharomyces pombe*　213
酸杆菌属　*Acidobacterium*　443
梭杆菌门　*Fusobacteriota*　444
梭杆菌属　*Fusobacterium*　444
梭菌属　*Clostridium*　144, 391, 428

T

天蓝色链霉菌　*Streptomyces coelicolor*　255
铁氧化深海菌　*Mariprofundus ferrooxydans*　418
铁原体属　*Ferroplasma*　447
铜绿假单胞菌　*Pseudomonas aeruginosa*　211,249,424,516
突柄杆菌属　*Prosthecobacter*　440
土壤杆菌属　*Agrobacterium*　330,419
脱硫弧菌属　*Desulfovibrio*　144,391,426
脱硫念珠菌属　*Desulfomonile*　407
脱卤微螺菌属　*Dehalospirillum*　407
脱铁杆菌门　*Deferribacterota*　445
脱铁杆菌属　*Deferribacter*　445
脱亚硫酸杆菌属　*Desulfitobacterium*　407

W

弯杆菌属　*Flectobacillus*　436
弯曲杆菌属　*Campylobacter*　427
豌豆根瘤菌　*Rhizobium leguminosarum*　568,569
维罗纳气单胞菌　*Aeromonas veronii*　569
委内瑞拉链霉菌　*Streptomyces venezuelae*　268
胃八叠球菌　*Sarcina ventriculi*　430
魏茨曼菌属　*Weizmannia*　609
沃尔巴克氏体属　*Wolbachia*　420
沃氏互营杆菌　*Syntrophobacter wolinii*　427
无乳链球菌　*Streptococcus agalactiae*　245
五日热巴尔通氏菌　*Bartonella quintana*　420

X

吸水链霉菌　*Streptomyces tygroscopicus*　588
纤发菌属　*Leptothrix*　69
硝化杆菌属　*Nitrobacter*　419
硝化螺菌属　*Nitrospira*　444
小古菌门　*Candidatus Parvarchaeota*　453
新型隐球菌　*Cryptococcus neoformans*　145
星明氏嗜酸菌　*Picrophilus oshimae*　393
秀丽隐杆线虫　*Caenorhabditis elegans*　318

Y

芽孢八叠球菌属　*Sporosarcina*　428
芽孢杆菌属　*Bacillus*　143,428
亚硝化单胞菌属　*Nitrosomonas*　423
亚硝化螺菌属　*Nitrospira*　401
延胡索酸火叶菌　*Pyrolobus fumarii*　392
盐杆菌属　*Halobacterium*　68
洋葱伯克霍尔德氏菌　*Burkholderia cepacia*　422
洋葱假单胞菌　*Pseudomonas cepacia*　407,569
氧化硫硫杆菌　*Thiobacillus thiooxidans*　230
衣原体门　*Chlamydiota*　437
衣原体属　*Chlamydia*　438
阴沟肠杆菌　*Enterobacter cloacae*　569
隐蔽热网菌　*Pyrodictium occultum*　71
印度发光杆菌　*Photobacterium indicum*　390
鹦鹉热衣原体　*Chlamydophila psittaci*　438
荧光假单胞菌　*Pseudomonas fluorescens*　258,568,569
幽门螺杆菌　*Helicobacter pylori*　64,145,520
疣微菌门　*Verrucomicrobiota*　437
疣微菌属　*Verrucomicrobium*　440
远洋杆菌属　*Pelagibacter*　420

Z

杂色曲霉　*Aspergillus versicolor*　615
折叠螺旋体　*Spirochaeta plicatilis*　74
赭曲霉　*Aspergillus ochraceus*　620
支原体属　*Mycoplasma*　58,431
志贺菌属　*Shigella*　143,424,614
掷孢酵母　*Sporobolomyces pararoseus*　213
蛭弧菌属　*Bdellovibrio*　426
中华根瘤菌属　*Sinorhizobium*　306,419
中慢生根瘤菌属　*Mesorhizobium*　419
紫色色杆菌　*Chromobacterium violaceum*　423

微生物学名索引

A

Acidisarcina polymorpha　多态酸八叠球菌　443

Acidobacterium capsulatum　荚膜酸杆菌　443

Acidobacterium　酸杆菌属　443

Acinetobacter baumannii　鲍曼不动杆菌　562

Actinomyces bovis　牛型放线菌　346

Actinomyces　放线菌属　433

Actinomycete　放线菌　49

Aeromonas veronii　维罗纳气单胞菌　569

Agrobacterium tumefaciens　根癌土壤杆菌　258, 420, 568, 569

Agrobacterium　土壤杆菌属　330, 419

Alcaligenes　产碱杆菌属　143, 401

Aliivibrio　另类弧菌属　425

Ancalomicrobium　臂微菌属　50

Aquaspirillum magnetotacticum　磁性水螺菌　68

Aquaspirillum　水生螺菌属　74

Aquifex　产液菌属　441

Aquificota　产液菌门　440

Aquimarina　海水菌属　436

Arthrobacter citreus　柠檬节杆菌　568

Arthrobacter　节杆菌属　433

Aspergillus flavus　黄曲霉　615

Aspergillus nidulans　构巢曲霉　615

Aspergillus niger　黑曲霉　230, 325

Aspergillus ochraceus　赭曲霉　620

Aspergillus oryzae　米曲霉　325

Aspergillus parasiticus　寄生曲霉　615

Aspergillus versicolor　杂色曲霉　615

Azorhizobium　固氮根瘤菌属　419

Azospirillum brasilense　巴西固氮螺菌　568

Azotobacter　固氮菌属　144

B

Bacillariophyta　硅藻门　81

Bacillus firmus　坚强芽孢杆菌　393

Bacillus lentimorbus　缓病芽孢杆菌　584

Bacillus popilliae　日本金龟子芽孢杆菌　584

Bacillus pumilus　短小芽孢杆菌　569

Bacillus sphaericus　球形芽孢杆菌　584

Bacillus subtilis　枯草芽孢杆菌　72, 280, 326, 568

Bacillus thuringiensis　苏云金芽孢杆菌　258, 429, 584

Bacillus　芽孢杆菌属　143, 428

Bacteroides thetaiotaomicron　多形拟杆菌　436

Bacteroides　拟杆菌属　436

Bacteroidota　拟杆菌门　435

Bartonella quintana　五日热巴尔通氏菌　420

Bartonella　巴尔通氏菌属　420

Bdellovibrio bacteriovorus　噬菌蛭弧菌　64

Bdellovibrio　蛭弧菌属　426

Beauveria　白僵菌属　586

Bifidobacterium　双歧杆菌属　609

Bilophococcus　嗜胆球菌属　74

Borrelia burgdorferi　伯氏疏螺旋体　62, 243, 255

Borrelia hermsii　赫氏蜱疏螺旋体　255

Bordetella pertussis　百日咳博德氏菌　165

Botrytis cinerea　番茄灰霉病菌　570

Bradyrhizobium japonicum　大豆慢生根瘤菌　242

Bradyrhizobium　慢生根瘤菌属　419

Burkholderia cepacia　洋葱伯克霍尔德氏菌　422

Burkholderia　伯克霍尔德氏菌属　422

C

Caenorhabditis elegans 秀丽隐杆线虫 318

Campylobacter 弯曲杆菌属 427

Candida albicans 白色念珠菌 90,491

Candida utilis 产朊假丝酵母 325

Candidatus Aenigmarchaeota 谜古菌门 453

Candidatus Aigarchaeota 曙古菌门 449

Candidatus Diapherotrites 丙盐古菌门 453

Candidatus Korarchaeota 初古菌门 449

Candidatus Nanohaloarchaeota 纳盐古菌门 453

Candidatus Parvarchaeota 小古菌门 453

Caulobacter 柄杆菌属 49,70,209,421

Chlamydia trachomatis 沙眼衣原体 438

Chlamydia 衣原体属 438

Chlamydiota 衣原体门 437

Chlamydophila pneumoniae 肺炎衣原体 438,516

Chlamydophila psittaci 鹦鹉热衣原体 438

Chlamydophila 嗜衣原体属 438

Chromobacterium violaceum 紫色色杆菌 423

Chromobacterium 色杆菌属 423

Chrysiogenes arsenatis 砷酸产金菌 445

Chrysiogenes 产金菌属 445

Chrysiogenota 产金菌门 445

Chrysophyta 金藻门 82

Clostridioides difficile 艰难梭菌 493,519

Clostridium acetobutylicum 丙酮丁醇梭菌 230

Clostridium botulinum 肉毒梭菌 512

Clostridium pasteurianum 巴氏梭菌 17,430

Clostridium tetani 破伤风梭菌 512

Clostridium 梭菌属 144,391,428

Coccidioides immitis 粗球孢子菌 145

Corynebacterium diphtheriae 白喉棒状杆菌 434

Corynebacterium glutamicum 谷氨酸棒杆菌 338

Corynebacterium 棒状杆菌属 143,338,433

Crenarchaeota 泉古菌门 61,207,449

Cryptococcus neoformans 新型隐球菌 145

Cyanobacteria 蓝细菌 75,144

Cytophaga 噬纤维菌属 436

D

Deferribacterota 脱铁杆菌门 445

Deferribacter 脱铁杆菌属 445

Dehalospirillum 脱卤微螺菌属 407

Deinococcus psychrotolerans 耐冷奇异球菌 443

Deinococcus radiodurans 耐辐射奇异球菌 443

Deinococcus 奇异球菌属 442

Desulfitobacterium 脱亚硫酸杆菌属 407

Desulfomonile 脱硫念珠菌属 407

Desulfovibrio 脱硫弧菌属 144,391,426

E

Enterobacter cloacae 阴沟肠杆菌 569

Enterobacter 肠杆菌属 424,614

Enterococcus faecalis 粪肠球菌 305

Epulopiscium fishelsoni 费氏刺骨鱼菌 390

Escherichia coli 大肠杆菌（又称大肠埃希菌） 18,67

Escherichia 埃希氏菌属 424

Euryarchaeota 广古菌门 446

F

Ferroplasma 铁原体属 447

Fibrobacterota 丝状杆菌门 444

Fibrobacter 丝状杆菌属 445

Flavobacterium 黄杆菌属 436

Flectobacillus 弯杆菌属 436

Flexibacter 屈挠杆菌属 437

Fusarium graminearum 禾谷镰刀菌 620

Fusarium moniliforme 串珠镰刀菌 620

Fusarium tricinctum 三线镰刀菌 620

Fusobacteriota 梭杆菌门 444

Fusobacterium 梭杆菌属 444

G

Geobacter 地杆菌属 426

H

Haemophilus influenza　流感嗜血杆菌　242,512,516

Halobacterium　嗜盐古菌属　145

Halobacterium　盐杆菌属　68

Helicobacter pylori　幽门螺杆菌　64,145,520

Helicobacter　螺杆菌属　427

Hydrogenophilus　嗜氢菌属　423

K

K. pneumoniae　肺炎克雷伯菌　516

Klebsiella　克雷伯菌属　144,424

Kluyveromyces lactis　乳酸克鲁维酵母　325

Kosmotoga　广袍菌属　441

L

Lacticaseibacillus　乳酪杆菌属　609

Lactiplantibacillus　乳植杆菌属　609

Lactobacillus acidophilus　嗜酸乳杆菌　431

Lactobacillus delbrueckii　德氏乳杆菌　431

Lactobacillus　乳杆菌属　431,493,609

Lactococcus lactis　乳酸乳球菌　231,326

Lactococcus　乳球菌属　431,609

Legionella pneumophila　嗜肺军团菌　516

Leptospirillum　钩端螺菌属　444

Leptothrix　纤发菌属　69

Leuconostoc mesenteroides　肠膜明串珠菌　148,231

Limosilactobacillus　黏液乳杆菌属　609

Listeria monocytogenes　单核细胞增生李斯特菌　430,512

Listeria　李斯特菌属　375,430,614

M

Magnetobacterium　磁杆菌属　444

Mariprofundus ferrooxydans　铁氧化深海菌　428

Massilia　马赛菌属　422

Mesorhizobium　中慢生根瘤菌属　419

Metarhizium anisopliae　金龟子绿僵菌　586

Methanobacterium　甲烷杆菌属　58

Methanococcus　产甲烷球菌属　144

Methanopyrus kandleri　坎氏甲烷嗜热菌　448

Methanosarcinales　甲烷八叠球菌目　367

Methanosarcina　甲烷八叠球菌属　58

Methylophilus　嗜甲基菌属　423

Monascus sp.　红曲霉　166

Mycobacterium leprae　麻风分枝杆菌　481,513

Mycobacterium tuberculosis　结核分枝杆菌　14,368,433,434

Mycobacterium　分枝杆菌属　434

Mycoplasma genitalium　生殖支原体　550

Mycoplasma pneumoniae　肺炎支原体　516

Mycoplasma　支原体属　58,431

Myxococcus xanthus　黄色黏球菌　50

Myxococcus　黏球菌属　426

N

Nanoarchaeota　纳古菌门　453

Nanoarchaeum equitans　骑行纳古菌　244,453

Neisseria gonorrhoeae　淋病奈瑟氏菌　520

Neisseria meningitidis　脑膜炎奈瑟球菌　370,512

Neisseria　奈瑟球菌属　423

Nitrobacter　硝化杆菌属　419

Nitrosomonas　亚硝化单胞菌属　423

Nitrospira　硝化螺菌属　444

Nitrospira　亚硝化螺菌属　401

Nocardia　诺卡氏菌属　433

O

Ogataea polymorpha　多形汉逊酵母　325

P

Paenibacillus polymyxa　多黏类芽孢杆菌　568,569

Paenibacillus popilliae　弧丽金龟类芽孢杆菌　429

Paenibacillus　类芽孢杆菌属　429

Parachlamydia acanthamoeba　棘阿米巴副衣原体　438

Parachlamydia　副衣原体属　438

Pelagibacter ubique　遍在远洋杆菌　420

Pelagibacter　远洋杆菌属　420

Penicillium chrysogenum　产黄青霉　325，339

Penicillium viridicatum　纯绿青霉　620

Penicillium　青霉属　83

Photobacterium indicum　印度发光杆菌　390

Photobacterium　发光杆菌属　425

Pichia pastoris　毕赤酵母　325

Picrophilus oshimae　星明氏嗜酸菌　393

Planctomyces　浮霉菌属　439

Planctomycetes　浮霉菌门　401，437

Porphyromonas　卟啉单胞菌属　436

Prevotella　普雷沃氏菌属　436

Priestia megterium　巨大普里斯特氏菌　568

Propionibacterium　丙酸杆菌属　433

Prosthecobacter　突柄杆菌属　440

Proteus mirabilis　奇异变形杆菌　145

Proteus　变形菌属　424，614

Pseudodesulfovibrio　假脱硫弧菌属　441

Pseudomonas aeruginosa　铜绿假单胞菌　211，249，424，516

Pseudomonas cepacia　洋葱假单胞菌　407，569

Pseudomonas fluorescens　荧光假单胞菌　258，568，569

Pseudomonas putida　恶臭假单胞菌　568，569

Pseudomonas stutzeri　施氏假单胞菌　425，570

Pseudomonas syringae　丁香假单胞菌　424

Pseudomonas　假单胞菌属　143，407，424

Pyrodictium occultum　隐蔽热网菌　71

Pyrolobus fumarii　延胡索酸火叶菌　392

Pyrrophyta　甲藻门　82

R

Rhizobium leguminosarum　豌豆根瘤菌　568，569

Rhizobium trifolii　三叶草根瘤菌　568

Rhizobium　根瘤菌属　144，258，419

Rhodobacter　红杆菌属　144

Rhodobacter　红细菌属　421

Rhodococcus opacus　浑浊红球菌　326

Rhodocyclus　红环菌属　422

Rhodopseudomonas　红假单胞菌属　419

Rhodospirillum rubrum　深红红螺菌　227

Rhodospirillum　红螺菌属　421

Rickettsia　立克次氏体属　420

Roseobacter　玫瑰杆菌属　421

S

Saccharomyces cerevisiae　酿酒酵母　18，81，212，325

Saccharomycodes ludwigii　路德类酵母　214

Salmonella Typhimurium　鼠伤寒沙门菌　252，304

Salmonella typhi　伤寒沙门菌　234

Salmonella　沙门菌属　57，258，424，614

Sarcina ventriculi　胃八叠球菌　430

Sarcina　八叠球菌属　430

Schizosaccharomyces octosporus　八孢裂殖酵母　213，214

Schizosaccharomyces pombe　粟酒裂殖酵母　213

Sclerotium rolfsii　齐整小核菌　570

Serratia marcescens　黏质沙雷氏菌　570

Serratia　沙雷氏菌属　424

Shigella dysenteriae　痢疾志贺氏菌　258

Shigella　志贺菌属　143，424，614

Sinorhizobium meliloti　苜蓿中华根瘤菌　568

Sinorhizobium　中华根瘤菌属　306，419

Sphaerotilus natans　浮游球衣菌　49

Sphaerotilus　球衣菌属　69

Sphingobacterium　鞘氨醇杆菌属　436

Sphingomonas　鞘氨醇单胞菌属　421

Spirochaeta plicatilis　折叠螺旋体　74

Spirochaetes　螺旋体　68

Spiroplasma citri　柑橘僵化螺原体　433

Spiroplasma　螺原体属　431

Spiroplasma　螺原体　68

Sporobolomyces pararoseus　掷孢酵母　213

Sporocytophaga　生孢噬纤维菌属　436

Sporosarcina ureae　脲芽孢八叠球菌　430

Sporosarcina　芽孢八叠球菌属　428

Staphylococcus aureus　金黄色葡萄球菌　234，305，430，516

Staphylococcus epidermidis 表皮葡萄球菌 430
Staphylococcus 葡萄球菌属 143,430,614
Streptococcus agalactiae 无乳链球菌 245
Streptococcus faecalis 粪链球菌 231
Streptococcus pneumoniae 肺炎链球菌 512,516
Streptococcus pyogenes 化脓性链球菌 305,322
Streptococcus thermophilus 嗜热链球菌 231
Streptococcus 链球菌属 143,431,609
Streptomyces avermitilis 阿维链霉菌 585
Streptomyces coelicolor 天蓝色链霉菌 255
Streptomyces lividans 变铅青链霉菌 339
Streptomyces tygroscopicus 吸水链霉菌 588
Streptomyces venezuelae 委内瑞拉链霉菌 267
Streptomyces 链霉菌属 49,62,433
Sulfolobus acidocaldarius 嗜酸热硫化叶菌 352,393
Synergistes 联合菌属 445
Synergistota 互养菌门 444
Syntrophobacter wolinii 沃氏互营杆菌 427
Syntrophobacter 互营杆菌属 426

T

Thaumarchaeota 奇古菌门 61,449
Thermocrinis 热发状菌属 441
Thermodesulfobacteriota 热脱硫杆菌门 440
Thermodesulfobacterium 热脱硫杆菌属 441
Thermodesulfovibrio 热脱硫弧菌属 444
Thermoplasma 热原体属 58,447
Thermotoga 热袍菌属 441
Thermotogota 热袍菌门 440
Thermus aquaticus 水生栖热菌 70,392
Thermus 栖热菌属 69,442
Thiobacillus acidophilus 嗜酸硫杆菌 230
Thiobacillus thiooxidans 氧化硫硫杆菌 230
Thiobacillus 硫杆菌属 423

Thiomargarita magnifica 华丽硫珍珠菌 50,390
Thiomargarita namibiensis 纳米比亚硫珍珠菌 390
Thiomargarita 硫珍珠菌属 425
Thioploca 辫硫菌属 425
Thiothrix 硫发菌属 425
Treponema pallidum 梅毒密螺旋体 520
Trichoderma reesei 里氏木霉 325
Trichoderma 木霉属 588
Trichophyton 毛癣菌属 491

V

Verrucomicrobiota 疣微菌门 437
Verrucomicrobium 疣微菌属 440
Vibrio cholerae 霍乱弧菌 231,258,519
Vibrio fischeri 费氏弧菌 304
Vibrio harveyi 哈氏弧菌 306
Vibrio parahaemolyticus 副溶血性弧菌 614,617
Vibrio spp. 海洋弧菌 64
Vibrio 弧菌属 425,614

W

Weizmannia 魏茨曼菌属 609
Wolbachia 沃尔巴克氏体属 420

X

Xanthophyta 黄藻门 82

Y

Yersinia pestis 鼠疫耶尔森菌 306

Z

Zoogloea 动胶菌属 422
Zymomonas 发酵单胞菌属 231

郑重声明

高等教育出版社依法对本书享有专有出版权。任何未经许可的复制、销售行为均违反《中华人民共和国著作权法》，其行为人将承担相应的民事责任和行政责任；构成犯罪的，将被依法追究刑事责任。为了维护市场秩序，保护读者的合法权益，避免读者误用盗版书造成不良后果，我社将配合行政执法部门和司法机关对违法犯罪的单位和个人进行严厉打击。社会各界人士如发现上述侵权行为，希望及时举报，我社将奖励举报有功人员。

反盗版举报电话　（010）58581999　58582371
反盗版举报邮箱　dd@hep.com.cn
通信地址　北京市西城区德外大街4号　高等教育出版社知识产权与法律事务部
邮政编码　100120

读者意见反馈

为收集对教材的意见建议，进一步完善教材编写并做好服务工作，读者可将对本教材的意见建议通过如下渠道反馈至我社。

咨询电话　400-810-0598
反馈邮箱　gjdzfwb@pub.hep.cn
通信地址　北京市朝阳区惠新东街4号富盛大厦1座　高等教育出版社总编辑办公室
邮政编码　100029

防伪查询说明

用户购书后刮开封底防伪涂层，使用手机微信等软件扫描二维码，会跳转至防伪查询网页，获得所购图书详细信息。

防伪客服电话　（010）58582300